办好《中国陶瓷年鉴》
促进陶瓷行业发展

步正发
二〇一六年三月

中国轻工业联合会会长步正发为《中国陶瓷年鉴》题词！

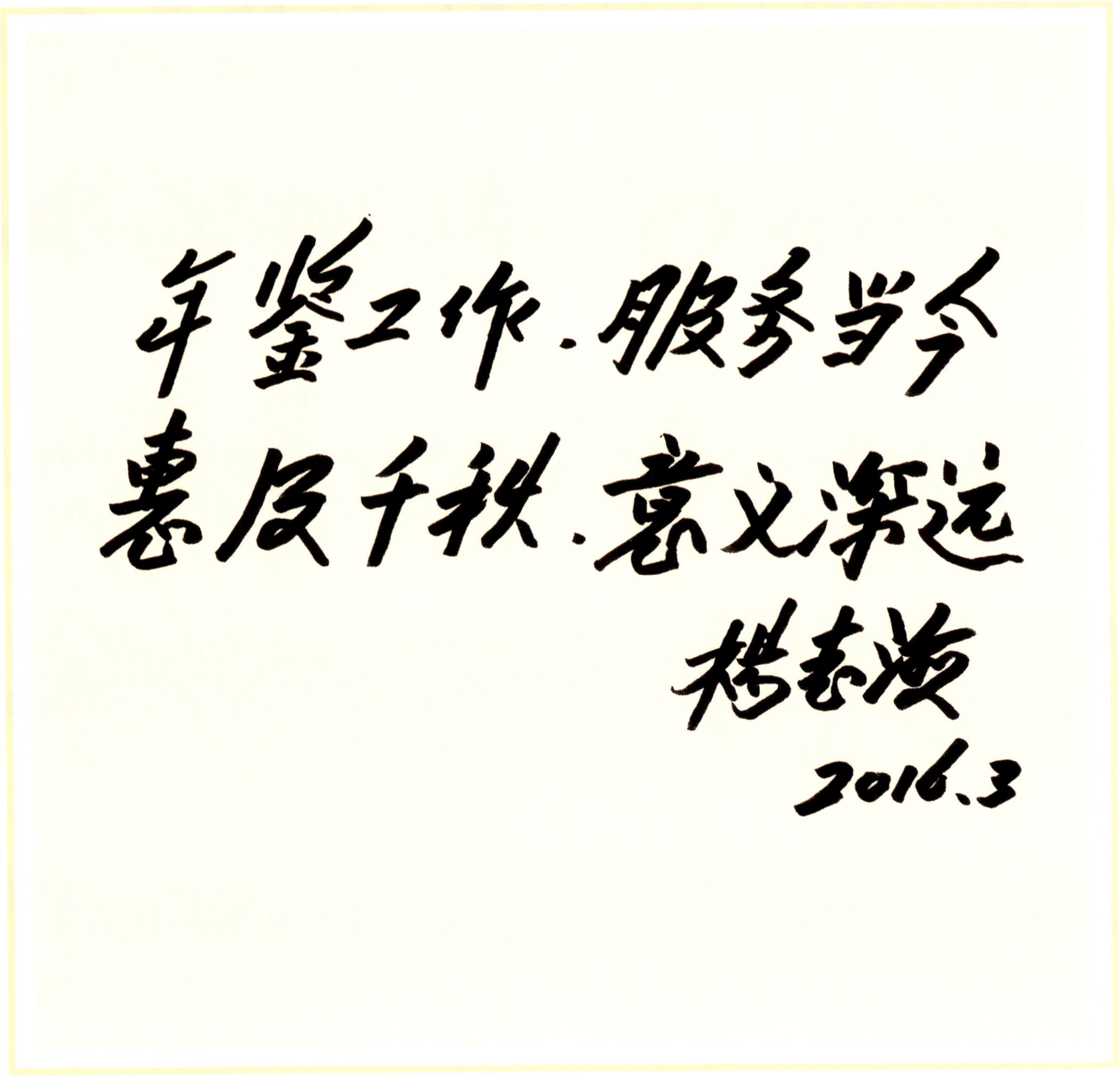

中国轻工业联合会名誉会长、中国陶瓷工业协会名誉理事长杨志海为《中国陶瓷年鉴》题词！

正大制釉
ZHENGDA GLAZE

佛山市正大制釉有限公司

佛山市正大制釉有限公司创立于1995年，以生产陶瓷专用的色釉料及其配套产品为主，是集科研、开发、生产、营销及完整的技术服务为一体的集团公司。公司拥有高级研发人才与科学的管理，作为广东省本土成长起来的色料及釉料专业企业，公司在二十年创业历程中不断发展壮大，不但成为全国陶瓷色釉料行业中各项经济指标位居前列的专业企业，而且于2008年投资成立了佛山市正大陶瓷有限公司，是行业内第一家自行拥有陶瓷生产基地的企业。多年来，正大制釉凭借锲而不舍的创新精神，以稳定的品质、良好的信誉及完善的售前售后服务，赢得了广大客户的信赖与支持。

佛山市正大制釉有限公司位于佛山市禅城区，主要以销售和管理为主，产品生产主要由许可商标企业佛山市高明区海帝陶瓷原料有限公司负责生产。目前，公司分别在广东高明、山东淄博、四川眉山、江西萍乡建立了工厂，建筑面积近6万平方米，厂房占地面积为3万5千平方米，拥有在职员工400多人，年产值4亿元。公司引进先进的技术和现代化的设备：包括日本进口的色差仪、德国进口的热膨胀系数仪、激光粒度分析仪等，先进的技术和完善的实验设备为新工艺、新产品的开发提供了条件，使得正大制釉的技术和产品始终超前于同行、领先于市场。在管理上，正大制釉已顺利通过了ISO9001质量管理体系和ISO14001环境管理体系两项国际标准的认证，使得公司从采购、工艺、生产、销售等各个环节都始终如一地贯彻ISO的精神、准则。

正大制釉生产的品牌产品主要有：陶瓷坯用、釉用色料（包括辊筒印刷色料及包裹色料）；陶瓷釉料；微晶干粒；陶瓷添加剂；成品釉；喷墨色料；全抛釉等。本公司年生产各种色料约6000多吨，年生产各种釉料约80000多吨。为达到迅速供货及为客户做好技术服务，本公司除佛山销售总部之外还设立了四川分公司、山东分公司、华东分公司、江西分公司等。公司产品还通过“正大制釉”商标品牌开拓国际市场，产品出口到欧洲、美州、越南、印度尼西亚、泰国、马来西亚、伊朗、巴基斯坦、印度、埃及等国家和地区。为了更好的爱护、珍惜和用好品牌，“正大制釉”商标申请了国外注册，做到以品牌提升实力、以品牌开拓市场。

公司自成立以来，不断引进生产设备和工艺技术，产品质量一直稳定。目前拥熔块窑炉生产线8条，色

正大企业的愿景：成为中国综合性色釉料行业第一品牌。

正大企业的使命：使我们的陶瓷厂更专业化、技术化，帮助中国成为世界陶瓷产业强国。

经营理念：品质、创新，为客户创造价值！

正大企业

企业荣誉
Honors

正大企业的愿景：成为中国综合性色釉料行业第一品牌。

正大企业的使命：使我们的陶瓷厂更专业化、技术化，帮助中国成为世界陶瓷产业强国。

经营理念：品质、创新，为客户创造价值！

领导照片
Leadership photos

厂容厂貌
Factory outlook

日用瓷

工艺瓷

卫 浴

中国陶瓷年鉴(2015)

（上册）

中国陶瓷工业协会 主编

中国文史出版社

图书在版编目（CIP）数据

中国陶瓷年鉴. 2015 / 中国陶瓷工业协会主编. --北京 ：中国文史出版社，2016.3

ISBN 978-7-5034-7598-6

Ⅰ. ①中… Ⅱ. ①中… Ⅲ. ①陶瓷工业－中国－2015－年鉴 Ⅳ. ①F426.7-54

中国版本图书馆 CIP 数据核字(2016)第 055582 号

中国陶瓷年鉴（2015）

中国陶瓷工业协会 主编

责任编辑：戴小璇

出版发行：中国文史出版社

网　　址：www.wenshipress.com

社　　址：北京市西城区太平桥大街 23 号

邮　　编：100811

电　　话：010-66173572　66168268　66192736（发行部）

传　　真：010-66192703

经　　销：全国各地新华书店

印　　刷：北京金康利印刷有限公司

开　　本：880mmx1194mm

印　　张：53

字　　数：1100 千字

版　　次：2016 年 3 月北京第 1 版

印　　次：2016 年 3 月第 1 次印刷

定　　价：380.00 元（上、下册）

前　言

为总结行业发展历程和取得的重要成就，展望行业未来发展的宏伟前景，中国陶瓷工业协会特编辑出版《中国陶瓷年鉴(2015)》。《年鉴》的出版，对行业发展历程的记录和精神传承有着重要的意义，必将成为重要的历史记载。

《年鉴》从组织编写到出版历时12个月的时间，邀请了行业内的专家、学者、企业家为《年鉴》的编写献计献策。从初期策划到结构、内容的确定，凝结了业界同仁的心血和智慧，体现出行业的强大凝聚力。

《年鉴》的内容由行业专论、行业新闻、行业政策、行业标准、产区专栏、科研专栏、教育专栏、企业专栏等八大部分组成。行业专论汇集了一批具有代表性和具有参考价值的行业精品文章，将为行业企业同仁的发展起到一定的借鉴和指导作用；行业动态梳理记载了近年来我国陶瓷行业在发展过程中，所发生的具有纪念意义的行业焦点事件；行业政策和行业标准分别记载了国家和地方政府近年来对扶持、鼓励陶瓷行业健康发展所出台的一系列法规政策和行业标准；产区专栏汇总了国内各主要陶瓷产区的行业发展史及行业现状，对了解和分析我国各产区陶瓷行业发展历程及概况具有重要作用；科研专栏和教育专栏分别介绍了为我国陶瓷行业发展做出重要贡献的国内重点科研和教育机构；企业专栏主要收集整理了我国陶瓷行业各主要产区具备一定规模的企业信息。

行业《年鉴》的编辑出版工作，首先要感谢广大陶瓷企事业同仁的大力支持，同时，由于时间短、工作量大及缺乏编撰经验等因素，会有诸多不足和疏漏之处，敬请行业广大同仁见谅并多提宝贵意见。

二零一六年二月十八日

《中国陶瓷年鉴》编辑委员会

（2015）

吴木海　广东科达机电股份有限公司总裁
何新明　广东东鹏控股股份有限公司董事长
霍镰泉　广东新中源陶瓷有限公司总裁
梁　其　广东强辉陶瓷有限公司董事长
梁桐灿　广东宏陶陶瓷有限公司董事长
林道藩　广东松发陶瓷股份有限公司董事长
林　伟　广东鹰牌陶瓷集团有限公司总裁
林伟河　广东顺祥陶瓷有限公司总经理
柳　丹　广东中窑窑业股份有限公司董事长
蒲鼎新　亚洲陶瓷控股有限公司 CEO
冼永恒　华夏陶瓷博览城董事长
郭福琼　广东宝丰陶瓷科技发展股份有限公司总经理
萧　华　广东蒙娜丽莎新型材料集团有限公司董事长
谢岳荣　佛山市顺德区乐华陶瓷洁具有限公司总经理
谢悦增　广东唯美陶瓷有限公司常务副总裁
杨伟忠　广东省伟业陶瓷有限公司总经理
叶德林　广东新明珠陶瓷集团有限公司董事长
叶荣恒　广东博德精工建材有限公司董事长
陈显彬　广西三环企业集团股份有限公司董事长
许武林　广西陶瓷行业协会副会长
张　民　重庆锦晖陶瓷有限公司董事长
刘　荒　西部瓷都夹江陶瓷协会常务副会长兼秘书长
徐小洪　四川白塔新联兴陶瓷集团有限责任公司董事长
方海琼　四川省夹江县盛世东方陶瓷有限公司董事长
余　杨　四川省夹江县黄土陶瓷有限公司总经理
刘鹤年　香港丰年华企业有限公司董事长
魏　斌　江西省陶瓷行业协会理事长
唐　良　景德镇陶瓷局局长
孙　飞　景德镇陶瓷协会副理事长
陈华龙　江西陶瓷工艺美术职业技术学院院长、教授
王　耀　景德镇陶瓷股份有限公司董事长
陈雨前　景德镇学院院长
周健儿　中国硅酸盐学会陶瓷分会理事长
刘子力　江西省陶瓷工业公司经理
付碧林　景德镇逸品天合陶瓷股份有限公司董事长
葛春平　山东省陶瓷协会理事长
卢德国　淄博泰山瓷业有限公司董事长
苏同强　淄博华光陶瓷科技文化有限公司董事长
王兴农　山东耿瓷集团有限公司董事长
殷书建　山东硅苑新材料科技股份有限公司董事长
于效才　临沂佳贝特建陶有限公司董事长
赵春田　山东临沂银凤陶瓷集团有限公司董事长
于孝胜　山东佳宝陶瓷有限公司董事长
徐　宁　淄博方基制釉有限公司董事长
王爱纯　河南省陶瓷玻璃行业管理协会会长
王建奇　河南禹州中陶卫浴有限公司董事长
余阳春　黄冈华窑中洲窑炉有限公司董事长
吴向东　华泽集团湖南醴陵釉下五彩城开发建设有限公司董事长
许君奇　湖南华联瓷业股份有限公司董事长
李利民　辽宁省法库县陶瓷协会会长
李新明　《中国陶瓷年鉴》编辑部主任
黄芯红　中国陶瓷工业协会建筑卫生陶瓷分会秘书长
张彩华　中国陶瓷工业协会副秘书长
樊瑞新　中国陶瓷工业协会副秘书长
陈　莲　中国陶瓷工业协会副秘书长

（排名不分先后）

主　　编：浦永祥
副 主 编：樊瑞新
李新明

主编单位：
中国陶瓷工业协会

承办单位：
中轻盛达（北京）信息咨询有限公司

支持单位：
河北省陶瓷玻璃行业协会
山西省日用硅酸盐协会
辽宁省玻璃陶瓷协会
黑龙江省陶瓷工业协会
江苏省陶瓷行业协会
浙江省陶瓷行业协会
安徽省陶瓷协会
福建省陶瓷行业协会
江西省陶瓷行业协会
山东省陶瓷协会
河南省陶瓷玻璃行业管理协会
湖北省陶瓷工业协会
湖南省陶瓷行业协会
广东省陶瓷协会
广西陶瓷行业协会
贵州省陶瓷协会
云南省陶瓷行业协会
新疆陶瓷紫砂协会

唐山市陶瓷协会
峰峰矿区磁州窑陶瓷产业协会
怀仁县陶瓷行业协会
平定县陶瓷工业协会
保靖县陶瓷工业技术协会
法库县陶瓷协会
宜兴市陶瓷行业协会
龙泉市青瓷行业协会
景德镇陶瓷协会
萍乡市工业陶瓷商会
高安市陶瓷行业协会
德化县陶瓷同业公会
晋江市陶瓷经贸行业协会
闽清县陶瓷行业协会
临沂市罗庄区陶瓷协会
佛山市陶瓷行业协会
潮州市陶瓷行业协会
深圳市陶瓷行业协会
大埔县陶瓷行业协会
广西北流陶瓷工业协会
广西钦州市坭兴陶行业协会
西部瓷都夹江陶瓷协会
铜川市陶瓷协会

（按国家行政区域排列，排名不分先后）

鸣谢单位：

广东蒙娜丽莎新型材料集团有限公司
广东四通集团股份有限公司
广东马可波罗陶瓷有限公司
德高（广州）建材有限公司
广东科达潜能股份有限公司
佛山市金舵陶瓷有限公司
广东摩德娜科技股份有限公司
广东金牌陶瓷有限公司
广东博德精工建材有限公司
广东中窑窑业股份有限公司
广东能强陶瓷有限公司
广东宝丰陶瓷科技发展股份有限公司
广州能高共建建材有限公司
广州精陶机电设备有限公司
深圳国瓷永丰源股份有限公司
佛山金刚企业集团有限公司
佛山市正大制釉有限公司
萨克米机械(佛山南海)有限公司
佛山市希望陶瓷机械设备有限公司
佛山市新瓷窑业科技有限公司
佛山市乐华陶瓷洁具有限公司
佛山高明顺城陶瓷有限公司
佛山市华夏陶瓷博览城有限公司
佛山钻石瓷砖有限公司
佛山市南海禾合高新材料有限公司
佛山市子陶陶瓷技術有限公司
隆年华实业（深圳）有限公司
佛山市南海鑫隆机工机械有限公司
佛山市华意陶瓷颜料有限公司
佛山市法恩洁具有限公司
万利（中国）有限公司
晋江恒达陶瓷有限公司
福建华泰集团股份有限公司
福建省德化第五瓷厂
福建省佳美集团公司
晋江腾达陶瓷有限公司
唐姆建材有限公司
景德镇陶瓷股份有限公司
上海泰威技术发展股份有限公司
广西三环企业集团股份有限公司
山东佳宝陶瓷有限公司
山东统一陶瓷科技有限公司
临沂佳贝特建陶有限公司
淄博泰山瓷业有限公司
淄博陶正陶瓷颜料有限公司
淄博赛纳新材料科技有限公司
淄博华光陶瓷科技文化有限公司
山东省博山士普陶瓷装备有限公司
淄博方基制釉有限公司
河北斯罗米克科技股份有限公司
河北省张家口宣化国玉陶瓷有限公司
江苏高淳陶瓷股份有限公司
西卡（中国）有限公司
信益陶瓷（中国）有限公司
江苏拜富科技有限公司
新嘉理（江苏）陶瓷有限公司
江苏省宜兴紫砂工艺厂
宜兴市昌华陶艺有限公司
浙江楠宋瓷业有限公司
山西平定古窑陶艺有限公司
山西省怀仁县恒源瓷业有限公司
山西省阳城县侨枫瓷业有限公司
山西省怀仁县吴家窑陶瓷厂
山西闻喜华隆瓷业有限责任公司
山西安益洪山陶瓷有限公司
湖南湘瓷科艺股份有限公司
湖南华联瓷业股份有限公司
四川省夹江县盛世东方陶瓷有限公司
四川省夹江县黄土陶瓷有限公司
安徽罗盛达陶瓷股份有限公司
沈阳隆基电磁材料科技有限公司
辽宁法库陶瓷工程技术研究中心
沈阳市隆盛陶瓷有限公司
沈阳市王者陶瓷有限公司
（按区域排列，排名不分先后）

目录

行业大事记

2014-2015年中国陶瓷工业大事记

产区专栏

行业概况

行业组织

科研专栏

教育专栏

行业新闻

2014年度中国陶瓷行业新闻

2015年度中国陶瓷行业新闻

中国陶瓷工业协会简介

中国陶瓷工业协会是中国陶瓷行业唯一的行业组织，是经中华人民共和国民政部批准注册登记的，是由全国跨地区、跨部门和不分所有制的从事陶瓷行业及相关产品的生产、设计、科研、教育、贸易、收藏等的企业、事业单位、院校、地方社团组织及职业陶艺家、科技工作者、企业家等团体和个人会员自愿组成的非营利性、行业性社会团体。中国陶瓷工业协会的业务主管部门为中华人民共和国国务院国有资产监督管理委员会。中国陶瓷工业协会成立于1989年9月，目前有会员逾千家，职工人数逾百万人。

现协会内设秘书处、人才培训中心、节能技术中心、经济技术信息中心、咨询服务中心、陶瓷美术设计中心等，同时下设日用陶瓷分会、建筑卫生陶瓷分会、陶瓷艺术委员会、工业陶瓷分会、陶瓷原料辅料分会、装饰材料分会、陶瓷技术装备分会、营销分会、马赛克委员会、瓷砖粘贴技术委员会、陶瓷幕墙与装饰材料分会、窑炉及耐火材料分会等十二个分会。协会主办的《中国陶瓷会刊》对会员赠阅发行。

中国陶瓷工业协会在国家宪法、法律、法规及各项政策指引下，发挥政府与企业之间的纽带作用，以维护本行业和会员的合法权益，为行业服务，促进行业健康发展。

中国陶瓷工业协会在制定行业规划及行规行约，调查、收集、整理和统计行业基础资料，研究行业发展方向，进行技术培训，举办专业展览，提供信息服务，推广科技成果等活动中开展卓有成效的工作。同时，中国陶瓷工业协会还承担着政府委托的行业管理职能。

中国陶瓷工业协会一贯积极开展国际交流与合作，不断加强与国际陶瓷同行之间的联系与交流，致力于促进陶瓷行业的技术进步、扩大贸易往来，并且在这一领域中发挥着日益重要的作用。

中国陶瓷工业协会将不断为中国陶瓷工业的繁荣与进步贡献力量。

中国陶瓷工业协会分支机构

一、中国陶瓷工业协会日用陶瓷分会

会长：苏同强 淄博华光瓷业有限公司 董事长

办公地点：山东省淄博华光瓷业有限公司

地址：山东省淄博市高新技术产业开发区鲁泰大道55号

电话：0533-2883838 2882799

传真：0533-2888702

邮编：255086

二、中国陶瓷工业协会建筑卫生陶瓷分会

会长：叶德林 广东新明珠陶瓷有限公司 董事长

办公地点：广东新明珠陶瓷有限公司

地址：广东省佛山市禅城区南庄镇华夏陶瓷博览城新明珠集团大厦

电话：0757-85399939

传真：0757-85381321 85317908

邮编：528061

三、中国陶瓷工业协会陶瓷艺术委员会

主任委员：傅维杰 中国陶瓷工业协会 常务副理事长

执行会长：王建中 清华大学美术学院 教授

办公地点：协会秘书处

地址：北京市阜成门外大街乙22号218室

电话：010-68396218

传真：010-68396214

邮编：100866

四、中国陶瓷工业协会工业陶瓷分会

会长：邱永斌 江苏省陶瓷研究所 所长

办公地点：江苏省陶瓷研究所有限公司

地址：江苏省宜兴市丁蜀镇丁山北路196号

电话：0510-87185940

传真：0510-87186812

邮编：214221

五、中国陶瓷工业协会陶瓷原料辅料分会

会长：袁勇 中国轻工业陶瓷研究所

办公地点：中国轻工业陶瓷研究所

地址：江西省景德镇市新厂西路556号

电话：0798-8438749

传真：0798-8444654

邮编：333000

六、中国陶瓷工业协会装饰材料分会

会长：蔡宪昌 广东三水大鸿制釉有限公司 董事长

办公地点：广东三水大鸿制釉有限公司

地址：广东省佛山市三水区大塘镇大布沙工业区

电话：0757-87279999

传真：0757-87293862

邮编：528100

七、中国陶瓷工业协会陶瓷技术装备分会

会长：武　桢　广东科达洁能股份有限公司 副总裁

办公地点：广东科达洁能股份有限公司

地址：广东省佛山市顺德区陈村镇广隆工业园环镇西路一号

电话：0757-23832999

传真：0757-23312955

邮编：528313

八、中国陶瓷工业协会营销分会

轮值会长：贾　锋 华耐家居集团 董事长

林　伟 广东鹰牌陶瓷集团有限公司 总裁

叶荣楷 广东萨米特陶瓷有限公司 总裁

办公地点：广东省佛山市禅城区华夏陶瓷博览城佛山国际会展中心三楼

电话：0757-82108222

传真：0757-85399303

邮编：528000

九、中国陶瓷工业协会马赛克委员会

主任委员：黄芯红 中国陶瓷工业协会

办公地址：广东省佛山市禅城区宝塔路9号501室

电话：0757-82773111

邮编：528000

十、中国陶瓷工业协会瓷砖粘贴技术委员会

主任委员：张泳东 德高（广州）建材有限公司 副总经理

办公地点：德高（广州）建材有限公司

地址：广东省广州市海珠区滨江西路206号

电话：020-84411717

传真：020-84431130

邮编：510235

十一、中国陶瓷工业协会陶瓷幕墙与装饰材料分会

会长：萧华 广东蒙娜丽莎新型材料集团有限公司 董事长

办公地点：广东蒙娜丽莎新型材料集团有限公司

地址：广东省佛山市南海区西樵镇太平工业区

电话：0757-86800179

传真：0757-86822096

邮编：528211

中国陶瓷工业协会六届三次理事会工作报告

中国轻工业联合会副会长
中国陶瓷工业协会理事长
杜同和

各位理事,各位来宾:

大家好!

首先，对大家来福建德化参加中国陶瓷工业协会六届三次理事会以及首届中国陶瓷电商峰会表示热烈的欢迎！下面，我代表中国陶瓷工业协会第六届理事会做工作报告，请各位理事审议，并请出席本次会议的同志提出意见。

一、六届二次理事会以来的工作回顾

2014年下半年以来，陶瓷行业认真贯彻落实党的十八届三中全会提出的全面深化改革的一系列重要举措，稳步推进产品结构调整和转型升级发展，陶瓷行业继续保持了较好的发展态势，各项工作取得了新的进展。

——**陶瓷工业已经进入深度调整期。**2014年，陶瓷全行业规模以上企业主营业务收入完成7836亿元，比上年同期增长12.7%，实现利税941.5亿元，比上年同期增长11.23%，利润完成586.3亿元，同比增长11.92%。今年以来，陶瓷行业各项经济指标增幅放缓，1-7月，规模以上企业主营业务收入4687亿元，比上年同期增长7.49%，利税完成583亿元，比上年同期增长6.15%，利润完成364亿元，同比增长6.12%。综合各方面统计数据，我国陶瓷工业已经进入深度调整期，经济走势缓中趋稳，但稳中有难。

——**陶瓷产品出口价格不断提高。**2014年全国31个省区共出口各类陶瓷2337万吨，出口额193亿美元，分别增长了1.8%和14.8%。今年1-7月,各类陶瓷出口1297万吨，同比增长1.58%，出口总额122.2亿美元，同比增长30.8%。陶瓷产品出口总值增幅远高于出口数量增幅，出口产品结构不断优化，出口单价不断增长。

——**节能减排持续推进并取得新的进步。**2014年以来，在协会和企业的共同努力下，国家环保部与国家质量监督检验检疫总局联合发布了修改后的《陶瓷工业污染物排放标准》（GB25464-2010）；工业和信息化部发布了《日用陶瓷单位产品能源消耗限额标准》（QB/T4667-2014）。通过新环保法和新标准的执行，陶瓷行业的准入门槛得到提高，陶瓷行业发展更加规范，节能型陶瓷窑炉、新型脱硫脱硝装置已经装备企业。推进环保节能，支撑绿色发展已经成为行业发展的共识。

——**科技创新驱动发展步伐加快。**计算机与信息技术在陶瓷产品开发、企业管理、产品流通等环节快速应用。超薄陶瓷墙地砖生产和制造工艺及装备技术已经成熟，陶瓷工业机械化、自动化程度不断提高。2014年以来，“高温大红基印花釉的研制”、《窑变艺术陶瓷砖生产技术》、《止滑功能陶瓷砖工业化生产技术》、《陶瓷粉料高效节能干法制备技术及成套设备》等科技成果相继通过鉴定；《日用陶瓷高品质化》项目通过了国家科技部的验收；卫生陶瓷智能系列产品带动卫生陶瓷产品向智能化方向发展。“日用陶瓷等静压成型”、“陶瓷砖干法制粉”、“连续球磨生产”、“卫生陶瓷高压注浆成型”、“工业机器人”等新技术的应用步伐正在加快。

——“互联网+陶瓷产业”为行业发展提供了新的动力。互联网+这种新的经济形态激发了全社会创新创业热情。2014年以来，陶瓷电商已发展到800多家，一大批陶瓷企业在互联网的帮助下，通过自建或借助现有的“众包”平台，发布研发创意需求，广泛收集客户和外部人员的想法与智慧，大大扩展了创意来源。

一年来，我们主要做了以下工作：

（一）维护行业利益，反映行业和企业诉求，促进行业发展

在中轻联的领导下，协会向科技部提出《高性能低成本先进结构陶瓷材料制备技术》、《日用陶瓷节能减排关键技术》项目，并组织行业内专家参与材料领域技术预测工作，为国家关键技术选择和“十三五”科技发展规划制订提供重要依据；按照发改委和商务部的要求，对《鼓励进口技术和产品目录》（2014年版）提出了修订意见；为我国与美国、欧盟等国《环境产品协定》谈判提供支持，推动谈判将我国陶瓷优势产品纳入最终的降税清单；对国家环保部《陶瓷工业污染物排放标准》（GB25464-2010）修改提出意见，使修改后的标准更加符合行业实际；向国家知识产权局推荐了两家企业申报第十七届中国专利奖；向国家工商总局推荐了10家以上企业产品评定中国驰名商标；参与了国家质量监督检验检疫总局组织的第二届中国质量奖评选工作；与全国总工会共同制定了《卫生陶瓷行业部分劳动定额指导标准》；向国家税务总局提供了行业固定资产加速折旧详细清单；多次参加发改委、工信部、商务部、国资委等政府部门召开的会议，向政府有关部门提供行业发展新动态、提出相关政策建议；向政府部门报送行业信息并被评为信息报送先进单位。

（二）积极应对贸易摩擦，维护行业利益，做好自律工作

2014年，中陶协组织成立对巴西出口自律委员会，积极协调各方面工作，解决出口过程中遇到的问题，调研走访了多家违约企业，了解企业出口巴西的情况，简化出口签章流程和手续，及时了解出口过程中出现的新问题。邀请巴西贸易保护局（DECOM）局长马可·塞萨尔（Marco Cesar）来访进行了沟通协商。2014年，中国陶瓷工业协会按照《巴西日用陶瓷反倾销价格承诺条款》的要求，对价格承诺企业对巴西出口情况进行了认真登记、核实，对符合价格承诺要求的企业进行了及时回复，对不符合价格承诺要求的企业进行了耐心解释，使承诺企业准确把握规则，认真履行承诺。2015年初，中陶协根据日用瓷出口巴西近一年的情况及巴西方面的新动向，在北京召开了紧急磋商会议。会议就如何做好2015年对巴西日用瓷出口价格承诺工作进行了研究；对126家出口企业名单重新进行了调整，5月，出口企业顺利通过巴西贸易保护局调查官员的实地考核。

在做好对巴西日用瓷出口自律工作的同时，今年5月份以来，协会积极配合商务部贸易救济调查局做好对土耳其日用陶瓷出口保障措施调查应诉工作，先后在深圳、潮州等地多次组织召开协调会、培训会；组织企业选聘代理律师并出席听证会，配合律师筹集了听证会抗辩材料、会后评价材料；保持与土耳其陶瓷工业协会和土耳其进口商协会的联系沟通，采取多种方式，争取行业最大利益。

（三）以艺术陶瓷为载体，推动全行业创新发展

2014年3月，中陶协启动了“第三届中国陶瓷艺术大师评审”工作，评审工作领导小组多次召开会议，制定评审办法，广泛征求意见。经过逐级评审推荐，目前已完成申报资料的登记汇总、复核等工作。2014年11月，协会举办了“首届十二生肖大赛”活动。2014年9月，为了提高陶瓷原创水平，引导、推动陶瓷企业向自主研发、设计方向转型，中陶协举办了“首届中国当代陶瓷设计特展”，展示了我国日用陶瓷原创作品。2014年10月，协会组织召开了第四届中韩陶瓷艺术交流展，该活动进一步提高了我国艺术陶瓷的国际影响。2015年3月，中陶协在湖南醴陵成功举办了“第十届全国陶瓷艺术与创新评比”活动，四十年来，该项活动繁荣了中国陶瓷艺术，推动了产业发展，培养和造就了大批陶瓷艺术设计与创新人才，为今后中国陶瓷艺术与设计创新指明了方向。2015年4月，中陶协在广西北流举办了“第八届中国陶瓷产品设计大奖赛”。2015年9月，协会组织28名陶艺家赴美交流，进一步扩大了中国陶瓷艺术的世界影响力。

（四）组织企业参加各类展会，开拓国内外市场

2014年5月，中陶协与中国建材联合会等五大协会联合主办了首届中国陶瓷产品展。首届展会举办以来，我协会积极支持该展会展现中国高端原创陶瓷形象，加速提升中国陶瓷产品的国际地位做出了努力。2014年12月，我协会在浙江宁波举办了“中国（宁波）陶瓷文化艺术展览会”。组织了全国各主要陶瓷产区的陶瓷企业和陶艺家们参展，展位面积近4000平方米。2015年6月，中陶协在广州成功主办了2015中国陶瓷工业技术与产品展。展会参展企业达到841家，国外企业185家，展业观众突破7万，展出面积8.65万平米，成为名符其实的“世界第一”陶瓷展会。该展会为国内陶瓷企业转型升级、结构调整、节能减排等提供了大量的技术与设备支持，进一步提高了陶瓷行业对外开放发展的水平。2015年6月，中陶协在北京成功举办了第五届中国陶瓷艺术创意设计精品展，组织参展企业300家，展出面积近8000多平米。除了成功主办各类展会外，还积极冠名支持了各产区的陶瓷博览会，帮助各产区招商招展，在博览会同期举办各类论坛活动，促进了各产瓷区之间的交流与合作。

（五）加强专委会建设，有效发挥决策支持作用

2013年，陶瓷艺术委员会下增设了中国陶瓷艺术大师联盟、中国陶瓷艺术设计中心、中国陶瓷艺术鉴赏委员会等机构；2014年，我们新组建了“陶瓷板材幕墙分会”，今年7月，又成立了“智能卫浴专委会”，到目前为止，协会共成立了12个专业委员会。一年来，各专业委员会在协会的领导下，结合本专业实际，扎实履行专委会职能,积极推进专委会工作,取得了一定的成绩。日用陶瓷专委会在湖南醴陵组织召开了“日用陶瓷发展研讨会”；营销分会组织了2014年度“中国优秀陶瓷经销商”颁奖典礼暨“信息化离我们有多远”高层峰会活动；瓷砖粘贴技术专委会在全国举办了五场镶贴工技能比武大赛；建筑卫生专委会主办了“中国陶瓷砖高峰论坛”、“第七届中国卫生洁具行业高峰论坛”等活动；马赛克专委会举办了“第十四届马赛克节”、“第十五届中国马赛克高峰论坛暨第五届中国马赛克行业“金魔方”奖评选”等活动；对已经到届或即将到届的专委会换届工作正在进行之中。

（六）推进标准体系建设，加强行业品牌建设

2014年11月，组织召开了第二届全国日用陶瓷标准化技术委员会(SAC/TC405)成立大会，标委会对《陶瓷材料烧结温度范围测定方法》等5项标准进行了审议，对当前日用陶瓷行业面临的形式及存在的问题进行了研讨。标委会制定的《化学瓷坩埚》（QB/T1991-2014）等7项日用及化学瓷标准、《日用玻璃陶瓷》（GB/T30771-2014）标准等经国家标准化委员会、国家质量监督检验检疫总局批准发布并开始实施。协会还与全国总工会共同组织了《卫生陶瓷行业部分劳动定额指导标准》的制定和评审工作。瓷砖粘贴技术委员会制定完成了《陶瓷饰面砖胶粘剂应用技术规程》和《陶瓷饰面砖填缝剂应用技术规程》两个标准。

在重视行业标准化体系建设的同时，协会继续开展中国陶瓷行业名牌的评审工作，主办了第十一届“新锐榜”评比活动，100多家企业、297个项目参评，颁发大奖项15个，粘贴材料类首次纳入新锐榜评选中，“新锐榜”的国内外影响力不断提高。协会推荐12家品牌企业参与国家各类庆典用瓷的制作工作，先后组织企业完成了北京APEC用瓷、西藏自治区成立50周年、新疆自治区成立60周年等国家用瓷的制作工作。

（七）组织开展职业技能培训和技能大赛，为行业培养应用型人才

2014年，协会组织三个学院分六批共培训鉴定了陶瓷产品设计师82人；陶瓷工艺师379人。瓷砖粘贴技术委员会组织了全国镶贴工技能培训活动，制订培训用的纸质版教材、教学PPT以及视频教材。制定了培训讲师的甄选及考评、镶贴工的考核制度，举办了3期培训。2015年，协会与全国总工会共同组织了陶瓷成型职业技能竞赛。大赛采取理论测试、现场手工制作和作品评价相结合的方式进行，先后在河南禹州、河北邯郸、山东淄博等11个地区举办了多场初赛。总决赛几天前已在景德镇完成。

（八）加强协会秘书处建设，提升服务行业能力和水平

秘书处作为协会常设办事机构，负责日常工作，在保证协会理事会和常务理事会决议的执行和实施，做好自律、协调、监督和维护企业合法权益等方面起着重要作用。一年来，协会在增强和完善秘书处的服务功能方面做了一些工作。一是按照民政部5A级评价标准完善协会各项管理，切实履行自律、维权、服务、交流职能，在推进行业自律管理、维护行业合法权益、改善行业发展环境、增进行业对外交流等方面都做了扎实有效的工作。二是加强信息化建设，提高服务效率和质量。自去年7月以来，协会对网站和会刊进行了改版，新建了微信公众号和会员管理系统。改版后的会刊版面不断扩大，会务版和商务版官网信息量不断增加。协会与成联电子商务公司合作建设的“互联网+陶瓷”服务平台已经将云计算、物联网、大数据为代表的新一代信息技术引入到行业中来，为大众创业、万众创新提供环境，为产业智能化提供支撑。三是加强理论学习，不断增强学习时效性。协会对党支部组成人员进行了调整，组织党员参加了中轻联开展的党的群众路线教育实践活动、三严三实教育实践活动，通过学习实践，协会谋事、干事、创业、改革等方面的氛围不断增强。

回顾一年来的工作，我们应该清醒的认识到自今年以来，行业遇到了前所未有的困难。

从宏观经济层面看，国际经济有所复苏但依然面临重新陷入衰退的风险，对我国陶瓷出口增长的拉动力有限。此外，房地产投资的减速及销量滞涨抑制陶瓷产业的经济增长。

从陶瓷行业情况看，今年全国陶瓷产区的厂家有近1/4面临停窑或减产。1-9月，墙地砖产量比去年降低3.3%；卫生瓷产量增长仅3.08%，库存增长15.2%；日用陶瓷亏损企业比去年增加21.6%，应收账款增长11.3%。产能过剩和结构失衡的矛盾依然严重，而且原材料因素、人力资源因素以及环保因素对我国陶瓷增长的制约越来越强，陶瓷产业难以保持2012年之前的增速水平，增速的进一步下调已成事实。

面对行业的严峻形势，陶瓷行业要坚定信心，用足用好国家出台的各项改革政策，肩负起振兴陶瓷产业的光荣使命，以认真负责的态度做好今后的行业工作。

二、当前和今后一个时期的工作安排

今年是我国全面深化改革的关键之年，是全面推进依法治国的开局之年。2015年已经过半，在面临较大经济下行压力的情况下，我国政府陆续出台了多项措施，全方位稳定经济增长。正在召开的十八届五中全会将对“十三五”做出全面安排，一定有新的精神和举措。近期，稳增长的效果开始显现，经济数据出现企稳和回温的迹象。从陶瓷行业发展情况看，“产能过剩”、“综合成本上升”、“转型升级速度缓慢”等问题还没有根本改变。做好今后一个时期的行业工作形势逼人，责任重大，任务艰巨，时不我待。我们一定要把思想统一到中央对形势的分析判断和决策部署上来，扎实做好行业各项工作。今后工作的总体要求是：全面贯彻党的十八大以来的各项决策部署，立足智能制造、“中国制造2025”、“互联网+”战略，主动适应经济发展新常态，用足用好深化改革、简政放权等带

来的红利，抓住“一带一路”战略实施新机遇，更加突出创新驱动，更加突出自主品牌建设，深化协会自身改革，促进陶瓷经济平稳健康发展和转型升级。重点做好以下工作：

（一）以深化改革为动力，全面加强协会自身建设

协会的改革，是决定协会未来发展的一件大事。今年7月，中办国办发布《行业协会商会与行政机关脱钩总体方案》，《总体方案》提出完善政府购买服务机制、落实价格税收政策、建立完善法人治理结构等一系列配套政策。这对创新行业协会管理体制和运行机制，理顺市场、企业与政府之间关系，优化市场资源配置，促进国家治理现代化具有重要意义。全国性行业协会商会改革分三批试点，2017年完成，2018年全面推开。今年下半年已开始第一批试点，通过试点完善相应的体制机制后全面推开，中陶协将随同中轻联于明年作为第二批试点。

创新行业协会商会管理体制和运行机制，激发内在活力和发展动力，提升行业服务功能，充分发挥行业协会商会在经济发展新常态中的独特优势和应有作用是协商会改革的内在要求。中陶协要在新的形势下努力提高竞争力和凝聚力，努力提高服务行业和企业、服务政府、服务消费者和社会、加强自身建设等四种能力，同时，要不断增强协会经济实力。协会要积极争取和承接政府简政放权、购买服务等职能。中陶协将进一步加强自身建设，成立中陶协科学技术委员会，充实秘书处班子力量，加强各专业委员会建设，丰富和完善各项服务职能和手段，以自身素质的提高和经济实力的增强，促进行业协会持续健康发展。

（二）做好行业统计工作，把握行业经济运行状况，为行业企业提供准确宏观数据

“说清行业”是行业协会的基本能力。近年来，行业发展出现一些新的变化，产品结构不断增多，产品价格参差不齐，这就要求行业协会在宏观上有准确的统计数字，为企业生产和国内外销售提供可靠参考。为此，协会要在国家统计局国内产量统计、中国海关进出口统计等数据基础上，建立行业统计系统，对陶瓷产品进行细分，采取行业调查、网上填报等多种形式，摸清行业家底，更好的为国家及企业决策提供服务。要加大调查研究力度，深入产区企业，及时了解企业生产、销售、研发、技改等过程中遇到的新情况、新问题，提高反映诉求、解决问题的时效性、针对性。要重点向国家部委反映减轻企业负担、节能减排、对外出口等方面遇到的共性和突出性问题，积极营造陶瓷行业大众创业，万众创新的良好氛围。

（三）积极推进行业节能减排和环保工作

近年来，环保约束力逐年加大。国务院在2011年9月印发《“十二五”节能减排综合性工作方案》，之后又相继出台了《国家环境保护“十二五”规划》、《“十二五”主要污染物总量减排细则》，2013年9月，国务院出台了《大气污染防治行动计划》，也就是我们说的“大气十条”，2014年12月，国家环保部出台了修改后的的《陶瓷工业污染物排放标准》（GB25464-2010），一系列法律法规，对陶瓷行业已经形成了巨大强有力的环境治理约束力。党的十八大提出，把生态文明建设纳入到“五位一体”的总体布局。国家的环境污染治理力度明显加大，治理进程明显加速。陶瓷行业要在全国开展节能环保对标工作，组织筛选、推广相关重点装备和技术。要对节能、节材、环保产品给予格外关注，积极争取国家相关部委在技术改造、税收、出口退税等方面进行政策支持。

（四）做好第三届陶瓷艺术大师评审工作

中国陶瓷艺术大师评审自2003年创始至今已经走过12个年头，“艺术大师”称号是国家对陶瓷艺人的高超水平和巨大成就的认定，老一辈陶瓷艺术大师不仅善于传承和创作，更有创新和创造的能力，有自己的艺术语言和推动陶瓷发展的独特技艺。做好第三届陶瓷艺术大师评审工作意义重大，要

严格按照评审办法规范开展工作，坚持“公平、公正、公开”和德艺双馨的原则，排除各类干扰，做好后续工作。要研究制定中国陶瓷艺术大师管理办法，规范获评大师的行为。

（五）贴近行业发展需求办好广州工业展，为企业拓展市场打造新的展会平台

两年一届的广州国际陶瓷工业技术与产品展已经扬名海内外，成为了各国陶瓷装备及原料企业开拓亚洲市场的最重要窗口，引领世界陶瓷技术发展风向标。该展会使中国陶瓷行业迅速与国际接轨，为中国陶瓷产品、设备、原辅材料走向世界，为具备条件的企业走出国门，扩大国际产能合作提供了舞台。要继续办好这一展会，认真研究分析我国陶瓷行业在新产品开发、节能减排、高技术陶瓷发展、智能化制造等方面的需求，引导行业向“中国制造2025”目标发展。

在办好工业展的同时，协会要积极发展其他各类专业展会。要积极参与支持办好中国陶瓷产品展、北京陶瓷精品展，积极打造“互联网+陶瓷展会”平台，为买家和卖家搭建便捷沟通桥梁。

（六）做好标准和品牌建设工作

今年3月，国务院已经印发《深化标准化工作改革方案》，《方案》明确了6个方面的改革措施，其中一项措施就是培育发展团体标准。鼓励具备相应能力的学会、协会、商会、联合会等社会组织和产业技术联盟，协调相关市场主体共同制定满足市场和创新需要的标准，增加标准的有效供给。目前，科技类学术团体开展标准制定和管理的实施办法正在制定，到2020年，各项改革措施将要完成。协会及其各标委会将按照改革方案要求，配合国标委开展强制性标准清理评估、推荐性标准复审和修订等工作。协会要加强标准化人才和队伍建设，通过落实改革方案，提高行业标准的国际化水平，让标准成为对质量的“硬约束”。

实施品牌战略是市场经济条件下企业求生存、谋发展的客观需求，企业软实力的竞争最重要的就是品牌的竞争。协会要顺应市场经济的要求，完善行业名牌评选制度，扩大行业名牌的影响力，继续做好行业名牌的评选和复评工作。要继续做好每年一届的“新锐榜”评选工作，广为宣传那些具有成长性和创新性的企业和产品，引导企业不断提高核心竞争力。要规范和清理过多过滥的品牌排名及评选活动，减轻企业负担。

（七）做好贸易摩擦应对工作，维护行业利益

国务院已经明确在未来的改革中鼓励行业协会在应对贸易摩擦等事务中，发挥协调、指导、咨询、服务作用。近年来，受全球经济持续低迷影响，贸易保护主义抬头，“中国制造”一直是全球市场贸易摩擦和贸易壁垒的热点目标。陶瓷行业在国际贸易中出现的贸易摩擦案件较多，欧盟、土耳其、印度、韩国、巴西等国先后对中国陶瓷产品发起反倾销调查，中陶协在以往的贸易摩擦案件应对工作中积累了一些经验。当前，我们要继续在商务部的指导下做好土耳其保障措施调查、巴西日用陶瓷价格自律等工作。既要关注企业出口数量和价格的变化，又要掌握全国各海关陶瓷出口宏观数据，建立提前预警机制。掌握WTO相关法律条款，运用法治思维和法制方式应对各类贸易摩擦，积极维护行业利益。

（八）做好职业技能培训工作，培养更多的能工巧匠

培养更多的技能型人才，优化人才培养结构，是陶瓷行业需要迫切解决的问题。协会开展的职业技能培训工作是按照国家职业分类和职业技能标准进行的规范性培训。协会将认真研究陶瓷行业人才培养和职业技能培训工作，要围绕“两化融合”、“互联网+”行动计划等，密切协会同院校和科研院所的有机结合，有针对性的培养行业紧缺的各类技能型人才。要在国家人力资源和社会保障部、全国总工会的指导下，进一步做好陶瓷职业技能竞赛工作。要总结成型工种职业技能竞赛的经验，依据国家职业技能标准，结合陶瓷生产和经营工作实际，开展以突出操作技能和解决实际问题能力为重点的、有组织的群众性竞赛活动，培养行业能工巧匠，为陶瓷制造水平的不断提高提供保障。

各位理事，今年是我国深化改革的重要一年，也是对协会工作提出更高要求的一年。我们一定要在以习近平同志为总书记的党中央领导下，坚定信心，改革创新，攻坚克难，扎实工作，不断开创陶瓷工业新局面，为陶瓷工业美好明天做出更大贡献。

中国陶瓷工业协会2015年度重要工作

2015年，是我国陶瓷行业改革、发展、调整发生深刻变化的一年，在国内外经济发生巨大变化的背景下，中国陶瓷工业协会（以下简称中陶协）在国资委和中轻联的指导下，在广大会员单位的全力支持下，认真贯彻落实党的十八届三中、四中、五中全会精神以及经济工作会议的要求，落实六届二次、三次理事会的各项工作部署，不断完善协会职能，丰富服务途径，加强内部管理和基础建设，提高服务能力和服务水平，继续坚持“面向陶瓷行业、面向陶瓷企业、面向会员单位”的办会宗旨，有效地开展了各项工作，较好完成了本年度的工作。

一、不断加强协会内部建设，提升服务能力与服务水平

（一）召开了六届三次理事会

中国陶瓷工业协会第六届三次理事会于2015年10月28日，在福建德化隆重召开。会上审议通过了六届三次理事会工作报告、通过了2014-2015年度会费收支情况报告；通过了调整和增补副理事长、常务理事、理事的提案；通过了侯文全同志为中国陶瓷工业协会秘书长的提案；通过了王志杰、朱燕雯不再担任协会职务的建议；通过了免去冯林华协会职务的建议；通过了中国陶瓷工业协会关于成立“陶瓷科学技术委员会”的提案；通过了中国陶瓷工业协会关于成立“陶瓷装饰艺术砖专业委员会”的提案；通过了中国陶瓷工业协会关于成立“中国陶瓷工业协会陶瓷文化促进会”的提案”；通过了中国陶瓷工业协会关于“建筑卫生陶瓷专业委员会”等5个分支机构更名为分会的提案；会议还宣布了关于聘任樊瑞新、陈莲为中国陶瓷工业协会副秘书长的决定。

六届三次理事会的召开，使协会的领导班子更加团结，分支机构的布局更加合理，充实了一批年轻人作为协会秘书处的骨干力量，为协会将来的发展打下了坚实的基础。会议期间，各部门分工有制，互相协调，认真做好了发文、报名、接待等各项工作，保证了中陶协六届三次理事会议顺利召开。

（二）提供准确全面信息，做好《中国陶瓷会刊》及协会网站维护工作

自2014年7月与唐山成联电子商务有限公司达成合作协议以来，网站及会刊的运营质量、行业认可度逐步提高，2015年5月，《中国陶瓷会刊》、中国陶瓷官网先后进行了改版，会刊印刷全部 改为彩印，网站板块做到了行业全覆盖。互联网+电子商务平台初具规模，行业独立统计系统正在建设中。成联电子商务为协会开发了会员管理系统软件，手机微信平台等。全年通过网站和会刊联系行业内企业近2万家。

（三）认真做好部委、联合会所下发文件的落实及反馈、信息报送等工作

1. 为贯彻落实“十二五”规划《纲要》和《“十二五”控制温室气体排放工作方案》的有关要求，加快低碳技术的推广应用，促进2020年我国控制温室气体行动目标的实现，国家发展改革委拟组织编制

国家重点推广的低碳技术目录（第二批），现开展轻工行业重点低碳技术的征集工作，我协会上报了陶瓷薄板等低碳技术。

2. 对联合会发《中国轻工业重点实验室管理暂行办法》征求意见稿提出了修改意见。

3. 协助中轻联完成《轻工业技术进步“十三五”发展指导意见》、《轻工装备技术进步“十三五”发展指导意见》、《2016年度技术改造重点方向研究提纲》中的陶瓷部分内容。

4. 根据环境保护部要求，为夯实环评项目审批专家基础，增强国家建设项目专家库的公信度和科学性，鼓励库内专家在环境影响评估、环评公众参与中发挥更积极作用，推荐了行业内的专家入库。

5. 为落实《关于申报第十七届中国专利奖项目的通知》，协助广东顺祥、福建九牧、广东四通等企业完成了专利奖的申报工作。广东顺祥申报的产品获得优秀奖。

6. 配合国家机关事务管理局完成了西藏自治区成立50周年、新疆自治区成立60周年庆典用瓷的企业推荐、标准制定、标书评审、实地核验等项工作。国管局对我协会的工作给予很高评价。

（四）会员发展与管理

2015年，我协会进一步加大了为会员服务的力度，共为10多家会员企业出具了申请“中国驰名商标”、“省名牌产品”等荣誉的推荐函。此外，积极做好会员的发展工作，2015年共发展会员24家。

二、提升为行业服务的理念，推进陶瓷行业结构调整与转型升级

1. 中国陶瓷行业名牌的评审工作

2015年5月25日，正式发出通知，开展中国陶瓷行业名牌的评比申报工作（包含2012年名牌产品的复评）。11月24日，在北京召开了“中国陶瓷行业名牌专家评审会”。

2. 中国陶瓷艺术大展暨第十届全国陶瓷艺术设计创新评比活动

从2014年1月份开始启动，至2015年3月底结束，历时一年多。

评比活动于2015年3月26-29日，在醴陵世界陶瓷艺术城进行。共有来自江西、安徽、福建、广东、广西、贵州、河北、河南、湖北、湖南、江苏、辽宁、山东、山西、陕西、台湾、云南、浙江、吉林、四川、北京、上海、天津等23个省市的陶瓷艺术工作者及全国89所院校的师生作品报名参加。

3. 中国陶瓷艺术大师评审工作

2014年5月5日，正式下发“关于开展第三届中国陶瓷艺术大师评审工作的通知”后。2015年做了大量准备工作，于年底完成了第三届中国陶瓷艺术大师的申报资料登记汇总工作（具体可参看去年工作总结）。在此基础上，8月份完成了大师申报资料最终审核及资料分数计算工作。10月21日，在宜兴陶文化节期间召开了部分省市协会领导碰头会议，对存在的个别问题进行了研究，最终确定本次申报人员共242人，资料审核合格人员为193人。会议同时确定了实操考核的时间地点。

2015年12月6-8日，在江苏宜兴进行了第三届中国陶瓷艺术大师实操考核工作。本次实操考核共分为：雕塑、制壶、刻瓷、刻坯、刻划花、釉上彩绘、釉下彩绘、拉坯、日用陶瓷器形设计、日用陶瓷

花面设计、颜色釉共11个项目。除拉坯项目在无锡工艺职业技术学院考核外，其他项目均在宜兴陶瓷实训基地（丁蜀成人文化学校）进行。

4. 第八届中国陶瓷产品设计大奖赛（简称“中陶奖——三环杯”）

此次评比活动，由我会主办，北流市政府承办，于4月18日至20日与北流市陶博会同期举行，来自江西、河北、广东、广西、河南、山东等地的企业和个人报名参加。

5. 中国国际轻工消费精品展览会暨第五届中国陶瓷艺术创意设计精品展

6月28-30日，我协会在北京举办了2014中国国际轻工消费品展览会暨第四届中国陶瓷艺术创意设计精品展。

此次展会的面积近8000多平米，展位数量近400个，参展商来自于全国13个省、直辖市、自治区。展会前期，我协会展览部先后走访了淄博、德州、龙泉、醴陵、景德镇、潮州等地进行招展工作。

6. 举办了首届中国黑陶艺术创新设计大赛

由中国陶瓷工业协会、山东省陶瓷协会、山东省旅游行业协会、中共德州市委宣传部共同主办，中国陶瓷工业协会黑陶艺术专业委员会、山东省旅游商品开发服务中心、德州市文化广电新闻出版局、德州市旅游局共同承办的首届中国黑陶艺术创新设计大赛于2015年9月23-24日在山东省德州市会展中心举办。此次大赛主题为“挖掘黑陶艺术，普及黑陶文化”，吸引了来自河南、吉林、陕西、浙江等20多个地市的60多名嘉宾，120多人参赛。

7. 举办“中国当代陶瓷设计特展暨中国日用陶瓷艺术设计高峰论坛”

由中国陶瓷工业协会陶瓷艺术委员会主办，中国轻工业部陶瓷研究所承办的“设计中国”第二届中国当代陶瓷设计大赛自2015年5月1日起至10月25日历时五个月，活动范围辐射全国及港澳台地区。大赛以“一个设计解决一个问题”为主题，除面向高校、研究机构、陶瓷从业人员、陶瓷企业之外，还将非陶瓷领域的跨界设计师纳入到作品征集范围。

10月18日下午，在中国轻工业部陶瓷研究所多功能会议厅举办了关于陶瓷设计的学术研讨会，会议由中陶协艺委会执行会长王建中主持，并邀请了张守智教授出席并讲话。

8. 举办“申猴迎春-第二届生肖陶瓷大赛”

由我协会主办，浙江省陶瓷行业协会承办，浙江赛丽美术馆协办的“申猴迎春-第二届生肖陶瓷大赛”于2015年12月29日在浙江省杭州市举办。

9. 首届“坭兴杯”中国（钦州）陶瓷技艺大赛

由我会与广西钦州市人民政府共同主办，钦州市工业和信息化委员会和钦州市坭兴陶行业协会承办的首届“坭兴杯”中国（钦州）陶瓷技艺大赛于2015年11月21-22日在广西钦州市钦州坭兴陶文化创意产业园（千年古陶城）举办。

大赛共设陶瓷造型技艺、陶瓷装饰技艺、陶瓷雕塑技艺3个项目。来自河北、河南、湖南、江西、山东、云南、重庆、江苏、贵州、福建和广西的选手报名参加。本次大赛的成功举办为钦州陶瓷艺术工作者提供了学习交流的平台，对钦州坭兴陶的发展起到了有力地推动作用。

10. 中国国际陶瓷工业技术与产品展览会

6月1日至4日，由中国陶瓷工业协会主办、广东新之联展览服务有限公司承办的“2015中国国际陶瓷工业技术与产品展览会”(以下简称“2015广州陶瓷工业展”)在亚洲第一大展馆广州琶洲广交会展馆A区1.1-8.1馆盛大举行！

本届展会以86,500平方米展览面积突破历届记录，共设八大展馆、五大展区隆重展出全球最新和最先进的陶瓷生产和加工技术、装备、原辅料、色釉料、配件、工具等全系列产品和相关服务。继2013年之后，本届展会不仅在规模上位居世界第一，更在办展实力、展会服务和国际化程度上取得多项突破！

作为世界陶瓷技术发展的风向标和全球最重要的商贸交流平台，本届陶瓷工业展不仅吸引了来自22个国家和地区的841家知名企业参加，更吸引了来自全球74个国家和地区以及国内31个重点省市和港澳台地区的71,989名专业买家到场参观采购。为国内外陶瓷企业创造了一个广阔的商贸交流合作平台，进一步推动了世界陶瓷行业的发展、技术进步和产业升级。

三、积极开展国内外行业交流、考察、调研活动，解决行业国际贸易摩擦争端，做好经济运行数字信息统计与分析等工作

（一）对巴西日用瓷出口工作

1. 制定简化出口手续政策，鼓励企业扩大对巴西出口。2015年1月20日，为最大程度发挥巴西日用瓷价格承诺市场效益，鼓励价格承诺企业积极出口，规范第三国转口及违反价格承诺低价出口行为。简化日用瓷出口巴西签章程序，修改部分条款。出口企业只需提供签章申请表、进口商提供的进口许可证复印件、与进口许可证一致的清关商业发票及装箱单、提单、中国海关报关单。免除提交回款水单、原产地证明及商检证相关审核程序。

2. 召开会议，总结2014年全年工作。2015年3月17日，中国陶瓷工业协会根据日用瓷出口巴西近一年的情况及今年以来巴西方面的新动向，在北京召开了紧急磋商会议。商务部公平局赖春生处长、中陶协常务副理事长傅维杰、对巴西日用陶瓷出口价格承诺委员会主任单位董事长蔡镇城、委员单位总经理林伟河、王建红、姚先君等30多人出席会议。会议总结并分析了2014年对巴西出口情况；就如何做好2015年对巴西日用瓷出口价格承诺工作进行了讨论；就巴方做出的价格调整以及2014年律师工作费用和核查费用进行了讨论并形成原则共识。

3. 积极配合巴西政府进行实地核查。2015年4月13日-23日，巴西对外工贸部贸易调查局对潮州美龙、醴陵瑞祥、深圳凯乐、深圳富利源等四家出口企业进行了实地核查。

4. 积极协调对巴西出口签章过程中出现的新问题。2015年11月，巴西发布公告，以违反价格承诺有关条款为名，将醴陵瑞祥陶瓷实业有限公司、隆年华实业（深圳）有限公司、广西北流仲礼瓷业有限公

司、广东四通集团有限公司、湖南界牌振弘陶瓷有限公司、醴陵市佳盈贸易有限公司、湖南省醴陵市环宇陶瓷实业有限公司等七家公司从价格承诺名单除名。我方与瑞银律师事务所、巴西BKBG律师事务所、商务部等多方联系沟通协商，并给巴西贸易调查局局长发去邮件协商此事，虽然多次说明理由，但未能改变巴西的决定。

经过努力争取，争取到价格承诺名单中的贸易公司可以出口国内任意企业产品的政策。2015年，价格承诺名单企业出口量比上年有所提高，全年出口3250吨共签章191批次。（2014全年共为27家企业、64单合同进行了审核放行，承诺的企业全年共对巴西出口932.15吨。）

（二）应对土耳其日用瓷保障措施调查工作

1. 2015年4月25日，土耳其对进口日用瓷进行保障措施立案调查，5月13日，协会在深圳组织召开应对工作协调会，中陶协常务副理事长傅维杰以及重点出口土耳其企业等60余人参加会议。会议就土耳其本次保障措施立案调查情况进行了通报，对土方立案依据进行了分析，对可能带来的结果及影响进行了说明。与会企业进行了充分讨论，大家发言踊跃，给做好下一步工作奠定了基础。

2. 5月14日，中国陶瓷工业协会及广东四通、广东松发、深圳隆年华、唐山雪妍公司等企业代表与土耳其最大进口商RAHMI KARACA的老总Jumla一行在潮州顺祥公司进行了交流。土进口商反对本国贸易保护的做法，希望掌握Ku tahya Porselen sanayi A.S公司在中国进口产品的数据，希望得到中陶协的支持。我协会随即开始收集了Ku tahya近几年在中国采购陶瓷产品的直接证据并于5月23日提供给RAHMI KARACA。

3. 6月中旬，邀请四家律师事务所参与该案应对工作，将四家律所的应对方案提交企业讨论，最后选择了北京金诚同达律师事务所及合作方土耳其ACTECON律师事务所代理该案。

4. 2015年5月26日上午，中国陶瓷工业协会常务副理事长傅维杰、协会信息部主任樊瑞新等就土耳其日用陶瓷保障措施立案调查拜会了商务部贸易救济调查局领导。商务部贸易救济调查局周大霖副局长、顾宇处长等接见了中陶协领导，双方就土耳其日用陶瓷保障措施立案调查一案进行了沟通。汇报了自4月25日土方立案以来协会所开展的工作和下一步工作计划，反映了出口企业所担心的问题和诉求。之后，贸易救济调查局顾宇、徐衍光、胡国爱、郭方等处长对下一步工作重点提出了建议和意见。

5. 2015年6月23日，土耳其政府就日用陶瓷保障措施案召开了听证会。中国陶瓷工业协会代表我出口企业聘请北京金诚同达律师事务所及合作方土耳其ACTECON律师事务所的两名律师陪同中国驻土使馆王万同志一起参加了听证会。土耳其国内ZÜCDER协会代表进口商发言：土耳其进口的日用陶瓷餐具是保证土耳其市场上有效竞争的必不可少的条件。土进口商支持了中方的主张，认为土耳其国内产业提出保障措施调查缺乏事实支持，发起调查违法。

6. 与土耳其立案方代表Kütahya也进行了多次沟通商谈，分别利用6月4日工业展以及10月25日广交会场合，与Kütahya进行了面对面商谈，分别于8月份、12月份进行了邮件沟通。

7. 应广东省潮州市陶瓷行业协会请求，中国陶瓷工业协会、潮州市商务局以及潮州市陶瓷行业协会于2015年7月31日上午，在潮州市枫溪区政府礼堂召开应对土耳其对中国日用陶瓷保障措施调查案培训说明会。国家商务部贸易救济调查局副局长罗津、处长郭方、中国陶瓷工业协会常务副理事长傅维杰、潮州市商务局局长陈建州、广东省潮州市陶瓷行业协会会长林道藩等出席会议，潮州市日用瓷出口土耳其相关企业代表100多人参加会议。北京金诚同达律师事务所律师徐铮对土耳其日用陶瓷保障措施案立案以来的工作进展进行了说明，对下一步工作进展进行了分析。

8. 目前协会已收到国内192家企业缴纳的律师费，共计72.2万元。目前已按照协议分两次支付给金诚同达律师事务所50万元。其余款22.2万元协会财务单列，没有动用。

（三）行业经济运行数字信息统计与分析

2015年4月，联合会信息中心评选我协会为信息报送先进单位。2015年全年报送信息16项。

2015年，继续保持与联合会信息中心、中国海关信息中心的联系与合作。《轻工业统计资料》、建筑卫生陶瓷产量、效益、进出口国别等数据都能及时提供，为各类论坛、报告及会议材料提供了有力支撑。

（四）国内外交流、考察、调研工作

1. 组织国内陶艺家赴美国进行陶瓷艺术交流活动

此项活动从7月份开始策划和联系，到9月12日至23日成团出访，历时2个月。报名人员为47人，因签证问题，最终出团为28人。本次活动的重点是在凤凰城与天堂谷社区学院进行的陶瓷艺术交流活动。大家带去的作品有将近50件。一天的展览交流取得了很好的效果。吸引了众多当地精英、华人社团、其他院校领导等，当地媒体作了专题采访和报道，并且报纸和网址的后续报道持续了一个多月。为下一步继续开展交流活动奠定了基础。现在，天堂谷社区学院已经有进一步交流的意向。

参加这次活动的有广东、江西、江苏、河北、河南等地的艺术家，她们也非常希望协会继续组织这样的活动。到其他国家进行交流。由于微信的传播，这次活动在国内也起到了比较好的宣传作用。

2. 为了解会员和行业的情况和需求，今年我协会先后参加了景德镇、唐山、佛山、淄博、高安、法库、夹江、禹州等地方举办的陶瓷博览会。展会期间，参观了当地的陶瓷生产企业，多方面了解了产区发展情况。

四、加强行业标准修订与申报、职业技能鉴定与培训工作

（一）行业标准工作

截止2015年底，日用陶瓷标委会归口管理的国家标准、行业标准共108项，其中国家标准49项、行业标准59项。其中基础通用标准3项，产品标准46项，方法标准50项，管理标准9项。2015年，标委会共完成了6项国家标准和7项行业标准的制修订工作，至此标委会2015年以前申报的国家标准还有部分处于征求意见阶段，其他都已完成制修订工作，而行业标准已全部完成了制修订工作，2015年标委会

共申报了3项国家标准和3项行业标准的项目计划，其中2项行业标准项目计划已立项，标委会已安排相关的起草单位和工作组开展标准的制修订工作。

2015年，本标委会共完成标准报批13项（其中：国家标准6项，行业标准7项）；已发布标准16项（其中：国家标准10项，行业标准6项），在已发布标准中制定标准2项（其中：国家标准1项，行业标准1项），修订标准14项（其中：国家标准9项，行业标准5项）。

2015年11月25日，标委会在福建德化举办《全县陶瓷企业标准化知识讲座》，讲座包含《浅谈标准及标准化工作》和《标准制修订工作规范性要求》两项内容，共计有31个单位47名代表参加讲座。

2015年，承担ISO的技术机构秘书处1个，其中0个为我国独立承担，1个为我国与法国共同承担。

（二）在国家人社部和中国轻工职业技能鉴定指导中心的正确指导下，以及各地陶瓷协会、陶瓷院校、陶瓷产区地方政府的密切协作下，我协会认真组织实施，圆满完成了2015年度的职业技能鉴定工作。

今年，我协会加强了职业技能鉴定工作，陶瓷特有工种鉴定水平及数量均有较大提高，在去年鉴定陶瓷产品设计师和陶瓷工艺师这两个工种的基础上，又增加陶瓷成型工、陶瓷装饰工、陶瓷装饰装修工、陶瓷雕塑雕刻堆雕工，进行了国家职业资格初级至高级技师（五级至一级）的鉴定，共鉴定457人，包括已取证413人、待取证44人。

（三）成功举办了首届陶瓷成型职业技能竞赛

为深入贯彻落实党中央、国务院关于加强高技能人才工作的指示精神，加快培养高技能人才，由中国陶瓷工业协会、中国财贸轻纺烟草工会、中国就业培训技术指导中心、中国轻工业职业技能鉴定指导中心共同举办了2015中国技能大赛---首届陶瓷成型职业技能竞赛。大赛分三个竞赛工种：陶瓷滚压成型、陶瓷拉坯、陶瓷雕塑。

本次大赛涵盖范围广，准备充分，各方力量共同努力，从程序上保证了比赛的公平、公正、公开。竞赛分预赛和决赛两个阶段，其中预赛根据陶瓷行业的分布情况分11个赛区，涵盖了全国31个省、市和自治区。通过预赛的选拔，进入决赛的选手由来自河北、河南、山东、山西、陕西、江苏、江西、湖南、重庆、福建、浙江、广东、广西，13个省份140名选手参加决赛。其中，参加雕塑类比赛的选手有50人、参加拉坯类比赛的选手有50人、参加滚压类的选手有40人。最终，按照国家人社部及本次大赛组委会的要求，由国家级专家裁判员根据理论考试和实际操作的分数进行评审，评出了本次3个竞赛工种的前三名、共9名选手，由国家人社部授予“全国技术能手”的称号；竞赛陶瓷雕塑类前20名、陶瓷滚压类和拉坯类前15名，由中国陶瓷工业协会和中国财贸轻纺烟草工会共同授予了“全国陶瓷行业技术能手”的称号。

首届陶瓷成型职业技能竞赛，起步早，从年初即开始筹划，吸取了以往举办过类似技能竞赛的宝贵经验，同时，通过地方预赛，为决赛的顺利举办积累了更多丰富经验，保证了决赛各个环节的更加完善，并得到了全国总工会、国家人社部、中国轻工业联合会的大力支持，以及全国各级地方陶瓷协会和行业工会也给予了大力支持。决赛期间，江西省人社厅、景德镇市人民政府、景德镇市人社局，以及景德镇古窑民俗博览区从人力、物力、设备、场地、生活条件等方面全力支持，使本次竞赛得以顺利进行。

（四）鉴定人员队伍建设

1.国家级考评员培训

为更好的开展陶瓷行业职业技能培训鉴定工作，加强职业技能鉴定考评员队伍的专业化建设，2015年5月，我协会在江西省景德镇市成功组织了第三期陶瓷行业“国家职业技能鉴定考评员培训班”。本次培训班有来自河北、山东、江苏、江西、广东等共9个省份70人参加了国家职业资格考评员培训班。经过培训、考试、审核这三项工作，最终评出了高级考评员44人、考评员26人。

2.国家级裁判员培训

为保证我协会举办国家级职业技能竞赛的顺利开展，培养优秀的国家级职业技能竞赛裁判员。按照国家人力资源和社会保障部《国家级职业技能竞赛裁判员管理办法（试行）》规定，今年10月，我协会在北京组织了国家职业技能竞赛裁判员资格培训，此次培训有全国9家院校共同推荐，最终按照不同职业工种确定了12位从事陶瓷岗位的副教授以上级别的专业教师参加了裁判员培训并全部通过考核，取得了国家级裁判员资格证书。

（五）TCT装饰镶贴工技能培训工作

在全国设立了14家培训基地，开展了TCT全国镶贴工技能培训活动。今年共培训：5批113人。

（六）配合企业搞好“德高好师傅镶贴技能大赛”和公益大讲堂活动。

此项工作是德高广东建材公司举办，在全国进行了海选赛、各大区赛、并于10份在佛山举行了全国总决赛。各场大赛都吸引了众多设计公司、建筑装饰公司、家装设计公司的参加，得到了当地瓷砖企业、瓷砖粘接剂生产企业的支持。

五、充分发挥各专委会作用，扩大协会影响力

1.中国陶瓷工业协会营销分会

由中国陶瓷工业协会营销分会主办的2015年度“中国优秀陶瓷经销商”颁奖典礼暨“大变局，你往何处去”主题峰会于10月18下午，在中国陶瓷总部基地陶瓷剧场举行。来自全国各地的300多家陶瓷经销商代表、行业协会领导、行业媒体参加了此次盛会。

2.中国陶瓷工业协会装饰材料专业委员会

2015年，在广州展会期间，组织装饰材料专委会会长、副会长及秘书长、副秘书长以上人员召开了工作会议。考察了陕西科技大学、铜川陶瓷研究所及铜川部分陶瓷企业。

3.中国陶瓷大师联盟活动

2015年3月26-28日，在中国陶瓷艺术大展期间，由中国陶瓷大师联盟在醴陵世界陶瓷艺术城举办

了中国陶瓷大师作品展活动，共有70多件大师作品参加了该展览。

4. 建立和完善瓷砖粘贴技术委员会官网和微信公众平台自媒体，为会员打造公共传播平台

微信名：TCT瓷砖铺贴专委会完善瓷砖粘贴技术委员会官网和微信公众平台自媒体，为会员打造公共传播平台。微信公众平台开设的"TCT·微课堂"技术交流版块，单条微信文章点击量最高突破58000次，关注人数达到了5000人TCT每天推送行业资讯、会员企业新闻及技术交流等相关信息。

行业大事记

2014—2015年中国陶瓷工业大事记

一、2014年中国陶瓷工业大事记

2014年1月

1月，福建南安被国家质检总局批准筹建“全国水暖卫浴知名品牌创建示范区”。南安市聚集了超过500家以上的水暖卫浴产品生产企业，产品品种多达3000多种、2万个规格，涌现出了辉煌、申鹭达、九牧、中宇等知名水暖企业。

1月，宏宇陶瓷墙地砖再次通过中国质量检验协会的产品合格检验，各类产品在2010—2013年调查汇总中无不合格记录，被授予“全国质量检验稳定合格产品”的牌匾和证书。

1月，金意陶陶瓷被国家工商总局认定为“中国驰名商标”。

1月，和美企业15周年庆在佛山隆重举行，来自全国的经销商朋友以及公司员工共同回顾并庆祝和美的辉煌发展。

1月5日，广东博德精工建材有限公司在“携手，共创，大未来•2014博德经销商年会”上隆重推出“精工玉石•帝王玉系列”，“精工砖•世纪龙系列”，以及“精工原石•石代印象系列”等数十款新产品。

1月9日，博晖机电在佛山皇冠假日酒店举办神工快磨系统新品新闻发布会。

1月9日，佛山市浴室柜联盟年会在南庄桃园一品酒楼一楼宴会厅举行，年会中进行了新一届领导班子改选，心海伽蓝洁具有限公司总经理张爱民连任会长，儒家诺威卫浴总经理李俊辉、唐彩卫浴家私总经理李林明、南希卫浴总经理蔡勇六人当选副会长，中洁网副总经理李天燕连任秘书长。

1月10日，国家发改委公布了第六批国家重点节能技术推广目录，广东科达洁能股份有限公司推荐的“建筑陶瓷薄型化节能技术”以技术先进、节能明显，应用前景广阔等优势入选该目录。

1月11日，《石湾陶瓷史》编纂工作推进会议在国际卫浴水暖城蓝堡佳品酒文化公馆召开，佛山市陶瓷美术学会秘书长刘孟涵、广州艺术博物馆陈列研究部黎丽明博士、《石湾陶瓷史》编委办霍达炎、中国陶瓷工业协会建卫专业委员会顾问卢敦穆、华夏陶瓷网总编辑刘小明、广东石湾陶瓷博物馆副馆长李燕娟、中国陶瓷工业协会马赛克专委会执行秘书长杨晓明、原佛陶集团董事长周棣华、原佛陶集团党委副书记霍锐锦、石湾书画协会副会长何汝文等出席会议。

1月11日，由佛山市陶瓷学会，佛山市陶瓷行业协会共同主办，佛山市新景泰陶瓷机械设备有限公司协办的《陶瓷墙地砖喷墨印刷技术应用大全》首发仪式暨喷墨技术微论坛，在佛山陶瓷总部基地总部剧场三楼会议一室举行。

1月13日，国家工商行政管理总局商标局正式公布了陶瓷卫浴企业驰名商标名单。他们分别是：英皇卫浴的“英皇CRW及图”商标、东鹏陶瓷股份的“东鹏DONGPENG及图”商标、宏陶陶瓷的“宏陶WINTO”商标、金意陶的“金意陶KITO及图”商标、俊怡陶瓷的“威登堡WEI—DENGBAO及图”商标、新明珠陶瓷的“格莱斯GELAISI”商标、汇亚陶瓷的“汇亚HUIYA”商标、宏源陶瓷的“卓远‘商标、能强陶瓷的“能强

NENGQIANG”商标、新中源陶瓷的“巴丹”商标。

1月15日，宏宇集团“一种国旗大红色釉面砖的配方及其制备方法”发明专利获授权。

1月16日，箭牌卫浴在北京华彬歌剧院隆重召开代言发布会。著名钢琴家郎朗为箭牌卫浴按上“手模”，正式成为品牌形象代言人。

1月19日，居然之家2013年度表彰大会在京举行。张学武董事长、汪林朋总裁及其他集团领导、分店、分公司负责人出席了本次大会。

1月23日，2014年德国IF设计大奖获奖名单出炉，众多获奖作品中，科勒Moxie音乐魔雨花洒，松霖卫浴Smart Turn手持花洒，duravit卫浴Happy D.2系列、Inipi B桑拿房、SensoWash I智能坐便器、Starck浴缸，九牧厨卫M—shower花洒、Mus—shower花洒、Beginning水龙头、Combination PIE、Journey水龙头、Magic Sink水槽等产品颇受关注。

1月24日，“同攀登致未来”华耐家居集团2013年度集团年会盛典在北京北发大酒店隆重举行。

2014年2月

2月，广东省科技厅公布广东省2013年第一批高新技术企业复审结果，广东萨米特陶瓷有限公司，潮州市三元陶瓷（集团）有限公司和广东恒洁卫浴有限公司成为这批高新技术企业中仅有入围的三家陶瓷卫浴企业。此外，佛山市南海万兴材料科技有限公司，广东摩德娜科技股份有限公司榜上有名。

2月，西班牙标准化和认证协会(Asociacion Espanola de Normalizacion y Certificacion, AENOR)正式认可佛山出入境检验检疫局检验检疫综合技术中心出具的检验证书，双方签署了战略合作协议。

AENOR在中国大陆地区建筑卫生陶瓷产品的抽样、检验、验货业务均授权该技术中心执行。

2月，韩国贸易委员会决定对来自中国的瓷砖产品发起反倾销“日落复审”调查，调查期从2013年1月1日至2013年12月31日。根据我国海关统计，涉案金额为1.96亿美元。

2月，卓远陶瓷“聚晶微粉瓷质砖”“微晶玉石瓷砖”“微晶理石”分别荣获“广东省高新技术产品”称号。同期，荣获“高新科技企业”“自主创新优秀企业”等称号。

2月2日，第十届中国（南安）水暖泵阀交易会在位于南安市仑苍镇的“中国水暖城”拉开序幕，香港巨星王杰、台湾歌手卓依婷亲临现场助阵。

2月4日，欧神诺品牌营运中心年度总结大会在佛山禅城区召开。2014年，欧神诺公司总体业绩同比增长了36%，比2013年度高出4个百分点。

2月7日，夹江县委书记廖克全率队来到新万兴碳纤维复合材料有限公司、奥斯堡陶瓷公司开展调研。县委副书记袁月，县委常委、常务副县长朱璋陪同调研。

2月9—11日，为期3天的中国（台州）水暖阀门卫浴博览会在台州国际会展中心开展。

台州先后被评选授予“中国水龙头生产基地”“中国阀门之都”“中国五金建材(阀门)出口基地”“中国水暖卫浴产品出口基地”等荣誉称号。

2月11—14日，西班牙瓦伦西亚陶瓷卫浴展览会在西班牙举行。本届展览面积为10万平方米，参展企业来自40个国家，共计673家，其中70%为西班牙企业，30%为海外企业。

2月16日，开平“亚洲厨卫城”一期开盘盛典在开平隆重举行。亚洲厨卫城位于中国厨卫三大产业基地之一开平水口与鹤山址山的交界处，此项目规划用地1530亩，建筑体量超百万立方米，总投资高达50亿元人民币。一期规划用地165亩，建筑面积19.8万平方米，商铺539间。

2月18日，“意大利蜜蜂瓷砖品牌回归国际化”暨更名“IMOLA”仪式在北京意大利驻中国大使馆隆重举行。意大利驻华大使白达宁、意大利IMOLA集团主席斯蒂法诺、意大利伊莫拉集团中国区总裁张有利共同揭示了全新的“IMOLA”品牌标识。

2月21日，宏宇陶瓷作为唯一一家建筑建陶企业受邀出席全国质量监管重点产品检验方法标准化技术委员会换届大会暨第二届第一次全体会员会议。

2月25日—2月27日，2015年中国（台州）水暖阀门卫浴展在台州市国际会展中心隆重开幕，中国台州水暖阀门卫浴博览会由台州市人民政府主办，依托台州良好的水暖、阀门、卫浴产业基础，旨在推动行业发展和产业升级。

2月25日，潮州市潮安区古巷陶瓷协会与中山市淋浴房协会签署协议，双方决定缔结友好协会，加强两地协会之间的合作交流，增进会员单位的互动、协作，以求达到共赢的目的。

2月25日，中国建陶一线专家咨询部筹备会议在江西省建筑陶瓷产业基地实训中心宜春陶瓷国检中心三楼会议室召开。由陶瓷企业生产一线技术专家组成的中国建陶行业首个咨询服务机构有望在高安成立。

2月26日，广东博德精工建材有限公司自主研发的“高逼真度仿玉微晶玻璃陶瓷复合板技术”“3D超大晶相微晶玻璃陶瓷复合板技术”双双通过佛山市科学技术局组织的科技成果鉴定，前者达到国内领先水平，后者水平亦处于国内先进水平。

2月26—28日，由慕尼黑展览集团主办的第九届印度陶瓷工业展在印度古吉拉特邦艾哈迈达巴德举行。2014年广州陶瓷工业展及首届陶瓷产品展主办方中国贸促会建材分会代表团来到本届印度陶瓷工业展现场，并举办了一系列宣传推广活动。

2月27日，佛山卫浴洁具协会秘书处2014年第一次会议在意美家卫浴陶瓷世界15栋二楼协会秘书处会议室召开。协会会长歌纳洁具董事长朱云峰、协会名誉会长箭牌卫浴事业部总经理严邦平、协会副会长佛山伽蓝洁具董事长张爱民、协会秘书长奥尔氏总经理刘文贵等领导以及秘书处成员出席了会议。

2月28日，由陶城报社、四川省轻工业设计师联合会主办的“100度终端”成都站—2014四川陶商大会暨“走进定制时代”中意设计沙龙在成都博瑞花园酒店举办。

2014年3月

3月，中国陶瓷工业协会正式启动“第三届中国陶瓷艺术大师评审”工作。

3月，央视《经济半小时》节目曝光了“中国五金洁具之乡”温州龙湾批量生产不合格龙头。水龙头制造厂采集到的铜样本送到核工业北京地质研究院进行检测的结果显示，在样品做完12小时浸泡试验后，锌、铅等有害金属元素已严重超过饮用水安全标准，其中锌含量超标10倍，铅含量超标竟达到81倍。

3月，高安市政府与中节能工业节能有限公司在北京举行清洁工业燃气项目投资合作协议签订仪式。江西省副省长李贻煌、中国节能环保集团公司董事长王小康、高安市市长袁和庚、江西省建筑陶瓷产业基地管委会书记胡江峰等领导出席签约仪式。此次签约的清洁工业燃气项目总投资达30亿元，占地面积约1300亩，日产热值2300千卡/标立方米、清洁工业燃气1152万方，项目建设期限为3年，分两期建设。

3月，佛山市外经贸局召开韩国对华瓷砖反倾销应诉协调会。近年来，对华陶瓷反倾销的事件屡有发生，为了应对反倾销，佛山众多陶瓷企业纷纷抱团到海外建设生产基地。然而，前几年一直在筹备的泰国生产基地最终以失败告终。佛山陶瓷行业对海外投资会持更谨慎的态度。

3月，湖北省首家高档抛光砖生产企业—天冠陶瓷因经营不善、资金链断裂等原因宣告破产，中国拍卖行业协会网络拍卖平台和宜昌国华商品拍卖有限公司官网发布公告，称天冠陶瓷将于3月19日在湖北省宜昌市进行公开拍卖。

3月，马可波罗瓷砖董事长黄建平先生第二次参加"两会"，作为广东代表团代表，先后接受CCTV—2、CCTV—4采访，其议案在《新闻联播》中同步播出。

3月，南安市纳税大户榜单隆重揭晓，辉煌水暖集团以高达1.9812亿元的纳税总额位居南安市第一。接近2亿元的纳税总额，打破了辉煌集团26年来的纳税纪录。

3月，唐山市恒瑞瓷业有限公司的"恒瑞骊澧HENGRUI&LEFO"商标在马来西亚成功注册。唐山企业还在多个国家注册了"盾石""马牌""晶品""海格雷""红玫瑰""贺祥"等商标。

3月，继江西瑞源陶瓷有限公司"八机一线"最大产能抛光线投产后，江西忠朋陶瓷有限公司日设计产能2.2万平方米的全抛釉仿古砖生产线点火成功，生产3D喷墨全抛釉。据了解，这是高安产区目全抛釉领域产能最大的生产线，该线设备来自科达机电整线。

3月，卓远陶瓷首家独创"健康石材2代"系列产品，在第十一届中国陶瓷行业新锐榜评选活动中，荣获"年度最受设计师喜爱产品"称号；同期，荣获中国陶瓷城集团颁发的"2014年度明星商户"称号。

3月，佛山市奥特玛陶瓷荣获第十届中国陶瓷行业新锐榜"年度海外品牌大使"。

3月，博晖公司搬迁到肇庆大旺新厂房，标志着博晖公司的基础建设迈向一个新的台阶。同期，荣获肇庆高新区管理委员会评选的"优秀企业"称号。

3月5日，宏宇集团"一种煤气专用除焦油器"发明专利获授权。

3月6日，由佛山网易房产主办的"2014中国房地产（佛山）新春峰会暨2014佛山房产网络盛典"在佛山佳宁娜大酒店隆重举办。华夏中央广场南庄200米高度地标综合体，荣获"2014年度期待楼盘金奖"。

3月7日，淄博市环保部门的资料显示，淄博市共有173家建陶企业通过环保限期治理设施验收。今后，淄博市各级环保部门将继续加强对建陶企业的督导检查，凡未通过验收和未申请的一律不得开工生产。

3月8日，福建"首届国际陶瓷卫浴购物节"盛大启动。

3月9日，欧神诺作为恒大地产的优秀供应商，公司连续四年助力恒大足球中超主场，全程见证"四连冠"的诞生。

3月12日，广东博德精工建材有限公司自主研发的"一种熔窑自动加料装置"知识产权成果获得国家实用新型专利授权。

3月12日，宏宇集团"一种能同时淋多种釉种的钟罩式淋釉装置"发明专利获授权。

3月14—16日，广东博德精工建材有限公司合肥旗舰店携200余款全产品亮相2014年第九届家装博览交易会。展会3天时间，共接待业主3000多户、过万人，现场接受意向定金300余万元。

3月15日，居然之家正式在北京6店推出"旧房装修，建材以旧换新"活动。经认证为旧房装修的消费者在居然之家北京6店购买建材类产品，均可享受5%的现金补贴，单个消费者享受的补贴不超5000元。

3月16日，高安市陶瓷行业协会2014年首次常务会议召开。高安市陶瓷行业协会会长、江西太阳陶瓷集团董事长胡毅恒主持会议。会议就做强陶瓷品牌、做好工商理赔、园区企业与各乡镇车辆合理配置、深入佛山参观学习、人才培养与引进等，2014年政府重视、协会成员企业关注的相关问题进行了讨论。

3月19日，宏宇集团“一种用于多工件的排列输送装置”发明专利获授权。

3月20日，江西省委组织部、省委教育工委在景德镇陶瓷学院召开干部大会，宣布江伟辉同志任景德镇陶瓷学院党委副书记、院长。

3月22日，佛山卫浴洁具行业协会为了提升企业家的经营管理水平，联合北京大学民营经济研究院为行业进行国学培训。箭牌卫浴总经理严邦平先生主持开班仪式，欧神诺董事长鲍杰军博士到场祝贺并致辞。中央电视台百家讲坛《商贾传奇》主讲人李晓教授作了精彩的演讲。

3月22日，佛山淋浴房专题会议在佛山卫浴洁具行业协会办公室成功召开。会议讨论了关于佛山淋浴房企业集体参展第十六届中国（广州）国际建筑装饰博览会的相关事宜。

3月24日，中山市阜沙镇党委陈书记带领党政领导和中山市淋浴房行业协会企业家一行20多人莅临潮州中国卫生陶瓷第一镇——古巷镇进行对接交流活动，并与古巷陶协参观考察古巷镇的“牧野、梦佳、尚磁、唯雅妮、欧贝尔、统用卫浴”等多家卫浴企业。

3月24日，统一陶瓷正式进驻中国（淄博）陶瓷产业总部基地签约仪式在山东统一陶瓷科技有限公司会议室隆重举行，统一陶瓷董事长袁国梁、佛山中国陶瓷城集团执行董事兼总裁周军、常务副总裁兼商业运营中心总经理余敏共同出席。

3月25日，首届“泛高安”产区技术峰会暨“中国建陶产业一线专家咨询部”揭牌仪式在江西高安举办。本次活动由景德镇陶瓷学院、宜春陶瓷国检中心、高安市陶瓷行业协会、陶城报社主办。

3月27日，东鹏控股股份有限公司(东鹏控股03386.HK)公布截至2013年12月31日全年业绩，这是东鹏在香港挂牌上市之后的首份年度报告。报告显示，2013年东鹏纯利约3.39亿元，与2012年的1.67亿元相比上升103.1%，经调整纯利约3.81亿元，上升120.5%。报告期内，其营业额约33.68亿元，增长34.8%，毛利约12.48亿元，按年上升40.5%。

3月28日，第十届中国陶瓷行业新锐榜颁奖典礼在佛山市新媒体产业园举行。相关协会、企业代表、媒体代表等300多人出席了盛典。新锐榜最高奖项“金土奖”，由佛山市简一陶瓷有限公司、广东嘉俊陶瓷有限公司、佛山石湾鹰牌陶瓷有限公司和佛山市远泰陶瓷化工有限公司4家企业摘得。

3月28日，淄博陶正陶瓷颜料有限公司青花钴蓝系列产品获得第十届中国陶瓷行业新锐榜年度优秀产品。

3月28日，宏宇集团荣获第十届中国陶瓷行业新锐榜“年度社会责任奖”。

3月29日，中国陶瓷工业协会陶瓷幕墙与装饰材料分会成立大会在佛山西樵山大酒店举行。来自建筑幕墙领域的协会领导、专家高工、企业家等，在当天举办的“陶瓷幕墙与装饰材料发展论坛”上，对当前用于幕墙领域的陶瓷板的生产现状、发展情况，以及未来走向纷纷提出了自己的见解和建议。

3月29日，由安徽省马鞍山市人民政府主办，马鞍山市和县人民政府、广东科达机电股份有限公司联合承办，佛山市建材行业协会、陶瓷信息报社支持的“安徽省马鞍山（和县）绿色建材产业园区招商推介会”在佛山华夏新中源大酒店二楼第五会议室举行。

3月30日，“恒洁节水中国行”全国大型节水推广活动——河南郑州站圆满落幕，节水大使濮存昕、河南省节水办公室副主任焦建林、恒洁总经理谢伟藩、营销总经理谢旭藩等嘉宾出席。

2014年4月

4月，肇庆市空气质量综合治理领导小组发出通知，从4月15日起全市陶瓷企业不能稳定达标排放的要限产50%。肇庆市白土镇、禄步镇、金利镇、四会市等地陶瓷企业先后接到相关文件，开始着手停窑整改。

4月，金意陶董事长何乾荣获“佛山市第二届创新领军人才”称号；金意陶获“仿古砖十大品牌”称号。

4月，广东摩德娜科技股份有限公司的“MODENA”品牌已通过了“广东省著名商标”认定。

4月2日，江西建陶产业基地召开陶瓷企业废气、废水、粉尘整治动员会，并安排部署2014年高安产区陶瓷企业废气、废水、粉尘污染治理工作，会议通报了高安建陶基地和新世纪工业园内企业的环境检查情况，并对2014年淘汰链排炉和窑炉尾气除尘脱硫设施建设先进企业进行了表彰。

4月4日，广东一鼎科技有限公司董事长冯竞浩当选禅城区第三届政协委员兼提案委副主任。

4月7日，中国（淄博）陶瓷产业总部基地一期一阶段封顶仪式盛大举行。

4月7日，欧神诺上榜“万科集团2014年度合格供应商名录”，连续三年成为万科房地产龙头供应商，是中国建陶业内的唯一“材料设备(A级)供应商”。

4月9日，广东博德精工建材有限公司自主研发的“一次烧成透明玻璃与釉上彩陶瓷复合板生产方法”知识产权成果获得国家发明专利授权。

4月14日，2014年第二届南丰·广州精品卫浴展(简称BAS Fair)在广州·琶洲南丰国际会展中心盛大开幕。

4月14日，广东博德精工建材有限公司自主研发的“利用废弃铁尾矿渣生产微晶玻璃的绿色环保节能技术”，被广东省科技厅评定为“广东省高新技术产品”。

4月17日，广东一鼎科技有限公司参展“第三届印度尼西亚雅加达国际陶瓷建筑展览会”。

4月18日，第23届中国（佛山）国际陶瓷及卫浴博览交易会隆重拉开序幕。佛山陶博会的承办方—佛山中国陶瓷城集团有限公司携旗下五大项目以特装的形式首次在中国陶瓷城展馆和佛山国际会议展览中心（华夏）展馆亮相。

4月18日，第九届中国艺术瓷砖节于瓷海国际商务中心举行盛大的开幕仪式。广东省陶瓷协会秘书长陈振广、瓷海国际，佛山陶瓷交易中心董事副总经理林莹以及中国加拿大商会华南区办事处代表、巴基斯坦贸易协会代表出席了开幕仪式。

4月18日，“‘正版正货诚销天下’国家诚信示范市场及正版正货承诺授牌仪式”在瓷海国际商务中心五楼国际中华厅举行。佛山市工商行政管理局、市知识产权局、市版权局领导向佛山市康拓陶瓷有限公司、佛山市日月陶陶瓷有限公司、佛山市逸品时代陶瓷有限公司、佛山市寰田陶瓷有限公司、佛山市鹰田陶瓷有限公司等16家通过三局审核的企业颁发“正版正货”荣誉牌匾。

4月18日，佛山市陶瓷行业协会、佛山市陶瓷学会主办，《佛山陶瓷》杂志、《创新陶业》报承办的以“探秘陶瓷喷墨印刷中高科技技术”为主题的第四届陶瓷喷墨印刷高峰论坛，在中国陶瓷城五楼会议厅隆重举行。

4月19日，证监会发布28家公司的招股说明书，暂停一年半的IPO预披露重新启动。这28家公司中包括四川帝王洁具。2013年，帝王洁具营收超过3.86亿元，净利润达5262万元。招股说明书显示，帝王洁具拟登陆深交所中小板上市，本次拟发行2160万股，每股面值1元。本次募集资金将用于产能扩建项目和优化产品营销网络。

4月21日，由成都星俞置业有限公司主办，大煌宫·国际陶瓷产品展贸中心承办的“2014西部首届陶瓷博览会新闻发布暨大煌宫之夜客户答谢晚宴”于成都市金牛宾馆隆重举行。

4月22日，由科达洁能和沈阳燃气共同投资的沈阳法库陶瓷工业园区集中供气项目，在经过一年多试运行后，其一期工程正式进入商业化运营，该项目为目前国内最大的商用煤气清洁项目，投资8.9亿元的一期项目已经完成，可实现每小时为园区企业提供20万立方米清洁煤气。

4月26日，2014年中国陶瓷家居与房地产峰会暨第三届中国陶瓷卫浴年度十大品牌榜颁奖盛典在世纪金源大酒店隆重举行。在此次盛典上，宏宇陶瓷一举摘得2014年度中国陶瓷卫浴“十大”品牌榜“陶瓷十强企业”“十大创新企业”“陶瓷十大品牌”和“抛光砖十大品牌”四大奖项。

4月26日，“抱团抄底，畅享盛惠”——卓远陶瓷东莞站工厂团购会在佛山总部举行，在短短3小时的团购疯抢时间里，卓远陶瓷成功创下成交率高达98%的销售佳绩，刷新了销售纪录。

4月28日，湖北马可波罗职业篮球俱乐部挂牌成立，并在武汉举行成立仪式新闻发布会。同时，马可波罗瓷砖也是2014年度中国篮球国青国奥队首席赞助商。

2014年5月

5月，新浪家居公布荣获“2014年度厨卫好品牌”称号的十家企业分别是：东鹏洁具、美标、航标卫浴、X—TIME、TOTO、箭牌卫浴、欧路莎卫浴、和成卫浴、德国唯宝、惠达卫浴等。

5月，中国陶瓷产业总部基地获得由南方报业传媒集团颁发的荣誉证书，中国陶瓷总部喜获“2013年金陶奖暨全球华人最喜爱的陶瓷品牌”评选活动中“2013年度建陶采购基地”荣誉称号。

5月，东鹏牵头并参与首届中国国际陶瓷产品展，隆重发布智能喷墨技术，宣告喷墨技术在玻化砖上的应用取得突破性成功。

5月，广东一鼎科技有限公司产品“瓷质抛光砖表面光泽处理机”摘得“中国陶瓷行业名牌产品”称号。

5月，金意陶抛光砖、瓷片新品全球发布，标志着金意陶成功迈向以仿古砖为核心的大众化精品品牌。

5月，“金丝玉玛产品铺贴后实现品牌元素植人”新闻发布会成功召开，宣告“金丝玉玛已通过独特的设计，成功将品牌标识元素植入产品外观”。5月，懋隆瓷砖凭借“花语，印象”系列精品木纹砖获得第二届中国·意大利陶瓷设计大赛“金奖”和“先进技术奖”。

5月5日，佛山市恒力泰机械有限公司正式控股佛山市卓达豪机械有限公司，填补了科达、恒力泰在原料车间整线设备的空白。

5月8日，潮州市陶瓷原料行业协会成立大会在宝华酒店隆重举行，潮州市民政局、经济和信息化局等相关部门领导、协会会员、潮州市各大主要行业协会代表等100多人出席了会议。

5月9日，景德镇陶瓷学院“研究生校企联合培养”基地授牌仪式在华夏陶瓷研发中心二楼会议室举行。

5月16日，以“O2O模式下的渠道变革”为主题的2014年中国陶卫行业电商论坛在佛山陶瓷总部基地三楼多功能会议室举行。

5月17日，在郑州市郑东新区CBD天下收藏南区三楼多功能厅，河南省首届陶瓷艺术品博览会暨河南省陶瓷艺术研究中心成立大会开幕。会上，河南省民间组织管理局局长张正德宣读了河南省民政厅“关于河南省陶瓷艺术研中心成立的批复”，中国工艺美术行业协会副理事长、河南省工艺美术行业协会理事长张玉蟲致辞，河南省工业经济联合会副会长兼秘书长郭根法，中国陶瓷艺术大师孟玉松、晋晓瞳、朱文立等陶瓷界知名人士，湖北省陶瓷协会李文聪秘书长及河南省文化厅、银监局、法学会、档案局等有关局委、机构的相关负责人、主办方负责人河南省陶瓷艺术研究中心理事长曹俊孝，承办方负责人河南智本营联盟机构董事长耿强等300余人出席会议。

5月18日，主题为“见证转型路共叙科达情”的广东科达洁能股份有限公司揭牌仪式在科达总部举行。

5月19日，“博德·对话设计界高峰论坛”系列活动正式拉开帷幕，中南大学建筑与艺术学院副院长朱力、《ID+c》杂志副主编孔新民、国内知名实力新锐设计师琚宾等嘉宾出席。

5月20日，由中国轻工业联合会、中国陶瓷工业协会和江西省景德镇市政府联合主办的“设计中国”中国当代陶瓷设计大赛正式启动。

5月21日，广东博德精工建材“精工玉石·帝王玉”系列产品，荣获《陶城报》社、意大利对外贸易委员会、意大利陶瓷机械及设备制造商协会联合颁发的“第二届中国意大利陶瓷设计大赛优秀奖”荣誉。

5月21日，首届中国国际陶瓷产品展览会在广州琶洲举行。“2014首届中国国际陶瓷产品展览会”于5月21日上午9：30分，在广州琶洲馆A区二层2.2号馆的论坛专区，与“2014中国国际陶瓷技术装备展”一同举行了盛大的开幕典礼。中国轻工业联合会副会长、中国陶瓷工业协会理事长杜同和先生为“2014首届中国国际陶瓷产品展览会”发表了致辞，杜会长在致辞中讲到：“2014首届中国国际陶瓷产品展览会”定位于“权威、原创、高端、国际”，主办单位和中国陶瓷龙头企业共同成立“中陶”公司，共同运营“中国国际陶瓷产品展览会”的创新机制，以聚合行业上下游的优势资源，这使得自2014年1月“中国国际陶瓷产品展”正式对外发布信息后，在这短短不到5个月的时间里，首届展览会的规模就达到了2万平方米，这将是中外顶级企业的最新产品成果的集中展示，将是陶瓷行业的一次盛宴。

5月26日，华耐家居集团“我们的时代”21周年盛典活动在北京居庸关长城隆重举行。集团总裁贾锋及集团董事、顾问、副总裁出席了本次庆典，与2004—2014年的106名10年员工共同见证与分享了集团21年走过的风雨和收获的喜悦。

5月28日，恒洁卫浴升级亮相第十九届上海国际厨卫展，通过“超旋风”坐便器T\D\K系列、“雨沐”花洒第二季、第三代智能坐便器展现恒洁领先技术。

5月28日，第19界中国国际厨房、卫浴设施展览会在上海新国际博览中心盛大举行。东鹏卫浴、箭牌卫浴、浪鲸卫浴等各大卫浴企业参展，佛山市芝麻开门公司还包馆亮相上海展。箭牌卫浴携手知名钢琴家郎朗，以“舒适体验箭牌时刻”为主题，携“雅·云”系列、“雅·画”系列、“尊·白金瀚”系列、音乐系列及多款智能坐便器等产品参展。

2014年6月

6月，陶瓷产业转型升级人才孵化中心(CCHR)正式成立并落户中国陶瓷城集团旗下的华夏中央广场，CCHR是一个专门为佛山陶瓷产业转型升级提供人才服务支持的非营利公益机构。

6月，江西产区主营西瓦产品的伟鹏陶瓷倒闭。

6月，佛山钻石瓷砖获得广东省工商局颁发的“连续三年重合同守信用企业”牌匾。

6月，懋隆瓷砖第六代木纹新品盛典暨邓紫棋长沙签售会在长沙懋隆瓷砖经销店盛大举办。

6月，在第三届中国品牌年会上，金意陶被评为“中国陶瓷行业领军品牌”。

6月，广东一鼎科技有限公司携新品“瓷片抛釉机”亮相第二十二届伊朗国际建筑陶瓷展览会。

6月，广东一鼎科技有限公司再获“2013年度建材机械行业标准化先进集体”荣誉。

6月，东鹏与中央电视台强强联手，启动“携手央视席卷终端”全国联动活动。

6月，东鹏湖南基地二期工程盛大奠基，首个世界仿古砖设计研究中心落户澧县。

6月1日，高德瓷砖“晶花玉石，彩晶系列”产品，荣获《陶城报》社、意大利对外贸易委员会、意大利陶瓷机械及设备制造商协会联合颁发的“第三届中意陶设计大赛优秀奖”荣誉。

6月4日，环境保护部在中国环境标准网上发布了《关于征集2015年度国家环境保护标准计划项目承担单位的通知》，在附件《2015年度国家环境保护标准计划项目指南》中，《陶瓷工业污染物排放标准（修订）》(GB25464—2010)列于标准制修订第三行，并明确提出了完成时限为2016年。

6月5日，清远市清新区招商推介会在佛山市南海区桂城米纳意酒店举行，佛山市梦特丽尔卫浴有限公司、佛山市威珀卫浴有限公司、佛山市安纳奇卫浴有限公司现场意向签约。

6月7日，广东一鼎科技有限公司举行“瓷片自动包装机”首发仪式。

6月9日，沈阳市环保局下发了《关于通报落实环保部东北督查中心有关要求的工作安排》的文件，文件明确要求沈阳法库陶瓷工业园区限期关停水煤气炉、全面改造管道煤气。该文件是基于环保部东北督查中心在2014年2月至3月集中现场检查了一批重点工业企业，并对一些核心问题以书面形式反馈了各相关政府后研究制定的。

6月17日，环保部开出史上最大罚单，19家企业因脱硫设施存在突出问题，被罚脱硫电价款或追缴排污费合计4.1亿元。除了罚款，环保部还要求这些企业在30个工作日之内，编制完成烟气脱硫设施整改方案，并在今年年底之前完成整改任务，逾期没有完成的还将依法从重处罚。

6月18日，由中国美术家协会陶瓷艺术委员会、中国陶瓷工业协会黑陶专业委员会、中共宁波市委宣传部、宁波市文化广电新闻出版局、宁波中华文化促进会共同主办的“中国当代陶瓷艺术家系列作品展”在宁波市文化馆117艺术中心开幕。作为首期展览，6月18日至7月17日，展出中国黑陶艺术家刘浩和紫砂艺术家吴鸣共100多件展品。

6月19日，《建材工业“十三五”规划前期重大问题研究》启动会在北京召开。宏宇、新明珠、新中源、嘉俊、唯美、蒙娜丽莎等广东企业，以及山东统一陶瓷、唐山惠达卫浴等企业均派代表参加。

6月20日，恒力泰YPR2500耐火砖压机成功压制出第一批符合要求的耐火砖，标志着恒力泰第一台耐材压砖机研制成功，YPR2500耐火砖压机主要用于高温耐火材料行业耐火砖的压制成型，最大可以压制1200毫米×100毫米×100毫米的大型耐火砖，是耐火砖生产线中最关键的核心设备。该机最大压制力为25000千牛，最大填料深度为600毫米，最大成型砖坯厚度为250毫米，可以在40秒内完成6次压制

（3次轻压3次重压），2次排气，保压2秒，整体性能达到国际领先水平。

6月20日，佛山市政府常务会议上审议通过或原则通过的《佛山市委、市政府关于开展严厉打击环境违法排污工作的实施意见》《佛山市人民政府环境保护行政过错责任追究实施办法》等文件，释放了佛山市环保工作高压执法、高压问责的信号。《佛山市陶瓷、铝型材和玻璃制造行业及VOCs排放企业整治方案》提出了多个行业的大气污染整治目标：涉及整治的63家陶瓷企业，要求在2014年11月1日前完成烟气治理。

6月21日，“陶瓷粉料高效节能干法制备技术及成套设备”科技成果鉴定会在佛山市溶洲建筑陶瓷二厂2号楼2楼会议室成功举行。该项目由佛山市溶洲建筑陶瓷二厂有限公司、华南理工大学、合肥水泥研究设计院、佛山绿岛环保科技有限公司共同完成，拥有十余项技术专利。

6月23日，广东博德精工建材有限公司携手北京大学共同举办的“博德北京大学工商管理高级研修班”正式开班。据悉，该研修班为期10个月，课程涵盖宏观经济、营销战略、现代企业管理、商业领袖智慧等多方面内容，旨在借助北京大学完善的理论体系，为博德营销团队和经销商提供先进的管理理论和实践经验。

6月24日，由《石湾陶瓷史》编委办组织的《石湾陶瓷史》及《南国陶都—石湾》大型画册编撰工作座谈会在广东宏陶陶瓷营销中心展厅三楼会议室召开。

6月25日，广东博德精工建材五度荣登由世界品牌实验室发布的“2014年（第十一届）《中国500强最具价值品牌》排行榜”，品牌价值89.61亿元，品牌价值同比上涨15.57%。

6月26日，由佛山市商务局主办、佛山中国陶瓷城集团有限公司和佛山建材行业协会承办的佛山建材行业应对反倾销培训班在陶瓷总部基地三楼会议室开讲。

6月27日至30日，由中国轻工业联合会和中国陶瓷工业协会主办的“2014第四届中国陶瓷文化艺术创意设计精品展览会”在北京中国国际展览中心举办。本次行业盛会吸引了众多品牌企业、业界精英、专业买家广泛关注，同时为陶瓷艺术品爱好者、家居建材、酒店采购等提供一个收藏、采购、交流的机会。来自荣获中国陶瓷文化历史名城的江西景德镇、江苏宜兴、浙江龙泉、福建德化、河南禹州、汝州、广东佛山、广东潮州等著名陶瓷产区，都派出代表进行展示与交流活动，堪称一次行业的盛宴。

2014年7月

7月，佛山市环保局出台陶瓷行业综合整治方案，要求2014年11月1日前，全市63家陶瓷企业须达到新国标排放标准，其中二氧化硫等主要污染物都要全面达标。此外，还要求所有的陶瓷企业必须使用清洁能源，并在2014年12月31日之前安装在线检测和监控系统。

7月，据相关部门统计2014年上半年河南省已签约落地并开工建设18个建陶、卫浴及陶瓷配套项目，预计总投资52亿元。建陶类项目8个，总投资42亿元。卫浴类项目2个，总投资5.7亿元。配套类项目8个，总投资4.8亿元。

7月，厦门市消保委和厦门市工商局2014年第二季度对陶瓷砖进行商品质量比较试验，杭州诺贝尔集团有限公司生产的150毫米×150毫米×8.5毫米（有釉墙砖）炻瓷砖，以及和信益陶瓷（中国）有限公司生产的300毫米×300毫米×8毫米（有釉地砖）冠军瓷砖，因吸水率未达到国家标准，被判不合格。国家建筑卫生陶瓷质量监督检验中心副主任张卫星表示：如果被检验方有可靠证据表明检测机构存在不规范操作，可以按照CNAS—R03《申诉、投诉和争议处理规则》向CNAS（中国合格评定国家认可委员会）秘书处以书面形式提出投诉。或按照《认证认可申诉投诉处理办法》的有关规定，向中国国家认证认可监督管理委员会政策与法律事务部提出投诉。

7月，国家工商总局公示了2012—2013年度全国“守合同重信用”企业名单，潮州市10家企业上榜，其中陶瓷企业5家。分别为：广东松发陶瓷股份有限公司、广东宝莲陶瓷有限公司、广东恒洁卫浴有限公司、广东四通集团股份有限公司、伟业陶瓷有限公司。

7月，东鹏斥巨资收购德国艺耐子公司，将继续秉承德国精益求精的专业精神，致力于高端优质的卫浴产品，以满足市场对节能环保产品不断上升的需求。

7月1日，淄博市环境保护局博山分局与淄博市公安局等多部门联合行动，对环境污染治理要求未达标，未实施停产治理的11家陶瓷熔块企业实施了强制性停产停电措施。

7月3日，佛山市陶瓷行业协会、广东金意陶陶瓷有限公司党代表工作室共同邀请市党代表、佛山出入境检验检疫局火车站办事处主任黎永钦，带领该局业务团队，在中国陶瓷城五楼商务会议室举办“陶瓷出口输非政策及国外认证要求”讲座。出席此次讲座的有金意陶、东鹏、卓远等20余家陶瓷企业的出口部负责人及行业媒体记者。

7月6日，“箭牌之夜—2014郎朗钢琴音乐会”新闻发布会暨百名琴童选拔启动仪式在郑州启幕，朗朗的父亲郎国任（郎朗中国区总裁郎朗深圳音乐世界校长）先生亲临现场助阵。

7月8日，第十六届（广州）国际建筑装饰博览会在广州琶洲会展中心隆重举行。由佛山市卫浴洁具行业协会以及淋浴房专委会组织的“佛山淋浴房展区”首次集体亮相本次建博会。

7月11日，“淄博陶瓷总部首期交付暨营销中心开放盛典”在淄博陶瓷总部营销中心东广场盛大启幕。

7月12日，北京天坛艺术馆与景德镇陶瓷学院共同主办的“瓷华正茂—景德镇陶瓷学院研究生作品展”，在北京天坛艺术馆拉开帷幕。同日“景德镇大学生首届进京创意集市”也在北京天坛古玩城开市。

7月14日，高德瓷砖重磅推出第七大品类新品“九号原木”，成为国内首家引进意大利进口的西斯特姆8通道超清喷墨设备，通过现代工艺与人文气息的融合，重新定义时尚的生活态度。

7月14日，浙江省质量技术监督局网站公布了2014年浙江省电热水龙头产品监督抽查结果。抽查结果显示，杭州、金华、温州、台州、湖州5个地区8家企业的8批次电热水龙头产品，不合格4批次，批次不合格率为50%。

7月15日，法国驻华大使白林女士在驻武汉总领事马天宁先生等一行6人陪同下，首次专程赴景德镇市进行了访问。景德镇市副市长熊皓会见白林大使一行，并介绍了近年来景德镇市与法国城市之间的交流与合作。

7月15日，淄博市政府召开新闻发布会，公开发布《淄博市煤炭清洁利用监督管理办法》。据了解，这是我国第一部煤炭清洁利用方面的地方规章，意味着淄博市即将进入煤炭清洁利用法制化监管的新阶段，该办法将于2014年8月15日起实施。

7月16日，宏宇集团“一种陶瓷喷墨印花机墨水磁力搅拌装置”实用新型专利获授权。

7月20日，箭牌卫浴在云南昆明举行了“2015年意大利米兰世博会中国国家馆全球合作伙伴”签约仪式，宣告箭牌卫浴将正式入驻2015年意大利米兰世博会，成为中国展馆唯一指定品牌。

7月23日，广东省常委、副书记马兴瑞，副省长邓海光等省、市领导莅临广东摩德娜科技股份有限公司云浮市新兴县窑炉制造基地考察。摩德娜公司除了在佛山市南海区建有3万多平方米的厂房外，又在云浮市购地165亩，并已建完4万多平方米的厂房，为公司做大做强奠定了坚实的基础。

7月24日，由佛山市陶瓷学会与禅城区科协联合举办、佛山市科学技术协会支持的第六期(2014)佛山陶瓷高层人才培训班在广东省（佛山）软件产业园7号楼二楼会议室正式开班，来自佛山近30家陶瓷企业的120多名高层人才参加了为期两天的脱产培训。

7月25日，第二届中国建筑卫生陶瓷文艺汇演新闻发布会在瓷海国际商务中心举行。

7月26日，广东博德精工建材有限公司“‘全城迎接丁俊晖签动合肥’暨‘博德瓷砖世界巡回展启动仪式’”在合肥红星美凯龙隆重举行。

7月28日，由中国建筑装饰协会主办，中国建筑装饰协会材料委员会、中国陶瓷工业协会瓷砖粘贴技术专业委员会、华叔网承办，北京陶瓷商会协办、华叔网冠名的2014绿色装饰材料“美丽中国”行公益活动—“华叔杯”全国装饰镶贴技能大赛北京站在居然之家北四环店全面展开。

7月31日，“佛山市陶瓷行业协会第三届第二次理事会议”在中国陶瓷城五楼会议厅举行。广东宏宇集团荣获佛山市陶瓷行业协会颁发的“爱国拥军先进单位”牌匾。

7月31日，高安市经济形势调研座谈会，在江西省建筑陶瓷产业基地实训中心召开。江西省建筑陶瓷产业基地管委会书记胡江峰介绍，基地现有生产线119条，目前停产37条，高安陶瓷1—6月完成工业总产值107.8亿元，同比去年增长18%。高安陶瓷企业大部分企业产销比为1:0.8，少部分企业产销比为1:0.6，产品价格下降10%—15%。

2014年8月

8月，由中国机械工业企业管理协会主办的2014年《中国机械500强》研究报告在北京发布，科达洁能连续10年入选榜单，在入围环保机械装装备制造企业中排名第1位，同时在全国非汽车民营机械制造企业中排名第55位，广东省非汽车民营机械制造企业中排位第5名。

8月，江西高安产区的江西新澳陶瓷有限公司倒闭。

8月，广东佛山检验检疫局在对一批进口陶瓷砖进行现场查验时，发现该批陶瓷砖中部分产品存在不符合强制性认证要求的情况。佛山检验检疫局依法监督该企业在规定的限期内对该批货物的涉案产品分别进行了标签整改和销毁处理。经调查，该批陶瓷砖原产自西班牙，共868箱，分10种不同规格。

8月，据粗略统计2011年、2013年3月31日、2014年6月1日、2014年7月1日，清远中石油昆仑天然气利用项目的通气日期已经有上述4个版本。到目前为止，这一项目仍未能正式为清远陶瓷企业供给天然气。早在2012年10月清远就下发《推进陶瓷企业“煤改气”工作实施方案》，2013年3月《清远市陶瓷行业综合整治工作方案》又适时出台。但目前，清远陶瓷企业没有一家使用天然气作为能源，而影响管道通天然气最重要的原因是没有客户。

8月，景德镇陶瓷学院与台湾艺术大学联合承办的第5届海峡两岸陶瓷艺术家交流笔会暨缔结友好院校签约仪式在台湾艺术大学艺文中心举行。江西省委常委、统战部部长蔡晓明，省委副秘书长钟金根，景德镇市委书记刘昌林，景德镇市委常委、副市长黄康明等出席。

8月，山东省临沂市罗庄区启动300亿元专项资金全面推动工业结构转型升级三年行动计划，在淘汰落后产能、拆除关停中小企业的基础上，全面推进钢铁、煤、化工、陶瓷、铸造行业的改造提升。

8月，根据广东省知识产权局提供的案件线索，广西、广东、海南三省（区）开展了一次跨省

（区）查处“带有过滤功能的花洒”假冒专利商品统一执法行动，在这次执法行动中广西13个地市参与了统一行动，其中在南宁市共查获涉嫌假冒专利产品近600件。另外，广东深圳、湛江都分别查获多个涉嫌假冒专利产品。

8月，佛山市卫浴洁具行业协会淋浴房专委会组织60多名会员到三水大塘工业园以及佛山海洋卫浴进行考察。佛山市卫浴洁具行业协会淋浴房专委会会长王建平、协会秘书长刘文贵以及60多名会员企业成员参加了佛山市三水淋浴房产业园研讨会，共同商讨佛山淋浴房产业园的选址和建设问题。

8月6日，国内首片粉煤灰制高档陶瓷地砖在淄博淄川成功下线。这标志着山东统一陶瓷科技有限公司已经成功把粉煤灰综合利用制造新型建材产品核心专利技术运用到了生产中。

8月7日，淄博陶正陶瓷颜料有限公司申请国家发明专利《一种墨水专用镨黄色料的配方及生产方法》通过。

8月8日，宏宇集团作为主要参与编制单位受邀参与在北京建设大厦召开的中华人民共和国行业标准《建筑地面工程防滑技术规程》(JGJ/T331—2014)发布实施细则及推广总结大会。

8月8日，2014年首届广东省装饰行业年度总评榜正式启动。本次总评榜由广东省装饰行业协会主办、华夏时代传媒承办，嘉俊陶瓷全程赞助。

8月8日，“挺进中西部市场”座谈会暨2014中国西部国际陶瓷卫浴展览会潮州交流会在潮州市迎宾馆举办，潮州市建筑卫生陶瓷行业协会秘书长张扬在会上表示将组织潮州卫浴品牌以组团的方式参展2014年西陶展。

8月12日，箭牌之夜郎朗钢琴音乐会在中原名城郑州盛大举行。

8月12日，广东一鼎科技有限公司隆重召开了知识产权贯标启动大会，贯彻实施国标《企业知识产权管理规范》和省标《创新知识企业知识产权管理通用规范》。

8月15日，中国质量认证中心、质量管理评价与研究中心专家组沈烽主任、副主任彭凯等领导到新明珠陶瓷集团总部调研，重点了解企业在产品研发、品牌建设、节能减排、产业升级方面的相关情况。

8月18日，全国第一个以泛家居为主题的园区—佛山泛家居电商创意园正式开园。

8月20日，阿里巴巴佛山产业带(foshan.1688.com)正式上线，目前已有首批100多家佛山企业入驻，涵盖童装、内衣、家居家电、陶瓷卫浴、照明、五金等佛山优势行业。

8月24日，“宏宇陶瓷携手2014珠江形象大使秀魅佛山”活动在宏宇陶瓷总部展厅拉开序幕。宏宇陶瓷与12位珠江形象大使联手为佛山市民奉献了一场公益环保的魅力盛宴。广东宏宇集团副总经理欧家瑞、市场总监王勇等领导出席了此次活动。

8月26日，由潮州市建筑卫生陶瓷行业协会协办，广东梦佳陶瓷实业有限公司赞助的全国第三次《卫生洁具智能坐便器》标准工作会议在潮州迎宾馆会议厅举行。全国建筑卫生陶瓷标准化技术委员会委员、潮州市建筑卫生陶瓷行业协会会员以及来自全国各地的智能坐便器专家、学者、企业代表等共100多人出席了这次会议。

2014年9月

9月，东鹏平安基金会成立，旨在打造员工爱心互助平台，让员工在身患重大疾病或非因工伤亡时，即可得到来自基金会的援助。成立之际，董事长何新明个人向基金会捐出100万元，副总裁陈昆列个人捐款30万元，东鹏股东及高管慷慨解囊，合计募得200余万元作为启动资金。

9月，金意陶常务副总经理张念超问鼎2014中国营销界最高荣誉—金鼎奖。

9月2日，马可波罗瓷砖再次携手姚基金慈善赛，竞拍捐赠70万元，用于山区青少年篮球教育。

9月3日，国家质量监督检验检疫总局网上发布《陶瓷砖产品质量监督抽查实施规范(2014年版)》的修订已完成了初审和复审工作，征求意见的公示期也在7月21日完成，该规范现已进入排版校稿阶段，预计年底将颁布。

9月3日，广东陶瓷协会主办的2014年广东陶瓷创新暨环保节能评选活动启动新闻发布会在佛山陶瓷研究所三楼会议厅举行。

9月5日，以“新格局·新未来”为主题的中国（淄博）陶瓷总部一期开启暨2014国际商贸周在中国（淄博）陶瓷总部西广场耀世盛启，与此同时，2014绿色装饰材料“美丽中国行”山东站也拉开序幕。

9月6日，第十四届中国(淄博)国际陶瓷博览会在淄博国际会展中心开幕，会期4天。一大批古今中外陶瓷艺术大师的经典作品亮相，一场陶瓷文化艺术饕餮盛宴盛大开启！本届“陶博会”还有吉祥物“陶陶”与您相伴。系列展会分为陶博会、新材料技术论坛、山东省产学研展洽会、中国创新创业大赛四大板块。本次陶博会具体活动15项，包括毕加索陶瓷作品展、陶瓷艺术大师作品展、淄博日用陶瓷精品展、中外日用陶瓷精品展、“淄博琉璃明清官窑”琉璃主题展、淄博窑古陶瓷展、中外建筑陶瓷和功能陶瓷名品展、淄博工艺美术陶瓷及出口产品展销会、第十届中国(淄博)陶瓷代理/经销商峰会、“淄博陶瓷当代国窑”国际巡回展启动仪式、第七届“淄博陶瓷当代国窑”地域品牌授予仪式等。

9月9日上午，第九届沈阳法库国际陶瓷博览交易会隆重开幕，副市长沙波涛出席开幕式，并宣布陶博会开幕。县长陈佳标、县人大常委会主任徐凤贵等县几大领导班子参加开幕式。

9月9日，高德瓷砖900毫米×900毫米大规格全抛釉新品震撼面世，成为行业首批大批量生产并主推大规格瓷砖的陶瓷品牌。

9月10日，以“梦想，体验”为题的2014年恒洁卫浴。清华大学Workshop实训营启动。

9月12日，在佛山举办的巴西对华瓷砖反倾销案价格承诺谈判工作情况通报会上，中国五矿化工进出口商会副会长于毅呼吁“佛山陶瓷企业要共同维护国家和行业的利益，打破囚徒困境”积极应对海外对华反倾销调查。

9月15日，广东一鼎科技有限公司举办《信息化和工业化融合管理体系》贯标启动大会，全国仅有508家成功申请第一批两化融合贯标项目，一鼎科技是广东省第二家、佛山市首家启动贯标的单位。

9月16日上午，“迁安之光”第十七届唐山中国陶瓷博览会在唐山国际会展中心广场隆重开幕。全国人大常委会原副委员长何鲁丽，中国国际贸易促进委员会副会长于平，中国轻工业联合会副会长杜同和，商务部原副部长孙广相，河北省人大常委会原副主任韩葆珍、侯志奎等出席开幕式，并在开幕前视察了本届陶博会展馆布展及展览情况。河北省人民政府副省长、唐山市委书记姜德果在开幕式上致辞并宣布第十七届唐山中国陶瓷博览会开幕。市委副书记、市长陈学军主持开幕式。市四大班子部分领导出席开幕式。国家有关部委、主办和协办单位、国内有关兄弟城市以及省直有关单位领导，世界“陶瓷之路”联盟城市的各位市长或代表，国内外陶瓷参展商、采购商，以及各界中外来宾参加了开幕式。第十七届陶博会是由中国国际贸易促进委员会、中国轻工业联合会、中国建筑材料联合会和河北省人民政府共同主办；由中华人民共和国商务部支持；中国陶瓷工业协会、中国建筑卫生陶瓷协会、中国经济联络中心、韩国陶瓷技术院、意大利翁布里亚大区制造业联合会和印度—中国工商商会协办，唐山市人民政府和中国国际贸易促进委员会河北省委员会承办的大型陶瓷、陶瓷机械及相关产品展示交易活动。

9月17日，由广东省装饰行业协会、《居无忧》杂志社联合主办，嘉俊陶瓷全程独家赞助，华夏时代传媒承办的2014年设计新势力成长分享论坛暨广东省装饰行业总评榜（东莞站）、第六届迪赛恩奖空间设计大赛启动礼在东莞隆重举行。

9月19日，环境保护部在其官网公布了由其组织起草的《陶瓷工业污染物排放标准》(GB25464—2010)修改单（征求意见稿），并限定陶瓷企业及相关单位于10月15日前将书面意见提交。据了解，在此次公布的修改单中，对两处行业较为关注的重要参数作出了修改：将原有标准4.2.7条修改为喷雾干燥塔、陶瓷窑烟气基准含氧量为18%，实测喷雾干燥塔、陶瓷窑的大气污染物排放浓度，应换算为基准含氧量条件下的排放浓度，并以此作为判定排放是否达标的依据；将原标准表5中喷雾干燥塔、陶瓷窑的颗粒物限值调整为30毫克/立方米、二氧化硫限值调整为30毫克/立方米、氮氧化物限值调整为150毫克/立方米。

9月22日，意大利里米尼陶瓷机械展(Tecnargilla)和意大利博洛尼亚国际陶瓷卫浴展览会(CersaieBologna)同期开展。广东鹰牌陶瓷集团有限公司、上海斯米克控股股份有限公司、佛山市简一陶瓷有限公司、广东东鹏控股股份有限公司、冠军建材股份有限公司和广东博德精工建材有限公司前往意大利博洛尼亚参展。

9月22日，广东一鼎科技有限公司营销团队首赴第二十四届意大利陶瓷工业展参展，为一鼎科技最新战略定位“窑后整线工程解决方案”走向国际打开了新通道。

9月22—26日，广东博德精工建材有限公司首次参加意大利博洛尼亚陶瓷卫浴展览会，成为中国仅有的五家参展企业之一，亦是2014年新增的唯一一家陶瓷参展企业。

9月22日，东鹏再获邀请参加意大利博洛尼亚展，实现了中国民族陶瓷品牌从“走出去”到“走进去”的跨越。

9月25日，以“挥师终端雄霸陶业”为主题的金丝玉玛712营销战略军团成立启动仪式暨两大事业部特惠产品发布会隆重举行。此次大会集中展示了旷世彩晶系列、一代名瓷系列等新装模拟间，同时，大会举行金丝玉玛商学院、金丝玉玛电商部、金丝玉玛712营销战略军团成立启动仪式。

2014年10月

10月，从佛山金意陶陶瓷获悉，一批由意大利企业生产、贴着金意陶牌子的“缪斯”系列仿古砖已于国庆前走进全球各地的专卖店。这是中国建陶行业首次让意大利厂商为自己代工贴牌。

10月，东鹏率先发布了行业首个系统定制服务方案—东鹏TCS“阳光天使”定制服务，开创了建陶行业服务标准新高峰。

10月，和美企业全面进行产品技术革新，投资6000万元进行设备改造，成功推出纯平全抛釉系列产品。

10月，在泉州经贸文化项目对接推介会上，辉煌水暖集团董事长王建业与泉州市功夫动漫设计有限公司正式签约。辉煌水暖集团将斥资 3000万元打造业内首部3D动漫广告大片《卫浴也疯狂》。南安卫浴行业竞相聘请明星代言人的热潮有所减退，采用动漫形象的方式让人耳目一新。

10月，第七届“中国厨卫百强”颁奖典礼，金意陶荣获“瓷砖影响力5强”奖项。

10月8日，由佛山市卫浴洁具行业协会和鹤山水暖卫浴五金行业协会共同组织的“鹤山水暖五金卫浴行业佛山考察团”走进佛山，与佛山卫浴企业进行沟通与交流。

10月9日—12日,巴西发展工业和外贸部反倾销调查局（DECOM）局长Marco Cesar及副局长Luciana就中国日用陶瓷出口巴西问题到访中国。

10月10日上午，中国商务部贸易救济调查局局长周晓燕、副局长周大霖接见巴西Marco Cesar局长一行，并同巴西客人就中—巴日用陶瓷价格承诺问题进行了会谈。

10月10日下午，巴西客人与中国陶瓷工业协会进行了深入沟通。中国商务部贸易救济调查局副局长周大霖、中国陶瓷工业协会常务副理事长傅维杰、中国五矿化工进出口商会副会长于毅、北京市瑞银律师事务所高级合伙人王涛、中国对巴西日用陶瓷出口自律委员会主任樊瑞新等参加下午的会谈。

10月10日，广东博德精工建材有限公司连续第十一年通过国家高新技术企业认定。

10月12日，东星家居广场营销中心开放暨品牌客户签约盛典在湖南常德东星家居广场隆重举行。

10月18日，第十四届中国(佛山)国际马赛克展览会暨第十四届中国马赛克文化节，在中国马赛克城隆重开幕。展会由中国陶瓷工业协会马赛克专业委员会、中国马赛克总部基地主办，中国马赛克城承办。展会时间从10月18日到10月22日。出席这次盛会的有：中国陶瓷工业协会常务副理事长傅维杰、中国陶瓷工业协会马赛克专业委员会会长黄芯红、中国陶瓷工业协会副秘书长侯文全、广东陶瓷协会会长陈环、广东陶瓷协会秘书长陈振广等。

10月18日，景德镇陶瓷学院材料学院第四届“宏宇杯”田径运动会隆重开幕，宏宇集团市场部总监王勇出席开幕式并致辞。

10月18日，由国家商务部、中国国际贸易促进委员会、中国轻工业联合会和江西省人民政府共同举办，由商务部外贸发展局、中国轻工工艺品进出口公商会、中国陶瓷工业协会、江西省商务厅、中国国际贸易促进会员会江西分会、景德镇人民政府承办的2014年中国景德镇国际陶瓷博览会在景德镇国际会展中心盛大开幕。165万瓷都人民再次迎来了这一举世瞩目的陶瓷盛会。开幕式现场嘉宾云集，高朋满座，欢歌笑语。出席开幕式的领导和嘉宾有：全国人大原副委员长何鲁丽，江西省人民政府省长鹿心社，江西省政协主席黄跃金，国家商务部外贸发展局局长孙成海，中国轻工业联合会副会长杜同和，中国贸促会秘书长徐泸滨，江西省人大常委会副主任朱秉发，江西省人大常委会副主任马志武，江西省人民政府秘书长谭晓林，中共景德镇市委书记刘昌林，江西省人大常委会副秘书长、办公厅主任张振球，江西省人民政府副秘书长林彬杨，景德镇市人民政府市长颜赣辉。

10月18日，以“绿色·健康·升级”为主题的第24届中国（佛山）国际陶瓷及卫浴博览交易会在万众瞩目中正式拉开序幕!开幕仪式与启幕仪式分别在佛山国际会议展览中心与中国陶瓷城展馆盛大举行，各级政府代表、行业代表、领事馆商会代表、国内外陶瓷企业家代表、设计师、参展商代表以及新闻媒体等近千人莅临现场，共襄盛会!

10月18日，由广东陶瓷协会、佛山陶瓷学会主办，中国陶瓷城，中国陶瓷总部基地有限公司协办，《创新陶业》报社、新陶网和《佛山陶瓷》杂志社联合承办的主题为“寻找环保难点探寻应对策略”的2014年陶业节能环保技术高峰论坛在佛山中国陶瓷城五楼会议室召开。

10月19日，绿色国际建材研讨会在中国陶瓷城五楼商务会议室内举行。马来西亚驻广州总领事馆投资领事鲁立山，马来西亚驻广州总领事馆投资官员程晨，国际知名建筑师、百瑞隽恩公司创始人巴瑞·威尔逊，中国能源管理体系专家杜伟萍，中国国际电子商务中心，广东省小微企业服务联合会的代表以及众多行业媒体共同出席了该研讨会。

10月19日，以“产业联动共塑未来”为主题的“房地产与陶瓷卫浴行业合作峰会”在中国陶瓷总部举行。包括绿地集团、奥园地产、颐和地产、高德置地、嘉裕地产、侨鑫地产、美的地产、方圆地产，复星集团、保利置业、海伦堡地产、海印集团、敏捷地产、建华置地、四海城等房地产企业的代表，以及道格拉斯瓷砖、惠达企业、浪鲸卫浴、蓝珀瓷砖、全友卫浴、凯文玛索、亚细亚陶瓷、丹拿卫浴等陶笔卫浴企业代表百余人共同与会。

10月21日，中韩陶瓷艺术交流展在景德镇陶瓷学院新厂校区陶艺中心隆重开幕。韩国陶瓷财团代表理事李完熙，韩国文光体委员长、京畿道议会委员长LEE PIL GOO，中国陶瓷工业协会副理事长付维杰，景德镇市人大副主任吴光辉，景德镇市政府副市长汪剑平，江西省文联副主席余志华，中国陶瓷工业协会副理事长、景德镇陶瓷协会理事长冯林华教授出席开幕式并参观交流展。付维杰、李完熙、LEE PIL GOO、汪剑平、景德镇陶瓷学院相关负责人致辞，冯林华宣布开幕。

10月21日，由中国陶瓷工业协会及《陶瓷资讯》主办的主题为“绿色陶业贴心服务”的“2014中国陶瓷砖行业高峰论坛”在中国陶瓷总部基地三楼会议室召开。宏宇陶瓷作为全抛釉实力代表参加了此次论坛。

10月21日，以“绿色环保，贴心服务”为主题的中国陶瓷砖行业高峰论坛在佛山中国陶瓷总部基地陶瓷大剧场举行，各陶瓷砖品类代表和协会出席了论坛，到场人数达600人。为了贴合主题，本次论坛“不带胸花、不打嘉宾牌、不做嘉宾介绍”，省去了不必要的程序，形式从传统的单线传播转变为台上台下双主持互动，现场还设置了讨论小组和微信后台提问等灵活环节，从细节上贴合主题，上演了一场行业论坛的“改革”。

10月22日，由中国陶瓷总部牵手广州国际设计周组委会共同举办的2015年中国陶瓷新品汇新品发布会暨中国陶瓷总部&广州国际设计周战略合作签约仪式在广东佛山中国陶瓷总部三楼会议室隆重举行。广州国际设计周秘书长、广州市城博展览有限公司董事长张卫平，中国陶瓷总部营运总经理汤洁明，广州国际设计周项目总监贺文广，中国陶瓷总部营销部经理龙清玉出席此次发布会。

10月25日，宏宇集团“高温大红基印花釉的研制”科技成果鉴定会在佛山石湾宾馆举行。该项技术革命性地解决了瓷砖产品表面花色黯淡、立体感稍差的固有问题，大大提升了瓷砖产品的色彩明艳度与立体感，将瓷砖产品装饰效果带入了一个新纪元，被权威专家一致认定达到“国际先进水平”。

10月25日，“产业与城市”陶瓷产业与城市发展高峰论坛暨华夏中央广场全球招商盛典大型活动在华夏中央广场隆重举行。

10月25日，厦门市卫厨行业协会第一届第五次会员大会暨第二届第一次会员大会在厦门举行，厦门建霖工业总经理陈岱桦任新一届会长，许传凯为创会会长，原秘书长徐海明、副秘书长刘伟艺连任，福建元谷卫浴等38家企业被选为新一届理事会成员。

10月27日，广东摩德娜科技股份有限公司股票在新三板挂牌（证券简称：摩德娜，证券代码：831202），从10月27日起在全国股份转让系统挂牌公开转让。作为佛山市内第八家成功挂牌新三板市场的企业，意味着摩德娜的发展又迈人了一个新的阶段，陶瓷装备行业又增加了一家上市企业。

2014年11月

11月，马可波罗瓷砖董事长黄建平先生当选“2014年东莞十大慈善人物”。

11月，广东一鼎科技有限公司荣获科技部火炬中心颁发的“2014年国家火炬计划重点高新技术企业”称号。

11月，博晖公司与意大利LB公司合作推广的节能环保工程“干法制粉系统”正式在山东东鹏动工。

11月，东鹏携手绿行者同盟开展的“中国美丽乡村”项目正式启动。东鹏董事长何新明担任绿行者同盟主席，在其带领下东鹏成为此次公益计划的重要战略合作伙伴。

11月7日，懋隆瓷砖携手新品“皇木”亮相2014中国西部国际陶瓷卫浴展览会，并被授予年度“绿色陶瓷砖”称号。

11月8日，位于佛山，禅城区绿景西路与雾岗路交会处的美居国际建材博览中心举行试营业活动。

11月12—15日，广东博德精工建材有限公司参加在上海举行的世界瓷砖论坛，并在论坛期间携手主办方在黄浦江畔举行了“博德之夜”。

11月13日，由佛山市政府主办，北京中陶科技发展有限公司、佛山泛家居电商创意园、传神（中国）网络科技有限公司共同承办的“全球跨境电商论坛佛山峰会”在佛山马可波罗酒店举行。同期，北京中陶科技发展有限公司董事总经理吴跃飞宣布“中陶建卫进出口俱乐部”正式启动。

11月14日，国家质量监督检验检疫总局初步批复佛山陶瓷创建示范区，佛山陶瓷成功申报全国知名品牌示范区。

11月16日，恒洁卫浴佛山陶瓷生产基地新梭式窑成功点火，优化生产结构，大大提高了陶瓷产品质量；同时，恒洁卫浴凯乐德工厂引人全自动化UV喷涂生产线，大大提升了生产效率，进一步提升了浴柜产品品质。

11月18日，广东一鼎科技有限公司举办了“釉面砖抛光生产线出口伊朗首发仪式”，其作为从单机产品转变为“全抛釉整线工程”的核心纽带产品备受行业关注。

11月23日，宏宇集团赞助的“佛山市武术协会太极拳会21周年暨鹰爪拳会2周年庆典”在佛山石湾隆重举行。

11月23日，佛山市卫浴洁具行业协会设计专委会秘书处成立并召开新闻发布会，会议在佛山国际水暖城蓝堡嘉品酒文化公馆举行。

11月26日，由佛山市科学技术协会主办，佛山市陶瓷学会承办，中国硅酸盐学会陶瓷分会机械装专业委员会与中国陶瓷城集团有限公司共同协办的2014年陶瓷行业原料制备新技术论坛在中国陶瓷城五楼会议室举行，佛山科协学会部部长陈锋登，佛山科协副主席、佛山市陶瓷学会理事长冯斌，中国硅酸盐学会陶瓷分会机械装备专业委员会主任张柏清等领导出席。

2014年12月

12月，中俄重大项目合作联合体和佛山市中小企业发展促进会联合举办的俄罗斯保障房建设及相关配套采购洽谈会在佛山顺利举行，近200家佛山相关企业达成10亿元合作意向，给佛山建材行业注人了活力和生机。

12月，山东德州市检察院对三名涉嫌一宗特大卫浴假冒注册商标案的重要犯罪嫌疑人依法批准逮捕。而山东德州的这宗假冒卫浴注册商标案还牵扯出远在千里之外的假冒“ARROW”卫浴制售窝点，这宗假冒卫浴案件总涉案金额超过400万元。

12月，东鹏控股荣膺“香港杰出企业”殊荣，成为行业首个“香港杰出企业”。

12月，东鹏家居成立，迅速推出“一站式”家居服务，标志着东鹏整合“泛家居”产业链迈出坚实的一步。同时，互联网事业部成立，首次整合瓷砖、洁具、线上线下资源，将互联网打造成东鹏的战略发展平台。

12月，根据中国环境保护产业协会《关于发布2014年国家重点环保实用技术及示范工程名录（第二批）的通知》（中环协[2014]78号），广东科达洁能股份有限公司控股子公司安徽科达洁能股份有限公司申报的沈阳20×10千牛·立方米/小时New Power清洁燃煤气化系统建设工程被列入《2014年国家重点环境保护实用技术示范工程名录（第二批）》。

12月，广东一鼎科技有限公司新品“釉面砖抛光机”获选由佛山总商会颁发的“优秀创新陶机装备”称号。

12月，“中国美丽乡村”项目启动仪式在佛山南庄镇隆重举行，“中国美丽乡村”公益计划开始对首批乡村进行“五化”改造。东鹏瓷砖成为勾此次公益计划的重要战略合作伙伴。

12月，广东省名牌产品评价中心正式发布“2014年广东省名牌产品（工业类）名单公告”，宏宇陶瓷地砖、内墙砖荣获“广东省名牌产品”荣誉称号。

12月，宏宇集团“一辊多色多图立体印花技术开发及应用”项目荣获“佛山市南海区2013年度科学技术进步二等奖”。

12月，广东摩德娜科技股份有限公司通过了“广东省标准化良好行为AAAA级企业”认定。同时公司辊道式干燥器获得了“广东省名牌产品”证书和牌匾。

12月，佛山市奥特玛陶瓷“皇家韵石”系列荣获“2014 年度优秀建陶新产品”。

12月，2014年广东博德精工建材有限公司先后有“瓷砖(BBY1173K)”等14项知识产权成果获国家外观设计专利授权。

12月，广东一鼎科技有限公司“干法磨边倒角机”被授予“广东省名牌产品”称号。

12月，广东博德精工建材有限公司荣获恒大集团广州恒大材料设备有限公司授予的“2014年度恒大集团综合砖类优秀供应商”称号。

12月，佛山市奥特玛陶瓷先后引入两台世界先进的陶瓷喷墨打印机，应用数码彩喷技术对企业仿古地砖生产过程中的印花工艺进行技术改造，替代现有落后的印花产能，建设高效环保的仿古瓷砖印花作业线。

12月，广东博德精工建材有限公司被全国博士后管委会办公室认定为“佛山企业博士后工作站分站”。

12月，广东博德精工建材有限公司自主研发的“3D超大晶相微晶玻璃陶瓷复合板”“高逼真度仿玉微晶玻璃陶瓷复合板”产品一致被认定为“广东省高新技术产品”。

12月1日，水龙头新国标《陶瓷片密封水嘴》(GB18145—2014)正式施行。首日，九牧、恒洁、和成、雅鼎、欧泰、苏泊尔等29家国内外卫浴企业率先获得了首批陶瓷片密封水嘴金属污染物析出量认证。

12月3日，广州市质量技术监督局对本市生产领域陶瓷片密封水嘴产品质量进行了监督抽查，本次抽查4家企业生产的4 批次产品，经检验全部符合标准要求。这也是新国标《陶瓷片密封水嘴》(GB18145—2014)在12月1日实施后，首个公布的地方水龙头质量抽检结果。

12月3日，位于广州红星美凯龙的国内首个浴室柜博物馆正式开馆。佛山浴室柜联盟会长、佛山伽蓝洁具董事长张爱民，佛山市卫浴洁具行业协会秘书长刘文贵，富兰克卫浴董事长丁卫，品卫洁具董事长庞联斌等行业人士，以及媒体共同见证了浴室柜博物馆揭牌仪式。

12月4日，博晖机电参加印度举行的亚洲国际陶瓷工业展览会，展示了博晖新的料车产品和节能环保类新产品。

12月4日，广东一鼎科技有限公司举行了“员工互助基金揭牌仪式”，成立“员工互助基金会”，该基金得到了上级工会的扶持，含员工捐款合计共累积了14万元的爱心善款。

12月5日，“2014inguangzhou世界室内设计大会”在广州国际设计周华丽开场，箭牌卫浴应邀成为世界设计大会战略伙伴，将共同积极参与设计发展议题。

12月6日，广东省卫浴材料委员会成立大会于广东省卫浴商会会议室召开。箭牌卫浴、浪鲸卫浴、吉美卫浴、登宇洁具、歌纳卫浴等十数家卫浴品牌采购代表，与商会秘书长张书儒，副会长谢永坚、简伟权，副秘书长关志航等商会领导共同出席了此次大会。

12月7日，恒洁“雨洁”恒温淋浴器摘下国内工业设计权威奖项—红棉设计大奖，同期，恒洁卫浴“懂空间，更安全”360度安全淋浴房，研发成功，将于2015年震撼上市。

12月12日，“中国硅酸盐学会陶瓷分会2014学术年会暨全国陶瓷新技术、新材料、新装备论坛”在德化县举行。

12月15日，卫生陶瓷行业部分劳动定额指导标准专家评审会在北京举行。中国财贸轻纺烟草工会副主席王洪泽、中国陶瓷工业协会副理事长浦永祥、人力资源和社会保障部劳动关系司巡视员吴文辉、中国劳动保障科学研究院副院长（中国劳动学会劳动标准专业委员会会长）王竞，以及有关方面专家出席会议。

12月15日，恒力泰公司成功人选广东省经济和信息化委员会认定的2014年广东省战略性新兴产业骨于企业(智能制造领域)，跻身广东省10家骨干企业之列，成为佛山市2014年获得该称号的两家企业之一，也是三水区首个智能制造类省级战略性新兴产业企业。

12月17日，中共佛山市金丝玉玛装饰材料有限公司党支部正式挂牌成立，此举标志着金丝玉玛党建工作又上了一个新台阶，也标志着金丝玉玛加快了向规范化经营迈进的步伐。

12月17日，佛山市消费者委员会消费指导部和佛山出入境检验检疫局检验检疫综合技术中心国家建筑卫生陶瓷检测重点实验室联合公布了从佛山市面上随机抽检的32家陶瓷企业的抛光砖样品的比较试验分析结果。产品在吸水率、抗折强度、断裂模数、放射性核素4项指标上全部达标。

12月19日，中国液气密行业理事会及技术进步奖颁奖大会在北京金辇酒店（山西大厦）举行。科达液压“KD—A4VS (L)0250/355重载(高转速增压）变量柱塞泵”荣获行业唯一一个技术进步一等奖。

12月20日，博晖公司荣获佛山工商业联合会“2014 年度优秀陶机装备品牌企业”称号。

12月20日，第十三届中国（佛山）民营陶瓷卫浴企业家年会在佛山宾馆盛大举行，宏宇集团荣获“十大建陶风云企业”。

12月21日，金丝玉玛瓷砖全国金牌导购培训会隆重举行。培训会期间，金丝玉玛特邀中国时尚礼仪教母周思敏莅临现场进行大师级商务礼仪培训。

12月23日，广东博德精工建材有限公司旗下“博德”连续第四次荣获“广东省名牌产品”称号。同期，“吴博瓷砖”首次荣获“广东省名牌产品”称号。

12月23日，宏宇集团创新研发的“利用抛光废渣生产广场砖新技术”在清远市银盏酒店二楼2号会议室举行了新产品新技术鉴定会。与会专家一致认定该项技术成果为建陶行业抛光废渣的循环利用和节能减排提供了新的途径，实现了良好的经济，社会及环境效益达到“国际先进水平”。

12月25日，第二届全国日用陶瓷标准化技术委员会(SAC/TC405)成立大会暨2014年标准审查会议在醴陵召开，王乃铝处长首先宣读了国家标准化委员会关于第二届全国日用陶瓷标准化技术委员会组成人员的批复文件，聘任傅维杰为第二届全国日用陶瓷标准化技术委员会主任委员，李硕、周健儿、殷书建、刘刚等为副主任委员，张侃为第二届全国日用陶瓷标准化技术委员会秘书长。傅维杰、王乃铝、王旭华、许君奇、殷书建等为32名新聘任的委员颁发证书。

12月26日，由陶卫网、《陶瓷资讯》报社联合主办的以“市场变局下建陶供应商大转变”为主题的第五届陶瓷上游供应企业研讨会在肇庆市松涛宾馆会议室举行。

12月26日，广东潮州市成立陶瓷行业工会联合会并召开第一次会员代表大会，潮州市人大常委会副主任、市总工会主席黄潮标为工联会揭牌。柳茂春当选为第一届陶瓷行业工联会主席。

12月27日，“新经济时期的房产趋势与泛家居行业营销高端论坛暨第五届中国家居十大品牌风尚榜颁奖典礼”在佛山华夏明珠大酒店举行。宏宇陶瓷一举夺得“中国陶瓷十大品牌”“中国家居十大创新品牌”两项大奖。

12月30日，由《陶城报》社、陶瓷云商主办的“大石代大潮流大讨论”2014年大理石瓷砖发展高峰论坛佛山站在佛山新媒体产业园隆重举行。

二、2015年中国陶瓷工业大事记

2015年1月

2015年1月1日，被称为“史上最严格环保法”的新《环境保护法》正式实施。2014年12月30日下午，全国人大环资委、全国人大常委会法工委和环境保护部联合召开新修订的《环境保护法》实施电视电话会议。新《环境保护法》完善了生态保护红线、排污许可、污染物总量控制、区域限批、政策环评、规划环评、跨行政区域联合防治、环境承载能力预警、环境监测等环境保护基本制度，加大了对环境违法行为的法律制裁，被称为“史上最严格环保法”。《环境保护法》的修订和实施，体现了党和国家对加强环保体制法制建设、努力破解环境污染问题、大力推动生态文明建设的坚定决心。市环保局将坚决贯彻法律精神，将新要求、新举措落到实处，全力做好全市的环保工作，推动高安市经济社会与生态文明建设协调发展。

2015年1月，国家质检总局正式批准高安市建陶基地筹建“全国建筑陶瓷生产加工产业知名品牌创建示范区”。

2015年1月，江西精诚陶瓷在产区首推大理石系列产品。

1月1日，经过新修订的《陶瓷工业污染物排放标准》（GB25464—2010）从2015年1月1日起严格执行。

1月，国家质检总局正式批准高安市建陶基地筹建“全国建筑陶瓷生产加工产业知名品牌创建示范区”。

1月1日，卡米亚陶瓷强势登陆佛山电视台新闻综合频道晚间《六点半新闻》栏目广告，持续时间为30分钟。

1月2日下午，以“石湾梦·设计未来”为主题的石湾陶瓷产业发展论坛暨中意两国设计作品联展在佛山南风古灶景区多功能会议厅及玩陶区隆重举办。

1月4—6日，“精诚合力·同心共赢”2015年博德经销商年会在素有“阿拉伯宫殿”之称的清远狮子湖酒店盛大举行。

1月6日，在中央电视台欧洲采风活动中，由禹州市亨盛钧窑烧制的钧瓷作品《赏盘》作为代表中国传统文化的官方礼品赠予外宾，被葡萄牙国家政要及国家旅游局、国家瓷砖博物馆收藏。

1月8日，由禹州市钧瓷文化旅游试验区办公室、禹州市钧瓷行业协会联合举办的“正玉钧窑杯”2014年度钧瓷行业十大新闻暨十大最具媒体影响力钧瓷作品评选结果揭晓。

1月8日，醴陵陶瓷艺术城一期将建成开放，占地180亩。各色各样的碗、杯、碟，别致多彩，总投资27亿元，由一系列陶瓷器外形的异形建筑组成，靓丽而壮观，还将带来“人在碗中游”的独特体验。

1月9日，重庆市陶瓷协会举办成立庆典，第一届理事会举行就职典礼。重庆市民政局民间组织管理局副局长余东海向重庆陶瓷协会及会长单位授牌。随后，重庆市陶瓷协会会长杨玉仁带领协会第一届领导班子成员共同按下启动按钮，标志重庆市陶瓷协会正式成立。

1月11日上午，陶瓷职业教育集团成立大会暨挂牌仪式在江西陶瓷工艺美术职院举行，大会审议并通过了《陶瓷职业教育集团章程》，审议通过了集团常务理事单位和个人名单，审议通过了集团理事长、副理事长、秘书长以及名誉理事长名单。

1月12日，临沂市环境保护局罗庄分局下发《关于对全区建陶企业环评手续情况进行调查的通知》，经过调查统计相关企业上报的情况，发现罗庄区部分建陶企业因无环评手续擅自开工建设，部分建陶企业无环评手续擅自开工建设并投产，另有部分建陶企业环境保护设施未经验收主体工程投入生产。

1月14日，高性能陶瓷涂料研发生产企业，上海宜瓷龙新材料股份有限公司在新三板挂牌上市（股票代码：831819）。

1月15日，由中国旅行社总社河南有限公司和河南省钧瓷行业协会共同举办的“神垕钧瓷体验游”签约仪式在禹州市神垕镇举行。

1月17日，江西金三角陶瓷耗资4千万元总部展示大楼落成典礼顺利举行。

1月20日，江西佳宇陶瓷第二条小规格琉璃瓦生产线投产，公司已实现江西产区规模最大、西瓦产品最完善的企业。

1月25日，欧陶科技十五周年大型庆典活动在江西高安盛大召开。从陶瓷化工到文化传媒、商业地产， 跨界融合。

1月25日，由河南省陶瓷玻璃行业管理协会、禹州市钧瓷文化旅游试验区办公室、禹州钧官窑址博物馆和禹州市钧瓷行业协会联合举办的“2015年禹州‘喜羊羊’钧瓷主题作品展”在禹州钧官窑址博物馆开展。

1月29日，成都市建筑装饰协会浴室柜分会成立仪式在成都金堂恒大酒店隆重举行。成都市建筑装饰协会执行会长张代莹，常务副秘书长文武，以及来自川内浴室柜行业企业家、银行及担保公司、新闻媒体等300余人共同出席了成立大会。

2015年2月

2月，宏陶陶瓷自主研发的“陶瓷砖一辊多色多图立体印花技术开发及应用”项目，喜获“2014年广东省科学技术奖三等奖”。

2月1日至28日，北京天坛艺术馆会展中心将首次集中公开展示APEC峰会上位于会议厅、宴会厅及领导休息室中的艺术陈设陶瓷作品，并首次展示各经济体领导人或代表的夫人在颐和安缦酒店宴会使用的国宴汉光瓷。这是APEC会议后，这些陈设品的第一次对外面世，也是第一次公开展示。

2月4日，佛山市经济和信息化局、佛山市陶瓷行业协会，联合举办佛山市陶瓷行业安全生产培训会。

2月5日，河南省工艺美术大师燕俊峰“百羊迎春”钧瓷作品展在郑州天下收藏文化街举行。

2月6日，高安市陶瓷行业协会2014年年会举行，协会会长胡毅恒在会上对2015年陶瓷行业的形势表示谨慎乐观的态度，建议协会成员企业要规避环保风险，在市场竞争中要抱团取暖，坚决捍卫高安陶瓷品牌。

2月16日，河南省凤翔钧瓷有限公司在上海股权托管交易中心上市。

2月18日上午，陶瓷工业园区重点项目集中开工暨红叶项目奠基仪式在陶瓷工业园区举行。市领导钟志生、颜赣辉、梅亦、汪立耕、黄康明、李镇发、汪剑平、余乐明、戴洪安、张春萍、刘朝阳、夏军等出席并为项目培土奠基。市政协主席、市委常委、副市长黄康明致辞。

2月25日，临沂市环境保护局罗庄分局下发名为《关于责令罗庄区违规建陶企业立即停止生产(建设)的通知》的文件，要求违规建陶企业立即停止生产，并规定在环境影响评价文件未批准或未通过环保竣工验收之前不得恢复生产。

2015年3月

3月，卡米亚陶瓷所属的广东宏威陶瓷实业有限公司自主研发的“一辊多色多图立体印花技术开发及应用”项目，荣获由广东省人民政府颁发的“广东省科学技术奖三等奖”。

3月1日，临沂市傅庄街道办事处下发了《关于责令辖区内33家违规建陶企业立即停止生产(建设)的通知》。据通知内容显示，临沂环保局罗庄分局在统计相关企业环保手续过程中，发现部分企业存在无环保手续擅自开工、建设、投产，以及环境保护设施未经验收主体工程而投入生产的情况。临沂市环保局罗庄分局依据《中华人民共和国环境影响评价法》及《建设项目环境保护管理条例》的要求，责令傅庄街道33家建陶企业立即停止生产，并要求在环境影响评价文件未批准或未通过环保竣工验收前不得恢复生产。

3月4日，淄博市市委副书记、代市长周连华在淄川区区委书记杨洪涛、区长李新胜等领导陪同下莅临中国(淄博)陶瓷产业总部基地实地调研指导工作，中国(淄博)陶瓷产业总部基地总经理何连华热情接待，并陪同参观。

3月10—14日，2015年德国法兰克福卫浴展(ISH)在德国法兰克福展览中心举办，本届展会以“舒适与技术相遇”为主题，介绍世界上先进的卫浴设计和产品，展出面积达到25.41万平方米。

3月16日，高安陶瓷行业协会副会长及成员单位负责人举行环保座谈会，提出了第三方集中式治理模式可行性报告。

3月16日，中国轻工业联合会会长步正发、中国工艺美术行业协会考察团莅临禹州考察钧瓷文化产业。中国工艺美术协会第六届会员代表大会暨第六届理事会第一次会议在郑州召开，6位钧瓷界人士当选为理事。

3月17日，工业和信息化部副部长毛伟明考察禹州钧官窑址博物馆和中国钧瓷文化园。

3月25日上午9点，中国陶瓷工业协会日用陶瓷分会行业发展研讨会在湖南醴陵东风大酒店6层多功能厅召开，中国陶瓷工业协会常务副理事长兼秘书长傅维杰、中国陶瓷工业协会日用陶瓷分会会长苏同强、湖南省陶瓷行业协会会长许君奇、广东陶瓷行业协会会长陈环、山东陶瓷行业协会会长葛春平、山西省陶玻协会会长刘汉贵、广西北流陶瓷协会专职副会长许武林、云南陶瓷行业协会、山西陶瓷行业协会以及来自全国各产区的主要日用陶瓷企业领导近百人出席会议。会议由中国陶瓷工业协会日用陶瓷分会会长苏同强主持。傅维杰理事长对本次参会嘉宾表示热烈欢迎，并简述了湖南陶瓷行业的发展历史。傅维杰理事长指出，各产区会长的到来足见大家对本次行业发展研讨会的重视程度，中陶协将为大家提供更多的机会交流，推动中国陶瓷行业的快速发展。

3月26—29日，亚洲进入“博鳌”时间。本届博鳌论坛被称为历届规模最大、关注度最高、参加政要最多的一届，1772名来自世界各地的政商代表将在4天内开展77场正式讨论，以“亚洲新未来，迈向命运共同体”为主题，围绕宏观经济、区域合作等六大领域议题正式展开讨论。华耐家居集团总裁贾锋，简一大理石瓷砖董事长李志林，左右沙发董事长黄华坤等家居企业大佬将受邀参加本次博鳌亚洲经济论坛。

3月26—29日，“中国陶瓷艺术大展”暨第十届全国陶瓷艺术设计创新评比在湖南醴陵盛大开幕。

2015年4月

4月，由高安市人民政府主办，江西省建筑陶瓷产业基地管委会、高安市陶瓷行业协会承办，江西精诚陶瓷“梦幻玫瑰大理石”冠名的“高安陶瓷十大销售精英”评选结果终于正式揭晓。

4月13日—23日，中国陶瓷工业协会配合巴西对外工贸部贸易调查局，对潮州美龙、醴陵瑞祥、深圳凯乐、深圳富利源四家出口企业进行了实地核查。

4月10日，四川省威远县城南片区（严陵工业园区范围）出现较重异味。接群众反映后，县住建局、县环保局执法人员于4月10日19点半左右赶到现场，经县住建局排查，排查了天然气泄漏可能。同时，县环保局对该片区工业企业逐一进行排查，发现异味来自城南下水管道。经追源确认，于4月11日凌晨3时发现威远县建业鑫茂瓷业有限公司外排废水为造成城南片区异味较重的源头。经现场勘查，异味废水为煤气冷凝水。事件发生后，威远立即启动应急预案，成立了领导小组，采取一系列处置措施。

4月17日，首届中国（潍坊）民间艺术博览会开幕，任星航钧瓷作品《丝绸之路》荣获金奖。由河南省文学院、禹州市钧瓷文化旅游试验区办公室等共同主办的“河南作家相约古镇神垕”采风活动在神垕成功举办。

4月18日，由中国陶瓷工业协会、中国轻工工艺品进出口商会、广西壮族自治区商务厅、广西玉林市人民政府共同举办的以“打造交流合作平台 共享陶瓷发展商机”为主题中国（北流）国际陶瓷博览会在广西北流国际陶瓷贸易城隆重开幕，开幕式由北流市市长招展主持，广西壮族自治区副主席张秀隆参加开幕式并宣布第五届中国（北流）国际陶瓷博览会暨第八届中国陶瓷产品设计大奖赛开幕。中国轻工业联合会名誉会长、中国陶瓷工业协会名誉理事长杨志海致辞。北流市委书记吕剑枫在开幕式上讲话。

4月18日，以“新探索·优服务·大未来”为主题的第二十五届中国（佛山）国际陶瓷及卫浴博览交易会(以下简称“第25届佛山陶博会”)在万众瞩目中正式拉开序幕!开幕仪式与启幕仪式分别在佛山国际会议展览中心与中国陶瓷城展馆盛大举行，各级政府代表、行业代表、领事馆商会代表、国内外陶瓷企业家代表、设计师、参展商代表以及新闻媒体等近千人莅临现场，共襄盛会!

4月18—22日，第十五届中国（佛山）国际马赛克展览会暨第十五届中国马赛克文化节，将在中国马赛克城盛大召开。展会由中国陶瓷工业协会马赛克专业委员会、中国马赛克总部基地主办，中国马赛克城承办。第十五届中国（佛山）国际马赛克展览会全部展示面积达10000平方米。本届展会共有70多家马赛克企业参展，其中包括歌莉娅、彩花、多米莱、欧雅格、索美、壹冠、海敏、日月、特美特、富利达、科华、巴萨特、浙江卡莎罗、浙江艾丽格、南京四维星等品牌参展。

4月18日下午，以“聚焦电商、放眼市场”为主题的第五届中国（北流）国际陶瓷博览会陶瓷产业发展论坛在北流国际大酒店顺利举行。此次论坛由中国陶瓷工业协会主办，北流市人民政府承办。中国陶瓷工业协会常务副理事长兼秘书长傅维杰、北流市领导甘文波、凌芝以及下属分管陶瓷行业的乡镇领导及北流陶瓷协会相关领导参加了会议。中央党校研究员张永农、互讯营销学院副院长营销专家周定国、斑马专业电商品牌总经理、陶瓷电商专家王振瑶、和君智业管理顾问集团专家顾问团专家吕纪念、中国陶瓷官网总监张文启分别作了演讲报告。

4月19日，由中国陶瓷工业协会主办的第八届中国陶瓷产品设计大奖赛（以下称“中陶奖”）在广西北流落下帷幕。

本届中陶奖评委由景德镇陶瓷学院美术学院荣誉院长何炳钦教授，清华大学美术学院王耀玲教授，中国陶瓷艺术大师何岩，钦州学院美术学院院长容州教授，河北省陶瓷艺术大师李剑平担任。

4月19日，由中国陶瓷工业协会马赛克专业委员会《马赛克文化》主办，佛山市美晶建材化工有限公司、佛山市直立方玻璃纤维制品有限公司、佛山市有森建材有限公司、佛山市禅城区天荣创艺包装厂协办的第十五届中国马赛克高峰论坛暨第五届中国马赛克行业“金魔方”奖颁奖典礼于中国马赛克城5楼成功举办。中国陶瓷工业协会马赛克专业委员会秘书长杨瑞鸿，佛山市禅城区经促局常务副局长吕伟忠，广东省陶瓷协会陈衡，中国工艺美术大师梅文鼎，华夏陶瓷网主编刘小明，以及马赛克行业内大量优秀的企业代表经销商出席了此次颁奖典礼。

4月20日，国家主席习近平出访巴基斯坦，大宋官窑的钧瓷作品《四季如意》被习主席赠送给巴基斯坦总统侯赛因。

4月21日，夹江县陶瓷企业环保达新标专项动作带动大会在县委会堂召开。集会会议全面传递了当前情形形势，布置陈设夹江县陶瓷企业环保达新标专项动作事变，并于夹江县境内78家陶瓷企业签署环保方针责任书，限制陶瓷企业在8月31日按规定时间内完成管理使命。自夹江县当局召开“陶瓷企业环保达新标”专项动作带动大会与78家陶瓷企业签署环保方针责任书后，产区内陶瓷企业启动了环保管理动作，从而在夹江产区内掀起了一股环保整治动作的飞腾。

4月27日，第十届沈阳法库国际陶瓷博览交易会开幕。本届展会主题为“品牌与市场”，展会共设四大展区，展区面积共计50万平方米。55家企业参展，参展范围包括建筑陶瓷产品展销，艺术陶瓷、日用陶瓷产品展销，主要展出建筑瓷、日用瓷、卫生洁具、陶瓷配套、陶瓷原料等“中国瓷谷”和国内外陶瓷主产区陶瓷生产及配套企业产品等。

4月28日，庆祝“五一”国际劳动节暨表彰全国劳动模范和先进工作者大会在北京人民大会堂隆重举行，景德镇陶瓷股份有限公司中国景德镇瓷厂贴花工段工段长邱赛珍，荣获2015年全国劳动模范称号。

2015年5月

2015年5月，中国陶瓷工业协会在江西省景德镇市成功组织了第三期陶瓷行业“国家职业技能鉴定考评员培训班”。本次培训班有来自河北、山东、江苏、江西、广东等共9个省份70人参加了国家职业资格考评员培训班。经过培训、考试、审核这三项工作，最终评出了高级考评员44人、考评员26人。

5月11日，丹棱建陶园区内因陶企排放超标致果农产量锐减矛盾再度引发，从而激发了果农集体堵路变乱，在丹棱建陶园区内激发了一场环保排放大整治。据相识，此次变乱的始末是由于内地果农本年新结的幼果大面积脱落，果农以为这是由于园区内陶瓷企业排放的含硫和含氟化物超标所致，从而组织园区周边果农集体堵路抗议陶瓷企业排放超标。

5月11日，夹江县经济形势说明暨家产处奇迹成长嘉奖大会召开。会上，夹江当局拿出600多万元资金，重奖了一批在财富转型晋级取得优秀成果的企业，个中盛世东方、香莱尔、金翔陶瓷、康荣陶瓷、华宏陶瓷、佳士得陶瓷等一批企业均在其列。

5月13日，中国陶瓷工业协会在深圳组织召开对土耳其日用陶瓷出口工作会议。对土出口60多家企业参加会议。会议由中国陶瓷工业协会常务副理事长傅维杰主持，中陶协信息部通报土耳其对进口陶瓷餐具和厨具进行保障措施立案调查情况、土耳其申请企业立案依据以及保障措施立案调查可能出现的结果。国家商务部贸易救济调查局对本次会议召开进行了指导。与会企业对下一步应对措施进行了讨论。

5月20日，禹州市“中国环境艺术陶瓷生产基地”申请工作通过中国工艺美术协会专家考评组验收，成功获批。

5月30日，世界手工艺理事会专家组全票通过，授予德化“世界陶瓷之都”称号，成为全球唯一获此殊荣的陶瓷产区。

2015年6月

6月，怀仁县环保局对怀仁东兴陶瓷有限责任公司、怀仁佳美乐现代家用陶瓷有限责任公司、怀仁恒源瓷业有限公司、朔州煤电怀仁宏腾陶瓷建材开发有限责任公司、怀仁玉珑瓷业有限责任公司分别下达了行政处罚决定书，责令停用煤气发生炉，并处罚款5万元。

6月1日，2015年中国国际陶瓷工业技术与产品展览会在广州中国进出品商品交易会展馆A区隆重召开。一年一度的广州陶瓷工业展再次向全球奏响集结号。全球陶配巨头的聚集，顶尖科技和最新产品的集中亮相，俨然陶业“武林大会”的工业展意义非凡。

6月1日下午，由中国陶瓷工业协会主办，以“环保高压下陶企突围之路”为主题的第十一届国际陶瓷工业发展论坛暨2015年全国陶瓷行业节能环保大会在广交会展馆举行。此次大会围绕节能环保话题，通过陶瓷行业相关专家学者及企业家的主题演讲，与全国陶瓷行业人士共同探讨中外陶瓷企业在节能环保方面的先进案例与经验，以此推动我国陶瓷行业的发展。

6月7日，江西瑞源陶瓷有限公司正式进驻江西新高峰陶瓷企业办公，瑞源陶瓷集团收购江西新高峰陶瓷尘埃落定。

6月11日，国家版权局和WIPO在厦门举行新闻发布会，向全球推广德化在陶瓷产业版权保护方面成功做法。

6月16日，高安威尼斯陶瓷发展有限公司位于高安大道800号的四宗共108661.7平方米工业用地及其厂房，被江西省高级人民法院拍卖，拍卖参考价3505.90万元。

6月19日 世界品牌实验室主办的世界品牌大会在北京隆重举行，2015年(第十二届)“中国500最具价值品牌”排行榜正式揭晓。历经十三年风雨历程的惠万家陶瓷品牌，凭借其在全国乃至世界的优异市场表现和强大影响力，以36.18亿的品牌价值，首次跻身“中国500最具价值品牌”之列，再次彰显出惠万家陶瓷品牌在行业中的地位与实力。

6月24日，中国钧瓷藏家俱乐部于禹州市正式成立。

6月28日，2015年“泛高安产区技术高峰论坛暨江西省建筑卫生陶瓷技术标准化委员会筹备大会”在江西省建筑陶瓷产业基地举行。

6月29日，由中国轻工业联合会、中国陶瓷工业协会主办的“2015中国国际轻工消费品展览会暨第五届中国陶瓷文化艺术创意设计精品展览会”在北京中国国际展览中心圆满落下帷幕。此次展览会为期4天，是全国陶瓷界的重要盛会，是推广品牌、扩大影响力的重要平台，面积近3万平方米，共设600多个展位，参展作品以陶瓷为主，涵盖了工艺美术、红木家具、珠宝等各大门类。

6月30日，“金舵集结号”江西区动员培训大会在英雄城南昌隆重召开。出席本次“金舵集结号”江西区动员大会的有金舵企业总裁顾问陈起桥、金舵瓷砖总经理李丹锋、相关销区人员以及80余名经销商和分销商，“金舵集结号”在江西这块革命圣土吹响。

6月30日，冠星陶瓷企业源潭工业园5号瓷片线顺利出砖，标志着冠星陶瓷企业迈向高速发展时代，进一步丰富了产品线，在新品研发和产品销售上更具有主动性。

2015年7月

7月，罗斯福陶瓷公司旗下的“罗娜尔”陶瓷、江西瑞源陶瓷集团旗下“瑞洋”陶瓷品牌荣获“中国驰名商标”。截至目前，高安产区自2007年成立以来，已有10家企业旗下品牌被评为“中国驰名商标”。

7月1日，广东丽柏特科技有限公司第一次股东会议圆满召开。

7月3日，所属宏威企业被认定为“广东省省级企业技术中心”。

7月7日，“纪念中国人民抗日战争暨世界反法西斯战争胜利70周年”德化抗战瓷专题展开幕，81件抗战时期生产的抗战题材瓷器亮相，出版《德化抗战瓷图集》。

7月10日下午，中国陶瓷工业协会智能卫浴分会成立大会在广州香格里拉大酒店举行，审议通过了智能卫浴分会章程，选举了分会领导班子，进行了揭牌仪式。中陶协智能卫浴分会领导举行了第一届第一次会长会议，就尽快制定智能卫浴行业标准，与国家检验检测机构合作，结合产品质量监督检查工作进行产品质量培训，到各智能卫浴产区开展终端营销培训等工作进行了规划。

7月10—22日，来自欧美、亚洲8个国家近30位艺术家共聚德化，进行为期12天全球语境下的当代陶瓷艺术创作与探讨，并成功举行创作成果展。

7月22日，江西金三角陶瓷有限公司第五条生产线顺利投产。

7月26日，德化县政府与厦门航空有限公司在厦门举行战略合作框架协议暨厦门航空、中国白•陈仁海、希腊设计师关于客舱升级三方签约仪式。

7月29日，中国建陶工业2025智能制造项目落户佛山东鹏启动仪式暨新闻发布会在佛山举行。东鹏控股股份有限公司（东鹏控股）正式发布“中国建陶工业2025”战略，并启动中国建陶工业2025智能制造项目，该项目将成为佛山市新鲜出炉的《中国制造2025佛山行动方案》的重点落地举措之一。

7月31日，应广东省潮州市陶瓷行业协会请求，中国陶瓷工业协会、潮州市商务局以及潮州市陶瓷行业协会于2015年7月31日上午，在潮州市枫溪区政府礼堂召开应对土耳其对中国日用陶瓷保障措施调查案培训说明会。国家商务部贸易救济调查局副局长罗津、处长郭方、中国陶瓷工业协会常务副理事长傅维杰、潮州市商务局局长陈建州、广东省潮州市陶瓷行业协会会长林道藩等出席会议，潮州市日用瓷出口土耳其相关企业代表100多人参加会议。北京金诚同达律师事务所律师徐铮对土耳其日用陶瓷保障措施案立案以来的工作进展进行了说明，对下一步工作进展进行了分析。

7月31日，国家标准化管理委员会发布《国家标准委关于下达2015年第二批国家标准制修订计划的通知》，中国陶瓷十大品牌威尔斯陶瓷所属广东宏威陶瓷实业有限公司入选《防滑陶瓷砖》国家标准制定企业。

2015年8月

8月初，江西瑞阳陶瓷集团董事长陈光辉接受《陶瓷信息报》记者专访，首次公开回应了江西瑞阳陶瓷集团4.52亿独资收购新高峰事件。

8月1日，由中国轻工业联合会、中国陶瓷工业协会、景德镇市人民政府主办，中国陶瓷工业协会陶瓷艺术委员会、景德镇陶瓷学院、中国轻工业陶瓷研究所承办的，“设计中国”第二届中国当代陶瓷设计大赛初选圆满结束。10月18日上午，在中国轻工业部陶瓷研究所举行颁奖典礼。并进行了“设计中国”的交接仪式，“设计中国”第三届中国当代陶瓷设计大赛交由武汉理工大学艺术与设计学院承办。10月18日下午，在中国轻工业部陶瓷研究所多功能会议厅举办了关于陶瓷设计的学术研讨会，会议由中陶协艺委会执行会长王建中主持，并邀请了张守智教授出席并讲话。

8月4日，由成都三杉实业集团联络的柬埔寨Try Pheap集团管理团队一行，专程到夹江考察陶瓷产业的发展情况。副县长许拉弟陪同考察。

8月9日，许昌中国钧瓷收藏家协会成立大会暨第一届理事会在许昌举行。

8月11日，由中国国际书画研究会、禹州市人民政府、河南省美术馆、河南省钧瓷文化研究会、澳门基金会共同主办的“中国钧瓷四海行—共和国钧官窑瓷器30年精品展”在澳门教科文中心展览馆开幕。

8月28日，“2015中国建陶产区大型巡回论坛暨第三届高安陶瓷产业发展论坛”在江西省建陶会展中心成功举行。

8月28日，高安市委宣传部部长涂春生为中国陶瓷网高安记者站揭牌。

2015年9月

9月1日上午，景德镇陶瓷交易所报告研讨会暨评审专家委员会成立大会在景德镇市文化活动中心二楼报告厅举行。现场，景德镇陶瓷交易所向到场专家颁发评审专家委员聘书，并介绍了陶交所运营模式。

9月6日，第十五届中国（淄博）国际陶瓷博览会在中国陶瓷科技城(淄博国际会展中心)隆重开幕。中国陶瓷工业协会理事长杜同和出席开幕式并发表重要讲话，出席开幕式的还有中国陶瓷工业协会副理事长傅维杰、浦永祥以及信息部主任樊瑞新。展会期间共分为中国陶瓷科技城、中国财富陶瓷城、中国（淄博）陶瓷总部三个展区，总面积可达85.8万平方米。展会共吸引国内外57位国家级、27位省级工艺美术大师、陶瓷艺术大师、琉璃艺术大师等业界精英齐聚淄博。

9月6—8日，为期三天两夜的金舵商学院湖北分院第一期精英特训营在武汉市东西湖区随园会馆举行。

9月16日上午，“唐港区之光”第十八届唐山中国陶瓷博览会在唐山国际会展中心广场隆重开幕。全国人大常委会原副委员长周铁农，全国政协原副主席李蒙，中国国际贸易促进委员会副会长王锦珍，中国轻工业联合会副会长杜同和，中国建筑材料联合会副会长陈国庆，中国轻工业联合会副会长、中国陶瓷工业协会名誉理事长、中国陶瓷艺术大师联盟会长、中国陶瓷艺术大师秦锡麟等出席开幕式，并在开幕前视察了本届陶博会展馆布展及展览情况。

9月17日，博德公司召开“2015年博德精工建材媒体座谈会暨博德精工石材新品发布会”，发布会地点位于中国陶瓷产业总部基地的“博德家居新大陆”展厅。

9月20日，格莱斯陶瓷700多平方米的九江旗舰店在江南历史名城九江隆重开业。

9月21日，主题为“市场与创新”的第十一届沈阳法库国际陶瓷博览交易会，在中国陶瓷谷大市场中央大街隆重开幕，法库县政府领导、中国陶瓷工业协会、中国建筑卫生陶瓷行业协会、中国瓷谷商会相关协会领导，俄罗斯杜马中小企业联合会相关负责人，以及法库陶瓷企业家代表等相关业界人士，出席了开幕式。

9月21日，在第十一届沈阳法库国际陶瓷博览交易会的开幕式结束后，中国陶瓷工业协会副理事长浦永祥，中国陶瓷工业协会建筑卫生陶瓷专业委员会秘书长黄芯红，中国陶瓷工业协会信息部主任樊瑞新以及中国陶瓷官网首席运营官张文启等一行人来到了沈阳五洲震耀陶瓷有限公司展厅参观，并与五洲震耀行政总经理林文金进行了深入的交流。

9月23—24日，由中国陶瓷工业协会、山东省陶瓷协会、山东省旅游行业协会、中共德州市委宣传部共同主办，中国陶瓷工业协会黑陶艺术专业委员会、山东省旅游商品开发服务中心、德州市文化广电新闻出版局、德州市旅游局共同承办的首届中国黑陶艺术创新设计大赛，在山东省德州市会展中心举办。此次大赛主题为“挖掘黑陶艺术，普及黑陶文化”，吸引了来自河南、吉林、陕西、浙江等20多个地市的60多名嘉宾，120多人参赛。

大赛共设置艺术创新与黑陶技能两个大类奖项，其中艺术创新类分传统陶艺组、现代陶艺组、工艺创新组3组；黑陶技能类分拉坯比赛组、软刻比赛组、硬刻比赛组3组。

9月23日，简一大理石瓷砖作为全球首创大理石瓷砖新品类及大理石瓷砖专家，亮相2015年建筑外立面高峰论坛。

9月26日，江西沁园春陶瓷有限公司4号窑投产，宣告（原新高峰陶瓷生产线）全面更新改造工程彻底竣工。

9月26日，由首都博物馆、德化县陶瓷发展委员会主办的“典雅明静 如脂如玉—瓷艺大师陈明良作品展”在首都博物馆开幕。

9月30日，“采样•德化当下陶瓷艺术生态展”开幕，来自省内外19位年轻的当代艺术家携80余件作品参与。该展突破以往的展陈方式，旨在采样当下创作实况，发声未来创作样本。

2015年10月

2015年10月，中国陶瓷工业协会按照国家人力资源和社会保障部《国家级职业技能竞赛裁判员管理办法（试行）》规定，在北京组织了国家职业技能竞赛裁判员资格培训，此次培训有全国9家院校共同推荐，最终按照不同职业工种确定了12位从事陶瓷岗位的副教授以上级别的专业教师参加了裁判员培训并全部通过考核，取得了国家级裁判员资格证书。

10月6日，高安产区首个推广薄板砖的本土企业—江西新瑞景陶瓷薄板外墙砖正式出产品。

10月8日—10日，为期三天的首届夹江陶瓷博览交易会在“中国西部瓷都”四川省夹江县拉开帷幕。夹江首届陶博会由中国建筑卫生陶瓷协会、中国陶瓷工业协会、省住建厅、乐山市政府主办，由四川省商务厅、四川省经信委、四川省质监局、四川省博览事务局、四川省国际合作投资促进会指导；由乐山市住建局、市经信委、乐山市投促外侨局、乐山市质监局、夹江县人民政府、西部瓷都夹江陶瓷协会承办。展会设有1个主会场和2个分会场。陶博会以“开放、创新、绿色、品牌”为主题；定位于“陶瓷产品展示平台、陶瓷产品交易平台、陶瓷行业交流平台”。采取政府主导、企业主体、市场运作模式运作。举办此次陶博会在于打造中国西部瓷都夹江陶瓷区域品牌，促进夹江陶瓷产业转型升级，壮大产业集群，拓展夹江产区产品销售市场。

10月9日，以“智慧陶瓷，绿色夹江”为主题的“2015夹江陶瓷产业发展论坛”举行。国内著名经济学家、建陶产业专家学者、政府及协会代表、陶瓷企业家代表、陶机原料配套服务商代表、设计师代表、经销商代表、工程采购商代表等多方嘉宾，为推动夹江陶瓷产业更健康、持续发展献策献力。

10月9日，汇聚中国陶瓷行业领军人物的第三届中国西部(白银平川)陶瓷峰会论坛，在白银市平川区举行。百余位专家学者、陶瓷企业家集聚一堂，就推进西部陶瓷产业融入“一带一路”战略，平川陶瓷产业对接国家战略，平川陶瓷与丝路文化等主题进行了广泛探讨。

10月13日，夹江环保新达标专项验收小组完成了对夹江境内的81家陶瓷企业的环保验收，其中完成环保治理验收的企业40家，正在进行治污治理的企业32家，还有9家企业从未动工进行治污。根据监测数据显示，通过治理的40家企业的粉尘颗粒物、二氧化硫等废弃物的排放均达到新的国家排放标准要求。而对于未动工的9家企业，根据县委、县政府年前颁布的处罚要求，必须立即停产治理，直至通过验收方可复产。如若在治理期间私自开工的企业一经发现将对其进行严厉的处罚。

10月15日，全国工业陶瓷标准化技术委员会2015年工作会议在萍乡市召开，副市长崔传鹏出席会议并致辞。

10月18日上午，中国陶瓷工业协会名誉会长杨志海、中陶瓷工业协会副理事长浦永祥和中国陶瓷官网COO张文启等协会领导及嘉宾在中国陶瓷城集团有限公司执行董事、总裁周军的带领下参观了在华夏陶瓷城的临沂双福建陶有限公司、佛山金玉雅阁建材有限公司和广东百冠陶瓷有限公司等参展企业。

10月18日上午，中国陶瓷工业协会副秘书长侯文全、张彩华在第二十六届中国（佛山）国际陶瓷及卫浴博览交易会期间参观了中国陶瓷城。

10月18日上午，中国陶瓷城、中国陶瓷总部、佛山国际会议展览中心三大展馆同时举行盛大的仪式，齐贺以“新探索”为主题的第二十六届中国（佛山）国际陶瓷及卫浴博览交易会（以下简称“第26届佛山陶博会”）盛大开幕！各级政府代表、行业代表、领事馆商会代表、国内外陶瓷企业家代表、设计师、参展商代表以及新闻媒体等近千人莅临现场，共襄盛会。各方围绕着“新探索”主题，共同探寻行业大突围！

10月18日，鹰牌陶瓷首个020体验店于佛山南海万达广场隆重开业。020体验店开业，标志着鹰牌陶瓷历史新篇章，进一步推进“互联网+”的进程，实现线上线下经营的无缝对接。

10月18日，2015年中国景德镇国际陶瓷博览会在景德镇国际会展中心盛大开幕，165万瓷都人民再次迎来了这一举世瞩目的陶瓷盛会。景德镇国际会展中心彩旗飘扬，嘉宾云集，处处洋溢着一派喜庆的气氛。全国政协副主席、全国工商联主席王钦敏，江西省人民政府省长鹿心社，江西省政协主席黄跃金，中国轻工业联合会副会长、秘书长王世成，商务部外贸发展局副局长贾国勇，中国国际商会会展部部长郭英会共同推杆启动开幕。

10月18日下午两点，由中国陶瓷工业协会营销分会主办“2015年度中国优秀陶瓷经销商颁奖典礼”在中国陶瓷产业总部基地中国陶瓷3楼多功能会议室隆重开幕。

10月20日，江西天瑞陶瓷有限公司 4 号窑顺利投产，推出“晶钻石”产品。

10月21日下午，由中国陶瓷工业协会、中国陶瓷媒体俱乐部主办的第三届中国陶瓷行业优秀媒体及优秀新闻作品表彰大会在佛山陶瓷总部基地陶瓷剧场举办。

10月23日上午，2015中国技能大赛一首届“古窑杯”陶瓷成型职业技能全国总决赛闭幕式暨颁奖仪式在古窑民俗博览区举行。原轻工业部副部长、中国陶瓷工业协会名誉理事长杨志海，人社部职业能力建设司调研员刘新昌，中国财贸轻纺烟草工会副主席王洪泽，中国轻工业职业技能鉴定指导中心主任徐祥楠，中国财贸轻纺烟草工会轻工烟草工业部主任严红，中国陶瓷工业协会副理事长浦永祥，中国轻工业职业技能鉴定指导中心副主任马振华，江西省人力资源和社会保障厅巡视员陈利克，市委常委、常务副市长史文斌，副市长、市公安局局长何军威，市政协副主席夏军等出席闭幕式并颁奖。刘新昌主持，徐祥楠宣读表彰决定，浦永祥致辞。

10月23—26日，第十二届中国国际中小企业博览会第二期展览—“智慧建材与家居展”于广州国际采购中心举行，以蒙娜丽莎集团股份有限公司为代表的多个佛山企业参加了本次展览，向世界展现了“中国家、佛山造、全球购”的“佛山智造”品牌实力。

10月23日，广东省科技厅官方网站发布《关于公示广东省2015年第一批高新技术企业培育库拟入库企业及奖补情况的通知》，称根据《高新技术企业培育资金管理办法(试行)》(粤财工［2015］242号)、《高新技术企业培育实施方案(2015—2017)》(粤科高字［2015］81号)的有关规定，经企业申报、各地市培育机构组织评审、核对奖补金额等程序，2049家企业拟进入广东省2015年高新技术企业培育库并获得奖补。

10月27日—29日，以“互联网+陶瓷产业”为主题，以“交流协作、互动共赢”为目的2015年首届中国陶瓷电商峰会在德化举行。全国各大陶瓷产区政府主管、分管领导及行业协会领导、专家，传统企业高管，网商企业家等上千人齐聚盛会，可谓“群贤毕至”。

10月28日，中国陶瓷工业协会第六届三次理事会在瓷都福建德化隆重召开。中国轻工业联合会名誉会长杨志海，中国轻工业联合会副会长、中国陶瓷工业协会理事长杜同和，中国陶瓷工业协会常务副理事长傅维杰，中国陶瓷工业协会副理事长浦永祥等协会领导，各省市陶瓷协会领导、常务理事、理事会员等280多人出席，中国陶瓷工业协会常务副理事长傅维杰主持本次会议。会议特别邀请了国务院参事陈全生就当前经济形势、政策对陶瓷行业的影响作了“宏观经济形势分析与对策研究”的专题讲座。中国轻工业联合会副会长、中国陶瓷工业协会理事长杜同和作了工作报告。中国陶瓷工业协会副理事长浦永祥对2014—2015年度会费收支情况作了报告。中国陶瓷工业协会常务副理事长傅维杰宣布本次会议审议通过的有关人事及分支机构调整提案。中国陶瓷工业协会领导的总结发言结束后，各陶瓷企业代表开始畅所欲言，对陶瓷行业中的问题进行深刻剖析。其中，欧神诺董事长鲍杰军分享的“在新常态下，企业转型升级之路”、金意陶副总经理黄惠宁分享的“全球瓷砖发展现状与启示”、国瓷永丰源董事长刘权辉分享的“中国日用陶瓷现状、存在问题及发展机遇”、美国AAA集团有限公司总裁段高峰分享的“美国建筑陶瓷市场分析”的主题演讲获得了在场人士的热烈掌声。至此，中国陶瓷工业协会第六届三次理事会圆满结束。

10月28日，通过“中国陶瓷工业协会关于成立‘陶瓷科学技术委员会’的提案”。

10月28日，通过“中国陶瓷工业协会关于成立‘陶瓷装饰艺术砖专业委员会’的提案”。

10月28日，通过“成立‘中国陶瓷工业协会陶瓷文化促进会’的提案”。

10月28日，通过“中国陶瓷工业协会关于‘建筑卫生陶瓷专业委员会’等机构更名的提案”，具体名单如下：

（1）“建筑卫生陶瓷专业委员会”更名为“建筑卫生陶瓷分会”；

（2）“工业陶瓷专业委员会”更名为“工业陶瓷分会”；

（3）“陶瓷原料辅料专业委员会”更名为“陶瓷原料辅料分会”；

（4）“装饰材料专业委员会”更名为“装饰材料分会”；

（5）“陶瓷设备技术应用专业委员会”更名为“陶瓷装备技术分会”。

10月29日，中国陶瓷工业协会侯文全秘书长、樊瑞新副秘书长在中国陶瓷官网的陪同下对理事会会员单位进行游学考察，体验德化陶瓷艺术之美。

10月底，江西中瑞陶瓷被证实由江西东方王子陶瓷有限公司以租代购的方式接盘。

2015年11月

11月5日，德国Basf公司、法国Prodways公司等世界五百强企业负责人来到醴陵，专程考察陶瓷3D打印技术。

11月6日，由佛山市科学技术协会、佛山市陶瓷学会联合主办，《佛山陶瓷》杂志承办，《创新陶业》报、中国陶瓷网协办，佛山金刚企业集团、中国陶瓷总部以及佛山市亿固建材有限公司支持的“互联网+”背景下的陶瓷产业突围之路论坛在位于佛山南庄的陶瓷总部基地陶瓷剧场多功能会议室隆重举行，来自陶瓷生产企业、上游企业、营销一线以及媒体单位的技术人员、管理人员、营销人员和媒体记者等共200多人参加了本次论坛。

11月9日，第十四届亚洲艺术节暨第二届海上丝绸之路国际艺术节世界瓷都•德化陶瓷(柴烧)艺术交流展开幕，展出100多件柴烧陶艺作品，还邀请到日本、韩国陶艺家来交流。

11月11日，九牧刷新整个大建材行业新纪录，单店、单日七分钟突破千万，并以11小时35分钟的惊人速度破亿元大关。前7分钟，平均每秒交易2.5万元。其中，九牧花洒、马桶、浴室柜、水槽等品类的销售额位居行业第一，九牧“双十一”家装建材店铺指数更是高居榜首，坐稳六连冠。

11月11—14日，世界瓷砖大会（World Ceramic Tile Forum）在西班牙塞维利亚隆重召开！来自意大利、西班牙、中国、美国、澳大利亚、印度、乌克兰、日本、墨西哥、土耳其、德国、巴西、印度尼西亚等16个国家近40位代表参加大会。

11月11日，朔州市委副书记、市长李海渊在广东省潮州市考察陶瓷产业发展情况，学习借鉴潮州市做大做强陶瓷产业的做法经验。朔州市直相关部门、怀仁县主要领导及部分陶瓷企业负责人一同考察。

11月11日，景德镇市陶瓷工业园区党工委书记高唤虎，党工委副书记、管委会主任徐华率领考察团来武宁县考察工作。县领导王仁华、夏清仁陪同。

11月12日，河南省首届中德“先进陶瓷材料设计、制备与应用”双边学术研讨会在郑州航空工业管理学院召开。副省长徐济超出席。

11月18日，由中国陶瓷工业协会主办的第九届中国卫生洁具行业高峰论坛在南安成功国际会展中心举行。共有数百名业内人士参加了此次论坛活动。

11月18日，由中国陶瓷工业协会，《厨卫资讯》报，陶卫网联合主办的第七届中国卫浴榜颁奖典礼在福建南安成功国际会展中心盛大举行。此次颁奖典礼共颁发十四个奖项，备受瞩目的“中国高端卫浴领导者”“中国十大卫浴品牌”“中国十大五金龙头品牌”等奖项一一揭晓。其中，九牧厨卫以精湛的工艺、优良的品质和良好的口碑问鼎“中国高端卫浴领导者”。会议伊始，中国陶瓷工业协会建筑卫生分会秘书长黄芯红宣读第七届中国卫浴榜获奖决定。他介绍道，“中国卫浴榜”自推出以来，就致力于树立中国卫浴企业榜样，表彰各个卫浴行业细分领域的企业佼佼者，让其成为卫浴行业的榜样和标杆力量，带动其他国内卫浴企业，从而提升整个行业的发展水平。因而，中国卫浴榜在业界有“奥斯卡大奖”之称。随后，获奖企业在来自全国各地卫浴行业精英，经销商，营销专家等嘉宾面前接受加冕。

11月18日，佛山市瓷海陶瓷市场举行工会联合会成立大会暨外来务工人员集中入会仪式，来自瓷海陶瓷市场80名会员代表和商家列席代表出席了大会。

11月20日，北京平房乡政府一行5人组成的调研队，到访中国陶瓷一线品牌嘉豪瓷砖总部，进行实地考察调研。董事总经理陈亚为亲自接见到访领导，在参观过程中，陈总带领来访团员参观了五星级豪华装修的嘉豪展厅，并向他们系统地介绍了公司的经营理念、组织机构、产品信息等。

11月21—22日，由我会与广西钦州市人民政府共同主办，钦州市工业和信息化委员会和钦州市坭兴陶行业协会承办的首届“坭兴杯”中国（钦州）陶瓷技艺大赛，在广西钦州市钦州坭兴陶文化创意产业园（千年古陶城）举办。大赛共设陶瓷造型技艺、陶瓷装饰技艺、陶瓷雕塑技艺3个项目。本次大赛的成功举办为钦州陶瓷艺术工作者提供了学习交流的平台，对钦州坭兴陶的发展起到了有力地推动作用。

11月24日，中国陶瓷工业协会召开中国陶瓷行业名牌产品评价审核会，经多方面审核，陶瓷行业共有日用陶瓷、工艺陶瓷、装饰材料、建筑陶瓷、卫生陶瓷、工业陶瓷等九大类近百个品牌入选。

11月27日，佛山旅游文化界喜迎一大盛事—2015佛山陶瓷艺术节在石湾南风古灶拉开序幕。本界艺术节由佛山市文化广电新闻出版局、禅城区人民政府联合主办，佛山市禅城区文化体育局、石湾镇街道办事处承办，活动为期三天，将为广大市民带来乐跑、寻宝、制陶、品酒等逾30项活动。

11月30日，罗斯福陶瓷集团高端客户峰会暨新品推介会在南昌隆重召开。产区首推“剥开釉大理石”“剥开釉大理石瓷片”“超晶瓷片”等新品。

2015年12月

12月1日，新修订的《陶瓷砖》（GB/T4100—2015）国家标准今日发布，将于2015年12月1日起实行。该标准首次对干压陶瓷砖厚度作出限定，提高了对挤压陶瓷砖的技术要求，增加了墙砖背纹的要求等内容。

12月2日，由中国文联、中国民协主办的第十二届中国民间文艺山花奖颁奖典礼在浙江海宁举行，连紫华作品《仿宋木雕观音》、林鸿福作品《民族风•中国梦》荣获“民间工艺美术作品奖”，中国民间文艺山花奖是国家级文艺大奖，是全国性民间文艺的最高奖项。

12月6日，由中国陶瓷工业协会组织开展的“第三届中国陶瓷艺术大师评审”在宜兴开考实际操作。全国183名省级陶瓷艺术大师集聚宜兴，同台大比拼，各显大师风范。

12月14日至15日，惠万家陶瓷2016年核心经销商沟通会在华夏明珠大酒店隆重召开，来自全国各地的130多名核心经销客户出席了本次盛会。大会以“创•新无止境”为中心主题，围绕“新产品”“新形象”“新服务”“新营销”“新标杆”等五大部分展开阐述惠万家陶瓷2016年的蜕变升级，众多创新亮点让参会的经销商客户耳目一新。

12月12日，国家质检总局联合央视发布2015年中国品牌价值评价结果，钧瓷品牌强度达到920.0，品牌价值达到215.26亿元，位居工艺品、中药材及其他类地理标志产品行业价值第一。

12月14日，在郑州召开的上海合作组织成员国政府首脑（总理）理事会第14次会议上，大宋官窑柴烧钧瓷作品《喜瓶》《荷韵瓶》被选作国礼赠送给参会的各国政要，卢钧窑天青釉托盏杯成为上合会议接待会晤的指定器皿。

12月18日，江西太阳陶瓷企业集团全国经销商年会顺利举行。2015年太阳企业集团新增营销网点109个，新增品牌形象店36家，并且成立了自营进出口公司，全年营业总额比2014年增长10%。

12月18日，华硕集团开启创业者梦想暨众硕创投项目启动仪式。

12月18日，2016年天瑞陶瓷新展厅开业暨新品发布会成功举行。

12月28日，由中国质检报刊社主办的2015“质量之光”年度质量盛典在人民大会堂隆重举行。禹州钧瓷上榜年度魅力品牌，与华为、娃哈哈、蒙牛、联想等国内一流品牌齐名。

12月29日，由中国陶瓷工业协会主办，浙江省陶瓷行业协会承办，浙江赛丽美术馆协办的“申猴迎春一第二届生肖陶瓷大赛作品展”，在浙江赛丽美术馆7号厅展出。展览展出了来自全国各地的有关“猴子”题材的陶艺近200件，这些作品创作构思与表现技法各有千秋，或写实，或变形，或诙谐，或雅趣，将猴子的顽皮可爱、机灵敏捷表现得惟妙惟肖、淋漓尽致，又不乏别出心裁，给观众带来别致的新年感受。

三、2014年中国建筑陶瓷行业十大事件

事件一：《陶瓷工业污染物排放标准》提前修订

2014年3月，全国人大代表、唯美陶瓷董事长黄建平在“两会”期间代表行业提出了“对国标《陶瓷工业污染物排放标准》(GB25464—2010)进行修订”的提案，人大常委会将提案转至环保部，环保部在限定的时间内作出了回应与整改建议。6月4日，中国环境标准网上发布了“《陶瓷工业污染物排放标准》(GB25464—2010)修订（实际上是5月29日环保部的公告）”的消息，并明确提出了完成时限为2016年。9月19日，环境保护部在其官网公布了由其组织起草的《陶瓷工业污染物排放标准》(GB25464—2010)修改单(征求意见稿)，并限定陶瓷企业及相关单位于10月15日前将书面意见提交。12月12日，环保部对《陶瓷工业污染物排放标准》(GB25464—2010)的部分条款进行了修改，并宣称“中华人民共和国环境保护部公告(2014年第83号)”附件“《陶瓷工业污染物排放标准》(GB25464—2010)修改单”已下发到各省、自治区、直辖市环境保护厅。该标准修改单由环保部与国家质量监督检验检疫总局联合发布，并自发布之日起实施。

事件二：三季度停窑潮

2014年，瓷砖行业的基本走势是：第一季度普遍形势较好，第二季度开始下行，陶企感到销售与生产的压力，第三季度开始出现停窑潮，并向第四季度延续。7月31日，江西省高安市经济形势调研座谈会已经透露：高安产区现有生产线119条，目前停产37条（停窑达31%）；因为环保的压力，广东省肇庆市政府要求绝大部分陶企在4月15日之后减产50%，广东省恩平地区8月停窑约20%；第三季度，四川省夹江产区停窑30%以上；山东、河南、河北、辽宁等产区第三季度都有一定程度的停窑。

事件三：瓷砖出口出现负增长

2014年，前三季度瓷砖出口量8.25亿平方米，同比下降1.1%；瓷砖出口金额54.10亿美元，同比下降2.7%。2014年，前11个月瓷砖出口10.21亿平方米，同比下降1.8%，瓷砖出口金额68.27亿美元，同比下降2.8%。这两组数据说明2014年瓷砖出口平均单价同时下降，这是近20多年来瓷砖出口第一次出现负增长，而且是量、价、平均单价同时下降。这与世界各地瓷砖生产国持续不断的反倾销不无关系，与国家对瓷砖出口的政策与态度也有一些关联。国家《建筑卫生陶瓷工业“十二五”发展规划》(2011年11月发布)拟控制我国瓷砖产品年出口5亿平方米，基本可以认为在“十二五”期间这个目标不可能实现。但可见相关主管部门对瓷砖出口的态度。

事件四：肇庆事件

由于2014年第一季度广东省21个地级市加顺德区的空气质量排名中，肇庆市环境空气综合质量指数再次排名倒数第一。2014年4月，肇庆市环境综合治理领导小组下发通知，要求肇庆市未完成“煤

改气”或环保达标治理的陶瓷企业，须在4月15日后减产50%。为加大力度治理工业污染，肇庆高要市采用自动控制管理，对废气排放口实施24小时监控。推进高要全市33家陶瓷企业改用天然气，未完成“煤改气”或未达到环保达标治理的陶瓷企业一律限产50%，并进一步强化企业排污监管，采取集中检查与日常巡查，明查与暗查、夜查、节假日检查相结合的方式，加大检查力度，对违法生产、违法经营的企业该处罚的处罚，该关停的关停。

事件五：晋江天然气事件

福建晋江地区陶企在2013年9月底率先在全国全面实现“煤改气”。2014年5月，为避免超负荷运行导致安全事故或突然停气造成重大经济损失和社会影响。5月18日，晋江新奥燃气有限公司向晋江市政府提交“关于分片区停供天然气的紧急报告”。要求5月21日零时立即采用分片区停供措施，将晋江建陶用户分为6个片区进行轮流停供，每个片区停供时间为15天，以此类推。这样晋江陶瓷产区，面临限制用气量、停部分窑炉的尴尬。5月29日上午，晋江、南安两地陶瓷企业近200人自发来到新奥燃气公司讨说法、协调解决良策。发酵数日的“限气风波”企业终于集体站了出来。为此，晋江、南安两地陶瓷企业反映激烈，纷纷要求要么新奥满足企业用气量的供应，要么减量部分政府允许用“水煤气”补充至供气正常。时至2014年下半年，福建省晋江市已有近40家建筑陶瓷生产企业(约占当地生产企业总数的三分之一)恢复使用水煤气。这些陶企要根据水煤气发生炉的使用情况，每月缴纳20万元到45万元不等的煤气发生炉调剂金，用来补贴给使用天然气的建陶企业，以此来平衡企业成本的目的。

事件六：首届“2014年中国国际陶瓷产品展览会”

2014年5月21—24日，与广州陶瓷工业展同期举行了首届“2014年中国国际陶瓷产品展览会”，是第一次中国主办国际级的陶瓷产品展，号称是打造东方博洛尼亚的开始，是中国陶瓷人的梦想。展会背后的主办方是相关行业的五大协会—中国建筑材料联合会、中国陶瓷工业协会、中国建筑卫生陶瓷协会、中国国际贸易促进委员会建筑材料行业分会、广东陶瓷协会，展会的承办方是20多家知名大型陶企联合出资组成的展览公司。但是这次首届产品展，无论是参展商、观众、国际性及影响力应该说都没有达到预期的效果。

事件七：喷墨打印技术

2014年，喷墨打印技术已经发展成为瓷砖印花装饰主流技术，喷墨打印技术已经在全国各个瓷砖产区普及应用，据统计，目前全国上线喷墨花机达到2636台，加上其他陶企使用的试验机、砖坯再装饰使用的喷墨花机，全国估计达到近2800台。但2014年喷墨花机的增加速度明显大幅度下降，可以认为，我国瓷砖生产所应用的喷墨花机总量已经接近平衡点，以后喷墨花机的发展应用主要表现在更新换代方面，喷墨花机的生产制造国产装备已经占据了绝对优势。与喷墨印花相对应的陶瓷墨水，国产化的比例2014年已经明显快速上升，至2014年国产墨水市场份额估计已经大大超过50%，也因此陶瓷墨水价格2014年出现全面跳水，特别是进口墨水价格已下降逼近国产墨水的同等价格。陶瓷墨水功能化，喷釉技术在2014年也有了一定的发展。

事件八：禅城区不再新建、扩建陶瓷生产线

根据《广东省环境保护厅广东省发展和改革委员会关于印发广东省实施差别化环保准入促进区域协调发展的指导意见的通知》（粤环［2014］27号），要求广东各地要制定差别化环保准入实施细则。

2014年11月24日，佛山市环保局、佛山市发展和改革局在佛山市政府网上发布了关于公开征求《佛山市实施差别化环保准入促进区域协调发展实施细则(征求意见稿)》意见的公告。

根据细则，为优化区域产业布局，佛山新城核心区(乐从镇除外)不得引入工业项目，禅城区不再新建、扩建建筑陶瓷(包括陶瓷抛光)生产线、家具制造、人造板制造、不锈钢退火压延加工、印染及服装水洗、纺织定型、化工、发酵等项目。

此外，细则还积极推动能源结构调整，鼓励企业使用清洁能源。改、扩建陶瓷及日用玻璃项目必须使用清洁能源。

事件九：道氏技术创业板挂牌上市

2014年12月初，创业板上市的“道氏技术”，表现卓越，开盘即涨20%，接着连续十个涨停板。道氏技术是陶瓷行业第一家挂牌上市的色釉料企业，开始了陶瓷色釉料企业上市进入资本市场的新篇章。2014年，还有中窑窑业、摩德娜机械等陶瓷装备企业在新三板成功挂牌。使得进军资本市场将为越来越多的瓷砖生产制造企业所关注。

事件十：APEC期间北方部分陶企停产

2014年，在北京APEC峰会期间，河北水泥、钢材、煤炭等多个行业被限产，其中建陶行业所受影响较大。据了解，自11月5日起，赞皇产区已经全部停产，高邑产区只有力马一家陶企在生产。而北京APEC峰会后，河北建陶企业出现大面积停产情况，仅高邑产区生产线停产数量就已达1/3，赞皇、沙河、永年等地也有部分企业停产或开一条生产线维持生产。

除此之外，山东省环保厅召开全省重污染天气应急演练暨落实APEC会议空气质量保障措施视频会议。会议要求把APEC会议期间空气质量保障和重污染天气应急工作作为政治任务抓好落实。济南、淄博、东营、德州、聊城、滨州六市将实施最高一级空气重污染应急减排措施。

据悉，强制停产企业45家，限产企业35家，淘汰关停燃煤小锅炉93个，停产露天矿山企业76家，停工工地306处，整顿违规项目4个。其中，多家陶瓷企业被强行要求限产，限产最多者高达50%。

四、2014年中国卫生陶瓷行业十大事件

事件一：央视曝光温州海城“毒”水龙头

2014年3月21日晚，央视二套《经济半小时》“3·15”特别节目以“水龙头里的秘密”为题，就温州家庭作坊生产的水龙头做了调查。报道中称，温州家庭作坊生产的水龙头锌含量超出国家标准10倍，铅含量超出国家标准81倍，对人体健康构成巨大危害。在废旧电器中拆除的铜，连带诸多不能确定的金属，经过粗糙的加工，便进入了千家万户……报道引发广泛关注。

事件二：安蒙倒闭事件

2014年4月28日，家居业界传开了安蒙卫浴倒闭，老板安晖失联的消息，随后的安蒙员工讨薪，媒体与行业人士对此的反思以及安蒙倒闭原因分析等各方报道纷纷涌来。就在众多业内人士还沉浸在一片欷歔之中，安蒙卫浴总部基地恢复正常营业了。那么，安蒙卫浴究竟前路如何?未来将走向何方?现在仍然是一个迷局，但时间终将证明这一切。同时，我们期待着安蒙渡过难关，走向复活，并逐步复兴。

事件三：IPO遇阻 14家家居企业全部被中止审查

2014年7月4日，证监会发布了《首次公开发行股票中止审查和终止审查企业基本信息情况表》。数据显示，截至7月3日，已受理且预先披露首发企业共637家，含已过会企业40家以及8家正常审核企业，其余589家均被列入“中止审查”名单，另有129家企业已经被“终止审查”，其中包括大连万达、狗不理集团、东莞银行等数家知名企业。让家居业颇为尴尬的是，被列入“中止审查”名单的589家企业中，囊括了所有泛家居行业的企业，分别是永艺家具、好莱客、松发陶瓷、曲美家具、红星美凯龙、欧普照明、亚振家具、顾家家居、恒康家居、富森美、瑞尔特卫浴、多喜爱家纺、帝王洁具、南兴家具装备制造。

事件四：澳大利亚对华不锈钢拉制深水槽作出反倾销初裁

2014年3月，澳大利亚对原产于中国的不锈钢拉制深水槽进行反倾销立案调查，2014年8月13日，澳大利亚对原产于中国的不锈钢拉制深水槽作出反倾销初裁：自中国进口的涉案产品存在倾销，且对澳国内产业造成实质性损害，倾销幅度见下表。涉案产品海关编码为7324.10.00。

澳大利亚对华不锈钢拉制深水槽作出的反倾销初裁结果

企业名称	倾销幅度
珠海广金厨具有限公司(Zhuhai Grand Kitchenware Co., Ltd)	19.4
普乐美有限公司(Primy Corporation Limited)	42.4
珠海广金厨具有限公司(Zhuhai Grand Kitchenware Co., Ltd)	微量
江门市新恒星厨房用品有限公司(Jiangmen New Star Hi—Tech Enterprise Ltd.)	35
艾肯(中国)厨卫有限公司(Elkay (China) Kitchen Solutions Co., Ltd.)	35
弗兰卡(中国)厨房系统有限公司(Franke (China) Kitchen System Co., Ltd)	35
广东新荷不锈钢制品有限公司(Xinhe Stainless Steel Products Co., Ltd)	35
中山市新田五金有限公司(Zhongshan Xintian Hardware Co., Ltd.)	35
广东惠州莱茵厨卫制品有限公司(Rhine Sinkwares Manufacturing Ltd. Huizhou)	35

事件五：浙江中捷厨卫破产

2014年10月22日，国内缝纫机设备行业首家上市企业中捷股份发布公告，称其第一大股东浙江中捷环洲供应链集团股份有限公司，因不能清偿到期债务，且资产明显不足以清偿全部债务。而早在2014年9月，旗下拥有中捷厨卫股份有限公司的中捷集团负债26亿元，也被法院裁定为资不抵债，宣告破产清算。

事件六：骊住集团成立骊住水科技集团

2014年11月4日，总部位于东京的骊住集团宣布采用新型全球经营模式，拥有四大核心科技业务部门，以进一步推进业务全球化进程。该新的经营模式中最值得注意的变化是创建骊住水科技集团，该集团将整合骊住集团旗下全球卫生洁具业务，包括高仪集团和美标集团，该经营模式目前正处于相关行政部门和公司内部流程审批之中，将于2015年4月1日开始生效。此举措将在国际卫生洁具市场上打造出一个新的市场领导者和最大的市场平台，带来约60亿美元销售额，实现约10%的营业利润，全球约30000名员工，销售遍布全球150个市场，以及拥有50家生产工厂。高仪集团主席兼CEO David J.Haines将兼任骊住水科技集团CEO一职，并将有一支具有丰富全球管理经验的团队为其提供支持。高仪、美标、中宇和骊住/伊奈品牌将保留其在骊住水科技集团旗下的独立品牌地位，继续由其各自管理团队执行业务与运营工作。接下来，骊住水科技集团将在日本、EMEA(欧洲、中东和非洲)、美洲和亚洲建立四大销售区域，并由四大品牌负责人分别负责。

事件七：齐家网战略投资海鸥卫浴

2014年11月11日晚间，海鸥卫浴(002084.SZ)公布定增预案，拟以5.79元/股的价格，非公开发行合计不超过5000万股，募集资金总额不超过2.895亿元，拟全部用于补充公司流动资金。值得注意的是，国内电商企业齐家网此次也悄然潜入，并一举成为第二大股东。海鸥卫浴表示，为了把握卫浴及智能家居的电子商务时代这一机会，公司拟引入齐家网作为战略投资者，为卫浴及智能家居寻求有力的电子商务家装平台支持，实现业务的电子商务化。一方面，公司将借鉴齐家网在电商网络平台的运营经验进行互联网方向的业务拓展。另一方面，根据卫浴及家居品牌企业的需求提供有效的互联网整合营销方案，帮助传统卫浴及智能家居企业快速进入电子商务领域，实现OTO(线上/线下整合营销)运营模式。

事件八：淘宝双11 卫浴销售理性增长

2014年，淘宝以571亿元的销售额再次刷新2013年的350亿元销售成绩，增幅达50%。相比之下，2014年卫浴产品“双十一”当天的销售额稳定中有微量下降。业内人士表示，目前卫浴企业电商销售已经进入理性增长阶段，销售额只作为目标之一，如何让电商消费者同样享受到品牌企业的服务，是他们更为关注的目标。数据显示，2014年“双十一”九牧、箭牌延续2013年的销售成绩，继续蝉联卫浴行业排行榜的冠、亚军。其中九牧以7015万元的成交金额排名第一，同比去年7363万元的销售成绩略有下降。而箭牌2014年双十一当天销售成绩则为4250万元，同比去年4438万元一样也是有小幅下降。而科勒、TOTO、摩恩则名列前五。美标、法恩莎、中宇、卡贝、摩普五个品牌则排名第六到第十名。

事件九：九牧近两亿元“砸”中央视标版广告

2014年11月18日，经过数百家企业激烈的竞标角逐，九牧卫浴以近2亿元一举拿下央视《新闻联播后10秒标版》等3个黄金标段及其他认购资源，成为建材卫浴行业首家中标央视标版广告的企业。国产高端厨房电器成为家居类中标主体累计超过4亿元，而前几年热门的卖场及家居龙头品牌难觅踪影。

事件十：“史上最严”水龙头标准实施

被称为“史上最严水龙头国标”—GB18145—2014《陶瓷密封片水嘴标准》于2014年12月1日正式执行，新标准较原标准最大的变化是增加的对铅、铬、砷、锰、汞等17种金属污染物析出规定限值，且作为强制性条款。中宇、优达、九牧、乐家、华艺、恒洁、雅鼎、贝朗、申鹭达、丰华、兴达等29家单位首批获得陶瓷片密封水嘴金属污染物析出量认证。

五、2015年中国建筑陶瓷行业十大事件

事件一：东鹏发布“中国建陶工业2025”战略

2015年7月29日，为响应“中国制造2025”国家战略，东鹏在佛山率先发布《中国建陶工业2025战略》，并启动中国建陶工业2025智能制造项目，该项目将成为佛山市《中国制造2025佛山行动方案》的重点落地举措之一。其核心内容就是东鹏控股将在“中国建陶工业2025战略”的第一阶段，直接定向投入1.5亿元人民币，重点推进5大项目，创建行业最高水平的国际研发中心、建设行业第一个绿色工厂、打造行业第一个智能工厂、创建首个行业的中央数据库、制定行业“两化”（工业化与信息化）融合标准。

事件二：两大协会因“佛山陶瓷”商标对薄公堂

2015年1月，佛山市陶瓷行业协会、佛山市建材行业协会分别向佛山市政府提交了关于申请“佛山陶瓷”地理标志证明商标的请示。这一申请由佛山市经信局牵头，经过调研，佛山市经信局认为两家协会均有相关资格。佛山市经信局一度协调两家协会共同合作申请，但最终无果。6月10日，佛山市经信局召集在“佛山陶瓷”商标申请上有竞争关系的佛山市陶瓷行业协会和佛山市建材行业协会传达北京之行后的决定，即停止“佛山陶瓷”商标申请，理由是商标局认为“佛山陶瓷”商标的注册基本没可能。

2015年11月，两大协会的商标争夺战再起风云，佛山市建材行业协会召集多家媒体提前剧透，2015年10月，佛山市陶瓷行业协会一纸诉状将佛山市建材行业协会告上了法庭，案件11月、12月禅城区法院两次开庭。

事件三：李丹锋离职齐家网，重返传统陶瓷行业

有着“陶卫行业的电商人、电商领域的陶卫人”之称的著名职业经理人李丹锋已从齐家网离职，卸任齐家网副总裁一职，重返他最熟悉的传统陶瓷行业，并正式出任知名陶瓷品牌金舵瓷砖的总经理。此举引发业内人士的广泛关注，普遍认为李丹锋将为有着24年历史、曾被誉为“抛光砖鼻祖”的金舵瓷砖注入互联网思维，有望开启新一轮“陶瓷+互联网”模式的变革。

据金舵瓷砖官方微信公众平台的新闻报道，李丹锋主持了2015年5月26日召开的金舵品牌营销中心全体员工会议，并发表“新金舵·新起点·新未来”的主题演讲，现场反响热烈。金舵企业集团董事长罗有成和总裁陈志杰更亲临现场打气，发表寄语以示支持，对李丹锋入职金舵的重视程度可见一斑。

事件四：陶企倒闭

陶企倒闭已不是新鲜事。2015年以来珠三角共有12家知名陶企倒闭，不知名的小型陶企更是不计其数。不断刷新历史的“倒闭潮”，在上游房地产行业下行的背景下，显得尤为刺眼。然而，陶瓷企业产能过剩引发行业洗牌还未到达终点。据全国产能调查数据显示，截至2014年，全国陶瓷生产企业1452家，国内陶瓷生产线已达到3600余条，总产能140亿平方米，这意味着，未来还将有更多的陶企倒闭。值得注意的是，这场即将袭来的行业大洗牌，也将迫使陶企们走上转型之路。说到底，不论是品牌的构建还是销售模式的更新，互联网的浪潮只是恰好出现在了建陶行业寒冬来临之时，寒冬到来也是建陶行业发展到资源需要整合阶段的前兆。互联网的大潮席卷下更多的不是冲击，而是多了一种选择，是主动出击还是被动防御这都不重要，重要的是如何在这一轮行业洗牌中占得一席之地。

事件五：东鹏携手“家装e站”

2015年10月12日，“家装e站·双十一”名品特惠包暨供应链战略合作新闻发布会在杭州举行，东鹏控股正式宣布其战略入股互联网家装第一平台“家装e站”。东鹏控股董事长何新明在发布会上作了《互联网+匠心》主题演讲。何新明表示，东鹏与“家装e站”的合作，将是跨界合作的典范，是传统产业与互联网产业紧密合作的典范，是互联网+匠心精神的典范！

东鹏集团携手“家装e站”打造线上线下“一站式”服务平台，不仅能更好通过互联网技术主动去发现消费者的需求，通过东鹏自有的匠心精神去更好满足消费者的需求！其实，无论是“家装e站”、爱空间或者土巴兔，撇开“互联网+”、“020”这样一些概念不谈，传统家居企业与新兴渠道的合作已经成为一种趋势，与其说是为了拥抱新兴的互联网大潮，不如说是更接地气，更好地面向市场，承接新一代消费者的需求。

事件六：首届互联网家装与供应链高峰论坛

2015年12月30日下午，首届互联网家装与供应链高峰论坛暨广东家居建材年会在广州举行，本次论坛邀请了佛山市金舵陶瓷有限公司总经理李丹锋、尚高卫浴董事长曹宇勇、“家装e站”创始人孟德、靓家居总经理曾育周、齐家网联合创始人高巍、土巴兔副总裁徐建华、生活家产品中心总监叶露、365装修宝总经理桂雪山、蓝谷总裁施振生、广东耀东华家具板材总经理曾敏华、惠州伟康新型建材总经理李远杨等众多互联网家居、建材领军企业大咖齐聚论坛现场，共话互联网泛家装行业的发展，探讨当下融合与聚变的商业新模式。

此次互联网家装与供应链高峰论坛是互联网风起云涌之后珠三角地区传统家装PK互联网家装进行的首次深度论道，并就互联网家装商业模式创新、营销模式创新、资源整合创新等热门话题的研讨、交流、分享和碰撞。高峰论坛力求寻找提升传统家装行业转型互联网的核心竞争力，共同把脉家装行业的未来发展之路，“互联网+”颠覆传统家装的大幕已然强势拉开，而互联网家装领域的整合也将走向深入。

事件七：郎咸平佛山授课

2015年12月29日，佛山华夏明珠大酒店副楼国际宴会中心五楼，一场名为全国陶瓷人大会的盛会正在举行。本次会议最大的亮点在于香港中文大学荣誉退休教授郎咸平现场开讲。

郎咸平为2015年画上了完美的句号，更多的是，他的到来，让处于困局甚至是悲观的陶瓷人，聚在一起，回到了真正的学生时代，真正的用心去感悟整个行业，去思考未来的走向。从2015年开始，整个行业发生了天翻地覆的变化，倒闭、失业、突围，终端决战，我们看到了深陷经济危机困局下的我们，正在疯狂的寻找突围之路，是困兽之斗？还是背水一战？我想听完郎教授的演讲，依然值得我们深思。

事件八：张念超离开服务了12年的金意陶

2015年11月，金意陶常务副总经理张念超离职，其已在金意陶任职11年。2000年，张念超毕业于景德镇陶瓷学院工商管理专业。毕业后进入东莞马可波罗陶瓷，从负责内部培训转战销售，并直接从行政后勤岗位跳到销售经理位置。2005年12月25日，张念超从马可波罗离职，进入金意陶，负责营销，以“营销怪才”“行业公知”身份广为人知，提倡并推行的金意陶思想馆、体育营销、“非诚勿扰”明星总裁签售等在行业内引起轰动，著有《建陶企业经营之道》一书。同时他也是景德镇陶瓷学院客座教授。

业内人士分析认为，陶瓷企业高管变动的主要原因是行业不景气。据了解，销售总经理每年都有硬性的业绩指标。行业形势不好，竞争更加激烈，企业增长速度明显放缓。而随着经济形势的变化，陶瓷企业也需要顺势而为做出相应的调整，传统的营销模式已经不能适应新常态，企业需要注入新鲜血液。但对于供职陶瓷企业多年的职业经理人而言，急流勇退谓之机，个人规划的调整也是从老东家离职的主要原因之一。

事件九：简一大理石2.99亿元登陆央视

2015年11月18日，2016年央视广告黄金资源招标会现场，中国创造代表简一大理石瓷砖以2.99亿元摘得《新闻联播》黄金标版资源的桂冠，合计多达五个单元。作为中国实业的代表，简一大理石瓷砖以2.99亿元成为央视广告招标跑出的一匹大黑马，这不仅在行业内，更在营销界以及社会公众上引起了现象级的关注及热议。

此次实现央视黄金资源的一举中标，简一将2016年全年营销战役的“开门红”收获囊中。携手央视，强强联手，简一将借助央视平台，让广大消费者知悉大理石瓷砖的价值，也让高档装修客户需求得到很好满足。大理石瓷砖的广泛引用，也将对环境资源保护，美好社会的构建做出巨大贡献。在巨资投入央视广告后，简一大理石瓷砖将进行系列后续支持。“我们将从系统上打造品牌，不断创新产品，为追求高品质生活的消费者提供更高价值的服务。”

事件十：黄建平接替叶德林，任新一届品牌联盟主席

在2015年12月8日举办的中国家居建材品牌发展论坛上，隆重举行了联盟轮值主席的交接仪式。在仪式上，黄建平发言：“能从叶德林先生手中接下中国建材品牌发展联盟鼎我非常荣幸。新常态下的市场迫使我们摒弃传统的观念，突破原有的壁垒，用创新和前站的眼光立足产业的发展。

1．搭建各品类生产企业相互沟通的平台，各企业能够在经营理念、营销手段方面取长补短。

2．建立建材家居综合性品牌集群，共同推进渠道、发展品牌。”

六、2015年中国卫生陶瓷行业十大事件

事件一：吴晓波的一篇文章把智能马桶推到风尖浪口，惊动了总理李克强

年初吴晓波的一篇文章《中国旅游春节假期赴日血拼：马桶盖几乎断货》，把智能卫浴一下子推到了风口浪尖。一时之间，业内没几个不谈智能卫浴的。两千多元一只的智能马桶引得无数去日本游玩的大叔大妈竞相折腰，也由此变成了卫浴企业致富的新方向。据记者了解，大多数知名品牌早已涉足智能卫浴产品的生产，至于之前没做智能卫浴的品牌，也都有了掺一脚的欲望，除了企业对智能卫浴的重视之外，协会方面也对智能卫浴下了大功夫。据统计，单是全国性的智能卫浴协会在今年便涌现了三个，也催生了智能马桶国标的制订。除此之外，智能马桶继续发酵，“两会”期间李克强总理还特别回应“去日本买马桶盖”事件，鼓励中国企业产业升级，生产出老百姓放心购买的智能马桶(盖)及产品。

事件二：德国中宇股价暴跌　一周内几近清零——泉州中宇声明：坚守一线　配合重组

《华尔街见闻》2015年5月22日报道，继汉能、高银系股价崩盘后，暴跌这种病毒已扩散至德国中概股中宇卫浴(joyou AG)，该股上演了股价一周清零。该报道提到：“就在上周，中宇卫浴股价还创下了17.45欧元/股的纪录新高，市值达4亿欧元。然而，时至今日，股价已接近于零。”报道刊发之前德国中宇(joyou AG)发布的关于“德国中宇管理委员会宣布已向德国汉堡当地法院提交重整程序申请”等有关泉州中宇卫浴母公司重大变动事项的公告，一时间国内多家媒体尤其是网络媒体纷纷转载，引起社会各界广泛关注。作为本土知名的卫浴龙头企业，泉州中宇的命运牵动人心。上市不是只赚不赔的生意，要谨防资本市场的危机，在日本骊住和德国高仪的整个并购案中，中宇集团并未得到实质性的好处，反而被日本骊住集团控制，致力于打造中国名族名牌的蔡氏家族，在资本市场逐渐失去了对中宇集团的控制权。上市是双刃剑，做好自己，保护企业健康发展，才是有识之士的共识。

事件三：“史上最严水龙头标准”和节水卫浴新国标开始实行

国有国法，卫浴行业也有卫浴的标准规则。2015年5月18日，国建联信认证中心发布了《陶瓷片密封水嘴金属污染物析出量认证结果公告》，公告中写到“产品认证是第三方按照国际认可论坛、国际标准化组织、国家认证认可监督管理委员会发布的相关程序对产品质量实施评价的过程”。

上面的标准针对的是水龙头污染物析出量的认证，而在节水方面2015年也有了大事件。12月1日，

国家标准委批准发布《节水型卫生洁具》(GB/T31436—2015)国家标准正式施行。该标准对卫浴生产企业、设计、研发、管理等环节在节水方面提出更高的要求，为居民生活用水资源节约和减少居民生活废(污)水排放，提供了技术依据。据了解，该标准技术水平达到国际先进标准水平。

事件四："双十一，卫浴电商的狂欢?!"

2015年11月12日凌晨，"双十一"全球狂欢节正式落下帷幕，天猫最终交易额也达到了创纪录的912.17亿元!参与交易国家和地区达到232个，其中无线交易额为626亿元，无线占比68.67%!阿里巴巴再次刷新单一电商平台单天交易的世界纪录。

如此大好形势下，家装建材板块当仁不让、紧跟势头，卫浴类产品网购销量有了爆炸式的增长，其中卫浴"老大哥们"依然占据主导市场，另外主打单品类的品牌销量着实不错。

"双十一"当天淘宝全网基础数据报告称：消费者对"双十一"的规则更加熟悉，同时"双十一"预售阶段持续时间长，大多数情况都是先预定再付尾款，所以相比上一周期大部分数据不会差别很大，但基本也有不同程度增长。需要特别注意的是交易指数，相比上一周期增长了351%，增长巨大，卫浴行业在家装大类中的占比为35.66%，同样有所增长。

事件五：众筹模式在卫浴行业悄然兴起

2015年，红星美凯龙联手京东在上海率先打响中国家居众筹项目第一枪。之后，众筹模式在家居卫浴行业日渐流行，最近卫浴行业内有两个众筹事件被大家广泛讨论，甚是热闹。

其一，福建牧野集成卫浴有限公司董事长周衍义牵头做了一件事，通过众筹的形式成立了一个新的卫浴品牌汉仪厨卫，前期一共有43位股东，已经完成筹资500万元。这43位股东，分别涵盖了生产企业老总、供销商、经销商、职业经纪人等各行各业的专业型人才，生产基地覆盖福建、潮州和开平三大卫浴产区。

其二，9月亚林卫浴集团公司董事长李飞，召集了大约60位卫浴同行，在温州商讨大计，要向天下广发英雄帖，通过众筹的方式，招募500名卫浴兄弟打天下。成立了一个卫浴品牌聚成卫浴，第一批众筹入股，每人出资1万元为1万元原始股，第一批加入公司的9人优先成为品牌创始人，后加入公司21人为荣誉董事。融资金额为500个原始股，每人只限制1万元原始股份，而且必须是经营卫浴行业的人士。

众筹作为一种新模式，它的价值不仅仅筹钱、筹资这么简单，筹人、筹智、筹渠道……基本是需要什么筹什么，而卫浴行业要妥善利用众筹回来的资源进行必要的整合。

事件六：美的、海尔、飞雕、华帝、荣事达等家电行业的大咖纷纷跨界进入卫浴行业

2015年5月7日，卫浴周刊《美的携四十亿进军卫浴》及12月26日厨卫资讯张学之《卫浴业来了大老虎》的两篇文章发表，引来了卫浴行业人士对其他行业大咖跨界卫浴行业的高度关注。

另一篇报道海尔信息科技联手日本JRM研究所成立联合研发实验室，宣布进军智能洁身器(智能马桶盖)行业，双方联合开发的首款产品—海尔卫玺V—118CS 将上市。

近十年来，其他行业跨界进入卫浴行业的企业非常多，鲜有成功案例，瓷砖行业：新中源、新明珠；电器行业：荣事达、苏泊尔、华帝、飞雕；管道行业：联塑、日丰、伟星；锁具行业：汇泰龙;其他行业：欧派、扬子、四季沐歌等。每一次其他行业跨界进入卫浴行业都引人注目，目前成功的只有东鹏瓷砖和华帝电商。

事件七：卫浴巨头纷纷在中国扩大投资

2015年3月26日，杜拉维特(中国)研发与生产中心奠基仪式在重庆珞璜工业园盛大举行，该项目总投资6亿元，是杜拉维特创建近200年以来规模最大的海外投资项目。

这是近几年继汉斯格雅在上海，TOTO在漳州长泰设厂之后的国外巨头的又一大手笔。发明按摩浴缸的美国巨头爵士也于今年投下巨款在漳州长泰设立工业园区。

随着我国房地产政策的调控，以及原材料、人工成本的上涨，中国国产卫浴企业的销售受到影响，企业发展缓慢，国外企业利用其悠久的品牌历史底蕴，完善的制造体系，以及全球地方化营销手段，在中国大举投资让中国国产卫浴行业处于非常不利的地位。

事件八：国内卫浴品牌首秀美国!九牧新品发布会启幕硅谷

2015年12月17日上午7点(美国时间2015年12月16日下午3点)，九牧智慧卫浴战略及新品发布会在美国加州纽瓦克智贸施耐盛大开幕，而该位置正是位于享誉全球的硅谷电子工业基地附近，为此次九牧发布会赋予了不一样的科技意义!据了解，此次九牧智慧卫浴战略及新品发布会是国内卫浴企业在美国硅谷的首秀，其打破了只有互联网巨头企业或跨国集团才能在美国硅谷举行发布会的传统。而此次发布会上所推出的“智能魔盒”产品，是九牧在智能家居上的集大成之作：其跨时代地为九牧卫浴产品提供了连接平台，可连接所有九牧智能产品，打造了九牧特有的智能卫浴空间，九牧也借此鱼跃而上，成为了智能家居整体实现这个领域中第一波吃螃蟹的人!

事件九：红星美凯龙H股上市　卫浴企业蠢蠢浴动

2015年5月8日，证监会预披露惠达卫浴IPO招股书。根据惠达卫浴股份有限公司招股说明书(申报稿)，惠达卫浴拟于上交所上市，公开发售股份数量合计不超过7,104万股，其中新股数量不超过7,104

万股；公司股东公开发售股份数量不超过3,552万股，发行后总股本不超过28,415万股。

6月19日晚，证监会网站发布公告,11家公司首发申请获通过，其中包括厦门瑞尔特卫浴科技股份有限公司。据其招股说明书显示,厦门瑞尔特卫浴本次将发行不超过4000万股新股,发行后总股本不超过16000万股,在深交所上市。

6月26日9点30分开始，伴随着港交所上市钟声的敲响，内地家具商场营运商红星美凯龙将拥有一个新的身份—香港H股上市公司。开盘报12.62港元，较招股价13.28港元低5%，开盘后走低，一度跌超11%，最低见11.72港元。现跌6%，报12.48港元，成交3804万股，成交额4.7亿港元。

除了惠达、瑞尔特之外，厦门建霖、倍杰特、福建洁利来、南安申鹭达、九牧、广东英皇、浙江维卫、雅鼎都在做上市准备。

事件十：中国卫浴企业腰杆硬起来!健龙卫浴胜诉高仪专利侵权案

2012年11月，健龙卫浴收到德国高仪股份公司发出的律师函，正式拉开健龙与高仪的专利之争；而在三年又一个月后，2015年11月底，浙江健龙卫浴有限公司董事长蔡贤良收到来自一份最高人民法院的判决书，心中的一块石头终于落了地—健龙卫浴与德国高仪长达3年的专利案，最终以健龙卫浴胜诉告终。而健龙卫浴与高仪长达三年的扯皮，也给中国卫浴企业维权之路带来了极大的正面影响以及良好的启示作用。

2015

中国陶瓷年鉴

2015

中国陶瓷年鉴 2015

企业家风采

style

The editorial boarda

CCIA

中国陶瓷工业协会 主编

企业家风采

The editorial boarda style

萧 华

XIAO HUA

- 如今身为蒙娜丽莎新型材料集团董事长兼总裁的萧华，曾经是中国陶瓷行业国产窑炉的开山人，他对自动化辊道窑炉的研制、改造与提升开创了国内自主生产陶瓷窑炉的先河，被业内尊称为“窑炉大王”。
- 他率先在国内陶瓷行业实行国际化、品牌化战略，伴随着“蒙娜丽莎”品牌的推出，蒙娜丽莎集团华丽转身，创造行业多个“第一”：建成全球最大的蒙娜丽莎主题博物馆，让陶瓷制造从技术产业延伸至文化艺术领域；建成行业第一家省级院士工作站，让国家智力资源成为了行业转型升级的有力保障；研制成功国内第一块大规格陶瓷薄板，让蒙娜丽莎成为了绿色陶瓷产业的先行者。
- 一直将创新视为企业性格的萧华，希望未来能有更大的创新成果，引领行业快速发展，为实现中国陶瓷强国梦助力。
- 油画《蒙娜丽莎》描绘了一位端庄秀美、温柔恬静的西方妇女的肖像，她的双眸传神而多情，嘴角微微上扬流露出优雅的微笑。蒙娜丽莎谜一样的微笑，带给我们无尽的遐想。这幅画作的作者达·芬奇一定不会想到，数百年之后，在遥远神秘的东方，有一个陶瓷品牌正把她“神秘的微笑”带入中国的千家万户。
- 蒙娜丽莎新型材料集团不仅要把达·芬奇对待作品的精雕细琢态度融入到企业文化中，转化为对待产品的要求；同时，更将蒙娜丽莎的微笑作为营销服务的核心精神，使顾客在品位生活，感受艺术的同时，享受高品质的服务所带来的精神享受。
- 潜心研究新型窑炉，开创行业自主生产先河。

陈显彬

CHEN XIANBIN

◆ 陈显彬，男，1947年出生，中共党员，广西三环企业集团股份有限公司董事长。1964年进入北流县瓷厂工作，1985年9月，任北流县瓷厂副厂长，1986年，任北流县第三瓷厂厂长，1987年，创建北流炻瓷厂并出任厂长，1997年至今，任广西三环企业集团股份有限公司董事长、党委书记。

◆ 历任自治区八、九、十、十一届人大代表、玉林市第一、三届人大代表，北流市第二、三、四批专业技术拔尖人才、北流市政协委员、北流市陶瓷工业协会和玉林市陶瓷商会会长、中国硅酸盐学会陶瓷分会第四届常务理事、中国陶瓷工业协会第四届理事会副理事长、中国轻工工艺品进出口商会理事等社会职务，荣获全国劳动模范、优秀中国特色社会主义事业建设者、全国道德模范提名奖、全国企业文化建设工作先进个人、中国陶瓷行业杰出企业家奖、全国第三届优秀民营企业家、全国轻工业企业信息化优秀领导、广西优秀企业家、全国轻工业重教企业家、热心陶瓷学术事业贡献奖等殊荣。

◆ 陈显彬对陶瓷的执著和专注，为陶瓷的创新发展奠定了厚实基础。《日用陶瓷铅镉溶出量的测定方法》、《利用元配料配制坯料与其质量控制技术》、釉下五彩细瓷、釉中彩瓷、乳白釉及颜色釉炻瓷、乳白色釉及颜色釉炻瓷、釉下五彩细瓷、桂玉瓷、低温快烧色釉细瓷、高级镁质日用细瓷、新骨瓷、高铝强化瓷等省部级优秀技艺方法和成果为陶瓷界树立了权威，而由其本人撰写的《艰苦奋斗才能开拓未来》、《创新发展，做强做大》、《实施“高、新、特、异、齐”产品战略》等优秀论文更是在陶瓷界产生了强烈反响。主持和参与制订《日用瓷铅镉溶出量测试方法》等国家及行业标准11个，为创造环保陶瓷餐具提供了可靠保障。

许君奇
XU JUNQI

◆ 许君奇，男，1966年生，湖南醴陵人，中共党员，大学文化，高级工程师，湖南省第九届、十届人大代表，共青团中央十四届代表，是享受国务院特殊津贴专家和全国“五一劳动奖章”获得者，现任湖南华联瓷业股份有限公司董事长兼总裁。

◆ 许君奇同志1985参加工作，1987年成功研究开发低温色釉炻瓷产品，填补了省内空白。20多年来，许君奇同志怀抱“振兴民族陶瓷工业”的奋斗目标，坚持用科技改造和提升传统产业，推进陶瓷产业与陶瓷文化的结合，不断提升企业管理水平，构建了以日用陶瓷、艺术陶瓷、特种陶瓷和电瓷等四大系列产品为主的陶瓷产业体系，成功打造了“华联”、“红官窑”和“火炬”三大中国驰名商标品牌，将一个乡办小厂发展成为国内日用陶瓷行业领先、世界知名的大型品牌企业，使华瓷成为了中国陶瓷产业杰出企业代表之一。

◆ 工作期间，许君奇同志曾任湖南省星火计划项目《出口炻瓷系列产品开发》技术负责人、国家星火计划项目“低温色釉炻瓷”项目技术负责人、《中国出口日用陶瓷技术指南》编撰专家组组长，中国轻工商会陶瓷分会理事长。目前，许君奇同志担任中国陶瓷工业协会副理事长、湖南省陶瓷行业协会会长等职务。

王 耀

WANG YAO

◆ 王耀同志自1999年以来，一直在景德镇陶瓷股份有限公司工作，先后任公司党委委员、总经理；党委书记、董事长。任职以来，始终做到抓班子带队伍，锐意进取，出色地完成了各项工作任务，保持了一名共产党员的先进性。他领导的景德镇陶瓷股份有限公司还积极开展创先争优工作，自2008年以来，公司先后获得“江西省标准化良好行为”证书和“质量／环境／职业健康安全三大管理体系”认证证书；被授予江西省旅游局授予“江西省工业旅游示范点”；“江西质量信用AAA级企业”；“江西省优秀企业”“江西省最具影响力企业”；“中国日用陶瓷市场满意第一品牌”和“中国陶瓷行业最具竞争力10强企业”等荣誉称号。

◆ 由于他在陶瓷领域的做出的突出贡献贡献，由此，党和政府也授予他个人诸多殊荣，2001年至今，他先后荣获景德镇市“首届优秀企业家”称号，景德镇市“十大创业先锋”称号，“江西省质量管理优秀厂长(经理)”称号，江西省“十大杰出青年”称号，江西省首届发明“十杰”称号，“中国陶瓷行业最杰出企业家”称号和“中国最具影响力管理创新杰出企业家”称号等。

于效才

YU XIAOCAI

- 于效才，男，汉族，1964年10月生，山东省临沂市罗庄区朱张桥河北村人，大学文化，2008年加入中国共产党。

工作生活简历

- 1979年9月至1981年7月在罗庄联中学习。
- 1981年7月至1993年12月在罗庄五寺庄煤矿工作。
- 1994年1月至2001年3月从事个体经商。
- 2001年4月至今任临沂佳美陶瓷有限公司董事长。
- 2004年5月至今任临沂佳贝特建陶有限公司董事长。
- 2009年5月至今任临沂大将军建陶有限公司董事长。

个人荣誉

- 2012年5月荣获“山东省建材行业优秀企业家”荣誉称号
- 2013年7月荣获“中国陶瓷行业杰出企业家”荣誉称号
- 临沂陶瓷协会会长、山东省建材工业协会副理事长，中国陶瓷工业协会副理事长

赵振林

ZHAO ZHENLIN

- 赵振林，1973年5月出生，河北唐山人，毕业于中国人民大学工商管理专业，现为唐姆建材有限公司总经理。中国陶瓷工业协会副理事长、中国陶瓷工业协会瓷砖粘贴技术专业委员会（TCT）副会长、中国建筑装饰协会材料委员会常务主任、中国建材联合会砂浆分会副理事长、北京市工商联合会陶瓷商会常务副会长。
- 2013年7月被授予中国陶瓷行业优秀协会工作者
- 2013年7月被授予中国陶瓷行业杰出企业家
- 2014年3月任中国砂浆产业研究所顾问委员会顾问
- 2014年4月当选为中国砂浆行业十大奠基人
- 2015年3月被授予中国陶瓷行业年度人物

保罗·蒙佳迪
Paolo Mongardi

基本信息

- Paolo Mongardi 保罗·蒙佳迪
  男，1964年3月23日生于 伊莫拉市，意大利国籍，
  已婚，育有一子（Matteo 1995年）

主要职业经验

- 1983年至1984年，在不同的机械公司担任操作员和设计师
- 1985年至2001年，萨克米伊莫拉公司（Sacmi Imola S.C.），伊莫拉市，任陶瓷压机部和先进陶瓷研究部设计师
- 2001年至2007年，萨克米伊莫拉公司，伊莫拉市，任董事及董事会秘书（2个职务 ）

现任职务

- 自2007年5月至2013年，萨克米伊莫拉公司，伊莫拉市，任董事会副董事长
- 2013年至今，萨克米伊莫拉公司，伊莫拉市，任董事会董事长
- 2001年至今，在萨克米集团的意大利和国外分公司的董事会担任多个职务
- 2014年至今，任意大利合作社联盟全国领导机构成员

刘权辉

LIU QUANHUI

- 深圳国瓷永丰源股份有限公司董事长
- 非物质文化遗产传承人
- 深圳市人大代表
- 深圳市工商联（总商会）副主席（副会长）
- 深圳市龙华新区文化创意产业协会会长
- 深圳市龙华新区工商联（总商会）常务副主席（常务副会长）
- 刘权辉出生于陶瓷世家，中学毕业后就传承父辈产业，率领团队在陶瓷界打拼几十年，使得永丰源集团从上世纪80年代的一个小型乡办企业逐步成长为一个立足于深圳在陶瓷界具有一定影响力的知名企业，个人荣获“非物质文化遗产——红釉彩瓷、满堂红烧制技艺”代表性传承人称号。目前旗下拥有十多家公司，组成了全产业链陶瓷集团，涵盖高岭土矿业、瓷业、陶瓷花纸、陶瓷颜料及贵金属、酒店礼品、家居用品等，总部和生产基地及营销分公司地域涵盖深圳、北京、上海、成都、鄂尔多斯、宜春、唐山、纽约等海内外城市。
- 2007-2009年任广东省深圳市第四届政协委员，现任深圳市第六届人大代表、深圳市工商联副主席、总商会副会长、龙华新区工商联常务副主席、深圳市企业联合会副会长、深圳市商业联合会副会长、龙华新区文化产业协会会长、中国陶瓷工业协会常务理事、中国轻工进出口商会副会长、中国企业联合会常务理事等多种荣誉称号。2010年度被评为“深商风云人物”。2011年1月，被深圳大学聘任为特约教授，以其经营企业的亲身经历和心得主讲经济管理学。

企业家风采

The editorial boarda style

JIAMEI GROUP

佳美集团

陈志翰

CHEN ZHIHAN

- 陈志翰，1972年3月出生，福建德化人，毕业于黎明大学企业管理专业，现为福建省佳美集团公司法定代表人、总经理。兼任中国陶瓷工业协会副理事长、福建省轻工工艺品进出口商会及福建省陶瓷树脂工艺品出口基地商会常务副理事长等。
- 2011年1月被授予泉州市五一劳动奖章
- 2012年4月被授予泉州市劳动模范
- 2013年2月被授予中国十大商务风云人物
- 2013年4月被授予福建省劳动模范
- 2013年5月被授予泉州市优秀青年企业家
- 2013年7月被授予中国陶瓷行业杰出企业家
- 2014年6月被授予全国质量工作先进工作者

于庆九

YU QINGJIU

◆ 姓名：于庆九　性别：女　年龄46　籍贯：湖北

工作经历

◆ 1989年大学毕业。
◆ 1989年---1993年任教于湖北省咸宁市煤机中学。
◆ 1993年---1996年就职于广东省陶瓷公司业务部二部。
◆ 1997年---2001年成立佛山市石湾区正大制釉中心，任职总经理。
◆ 2001年--至今成立佛山市正大制釉有限公司、佛山市高明区海帝陶瓷原料有限公司，任董事长兼总经理。
◆ 2003年--至今成立丹陵县正大制釉有限公司，任董事长兼总经理。
◆ 2003年一至今成立淄博市斌博制釉厂，任董事长兼总经理。
◆ 2008年2月--至今成立江西省正大陶瓷有限公司，任董事长。

企业家风采
The editorial boarda style

罗有成

LUO YOUCHENG

- 他，从事陶瓷行业工作近30年，经验丰富，创新果敢， 由他一手创办的金舵瓷砖品牌是全国最早系统应用进口先进设备的陶企典范，被业界誉为“中国抛光砖鼻祖”。他，便是佛山市金舵陶瓷有限公司董事长罗有成。
- 他，是敢于创新的企业家；罗有成先生表面看上去，是一名成功的企业家代表，但他的核心价值体现于他紧跟时代步伐的商业思想中。以信息化与价值服务为企业管理、营销的关键词，让金舵瓷砖在十多年的发展过程中，不断突破，不断创新，以“高品质、快创新”为企业发展宗旨，一直走在同行前列。自1993年成立以来，屡获殊荣，如“中国名牌产品、中国陶瓷十大品牌、中国轻工业陶瓷行业(瓷砖)十强企业、中国陶瓷行业名牌产品、中国建材百强企业、广东省著名商标、广东省名牌产品、中国环境标志产品认证、国家省市级质量奖及科技进步奖、国家生态建材示范展示中心示范企业、建筑陶瓷定点科技开发生产基地、博士后科研工作站、中国3C强制认证、ISO9001国际质量管理体系认证、ISO14001国际环境管理体系认证、广东省高新技术企业、广东省质量管理先进企业、广东省清洁生产企业”等。
- 他，是科技型的企业家；深刻认识到科技对企业的改造与推动有着重要的作用，推行信息化与科学化的现代管理模式，在生产力量与技术研发上投入巨额资金，也让金舵瓷砖的生产实力日益雄厚。公司装备有先进的陶瓷生产设备、全面运用先进的工艺技术及管理模式，以科学规范的程式化管理、创新的新品研发以及多系列产品的精益生产著称。
- 他，是乐学勤思的企业家；用“活到老，学到老”形容他是最适合不过，鼓励员工主动学习，提升自我，营造集体的学习氛围，制造出独一无二的价值信息，再落实到终端，为客户提供最有价值的服务。

邓社广

DENG SHEGUANG

- 男，汉族，1964年7月生，重庆大学机械系机构运动学专业毕业，研究生学历。

- 佛山南海装备行业协会副会长，中国陶瓷行业杰出企业家，现任希望陶瓷机械设备有限公司总经理。

- 希望陶瓷机械设备有限公司致力于高品质陶瓷印刷设备的研发、生产和销售，是陶瓷印刷设备细分行业的龙头企业；其研发生产的第一台国产陶瓷喷墨机打破了国外产品的垄断，填补了国产陶瓷喷墨机的市场空白，作为希望公司的创始人和掌门人，邓社广也被誉为陶瓷喷墨机中国第一人。

康秉仁

Michael J. Campion

- 西卡（中国）有限公司总裁Michael J. Campion(康秉仁)来自美国，毕业于维拉诺瓦大学，并于著名的沃顿商学院深造。
- 康秉仁长期服务于西卡，业绩斐然。他于1998年加入西卡美国公司，担任混凝土事业部市场领域经理。2000年，他晋升为新建筑事业部副总裁。2008年之后，康秉仁开始领导混凝土目标市场和防水目标市场，并于2013年晋升为执行副总裁。在美国，他成功领导这两大目标市场创造了出色并且可持续的有盈利增长。

方海琼

Fang HaiQiong

- 盛世东方陶瓷有限公司董事长
- 四川省陶瓷协会副会长
- 四川省十大魅力女川商
- 四川省女川商协会常务理事

企业家风采

The editorial boarda style

徐 英

XU YING

- 徐英2002年加入德高（广州）建材有限公司（以下简称德高），现任法国派丽集团副总裁兼德高中国执行董事。
- 徐英执行董事带领德高中国800多名员工，以“让中国每一栋建筑分享到全球特种砂浆暨涂料的创新技术！”为企业使命，深入全国各地大力推广科学防水贴砖的理念，对抗日益严重的建筑渗漏和地墙面瓷砖空鼓掉砖问题，让中国更多的家庭和建筑分享到全球领先的防水贴砖技术。徐英执行董事积极联合中国防水协会和中国陶瓷工业协会等组织，协办“走进社区诊治渗漏”、“安全贴砖、安居生活——全国公益大讲堂”、瓷砖胶全国贴砖大赛等大型公益活动，活动深入人心，获得广泛支持。德高公司在徐英执行董事的带领下一直积极参与国家预拌砂浆多个行业标准的起草，并独家赞助2014年国家技能大赛镶贴项目的比赛。
- 在企业内部，徐英执行董事大力落实全国7家现代化工厂的无尘化生产工艺和推出无尘瓷砖胶系列产品，体现了德高公司对一线生产工人和工地现场施工师傅身体健康的人文关怀，也切实响应国家对环境保护和大气治理的号召。在徐英执行董事积极推动下的商业模式创新，是驱动德高近五年来高速发展的核心关键。德高公司已连续多年取得了每年40%以上的高速增长。德高自1995年进入中国，已发展成为在防水贴砖领域的全国知名品牌。

于孝胜

YU XIAOSHENG

◆ 1974年出生，中共党员，山东临沂人，北京大学经济管理学院EMBA。

◆ 现任中国(临沂)陶瓷博览城总经理、山东建材工业协会常务理事、临沂陶瓷协会副会长、山东佳宝陶瓷有限公司董事长、山东美宝陶瓷有限公司董事长。

◆ 始终秉承“追求卓越、争创一流”的发展理念，于孝胜坚持走高端化、专业化、品牌化的发展道路，将中国(临沂)陶瓷博览城打造成北方最大的全球陶瓷采购基地，在他的带领下，中国(临沂)陶瓷博览城在全国各大陶瓷市场中脱颖而出，展翅高飞。

◆ 巍巍蒙山、滔滔沂河成就了于孝胜的辉煌，也成就了他扶危济困、报效社会的无私品格。十年来，在慈善、公益、助学、救灾等方面他积极承担社会责任，为促进社会和谐进步、共赢发展而不懈努力，被政府授予“罗庄区慈善之星”等光荣称号。

◆ 悠悠历史，书写了临沂的变迁沧桑；滚滚人流，开拓着现代化的沃土天荒。不论做商业地产还是制造业，于孝胜用铿锵的步伐证明着他“勇做第一”的决心和实力。中国（临沂）陶瓷博览城在掌舵人于孝胜的率领下将乘风破浪，勇往直前！

冯海明

FENG HAIMING

- 冯海明，男，1964年7月出生，汉族，山西省平定县人。1991年3月参加工作，中共党员，大专文化。现任平定古窑陶艺有限公司（中国刻花瓷文化园）董事长。
- 1987年—1990年在山西电大经济管理专业，大专。
- 1991年—2001年任平定县粮食局办公室干事，贸易部经理，办公室主任等。
- 2002年—2004年阳泉怡和商贸有限公司总经理。
- 2005年2月任平定古窑陶艺有限公司董事长、总经理。

社会职务

中国民间文艺家协会	理　事
山西省民间文艺家协会	常务理事
山西省民间工艺美术家协会	副主席
山西省工艺美术协会	副理事长
阳泉市民间文艺家协会	主　席
山西省民营经济联合会	常务理事
阳泉国际贸促会	常务理事
阳泉市工艺美术协会	常务理事
阳泉市工商联合会	副主席
政协阳泉市第十二届委员会	委　员
政协平定县第十四届委员会	常　委

孙万

SUN WAN

◆ 位于雁门关外的朔州市怀仁县，陶瓷工艺距今已有上千年历史，辽宋时曾有“陶埴一技、独擅北方”的美誉。就是在这个北方的“瓷都”，在这里土生土长的孙万开始大显身手做起了日用瓷，用了短短几年时间，让全国市场迅速认识了“恒源瓷业”。

◆ **煤矿主的转型**

◆ 孙万出生在当年杨家将血战金沙滩两狼山下的吴家窑镇吴家窑村，而这里，正是怀仁陶瓷的发源地。年轻时，他当过乡材料员，放过电影，当过镇团委书记，在地毯厂做过工人，后来经营过煤矿。

◆ 2009年全省煤炭资源整合时，孙万的煤矿也被整合，于是他改行做起了自己根本不懂的陶瓷，当时不少亲戚朋友对他的决定都表示难以理解。不过，孙万却对自己的决定深信不疑。怀仁县的陶瓷产量在山西一直都是最大的，而且工艺已经相当成熟，不缺人才也不缺技术，只要自己想干好，一定没问题！由于陶瓷产业是劳动密集型行业，自己办厂可以让当地及周边农村的更多剩余劳力就业。另外一个更重要的原因是，孙万早就想在有生之年为怀仁陶瓷产业发展出点力做点贡献，让怀仁真正早日成为中国名副其实的日用瓷都。

◆ 2009年6月14日，投资1.2亿元的陶瓷厂破土动工建设。不到一年时间，建筑面积4万平方米的亚洲最大的日用瓷单体车间建成，拥有国内最先进的微机调控的96米燃气隧道窑和辊道窑日用瓷生产线，并创下了年生产日用瓷6000万件的新高，实现就业600余人，不仅取得了良好的经济和社会效益，而且为当地陶瓷产业发展起到了示范带动作用。

企业家

风采

The editorial boarda style

胡御霜

HU YUSHUANG

- 胡御霜，总经理。MBA，公司创始人。
- 1962年出生，女性。自1995年开始自主创业，成立了当时在广告界拥有极高声誉的上海信盈电脑喷画有限公司，当时该公司就拥有世界上最先进的数码喷绘机器，在整个上海乃至全国的电脑喷绘领域占具了大片市场，信盈公司也在她的领导下迅速发展。
- 对于客户的了解、明锐的市场洞悉能力以及强大的技术支持让胡御霜女士在2001年底又分别创办了上海科纶科技发展有限公司（后更名为上海泰威技术发展有限公司）和上海亮点实业有限公司，主要针对数码打印机和打印机材料的生产；目前公司的数码打印机及打印材料销售客户已面向76个国家和地区。
- 胡御霜女士也在2000年获得“上海市徐汇区三八红旗手”称号。整个集团公司在她的带领下，全体员工不断进取，不断创新。研发的多项产品技术性能指标达到并超过国外同类产品。自创业起，胡御霜女士全身心的投入数码打印尖端设备制造行业，并将继续为之奋斗，打造中国制造第一品牌。

熊新成

XIONG XINCHENG

◆ 熊新成，湖北省蕲春县人，生于1961年11月。1979年高中毕业后，在蕲春县芝麻山建安公司参加工作，任技术科科长。1985年任华夏窑炉集团中信公司副总经理，1993年被提拔为公司常务副总。2002年10月创立了佛山新瓷窑炉有限公司、华夏新瓷窑炉机械设备有限公司，出任总经理之职。2008年3月28日，出任黄冈市窑炉工业协会常务理事。2009年11月5日，出任中国建筑陶瓷协会理事。熊新成从投身窑炉行业开始，数十年来一直受到了国家级省市行业主管部门的表彰，曾连续10年被评为技术标兵和先进工作者。

◆ 2002年10月熊新成创立了佛山新瓷窑炉有限公司、华夏新瓷窑炉机械设备有限公司，出任总经理。他工作务实，专业技术过硬，性格淳朴，对员工真诚。新瓷窑炉员工及行业间的同行同事都对他非常之信赖与尊重。前几年，窑炉市场竞争激烈，熊新成深刻的认识到了一个企业如果没有自身的特色品牌与领先的技术，很难赢得市场占有率，企业将难以生存。于是他不断给自己施加压力，汲取和学习同行的先进的窑炉业技术，激励自己奋力拼搏。把“质量第一当作生存之本”。几年来他承建的建筑陶瓷、日用卫生陶瓷，电瓷冶金、化工、环保新型建材等行业的可行性研究，总体设计、设备选型及安装、新型窑炉的设计、旧窑炉的维修与改造、电器自控化设备的安装、窑炉设备及零件的提供、技术咨询等服务、业务立足佛山，辐射全国，面向德国、英国、意大利等国家。技术质量过硬，受到广大客户的高度赞誉。国家建材部张人为局长还专门因此为新瓷题词“以优良节能效益回报客户与社会”以作赞颂与鼓励。

企业家风采

The editorial boarda style

徐 宁

XU NING

◆ 徐宁，女，民革党员。1975年出生于淄博高新区付山村，1997年大学毕业后辗转全国各大陶瓷生产基地，多年的打拼砺练积累沉淀了娴熟的釉料制作技术和丰富的生产经验，经过反复详实的市场考察论证，2011年回到家乡成立了淄博方基制釉有限公司，2012年奠基建厂，2013年一月顺利投入生产，同年即被评为县级中小企业代表。为增强行业自律促进釉料行业的健康发展，并有效地服务于本行业，2014年初审请成立了行业协会，并被行业同仁推选为会长单位。

◆ 徐宁女士坚持走科学化、规范化办厂路线，健全完善规章制度，向管理要效益，强化节能减排意识。从工艺流程中降成本，以安全为生产第一要素，短短几年便将生产经营带入了发展的快车道，一跃成为我国江北釉料生产规模最大、单体面积产能最高的厂家之一。从而引起了各级业务主管部门的重视，2014年被市环保局确定为环保行业规范化检查验收示范单位，2015年协助市安全生产监督管理局制定了《色釉料行业安全生产标准化评审标准》，并高质量地通过了检查验收。

◆ 徐宁女士所率领的团队立志发挥政府与企业交流沟通的桥梁纽带作用，以服务制釉行业、兼顾公平为目标，为行业发展提供交流平台，促进该产业健康有序的发展。

◆ 徐宁女士自己发展的同时，又热心于公益事业，自建厂以来帮助周边学校、幼儿园、医院进行捐助、投资设施。对无保、孤寡老人提供无偿帮助。2015年春又投资300万修建村中道路，并且配备路灯、排水等设施，方便了村民出行。多年来，她一直坚持本心，怀着一颗感恩社会的心，多次不记名捐助慈善事业，让更多的人感受到社会的温暖。

ARROW
箭牌卫浴
2015'米兰世博之选
国际钢琴巨星
郎朗
China 中国
EXPO MILANO 2015
2015米兰世博会中国国家馆
指定卫浴产品
舒适体验 箭牌时刻

产区专栏

行业概况

广东省陶瓷行业发展概况

第一篇 佛山陶瓷发展史

佛山石湾，历史上是岭南重要的陶器生产基地之一，素有“石湾瓦，甲天下”之美誉。

“南海之石湾善陶，凡广州陶器皆出石湾。”（屈大均《广东新语》）产品“备极工巧，通行二广”（范端昂《粤中见闻》），同时远销世界各地。新中国成立以来，尤其是改革开放后，佛山陶瓷工业有了更大的发展，现在已是中国南方最大的陶瓷工业基地。

佛山石湾制陶业有悠久历史。早在五六千年前的新石器时代晚期，石湾地区的先民便在大帽岗一带，采集陶泥、岗沙制作陶器。新中国成立后，考古工作者在大帽岗以东的河宕、旧圩、桥头三处遗址出土的大量陶器碎片，证明了“河宕遗址的制陶业较为发达”，“是岭南地区几何印纹陶发达时期的典型遗址”。（文物出版社《中国南方古代印纹陶》）此时，石湾先民已能根据不同原料制造各种不同用途的器物，主要分为泥质陶和夹砂陶两大类。泥质陶有印纹软陶、印纹硬陶、素面磨光陶、彩陶、白陶、灰陶等多种；夹砂陶有夹粗砂陶和夹细砂陶，多呈黑色、灰黑色和红褐色。河宕和旧圩是我国同一历史时期的印纹陶饰最为丰富多彩的陶区。

汉代以后，石湾地区的农业有了较大发展，人口增加，陶器制作日渐兴盛起来。至唐代，石湾已形成制陶手工业，成为我国南方著名的石湾窑，具有一定规模，大量生产陶器，逐渐发展成为岭南地区陶器基地之一。1957年和1962年，考古工作者从石湾和南海小塘奇石发现了唐宋窑址，有力地证明了石湾窑陶器生产异常发达，而奇石窑唐宋时是同属石湾窑系统的。

唐代石湾窑烧制陶器采用的是平面半圆形的馒头窑，制作技术与工艺是轮制与手轮兼制并用，产品品种除日用陶器外，还有美术陶瓷品，如人物与器皿等，釉色也比唐代以前更为多样，产品开始大量出口。

宋代，石湾陶包括了石湾和奇石两大窑场。石湾窑生产品种，釉色均比唐代多，施釉技术与工艺也比唐代大为进步，烧制陶器广泛采用长条形斜坡式的龙窑，烧制技术和质量都比唐代大大地提高。此时，石湾窑还开始烧制胎土洁白细腻的瓷器。北宋年间（960—1127）石湾窑形成了第一个兴盛时期。同时，由于宋代佛山设立了“市舶务”机构，石湾陶器因此大量远销到东南亚、阿拉伯半岛各国。

元代以后，奇石窑衰落，陶瓷生产完全集中在石湾地区，特别是中原人南迁岭南后，其中有些经营陶业的，如霍氏三世祖原山公等姓氏，在元代成为石湾制陶业的生力军，促进了石湾制陶业技术、工艺水平的提高与发展。

明清时期，石湾陶瓷业进入了鼎盛时期。石湾陶瓷业的迅速发展始于明正德年间（1506—1522年）的窑灶改革。宋元时期，石湾窑使用的是龙窑，结构简单，窑温不均，废次品较多。正德年间对旧式龙窑进行改革，出现了像“南风灶”这样较为先进的龙窑，把原来龙窑两排火眼改为五排，并将其位置从原先在窑两旁改在窑顶，使窑内温度均匀，大大提高了产品的质量。同时把窑的长度从过去的30米增加到40米，增加了容量，从而促进了陶瓷生产的迅速发展。此时，石湾窑生产规模逐渐扩大，原来分散于各处的民窑逐渐集中在石湾镇及其周围。生产的品种有日用陶瓷、建筑陶瓷、手工业陶瓷、丧葬陶器以及美术陶瓷五大类。原料除石湾本地陶土之外，还从东莞、增城、清远等地大量运进。釉药则利用本地原料制成了多种多样的颜色，使石湾陶瓷产品更为多姿多彩，还出现了专门烧制美术陶瓷的工场，如明嘉靖万历年间的“祖唐居”等。

明代中叶以后，石湾陶瓷业进入一个空前兴旺发展的时期，明嘉靖年间（1522—1566年）陶瓷生产出现了专业化分工，产生了行会组织，“初分八行”。（明天启《石湾陶业考》）各地民工纷纷来石湾做工，此时石湾有“小金山”之称，“石湾之陶遍二广，旁及海外之国”。谚曰：“石湾缸瓦，胜于天下”。（屈大均《广东新语》）到了清代中期，石湾陶瓷业已成鼎盛。石湾陶瓷“以美观、实用著称，行销两广及‘吕宋诸国’”。（《简明广东史》）清乾隆年间（1736—1795年），石湾陶业分为23行，品种有千种以上。全盛时石湾有陶窑107座，从业人员达6万之众。“石湾六七千户，业陶者十居五六。”（《简明广东史》）制陶业的发展带动了其他经济的发展，工人生活优裕，社会安定，呈现出了一派繁荣景象。

鸦片战争后，石湾陶瓷业逐渐走向衰落。20世纪初，日本商人先后在上海、天津以及东北等地开设了多个大型陶瓷企业，利用中国廉价的劳动力和原料，使用机器生产，排挤了中国陶瓷产品的国内外市场。石湾陶瓷业因此急剧衰落。民国12、3年，石湾陶窑从鼎盛时的107座剧减至七八十座，作坊仅存700余家，从业人员只剩下1万余人。产值从民国17年的300万元减至民国18年的200万元。民国15年失业者达四五千人。产品出口从民国19年的95万余元下降至民国22年的15万元。工人失业，产品大量积压，加上资本家的残酷剥削，常引起陶瓷工人的罢工斗争。

民国27年，日本侵略军占领石湾后进行大屠杀，陶瓷工人纷纷逃往外地。使一个原有四五万人口的石湾镇几乎成了废墟，日军投降后，石湾陶瓷业虽有复苏，但因受行会的制约，加上苛捐杂税繁多，反动官僚、土匪、恶霸、地主、神棍的压榨，仍陷入一蹶不振的局面，新中国成立前夕，经营陶瓷业的只有300户，从业人员只有2800多人。

新中国成立初期，石湾陶瓷业极为萧条，大部分企业停工停产，有40%的陶瓷工人被迫到外地谋生。石湾镇人民政府为了保护工人群众的生活和利益，明确规定陶瓷业老板不得无故停工停产、解雇工人、停发工资等，同时成立了有工人代表参加的税务协进会，统一联销，确保产销平衡，保证了工人的生活与权益，使石湾陶瓷业逐渐得到恢复和发展。经过几年的努力，石湾陶瓷业有了较大的发展。1952年，工业总产值达到221.46万元，比1950年增长50.56%，销售总额也有较大的增长。

1956年，石湾陶瓷工业在社会主义改造中先后组织起来，走上合作化道路，促进了生产的发展。

1956年，社会主义改造基本完成后，开始大批生产日用细瓷，以及工业、化工、卫生、建筑陶瓷产品，改变了石湾传统陶瓷产品结构；广泛地开展了技术革新与技术革命，变手工操作为机械化和半机械化；变烧柴为烧煤、烧重油和用电；变龙窑为隧道窑、电窑等。生产组织与工艺也从过去的单人操作，逐渐采用按注浆、滚压、冲压等进行流水作业或流水线生产。提高了工效和产品质量，降低了产品成本，促进了石湾陶瓷工业的发展。

1957年，生产总值达到794.95万元，比1949年增长近5倍。

1957—1965年，生产总值增长1倍多，出口也大幅度增加。

在“文化大革命”中，陶瓷业广大职工、干部顶住“左”倾错误的干扰，克服了种种困难，坚持生产，使陶瓷工业仍有所发展。

1980年7月，陶瓷工业公司的30家企业开展扩大企业自主权试点，实行经济上统一向国家承包上缴利润指标，把有限的资金集中起来，用于技术改造和新产品开发。至1984年年初，就筹集了3000多万元用于技术改造，淘汰了20世纪四五十年代的落后设备，初步提高了陶瓷工业的设备技术水平。

1984年10月，我国首条从国外引进的彩釉砖生产线在石湾利华装饰砖厂一次点火试产成功。同年，佛陶集团研制的半隔焰燃油辊道窑就已在石湾化工陶瓷厂点火成功并开始投产了；大型机械制动湿式球磨机也制造成功，并在石湾建国陶瓷厂投入使用。两个项目均填补了国内的空白。佛山市陶瓷研究所于1985年提出采用国产设备、国产原料和独特的工艺技术，生产精细陶瓷辊棒，并在1987年研制成功。

佛山陶瓷企业通过对引进设备技术进行吸收消化，制成了一批设备，使引进设备技术与仿制设备相结合，配套成龙，有力地促进了全行业的技术进步，从根本上改变了陶瓷工业的落后面貌。在技术改造的同时，各企业还大力开发新产品，加速生产的发展。他们从本地生产陶瓷的实际情况出发，开展了大规模的、全面的产品引进与开发，特别是在建筑陶瓷的开发上，集中了全行业的主要技术力量和资金，研制、生产印花、拼花、仿大理石纹等各种彩釉砖、墙地砖、装饰砖等新产品，填补了我国彩釉砖的空白。建筑装饰砖已名列全国八大陶瓷产区之首。

体制改革、产品开发和技术引进、改造，给佛山陶瓷工业开创了新局面，陶瓷生产年均保持在23%左右的发展速度，经济效益有了明显的提高。1978年，陶瓷工业公司（集团公司前身）工业总产值为4616.32万元。1985年，完成工业总产值1.637亿元，利税达4802万元。

经过改革开放三十多年的发展，佛山市形成五大陶瓷生产工业区：石湾工业区、南庄工业区、三水工业园区、高明工业园区和南海工业园区。佛山现有墙地砖生产线的工厂仅62家，300多条生产线，还有卫生陶瓷生产厂家和抛光加工工厂200多家，2014年生产建筑陶瓷墙地砖11亿平方米，生产卫生陶瓷洁具1500多万件套。建筑陶瓷占全国产量的12%左右。

2010年，佛山建筑卫生陶瓷工业总产值为752.2亿，2011年为767.6亿，2012年为744.8亿，2013年为884亿元，2014年为958亿元 。

第二篇 佛山市陶瓷行业发展概况

佛山陶瓷历史悠久，源远流长，有5000多年的发展历史。经过改革开放三十多年的快速发展，佛山陶瓷已经成为产业基础雄厚、产业体系完善、装备技术先进、品牌效果好、创新能力强、影响辐射面广、社会就业者众、具有国内领先水平和国际竞争力的产业。

2014年，佛山陶瓷行业工业总产值958亿元，比2013年上升7.5%，其中建筑陶瓷785.20亿元，陶瓷制品制造业166.14亿元。

2015年12月，国家质检总局与中央电视台联合发布2015年中国品牌价值评价结果，佛山陶瓷在全国区域品牌榜上排名第六位，品牌强度794，区域品牌价值高达393.1亿元。

一、佛山陶瓷产业具有以下特点

（一）产业规模大，集群明显

2014年，佛山聚集了鹰牌、东鹏、新明珠、新中源、蒙娜丽莎、金舵、宏宇、能强、欧神诺、嘉俊、博德、新润成、顺成、汇亚、金丝玉玛等200多家规模以上陶瓷制造企业，工业总产值958亿元。近十年的年产量都超过意大利和西班牙两个陶瓷强国产量的总和。佛山陶瓷产品出口总值27.4亿美元，总量55000万平方米，遍及欧、美等170多个国家和地区，是全国最大的陶瓷出口基地。

（二）产业链、产业体系完善

随着陶瓷制造业的发展，佛山逐渐聚集了大鸿、大宇、精博和道氏等化工色釉料生产企业100多家，科达机电、恒力泰、科信达、摩德娜、中窑等200多家球磨机、喷雾干燥塔、压机、窑炉和抛光机等设备制造厂家以及模具、磨头、磨块、花网、花板、皮带、包装物等配套企业，形成了完善的陶瓷生产产业链，是全国最大的陶瓷化工色釉料生产基地和陶瓷装备制造生产基地。发展了国家级佛山陶研所陶瓷技术中心、华夏陶瓷研发中心，佛山出入境检验检疫局检验检疫综合技术中心、佛山质检所、华夏陶瓷检测中心等国家级的陶瓷研发和检测中心；有中国陶瓷城、中国陶瓷总部基地，华夏陶瓷博览中心等展示和会展中心，国际陶瓷博览中心、瓷海国际和青柯、置地、华艺、沙岗、河宕等陶瓷批发市场；还有中国陶瓷网、陶城报等专业媒体，形成了研发、检测、信息、策划、广告、会展、营销以及专业媒体等完整的产业体系。佛山是全国陶瓷产区中产业链和产业体系最完善的陶瓷产区。

（三）技术装备先进，产品质量国内一流，研发创新引领国内潮流

佛山陶瓷产业在20世纪八九十年代大量引进了德国、日本和意大利等发达国家先进的装备和技术，近十年还继续引进国际顶尖的装备和技术。经过几十年的引进、消化、吸收，近十年又有了很多创新和发展。佛山陶企已普遍使用了效率高、节能减排和先进的大型球磨机、喷雾干燥塔、压机、窑炉和抛光机等进口或国产的先进设备，使用了多管道布料、辊筒印花、喷墨打印和水刀切割等先进技术。研发出微晶玻璃复合板材、仿石砖、抛釉砖、微晶微粉砖、大规格的釉面砖、仿古砖和抛光砖、大规格陶瓷薄板等创新产品，花色品种创新方面引领国内甚至国际新产品的发展潮流。

（四）品牌效果好

佛山有东鹏、鹰牌、冠珠、萨米特、新中源、钻石、蒙娜丽莎、金舵、箭牌、欧神诺、嘉俊、博德、宏宇、能强、金意陶、新润成、威尔斯、欧美和汇亚等市场占有率高，信誉好，影响力大的中国

驰名商标42个。曾经获得中国名牌8个，现有广东省名牌产品42个、省著名商标78个。还有市场信誉好、实力强、知名的品牌超过200个。

佛山是全国建筑卫生陶瓷品牌效果最好，影响力最强的陶瓷产业基地，连续多年在全国各建筑陶瓷产区中，佛山保持多项第一：出口额第一，名牌商品及驰名商标第一，销售量第一，产业链配套齐全第一，创新研发第一。

二、佛山的历史人文因素与陶瓷产业的关系

1. 源远流长的陶瓷历史以及陶瓷文化是佛山陶瓷的发展根基

佛山陶瓷历史悠久，始于唐，奠于宋，鼎盛于明清。《明诗综》曰“石湾瓦，甲天下”。明清时期，佛山石湾陶瓷业进入了鼎盛时期，生产规模逐渐扩大，生产的品种有日用陶瓷、建筑陶瓷、手工业陶瓷、丧葬陶器以及美术陶瓷五大类(见《佛山市志》P871)。自明代起，石湾的建筑陶瓷公仔瓦脊就已经名扬四海，大量出口至东南亚地区。根据美国学者施丽姬博士的研究，至今在东南亚各地完整保留石湾制造的瓦脊就有上百条之余，建筑饰品更是不计其数。光绪《南海乡土志》记载，陶瓷产品出口“由石湾出口20余万元，由佛山出口10余万元”。（见《石湾陶瓷艺术史》P20）

佛山南风古灶五百年窑火不灭，薪火相传。悠久的制陶历史和玩陶、用陶的文化是陶瓷产业发展的根，也是今天佛山建筑卫生陶瓷产业的发展根基。

佛山陶瓷的百年发展可分为三大阶段，民国初年至1949年以前是民间作坊式个体生产经营时期；1950年—1978年是国营与集体所有制主导的复兴时期；1979年至今是传统陶瓷工业向现代工业转变并取得成功的时期（见中国陶瓷百年史P415）。

2. 敢为天下先的创新、进取和拼搏的人文精神，成就了佛山陶瓷的快速发展

佛山地处改革开放前沿的珠江三角洲，佛山人敢为天下先，20世纪80年代引进了第一条墙地砖生产线和第一条卫生洁具生产线，全国第一块彩釉砖就诞生在佛山。随后经过大规模引进，形成了产业集群，成为全国乃至全世界最大的生产基地。

佛山陶瓷人并不满足已经取得的成绩，继续发扬敢为人先的精神，加大了科研创新的投入，开展了新一轮的全面创新。包括了“技术创新、产品创新、质量创新、品牌创新和营销创新”。在创新中求生存、求发展。继续扩大和提升佛山陶瓷区域品牌的影响力。佛山的天然地域环境和独特的人文环境成就了佛山陶瓷，不断的研发创新发展了佛山陶瓷。佛山陶瓷已经成为我国建筑卫生陶瓷行业中最具影响力的区域品牌。

第三篇 《瓷都风采录》—潮州陶瓷1987至2012年

第一章 综述

潮州地处粤东，韩江中下游，潮汕平原的东北端，与福建相邻。历史上是闽、粤、赣边区的中心城市。潮州陶瓷是潮州地方的特色产业。传统的潮州陶瓷产品，呈现出潮州地方特色的艺术和文化。潮州陶瓷与潮绣、潮州木雕、功夫茶、潮剧、潮州话、潮菜等，同属于潮州文化的组成部分。潮州陶瓷在形成产业和发展经济的同时，对地方文化和艺术进行了继承、发展和传播。

第一节 潮州陶瓷溯源

自古至今，潮州人将陶瓷称为“缶”（fǒu）。“缶”在古汉语中指瓦器，是历史上的陶质制品。潮州话中大量地保留着古汉语，同时也对祖宗在陶瓷方面的发明和成果进行传承和发展，与陶瓷结下不解之缘。

潮州陶瓷历史悠久，制陶溯源早于唐宋年代，从简单的瓦陶器发展至精细瓷器。在唐代中期，潮州制陶工艺成熟，陶瓷生产已开始形成产业。经不断实践和探索，并与中原地带发生密切交流，促使陶瓷优质产品批量生产，产品出口到东南亚、阿拉伯等国家和地区。与中原陶瓷产区比较相近之处是同样采用“馒头窑”。生产设备和生产技术已达到当时国内陶瓷产区的较高水平。

北宋时期，潮州笔架山“龙窑”已形成窑群。地处潮州城东，韩江东岸边的笔架山成为陶瓷生产的基地。韩江为潮州陶瓷产业发展提供了有利条件，利用韩江从上游运送来燃料；通过韩江下游和出口，促进产品商贸和批量化出口。潮州笔架山附近的“飞天燕”瓷土矿，为陶瓷生产提供原料。产业链的形成和贸易的拓展，促进了潮州陶瓷产业的兴旺，并且成为国内陶瓷的主要出口基地。

元兵的南侵、封建势力的推残，曾使潮州陶瓷一度衰落。至明朝时期又开始复苏和兴盛。潮州陶瓷生产基地向潮州枫溪地带转移。潮州枫溪地势平坦，邻近潮州府城，引流韩江的三利溪途经枫溪，溪边建窑和生产陶瓷，地利得天独厚。枫溪聚集了众多的陶瓷生产能工巧匠，通过技术传承和技术创新，使产品档次得到大幅度提升，产品品种增多，部分已形成系列。商户在枫溪的聚集，形成商贸市场，促进产销两旺。至1947年，枫溪陶瓷生产工人已近4000人，商户300多家，产值近400万银圆。1948—1949年，由于社会的不稳定，导致商户倒闭、行业几近瘫痪。

1950—1986年，是潮州陶瓷走向恢复、整顿、改造、提高、逐步走向新兴的阶段。企业从个体、联营、集体、国营逐步向多元化发展。1950年，由潮州七家私营企业（源裕、通利、南兴、玉顺、双艺、合成昌、陶成玉）组成“潮州城镇联营彩瓷庄”。小型和个体的小作坊也相继产生和发展。在此期间，陶瓷生产，包括潮彩技艺得到恢复和传承。1954年，潮州枫溪开始有潮彩生产合作组。1956年，因解放前战乱而流落于外地（港澳、东南亚、高陂、饶平）等地的陶瓷技艺人员不断回归，相继成立彩瓷生产合作社。1959年，潮安陶瓷工业公司成立，潮州陶瓷产业以公有制企业为主导。同年，“广东省轻工业厅枫溪陶瓷工业研究所”（现为“广东省枫溪陶瓷工业研究所”）成立，与陶瓷工业公司相互协作，增强了潮州陶瓷的研发能力和技术基础。机制的变革，资金、人才和技术的投入，使潮州陶瓷开发和生产进入新的、较快的发展阶段。除了日用和艺术陶瓷的振兴之外，耐酸碱工业陶瓷等特殊用途瓷种也得到开发和生产。

在陶瓷工业公司和陶瓷研究所的主导下，机械化开始在陶瓷生产中得到应用，部分手工拉坯被机械滚压成型所代替，使生产效率、产品规整度大幅度提高，窑炉的燃料已从单纯的柴草发展为煤、油、柴草并用，窑炉向大型化和隧道式发展，新的坯料和釉料配方研发成功，促进新瓷种的投产。陶瓷花面设计和外观装饰有了新的突破，使产品艺术价值得到提高。这一时期，饶平产区的青花瓷餐具也不断创新，品牌提升，代表性的釉下彩青花瓷也进入人民大会堂。

20世纪60年代初期，广东省枫溪陶瓷工业研究所通过技术创新，在陶瓷产品生产中采用长石釉、多元配方坯料，通过还原焰烧成，生产出硬质细瓷、成套高级细瓷和陈设艺术瓷，带动了产区的产业发展。以林鸿禧为代表的瓷塑艺人创做出一批优秀的艺术陶瓷作品，带动了潮州艺术陶瓷的创新和发展。在创新团队的协作下，大型花瓶等作品研制成功，进入北京人民大会堂广东大厅。

20世纪70年代，潮州陶瓷生产企业开始从枫溪向潮州的其他区域扩展。国营和集体企业竞相唱主角。1974年，以潮安瓷三厂吴为明为首的研发团队研发出“釉下彩中西餐成套餐具”，生产出“飞燕牌”成套产品，开辟出日用陶瓷艺术化新路子。潮州华侨瓷厂和潮州二轻彩瓷总厂等企业不断扩大生产规模，进行技术创新，并各自走出了特色发展道路。潮州华侨瓷厂以半机械化生产的优势，批量生产高档日用瓷。潮州二轻彩瓷总厂从大埔等地采购白胎瓷进行彩绘、贴花装饰，产量快速增长。增加与国内其他产区的技术交流，同时从外地购进部分生产设备。潮州陶瓷颜料化工厂通过自主创新和对外技术合作，生产出手彩、印彩、花纸平印和丝印颜料，促进了潮州彩瓷业的发展。潮安陶机厂等设备制造厂为当地陶瓷生产提供了部分生产设备。广东省枫溪陶瓷工业研究所的一批技术人员研发并取得多项技术成果，包括锆钛酸铅压电陶瓷扬声器，陶瓷喷丝头、陶瓷纤维等。陶瓷装饰方面的釉上堆彩原料和技艺取得创新和突破，“204高温釉下墨”研发成果获奖。这一时期，产区中的产研合作紧密有效。广东省枫溪陶瓷工业研究所与陶瓷工业公司以及下属企业保持密切联系和协作，相互支持。这一时期，艺术陶瓷的创新成效显著，通花瓷、瓷塑、彩绘等门类都创做出了不少精美作品，多项作品获奖。“友谊”通花瓶杰作被作为国礼品，送给朝鲜领导人金日成。

20世纪80年代，潮州陶瓷迎来了发展的春天。改革开放为潮州陶瓷产业带来了发展机遇。潮州临近港澳，又是侨乡，商贸信息传递快捷，需求引导企业和产业发展。大批个体和私营作坊和企业相继出现，包括部分农民洗脚上田，加入制瓷创业队伍。他们依托当地国营和集体企业的技术和工艺，依托当地初步形成的产业链，通过多种渠道获取商贸信息，筹措少量资金起步创业。在求大于供的80年代初期，小企业和家庭作坊因陋就简，夫妻父子、兄弟亲朋组合队伍成为创业主团队，产品从模仿开始并逐步走向改进和创新。产品内外销并举，部分是通过当地或汕头等地区的贸易公司销售或出口。少数的企业或作坊因经营或技术不善而失败，而大多数作坊和企业，“摸着石头过河”，在拼搏中获取创业的“第一桶金”，部分企业后来成长为潮州陶瓷的龙头或规模化企业。

20世纪80年代中期，国营和集体经济在潮州陶瓷业中依然发挥主导地位。凭借技术、资金、营销渠道等优势，企业和生产快速发展，持续地保持产销两旺。潮彩、粉彩、堆金、贴花等产品和生产技艺得到深度拓展，产品产销批量化。新的原料配方不断推出，使瓷种和釉面多样化，中温烧成（包括炻瓷）产品与传统高温瓷并列生产，釉下、釉上、白胎、色釉等装饰交叉进行。由原潮州市无线电瓷件一厂自主开发的瓷基体（属精细陶瓷类中的电子陶瓷）开始生产，以张万镇为首的团队，在此基础上创建了后来的“潮州三环集团公司”，产品和技术向深度和广度发展。潮州陶三厂于80年代初期研发和生产出卫生陶瓷，标志着潮州卫生陶瓷生产的起步。

潮州陶瓷的发展是一步一个脚印，传统的技艺得到传承，并在此基础上进行了创新和发展。

第二节 潮州陶瓷综述（1987—2012）

1987年开始，潮州陶瓷史打开了新的一页。截至2012年，是潮州陶瓷快速发展的25年。机制创新带动了技术创新、经营创新、管理创新。在产业整体发展中，包含了产品的发展、原料和配套件的发展、生产装备和技术发展、国内外营销渠道的拓展，构成了走向瓷都的坚实基础。

一、产业的发展

20世纪80年代后期，陶瓷产业集群初步形成。国营、集体、合资合作、个体等多种经济成分单位，构建起具有时代特色的产业群体。国营、集体单位凭借原有的基础和实力快速发展，合资合作单位异军突起，个体私营单位大胆实干，奋勇争先。产业中出现“百舸争流”“百花齐放”的新景象。这一时期的产品结构中，以日用陶瓷为主、陈设艺术陶瓷为辅，卫生陶瓷、电子陶瓷等处于起步和升级阶段。潮州日用陶瓷逐步进入国内茶楼宾馆，出口量增大，欧式餐具、水具、咖啡具，特别是彩金装饰产品，深受国外市场欢迎。陈设艺术陶瓷中，传统产品和欧式风格产品并举生产。由于潮州企业率先接触国外客户，外销渠道较多、信息接收快，产品的器型和装饰方面融合了国外民族文化和艺术，西洋风格产品的创新和生产领先于国内其他产区。潮州市陶瓷工业公司创办的“南国瓷乡陈列馆”陈列的几千件展品中，中华传统文化和西洋文化产品同聚一堂，相互辉映。潮州市1986年度工农业科技成果展览（在潮州工贸大厦展出），陶瓷类产品获近百项奖。同年，广东省枫溪陶瓷工业研究所创作的陶瓷通花系列作品荣获保加利亚普洛夫特国际金奖、潮州二轻彩瓷总厂的《300件堆金牡丹天球瓶》荣获德国莱比锡国际博览会金奖。1987年9月，潮州市二轻彩瓷总厂在新加坡举办获奖产品展销会。枫溪和潮州市区的陶瓷相关研究单位、学校、企业加大人才培养力度，特别是设计和艺术装饰方面人才的培训，为后来陶瓷艺术家队伍的发展播下种子。1988年，潮州拥有首位中国工艺美术大师（陈钟鸣）。1989年，潮州商检和海关成立，促进了潮州陶瓷的出口。潮州陶瓷年出口额接近一亿美元。由潮州陶瓷企业引进的台湾产陶瓷烧成用梭式窑投入使用，随后被仿制和改进，引发了陶瓷窑炉的革命，使产品烧成效率、产品质量大幅度提升，摆脱了陶瓷烧成对柴草、煤等固体燃料的依赖。潮州陶瓷产区的窑炉更新和技术改造，比国内其他产区先行了一步，也是潮州陶瓷快速发展的重大举措。

20世纪90年代，潮州陶瓷产业步入快速发展阶段。个体经济企业茁壮成长，企业规模扩大，并以“正规军”的姿态引领产业发展。体制的变革、市场经济的作用，出口优惠政策的出台，自营进出口企业数量增加，外贸出口的形成和渠道多样化，使潮州陶瓷出口形成良好态势。企业自营进出口逐步取替原有的外贸部门产品收购，广交会成为潮州陶瓷出口展示和贸易方面的重要平台。潮州陶瓷出口的比重增大，至90年代末期，出口比重已接近70%。潮州陶瓷产区成为中国陶瓷的重要出口基地。

20世纪90年代初期，潮州燃气窑炉进入推广应用阶段，至90年代末期，燃气窑炉已全面普及。产区内外的窑炉设计和制作单位共同开发潮州燃气窑炉的市场，竞争和创新、包括窑炉产量的增大，使制造成本下降、窑炉质量提升。燃气隧道窑和燃气辊道窑等连续式窑炉也得到开发和推广应用，满足了企业规模化生产的需求。

陶瓷生产工艺得到改进和提升，机械滚压成型设备普及使用，管道注浆设备和工艺也同时得到应用。产品成型设备来自产区外供给和产区内自制双渠道。1993年，由明鸿（潮州）陶瓷制作有限公司（港资企业）模仿台湾管道注浆生产线，制作并投产使用双管道注浆生产线，设计制作可移动产品车架，批量生产出口美国的白云陶产品。当地陶机制作单位仿制台湾产的色料快速球磨机、自行研制电动沙布带磨底机等设备。真空电镀设备的使用，带动了真空电镀产品的批量生产。真空镀铝并加以硒素染色的金色发财猫、金猪等系列产品风靡全国并批量出口。20世纪80年代至90年代期间，潮州企业从国外引进建筑瓷砖生产线，批量生产优质瓷砖。电热网带式隧道烤花窑被企业接受并使用，提高了烤花、烤金的生产效率和产品质量，特别有利于釉上彩日用陶瓷的铅、镉溶出量控制。90年代末，“陶瓷低温快烧技术”由广东省枫溪陶瓷工业研究所立项研究，带动产区低温快烧技术的研究和应用。花纸制作企业的微机应用和配方改进，使花纸生产效率和质量提高，低铅、镉花纸在行业中普及使用。

为应对美国FDA对中国出口日用陶瓷设立的技术壁垒，潮州出入境检验检疫局（原商检局）组织潮州日用陶瓷出口企业攻关应对，组织企业人员培训，帮助几十家企业取得“出口日用陶瓷质量许可证”和“输美日用陶瓷生产厂认证”，以标准化战略（包括强化内控标准）方式，帮助潮州产区初步突破国外技术壁垒，巩固了外销阵地。

日用陶瓷和艺术陶瓷的种类和花色不断创新和增加。符合国外消费者需求的异形日用陶瓷产品成为潮州企业与其他产区企业争夺订单的特色产品，产品开发周期短、交货快捷，价格适中，成为潮州企业吸引客户的手段。陈设艺术陶瓷产品和装饰多样化，漆瓷、雕瓷贴泊、仿古作旧、真空电镀，或以树脂、金属、塑料、木材等配件进行配套，开辟出艺术陶瓷发展的新途径。传统的和大师原作等优秀作品水平不断提升，大批作品获奖，“山水”花瓶和《富贵》通花瓶被作为国礼品。78英寸堆金大型挂盘研制成功，巨型陶瓷壁画《清明上河图》《五百罗汉图》，直径1.08米的红釉瓷缸等多项作品被载入世界吉尼斯纪录。

20世纪90年代，潮州卫生陶瓷走向产业化。由乡镇集体企业带动，个体企业跟进，从湖厦村扩展到古巷、凤塘等地。至90年代末，卫生陶瓷的生产企业中，已开始有非公有制成分。卫生陶瓷从简单和低档次产品生产开始，通过企业不断地探索、总结和创新，产品规整度、外观质量和产品档次不断提高，连体座便器带虹吸式产品的投产，标志着潮州卫生陶瓷生产技术水平的提升，部分有实力的企业（如鹏佳公司）引进国外的喷釉设备和大型窑炉，使生产效率和产品质量得到提高。

20世纪90年代，潮州的建筑陶瓷生产比较有特色，琉璃瓦等产品生产工艺成熟。潮安县陶厂生产的琉璃瓦建筑用陶瓷制品在行业中一枝独秀，产销两旺。

20世纪90年代初，在原有“地方国营无线电瓷件厂”的基础上，通过股份制改造，潮州三环（集团）股份有限公司成立。90年代中期，企业组建了“广东省电子陶瓷工程技术研究开发中心”，技术成果迅速转化和产业化，产品档次和产品技术含量同步提高，电子陶瓷产品产量和出口量处于国内行业的前列。

21世纪初期，潮州陶瓷产业开始进入辉煌阶段。截至2012年，潮州市二县二区中均有陶瓷生产企业，陶瓷产业链相关单位已达到4000个以上，枫溪区成为潮州陶瓷产区的中心，以日用、艺术陶瓷生产为主，卫生陶瓷生产为辅。潮安县的古巷、凤塘、乌洋、浮洋、金石、铁铺等地均有陶瓷生产企业。古巷、凤塘两地成为卫生陶瓷生产的主要基地。湘桥区及开发区企业以生产日用、艺术陶瓷为主。饶平县的陶瓷生产基地在三饶和新丰两地，以日用陶瓷生产为主。全市的陶瓷产业链相关从业人员超过30万人。自2007年开始，陶瓷产品的年产值和销售额持续超过300亿元人民币。每年由潮州直接出口的陶瓷产品保持在10亿美元左右，还有大批产品通过汕头、广州、深圳、厦门、上海等地出口或通过其他贸易渠道出口。潮州产日用陶瓷、艺术陶瓷、卫生陶瓷、电子陶瓷四大类产品的出口额，连续多年居国内陶瓷产区同类产品的前列。潮州陶瓷产区成为国内陶瓷产区中，获得级别最高和种类最多荣誉称号的产区之一。

2004年，中国轻工联合会、中国陶瓷工业协会授予潮州陶瓷产区“中国瓷都—潮州”荣誉称号。潮州陶瓷产区的业绩和综合实力得到肯定。

2007年，当时国内同行业唯一的“国家日用陶瓷特色产业基地”落户潮州。“国家日用陶瓷生产力促进中心”也在潮州挂牌运作，潮州日用陶瓷的特色化以及发展前景，已被行业的相关方面肯定和重视。

2004—2012年，饶平县被中国轻工联合会和中国陶瓷工业协会授予“中国日用陶瓷出口之乡”称号。潮安县古巷镇被中国建筑卫生陶瓷协会授予“中国卫生陶瓷第一镇”称号，潮安县凤塘镇荣获“广东陶瓷专业镇”和“中国陶瓷重镇”称号，枫溪区被广东省定为“陶瓷产业集群升级示范区”和“陶瓷专业镇”称号。陶瓷生产企业集群性和专业化发展，成为潮州陶瓷发展的特色。“潮州彩瓷技艺”“潮州嵌瓷”“枫溪手拉壶”被列入广东省非物质文化遗产，潮州陶瓷的传统技艺得到认定和传承。

2011—2012年，潮州陶瓷产区通过省级和国家级的“陶瓷出口转型升级示范基地”认定，并与中国轻工工艺品进出口商会共建“中国陶瓷出口基地”。潮州陶瓷出口的业绩和前景得到多方面的肯定。

进入21世纪以来，潮州陶瓷的营销模式多元化，广交会已不再是外销的唯一平台。企业单独或抱团出国参展、考察市场、联络客户，营销人员走过世界150多个国家和地区。在每年早春的德国法兰克福展会上，潮州陶瓷企业的人员成群出现，除商务洽谈外，更在于产品信息收集。潮州陶瓷产区每年出口联系业务的总人数和总费用居国内陶瓷产区之最。利用信息平台开展营销业务是21世纪的营销特色。规模化企业均已建立营销信息平台，部分已加入国内外营销网络。2008年之前，潮州陶瓷外销的比例达到50%以上，2008年开始，内销拓展加快，外销比重相对减少，至2012年，产品外销比例约占50%。

潮州陶瓷行业中，企业产品内外销并举的有40%左右，部分具有专业内销能力的企业和产品均有不俗表现。“美地”“伟业”等规模化企业已在国内建立日用陶瓷营销网络，“恒洁”等卫生陶瓷企业已在国内铺开品牌营销店，大批企业在国内拥有经销商群体。“长城”“四通”“松发”“顺祥”等企业已在大城市或经济发达地区建立营销分支机构。以饶平陶瓷企业为先锋的深圳营销团队已将企业的主要营销业务迁移至临近港澳的深圳地区。国内“义乌”等综合和专业化市场，均有潮州陶瓷批发业务。景德镇街头摆卖的日用陶瓷，约有40%来自潮州产区。

2008年，国际金融风波波及潮州陶瓷产业，由潮州外经贸部门、潮州市陶瓷行业协会、潮州市金融机构联合在“白玉兰”大楼举行应对研讨会，当时负责外贸线的陈建新副市长，提出应对三项措施：迅速回收货款；稳定生产人员队伍，保存生产实力；开拓内销市场。事实证明，三项措施对潮州陶瓷企业起到指导作用。在国际金融风波中，潮州陶瓷企业很少出现实质性倒闭，为2009年的产业复苏保留住了实力。

2012年，欧盟、墨西哥、俄罗斯、巴西相继对中国出口日用陶瓷发起反倾销调查。潮州市外经贸部门、潮州市陶瓷行业协会与中国轻工工艺品进出口商会、中国陶瓷工业协会等方面协调动作。由潮州市陶瓷行业协会组织“潮州陶瓷企业应对国外反倾销联盟”，全面动员潮州的涉案陶瓷企业进行应对，聘请律师进行技术辅导，行动先于国内其他陶瓷产区。当年9月，潮州联盟派9人团队参加由中国轻工工艺品进出口商会组织的团队，会合律师前往德国、比利时、法国参加欧盟听证会，并对相关方面进行游说。2012年11月，欧盟反倾销调查初裁中，国内享受平均税率的企业386家，潮州企业约占150家。攻克贸易壁垒，是潮州陶瓷产区保住外销市场，积极参与营销市场重新洗牌的重要举措。

实施标准化战略对潮州陶瓷产业的发展和转型升级起到促进作用。潮州出入境检验检疫部门自20世纪90年代初期开始，持续推动外销陶瓷生产企业的标准化，通过企业内部质量控制、内控标准制定和实施、日用陶瓷铅、镉溶出量限量的预警机制等措施，使潮州陶瓷出口企业集体攻克国外技术壁垒，成效优于国内其他陶瓷产区。2007年，潮州卫生陶瓷企业由于对GB6952《卫生陶瓷》标准的水平要求不重视，导致市场抽查中大批企业产品不合格。从2007年开始，市质监部门指导潮州市陶瓷行业协会，在潮州陶瓷产区推动标准化工作，标准化宣传和辅导频次增大，带动企业重视标准，积极参与标准制订修定，并已成功地主持、参与几十项与陶瓷相关的国家标准、行业标准和省地方标准。由于标准化战略的作用、助推产业转型升级，提高产品质量和档次。2009—2012年，潮州陶瓷产区未发生区域性或行业性的质量事故，出口产品因质量问题被投诉的项数逐年减少。

进入21世纪以来，潮州陶瓷产区的生产成本逐年上升。潮州燃气成本长期高于国内其他产区。倒逼机制的形成和企业的主动投入，通过窑炉技术改造和更新换代，以及生产过程的节能降耗，使潮州陶瓷产区的单位产品能耗不断下降，内部消化了部分增加的成本。2006年以来，潮州陶瓷单位产品能耗年下降3%—4%。至2012年，单位产品能耗明显低于国内其他产区，节能降耗效果达到国内同行业的先进水平。

21世纪以来，潮州陶瓷产业的技术创新全面提速。产区中特有的创新机制、企业的前期资金积累和经验积累，为技术创新奠定了基础。陶瓷产业链前端的原料配方研究、原料制备等环节不断加强和完善，企业技术中心、工程中心、开发部门同步动作，当地技术人员与外聘技术人员相结合，通过吸收、消化并改进从产区外取得的技术和信息，创新并改进了大量的原料配方，丰富了坯、釉、色料品种，引发了新的和改进型瓷种的开发和生产。由“轻质白云陶”转换变“重质白云陶”，开发出含铝量较高的日用强化瓷，改进了日用镁质瓷。通过对长石质瓷原料配方和烧成工艺改进，生产出日用仿骨瓷、日用玉晶瓷，此类产品具有优良的性价比，深受国内外市场欢迎。欧洲客户将潮州生产的含铝量较高的日用强化瓷，称为“潮州耐用瓷”。2012年之前几年，潮州部分企业在开发骨质瓷的同时，对产品的配方进行改进，参照强化瓷的标准生产骨质瓷，使产品抗热震性、强度和釉面硬度提高，克服了日用骨质瓷在使用时出现的弱点。镀钛日用瓷成为产品新秀，通过氮化和产品隔离电镀等手段，使镀层色彩缤纷。由“潮州市三元陶瓷集团有限公司”率先和自主开发的日用玻璃陶瓷，达到国内同类产品的先进水平，其花面和器型优于国外先进国家的同类产品，其“玉晶玻璃陶瓷器件”在世界上一枝独秀。健诚公司引进国外生产线，使日用玻璃陶瓷的产量大幅度提高。

21世纪以来，潮州艺术陶瓷产品开发的总量超过过去历史的总和。商品化艺术陶瓷的生产，使产品销量大幅上升。该类产品引用了多种装饰材料，包括非瓷釉类的有机涂料，除了金属、树脂、木制、塑料等配件的配套外，还采用贝壳等天然和废弃物进行装饰。机械喷砂工艺的应用，造就了大批艺术陶瓷新品种。艺术陶瓷中的大师原作和艺术精品水平提高，原有的和成长中的艺术技艺人员作品增多。通过技艺创新的新作品不断出现，包括塑造、彩绘、雕刻、微书等。集工程技术与艺术为一体的结晶釉、颜色釉、天目釉等装饰作品，达到国内行业先进水平。由杨光远研制的中国各大名窑的古今艺术釉，在产区的艺术釉作品和产品发展方面起到带动作用，使潮州艺术陶瓷中产生众多的、千姿百态的艺术釉系列品种。手拉朱泥壶类的作品推陈出新，获奖作品逐年增加，也推生出一批制壶名家。

21世纪以来，是潮州卫生陶瓷飞跃发展的阶段。潮州陶瓷产区拥有国内卫生陶瓷中最多的种类和最大的生产企业群体。薄边和大型平板洗脸盆成为产区的拳头产品，节水型座便器普及生产，单位产品价格提高。自2008年以来，潮州卫生陶瓷的标准化程度逐年提高，产品不合格率明显下降，绝大多数企业具有质量控制的意识和措施。部分规模化企业发展自主品牌，品牌效应初见成效。

21世纪以来，精细陶瓷（也称特种陶瓷、技术陶瓷，也包含电子陶瓷）快速发展。潮州三环集团公司成为国内最大的特种陶瓷生产基地。企业的产品配套应用于电子通信、机械、电工、环保、新能源、时尚等领域。企业进入中国电子元件百强企业。年产品销售额达到20多亿元。潮州丰业锆业公司开发生产民用陶瓷刀、批量出口国外。潮州新世纪公司开发陶瓷按摩器，步入产品转型升级行列。潮州精细陶瓷发展尚有巨大的空间，需要更大的技术投入和产业链的配套完善。

截至2012年，潮州陶瓷产区已具备比较完整的陶瓷产业链，包括原料配方研究和开发、原料制备、产品设计开发、模具制作、产品生产、产品包装。产业链后端的营销、物流配套也已成规模化。支撑产业发展的主要服务平台包括：广东枫溪陶瓷工业研究所、潮州市工艺美术研究院、潮州陶瓷研究院、广东省陶瓷职业技术学校，韩山师范学院陶瓷学院，国家陶瓷及水暖卫浴产品质量监督检验中心，潮州出入境检验检疫局陶瓷检测中心等。国家卫生陶瓷模具中心生产基地及研究中心也落户潮州。部分规模化企业已建立省级技术中心、工程中心，已依托规模企业建设10多个省级的陶瓷外贸转型升级服务平台。

潮州陶瓷产业和陶瓷生产企业进入转型升级阶段。这一阶段，机遇与挑战并存，在当地党政部门的策划和引导下，在行业和企业的共同努力下，潮州陶瓷产业将会有更大的发展，为中国陶瓷产业的振兴和发展做出贡献！

二、陶瓷技术和设备发展

陶瓷技术是陶瓷发展的牵引器。陶瓷技术的进步，设备和工具的发展，意味着产品生产者作用于劳动对象的能力和效果的提高。

（一）陶瓷技术

潮州陶瓷技术有传统技术和现代技术两个方面。潮州陶瓷产业依托传统技术，逐步采用现代技术。潮州陶瓷有数千年的发展历史，其传统技术成为产业复兴和发展的基础和有利条件。部分传统技术和技艺被传承、提升，并且至今还在应用。例如，机碓加工瓷土，传统是采用水流作为动力，现代改用电力，其核心技术并未改变。潮彩等区域性技艺，在持续应用中得到改进和提升。

潮州陶瓷技术的快速发展，主要集中在最近的30年。地处枫溪的陶瓷公司和陶瓷研究所，自成立和运作的各个阶段，始终是潮州陶瓷技术发展的火车头。在私有企业成为规模化企业，内部技术机构形成和发挥作用之前，基础性和难度较高的技艺成果大部分出自陶瓷公司（包括其属下企业）和研究所。这些单位的技术人员，在机制转变和市场经济逐步成熟阶段，成为产业中技术发展的骨干和带头人，促使产区中形成技术梯队。

潮州民营企业在规模和实力形成之后，通过引进产区外的技术人才，与国内技术机构协作等方式，学习、吸收和消化了部分先进技术。通过实践、总结，实现了技术的提升。产业集群中众多的企业从不同的技术层次，实施不同的技术项目，持续不断地攻克技术难关，取得丰硕的技术成果，使产业技术层次迅速提高。机制创新带动技术创新，是潮州陶瓷产区发展中的特色和亮点，尽管通过技术成果鉴定和获得科技进步奖的项目不多，在创新成果的比例中很少，而大量的创新成果是由企业迅速转化和产业化。企业技术平台所产生的技术成果，能够在生产基地中迅速得到验证和改进，而且项目具有明确的市场导向，技术转化和产业化相关的投入和配套迅速，促进大量技术成果的产业化。从潮州陶瓷产业的发展、设备和产品的发展中，充分体现出技术创新和发展的广泛性、持续性和有效性。

陶瓷原料配方和原料制备，包含陶瓷研发和生产的重要技术。从传统的二系配方到三系配方和多系配方，反映了潮州陶瓷原料配方的不断创新。配方创新催生新瓷种和新品种。潮州产区的企业在学习和引进技术的同时，通过实践和研究，对配方进行适当地改进。潮州的骨质瓷、镁质瓷、含铝量较高的强化瓷等，都在不同程度上进行配方改进，一些改进使产品的质量指数提高，与当地的生产和产品器型要求相适应。原料制备中，吸收现代先进技术，将传统技术与现代技术相结合。通过分析、检测手段，包括仪器和装置的配套和升级，提高数据化和标准化程度。先进或大型的原料制备装置的配套为原料质量的稳定和高效生产提供保障。

潮州陶瓷生产成型技术的进步，除了吸收产区外的先进技术外，同时注重特定产品结构的生产要求。在空心注浆方面，器型相对固定和批量的品种（如陶瓷酒瓶），逐步采用多岗位自动注浆技术及设备；扁平制品压力注浆配合泥浆抽真空等手段；大器型和异型产品出模后和干燥过程定型手段降低了不合格品率。静压等成型技术未被应用，是受产区特点产品结构的生产特点所制约。滚压成型已从技术、模具、设备等方面进行改进从2010年开始，热滚压技术开始得到推广应用。21世纪初，液压机静压成型开始试用，部分企业采购设备（如台湾精基设备），局限于偏厚和规则形产品使用，对于较薄的日用细瓷生产存在不适应之处，包括成型过程泥料延展至产品边缘处密度不足。当地技术人员已在设备配备微震、改进模具等方面进行研究。

卫生陶瓷企业在刚起步时，成型技术比较落后。通过学习产区外先进生产企业的技术，对成型技术进行改进、完善并不断创新。盆类成型技术创新和成型设备的技术改造同步进行，使平板盆成型技术达到国内行业领先。采用同一产品不同部位分拆成型后粘接的技术，是产区中企业的创新，并已有企业获得发明专利，技术既有创造性、也有实用性，该项技术已应用于器型较复杂的连体座便器成型生产中。成型中采用多孔树脂模具的技术正在探索之中，只有产品批量和器型定型，生产成本、产品营销定位等方面相对符合时，该项技术方能得到推广应用。

近25年来，潮州陶瓷的施釉技术，走传统和现代相结合的路子。多品种、器型复杂的潮州陶瓷产品施釉，仍需采用传统的技艺，而在专用工具、釉料过滤搅拌等方面的配套，提高了施釉效率和质量。“踏内釉”、气枪喷釉、产品加热喷釉等技术得到应用。21世纪以来，自动喷釉技术已被部分企业应用，饶平新丰和三饶的杯碟生产中，采用干修坯和自动喷釉，生产效率为本产区最高。部分企业产品施釉配套产品输送线提高了生产效率、减少中转和损耗。雅泰公司的釉下五彩产品生产中配套自动喷釉装置，提高了产品质量。潮州卫生陶瓷的喷釉，从简易设备到现代设备，喷釉技术也在不断改进和提高。瓷釉回收再利用的技术和设备已得到普及。

潮州陶瓷烧窑技术的进步，经历了多个阶段。古时笔架山窑群的生产中不乏技术人才。笔架山窑具有通惯性窑炉的特点，在当时的年代中，窑炉和烧成技术均具有先进性。近25年来，潮州陶瓷烧成技术主要学习产区外、特别是境外的先进技术。燃气窑炉的普及，促进了现代烧成技术的普及。企业根据产品瓷质、品种的变化和要求，通过研究和试烧，形成不同的烧成制度，包括气氛的有效控制。广东枫溪陶瓷工业研究所率先在低温快烧方面进行研究并取得成果。针对特定瓷种的低温素烧、中高温釉烧，或中高温素烧、低温釉烧等烧成形式和技术，已被广大企业掌握和应用，釉中彩烧成技术成熟，使产品质量稳定。随着烤彩窑炉的改进，特别是采用通贯性窑炉之后，生产效率和产品合格率稳定并有所提高。日用陶瓷的烧成和烤彩技术的进步，有效地控制产品的铅、镉溶出量。烧成和烤彩的技术进步，带动了生产的节能降耗。连续10多年来，潮州陶瓷产品的单位产品能耗每年以3%—4%的幅度下降。经过对2011—2012年国内重点陶瓷产区的调查，反映出潮州陶瓷生产的节能降耗，达到国内行业的先进水平。兴业、四通等近百家企业的单位产品能耗达到标准规定先进值要求。

近25年来，潮州陶瓷的彩绘和外观装饰，继承了传统的技艺，也不断地采用现代技术。艺术陶瓷的精品彩绘中，大师和技艺人员大多数采用传统和精湛的画、描、彩技艺，潮彩的技术得到传承和创新。批量生产的产品，特别是外销产品，结合了现代的涂装技术，包括采用多种有机涂料。贴薄、产品底灰层上的雕刻、漆彩和作旧等技法多有创新。随着花纸品种的增加，贴花技艺多样化，自动和蒸气加压贴花机及技术，已在饶平陶瓷产区的个别企业中研发成功。

产品包装是陶瓷产业链的组成部分。专业化彩盒印制企业采用现代制板印刷和复膜技术，使包装品质和档次提高。近10多年来，潮州的彩印技术达到国内先进水平，绝大多数的陶瓷高档包装品由当地设计和制作。部分规模化企业已设立纸箱生产车间，包装品实现自产自给。卫生陶瓷的包装采用纸箱和木质框架结合方式。定位泡沫包装的制作设备和技艺不断改进和提高，适用了运输和销售的需求。

近25年来，陶瓷产品的检测技术和手段不断提高和完善。产品对日用陶瓷铅、镉溶出量检测的技术、设备均达到国内一流水平。产品检测批次和检测速度达到国内行业之最。潮州出入境检验检疫局属下的产品检测中心，潮州市质量技术监督局的国家陶瓷及水暖卫浴产品质量监督检验中心，其技术、设备、能力等方面，满足产区产品发展和检测的要求。部分规模化企业自行建立检测和分析室，个别企业拥有日用陶瓷铅、镉溶出量检测的设备和技术。卫生陶瓷规模化企业已普及应用冲水功能检测设备，古巷卫生陶瓷协会等单位设立了产品检测服务平台。

（二）陶瓷设备

陶瓷设备包括原料研发、原料制备、模具加工、产品生产以及包装等，也包括相关的设施和工具。

潮州先人在陶瓷研发和生产中，已采用一些专用设备，如窑炉和一些专用工具。这些设备和工具，在当时的年代具有一定的先进性。随着技术的进步和产业的发展，设备、设施、工具得到研发和配套，部分设备已达到系列化。

近25年来，原料研发和原料制备方面出现了许多新的、先进的设备。原料分析仪器的电脑化和数据化，提高了分析的速度和精度，磨料设备已达到系列化。球磨机大型化，提高了产量。色料快速球磨的使用，为研发和样品制作提供了方便。花纸制作的电脑化和设备的先进，使花纸制作的精度和速度大幅度提高。20世纪80年代普及使用的、利用洗衣机电机配套的磨色料机已被淘汰。

从20世纪90年代开始，潮州陶瓷行业的制模设备不断更新。1993年，明鸿（潮州）陶瓷制作有限公司从台湾采购石膏真空搅拌机、KS石膏，也包括FS刀等细小的制模工具。随后的几年中，石膏真空搅拌机得到普及。随着电脑及软件的普及，绝大多数企业的模具设计采用电脑化。兴业、长城等企业率先采用微机控制的制模设备（刻模铣床等）。滚压成型的公模采用聚四氟乙烯等具有自润性的树脂材料，提高制模速度和生产适应性。截至2012年，个别科研机构已策划引进新型的制模设备，其采用喷料堆叠成型的形式，将使制模效率和适应范围提高。

陶瓷生产的成型过程使用的设备和工具较多。电动化浆设备从简单化走向大型化，快速打浆和混和陈腐相配套，提高了生产效率并稳定了产品质量。化浆中配套流动性、细度、ph值等方面检测手段，也配备了除铁等辅助手段。20世纪80年代，化浆的大规格设备（如630慢速搅拌机等）部分从产区外购进，当地陶瓷设备制作企业也提供了部分设备。进入20世纪90年代，陶瓷的成型生产用设备的制作单位增加，设备当地配套的比例增大，部分企业已具备设备自制和配套能力。利用楼层高度，配套汽动泵、辅浆管道的泥浆输送系统，已在规模化企业中形成。多岗位、配套链式干燥装置的自动注浆设备已在酒瓶生产企业中使用，卫生陶瓷的盆类产品生产已普遍采用立浇设备。泥浆抽真空设备的使用使空心注浆和压力注浆的产品质量提高。空气压缩机在生产企业中普及应用，为成型过程的开模、坯体吹尘等方面提供方便。进入21世纪之后，部分企业采用了螺杆式空气压缩机。电动滚压成型机成为产品成型的主要设备，从单滚发展至双滚，提高生产效率，滚压机精度提高。近期，个别企业已从产区外引进自动滚压成型生产线，设备进入试用和调整、改进阶段。传统的手工浸釉方式仍在使用，配套工具增加，釉液浓度测定和釉液过滤等配套手段普及应用。喷釉形式从手喷走向生产线自动喷釉，特种产品还采用了产品预加热后喷釉。特殊空心制品内部（如酒瓶）的釉面探视检测工具已在个别企业中应用。

近25年来，潮州陶瓷产业中使用的窑炉，持续不断地进行创新和技术改造。窑炉的种类增加，燃料以燃气（石油气和天然气）为主，电力为辅。燃煤、油等窑炉已逐步被淘汰。实验室和样品试制室使用的小型窑炉，多数采用碳化硅棒，电热丝、燃气等形式。生产用窑炉中，产品烧成窑炉绝大多数采用燃气，产品烤彩窑炉由燃气和电力兼用。近20年来，潮州陶瓷产区的窑炉升级换代中，每5—8年形成一个周期，是国内陶瓷产区中，窑炉更新换代最频繁的产区。老式梭式窑向大型化和智能化方面升级，经历了多次的更新换代。卫生陶瓷生产用的大型化梭式窑炉，内容积已达到近百立方米。燃气隧道窑向大型化发展。21世纪前，燃气隧道窑的长度通常为几十米，21世纪之后，部分窑炉的长度达到百米以上，使用于卫生陶瓷生产的部分燃气隧道窑中，窑炉的窑腔宽度超过4米。进入21世纪之后，产区的辊道式窑炉数量增多。由于辊棒等部件质量的提高，使辊道窑宽度得以加大，辊道窑的使用范围增大。最近10多年，电热网带烤花窑是产区中烤花的较先进和主要设备。目前，此类设备已逐步被辊道窑所代替。窑炉设计技术的提高，以及优质材料（如多晶棉、优质耐火砖）、先进火枪、质量较高的风机、控制软件的应用，促进了窑炉的更新换代和技术改造，也带动了节能降耗。在潮州陶瓷产区中，窑炉更新换代的成本投入，通常可以在后续半年的连续生产的收益中得到补偿。潮州陶瓷产区的燃气价格一直高于国内其他产区，产品生产成本持续增加，倒逼机制和技术创新的积极性，促使产区企业在窑炉技术改造和技术创新方面下足工夫。潮州在梭式窑炉制作方面，达到行业的先进水平。绝大多数梭式窑炉为本地制作，同时也为其他产区（如佛山等）硅酸盐产品生产企业进行配套。通贯性窑炉（如隧道式和辊道式）的制作，一直是双渠道，由产区内自制和产区外窑炉公司制作。近10年来，产区内窑炉制作技术有较快提高，在针对产区和企业产品特点的烧成要求，合理地设计窑腔、窑车，有效控制烧成气氛和节能等方面，有着突出的表现；而产区外窑炉公司通过经验总结和改进，提高窑炉对当地产品生产的适应性。部分企业通过自身实践和经验总结，将经验和要求作为窑炉设计的输入，提高了窑炉使用效果。部分具有技术实力的企业，自行对窑炉进行技术改造。窑炉配套窑具得到不断改进和创新，窑具轻质化和定型化、氮化硅板等多材质窑具的使用，提高生产适应性和节能效果。至2012年，潮州陶瓷产区大小窑炉的总数超过万座。

潮州陶瓷的外观装饰方面，采用真空电镀机和机械喷砂机等现代设备。20世纪80年代，潮州已有陶瓷真空电镀加工企业。初期的真空电镀设备只能镀铝膜。90年代，潮州彩塘采用真空镀钛设备对不锈钢制品进行电镀，随后不久，潮州陶瓷产区开始购进真空镀钛设备，顺祥公司率先实施多弧离子真空电镀陶瓷项目。目前，潮州陶瓷产区的真空镀钛设备已有几十台，加工的产品主要是日用和艺术陶瓷。机械喷砂机采用压缩空气混合碳化硅砂，对陶瓷表面进行粗化或打孔。利用机械喷砂在陶瓷表面制造出亚光面或花纹图案，能取得一定艺术效果。潮州的机械喷砂设备首先是来自东莞地区的台资企业，之后庵埠郭陇也有供销商供货。目前潮州陶瓷产区已有机械喷砂机近百台。

陶瓷产品包装设备、除了彩盒印刷、纸箱制作（包括下料、压线、开槽、装订）、泡沫（含定型件）、珠泡袋等加工设备外，主要有捆扎或打包机。1990年，潮州陶瓷产区开始使用自动捆扎式打包机，代替传统的打包工具加铁夹的包装形式。采用塑料打包带和电热粘合，方便快捷。进入21世纪，外销产品逐步减用外箱打包，内销产品基本采用可以提携的销售包装，打包机在部分卫生陶瓷产品的外箱捆扎方面还有使用。热缩膜包装机在最近10多年都在使用，部分企业（如日用陶瓷和艺术陶瓷企业）采用热缩膜包装小件产品，主要作用是产品固定，减少破损。

潮州陶瓷产区自1993年开始使用装有四个轮的移动产品架（俗称产品车），主要用于产品摆放和厂区内产品运送。由于泥坯、施釉后未烧成的产品不能叠放，产品车成为主要工具。部分产品车的层架可以调整，适应不同产品的高度要求。最初产品车的设计，以进口合板切割时合理的利用率来确定，企业后来根据内部运输通道（包括载货电梯）的要求确定产品车规格，卫生陶瓷使用的产品车基本为平板型推车。

三、陶瓷原辅料及配套件发展

民用陶瓷产品生产中，需要矿物料和化学材料以及有机添加材料等。经过加工制成坯料（称为成品泥料）、釉料、颜色料、花纸等。在产品外观装饰方面，也采用部分金属材料，如金油、真空电镀中作为靶材的金属铝和金属钛等。部分艺术陶瓷采用有机材料（或有机涂料）装饰。配套件有金属、滕木质、塑料、不饱和聚酯树脂等材质。

（一）坯料

近25年来，潮州陶瓷（不包含精细陶瓷）生产用坯料中，主要采用黏土类原料（包括高岭石类和用于制作红陶器的含铁量较高黏土）、石英类原料、长石类原料，以及其他原料（如碳酸钙类、菱镁矿、白云石、滑石、硅灰石、透辉石、透闪石等，也包含特殊瓷种所采用的动物或合成骨碳、锂辉石等）。由于瓷质和产品品种的增多，使用材料更加广泛，以满足产品白度、透光度、强度、抗热震性等方面要求。

2011年至2012年年初，由广东省有色金属地质勘查局与潮州市国土局联合开展的潮州瓷土矿产资源地质调查中，潮州区域内资源量达到2.72亿吨，包括钾长石、瓷土等。潮州传统的陶瓷生产原料中，大量采用当地的“飞天燕”瓷土矿原料。而在最近10多年，潮州日用陶瓷生产原料中大量采用福建龙岩等地的高岭土。潮州“飞天燕”瓷土矿的原料黏性较好，适用于卫生陶瓷产品生产，对于要求日益提高的日用细瓷，则存在不适应（如白度要求等）。其他产区（如河南长葛卫生陶瓷产区等）对“飞天燕”瓷土有较大需求。产品的发展，促使原料供需的变化，就地取材的形式对于当前的陶瓷产品生产是不适应的。潮州陶瓷产区对外采购的矿物料遍及国内10多个省和国外多个国家。

陶瓷生产用坯料的制备中，流程并无较大的改变。而大型化和较高精度设备的投入（如球磨、压泥、练泥、除铁等设备），使产量、生产效率和坯料质量提高。对部分矿物料进行予煅烧（如滑石等的予煅烧），有效地提高坯料的质量。潮州坯料制备中采用“机碓”形式对部分矿物料进行加工的传统方式，依然得到沿袭和使用。这种看似很“土气”的加工方式，所加工的矿物料颗粒形体与球磨机细磨的结果不同，能够改善坯料的塑性和黏性，有利于产品成型。

潮州陶瓷生产用坯料中，有陶质和瓷质两大类别。陶质坯料包含白云陶、“重质白云陶”、红陶等坯料品种，瓷质坯料包含长石质，适应特殊瓷种生产的骨质、镁质、铝质等某一材料含量较高的坯料。按烧成温度分，可分为高温、中温和低温烧成的坯料。

近几年来，潮州部分陶瓷生产企业，包括产业链配套中的专业坯料生产企业，已在陶瓷原料中加入废瓷（生产中产生的废弃陶瓷），废瓷加入量在不同类型产品中不尽相同，日用陶瓷坯料中加入约5%，卫生陶瓷坯料中加入13%—15%（特殊条件下可达到25%以上），艺术陶瓷则视瓷质和不同产品的品质要求而定。加入废瓷时，坯料的塑性下降。企业通过配方调整和改进，采用物理和化学处理方法改善坯料塑性。经成型的土质胎体，在烧成阶段可适当降低温度，胎体在烧成过程的挥发物相对减少。广东四通集团股份有限公司在广东枫溪陶瓷工业研究所陈史民等技术团队的技术支持下，研究和批量利用废瓷已有几年时间。广东省枫溪陶瓷工业研究所邱伟志等主持制定二项广东省地方标准：《日用陶瓷废瓷回收利用技术规范》和《卫生陶瓷废瓷回收利用技术规范》，标准于2009年2月由广东省质量技术监督局颁布实施。

（二）釉料

釉料生产中所采用的原料比坯用原料较为复杂，既有天然原料也有多种化工原料。天然原料主要有石英、长石、黏土、石灰石、滑石……，按传统烧成温度分类，低温釉的烧成温度通常低于1000℃，精陶用釉通常低于1200℃，炻瓷用釉通常低于1280℃，瓷器用釉通常低于1370℃。而近期由于瓷种增加，特别是配方改进，烧成工艺改进（包括高、中温素烧，中、低温釉烧）等变化，瓷器用釉也常有烧成温度低于1280℃的情况。

釉料的种类很多，有透明釉和非透明釉。透明釉中分出有色透明釉和无色透明釉。非透明釉中，按光泽显示效果，可分出光泽釉和无光釉。颜色釉中有乳白釉和多种的颜色釉（如红色釉、蓝色釉等），还有以植物、动物等颜色命名瓷釉（如橘红釉、橄榄绿釉、孔雀蓝釉、鸡血红釉等）。结晶釉是釉料中的独立门类，可分出粗晶和细晶或某种颜色和形态效果的结晶釉。使用于日用瓷生产用的有无铅釉等，专用于卫生陶瓷的有卫生瓷釉。特殊瓷釉中还有裂纹釉、天目釉、夜光釉等。

潮州釉料基本伴随着坯料和产品的发展。20多年来，釉料品种是20多年前累积釉料品种总和的数倍。由于技术进步、研发力度的加强、产品生产的需求，使釉料品种层出不穷、日新月异。陶瓷釉料是由多种天然原料和化工原料组合，酷似中药配方，相同材料的加入量增减都足以使结果变化。

潮州陶瓷采用不同釉料装饰而产生众多的品种。同种材质胎体上，施用不同品种釉料，在保证坯釉膨胀系数相近的前提下，能生产出多种装饰效果的品种，开发出新的釉料品种适用于系列产品的生产。潮州陶瓷企业目前生产的釉面装饰陶瓷品种数量为国内同类产区之最。绝大多数的釉料品种使用于艺术陶瓷和日用陶瓷方面。

潮州日用陶瓷在釉面装饰品种增加、釉面质量提高的同时，产品的铅、镉溶出量下降，符合国内外相关标准和相关规定的要求。主要是通过配方改进，用料的改进，包括无铅或低铅材料的应用，并通过施釉工艺和烧成制度的改进，以及先进窑炉的使用等方面，促使产品质量提高并符合卫生要求。

潮州陶瓷釉面质量的提高，也使产品白度、抗热震性、釉面维氏显微硬度等方面相应提高。如含铝量较高的强化瓷、强化镁质瓷等，由于釉面维氏显微硬度的提高，使日用陶瓷餐具满足金属餐具使用中对釉面的划磨。近几年来，潮州部分企业开发生产的骨质日用瓷产品，其抗热震性达到180℃以上，釉面维氏显微硬度达到或相近于强化瓷，克服了一般骨质瓷抗热震性较低、釉面惧怕金属刀具划磨的弱点。荣昌公司近几年开发生产的产品，四通公司近期开发的产品，均能达到较好效果。骨质瓷产品抗热震性的提高，需要胎体和釉面性能的同步提高。

潮州陶瓷精品中，采用了窑变等成本较高的釉料，如天目釉、结晶釉、特种红、蓝色釉等，结合严格的烧成制度，制做出具有特色和具有行业先进水平的精品。如林礼腾的天目釉，向多品种和技术的深层次发展。蔡光秋和亚洲陶艺公司的特种红色釉，在大器型制品的应用上取得成功和突破。1996—1997年，地处白塔的联兴源小企业，制作的红、蓝二色窑变釉花瓶，已达到当时国内行业的先进水平。不少研制成功的特殊釉料，由于各种原因未能批量应用。

潮州卫生陶瓷的用釉经过不断地改进，使釉面质量不断提高。由于卫生陶瓷釉面有防污物黏附，易于清洗和不易被磨损等要求，企业使用釉料和烧成工艺更加严格，力求使釉面密实，釉面缺陷（如毛细孔等）尽量减少。抗菌釉料的应用还处于小试阶段，尚未能普及，功能成本分析中，尚未达到理想的程度。采用有机涂料喷涂在釉层表面形成膜层，起到一定的防粘污和易于清洗的效果，但涂层使用效果的持久性并未达到理想程度。部分企业正在提高卫生陶瓷釉面防粘污和易清洗性能方面继续进行研究。

潮州卫生陶瓷的釉面装饰较有特色。出口卫生陶瓷釉面颜色基本为轻微奶黄色，呈现出柔和效果。内销产品绝大多数为白色，迎合国内消费者的习惯和传统要求，采用颜色釉装饰效果显著。适应不同消费群体的需求是潮州陶瓷生产企业产品开发和经营方面的特长。

（三）陶瓷颜料和装饰涂料

陶瓷外观装饰中，大量采用陶瓷颜料和装饰涂料。陶瓷颜料在使用中通过温度处理后显色通常是通过烧成、烤彩方式进行处理。装饰涂料基本以有机材料作为黏结剂，部分涂料中还加入了色料、钛白粉、滑石粉、金属颗粒等物质。装饰涂料绝大多数为常温干燥成膜，少数通过温度处理（通常温度在220℃以下）。通过交联固化的主要是环氧树脂和不饱和聚脂树脂类涂料。个别企业采用静电喷涂形成，在陶瓷表面喷涂环氧树脂类粉末涂料，经过热固化处理后使涂料形成透明或不同颜色涂层。

19世纪初期，潮州已能自制陶瓷颜料。近25年来，潮州陶瓷颜料的研发和生产突飞猛进，发展最快和品种最多的应属中、低温陶瓷颜料。由于中、低温产品的开发和产量的增加，对陶瓷颜料的需求增加，而中、低温烧成和烤彩为陶瓷颜料颜色和品种的开发提供了有利条件，相对于高温陶瓷颜料，更具有研发和创新的空间。与此同时，高温陶瓷颜料开发也有新的突破，借助现代先进技术和先进设备等条件，创新出一批优秀品种，如红色系列中的深红、大红陶瓷颜料，而且能达到批量生产。

潮州陶瓷产业链前端中，陶瓷颜料的研发和供给，支持了陶瓷产品的研发和创新。产区外部分有实力的陶瓷颜料企业，包括外资企业，如“万兴色料”“大洋制釉”“大鸿制釉”等，为潮州陶瓷产区提供了大批陶瓷颜料。而潮州当地的生产企业也有不俗表现，如通达化工有限公司生产的钒锆蓝、镨黄系列产品，柯丽达公司生产的圆子红等品种，其质量均达到国内行业的先进水平。陶瓷颜料基本达到系列化，包括陶瓷生产中的坯用、釉用、玻璃制品用色料，还有包裹色料、贵金属颜料等。三原、丰业、利元、联成、通达、金环、金鹰、柯丽达、化工一厂等企业，在陶瓷颜料研发和生产方面发挥了一定作用。潮州生产的陶瓷颜料除供给当地陶瓷生产企业使用外，还有部分向产区外销售。潮州丰业实业有限公司等企业生产的陶瓷颜料，部分供给产区外的建筑陶瓷产品使用。

潮州陶瓷产区经过多年的努力，已拥有较强大的陶瓷颜料研发队伍，也已采用行业中的先进设备。连续干燥器、雷蒙机，以及气流粉碎设备和高精度分析仪器的应用，使陶瓷颜料的生产效率、产量、质量大幅度提升。

装饰涂料属于有机涂料，主要应用于部分艺术陶瓷的外观装饰。由于艺术陶瓷属于非接触食物的制品，允许适当地采用有机涂料进行涂装。有机涂料的化学稳定性和耐候性不及陶瓷釉料和陶瓷颜料，但成本较低、而且不需要经过烧成或烤彩。潮州艺术陶瓷中的部分产品，特别是出口艺术陶瓷，如雕瓷、漆瓷、园林陶瓷等，大量地采用有机涂料。1995—1998年，明鸿（潮州）陶瓷制作有限公司采用陶瓷漆（聚脂类涂料）喷涂在白云陶素胎上，制成艺术陶瓷摆件和吊件，产品批量出口美国，部分库存制品至今涂层仍完好和光亮。采用聚乙烯醇胶（107胶），加入经筛选的沙根红土和色料，配制成涂料，涂装精陶小花盆几十万只，产品全部出口。潮州生产的陶瓷圣诞品、万圣节、情人节等摆件和吊件，部分采用涂料涂装。四通、长城、泽洲、雄英等企业的艺术陶瓷中，也先后采用过树脂类涂料进行装饰。艺术陶瓷外观处理中，仿古、作旧等工序中，基本采用有机材料。潮州陶瓷行业在1995—2006年的10多年中，年使用涂料超过几百吨，这些涂料部分从台湾和日本等地进口，部分由国内涂料生产企业进行供给，部分由陶瓷生产企业自行配制。在涂料中加入经真空镀钛的贝质颗粒（钛珠光粉）产生闪光点，在陶瓷外观装饰上产生良好效果。国内采用涂料装饰陶瓷制品的产区主要有潮州和福建陶瓷产区。潮州采用涂料装饰的产品品种最多，产量最大，出口量也最大。

（四）陶瓷用花纸

陶瓷花纸应用于陶瓷的外观装饰。陶瓷贴花是彩绘的一种演变。将陶瓷颜料印刷于专用膜纸上，将印刷有陶瓷颜料并形成花纹图案的花纸反贴于陶瓷制品上，使花纸上的花纹图案转移到陶瓷表面。经温度烤彩之后，陶瓷颜料熔附于陶瓷釉面。贴花的速度和生产总成本低于人工彩绘，有利于产品批量生产。

陶瓷花纸制作应用现代技术，花纸生产工艺流程主要有：电脑分色制版、制样、晒版、扎墨、印刷。采用原料有陶瓷颜料，辅助材料为调基油和特种纸张。花纸分为两大类：酒精花纸和水花纸。在花纸使用中，分别采用酒精和植物胶液（赤菜汁等）粘贴花纸，也有部分采用清水粘贴。

与彩绘相同的是，贴花后施釉再经烧成的为釉下彩，在经烧成产品的釉层上贴花后经烤彩的，且花面裸露于釉面上的为釉上彩。花面处理在釉层上，经高于烤彩温度进行烧成的，花面融入釉层中，釉层完全覆盖花面的，视为釉中彩。花纸制作时，视釉上、釉下或釉中装饰要求，对陶瓷颜料配方等作相应调整，确保其使用时的适应性和效果。

潮州生产陶瓷用花纸已有几十年的历史。近20年来，由于陶瓷颜料质量的提高，先进设备的应用，特别是电脑技术在研发和生产中的应用，使花纸品种快速增加、产量递增、花纸质量稳定提高，花纸适应范围扩大。潮州当地的花纸专业生产企业，如永隆、红太阳等企业，批量生产花纸，主要供给当地陶瓷生产企业使用。潮州从产区外采购部分花纸，供应商包括深圳的斯达高等企业。近10年来，潮州部分规模化的陶瓷生产企业自行研发和生产花纸，供企业自用，如潮州市三元陶瓷（集团）有限公司、广东四通集团有限公司等企业。企业自行研发和生产的花纸，其质量、产量不亚于专业的花纸生产企业。潮州市三元陶瓷（集团）有限公司生产的玻璃用花纸，使用于本企业生产的日用玻璃陶瓷上，质量达到国内行业的先进水平。采用现代喷墨技术制作的喷墨膜纸，是花纸制作的改进和创新，该项技术是直接从产区外引进的。

（五）其他装饰材料

潮州陶瓷的装饰材料还有金水（金油）、电镀材料、喷墨材料等。

金水主要使用于产品表面彩绘。潮州陶瓷生产用金水主要向产区外的湖南、山东等地采购，后阶段有部分从深圳购进。计划经济年代，贵金属受严格控制，金水为计划供给。随着市场经济的成熟，金水控制逐步放松，众多企业都能使用金水。20世纪80年代之后，潮州金水用量增大，规模化彩瓷企业（如潮州二轻彩瓷厂，后为彩瓷总厂）大量产品采用金水，金水彩绘线条和画面较大，金水用量也较多。20世纪90年代之后，金水价格上升，企业开始减少单位产品的金水用量。最近10年来，企业开始采用化学和真空镀等仿金方式，减少金水的使用。

目前用于真空电镀的材料主要有金属铝和金属钛。用高纯度金属材料制成靶材，通过电流轰击靶材产生离子并附着于陶瓷表面，经温度处理后，陶瓷表面牢固附着金属膜层。真空镀铝主要应用于较低档产品，代表性产品有招财猫、金猪等。镀铝膜层为银色，经用硒素渗入后，变为金色。真空镀钛主要应用于中、高档产品，包括日用陶瓷和艺术陶瓷。多弧离子电镀结合氮气等多种气体的使用，使真空镀钛的颜色增加。钛膜层硬度较高，耐磨性较好、抗腐蚀性也高于铝膜层。镀钛产品经测试基本不存在铅、镉释出。潮州陶瓷的真空镀铝盛于20世纪90年代，真空镀钛盛于21世纪。真空电镀的专业化加工企业有几十家。部分企业自行配备真空电镀设备进行陶瓷产品的电镀，如顺祥、长城等企业。顺祥公司的多弧离子电镀项目曾获奖。饶平地区（主要在三饶）的陶瓷真空电镀配套工艺以及产品花色在产区内保持领先。20世纪90年代，潮州电镀的陶瓷产品主要为内销，产品遍及全国各地。21世纪开始，产品主要为外销。潮州是国内电镀陶瓷产品的主要产区。真空电镀的靶材和设备从产区外采购。

喷墨材料是一种新型的装饰材料。随着技术的进步，喷墨材料类型增多。陶瓷颜料类是将陶瓷颜料颗粒细化，混合于有黏度的载液中，其特征是喷墨图案可经800℃以上温度处理。

喷墨材料制成成品的墨水，其使用指标包括黏度、颗粒度及颗粒分布、墨水的表面张力程度、显色程度、喷墨图案的温度处理范围、与喷墨设备的兼容和适应性等。

喷墨技术和材料在陶瓷上的应用，国外（如美国）于1975年开始研究和试用，国内从21世纪（主要是近几年）开始研究和应用。佛山陶瓷产区的应用先于潮州陶瓷产区。从2010年开始，潮州个别陶瓷企业开始在产品上试用喷墨，首先是在卫生陶瓷产品上使用。与陶瓷花纸的应用有相似之处的是利用喷墨技术制成膜纸，贴于产品表面，采用局部加热方式，使图案（如商标图案）附着在产品表面。喷墨能迅速或直接将图案精确、快速地产生于产品上，提高生产效率。随着技术和工艺的成熟，喷墨将在短期内，并且在部分陶瓷产品上普及应用。

陶瓷喷墨技术在传统喷墨打印技术的基础上，经过创新、改进和发展，是数码、压电驱动和印刷等方面技术的集成，其材料特性研究专门针对陶瓷制品的适应性。陶瓷喷墨技术和喷墨材料的普及和应用将伴随潮州陶瓷产业转型升级。

（六）配套件

陶瓷除了主体产品外，还需要配套件，也包括产品包装。随着产品品种的增多、产品外观和功能的提高，产品运输和营运方面的要求，配套件和包装都在不断加强和发展，在提高产品档次、产品功能和产品附加值方面，具有重要意义和必要性。

近25年来，日用陶瓷的配套件种类大幅增加，配套件的材质主要有不锈钢、铁材电镀、塑料、藤木等。品种有不锈钢刀、叉、匙、支架、铁材电镀支架，塑料盖、塞只、塑料和硅胶类垫圈、缩圈、藤质编织器件、提手、木质匙、架、盖、筷子等，还有涉及发声的蜂鸣器和发光灯等。

20世纪末期，潮州日用陶瓷的配套件器件快速增加，使用量也大幅度增加。由于出口产品的需求，不同国家、地区对配套件，包括材质方面的要求不同，促使潮州陶瓷企业在配套方面也加快研究和创新。部分配套件是从产区外采购，如藤木配件等。不锈钢制品主要从揭阳、阳江等地采购。铁件电镀由当地和揭阳地区的多家专业化加工企业承担。20世纪80年代开始，潮州已有专业生产厂家为日用陶瓷生产配套件，如塑料盖、塑料塞等均由当地生产供给。由于日用陶瓷对配套胶圈的卫生和耐用性要求较高，在2009年之前，高档次的硅胶圈基本从产区外购进。2009年之后，潮州市金源利公司学习并消化国内研究机构的先进技术，研发生产出系列的高档次硅胶制品，卫生要求符合美国FDA要求。品种达到近百种，包括垫、缩、塞、盖等品种，锅垫等耐热和阻燃系列品种，全面达到国内行业先进水平，产品为本产区和国内其他产区配套。潮州密封罐等产品首创不锈钢匙磁吸附陶瓷罐，使用方便。潮州陶瓷套餐具中，部分配套木质筷，近期已有以陶瓷筷代替木筷。不锈钢刀叉匙改用陶瓷柄，美观、方便、实用，该项创新是国外客户提出，国内陶瓷生产企业研制，产品内外销并举。

近25年来，潮州艺术陶瓷的配套件发展伴随着产品的研发和创新。潮州艺术陶瓷传统的配套件主要为木质，如花瓶座、挂盘架等。高档金属配件局限于精品的配套。改革开放之后，潮州艺术陶瓷外向型趋势形成，配套件种类急剧增加，材质包括金属、木质、塑料、专用树脂等。金属配件使用于瓶、钟、摆件、化妆品盒等。金属配件包括黄铜、铝、铁电镀、锌基合金等，制作工艺包括铸造、冲压等，部分锌基合金采用电热大吨位挤出机生产。20世纪末期，潮州已有几十家陶瓷金属配件的加工企业，也包括营销门店。潮州的泽洲、宏华、潮流等企业建立了金属配件生产车间。宏华公司的陶瓷化妆品盒、珠宝盒铜质配件配套的高档陶瓷远销国外，其铜质配件制作技术至今仍为行业内领先。泽洲公司在金属配套件的铸造方面，也有较大的创新。木质配件依托传统的基础和工艺进行制作，在蔡陇、池湖、龙湖等地，分散有多个木质配件生产企业和作坊。潮州的树脂（主要为不饱和聚脂树脂）制品的工艺，主要从台湾、福建等地传入，树脂配件采用胶模生产，适用于各种造型，成本低。专业化生产企业和陶瓷生产企业自行生产的树脂配件，品种不少于万种。塑料配件造价较低，适用于批量生产，被大量采用。潮州的艺术陶瓷配件发展与福建地区齐驱并进，潮州在多品种方面处于领先。

21世纪以来，潮州卫生陶瓷配件逐步发展。潮州卫生陶瓷的起步阶段，配套件如马桶用盖板、水箱的配件、连接件、密封件等，基本是从产区外调入。卫生陶瓷的配件是卫生陶瓷产品的重要组成部分，直接关系到产品的质量，包括冲水的功能、节水、密封等方面。随着卫生陶瓷产品档次的提升，潮州卫生陶瓷生产企业对配件质量逐步重视，采购高档次的配件，如“吉博力”等品牌配件。新大华等当地企业开始生产盖板等配件。恒通达等企业批量生产水箱配件，于2012年步入中国卫浴优秀配套供应企业行列，部分中小企业（包括作坊）生产连接件和密封件。智能化卫生陶瓷的研发，涉及智能化控制配套件。从2010年开始，部分企业从产区外调入智能化配件，个别企业已在考虑自主或与产区外的专业厂家或机构协作，开发智能化配件。卫生陶瓷涉及智能化控制之后，其配件功能不限于机械动作，还涉及程序化控制，其技术深度和复杂程度将远远高于日用和艺术陶瓷的配件。

四、产品的发展

（一）日用陶瓷

潮州生产的日用陶瓷包含日用瓷和日用陶两大类。日用瓷中包含细瓷、普瓷和炻瓷（也称炻器）。按产品的用途分为盘碟类、碗类、杯类、壶类等。潮州产日用瓷套餐具中常配有汤匙、筷子架、长柄汤勺（匙），近期还生产出陶瓷筷。在GB/T3532—2009《日用陶瓷》产品标准中，将匙、筷等归纳为其他器物类。生活中使用的陶瓷刀，用于接触食物，可列入日用瓷类，按其使用的原料和生产工艺，则近似于精细陶瓷。陶瓷烹调器，如汤锅、炒锅等，既有瓷质，也有陶质，按标准分类，可分为普通陶瓷烹调器或精细陶瓷烹调器，按其用途，也可视为日用陶瓷。陶瓷包装容器，如用于装腌制品的容器，目前批量生产的陶瓷酒瓶，均为接触食物的日用产品，也可视为日用陶瓷。日用陶中有日用粗陶和日用细陶两类。日用陶的烧成温度通常低于日用瓷。其吸水率较高，玻化程度较差，结构不够致密，是日用陶（相对于日用瓷）的特点。

20世纪80年代，潮州日用陶瓷已有较多种类，日用细瓷（如采用当地精制瓷泥，而且经过精工制作和高温烧成）已进入批量生产，普瓷和炻瓷也进入产业化。陶质的砂锅、“炖钵”，“缸瓮”产销两旺。

日用陶瓷中的餐具、水具、酒具等，以白胎和釉上彩为主，色釉和釉下彩较少。产品器型基本为传统器型。

20世纪80年代后期，日用陶瓷餐具、水具、咖啡具等成套产品进入批量生产，潮彩的技艺被应用于产品外观装饰，粉彩、堆金装饰成为时尚。在枫溪产区生产的釉下彩产品中，有不少是精品，这一时期的精制日用瓷，大多数产自于国营或集体经济企业。

20世纪90年代，由于产品外销的需求，日用陶瓷的设计开发和生产倾向于国际化。部分日用陶瓷器型异型化，大量的外观装饰国际化。世界上不同国家、民族的文化和艺术进入陶瓷产品装饰中。西洋的开放式、中东的浓色彩、日韩的典雅，都在陶瓷产品上集合体现，各显精彩。国内茶楼餐馆档次的提升，引导内销产品档次的提高，以当地五号泥、花泥为坯料，经高温烧成的日用瓷深受欢迎。随着国际对日用陶瓷铅、镉溶出量的限制，日用陶瓷上的釉上彩（包括粉彩）受到制约。1999年，中华人民共和国国家出入境检验检疫局与美国食品管理局（FDA）签订《关于对美出口的调制、盛放或贮存食品和饮料的陶瓷器皿问题谅解备忘录》，迫使中国建立认证体系，实行“出口日用陶瓷质量许可证”和“输美日用陶瓷生产厂认证”。潮州日用陶瓷出口面临技术壁垒，并形成倒逼机制，促使企业从釉料，颜色料、花纸、烧成工艺，包括烤花窑炉进行改进，出口日用陶瓷部分转向釉下彩或避免使用铅、镉含量较高的颜色料和花纸。白云陶等烧成温度较低的产品，常因釉面针孔缺陷和烧成温度不均匀等产生铅、镉超标。红陶施用低温透明釉，也常因烧成控制不当造成铅、镉超标被投诉。潮州绝大多数的日用陶瓷生产企业具备快速反应和技术改进能力，截至90年代末期，已能自觉和比较有效地进行产品的安全和卫生控制。

20世纪90年代后期，潮州部分日用陶瓷生产企业成功地开发出非传统瓷种和品种。从1997年开始，金鹿陶瓷公司开发成功日用骨质瓷。白云陶制品已被逐步改进为“重质白云陶”。中高温色釉产品产量增大，同一产品上的不同颜色釉对接，内外釉不同颜色、应用隔离剂使釉面上产生花纹图案，使釉面产品花色增多。潮州市兴业陶瓷有限公司（原城西吉街工艺美术彩瓷厂）研发“强化象牙瓷”。美地陶瓷有限公司研制“强化骨玉瓷”。松发公司开发微波炉餐具，并在广交会上一炮打响，揽收了大批量订单。大量改进型产品在市场上投石问路，在不稳定中查找原因并进行再改进。进入21世纪之后，原料配方改进相对规范化和定格，产品质量走向稳定。潮州枫溪建制为区以来，区政府和部门加大对日用陶瓷生产的指导和扶持，使枫溪陶瓷产区成为日用陶瓷发展中心。

21世纪以来，潮州日用陶瓷从生产规模、产量、销售额、出口额、产品种类等方面，在国内同类产区中保持领先地位。中、高档产品成为主流产品，产品在国内外市场的占有率和影响力大幅度提高。潮州日用陶瓷成为国内日用陶瓷的主要生产基地和产品出口基地。

21世纪以来，潮州日用陶瓷的设计开发能力达到国内先进水平。产品开发周期短、开发成果多，成果转化和产业化速度快，是潮州日用陶瓷开发的特点。陶瓷原辅材料和配套件的发展，支持和加速了产品的设计开发。绝大多数生产企业具备产品设计开发能力，工程中心、设计室、试制组形成设计技术梯队。来自产区外的部分设计师也加入潮州陶瓷设计团队。国内知名专家（如清华大学张守智教授）也曾参与潮州日用陶瓷的设计开发。

21世纪以来，潮州传统的高温瓷（烧成温度1350℃左右）产量比重逐步减少，潮州饶平地区生产的高温烧传统杯碟类产品保持批量生产，通过干修坯、流水线、批量化生产等方式提高生产效率。但由于市场需求的变化，开始从瓷质和器型方面寻求转变。而非传统的日用陶瓷品种却在全方位发展。含铝量较高的强化瓷，含镁量较高的镁质瓷，由长石质瓷改进和变化的“仿骨瓷”“玉晶瓷”等大行其道。加入动物骨或合成骨料生产的素胎磷酸三钙含量达到34%以上的骨质瓷也已进入比较稳定的生产，从2007年开始，部分骨质瓷的开发和生产企业已将骨质瓷的抗热震性提升至180℃（平均），产品耐冲击强度和釉面维氏显微硬度也有相对改善和提高，既保持了骨质瓷雅观和透光性好的特点，又克服了骨质瓷在使用中出现的弱点，为中国骨质瓷的创新和可持续发展开创了新路子。“重质白云陶”（日用精陶）逐步取代白云陶、红陶等，精陶类产品也得到改进和发展。抗热震性要求较高的陶瓷烹调器已从传统的陶质转变为瓷质，釉面质量和丰富的色彩使产品档次大幅度提高。“人民大会堂用瓷”等具备较高档次和形象的产品相继进入高层次场所。由于电热炊具配套的需求，潮州多家企业生产陶瓷内锅，包括瓷质锅和陶质锅，并与国内多家家用电器公司进行配套，有部分直接出口。2010年5月，国内发生的“紫砂煲”事件中，潮州产区成为重灾区。事件平息后，该项产品又继续批量产销。

21世纪以来，潮州日用陶瓷的器型和花面品种达到几万种。异型化器型（如方、长方、三角、多角、非规则圆形等）成为潮州日用陶瓷的特色。白胎、色釉、釉下彩、釉中彩等外观装饰形式成为装饰主流。由于真空镀钛技术成熟，使产品质量稳定，生产规模、产销量居国内同类产品的首位，饶平三饶陶瓷产区的镀钛日用陶瓷在产区内保持技术、产量和产品档次的领先。

21世纪以来，潮州个别企业开发和生产日用玻璃陶瓷，因技术和设备等原因制约，无法形成产业化。2008年开始，由潮州市三元陶瓷（集团）有限公司开发的日用玻璃陶瓷，是采用结晶相和玻璃相构成的一类复合材料，通过特殊工艺处理，生产出系列的日用玻璃陶瓷产品。借助日用陶瓷花面设计和贴花技艺的良好基础，使产品花面达到百种以上，使器型和花面品种赶超世界上名牌企业—美国“康宁”公司和法国“弓箭”公司。钢化玻璃陶瓷筷、一次性成型壶类生产技艺达到世界先进水平。用独特配方制成的“硅晶玉”品种，已成为收藏品。系列产品以外销为主，年销售额接近两亿元人民币。广东健诚高科玻璃制品股份有限公司引进国外生产线，批量生产乳白色的日用玻璃陶瓷产品，产品批量出口。潮州成为国内日用玻璃陶瓷的主要生产基地和出口基地，为陶瓷产业转型升级做出贡献。

（二）陈设艺术陶瓷

陈设艺术陶瓷，又称为艺术陶瓷或工艺陶瓷。陈设艺术陶瓷包括陈设艺术陶和陈设艺术瓷，也经常被称为艺术陶或艺术瓷。陶和瓷的区别与日用陶或日用瓷基本相同，以胎体的吸水率大小和玻化程度不同等差异特点来进行区别。传统的瓷质产品吸水率为≤3%，随着GB/T3532—2009《日用瓷器》标准的修订，瓷质产品的吸水率被修订为≤5%。日用陶瓷和艺术陶瓷的其他相关标准，将会在后续相应地对瓷和陶的吸水率界定进行修改。

GB/T13524《陈设艺术瓷器》标准中，分出雕塑瓷、器皿瓷和文化用瓷三大类。雕塑瓷的器型以人物、动物、植物、自然景物等立体摆设件为主；器皿瓷以容器类为主，如花瓶、花盆等；文化用瓷是与书法、美术、宗教、体育文化生活有关的制品，如印盒、笔筒、水盂、笔架、调色器具、香炉、围棋罐、化妆品和珠宝盒等。陈设艺术陶瓷供陈设和欣赏用，有些带有使用功能，但绝对不允许用于接触食物。社会上流传“日用陶瓷艺术化，艺术陶瓷日用化”，前者是正确的，后者并不正确，特别是在国外，容易与日用瓷的功能产生混淆。瓷板画是采用日用陶瓷器型（如挂盘）制成的艺术作品件，也列为艺术陶瓷。按出入境检验检疫部门规定：出口的艺术陶瓷中，如果器型相同或近似于日用陶瓷，必须标明功能和用途，以免与日用陶瓷产生混淆。艺术陶瓷标准中没有铅、镉溶出量限量规定，但其涂装和配件方面，不应存在异常挥发气味或容易转移的有毒物质。

陈设艺术陶的材质分类与日用陶瓷基本相似。有些制品的胎体未经烧成或烧结，或采用非硅酸盐材料所制成的艺术摆件或器件，不能视为陈设艺术陶瓷。

园林陶瓷属于陈设艺术陶瓷，用于建筑物上装饰的陶瓷器件也可列为陈设艺术陶瓷（如动物、人物件等），带有艺术形状的琉璃瓦等属于建筑陶瓷。

潮州制作和生产中的陈设艺术陶瓷中，包含了上述所有的类型。潮州陈设艺术陶瓷的类别和品种，超过10万种，历史的积累和后期的创作创新，使潮州陈设艺术陶瓷的品种数量达到国内同类产品产区之最。

潮州陈设艺术陶瓷中，按其产生形式和制品价值，可分为两大类，其一是精品和收藏类艺术作品，其二是批量生产类产品。艺术大师或技艺人员雕塑、彩绘、雕刻，个性化或经特殊艺术性釉面处理的原作和非批量生产的精品属于收藏品或艺术精品；由生产线生产或批量生产的陈设艺术陶瓷制品属于工艺类产品。

自古以来，潮州的陈设艺术陶瓷与日用陶瓷同步发展，艺术陶瓷的雕塑摆件，在李炳炎编著的《潮州窑》一书中已作列举。潮州先人在艺术陶瓷的设计和制作方面，已有很深的艺术造诣。艺术创作的风格和技艺被后来和当今的艺术人员所传承、发扬和创新。

在潮州艺术陶瓷传承和发展的历史长河中，曾有大批艺术家苦心钻研，创做出大批优秀的艺术作品，成为璀璨的艺术瑰宝。在潮州陶瓷艺术和文化事业发展以及艺术人才的进步方面，起到导师和楷模作用。

1987—2012年，是潮州陈设艺术陶瓷发展和腾飞的重要时期。古为今用，洋为中用，是潮州陈设艺术陶瓷发展的特色和亮点，在传统艺术、传统文化深度和广度开拓发展的同时，吸收并融合世界各国民族的文化和艺术，集合于陶瓷作品和产品上。将潮州陈设艺术陶瓷的所有品种集中展示，足以成为世界文化艺术博览会。潮州陈设艺术陶瓷的发展，推动了陶瓷产业发展，也壮大了地方经济，同时也是对艺术和文化的传承、发扬和传播，其社会效益不亚于经济收益。潮州陶瓷将潮州文化传播到全国和世界各地，例如潮州工夫茶具成功地将潮州功夫茶文化传播到四面八方。

潮州市陶瓷工业公司和潮州市二轻彩瓷总厂等国营和集体企业培养出大批优秀的艺术创作人才，其作品获得大量高等级的奖项和荣誉。广东省枫溪陶瓷工业研究所的艺术家和技艺人才，自单位成立至今的50多年来，持续地创做出大量艺术精品。潮州市工艺美术研究院的陶瓷创作艺术家也先后创做出优秀的艺术精品。陶瓷技术和艺术服务平台的创作和创新作用，带动产区艺术陶瓷的创新和发展。潮州市陶瓷工业公司和潮州二轻彩瓷厂（后为彩瓷总厂）因体制转变和市场经济的冲击而转制或萎缩，其人才和艺术积淀为潮州陶瓷产区后续的陈设艺术陶瓷发展发挥巨大作用。

25年来，艺术大师和艺术技艺人员创作的陶瓷艺术作品层出不穷，百花齐放、百家争鸣。尽管作品产生各有先后，水平和风格不尽相同，但也各具特色、各自精彩。艺术创作的技法多有创新、充满新意和活力。塑、彩、雕通、寄花等作品新而不俗，在传统技艺的基础上加以创新，达到了新的境界和水平。抽象化的塑和画、呈现出现代气息。利用颜色釉料浇淋塑件或瓷板，经窑炉烧成过程产生

“窑变”，形成自然景象，巧夺天工，如吴为明的“高坡牧羊”瓷板画，吴维潮等人的塑件。结晶釉、窑变釉和天目釉等特殊釉的应用，将工程技术与艺术相结合，作品釉面天然中富含华贵，如杨光远、林礼腾、吴学贤等人的作品。谢华、章燕明、吴瑞深等一批制壶高手带动了潮州手拉朱泥壶作品的创新。结合现代优良颜料和技艺创作的青花瓷作品，虽是古之传承，但亦“青出于蓝而胜于蓝”。雕塑技术不断成熟和发展，使瓷板、陶壶等作品多有新意、扩展了品种。陈俊荣等集多行业和多产区技艺，在釉中彩方面不断创新。潮彩技艺的传承和发展中，大批优秀作品产生，一批优秀人才在成长，这些代表性人物包括：陈仰中、杨光远、蔡秋权、蔡禧平、吴淑云、谢金英等，并且促进了产区潮彩技艺人才梯队的形成。从研究所、院，大师工作室等方面源源不断地产优秀作品，是这股艺术源泉催开潮州陶瓷灿烂的艺术之花，并将结出更多和更精彩的艺术成果。

25年来，潮州艺术陶瓷不止于精品和藏品的创作，更多的在于产品的艺术性设计开发。此乃潮州艺术陶瓷品种多、产量高、销售面广、盈利多、影响力深之成因。粤枫公司开发出“南国景泰蓝”，雄英、四通、泽洲、潮流等企业开发出漆瓷、雕瓷，并将产品配套金属、木质、树脂等配件，部分产品与家具配套。长城公司开发的鱼缸、花瓶等产品大批量销往国外。适应欧美市场的圣诞节、万圣节、情人节等产品由近百个企业生产，品种达到数千种。陶瓷花插器型和花面不拘一格，古今中外的艺术和文化相融合，雕通、色釉、电镀、喷砂等装饰五彩缤纷。文房四宝、香炉、烛台、笔架等文化用瓷得到深度开发，产品中不乏精品。潮彩产品在传统基础上加以创新，形成新的款式和风格。庆发公司开发出陶瓷娃娃，配套服饰，展示了欧美、俄罗斯及中华56个少数民族的服饰和文化。胜玉、盈盈等企业的摆件饱含创意、妙趣横生。三泰、华中、亚陶等企业的陶质园林摆件和花盆，以仿古、残缺美、抽象化、天然化等风格为特色，自立于国际园林陶瓷之林，而以纸纤维、混凝材料制成的“免烧陶瓷”，更是展示了独特的创新成果。四通公司将贝类、玻璃等装饰陶质产品生产出系列的、精美和高档的摆件，以特色化和产业化保持行业领先。长城集团创新的艺术陶瓷品种已达到数万种、创下国内企业艺术陶瓷创新品种之最。

25年来，潮州产品化艺术陶瓷产业化不断发展并批量化，整车成柜地销往国内外，遍及世界一百多个国家和地区。潮州产品化艺术陶瓷的开发和创新，引领世界艺术陶瓷产品的创新潮流，并将保持其美妙的青春。

（三）卫生陶瓷

卫生陶瓷是卫浴用品中的陶瓷质类产品。潮州卫生陶瓷产品包含了GB/T6952—2005《卫生陶瓷》标准中所规定的类别，包括座便器、洗面器、小便器、蹲便器、净身器、洗涤槽、水箱、小件卫生陶瓷等。卫生陶瓷中分为陶质和瓷质，主要是以产品质地和吸水率进行区分。吸水率≤0.5%的视为瓷质。后续标准修改中，将会把陶质列为“非瓷质”。

潮州卫生陶瓷的起步慢于日用陶瓷和艺术陶瓷，其发展的速度却不亚于日用陶瓷和艺术陶瓷。25年来，潮州是国内卫生陶瓷发展最快，也是最有特色的产区，其集群化形成只用了10多年的时间。

1981年，潮州建陶厂开始生产卫生陶瓷。进入20世纪90年代。潮州卫生陶瓷生产迅速发展，以湖厦建厦领头的一批企业，带动了卫生陶瓷的研发和生产，生产基地扩展至古巷、凤塘等地，也包括枫溪当地。至2008年，潮州卫生陶瓷生产的大小企业已超500家，产业链配套企业（原料、模具、包装品、配件等）近200家，成为国内卫生陶瓷专业化、产业链比较完善的生产基地，年产卫生陶瓷达到3000万件。至2012年，潮州卫生陶瓷生产企业已超700家，其中规模以上企业有300多家，生产总值达到几十亿元人民币。其中有约40%的产品出口，产品销往欧洲、美国、澳大利亚、中东、东南亚等国家和地区。

潮州卫生陶瓷的发展属于“异军突起”，与当地日用陶瓷和艺术陶瓷发展途径相比，存在许多不同之处。潮州卫生陶瓷的发展历史较短，没有地域性的传统技艺和产业基础，由于潮州的日用、艺术陶瓷与卫生陶瓷同属于生活类陶瓷，原料、生产工艺方面存在相似和共通之处，为卫生陶瓷的发展提供了有利条件。潮州卫生陶瓷的创业大军利用当地产业的相关条件，学习、吸收外地产区的技术和经验，从简单的产品起步生产，逐步向复杂、系列化、中高档次产品方向发展。潮州卫生陶瓷产业用不足15年的时间，完成了从起步到集群化形成历程，在产品创新、技术创新、技术改造、人才培育、国内外营销渠道的拓展等方面，创造了国内卫生陶瓷区域性发展的奇迹。

潮州卫生陶瓷的外观设计和装饰方面的创新性，与当地日用、艺术陶瓷的创新性出自同一基因，有些外观装饰是从日用和艺术陶瓷方面转移和变化来的。彩绘、贴花装饰是潮州卫生陶瓷的亮点，外观造型美观大方，线条流畅，许多设计趋向和谐和人性化。如畅顺模具厂的金鱼花面系列产品，奥米斯公司的枫叶、法恩斯的白和黑颜色相衬托，高美公司的黑釉金花边等。而以动物造型塑造出座便器和卫浴件，别出心裁，另有新意，如培兴公司的熊猫造型产品。颜色釉包括黑、红、黄、绿、蓝、黑等多种颜色，四通公司的石板纹花面，使产品酷似石质。潮州卫生陶瓷外观造型和花面装饰的款式，创下国内陶瓷产区之最。

潮州卫生陶瓷在功能和使用特性方面不断创新，节水型产品生产已普及，部分企业的产品取得国内外节水认证，产品的节水效果达到国内同类产品的先进水平。薄边盆、平板盆生产是潮州陶瓷企业的强项，通过吸收国内外先进技术，引进设备和技术改造，使盆类产品的规格和品质领先于国内行业，如梦佳公司的大规格尺寸平板盆，质量和档次达到行业的一流水平。众多中小企业生产的艺术盆，在行业的竞争中也绝不逊色。2011年开始，潮州卫生陶瓷企业对智能化马桶的研究和开发提速，恒洁公司等企业的智能化产品已进入市场。

市场需求引导研发和生产，是潮州卫生陶瓷快速发展的一大要素。外销产品基本为以销定产，产品设计满足不同地域市场的需求，如外销产品多为奶黄色釉面，且器型尺寸偏大，而内销产品多为白色。采用的配件质量和档次提高，企业择优选用品牌和优质配件。柜盆产品开发和生产不足十年时间，已迅速形成系列化。外销产品多为木质柜，潮州企业针对国内消费群体的习惯和需求，开发生产出不锈钢柜盆，产品除了耐湿和耐用之外，外观装饰精致豪华，深受市场欢迎。

潮州卫生陶瓷的产品营销采用双渠道，许多企业产品内外销并举。产品外销拓展是潮州陶瓷企业的强项，与日用和艺术陶瓷的外销一样，实行多样化的销售模式。以恒洁公司为代表的国内网点布设模式，步步为营，系统推进，形成了强大的营销网络。以国内专业市场布点模式，组建供销商群体，取得较好的营销效果，如欧美尔、泰陶、非凡等企业。近十年来，自主品牌建设有长足发展，部分品牌已形成，或正在形成知名品牌，少数品牌聘请了名人作为形象代言人，强化了品牌效应。卫生陶瓷的外销一直处于稳定和增长状态，产品外销企业已超百家。广东四通集团卫生陶瓷的外销发展迅速，并已取得产品“出口免验”认定。

潮州卫生陶瓷产区，用近十年时间，将产品从中低档次提升为中高档次。产值和出口量雄居国内产区前列，并已荣获“中国卫生陶瓷第一镇”、“广东陶瓷专业镇”、“中国陶瓷重镇”、“陶瓷产业集群升级示范区”和“陶瓷重镇”等称号，成为“中国瓷都—潮州”的组成部分。潮州卫生陶瓷面临转型升级的重要阶段，技术、人才、资金、规模化、品牌是产业可持续发展的要素，未来潮州卫生陶瓷的对外竞争中，将集中在理念和实力的较量上。

（四）其他类型陶瓷

潮州陶瓷产品除日用、艺术和卫生陶瓷等生活类用瓷外，还有非生活类用瓷，如“精细陶瓷”等。

GB/T17911—2009《精细陶瓷术语》，采用国际ISO20507:2003《精细陶瓷（先进陶瓷、先进技术陶瓷）—术语》。也将高性能陶瓷、高技术陶瓷等用名统一和归纳于精细陶瓷。精细陶瓷包括结构陶瓷、工程陶瓷、可加工陶瓷，金属陶瓷、玻璃陶瓷、功能陶瓷、电子陶瓷、半导体陶瓷……

潮州三环（集团）股份有限公司研发生产的陶瓷产品中，包含了精细陶瓷中的多个类别，如半导体陶瓷、功能陶瓷、介电陶瓷、金属陶瓷等。该公司生产的生活用陶瓷刀，按其用途可列为日用陶瓷，按其用料和生产工艺可列入精细陶瓷。该公司生产的陶瓷钟表壳体，也可视为精细陶瓷。

潮州市无线电元件一厂自20世纪70年代开始生产半导体等瓷基体，企业于80年代组建潮州市无线电瓷件厂，1992年组建集团公司，成为目前的潮州三环（集团）股份有限公司。引进国外生产线，打破国外技术封锁，利用当地瓷土资源，自主开发生产出适应瓷基体和生产线使用的成品原料，实现“洋鸡吃土米”，降低生产成本、节约外汇。随后又吸收和消化国外技术并加以提升，复制、改进了多条生产线，包括部分自制生产线的出口。企业采用生产线生产的瓷基体，产品的布产以万为单位，产销量迅速提升至国内外同行业首位。

潮州三环（集团）股份有限公司用40多年的时间，建设了国内最大的电子元件等精细陶瓷产业基地。一般从其他行业转行的年轻人，通过学习、探索，广招专业人才，吸收、消化国内外同行的先进技术，不断地研究和创新，直至形成了一支“陶瓷专家”团队，为国家精细陶瓷产业的发展做出巨大贡献。公司产品的应用涉及电子、通信、机械、电工、环保、新能源、新光源、时尚等领域，产品包括：多层片式陶瓷电容器、玻璃封装连接端子、表面贴装电器件、陶瓷封装基座、氧化铝陶瓷基板和陶瓷基体、光通信连接器用陶瓷部件、时尚陶瓷、陶瓷电弧管、固体氧化物燃料电池用电解质隔膜等。企业中以工程中心为核心的研发和创新体系已经形成，雄厚的技术实力和基础，促进企业不断地向技术的深度和广度进军。

2008年开始，潮州市三元陶瓷（集团）有限公司成功地开发和生产出日用玻璃陶瓷、实现企业产品的转型升级。精细陶瓷中包括了玻璃陶瓷，其原料和生产工艺与生活类陶瓷有极大的差别。采用玻璃陶瓷材料制作日用玻璃陶瓷，是美国“康宁”公司首创，几十年来，其技术、产品档次和质量、产品的市场占有率长期处于行业和市场的霸主地位。2008—2012年，潮州三元公司的研发和产品创新走完了国外先进企业需要20年以上方能走完的路子。三元公司开发生产出两类材质的产品。其一是乳白色日用玻璃陶瓷产品已形成系列化，涵盖了日用陶瓷的绝大多数品种，将日用陶瓷的贴花装饰技术进行改进后，转移应用于日用玻璃陶瓷产品生产中，其器形和花面品种达到国内外行业之最，产品批量生产并批量出口。其二是“硅晶玉”日用玻璃陶瓷产品，其外观和质感相似于玉器中“冰种”类别，产品成形后采用玉器冷加工（切削磨光）工艺，产品成为艺术精品和收藏品。壶类产品的一次性成型（含壶把、壶嘴），其技术、工艺和模具为国内外首创。中华民俗餐具—玻璃陶瓷筷产品，经过化学钢化处理，成为当前国内外硅酸盐类产品中最高档次品种。

2010年，广东健诚高科玻璃制品股份有限公司（生产基地在潮州市的潮安县）引进国外生产线，批量生产乳白色的日用玻璃陶瓷产品，产品批量出口。

2008年，潮州市丰业锆业新材料有限公司研发生产出民用陶瓷刀、推剪片、机械用结构件等。截至2012年，年产值已达到5000万元以上。民用陶瓷刀产品批量出口。按产品用途分类，产品属于日用陶瓷，但其用料和生产工艺属于精细陶瓷。

2011—2012年，潮州市创生瓷厂研发生产出“具有远红外线”特性的民用陶瓷产品和近似于多孔陶瓷的水质滤芯。产品在水质活化和滤清方面具有一定效果。

潮州在精细陶瓷的研发中，部分已实现技术转化和产业化，还有部分经研究成功，或成果未作转化，或处于小量试产阶段。潮州民用陶瓷生产企业的转型升级中，可以向精细陶瓷方面发展。精细陶瓷与民用陶瓷虽然同属陶瓷，其生产中的差别之处大于共通之处。因此，人才、技术、资金、设备、产业链配套，以及需求和产品开发方向，是发展精细陶瓷的要素，是项目可行性研究和技术经济分析中必然涉及的问题。

陶瓷酒瓶属于日用陶瓷中的食品容器，是日用陶瓷中的一个独立门类制品。从粗糙的陶质瓶至精细的瓷质瓶，经历了原料配方、生产工艺、生产设备等方面的改进和创新过程。由于酒是食物、挥发性大于水，因此，酒瓶的卫生要求、容量要求、吸水率、瓶口与瓶盖的尺寸要求相对严格于普通陶瓷餐具。潮州陶瓷酒瓶的研发和生产，在潮州日用陶瓷中占有一定的比重。近10年来，比重在不断扩大，至2012年，潮州陶瓷酒瓶的产值已占潮州日用陶瓷产值的10%左右。

潮州陶瓷酒瓶专业化和规模化生产中较早的企业是潮州市兴业陶瓷有限公司，在湘桥区意溪镇地域建设陶瓷酒瓶规模化生产基地，产品与“郎”酒等酒类生产企业配套。潮州市庆发陶瓷有限公司和潮安县朝阳陶瓷工艺有限公司等企业也开发生产多款酒瓶，与国内中高档酒类生产企业配套。广东长城集团股份有限公司和广东松发集团有限公司，先后生产“水立方”瓷质酒瓶，与国内“茅台”酒生产企业配套。采用多工位自动注浆生产线，提高生产效率和产品质量。潮州中高档陶瓷酒瓶的特点是制品的铅、镉溶出量低，符合产品标准要求，制品瓷化程度高，吸水率低，釉面质量好，色釉、彩绘、贴花等外观装饰手段和效果达到国内同行业的先进水平。

五、陶瓷发展的相关方面

（一）营销

历史上，潮州地区具有一定的经商基础和氛围。改革开放以来，特别是市场经济发挥作用之后，潮州陶瓷的营销得到快速发展。外销市场的拓展是潮州陶瓷产区的特色和亮点。借助地理上临近港澳、海外潮籍华侨较多、广交会设立于广州等优势，企业大胆地，不失时机地将产品推向国外市场。众多小企业在营销拓展的初期，摸着石头过河，根据市场和顾客的信息反馈，迅速改进和生产出适销产品。在20世纪的后期，大多数企业诚信经营，但也存在行为短期化现象。随着信息化程度的提高，采购商的采购偏重于实业和直接生产厂，企业进一步意识到信誉和品牌的重要性。进入21世纪，规模化企业基本上建立了营销团队，除了利用广交会等营销平台外，开始注重国外的展会。每年春节前后，潮州陶瓷产区的营销和设计开发人员，放弃休假，成群结队地前往德国法兰克福展会，除了寻求订单之外，更多地是为了获取市场信息。潮州陶瓷产区出国考察、贸易的人员和费用，为国内陶瓷产区之最。部分企业营销部门在香港、深圳等地落户，有的是接单与设计都在外地。时至今日，潮州陶瓷的营销依然偏重于境外。

国内市场的发展初期。企业是以小批发、代销、寄销为主要形式。随着国内专业化市场的发展，部分企业开始在市场设点。有实力的企业（如生产中高档日用陶瓷企业）开始向茶楼餐厅直接供货。起步较慢的卫生陶瓷，恰好遇上了国内经济快速发展、城市化现象出现等时机，内销市场需求旺盛，大多数企业出现产销两旺，产品销售主要为批发。有实力、有见识的企业开始在国内建立营销据点，包括直销店、批发站等。美地、恒洁等规模化企业采用步步为营的方式，用多年时间，建立了营销阵地，也打出了自主品牌。

2008年国际金融风波加速了潮州陶瓷企业产品内销拓展的步伐。部分规模化企业，开始实施内外销并举的策略。长城、四通、松发、伟业、顺祥等规模化企业，在国内相应地建立特色化的门店，国内的陶瓷专业市场上，都有潮州卫生陶瓷产品。据不完全统计，景德镇街头上出现的日用陶瓷，约有半数是产自潮州。

企业营销理念的更新，伴随着企业的成长。部分企业中的第二代营销骨干具有较高文化和素质，部分是出国留学后回归的“海归派”。充分利用网络信息平台快速发布产品信息进行贸易和接收订单是新的营销方式。信息化将影响和逐步改变营销格局。

“树欲静而风不止”，产区和企业的营销中并非一帆风顺。来自国际上的反倾销经常会在供方的产品畅销和市场占有率提升的情况下发生。部分企业在市场上的无序竞争成为反倾销的导火线。最近国际上频繁的反倾销中，是部分国家的采购商和企业，以保护当地产业为名，企图进行市场垄断。国外对中国出口日用陶瓷的反倾销，同样存在市场垄断的动机。2012年，中国出口日用陶瓷遭遇来自欧盟、墨西哥、俄罗斯、巴西方面的反倾销调查，潮州陶瓷产区成为重灾区。由于当地职能部门（如外贸管理部门）、市陶瓷行业协会，出口日用陶瓷的生产企业高度重视，行动迅速，在组建“潮州陶瓷企业应对反倾销联盟”的同时，聘请律师到产区进行应对反倾销技术辅导，第一时间发出应诉资料。应对反倾销联盟组团、会同职能部门和中国轻工工艺品进出口商会人员、律师等，于2012年9月赴德国、比利时、法国参加欧盟举行的听证会，并向所在国家的工业、商贸管理部门，社会团体以及企业进行游说，阐明中国企业界的立场和观点，代表团中的潮州成员，采用文字资料和PPT文件，向欧盟各界陈述潮州日用陶瓷（特别是耐用瓷—含铝量较高的日用强化瓷）的生产特点，表明潮州陶瓷对欧盟企业及市场的无损害理由。在2012年11月欧盟发布的初裁决定中，全国日用陶瓷生产企业有386家享受平均税率，潮州企业占148家。潮州陶瓷产区在对外贸易抗争和市场重新洗牌中，处于主动的位置，显示了集体的力量，也为外销市场的巩固和发展创造了条件和机会。

（二）企业管理

20世纪的后期，潮州陶瓷产业从以国营和集体企业为主导，逐步转变为民营企业为主导。国营和集体企业的管理模式，在计划经济条件下，具有优点和适应性。民营经济的发展初期，民营和个体经济企业多数为小企业，部分是家庭作坊。企业主充当经营者、管理者甚至是生产者等多重角色，管理模式是垂直和简单形式。随着企业的发展、员工数量的增加，产能的提高，促使企业管理升级。这一时期，企业开始设立专职或兼职的管理岗位，设计开发、生产、营销开始分工，以不同职能小组的形式出现。管理中由于欠缺程序化和数据化控制，内部管理经常发生混乱现象。随着企业的进一步成长，生产规模的扩大，市场对产品质量、交货期的严格要求，促使企业改变管理模式。产品外销企业的采购商开始对企业管理提出要求，出口产品认证要求企业完善管理制度，ISO9001质量管理体系的推行，企业管理意识逐步清晰。这一时期，事业部制管理模式开始形成。由于企业在短时期内快速发展，管理者的理念得不到快速更新，内部管理人员得不到培训，职能部门的职责得不到落实，部分企业主习惯于过去的管理方式，使企业内部管理处于矛盾、常有失误和不断磨合的状态。这一时期，部分企业主直面质疑：管理路在何方？进入21世纪，潮州陶瓷产区的规模化企业增多，部分企业人员在境外和产区外参观考察，了解到新的管理模式，加之多年的经验和教训，在强化事业部制管理模式的同时，引入程序化和数据化管理方法。典型的事业部制管理框架之一如下图：

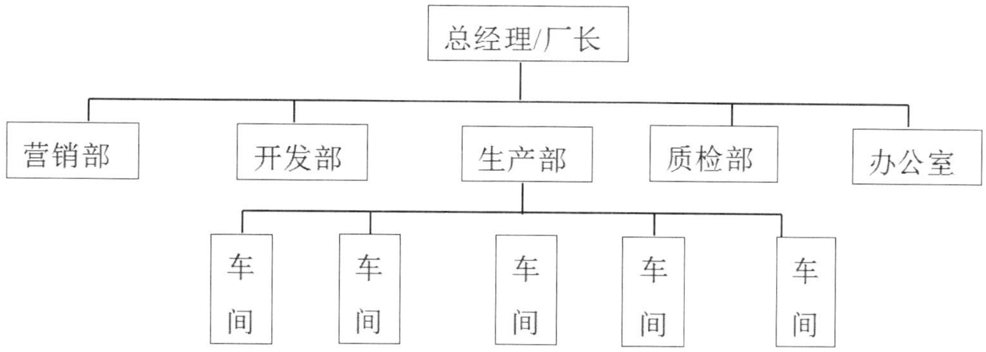

程序化控制是规定工作分步骤按顺序实施。有些管理者在制定工作程序之后，由于嫌麻烦和旧习惯的影响，经常超越程序办事，导致了混乱。经过教训和总结，这部分管理者也意识到管理方面的自然规律和客观要求。截至目前，部分企业内部并无形成文字的程序，而在实际管理工作中，已习惯性地按程序进行控制。管理氛围的形成和企业之间的相互影响，使大多数管理者在不自觉之中逐步地适应程序化控制。

在20世纪后期，企业内部的生产统计基本是手工，或借助简单的计算器，统计速度慢，而且欠缺自动累加和分类，数据储存量非常有限。电脑的应用和软件的开发，使数据输入、分类、累计速度大幅度提高。数据化为企业在生产和质量分析方面提供客观依据，有利于决策和调控。21世纪初，部分企业开始应用管理软件。由于陶瓷生产流程的特殊性（如烧成产品返工需要再烧成等环节），使用商品软件在应用中发生不适应，甚至引起更大的混乱。企业根据生产特点和数据输出要求，对程序和数据输入等环节进行修改，对产品编定唯一性编号，方便于电脑的识别和检索。截至2008年，部分企业的数据统计等系统，在生产管理和质量控制方面发挥了巨大作用。煜日、联源、四通等企业自行设计的数据录入程序软件得到应用、效果较佳，企业内部也形成文字化程序文件。长城公司等企业利用电脑数据化控制管理内部标准化体系文件，收到良好效果。部分企业已在业务和生产的个别环节上尝试远程控制。潮州陶瓷企业在明确管理的社会属性，尊重管理的自然属性的前提下，将会创造出符合行业特点和具有行业特色的管理模式。

（三）产品质量与标准化

产品质量与标准存在相互关联和相互作用的关系。产品质量指标存在时期性变化，标准修改和订单（特别是外销产品订单）的规定，使产品质量要求产生变化。一直以来，陶瓷外销产品的质量要求通常严于国家和行业（计划经济时期称为部颁标准）标准。

在计划经济时期，潮州的国营、集体陶瓷企业严格执行部颁标准，产品检验（潮州地区称为“择缶”）认真严格，等级分类明确。在市场经济的作用下，营销渠道增加。贸易自由化的初期，民营经济和个体户的贸易份额逐步增加，这一时期，由于求大于供，产品价格和质量基本为卖方市场所控制，外观和实用性成为主要的指标。外销产品中，由于需求旺盛，加之产品性价比方面的明显优势，大部分订单的质量要求不够严格，绝大多数产品在市场畅通无阻。

竞争和生产规模以及产能的扩展，引发外销产品质量的重新评估和控制。国外客户根据产品销售地要求，开始在订单中提出具体质量要求，也包括日用陶瓷的铅、镉溶出量要求。这些要求，通常严于国家或行业标准。生产企业开始在生产和质量控制方面适应并逐步满足这些要求。20世纪末期，美国率先对中国出口的日用陶瓷设立技术壁垒，并于1999年5月20日，由美国食品和药物管理局（FDA）

与中国出入境检验检疫局签订（重新修订）备忘录，要求强化对中国出口日用陶瓷生产企业认证，对出口日用陶瓷的出境前检验和入关后抽检做出严格规定。美国FDA对日用陶瓷的铅、镉溶出量要求严于当时的GB12651—1990标准要求。由于企业在技术、工艺和质量控制方面均存在不足之处，未能迅速适应，导致产品出境前的检验经常不合格，而在美国入关抽查时也常有不合格，质量投诉频繁发生。潮州出入境检验检疫局高度重视，在当时的林永胜局长和丘斌等领导的支持下，组织出口日用陶瓷生产企业学习，部分企业代表赴省参加培训，在产区内开展“出口日用陶瓷质量许可证”和“输美日用陶瓷生产厂认证”，并从企业抽调人力充实“广东商检技术咨询服务中心潮州分中心”。至2006年，潮州通过认证企业已达近百家，占国内认证企业总数的30%左右，使潮州输美日用陶瓷不受阻滞。随着技术的进步，工艺的改进，包括原料的质量控制严格化，企业产品质量不断提升，质量投诉减少。2003年，经修订的GB12651—2003标准颁布实施，标准的指标全面加严，其中的小空心制品的镉溶出量要求严于美国FDA的要求。

潮州质监部门依据标准要求，加强对产区日用陶瓷质量的监督和抽查。随着国内市场对日用陶瓷卫生要求的重视，内销日用陶瓷的质量（包括卫生指标的符合性）逐步提升。外销日用陶瓷的质量控制手段被应用于内销日用陶瓷的质量控制上，使潮州日用陶瓷的铅、镉溶出量控制水平达到国内产区的先进水平。

艺术陶瓷产品相对注重于外观和创新性。GB/T13524—1992等标准对艺术陶瓷质量做出规定。由于标准标龄太长，产品化艺术陶瓷的发展迅猛，出现标准对众多新产品的不适应。产品质量通常以订单和买方要求为准。在贸易自由化的初期，潮州部分企业的艺术陶瓷产品质量处于不稳定阶段，求量和求速度的现象突出，个别企业在产品规格尺寸方面出现较大偏差（如花瓶高度符合，口径缩水）。随着企业的成长、营销理念的更新和品牌意识的提高，质量控制逐步成为企业自身的内在要求。由于企业的产品创新能力爆发和质量控制强化、加之营销的灵活和有效，促使潮州艺术陶瓷的产销量一路稳定上升。

潮州卫生陶瓷在发展的初期，产品外观以模仿为主，质量和档次较低。部分企业采用低档次配件，降低了产品的使用性能和质量稳定性。随着企业的成长，生产技术和质量意识的提高，也包括市场对产品质量门槛的提高，促使产品质量逐步提升。进入21世纪，潮州部分规模化企业，吸收先进生产技术、对设备进行技术改造，产品设计开发中，产品外观和功能特性等方面得到重视，中档次和质量较稳定的产品得到内外销市场的认可。在2007年之前，潮州卫生陶瓷的质量偏重于市场的要求，标准化意识较薄弱。2007年，市场抽检中的部分潮州产卫生陶瓷（主要为座便器），水封深度等方面不符合GB6952—2005标准要求，严重影响了潮州卫生陶瓷的质量形象。潮州卫生陶瓷生产企业在教训中总结经验，提高了标准化意识。大多数企业加强对标准的理解，自觉进行产品送检。部分企业自觉参与标准制修订，对标准动态给予高度关注。在卫生陶瓷的节水方面有较快突破，节水型产品在产区内普及生产，外销产品的节水达到进口国的要求。2012年，恒洁公司率先发布企业产销3.5升节水型座便器信息和由形象代理人参与的节水产品广告。

潮州陶瓷的标准化，从产品的标准化开始，产品标准化程度逐步接近和达到国内行业先进水平。而在原料制备等方面的标准化，还处于非成熟阶段。产业链相关环节的标准化，将是潮州陶瓷产区的重要工作和目标。

从2007年开始，潮州陶瓷产业标准化工作全面提速。由科研机构、市陶瓷行业协会，检测机构，个别职能机构交叉协作，主持或参与多项国家、行业和地方标准制修订，带动产区部分企业加入参与标准制修订行列，由潮州陶瓷产业链成员主持、参与制修订的各类标准已达到几十项。标准化助推潮州陶瓷产业的转型升级，发挥了“四两拨千斤”作用。标准化成为攻克国际技术壁垒的重要手段。而企业内控标准的制定和实施，实质性地增强了企业的产品质量控制实力，牵引企业向国际和现代化的质量管理、质量控制看齐，并为品牌建设打下基础。

（四）人力资源

人力资源是产业发展的一大要素。潮州陶瓷产业的发展，不可置疑地证实了产业发展各时段中，人力资源的配套和作用。近25年来，潮州陶瓷产业的快速发展，导致人力资源长期、并且总体上处于欠缺状态。人员结构和层次之间处于不平衡、搭配比例不合理状态。这种情况，是受自然规律和当地产业发展路径和特点所影响。

潮州陶瓷产区中，数千企业所拥有的经营者（主要为企业老板）是产业发展的重要资源和无形的资产。这一批经营者中，有的是从国有、集体单位转移而来，有的是洗脚上田的农民，有的是技术和艺术工作者。逐步承接事业的第二代经营者，具有较高文化程度，也包括海归派。从创业和持续发展中，经历了无数的艰辛和风险，也克服了巨大的困难，少数人员因经营失败而退出，绝大多数经营者的企业，实现不同程度的跨越式发展。不断学习，不断研究和探索，不断总结经验，实现自我提升，是这些企业掌舵人成长的特点。这一过程中，每个人的身上都投入巨额费用，在学习、研究、挫折和失败，不断提升中，每个人的平均“学费”不少于200万元，形成了潮州陶瓷产区沉积的亿万无形资产。

潮州陶瓷产业的生产第一线作业者，部分来自当地，部分来自产区外。改革开放初期，生产作业者主要为当地人员，在家庭作坊中，不少经营者充当生产人员等多重角色。由于潮州陶瓷产区具有陶瓷生产传统技艺，加之国有和集体企业部分人员的骨干作用，形成了学习和实践的良好氛围。在学习、探索和实践中，培养了一批具有熟练操作技能的员工队伍，并且逐步成为产业发展中的骨干队伍。1990年后，产区外来工逐步增加。潮州陶瓷生产企业对外来工的培训中，理论学习较少，主要是采用生产现场培训，包括实践性操作、师带徒方式。进入21世纪，产区的外来工人数超过当地员工，约有20万外来工在陶瓷产业链相关企业中工作。从2008年开始，随着产业转型升级的加速，机械化、自动化和半自动化设备的投入，产区的总用工量逐步减少，外来工人数也相应减少。潮州陶瓷的发展中，离不开这一庞大、具有潮州陶瓷特色产区生产技能的员工队伍。

潮州陶瓷产业的发展中，吸引和培育了一批专业人才。少数人才来自产区外，绝大多数人才是通过学习培养、参加培训，经过实践和自我提升的当地人才。这批人才包括工程类、艺术类、经营、管理等方面人才。由于国内，特别是广东省在历史上所设立的、针对陶瓷（特别是民用陶瓷）研发、设计、生产的专业性学校较少，导致产区专业人才中，学校专业与工作岗位对口人员较少。地处潮州的广东省陶瓷职业技术学校连续不断地输送出陶瓷技艺人才，但未能满足产区发展中的人才需求。专业人才中获得职称人数比例极小，与景德镇、山东、唐山等陶瓷产区相比，形成极大的反差。技术职称评定制度一直沿袭计划经济时期的模式。进入21世纪，省、市在陶瓷艺术类职称评定方面比较重视，产区获得艺术类职称人数增加。而工程类职称评定并无较大进展。潮州陶瓷产区的工程类人才，大多数学历较浅，理论基础偏差，虽有实践经验和获得未经鉴定的创新成果，仍然很难跨入职称评定的门槛。产业发展的巨大成就后面，必定有相应技术团队的支撑。而潮州陶瓷产区人员技术职称现状并不能真正反映产区中技术队伍及技术水平现状。

潮州陶瓷产区的专业人才中，一直不乏佼佼者。老一辈的艺术家和工程类专家，曾经在产业发展各阶段取得大量成果。最近25年成长起来的技术人才，成为目前产区的技术骨干和技术领头人。他们之间有的已成为科研机构的技术负责人，也有的已成为高等院校的外聘教授或专业院校的教学领导人，部分成为技术型企业家和艺术家。研究所、陶校、前期的工业公司以及彩瓷总厂等企业所培养的人才，在自身成长的过程中，带出了一批新的技术人才，使潮州陶瓷产区拥有形成技术梯队的专业人才队伍。

近25年来，随着潮州陶瓷产区企业的升级和规模的扩大，产区的营销队伍急剧扩大。外贸出口业务的增加，吸引高校毕业生等方面的人才加盟营销团队，广东外语外贸学院和广东商学院等外贸专业院校的学生，有不少在企业中成为业务部门主管或骨干。企业老板中，有不少在外贸实践中得到锻炼和提升，成为优秀的外贸人才。企业自行培养，也包括从产区外聘入的营销人才，不断吸收现代营销的精华、更新营销理念，在营销拓展方面取得成效。日用陶瓷和卫生陶瓷的营销团队中（特别是内销产品的营销团队中）带有现代营销理念具备实践和操控能力的人才，已在国内行业中具有名气和影响力。

近25年来，潮州陶瓷产区的管理人才队伍不断壮大。土生土长的管理人员成为管理队伍的主体。改革开放初期，带着朴素管理理念的管理人员在企业成长的初期阶段，具有用武之地。简单的管理模式和方法，对于简单的和小规模生产，还相对适应。随着企业规模扩大和生产复杂化程度增加，原有管理人员队伍出现不适应。通过外贸渠道引入国外的一些管理模式，随着ISO9001质量管理体系模式在国内的推广，这些模式，比20世纪80年代国内流行的“全面质量管理”模式（从日本引入的）更加复杂和现代化。生搬硬套地、填鸭式的培训模式，诱导部分管理人员将模式套用于管理中。由于企业欠缺现代化管理基础条件，使部分企业的内部管理产生不同程度的混乱。磨合和改进，这一现象持续约10年。在探索、检讨和实践中，大部分管理人员逐步领悟到管理二层性原理。在尊重管理自然属性、包括客观规律、程序化、数据化等方面作用的同时，注意到管理的自然属性，与所在行业、地域、文化、传统、企业发展的内部阶段条件相结合。部分管理者至今未能从理论上解释管理现象，而在实际操控中，已在不自觉地，不同程度地应用现代企业管理的手段。经过磨合、纠正和持续改进，使大多数企业形成具有现代管理特点，又与企业实际相对适应的管理体系。管理队伍的素质，也在实践中得到提升。

福建省陶瓷行业发展概况

福建省简称“闽”，省会福州，位于我国东南沿海，东隔台湾海峡与台湾省相望。公元前221年，秦朝置闽中郡，治东治（今福州），从此福建作为一个行政区划出现在祖国的版图上。全省大部分属中亚热带，闽东南部分地区属南亚热带，气候温和，雨量充沛，森林覆盖率居全国首位，拥有较丰富的陶瓷生产资源，龙岩土全国闻名，是我国陶瓷的发源地和陶瓷主要产区与出口地之一。由于特殊的地理位置和历史渊源，近几十年来成为台资进入最早、台资陶瓷企业最多的省份。

福建陶瓷概况

清康熙开放海禁后，福建瓷器在民间的贸易数量倍增，德化青花瓷不仅供民间及朝廷官府使用，还大量销往南洋群岛乃至东非海岸。嘉庆、道光以后福建青花瓷走向衰落。鸦片战争后，“洋瓷”进入，使福建陶瓷因销路不佳、运输困难而陷入困境。

从1937年至1948年，福建陶瓷业每况愈下，民窑纷纷倒闭。当时福建省建设厅与教育厅在德化、福州、闽清等地先后创办了瓷业改良场和指导所，并在德化创办了陶瓷职业学校等，德化改良场虽然勉强维持开办，但几度关闭，几经更名。到1949年，瓷厂实际上接近停产。闽清、晋江、安溪、宁德等地的情况基本类似。

1951—1958年，福建日用陶瓷的年产量由不足10万件上升到5700万件，地方国营陶瓷企业由最初的3家增加到36家，农村社队创办的陶瓷企业发展到416家。此后，陆续建立起了一批骨干陶瓷企业。

20世纪80年代后期至20世纪末，福建陶瓷业基本实现机械化或半机械化。早期的龙窑、阶级窑被隧道窑所替代。日用陶瓷产品从单件转向成套，低档转向中、高档，粗瓷的比重逐年减少，陈设艺术陶瓷和建筑陶瓷产量猛增。先后恢复了失传的高白、建白、建黑等传统名瓷，开发了许多新品种，其中包括德化的紫砂陶、宝石黄、开片釉、银丝釉、建红瓷、白玉瓷、莹白瓷、白炻器等，闽清的建玉瓷、高石英瓷，龙海、漳州的花釉陶、炻器、无光釉、仿唐三彩、白云陶、红陶等。在建筑陶瓷方面，除早期的釉面砖、马赛克外，开发了劈离砖、陶质、炻质、瓷质彩釉墙地砖以及玻化抛光砖等。还研制开发出了包括电子、工业用热敏陶瓷和造纸机用脱水元件等一些高技术陶瓷产品。建设了瓷土开采加工和辅助材料生产基地。

德化、晋江、闽清、泉州、南安等市（县）的乡镇及私营陶瓷企业发展迅速。德化以小工艺瓷为主，生产厂家发展到300多家，年出口创汇1000多万美元。晋江磁灶镇以建筑陶瓷为主，各类企业达500多家，开设陶瓷产品贸易、销售公司（商店）数百家。至20世纪80年代末，闽清县有各类建筑陶瓷厂448家。闽清与晋江形成了面向全国的建筑陶瓷专业市场。此间，福建已成为产品门类齐全、品种繁多的陶瓷重点产区，成为国内第二大建筑陶瓷与美术瓷产区。

1990年，全省县属以上各类陶瓷企业72家、乡镇集体及私营企业发展到近1000家，陶瓷工业年总产值16亿元以上，年产日用陶瓷2.27亿件，出口金额2238万美元，居全国第5位。到2010年，闽清县陶瓷产值达50.6亿元，其中建筑陶瓷、电瓷、功能陶瓷占80%。

1948年以前，福建的陶瓷工业没有设置专门的管理机构。民国时期由福建省建设厅兼管。1949年以后，先后由省实业厅、省工业厅轻工处（局）、省轻工业局生产组、省轻工业厅轻工业公司等管理。1984年8月，设立福建省陶瓷工业公司。1985年，福建省陶瓷工业公司经营部分旅游艺术陶瓷产品出口业务。1988年，福建省陶瓷工业公司成为直接经营陶瓷产品出口业务的工贸公司。

自20世纪50年代中期以来，福建的日用陶瓷出口量逐年增多，福建陶瓷产品遍布全世界。

进入21世纪，福建陶瓷业开始提升转型。陶瓷卫生洁具与五金配套水暖件、小规格外墙装饰砖、陶板、专用装备、陶瓷销售业、环境保护等成为福建陶瓷的主要产业。

福建是全国四大陶瓷产区之一，已建成具有一定技术水平，产业结构基本配套，科工贸结合较为完整的工业体系。2005年，全省陶瓷行业产值达200多亿元，但由于缺乏省级行业协会，各地陶瓷企业之间在知识产权、市场行为规范、价格、人才等方面存在矛盾，阻碍了行业健康有序发展。2006年6月6日，福建省陶瓷行业协会成立，为加强产业资源的管理、加强行业服务引导，实现陶瓷行业持续、健康有序的发展，协会认真履行政府赋予的职能，更好地为福建省陶瓷企业进行服务和指导，加强与政府及企业的沟通关系，倾听企业家的心声，帮助企业解决难点、热点问题，反映会员的愿望与要求；促进国内外行业间的相互交流，实现信息共享，资源共享，架起政府与行业协会、企业之间的桥梁，发挥桥梁纽带作用，为企业提供交流沟通的平台和互动空间，帮助企业做强做大，推动福建陶瓷行业的持续健康发展。

一、陶瓷产品

陶瓷是福建的传统产业。百年来的前70年主要生产日用陶瓷与陈设艺术瓷，后30年转型并增加了建筑卫生陶瓷及配套的五金水暖件、陶板、专用装备、陶瓷贸易销售业等。

1. 日用陶瓷

（1）日用陶器　福建日用陶器的生产可远溯至新石器时期。1974年，在昙石山遗址发掘出5处无窑箅的升焰式横穴窑，为已发现的福建最早的陶窑。商周时期，几何印纹硬陶遍布福建全省，大体是以闽江流域为中心。秦汉时期，崇安、浦城等地出现少量釉陶，类似早期瓷器。西晋时晋江是福建日用陶器的主要产地。宋元时泉州港海运兴盛，闽清青瓷产品与晋江磁灶陶瓷远销国外。明末清初，因清兵清剿，磁灶的陶瓷业受到严重破坏，后又逐渐恢复。

鸦片战争后至民国初期，晋江磁灶的陶窑大多倒闭歇业。民国时期，闽清许显时引进景德镇制瓷技术，在池园、城关保留10多家小碗厂。

1949年以后，福建各地的制陶业开始恢复与发展。20世纪50年代，闽清、惠安、晋江、漳州、云霄、平和、长乐、同安、漳浦、宁德、东山等市、县先后建立了地方国营陶器生产厂。

1977年8月，泉州陶瓷厂试制成功紫砂陶器。同年，德化上涌开始烧制紫砂陶。1982年，泉州陶瓷厂在国内首家成功以白煤为燃料、用隧道窑烧制紫砂陶。到20世纪80年代末，德化县紫砂陶生产企业已发展到67家。

1983年，龙海瓷厂成功烧制出具有宜兴风格的花釉陶产品。1983年11月，漳州陶瓷厂派人到江苏宜兴学习花釉陶的生产工艺和雕塑技艺。1984年6月，试制成功花釉陶产品并批量生产。1985年，龙海瓷厂和漳州陶瓷厂的花釉陶产品先后通过省新产品技术鉴定。到20世纪80年代末，全省共有5家生产花釉陶企业。1986年，同安陶器厂出口日本500件浮雕龙缸。1987年，长乐陶瓷厂出口日本花缸3万件。

从20世纪80年代初开始，粗陶生活用具逐渐被瓷器、塑料、搪瓷、金属制品等所替代，原有的日用陶器厂相继缩小生产规模或转产建筑陶瓷或其他产品。到1990年，全省轻工系统仅有日用陶生产企业13家，年产量440万件，产值630万元。

（2）日用瓷器　福建生产日用瓷器的历史最早可追溯到商周时期。西周后烧制原始青瓷器的地方增多。闽侯关口后山出土的汉末青瓷器为福建早期的瓷器。南北朝时制瓷技术深受中原和江浙生产技术的影响，水平明显提高。隋唐五代时制作技艺更为成熟。宋代时青瓷一直占有重要地位。1956年，在同安汀溪窑遗址中发现一种内壁刻划卷草、篦点，外壁刻划直道纹的青黄或淡黄褐色瓷器，称为“刻划篦点纹”青瓷或“青黄釉刻划纹”青瓷，学术界曾把其统称为“同安窑系”青瓷。福建白瓷多产于南宋时期，其中德化碗坪仑、屈斗宫两窑址的产品最为典型。宋元时期，福建瓷器大量出口且内销需求量增长，促进了日用瓷业的发展，黑釉茶盏流行。元末战乱使窑场纷纷倒闭。明代时各地窑场先后恢复和发展，以德化、安溪两个窑场最为重要。此时，德化白瓷以纯净无暇、莹润如脂名冠当世，安溪则以生产青花瓷器而著名。

清代时期，福建最著名的仍数德化窑。清初时具有独特风格的乳白釉瓷被青花瓷代之。最盛时，德化有大小窑60余座，从业者达2.5万余人。同时，德化窑还烧制五彩和粉彩瓷器，传世作品有云龙纹五彩茶盘、粉彩花鸟盘等。永春和安溪地的瓷业也颇为发达。鸦片战争以后的100多年间，德化瓷窑大多倒闭，从业人员减至5000余人。

民国时期，外销瓷器近乎中断，仅有少量产品由香港、台湾出口，产品也不及昔日精细，釉下青花渐被釉上新彩所取代。到1949年，全省仅存500多户农民兼营的瓷窑，从业人数仅2000多人。

1949年后，福建瓷业得到恢复和发展。到1990年，全省共有大小日用陶瓷生产厂100多家，年产1.5亿件以上、产值1亿多元。主产区在德化、闽清、厦门，产量占全省一半以上，产品主要供出口。

2. 陈设艺术陶瓷

（1）雕塑陶瓷 早在新石器时期，福建陶瓷的雕塑艺术就已初见端倪。东晋南北朝时各种人物、动物、植物（主要为莲花）雕塑大量出现。隋唐五代时陶瓷艺术以各种随葬品最为典型。宋代时开始出现作为陈设品的雕塑陶瓷。元代时瓷塑人物在闽清地区已很盛行。明代时德化成为福建最重要的陶瓷产区，陈设艺术陶瓷闻名于世，产生了何朝宗、张寿山、林朝景等民间陶艺家。清代时德化陶瓷雕塑增加了寿星、王母和古代仕女、渔翁等题材。嘉庆后烧制了不少反映欧洲人在中国生活的瓷塑品。

清末至民国初期，福建陈设艺术陶瓷的生产时断时续，主产区德化也仅数家窑场生产，每家年产量千余件。民国15年（1926年），闽清池园设立碗业研究所和凤济改良瓷业服务公司，先后聘请景德镇的德化艺人生产动物玩具类艺术瓷。民国19年（1930年），德化瓷塑艺人许友义创制五百罗汉组雕，现存仙游龙纪寺。这个时期，福建瓷塑题材包括三尊佛、三大士、四大王、罗汉、观音、仕女、神话传说人物、禽、兽形象以及瓷梅花等手工捏塑花卉产品。雕塑名手主要有德化的苏学金、许友义等人。苏学金善于捏塑，擅做瓷花、工雕仕女。许友义擅塑观音、关公、罗汉等人物，作品造型匀称，装饰华丽，雕工精细。民国24年（1935年），开始采用石膏模注浆成形后，陶模印坯成型逐渐被淘汰。石膏模注浆成型被广泛应用至今。

1953年，德化瓷厂开始生产雕塑瓷。多地也开始陆续少量生产就地销售。1965年后，福建省轻工研究所陶瓷研究室迁往德化，成功恢复建白瓷、并生产少量雕塑品及礼品瓷。此后，德化开始小批量生产建白瓷塑品。

1970年，德化瓷厂恢复少量传统题材雕塑瓷生产；1975年，又恢复用建白瓷质生产瓷塑品；1977年7月，成立省内首家艺术瓷车间。同年，闽清、安溪、也开始艺术瓷的生产。1978年，厦门瓷厂雕塑组扩改为工艺瓷车间、德化二轻系统建设工艺美术陶瓷厂。1979年，福建省陈设艺术陶瓷产量为3.29万件、产值40.46万元，约占全省陶瓷总产值的1.1%。20世纪70年代末，德化瓷厂王则坚创制渔女、秋瑾、山鬼、新疆舞、蔡文姬等一批雕塑品，对福建现代陶瓷雕塑产生了一定影响。

20世纪80年代初，福建陶瓷雕塑仍以传统题材为主，其中以观音为最多，造型千姿百态，品种达200多种。1982—1984年，龙海瓷厂、漳州陶瓷厂先后开始生产花釉陶产品。1984年，德化陶瓷研究所陈其泰制成高度为1.23米的千手千眼观音、德化工艺美术陶瓷厂许兴泽等烧制成高度达1.7米的大型观音。1985年，德化瓷厂许兴泰等烧制成功高度1.85米的立莲渡海观音、德化县技术开发中心烧制出1.92米的自动回水滴水观音。1985年，龙海县对原县陶器厂进行技术改造，建成年产150万件花釉陶生产线，这是福建省轻工系统第一家生产艺术陶瓷的专业厂。1989年，建阳瓷厂、南平美术陶瓷厂开发出绀黑、凝重的无釉铁胎瓷。建阳铁胎呈银灰色，表面较粗，适宜于塑造比较粗犷、豪放、简洁的造型。南平铁胎呈纯黑色、胎质细腻，比较适宜于深入地表达细节。同年，福建省陶瓷工业公司与台商合资在厦门创办大建茂美术陶瓷有限公司，年产白云轻质美术陶180万件，产品全部出口。80年代末，全省乡镇及私营艺术陶瓷企业应运而生。到1990年，全省艺术陶瓷企业由1986年的105家增至500家以上，主要分布在德化、泉州两地，产品主要有小动物、捏塑小花篮、小人物、小摆设等，厂家以销定产，产品全部外销。

（2）彩饰陶瓷　福建在新石器时期已开始生产彩饰陶器。唐代时已使用釉装饰。宋元时开始有釉下彩和露胎刻花陶瓷。明清时发展了青花彩饰瓷。

民国初期以后，釉上新彩逐渐替代釉下彩绘，成为瓷器装饰的主要手段。20世纪50年代中期，开始使用釉上贴花装饰，到60年代以后，釉上贴花装饰已很普遍。德化瓷厂等主要厂家还保留有釉上或釉下手工彩绘装饰，现在手工彩绘也被大量应用于陶瓷雕塑品的装饰。

1984年，厦门瓷厂黄文明研制成功高温堆釉艺术挂盘，被厦门市有关部门选为礼品瓷。1985年，龙海花釉陶厂利用花釉在陶制品生坯表面进行手工绘制，龙海瓷厂、漳州陶瓷厂也有少量生产。

3. 建筑卫生陶瓷

福建现代建筑卫生陶瓷产业的快速发展起步于20世纪80年代初期，经历了三个发展阶段。第一阶段为1980—1990年年初的粗放型发展阶段，多采用土窑、多孔窑、倒焰窑，生产条件差、企业规模小、产品粗放单一，烟囱林立，环境污染严重。第二阶段为1991—2000年年初的快速发展阶段，由于1988年引进第一条辊道窑设备，1990年福建豪盛投产，引进最先进的技术装备，全面淘汰落后的生产工艺，建陶生产由小地砖转向外墙砖和琉璃瓦等产品。第三阶段为2000年—2010年的企业转型升级发展阶段，闽清、晋江大部分企业引进当代最先进的液压压砖机设备和辊道窑，多半企业建立了煤气站，球磨机与喷雾干燥塔等都相应得到改造；注重产品结构调整和技术创新，开发出许多陶瓷时装化的新品，花色品种外观造型都有创新与复古，闽清豪业公司精艺瓷仿古砖获国家免检产品，产品规格加大，产出抛光砖、亚光砖等，生产实现多样化

（1）建筑陶瓷　秦汉时期，崇安兴田乡城村的制陶作坊就已掌握了建筑陶器的烧制技术，生产板瓦、瓦当、陶鸱尾、陶水管等。宋元时期，晋江磁灶的土尾庵窑、蜘蛛山窑、童子山一号窑都曾生产过花砖等建筑陶瓷。

20世纪50年代初期，福建的建筑陶瓷生产仍以晋江为主产地，此时磁灶的陶质琉璃制品的质量已有很大提高。1952年，该地的琉璃瓦筒、栏杆等用于集美学村的建设，受到爱国华侨领袖陈嘉庚的赞扬。

1956年后，晋江磁灶镇、闽清池园镇、白樟镇等地的陶瓷厂还生产陶瓷水管、耐酸砖，用以缓解当时水泥和钢材制品紧缺状况，主要品种有工厂污水管、生活用下水管、农业用排灌管和直径5—10毫米的双头、弯头、三通、四通自来水管和上海硫酸厂等需要的耐酸瓷质砖等。但因产品易破损、不易

维修，1970年后因销路不佳而停产。

1964年，隶属建材系统的漳州建筑瓷厂建成福建第一条釉面砖生产线，采用手动压机、打粉机、喷釉机和素烧、釉烧倒焰窑生产。1965年，釉面砖的产量为7.52万平方米，一级品率为38.9%。1974年，闽清白樟建筑陶瓷厂（社办企业）与上海市建筑工程局以补偿贸易形式建成福建第二条釉面砖生产线，首次在省内采用隧道窑（长95米煤窑）烧成釉面砖，当年产值400多万元，产品销往全国各地。

1978年，惠安陶瓷厂成为福建轻工系统第一家生产建筑陶瓷的企业，产品为铺地马赛克，1979年产量3万平方米，部分产品出口。

20世纪80年代初，福建各地乡镇企业开始创办建筑陶瓷工厂。到1990年，闽清县有乡镇建筑陶瓷厂50多家，从业人员4000余人，年产值3000多万元。以晋江磁灶为中心约有建筑陶瓷厂500余家，各种窑炉250（条）座，烟囱林立，从业人员3万多人，年产值3亿元以上，成为国内建筑陶瓷市场强大的竞争对手。

1979—1984年，因日用陶瓷和粗陶市场不景气，先后有南平第一瓷厂、柘荣紫砂工艺厂、闽侯瓷厂、南靖瓷厂、晋江陶瓷厂、龙海瓷厂6家企业全部转产建筑陶瓷。连城瓷厂分出一部分建立连城陶瓷建材厂专产墙地砖。部分原生产日用陶瓷或兼产部分工业瓷的企业，如泉州瓷厂、石狮瓷器厂、安溪瓷厂、云霄陶瓷厂、平和陶瓷厂、南靖陶瓷厂、闽清第一瓷厂、长乐陶瓷厂、宁德瓷厂、同安瓷厂、闽清第二瓷厂11家企业，都先后开始兼产建筑陶瓷，主要品种有马赛克、釉面砖或彩釉墙地砖。

1982年，闽清县耐火材料厂和长乐陶瓷厂在福建省建材科研所的协助下，在省内首先研制成功彩色釉面墙地砖，由于长乐陶瓷厂当时设备未配套而没有形成批量生产，闽清县在白中联合瓷厂和县耐火厂瓷砖生产线同时投产黄色釉面砖，销往香港和上海、江苏等地。龙海瓷厂后来居上，于1984年建成彩釉墙地砖生产线，成为省内首家大规模生产彩釉砖的工厂。早期，仅生产中、小规格产品，到1990年引进的成型生产线投产，开始生产部分大规格产品。同年，新加坡印华企业有限公司在厦门独资创办印华地砖有限公司，引进西德雷特林格等公司自动喂料、练泥、挤压成型、自动切割、连续烘干、煅烧等全套先进设备与自动控制系统，年产劈离砖3万平方米，到1990年时年产量达60万平方米。

1989年，泉州市经济开发公司、泉州市经济发展公司与豪盛石琳（香港）有限公司合资，在泉州市城东仕公岭创办豪盛（福建）有限公司，引进具有当时国际先进水平的意大利程控自动化和机械化生产线，选用优质进口釉料和炻质原材料，采用石油液化气为燃料生产高档墙地砖。1990年11月投产，年产能100万平方米，产品主销国内。

到1990年，轻工系统内有建筑陶瓷企业13家，年产量272万平方米，产值3286万元。其中，专业生产建筑陶瓷企业有龙海瓷厂、南平第一瓷厂、柘荣紫砂工艺厂、闽侯瓷厂、南靖瓷厂、晋江瓷厂、连城陶瓷建材厂等。

到2004年，晋江、南安已形成比较完善的建筑陶瓷产业集群，汇聚了全省70%以上的建陶企业，以及机械、模具、色釉料、辊棒、坯料、网版、贸易、市场、信息、科研等企业。意大利、德国、西班牙等近10家设备供应商、原料供应商、技术服务商在泉州设有办事处，国内主要是广东、浙江、山东等地的配套企业（包括机电、燃料、网版、釉料、零配件等）也在磁灶前埔、官桥设有分公司或办事处，加上本地的配套企业，形成了一个较为齐全的配套产业链。

（2）卫生陶瓷

1959—1960年，厦门瓷厂开始试产陶瓷便器，这是福建最早生产卫生陶瓷的企业。后因技术装备水平低、产品质量及使用性能差，加之厦门地区日用陶瓷市场较好等原因，1963年开始改产日用陶瓷。

1982年年初，南平第一瓷厂派了5人到江苏宜兴卫生陶瓷厂学习卫生陶瓷的生产技术。同年年底，南平第一瓷厂试制成功坐式、蹲式便器。由于后出水结构的坐便器市场销路不畅而基本不生产，而主要生产市场畅销的蹲便器。1983年—1985年，累计产量1万余件，主要销往上海等地。1986年，由于燃油供应紧张和价格上涨，主产品釉面砖又严重压库，致使全厂停产几个月，卫生陶瓷也因此停产。

1985年，福州市闽侯县中华瓷器有限公司全套引进英国卫生洁具生产设备，建设22条人工注浆生产线，配以美国恩特肯公司58米煤气隧道窑两条，形成具有当时国际先进水平的年产28.5万件卫生洁具生产线。1988年投产，主要生产后出水的英国制式坐便器、支架式和台式洗脸盆以及相配套的肥皂盒、手纸盆等。造型主要仿英国雪瑞士洁具公司产品，共12个品种、4种颜色，按英国标准生产和检验。1989—1990年，累计产量24.4万件，产值657.75万元，产品主要销往英国、东南亚及非洲地区，也有少量内销。1990年年底，公司准备将厂房设备租赁给港商而使卫生洁具生产线停产。

1993年6月，漳州建筑瓷厂与澳门宝盛集团公司合资正式运作，实现建立年产360万平方米釉面砖生产线、年产100万平方米抛光地板砖生产线、年产40万件高档卫生洁具生产线的企业发展目标。1994年和1995年，投资1.68亿元，从全套引进意大利西蒂公司两条20世纪90年代世界先进水平的年产100万平方米高级釉面砖生产线和一条年产60万件高档卫生洁具生产线。1994年11月23日，福建省漳州建筑瓷厂、漳州自来水公司等单位发起组建成立股份有限公司。1994年12月8日，福建双菱集团股份有限公司成为全省首家按《公司法》创立的规范化股份有限公司。1997年6月26日，在深圳证券交易所挂牌上市。2001年9月，福建双菱重组后更名为福建漳州发展股份有限公司，退出原有陶瓷制造业。2002年，肖智勇租赁了福建双菱集团股份有限公司的卫生洁具生产线，创立了漳州万佳陶瓷工业有限公司，注册商标为“航标”。2006年5月，肖智勇又成立漳州万晖洁具有限公司。到2010年，漳州万佳和万晖的总产能达到年产390万件。

4. 工业陶瓷

（1）电瓷　1935年，闽清县池园丽山村清利厝黄声凤瓷厂试产电瓷，主要品种有夹板、电灯头等低压瓷件。次年，黄声凤等人合资创办了闽清梅溪瓷厂，生产低压电瓷，1949年停产。

1955年，闽清县在原丽光瓷厂的基础上成立了公私合营池园瓷厂（闽清第二瓷厂的前身），主要生产低压电瓷、日用瓷等。次年，闽清县在原梅溪瓷厂旧址创办闽清电瓷厂，这是福建首家专业化电瓷生产大型企业。1958年以后，先后有龙海瓷厂、厦门瓷厂、泉州瓷厂、三明瓷厂、南平瓷厂、晋江陶瓷厂、建阳瓷厂等到闽清池园学习低压电瓷生产技术，试产或小批量生产低压电瓷。1962年2月，上海丽明电瓷厂内迁与闽清电瓷厂合并。1965年，闽清电瓷厂成为全国骨干电瓷生产企业，直到2005年仍是福州市属大型企业。闽清县一直是国内生产高低压电瓷的重要产区之一。2010年，闽清有低压电瓷厂226家、高压电瓷厂6家。

（2）化工陶瓷　1958年，地方国营晋江磁灶陶瓷厂开始生产化工陶瓷，品种有硫酸坛、盐酸坛等，供蓄电的电解槽产品的质量居全国第一。同年，地方国营闽清池园瓷厂也小批量生产硫酸坛。1959年，厦门瓷厂试产期间也试制过硫酸坛等化工瓷。1969年，闽清池园瓷厂生产口径36厘米、长1米的大型瓷质耐酸水管。到1990年，仅有宁德电瓷厂(年产化工瓷管578吨、下半年合资后停产）、德融陶瓷有限公司（年产化工瓷管1200吨）、平和陶瓷厂（年产化工瓷砖18万件）共3家化工陶瓷生产企业。同年，宁德电瓷厂与唐山第四瓷厂、福州市建材公司、香港融峰制衣有限公司合资兴建的德融陶瓷有限公司，建成年产4000吨化工陶瓷的生产线。

（3）特种陶瓷

1986年，福建省轻工业研究所陶瓷研究室与南平造纸厂合作，研究开发造纸机用氧化铝耐磨陶瓷脱水元件，产品包括成型板、脱水板、吸水箱面板、压布吸水箱面板四种类型。1990年，系列陶瓷脱水元件在福建星光新技术开发中心试产，同年底荣获全国轻工业优秀新产品三等奖。

1979年10月，晋江粉末冶金厂开始研制压电陶瓷—蜂鸣片。1980年，接受香港天龙表坯厂来料加工生产20万片销往香港。1981年5月，在晋江粉末冶金厂内设立晋江电子元件厂专业生产蜂鸣片。1984年9月，闽清铁合金厂试产成功压电陶瓷点火元件。1985年，与中国科学院上海硅酸盐研究所联营创办闽清电子陶瓷企业。1990年，闽清、晋江两地的压电陶瓷年生产能力达到5000万片。

1983年，福州大学与闽清陶瓷科学研究所合作试验成功PT—190热敏陶瓷发热元件。同年，闽清陶瓷科学研究所成立特种陶瓷试验厂，继续开发PT—220系列、PT—250系列、PT—270系列产品，形成了日产1千克（230片）的小批量生产线，并与闽清县新技术开发中心、丽山联合瓷厂联合成立PTC技术开发中心，研制成功PCT半导体远红外线理疗器及电子驱蚊器等。

5. 特色陶瓷

（1）建黑瓷　把宋代建阳水吉窑（建窑）烧制的黑釉瓷统称建黑瓷，产品以碗、盏类为主，故又有建盏之称。建窑黑釉瓷又称建瓷天目。天目名称的由来有很多说法。一般认为，在日本镰仓时代，到浙江天目山佛寺留学的日本佛僧们，曾带回所用茶碗（建盏），后便以天目闻名。建窑上品大多是兔毫盏，此外是鹧鸪斑、油滴盏，而最稀少、最珍贵的则是曜变天目盏。建窑始于唐，盛于宋，而衰于元末，失传达700多年之久。

1979年10月，在中央工艺美术学院倡导和协助下，福建省轻工业研究所与建阳瓷厂合作对建窑兔毫釉产品进行恢复，成功地烧出兔毫釉产品。1981年5月，通过福建省科委的技术鉴定。先后获省科技进步二等奖和轻工业部科技进步四等奖。1981—1983年，南平第二瓷厂承担的油滴釉研究项目获得成功，并通过技术鉴定。1988年，南平美术陶瓷厂（此时南平第二瓷厂已并入该厂）陈大鹏烧制出釉面呈均匀金黄色晶点的建窑风格系列产品。

三十多年来，南平星辰天目陶瓷研究所艺术总监、国家级非物质文化遗产项目省级代表性传承人孙建兴先后开发出黑釉、金（银、黄、红、蓝、虹彩）兔毫、金（银、红、蓝、虹彩）油滴、国宝油滴（星）建盏、白点（蓝点、黑点、银点、虹彩）鹧鸪斑、曜变、异毫、毫变、窑变、黄天目、蓼冷汁、灰被、金（银）彩文字天目、铁绣斑、木叶、玳瑁、柿红釉等30多种系列建盏。作品多次在国内外参展和获奖。

（2）建白瓷　福建独特名瓷之一，古称“猪油白”，因瓷色宛如象牙，故又有“象牙白”之称。根据不同瓷质和釉色，分别赋予猪油白、奶油白、鹅绒白、孩儿红等雅称，其中以白里透红、宛如婴儿红嫩肌肤的孩儿红最为名贵。产于德化县，明嘉靖、万历年间最为鼎盛。烧制技术于清代中期失传。

据考证，德化建白瓷萌芽于宋元时期，明代已臻成熟，畅销国外。国内外许多重要的博物馆如北京故宫博物院、上海博物馆、南京博物院、福建省博物馆等，国外的大英博物馆、巴黎博物馆、纽约大都会博物馆、芝加哥艺术博物馆、克利夫兰博物馆、加拿大安省博物馆等都有收藏。国外一些陶瓷鉴赏家推崇其为中国白瓷的代表，称之为“中国白”。

1960年以后，建白瓷由福建省轻工业厅研究所进行成功恢复。1964—1965年，结合国家礼品用瓷开始小规模生产，后在德化瓷厂推广，参加研制的主要人员有陈瑞忠、林文启、陈其泰、郭天正等。

1965年，恢复生产的建白瓷塑《青春》《和平万岁》《羊头花瓶》《芭蕉花瓶》以及《牡丹大笔筒》等分别被选为国家礼品瓷和国家用瓷。1978年，建白瓷恢复研制项目获福建省科学大会科技成果奖。1979年，建白刻花盖杯、茶具、烟灰缸等一批几百件套产品被选入人民大会堂使用。

20世纪80年代后，德化瓷厂经过配方及成型、烧成等工艺技术的改进，把建白瓷用于烧制高级成套中、西餐具、茶具、咖啡具、酒具等，产品大多出口。

（3）高白瓷 福建独特名瓷之一，产于德化县。因胎质坚实致密、釉色莹润明亮、洁白胜于霜雪而负有盛名。早在南宋时期，德化就生产白度极高的瓷器，通过泉州港销往海外。

1958年，德化瓷厂吴维金等研制成功高白瓷，白度高达88.1%，成为当时国际上白度最高的瓷器。高白瓷质日用瓷和陈设艺术瓷具有胎质细薄、釉层柔和、造型端巧等特点。1959年以后，德化新建瓷厂及后来的德化第二瓷厂的高白瓷多次被选做人民大会堂用瓷，其中有：1959年的《建兰高白浮雕餐具》《建兰高白浮雕茶具》《建兰高白浮雕咖啡具》，1979年的《武夷风光高白清风茶具》《武夷风光高白新中杯》等，1983年又补充一批高白瓷茶具和新中杯。

（4）建玉瓷 1983年，福建省轻工业研究所和闽清第一瓷厂、闽清县陶瓷研究所、福建师范大学美术系共同承担福建省科委、经委下达的高档成套瓷科技攻关项目，研制出白中泛微黄、釉面滋润、透光度好、具有地方特色的新瓷种，取名为建玉瓷。

1984年年底，完成建玉瓷小试。1985年年初，开始扩大试验并投入小批量生产。1986年年初，形成年产7000套45头西餐具生产线。同年11月，转入大批量生产。到1987年4月，通过成果鉴定。获得1988年省科技进步二等奖。

1989年以后，提供建玉瓷生产使用的当地原料矿点渐趋枯竭，从外地调进优质原料代用，工厂限量使用，建玉瓷质量不及以前。1990年，建玉瓷的年产量已超过1000万件，出口值达100万美元以上。

二、陶瓷原料及窑炉

1. 陶瓷原料

福建的陶瓷原料资源丰富、品质优良，矿点遍布全省各地。已开采的主要品种有高岭土、瓷土、陶土、叶腊石、长石、石英、膨润土、硅灰石、透辉石、伊利石、紫砂土、白云石等。

福建历代陶瓷业主多是自行开采或由农户采挖后收购使用。直到民国以前均没有专业的开采机构。民国初期，全省仅泰宁县的泰宁滑石矿有限公司和丰南公司为专业开采机构。

1965年，闽清县在白中乡宝林村建立第一家县属瓷土、叶腊石国营矿山开采机构。此后，分别建立滑石、膨润土、高岭土、瓷土等专业开采机构的有泰宁、连城、建宁、龙岩、同安、仙游等县市。这个时期，对主要矿点进行了一系列科学勘查，实行统一管理和有计划开采，采矿方法也有所改进，传统的洞采多改为露采，采矿手段也由人工采剥改为机械剥离土石方、人工采矿或机械化露采，提高了原料开采效率和资源利用率。到1990年为止，全省各地先后建立高岭土、瓷土矿山33处，年开采原矿18万吨，产值650万元，龙岩、同安、建宁、泰宁、仙游等主要原料产区还建立了高岭土精选厂。

2. 陶瓷窑炉

新石器时期，福建的陶器烧成用穴窑或横穴窑。商代时的印文硬陶器的烧成大多也是用横穴窑。唐代时用龙窑烧成。发掘的建阳将口仙奶岗窑和水吉池墩庵尾山窑的长度分别达52米和70米以上，每次装烧的产品可达万件之多，属较大型龙窑。宋代时龙窑规模更趋大型，建阳水吉大路后门山发掘的两座龙窑长度都达到百米以上，在国内已知的宋代窑炉中也是很罕见的。宋末元初，出现较易控制的鸡笼窑。闽清南宋古窑群尚遗留残存龙窑200多条，全部依山势而建造，成梯形阶层式，亦称阶级窑。元代时德化屈斗宫的分室龙窑可算是早期形式的阶级窑。明代德化在国内最先建成半倒焰式的阶级窑。

1936年，德化瓷业改良场建造1座2立方米柴烧倒焰窑，为福建最早的倒焰窑。1940年，闽清丽山瓷业研究所建设小型德国式倒焰窑，用于烧制小型产品。

1958年8月，福建省工业厅拨专款在德化瓷厂建成用无烟煤配合木柴烧成的龙窑。同年，厦门瓷厂也建成以烟煤为燃料的倒焰圆窑。1960年，德化瓷厂用自然通风空气煤气炉发生煤气试烧龙窑基本获得成功。

1966年，连城瓷厂、龙海瓷厂先后建成无烟煤隧道窑各1条。德化新建瓷厂（德化第二瓷厂的前身）开始筹建56米油烧隧道窑。德化瓷厂动工建设热煤气站和配套70米长热煤气隧道窑。1970年12月，闽清第一瓷厂建造的50米烟煤烧隧道窑投产，为福建第一条成功的隧道窑。1972年，德化瓷厂热煤气隧道窑成功投产，在国内同行业尚属首家。1974年，德化红旗瓷厂（现德化第二瓷厂）、厦门瓷厂的油烧隧道窑相继投产，连城瓷厂、龙海瓷厂、闽清第二瓷厂的隧道窑也由烧煤改为烧油。1977年，德化瓷厂建成1条22米长的电隧道窑，用于专门烧造建白瓷。

从20世纪70年代末至80年代初，闽侯瓷厂、长乐陶厂、晋江陶厂及闽清、晋江等地的乡镇陶瓷厂先后建造以烟煤为燃料的隧道窑、多孔窑和推板窑。

1980年，白樟建筑陶瓷在全省首家建造多孔推板窑，用于烧制釉面内墙砖，一年多时间里全县40多家瓷砖厂全部建造使用多孔推板窑。后来普及全省。

1982年，漳州陶瓷厂建造1条72米无烟煤（蜂窝煤）隧道窑，成功烧制紫砂陶，为国内首创。大田瓷厂、德化瓷厂、闽清第一瓷厂分别开始兴建冷煤气站及隧道窑；厦门中华瓷器有限公司从联邦德国引进了发生炉煤气成套设备。

1985年，闽清第一瓷厂建成福建省第一座梭式窑，用于烧制建玉瓷。同年，龙海瓷厂詹延美设计建造福建省第一条低能耗油烧辊道窑，用于烧制彩釉墙地砖。1986年，又建成节能效果更佳的双层辊道窑。1989年，泉州豪盛（福建）有限公司引进意大利生产的以液化石油气为燃料的大型辊道窑生产墙地砖。

20世纪80年代初至1990年，德化县许多中、小陶瓷厂建造许多不同形式的电窑，包括隧道式电窑、箱式电窑、梭式电窑、蒸笼式电窑等。

1990年，福建省轻工系统的陶瓷企业拥有煤气隧道窑12条、煤烧隧道窑11条、油烧隧道窑15条、电隧道窑4条、多孔窑124条、梭式窑5条、倒焰窑11座、龙窑与阶级窑50条、煤气站4座。

早期，彩烤皆用砖瓦结构木炭为燃料的小烤炉。1955年，德化瓷厂改建柴烧烤花炉，次年7月，改以煤块为燃料的烤花炉。1960年5月，建成以无烟煤为燃料的烤花隧道窑2座。20世纪70年代后，福建各地还使用坑式、隧道式电烤花窑。1979年，德化红旗瓷厂建成燃油辊道烤花窑。1981年，闽清第一瓷厂建成煤烧辊道烤花窑。20世纪80年代以后，福建各主要日用瓷厂多采用辊道烤花窑。

江西省陶瓷行业发展概况

江西省，简称赣。因公元733年唐玄宗设江南西道而得省名，又因为江西省最大河流为赣江而得简称。江西东邻浙江、福建，南连广东，西靠湖南，北毗湖北、安徽而共接长江。境内除北部较为平坦外，东西南部三面环山，中部丘陵起伏，成为一个整体向鄱阳湖倾斜而往北开口的巨大盆地。江西陶瓷的生产历史悠久，以“千年瓷都”—景德镇为代表的陶瓷生产多年来一直在全国处于领先地位。近百年来，江西陶瓷走过了一条衰败、恢复与发展及飞跃发展的不平凡之路。如今，江西抓住全国陶瓷产业大转移的大好时机，形成了萍乡—高安（丰城）—景德镇—九江的陶瓷产业带，建立起了江西新的陶瓷生产大格局，即高安（丰城）的建筑陶瓷、萍乡的工业陶瓷等。景德镇则以其丰厚的陶瓷文化历史底蕴，走艺术瓷、日用瓷、高技术陶瓷、建陶等多元化协调发展之路，打造成为国家级陶瓷产业基地。

第一节 江西省陶瓷产业概况

江西拥有得天独厚和丰富的陶瓷原料资源，瓷石、高岭土、石英、长石、滑石、石灰石等几乎分布全省各地。目前，江西已探明高岭土资源的有浮梁、吉安、瑞金、泰和、遂川、广昌、安源、宜春、分宜、万载等县。贮藏有瓷石、瓷土的有吉安、万安、金溪、抚州、靖安、东乡、横峰、宜丰、都昌、安福（含锂瓷土）等县。贮藏有石英石或石英砂的有宜春、万安、崇仁、上饶、横峰、弋阳、都昌、新建等县。星子、黎川、安义等县既有高岭土、瓷土资源，还有长石、石英。江西地区的滑石资源主要集中在上饶、永丰、广丰一带。

以景德镇地区出产的高岭土品质最优，用其生产的景德镇瓷器曾代表中国陶瓷制品的高端水平和上等品质，影响着中国乃至世界瓷业的发展。现在，国际上通用的高岭土学名(千a—olin)就是来源于景德镇北部山区鹅湖镇高岭村边的高岭山。至今，景德镇柳家湾矿、三宝瓷土矿、大洲瓷土矿等仍在为景德镇陶瓷的生产提供原料。江西的陶瓷资源丰富，陶瓷生产分布也较广。

自1911年到21世纪初的百年间，江西的陶瓷产业随着全国政治、经济大局的变动，经历了继承、衰落、复兴、低谷和振兴的起伏式发展历程。

1911—1949年，除瓷业集中的景德镇外，赣西的萍乡地区、赣南的吉安地区、赣北的九江地区、赣东的抚州地区等许多乡镇均有作坊式陶瓷生产，用当地资源生产一些坛、罐、碗、碟之类的低档日用陶瓷。

1949年以后，以景德镇为代表的江西陶瓷在短短的十年间，先后成立了建国瓷厂、人民瓷厂、艺术瓷厂、红星瓷厂、红旗瓷厂、为民瓷厂、东风瓷厂、光明瓷厂、景兴瓷厂、宇宙瓷厂十大国营日用瓷厂；生产电瓷的华电瓷厂、高压电瓷厂；生产建筑卫生瓷的建筑瓷厂；生产陈设艺术瓷的雕塑瓷厂、高级美术瓷厂等。

在20世纪六七十年代，主要的技术进步成效是为把大部分的柴窑过渡到煤烧倒焰窑，又逐步将倒焰窑改造为煤烧、烧重油、烧气的隧道窑、辊道窑；由手工生产向机械化自动化生产过渡；引进国外先进技术和国产化开发；华风、玉风、4369等企业建成现代化的高档日用瓷生产线等。

与此同时，萍乡地区由生产低档日用瓷向生产电瓷等转变。20世纪70年代，辉煌之时的萍乡湘东区的陶瓷企业达174家，工业陶瓷总产量占全国市场份额的70%以上。

1980年，高安八景日用瓷厂建成当地第一条釉面砖生产线，其他各瓷厂也纷纷转产陶瓷砖。到90年代中期，高安有20多家建筑陶瓷厂，占江西省釉面砖产量的二分之一，约占全国总产量的10%。

20世纪90年代中后期，景德镇陶瓷经历了从国有到民营企业的转变，曾经显赫半个世纪的景德镇十大国营瓷厂转制，民营陶瓷业成为瓷都振兴陶瓷产业的主力。

21世纪初，由于许多沿海地区进行产业结构调整，江西利用其陶瓷资源丰富、制瓷历史悠久、紧邻东部地区之优势，在高安、丰城、萍乡、景德镇、九江等区域建立了五大陶瓷工业园，引资100亿元。江西陶瓷业又一次走向复兴之路，成为21世纪中国日用瓷、陈设艺术瓷、建筑陶瓷、电瓷的主要产区。

第二节 中国瓷都—景德镇

景德镇市位于江西省东北部，东邻安徽省休宁县和江西婺源县、德兴县，南连江西万年县、弋阳县，西靠波阳县，北及东北同安徽省东至县和祁门县毗连。著名旅游胜地庐山、龙虎山、三清山、黄山、九华山环绕其间，鄱阳湖、千岛湖呼应左右，名山胜水拥出瓷城。

景德镇是一座有着1600多年历史的古镇。春秋时为楚所辖，山高林密，人烟稀少。秦统一全国后，分天下为36郡，景德镇属九江郡番县。汉改隶属豫章郡鄱阳县。三国时属吴地。东晋起开始设镇，名新平镇。唐武德四平，就镇设县，称新平县。唐开元四年更名为昌县，县治设于距镇10千米的旧城，镇为县辖，因镇在县南（一说在昌江之南），故改名昌南镇，亦名陶阳镇。唐天宝元年，改新昌县为浮梁县，镇仍为县辖。宋景德年间，宋真宗赵恒命昌南进御瓷，底书“景德年制”四字，因瓷器精美，天下咸称景德镇瓷器，于是昌南之名淹没，景德镇之名一直沿用至今。明清时景德镇瓷业发达，贸易昌盛，与湖北汉口、河南朱仙、广东佛山并称为中国四大名镇。景德镇制瓷历史悠久，所产瓷器有“白如玉、明如镜、薄如纸、声如磬”之美称。千百年来，景德镇因瓷器而名扬四海，瓷器因景德镇而身价倍增。郭沫若诗云：“中华向号瓷之国，瓷业高峰在此都。”景德镇是举世闻名的瓷都。

汉代时，景德镇人就靠山筑窑，伐木为薪，开始了陶器的烧造。三国、两晋、南北朝时期，北方长期战乱，南方相对稳定，北人大规模南迁，南方经济有明显的进步。到南北朝时的陈朝，景德镇制瓷业长足进展，史书称景德镇“水土宜陶”，镇瓷“自陈以来名天下”。

隋唐开始，制瓷工人掌握了用高火度烧造瓷器的方法和配方，所制瓷器色泽素润，“莹缜如玉”，质地坚固，被誉为“假玉器”。唐武德四年，唐高祖曾下诏“制瓷进御”。

宋代制瓷工艺更有新的提高。瓷器洁白不疵，釉面晶莹，尤以影青为代表作。此时的景德镇瓷器在胎质、造型、釉色、制作等方面都进入了兴盛时期，西方人称为“瓷器成功的时代”。景德镇作为瓷都地位，实际上是在宋代奠定的。

元代时，官方在景德镇设置“浮梁瓷局”。其时镇内不仅有官办“枢府”窑，而且民窑也增至300座。元代烧造的青花白瓷和青花釉里红被誉为“人间瑰宝”。青花瓷的出现，结束了我国瓷器以单色釉为主的局面，把瓷器装饰推进到釉下彩的新时代，形成了鲜明的中国瓷器之特色。

明洪武二年，朝廷在景德镇设“御窑厂”。其时镇内有官窑58座，民窑达数百座，“昼间白烟掩盖天空，夜则红焰烧天”，足见其生产规模之宏大。明中叶以后，制瓷技艺高超，产品精美，为天下窑器之所聚。

清代时，尤其是康熙、雍正、乾隆三朝，为景德镇瓷业的鼎盛时期。镇内人口逾十万，瓷业发达，商贾如云，有“绝妙花瓷动四方，廿里长街半窑户”之说，制瓷工艺达全国最高水平，创造了闻名遐迩的古彩、粉彩、珐琅彩和各种名贵色釉。但鸦片战争以后，景德镇的制瓷业遭到严重摧残，到1949年末，大部分瓷厂、瓷窑都已停工，开工的只占7.8%，年产量仅有粗瓷6350万件。

20世纪50年代以后，景德镇的制瓷工艺、装备和生产规模都发生了很大的变化。原料粉碎从水碓粉碎发展到雷蒙机和球磨机粉碎，原料精制从脚踩练泥进化到真空练泥，成型从手工拉坯、太阳干燥发展到滚压成型、链式干燥等，几十年间从国外引进先进设备123台（套），生产厂家从当初的2000多个极为分散的手工作坊发展到50多个日用瓷生产工厂，其中大中型出口瓷生产工厂15家，从“草鞋码头”的破烂摊子逐步形成了包括地质勘探、矿山开采、原料加工、石膏模具、窑具、窑炉、陶瓷机械、耐火材料、瓷用化工、内外销售、陶瓷科研、陶瓷教育等较完整的国内外罕见的陶瓷工业体系和科工贸体系，推动了陶瓷生产的迅速发展。到1990年，年产日用陶瓷3.65亿件。陶瓷工业总产值年平均增长8.7%。许多失传的产品得到恢复，而且创造了一批新产品。1949—1990年，陶瓷工业累计完成利税7.32亿元（其中利润累计3.44亿元），为国家创汇5.01亿美元。景德镇作为国内的主要产瓷区，日用瓷产量、出口瓷创汇均名列全国前茅，单件瓷创汇水平为国内最高，获国际金奖和国家金银牌的产品居全国之首，90%以上的国家外交礼品瓷均是由景德镇烧制的。景德镇仍不愧为中国的瓷都。

进入21世纪后，景德镇采取招商引资，建立陶瓷科技园等一系列措施，使日用瓷的科技和生产迎来了新的历史发展时期。河北新东升集团、福建冠福家居用品股份有限公司、唐山华庭陶瓷有限公司、上海玛格隆特骨质瓷有限公司、潮州新伟成实业有限公司、景德镇望龙陶瓷有限公司、台资企业景德镇法蓝瓷实业有限公司等加盟入驻，集合30家以上技术先进的高档日用陶瓷制造企业，投资33亿元，占地1609亩，新建厂房约100万平方米，建设年产5亿件以上高档日用陶瓷生产线。

一、辉煌历程

景德镇瓷业曾创造了辉煌的成就。自五代景德镇瓷业初具规模后，瓷业工人不断总结积累制瓷经验，并随着北窑制瓷技术的南传，景德镇汇国内各大名窑技术之长，聚各大名窑之成就，使瓷器烧造取得辉煌成就。经测试，五代时景德镇烧造白瓷的白度达70度以上，吸水率、透光度均达到现代瓷器标准，瓷质在当时居全国首位。

宋代时，景德镇瓷业的装烧工艺从五代时的支撑物支烧发展到装匣烧成，所产青白瓷（亦称影青瓷）体薄、质细腻，色泽白里泛青，温润如玉，有“琼玫饶玉”之称。元蒋祈《陶记》中载：“埏植之器，洁白不疵，故鬻于他所，皆有饶玉之称，其视真定红磁、龙泉青秘相竞奇矣。”明宋应星《天工开物·陶埏》中也有“有素肌玉骨之象”的记载。青白瓷品种有杯、碗、盘、执壶、碟、盏等日用瓷，还有化妆用具、祭器、明器、弈具、博具和瓷雕等多种。装饰有刻花、雕花、镂花、堆塑、印花等。产品造型清秀典雅，纹饰题材丰富且生动精致。景德镇成为当时全国著名的青白瓷产区，形成宋代规模巨大的青白瓷体系。当代陶瓷史学家称：“瓷器由半透明釉发展到半透明胎，这是中国瓷器发展过程中的第三个飞跃，景德镇宋代青白瓷首先产生了这次飞跃。”

元、明、清三代，景德镇瓷器一直是中国陶瓷技艺水平最高的产品。元代，景德镇瓷业进入了一个创新时期。在制胎原料上，开创了瓷石加高岭土的“二元配方”法，从而提高了瓷器烧成温度，减少了焙烧过程中器物的变形，为烧造大型器物奠定了基础。在装饰方法上，成功地创烧出青花、釉里红以及卵白釉、蓝釉等颜色釉，并采用画花、印花、雕花等技法，使中国瓷器装饰技术进入一个崭新的时代。

明代，景德镇制瓷工种分工更细化，工艺流程趋于细微。据《天工开物》记载："共计一坯工力，过手七十二，方克成器。"同时制瓷除普遍采用元代创制的"二元配方"及釉灰外，施釉与成型方法也进一步改进。根据瓷器形状，采用了荡釉、蘸釉、浇釉、吹釉等多种施釉方法。始用"二次印坯""二次利坯"的成型方法，并创造了吊线装坯、一匣多器、涩圈迭烧法和并列仰烧法等。产品质量进一步提高，瓷器装饰新品种不断涌现。明永乐、宣德时烧制成功甜白釉瓷，是单色釉瓷发展的一大进步；创制的祭红釉瓷成为陶瓷苑中的瑰宝；黄釉青花、霁兰釉白花、孔雀绿釉、浅黄釉、仿哥釉、仿汝釉、黑釉等诸多新品种层出不穷，瓷器装饰进入五彩缤纷的新时期。成化时的景德镇瓷器制作精巧、色料精美，釉上彩流行，斗彩彩绘工致，色彩艳丽；施彩技法多样，有点彩、复彩、染彩、加彩、填彩等多种，产品精妙可人，历来被海内外赞赏。正德时的五彩、素三彩、矾红彩，嘉靖至万历朝的五彩等彩瓷，均是深受欢迎的著名产品。"有明一代，至精至美之瓷，莫不出于景德镇。"

清代时，景德镇瓷业在全面继承明代技术、品种的基础上不断创新与发展，尤其是康熙、雍正、乾隆三朝的制瓷技艺、装饰水平达到登峰造极的地步。康熙时的青花幽靓雅致、优美大方，五彩纹样丰富，色彩透明雅丽。珐琅彩是康熙、雍正、乾隆三朝名贵的宫廷御瓷。粉彩是在珐琅彩基础上发展的新品种，给人以"彩之有彩，粉润清逸"的美感。薄胎瓷达到"纯乎见釉，几乎不见胎骨"的地步。仿历代名窑生产的仿古瓷达到几可乱真的程度，且超过历代名窑技术水平。青花玲珑细致精巧，青莹剔透；象生瓷雕造型优美，形神兼备，栩栩如生；镂空转心瓶、转颈瓶、瓷胎仿漆等特种工艺瓷制作精细，巧夺天工；各种高、低温颜色釉五光十色，品种丰富多彩，质量纯精；其中，郎窑红、豇豆红、祭红、钧红等名贵颜色釉均为举世瞩目之珍品。景德镇瓷业在长期的生产发展中，集历代名窑之大成，形成了自己独特的"品种繁多、造型优美、装饰丰富、技法多样"的传统技艺和"白如玉、明如镜、薄如纸、声如磬"的风格。在清末至民国的瓷业中衰时期，与洋瓷倾销国内的抗衡中，景德镇传统产品仍获得海内外的欢迎与赞誉，产品供不应求。

民国时，尽管由于连年战争而使景德镇瓷业日渐衰弱，但制瓷技术及瓷器装饰艺术仍有新的发展。制瓷开始采用脚踏辘轳车、手动碎釉机、石膏模型的铸坯法、雾吹器的吹釉法等新工艺。传统产品青花瓷器质洁白晶莹，花色流畅典雅。瓷雕制作精巧，生动传神。其中，徐播生创制的"龙船"瓷雕将画、刻、塑、镂、捏等多种技法融为一体，把瓷质镂空技术推向一个新的高峰，曾一时轰动国内外陶瓷界。"珠山八友"新流派推动了景德镇瓷器装饰技术的发展，其中，"珠山八友"之一王大凡创立的"落地粉彩"技法别具一格，是为继承与发扬传统工艺美术探索过程中所取得的新的艺术成果。人称"青花大王"的王步把水墨画中的写意技法与青花技法相结合，以豪迈奔放的气概、简朴雄浑的笔墨，为花鸟传神创造了明清以来的新风格。

1949年以后，景德镇瓷业在继承和科学总结传统技艺的基础上，不断创新与发展。20世纪50年代，试制成功的高白釉的白度达到83.45%，创中国陶瓷历史上的白釉瓷之最；试制成功的瓷用金水改变过去一直仿造进口的局面，填补了中国陶瓷工业的一项空白。

20世纪60年代后，景德镇传统制瓷工艺有新的发展。建国瓷的制作取得成功，许多传统名贵高、低温色釉得到恢复，青花、青花玲珑、颜色釉、薄胎瓷、仿古瓷、彩瓷、雕塑瓷及特种工艺瓷等传统产品均赶上甚至超过历史最高水平，其中青花红楼超万件花瓶、大件三阳开泰花瓶、大型瓷雕滴水送子观音等产品均超过历史最高水平。大件郎窑红、大型色釉瓷壁画、成套青花和青花玲珑瓷、大型薄胎瓷、具有时代气息的粉彩与古彩、凤凰衣釉、雨丝花釉、彩虹釉等新产品层出不穷。日用瓷向高档瓷、成套和系列化发展。

1983年，在全国陶瓷评比中，景德镇瓷器的10个大类产品就有7个被评为全国第一。

1984年，景德镇人民瓷厂生产的青花梧桐45头西餐具分别在民主德国的莱比锡、捷克的布尔诺、波兰的波滋南3个国际博览会上连获3枚国际金牌。

二、陶瓷资源

1．陶瓷原料

1949年以来，政府先后投资改建、扩建和新建了一批制瓷原料生产基地。

(1)扩建浮东瓷石矿　浮东瓷石矿位于景德镇市浮梁县瑶里乡境内，开采历史甚久，以青树下的瓷石为最佳，浮东瓷石亦称釉果，可用于制作石灰质釉，主要作为工艺美术瓷的釉用原料。

(2)投资改建浮南瓷土矿　浮南瓷土矿位于距市22千米的湘湖乡东流村。该矿于1873年开始开采。现在这里的瓷石已接近采完，但在其附近的坳岭又发现有瓷石矿藏，已开始开采。1952—2010年，市陶瓷原料总厂瓷石（瓷土）产量统计表见表一。

表一　1952—2010年，市陶瓷原料总厂瓷石（瓷土）产量统计表　　单位：吨

年份	产量	年份	产量	年份	产量
1952	3472	1972	32943	1992	89675
1953	3906	1973	33003	1993	88650
1954	4964	1974	27874	1994	71560
1955	6459	1975	27531	1955	45680
1956	3403	1976	23588	1996	39690
1957	11172	1977	30217	1997	25400
1958	10605	1978	40026	1998	32560
1959	27918	1979	37155	1999	28780
1960	29146	1980	38911	2000	29650
1961	13367	1987	41450	2001	39750
1962	10530	1982	40041	2002	36630
1963	12507	1983	41959	2003	38600
1964	17871	1984	46701	2004	48650
1965	117261	1985	50999	2005	57840
1966	16541	1986	85000	2006	58960
1967	9905	1987	91430	2007	63100
1968	10128	1988	98540	2008	69870
1969	11578	1989	96335	2009	94580
1970	21860	1990	103570	2010	139650
1971	29785	1991	85640		

(3)投资兴办余干瓷石矿　1953年1月，景德镇市投资在余干县梅港乡境内建设余干县瓷土制造厂，隶属于景德镇市瓷土厂，后属江西省陶瓷工业公司。1953—1990年，该矿共产瓷石31.3万吨。

(4)投资改造三宝蓬瓷石矿　三宝蓬瓷石矿位于距市区近10千米的竞成乡三宝蓬村，开采历史悠久。1949年后，江西省陶瓷工业公司原料总厂在此设立了三宝蓬矿区并投资进行改造，年开采瓷石6000吨，加工瓷土2000吨。三宝蓬瓷土是制作大件产品不可缺少的原料之一。制作大件产品时，坯料加入中三宝蓬瓷土可防止产品的“过缸”（发裂）。

其他投资改造的还有陈湾瓷石矿、星芦矿、大洲瓷土矿、枫源瓷土矿、抚州瓷土矿、柳家湾瓷石矿、宁村瓷石矿等。

2．燃料

景德镇日用陶瓷的烧成历来都是以薪柴为燃料。自景德镇窑出现后，对燃料的要求提高。

由于镇窑的头大腹大，膛内宽敞，火力强，温度高，故要求以富含油脂的松柴为燃料，且要求用松树枢干锯、劈成三开的柴片。松枝松叶供烧粗瓷槎窑使用。1949年后，景德镇日用陶瓷的烧成仍沿

用以松柴为燃料的柴窑和以杂柴残松树枝叶为燃料的槎窑，当时有镇窑83座，槎窑8座。

1950年以后，景德镇陶瓷工业使用燃料经历了煤炭、重油、煤气、焦化煤气、天然气等阶段。特别是使用天然气等干净气体燃料之后，景德镇的自然环境得到保护和改善。

3．辅助材料

(1)匣钵　最初的匣钵用原料是黄土、白土和田土，均产自当地。1949年前，匣钵由私营匣钵户手工生产，供应瓷厂使用。1949年后，景德镇把匣钵生产者组织起来，成立专业匣钵厂。1980年，改名为景德镇窑具厂。其生产方式逐步由手工改为用机械粉碎原料、机械练泥、钢模成型、辘轳成型并利用窑炉烧成。20世纪80年代以来，制匣原料逐步向熔融石英—黏土质匣钵、细颗粒匣钵方向发展。1985年，景德镇窑具厂年产匣钵29379吨。其中大器匣钵10829吨（21万担）、小器匣钵18450吨（22.5万担）、碳化硅匣钵100吨。至1990年，熔融石英—黏土质匣钵已大量生产，保证了景德镇陶瓷企业的生产需求。到90年代初，随着煤气烧瓷的发展，景德镇新华瓷厂实验无匣烧瓷成功，以棚板加支柱组成窑车，把坯体裸装在车内进行烧成，烧成合格率95%以上，外观质量亦优于同窑匣装烧成同类产品。

(2)彩绘原料及颜料

①金水　以黄金等贵重金属制成的液体颜料，施于瓷器上经600—900℃烘烤，形成金光闪烁的色面，使瓷器堂皇华丽。除黄金水外，还有白色金水及各色电光水。1949年前，景德镇所用的金水均从德国、英国进口。1953年，景德镇试制成功出第一瓶金水。同年，组建景德镇瓷用原料化工厂，大批量生产金水。1958年，研制出多色电光水。1970年，研制出白色金水、亮光金水、磨光金水等系列品种。这些品种的色泽、寿命、附着力等性能均达到部颁标准，产量由年产数百瓶发展到年产10万瓶。

②彩绘颜料　分为釉上、釉中和釉下彩绘颜料，每个单色有多系列色调品种。据民国《江西通志稿》记载，景德镇瓷器釉下颜料国内产多由云南、赣州、吉安等地运入，国外产则由日本输入，一般系从瓷商带进直接售于瓷厂或红店。釉上颜料除 由日本进口外，景德镇亦有粉彩颜料生产小作坊专业制作。据1928年调查，景德镇有颜料制作厂商9户，其中8户为婺源人，1户为高安人，其他不知怎么制作，也不允许制作。1949年后，景德镇先后组成公私合营颜料厂和手工业颜料合作社。1957年相继并入市瓷用原料化工厂。市瓷用原料化工厂专业生产与供应瓷饰颜料。1985年，生产颜料74吨、1986年为80吨、至1990年产量达95吨。颜料一般都是由色基（单一或多种金属有色氧化物）和熔剂（玻璃熔块）组成。

③新彩颜料　1949年前，大部分从德国、日本进口。20世纪50年代初期，沿袭传统方式生产，用砖炉煅烧、手工舂料、手工磨研和过筛。1956年后，市瓷用化工厂改进生产工艺并开发出新产品。1980年，研制成功釉上丝网雪白颜料，达到国际先进水平。1981年，研制成功珠光彩色颜料，装饰高档瓷器，销往欧美国家。1989年，采用微电脑控制、自动电子秤配料、自动吊篮隧道炉煅烧，实现了颜料生产自动化，品种和质量均达到国内外先进水平。

④花纸　清末民初时，江西省瓷业公司鄱阳分厂附设的中国陶业学堂首先采用花纸，以后传到景德镇各彩绘红店。但是，当时花纸系上海从联邦德国引进技术和颜料用石印进行生产。20世纪50年代初期，景德镇市陶瓷美术工艺社研制成功花纸，但生产量小，远远满足不了瓷业生产的需要。1957年，经中央和地方政府批准，把上海的两家贴花纸厂迁往景德镇，并入景德镇市瓷用原料化工厂。景德镇的花纸生产逐步从手工向机械化、自动化方向发展，产品种类日益增多。同年，生产出的凹版青花花纸为大批量生产釉下青花瓷器开辟了新路。1971年，生产聚乙烯醇缩丁醛薄膜花纸。1978年生产

丝网平印花纸，以后又生产腐蚀金贴花纸、彩金贴花纸、丝网釉下青花贴花纸等，品种达200多种，不仅满足了景德镇瓷业生产的需求，还支持全省乃至全国各产瓷区。1982年，在全国陶瓷花纸设计评比中荣获4个一等奖，名列全国同行第一。1987年，在全国花纸评比会上，平印、丝印、平丝结合印的3项中夺得2项第一名。

⑤石膏　20世纪50年代初期以前，石膏仅用于翻制注浆模型、雕塑模型，用量很少，石膏的粉碎和煽炒都靠手工。从50年代后期起，手工成型逐步被机械压坯取代，石膏的用量迅速增长。这时的石膏粉的加工均由各瓷厂自己完成，但由于炒制温度不均匀，颗粒较粗而影响模型的品质，并且加工石膏多在居民住宅区进行，污染严重，群众意见很大。后来，曾一度从上海购买加工好的石膏粉，但又因价格和运输等问题而终止。1970年，在景德镇瓷厂石膏车间的基础上组建了一个石膏模具厂，专门从事瓷用石膏的加工与供应。各瓷厂所需石膏粉均从此厂购买。随后，石膏模具厂从国外引进设备，使加工石膏的种类多、质量提高，受到用户欢迎。直至90年代末，该厂生产的石膏粉除供应本市各瓷厂外，还销往本省各地及湖北、安徽、广东及浙江等地。

三、陶瓷产品

1. 日用陶瓷

据1990年统计，景德镇市日用陶瓷的品种有13个大类，232个系列，1662个品种，1万个画面。到2010年年底，虽然有增有减，但总体上没有太大的变化。陶瓷产品的品种大体可分为四大类：饮食用瓷、贮盛用瓷、配套用瓷和其他用瓷。

2. 四大传统名瓷

景德镇的四大传统名瓷是青花瓷、粉彩瓷、颜色釉瓷和青花玲珑瓷。

四、陶瓷贸易

1949年以来，随着陶瓷工业的日益繁荣，陶瓷销售、陶瓷包装有了相应的发展。从1949年7月开始，景德镇的瓷器大多由浮梁专区贸易公司和景德镇市贸易公司负责购销。1950年5月，成立国营景德镇瓷业公司，成立后不久，该公司便将收购来的1万余担(300万件)瓷器运往芜湖、南京一带进行销售。与此同时，分别在南京、无锡各设了一个中心推销小组。设立于南京的中心推销小组负责在芜湖、南京、镇江等地开展推销活动；设立于无锡的中心推销小组负责在常州、无锡、苏州、南通等地开展推销活动。接着，又分别与上海、南京、镇江、常州、无锡、苏州、南通等地建立了瓷器调拨、代销等业务关系。此后，又分别与汉口、重庆、北京、天津、广州、河南、甘肃、陕西、新疆、青海等省、市建立了业务联系。经过半年多的努力，景德镇瓷器在国内的传统市场不仅基本得到恢复，而且还开辟了一些新的市场。1950年，景德镇瓷的内销量已达324208担（1026万件），比1949年增长62%。1951年后，该公司又先后派人参加了中国贸易会议、华东物资交流会、华南物资交流会、华北物资交流会等一系列会议和订货会，先后签订6批供货合同或协议。到1952年，景德镇瓷器已基本销往国内各省。

1953年，国家开始实行“一五”规划，随着私营企业逐步转为公私合营企业或生产合作社，对陶瓷内销的业务机构也进行了适当调整。1955年9月，浮梁专区贸易公司景德镇瓷业公司改成了全国供销会议，通过召开会议，全国各地签订了大批的订货合同、合约及协议。1957年，全市陶瓷内销量比1949年增长了3倍多。到1958年，内销量已达753310担（22599万件），为9年来内销数量最多的一年。由于“大跃进”时一味追求产值，大力发展工业用瓷，致使1959年日用陶瓷内销量比1958年下降20%以上。1961年，贯彻中央提出的“调整、巩固、充实、提高”的方针。到1962年，全市日用瓷产量得以回升。1962年起，先后采取了许多有效措施推进日用陶瓷的销售。一是分别在北京、辽宁等地举办瓷器订货会。二是把陶瓷的计量单位由“担”改成“件”，符合全国同行业计量的统一口径。三是反复派人赴全国各地进行调查，征求意见，摸清行情。1964年，内销瓷销量已达8459万件。十年“文革”使景德镇的陶瓷生产和销售处于低谷。1967年，内销陶瓷为7932万件，比1966年下降了25%。1967年后内销数量仍继续下降。1976年以后，景德镇陶瓷的内销市场逐年扩大，现已遍及全国城乡。1986年后，随着国有体制向民营转变，内销量下降。1949—1990年，景德镇陶瓷内销统计情况，见表二。

表二　1949—1990年景德镇陶瓷内销统计情况　　单位：万件

年份	内销数量	年份	内销数量	年份	内销数量
1949	32	1963	6323	1977	8506
1950	415	1964	7948	1978	10803
1951	2416	1965	9207	1979	10829
1952	4351	1966	10497	1980	13779
1953	5579	1967	9362	1981	13585
1954	14301	1968	9187	1982	12139
1955	15540	1969	7773	1983	11074
1956	19688	1970	11073	1984	11914
1957	20943	1971	13145	1985	11282
1958	25639	1972	9406	1986	11261
1959	11166	1973	9264	1987	9596
1960	6002	1974	7349	1988	8233
1961	3694	1975	9546	1989	5441
1962	6685	1976	7708	1990	4909

注：不含陶瓷企业自销数。

20世纪50年代以来，景德镇市先后在全国各地举办陶瓷展览或选送瓷器参加展出共达一百余次。1965年10月29日至11月30日，江西省瓷业公司、景德镇市手工业管理局在北京中国美术馆联合举办“景德镇瓷器展览”，共展出500多个品种，3000余件展品，接待国内外观众10万余人（次），其中包括接待朝鲜、罗马尼亚、保加利亚、匈牙利、苏联、蒙古国、捷克斯洛伐克、民主德国、波兰、古巴、日本、英国、法国、意大利、美国、加拿大、西班牙、芬兰、瑞典、瑞士、丹麦、印度、荷兰、澳大利亚、新西兰等50多个国家和地区的300多批外国朋友。新华社、《人民日报》、中央人民广播电台、《工人日报》《光明日报》《大公报》《北京日报》《北京晚报》等新闻机构对这次展览作了报道，《中国建设》《人民中国》等也向国外作了专题报道。

1978年10月10日—11月20日，“景德镇瓷器展览”在北京北海公园举行，共接待国内外观众30万人（次）。新华社、《人民日报》、中央人民广播台、《光明日报》《人民中国》《人民画报》《北京日报》先后对这次展览作了报道。中央新闻电影制片厂还将这次展览拍成了彩色电影专题片。

1984年9月24日—10月14日，“景德镇瓷器赴京汇报展览”分别在北京中国美术馆、北京工艺美术服务部等处举行，参展、参销的陶瓷产品多达1000多个品种，100多万件（套），接待国内外观众50余万人（次）。

1990年10月11日—14日，“首届中国瓷都—景德镇国际陶瓷节”隆重举行，接待国内外来宾3142人，其中外宾488人，内宾2654人。

1950年5月1日，浮梁专区贸易公司景德镇瓷业公司成立，开展对景德镇瓷器的收购、内销及出口调拨业务。1956年5月，中国土产出口公司江西省陶瓷出口公司成立。1968年，江西省陶瓷出口公司并入江西省陶瓷销售公司，景德镇陶瓷的内、外销均由这家公司经营。1949—1990年，景德镇陶瓷外销总量为236701万件，其中，1986年外销数量10320万件，是1949年的47倍。创汇总额48338万美元，其中，1982年外销创汇达3103万美元，是1949年的160倍。现在，外销陶瓷器型已达2000多种，花面已达700多个，远销五大洲的118个国家和地区。1949—1990年，景德镇陶瓷出口经营统计情况，见表三。

表三　1949—1990年，景德镇陶瓷出口统计情况

年份	日用瓷实际出口量/万件	日用瓷出口　换汇额/万美元	年份	日用瓷实际出口量/万件	日用瓷出口换汇额/万美元
1949	220	20	1958	4314	559
1950	443	3	1959	4187	485
1951	203	14	1960	440	405
1952	26	2	1961	3008	172
1953	8	1	1962	2362	262
1954	567	60	1963	4299	358
1955	667	70	1964	5189	517
1956	2455	276	1965	3824	612’
1957	3942	487	1966	4177	514
1967	3385	432	1979	10407	2622
1968	3366	287	1980	9304	2815
1969	5247	524	1981	10146	3015
1970	5304	503	1982	9995	3103
1971	7062	908	1983	7781	2220
1972	11650	1394	1984	6246	2002
1973	11656	1486	1985	7213	2005
1974	8352	1162	1986	10320	2505
1975	7797	1091	1987	10226	2606
1976	5948	905	1988	8288	3003
1977	10878	1656	1989	8588	2701
1978	3904	1069	1990	9080	2820

注：不含陶瓷企业自销数。

景德镇日用陶瓷企业出口销售的主要渠道江西省陶瓷进出口公司，也有部分通过海关自主出口。据不完全统计，2008—2010年，经景德镇海关出口的日用陶瓷的出口金额分别是2300万美元、1500万美元和1700万美元。1991—2010年，景德镇陶瓷出口情况见表四。

表四　　1991—2010年，景德镇陶瓷出口情况

年份	日用瓷实际出口量/万件	日用瓷出口换汇额/万美元	年份	日用瓷实际出口量/万件	日用瓷出口换汇额/万美元
1991	10083	3104	2001	2604	903
1992	9055	2349	2002	4030	1483
1993	6313	2022	2003	4834	1937
1994	6369	2208	2004	1907	1079
1995	4387	1200	2005	2321	1550
1996	3191	1107	2006	2490	1971
1997	2901	1157	2007	2628	2003
1998	2735	1207	2008	3217	2507
1999	3152	1226	2009	3926	3278
2000	3558	1229	2010	5688	4785

五、科技发展

1．陶瓷教育

1906年，张浩与康达合作在鄱阳创办“中国陶业学堂”，为景德镇陶瓷生产培养技术人才。1912年，江西省立陶业学校成立。1915年，更名为江西省立甲种工业学校，次年设分校于景德镇，定名江西省立乙种工业学校，这是景德镇最早的陶瓷教育机构。1946年7月24日，校长汪番筹建省立陶业专科

学校。

1955年11月6日，中央文化部创办的景德镇陶瓷美术技艺学校开学。1957年5月21日，景德镇政府决定成立江西省陶瓷学校，由时任市委书记赵渊兼任校长，胡怀陵担任副校长。1958年6月28日，江西省人民委员会决定，江西省陶瓷学校更名为景德镇陶瓷学院，专门培养高级陶瓷人才，成为当时中国最重要的陶瓷教育中心。1968年12月28日，景德镇陶瓷学院被撤销。1975年12月30日，经国务院批准，恢复景德镇陶瓷学院，当年面向全国招生。现在，景德镇陶瓷学院已发展成为以陶瓷工科为主体，文学、艺术、经济、管理兼备，体系完整，专业人才集中的多学科的陶瓷高等教育学府。

1954年8月1日，景德镇陶瓷研究所成立。1957年6月28日，景德镇陶瓷研究所划归江西省轻工业厅管理，改名为江西省轻工业厅陶瓷研究所。1965年2月，中国科学院上海硅酸盐研究所陶瓷室迁并景德镇陶瓷研究所，改名为第一轻工业部景德镇陶瓷研究所。1968年12月，第一轻工业部景德镇陶瓷研究所被撤销。1978年8月10日，轻工业部决定，恢复景德镇陶瓷研究所，更名为轻工业部陶瓷工业科学研究所，重新隶属于轻工业部，由轻工业部科学研究院直接领导。1995年，随着轻工业部改为中国轻工总会，轻工业部陶瓷工业科学研究所更名为中国轻工总会陶瓷研究所。该所以应用研究为主，基础研究为辅，主要从事日用陶瓷、特种陶瓷、艺术、陶瓷、耐火材料、窑炉机电、陶瓷颜料的研究与开发；全国陶瓷产品及其原材料质量监督抽查与委托检测；标准的制（修）订以及科技信息服务等，为景德镇乃至全国的陶瓷技术进步做出贡献。

2．技术进步

(1)革新生产工艺　1953年，景德镇市第四瓷厂试验成功并推广了铁板补炉法、流水作业法、双手沾釉法、混水促釉法、双笔画坯法、木机灌泥法、碱水配釉法、底心蜡印法等新技术和新工艺，使生产效率得到极大提高。1955年12月25日，第九瓷厂试制成功注浆机，开创了景德镇陶瓷机械注浆的先河。1956年3月4日，景德镇试验瓷厂采用注浆方法先后制出了100件花瓶、100件暗花莲子瓶等50余种造型复杂的美术瓷。1959年5月4日，宇宙瓷厂建成两组土洋结合的大型水簸池，每天精制原料3万千克；5月7日，宇宙瓷厂试制成功电动木质打砖机，工效比手工操作提高7倍；6月3日，景德镇陶瓷研究所研制成功采用腐蚀法装饰的瓷器；7月21日，建国瓷厂采用注浆法制作天青釉堆花产品获得成功，生产效率比手工操作提高15倍。1965年7月15日，东风瓷厂研制成功琢器注浆成型机械化新工艺。1979年8月，景德镇市红旗瓷厂发明的BTW工艺获国家发明4等奖。

(2)开发新产品　1953年4月20日，景德镇市瓷用化工厂生产出第一瓶瓷用金水。1958年7月25日，市第九瓷厂试制成功高级耐酸瓷，耐酸性达99.3%；7月26日，陶瓷研究所成功地烧制出玉青釉、豆绿釉，经鉴定色釉超过历史最高水平。1959年4月28日，瓷用化工厂试制成功瓷用磨光金水；10月4日，景德镇市化工厂试制成功瓷用颜料镉硒红；11月4日，景德镇陶瓷研究所试制成功高温黄釉；12月14日，又研制成功高温黑釉。1962年9月14日，建国瓷厂试制成功颜色釉堆雕。1986年，景德镇建国瓷厂用新研制的大件郎红釉新配方并用替代燃料（液化气）烧出了红宝石一样晶莹透亮的郎窑红，该工艺技术于1986年5月15日荣获国家科学技术进步三等奖。1987年8月，陶瓷窑具厂的熔融石英—黏土匣钵、光明瓷厂的青花彩色玲珑或45头清香西餐具、瓷用化工厂的陶瓷釉上低温丝印颜料和雕塑瓷厂的夜光釉瓷雕荣获全国轻工业优秀新产品奖。1990年1月初，在全国轻工新产品评展会上，景德镇陶瓷企业申报参评的8项陶瓷新产品全部获奖，其中稀土青釉白花瓷等5项获全国轻工优秀新产品奖；同年8月6日，器高55厘米、径围140厘米的千件釉下彩特大薄胎皮灯在红旗瓷厂烧制成功。

(3)研制和推广新设备　20世纪50年代初期，景德镇仅有一家规模极小的私营李同兴铁工厂，但并不生产陶瓷机械。50年代中期，李同兴铁工厂实行公私合营，更名为景德镇市铁工厂。1958年，景德镇市铁工厂扩建为国营景德镇市机械厂。1962年，更名为景德镇市陶瓷机械厂。1979年前，仅生产5种陶瓷机械。1979年后，产品向小批量，多品种发展。1986年后，品种日渐增多，生产的品种已达60多个。1990年，全年共生产各类机械506台。到90年代初，全厂职工993人，拥有各类设备142台，其中金属切削机床102台，锻压设备13台。产品不仅销于本市，而且销往全国各地。该厂曾被列为国家机械工业委员会和轻工业部的重点企业之一，属全国陶瓷专用设备技术归口单位和标准化中心站。

1953年8月20日，市人民铁工厂（景德镇陶瓷机械厂的前身）试制成功第一部脚踏旋坯车并在建国瓷厂投入使用。1955年10月29日，景德镇市华光瓷厂创制出第一台木质脚踏压饼机，比手工制饼提高工效30%。1958年7月24日，市机械厂试制成功第一台真空练泥机；12月30日，红星瓷厂试制成功第一台双刀自动刷坯机。1961年7月，此设备经轻工业部鉴定被认定为国内制瓷的先进设备，在全国制瓷行业中推广。1980年8月，由景德镇陶瓷厂和陕西建筑陶瓷研究所联合设计、研制的国内陶瓷业第一座1000型压力式喷雾干燥塔在景德镇陶瓷厂试产成功。1990年，700型旋转振动筛等3项新设备荣获全国轻工新产品奖。

(4) 主要技改工程　20世纪五六十年代，景德镇主要是对老厂进行改建、设备更新，同时新建了一批机械化的工厂。1956年6月1日，第一座采用机械化加工瓷土的瓷土厂破土兴建。1957年8月10日，景德镇政府决定拨款33万元，用于瓷用化工厂、建国瓷厂的新建与改建。1958年，政府决定引进捷克的技术与设备，兴建现代化的景德镇瓷厂。与此同时，在全市范围内陶瓷厂进行了以煤烧倒焰窑代替柴烧的镇窑改造工程。

1976年以后，国家对景德镇陶瓷业的现代化工作十分重视，“七五”到“九五”期间，先后投入大量资金对国有大型陶瓷企业进行技术改造，并从国外引进设备与技术。主要的技改工程有20世纪80年代的“300万工程”（即玉风瓷厂）；90年代的“4386工程”（景德镇陶瓷股份有限公司）；景德镇光明瓷厂引进气烧隧道窑、窑具厂引进气烧梭式窑等工程；引进全套设备建立的景德镇建筑卫生陶瓷厂工程等。

3. 陶瓷窑炉

景德镇的陶瓷窑炉主要有蛋形窑、槎窑、方（圆）形煤窑、隧道窑、梭式窑和彩绘烤花窑炉等。

(1) 蛋形窑　又称镇窑，为景德镇窑工所创，故名为景德镇窑，简称镇窑，又习惯称柴窑。始创于元，盛行于明，此后一直成为景德镇烧瓷的主要窑炉。镇窑身长18—20米，窑室内最高处为5.4—6米，最宽处为4.2—5米，容积160—200立方米。因窑室高大宽长，容积较大，除官办和大型企业主的产品装烧外，一般中小企业主则是搭窑烧坯（俗称搭坯户），也有专营烧的业主（俗称烧窑户）。镇窑烧瓷分工极细，窑厂有把庄（技师）统一指挥烧成技术，下游技工、普工及辅助工，另有管事人员，负责财务及总务事宜，还有满窑工，专门负责窑内下部，匣钵柱的排列、加高、窑店专门负责筑砖和修理窑炉。镇窑室内前后温差大。断定瓷器是否烧成，全凭把庄师傅的眼睛和经验，察看火焰颜色和掌握烧成时间。20世纪50年代初期，景德镇仍沿袭镇窑烧瓷。但因镇窑使用松柴做燃料，随着陶瓷生产的发展，松柴已满足不了需要，于是采取煤柴混烧办法，但未获成功。60年代中期，煤窑烧瓷成功，使用600余年的镇窑被煤窑所替代。

(2) 槎窑　又名狮子窑。因其形状似狮子头，烟囱似狮子尾而得名。始于何时，无以查考，估计是在龙窑、阶级窑的基础上演变而来。槎窑由窑身、烟囱、护墙及望火孔等部分组成。窑的构造与布局同蛋形窑大致相似，长度规模稍小些。窑房的总面积一般为800平方米左右，窑炉长度一般为28米左右，跨度一般为11米左右，外檐高一般为5.5米左右。窑炉（包括窑岭）所占面积约为窑房总面积的1/3。槎窑专烧灰可器（渣胎碗）一类粗瓷，燃料用松枝、松叶、杂草及茅草等。烧成温度在1190—1300℃之间，低于蛋形窑。

(3)方、圆形煤窑　清宣统二年（1910年），江西省瓷业公司附设的中国陶业学堂建造煤窑烧瓷未获成功。1943年，江西萍乡瓷厂建倒焰煤烧方窑一座，烧瓷成功。1955年，景德镇建国瓷厂第一分厂建方形倒焰煤窑6座。1956年，烧瓷成功。1957年，景德镇第四瓷厂和第二制瓷合作社建圆形倒焰窑一座，试烧成功。至1965年，景德镇建方、圆形煤窑131座，承担当年70%日用瓷的烧成。

(4)隧道窑　20世纪60年代，景德镇瓷厂从国外引进一条烧煤气隧道窑，焙烧坯件系用窑车装载、轨道运输，装烧、冷却、出窑等操作工序连续、生产周期短、产量大、品质高，实现了瓷器烧成的机械化和自动化。但投产不久，因受“文革”影响，企业被撤销，窑亦被拆毁。1996年，景德镇光明瓷厂依靠景德镇瓷业的技术力量，建成一条83米长的烧煤气隧道窑，具有引进隧道窑的优点。此后，景德镇各大瓷厂分别自建隧道窑烧瓷。1976年，景德镇宇宙瓷厂和光明瓷厂率先建造油烧隧道窑。此后，景德镇各大瓷厂相继兴建油烧隧道窑。1986年后，景德镇又建造以煤气为燃料的气烧隧道窑。1988年7月，红星瓷厂焦化煤气隧道窑调试烧瓷成功。至90年代末，景德镇市共建煤、油、气烧隧道窑31条。

(5)梭式窑　梭式窑以液化石油气、煤气和轻柴油为燃料，体积小、投资少、安装简便，适宜小型陶瓷企业使用。20世纪90年代末，市雕塑瓷厂从澳大利亚引进一座梭式窑。随后，各陶瓷科研所相继开发出各种梭式窑，在景德镇乡镇陶瓷企业、个体瓷户以及全省各地小型瓷企得到普遍使用。

4．水资源的利用

昌江是景德镇的主要河流，发源于安徽祁门大洪山，流至鄱阳县与乐安江汇合成鄱江后再注入鄱阳湖直通长江。昌江全长182千米，其较大的支流有东河、西河、南河、北河（又名小北港河）。东河发源于皖赣边界的白石桥南侧山地，从凤凰嘴入昌江，主河全长53千米，集水面积610平方千米”。南河源出婺源县五花尖的南麓，河水由东向西，然后南行，注入玉田水库，经南安入昌江，河长68千米，集水面积为593平方公里。西河起自皖赣交界的分水岭西侧，自北向南流，注入昌江，河长55千米，集水面积490平方公里。北河有东西二支，西支合诸水南流至古潭与东支河水合为北河，再南下杨村入昌江，主河全长74千米。四大支流常年水量均匀充沛，清澈透底，可通木船竹筏。除上述较大的支流外，还有50多条小支流形成纵横的河网。

景德镇有众多的河流和丰富的水资源。境内河流纵横交错，从四面八方汇集市区，形成便利发达的交通运输网络。千百年来，这些河流为原燃料的运进和瓷器的输出提供了方便。同时，丰富的水资源也为瓷业生产提供了充足的工业用水。此外，水资源还有一个作为动力的特殊作用，古代制瓷矿石全靠人工粉碎，所耗人力甚多，后来劳动人民充分利用水落差作动力，在一些支流上安装起水轮车和水碓，用以粉碎瓷石，制作瓷土、釉果。这种水轮车，最大的装碓达16支，最小的也装有4支。以前在浮梁的瑶里、三宝蓬、湖田、兰田、东流、寿溪坞等处沿河都有水碓装置。据记载，当地原有水轮车约600余部，有水碓4700余支，最盛时超过6000支。每当春夏水发，车轮旋转，水碓翻腾，可谓“重重水碓夹江开，未雨殷传数里雷”，长期以来，蔚为奇观。

水碓有三种，大的叫“缭车”，建在大河和主要支流两旁：中等的叫“下脚龙”，建在大水沟两旁；小的叫“鼓儿”，建在小溪两旁。

水碓的厂房分碓棚和摊棚两部分。碓棚是水碓舂矿石的地方；摊棚是淘洗、制不（不：读成

dun）、晾干的场所。所谓棚，因都是茅草房，结构简单，四面无墙壁，屋檐低矮，只有2米左右。建缭车的碓棚面积约90平方米，摊棚很大，面积约300平方米。下脚龙和鼓儿的碓棚和摊棚有的连在一起，有的分开，面积也有大有小，一般在200—250平方米。

碓棚是把矿石粉碎后进行制不的场所，主要设备如下。

(1)淘塘：面积2米^{2}左右，以青砖垫底，四周用砖砌成矮墙，高约1米，底部为坡形，靠淀塘一侧深约1米，另一侧约50厘米。

(2)定塘：面积约9米，深约80厘米，与淘塘一墙相隔，半腰处有一小洞，泥浆从淘塘经小洞注入此塘。泥浆澄清后，水又经小洞回流到淘塘。祁门矿区则用直径2米，深1米的大木桶淘洗泥浆。

(3)干塘：只有鼓儿碓设干塘，面积3—4平方米，深约1米。缭车碓和下脚龙碓不设干塘，满棚摊开半干半湿的泥浆堆，让其自然干燥。摊棚也因此得名。

(4)桌子：制不（不：读成“墩”，即为长方形的原料块）专用桌，长约2米，宽约40厘米，高约70厘米，也有80厘米的，桌面厚约7厘米。

(5)盒子：制不专用木盒呈“井”字形，后面一根木料是活动的，可以脱落。内空20厘米×14厘米×5厘米，下面的木板另配，面积稍大于盒子，后面有一柄。

(6)吸水砖：加速干燥的青砖。

(7)货架：晾干不子的架子，以横木作挡，四面不用板。长约2.5米、高约1.4米，分5层，每层高约27厘米。数量根据厂的大小而定。

其他有八磅、四磅、一磅铁锤各一只，铁淘耙一把，铁板耙一把，另有土箕、木勺、钢丝弓等。

碓户向矿主购买矿石后，用独轮车运到河边，再用船运到水碓边。下脚龙碓和鼓儿碓多设在水沟旁，用独轮车将矿石从河边运到碓旁边。

东河和南河在春夏期间水满，秋冬水浅，所以船运必须在前两个季节进行。里村有一叫方起的碓户，秋季需要矿石，因水浅，雇来好几个竹排装矿石。竹排吃水浅，便于航行，却引发了船帮的讼诉。浮梁县法院裁定：碓户雇请船只或竹排任其自由，不受限制。此后，装运矿石四季皆有。

装来的矿石倒在河边或沟边，让水冲刷淤泥。之后，用八磅铁锤打碎，再用一磅铁锤敲成鸡蛋般大小的石块，然后倒进碓臼。碎石舂成细末后，双手抱住碓脑，挂在预先吊好的绳索或蔑环上，用铁勺将粉末舀起，过筛倒进淘塘。

当取了已臼细末，淘塘就加水，用铁耙来回搅动，搅成糨糊状后，用木勺舀到淀塘里。淀塘里的泥浆约沉淀6h后，放开隔墙半腰的洞孔，淀塘里上面的清水回流到淘塘，再用木勺将泥浆舀到干塘，或者舀到清扫后四周用泥巴作拦坝的地下，让其自然干燥。泥干燥到可以成堆而不下沉时，便可制不。

制不时，先将湿泥搬到桌上，堆成小堆，另将托把托着木盒放在桌上，抓一把干粉末，撒在盒子内空和四角，再抓一团泥，揉咸圆状用力搭在盒子里，再用手拍紧，然后用钢丝弓锯掉余泥，盖上碓户牌号印，推开盒子后面的活挡子，取下盒子，托板托上湿泥坯，侧着放在货架的吸水砖上，一块不子便制成了。

缭车碓车身大，动力足，碓臼多，在雨水均匀时，每车年产量可达14万块。但对水源要求特别高，故建造得比较少。下脚龙碓对自然条件的要求适中，建造最多，每车年产量约5万块。鼓儿碓虽然造价不高，但动力有限，每车年产量只有2万块。这三种碓的建造，使大小河流和水沟的水力资源得到充分利用，既降低了加工成本，又保证了景德镇产瓷原料的供给。但也受到自然条件的限制，雨水好的年份可生产九个月，遇到干旱则不到半年。

碓户雇工不多，资本大的每碓也只有2—4人。受雇者又多为半工半农，即又在碓棚生产，又在自己家里种田。工资按件核算，每一万块(即1万斤，计2500块，每块2千克)可挣干谷5石（每石65千克），包括伙食以及过节、过年的酒菜在内，一年可挣干谷40石，可舂成大米4500余斤。

碓户与白土行（即牙行）一般都有固定的买卖关系，称为“宾主”，成品由白土行经销，并送货上门。有的碓户则直接售给窑户。

5. 环境污染及治理

江西陶瓷生产主要污染源和污染物情况，见表五。

表五　江西陶瓷生产主要污染源和污染物情况

主要类型	主要污染源	主要污染物
矿山原料	坑道掘进、采场 原料粉碎 高岭土生产 原料精加工	陶瓷粉尘、噪声 陶瓷废水、尾砂 陶瓷粉尘、陶瓷废水、含铁泥浆水、尾砂、噪声、干燥塔废水
原料车间	精制工序 搅拌池卸料口 高梯度除铁 球磨机、振动筛、双缸泵	陶瓷泥浆水（含油废水） 陶瓷粉尘 含铁泥浆水 噪声
成型车间	磨、挖、利坯 冲洗地面、洗釉缸 石膏制模 注浆	陶瓷粉尘 陶瓷废水 石膏废水、硫黄气 陶瓷废水
烧成车间	装坯工序 烧成工序 窑炉风机	陶瓷粉尘、废匣钵、瓷片 窑炉废气高温及热辐射 噪声
彩绘车间	磨瓷工序 烤花工序	陶瓷粉尘 窑炉废气高温及热辐射
化工厂	制版工序 试验室 颜料工序 球磨机进卸料口 熔炉 粉碎 漂洗 金水工序 胶印工序 釉下花纸	含铬废水、有害气体 酸碱废水、含铬废水、有害气体 重金属粉尘 铅烟、铅蒸气 铅等重金属粉尘 含硫酸根、铬酸根离子废水 HNO_3、HCl、NO气体 铬酸废水 含铅废水

据江西省陶瓷工业公司1979年的统计，公司所属企业共有煤烧圆窑120座，煤烧隧道窑12座，煤烧烘房205　条，锅炉38台。在不足5平方公里的老市区，树立着大小烟囱302根。公司年耗煤量30万吨，年产生煤烟23.3亿立方米，烟尘7000吨，足见景德镇市大气污染的严重。

经过十多年不懈的努力，在治理最严重的煤烟气污染方面取得了良好的效果，改善了景德镇的环境状况，其中最有效果的是改变能源结构，使用干净能源，使窑炉日排放烟气量下降88%，窑炉日排放烟尘量下降49倍，日排放二氧化硫量下降22.8倍，大气环境质量取得根本性改变。

第三节 其他地区的陶瓷

一、高安（丰城）的建筑陶瓷

高安位于江西省中部偏西北，政区形状如同一只蝴蝶镶嵌在赣中大地。大约六千多年前，高安为古三苗活动之地，夏、商、周时地属“扬州之域”，春秋、战国时先后归属吴、越、楚，秦属九江郡。汉高祖六年（公元前201年），设建县，属豫章郡，是高安第一次设立县级行政单位，管辖范围含现在的高安、上高、宜丰、万载四县及樟树市的一部分。平帝元始四年改为多聚县，东汉恢复建成旧名。唐武德五年（622年），因避太子名讳改建成为高安。历经唐、宋、元、明、清，先后作为州、郡、路、府等治所。1993年撤县设市。

高安生产陶瓷的历史悠久，源远流长。据《高安文物志》记载，宋代时，高安就生产陶瓷。高安有矿产资源30余种，有“五土六石”之说，“五土”为瓷土、耐火土、高岭土、红砖土、保温土；“六石”为石灰石、大理石、花岗石、石英石、青石和红石。石灰石、大理石、花岗石等储量达10亿立方米，瓷土、耐火土的储量在3亿立方米以上。高安的瓷土原料分布广泛，质量上乘，黄沙、新街、太阳、灰埠、汪家、兰坊、荷岭等乡镇均发现瓷土矿；瓷土的二氧化硅含量普遍高于60%，三氧化二铝含量为20%左右，三氧化二铁含量为0.79%—4%左右，对高安发展建筑陶瓷提供了良好的条件。

1978年秋天，八景日用瓷厂在高安建起了一条釉面砖生产线，经过一年零七个月的试制，1980年1月，高安终于生产出第一片釉面砖，实现了建筑陶瓷砖“零”的突破。不到3年，高安先后办起了灰埠、新街、独城等5家釉面砖陶瓷厂。2010年，高安举全市之力，发展建筑陶瓷产业。其规划的建筑陶瓷产业基地总面积为30平方公里，2012年规划年陶瓷砖产量达6.5亿平方米。

丰城与高安同属宜春市，有“煤海粮仓”之称，陶瓷制造历史悠久，资源丰富。2008年，建省级丰城精品陶瓷产业基地。截至2010年，基地引进了上海斯米克、广东东鹏、广东唯美等企业办厂。丰城将成为江西一个建筑陶瓷生产基地。

二、萍乡的工业陶瓷

萍乡市位于江西西部的赣湘交界处，是江西的西大门，素有“湘赣通衡”“吴楚咽喉”之称，是镶嵌在赣西大地上一颗璀璨的明珠。公元267年，设立萍乡县，归属三国时的吴国，1960年设专区辖市，1970年改为省辖市。

矿业是萍乡的重要产业之一，已建成煤炭、建材、陶瓷、钢铁四大矿业体系。

萍乡自古就有生产陶瓷坛、罐、碗、碟等产品的历史。20世纪50年代以来，电瓷是陶瓷工业主体，70年代，湘东区的陶瓷生产达到辉煌时期，企业174家，产品品种上千种，广泛用于石化、化工、化肥、冶金、建材、电力等国民经济的基础行业，工业陶瓷总产量占全国市场份额的70%以上。

2006年5月，成立萍乡工业陶瓷产业基地，总体规划面积21.5平方公里，分三期实施。

萍乡地区的工业陶瓷产品主要有两大类：一类是工业电瓷，如绝缘子、配电用各种开关等，生产厂家集中在芦溪；另一类是化工陶瓷，如瓷球、瓷环等，集中在湘东区，至2010年，全市共有电瓷生产企业81家，化工陶瓷企业250家。

三、九江陶瓷

九江是江西的北部门户，全境东西长270千米，南北宽140千米，总面积1.88万平方公里，占江西省总面积的11.3%，其中市区面积为90.14平方公里。境内有风景秀丽的庐山和中国最大的淡水湖泊—鄱阳湖生态水域。

九江地处江南古陆成矿带与长江中下游成矿带交会地段，目前已发现的非金属矿有高岭土、石灰石、石英砂、大理石、花岗石等，其中星子高岭为景德镇制瓷所用。

1980年，修水开始生产高温耐热陶瓷。目前，修水康顺高耐热陶瓷集团公司已成为全国耐热日用陶瓷的主要生产企业之一。修水昌盛高耐热瓷制品有限公司除生产高耐热瓷外，还生产异型蜂窝陶瓷。2010年，新中英的陶瓷项目落户修水县工业园太阳升项目区，总投资8亿元，占地面积673亩，分三期建设8条建筑陶瓷自动化生产线。

进入21世纪后，九江的陶瓷业向功能陶瓷等新型材料方向发展。2006年，美国菲蓝国际集团(FAIRLANDINC)投资九江，成立九江菲蓝高新材料有限公司，生产的系列混凝土防护剂及系列石材、陶瓷、砖瓦、石膏及石膏板、木材等有机硅防水保护剂，已广泛应用在机械、电子、建筑、化工及农业领域。

近几年来，九江抓住机遇，主动对接沿海产业转移，使一批有实力的陶瓷企业纷纷落户九江。例如，2007年，由杭州诺贝尔集团有限公司和香港宏诚股份有限公司共同投资建设的九江诺贝尔陶瓷有限公司落户城东港区，签约投资额15亿元，建设16条抛光砖生产线，产能为7000万平方米/年。投资6.8亿元的江西安拿度瓷业项目落户永修。投资1亿元的康顺高档耐热瓷项目落户修水。投资5亿元的维鑫陶瓷项目落户星子。一大批陶瓷企业入驻并相继投产，使九江迅速成为江西省陶瓷生产的重要基地之一。

四、井冈山陶瓷

井冈山位于江西省西南部，地处湘赣两省交界的罗霄山脉中段，东边江西泰和、遂川两县，南邻湖南炎陵县，西靠湖南茶陵县，北接江西永新县，是江西省西南的门户，也是中国革命的根据地。

井冈山所在的吉安市有创烧于唐代晚期的吉州窑。吉州窑位于吉安县永和镇，经五代、北宋，在南宋时期达到顶峰，终烧于元末，有1200多年的历史。20世纪50年代，由于当地陶瓷原料资源丰富，又开始了日用陶瓷生产。井冈山的支柱产业是旅游业，唯一的工业是陶瓷产业。1970年，创办社办企业红光瓷厂。1978年，转为地方国营企业宁冈县会师瓷厂。1996年，会师瓷厂拆分为宁冈恒华瓷厂和会师瓷厂。1998年，恒华瓷厂改制成为私营企业恒华陶瓷。

虽然陶瓷企业为井冈山上缴的税赋不多，但对解决就业的贡献大，当地政府希望做大陶瓷产业。2006年，当地政府规划3000亩的陶瓷产业园。

2008年5月，恒华瓷厂落户园区，引进一条天然气日用瓷隧道窑，填补了江西省内天然气烧日用瓷的空白；2009年2月，又成功引进全自动淋釉生产线，取代了原有手工作业线。恒华陶瓷在改制后的10年时间建成了3个分厂、10条生产线，年总产量上亿件。2005年，只有一条生产线的映山红陶瓷是一家由国有企业转制发展起来的民营企业，目前拥有7条生产线，生产52头、38头配套产品。1996年12月，龙市镇将原龙江瓷厂扩改建为井冈山市园林陶瓷厂，主要生产琉璃瓦建筑装饰材料，把现有两条生产线扩大，实现了满负荷生产，年产值达1000万元。

2010年，陶瓷工业园区已聚集陶瓷生产及配套企业19家，有20条日用陶瓷生产线，年产量7.8亿件，年总产值6个多亿，从业人员1.5万人，固定资产投资累计超过5亿元，罗汉汤碗和釉下彩系列日用陶瓷产品已分别占据了全国市场份额的60%、50%。革命老区利用自身的资源优势发展陶瓷工业，正在打造又一个全国日用陶瓷产业基地。

第四节 江西陶瓷业的重要人物与事件

1906年，张浩与康达合作在鄱阳创办“中国陶业学堂”，培养景德镇的陶艺人才。

1910年，官商合营的江西瓷业公司成立。本厂设在景德镇，分厂设在鄱阳，并在九江、汉口、上海设立分销处。同年，景德镇为东西陵烧制了一批供器、爵、罐、盘、碗等瓷器。1921年，鄱阳分厂倒闭，申、汉等地分销处停业。

1912年，江西省立陶业学校成立，1915年更名为江西省立甲种工业学校，次年，设分校于景德镇，定名江西省立乙种工业学校。这是景德镇最早的陶瓷教育机构。1920年，江西省立乙种工业学校停办。

1912年，王琦与吴蔼生、汪野亭等人组织“瓷业美术研究社”，开展陶瓷技艺研究活动。

1915年，在巴拿马国际博览会上，大瓷板“富贵寿考”获金质奖章。

1922年，景德镇陶瓷美术界300余人自发组成了一个群众性科研团体—景德镇陶瓷研究社。

1928年中秋节，瓷绘名家王琦、王大凡、邓碧珊、徐仲南、汪野亭、程意亭、田鹤仙、刘雨岑（一说无田、刘，而有何许人、毕伯涛），在景德镇文明酒楼组织“珠山八友月圆会”，约定每月15日集会，论画品茗。王大凡有诗记此事：“道义相交信有因，珠山结社志图新。羽毛山水梅与作，花卉鱼虫草与人。画法唯宗南北派，作风不让东西邻。”“聊将此幅留鸿爪，每全月圆会一轮。”“月圆会”的活动直至1935年停止。这8年里，珠山八友把用中国传统绘画技法装饰瓷器的技艺创新发展而形成新的流派，对近现代景德镇彩瓷具有较大影响，珠山八友也因此名扬中外。

1929年，景德镇陶务局成立。

1930年，景德镇陶务局并入省立工业试验所。

1931年，创办浮梁县立饰瓷科职业学校。

1934年11月，江西陶业管理局成立（设在景德镇），1938年，由景德镇迁往萍乡。

1934年12月，《陶业日报》创刊，1940年停刊。

1939年11月，日军飞机多次对景德镇狂轰滥炸，炸毁大批坯房、窑房。

1944年，江西省立陶瓷职业学校由萍乡迁至景德镇。

1949年4月29日，中国人民解放军进入景德镇并接管景德镇政权。5月4日，中华人民共和国景德镇市人民政府成立。

1950年4月15日，地方国营景德镇市建国瓷业公司成立；5月4日，国营景德镇市瓷业公司成立；5月14日，景德镇市瓷业工会成立。

1951年4月6日，私营裕民陶瓷生产股份有限公司成立；5月10日，景德镇市成立国光、大器匣、小器匣、裕民、建中5家私联营企业。8月12日，浮梁专区景德镇窑柴公司成立。9月3日，景德镇市陶瓷生产合作社成立。

1952年10月27日，景德镇市建国瓷业公司更名为景德镇市建国瓷厂；同日，景德镇市瓷业公司更名为江西省贸易公司景德镇瓷业公司。

1953年4月22日，景德镇市陶瓷生产管理局成立。5月10日，景德镇市瓷器手工业生产合作社成立。6月，景德镇市陶瓷生产管理局更名为景德镇市工业局，主管陶瓷工业，兼管其他工业。

1954年1月1日，景德镇陶瓷馆（馆址在今防疫站）开幕，馆内陈列景德镇历代陶瓷共4000余件。

1954年8月1日，景德镇陶瓷研究所成立。

1955年5月16日，景德镇市人民委员会批准34户私营瓷厂实行公私合营，至12月6日，市内共组建了16个陶瓷生产合作社，13个画瓷合作社和7个画瓷小组，至1956年1月18日，景德镇市陶瓷企业全部实行了公私合营。

1955年11月6日，中央文化部创办的景德镇陶瓷美术技艺学校开学。

1955年5月28日，中共景德镇市委召开临时会议，研究了景德镇瓷厂兴建烧瓷隧道窑的问题，有人提议兴建捷克式的隧道窑，并由捷克斯洛伐克包建。会议同意这一意见，并确定正式行文报省与中央，待上级批准后实施。1966年11月18日，发生炉煤气隧道窑在景德镇瓷厂竣工，经验收，证明该窑质量达到国家要求。1969年10月14日，景德镇市革命委员会按照程世清的意见决定撤销景德镇瓷厂，造成巨大损失。

1956年2月19日，江西省陶瓷工业公司成立。

1958年5月21日，中共景德镇市委决定成立江西省陶瓷专科学校，同时决定由时任市委书记赵渊兼任校长，胡怀陵担任副校长。5月29日，江西景德镇陶瓷专科学校成立。6月28日，江西省人民委员会决定，江西陶瓷学校改为景德镇陶瓷学院。1968年12月28日，江西省革命委员会下文撤销景德镇陶瓷学院和陶瓷研究所。1975年12月30日，国务院批准恢复景德镇陶瓷学院，面向全国招生。

1958年8月2日，景德镇市建成第一座倒焰式煤窑。自1954年开展“以煤代柴”试验，至1962年年底，全市共新建各类煤窑200多座，保留10多座柴窑外，已基本实现了瓷器烧炼煤窑化，改变了一千多年来景德镇以松柴烧炼瓷器的状况。

1959年11月30日，江西省人民委员会公布景德镇市杨梅亭古窑遗址、景德镇市湖古窑遗址等为省级文物保护单位。1982年，湖田古瓷窑遗址被中华人民共和国国务院列为第二批国家重点文物保护单位。

1964年11月1日，江西省瓷业公司成立。

1972年7月27日，恢复江西省陶瓷工业科学研究所，行政上受省轻工业厅、景德镇市革命委员会双重领导。1978年8月10日，江西省陶瓷工业科学研究所改为轻工业部陶瓷工业科学研究所，受轻工业部与省、市领导。

1975年，为毛泽东制作“毛瓷”。

1979年9月30日，景德镇市人民瓷厂生产的“长青”牌青花瓷和建国瓷厂生产的“珠光”牌高温色釉陈设瓷分别获1979年国家优品金奖和银奖。

1980年8月7日，由景德镇陶瓷厂和陕西建筑陶研所联合设计、研制的1000型压力式喷雾干燥塔在景德镇陶瓷厂试产成功，该塔为国内陶瓷业中的第一座。

1980年12月18日，中共景德镇市委召开常委会议，研究高档瓷生产问题，决定自即日起成立国营景德镇市玉风瓷厂，主要负责生产高档配套瓷。12月30日，成立江西省陶瓷工业公司科学技术中心试验所。同日，成立江西省陶瓷工业公司工艺美术研究所。

1980年9月30日，艺术瓷厂的“福寿”牌粉彩瓷获国家优质产品金质奖章。1981年9月30日，光明瓷厂、红光瓷厂的青花玲珑瓷获国家金奖。

1982年12月，景德镇市陶考古工作者在景德镇明代御器厂故址发掘、清理出明代残瓷窑1座，清理官窑废瓷堆积7处，共出土永乐、宣德时期的官窑遗弃的废瓷片数吨。1987年至1988年年初，景德镇市陶瓷考古工作者在珠山发掘、清理出了大量极其珍贵的明成化官窑遗弃的废瓷片。这次发掘被认为是“新中国成立以来最大的陶瓷考古发现”。

1983年，景德镇使用江西丰富的稀土资源，研制成功高温稀土花釉—彩虹釉，这是世界制瓷史上的一个新创举，为此获得了国家发明奖和第三十九届尤里卡国际发明金奖，发明人邓希平因此获得比利时王国的骑士勋章。

1984年6月16日，人民瓷厂的青花梧桐45头西餐具在捷克斯洛伐克布尔诺十五届消费品国际博览会上荣获金奖。6月19日，人民瓷厂的青花梧桐45头餐具在波兰波兹南50届国际博览会上荣获金奖。6月28日，《人民日报》等6家报纸、中央电视台等7家电台、电视台分别报道了青花梧桐西餐具连续获奖的消息。

1985年6月20日，红星瓷厂煤气窑工程正式动工。

1985年8月9日，光明瓷厂厂长徐志军代表该厂与联邦德国雷德哈姆公司在北京签订引进设备的合同，以206万马克引进一条煤气隧道窑。1988年11月3日，光明瓷厂从联邦德国引进的煤气隧道窑开始安装。

1986年3月20日，光明瓷厂的45头青花玲珑西餐具在莱比锡国际博览会上荣获金质奖。

1986年12月4日，为民瓷厂技术改造工程（即“4369”工程）被国家计委和轻工业部列为“江西省陶瓷工业公司出口瓷基地技术改造工程”中的重点工程。

1987年1月16日，景德镇市焦化煤气厂投产。1988年12月28日，焦化煤气厂顺利地为红星瓷厂隧道窑输送了煤气，景德镇市开始了陶瓷烧成煤气化的转变。

1990年10月11—14日，景德镇市举办第一届“中国瓷都—景德镇国际陶瓷节”。2003年12月5日，国家科技部批准以景德镇陶瓷学院为依托单位，组建国家日用及建筑陶瓷工程技术研究中心，并于2008年3月获得优秀评价，正式通过国家科技部验收命名。

2004年，举办“景德镇千年庆典”及第一届“景德镇国际陶瓷博览会”。

2007年12月14日，高安市举行了江西省建筑陶瓷产业基地的授牌仪式。

2008年，高安市隆重举行“中国建筑陶瓷产业基地”命名暨授牌仪式，标志着高安建筑陶瓷产业基地成为我国建筑陶瓷行业第一个“中国建筑陶瓷产业基地”，也是全国建筑陶瓷十分重要的生产基地之一。

河北省陶瓷行业发展概况

（1990—2015）

第一章 河北陶瓷概述

河北陶瓷历史悠久，文化灿烂。历史上形成了磁州窑、邢窑、定窑、井陉窑和唐山陶瓷等典型的北方陶瓷生产基地。其中磁州窑开创了华夏陶器之源，以唐代白瓷为著的邢窑白瓷，宋金时代造型精致，以刻花、印花、颜色釉见长的定窑，古代各大名窑陶瓷产业的发展都走了一条顺应时代潮流，勇于技术创新的道路，为中国陶瓷发展史写下辉煌的历史篇章，为我们留下博大精深的陶瓷文化和艺术积淀。同时，河北具有丰厚的陶瓷科技、工艺、艺术、文化资源，陶瓷业一直是河北的传统工业种类。河北陶瓷为中国陶瓷史谱写了灿烂的篇章，在中国陶瓷工艺美术发展史上占有重要地位。

改革开放以来，特别是自20世纪90年代开始，河北省陶瓷制品出口品种不断优化升级，高档产品在市场的占有量逐渐增大。各地陶瓷企业引进国外先进的生产设备和技术，产品质量工艺不断提高，出口品种不断丰富，越来越多的产品进入国外高档市场。我国加入世界贸易组织后，河北省陶瓷业继续保持旺盛的生机和活力。经过近年来的基础建设，河北省发展陶瓷产业的环境不断得到改善。河北省拥有很好的区位优势，与华北、东北、西北有着天然联系。通过全国吞吐量最大的秦皇岛、天津、唐山港、黄骅等港口，及华中、华东地区，人流、物流、信息流大，与北京、天津共同构成的京津冀经济区拥有庞大的消费群体，市场容量占全国总量的10%以上。河北省是陶瓷大省，境内有唐山、邯郸、高邑三大陶瓷基地，年产陶瓷10亿多件。产品畅销国内外，其产量、利税、出口额等指标均居全国前列。河北省陶瓷产业中的日用陶瓷、卫生陶瓷、建筑陶瓷等陶瓷大类已逐渐完善。河北省的卫生陶瓷产品产量在全国排名第三位，而且在全国十强卫生陶瓷生产企业中河北省陶瓷占据了三席。

河北省陶瓷经过近30年的研发与技术引进，从原料、成型、烧成、彩烤、包装，一直到新产品开发，造型与画面设计等一条龙生产工序都有了明显、惊人的进步。河北省精细瓷器的生产技术与工艺水平有了极大的提高。经过多年的历练与打造，河北省陶瓷形成一批驰名国内外的大型陶瓷企业。涌现出一大批陶瓷品牌产品。唐山的红玫瑰、白兰、白玉名瓷和邯郸的象牙瓷、青花瓷、白玫瓷等，成为当时我国国瓷的杰出代表。进入21世纪以来，河北省陶瓷工业形成了唐山瓷区以隆达为代表的骨质瓷。以惠达为代表的卫生洁具；曲阳定瓷发掘历史文化，开发出多姿多彩的当代定瓷新品种；彭城瓷区的佳美釉中彩瓷、裕行骨质瓷、力力强化瓷等，在国内外陶瓷市场上评价甚高。目前河北省的陶瓷企业，实现出口创汇百万美元以上企业就有40余家，充分显示出河北省陶瓷雄厚的实力。唐山日用瓷多以精良的材质、新颖的造型、多姿多彩的装饰，以及配套品种齐全、知名度高行销世界五大洲。其中，红玫瑰名瓷餐具还被选作香港回归后首批港府用瓷。彭城日陶瓷拥有春雷象牙瓷等国家银奖产品，销往世界上80多个国家与地区。

河北陶瓷玻璃行业协会领导在陶瓷艺术大赛现场

河北省陶瓷种类，形成有出口日用瓷器、卫生洁具、艺术陶瓷、建筑陶瓷、民用陶瓷，工业陶瓷为著特色的六大名瓷品种。六大名瓷成为目前河北省陶瓷为主要特色的产业布局。其特点为：以精湛的出口瓷见长的高档日用瓷生产基地，分别在唐山和邯郸市彭城，唐山为我国北方最大的高档出口瓷生产基地。艺术陶瓷主要以彭城磁州窑艺术瓷为代表。此外，保定曲阳的现代定窑艺术瓷、唐山现代艺术瓷也都很出色。卫生洁具产品生产，唐山一直稳居全国之首，以惠达卫生洁具企业成为当代中国卫生洁具的制造龙头；建筑陶瓷以高邑为代表。民用陶瓷民用餐具、砂锅等，主要分布于邯郸市峰峰矿区彭城、义井，以及石家庄井陉县的秀林。工业陶瓷生产主要在唐山与彭城化工陶瓷、氧化铝瓷、灭弧罩都很有名。此外唐山的电磁产品，在全国名列前茅，唐山有着全国最大的电磁制造企业。进入21世纪后，上述六大陶瓷板块为精彩纷呈的河北省陶瓷业，赢得了更大的荣誉。如今，河北省陶瓷业以拥有唐山、邯郸两大国家级陶瓷生产基地，以及高邑建陶基地、井陉民用瓷等有代表性、典型的北方陶瓷生产基地。以丰富多彩的装饰花纹取胜的仿定瓷产品，可谓各树一帜，各有特色，群星璀璨。

由于不断依靠技术进步带动陶瓷产业逐步升级，目前，河北省有着一批颇具规模的大型陶瓷企业，优良的陶瓷设备，经验丰富的陶瓷管理与科技人员，以及众多的陶瓷艺术家等优势。河北省陶瓷制品出口品种不断优化升级，高档产品市场占有量逐渐增大。近年来，陶瓷企业引进国外先进的生产设备和技术，产品质量工艺不断提高，出口品种不断丰富，越来越多的产品进入国外高档市场。河北日用陶瓷和卫生陶瓷企业均以出口为主，具有浓厚的外向型特点。随着国家对出口退税政策的调整以及替代产品的出现，尤其是目前全国陶瓷业都面临着国际金融危机，加之国内房地产行业不景气的影响，陶瓷市场的也自然出现销售大幅下滑，不少企业库存爆满，甚至出现了停窑调节的现象。整个行业面临的困难是空前的。但这也不失为一个推进产业结构调整的好的契机，河北省陶瓷企业把工作重点转移到开发新产品上，加快企业转型升级，一大批新工艺、新技术、新画面的产品脱颖而出，河北省陶瓷正在出现一个整体上脱胎换骨的提升发展。

第二章　磁州窑陶瓷

第一节　磁州窑概述

磁州窑所在的邯郸市彭城瓷区，位于河北省最南部，与晋、鲁、豫三省接壤地带，拥有彭城、北方装饰城、东信家园、滏瑞特四个陶瓷交易市场，以及一些较小的陶瓷交易市场。这些陶瓷交易市场很好地促进了磁州窑陶瓷业的发展。陶瓷产区主要分布在峰峰矿区的彭城镇、义井镇一带。日用细瓷一直是彭城陶瓷产业的主体与优势产品，产品出口80多个国家与地区，50年来仅日用瓷出口为国家创汇数亿美元。20世纪80—90年代，彭城瓷区主要产品有象牙瓷、白瓷、青花瓷、陶瓷壁画和美术园林陶瓷等日用陶瓷用品。2005年，彭城瓷区拥有华玉、盛华、裕行、天山、力力、玉源、摩森等多家陶瓷公司。彭城瓷区的主打产品为骨质瓷、釉中彩、强化瓷等出口日用瓷种类。产品品种有成套中、西餐具、茶具、咖啡具、酒具、文具、烟具等。此外还有各类黑白陶瓷砂锅、电磁、陶管等民用陶瓷制品，以及工业陶瓷产品。彭城陶瓷产业在多年的发展过程中形成了以强化瓷、白玫瓷、佳美瓷、佳玉瓷、新骨质瓷、金皇冠釉中彩、釉下手工彩绘炻器瓷、鼓山牌高档砂锅为代表的一大批名牌产品。产品远销欧美、澳、亚非市场和国内各大中城市的高档饭店、宾馆和商业超市，为当地一个产业亮点。目前彭城有20多家艺术陶瓷作坊，主要生产磁州窑风格的仿古瓷、现代陶艺以及建筑陶瓷壁画、壁饰等品种。随着彭城陶瓷实力不断升级升档，总体经济实力曾跨入中国轻工企业200强，中国建材企业100强，河北省大型支柱企业集团30强，全国出口创汇优秀企业行列。但近10年来，由于企业决策不力等原因，原先陶瓷公司投以重资建设的建陶项目严重受挫，不仅建筑陶瓷生产能力受挫，也连带到其他陶瓷生产单位。与此同时，彭城的民营日用、艺术陶瓷产业获得发展良机，取得较大发展。

第二节　磁州窑历史

磁州窑地区古代文明，在近四十年的考古发掘与发现中，证实这里是人类最早生息繁衍的发祥地之一。古陶遗存是相当丰富的。笔者在多年考察中发现西大地、富田村新石器时代遗址，收集到一批重要的信息与实物资料，这里在远古时代就生产过夹沙陶、灰陶、黑陶等器物。1976年文物部门配合农田水利工程建设，对镇西二十公里的磁山新石器遗址进行了大面积的发掘，遗址出土的大量陶器，以夹沙红陶为主，泥质红陶次之，多手工轮制成型，烧制温度约850—930℃，陶质粗糙，造型简单，胎体厚重，磨光度差，具有较原始的特征。大量的陶盆和圈足支架的陶器群，据碳十四测定为公元前5405—5110年（若经树轮校正其上距今为八千年左右），这是我国新石器时代已知的最早的文化遗存。可以想见，早在8000余年前，群居在磁州窑古老地区原始社会的老祖母们，在这片土地上已经开始制造红褐色的陶器了。

1975年，文物部门在武安窑村东面，再次发掘出仰韶文化的遗存，出土了200多件新石器时代的仰韶文化遗物。有红顶碗、环底罐等陶器。属于冀南地区的后岗类型，距今五六千年前。此外，百家村、街王庄、界城都有此类彩陶陶片出土。在滏阳河上游区域，磁县下七垣村发现商代遗址和墓葬。1974年正式挖掘，发现了陶窑，居住遗址等，出土文物1500余件。在河北省南部第一次找到二里头大型陶器。为夏文化提供了新的研究线索。陶窑的发现更有其重要的科学价值。特别是武安午汲古城窑址的发现，为我国陶瓷窑炉发展史进程中填补了重要的依据。陶窑有东周、春秋、战国不同时期的窑炉，还有战国末至西汉时代的窑炉，有西汉晚期至东汉的窑炉，这些窑炉多为圆形，一般早期体型小（长2米，宽1.6米），而较晚的窑炉体积大些（长2.2—4.5米，宽2.6米）。时代内涵非常丰富。在窑炉发展进程中，我国考古界尚未发现带有烟囱的商代窑炉，但西周晚期和东周时期带烟囱的窑炉已有发现。午汲古城遗址中的东周陶窑已具备了现代磁州窑窑炉的基本条件：有固定的窑墙，围绕着略呈椭圆形的窑室，有封闭的窑顶，火膛已从窑外移到窑内，有固定的窑门供开窑出入使用。特别是在后窑墙设有一个烟囱，而在窑墙底部有一个供火焰进烟的进口通道，这就使火焰的流动方式，从简单的直焰上升烘烤陶器，改进为半倒焰、半平焰的混合式火焰运动方式窑。因为此窑的外形像个圆形馒头，所以我们称之为“馒头窑”。可以说从东周到新中国成立前，这种“馒头窑”窑炉在两千多年间，一直为北方各瓷区所使用，虽在技术上不断改进，那也只不过是在窑炉的体积大小，烟囱的高低略有变化更新而已。“馒头窑”是磁州窑古代劳动陶工在改进陶瓷烧成技术上做出的重要与卓越的贡献，更为磁州窑的辉煌历史增添了光彩。

1999年，峰峰矿区文物保管所配合邯郸市文研所在彭城镇新华村发掘出元代窑址一座、清代窑址一座、料池一处、上万片瓷片，并对发掘的元代窑址进行了原地保护，建起馒头窑形保护棚，成立了盐店窑遗址博物馆。随后，又在彭城镇富田村发现明、清以来“馒头窑”10座，作坊4条，古原料场地1处，投资300多万元建成富田窑遗址博物馆。遗址占地面积达10余亩，成为目前国内外保存陶瓷古窑数量最多、最集中、最完整的窑群遗址。

以磁州馒头形的窑炉形成了我国北方古代窑炉的建制规程。这种窑炉以氧化焰为烧成气氛，为较早的使用煤碳烧成奠定了技术保证与设备支撑，它不像南方的以烧柴为燃料的龙窑和阶梯窑，必须选择30度左右的坡地建窑，可以在平地上菌集，密密麻麻地建在一起，在彭城5华里长，3.5华里宽的地方建造了五百余座大小窑炉。这为瓷区的形成，技术的密集提供了物质与设备材料保障。这种“馒头窑”在经宋、元、明、清历代改进，窑炉容量在不断地扩大，最大的窑炉，窑屋内已有三层楼的高度，烧成后的货物，一窑炉可以装满三节火车皮。

“战国时代，赵国邯郸制陶，其品质冠绝当时。胎质犹如瓦缸，即松而褚色者。赵都邯郸，相传存在白釉瓦胎之窑器，特以虎枕为当时之杰作，并绘以黑彩之虎斑，岂战国时代已有如此施釉之品耶。考唐宋以来，磁州亦有虎枕，乃仿邯郸所出。唐时邯郸属磁州，可知邯郸窑为后来磁州窑之根源。”(叶麟趾著《古今中外陶瓷汇编》）磁州窑首先在冶陶过程中，较早使用了白质的含高岭质的瓷土为原料，烧制了世界上最早的白陶器皿。

商代是我国应用瓷土制陶的发展时期，河南、河北、山东、山西等地商代后期遗址与出土墓葬中出土有这种世界上最早的白色陶器，它为瓷器的产生与发展是至关重要的，因为材料的更新与变换才会出现品种上质的变化与区别。正是白陶器生产的活跃，当制陶先师们发现草木灰的灰烬落在陶器的表面，在高温作用下会出现像窑汗一样的光泽，人们才会刻意地追求以窑汗为目标的“釉”的应用。可以说，没有白陶器的生产的活跃与进步，瓷器的创造与产生会更晚一些。西周时期，釉陶已广为生产，而用瓷土原料制成的器皿被称作为原始瓷器。邯郸在战国时期已有琉璃生产，又有“白釉瓦胎之窑器”可以想象，在我国原始釉陶时期，各地窑工争相创新，才是瓷器发展的真正动力。

2002年在临水镇建筑工地上，峰峰矿区文管所及时地进行了抢救性的发掘工作。出土了大量宋、金时代的白釉刻划花瓷片、白地黑花瓷片与红绿彩瓷片，并挖掘到一处红绿彩作坊的遗址，特别在宋、金之下的地层，出土了唐代青瓷片400余件，有三角形支架，还有泥料池12个，出土开元通宝钱币17枚。青瓷器标本计有：碗、盘、钵、豆、矮足盘、执壶、罐、炉等。多年来，临水窑遗址一直被现代城镇房屋建筑与道路覆盖着，未能进行系统的发掘，从20世纪50年代到70年代，这一地带不断出土青瓷、唐白瓷器及宋、金时代的白地黑花与红绿彩标本。这就证明了唐代临水窑生产是具有一定规模的。关于唐代磁州窑陶瓷，过去研究的不多，但真正在唐代出现了“磁器”这一词汇。磁州设于开皇十年（590年）谓慈州，至唐代改为磁州。磁器与邢器、越器、定器、汝器等词汇应该泛指各地陶瓷风格。晚唐诗人皮日休说：“邢客与越人皆能造磁器。”唐代众多文献中，将磁州之“磁”字用作陶瓷含义的事例很多，自古磁州窑早已生产磁器，它的化妆土白瓷与唐代北方众多的窑场共同发展进步着，磁州窑在化妆土的应用、生产规模及时间跨度上，确系民窑中的佼佼者。

唐至五代，磁州窑沿用在制青瓷生产过程中的施化妆土的技术，继而创造了磁州窑白瓷的产生。到宋代白色透明釉的应用基本成熟。磁州窑由青瓷与黑釉瓷转换到化妆土白瓷的进程，为宋代磁州窑艺术的兴旺与众多技法的创造，奠定下了雄厚的技术与物质准备。宋代在文化意识上，由于唐代儒学的发展，造就了大批文化人士，曾有“洛阳纸贵”的成语，描述了当时对优秀诗歌抄颂的热情，促进了社会对儒学的认同与崇尚。洛阳牡丹每逢开花之时，全城上下倾城而出，这种崇尚高雅风尚的民俗形成，对宋代的装饰风格起到了关键性的影响。北宋古城开封的大部分，现早被埋在厚厚的黄土之下，一千年前都城开封的繁荣，可以和世界上同时期的大都市相媲美，毫不逊色。经济文化的关联使得磁州窑在宋代得以飞跃发展。

宋代磁州窑白釉陶瓷产品，是为了增加胎骨白度而对器物施上一层白色化妆土的制品。以铁绘或刻划等方法装饰，这种技法，不仅在中国北方广大区域生产，而且在国土之外的越南、泰国，尤其对朝鲜和日本都产生过巨大的影响。如朝鲜的三岛制品，以及毛刷纹、粉引等技法，也都应属于受到了磁州窑施化妆土的影响。

宋代宋三彩与辽三彩的两次烧成技术，为陶瓷过度到五彩缤纷的釉上彩绘，准备了物质与技术基础。宋代陶瓷品质，质地与艺术品位迅速向最高端挺进。宋代五大官窑成就是举世无双的，这些辉煌的技术、艺术成就，是依靠宋代庞大的民窑工匠技术基础培育，依托民间陶瓷艺术的滋养。官窑技术的提升，又起到对民窑普及的作用，进而提高了宋代整体制瓷业的素质水平。

金王朝占领中原后，与南宋边境基本相安，经过二十年左右时间，经济走上发展轨道。到世宗时，已全面繁荣起来。金王朝对汉文化没有全面封杀与迫害。汉族传统文化在异族宽容的政策下，反而争脱原先旧政权、君臣礼教等固有的思维约束。思想、思维更加活跃，精神解放，意识反而潇洒自由，结合北方少数民族文化的“野性”，这反映在金代陶瓷装饰风格上，画面活泼洒脱、自由豪放，田野花卉等题材大量应用在陶瓷器皿上。这是史无前例的民族间的文化交融，文艺创作思维解放的产品。

宋红绿彩用笔迅速而简洁，用色单纯而鲜艳。充满了一种新鲜的气息。一种自然旷野清心情趣，是那么朴素的原野情调。宋红绿彩，因其产生于南北宋之间的时段，在金（公元12世纪）左右出现。这种红、绿、黄、黑等颜色在白瓷地上显的色彩更加鲜艳、活泼。这种鲜艳、活泼的风格与当时崇尚官窑青瓷及定窑白瓷那种古雅单纯釉色器物的宋人嗜好，与大红大绿这种十分原野趣味的差别，是相当悬殊的。二者之间趣味差别之大，似乎是难以相容的。

正是在大金时代，游牧在草原上的蒙古族及女真族喜爱色彩鲜艳、明快的纹样制品。可以说这种思潮及审美意识感染了磁州窑传统的制瓷风格，并促使其进行了迅速转换。唐三彩、辽三彩、宋三彩这种低温釉器物在历史上有很长的时间跨度，正是三彩制品色彩的鲜艳明快，启发了宋、金红绿彩的诞生与追求。大金时，三彩瓷枕风行一时，磁州窑的三彩枕（我们称之为宋三彩枕）比唐三彩器在烧成温度上提高了很多，它是经过素烧后（1100℃左右），再施以低温三彩釉烧结，胎骨比较坚固。质地坚硬适合民用。正是这种工艺的启发，促进了大金红绿彩的工艺改进与创造。宋红绿彩是利用已烧结过的“白瓷”，用釉上“颜料”在白瓷上彩绘后，再入窑烧烤。这种第二次入窑烧烤工艺，是陶瓷釉上彩绘的鼻祖，从此开创了世上陶瓷五彩缤纷的局面，景德镇在此几百年后，才出现釉上五彩的制品。这是一项跨越性的技术进步，是陶瓷生产技术的里程碑。

在元代地层的瓷片中，有很多民用碗内在底部中央书写单个文字的碗，开始时大多书写“元”字，后逐渐书写“张”“王”“李”“赵”等姓氏。待我们把收集的瓷片整理后，发现所书写的单个文字的数量与内容时，它简直就是一部汉文字的字典！统统的以单字装饰在碗的底部，这种现象在磁州窑陶瓷生产史上，只有这一时期有这么一种特殊现象。这正是元帝国强行禁用汉字，推行巴斯巴文字后，汉族知识分子们，为了不让汉字的文化被泯灭、消亡，利用了“元”国的国号“元”字开始，发展到姓氏的文字（可以推托为某家订货做掩饰），进而书写到其他的单个汉字（单字分散在碗内，没有连续的意义表达，可以逃避官方的追究）。书写在每天吃饭用的碗内，让汉民族的孩子们得以学习延续，这种消极的方式是压迫与反压迫的有力反映。八年后当使用汉字解禁后，用汉字装饰陶瓷器，在磁州窑的制品上此时已成风气，形成了元代器皿装饰风格的另一个时代特征。在元代这一特定的政治环境条件下，民窑的制瓷业反而得到了鼓励与开拓。艺术上因有专业的、有文化品位素质的艺术知识分子加入其创作与生产中，使得此时磁州窑民间陶瓷艺术迎来了丰收的时段，时代造就了这一代艺术颠峰的进步与形成。

明代生产的磁州窑器皿，有着明显的时代特征，由于曾为皇家生产贡器，一度在装饰绘画风格上确实追求过余繁缛细腻的效果，但大量的装饰如牡丹纹、花草纹、龙凤纹等纹饰，依然遵循依类赋彩的法则，简洁、生动活泼。特别在人物绘画中，寥寥数笔把世间民情人物姿态神韵表现得生灵活现，生动记载了当时人们生活的场面及爱恨情感。大量的动物如马、鸟、鱼纹在不知名的陶艺大师笔下，以鲜明的符号感，跃然书写在白色的化妆土瓷器上，十分提练，相当简洁生动，特别在釉上创造使用了高温落砂红（钒红）点缀，是明代磁州窑绘画风格的典型标识。在艺术风格上，磁州窑明代陶瓷业生产的产品以白、黑器为主体，虽在贡瓷时期，画风有些更加细致的变化，也有一批优秀的产品出现。但从总的风格上讲，白地黑花的写意风格占据着主要的统治地位。即在白色的化妆土瓷器上以写意绘画的或点画的黑花为主要的装饰风格。

磁州窑民间陶瓷的装饰风格在清代至近代约400年间，均以白釉瓷器、黑釉瓷器为主流产品。日用陶瓷装饰十分简单，有的甚至粗劣。多以单线、双线或器内底书寿、福、春、喜等吉祥单字为主。在个别年代时，产品彩绘亦有佳品呈现，如黑花浅盘类制品上绘的民间常栽种的指甲草花纹、鱼纹、鸟纹、马纹等都是清代十分优秀的民间艺术佳品。特别在瓷枕与民间罐类上装饰的白地黑花与白地黑花褐彩，确实也是磁州窑白地黑花品质与风格的延续，也确有精到之妙处，随随便便点画，多了几分自由，添了几分潇洒，且民间雅拙味道分外纯朴可爱。某些作品，亦可以称作美哉民间陶韵。在清王朝末年，光绪初，彭城镇陶瓷引进江西景德镇绘瓷的青花土钴矿料，在当地的白瓷上烧制绘青色纹饰的器皿。开始时，依景德镇瓷器纹样为蓝本，后改景德镇勾勒填为分水大写意，另辟蹊径，造就了磁州窑这一时代装饰品种与艺术的春天—中国北方民间青花的百花园地。

磁州窑遗址

第三节 磁州窑工艺

陶瓷生产有着众多繁杂的工序，古时老人相传有七十二道工序，这里的“七十二道”是比喻工序多的意思，就陶瓷生产传统工艺，如工序名称之一的“选矿”，指陶瓷用的矿物：青土、白土、二青土、缸土、垄土、砂土，还有石灰石、黑、白碱石、釉石等，在采掘前需要大量的准备事宜，是选矿、试掘、试烧、确定等工序的总称。这里的七十二道是个复数概念，很多工序都是一系列工序的代称，真正细分，那是太多，不能一一细述。总之，陶瓷生产工艺繁多，且道道工序都是关键，一处出问题前功尽弃，不可不细致，不可不认真。陶瓷生产七十二道工序名称：

下面简单介绍几个重点工序的工艺制作：

原料加工：古时多借用水为动力，在沿河岸边修水碾、水磨。加工釉石、碱石等不易水容的硬质矿物。青土、缸土等软质黏土，一般在窑场内分散加工。各窑都有自己的碾土场地，碾子是石制，成八个棱角的磙子，由两头牲畜拉着，靠石磙的棱角冲压，起到粉碎瓷土的作用。缸土、笼土都是这样加工，压细过筛备用。（传统缸泥配方是：缸土95%、红烧土5%。传统笼泥配方是：缸土80% 、砂子土20%，或缸土90%、砂子土10%）

红烧土是含铁量较高黏性黏土（红黄色胶泥）一般用途配在泥料中增加塑性。第二个用途是用来铺垫馒头窑窑顶用来保温。民间用它和煤增加黏性。所以俗称为红烧土。

青土由于为水成岩黏土，在窑场内待风化及洒水助风化两三个月后，刨下用小车推入耙池加水淘洗。此耙古时，木制用牲口拉着转动，近代改为电动，叫电耙。经水的耙洗淘练，池内水稀稠度适合时，过箩筛细浆，放入泥池内（沉淀池）。待水分渗入地下与蒸发后，取泥备用。（传统泥料配方是：青土70%、白土30%或青土95%、当地红烧土5%）

泥料制练：取池内泥料推入工作洞内（磁州窑工作间是当地特有的一种建筑形式，长约二十米，宽八九米，是砖石洞状结构，冬暖夏凉）。用泥铲翻摔几遍，并用脚踩踏后使其均匀，软硬适中，堆放一起，使用时用手像揉面一样揉成泥团。较大件制品泥料搓成泥条。

陶瓷成型：碗盘圆器是陶瓷业大宗制品，皆采用轮制法。轮为石制，形如石磨盘状，平放下由轴承支起，石轮高出地面。成型工人用棍拨轮。靠轮本身贯性，把放在轮上的泥团用手拉制成器。

缸类、笼类和大盆类，采用双轮，双轮之间用麻绳带牵动，成型时一人转轮，牵动另一轮，另一轮上匠人制作器皿，唯缸盆、笼泥质粗，又有熟料颗粒容易割手。拉缸、盆、笼时手持一瓷制刮坯器，一手带皮件或布垫形工具。小盆一次成型，大件多次分截成型，先做的下半截部分，我们称做鞡子或叫做缸鞡子、盆鞡子。抬到院内风干，待有一定强度后，抬回来上轮再接泥制上部分。如此反复，最后接制边沿，大缸须接四节，小缸少一点儿。

制作异型器物，采用模型制作，古时模具是经过火素烧的陶质模具，现用石膏制成。模具用泥料与碗盘相同。用手将泥拍成适当的泥饼，放入模内，用手挤压使泥薄厚一致。两块模合在一起，把合缝抹平压实。等待一会儿，泥中的水分被模具吸收一些后，开模取出泥坯修整成器。现代注浆工艺，采用石膏模具，泥料搅拌成泥浆状，注入模内，稍等一些时候，待石膏模具的内部吸附着的泥浆形成一定厚度时，把中间没吸附在石膏上的泥浆倒出，形成泥的坯体，开模取出，修坯而成。

修坯是制做陶瓷时重要的一个环节，轮上活（碗盘类）仍上轮，用刀旋成底部与外形。缸类需每节半干时人工使用木板在外、器内用一瓷制饼状锤对应同时里外用力，修成形状（称之为端坯）。模制泥坯修整则用刀具、刮、削、抹平，用纱布擦光。

产品施釉：磁州窑制品，施白器物时，先在泥胚表面上施一层白色化妆土，再施一层白釉。黑器则直接施黑釉即可。方法有扑釉、蘸釉、浇釉、喷釉之分。

扑：在釉浆盆中，把手中的小件坯体，在旋转中手的作用力下，一次浸入釉中，迅速一带而出。内外均上釉，而唯足部无釉。

蘸：瓶类、罐类、大型器、手执底部，浸入釉中拿出为蘸。有的先上里釉，称之为吊里，吊里后待一会，待水分干一些再蘸外，称之为吊里蘸外。

浇：大型的器物，手搬拿不动，只好用壶、桶、瓢从上往下浇釉。有时用碗泼釉，辅助浇的严实。

喷：遇到特别薄的坯体，经不住水分太多时，只好喷釉，也有用毛刷弹釉之法。总之，施釉是为了使瓷表面烧结光亮，必须注意坯体的干湿度，与相应的操作方法。

陶瓷彩绘一般是在施化妆土后，坯体半干时进行。刻、划、绘根据货物不同而施艺。各种工艺方式有所不同与区别，目的是美化瓷的外观效果。陶瓷彩绘是最易产生时代特征与风格变幻的工作。不同时代的制品装饰风格也不同，从工艺上讲彩绘分为釉上彩绘和釉下彩绘。唯磁州民间窑彩绘对不同时代的秭妹艺术、不同产区的工艺处理方法兼收并蓄改进求新、新颖别致。设计与制作者都在参于修定之中，不断完善经多轮次推敲，形成民间多样性的自由风范，反映在众多的装饰纹样中。所用工具简单，颜色也单纯，新手老手都参于生产。老手显得娴熟辛辣，形成拙巧融洽的效果。

半成品干燥：民间古代陶瓷业，没有啥干燥设备，均靠天收，露天晾晒，每日须观天空气候变化，遇到阴雨连绵，天寒地冻就不能生产。泥坯又不易急速干燥，为了防止急速干燥而产生开裂，选择在洞内生产为了保持一定的湿度，降低干燥速度，使之逐渐干燥。

瓷器烧成：制品烧成必须经装窑、加温、冷却、开窑（卸窑、出窑）大体四个步骤完成。古瓷窑分碗窑、缸窑。碗窑装时须用三四天时间，装碗窑时，窑内一般可装十三行二十四批笼材。把碗的坯子码成十八个高为一摞，搬进窑内扣放在“脚钵”上，外罩碗笼（匣钵）以防煤的粉尘。以次叠置，窑满而止。内须分行、编花、支垫、下呛。大小不同产品分类排放，高低不同温度择品种装码。烧火需三个昼夜，冷却须十天左右，开时一般一天即可。缸窑因件大，装窑须四五天，装缸窑时缸坯裸放明火烧成，大型缸窑一般可装一百零二柱，最大的缸窑可装一百零八柱。缸柱在窑内相错编花，上叩大盆，稍缸上再叩黑釉罐类。烧火须五个昼夜（有的窑烧十八个昼夜），冷却十几天，开窑须两天。

烧窑的火候十分关键与重要，分大、中、小火阶段，温度控制全凭经验。窑内设有“火鸡的”（温锥用黑釉土捏成尖柱状）几个，“火鸡的”烧到一定温度后自行弯曲下来，表明温度已达到釉子熔动的高温时段，平烧一段后就可住火。

砂货窑（砂货如五香锅等黑色陶制品）烧制时一般不停火，边烧边出窑，出窑时用铁叉取放产品，烧两个小时后，又出已烧好的坯趁红时埋入煤炭内（炭内掺部分锯末）冷却掺碳后取出。

第四节 磁州窑手绘装饰

磁州窑的艺术成就，吸收了中国书画艺术中的许多特点，创造出了黑花装饰，墨色挥洒，骨法用笔，形神兼备，万变不离其宗。磁州窑的黑花装饰，是在浸有白化妆土的湿坯上绘制成的，要求画工用笔简练、迅速、生动、活泼、不拘小节。因此，他们竭力寻找一条符合自己行业特有画法。画面或彩或素，或点或圈，或花或叶，或字或书，或拟鸟迹兽踪，或摹五谷六畜，或一气呵成，或起伏跌宕；所画花草，长短挥洒，铿然有声，跃然坯上。这种熟练操作是画工们艰苦磨炼的结果。因此，画工们在生产中找出了图案的表现规律。他们在用笔上游刃有余，任其剪裁，往往使人感到以少胜多，以空为有，与中国画理论不谋而合。他们是在民间艺术创造中锤炼成为名副其实的中国写意画大师。

抽象纹饰在磁州窑中占有很大的比例，画工们用俗语称抽象纹饰为“瞎作作”，即胡画乱画。瓷绘老工程师吴兴让在整理《近百年彭城陶瓷纹样》时毫不费力信手几笔，画了不少连自己都叫不出名的抽象纹样。这种凝聚着磁州窑艺术精魂和老艺术家数十年心血的“兴之所至”的“信手涂鸦”，打破了桎梏，放纵了性情。这种自由心胸的坦荡流露，人们见怪不怪，画工们只凭感觉叫它们勾弹子、豆芽菜、鸡毛花、归心花、点花、子母线等。听起来“土”得掉渣，但这种对民间、乡土、原始生存状态的皈依，却是艺术中最宝贵的东西。顺手顺笔，顺的是常情常理，顺的是至情至理。

勾弹子：似水波，似云烟，似灯笼，似石榴，似爆竹，归心凝重，八方蹦跃，从具象的形式中抽象出点线面的自由变化，一种富贵吉祥、热烈生动的生活生命情态跃然眼前。

豆芽菜：像灵芝仙草，像祥云金霞，像风筝舞，像蝶恋花，缕缕炊烟铺排出夕阳牧笛的悠悠气韵。

鸡毛花：鸡毛乃乡间俗物，但却入画而为花，为构图之契机，为形象之枢纽，磁州窑装饰画，化腐朽为神奇，视禽羽为神圣，勾勒点染，或如心花怒放，或如雄鸡振翎，或如一羽青霄之孤旷，或如丛菊怒放之蓬勃，于物象中提炼、概括、夸张，最终抽象为点与线的排布。简约至极，丰富至极。

归心花：是花，是叶，是云，是平面造型在无限延伸中的变化，亦无所不是，乃以景定情，以情生形。这是由黑变白，由阴变晴的太阳，它可使万物复苏。

点画：这是极度概括的结果，是花，是叶，似屋漏之斑驳。或正，或欹，或向或背，聚散疏密，皆品味文章。活脱脱是生命的延续，是生生不息的生命意识的流淌。

子母线：一正二护，是情感，亦是寄托，粗细、宽窄和黑白的强烈对比，旨在写意，生动之至，令人赞叹不已。

从前画工们学艺，师承三年，大多是身传口授。他们以画诀、画样作为范本，使一抽象纹样在继承的基础上进行变化。磁州窑装饰画中以提、压、按等用笔，以极度概括的手段以及夸张变形的抽象，在快速运笔中形成自然的“粗”“细”元素，而这种元素又是用磁州窑民间艺人世世代代对艺术的痴心、痴情所渗透润泽了的永恒。这是磁州窑绘画审美价值不衰的深层原因。

夸张一个“简”字，也是磁州窑的一大特点。韩修竹在他的《北方青花瓷》一文中讲道“磁州窑黑花装饰简练得只是一些用笔点簇而成的不规则的点线。”它表现出艺人们的创造天才，他们为了省工省力，竭力地寻找追求自由性、随意性的连笔、简笔，将自然中的形体尽力概括，抽出图案具象的东西，在手绘技巧上，抽象纹饰已达炉火纯青之境。它把中国画的笔法纳入图案之中，虽寥寥几笔却淋漓酣畅、简朴生动，令人爱恋。

刘立忠大师在创作

师傅在教徒弟时，不断地提示一些要领，单就在磁州窑民间陶瓷彩绘与刻划装饰过程中强调很多的方法与理论，大多在边干活边讲的过程中进行，原话不一定记得那么准，就我所理解与悟出的可以总结为如下要点：

在操作过程中艺术上理论术语有：留白、占位、布花、近似、长眼、透巧、漏拙、点到、贯气、端祥等要点。下面分述以便理解与了解民间艺人的艺术理论。人们常说学画一枝一花易，弄清弄懂其中的理难，能用理来指导怎么干更难。但谁都想干得更好，我们常用的术语都是平常的方言口语，不一定大家都认同，谈出来共同研究，以便于帮助认识与理解民间磁州窑陶瓷艺术精神及绘画的品质与风格。

留白：民间陶瓷绘画最讲究的一项艺术理论，也是最难理解更是难以确切掌握的一项理论与方法。师傅讲留白的“白”也可以叫作留“空”。讲的是构图中的虚实关系，不光整个画面要留白，每一枝、一叶、一花都要留白。空白留的巧妙、适当，是画工一生每天、每件、每笔都应当注重推敲的功力。“白”不是可有可无的，留在哪，留多大，是十分讲究的。白是可以当“实”用，但要你用的巧。

占位：民间陶瓷绘画求在“似与不似之间”，所画的是一种神态与意境，这里所指的占位是在绘画构图中抢占重要的位置，该占的地方一定要占上，占不一定是占原来的大小形状，也就是说“占到要处”“占上就好”的一种写意神态的述语。原应该有的结构形可用别的形态与原应有的大小去占据，也可以用不同的大小去占据，显得不空，占得有理为占位。

布花：是指在装饰纹饰过程中，花头与重点纹饰安排在哪儿，即构图的重点纹饰与辅助的纹饰安排的问题。磁州窑民间陶瓷上多装饰那些老百姓喜欢的肉嘟嘟的大形花，有的叫牡丹，有的是想象中与理想中的花，在器物上，首先要确定花头的位置，先把花头画出，然后再用二方或四方连续的缠枝作处理，布花就是要安排花头的大小与位置，合理的布置在器皿之上。

近似：讲的是所描绘的对象，求在似与不似之间，因为民间绘画的风格，不可能画得完全规格一致与一模一样。这是由于手工操作的方式、工时、价格、生产要素决定了它的绘画风格，多用写意表达。似像似不像是民间绘画的根，亦是民间绘画的本性。

长眼：也可以称之为目测。是指画者在胚体上，用目测量的技能。画圆形器物时要本能的一眼看到三分之一是多少，因为圆的画面展开后是一个很长的装饰面或带，眼上的功夫就相当重要。因在民间陶瓷彩绘中，很少用稿与尺来分割，用目测并测出所需的四分之一、五分之一的量。准确地把握目测的量是为完成其大写意风格时必须的技能与功夫，所描绘的纹饰多大多宽，心里有数，才有可能大胆地去处理画面。才能毫不迟疑地挥毫泼墨，使之恰当完美地完成圆体的衔接，这是必修的目测量圆形体的眼力功夫。

透巧：这是画面处理的理论依据，如在大量拙笨的笔触中，偶尔特意地透一点秀，即特意地作一点相对而言的细功，或妙描，使画面在拙中透巧，透析出作者扎实的绘画功力，达到画面生动灵活。

漏拙：是指用笔不要只注重飘逸顺溜，因为在大量生产描绘过程中，噼里啪啦地习惯写画，容易造成画面过于气势单一感。漏拙与透巧一样，一个是在大量拙的势下，一个是讲在流畅顺溜的势下，有意的造出反方向或逆势态的笔触，以取得画面生动的效果。出人意料地搞一点拙是民间美术不完美的“美”。“美”是造化出来的以拙衬美，这样才会造就民间绘画潇洒中的生动跳跃。大量地大面积的漏拙，是最高境界的“美”。其要点是：拙是作者故意流露的。

点到：民间绘画，点到为止，以少代多，以简代繁，在民间绘画中十分重要。某处本应有某纹饰，有的可以简化为点，只要点到，并不显的有什么在纹饰上的不完整感，反而更具有变化感与跳跃感。像某处本应有一叶或一花，有时可以用意点到为止，或浓或淡，或大或小，只要刻意点到要害处，自然看起来就顺眼。因为它符合你所描绘对象的自然生长规律与图案规律，但点到不等于点“过”。“不过”与点到是相对的理。“不过”是指绘画的细节要十分讲究，“不过”是美，“过”则拙。弯也好、点也好、粗也好、细也好，在对比中某一处过其量，就会走到它的反面而变为拙。所以用笔适当，勾点适合，在飞速运笔的过程中，运转的度与应描绘的粗细感都要讲究正好，不可

“过”。这些都需要千百遍的练习与体悟，这是民间绘画需神会的“功”。

贯气：讲拙、讲巧、再讲贯穿一致的气质，贯气就是联贯一气，是指整体画面效果的气质，要有一气呵成的气势。笔可断，气不可断，在民间绘画中，怪、拙、繁、杂等味道都有可能出现，但贯串一致是其成功最重要的要素。全盘的拙、全盘的杂都会觉得合理与应该，如只有怪、拙、繁、杂而无贯串一气的效果，我们说它啥也不是了。

雅中漏俗，雅是其贯穿一致的地方。俗至大俗反而为大雅。在快疾潇洒流畅中，偶带些生涩，亦是由潇洒流畅而贯之，这些在统一中心“贯”是主弦律，在主弦律的节制下，有个别跳动的音符，反而增加音乐的美感，民间绘画也十分讲究理的认识与运用。

端祥：即在干活的过程中，每完成一件制品后，再回过头看一下自己刚完成的制品与作品，意在品味，看一下自己所绘画装饰制品，有没有美感或享受，有没有遗憾与不足。再看一下哪些是优秀的妙笔，哪些是败笔与拙笔，应如何修改装饰使之更加完美的过程。

任双合大师在创作

第五节 当代磁州窑陶瓷

近年来，磁州窑瓷区民营陶瓷企业异军突起，国企改革取得突破，陶瓷作坊各具特色。他们继承发扬磁州窑传统，坚持改革创新，开拓国内外市场，使古老的磁州窑焕发出新的生机。目前，全区现有陶瓷企业90余家，从业人员2万多人，主要产品有日用陶瓷、艺术陶瓷、建筑陶瓷、工业陶瓷、电瓷、陶瓷花纸、包装材料等；主要品牌有裕行、力力、佳美、春蕾、白玫、磁州安氏等；年产日用瓷2.5亿件，艺术瓷10万件，工业瓷1000万件，建筑瓷1000万平方米，陶瓷花纸1500万张，产品远销国内各省和50多个国家和地区，陶瓷产业年产值6.5亿元，利税5000多万元，年出口陶瓷1.2亿件，创汇800万美元。

日用陶瓷。主要分为日用瓷和砂锅两大类。日用瓷是磁州窑瓷区陶瓷产业的主体和优势产品，年产量3.5亿件，出口创汇800万美元。强化瓷、白玫瓷、佳美瓷、佳玉瓷、新骨质瓷、釉下手工彩绘炻器瓷、鼓山牌高档砂锅为代表的一大批名牌产品，远销欧美、澳、亚非市场和国内各大中城市的高档饭店、宾馆和商业超市。其中砂锅是磁州窑瓷区的特色陶瓷产品，绝大部分砂锅企业集中在义井镇邢峰公路两侧，年产量6000万件，多数内销，部分出口日本、韩国、东南亚地区，年出口创汇110万美元。主要代表企业有：裕行、盛华、力力、玉源、天山、博兴等。

工业陶瓷。产品主要有电子电工陶瓷、高压电瓷、碳化硅密封环等。圆方达工业瓷公司主要生产电子装置瓷件、熔断器瓷件、铁路端子、灯具灯角等2000多个品种，年产量1465万件、产值1438万元。邯郸市电瓷厂是华北地区唯一生产高压电瓷、氧化锌避雷器的综合性企业，年产量1038吨，产值1266万元；新东方科技开发有限公司是磁州窑瓷区一家生产碳化硅密封环的新型科技型陶瓷企业，已形成规模化生产能力，产品质量和生产工艺达到国内领先水平，年产值105万元，利税12万元。

建筑陶瓷。盛威陶瓷有限公司年产地砖60万平方米，产品畅销省内外市场。

工艺陶瓷。2014年，磁州窑工艺陶瓷技术人员逐渐扩大，其中国家级大师3人，省级陶瓷大师20余人，各种工艺陶瓷技术人员300余人。工艺瓷作坊生产，产品各具特色，主要有磁州窑仿古瓷、现代装饰瓷和根据需要定制陶瓷壁画、雕塑作品等多种形式。仿古工艺瓷主要以刘立中、安际衡等为代表的

30余家磁州窑作坊生产。刘立中工作室作品继承和保持了磁州窑传统工艺。现代装饰陶瓷主要以大家陶艺公司为代表，工艺设计理念新颖、产销两旺、发展前景广阔。

陶瓷酒瓶。以合益陶瓷公司、金日艺瓷公司为代表的陶瓷酒瓶生产企业，在全国同类产品的生产厂家中位列三甲。尤其合益公司在义井陶瓷园区建成投产后，年产值将突破亿元大关，前景十分看好。

第三章 邢窑陶瓷

第一节 邢窑概述

邢窑在今河北省邢台，20世纪50年代首先在临城初步找到属于邢窑性质的古窑址，发现的遗存极为丰富。器形都是碗、盘、壶、盆之类的日用器皿。其中碗类的圈足多作玉璧形底，精工制作，有润滑如玉的角感，有些瓷胎致密，瓷釉光润，胎釉洁白如雪，它不仅在器物造型、生产规模和内在质量方面都和史书相符。而且与同时期其他窑址器形和工艺特点的时代性上也是一致的，这使古陶瓷学术界大为振奋。1980年，专家们将其考察出土实物与这个研究组的仿制品进行了评价与鉴赏，在临城召开了学术讨论会。

邢窑始于北朝，早期以烧制青瓷为主，白瓷初露端倪，隋代已能烧制薄如纸、白如雪、质如玉的精细透光白瓷，将我国制瓷技术推向了新的高峰。唐代，邢窑白瓷种类丰富，胎质坚细，釉面光洁，造型庄重大方，装饰纹样丰富，装饰技法多样，达到鼎盛时期。邢白瓷不仅“天下无贵贱通用”，还曾远销海外，对海内外陶瓷文化都产生了极其深远的影响。晚唐五代后，由于战乱、原材料枯竭等原因，逐渐衰落。宋代，虽还生产少量贡品，其制瓷规模已不能和唐代相比。元代之后就神秘地消失了，整体烧造时间大约为九百多年。20世纪80年代之前，虽经文物工作者苦苦寻觅，邢窑遗址踪影难觅！关于邢窑的诸多谜团，成了近代古陶瓷史学研究的“斯芬克斯”之谜。

1980年，临城县境内发现了大量具有唐代风格的白瓷片、窑具、窑炉等遗物和遗迹，先后有17处古窑址出土。1984年，在内丘县境内，共发现窑址28处邢窑遗址，采集、征集和考古发掘出土的文物标本万余件，该遗址1996年被国务院公布为全国重点文物保护单位。1988年，河北省文物研究所组成了邢窑考古队，对邢窑遗址进行了首次发掘，发掘了临城祁村、山下，内邱西关的三处窑址，其中内邱西关发掘出土的隋代透光白瓷填补了中国陶瓷史上的一个空白。2011年，在临城瓷窑沟的考古发掘收获了大量金元时期的白底黑花瓷器，对邢窑后期的发展和延续提供了重要的实证。2012年，位于内丘县西关的邢窑发掘现场，27座北朝时期窑炉的出土震惊世界！这批窑炉年代早、完整程度高，早期灰坑出土遗物多，尤其是首次发现的隋三彩，填补了古陶瓷史上的空白。从这里发掘出土的大量北朝时期的邢窑青瓷，以及早期的白瓷，一举解决了邢窑的起源问题，邢窑的发轫定格在了北朝时期，该发掘项目也因之成功入选“2012年度全国十大考古新发现”。邢窑遗址的发现，大大促进了邢窑的研究工作。研究者们从考古学、文物学、工艺技术等不同角度对邢窑进行了研究与探讨，取得了一批成果。邢瓷烧制技艺作为国家级非物质文化遗产的一部分。

第二节 邢窑历史

公元575年，北齐范粹墓出土的10件白瓷，胎质白色，釉色乳浊淡青，釉薄处呈乳白色，是较早的尚不成熟的白瓷。隋开始用化妆土装饰青灰色的胎体，烧造青白色瓷器。尔后进一步用白色黏土制胎，烧制粗白瓷。隋胎陶瓷的重大变化是发展了白瓷生产，工艺技术水平比北齐显著提高，胎料制备精细，轮制成形旋削工整，装烧讲究。器物品类显著增加，立式器皿显著增多，造型挺拔豪放。大业四年（608年）李静训墓、大业六年（610年）姬威墓和安阳开皇十四年（594年）张威墓等，先后出土了许多白瓷，质量较好，胎质较白，釉面光润，基本上看不到北朝白瓷泛青或闪黄的痕迹。内丘邢窑隋代窑址出土的白瓷精品，胎质洁白，胎薄，半透明，釉色纯正莹润。

邢窑古窑场景

唐代内丘邢窑已经形成一个规模很大的产地，南北约30公里，成为一代名窑。内丘邢窑“盈”字款白瓷，胎薄质坚，洁白细腻，釉质莹白滋润，临城亦有发现。以邢窑的精细产品用现代标准衡量，亦不失为优质白瓷，这时期内丘白瓷窑址出土的白瓷品种很丰富，有小唇沿撇口浅腹玉璧形底碗，圆沿弧腹玉环形底碗，瓣口深腹玉环形底杯，瓣口盘状玉环形底托，圆沿短颈鼓腹罐，短戏要短流鼓腹双泥条系执壶，矮圆形子母口粉盒等。这里制瓷工艺精益求精，旋坯技法规范，装烧更趋科学，采用装匣正烧，消除了器内支痕，火候适度，产品瓷化而不过烧，保证了造型应有的神韵，强调了产品实用功能，注意了审美作用，体态丰盈，庄重大方，具盛唐之风。这些质地细腻的白瓷，同陆羽《茶经》描写的“如银似雪”的细白瓷完全相符。邢窑产品品种之丰富，数量之大也与《国史补》所述“天下无贵贱通用之”相符。

邢窑因受战乱和优质原料枯竭的影响而趋向衰落。唐末至五代前期，由于藩镇割据，政局混乱，争战频繁，仅邢州一带60多年之中就发生战祸28起。《资治通鉴》对此有较详细的记载。战祸使得这个地区野无稼穑，生灵涂炭，大批劳力被迫服役，或流离失所无家可归，严重阻碍了生产力的发展，细白瓷已不生产，粗白瓷质量明显下降。这是社会原因。从自然条件来看，这里地质构造条件复杂，地层严重断裂分割，瓷土层位不定，产状凌乱，数量有限，有的呈鸡窝状，好的瓷土找不到，采不出，只好使用次料。于是又使用起化妆土来。自然条件的劣化，不可人力逆转。再次是技术渐趋保守落后。到宋时，邢窑北邻的定窑和南邻的磁州窑皆凭借当地资源条件的优势而崛起。尔后，金元时期恢复生产的邢窑原址的少数窑场，已不可当日而语，仅模仿定窑、磁州窑生产，工艺落后，只能步南北二邻的后尘而兴叹了。邢窑的衰落自然还有其他原因：朝廷的苛政，官府的敲诈，洪水冲击等，终于将邢窑淹没于漫漫的历史之中。

第三节 邢窑艺术特色

邢窑除烧造白瓷外，还制青、黑、黄釉瓷等产品。而白瓷亦分粗细两种，邢窑白瓷胎质坚实，胎质细洁纯白，器内施满釉，器外釉不到足。在胎、釉之间有一层化妆土，作为护胎釉。尤为难得的是其细白瓷的釉面光滑，色泽雪白莹润，陆羽《茶经》中所赞“邢瓷类银”，“邢瓷类雪”便是指其釉色而言。邢窑产品器型规整，制作精致，有碗、盘、钵、托子、杯、砚、盒、瓶、壶、罐等，多为日常用品，均少带纹饰，以突显釉质之美，风格朴素淡雅。中国唐代出现了瓷业“南青北白”的局面，白瓷向青瓷的传统优势地位提出了挑战。与唐代邢窑白瓷的素净有别，宋白瓷还以刻花，印花的装饰手法来美化器物，所装饰的纹样在、暖白色的较薄的釉层掩映下相得益彰，其精致的水平可谓独步一时、冠绝当世。

盛唐高度发达的政治、经济、文化给邢窑带来了源源不断的审美需求，也使邢窑吸取同时代各种姐妹艺术形式的营养，逐步形成了邢窑独特的艺术风采，为后人留下了宝贵的文化遗产。此时的制品多是以细白瓷为主，器物的种类五花八门，其釉色已达到了非常成熟的程度。白瓷质地细腻，釉色白中泛青，温润如玉，给世人带来了祥和、恬静的感觉，奠定了邢窑以白为美称霸天下的物质基础。此时邢瓷制品的造型艺术不断升华，口、颈、肩、腹及底的线条处理十分考究，线条饱满酣畅，极富韵律，制作规整精细，干净利落，形成的庄重大方、雍容华贵的艺术风范，成为我国陶瓷造型艺术的典范。邢器的这种质地美和丰满、凝重的形体互为补充，使其呈现出既雍容饱满而又凝重大方的美感。唐代邢窑装饰手法也更加多样化，计有印花、划花、刻剔花、镂空、捏雕等方法，为更准确的诠释邢窑博大精深的艺术风采增加了新的物证。彩绘瓷与唐三彩等色釉品种更增添了邢窑丰富的文化内涵。

唐白釉葫芦型短流执壶

第四节 当代邢瓷研究

2012年3月成立邢窑研究所，是经邢台市科技局、邢台市民政局批准注册的研究机构。邢台市科技局为该所业务主管单位。研究所挂靠邢台学院美术与设计学院，依托学院省级重点学科—美术学，以邢台学院美术与设计学院教师为主要研究力量，聘请国内邢瓷研究知名专家张志忠担任负责人，他现为河北省陶瓷艺术大师，邢窑陶瓷烧制技艺传承人，邢台市政协委员，邢窑博物馆副研究馆员，邢台市邢窑研究所所长、邢台学院教授，河北邢瓷瓷业有限公司艺术总监，主要从事邢瓷文化、邢瓷考古、邢瓷技艺、邢瓷艺术设计等研究工作。

先后在临城县第一瓷厂美术组、河北省邢窑研究组从事邢窑的恢复研究工作。对古代陶瓷的原料配制、成型、烧成，特别是传统拉坯、利坯工艺技术娴熟，有丰富的制瓷经验。在古代陶瓷工艺和艺术方面亦有颇多成果，2013年被中国陶瓷工业协会授予“中国陶瓷历史名窑恢复与发展贡献奖”。2014年，被河北省陶瓷玻璃协会授予“河北省陶瓷行业突出贡献科技工作者”荣誉称号，被第三届中国非物质文化遗产博览会授予张志忠“优秀传承人展示奖”。2015年，被命名为第四批省级非物质文化遗产项目邢窑陶瓷烧制技艺代表性传承人。

张志忠大师在创作

2013年6月，研究所聘请多位国内知名专家担任顾问，出版了邢瓷领域的学术期刊《邢窑研究》。故宫博物院研究员李辉柄先生专门为本刊物题写刊名。刊物中精心收录二十余篇文章，将近年来邢窑邢瓷领域的考古、工艺、文化、艺术等方面的研究成果囊括其中，为邢瓷文化研究者和爱好者进行学术交流开拓了又一平台。邢台市邢窑研究所还承担了多项省、市级研究和服务社会项目，如邢瓷艺术保护传承与开发研究、邢窑透光白瓷研究与恢复、邢窑工艺美术的文化史研究、邢瓷文化创意产业发展研究、积极开展学术交流活动。邢台市邢窑研究所参办了河北省陶瓷艺术技艺大赛、“南青北白—越窑与邢窑学术研讨会”“发现邢窑—邢窑陶瓷特展”，张志忠所长携研究所成员还多次应邀出席陶瓷领域的学术研讨活动，如“故宫博物院珐琅彩瓷作品展”“第二届邯郸磁州窑国际论坛”“2012中国景德镇国际陶瓷博览会”“第五届中国成都国际非物质文化遗产博览会”，为营造陶瓷文化研究氛围，促进技艺传承发展，推动设计制作创新起到重要作用。

第四章 馆陶黑陶

第一节 馆陶概述

馆陶黑陶产于邯郸东部的馆陶县。据史书记载：馆陶因此得名。馆陶处在黄河中下游，为黄河冲积平原，大量优质的黏土是制陶的天然原材料，为制陶业的兴盛奠了基础。在境内出土的许多坟墓中，发现了大量的西汉、唐代、宋代、元代及明、清时期的黑陶、灰陶和红陶；在卫河岸边的毛圈、刘圈一带，挖掘发现了皇城砖窑72座。经考证多为明代砖窑遗址，除生产彩砖外，也生产部分陶器，证实了馆陶制陶业的历史。现馆陶黑陶，采用当地特有的制陶原料，制作工艺考究。制作过程中选料严、澄料细，制坯实、造型雅、雕刻精、烧制方法科学，并把制陶技术、雕刻艺术、绘画艺术融为一体。开发出仿古黑陶、日用黑陶、现代黑陶瓷3个系列200多个品种。其黑陶制品“黑如漆、亮如镜、音如磬、薄如纸、硬如瓷”，古朴典雅，浑厚庄重。产品除供应国内市场外，还销往20多个国家和地区。

第二节 馆陶历史

馆陶位于“齐鲁燕赵”交界之地，是古代名邑，为陶山文化一部分。古代馆陶之名，始于陶山黑陶；现代馆陶出名，亦赖于黑陶。黑陶距今也已经有四千多年的历史，是陶器中的极品，被誉为“土与火文明的诠释，力与美的结晶”。相传，古时候馆陶县有座大山叫陶山，陶山一带以盛产黑陶而闻名，据说馆陶的名字就源于陶山黑陶，古人所谓“陶山者，山如陶，陶如山也”即为明证。沿馆陶卫河两岸的毛圈、刘圈一带有皇窑72座，主要烧制皇城砖和黑陶。馆陶黑陶文化博大精深，它上袭仰韶、下启殷商、左挽彩陶、右携青铜，是原始社会后期龙山文化的代表，是古代汉族县民们勤劳和智慧的杰作。现代黑陶艺术经过馆陶人的继承和创新，集陶艺、漆艺、镶艺于一身，形成镂空、浮雕、线刻、影雕、彩绘、漆画、镶嵌几大系列，达1000多个品种。上等的馆陶黑陶具有“黑如漆、明如镜、薄如纸、硬如瓷”的特点，产品远销东南亚、欧、美等地。如今馆陶县被确定为“中国黑陶艺术之乡”“中国黑陶、彩陶研究基地”等。

第三节 馆陶黑陶工艺

黑陶选用的泥土来自于黄河下游冲积平原，是黄河在其流经的过程中所携带的大颗粒泥沙沉入河底，经过不断冲刷，流至其下游，因此它的深层泥土土质特别细腻、无沙、且黏性大，而且富含多种矿物元素，在烧制中能产生纯黑均匀质感，适合于黑陶制做。泥土取出后经晾干，后用纱布过滤制成泥坯，经过手工拉坯造型后，用贝壳反复压光，直到陶坯表面密度增加，光滑如镜。再以特制的雕刻工具运用线雕、浅雕、深雕、镂空等技法，手工雕刻出绚丽神秘的图案。然后给黑陶作品安装耳、环、鼻、腿等配件。黑陶表面所呈现纯净的黑色，是以独特的无釉无彩碳化窑变的古老工艺烧制而成的。出窑后就是浑然天成，不再做任何处理，其外观效果黑如漆、亮如镜。在器物烧成的最后一个阶段，从窑顶徐徐加水，使木炭熄灭，产生浓烟，有意让烟熏黑，而形成的黑色陶器。它是继彩陶之后，中国新石器时代制陶业出现的又一个高峰。

黑陶

第四节 当代馆陶黑陶研究

馆陶黑陶文化发掘与研究的代表人物是河北省陶瓷艺术大师李思月。他于1987年创办思月陶艺有限公司，是河北省馆陶县第一家黑陶生产企业，在20多年的创业、拼搏中，公司积极整合资源，壮大实力，优化结构，勇于探索，大胆创新，产品更加丰富多彩，形成了黑陶、漆陶、影雕、镶嵌陶等十大系类一千两百多个品种。企业经济效益和社会效益逐渐提高，产业规模和产品市场占有率在同行业中始终名列前茅。黑陶已成为馆陶乃至河北省的名片，带动了全县十几家黑陶企业共同发展，吸纳千余人就业。产品遍销全国各大城市，远销日本、韩国、朝鲜、美国及东南亚各国，所生产的产品市场占有率在40%以上。同时取得了良好的社会效益，产品先后荣获全国首届科技成果展览会金箭优秀奖、河北省第七届发明展览会金奖，并被中国第二届艺术节、国际永年太极拳联谊会等选为奖品和纪念品，中央电视台拍摄了专题片《陶山黑陶》，河北电视台拍摄的《古陶神韵》予以多次重点报道。“陶山黑陶”先后荣获“中国黑陶生产基地”“中国黑陶之冠”“中国著名品牌”和河北省级“非物质文化遗产”等荣誉称号。由河北省工艺美术大师李思月专门为北京奥运会精心设计创作的黑陶艺术品“国娃”，从上千件艺术品中脱颖而出，将作为“国礼”和我国黑陶艺术的代表作品，赠送给前来参赛的各国体育代表团团长。

李思月大师在创作

第五章 定窑陶瓷

第一节 定窑陶瓷概述

定窑—定州窑陶瓷，产地在今河北曲阳，古属直隶定州。定瓷烧制始于唐（公元618—907年）、兴于北宋（公元960—1127年），失于元（公元1127—1368年）。是我国北方大地上繁衍几代而影响深远的一个窑系。同当时的汝、钧、官、哥窑一起，号称我国宋代五大名窑。五大名窑中，唯定窑以装饰见长。其刻花奔逸、潇洒，可谓刀行似流云，花成如满月。刀挥来去，均形成一种既定规范。而印花则制范精细，拍印考究，遂造就一种华贵雅典之气韵，间辅以剔花、堆花、贴花等尤别开生面、各得其趣。品类有盘、碗、瓶、尊、炉、枕、人物等。设计开唐、宋陶瓷形制之先河，或劲健挺拔，或秀美娟丽，无不咸称圣手，妙道自然。

定瓷白而光润，器薄如纸，叩击如磬，故有“白如玉、薄如纸、声如磬”之称。“白如玉”，定瓷胎质和釉色白而光润，如玉洁丽柔和。一般白瓷，包括现代白瓷，釉色皆于坯体溶为一色，虽有润、光、柔之优，却无优美灵动之感。若称为玉，实难相符。而定瓷之白，绝不是纯白，有的白里透黄，有的白中泛青，隐隐约约，色韵暗起，玉质应生，妙不可言。“薄如纸”，一般指盘、碗类。均以薄为格调，几乎不薄不为定。一块八寸盘，称之不过六两，一般现代瓷实在无法与之比拟。“声如磬”，瓷击有声，声色不同，厚胎声域粗短，薄胎声色清长。说定瓷声如磬，首先追溯到它的质料。烧结温度较高给“磬声”奠定了必要之先决，在高温下，定瓷胎骨的瓷化达到了至佳程度，故由土石声一跃而发出金石声。

到20世纪70年代，定瓷在沉寂了多年之后又进入了复苏期。曲阳定瓷有限公司历尽艰辛，通过上百次研究实验，在仿古的基础上，推陈出新，研制成功了仿古、美术、日常三大系列工艺产品200多种，产品在国内展出屡屡获奖，产品已远销美国、日本、加拿大、荷兰、中国香港等十几个国家和地区。

第二节　定窑陶瓷历史

定窑在唐代时就已是著名瓷场，专烧白釉、黄釉瓷（白釉有玉壁底碗、注壶、瓶类；黄釉器有碗、注壶等），到宋代发展迅速，比之前更大更有名，大量烧制白瓷，其次有黑釉、酱釉、绿釉、白地褐花等品种。白瓷胎土细腻，胎质薄而有光，釉色纯白滋润，上有泪痕，釉为白玻璃质釉，略带粉质，因此称为粉定，亦称白定。其他瓷器胎质粗而釉色偏黄俗称土定；紫色者为紫定；黑色如漆的为黑定，红色者为红定珍稀传世极少。定窑创烧于唐朝后期。从这时一直到五代的定窑瓷器，还较为粗糙简单，器型以碗为主，正处于向精瓷的过渡阶段。但在五代中后期，定窑白瓷出现了一次根本性的飞跃。所烧瓷器不再施化妆土，胎、釉呈现出精、白薄的特征。有些器物的白度甚至超过了邢窑的细白瓷器。北宋是定窑发展的鼎盛时期，汉族劳动人民的制瓷技术有许多创造和进步。北宋中后期，定窑由于瓷质精良、色泽淡雅，纹饰秀美，被宋朝政府选为宫廷用瓷，使其身价大增，产品风靡一时。定窑在北宋末年“靖康之变”后，由于连年兵灾，逐渐衰落和废弃。金朝统治中国北方地区后，定窑瓷业很快得到了恢复，有些产品的制作水平不亚于北宋时期。从有龙凤纹饰的一些器物上看，定窑产品也是金代统治者喜爱的瓷器品种。到了元朝，定窑终于逐渐没落。

定窑陶瓷

第三节 定窑陶瓷的研究

1922年，中国近代古陶瓷研究先驱叶麟趾先生为了中国定窑文化的留存和延续，曾到定窑遗址实地考察，1934年在《古今中外陶瓷汇编》中首次提出定窑遗址在河北省曲阳县剪子村（涧磁村），沉睡近千年之久的历史名窑终于被首次披露于世。

新中国成立以来，党和国家非常重视定窑的文物考古工作，在定窑学术探讨及研究方面也取得了可喜成绩。当时的研究从两个方面展开：一是从宋以来的文人笔记中获取新线索，发现新问题；其二则是以馆藏真品和古定窑遗址作实地考察分析、论证，最后以事实说话，以严谨的学术态度奠定了定窑学术研究的基础，开阔了眼界，获得了成果。譬如关于定窑生产的上下限问题：过去学术界一直认为失传于宋；而根据发掘新成果，则把下限推至元。即定窑始烧于唐，兴盛于宋，失传于元。其间涌现众多杰出的古陶瓷专家和考古学者。

陈万里先生是我国近代第一位走出书斋，运用考古学的方法对古窑址进行实地考察的学者，新中国成立后任故宫博物院研究员。他反对看资料写文章，讲究认真，提倡走出书堆作实地调查。20世纪50年代初曾亲临定窑及诸古窑实地踏勘，发表《邢越二窑及定窑》，根据实地获得的标本进行综合考证，论述翔实且具有很强的科学性。冯先铭先生，陶瓷考古学者。1921年出生于北京。1947年起开始在故宫博物院做研究工作。在定窑工程研究方面，颇具成就的当属李国桢、郭演仪的《历代定窑白瓷的研究》。李国桢先生为轻工部高工。该文对定窑的原料进行了化学分析，对工艺特点有较深入的探讨，并对历代定窑瓷的不同配方、成分进行了科学论证，对当代定窑恢复生产起到了非常重要的借鉴作用。在定窑研究方面，这一时期主要是一些博物馆及大学学者、专家、教授等，有成效者还有故宫博物院研究员王莉英、副研究员杨静荣和中国历史博物馆研究员李知宴、故宫博物院研究员李辉柄以及北京大学权奎山先生等。除专家、学者对定窑进行调查研究并撰文外，国家文物局、河北省文物局曾对定窑进行发掘，为研究定窑提供了不可多得的资料。20世纪60年代，河北省文化局文物工作队曾对河北曲阳县定窑遗址即今北镇村通天河西侧等一带进行了小规模的发掘。迄今为止，当地农民仍把发掘过的田地称之为“古瓷地”。根据发掘情况，位于灵山镇西侧的二瓷厂曾进行过试验生产，虽未获成功，然而这确是新中国成立后把考古同生产初步结合起来的一次仿制活动。

到了20世纪70年代初，定州市出土了两座宋代塔基，并出土了一批定窑盘、碗、瓶、罐等。这些瓷器形制不一、年代各异，对研究定窑造型纹饰乃至纪年考证起到了新的推动作用。当时的定县博物馆曾整理成文，名为《河北定县发现两座宋代塔基》。1985年至1987年，经国家文物局批准，河北省文物研究所再一次对曲阳县定窑遗址进行了较大规模的发掘。此次发掘前后持续两年，对定窑遗址附近的涧磁村、北镇村一带的田野进行了有序的发掘，获得了大量的资料标本。在认识定窑形制、纹饰以及黑定、紫定、兔毫方面，提供了新的佐证。中国古陶瓷研究会1997年年会暨学术讨论会在河北石家庄召开，着重对定窑和磁州窑进行学术讨论。河北省文物局副局长刘世枢先生作了《定窑考古札记》的报告。河北省文物局还对此次发掘的器物进行了编制整理。国家文物鉴定委员会委员、河北省文物出境鉴定中心副主任穆青2002年即编辑出版了《定瓷艺术》一书。该书结合发掘出土的文物及馆藏珍品，以图文并茂的形式介绍了定窑的考古调查与发掘、定窑的历史分期与时代风格及艺术特色等。陈文增著《定窑研究》《定窑陶瓷文化及其造型装饰艺术研究》以及和焕著《话说定窑》分别于2003年、2008年、2009年出版，通过试制于生产实践，总结出一系列科学的工艺流程和学术理论，为当代定瓷生产及学术研究提供了可资借鉴的学术支撑。

第四节 定窑陶瓷的恢复

1972年，日本首相田中角荣访华，在北京向周恩来总理询问中国定窑的情况。周总理回答：“正在恢复。”1975年，河北省保定地区工艺美术定瓷厂筹建处成立，并于1978年成立定瓷试验组。1979年，曲阳第二陶瓷厂开始仿制定瓷。1983年，曲阳第二陶瓷厂改名为“曲阳县定窑瓷厂”。

陈文增、蔺占献、和焕等人均为河北省保定地区工艺美术定瓷厂试验组技术骨干。当时负责试验的还有王玉峰、左树林、许胜凯、刘孟儒等人，烧成的有刘占印、刘占山、张连好等人。蔺占献是建厂以来培养的第一批原料师，陈文增与和焕分别担任造型工艺和装饰设计。1980年3月25日，轻工业部和中央工艺美术学院陶瓷系在北京主持召开了定窑、建窑仿古瓷作品鉴赏会，对陈文增、蔺占献、和焕等制作的仿定产品进行鉴定，著名专家冯先铭、高庄、梅健鹰、李国桢、周淑兰、王莉英等应邀赴会，认为“已达到了乱真的程度”。

1981年5月，曲阳县定窑瓷厂、唐山陶瓷研究所共同成立了“河北省定窑研究组”，在河北省第一轻工业局总工程师刘可栋的组织领导下，张义增、刘家顺、毕南海、张新科、李文献、张晓梅等研究人员对定瓷生产工艺和造型装饰进行研究试制。1983年5月5日，“定窑研究”技术鉴定会在曲阳召开，李国桢、郭演仪、宋伯胤、叶喆民、耿宝昌等专家出席，认为“试制出的样品瓷质和纹饰接近古瓷”。1984年9月，“定窑研究”项目获河北省科技成果一等奖。之后，曲阳县定窑瓷厂生产效益每况愈下，终于放弃了定瓷研发。

至1984年，河北省保定地区工艺美术定瓷厂（后改名为“曲阳工艺美术定瓷厂”）因工厂效益原因，其他同志相继调出，但仍有陈文增、蔺占献、和焕、刘占印等人在恢复定窑的艰难历程中继续探索。1987年，曲阳工艺美术定瓷厂陈文增、蔺占献、和焕等人北上灵山山沟，建立了河北省工艺美术定瓷厂，隶属于河北省国防科工办之建华玻璃厂，继续定瓷的研发。1992年，河北省建华玻璃厂搬迁到定州，陈文增、蔺占献、和焕等人在曲阳成立了河北省曲阳定瓷有限公司。原料工艺师承古法，造型花饰力拓薪传，仿求累真，创求独特，形成了仿古、日用、艺术三大系列产品的生产规模。

定窑研究成果的鉴定功不可没，然而贴近历史，才能鉴照当今，在重大的新的思维下生发的研究课题又提出更艰巨的挑战。继北京、曲阳两次鉴赏鉴定会之后，陈文增、蔺占献等人在长期试验、生产过程中不断接触新情况，发现新问题，对先前两次鉴定会大部分鉴定结果产生了歧异：

问题之一：利用单刀机轮制作泥坯，然后用石膏模压印的所谓印花产品，同宋代利用辘轳车手工拉坯，然后在陶范上拍印的印花制品，有着本质的区别。宋代传统的拉坯印花工艺讲究泥料陈腐，揉泥按顺序定方向，烧成产品敲击时作磬声，其声清悠悦耳，可赏袅袅余音。单刀机轮泥料制备与传统制法迥异，其泥料性能所达到的工艺要求与传统制法的泥料性能相去甚远，所做产品比重大，难以产生悠长声色，更不可能达到“质近”，只能达到“貌似”。

问题之二：凡恢复中的工艺品制作，诸如孩儿枕、几何形瓷枕等仿品，所使用的模具（陶范）均为石膏制作（宋代没有石膏，不可能出现石膏模具），而宋代定窑所使用的模具则为瓷泥素烧，而后印坯或拓坯成型，与仿制品的石膏模具注浆成型相比，两者有着性能、质地、效果等诸多区别。以后如果说借用或替代材料，只有在某种材料物种灭绝和枯竭的情况下才可使用。素烧陶范只是预制工艺而已，不存在任何难度，所以石膏陶范在恢复中作为重要的工序和手段，是违背宋代定窑工艺要求的。

问题之三：定窑白瓷的呈色问题。定窑白瓷究竟是什么颜色？米黄色之说极其片面地限制了定窑白瓷的呈色领域，导致了人们在试制生产过程中的错误认识。由于窑次烧成时间、四序变化、配方包括年代等差异，其白瓷呈色是绝对不可能一致的，加之烧成气氛的不同，是不可能限于一种呈色的。若用仪器测定，足可分为十数种乃至更多，绝非一个米黄色。冯先铭先生讲过：定瓷是有几个色泽的，米黄色不过是其中一个品种。色定中黑、紫、红是定窑中稀有的珍品。紫定，色紫如葡萄；黑定，色黑如漆；红定如枣透亮沉丽。这种色定的工艺配方均以矿物质原料合成，根本不用化学色料。色釉于形制中的表现形式往往是边口处薄，下部近底足部厚，下部形成一自然圈状。

严格地讲，定窑恢复时间应为1996年。1996年1月，河北省曲阳定瓷有限公司研发的河北省科委计划内项目“日用美术定窑陶瓷”通过科技成果鉴定，专家们认为“瓷质接近古定瓷，工艺技术达到宋代定瓷水平，造型装饰有所创新”。1996年12月，“日用美术定窑陶瓷”项目获河北省科技进步奖三等奖。同时，多篇专业论文发表，以陈文增为代表的定窑人从传统工艺到学术理论全面地恢复了定窑，陈文增、蔺占献、和焕被批准为国家级和省级非物质文化遗产传承人。

第五节 定窑陶瓷装饰

定窑陶瓷以其丰富多彩的纹样装饰而深受人们喜爱。装饰技法以白釉印花、白釉刻花和白釉划花为主，还有白釉剔花和金彩描花，纹样秀丽典雅。北宋早期定窑刻花、构图、纹样趋简，以重莲瓣纹居多，装饰有浅浮雕之美。北宋中晚期刻花装饰精美绝伦，独具一格。装饰图案常用印花、划花和堆花手法，秀丽典雅。印花图案，自然形态经巧妙变形，构成严谨；刻划花，较印花更活泼生动，别具一格。

划花：划花是宋代定窑瓷器的主要装饰方法之一。通常以篦状工具划出简单花纹，线条刚劲流畅、富于动感。莲瓣纹是定窑器上最常见的划花纹饰。有一花独放、双花并开、莲花荷叶交错而出，有的还配有鸭纹，纹饰简洁富于变化。立件器物的纹饰大多采用划花装饰，刻花的比较少见。早期定窑器物中，有的划花纹饰在莲瓣纹外又加上缠枝菊纹，总体布局显得不很协调，这是当时尚处于初级阶段的一种新装饰手法，也给定窑器断代提供了一个依据。

刻花：刻花是在划花装饰工艺基础上发展起来的。有时与划花工艺一起运用。如在盘、碗中心部位刻出折枝或缠枝花卉轮廓线，然后在花叶轮廓线内以单齿、双齿、梳篦状工具划刻复线纹。纹饰中较常见的有双花图案，生动自然，有较强的立体感，通常是对称的。定窑刻花器还常常在花果、莲、鸭、云龙等纹饰轮廓线一侧划以细线相衬，以增强纹饰的立体感。

印花：定窑纹饰中最富表现力的是印花纹饰。这一工艺始于北宋中期，成熟于北宋晚期。最精美的定窑器物纹饰在盘、碗等器物中心，这类器型内外都有纹饰的较少。定窑器物纹饰的特点是层次分明，最外圈或中间，常用回纹把图案隔开。纹饰总体布局线条清晰，形态经巧妙变形，繁而不乱，布局严谨，讲究对称，层次分明，线条清晰，工整素雅，艺术水平很高。定窑印花大多印在碗盘的内部，里外都有纹饰的器物极为少见。

定窑印花题材以花卉纹最为常见，主要有莲、菊、萱草、牡丹、梅等，花卉纹布局多采用缠枝、折枝等方法，讲求对称。有的碗、盘口沿作花瓣式，碗内印一盛开的花朵，同时在外壁刻上花蒂与花瓣轮廓线。这种把印、刻手法并用于一件器物，里外装饰统一的做法，使器物造型和花纹装饰浑如一体，十分精美。其次，定窑还有大量的动物纹饰，主要有牛、鹿、鸳鸯、麒麟、龙凤、狮子和飞龙等。定窑飞龙纹一般装饰在盘、碟、碗等卧件的器物中心，祥云围绕，独龙为多，尚未见有对称的双龙纹饰。飞龙身形矫健，昂首腾飞于祥云之间，龙尾与后腿缠绕，龙嘴露齿，欲吞火球，背有鳍，身刻鱼鳞纹，龙须飘动，龙肘有毛，三爪尖利，栩栩如生。而定窑立件上只装饰有变形龙纹，其装饰水平与盘、碟上的龙纹相去甚远。禽鸟纹饰中主要有凤凰、孔雀、鹭鸶、鸳鸯、雁、鸭等，做工精美的飞凤比较少见。

陈文增大师在创作

定窑瓷器最精美的纹饰大多集中在盘、碟上，纹饰多者可达四层。每层纹饰富于变化，外圈纹饰多为几何纹或变形莲瓣纹，中心为动物、花卉结合纹饰，充满浮雕感，艺术气息浓郁。而宋代定窑孩儿枕更是该窑名品，其造型神态及纹饰的装饰工艺等皆为上乘之作。

第六节　当代定窑陶瓷

定瓷恢复自1976年起至今已四十年，随着经济效益和社会影响的日渐突显，近几年来其生产厂家、生产作坊也日渐增多。曲阳县城及周边、定窑遗址附近的村庄分布着大小作坊几十家，定州市也有若干家，形成了曲阳、定州跨两县(市)百余家的定瓷生产规模。河北省曲阳定瓷有限公司是国内第一家定瓷研制生产厂家，国家级非物质文化遗产“定瓷烧制技艺”保护单位，国家博物馆指定生产厂，河北省科技企业，河北省文化产业示范基地。现有国家级、省级工艺美术大师5名，受国务院特殊津贴专家4名，全国劳动模范2名，国家级非遗传承人1名，省级非遗传承人3名，河北省十大金牌工人1名，下设成型部、拉坯部、原烧部、业务部、设计部、文化宣传部、生活安全部等部门。

定瓷作为曲阳三大文化之一，活跃了地方文化经济，大师级定瓷作品还作为国礼出现在外交场合，为加强中外友好关系做出了贡献。大师级创作队伍的日益扩大更为定瓷文化市场的繁荣奠定了坚实的基础，为当地的文化建设和经济建设做出了卓越贡献。公司曾获中国民营企业十年成果奖，被评为“中国质量、服务、信誉AAA级企业”。产品远销日本、加拿大、美国、英国、中国香港、中国澳门等国家和地区。坯釉研究及艺术瓷产品获河北省科技进步奖、国家科委金奖、国家知识产权局金奖及全国专利技术金奖等。作品多次参加国内外大展并获奖，多件作品被人民大会堂、国家博物馆、中南海紫光阁收藏、国家知识产权局等权威机构收藏。十几年来，多次为中央电视台（一、二、四、七、十套）、香港凤凰卫视、澳门莲花卫视、河北电视台、《人民日报》《光明日报》《经济日报》《河北日报》《中华儿女》《中华英才》等各大媒体关注、报道。

和焕大师和她的作品

第六章　高邑陶瓷

第一节 高艺陶瓷概述

2002年以来，高邑县陶瓷产业逐步由日用陶瓷转向建筑陶瓷，不断发展壮大，取得了突出的成果，令人刮目相看。目前，高邑建筑陶瓷企业有80多家，生产线近100条，产品种类有地砖、墙砖、外墙砖等高、中、低档，多规格、多花色100多种产品，形成了较完善的产品体系。目前高邑瓷砖年产量达到1.2亿平方米，成为华北地区最大的建陶生产基地。建陶产品产量曾经占全国建筑陶瓷业总产量的7%左右。高邑陶瓷销往东北、华北、西北十几个省市。为进一步发展当地建筑陶瓷产业，当地政府提出建设继广东佛山、山东淄博、福建晋江、四川夹江之后的第五大建筑陶瓷生产基地。

近几年，高邑建陶行业得到了突飞猛进的发展，产品不断升级换代，提档升级。全县年生产各种陶瓷制品1.6亿平方米，年销售收入40亿元。主要分布在富村镇和万城乡，产品种类包括内墙砖、外墙砖、地板砖三大系列，郁金香、明珠玉、金镶玉、普拉提、微粉、超微粉、聚晶微粉、抛光、通体等高中档100多个花色品种，形成了较为完整的产品体系。目前正在着手于开发自然石系列“线石三代”

高档地板砖项目。目前，大部分建陶企业采用中窑窑炉、意大利进口大吨位压机，产品质量明显提升。

第二节　高邑陶瓷现状

为加快北方建筑陶瓷基地的建设，高邑陶瓷产区规划建设了占地3000亩、基础设施投资1600万元的建筑陶瓷工业园区，实现路、水、电功能配套。目前，高邑县与广东南彩实业有限公司合作的两条高档地板砖生产线项目已入区开工建设，同时他们还与4家县外客商签订了入区协议。计划投资19亿元的卓达建筑陶瓷工业园项目也已达成投资意向。为促进产业发展，他们还与外地客商合作，将投资1亿元，在这里规划建设占地400亩的建筑陶瓷专业批发市场，并努力使其成为我国北方知名的陶瓷产品交易集散中心。此外，高邑县还聘请国家级陶瓷学者、专家做技术顾问，确保高邑建筑陶瓷产品不断提高质量。

高邑力马建陶有限公司，是高邑瓷区的知名企业，主要产品为内墙砖、全瓷耐磨地板砖、微粉抛光地板砖。高邑力马建陶有限公司位于石家庄市高邑县城西工业区,是河北省墙地砖龙头企业，目前是华北、西北最大生产厂家。该公司位于高赞交界处，紧靠393省道，紧邻107国道和京深高速公路，驱车40分钟可到达石家庄飞机场。交通便利，通讯发达，地理位置优越，环境优雅，可发展空间很大。其生产的地板砖、内墙砖畅销不衰。已投产的高档微粉抛光地板砖生产线打破了多项世界纪录：窑炉长度位居第一，达到360米，打破了“窑长不能超过300米”的公论；配置第一，采用三机一线，各个环节均采用了世界最新最顶级的配置；产能第一，投产后，600mm×600mm微粉砖产量达到15000平方米，抛后优品率达到95%以上，品质优良，已远远超过小窑产品。为了给高邑瓷区输送新能源，总投资60亿元，占地1500亩，年产煤气3亿立方米、焦炭100万吨的力马煤化工项目，在高邑工业开发区破土动工。据了解，该项目投产后所产生的煤气将全部用作建陶企业的新型能源，推动建陶企业节能减排，提档升级。建陶企业全部推广使用煤气后，可使二氧化硫年排放量减少290吨，降低原煤消耗67.2万吨，节约成本约6亿元。

高邑陶瓷市场

凯美特陶瓷由佛山市凯美特公司租赁高邑美林陶瓷厂改制而来，占地50余亩，拥有员工300人，采用先进的设备及低温快烧工艺流程，全自动喷雾造粒，湿法制粉、进口全自动压机压制成型，煤气自动控制辊道窑烧制。该公司资金雄厚，拥有高素质、高水准的专业技术管理人才。公司主导产品为彩码砖和300mm×300mm高档地板，主要销往东南亚等地。

高邑建陶产业2005年被列为石家庄市重点产业集群，2007年被评为河北省重点特色产业基地，是北方最大的建陶生产基地，约占全国总产量的二十分之一。产品主要销往河北、河南、北京、天津、山西、陕西、内蒙古等地，部分产品出口韩国、非洲等国家和地区。2011年/2013年力马陶瓷公司、圣泽陶瓷公司、福隆陶瓷公司二次被评为河北省产业集群龙头企业。在建项目有昊龙陶瓷、领仕陶瓷、鑫祥陶瓷和煜珠陶瓷等。为进一步发展当建筑陶产业，当地政府提出建设继广东佛山、山东淄博、福建晋江、四川夹江之后的第五大建筑陶瓷生产基地。

第七章　井陉陶瓷

第一节 井陉陶瓷概述

井陉县位于河北省西部边陲，冀晋结合部，太行山东麓。井陉陶瓷历史悠久，井陉陶瓷主要为民用陶瓷，过去以生产陶管、黑白粗瓷、耐火砖、盔、罐为主，改革开放以来，随着科学技术的进步，井陉陶瓷进行一系列的改造，引进新技术新设备，淘汰落后的生产设备和工艺，开发新产品。先后开发了外墙装饰釉面砖、细瓷类杯、壶、盘、茶具等艺术装饰瓷。1987年，与南京艺术学院合作研制开发白砂锅系列产品。1989年，开发生产“虎山牌”黑陶艺术瓷。1992年以来，为了适应市场需求，又相继开发了精陶、铁胎、三岛、中档粗颗粒白砂锅，白砂锅成为产区的主导产品。目前，生产的白砂锅分中、高档、普泥、铁泥、粗颗粒、三岛、灰陶七大系列、系列造型15个，规格150多个，花面装饰200余种。产品畅销国内，远销日本、新加坡、法国、澳大利亚等七国和中国台湾、中国香港两个地区。

第二节　井陉陶瓷历史

井陉陶瓷业的发展源远流长。早在隋唐时期，井陉人民就已开始利用境内丰富的河流、陶土和优质煤炭资源，开展陶瓷生产。从近年来对井陉窑的考古发掘情况看，早在晚唐五代时期，井陉陶瓷在南秀林和南、北陉等地已形成了相当的规模，积累了丰富的经验，具备了较高的工艺水平。其产品以日常用品为主，同时也生产高档白瓷、三彩器等。三彩器以绿、棕、黄为主，施釉方法、艺术效果均与目前发现的同时期产品不同，别具特色，为唐三彩的珍品。井陉的陶瓷生产在当时已具有较大的影响，相对平定“西窑”而被称为“东窑”。

井陉窑遗址

宋代，井陉的陶瓷工业有了新的发展，使用的“砂圈叠烧法”为北方地区首创。所烧白瓷，胎质坚细，和色莹润光洁，产品已为官方所用。至金代，井陉陶瓷业达到了鼎盛时期。金末期，由于地处晋赵要道，井陉陷入了蒙、金拉据争夺的战区，致使窑厂摧毁倒闭，陶瓷业生产迅速衰落。至元代，虽仍以烧制白瓷为主，但黑釉、褐釉出现后来居上之势。延至明清，井陉陶瓷最终以生产粗胎黑褐釉缸、坛、瓶等日常用品为主，有“梅庄盔、南寨(南横口)碗”之称。

民国时期，陶瓷生产业有较大发展。1926年，商户增至12户，窑20座，从业人员130余名。新中国成立后，在党和政府的关怀支持下，井陉陶瓷业迅速发展，私人经营厂名繁多，到1954年达到37户，窑64座，其中大窑60座，小窑4座，从业人员210余名。产品以陶碗、陶盔(盆)为主。此外，还生产以黄土釉为主的各种陶缸、罐、灯盏、兽头、陶瓦等。

1990年，井陉县引进黑瓷板生产技术，租用第二陶瓷厂部分厂房、设备，建立了“井陉县黑瓷厂”，设计能力为年产高级黑瓷板材2.3万平方米。1992年，井陉县建筑陶瓷厂同意大利唯高工业公司合资创立“石家庄天长建筑陶瓷有限公司”，筹建年产100万平方米全瓷玻化石英砖生产线，1995年年末竣工，1996年试产，达到设计能力。1998年年末，该公司租赁给山东省文登市陶瓷工业(集团)公司经营至今。1992年，第三陶瓷厂划小核算单位，分离出“井陉县第六陶瓷厂”。1996年，井陉县第一陶瓷厂整体收购“井陉县第六陶瓷厂”。

第三节　井陉陶瓷现状

井陉民用陶瓷

1990年以来，井陉县陶瓷产业迅速发展，建成100米隧道窑，这时的井陉县第一陶瓷厂固定资产已达2564万元，员工1750余人。1987年，井陉县第一陶瓷厂与南京艺术学院教授平友舜合作，研制成功新产品白砂锅，至今远销海外畅销不衰。1989年，开发生产的“虎山牌”艺术黑陶，光亮如漆，工艺精湛，备受好评。1996年7月，井陉县第一陶瓷厂改制为股份制企业，称为“石家庄市原火陶瓷有限责任公司”，企业进入发展的快车道。2009年，聚诚集团入股石家庄市原火陶瓷有限责任公司，开启了井陉陶瓷大发展的序幕，占地面积12万平方米，总资产近2亿，员工900多人。拥有国内先进节能辊道窑两条、全自动隧道窑一条、20立方米梭式窑一座、制泥设备80余台套、成型设备76台套。主要窑炉吨瓷耗能量居全国陶瓷行业先进行列，产品一级率处于领先水平。近几年原火陶瓷为传承弘扬井陉陶瓷文化、做大做强井陉陶瓷产业，不断加大改造力度，淘汰落后窑炉，新建泥料半成品生产线、建成第四条生产线、新建高锂瓷煲生产线。

井陉陶瓷工艺特色，在1955年前，陶瓷生产以手工为主。主要沿用轧土、耙泥、牲口拉耙、泥池澄浆、日光烘干、手工捏碗等传统方法。1955年后，随着生产力的提高，陶瓷生产工艺逐步得到革新。是年，改用机刮碗。1958年，由日光烘干改为链条烘干。1957年，改进隧道窑生产至今。1958年前，制泥工序靠毛驴拉耙。1959年，改用双缸泵制泥至今。1957年前，制泥用澄浆池。1958年，改用滤泥机至今。

井陉陶瓷产品结构，1956年前，主要生产陶管、陶碗、耐火砖、盔、罐等。1974年，生产蓝边三大碗、酒具等。1975年，生产大五彩盆、套四古坛、大衣架、花盆、杂件等。1983年，生产各种卫生瓷。1987年，井陉第一陶瓷厂利用本地资源，开发研制白砂锅系列产品。白砂锅产品获河北省优秀产品二等奖。而后，相断开发中高普泥、铁泥、粗颗粒泥、三岛、灰陶7大系列，15个造型，159多个规格。花面装饰200多种的白砂锅，产品出口日本和东南亚各国。1990年—1995年，生产中式餐具系列产品，主要产品为细瓷花盆、碗和部分成套餐、茶、酒具。1991年—1996年，生产高级黑瓷板材。1996年，生产全瓷玻化砖。至此，井陉县陶瓷工业可生产以蓝边碗为代表的普瓷系列、以古罐为代表的陶器系列、彩面砖系列、卫生瓷系列、白砂锅系列、细瓷中餐具系列、黑瓷板系列、全瓷玻化砖系列、精陶系列九大系列产品。

第八章 唐山陶瓷

第一节　唐山陶瓷概述

唐山素有“北方瓷都”的美誉，陶瓷生产历史悠久，为中国陶瓷的重要产地之一，曾生产出中国第一件卫生瓷和第一件骨质瓷。陶瓷工业是唐山经济的支柱产业之一，呈集群式规模发展，骨干企业发展迅速，在国内外的陶瓷行业中具有相当大的影响力。改革开放后，唐山陶瓷业发展迅速，卫生瓷产量居全国第一，逐步形成规模宏大、技术先进、门类齐全、综合配套的陶瓷生产基地。1998年以来，每年举办一届唐山中国陶瓷博览会。2003年9月，中国轻工业联合会、中国陶瓷工业协会在第六届唐山中国陶瓷博览会上正式命名唐山为“中国北方瓷都”。2004年，国家科技部批准，在唐山建设“国家火炬计划唐山陶瓷材料产业基地”。2012年3月28日，“唐山骨质瓷”成功通过国家地理标志产品保护技术审查，保护范围为唐山市路北区、路南区、开平区、高新区。

唐山陶瓷门类齐全，品种繁多，造型新颖、装饰典雅。日用陶瓷中的“五朵金花”—骨瓷、白玉瓷、木兰瓷、白兰瓷、釉下彩日用精陶深受国内外用户欢迎。建筑卫生陶瓷以质量好、品种全、造型美、功能优著称，驰名中外。唐山的工业理化陶瓷生产已有半个多世纪的历史，在国内生产最久，产销量最大，质量最优。唐山还有精美的工艺陶瓷出口到意大利、菲律宾、中国香港等国家和地区。

20世纪90年代中后期开始，唐山陶瓷行业逐步以市场为导向，积极适应国际、国内市场变化的产品需求，出口产品坚持以高档次、高品位、高创汇率为目标，内销产品坚持高、中、低档相结合，满足不同消费层次的需求。“红玫瑰”“隆达”“海格雷”等骨质日用瓷以及“惠达”、“金卫陶”等建筑卫生瓷名牌产品跨越四大洋、远销五大洲，享誉国内外。唐山陶瓷股份公司“红玫瑰”骨质日用瓷被选为香港首任行政长官官邸用瓷、新中国成立五十周年中南海用瓷和中国澳门特别行政区官邸用瓷。隆达公司“隆达”牌骨质瓷餐具被选为上海亚太首脑会议（APEC）指定用瓷，并获得“中华著名特产”认证。惠达集团成为全国建筑卫生陶瓷行业首家获得“中国驰名商标、中国名牌和国家免检产品”三项国家级称号的企业。年产量超过750万件，全国卫生瓷产量最大。产品形成200多个中高档品种，远销美国、俄罗斯等80多个国家和地区。

但是，从20世纪90年代后期开始，由于技术装备水平和国内先进水平差距较大，有近半数的企业没有技术创新和技改投入，高、精、尖的专业技术人员缺乏，新产品开发和新技术使用能力差，多种低档陶瓷产品低水平生产；实验设施陈旧、老化，部分企业技术开发投入减少，大大制约了企业的技术创新能力。自主设计的新器型、新花面少，来样加工产品多，模仿多，在产品质量、档次及设计水平等方面与国际先进水平有较大差距，市场竞争力有所减弱。

第二节 唐山陶瓷历史

唐山的瓷器制作始于明朝初年。清朝道光年间（1840年前后）有陶瓷手工作坊十余户、工人百余名，多烧制缸、盆等粗瓷用品。光绪年间，田家窑开始生产化妆土白瓷，田家田鹤群生产出唐山最早的细瓷用具。清代末期，唐山陶瓷生产集中的东缸窑有陶成局、永庆隆、余庆局、东陶成、三合义、泰成局、复兴局、义来局、本茂局、本发局（德盛成）、宝善兴、宝善隆（后为福信成、裕兴成）、庆和成；西缸窑有东裕成、祥泰成、祥泰局、祥泰增、峻成局、义盛局、东裕兴、裕成局等。由秦家兴办的窑厂陶成局（始名）到秦履安时，抓住开平矿务局在清光绪四年（1878年）开凿兴建需要缸砖等商机，扩大生产规模后又仿造各种细瓷，成为一家规模较大的资本主义性质的陶瓷厂。秦履安之后陶成局更名老陶成局，1920年改组为新明瓷厂。1921年，启新洋灰公司总办李希明利用唐山厂内闲地建厂，生产陶瓷制品。1924年，德国工程师汉斯·昆德承租该厂定名为启新瓷厂（当时称磁厂），在中国第一家引进陶瓷生产设备（德国制造），首次使用部分国产原料生产出中国的第一件卫生陶瓷。1927年，又生产出中国第一块彩色瓷砖。在启新瓷厂影响下，唐山陶瓷业工业化生产发展迅速，而中国传统陶瓷产区的景德镇、醴陵等地仍停留在用木柴烧窑阶段。（唐山劳动日报2008年9月8日）1928年，老陶成局生产日用透明加彩白瓷。1930年，秦履安之孙秦幼林建德盛窑业厂，用电动机取代柴油机生产日用细瓷和卫生瓷，发展成唐山陶瓷业的首户。由陶成局分化出来的老陶成局（新明瓷厂）、东陶成和德盛三个厂资金雄厚、经营得法，在唐山陶瓷窑厂集中的东、西缸窑鼎足而立。20世纪20年代至30年代初为唐山陶瓷业一段兴旺时期。1931年，唐山有陶瓷厂60家左右。在日本占领时期和国民党反动派统治时期，唐山陶瓷业生产萎缩。1948年，唐山解放后，人民政府给予扶植和帮助。1950年至1955年，全市陶瓷工业逐步实行公私合营。1956年，全行业完成公私合营。到1966年，唐山市初步建立以建筑卫生瓷、日用（出口）细瓷、日用粗瓷、工业理化瓷、高低压电瓷、艺术陈设瓷以及与陶瓷相关的石粉、花纸、机械为一体的门类比较齐全的陶瓷工业体系。经历“文革”动乱和1976年“7•28”大地震的挫折和困难，唐山陶瓷工业在中共十一届三中全会后快速发展。

1924年生产国内第一件卫生洁具

到1987年，唐山市陶瓷制品业有企业74家，工业总产值2.19亿元(21879万)，主要工业产品产量卫生陶瓷341.14万件，日用陶瓷1.27亿件（12710.83万件）(其中出口量占 %)。1995年，唐山卫生瓷产量1020.81万件，日用瓷产量25688.38万件(2.56亿件)。内销、外销市场继续呈上升形势，而且价格稳定，产销基本平衡，有些产品销略大于产，主要产品日用瓷等全年处于供不应求的局面。有享誉中外的玫瑰牌骨质瓷、玉兰瓷、白玉瓷、象牙黄瓷、天王牌炻器和金环牌瓷器等获省优、部优称号的产品33种。2005年，唐山市共有陶瓷工业企业200多家，资产规模达到60多亿元，从业人员近10万人。生产卫生陶瓷1485万件，日用陶瓷2.84亿件。其中卫生陶瓷占河北省的76%，占全国的7.4%；日用陶瓷占河北省的70%，占全国的14%。陶瓷产品销往80多个国家和地区，出口创汇连续多年居全国同行业第一。

“七五(1986—1990年)”至“十五（2001—2005年）”期间，唐山市陶瓷工业在市委、市政府的支持下，不断加大技术创新投入及技术改造力度，投入大约60亿元资金进行全面的技术改造，完善行业整体工业布局，加速原料标准化、辅料专业化、燃料煤气化和产品高档化，企业的技术装备达到国内先进水平。同时，骨干企业以市场为导向，平均每年都有10个市级以上的技术创新项目，有26家企业建立内部技术研发机构，其中唐陶股份、惠达集团成立国家级技术中心。唐陶股份、惠达陶瓷先后建立博士后工作站和陶瓷研究所，隆达公司成立骨质瓷研究院。20家企业通过ISO9000质量管理体系认证及国外质量体系认证。

目前，唐山陶瓷业形成以日用陶瓷、建筑陶瓷、卫生陶瓷、工业用瓷、工艺美术瓷、陶瓷机械等比较完整的产业体系。截至2005年，全市规模以上企业有46家，与陶瓷及相关企业300多家。日用瓷以中餐具、西餐具、咖啡具、茶具、酒店用瓷为主，品种达10000多种；建筑陶瓷有墙砖、地砖；卫生陶瓷有卫生洁具、分体马桶、连体马桶、面盆等。其中卫生陶瓷占全省的76%，占全国的7.4%；日用陶瓷占全省的70%，占全国的14%。涌现出唐陶股份、惠达集团、隆达公司、海格雷公司等一批骨干企业，各项经济技术指标均达到国内外同行业先进水平，成为唐山“北方瓷都”的重要代表。唐山陶瓷产业链配套完整，既有原料加工、陶瓷机械、陶瓷制品，还有销售市场及科研教学软环境支持。以唐陶股份、唐陶集团、惠达集团、隆达公司、海格雷公司、唐山轻机厂、贺祥集团等企业为骨干的产业集群，生产日用瓷、卫生瓷、建筑瓷、工业特种瓷、工艺美术瓷为主，还有花纸、陶瓷釉料、金水、耐火材料、陶瓷机械等上下游产品综合配套。河北理工大学、唐山陶瓷研究院等科研院所为业内企业提供技术支持。唐山建有省内规模最大的陶瓷批发交易市场—唐山市北方陶瓷城，交易企业250多家，产品千余种，年交易量2亿元左右。

第三节　唐山日用陶瓷

唐山瓷区是河北陶瓷产量最大、技术力量最强的陶瓷生产基地。唐山作为河北全省乃至全国的陶瓷生产基地，陶瓷产业已成为当地的龙头产业，唐山市陶瓷制品年累计出口总值近3亿美元，在河北省陶瓷制品出口中占据80%以上。这里拥有著名的唐陶集团公司、有新型的隆达公司、海格雷公司等著名日用陶瓷企业，是中国骨瓷最大的生产地区。

（一）唐山日用陶瓷现状

唐山的日用陶瓷生产兴于20世纪60-70年代。目前唐山日用陶瓷企业有200多家，从业人员约5万人，年生产能力达到4亿件。2008年产量达2.84亿件，占全国总产量的1.8%，其中规模以上陶瓷企业生产日用瓷1.22亿件，占全国总产量的0.78%。主要产品有10大系列，600多个器型，400多种花样，1000多个品种。以中餐具、西餐具、咖啡具、茶具、酒店用瓷为主。销往全国各地和80多个国家和地区，出口创汇连续多年居全国同行业第一。

唐山日用陶瓷

1996年以来，唐山陶瓷加大技术改造和技术引进步伐。进行煤气隧道窑进行节能改造，投产年产700万件高档瓷生产线，实施一瓷厂新骨瓷技术改造工程项目，建设规模为年产新骨瓷3600万件的生产线。1997年，唐山市实施“科技兴市”战略，唐山华美陶瓷有限公司实施与唐山市现代工程技术研究所协作的“明焰裸烧烤花窑及控制系统”项目，唐山市陶瓷研究所实施与河北理工学院协作的“功能陶瓷空燃比传感器”项目，同时，陶瓷新产品通过省经贸委鉴定的有：枫叶高档精细日用瓷、双头杯类滚压成型机、超细高岭土煅烧粉、镁质如玉日用高档瓷、刚玉莫来石架梁、利用大深土研制陶瓷日用细瓷器。2001年，唐山陶瓷实施“采用四新技术、提高产品档次、以产顶进、扩大出口”专项第一期工程技术改造项目。该项目新增总投资12489万元(含外汇175.5万美元)，建设投资12113万元，铺底流动资金376万元。项目内容及规模，骨质瓷分公司年产800万件新骨瓷，新增建筑面积1885平方米；裕丰分公司年产3000万件燕白瓷改造，新增建筑面积1548平方米；长城陶瓷有限公司年产1000万件精陶生产线改造；华美陶瓷有限公司年产4600万件出口瓷改造(经济效益预期达到年可新增销售收入13223万元，利润5273万元，税金342万元，年创汇4241万美元）。2001年，唐山华美陶瓷有限公司环保“美白”高档日用细瓷项目列入省、市科研计划项目。

经过近年来的快速发展，涌现出唐陶股份、隆达公司、海格雷公司等一批骨干企业，成为唐山“北方瓷都”的重要代表。“红玫瑰”“隆达”“海格雷”等骨质日用瓷名牌产品跨越四大洋、远销五大洲，享誉国内外。唐山陶瓷集团“红玫瑰”骨质日用瓷指定为1997年香港回归、1999年澳门回归、新中国成立50周年庆典及中南海用瓷，荣获“中国名牌”产品称号。隆达集团是亚洲最大的骨质瓷生产企业，“隆达”牌骨质瓷餐具被选为上海亚太首脑会议（APEC）指定用瓷，并获得“中华著名特产”认证。

2015年，全市日用陶瓷规模以上企业7家，总资产150210.2万元，同比增长—3.82%，总负债139711.8万元，同比增长6.45%，总产值41996.30万元，同比增长—3.26%，实现营业收入35019.7万元，同比增长—19.30%，其中主营业务收入34870.8万元，同比增长—18.53%，出口交货值11645.90万元，同比增长—23.68%，实现利润—8256.5万元，上缴税金392.5万元，同比增长—49.71%，在岗职工人数达2914人，同比增长16.37%。

（二）唐山日用陶瓷品种

1.骨质瓷。唐山第一瓷厂（红玫瑰骨质瓷分公司）早在1964年开始的骨质瓷研制于1973年成功，属国内首创，填补高档瓷生产的空白。骨质瓷分公司以800万件的年生产能力居中国骨瓷生产规模之冠，生产规模居中国第一，世界前列。骨质瓷分公司适应市场需求，调整产品结构，已形成宾馆酒店用瓷、航空公司用瓷、中西餐饮套具、礼品艺术瓷四大系列近千个品种，能最大限度的满足客商对品种的需求。红玫瑰骨质瓷远销欧美、东南亚、港澳台等30多个国家和地区，覆盖国内千余家三星级以上宾馆、酒店和各大航空公司。

2.强乳浊白宝瓷。1991年，唐山华美陶瓷有限公司采用“复合离子乳浊技术”研制的“强乳浊白宝瓷”，通过省级技术鉴定，经评审国内领先，获1991年河北省优秀新产品二等奖（1993年科技进步四等奖，1995年获唐山市科技兴市市长特别奖）。“强乳浊白宝瓷”解决了釉面遮盖能力、釉面硬度和光泽度协调统一的难题，产品商业档次提高，多年来在欧美澳市场畅销不衰。

3.文象岩日用细瓷。1992年，唐山华美陶瓷有限公司突破传统的三元素配方，将自然储量丰富的混生矿物文象岩引入陶瓷生产，研制出国内外首创的“文象岩日用细瓷”通过省级技术鉴定，经评审国内首创，获1992年省优秀新产品一等奖（1993年获国家优秀新产品奖，1994年获唐山市科技兴市市长特别奖,1995年获科技兴冀省长特别奖）。此项技术大幅度提高陶瓷产品的内外在质量，降低原料成本50%。此项技术的开发运用被国内外专家称为“日用陶瓷市场开辟了一个新时代”。

4.低温快烧日用细瓷器。项目由河北理工学院和华美陶瓷联合开发，1998年通过省级技术鉴定，为国内领先水平，1999年获省科技进步三等奖，解决坯料成型性能、坯料热膨胀系数与低烧结温度之间的矛盾的难点，实现低温烧成日用瓷的工业化规模生产，此项目节能降耗，降低成本，实现日用瓷无毒害釉下手绘，改善色釉产品的装饰效果。

5.伟晶岩细炻器。1995年，河北长城陶瓷公司开发研制“伟晶岩细炻器”新产品，于1995年通过省级技术鉴定，为国内首创，于1996年获得省优秀新产品一等奖，1997年获唐山市科技兴市市长特别奖，将唐山本地伟晶岩引入炻器坯料中，开发了资源，降低了生产成本，具有很大的经济效益和社会效益。

（三）唐山日用陶瓷重点企业

1.唐山隆达骨质瓷有限公司。始建于1994年，坐落在唐山市银河路，占地12万平方米，建筑面积7万平方米，拥有职工1500多人，是一家集骨瓷设计、研发、制造、营销为一体的民营企业。2005年，公司资产总计1.8亿元，实现工业总产值1.6亿元。主要生产日用骨瓷产品，拥有艺术收藏瓷、家居礼品瓷、酒店瓷三大系列，共500多种配套模式、1000多个品种。拥有52米和48米全自动燃气隧道窑7条，38米和46米全自动燃气辊道烤花窑3条。产品出口到德国、英国、美国、日本、韩国等50多个国家和地区。隆达骨质瓷具有“精良细腻、温润柔和、高贵典雅、超凡脱俗”的品质，骨瓷灯罩产品具有透光度好、光线温润、形体美观、艺术欣赏性强的特点。

1997—2000年，公司先后追加投资2400万元，扩建厂房15000平方米，建成国内领先的燃气隧道窑两条、燃气辊道烤花窑一条。2000年9月，被授予“中国质量万里行”活动先进单位。2001年，“隆达”骨质瓷被选为亚太经合组织首脑会议APEC宴会用瓷。9月“隆达骨瓷”被中华著名特产认证委员会认定为“中华著名特产”。2002年，先后投入5000万元，新建具有当代先进技术水平的四条燃气隧道窑和一条燃气辊道烤花窑骨瓷生产线，年生产能力1800万件。通过ISO9001质量管理体系认证，被中国轻工总会陶器行业协会认定为“全国十强品牌”。2003年，国家标准化管理委员会与河北省技术监督局，联合授予隆达公司采用国际标准产品标识证书。2004年，隆达公司获河北省第七届消费者信得过产品，连续被授予消费者信得过产品和单位称号。9月18日，第七届唐山中国陶瓷博览会隆重召开，以“隆达之光”独家冠名本届陶博会。

2005年，在德国注册LONGDA商标，通过环宇赛福特铅镉溶出允许极限认证。隆达骨瓷获景德镇国际陶瓷博览会金奖，获中国陶瓷产品设计大赛“中陶奖”的金奖，被中国陶瓷工业协会授予中国陶瓷行业名牌产品称号。获“河北省创民拍(名牌)重点民营企业”“河北省轻工业优秀企业”荣誉称号。被选定为昆明“中国—东盟”经济合作首脑会议专用瓷。是年8月，隆达公司成立陶瓷艺术研究院(为全国陶瓷行业首家成立陶瓷艺术研究院的企业)。同年10月，隆达骨瓷还被选定为亚太城市市长峰会专用瓷。2005年12月至2006年4月，公司又投入600万元对老厂房进行改造，新建燃气隧道窑一条，年生产能力达2000万件，为世界上最大的骨质瓷生产基地。

2.唐山海格雷骨质瓷有限公司（原唐山市海格雷瓷厂）。1991年3月开始投资建厂，1993年4月10日与香港中旅（集团）有限公司、香港华丰国货有限公司三方合资成立成立海格雷骨质瓷有限公司，投资总额6379.53万元,注册资本5879.53万元,年生产高档骨质瓷1500万件。是年有职工300人，工业总产值1500万元，工业增加值250万元。

该公司占地面积66亩，建筑面积2.7万平方米，2005年有职工533人，其中专业技术人员100余人，资产总额9000万元，固定资产5000万元，主要生产设备:日本进口高强度除铁器、日本全自动杯碟成型机、全自动烧成轨道窑、全自动除铅烤花窑。主要产品有茶具、咖啡具、中餐具、宾馆酒店用瓷及航空用瓷等，产品销往欧美、澳大利亚、日本、韩国、中国香港等五十多个国家和地区及国内各大中城市的宾馆酒店、航空公司等。产品优等品率达到90%，合格率为96%，实现工业总产值4941万元，工业增加值1273万元。

第四节　唐山卫生陶瓷

唐山卫生陶瓷工业历史悠久，实力雄厚。中国第一件建筑卫生陶瓷在这里问世；第一批建筑卫生陶瓷出口产品从这里漂洋过海，走向世界；中国第一件建筑卫生陶瓷金牌在这里诞生。经过几十年的发展，唐山已形成了我国北方较大的建筑卫生陶瓷生产和出口基地，建筑卫生陶瓷业也已成为唐山十大支柱产业之一。

（一）唐山卫生陶瓷现状

1995年，唐山共有建筑卫生陶瓷企业62家，其中县区属以上国有企业12家，职工从业人员13152人，卫生瓷产量1020.81万件，工业总产值32910万元(1990年不变价)。2005年，卫生瓷产量达到1485万件，占河北省的76%，占全国的7.4%。

20世纪90年代以来，唐山市建筑卫生陶瓷行业不断加快技术改造和设备更新，企业发展后劲不断增强。全市乡镇以上建筑卫生陶瓷企业新上各类科技项目26项，总投资10.27亿元，新增卫生瓷生产能力946万件，新增建筑瓷砖生产能力281万平方米，新增产值5.2亿元，利税2.5亿元。由于不断采用新技术、新工艺、新设备，企业的装备水平、工艺水平有了明显提高，物耗不断降低，产品质量稳定提高。全市县以上建筑卫生陶瓷生产企业主要产品稳步提高率达100%，主要产品：卫生瓷合格率、一级率分别达到89.97%、72.54%；釉面砖合格率、一级率分别达到89.02%、55.16%；墙地砖合格率、一级率分别达到84.04%、56.72%。截止到1995年年底，全市乡以上企业共获省、部以上优质产品18项，主要产品国内市场占有率达30%。主要生产卫生瓷、釉面砖、墙地砖、中高档配套卫生洁具、洁具配件、色釉料熔块6大类产品，120多个品种。卫生瓷国内市场占有率30%，出口量占全国总出口量的60%，产品远销东南亚、欧美、中国港澳等40多个国家和地区。公司拥有一系列名优产品，中外驰名。“唐陶牌”系列卫生瓷获国家金质奖，“前进牌”22英寸洗面器和“三环牌”釉面砖获国家银质奖，“TT牌”墙地砖及“三环牌”陶瓷锦砖获部优产品称号。该公司是我国最早生产建筑卫生陶瓷、最早出口建筑卫生陶瓷、最早获得国家金牌奖的国家大型一类企业，河北省扶优扶强21家大型企业集团之一。1995年，卫生瓷产量290万件（其中高档瓷150万件），建筑瓷产量900万平方米（其中高档产品440万平方米），产值5亿元，销售额5.8亿元，利税1.7亿元，出口创汇2169万美元。

随着民营建筑卫生陶瓷企业迅速发展。唐山惠达陶瓷（集团）公司，从一个乡办小陶瓷厂—黄各庄陶瓷厂，28万元起家，职工65名，在唐山陶瓷厂等单位扶持，以及多年的不断加大技改投入，逐步发展成为全国卫生陶瓷行业产量最大的领军企业。拥有14条天然气隧道窑生产线，产品已形成系列中高档200多个品种，并逐步形成了卫生陶瓷、墙地砖、塑料配件、亚克力浴缸、五金配件等多品种、多系列、全配套生产经营的大型陶瓷企业集团，产品远销美国、俄罗斯等80多个国家和地区。成为全国建筑卫生陶瓷行业首家获得“中国驰名商标、中国名牌和国家免检产品”三项国家级称号的企业。另外，梦牌、华丽、丰华等卫生瓷生产企业也得到壮大发展。

在国家“八五”乃至“九五”期间，以唐山陶瓷厂、唐山卫生陶瓷企业，对卫生瓷成型、烧成工序进行大规模的技术改造和设备引进。扩大产能、改变燃料结构，显著提高了劳动效率、生产制造水平、生产作业环境和产品质量。唐山陶瓷厂投巨资建设了“七五线”和“八五线”，从德国（当时称西德）内茨公司引进了具有世界先进水平的立式浇注生产线，属国内首次。模型制造、成型工艺带来革命性的变革，带动了全国卫生瓷机械化组合微压浇注成型生产技术的蓬勃发展，也带动了唐山贺祥陶瓷机械厂等企业的快速发展。20世纪90年代初期，唐山德顺隆陶瓷厂引进先进的德国卫生瓷高压注浆生产线，由于关键技术管理诸多方面跟不上，没有正常投产。“七五”“八五”期间，唐山陶瓷厂、唐山建筑陶瓷厂、唐山市卫生陶瓷厂等卫生瓷企业相继从国外引进了的宽断面燃气隧道窑。

惠达陶瓷集团展厅

2015年，唐山卫生陶瓷规模以上企业17家，总资产525113.3万元，同比增长—0.61%，总负债243694.20万元，同比增长—5.36%，总产值476963.8万元，同比增长5.77%，实现营业收入509836.9万元，同比增长

6.03%，其中主营业务收入507874.7万元，同比增长5.98%，出口交货值217364万元，同比增长10.95%，实现利润26593.5万元，同比增长—15.36%，上缴税金24019.5万元，同比增长14.97%，实现利税50613万元，同比增长—3.25%，在岗职工人数达19202人，同比增长—3.70%。

（二）唐山卫生陶瓷重点企业

1.唐山惠达陶瓷（集团）股份有限公司　大型中外合资股份制民营企业，坐落丰南区黄各庄镇，创建于1982年，厂区占地面积82万平方米，建筑面积52万平方米。2005年年底拥有员工8197人，专业技术人员300余人，14条燃天然气隧道窑生产线，使用高压注浆成型机、机械手自动施釉机以及各类先进生产设备，实现半机械化、半自动化生产，年产卫生陶瓷720万件和配套的塑料配件、浴缸浴房、五金配料，下属卫生陶瓷生产厂、纸箱包装厂、五金配件厂、浴缸厂、塑料配件厂、墙地砖厂、卫浴橱柜厂。

惠达陶瓷集团卫生洁具产品有系列的中、高档200多个品类，并形成多元化、系列化、多品种、全配套生产经营。国内设有1800多个销售网点，出口英、美、德等90多个国家和地区。产量连续多年保持全国同行业第一，居世界第六位。1991年，该厂卫生瓷在全国同行业质量评比中获得第一名，耐酸砖获“河北省优质产品”称号。该厂先后获“河北名牌产品”“中国驰名商标”“全国诚信守法乡镇企业”“中国建材百强”“中国名牌”“出口免验产品”“全国质量管理先进企业”等国家、省级称号。获100多项产品外观实用专利。经世界最具权威的品牌价值评价机构—世界品牌实验室（World Brand Lab）评价，2005年“惠达”以24.53亿元的品牌价值再次名列全国陶瓷行业榜首。

企业前身为1982年12月建成投产的黄各庄陶瓷厂（固定资产28万元，职工65名）。建厂初期，耐酸砖为主导产品。1983年，生产卫生瓷1.2万件，实现销售产值35万元，利润9万元，向国家缴纳税金6.4万元。1984年，完成产值40万元，实现利税15万元。1985年，扩大生产规模，扩建了一座103立方米的倒焰窑，兴建500平方米的成型车间，职工发展到108人，年产耐酸砖1200吨，创产值67万元，利润17万元，向国家缴纳税金16万元。1986年，在唐山陶瓷厂的帮助下，该厂与北京新型建材公司达成30万元的补偿贸易协议，拓宽了销售市场。用30万元引进资金扩建了两座100立方米的倒焰窑和800平方米的成型车间。职工发展到115名，固定资产达到43万元，年产耐酸砖2100吨，卫生瓷1万件，创产值106万元，实现利润25万元，向国家缴纳税金21万元。到1987年，又通过自有资金和补偿贸易等形式，再扩大生产规模，投资30多万元，再扩建两座115立方米的倒焰窑和1500平方米的厂房，使倒焰窑增加到7座，年产耐酸砖达到8000吨，卫生瓷2万件。到1987年年底，固定资产达到74万元，职工发展到190名，创产值232.1万元，实现利润53.4万元，向国家缴纳税金51.9万元。1988年8月，与唐山陶瓷厂横向联合，本着互惠互利的原则，双方投资230万元建成的年产10万件卫生瓷的燃煤隔烟隧道窑投产，是年完成产值567万元，实现利税160万元。1989年9月，建成69.6米燃煤明烟隧道窑，开始实施由倒烟窑改为隧道窑的第一次重大技改工程。1992年10月，与阿联酋塞利姆公司合资900万元兴办唐山惠利建筑陶瓷有限公司，建成第一条燃柴油隧道窑生产线，开始由燃煤改为燃油隧道窑的技改工程，年产卫生瓷30万件。1993年，投资800万元，购进和自制多条立式浇注生产线，对成型工艺大改进，使大套产品、高附加值产品全部一次成型立浇生产，使其生产工艺在唐山市率先达到20世纪90年代国内先进水平。1994年自行研制开发的“喷射虹吸式节水型成套卫生洁具”和“利用碱石生产卫生瓷”项目获科技成果奖，年底注册“惠达”商标。1994年，还投资1200万元，与香港宝联公司合资创办了唐山惠联建筑陶瓷有限公司，再建一条燃油隧道窑生产线，年产卫生瓷40万件。随后，惠达又与香港天华船务有限公司中粮国际仓储公司共同投资1888万元，创办了唐山中粮惠达建筑陶瓷有限公司，年产高档卫生洁具60万件，使中高档卫生洁具的比例增至70%。至此，该厂固定资产已达到1.3亿元，卫生瓷年产量达到200万件，分别比建厂初期增加500倍和100倍。1995年4月，唐山惠达陶瓷集团成立，成为“北方瓷都”的又一个陶瓷集团。1997年12月18日，唐山惠达陶瓷（集团）股份有限公司正式成立，完成股份制改造，成为融外资、集体和个人资金为一体的混合型经济。同年，通过ISO9002质量体系认证。1999年3月，投资790万元兴建的第一条燃天然气隧道窑投产，开始实施由燃油改为燃气的第三次技改工程。2000年1月，引进美国SD技术和关键设备建造窑炉基础工程动工。2001年3月，自行设计、施工建造的第二精品厂梭式窑（关键设备脉冲控制系统由德国引进，世界领先水平）竣工点火。同年6月，经国家人事部批准，唐山惠达陶瓷（集团）股份公司博士后科研工作站挂牌成立。2002年1、2月，国家工商总局授予“重合同守信用企业”称号（全国卫生洁具行业首家）和认定“惠达”商标为“中国驰名商标”。8月，通过高科技纳米技术自行研制的自洁釉获得成功，在釉面质量上达到世界先进水平。9月，集团董事长、总经理王惠文当选中国建材工业协会副会长。2003年9月，“惠达”陶瓷被国家质检总局授予“中国名牌产品”称号。2004年6月，“中国500最具价值品牌”排行榜中，“惠达”品牌价值名列全国陶瓷行业榜首。9月，国家质检总局授予“2004年全国质量管理先进企业”称号（唯一入选陶瓷企业）。2005年1月，国家商务部公布的2005—2006年度“重点培育和发展的出口名牌”中，“惠达”为唯一入选的建筑卫生陶瓷品牌。4月，董事长、总经理王惠文获全国劳动模范称号。8月，“中国500最具价值品牌”排行榜中，“惠达”以24.53亿元的品牌价值再次名列全国陶瓷行业榜首。

2.唐山梦牌瓷业有限公司。位于丰南区，占地12.34万平方米，始建于1999年2月。2000年5月被国家定为大型二档企业。截至2005年年底，公司职工总数为1100名，专业技术人员120名，有窑炉3条，下设原料、成型、喷釉、模具、半成品检验、烧成、成品检验、成品库、辅料库、设备等十个车间，年生产能力卫生洁具100万件。产品销往美国、韩国、澳大利亚、加拿大、日本等32个国家。企业“monopy”的品牌在国际市场上享有盛誉，是河北省名优产品，国家建设部、建材局确定的“节水型卫生洁具”定点企业，国家级建陶十强企业之一，中国陶协和中国建筑陶协副会长单位。

2000年总产量36万件，销售量21万件，产销率为58%，总收入780万元。2005年总产量87万件，销售量83万件，产销率为95.26%，总收入6330万元。

3.唐山华丽陶瓷有限公司。位于唐山市开平区，1973年建厂，时称唐山市越河瓷厂，为专业生产建筑卫生陶瓷的非公有制企业。1987年，唐山市越河陶瓷厂更名为河北越河陶瓷厂。工厂拥有职工700多名，固定资产650万元，年生产卫生瓷50万件，生产品种50多个，企业的规模效益一度成为河北省乡镇陶瓷企业的利税大户。20世纪80年代末90年代初，小型建筑卫生陶瓷企业经历低谷和高峰期，盲目投资、重复建设造成产能过剩，加之市场需求不旺、产品质量到国家质量标准，企业产品大量积压，流动资金不足，生产经营举步维艰。1998年4月，河北越河瓷厂和越河二厂两个陶瓷厂合并。2000年11月企业转制，2001年成立唐山华丽陶瓷有限公司，当年实现销售收入2500万元。同年被唐山市委、市政府和河北省委、省政府命名为“唐山市文明单位”“河北省文明单位”，被国家建材局、建设部确定为全国首批节水洁具生产定点管理企业。公司还通过ISO9002：1994质量管理体系认证。“华丽”牌卫生洁具产品被河北省质量技术监督局命名为“质量信得过产品”。2003年，公司通过国家首批中国节水产品认证，被命名为“全国首批节水产品企业”，并通过ISO9001：2000质量管理体系认证。

新世纪以来，公司对原2号窑的改造工程竣工，新建的110米宽断面节能自动化隧道窑正式投入生产。同时新建的7800平方米成型车间、120米立体浇注生产线相继投入使用。公司具备生产中高档卫生陶瓷140万件的能力，产品质量执行国家及行业标准，产品远销世界30多个国家。公司的华丽牌商标被河北省工商局评为“河北省著名商标”，华丽陶瓷产品被评为“河北省名牌产品”，公司被评为“河北省守合同重信用企业”。

4.唐山中陶实业有限公司。始建于1994年，起初做卫生洁具出口贸易，是河北省外贸出口先进单位，是河北省骨干创汇企业之一。2000年，获得自营进出口权。2001年，IMEX通过国家商标局注册认证。2006年荣获河北省商务厅“河北省出口品牌”。目前是一家国际化集团公司，集团下设1个国际贸易公司、3个洁具制造基地、2个营销分公司与2个外派常驻办事机构。主营卫浴产品以及瓷砖的国内外销售和卫浴洁具的专业制造。注册商标“IMEX（意中陶）”。2003年以来，先后斥资数亿元在唐山市开平区和京唐港，兴建了两条现代化的中高档卫生陶瓷生产线，同时在佛山中国陶瓷总部基地建立了5700平方米的展厅，作为面向全国乃至全球的陶瓷卫浴产品展示窗口。

经过多年的高速发展，“IMEX（意中陶）”销售网络已覆盖全球132个国家和地区，产品涵盖卫生陶瓷洁具、浴室柜、五金、浴缸、淋浴房、厨房家居5大品类数百个品种。2008年产能达160万件，销售额达5400万美元；2011年产能达200万件，销售额达5856万美元。公司拥有国内一流的管理团队和设计、技术人才，拥有世界先进的生产设备和加工工艺，执行严于北美CUPC和德国DIN的产品品质检验标准，先后通过了ISO9001质量管理体系认证、CE、CUPC、WATER MARK、SASO等多个国际质量认证，享有“中国卫生洁具知名品牌”“中国厨卫行业百强企业”“河北省著名商标”“河北省出口名牌”等殊荣。

第五节　唐山艺术陶瓷

唐山艺术陶瓷在中国陶瓷艺术中占有重要地位。唐山的艺术陶瓷是随着日用瓷、建筑卫生瓷的兴起而发展起来的。如今更见有多家专业生产美术陶瓷的厂家。唐山如今拥有当代世界最优秀的骨质瓷为代表的多种优良瓷质，这对发展美术陶瓷无疑又是一个得天独厚的有利条件。唐山的美术陶瓷不是孤立发展的，它既有历史的传承，又与日用瓷发展的兴衰同步，还依赖和得益于陶瓷科技和工艺技术的进步，以及与姊妹工艺美术门类互相借鉴影响，唐山的艺术陶瓷继承了历史传统，学习借鉴了各地的经验，吸收了世界的文化营养，创造了自身的特色，还以自己的经验支援了各地，为自己的发展进一步作了铺垫，为中国陶瓷发展历史续写了新的篇章。

刘希舜大师在创作

（一）唐山艺术陶瓷的特色

唐山在全国最早引进和使用国外制瓷设备，制品形制也必然受到国外影响，这种开放意识促使唐山陶瓷较早的与国际接轨。造型简练、挺拔、装饰新颖、富于现代感，初步形成了自己的风格特色，受到市场欢迎。

范有祥大师在创作

1. 装饰。唐山艺术陶瓷按被装饰的品种分类，可分为盘、瓶、瓷板（陶瓷壁画）瓷雕、灯具、酒具、烟具、文具类器皿和园林陶瓷等。瓷雕又分圆雕、浮雕、镂雕与透雕、捏雕等。唐山艺术瓷的装饰品种陶瓷的装饰通常以烧制温度高低分为釉下彩、釉中彩和釉上彩，依烧制温度选择适用的装饰材料。唐山艺术陶瓷的装饰门类日趋多样，装饰品种有雕金、喷彩、新彩、釉下彩、釉中彩、贴花、粉彩、纹饰无彩瓷、艺术釉等。特别是唐山的喷彩和雕金装饰推广到全行业，名震全国。新彩贴花等也都有了大的发展。陶瓷釉包括：色釉、纹片釉、结晶釉、金星釉、冰花釉、变色釉等。

刘冠伟大师和他的作品

2. 刻瓷。唐山的刻瓷艺术品，又有喷砂工艺的运用，成为唐山美术瓷的又一朵奇葩。刻瓷的独特魅力在于以绘画艺术与陶瓷制品的巧妙结合，也是诗书画印等传统艺术在陶瓷制品上的再创造，有一种雅素单纯之风。作者除了要有绘画的较深修养之外，还要具有金石篆刻之功。有的画面颇有版画般干练简洁的境界，非一般媚俗之作可比。

3. 彩画陶罐。设计人员李俊生和老艺人刘璋等开发了一种艺术陶瓷新品种：常温彩画陶罐。这种陶罐取用原料方便，生产设备从简，有的以拉坯成型，烧成温度低，节能。其特点是在于使用常温下的通用绘画颜料装饰，无须烧烤，色彩格外丰富，涂画便捷，技术容易掌握。制品重量轻，适宜用于室内摆设，或挂在墙上作为饰物。不宜盛水，但可当作摆设或用于塑料花、绢花、插花用的花器，经济实用，新颖美观，十分热销，很受民众欢迎。

4.唐山陶艺。现代陶艺是时代的产物，人们将陶艺从一般的陶瓷造型艺术独立出来，这是近几十年才认识到的。唐山自1998年以来，连年举办中国陶瓷博览会，带动了唐山陶艺的兴起。全市6所大专院校全部开设了陶艺专业和陶艺课，不少中小学校也开设了陶艺课。陶艺作坊、陶吧正在兴起。陶艺所用的泥料，可以毫不讲究，也可以直接使用粗糙的匣钵原料，还可以用普通瓷成型用的泥料，甚至还可以选用高档瓷的用料。可施釉可不施釉，可彩可画任其发挥。如刘希舜的作品牡丹瓶就是一件新彩细瓷；李景海则尝试了薄板骨质瓷的双面精致描绘的仕女，也有的采用瓷板画或瓷盘绘制。邢玉菱、王新、孙叔文的陶艺则是深色泥料的雕塑作品，各有其妙。

（二）唐山艺术陶瓷重点企业和艺术大师

1.唐山陶瓷股份有限公司研究院。前身是唐山陶瓷工业公司研究所，成立于1958年元月，于1999年改所建院，2004年4月隶属于唐山陶瓷股份有限公司，唐山陶瓷研究院是具有科研、生产、情报信息等综合职能的我国陶瓷领域最负盛名的综合性研究院之一。下辖工艺研究室、艺术研究室、装饰材料研究室等6个专业研究部门和金水车间、高档艺术瓷厂、特种陶瓷厂、窑炉公司等专业生产单位，河北省陶瓷工业科技情报站等权威机构设在这里。该院拥有全国一流的陶瓷科技专家和陶瓷美术艺术家，其中中国陶瓷艺术大师2名，河北省陶瓷艺术大师9名，高中级工程师40名。近50年来，该院为我国陶瓷工业的发展进步做出了突出贡献，先后完成科研课题127项，其中2项获得国家级奖励，5项为国内首创，20项获省部级奖励。设计新器型、新画面数百种，其中137个项目获省级以上奖励，其中80%以上成果和新器型、新画面得到推广应用，为北方瓷都发展做出重大贡献。该院自主研制的骨质瓷、白玉瓷、白兰瓷、玉兰瓷，在我国不同历史时期都代表了我国陶瓷工业的最高水平，被誉为“四朵金花”，享誉神州，蜚声海外，特别是骨质瓷已在国内形成庞大的产业规模，在国际市场上成为最具竞争力的产品。该院于20世纪80年代初研制成功的“铁红金圈结晶釉”是宋代曜变天目釉的同类结晶体，原已失传700余年，重新研制成功后引进轰动，被誉为“国宝”和“可遇而不可求”的珍品，获“国家发明奖”，代表作品被北京故宫博物院收藏。以骨质瓷、艺术瓷和色釉雕金装饰技法为代表的一批艺术创新成果在国内取得领先地位。该院是国家陶瓷装饰用金水重点生产单位，20世纪80年代开始金水生产，钯金水研究项目于1986年获省科技进步三等奖，经过30多年的艰苦努力，形成高水平的系列化品种系列，可以充分满足客户不同品质要求，在国内具有极高的知名度。

2.唐山美术瓷厂。创建于1980年，占地面积6427平方米，建筑面积为1.07万（10694）平方米。原隶属唐山陶瓷公司，1995年成建制划归唐山市陶瓷公司技工学校（现在的唐山工业职业技术学院），是国有工艺美术瓷厂中规模较大的生产厂家之一，学院艺术设计系实习基地。拥有全套先进的生产设备，省级陶瓷大师7人，专业技术人员占职工总数的30%，具有产学研一体化优势。该厂研制的艺术陈设瓷、高档骨质瓷等产品瓷质细腻、造型优雅，制作精良。陶瓷壁画、巨幅陶瓷屏风系列，画面题材广泛，形象逼真；喷彩产品更是栩栩如生，动感传神；贴花镶金产品精巧细致；雕塑产品造型精美。1999年，该厂刘志明、郭春合作“中华四季屏”陶瓷屏风以其精湛的技艺赢得国家领导人和各界人士赞誉。“澳门回归喜庆宝瓶”被中国历史博物馆永久收藏（《人民日报》、中央电视台均作报道）。新产品《清明上河图》大型陶瓷壁画整体面积1452平方米，创造世界吉尼斯纪录。产品远销美国、英国、德国、日本、俄罗斯、匈牙利和中国香港等多个国家和地区。该厂作为实习工厂，多年来在学院校企合作先进办学理念的引导下，与艺术设计系相互融合，逐步形成校企合作的新格局，配合艺术设计系培养了大批的陶艺人才，为陶瓷文化的传承与创新作出了卓越的贡献。

3.唐山陶瓷艺术大师。2003年，中国轻工业联合会和中国陶瓷工业协会联合开展首届中国陶瓷艺术大师的评选，刘希舜、刘长义获得中国陶瓷艺术大师称号。2010年，中国轻工业联合会和中国陶瓷工业协会联合开展第二届中国陶瓷艺术大师的评选，范有祥、毕海波、刘冠伟获得中国陶瓷艺术大师称号。

2002年11月，河北省陶瓷玻璃协会在唐山开展首届河北省陶瓷艺术大师评选，共评一级22人，唐山15人，庄助民、班珂、刘希舜、刘振甲、何志刚、郭春、刘志明、李剑平、张建存、毕南海、陈来存、王贵华、崔德喜、刘冠伟、葛继慧；共评二级10人，唐山5人，张慧敏、毕海波、杜成林、孙如愚、付斌（2005年晋升为一级）。2005年9月，河北省陶瓷玻璃行业协会在唐山开展第二届北省陶瓷艺术大师评选，共评一级11人，唐山7人，范有祥、孟国祥、杨世得、葛华、董辉、刘金淑、付斌；二级17人，唐山15人，王惠敏、周冠文、毛树存、王新、李秋英、韩丽滨、郭翠荣、王义、冯清勇、翁小川、陈军、王田、马庆武、郭汝平、王玉岭。

第六节　唐山工业陶瓷

（一）唐山工业陶瓷概述

唐山有工业陶瓷企业40多家，主要产品为氧化铝陶瓷热电偶保护管、刚玉质瓷件、陶瓷托辊、坩埚、匣钵、化学工业瓷、电镀槽、陶瓷纤维、支撑球、耐火材料等。丰南小集镇深港村经过30多年的发展，成为工业陶瓷产业集群，目前拥有一定规模的工业瓷厂30多家，从业人员达1000多人，产品上千种，销往全国各大专院校、科研单位及新加坡、泰国、中国香港等国家和地区。

（二）唐山工业陶瓷重点企业

1.唐山北方瓷都陶瓷集团特种陶瓷分公司（原唐山市第十瓷厂）。创建于1938年，是集产品设计、开发、生产、检测为一体的中型企业，企业现有员工358人，占地面积5000平方米，是我国生产工业理化陶瓷、特种陶瓷、陶瓷纤维及制品最大的企业。《铁锚牌》产品以品种齐全、质量优良、性能稳定、价格合理居全国之首，曾荣获国家银质奖、国家质量奖、轻工部产品质量奖、省优产品奖、市优产品奖。其研制的高新技术陶瓷产品，在我国特种陶瓷领域享有很高的声望，具有高强度、高硬度、耐高温、耐腐蚀等一系列优良特性，广泛应用于冶金、煤炭、化工、机械、石油、电子、纺织等行业和国防、科学研究等部门。2000年5月，唐山陶瓷集团特种陶瓷有限公司的“蜂窝陶瓷”被国家经贸委认定为2000年度国家级新产品。2001年5月，“陶瓷纺织摩擦盘”被国家经贸委认定为国家重点新产品。是年有2个项目列入省、市科研计划项目之内，唐山特种陶瓷有限公司高热稳定性莫来石质理化陶瓷；特种陶瓷有限公司纳米刚玉摩擦片。

2.唐山市高压电瓷厂。位于唐山市路北区缸窑路34号，1952年建厂，2003年改制为有限公司。全国最大的棒形绝缘子生产企业之一，是国有中一型企业，机械工业部的重点企业。该厂有职工1200人，工程技术人员64人，其中高工4人。厂区占地面积9万平方米，建筑面积4.6万平方米。资产达1.48亿元，固定资产4014万元。企业从事高压绝缘子制造，年产高压电站电瓷4000吨。主导产品“唐电牌（TD）”110kV、220kV、500kV户外棒形支柱瓷绝缘子，年产3.6万支，占全国总产量的21%，居行业第二位；110KVSFG高压断路器瓷套年产2000支，在华北地区是生产高压电瓷的最大厂家。企业从事126kV—1100kV棒形绝缘子、±500kV、±800kV直流棒形绝缘子和126kV—550kV SF6瓷套等电站电瓷系列产品设计、研发、生产。棒型产品陆续进入葛洲坝、二滩等国家重点水电工程，60%产品为沈阳、西安、平顶山三家大型开关厂主机配套并打入国际市场，市场覆盖率达35%。“七五”期间投巨资进行技术改造和产品结构调整，在全国首次引进美国抽屉窑技术，1988年7月唐山市第一座燃气抽屉窑点火成功，为结束燃煤加炉材的烧成工艺开了先例，1989年4月第二座抽屉窑建成。同时，引进德国φ750真空练泥机1

台，更新增置高压电瓷专用设备371台套。“九五”期间积极进行技术改造，1999年7月和2000年1月在6座燃气抽屉窑投产后，建成114立方米和86立方米窑炉，计算机自动控温，达到国内领先水平，解决了“十五”期间500kV棒型、大套管的生产和110kV普通棒型的市场需求，生产能力由1995年不足3万支增加到7万支，产值达8000万元；采用清洁燃料，扩大高压电瓷生产规模，投资900万元购置自动成型修坯机、双工位控制修坯机，扩建厂房1840平方米，完善高强瓷城建整体工艺；引进日本NGK公司电瓷胶装技术，自筹资金制作32台半自动胶装机，属于国内领先水平；完善割瓷技术，引进德国大功率割瓷倒角机；完善窑炉余热回收技术，8个窑炉余热全部实现回收；投资2500万元进行成型静压改造。1999年年初通过华信技术有限公司和美国工厂互惠研究会ISO9001：1994质量管理体系认证，并于2002年和2005年通过ISO9001：2000质量管理体系认证及复评。2000年年底通过了ISO14001国际环境体系认证。

第七节　唐山中国陶瓷博览会

唐山中国陶瓷博览会是中国国际贸易促进委员会、中国轻工业联合会、中国建筑材料工业协会、河北省人民政府主办；中国陶瓷工业协会、中国建筑卫生陶瓷协会、中国经济联络中心和唐山市人民政府协办的大型陶瓷、陶瓷机械及相关产品的展示交易活动。自1998年举办首届唐山中国陶瓷博览会以来，每年举办一届，受到海内处各界朋友、特别是陶瓷界朋友的欢迎，展会规模逐年扩大。展位数由首届的350个发展到超千个，成交额由2.5亿元人民币发展到15.2亿元人民币。唐山、景德镇、淄博、醴陵、宜兴、潮州、德化等国内著名陶瓷产区和美国、英国、意大利、韩国、中国香港等国家及地区的著名陶瓷厂商参展。采购商到会逐年增加，有经营陶瓷的专业公司、超市、中国酒店协会、房地产开发公司以及来自美国、英国、法国、日本、意大利、德国、韩国、中国香港、中国澳门、中国台湾等国家和地区的陶瓷采购商到会参观、洽谈。

唐山国际陶瓷博览会

第八节 唐山陶瓷产业现状

目前，全市入统陶瓷企业200多家，其中规模以上企业30家，其中卫生陶瓷17家，日用陶瓷7家，特种陶瓷4家，园林艺术瓷2家，卫生瓷产能2600万件，日用瓷产能2.5亿件，已形成了日用瓷、卫生瓷、建筑瓷、工业特种瓷、工艺美术瓷以及与之配套的花纸、陶瓷釉料、金水、耐火材料、陶瓷机械、五金管件等上下游产品综合配套，产品门类齐全的陶瓷产业体系。涌现出惠达、梦牌、中陶、北方瓷都、隆达、海格雷等一批骨干企业，“惠达”“唐陶”“意中陶”等卫生瓷，“红玫瑰”“隆达”“海格雷”等日用骨质瓷名牌产品享誉国内外。日用瓷产品以中餐具、西餐具、咖啡具、茶具、酒店用瓷为主，达10000余个品种；卫生陶瓷产品以卫生洁具、分体马桶、连体马桶、面盆为主，同时生产浴缸、淋浴房、墙地砖、浴室柜、五金配件等产品，达2000余个品种；建筑瓷主要是墙地砖；艺术瓷包含雕金、喷彩、新彩、粉彩、颜色釉、刻瓷、贴花等产品；特种陶瓷（含工业理化瓷）有电瓷、刚玉陶瓷、高铝陶瓷、氧化锆陶瓷、高温炉具、超高温轻重质耐火材料、陶瓷托辊等。陶瓷产品出口到世界100多个国家和地区，主要出口国家是美国、欧盟、土耳其、韩国、意大利和英国。全市拥有中国驰名商标5个隆达、惠达、海格雷、意中陶、贺祥集团（陶瓷机械），中国名牌产品2个，省级著名商标18个、省名牌2个、省中小企业名牌11个，“唐山骨质瓷”地理标志产品1个、集体商标1个，共同构建了唐山陶瓷这一区域品牌，形成了产业链完善的陶瓷产业集群区。

2015年，全市规模以上陶瓷企业总资产756827万元，同比增长1.23%，总负债435044万元，同比增长—1.97%，完成总产值563089万元，同比增长7.01%，完成工业增加值180734.10万元，同比增长4.87%，实现营业收入593637.2万元，同比增长5.39%，其中主营业务收入591169.3万元，同比增长5.43%，出口交货值253066.5万元，同比增长6.83%，实现利润6088.1万元，同比增长—37.01%，上缴税金24806.2万元，同比增长11.78%，实现利税30894.3万元，同比增长—3.03%，在岗职工人数达23577人，同比增长—3.6%。日用陶瓷产量约1亿件，卫生陶瓷产量达2476.60万件，同比增长5.54%，瓷质砖214.10万平米，同比增长1.61%。

第九节 唐山陶瓷产业发展对策分析

一、唐山陶瓷的发展优势和存在问题

（一）发展优势

一是积淀丰富厚重的陶瓷文化底蕴。唐山的陶瓷历史，可以追溯到明朝永乐年间。来自山西和山东的大批移民，在唐山东北部的开平镇依山取土，建起一个个手工作坊，开始烧制缸、盆等陶器，唐山开平生产的大缸很快就销往周边许多地区，“缸窑路”也因此得名。清朝末年的洋务运动使唐山成为中国近代工业的摇篮，工业化生产促进了唐山陶瓷产业的发展。20世纪初，唐山启新磁厂生产出中国历史上第一件卫生陶瓷。“缸窑路”两旁的瓷厂，也在这一时期突破了精细白瓷的生产工艺，并从作坊式生产开始走向产业化经营。新中国成立以后，唐山的陶瓷工艺技术有了很大发展，一批科研成果相继问世。到20世纪60年代，产品种类已经达到数百种，销往40多个国家和地区，唐山也初步建立了门类较为齐全的陶瓷工业体系。1961年11月1日，朱德委员长为在北京举办的唐山陶瓷展览欣然题词，勉励唐山“要成为第二个景德镇”。2003年9月，中国轻工业联合会、中国陶瓷工业协会在第六届唐山中国陶瓷博览会上命名唐山为“中国北方瓷都”。

二是形成门类齐全的陶瓷产业体系。目前，唐山已形成了日用瓷、卫生瓷、建筑瓷、特种陶瓷、艺术瓷等陶瓷产业体系。唐山陶瓷注重把传统工艺和现代技术相结合，形成了具有唐山特色的工艺技术。雕金、喷彩、曜变釉被行家称为唐山陶瓷“三绝”。骨质瓷、白兰瓷、玉兰瓷、白玉瓷被誉为唐山陶瓷的“四朵金花”。此外，有花纸、耐火材料、陶瓷机械等综合配套，又有河北联合大学、唐山工业职业技术学院及唐山陶瓷研究院等教育、科研机构提供技术支持，陶瓷产业的发展后劲十足。

三是造就了一支优秀陶瓷产业大军。陶瓷技艺代代传承，不断创新，工业化规模生产，培育了几万人的陶瓷熟练工人，这是我市这个产业经久不衰的基础。同时，我们又有一批优秀的陶瓷科技人员，他们常年工作在基层，为1973年研发骨质瓷，1991年建成500万件高档骨质瓷生产线，2005年在国内率先研制出无铅骨质瓷，做出了卓越的贡献。随着艺术陶瓷近年来的快速发展，唐山孕育出了5名国家陶瓷艺术大师，数十名省级陶瓷艺术大师和工艺美术大师，百余名市级陶瓷艺术大师和工艺美术大师。此外，河北联合大学、唐山工业职业技术学院也在源源不断地为我市的陶瓷产业输送着优秀的人才。尽管我市已经没有了陶瓷的物质资源，但我市这支优秀的产业大军作为人才、技术资源却在强劲地支撑着我市陶瓷产业的发展。

四是优势陶瓷企业得到了迅速成长。近些年来，随着我市经济社会的不断进步，我市陶瓷行业加快企业改革步伐，非公有制企业发展很快，所有制结构得到调整，多种经济成分共同发展，特别是民营经济和外资经济的迅速发展，为唐山陶瓷的发展注入了新的活力。通过整合重组，形成了一些有实

力的企业集团。唐山惠达陶瓷集团公司已发展成为全国知名的卫生陶瓷企业，其规模世界第六，亚洲第一；隆达骨质瓷、海格雷骨质瓷、金方圆骨质瓷、恒瑞瓷业、隆昌瓷业等陶瓷企业异军突起，产品畅销海内外。名不见经传的丰南小集工业区所聚集的特种陶瓷企业，其生产的电偶瓷管已占据全国90%的市场份额，产品远销德国、芬兰。

五是科技进步为陶瓷企业带来活力。各陶瓷企业加大技术投入、技术改造力度，有50多家企业建立研发中心。其中，在北方瓷都陶瓷集团、惠达集团成立了国家级技术中心，北方瓷都陶瓷集团建立了国内同行第一个博士后工作站，隆达骨质瓷公司设立了清华大学美术学院学生实习基地。从而使各陶瓷企业自主创新能力不断增强，先后开发了高档系列配套节水型卫生洁具、纳米材料卫生洁具、环保型系列餐具等一批高附加值产品。一批企业获ISO9000国际质量管理体系认证证书。

六是知名品牌提升唐山陶瓷知名度。通过名牌战略的实施，一批陶瓷名牌产品脱颖而出。“惠达”“隆达”“红玫瑰”“海格雷”商标荣获中国驰名商标称号。其中“红玫瑰”骨质瓷先后被选为香港特别行政区官邸用瓷、新中国成立五十周年中南海用瓷和澳门特别行政区官邸用瓷；“隆达”骨质瓷的泰富铂金系列成为2001年上海APEC会议宴会指定用瓷，2008年北京奥运会特许产品、2010年上海世博会国宴用瓷。“恒瑞”陶瓷2010年被瑞典维多利亚公主大婚盛典选为国礼用瓷。唐山陶瓷产品档次不断提高，国际国内市场不断扩大，产品不仅在国内享有较高知名度，而且远销欧洲、美洲、东南亚等55个国家和地区。在每届唐山陶瓷博览会上唐山市陶瓷名牌产品都占有主要份额，占据显要位置。

（二）存在问题

一是陶瓷企业大而不强，缺乏整体竞争优势。首先是国有的北方瓷都陶瓷集团体制依旧，机制创新步伐不快，依然延续过去的经营管理模式，缺少活力，难以应对复杂多变的国际、国内市场的激烈竞争，新建的生产线不能发挥应有效益，企业不能实现盈利；其次是唐山市陶瓷产品定位不高，高质量、高附加值的产品少，价格偏低，影响整体效益的提升。据了解，唐山市卫生陶瓷出口单价，惠达陶瓷为22美元，其他卫生瓷出口约为13美元或14美元，低于全国平均出口单价15%，而国外名牌同类产品单价是惠达陶瓷单价的一倍以上；最后是日用陶瓷产量在全国所占比重明显降低。近几年，国内其他日用陶瓷主产区的发展日新月异，唐山市和广西北流、江西景德镇、广东潮州、山西怀仁等地相比，明显落后。2004年，唐山市日用陶瓷产量占全国的份额为14%，2007年由于全国日用陶瓷产量剧增，达到156亿件，而唐山市的日用陶瓷产量为1.37亿件，唐山市日用陶瓷产量仅占全国的0.8%，2012年又降为仅占全国产量的0.6%。此外，唐山市陶瓷产业队伍整体素质不高，技术人员和熟练工人后继乏人，人才培养相对滞后。

二是技术创新能力不够，升级换代产品较少。首先是技术装备落后。大部分中小陶瓷企业技术装备水平和国内先进水平差距较大。一些陶瓷企业虽然从国外引进了一流设备,却没有生产出相当于国外一流的产品，跟踪模仿的多,真正消化吸收、自主创新的少。其次是新技术使用能力差。企业技术开发投入减少，大大制约了企业的技术创新能力。部分陶瓷企业甚至不知道3D打印技术为何物，更谈不上研究与使用。一些小规模的骨质瓷生产企业偷工减料、低水平生产，低价出售、无序竞争。再次是产品缺乏创新。自主设计的新器型、新花面少，来样加工产品多，模仿多。在产品质量、档次及设计水平等方面与国际先进水平有较大差距，跟不上国内外陶瓷市场的变化和需求，市场竞争力总体水平不高。

三是企业品牌意识不强，自主知识产权较少。唐山市陶瓷企业中无国际知名品牌，大部分中小企业没有创出自己的品牌。在出口产品中，约70%的产品是来样贴牌加工生产或无牌生产，惠达陶瓷近两年在品牌打造中下了很大力量，但在出口产品中仍有三分之二需要贴牌；在日用瓷产品中，以企业自己的品牌出口的份额较少,缺乏自主出口品牌。大部分产品只能靠低廉的价格进入国外中低档市场，部分优质产品也只有贴上国外的品牌才能进入高档市场；自主知识产权产品少，企业自主把握市场能力差。一些企业长期以来没有形成自己的产品品牌，靠别人的品牌过日子。

四是生产成本明显提高，企业盈利水平降低。近年来，天然气、电力等能源价格的不断变化，加上原材料、劳动力等价格上涨将使陶瓷生产成本提高。例如，骨质瓷的主要原料骨炭价格近年来增长迅速，已经从2007年的3000元/吨增至目前的7000元/吨，使企业经营成本不断增加。据测算，部分陶瓷企业原料成本增加了14%，燃料成本增加了8%，工资提高了15%，致使这些企业的生产经营较为艰难。此外，人民币升值使陶瓷企业的利润空间大幅度萎缩，出口利润不断降低。虽然出口退税恢复到了金融危机之前的水平，但由于出口价格基本被国外中间商控制，企业受益不大，利润没有明显提高。另外，在卫生、安全、环境等方面的贸易壁垒将被越来越多的地区采用，所以陶瓷行业无论是在国际市场还是在国内市场的开拓工作上将面临前所未有的巨大困难。

五是传统模式制约发展，转型升级意识不强。首先是缺少集约经营、集群发展的模式，还保持传统经营模式，各自为战，全市目前尚无一个真正意义上的陶瓷产业园区，资源得不到合理配置，专业协作分工不能形成，缺少产业链状生产经营或产业链状分工协作，需要提高产业的集中度，产业布局需要转型调整。其次是营销模式需要转型。很多陶瓷企业在销售环节上一靠争取订单组织生产销售，二靠利用商场、超市、专卖店、批发市场等传统销售模式，在关键区域建立自己的销售网点不够，没有电子信息网络销售平台，自己不能把握市场和最终的销售环节。最后是文化创意产业需要升级。我们在日用陶瓷艺术化、艺术陶瓷日用化方面进展缓慢，陶瓷设计工作者和艺术创作者，习惯于传统技法、造型、色彩、画面，不愿意改变一些陈旧的创作风格，与国际接轨的设计人才、创作人才不够，产品和作品缺乏创新创意，致使日用瓷和艺术瓷的艺术品位升级缓慢。

六是行业自律手段匮乏，行业管理有待加强。唐山市的陶瓷行业协会作用发挥不够，全市陶瓷企业之间缺少沟通和联系，影响企业间的业务协作与合作；企业与政府之间的信息沟通不够，陶瓷产业信息不能及时传达给企业，企业的诉求也不能及时反馈给政府部门，部分企业无序竞争得不到行业的自律约束，部分劣质产品影响唐山陶瓷整体形象，行业和企业的合法权益不能得到有效保护。从协会到政府部门目前都缺少规范行业行为的制度和办法，行业中出现的问题得不到及时解决。

二、唐山陶瓷产业面临的形势

从大环境来看，国际上人民币升值、反倾销调查、欧债危机的影响在一段时期内仍将存在；国内材料价格上涨、劳动力成本提高、环保成本增加、房地产调控等因素仍将继续。国内几个陶瓷产区纷纷扩大内销比例，国内市场竞争将进入空前的激烈时期。潮州陶瓷产业集群的产业链不断延伸、拓展，生产成本得到有效控制。潮州市每年生产的日用陶瓷、工艺陶瓷和卫浴洁具产量分别占全国的25%、30%和50%，陶瓷及其附属产品年产值500亿元。新兴产区山西怀仁提出“煤瓷联合、以煤促瓷”，将11家煤炭企业转型为陶瓷企业，建立金沙滩陶瓷工业园区，以每亩3万元的土地价格吸引陶瓷企业入驻，目前入驻企业达45家，90条生产线，他们依托廉价的高岭土资源（每吨300元）生产日用瓷，每件售价平均为3元钱，年产日用瓷10亿件，大部分内销。景德镇、醴陵、淄博等产区也都在加紧产业转型升级，以应对日益激烈的国内外市场的竞争，国内各陶瓷产区的迅猛发展，已经对唐山市的陶瓷产业形成巨大的压力。但同时，全国经济社会的稳定发展，城镇化建设改造，人民生活水平的逐步提高，陶瓷需求的多元化，将进一步拓展了陶瓷的市场空间，都将拉动我市陶瓷产业的发展。

从唐山市环境上看，唐山市陶瓷产业具有得天独厚的区位和产业基础，有深厚的陶瓷文化底蕴，有市委、市政府的大力支持，并且经过多年的积淀，融合了多元发展因素，体现了多层次、全方位的发展诉求。高端研发、中低并存的产业市场正处在结构性转型的重大关口，在能源涨价、成本上扬、市场萎缩、产品提价难的状况下，缺乏先进管理经验的中小企业面临严峻挑战；优势企业抓住机遇，实现转型升级，也是一种痛苦的抉择。但随着市场竞争的加剧，唐山市的陶瓷企业主动地、被动地都会加入到应对挑战之中，唐山市陶瓷企业转型升级势在必行。

三、振兴唐山陶瓷产业的对策建议

（一）总体思路

按照唐山市委提出的加快建设有实力、有活力、有魅力的沿海强市、美丽唐山的总体要求，加快陶瓷行业转型升级。进一步深化改革增活力、融入文化增魅力、科技创新增实力，通过产业布局调整、文化内涵增加、宣传力度加强和产业队伍素质提升等措施，全面振兴唐山陶瓷产业。

（二）发展目标

1. 形象目标：发挥政府主管部门与行业协会的统筹协调作用，不断优化陶瓷产业发展环境，使唐山陶瓷步入良性循环的发展轨道，实现唐山陶瓷产业的转型升级。力争3—5年内，建构起内涵丰富、特色鲜明、影响广泛并得到普遍认同的“唐山陶瓷”形象，再现“北方瓷都”的辉煌盛景。

2. 总量目标：对现有陶瓷产业进行结构调整和产业升级，按照“扶植壮大一批、改造提升一批、转移淘汰一批”的原则，逐步实现陶瓷产业由低级向高端的跃升。力争3—5年内，唐山市陶瓷总产值增长25%。高端卫生瓷、日用瓷、艺术瓷、特种陶瓷和陶瓷创意产业在陶瓷产业中占有较大比例，建成专业陶瓷园区两个以上。

3. 结构目标：通过陶瓷产业的转型升级，促进陶瓷产业与城市建设和谐发展，推进技术创新、品牌战略和文化创意发展。力争3—5年内建成卫生陶瓷、骨质日用瓷、艺术陶瓷、特种陶瓷、陶瓷装备、陶瓷花纸六个基地，建设设计研发、检测认证、商贸物流、文化旅游、电子商务、文化创意六个中心，探索网络整合营销新的销售模式。

（三）产业定位

1. 卫生瓷：在原料均化和制备技术、注浆成型技术和干燥技术三个方面要逐步实现生产过程自动化，表面处理技术、复合材料及替代材料的研发、配套产品要逐步实现智能化和功能化，积极开发节水、静音、纳米自洁洁具、恒温水嘴。在应用亚克力、树脂—硅灰石、树脂—石灰石、密胺树脂，以及由上述材料结合陶瓷材料开发卫生洁具的同时，研发与木材、陶瓷、玻璃相结合的整体浴室产品。

2. 日用瓷：要逐步实现骨质日用瓷高端化，把骨质瓷做精、做优、做强，实现骨质瓷的全面升级，与其他产区日用瓷错位发展，占领国内日用瓷的高端市场。积极推行科技创新，应用先进适用技术，开发多功能、高品位、环保节能、高附加值的精品日用瓷，实现品牌化、艺术化。

3. 艺术瓷：在传承传统技艺的基础上，充分发挥骨质瓷的优势，在艺术瓷的器型、画面、装饰上不断创新，融合时代元素，工艺上弘扬雕金、喷彩、釉中彩等传统技法，形成了唐山陶瓷的独特风格。在陈设瓷、纪念瓷、庆典瓷、旅游瓷等众多领域里，创作出更多、更好的，器型优雅、画面独特，有创意的艺术陶瓷精品。

4. 特种陶瓷：不断提高特种陶瓷生产装备水平，继续保持氧化铝陶瓷热电偶保护管、刚玉质瓷件、陶瓷托辊、坩埚、匣钵生产的优势，加强研发生产应用于信息产业、装备制造、家用电器及其他高科技领域的特种陶瓷品种，研发成本低廉、耐强酸强碱、不会氧化、可逐步替代金属和塑料的特种陶瓷，形成规模，培育唐山市陶瓷产业新的经济增长点。

（四）措施建议

在唐山陶瓷行业长期发展过程中，形成了以日用陶瓷、建筑陶瓷和卫生陶瓷为主体的陶瓷产业格局，有着较为深厚的历史积淀。因此，今后唐山陶瓷产业的发展，总体上应以日用陶瓷和建筑、卫生陶瓷为主要方向，同时在陶瓷产业结构调整中，将艺术陶瓷产业和特种陶瓷产业的发展作为新的着力点，以增进陶瓷行业的整体实力与活力。

1. 加强政策扶植，增大发展动力

进一步加强政府的宏观导向作用，研究制定我市陶瓷产业发展规划和发展战略，学习景德镇、潮州、淄博等陶瓷主产区政府的做法，制订《唐山陶瓷振兴发展纲要》，由政府每年组织陶瓷产业研讨会、交流会，形成专家、高管、协会、媒体对话机制。

适时出台扶植陶瓷企业发展的政策和措施，为前景良好、发展潜能充足的陶瓷企业提供减免税费、人才引进、生产场地、外贸出口、联合经营、注资引资等方面的政策性扶持和帮助。设立“陶瓷行业奖励基金”，用于新瓷种、新材料、新色料、新釉料的研发奖励，同时对国家级与省级评比金奖获得者、取得突出成就的管理人员、技术创新人员、劳动模范、陶瓷艺术大师以及终身从事陶瓷事业的资深陶瓷专家给予物质和精神奖励，并在职称评定、晋级、评优和选拔任用等方面予以破格、优先。

由政府主管部门出台相关文件，赋予陶瓷行业协会实质性职能和权利，转移相关政府职能，以便更好发挥行业协会的自律、监督、协调、规范作用。政府对协会给予一定资助，协会接受政府对其“购买服务”。在政府主管部门设立“陶瓷产业发展办公室”，指导陶瓷行业协会的工作，促进企业间的沟通与协作，规范陶瓷企业的行为，实现企业间的公平竞争。

2. 加大改革力度，增强发展活力

确立唐山陶瓷振兴发展的三个基本理念。第一，不刻意追求企业规模，避免盲目扩张，而应着力把陶瓷产品做成有文化、有思想、有品位、有知名度的名牌产品；第二，日用陶瓷和建筑卫生陶瓷今后要用先进的管理提升产品质量，增强品牌含金量，不满足于合格产品出厂，要集中精力，提升企业规格和产品档次，用无瑕疵的产品赢得市场；第三，改变企业孤军作战的状况，要敢于联合引进优势资源，实现合力共赢，以增强市场竞争力。

积极推进产权制度改革，对唐山市国有陶瓷企业进行改制，彻底摆脱原有国有企业经营管理体制，实现国有资本的有序退出，让优质民营资本进入，以便建立现代企业制度，健全法人治理结构。其中重点加快对“唐山北方瓷都陶瓷集团公司”的改革步伐。

按照市委、市政府相关指示精神的要求，顺应唐山陶瓷行业企业及社会民意的呼声，在近期整合成立职能清晰、功能完善、有较强代表性的唐山陶瓷行业协会；依据本地区艺术陶瓷、卫生陶瓷、建筑陶瓷、日用陶瓷和特种陶瓷的发展需要，设定协会职责，建立行业准则，保护知识产权，规范企业行为，形成产业合力。将原来由政府承担的相关管理职能转移给陶瓷行业协会，如品牌审批、申报、推广，陶瓷产品市场的监督、规范，产品技术标准的统一、制定，原料进价和产品售价范围的协调监督，陶瓷行业从业人员技术等级的评定与荣誉称号的授予等。

3. 致力科技创新，增创企业实力

创新企业内部体制机制，发展大企业，规范小企业。建立并完善企业内部创新研发机制，不断更新设备、壮大科技创新人才队伍，增强企业技术创新能力，用先进的技术提升产品档次，增加产品附加值。组织陶瓷企业相关研发部门和人员，与科研院所及大专院校、相关机构合作，研制开发新生产工艺、新装饰花面、新制造技术。同时，将传承与创新相结合，尝试在原有唐山陶瓷“四朵金花”（玉兰瓷、白兰瓷、白玉瓷、骨质瓷）品种基础上，创新开发新的陶瓷品种。

瞄准高科技、高起点、高标准构建企业的科技发展战略。根据国内外市场需求，探索拓展具有良好发展前景与高附加值的高新技术特种陶瓷和工业陶瓷的生产领域。据调研分析显示，特种陶瓷是唐山陶瓷今后发展潜在的强劲增长点，是强势行业，市场的潜在需求极强。政府应为此搭建创业平台，鼓励企业联合、联手、联资，打造唐山新的陶瓷“巨人”产业，形成唐山市新的经济增长点，实现产业利润及行业整体创新实力的跨越式提升。

注重陶瓷企业生产过程中节约能源、降低成本的措施创新，以提升利润空间。按照新型工业化的要求，以节能降耗和发展循环经济为重点，最大限度地降低能源消耗，减少污染物的排放，努力打造我市陶瓷资源节约型产业群。充分利用唐山市综合产业基地的地理优势，将相关技术应用于陶瓷产品生产技术的革新，力争将热能利用率提高一倍以上。

针对唐山陶瓷在销售方面的不足，学习其他陶瓷产区经验，研究谋划新型的销售业态，尝试信息化与工业化的融合发展，在完善销售网点的同时，建设网络销售系统，为行业提供生产、销售、原辅材料供应、产业政策信息咨询与服务。并为行业企业提供全球的客户信息、行业信息，搭建陶瓷电子商务销售平台。利用线上线下平台拓宽营销渠道，实现唐山市陶瓷产业销售方式的转型发展。

4.规范专业布局，增长企业效力

根据陶瓷企业的市场定位、技术与生产能力的特色优势，明确企业生产重点的战略定位，把提高竞争能力与避免重复建设、淘汰落后装备结合起来，打破原有的组织形式和区域分布，形成以产品类别为核心的四大陶瓷产业园区。一是在路北区弯道山周围打造艺术陶瓷创意产业园区；二是在丰南区小集镇打造高新特种陶瓷产业园区；三是在唐山市丰南、开平一带以“惠达”“梦牌”等企业为龙头，打造建筑、卫生陶瓷产业园区；四是在路北区缸窑路北部和开平区一带打造日用陶瓷产业园区。通过产业园区建设，实现优势互补、资源共享、强强联合、相互带动、形成合力，从根本上改变唐山陶瓷行业存在的规模参差不齐、布局凌乱分散的弊端。

引导我市陶瓷企业调整产业结构，形成原料型、生产型、销售型的各类专业企业，综合配套，分工协作。本着“扶持壮大一批，改造提升一批，转移淘汰一批”的原则，对现存大批规模小实力弱、开发创新能力不足、产品质量无保障、生产资源浪费的小厂家、小作坊进行规范化改造；同时支持鼓励优势企业增强扩张意识，以产权为纽带，以名牌产品为龙头，兼并吸收小企业，调整产品结构，提高产业起点的水平和档次，逐步走上良性发展的轨道。从而完善唐山陶瓷的产业链条，健全唐山陶瓷产业体系。

重视加强陶瓷行业配套产业的发展，对陶瓷花纸设计印刷、陶瓷机械、陶瓷装备、色釉料、产品包装、各种添加剂等生产企业予以政策支持和重点扶持，以支撑唐山市陶瓷工业的发展需要。积极开拓国内外市场，在相关城市设立销售点，建立起覆盖面广、运行稳定的销售网络。同时将配套产业的发展与陶瓷产业园区建设结合起来综合考虑，合理布局、配套分布。通过专业布局调整，使企业规模做大、效益提高、竞争力增强。

5.注重文化建设，增添人文魅力

在品牌文化建设方面，以具备较高知名度的“惠达”“红玫瑰”“海格雷”“隆达”等知名品牌为龙头，推行强强联合的品牌战略，同时着力打造新品牌，力争在五年内使名牌企业产值翻番，从现在的年产值约50亿元左右发展到75亿元以上，进而带动其他相关企业，形成产业群的品牌文化合力。

具有典型特色和广泛影响力的唐山艺术陶瓷，已成为唐山形象的名片，必将对唐山陶瓷今后的发展起到支撑、提升、增效的强劲助推作用。目前，应积极拓展艺术陶瓷的应用领域，在扶植发展“亚洲时代”“淡墨轩”“凝碧瓷业”等日用陶瓷艺术化的典型生产企业的同时，进一步将艺术元素与设计元素融入建筑瓷和卫生瓷的产品中。同时积极创造条件，争取在现有的“唐山市美术瓷厂”基础上，将其改造建设成为一家融汇中西方文化特色的艺术瓷厂，逐步形成以文化艺术元素为鲜明特色的唐山陶瓷文化创意产业。

由唐山陶瓷行业协会牵头组织开展唐山市级陶瓷艺术大师评选和作品展评，激发陶瓷艺术工作者的创作热情。政府对带徒传艺的陶艺大师给予相应补助，对建立陶艺工作室的陶瓷艺术大师，可给予小额贷款贴息政策支持。每年在举办唐山中国陶瓷博览会期间，举办全国性的艺术陶瓷评比与艺术陶瓷专家论坛，营造浓郁的艺术陶瓷文化氛围。同时在唐山市旅游定点单位“唐山陶瓷展厅”原址恢复重建“唐山陶瓷博物馆”，在唐山弯道山南端恢复建设“唐山田家窑原址”，集中展现唐山陶瓷的人文特色和历史文化渊源。

6.扩大宣传推广，增加行业引力

在组建成立唐山市陶瓷行业协会的基础上，发挥行业协会自律与监督、宣传、推广职能，开办专门网站，并在主流媒体开办固定栏目，定期发布品牌推广、新产品宣传、重点企业介绍，以及监督、评审信息。

在市内主要街道和观光游览区建设以唐山陶瓷为主题的景观建筑、雕塑和标志物。在陶瓷企业集中的主要陶瓷产区—唐山市路北区缸窑路一带，建设以陶瓷为核心，融合生产、创意、商贸、物流、观光为一体的综合园区。初步设想是：利用老陶瓷企业旧址等场地设施，展现唐山陶瓷发展历史，引进创意产业公司，设立陶瓷艺术家工作室，与唐河(原陡河)带状公园连成一体，形成城市陶瓷主题公园与陶瓷创意产业文化园，以扩大唐山陶瓷的整体影响力和辐射度。

向全国和世界推介唐山陶瓷艺术家和优秀陶瓷艺术作品。通过宣传、文联、陶协等部门，以唐山陶瓷为主题组织唐山陶瓷艺术家在国内外著名展馆举办唐山陶瓷艺术作品展，在唐山举办国际园艺博览会期间，集中展现唐山陶瓷艺术家的作品，并以唐山陶瓷艺术家的作品作为唐山市政府对外交往的必选礼品，宣传展示唐山陶瓷艺术家。同时不定期举办国外优秀陶瓷艺术家作品邀请展和对外文化交流等活动。

7.优化教育培养，增进产业人力

产业队伍素质是唐山陶瓷行业持续健康发展的关键性因素。应提升政府、企业界乃至社会大众对陶瓷专业职业教育的重要性认识，在有条件的大专院校设置与陶瓷产业配套的相关专业。探索建立学校与企业深度合作的长效运行机制，根据本地区实际情况，在市政府主导下将有实力的陶瓷企业与开设陶瓷相关专业的院校有机结合在一起，着力构建“校企一体”的陶瓷行业职教集团，以此创新人才培养模式，更好地发挥企业在技能型人才培养中的作用。同时扶持壮大“校办企业”，鼓励“企业办校”，政府应该在税收、人事管理和财政投入等方面，给在陶瓷专业技能型人才培养方面成绩突出的院校和企业给予一定的优惠政策。

重视加强陶瓷行业从业人员的终身职业教育，在相关院校和企业内部定期开展陶瓷行业在职职工的职业技能培训与考核鉴定工作，严格执行行业职业资格准入制度，提升产业职工队伍整体素质水平。同时，加大高端技能人才、现代化管理人才和有较高艺术建树的陶瓷艺术家的培养和引进工作，在津贴待遇、住房安置等方面给予优惠政策，以增加唐山地区对陶瓷行业高端人才的吸引度。

加强陶瓷行业后备人才的基础性培养，提升唐山地区社会大众对陶瓷行业的认同和热爱，利用现有开设陶瓷艺术设计专业的院校，并组织陶瓷艺术工作者共同开展深入社区的陶瓷艺术制作兴趣活动和知识讲座、短期培训等公益教育活动，以此营造以北方瓷都为荣耀、以振兴陶瓷为己任的社会氛围。

第九章 河北省陶瓷玻璃行业协会简介

河北省陶瓷玻璃行业协会（简称省陶玻协会）是经省政府批准设立，并在省民政厅登记注册，具有独立法人的社会团体。由全省陶瓷玻璃行业的国有、民营、个体、三资企业及相关行业自愿组成的非营利性社会组织。业务上接受省民政厅、省工经联（省经团联）的指导和监督。

省陶玻协会自2001年9月成立以来，在省委、省政府的领导下，通过自身的努力，与河北省有关部门及全国各省、市级行业协会建立了广泛的业务关系，协会现已发展成为省内具有较大影响的社会团体组织。其宗旨是遵守国家宪法、法律和法规，遵守社会道德风尚；坚持以创新的思维、协作的文化、开放的平台，有效的服务为指导思想，为会员需求服务，为行业发展服务，为政府决策服务。

省陶玻协会会员单位涵盖全省11个市的科研、建材、轻工、电子、医药、包装、收藏、技术、进出口及相关行业。凡依法注册成立的社会团体、企事业单位以及符合入会条件的个人，只要拥护本协会章程，并按规定缴纳会费，均可自愿申请加入。

省陶玻协会严格按照《国务院社团登记管理规定》和《河北省陶瓷玻璃行业协会章程》规定，在经营范围内开展活动。为会员单位开拓外埠市场、扶植产品品牌、引进先进管理经验、帮助招商引资、提高社会知名度；结合有关部门制定行业标准、技术标准、质量标准、管理标准等工作及监督实施，并会同有关部门举办择优评模等活动。省陶玻协会将不断带动全省陶瓷玻璃行业健康、有序、快速的发展而持续努力。

联系方式：

电话：0311—87044102
地址：河北省石家庄市合作路北合街18号
邮编：050051

河北省陶瓷玻璃行业协会第三届会员代表大会

第十章 结束语

河北省陶瓷发展的风风雨雨以及铸造出的辉煌，琳琅满目的陶瓷产品，已经成为涌动在河北省人民心头的骄傲，也是中国陶瓷业在河北省辉煌发展的一份真实写照。可以肯定地说，尽管目前河北陶瓷曾经历过高速井喷式的发展，又面临过各种包括金融危机的不良影响，尽管还存在诸多困难与不利因素，但是今后河北省陶瓷产业的后发优势非常强大，发展趋势非常看好，将有着非常广阔的发展前景。改革开放以来，特别是20世纪90年代以来，河北省陶瓷的发展史是一个荣耀与光辉历程，证明了河北省的陶瓷工作者极富聪明、才智、坚韧、包容的品格，他们能够发挥本地各种优势与基础条件，科技攻关，精心培育，集腋成裘，玉琢玉成，必将使河北省陶瓷的大花园鲜艳夺目。

河北省磁州窑发展概况

名振古今，驰誉中外的北方陶瓷窑炉聚集地，千百年间生息在山河秀丽、资源丰富的彭城大镇。这座厚重而儒雅的古镇，到处是古窑烧结遗留下来的窑具垒成的独特建筑。残瓮废缸变作院墙，焦砖旧笼垒砌成房，缸支瓷片铺垫成路，一座座记载着古老文化的古窑，静静地矗立在保存基本完好的磁州窑遗址上。

这座历史悠久的小城位于河北省最南端，巍巍太行，蜿蜒西去，清澈滏水，滚滚东流。就在这块风水宝地上孕育了中华陶瓷文明，造就了不朽的民间陶瓷艺术。

陶瓷生产离不开泥、水、火，特别是火的烧结过程，也有人把陶瓷艺术称之为“火的艺术”。这是很有道理的。用泥土，用几种不同材质的土合在一起，经过火的烧结后，转化为另一种物质—陶瓷。这种科学技术的发明应用，的确是人类认识自然改造自然的巨大进步，是人类文明进步的里程碑。正是由于陶瓷必须经过火烧这个环节，获得材质的变化结果，所以在生产陶瓷过程中，人们为了对火的运用与掌握，可以想象先辈们为掌握火的应用，其进程难度是很大的。操作时技术性更突显出与重要，烧窑时稍有不慎，对烧后的成品影响十分关键，陶瓷行业把烧成称之为最关键环节，烧工因而备受尊重，火的变化莫测，人们进而崇拜火神，建造专门祭祀火神而建造的火神庙。以乞求神灵的保佑以便烧出优质陶瓷。也正是由于火的变化莫测，火与火焰气氛的变化结果，不同的人，对火的使用上采用不同的调整变化，同样的原料，竟然烧制出不同的陶瓷与釉色。同样的原料，有的人烧结的质量正品满窑，有的人则半废半残。正是由于火的变化莫测，火与火焰气氛的变化结果，才会烧结出偶然的窑变釉色的结果，陶瓷因火的作用与变化，才被称之为“火的艺术”。

陶与瓷之间重要的区别有很多分辩方法，如：烧结温度多高、施釉与否、吸水率高低、透明度有否，但最最重要的应该是使用什么性质的泥土原料，用一般黄土与杂土制作的为陶，而使用高铝钒土（即瓷土）为原料的，才能够烧结为瓷器，这是最最重要的区别点。

瓷土是制备泥料的固体原料，瓷土的选择很重要，什么样材质的瓷土，可制成什么质地的陶器与瓷器，瓷是因土质的不同而变化的。景德镇生产所用的瓷土采掘于高岭山，所以称之为高岭土。此土含铝量高，烧结后白度与透明度好；磁州窑系所采用的瓷土叫大青土，颗粒较粗并含有少量的铁、钛、硫等矿物质，因而烧结后呈青灰色，透明度几乎没有，所烧制的瓷器我们叫做磁州窑磁器。土质与瓷质是息息相关的，并影响着服务对象及生产方向。景德镇优质瓷土制陈设瓷器优势大，而磁州窑系所采用的瓷土，制日用器皿较为合适。陶瓷的质地与加工后泥料的细度也有着关连，颗粒细胎也细。

陶瓷生产过程中，泥料加工离不开水的应用。古代瓷土大多是经过水的淘洗，才选择出细质的瓷泥。瓷土的破碎、淘洗加工，古代很早就建造水臼、水耙、水碾、水磨等加工瓷土的设备，这些设备大多采用水作为动力，北方少数使用畜力。瓷土经过破碎，又经过水的淘洗，细小的颗粒在泥池中经过沉淀、干燥后方成为泥料。可见水在陶业之重要性。

水在古代及现代，又是运输原料、瓷器船只的载体。经过江、河、湖、海把原料送进窑场瓷区，把烧成后的瓷器陶器运销出去。水道在古代运输中的重要性，可以从古代陶瓷古窑场所选择的条件要素中明显地突显出来，窑场均在依山旁水之处。从磁州窑古代窑址选择的分布，也可以看出：主要分布在漳河支流与漳河河沿上的有观台镇、艾口村、冶子村、申家庄等窑，在漳河支流上有隋唐时代的贾壁窑、宋元时代的青碗窑、莲花寨窑等。在滏阳河流域有唐、宋、元时代的临水窑，宋代至今的彭城滏源里窑、付田村窑、西大地窑、大钟寺窑、火神庙窑、大路沟等窑，这些古窑址当时建造时的选择，均在水源丰富的江河边，可见水是制瓷业的重要依托条件之一。至今我国长江的水道，在国民经济中，依然被称为“黄金之道”。可见陶瓷生产与发展对水的依赖性之高。

总之，陶瓷是依赖水、火、土不同阶段的加工方式变换，再经过火的洗礼，烧结成为另一种物质“瓷”或器皿的“瓷器”。这是中华民族的伟大发明，是古老的文明创造与结晶，是人类文明进步中的里程碑，也是我国对世界人类的一项重要贡献。

在中国陶瓷史上，我国北方即长江以北广大地区，都在生产着磁州窑风格的陶瓷器，几乎遍布北方诸省。我们把生产此类风格瓷窑与产区，称之为磁州窑系。

磁州窑系，以共同生产一种技法相同的化妆土白瓷为主线，相互在不同的时段生产着在白化妆土上变幻着不同的装饰方法。这个庞大的窑系，生产时间并列在唐、宋、金、元，纵贯几个世纪，其时间跨度之长久，区域跨越之宽广，是十分引人深思的，这也是我国陶瓷史上所呈现的一种民族陶瓷产业的体现。它与南方青瓷系列窑一起，形成我国自唐代以来，南青北白的格局，其影响是相当巨大的。

下面列举磁州窑系及磁州窑风格的窑址的分布，它曾一度跨越长江，把这种生产工艺送达至江西吉安永和镇，建立了南宋吉州窑。吉州窑在江南依然生产着磁州窑风格的陶瓷器。当然，磁州窑不仅在国内，它在国外的影响也是相当巨大的。在这里暂不论述；单就北方诸省的分部，可见其风靡之盛。

内蒙古：赤峰缸瓦窑

辽宁：林东官窑、辽阳江官屯窑、本溪窑

宁夏：灵武磁窑堡窑

安徽：萧县白土镇窑、寿州窑

四川：邛窑

陕西：耀州立地坡窑、黄堡窑、陈炉窑

山东：淄博博山窑、坡地窑、磁村窑、临清赵桥窑、德州窑

山西：太原孟家井窑（榆次窑）、平定窑、高平八义镇窑、介休洪山镇窑、长治窑、壶关窑

河南：鹤壁窑、娄家沟窑、寨前窑、老王岩窑、沙店口窑、南寺弯窑、耿寺窑、姬家山窑、李家荒窑、竹圆窑、窦家庄窑、修武当阳峪窑、密县窑、登丰窑、钧台窑、禹县小白峪窑、扒村窑、郊城窑、神后窑、郏县黄道窑、宝丰清凉寺窑、辉县沿村窑、庙院窑、杨圪铛窑、宰坡窑、巩县内村窑、荣阳翟沟窑、鲁山段店窑、内乡邓州窑、济源勋掌窑、新安城关、窑、焦作西南店后村窑、周窑、郊王封乡李封窑、西王封窑、北业窑、高寨窑、许河窑、东孔庄窑、牛庄窑、李河窑、寺后窑、狼坡窑、高窑河窑、东张庄窑、博爱县清化窑、白坡窑、瓷窑河窑、沁阳市九家坎窑、新村窑、安阳城关窑、北齐村窑、北岸窑、北善应窑、西善窑、天禧镇窑

河北：北京燕山窑、唐山窑、井陉窑、内邱窑、邢台窑、定州燕山村窑、磁县九山沟窑、贾壁窑、观兵台窑、荣花寨窑、青碗窑、冶子窑、艾口窑、观台窑、西大地窑、临水窑、大钟寺窑、申家庄窑、大路沟窑、彭城窑……

从以上列出已调查古代生产此类风格的窑，可以看出这么多的古磁窑，在宋、金、元几个朝代近三四个世纪生产着磁州窑风格的制品（当然，还有许多未被调查与发现的此类窑址），为磁州窑耀眼的光环增添着无尽的能源，闪烁着辉煌的光彩。磁州窑的艺术、技术成就与荣誉，是北方诸窑陶工共同创造的结果。

这个庞大的窑系，共同之处在于：使用大青土等性质的瓷土，精细煅冶淘洗，不厌其烦地精工细作，在泥坯的表面施白色化妆土材料，以写意的风韵用毛笔彩绘出令大众喜闻乐见的、吉祥的花卉图案，兼以刻画各种民间纹饰，施黑色与红、绿、黄之颜料，彻底打破宋以前单色釉的局限，创造出色彩丰富的彩绘陶瓷品种，促进了陶瓷装饰的工艺进程。这种白色化妆土陶瓷器，因在陶瓷装饰工艺领域不断地创新创造，又以它使用毛笔彩绘技艺的简洁笔锋，与中国传统绘画艺术相结合、相互融入及渗透，在毛笔彩绘技法上是独站鳌头的。

其装饰风格，因粗放不拘小节，带有浓郁的乡土清新气息，给人以亲切的感觉，温润而朴实，朴实中透出一种大气的风韵，大俗中透析出大雅的风范。磁州窑及磁州窑系的艺术成就是在庞大的窑系区域，由无数不知名的陶瓷艺术家共同创造的艺术结晶，是中华民族民间陶瓷艺术的精华与殿堂。

用“磁州窑”的名称来称呼现在河北省邯郸诸窑是比较合适的，是因为磁州观台窑群及彭城镇窑群、临水镇窑群这些直系窑口的制品工艺特征与艺术风格更具有代表性。把中国北方那么庞大的生产过磁州窑风格瓷器的窑区称之为“磁州窑系”或“磁州窑型”，对“磁州窑”来讲这是一种值得骄傲的荣誉，是一顶光芒四射的艺术皇冠。

中华民族悠久的历史与文明，其中瓷器的制造是人类伟大科学技术进步与艺术发展进程中的历史见证和标志。

磁州窑在我国创造陶瓷技术这项伟大文明的成果中，确实作出过伟大的贡献。自从人类文明进程在中华大地上演开始，这里的古人类就进入我国文明创造的进程中来，特别在陶器应用中，随着原始农业的出现与发展，原始手工业也相应的发展着，制陶业是这个时期的一项重要的手工业项目或部门。在母系社会里，当时的制陶业可能主要由有经验的妇女承担。她们用勤劳的双手，创造着人类文明。

磁州窑地区古代文明，在近四十年的考古发掘与发现中，证实这里是人类最早生息繁衍的发祥地之一。古陶遗存是相当丰富的。笔者在多年考察中发现西大地、富田村新石器时代遗址，收集到一批重要的信息与实物资料，这里在远古时代就生产过夹沙陶、灰陶、黑陶等器物。1976年，文物部门配合农田水利工程建设，对镇西二十公里的磁山新石器遗址进行了大面积的发掘，遗址出土的大量陶器，以夹沙红陶为主，泥质红陶次之，多手工轮制成型，烧制温度约850—930℃，陶质粗糙，造型简单，胎体厚重，磨光度差，具有较原始的特征。大量的陶盆和圈足支架的陶器群，据碳十四测定为公元前5405—5110年（若经树轮校正其上距今为8000年左右），这是我国新石器时代已知的最早文化遗存。可以想见，早在8000余年前，群居在磁州窑古老地区原始社会的老祖母们，在这片土地上已经开始制造红褐色的陶器了。

1975年，文物部门在武安窑村东面，再次发掘出仰韶文化的遗存，出土了200多件新石器时代的仰韶文化遗物。有红顶碗、环底罐等陶器。属于冀南地区的后岗类型，距今五六千年前。此外，百家村、街王庄、界城都有此类彩陶陶片出土。

在滏阳河上游区域，磁县下七垣村发现商代遗址和墓葬。1974年正式挖掘，发现了陶窑，居住遗址等，出土文物一千五百余件。在河北省南部第一次找到二里头大型陶器，为夏文化提供了新的研究线索，陶窑的发现更有其重要的科学价值。特别是武安午汲古城窑址的发现，为我国陶瓷窑炉发展史进程中填补了重要的依据。陶窑有东周、春秋、战国不同时期的窑炉，还有战国末至西汉时代的窑炉，有西汉晚期至东汉的窑炉，这些窑炉多为圆形，一般早期体型小（长2米，宽1.6米），而较晚的窑炉体积大些（长2.2—4.5米，宽2.6米）。时代内涵非常丰富。在窑炉发展进程中，我国考古界尚未发现带有烟囱的商代窑炉，但西周晚期和东周时期带烟囱的窑炉已有发现。午汲古城遗址中的东周陶窑已具备了现代磁州窑窑炉的基本条件：有固定的窑墙，围绕着略呈椭圆形的窑室，有封闭的窑顶，火膛已从窑外移到窑内，有固定的窑门供装开窑出入使用。特别是在后窑墙设有一个烟囱，而在窑墙底部有一个供火焰进烟的进口通道，这就使火焰的流动方式，从简单的直焰上升烘烤陶器，改进为半倒焰、半平焰的混合式火焰运动方式窑。因为此窑的外形像个圆形馒头，所以我们称之为“馒头窑”。可以说从东周到新中国成立前，这种“馒头窑”窑炉在两千多年间，一直为北方各瓷区所使用，虽在技术上不断改进，那也只不过是在窑炉的体积大小，烟囱的高低略有变化更新而已。“馒头窑”是磁州窑古代劳动陶工在改进陶瓷烧成技术上做出的重要与卓越的贡献，更为磁州窑的辉煌历史增添了光彩。

以磁州馒头形的窑炉形成了我国北方古代窑炉的建制规程。这种窑炉以氧化焰为烧成气氛，为较早的使用煤碳烧成奠定了技术保证与设备支撑，它不像南方的以烧柴为燃料的龙窑和阶梯窑，必须选择30度左右的坡地建窑，可以在平地上聚集，密密麻麻地建在一起，在彭城5华里长，3.5华里宽的地方建造了500余座大小窑炉。这为瓷区的形成，技术的密集提供了物质与设备材料保障。这种“馒头窑”在经宋、元、明、清历代改进，窑炉容量在不断地扩大，最大的窑炉，窑屋内已有三层楼的高度，烧成后的货物，一窑炉可以装满三节火车皮。

“战国时代，赵国邯郸制陶，其品质冠绝当时。胎质犹如瓦缸，即松而褚色者。赵都邯郸，相传存在白釉瓦胎之窑器，特以虎枕为当时之杰作，并绘以黑彩之虎斑，岂战国时代已有如此施釉之品耶。考唐宋以来，磁州亦有虎枕，乃仿邯郸所出。唐时邯郸属磁州，可知邯郸窑为后来磁州窑之根源”。（叶麟趾著《古今中外陶瓷汇编》）

磁州窑首先在冶陶过程中，较早使用了白质的含高岭质的瓷土为原料，烧制了世界上最早的白陶器皿。

商代是我国应用瓷土制陶的发展时期，河南、河北、山东、山西等地商代后期遗址与出土墓葬中出土有这种世界上最早的白色陶器，它对瓷器的产生与发展是至关重要的，因为材料的更新与变换才会出现品种上质的变化与区别。正是白陶器生产的活跃，当制陶先师们发现草木灰的灰烬落在陶器的表面，在高温作用下会出现像窑汗一样的光泽，人们才会刻意地追求以窑汗为目标的“釉”的应用。可以说，没有白陶器生产的活跃与进步，瓷器的创造与产生会更晚一些。西周时期，釉陶已广为生产，而用瓷土原料制成的器皿被称作为原始瓷器。邯郸在战国时期已有琉璃生产，又有“白釉瓦胎之窑器”可以想象，在我国原始釉陶时期，各地窑工争相创新，才是瓷器发展的真正动力。

磁州窑以及河南诸窑，曾为殷商时期官府与贵族生产制造出优质印纹的白陶器皿，当时技术应是领先的，在烧制过程中，瓷土耐火度高不易变形，在高温作用下呈现瓷化状态，烧成后白而漂亮，作为祭祀礼器与赠送礼品的白陶用于最高的礼遇场合，安阳殷虚出土的大量印纹白陶器皿是相当壮丽豪华的。

“釉”：是烧结过程中被陶工们认识后才应用的，在陶与瓷的界定中，陶器一般指不施釉的器皿，施釉者一般为瓷器，是陶与瓷界定的又一重要条件。我国先民在烧造中发现窑壁上的黏土在高温与草木灰相结合烧成玻化的窑汗，凝结在窑壁上，窑汗的光泽与玻化后的效果吸引了制陶人的关注，才着重追求窑汗效果在陶瓷器上的应用，并由人工合成。技术的进步往往在偶然中被发现，发现后被刻意追求合成，并被应用到制陶瓷技术中，早期的釉是用黏土加草木灰合成的。用瓷土制成的坯体，经施釉烧结后完成了物质转化的进程。

早期的磁州窑的磁器，应该是在釉陶的大量生产过程中诞生的。在磁县东陈村东魏赵民墓葬中，出土了大量造型生动的陶俑（其艺术价值不在咸阳兵马俑之下）和七件酱褐釉瓷，其年限为东魏武定五年的制品，这一发现证明了陶在釉的作用下，进一步转化为瓷的例证。对我国陶瓷与世界陶瓷的发展进步迈出了重要的一步。

日本的上田恭辅先生曾提出磁州窑始于晋，然而晋、魏时期与窑炉及窑址尚未发现，很难考证。但这个环节迟早会被今后的考古证实的。北朝到隋时期，距彭城镇三十里的磁县贾壁村窑，已能烧制胎骨细腻，施透明青绿色釉的碗、盘、豆、钵、罐、砚等器皿。贾壁窑我曾多次到窑址考察，有人指出是北朝窑，据陶瓷专家冯先铭、李辉炳、王丽英等先生探察、考证认为是隋代青瓷窑址。在断堰上可以看到圆形的窑床，及大量的草木灰层，可以说贾壁窑是以柴为燃料的窑炉。

笔者在不断地寻访中，1975年冬，在临水镇村北的大坑里西沿上发现烧制青瓷的又一处遗址，此处遗址有大量的筒形支柱，亦有实心支柱支架，在支柱上摆上瓷器使瓷器距窑床底有一定高度以便于火焰通过。在一个残窑底部发现青瓷与灰陶器混烧的状态，在窑内高温处烧青瓷，而低温处则烧灰陶器，亦可谓古人妙用火力的表现。最值得注意的是，在一处灰坑里找到了很多很薄的青瓷碗与盅的残片，这种残片口部基本上呈白色，只有底部釉厚处闪露着青色调，仔细察看这种瓷片是在施过一种白色化妆土后，施上青瓷釉，然而在烧结的过程中由于氧化焰的作用，使其瓷器颜色呈现出白青色。啊！青转白的过程中，一个重要的环节被找到了。此窑应是隋末唐初，青瓷转化为白瓷的一个重要转化因素，是还原焰与氧化焰应用的区别。正是由于窑内火焰气氛呈氧化焰时，使得釉色发生了根本的变化，而化妆土的应用促进了白瓷的成因，在氧化焰的气氛中，青瓷釉中铁呈色的变化被先人认识到并刻意追求后改进，白瓷才会最终诞生。

临水窑在唐代烧制青瓷与白釉瓷。从出土的瓷片中可以寻找到它们的踪迹，与邢窑同期生产白瓷器。但邢窑优质的瓷土当时磁州窑很难挖掘到，磁州窑窑工依靠古代陶器与隋唐青瓷使用的白泥工艺生产出化妆土白瓷，满足了当时民众喜爱白釉陶瓷的需求。

2002年在临水镇建筑工地上，峰峰矿区文管所及时地进行了抢救性的发掘工作。出土了大量宋、金时代的白釉刻划花瓷片、白地黑花瓷片与红绿彩瓷片，并挖掘到一处红绿彩作坊的遗址，特别在宋、金之下的地层，出土了唐代青瓷片400余件，有三角形支架，还有泥料池12个，出土开元通宝钱币17枚。青瓷器标本有：碗、盘、钵、豆、矮足盘、执壶、罐、炉等。多年来，临水窑遗址一直被现代城镇房屋建筑与道路覆盖着，未能进行系统的发掘，从20世纪50年代到70年代，这一地带不断出土青瓷、唐白瓷器及宋、金时代的白地黑花与红绿彩标本。这就证明了唐代临水窑生产是具有一定规模的。关于唐代磁州窑陶瓷，过去研究的不多，但真正在唐代出现了“磁器”这一词汇。磁州设于开皇十年（590年）谓慈州，至唐代改为磁州。磁器与邢器、越器、定器、汝器等词汇应该泛指各地陶瓷风格。晚唐诗人皮日休说：“邢客与越人皆能造磁器。”唐代众多文献中，将磁州之“磁”字用作陶瓷含义的事例很多，自古磁州窑早已生产磁器，它的化妆土白瓷与唐代北方众多的窑场共同发展进步着，磁州窑在化妆土的应用、生产规模及时间跨度上，确是民窑中的娇娇者。

磁州窑所在地自古至今就是人类生活生息繁衍之地，是中国古代文化遗存，特别是古代陶瓷文化遗存的宝库，且窑火不断，代代相传。在宋代之前这里早已存在着规模较大、技术卓越的制陶技艺，对宋代磁州窑磁器独特的风格的确立铺垫下坚实的基础。

〈宋代磁州窑〉

宋代磁州窑白釉陶瓷产品，是为了增加胎骨白度而对器物施上一层白色化妆土的制品。以铁绘或刻划等方法装饰，这种技法，不仅在中国北方广大区域生产，在国土之外的越南、泰国，尤其对朝鲜和日本都产生过巨大的影响。如朝鲜的三岛制品，以及毛刷纹、粉引等技法，也都应属于受到了磁州窑施化妆土的影响。

在日本被称之为“绘高丽”的制品，许多人错误的认为产自朝鲜，这是有悖于事实的。过去之所以被称之为“绘高丽”，是由于自古以来，磁州窑制品通过朝鲜大量传到日本。准确地区分，朝鲜绘高丽制品的特征是纯粹的青瓷绘画黑花制品。磁州窑瓷质不是青瓷釉质，而是化妆土白瓷。当然李朝时期的朝鲜也确实生产过仿磁州窑风格制品。

日本早在桃山时代以古唐津窑为首，包括志野窑的黑花纹样技法，也模仿着磁州窑的彩绘方法。白地黑花与高丽产的黑花青瓷在日本有些混同，在日本被通称之为“绘高丽”。由于它是在白化妆土上用毛笔和黑色颜料笔绘而成，这种转变，正是发生在中国陶瓷史历程中工艺观念更新意义最深刻的时候。

唐至五代，磁州窑沿用在制青瓷生产过程中的施化妆土的技术，继而创造了磁州窑白瓷的产生。到宋代白色透明釉的应用基本成熟。磁州窑由青瓷与黑釉瓷转换到化妆土白瓷的进程，为宋代磁州窑艺术的兴旺与众多技法的创造，奠定下了雄厚的技术与物质准备。宋代在文化意识上，由于唐代儒学的发展，造就了大批文化人士，曾有“洛阳纸贵”的成语，描述了当时对优秀诗歌抄颂的热情，促进了社会对儒学的认同与崇尚。洛阳牡丹每逢开花之时，全城上下倾城而出，这种崇尚高雅风尚的民俗形成，对宋代的装饰风格起到了关键性的影响。北宋古城开封的大部分，现早被埋在厚厚的黄土之下，一千年前都城开封的繁荣，可以和世界上同时期的大都市相媲美，毫不逊色。经济文化的关联使得磁州窑在宋代得以飞跃发展。

赵匡胤经过精心策划，在部下的推拥下，夺取后周的政权，对割据又相互激烈争战的藩镇势力进行了坚决的平定。为了宋王朝的巩固，大力发展经济，扶持农业发展，同时对手工业、商业给予特殊关注。为了巩固宋政权的统一，防止武装割据再次发生，他吸取唐末五代藩镇割据形成的教训，实行兴文教息武事的“右文抑武”政策。提倡以文治国，所有政府重要官职都须经过科举考试来应用任免。只有努力学习文化，通过科举考试，才能步入仕途。

对教育的重视与普及，使宋代形成一种有知识、研学问、懂文化的强大的士大夫阶层。各地兴办书院，文化水准有很普遍的提升。宋《册府元龟》《文苑英华》《太平御览》《太平广记》四大类书籍在宋代完成。赵匡胤本人带头读书，影响了两宋各代皇帝、皇族都必须读书研习文化，进而带动了社会学习文化风气的形成。

宋代科举，不重出身，在民间形成一种唯有读书高的社会氛围，起到了推动文化普及的作用。全国上下都知：“天子重英豪，文章重尔曹；万般皆下品，唯有读书高”的社会价值取向。从学生到举人形成一个阶层，这个阶层有比较高的文化修养，有追求科学进步的要求，有欣赏较高文化品位的素质，有文化人的道德理念，对艺术追求“清雅文俊”的风格，形成宋文化艺术鉴赏品位的主流。

宋代文化教育事业发达，对提高人民大众的文化素质作用巨大。由于手工业经济与商业经济的发展造就了城镇、集店的广大庶民阶层，这个阶层的出现，他们即是劳动者，又是市民聚集居住的群体，正是这个庞大的群体文化艺术的需求，形成了宋代庶民文化艺术的风格。士大夫清雅艺术与庶民艺术（民间民俗艺术）形成了宋代特有的艺术创作受体。

此时磁州窑的生产中心，以漳河岸边的观台镇与滏阳河源头的临水镇为中心，正在悄悄地进行着中国陶瓷史上最有意义的工艺装饰理念的更新变革（由单一色的颜色瓷器转化到装饰颜料彩绘的彩绘瓷器）。五代至宋初，宋王朝实行宽松的振兴经济政策，使得宋朝初期的经济较为迅速的恢复。耕地得以扩大，人口成倍地增长、文化逐步普及、生活渐渐富庶。精神的产品需求摆上议事日程。特别是宋代的科举制度，造就了社会崇尚文化、崇尚高雅风骚情调的社会意识。诗歌词赋、书法绘画、火药印刷等新的文化技术的创发，都呈现出突破性的飞跃进展。

陶瓷手工业，因北宋统治者废除了束缚手工业者的“番役制”，实行放松对工匠人身控制的“招募制”，挣脱了绑在手工业者身上的枷锁，使手工业者得到了发展的广大空间，陶瓷工匠与其他的工艺工匠一样，自由地集结，促使手工业作坊与具有行业集中特征的镇店出现及陶瓷产区的形成。

工业性质的作坊规模扩张，萌发产生了初级资本商业的诞生。私有资本表现在制品上的招牌、商标、标识、印鉴都具有初级资本商业的特征。这种私有标识的现象出现，进一步推动了作坊及商业的开拓，促进了城市化、都市化的进程，形成了市侩阶层的社会群体与他们阶层的文化生活需求。

民众文化的普及，市侩阶层的参与，在宋代社会中是一种特有的现象与社会极大的进步。如当时的餐饮店铺、勾栏戏曲、杂耍斗鸡、灯节庙会、书法棋艺、斗茶蹴鞠等，迎合民众需求的文化娱乐体育的产业得以发展。在宋代商品经济发展的进程中，陶瓷产业也必须相应同步，为了市场的认同与市场份额的占领、扩大带动了研发的自觉性。宋代五大官窑的技术成就与民窑多种装饰技法的创造研发，都是在社会进步、文化发达的环境条件养育下，才会取得那么辉煌灿烂的成就。

商品生产的发展，必然促进货币流通量的增大，大量的铸币需求，使得五代与宋初的统治者都要推行禁铜的政策。民间铜器的使用受到严格的限制，使得选择陶瓷器的应用量放大。在数量与质量上，对陶瓷业的生产发展起到一定的推进作用。陶瓷用品由于生产量的增大，瓷器由王公贵族专用的奢侈品，逐渐普及到民众的日常生活中来，民众的日常生活对瓷器需求的增加，带动了瓷器生产的发展规模。再者，宋代社会稳定，人口增长迅速，商品经济刚刚萌发，促使社会文化风俗的转变，酒文化、茶文化风气弥漫，必然促进酒、茶等专用器皿的生产供应，民众参与的广泛性，带动了这类陶瓷用品的生产量。

古磁州曾属河南漳德府所辖。考安阳古时一度曾称“相州”。相州何时而设置？是后魏孝文帝把“邺”立为相州（邺，现在的河北省邯郸临漳县）。磁州窑就在邺城西四五十里处的山区。至大象二年由邺移相州到安阳。磁州窑瓷器特别是宋、金、元时的瓷枕，印记多书有“古相”与“相州”某某造等铭。

我国最早的白瓷，有明确纪年可考的是安阳“北齐武平六年（576年）范粹墓”出土的白瓷器。

我国最早在白瓷上施黑彩的并有明确纪年可考的也是出土于安阳“隋开皇十五年（595年）张盛墓”。此墓出土了白釉黑彩人物俑与人面镇墓兽。在俑与兽上应用黑色颜料彩绘了人物眉、眼、发须、衣带、佩剑等处。在白瓷上出现黑色颜料的彩绘技能诞生在古邺磁州窑的大地上，为古相州陶瓷业生产增添了新的生机。磁州窑是我国白瓷制作的发源地之一。也是我国最早使用颜料与釉下彩绘瓷器的发祥地。

唐代长沙窑出现大量施颜色釉斑与黑色颜料的彩绘瓷器，它施的是青瓷系的釉色，且温度使颜料流动浑染而含糊，唐代长沙窑釉下彩与磁州窑白地黑彩釉下彩相比较。严格地讲，白瓷釉下黑彩技术起源于磁州窑是无可置疑的。

磁州窑采用釉下黑色颜料在施化妆土的泥坯上，用毛笔绘画瓷器的工艺，在宋代得到大量应用，并成熟发展。为快捷而丰富地装饰陶瓷技术开辟了新的天地，是惊天地泣鬼神的壮举。

宋代宋三彩与辽三彩的两次烧成技术，为陶瓷过度到五彩缤纷的釉上彩绘，准备了物质与技术基础。

宋代陶瓷品质，质地与艺术品位迅速向最高端挺进。宋代五大官窑成就是举世无双的，这些辉煌的技术、艺术成就，是依靠宋代庞大的民窑工匠技术基础培育，依托民间陶瓷艺术的滋养。官窑技术的提升，又起到对民窑普及的作用，进而提高了宋代整体制瓷业的素质水平。没有民间技术普遍提升的基础，尖端无从谈起。

〈金代磁州窑〉

金代在我国历史上是由东北少数民族—女真族在北方兴起而建立的王朝，金政权窥测中原地区已久，且雄心勃勃，不断对宋王朝造成威胁。在靖康之变后，北宋王朝被金王朝所灭亡，统治了我国北方半壁河山。宋政权逃到江南，在浙江临安建立南宋政权，历史上对此有详细记载。但在陶瓷史上，由于金政权所在时代正处在南北宋之间，在对待陶瓷器时代的界定中，往往把金时代的陶瓷器皿及科学成就归纳于宋代。把大金国的瓷器归于宋瓷之列。这也可能因为大汉族主义思想作祟，对我国少数民族之间征战，政权更迭，与多民族文化融合在科技记载过程中没能得到中肯的界定。对于少数民族与汉族之间的相互学习，技术竞争，共同为中华民族科技进步的贡献，没能够给予充分的重视尊重。对金代陶瓷的记述评定较少，这就不足为奇了。

而磁州窑历史，就不得不把大金时代的陶瓷生产状态另摘出来。大金王朝统治大半个中国阶段，时间长达近百年。磁州窑就在大金的管辖范围之内，并且恰恰是大金国在中原的中心区域。由于磁州窑在此时间的地理位置，以及在此时间取得巨大的进步，研究这段历史搞清大金时代的陶瓷技术发展状况，就显得非常重要与必要。

我国岳飞抗金“精忠报国”的故事家喻户晓，当时正是宋、金连年交战之时，这场战争的主要战场，就在磁州窑的主产区，现今的河北省河南省交界的地带。因这些年的战争对磁州窑的生存与发展，产生了决定性的作用。一方面很多优秀的工匠举家南迁，造就了南方陶瓷业的进一步繁荣发展。另一方面，又因为各种原因而留下来的一些工匠们，继续着磁州窑的生产和技艺。

磁州窑在此阶段出现大量“忍”字图案的作品，这也可能是当时没有能够随宋政权南迁的遗民们一种如实的思维反应。现在看来，是留在原先这片自己土地上的遗民、工匠、陶工表达出对现实生活中的一种无奈与希望。

磁州抗金斗争中，宗泽作为爱国将领，带领磁州军民奋勇抗击金兵的入侵，其精神是可贵的。征战带给老百姓的苦难亦是巨大与残酷的，政治上的大势所趋，磁州沦陷，家破人亡，磁州窑生产一度确实受到严重的破坏或损伤。

令我一直疑惑的问题是，中国古代最优质的出口商品—瓷器，一向被人喜欢，特别是宋代瓷器更是被人珍视。我国五大官窑：哥、汝、钧、官、定恰恰在宋代取得炉火纯青的成就，被世人崇尚，而大宋的统治却在游牧民族的铁骑前，表现得那么不堪一击，那么的懦弱；而我国重大科技发明，不仅仅是瓷器，像火药、活字印刷等又都出现在宋代，这就促使我们不得不在更深层次地查找科技文化发展的答案。恰恰在大金时代，磁州窑创造了世界上陶瓷釉上彩工艺技术（宋红绿彩），即：在已烧制完成的白瓷器上，用颜料彩绘白瓷，然后入窑第二次进行烧烤。这是惊天地的创造，它开创了陶瓷釉上装饰的先河，结束了以往以单色颜料装饰瓷器的时代，开创了五彩缤纷的釉上彩装饰技术。磁州窑在大金时代竟攀登上陶瓷技术历史的高峰，我们更有必要重新认识研究这段历史的影响与作用。

1963年12期《文物》杂志载冶秋的《东游琐记》一文，讲述了1963年中国文化代表团在日本曾看到一件中国古代绿釉瓷枕，枕底有一长方形戳记，似为“赵家造”。其正面有一段引用唐诗记事的文字：“时难年荒事业空，弟兄羁旅各西东。田园寥落干戈后，骨肉流离道路中。吊影分别千里雁，辞根散作九秋逢。共看明月应垂泪，一夜乡心五处同。”

“时余游颖川，闻金兵南窜，观路两旁骨肉满地，可叹，可叹。为路途堵塞，不便前往，仍返原郡。又闻一片喧哗，自觉心慌，思之伤心悲叹。在家千日好，出门一时难，只有作诗，稍觉心安。余困居塞城半载，同友修枕廿有余。时在绍兴三年清和满月也。”

此唐诗与白居易的：“自河南经乱，关内阻饥，兄弟离散，各在一处。因望月有感，聊书所怀，寄上浮梁大兄，於潜七兄，乌江十五兄，兼亦符离及下卦弟妹。”意境内容十分相似。从这方枕所提供的情况，可借助它来说明宋金战争时北方磁州窑生产状况。

宋绍兴三年，即公元1133年，南宋王朝建立仅六年。距靖康之变七年，亦应称靖康之后。这方枕在此时产出，提供了战争状态下磁州民窑仍在生产着。所以，此人才能在瓷枕上书写当时的心情及战况。

金兵入关，战争掠夺难免，社会经济、生产秩序遭到破坏，有些地方陶业可能从此一蹶不振，工匠四下逃散，瓷业从此荒废。磁州窑此时生产虽一度受到影响，不怎么景气。从大量金时期的瓷片上或瓷器上多有书写“忍”字上看，普通的陶瓷技术工人，特别是民间工匠除少部分能追随原北宋政权南迁外，大部分还是留在当地。民众的生存、生活需求，特别是在战争洗劫后，城镇、农村陶瓷用品是生活中不可缺少的物品。磁州窑也可能因周边窑炉的停烧或破坏，作为供应城乡民众基本需求的供应者，遵循市场规律的民间经济体，恢复生产，扩大供应，是完全应该与可能的。新的统治者亦会同样提倡与支持。磁州窑在靖康之变后，特别是在大金政权逐步巩固后，生产迅速恢复、技术得到发展是事实。扎根于民间沃土的磁州窑是具有顽强生命力的。

金王朝占领中原后，与南宋边境基本相安，经过二十年左右时间，经济走上发展轨道。到世宗时，已全面繁荣起来。金王朝对汉文化没有全面封杀与迫害。汉族传统文化在异族宽容的政策下，反而挣脱原先旧政权、君臣礼教等固有的思维约束。思想、思维更加活跃，精神解放，意识反而潇洒自由，结合北方少数民族文化的“野性”，这反映在金代陶瓷装饰风格上，画面活泼洒脱、自由豪放。田野花卉等题材大量应用在陶瓷器皿上，这是史无前例的民族间的文化交融，文艺创作思维解放的产品。

宋红绿彩：用笔迅速而简洁，用色单纯而鲜艳，充满了一种新鲜的气息。一种自然旷野清心情趣，是那么朴素的原野情调。宋红绿彩，因其产生于南北宋之间的时段，在金（公元12世纪）左右出现。这种红、绿、黄、黑等颜色在白瓷底上显的色彩更加鲜艳、活泼。这种鲜艳、活泼的风格与当时崇尚官窑青瓷及定窑白瓷那种古雅单纯釉色器物的宋人嗜好，与大红大绿这种十分原野趣味的差别，是相当悬殊的。二者之间趣味差别之大，似乎是难以相容的。

正是在大金时代，游牧在草原上的蒙古族及女真族喜爱色彩鲜艳、明快的纹样制品。可以说这种思潮及审美意识感染了磁州窑传统的制瓷风格，并促其进行了迅速转换。唐三彩、辽三彩、宋三彩这种低温釉器物在历史上有很长的时间跨度，正是三彩制品色彩的鲜艳明快，启发了宋、金红绿彩的诞生与追求。

大金时，三彩瓷枕风行一时，磁州窑的三彩枕（我们称之为宋三彩枕）比唐三彩器在烧成温度上提高了很多，它是经过素烧后（1100℃左右），再施以低温三彩釉烧结，胎骨比较坚固。质地坚硬适合民用。正是这种工艺的启发，促进了大金红绿彩的工艺改进与创造。宋红绿彩是利用已烧结过的“白瓷”，用釉上“颜料”在白瓷上彩绘后，再入窑烧烤。这种第二次入窑烧烤工艺，是陶瓷釉上彩绘的鼻祖，从此开创了世上陶瓷五彩缤纷的局面，景德镇在此几百年后，才出现釉上五彩的制品。这是一项跨越性的技术进步，是陶瓷生产技术的里程碑。

在这里不得不说一下大金时代磁州窑在彩绘陶瓷上的其他伟大成就。除红绿彩以外，三彩类的制品由于突破了素烧的关口，早期采用了大量的生烧陶瓷，再施低温釉的制品。最后因它的装饰效果美观，这种产品一经问世，深受老百姓喜欢，此后就直接采用了已烧结过的白瓷来烧制这种色釉的制品，派生出一系列各种颜色釉的新的陶瓷装饰品种，如：绿釉黑花、绿釉蓖纹划花、黄釉黑花、绿釉白刻划花、绿釉黑色泥刻划花……等等不同的装饰方法的制品。形成了我国陶瓷史上第一次五彩缤纷的装饰陶瓷制品局面，打破了宋代独尊单色釉、追求高雅的格调，创造出几十种新的彩绘装饰品种。这些功劳、业绩为大金时代的磁州窑艺术成果增添了无尚的荣耀。

由于“靖康之变”后，至金世宗执政三十年间，“南北修好”“群臣守职，上下相安，家给人足，仓廪有余”。经济活动大大改善，必然推动手工业发展。磁州窑在上下相安，家给人足，仓廪有余的大环境下，其发展的动力必定来源于民间的经济活跃过程，显然对外贸易也是促进其发展的动力之一。

少数民族及其贵族权士，对陶瓷文化，特别在装饰上的影响，在金代瓷器上还是烙上了深深的烙印。对龙凤图案显然在政治上的喻意不那么严厉、规范与重视，那时似乎龙凤图案并非皇室所御用的专利，民间用品上已经很普遍随意地应用。图案绘画内容十分开放自由，原先代表的程式化喻意内容的东西在这里烟消云散，取而代之的是一种自由奔放、心态解放、潇洒自如、发自内心的放纵与宣泄。

在器皿造型上，结合马上民族生活习惯与汉族瓷器传统造型相融，出现了盘口瓶、皮囊壶等造型。金王朝时，佛教在民间进一步达到普及，寺庙供器像油灯、花瓶、净水瓶等大量的佛教用品，还有佛教建筑用的陶瓷琉璃构件，在磁州窑也很快得到生产，这对推进金代红绿彩的创造与发展准备了很好的技术与物质基础。总之，磁州窑在金灭北宋后，不但没有荒废，反而因周边其他民间窑与官窑的停烧而得到扩大与发展。生产技术取得了长足的进步，特别是釉上红绿彩工艺技术的发明创造，至今对陶瓷彩绘依然发生着重要的影响。

〈元代磁州窑〉

元代的磁州窑，磁州窑在这一时期处在金女真族、蒙古族与汉族间不断的争战中，特别在金末，磁州窑经常被笼罩在战火纷争的气氛下，但是，由于民间窑生产着与民众息息相关的日用器皿的原因，磁州窑生产与艺术虽然受到影响，但没有受到大的损伤。而因北方其他窑口的窑火渐渐熄灭，北方广大区域民间应用器皿的生产任务进而压在磁州窑肩上，磁州窑在这个特殊的时代，反而生产规模看起来不断地扩大，技术与艺术创造进入一段非常活跃的历史时段，进而担负起因海外出口的需要，扩大了对外贸易生产瓷器的任务。但战争对生产产生破坏的因素必然会影响到民间陶瓷生产的各种活动，磁州窑也不例外，因民间需求的因素，较快恢复了生产。金元时期磁州窑能迅速恢复发展的另一个因素是，统治者把外销瓷生产作为重要产业的政策有关，扩大海外贸易增加了政府的收益，支撑了战争的消费。

进入元代，社会在政治上是空前黑暗的时代，蒙古灭金后，废除科举，推行严厉的种族统治，曾一度禁用汉字，改用巴斯巴文，强制推行八年之久，实行残酷的种族歧视和种族文化灭绝的压迫政策，把知识分子当作臭老九，元代把社会人等分为十等，“儒”为九等人。废除了科举制度，堵塞了广大知识分子传统的进身之路，使得大多数汉族的读书人被一下子抛在了社会的最底层，备受轻视和冷落。元蒙政权的黩武、嗜力，对传统的儒家文化形成了强烈的冲击，使得一向被社会尊重的文化人士失去了尊严与用武之地，进而导致他们在人生态度、价值取向、艺术趣味、艺术创作方面等均发生了扭曲与重要变化。历来儒家“学而优则仕”为君子之“正道”，而视“劳作”为“劳役”士不可取之“道”，轻视商贾与劳作的观念受到了强制的冲击与扭曲。为了适应基本生存的需要，造就了元代不少知识分子与传统观念产生了疏离倾向。为了生存他们重新审视原先所轻视的诸行，开始有选择地投入其中，来实现自己的生命价值，并逐渐发挥出巨大的能量。正是在这一大背景下，一批批“高材博士”与“艺术家、画家”走进到“勾栏瓦肆”之中，投入到民间文艺创作与能有所为的各种作坊之内，有的成为专门的陶瓷画师、画家。陶瓷行业迎来了一次文化知识的大输血，促进了陶瓷艺术在元代时期的飞跃发展，取得了最辉煌的成就。景德镇的元代青花与磁州窑的白地黑花在我国南北两大窑场迅猛发展。此时的文字装饰达到了几尽完美的境界，文人画风直接应用到民间陶瓷之上，写意绘画取得空前的进步，艺术上迅速地融入了北方少数民族所需要的风格，加上磁州窑器御贡京师，民间酒业发展带动酒的陶瓷容器生产。元代禁铜禁铁的禁令在民间强制推行，民间以铜铁为原料的器皿必然要用陶瓷器来代替，拉动了元代瓷器的生产扩大，促进了元代瓷器的发展。从磁州窑在元代大量地生产彩绘着游鱼与水藻纹饰的盆类，可以看到：元代为了征服与加强对汉人的统治，严厉实行禁铁禁铜的政令。民间以往常用的铜铁制器皿被强行收缴并不准再铸造，老百姓日常生活离不开这类器皿，特别是洗脸用的脸盆及其他用途的盆类。磁州窑在元代大量生产这种装饰美观的陶瓷盆类，实际上就是洗脸的脸盆。它装饰华丽，有强烈的装饰效果与时代特征，是一种元代典型的造型。

元代时磁州窑很多费工费时的刻画装饰工艺技术，已不再延续使用，代之的是使用毛笔大量铁绘黑花纹的制品。元代制品在造型上趋于硕大厚重感，这种造型配上用毛笔潇洒大度地涂写装饰纹样，含带着大元帝国刀革铁马般豪迈的霸气，透析折射出那种气质雄浑、张力四溢的情绪，至今观赏此类制品时，总会让人感悟到浑厚雄伟的气质流露。

元代磁州窑瓷枕在风格与内容上，有着自己时代的特征：元曲词牌大量书写在枕面，元曲词赋宣扬着民众民间情绪的基调。绘画杂剧故事，是更为突出的时段。表现了文人文化与市井文化的溶融与亲和，这与当时文人参与民间文化产品制作有着密切的关连。这种情况在南宋王朝统治地区的制品中就很少出现。只有在元朝帝国对汉文化高压政策下，汉文化才会可能在各方面寻找表达的机会，顽强地表现或宣泄。

在元代地层的瓷片中，有很多民用碗内在底部中央书写单个文字的碗，开始时大多书写“元”字，后逐渐书写“张”“王”“李”“赵”等姓氏。待我们把收集的瓷片整理后，发现所书写的单个文字的数量与内容时，它简直就是一部汉文字的字典！统统的以单字装饰在碗的底部，这种现象在磁州窑陶瓷生产史上，只有这一时期有这么一种特殊现象。这正是元帝国强行禁用汉字，推行巴斯巴文字后，汉族知识分子们，为了不让汉字的文化被泯灭、消亡，利用了“元”国的国号“元”字开始，发展到姓氏的文字（可以推托为某家订货做掩饰），进而书写到其他的单个汉字（单字分散在碗内，没有连续的意义表达，可以逃避官方的追究）。书写在每天吃饭用的碗内，让汉民族的孩子们得以学习延续，这种消极的方式是压迫与反压迫的有力反映。八年后当使用汉字解禁后，用汉字装饰陶瓷器，在磁州窑的制品上此时已成风气，形成了元代器皿装饰风格的另一个时代特征。在元代这一特定的政治环境条件下，民窑的制瓷业反而得到了鼓励与开拓。艺术上因有专业的、有文化品位素质的艺术知识分子加入其创作与生产中，使得此时磁州窑民间陶瓷艺术迎来了丰收的时段，时代造就了这一代艺术颠峰的进步与形成。

〈明代磁州窑〉

元王朝残酷的种族统治，特别是文化统治，激起汉族及其他少数民族的一致反抗，农民起义此起彼伏，元朝灭亡。朱氏王朝立号大明，统一了中国，彻底消除了元朝统治者对汉族经济和文化方面的压迫。陶瓷作为当时对外贸易中极其重要的商品，所以能够及时得到明王朝政策上的鼓励与帮助，民间陶瓷业的生产，在明王朝建立后十几年内也迅速得以恢复与发展。磁州窑所产缸、盆、罐、坛、碗、盘、瓶类的陶瓷产品，继续经由海上丝绸之路与世界上许多国家进行贸易交流。国内外市场的扩大使得民间陶瓷业得以迅速发展壮大，繁荣空前；明代磁州窑一度为官方烧造贡器，也是其发展的重要因素之一。

由彭城镇北响堂寺保留下明万历年张应登《游滏水鼓山记》碑文记载："而居人万家，皆败瓮为墙壁，异哉！晨起，视陶陶之家，各为一厂，精粗大小，不同煅冶……彭城陶业之利甲天下，由滏河达于京师，……岁输御用者若干器，不其甲天下哉？"明嘉靖《彰德府志·建置志》记载："彭城厂，在滏源里，官窑四十余所，岁造磁坛纳于光禄寺。"《大明会典》也记载："明代在彭城镇设官窑四十余所，岁造瓷坛，堆积官坛厂，舟运入京，纳于光禄寺。明弘治十一年进贡于皇家之瓶、坛产地在今山西长治市潞城、壶关县一带。"这些记载，充分证实了磁州窑在明代曾一度设官窑，贡磁器，并在《大明会典》中明确的记载年进贡品种与件数（明弘治十一年进贡皇家之磁坛达11936个），而所指今壶关一带在明代时，此区域曾属磁州管辖。北方磁州窑与南方景德镇官窑厂是有所不同的，这里的官窑四十余所是分散在民间的窑，而景德镇则是把优秀的工匠集中在一处，另设窑场。这里是依靠民窑分散来烧制官用器，由于贡器仍是实用品种器物为主，借助散落在民间的瓷窑烧制贡器在成本上可以降低很多。这些贡品主要以盛放酒的酒器以及盛放油、水液体的容器为主。从另一方面也反映了明代酿酒业的发达情况。

磁州窑由于采用当地原料，成本比较具有优势，实用而朴实的日用器是民间大量需求的。面对广大城乡市场，其产品需求硕大，需求就是生产的最大动力。

磁州窑陶瓷在郑和三下西洋的推动下，有了更长足的发展。因其采用当地原料生产出廉价而又实用的陶瓷器，更由于它是民间必须使用产品的地位，特别是它的巨大产量及产品销售覆盖区域之广，才是任何窑不可替代的关键所在。明代磁州窑民用陶瓷器生产还是相当活跃的。有人讲明代之后磁州窑艺术风格走向衰亡，我却有着不同的观点。元代之后，景德镇的青花装饰陈设陶瓷，确实有着巨大的发展，到明代时更是其辉煌阶段，在陈设瓷两个不同产地的对比中，磁州窑的制品因胎质粗、白度低、不透明，因而确实不如景德镇。但只凭这一点就认为磁州窑艺术走向衰败是不全面的。

因为磁州窑的材质决定了它的服务对象与方向，就是应对民间大量的生活必用品，不要忘记艺术的法则是因材施艺、随类符彩，艺术的最终效果成就的判定，并不因它的载体而决定。在我们研究后，民间陶瓷艺术的根，深深地扎在为民间服务的这块肥沃的土地上，用粗瓷为民众提供着民间需求的美，载体的质地确实比不上官方的官窑器。但在艺术领域里，民间艺术依然是光彩依旧，辉煌灿烂。

明代生产的磁州窑器皿，有着明显的时代特征，由于曾为皇家生产贡器，一度在装饰绘画风格上确实追求过余繁缛细腻的效果，但大量的装饰如牡丹纹、花草纹、龙凤纹等纹饰，依然遵循依类赋彩的法则，简洁、生动活泼。特别在人物绘画中，寥寥数笔把世间民情人物姿态神韵表现得生灵活现，生动记载了当时人们生活的场面及爱恨情感。大量的动物如马、鸟、鱼纹在不知名的陶艺大师笔下，以鲜明的符号感，跃然书写在白色的化妆土瓷器上，十分提练，相当简洁生动，特别在釉上创造使用了高温落砂红（钒红）点缀，是明代磁州窑绘画风格的典型标识。

明代是佛教、道教发展迅速的时代，大量的庙宇，宫殿的建造，促进并带动琉璃建筑构件的生产与应用，促进了明代磁州窑琉璃产品的大量生产，造就了一大批优秀的民间雕塑艺人，从出土大量明代雕塑制品中显示出民间雕塑艺人高超的艺术成就，此类产品及其他产品涉及人们日常生活的方方面面。

明代著名剧作家汤显祖（1550—1617年）在他的《邯郸记》第四出（入梦）中有一段曲专门描写吕洞宾那只著名的瓷枕："这枕啊，不是藤穿刺棉编牙，好则是白玉看雕体势佳呀！原来是磁州烧出的莹无暇，却总是漏出通明？……"翔实地记述了民间老百姓对磁州窑瓷质如玉的赞叹。

总之，明代磁州窑产品风格在黑与白的基础上，呈现出红、绿、黄、蓝、翠色彩比较丰富的阶段。其制品覆盖面积基本上遍布了长江以北的广大区域。

在艺术风格上，磁州窑明代陶瓷业生产的产品以白、黑器为主体，虽在贡瓷时期，画风有些更加细致的变化，也有一批优秀的产品出现。但从总的风格上讲，白地黑花的写意风格占据着主要的统治地位。即在白色的化妆土瓷器上以写意绘画的或点画的黑花为主要的装饰风格。

民间收藏时应当注重：时代久远的民间日用器，即便它是普通的民众使用器物，也会承载着一定的历史价值，特别是作为研究民间风俗与民间文化时，其有着不可替代的意义与作用。当然，其中不乏稀世珍品，这有待我们慧眼识宝，从中寻觅出它的价值来。以往我们这方面的工作弱得很，望能予关注，加强它的收集、研究与探索，发现其中重要的民族民间文化符号与信息，探索与领略其中文化传承的要素及精髓。以便于我们在民族文化传承上发扬光大。

〈清代、近代的磁州窑〉

磁州窑清代与近代原材料仍是以大青土为主，原材料上没有大的变革与变化。所以大部分仍然在生产着只能满足于供应农村乡镇、小集市为市场的陶瓷器，服务对象以乡镇居民及广大农村农业人口为主，提供生活必须使用的日用陶瓷器。另一方面江西景德镇民用细质胎骨的青花装饰瓷器风靡一时，城镇商贾均以使用细质青花为时尚风气，南方景德镇陶瓷产品占据了北方一部分市场。陶瓷市场货源因质地不同，价格当然也不同，由于价格的因素，进而促进了南北陶瓷服务方向的市场细化。因而在国内分工上，磁州窑产品更加专业地、单纯地为广大乡镇农村民众服务。在制瓷技术、艺术上发展不太明显或也可以说停滞或某种意义上的倒退。但民间陶瓷是生活必须用品，使得陶瓷业仍窑火连绵，烧造不止。

清末民国初，国内民族工业由于欧美忙于第一次世界大战，相互战争与掠夺，放松了对亚洲特别是对中国经济的侵略与掠夺。国内民族工业得以利用这一有利时机，有了一定的发展。在此期间，彭城陶瓷业从业人员年均保持在八千至一万人左右。近五百座碗、缸、砂货窑烧制着供应大半个中国广大区域的民间用器。彭城陶瓷业再度兴旺。彭城镇为北方产瓷重镇，历史已久。"窑场麇集与彭城之四周。窑顶林立，场屋相边，所占地面纵横约二十方里。中间市廛连亘，磁店林立，每日之送瓷运料之人力车，首尾衔接，鱼贯穿插，市无隙地。窑场之中则轴声辘辘，坯器系列，各部工人尤觉寂静而匆忙，窑场之外，残瓦碎砾堆集如山，常常高出地面二十公尺以上。弃缸废笼，壁砌巷排，路之为隘。四郊则矿井相望，运料之人力车及驼载燃料瓷釉之牲畜，络绎于途。彭城纸坊间为成品出境之咽喉，客商往还，尤觉车马繁忙。故一至其他者即得见尘沙飞扬，煤烟蔽空，而知为一旧式工业之中心也（民国当时调查记载）。"《磁县县志》载："瓷器产于县境之彭城镇，由宋及今相沿以久，窑场麇集，瓷店森列，所占面积纵横二十余方里。四郊则矿井相望，废物堆集如山，市中则烟云蔽空，沙尘飞扬扑面，而运送原料、瓷器、煤炭以及商客装货人畜车辆此往彼来，犹有肩毂相摩街填巷溢之概。诚吾磁县唯一之工业重镇也。”到1930年左右，彭城镇有瓷窑235座，缸窑40余座，砂货小窑不在其列，如加上义井乡瓷窑四十余座，即当时窑炉近五百余座，年产约均为一亿件，主要产品为碗类、盘类，各种大小缸坛、砂锅、砂壶；以及陈设为主的巧货：炉、瓶、茶具、文具、托货类、罐、钵、碟等。

磁州窑民间陶瓷的装饰风格在清代至近代约400年间，均以白釉瓷器、黑釉瓷器为主流产品。日用陶瓷装饰十分简单，有的甚至粗劣。多以单线、双线或器内底书寿、福、春、喜等吉祥单字为主。在个别年代时，产品彩绘亦有佳品呈现，如黑花浅盘类制品上绘的民间常栽种的指甲草花纹、鱼纹、鸟纹、马纹等都是清代十分优秀的民间艺术佳品。特别在瓷枕与民间罐类上装饰的白地黑花与白地黑花褐彩，确实也是磁州窑白地黑花品质与风格的延续，也确有精到之妙处，随随便便点画，多了几分自由，添了几分潇洒，且民间雅拙味道分外纯朴可爱，某些作品，亦可以称作美哉民间陶韵。

对磁州窑清代及近代的陶瓷艺术，由于我们总结、收集、整理的滞后，重视也十分不足，民间陶瓷艺术又在收集上存在着难点(即：民间陶瓷用器，是当时使用品，在使用过程中，不破损是不丢弃的。只有用破碎了，才舍得扔掉。虽然日用品产量大，但完整的存世品反而很少)，显得更加珍贵。在收藏界，注重官窑器，鄙视民窑器，而被受冷落。现今希望收藏界重新重视起来。优秀的民间陶瓷艺术品是最值得收藏与珍视的。

在清王朝末年，光绪初，彭城镇陶瓷引进江西景德镇绘瓷的青花土钴矿料，在当地的白瓷上烧制绘青色纹饰的器皿。开始时，依景德镇瓷器纹样为蓝本，后改景德镇勾勒填为分水大写意，另辟蹊径，造就了磁州窑这一时代装饰品种与艺术的春天—中国北方民间青花的百花园地。

自长江以北广大区域，在磁州窑系白器上用氧化钴作颜料绘制的陶瓷器，风靡一时，替代了白地黑花装饰，更有人惊呼磁州窑传统在此时已没落、扭曲……。青花装饰在民国十几年后又因大批陶工到景德镇学习制瓷技艺，得以迅猛发展，此时彭城镇陶瓷器的装饰方法与风格基本上以青花占据统治地位。北方的民间青花艺术与南方景德镇青花形成两种不同的风格，南北两地遥相呼应。原先的磁州窑传统的好多装饰方法悄悄地退出历史舞台，民间青花此时一枝独秀。

但艺术的发展总是有反复性的，青色花纹比黑色看来可能新鲜了，或流行了一阵子。但青色调给人以灰色调不明快的印象，促使陶业艺人重新把黑色班花料再次引用到画面中来，改良了青色的单调与灰沉。随着蓝色钴料因价格的因素（较高），以别的氧化金属物代替钴料随机登场。络绿、络红的引用，造就了近似五彩的装饰品种。磁州窑器上装饰五彩风格的陶瓷器出现。

随着社会科学的进步，新的釉上彩绘这项技术被彭城陶工从唐山带回。釉上新彩在民国后期也被引进应用。由于它色彩鲜艳丰富，产品供不应求。

新釉上彩技术的引进，促使彭城陶瓷的瓷质相应改变，转向生产半细瓷瓷质的产品，改良原料与配方在此时被纳入规化。

釉上彩绘，需要十分熟练的绘画技巧，因此人才引进，也被纳入正常的生产活动中。此时从江西景德镇引进彩绘技艺工人，迎来了磁州窑装饰技术向市场需求的道路上迅速发展。彭城陶瓷必须改造传统的原料配方，这种瓷质的改变是时代的必然要求。不断地创新、不断地自我改造，是推动社会科学技术的动力，磁州窑到了非改造不可的历史时刻。由于日本侵华战争使得它的进步受得影响。新中国成立后，向半细瓷瓷质的改造受到新中国政府的推助。仅仅在短短的十几年中，建成了我国北方新的日用陶瓷出口基地。

山东省陶瓷行业发展概况

山东，金代以前为地理概念，泛指崤山、华山或太行山以东的黄河流域广大地区。金代大定八年（1168年）置山东东、西路统军司，山东遂成为正式行政区域名称。明代山东布政司（又称行省）管辖6府、104县，大致奠定了今山东省行政区域范围。清代山东基本沿袭明代山东的版图，称山东省。因西周封邦建国时，今山东是我省陶瓷的主要产区之一，山东陶瓷以其产品特色、釉色丰富、文化品位、坚持创新著称业界。

早在一万年前的新石器时代早期，生活在淄博沂源“扁扁洞”的先民们就“抟土制器，焚柴而陶”。从此，山东烧制陶器的窑火就没有停熄过。北桃花坪遗址、后李文化、北辛文化、大汶口文化、龙山文化、岳石文化等一系列浓重而深厚的历史文化遗存无不印证着山东陶器走过的深深足迹。距今1400年前的寨里窑址印证了山东开始生产瓷器的历史，淄博出土的北朝青花瓷莲花尊是我国北方青瓷的代表，唐代的茶叶末釉和雨点釉都是历史名瓷。明清时山东淄博地区成为我国北方陶瓷的生产与销售中心。

1949年以后，山东陶瓷的深厚底蕴与潜质喷薄并发。1963年，国内第一条日用陶瓷烧煤隧道窑在山东博山陶瓷厂成功投产，国内第一台链式烘干机、大缸成型机相继在山东问世。滑石瓷、高石英质瓷、高长石瓷（鲁玉瓷）、鲁光瓷、精炻器、合成骨瓷、贝壳瓷、华青瓷等高档日用细瓷新瓷成功自主研发，在国内陶瓷界引起震撼。合成骨瓷、滨州无棣研制生产的贝壳瓷荣获全国发明二等奖；淄博研制生产的滑石瓷（镁质强化瓷）、高长石瓷（鲁玉瓷）、高石英质瓷荣获国家发明三等奖；系列精炻器获全国科学大火奖；鲁光瓷获山东省科技进步一等奖。特别是高石英质瓷，在第十五届国际发明博览会上荣获金奖，这是我国日用陶瓷首次获得国际创造发明金奖。

20世纪60年代，山东陶瓷进入人民大会堂，成为国家用瓷和国家礼品瓷。70年代进入北京饭店，在国宴中崭露头角。80年代至今，高石英质瓷成为中南海紫光阁、钓鱼台国宾馆专用瓷器。特别是为新中国成立50周年国庆特别设计的“中国龙”系列国宴瓷器和为建国成立60周年国庆设计的《紫光神韵·凤舞和鸣》国宴餐具，使“淄博陶瓷·当代国窑”名副其实。

山东已经形成了包括日用陶瓷、陈设艺术瓷、园林陶瓷、建筑陶瓷、高技术陶瓷、高级耐火材料、陶瓷装饰材料、包装制品科研开发、人才培养等门类齐全的陶瓷新材料产业链最为完整的基地之一。

至2010年，山东陶瓷产业具有中国名牌产品4个、中国驰名商标3个、中国陶瓷行业名牌产品12个、山东名牌产品36个、山东省著名商标28个、国家质量免检产品18个，已形成具有先进陶瓷产业特征的集群式发展模式。

2004年9月，中国轻工联合会、中国陶瓷工业协会授予山东淄博“中国陶瓷名城”称号。2009年9月，中国陶瓷工业协会向淄博市授牌“淄博陶瓷·当代国窑”。2009年10月，山东陶瓷工业协会注册的“淄博陶瓷”地理标志证明商标获国家工商总局商标局批准。2009年8月，淄博陶瓷行业协会围绕打造“淄博陶瓷—当代国窑”品牌制定的《镁质强化陶瓷》《高石英质骨瓷》《合成骨瓷》《炻器》和《雕塑》五项山东省地方标准由山东省质量技术监督局批准并颁发实施；2010年8月5日，《镁质强化瓷器》《高石英质瓷器》和《抗菌骨质瓷器》三项国家标准通过了全国日用陶瓷标准化技术委员会的审查。“淄博陶瓷·当代国窑”作为地域品牌使用，成为山东陶瓷产业发展史上的里程碑。

第一节 1911—1948年的山东陶瓷

清末民初，山东的陶瓷生产主要集中在淄博的博山和淄川，临沂、枣庄、烟台也有零星窑业作坊生产，全省有馒头窑200座，窑业工人2000人，年产日用陶瓷1000万件。

1912—1948年，山东陶瓷产业仍沿用原始生产方式，处于手工业作坊状态，且受到战争与灾荒的影响而使生产经营举步维艰，但窑业员工在烧造产品维持生计的同时也创造了独特的陶瓷文化。1949年，全省日用陶瓷产量为1849.2万件，工业陶瓷为1057吨。成为淄博市黄河中下游地区陶瓷的生产和销售中心。

一、动荡中的陶瓷业

1. 创立博山陶瓷工业传习所

1905年（清光绪三十一年），山东工艺局局长黄华（曾任淄川县长）在博山主持创办全省第一个官办窑厂“博山陶瓷工艺传习所”，宗旨是用新技术改造博山陶瓷业。兴建之初，先在博山北岭租窑试产，后由山东巡抚衙门拨库银2万两用作开办费，在博山下河建立窑厂，委任济南古董商王子久为总办，每年公费出资3000两，通过招聘本地能工巧匠和从江西景德镇聘请多名制瓷工人到博山，使陶瓷原料、生产设备、制作工具等有所改进。如把烧窑习用的匣钵改为帽垫式笼盆，采用手摇转轮成型产品，改进陶瓷原料和配方；把产品分为圆器、琢器、雕塑三大类；除白瓷而外，开发蓝、绿、黑、文片等釉色。1914年，博山商会会长石冠英继任总办，把博山陶瓷工艺传习所更名为瓷业公司，但因经营不善，连年亏损，景况大不如前。而后，石冠英引举前淄川知县陈尔延主办瓷业公司，由官办转变为商办，1924年因亏损被迫停办。谭静文著《博山县乡土教本》说：“吾博山的瓷业，得到这一番的熏陶濡染，出品的提高，大有一日千里之势，实近来瓷业改良的一新纪元。”

2. 试制国产细瓷

1914年以后，日本加紧对山东陶瓷业进行经济渗透与扩张。1916年，日本人渡部逸次郎在博山建立日华药业工厂，烧制陶管及耐火砖。1918年12月，日本人大隈信常、中村康之功、林十次郎等约同华人林长民、王光敏出资收买该厂，以中日合办的名义成立日华山东窑业株式会社，生产陶管、耐火砖及高低压电瓷。当时，日商还建有三益公司，生产陶管、耐火砖等。日商陶瓷工厂以先进的机械设备进行生产，使当地大批窑业作坊破产，但也刺激了山东民族陶瓷工业的发展。

1919年，山东省工业试验所成立，两次派员到淄博进行窑业调查后提出改良瓷器生产的报告。1930年，山东省农矿厅贡山促进委员会第五次常务会议通过《博山县政府拟呈提倡陶瓷器、琉璃、土洋瓦等工业计划书》，同意请省政府酌量免税并筹设官场，以资振兴博山陶瓷。这一年，博山陶瓷业进入最盛时期，有窑190座，窑工6000余人，产值近100万元，产品远销东三省。1931年4月，山东省农矿厅筹款3.4万元在博山柳杭元玻璃公司旧址建立山东省模范窑业厂(1934年7月改名为山东省立窑业试验厂)，采用机械设备和新式倒焰窑试产细瓷（时称“透明瓷”），产品有日用瓷、电瓷、卫生瓷等约40余种，月产量6万余件，开创了山东生产日用细瓷的先河。

3. 战乱和水灾对陶瓷业的破坏

日本侵华战争使山东陶瓷工业受到沉重打击。日本占领淄博地区后，垄断了陶瓷原料，控制了煤矿生产。日伪当局采取收买、强占等手段，直接开办窑场，以伪币（联银券）100万元强行收买山东省立窑业试验厂，成立名古屋碍子株式会社，后又改为博山窑业股份有限公司。1944年，淄博生产的窑户有600家，窑炉260座，主要生产黑、白釉碗及套五盆、坛、盆、缸等。

1923—1945年，陶瓷业集中的淄博博山地区发生了3次大水灾，最大的一次是1945年7月25日的水灾，造成百余家窑厂的设备及房屋被冲毁，300人遇难。

1948年，淄博淄川区渭头河一带有顺和、德圣、三亩园、新生、福兴、西信、大成等20多家窑厂，有窑缸、盆窑、碗窑44座。博山山头有套五盆、荷花碗、缸工碗、红泥壶及瓶、坛、罐窑约有140余座，产品销往全国。

二、原始的生产方式

1949年前，山东陶瓷生产仍沿用着千年来的原始生产方式。坯釉料制备主要靠人工和畜力，成型靠手工，烧成用馒头窑，产品装饰用手绘、雕刻、颜色釉等传统工艺。 虽然日本人在博山开办的窑业工厂采用部分机械设备和较先进的生产工艺、山东省立模范窑业厂生产细瓷采用机械生产、个别资本雄厚的民办窑厂也效仿机械生产，但整个山东陶瓷业的主体仍然沿用“牛拉碾、脚踩泥、成型手拉坯、干燥靠太阳、烧成用圆窑、草屋作厂房”的原始生产方式。

牛拉碾是我国北方陶瓷生产中典型的原料粉碎方式，延续了上千年，20世纪50年代后期消失。用牛作劳动力减轻了窑工的体力劳动，为后来机械轮碾制粉设备提供了技术借鉴。制备泥料时，先将原料晒干、捣碎，然后用地碾碾细到适宜程度，将地碾泥漕内上部所浮极细泥浆漂移至蓄泥池内，经沉淀、去除清水、陈腐后移入泥房，经脚踩和铁铲翻拍、以手搓揉，最后拍成用来制坯的泥墩。

手拉坯是一种原始的成型方法，也是当时主要的成型方法。除异形器物及大件产品（如缸）仍以泥条盘筑法外，圆形制品普遍采用手拉坯成型，一个熟练的匠人每天能拉1000个碗。1931年，博山山头裕业公司曾将手摇石轮改为以蒸汽机为动力的机械传动方式，用一长轴带动数台石轮，时称“飞轮”。手拉坯成型一直延续到20世纪60年代初，由机械刀板成型代替。

淄博馒头窑是我国北方古代陶瓷窑炉的代表，为间歇式圆窑，因外形似馒头而得名。馒头窑经历了由烧柴到烧煤的转变，根据燃料和产品的特点，逐渐形成了后来窑口的形制。这种烧成方式一直沿用到20世纪70年代初，为后来的隧道窑所取代。1948年，淄博有馒头窑200多座。馒头窑的烧成凭经验操作，烧成时间因窑内容量和煤质而定，大窑一般烧5—7天、中窑3—4天、小窑2天。窑温最高可达1300℃。

三、恢复与发展陈设艺术陶瓷

在此期间，恢复了元代失传的一些陶瓷技艺，研制成功了一些新的陶瓷技艺。陶瓷艺人陈希龄研制成功元代失传的茶叶末釉。博山窑匠侯兆亮研制成功茶色、燎绿、燎蓝颜色釉。1911年，博山工艺传习所研制成功白瓷烤花。1912年，博山窑匠薛希正研制成功元代失传的燎红釉。1936年，博山窑将侯相会研制成功元代失传的雨点釉。淄博青花瓷和红绿彩艺术得到了完善和提高。

山东陶瓷产品多为碗、盘、盆、壶、罐、瓶、枕、瓮、坛等日用之物。分两大类，一类是以黑、酱、青、老鸹翎釉为代表的单色釉产品，产品造型粗笨，以罐、盆等大件为主。另一类是以淄博青花、红绿彩等为代表的彩绘产品，集中展示了山东的民间绘画风格及民间艺术人的画技与创作水平。

1. 淄博青花瓷

俗称土青花，起始于清代中晚期。以当地钴矿原料制成土蓝色“青花”颜料，用来创作出各种釉下彩青花瓷器。淄博大鱼盘是淄博青花瓷艺术的代表，最早由博山区福山一带民间画工所绘制，之后，山头等地区窑厂纷纷仿制生产，且产量极大，至清末民初时达到鼎盛，于20世纪50年代末终止，形成了淄博陶瓷业一种独特的文化现象。

2. 淄博红绿彩

红绿彩是以大红绿为主调的釉中彩绘产品。起始于民国，是随着白釉产品的提高和国外颜料的传入而生产和发展起来的。改变了山东陶瓷长期灰暗、无彩的历史，“洋蓝加红绿”成为这一时期典型的“民国色彩”。淄博红绿彩受景德镇粉彩、五彩的影响，属于一次性烧成的高温釉中彩绘。画面多为人物、山水、花鸟，色彩单纯明快，红色艳丽，绿色鲜嫩青翠。代表产品为茶盘、花瓶、套五盆。

茶盘集中展示了淄博地区的民间民俗绘画。花瓶属观赏陈设类陶瓷，清代中晚期进入寻常百姓家。民初成为陪嫁品。图案以双喜、麒麟松子和花鸟纹饰居多。套五盆的试制始于1936年，1938年开始生产，至1987年停产，经历了半个世纪。淄博生产的各种盆类为黑釉色。1936年，杨瑞符在山头经营“双合窑”，受福山套二蓝盆的启发，仿搪瓷花盆式，试制白釉彩瓷套二盆。1948年，套五盆的产量为3万套。1949年后改为机械生产，最高年产量为122万套。

第二节 1949—1978年的山东陶瓷

这个时期是山东陶瓷业恢复、调整、发展和创新发展阶段。1978年，全省日用陶瓷和工业陶瓷的总产量分别为25821万件和94569吨，比1949年增长12.96倍和88.47倍。实现工业总产值（不变价）14000万元，比1949年增长69倍。

一、恢复建设生产基地

1948年3月，接管国民党山东工矿管理委员会经营的山东省规范窑业厂建立了第一个国营陶瓷企业，恢复细瓷、电瓷及耐火材料的生产。1948年，北海银行发放贷款1.45亿元（北海币）、煤444吨，扶持淄博地区404户窑厂、作坊恢复了生产。

从1949年开始，淄博专署和各县机关团体在淄川渭头河、博山岭北、山头、五龙、福山等地租赁窑业主的窑炉设备组织生产。成立了淄川益民窑厂、博山建华、市府建博、工新、大建、泰华、华成、大生等10处公营窑厂。1952年，陆续改组为地方国营淄川窑厂和博山窑业总厂。1950年，烟台新生合记瓷厂公私合营，后改为地方国营，更名为山东烟台瓷厂。1952年，博山鼎丰窑厂实行公私合营。

1957年10月，山东省手工业管理局投资组建了临沂泉庄陶瓷厂（临沂瓷厂）。淄博逐步建立起博山陶瓷厂、淄川陶瓷厂、淄博工业陶瓷厂、福山陶瓷厂，以及瑶台瓷厂。至此，山东陶瓷工业由分散的、作坊式生产走向集中的工业化生产。

20世纪50年代，投资兴建了一批专业厂和科研教育机构。1954年，建成淄博第一个日用细瓷专长淄博瓷厂，随后陆续建成淄博市硅酸盐研究所、淄博电瓷厂、威海瓷厂、淄博卫生瓷厂、淄博美术陶瓷厂、淄博陶土矿、淄博陶瓷工业学校和博山陶瓷厂细瓷车间等。

1957年，山东日用陶瓷年产量15576万件，比1952年增长2.4倍，其中，淄博12065万件，占77.46%；烟台473万件，占3.04%;济宁560万件，占3.6%；临沂2100万件，占13.48%。工业陶瓷年产量26000吨，增长215.64%。产品除日用陶瓷、低压电瓷和陶管外，还有各种细瓷、高压电瓷、耐酸陶瓷、卫生陶瓷灯250余种产品。日用细瓷和美术陶瓷出口欧洲和亚洲的国家和地区。

20世纪60—70年代，枣庄市新建枣庄陶瓷一厂、二厂、四厂、陶瓷研究所。淄博市新建张店陶瓷厂、淄博陶瓷机械厂、淄博洪山陶瓷厂、淄博无线电瓷件厂等市属企业，并发展了60多处乡镇企业。潍坊、德州、惠民、泰安、济宁等地也新建了陶瓷企业。1970年，北京建材研究所陶瓷一室从北京迁到淄博，建立山东工业陶瓷研究所，后更名为国家建材局山东工业陶瓷研究设计院。1976年，博山煤灰砖厂转产特种陶瓷，成为省内第一个特种陶瓷专业生产厂，1982年更名为淄博特种陶瓷厂。

1949年10月，在淄博市的淄博工矿特区专员专署设实业科，管理陶瓷行业。1956年1月，成立淄博市窑业公司。1958年8月，建立淄博市陶瓷工业局。1972年10月，成立淄博市陶瓷工业公司，成为市属国营陶瓷企业事业单位的管理部门。

二、创新工艺技术与装备

1963年，博山陶瓷厂用3年多的时间，研制并建成国内第一条日用陶瓷烧煤隧道窑（长60米），实现了产品烧成连续化。到20世纪70年代末，全国共建成隧道窑400多条。

1964年，博山陶瓷厂研制成功国内第一台陶瓷链式烘干机。干燥周期由地炕干燥所需48小时缩短到1小时36分，提高厂房利用率3倍以上。1965年，改进设计，由卧式改为立式，提高了热利用率。1972年，试验成功热气流定位喷射快速干燥，使土坯干燥时间缩短到30分钟。1976年后陆续推广使用。

同年，淄川陶瓷厂研制成功国内第一台大缸成型机，可以对直径730—960毫米、高790—930毫米之间各种缸进行一次成型，由原来手工成型一只缸需要3—4天缩短到3分钟，成为我国陶瓷工艺史上的一大创举。改成型机于1965年2月获国家发明三等奖。在此基础上，于70年代又研制成功大缸自动翻滚压成型生产线，再次获得国家发明三等奖。

1966年，建立济南瓷用花纸厂，花纸供应全省及省外陶瓷企业。

1974年，由淄博市硅酸盐研究所、淄博瓷厂、博山陶瓷厂共同设计的山东省第一座快速自动烧成6立方米梭式窑在淄博市硅酸盐研究所建成。

至1978年，原料处理工序采用了颚式破碎机、轮碾机、雷蒙机、球磨机、滤泥机、真空练泥机，成型和干燥工序采用了滚压成型机、离心注浆机、压力注浆机、立式链式烘干机。首次采用聚四氟乙烯作为滚压成型机的滚头材料。采用蒸压石膏制作模型为国内首创。烟台瓷厂、淄博瓷厂还将成型、干燥、修坯、施釉各道工序组成一条生产联动线，研制出一些联动设备，如自动投泥、自动吸坯脱模等，形成了自动生产线。

三、产品升级换代

山东日用陶瓷产品原本以陶器、粗陶瓷和普通瓷器为主。为了改变低档次的现状，形成山东陶瓷的风格和特色，一方面扩大日用细瓷生产规模，另一方面积极开发研制新材质、新产品。

1. 扩大日用细瓷生产

1957年，淄博瓷厂率先生产细瓷。之后，淄博陶瓷厂、张店陶瓷厂、福山陶瓷厂、临沂瓷厂、烟台瓷厂等相继生产细瓷。细瓷为白瓷和高温颜色釉两大类。白瓷装饰以花纸为主，也有釉下青花。1959年，淄博瓷厂釉下青花《明湖》餐具成为山东省为北京人民大会堂提供的首批家用瓷。1975年，颜色釉产品达到20多种，成为国内色釉品种最多的产区。产品主要有博山陶瓷厂92头锦青釉开光《大虾》图案餐具、《迎春》盖杯、《八楞》茶具；淄博瓷厂的《友谊》餐具、《山青》茶具、《玉兰》酒具等。

2. 研制精炻器

1975年，淄博瓷厂以当地储量丰富的焦宝石为主要原料研制精细炻器，1976年获得成功并批量生产。因成品坯呈奶油黄色，性能与瓷器基本一致，故又称奶油黄色瓷，商标为“昆仑”牌。产品有15—45头成套餐具、咖啡具、茶具、牛奶杯及挂、座盘等，尤以宽红色边和咖啡色边图案著称。1977

年后，年产量2000万件，百分之八十出口。1980年、1984年两次荣获国家优质产品银奖。

1977年，博山陶瓷厂研制成功"宝石"牌色瓷。产品为《新谊》《新丽》《新塔》《新征》《新佳》茶具，咖啡具，餐具等80多个花色品种。1977—1983年，炻器195头国宴用瓷供应北京国际饭店、国务院招待所、北京饭店、香山饭店国家宴会使用，年供应量600万件。1984年获国家优质产品银奖。

20世纪80—90年代，精炻器的年产量为3亿—5亿件。21世纪初，年产量达6亿件以上，占山东陶瓷产区日用陶瓷产量的60%以上。

3. 研制滑石瓷

1972年，淄博市陶瓷工业公司组织淄博市硅酸盐研究所、淄博瓷厂、博山陶瓷厂，经过近六年的技术攻关会战，于1977年研制成功滑石瓷，这是一种精细瓷器新品种，为山东发展高档日用细瓷开辟了先河。这种滑石瓷呈色洁白，取名"乳白瓷"（后又称"镁质强化瓷"）。在白瓷坯料中加入少量的稀土元素（镨、铈等）可制得釉面光亮、色调淡雅的象牙黄瓷。在釉料中加适量的氧化铁，用重还原烧成可制得色调明快、淡青色的青瓷，称为鲁青瓷。这3种瓷均达到高级日用细瓷部颁标准。1983年获得国家发明三等奖、1987年获比利时布鲁塞尔第36届世界发明博览会金奖。

1979年10月，博山太长生产的滑石瓷《丰收》盖杯被中央办公厅、国务院办公厅和北京人民大会堂选为国家用瓷。1993年，人民大会堂选用的滑石瓷《中华》盖杯，至今仍在全国人民代表大会上使用。

1981年，淄博瓷厂生产的滑石质鲁青瓷被北京饭店订购为国宴用瓷，累计供货300余万件。1990年2月，滑石质象牙黄瓷系列、鲁青瓷系列、乳白瓷系列餐具被北京国际饭店定为国家涉外旅游饭店产品并颁发证书。

20世纪90年代末，滑石瓷在全国几个主要产区推广应用。2006年，市场上称这种瓷为镁质强化瓷。

四、推陈出新艺术陶瓷

山东的艺术陶瓷主要有艺术釉、立粉彩釉、壁饰、壁画、彩绘等艺术形式。

1. 艺术釉

20世纪50年代，恢复和扩大了黑、黄、绿等单色釉及茶叶末釉、雨点釉等结晶釉产品的生产。在单色釉方面，1959年恢复、研制了深黄、蓝绿、豆青、棕色、铜绿、乌金釉等。70年代后，又研制出了鸡血红、樱桃红、柠檬黄、孔雀绿、天青、锦青、粉红、灰色等。在花釉方面，1959年，山头老艺人周洪田研制成功虎皮釉、云霞釉。1974年，淄博市硅酸盐研究所研制成功天目釉，主要品种有兔毫、蓝钧、鹧鸪斑、虎皮、玳瑁、礼花等，并开发出中国历史上从未有过的白兔毫釉。在结晶釉方面，恢复了茶叶末釉、雨点釉、金星釉和红金晶釉等结晶釉品种。首创了硅锌矿巨晶结晶釉。

1972年，淄博市硅酸盐研究所刘凯民研制成功鸡血红釉和孔雀蓝釉。鸡血红釉以深红色的铬锡为着色剂，氧化焰烧成，具有高温铜红釉的艺术效果。孔雀蓝釉是在碱性釉中以氧化铜着色的蓝釉，色泽鲜艳如孔雀蓝羽毛而得名，因釉层内同时透出规则的鱼卵纹又称鱼子蓝釉。1973年，刘凯民又研制成功金星釉。许多闪闪发光的片状晶体埋藏在釉面之下，悬浮于透明的玻璃基体之中。晶体反射入射光，似金星或火花一样光辉闪耀，酷似自然界的金星石，故名。用于装饰美术陈设瓷。

茶叶末釉起源于唐代中期，成熟于唐末，是中国古代名釉之一。因釉中布满似茶叶细末的片状结晶而得名。品种有鳝鱼青、鳝鱼黄之分，以介于青黄之间者为上品。元末失传。清末民初，博山工艺传习所陶瓷艺人陈希龄恢复。陈希龄又传于二子陈怀慈。1949年后，经研究改进使之面貌一新。产品于1957年开始出口。作品多次出国展览。

雨点釉又名油滴釉，起源于宋代博山大街窑。因釉中布满具有银色金属光泽的放射状圆形结晶、形似雨点坠入水中溅出的水圈花斑而得名。多制作茶具及瓶、樽、钵、盏等艺术器皿，情趣高雅，被视为名贵瓷器。元末失传。1936年，黑陶艺人侯相会研制恢复。1949年后，经过进一步研究，产品质量超过宋代，被选为国家礼品瓷。硅锌矿结晶釉于1972年由博山陶瓷厂、淄博瓷厂研制成功。主要用于制作美术陈设瓷和部分日用瓷。博山陶瓷厂生产的22英寸大花瓶，结晶面70%以上，为国内罕见艺术珍品。

2. 立粉彩陶

立粉彩陶是一种彩釉装饰艺术。1976年，淄博市陶瓷工业公司组织博山陶瓷厂、淄博瓷厂、福山陶瓷厂、淄博美术陶瓷厂、淄博市硅酸盐研究所进行陶瓷造型设计、画面装饰会战而研制成功。因多用陶质坯体，又多制作座盘或挂盘，故称“彩陶挂盘”。1976年年底，淄博美术陶瓷厂投入生产。1977年，朱一圭试制成功“立粉彩陶”，1979年邓小平出访美国，将20英寸立粉彩陶“竹鸡”盘作为礼品赠送给美国参、众两院。

3. 壁饰、壁画

壁饰与壁画是通过雕刻、绘画或其他艺术手法而使陶瓷材料作为墙壁装饰的一种艺术形式。与建筑直接相连的为壁画，作为饰件附于墙壁上的为壁饰。

1962年，博山陶瓷厂就生产陶瓷壁饰。多为30厘米×20厘米的瓷板画，题材为人物肖像、山水、花鸟等。1975年，试制成功长1.2米、宽0.7米的瓷板后，创作釉上新彩《周恩来》《风竹》《雄狮》《四季山水》，釉下彩《泰山黑龙潭瀑布》等。用1300块152毫米釉面方砖制成长2米、宽1.5米釉上新彩《泰山迎客松》壁画。为济南南郊宾馆制作了长9米、宽3米的大型新彩壁画《大明湖全景》。

4. 彩绘

山东的彩绘艺术主要是新彩、粉彩。新彩是在红绿彩的基础上发展而来。1952年，淄博开始生产新彩颜料，推动了新彩装饰工艺的发展。贴花、喷花、印花成为日用细瓷、美术陈设瓷的主要装饰方法。但一些高档日用瓷、美术瓷仍采用手绘。

粉彩艺术于20世纪50年代由江西景德镇传入。在彩绘画面的某些部分用玻璃白填底，在颜料中掺入铅粉，用中国画中的没骨法渲染，色彩柔和秀丽。李兴源、李庆章是山东彩绘艺术家的代表。

五、发展工业陶瓷

20世纪60—70年代，山东发展了电瓷、化工陶瓷和特种陶瓷。

20世纪50年代，山东以生产普通低压电瓷为主，主要厂家有博山陶瓷厂、烟台瓷厂等。1958年后，开始高压电瓷的生产。1959年，成立淄博电瓷厂。截至1978年，淄博电瓷厂年产高压电瓷5000吨，避雷器5万支，低压电瓷500吨，120个品种，是山东最大的高压电瓷、避雷器生产企业，被机械电子工业部定为生产高压电瓷和避雷器的专业厂，国家18个电瓷重点生产厂家之一。

山东化工陶瓷的生产厂家有淄博工业陶瓷厂、福山陶瓷厂和淄博的乡镇企业。主要产品有耐酸陶瓷管、耐酸瓷砖、耐酸陶瓷容器和反应塔、耐酸陶瓷泵和阀门等。1962年，淄博工业陶瓷厂生产的鱼牌陶管被外贸部门认定为出口免检产品。1972年，最高年出口量达49万条。1971年，福山陶瓷厂试制成功1号耐酸陶瓷泵，填补省内空白；1973年，试制成功1.5号和2.0号泵，形成3种规格；最高年产量500台。1974年，山东工业陶瓷研究设计院与博山水泵厂进行高扬程多级陶瓷耐酸泵的研究取得成果，在兰州合成橡胶厂试运转成功。

1965年，博山陶瓷厂试制成功电容器陶瓷。1967年，开始批量生产，产品有CCX小型瓷介电容器、CCZ支柱式瓷介电容、CCCY圆片铁电瓷介电容器、CCDD低压迭片瓷介电容器和CCWX—1小型微细电容器等9个品种。1970年最高产量达256.25万只。

1966年，淄博瓷厂生产压电陶瓷，1968年接受“09”工程任务试制声纳换能器。在中科院上海硅酸盐研究所、海军第七研究院及船舶工程学院的配合下，完成工程任务，当年压电陶瓷产品达30万件。1969年，山东省国防工办与淄博市国防工办共同投资在该厂成立压电陶瓷车间。1970年，生产能力300万件，主要产品是以材质固溶体为基础的，和锆钛酸铅等五大系列。

1969年年底，福山陶瓷厂与中科院上海硅酸所、上海技术物理研究所合作试制成功透红外陶瓷。1971年，开始大批量生产并制成、两种透红外陶瓷材料，生产出响尾蛇导弹、整流罩器件所需的透红外陶瓷材料。1976年，国家确定福山陶瓷厂承担红外仪器整流罩器件窗口材料所需的透红外陶瓷的生产任务，先后热压多晶硫化锌、氟化钙、氟化锶、氟化钡、二氧化钛、二氧化锆及气相沉淀多晶硒化锌、硫化锌等10余种透明红外光学材料。

1971年，山东工业陶瓷研究设计院开展多孔陶瓷的研究。1975年，生产出大规格多孔陶瓷管产品。1978年，获全国科学大会奖。产品由淄博特种陶瓷厂批量生产。

1976年起，山东工陶院进行了“土壤分析用多孔陶瓷滤管”（巴氏滤管）、“陶瓷干式乙炔回火止火管”“多孔陶瓷细菌过滤器”“蛇纹石质多孔陶瓷制品”“刚性耐碱陶瓷隔膜片”“高温烟尘采样用陶瓷滤管”“石英质电解隔膜”等多种多孔陶瓷制品的研究。同时还开展了多孔陶瓷性能检测方法的研究，为制订多孔陶瓷制品的标准打下基础。

第三节 1979—2000年的山东陶瓷

这个时期是山东陶瓷业的国窑迅猛崛起阶段。2000年，全省日用陶瓷产量11.5亿件，比1978年增长3.46倍。建筑陶瓷4.54亿平方米。全省陶瓷行业工业总产值（现价）100亿元。

一、管理体制转型

1981年12月，山东省政府决定上收淄博市陶瓷工业及其所属企事业单位，成立山东省陶瓷公司，隶属山东省一轻厅。1982年5月1日，山东省陶瓷公司正式成立，直属单位有博山陶瓷厂、淄博瓷厂、福山陶瓷厂、张店陶瓷厂、淄川陶瓷厂、洪山陶瓷厂、淄博工业陶瓷厂、淄博美术陶瓷厂、淄博陶土矿、淄博陶瓷机械厂、博山纸箱厂、淄博市硅酸盐研究所、山东省轻工美术学校。1984年4月20日，山东省政府授权行使行政管理职能，并担负全行业企业和管理机构的归口管理。

1986年11月，山东省政府把省陶瓷公司及所属单位划归淄博市领导。1998年4月，山东省政府把省陶瓷公司及所属单位划归淄博市领导。1998年4月，把山东省陶瓷公司所属企业移交给市淄博经委、博山区、淄川区，职能由行政管理改变为行业管理。

1986年6月，山东省陶瓷公司与深圳远东机械公司、香港明宝陶瓷公司创办东宝彩瓷有限公司，这是山东省日用陶瓷行业的第一个合资企业。之后，创办的合资企业有：张店陶瓷厂与香港鑫南国际有限公司合资成立的山东华光陶瓷有限公司；淄博瓷厂与香港港澳国际投资有限公司、香港鑫南国际有限公司合资成立的山东淄博瓷器有限公司；山东省陶瓷公司与香港粤北贸易公司合资创办的鲁粤瓷用花纸有限公司；山东省硅酸盐研究院与德国赛德克公司合资创办的淄博赛德克陶瓷颜料有限公司；淄博工业陶瓷厂与日本旭硝子株式会社合资创办的淄博旭硝子电熔材料有限公司等。

1987年10月，山东省陶瓷公司联合省内32个企事业单位成立了山东陶瓷联合总公司，经省外贸局批准开展企业自营进出口业务，出口创汇大幅度增长。1991年，联合总公司自营出口创汇突破2000万美元。2000年，全省日用陶瓷行业生产出口瓷4.3亿件，创汇1亿美元，比1978年增长5.2倍、5.6倍。出口创汇骨干企业有博山陶瓷厂、淄博瓷厂、张店陶瓷厂、临沂瓷厂等。

1995年9月8日，山东省陶瓷工业协会在淄博市成立。首批会员单位由省内地市的60家陶瓷企业事业单位组成。王尔孝被推选为首届理事长。

1995年，淄川陶瓷厂破产，被华光集团收购，之后，淄博市美术馆陶瓷厂，淄博陶土矿，博山陶瓷厂，淄博瓷厂，福山陶瓷厂，枣庄陶瓷一厂、二厂、三厂、四厂，烟台瓷厂等企业先后进入破产程序，进行企业重组。

从1990年开始，淄博市连续举办了6届国际陶瓷琉璃艺术节，对淄博陶瓷工业发展发挥了巨大的促进和鼓舞作用。

二、开发日用陶瓷新产品

1. 高长石瓷（鲁玉瓷）

由山东省硅酸盐研究设计院研制成功。产品具有瓷质细腻、半透明度好、釉面光润、变形小等特点，填补了国内空白。1980年6月，通过省级技术鉴定。1981年2月，获轻工部重大科技成果三等奖。1983年4月，获国家发明三等奖。1984年，国务院办公厅首次选定淄博工业陶瓷厂生产的高长石瓷（鲁玉瓷）为中南海紫光阁接待用瓷，直至1994年停产，作为国家用瓷10余年，供应总量达20余万件。

2. 高石英瓷

由山东省硅酸盐研究设计院研制成功。1983年，获轻工业部科技成果二等奖。1987年，获国家发明三等奖。同年，在南斯拉夫萨格勒布第十五届国际发明博览会上获金奖。1984年7月，国务院办公厅首次选定高英石质瓷餐具为中南海紫光阁接待用瓷。到2010年，高英石质瓷已进入中央办公厅、国务院办公厅、全国政协、最高人民法院、劳动保障部、文化部、中组部等国家机关。

3. 鲁光瓷

鲁光瓷又称钠长石质高级日用细瓷，由山东省硅酸盐研究设计院于1991年研究成功并在淄博工业陶瓷厂进行工业试验。1992年5月，通过山东省科委技术鉴定。1993年，获山东省科技进步一等奖。1994年，获第八届全国发明博览会金奖。1995年，进入中南海。1998年8月，国务院机关事务局从淄博工业陶瓷厂为毛主席纪念堂一次性选购鲁光瓷7500件，鲁光瓷累计生产2000余万件。

4. 合成骨瓷

1995年起，山东省硅酸盐研究院经过3年多的研究，在国内首次研制成功人工合成骨粉—羟基磷酸钙和制瓷工艺。1998年6月，通过部级鉴定。1998年10月，获山东省科技进步一等奖，1999年10月，获国家发明专利，1999年11月，获国家发明二等奖。2000年，在山东、江西、河北等地10多家企业推广应用。2000年获杜邦技术创新奖，并获得到山东省和淄博市科技成果大奖。

1998年12月，国务院办公厅从淄博工业陶瓷厂为钓鱼台国宾馆一次性选购1万件新型合成骨瓷。之后，淄博华光陶瓷、淄博金马陶瓷、淄博工陶等企业生产的合成骨瓷先后进入中央办公厅、国务院办公厅、人民大会堂、中南海、钓鱼台、外交部、全国妇联、驻港部队等重要国家机关和接待场所，产品供应量达300余万件。

5. 贝壳瓷

由山东珍贝瓷业有限公司研制成功。1997年，获中国轻工业技术发明奖。1999年获国家发明专利。2000年获国家技术发明二等奖。

三、改进陶瓷生产工艺

在原料加工方面，重点改进原料加工机械。淄博陶瓷机械厂先后研制成功三螺旋不锈钢真空练泥机，新型注塞泥浆泵，5吨、15吨、30吨球磨机。博山士普陶瓷装备有限公司首创工程塑料内衬练泥机。

成型采用了双头滚压、塑压成型、高压注浆等新技术、新工艺。1990年，淄博瓷厂研究成功阳模成型技术和阳模浮雕成型技术。淄博陶瓷机械厂、博山陶瓷厂、福山陶瓷厂、博山宝丰陶瓷机械厂生产的滚压成型机供应国内各大产区。博山宝丰陶瓷机械厂还研制成功异形产品滚压成型机、鱼盘滚压成型机，获国家发明专利。将异形产品、椭圆产品由注浆改为滚压，生产效率和产品质量大幅度提高。

20世纪70年代后期，大部分企业改用重油为燃料。80年代，技术革新的重点是节能、窑炉余热、排烟热的利用等。90年代，重点是推广洁净环保的天然气、石油液化气、煤气作为燃料，采用先进的微机自控技术等。

山东省硅酸盐研究设计院先后研制成功陶瓷丝网套色金花纸、丝网釉上白色颜料、低膨胀陶瓷丝网颜料、低含金量金红颜料、四色印刷用陶瓷颜料、降铑陶瓷金水、无苯陶瓷金水、无铅无镉陶瓷釉上颜料等。淄博陶瓷机械厂先后研制成功陶瓷画线机、陶瓷双色画线机等，将画线由手工改为机械。

四、发展艺术陶瓷

山东艺术陶瓷主要以刻瓷、彩绘、雕塑、釉色、现代陶艺、园林陶瓷为主。

1. 刻瓷艺术

刻瓷艺术是淄博发展起来的一门独立的瓷器装饰艺术。兴起于20世纪70年代。领军人物为张明问、李梓源、冯乃江等。1975年夏天，淄博瓷厂派张明文和青工、刘瑞云一起向青岛工艺美术研究所石可教授求教，学习刻瓷历时七天，从此，拉开了淄博刻瓷的序幕。

1977年年初，淄博瓷厂张明文刻制作品《咏梅》等被外交部选中，一次订货300件。1978年，淄博瓷厂成立了刻瓷班组，张明文任组长，刘瑞云、李梓源、谢建华、吕泉、王春英、马立杰为成员。

20世纪70年代，邓颖超将金日成肖像刻瓷盘作为国礼赠送给金日成。之后，淄博刻瓷艺术品成为贵重礼品。罗晓东、沈松龄、孙兆宝、王一君、李秋峰经常接受作为国家礼品的肖像刻瓷任务，为许多国家的元首和名人制做了肖像刻瓷。刘永强的瓷板刻瓷品《清明上河图》将原长达3米的宋代名作刻制在同样尺寸的瓷板上，作品被故宫博物院收藏。

刻瓷起初大多是平面刻瓷，冯乃江的平面刻瓷伟人像惟妙惟肖，成为绝活。后来研究成功宝石瓷堆雕刻瓷、喷堆刻瓷新工艺。王长永研制成功乌金釉刻瓷、刻釉与刻瓷结合新工艺。纪荣福研制成功刻瓷与新彩结合新工艺。1980年，冯乃江、纪荣福分别赴日本、墨西哥作刻瓷表演。

1980年，张明文在美国、联邦德国、新加坡等国家和中国香港地区进行刻瓷艺术表演。20世纪80年代起，刻瓷作品“鲁翠瓷餐具画面”获全国陶瓷创新一等奖，微雕刻瓷“论语”“兰花颂”获中国首届轻工博览会金奖、北京第二届国际博览会银奖、特别奖，引起国内外收藏家和收藏机构的关注。

1982年，李梓源的鲁青瓷刻瓷文具在德国慕尼黑第三十四届国际博览会上获金奖，这是自1949年以来中国陶瓷艺术品在国际评比中获得的第一枚金牌。李梓源在淄川建立了“李梓源艺术中心”，为培养刻瓷人才创造了条件。

2. 现代陶艺

现代陶艺热兴起于1978年之后。陈贻谟在多年雕塑创作实践的基础上，致力于黑陶艺术研究，他的许多作品表现了对人生的关怀和壮美气质的歌颂。作品后来赴日本参加第三届国际陶瓷作品展，并在日本长期展出。在陶艺创作中，国芹轩、程富贵、方益鸣、樊萍、尹宝亭、郑玉奎、李波、曲冰、陈志刚、曲镛、李宝恩、田茂国等一大批专业艺术工作者，作品表现出多样化的艺术风格。

3. 雕塑

山东陶瓷雕塑代表了北方粗狂豪放的风格。冯乃藻的代表作品有《钟馗》《孔子》《负荆请罪》等。杨玉芳的作品有《游园》《踢毽子》《宝琴》台灯等，《踢毽子》在第七届全国陶瓷创新评比中获得一等奖。《宝琴》台灯由博山陶瓷厂生产，邓小平出访美国时作为国礼赠送美国政要。蒋衍山的大型雕塑《颜文姜》耸立在淄博博山颜文姜广场，成为博山一景。黄海根是一位陶艺多产作家，在2001年山东陶瓷精品大奖赛上，他参赛的7件作品有《母亲的家》《农具》《世纪阳光》等5件获大奖。

4. 浮雕彩绘

1996年，李昌莲开创了彩绘与浮雕结合艺术手法，推出了浮雕彩绘作品《湘云醉眠》。

冯乃庄、周祖功、王荣英、常素芳、高良奇、吕泽泉、李昌莲、吕泉、周玉明、邵玉珍等是这方面的优秀人物。

5. 颜色釉

淄博的颜色釉青如翠峰，红如夕阳，黑如乌金，绿如青水的单色系列釉，豹斑、金星、玳瑁、兔毫、虎纹等窑变花釉及鱼子蓝、红钧、银星、硒铬红灯名贵釉色相继问世。获1994年全省陶瓷创新评比一等奖的硒铬红釉瓶，将一梅瓶上部镂空并饰以圆球，这奇特的造型以名贵釉种硒铬红作外衣，透亮的玻璃体下血红的颜色十分艳丽，使作品显得高贵典雅。2000年，山东硅苑新材料科技股份有限公司成功恢复断档近30年的名贵艺术釉鸡血红和鱼子蓝。鱼子蓝艺术釉由刘凯民研制成功。鱼子蓝艺术釉瓶在2004年3月被中南海紫光阁收藏，中共中央办公厅颁发典藏证书。

6. 黑陶

黑陶是龙山文化中最著名、最典型的陶器，被世界考古学界誉为“4000年前世界文明最精致的杰作”，代表了中国新石器时代继彩陶之后的又一高峰。黑陶艺术在汉代基本消失匿迹。1928年，黑陶被首次发现于山东省龙山镇。20世纪70年代末，山东日照东海峪发现薄如纸的蛋壳陶杯。山东专门研究黑陶艺术的陶瓷艺术家有陈贻谟、仇志海、丁忠海、刘浩、王宪利、卜广云等。1990年，仇志海的超薄黑陶烧制技术在比利时布鲁塞尔尤里卡第二十八届世界发明博览会上获得金奖，获国家艺术科技进步奖一等奖，山东省科技进步特等奖，多件作品为国内外博物馆收藏。卜广云师从仇志海，担任中国陶瓷协会黑陶艺术专业委员会常务副会长兼秘书长。2007年建成日照市最大的陶艺馆。丁忠海把研究重点放在仿青铜器黑陶艺术上，代表作《中华九鼎》被中国陶瓷馆收藏。

德州工艺美陶研究所对黑陶进行了一系列的研制和开发，目前已达600多个品种。

《龙凤瓶》呈云形镂空图案，构思奇特，漆黑发亮，是龙山文化中最富有特征的珍品。1989年，德州黑陶在巴黎第八十届国际技术博览会上荣获银奖。1989年10月，为纪念孔子诞辰2540周年，与石可、陶天恩联袂研制成功长50米、高1.7米的大型黑陶壁画—《孔子世迹图》，镶嵌在孔府院内，为中华壁画艺苑增添了一朵奇葩。

7. 园林陶瓷

山东园林陶瓷多用“龙”做装饰物，在瓶、樽、钵、缸、桌、墩等产品上，都可以看到龙的各种形态。远看气势磅礴，近看生动细腻，大方庄重，这就是山东园林陶瓷的北方气派。

1991年，华光集团成功制作了花釉蟠龙戏水壶，壶高1.8米，直径1.35米，重400千克，壶面上有0.15米高的浮雕双龙盘绕，一龙张口吐须为壶嘴，一龙昂首喷水，水柱成提梁，以卧龟造型作壶盖，被誉为国内罕见的艺术珍品，1997年6月，在香港回归前夕，华光集团把一对高3.6米的陶瓷大瓶“香港回归瓶”赠送给人民大会堂香港厅。2001年4月，高5米、直径1.83米、重5.2吨的世界最大的陶瓷瓶“中华龙世纪瓶”问世，堪称世界陶瓷花瓶之最。

五、发展建筑陶瓷

1975年，博山缸瓦厂试产釉面砖成功，后更名博山建筑陶瓷厂，成为山东省第一个建筑陶瓷企业。1978年，釉面砖产量为4.2万平方米。

1979年，淄博建筑陶瓷厂开始生产釉面砖。1985年产量达到100万平方米。当年，与山东外贸总公司、香港维斌有限公司合资成立了淄博建筑陶瓷有限公司，成为山东建筑陶瓷行业的第一个合资企业。

1985年，淄博建材工业公司筹建齐鲁建筑陶瓷厂。同时，淄博市乡镇村办建材企业也竞相生产釉面砖、外墙砖和地砖。至1990年，山东建陶企业以国有、乡镇企业为主，博山建陶厂、淄博建筑陶瓷厂、淄川建陶厂、临沂华罗利建陶厂、诸城市鲁钟陶瓷厂、五莲县陶瓷厂及潍坊建筑陶瓷厂等为骨干企业。20世纪90年代后，通过转变企业机制、引进新技术和新装备等，使山东建陶工业迅猛发展，至2000年，先后引进国外先进生产线300条，建筑陶瓷砖产量为4.54亿平方米。

六、开发高技术陶瓷

1978年以来，一批高技术陶瓷科研成果应运而生，熔融石英陶瓷制品、辊道窑用陶瓷辊棒、碳化硅制品、造纸机用氧化铝瓷件是其中的代表。

1. 熔融石英陶瓷制品

1988年，山东工陶院立项开展“玻璃水平钢化窑用石英陶瓷辊”的研究。1994年，通过部级鉴定。1997年，获国家科技进步三等奖、国家级新产品，并建成年产1000条石英瓷辊的生产线。1998年，成立中博石英陶瓷技术有限公司。2000年，形成年产140吨石英陶瓷制品的生产能力，生产直径96毫米、长3500毫米以下的瓷辊，成为国内唯一一家生产石英瓷辊的企业。之后，制成空心石英辊再与金属复合用于冶金行业，制成玻璃池窑用闸板砖及石英陶瓷天线罩等多种新产品。

2. 辊道窑用陶瓷辊棒

1985—1986年，山东工陶院和山东淄博华岩工业陶瓷集团公司相继研制和生产适用煤烧辊道窑所需求的陶瓷辊棒。规格为36毫米×1600毫米，主要材质为堇青石—莫来石质。山东工陶院的技术通过淄博市鉴定后，1987年推广至淄博特种陶瓷厂和金乡陶瓷厂进行批量生产。从1989年起，淄博特种陶瓷厂形成年产10万支辊道窑陶瓷辊棒生产能力，产品规格为（30—40）毫米×（2300—2500）毫米。

1995年，淄博华岩工业陶瓷集团公司和淄博三利高温材料有限公司生产莫来石—刚玉质陶瓷辊棒。潍坊奥科罗拉精细陶瓷有限公司生产辊棒，年产量达到100万支，成为山东省最大的辊棒生产企业。

3. 碳化硅制品

1995年，潍坊华美实业总公司与德国FCT精细陶瓷技术公司共同建成潍坊华美精细技术陶瓷有限公司，年产碳化硅制品600吨，主要材质为重结晶碳化硅和反应烧结碳化硅，产品品种有横梁系列、辊棒系列和各种燃烧喷嘴、脱硫喷嘴、喷砂嘴、热电偶保护管、辐射管、冷风管、密封件、坩埚和板材等异形制品，产品45%出口。同时，济南华龙特种制品有限公司、潍坊北泰工程陶瓷有限公司、致达特种陶瓷有限公司、华瑞高技术陶瓷有限公司等企业也相继生产重结晶碳化硅和反应结合碳化硅等制品。

4. 造纸机用氧化铝瓷件

山东硅苑新材料科技股份有限公司研制生产氧化铝瓷件已有近40年的历史，主要产品有陶瓷成型板、全陶瓷三片刮水板、外嵌陶瓷刮水板、全陶瓷五片刮水板、单片脱水板、水腿湿吸箱面板、低真空湿吸箱面板、真空吸水箱面板、毛布及方型毛布吸水箱、成型器、加压靴、高浓陶瓷除砂器、除砂嘴及各种陶瓷耐磨部件等。1995年，大尺寸耐磨陶瓷脱水部件部分产品出口。

七、发展陶瓷装饰材料

陶瓷装饰材料主要品种为陶瓷颜料、贵金属制剂和瓷用花纸。

1. 陶瓷颜料和贵金属制剂

1986年，山东省硅酸盐研究设计院生产陶瓷颜料71.3吨（淄博市5家企业共生产93.3吨）、陶瓷金水1.78万瓶（889.1千克）。

期间，山东省硅酸盐研究设计院在陶瓷装饰材料研究方面取得科研成果11项。1985年，研制成功24个低膨胀高抗蚀丝网颜料新品种而荣获国家科技进步二等奖。1987年，研制平印颜料23种。1989年，研制成功二次烧成硒红釉。1990年，研制成功低温高抗蚀陶瓷釉上系列颜料2个新产品。1992年，研制成功陶瓷釉上四色印刷颜料填补国内空白。1993年，研制成功B型高抗蚀低膨胀陶瓷釉上颜料和陶瓷釉上颜料耐酸罩层。在贵金属制剂方面，研制成功的陶瓷无苯金水获1978年全国科学大会奖。随后，先后研制成功无苯稀土无金铂水、稀土钯金水等。1991年3月，通过技术鉴定。1992年，列入国家“八五”火炬计划。

1995年4月，山东省硅酸盐研究设计院与德国迪高沙公司合资建设的淄博赛德克陶瓷颜料有限公司投产，使淄博陶瓷玻璃装饰材料迅速增长，且消化吸收全套色料生产的硬件和软件，引进玻璃系列生产技术和金水配方，研制出低温高抗蚀陶瓷釉上颜料、花纸用金膏等70多个新品种。至2000年，形成颜料、色料、金水8个系列、100多个品种，陶瓷颜料（包括色料）853吨、金水2600千克，销售收入过亿元，成为全国陶瓷行业人均创销售收入、人均创利税、人均创利润最多的企业，其中占销售收入40%的主导产品陶瓷色料代替了进口。

2000年，山东全省生产陶瓷颜料（包括色料）2400吨，比1986年增长26.8倍；生产陶瓷金水2600千克，比1985年增长1.93倍。

2. 瓷用花纸

1978年前，山东瓷用花纸由济南花纸厂生产。1979年后，淄博开始生产陶瓷釉上贴花纸，生产厂家有博山印刷厂、淄博瓷厂、博山陶瓷厂，产品为丝网薄膜花纸。20世纪80年代后期，国有、集体、个体企业竞相生产陶瓷贴花纸。淄博鲁粤瓷用花纸公司年产花纸1200万张。至2000年，全省有陶瓷贴花纸厂36家，年生产能力5000万张，有1200多个花色品种，供应国内16个省市300个陶瓷企业。其中，济南瓷用花纸厂具有国内唯一的小膜花纸生产线，年产量占全省70%、占全国25%，为国内产量最大的生产企业。

八、扩大国际陶瓷艺术交流

1. 出国考察培训

1978年后，山东省陶瓷公司及所属科研、生产单位分别到多个国家进行专业技术考察，多次与有关陶瓷生产、专用设备制造、装饰材料、原料、耐火材料、匣钵、窑具厂家进行技术交流，为山东陶瓷生产技术改造和新产品的开发提供了有益的借鉴。

1992年，淄博市先后派出14人次、分7批赴美国、日本、意大利等国接受陶瓷生产技术、企业管理、国际贸易专业培训。博山陶瓷厂、山东省硅酸盐研究设计院、张店陶瓷厂、淄博瓷厂派出8名科技人员和技术工人，到意大利接受为期一年的陶瓷专业技术培训。

1993年，淄博工业陶瓷厂派员赴日本考察现代企业管理并接受短期培训；山东省陶瓷公司派员赴美国参加省委组织部在美国举办的经济管理培训班，参加省人事厅在香港地区举行的国际贸易与市场营销培训班；福山陶瓷厂派员参加省企业家协会在美国举办的企业管理培训班。山东工陶院派10余位专家赴美国、意大利、英国、加拿大作访问学者。

2. 技艺表演及学术交流

20世纪80年代开始，山东多次组织陶瓷艺术工作者出国参加国际博览会和技艺表演。1980年8月，淄博美术陶瓷厂朱一圭与博山陶瓷厂冯乃江参加“鲁砚、陶瓷赴日展览团”，在东京、大阪作刻瓷绘画表演。1981年6月，淄博瓷厂张明文赴联邦德国科隆作刻瓷表演，为马克思故居博物馆制作“马克思”刻瓷盘，为贝多芬广场制作“贝多芬”刻瓷盘。1982年3月，淄博瓷厂李梓源在联邦德国慕尼黑第三十四届手工艺品国际博览会上作刻瓷表演，刻制的5头文具获金牌。1982年4月，博山陶瓷厂纪荣福在墨西哥举办的“中国出口商品展销会”上作绘画表演。1982年5月至10月，淄博瓷厂张明文在美国田纳西州诺克斯维尔市第十四届世界博览会上作为期6个月的刻瓷表演，得到了美国总统卡特和夫人及菲律宾总统夫人伊梅尔达等人的称赞。1986年，博山陶瓷厂杨延祥赴美国达拉斯市参加“中国古代传统科学技术展览会”作为期半年的陶瓷彩绘表演。1986年11月，博山陶瓷厂冯乃江赴丹麦参加“中国陶瓷器展览会”作刻瓷表演。1987年10月，淄博瓷厂崔思烈赴香港地区作刻瓷表演。1988年5月，淄博瓷厂董善习参加澳大利亚南澳州第二十一届国际博览会作刻瓷表演。1988年8月，淄博瓷厂吕则泉赴加拿大温哥华参加“太平洋国际展览会”作刻瓷表演。1990年8月，淄博瓷厂孙兆宝随淄博市政府经济贸易展览团赴美国伊利市作刻瓷表演，为伊利市市长萨沃奇奥制作刻瓷盘。1991年2月，博山陶瓷厂沈松龄赴德国法兰克福国际博览会作刻瓷表演。1991年11月，淄博瓷厂张明文随山东省“孔子文化展”代表团赴香港地区作“孔子及七十二圣贤”刻瓷表演，得到国画大师刘海粟的高度评价。1992年8月，淄博瓷厂董善习赴韩国参加“汉城中国山东省经济贸易展览会”作刻瓷表演。1992年10月，山东省硅酸盐研究设计院陈贻谟赴日本参加“第三届国际陶瓷展”，作陶艺表演。1993年12月，淄博瓷厂刘永强赴韩国作刻瓷表演。

1985年5月，山东省硅酸盐研究所刘凯民、张芳训应美国陶瓷学会邀请，赴美国辛辛那提市出席美国陶瓷学会第八十七届年会与博览会，提交论文《高石英瓷的研究》。

第四节 2001—2010年的山东陶瓷

一、优化产业结构

2000—2010年，山东陶瓷行业形成了以骨干企业为龙头，民营企业生机蓬勃的新格局。硅苑科技、华光瓷业、淄博工陶、临沂银凤、无棣贝瓷、爱威瓷业以及东鹏建陶、皇冠建陶、耿家建陶、统一建陶、城东建陶在全省的龙头带动地位逐渐形成。民营经济长足发展。日用陶瓷中的泰山瓷业、国华瓷器、华洋陶瓷、福泰陶瓷、宏大陶瓷、金马瓷器、中强瓷器，建筑陶瓷中的柯伊诺、强赛特、娜塞提、中北、凯越、泽沣、新博、米开朗、江泉、佳贝特、万强、宇达等民营企业显示出强劲的发展势头。山东工陶院、山东硅苑科技、中材高新、博航电子等高技术陶瓷企业在新格局的调整中发挥了重要作用。

2009年，全省共有陶瓷企业970个，从业人员20万人；年产日用陶瓷20亿件，比2000年增长90.95%；年产建筑陶瓷18亿平方米，比2000年增长2.96倍。产区主要集中在淄博和临沂，其中，淄博市生产日用陶瓷9.5亿件，建筑陶瓷10.11亿平方米。临沂市日用陶瓷产量8亿件，建筑陶瓷6亿平方米。全年实现工业总产值500亿元，比2000年增长4.03倍。济南、青岛、威海、德州、菏泽、滨州、枣庄、济宁、潍坊等地市都有陶瓷生产。

2000年，提出变陶瓷大省为陶瓷强省的目标。镁质强化瓷、骨质瓷、高石英瓷、华青瓷、颜色釉精炻器等高档日用细瓷和出口瓷器成为主导产品。工艺美术陶瓷产品成为文化产业的重要组成部分。建筑陶瓷中的仿古砖等产品的比重大幅度提高。功能陶瓷和结构陶瓷的研发生产步伐加快。

2005年9月11日，山东"硅苑"牌日用陶瓷、"华光"牌日用陶瓷、"银凤"牌日用陶瓷荣获首批中国名牌称号。至2010年，山东省陶瓷行业拥有中国名牌4个、中国驰名商标3个、国家免检产品18个、中国陶瓷行业名牌12个、山东名牌36个、山东省著名商标28个。

2001—2010年，淄博市连续举办了10届中国淄博国际陶瓷博览会。2002年9月，淄博中国陶瓷馆挂牌。2008年，中国陶瓷工业协会授予淄博"中国陶瓷名城"称号。同年，淄博市组建的国家级陶瓷和耐火材料质检中心揭牌。2009年，淄博市组建的陶瓷产品欧盟标准检测认证中心揭牌。

2006年8月，山东陶瓷工业协会召开第二次代表大会，阎百平当选理事长；2009年3月，召开第三次代表大会，韩克斯当选理事长。

2009年9月，淄博市陶瓷行业协会成立，把山东省陶瓷公司管理淄博陶瓷的行业管理职能移交淄博市陶瓷行业协会。

山东拥有陶瓷建材交易市场62处，规模较大的有：淄博的淄川建材城、博山陶琉大观园、中国财富陶瓷城、中国陶瓷科技城，临沂的华强陶瓷洁具市场、鲁南陶瓷市场、万众建材超市等。淄川建材城占地3千平方米，入驻经营业户1600多家，从业2万多人，年交易额达70亿元。中国财富陶瓷城占地600亩，总投资5亿元，400余家国内外品牌商家入驻。中国陶瓷科技城占地1300亩，总建筑面积26万平方米，成为国际陶瓷商贸中心和国际会展中心。

二、实施国窑品牌战略

2009年，由淄博市陶瓷行业协会申请注册的"淄博陶瓷·当代国窑"地理标志获得国家工商总局的批准，成为全国唯一注册的地理标志陶瓷工业产品。

2009年8月20日，国内陶瓷界知名人士张守智、李菊生、李昌鸿、徐朝兴、潘柏林、孟树锋、陈文增、黄小玲、张志朴、许雅柯、陈贻谟、张明文、李梓源、王孝诚、方益鸣、王一君联袂合作《淄博陶瓷·当代国窑》书法长卷。

2009年9月，中国陶瓷工业协会批准淄博陶瓷为"当代国窑"，并向淄博市颁发"淄博陶瓷·当代国窑"的牌匾。9月7日，淄博市"淄博陶瓷·当代国窑"地域品牌管理领导小组举行仪式，对山东硅苑科技、淄博华光陶瓷首批授权使用"淄博陶瓷·当代国窑"地域品牌纳入了依法管理使用的轨道，对于推动全省陶瓷业的发展发挥了重要作用。

山东的日用陶瓷不负国窑国瓷盛名，相继研制开发出高白欣玉瓷、华青瓷、无铅釉和抗菌陶瓷等。产品相继进入人民大会堂、中南海、钓鱼台国宾馆等，成为国家领导人用瓷、国家机关用瓷、国宴用瓷、国家礼品用瓷。

国窑名品"中华龙"系列国宴用瓷。1999年，国庆50周年前夕，山东硅苑新材料科技股份有限公司专门为钓鱼台国宾馆建馆40周年研制开发出国宴用瓷—“中华龙”。采用高石英材质、高温快烧釉中彩，至今仍在中南海、钓鱼台国宾馆使用。

高石英瓷专用盖杯。2007年10月，山东硅苑科技承接了为新当选的十七届政治局领导人制作高石英瓷专用盖杯的任务，这是继1984年以来连续为三届领导人制作盖杯。2008年，山东硅苑科技向北京奥组委提供了4000套高档礼品瓷，淄博泰山瓷业有限公司为奥运场馆制作了13万件高档日用细瓷。2009年，山东硅苑科技研发生产的全陶瓷刀具被选为国庆60周年庆典仪式天安门城楼观礼用瓷。

《紫光神韵·凤舞和鸣》餐具。2009年，华光瓷业生产的华青瓷《紫光神韵·凤舞和鸣》餐具被国务院办公厅选为国庆60周年用瓷和国宴专用瓷器并颁发收藏证书。

《和鸣》茶咖具。由山东硅苑科技研制生产，画面由清华大学教授陈若菊设计创作，器型由清华大学美术学院陶瓷艺术设计系教授杨永善设计创作，“和鸣”二字由中央美术学院教授周令钊先生题写。产品采用高石英瓷，形成了独特的山东陶瓷艺术风格。

高白欣玉瓷。2006年，由山东硅苑科技开发。2008年12月，通过技术鉴定，达到国际先进水平，自内而外透出绿色健康的卓然品质。

华青瓷。2006年，由淄博华光瓷器有限公司研制成功。第一批华青瓷《冰心玉洁》茶具被淄博市政府定为陶博会的专用高档礼品。

无铅釉。由山东硅苑科技研制。在骨质瓷、高石英瓷、镁质强化瓷上使用。2003年，通过省级技术鉴定。之后，华光瓷业、无棣珍贝瓷业、临沂银凤、泰山瓷业、国华瓷业也都研制或推广应用无铅釉。

抗菌陶瓷。2003年春季，华光瓷业率先在国内日用陶瓷行业研制成功抗菌陶瓷。中国疾病预防控制中心技术检测，对大肠杆菌、黄色葡萄球菌的杀抑率达95%以上。之后，淄博博纳科技公司研发出具有安全环保的无机抗菌材料技术、陶瓷膜过滤技术和能量球活水技术并生产出陶瓷能量水机。

设计创新。2006年，华光瓷业建立了大作坊并注册了“华光陶瓷之子”品牌，连续创作出《和谐2007》《和谐五洲壶》《激情2008》等，体现了“四名”“四新”即名师设计、名窑制作、名家鉴评、名馆收藏，新材质、新装饰、新工艺、新技术的特点。

亮相上海世博会。2010年上海世博会，山东馆展示了山东硅苑科技研制生产的30多件高新技术陶瓷部件。华光瓷业的《激情2008》啤酒具和抗菌陶瓷在山东馆展示。国华瓷器有限公司的一万套《一轴四馆》马克杯成为世博会中国馆礼品用瓷和接待用瓷。福泰陶瓷有限公司的产品成为“美食广场”展示中国八大菜系之一的鲁菜馆“孔府宴”的全部瓷器。

三、发展建筑陶瓷产业

近10年来，上海亚细亚陶瓷有限公司、广东东鹏陶瓷股份有限公司、台湾成霖企业股份有限公司、上海佳欣陶瓷有限公司、信益陶瓷（中国）有限公司等企业先后来山东投资建厂。初步统计，到2005年，全省共有建陶生产厂500家，分布在淄博（300多家）、临沂（100多家）、潍坊、烟台（50多家）等地，以及陶瓷机械、熔块色釉料、耐火保温材料、煤气发生炉制造企业等相关配套企业100多家。年产陶瓷砖14亿平方米、卫生洁具300万件。

四、发展高技术陶瓷产业

2002年11月，科技部批准淄博市为国家新材料成果转化及产业化基地。2005年12月，山东省工业陶瓷研究设计院、山东硅苑新材料科技股份有限公司、山东理工大学联合申报组建的国家级工业陶瓷材料工程技术研究中心被科技部批准成立。

淄博高技术陶瓷及新材料成果转化基地在全国43个国家级新材料基地综合实力评审中列第6位、在18个综合性基地中列第3位。涌现出硅苑科技、中材高新、华创、鲲鹏等一大批以高新技术陶瓷为主要研发方向的明星企业。

2008年，淄博市科技局上报的23种陶瓷类产品中，国内市场占有率居全国前三位的有14种，其中10种产品居全国第一位。

山东硅苑新材料科技股份公司研制开发的氧化锆增韧氧化铝陶瓷彻底解决了国内高速造纸机用耐磨陶瓷脱水部件长期依赖进口的局面，获2008年山东省重大节能成果奖。华创精细陶瓷有限公司承担的“863”陶瓷柱塞和缸套项目正在实现产业化，由此成为《陶瓷缸套》和《氧化锆日用陶瓷刀》国家标准的起草单位。中材高新材料科技股份有限公司研制的微晶氧化铝耐磨球衬、熔融石英陶瓷辊的质量达到国际先进水平。淄博博航电子有限公司在国内首创水基凝胶工艺生产技术，形成年产30万平方米氧化铝陶瓷基片的能力。山东鲁阳股份有限公司的耐火纤维生产基地，年产六大类含锆陶瓷纤维产品4万吨。

山东大学、山东轻工业学院、青岛大学、青岛科技大学、中国海洋大学、山东理工大学等院校对山东高技术陶瓷的发展在技术及人才方面给予了大力支持。

2009年，山东省高技术陶瓷产业产值100亿元，为全省陶瓷工业总产值的20%。

五、国窑名企

1. 山东硅苑新材料科技股份有限公司

前身是成立于1958年的淄博市硅酸盐研究所，1984年，更名为山东省硅酸盐研究所，1989年，更名为山东省硅酸研究设计院。2001年，改制为股份制公司。国家高新技术企业。拥有科技成果200余项、专利技术50多项，其中国家发明奖5项，国家科技进步奖2项。合资企业淄博福禄新材料有限公司生产的陶瓷颜料、高档陶瓷色料、涂刷金制剂市场占有率居全国首位。2005年，“硅苑”牌日用陶瓷获中国名牌称号，自1984年以来，“硅苑”陶瓷进入中南海，一直是党政军机构用瓷。

2. 淄博华光瓷业有限公司

前身是张店陶瓷厂。2006年，改制为有限公司。华光陶瓷为中国日用陶瓷企业第一个驰名商标、中国陶瓷行业首批中国名牌，生产的高档骨质瓷、华青瓷为我国高档日用陶瓷领军品牌。中国陶瓷工业协会副理事长单位、中国陶瓷工业协会日用陶瓷专业委员会主任委员单位。

3. 中材高新材料股份有限公司

山东工业陶瓷研究设计院和北京中材人工晶体研究院改制后的股份制企业，隶属于中国中材集团，致力于先进陶瓷、人工晶体、新能源材料等产业的技术开发，国家高新技术企业、国家创新型试点企业、国家新材料产业化基地骨干企业、国家新材料产业化基地技术支持单位。

4. 淄博工陶耐火材料有限公司

2000年8月，由淄博工业陶瓷厂改制而成。山东省高新技术企业、淄博市重点企业集团。

5. 山东银凤股份有限公司

由临沂瓷厂改制而成。国内日用陶瓷生产骨干企业。中国陶瓷工业协会和中国轻工进出口商会陶瓷分会副理事长单位，商标为“银凤”牌。

6. 淄博华洋陶瓷有限责任公司

创建于1997年，产品为镁质强化瓷、骨质瓷、美玉瓷。2003年9月，成为“中国三山一镇陶瓷峰会理事单位”。

7. 淄博华创精细陶瓷有限公司

产品有陶瓷缸套、陶瓷柱塞、陶瓷魔球（磨介）、陶瓷阀门、轴承、轴套、密封环、球磨机衬板、各种陶瓷餐刀等。

8. 淄博泰山瓷业有限公司

2004年建厂，山东日用陶瓷骨干企业。获中国陶瓷行业杰出企业称号。“泰山”牌日用瓷为中国陶瓷行业名牌产品。年产4500万件高档日用细瓷，产品有镁质强化瓷、合成骨瓷、鲁青瓷3大系列、200多个品种。

9. 淄博金马瓷器有限公司

生产高档骨质瓷、高级工艺美术瓷。2009年，生产合成骨瓷1000万件，研制骨质瓷配套餐具2000余个品种、高档艺术瓷1000多个品种。“劲马”牌骨质瓷被中国饭店协会评为中国饭店业最受欢迎用品。

10. 山东国华瓷器有限公司

专业高档骨质瓷生产企业，拥有1000多个花色品种、山东陶瓷行业名牌、中国饭店业最受欢迎设备用品。

11. 山东福禄陶瓷有限公司

1999年，由原山东福山陶瓷厂改制而来。以出口日用陶瓷和星级宾馆用瓷、高级礼品用瓷为主，远销欧美日等数十个国家和地区。

12. 山东珍贝瓷业有限公司

中韩合资企业，国家重点高新技术企业、国家火炬计划项目承担单位。有宾馆瓷、出口瓷、礼品瓷、保健办公瓷、美术瓷等5个系列2000个品种。

13. 淄博统一陶瓷有限公司

2003年建厂，2008年销售收入过亿元。山东省建陶行业仿古墙地砖产品的专业生产企业。全国唯一防静电瓷砖生产厂家，防静电瓷砖在国家重点“921工程”神州七号控制装备中心、中国空间技术研究所等多家高科技单位得到应用。

14. 山东美林卫浴有限公司

位于山东潍坊市，卫生洁具配套产品专业制造企业，国家高新技术企业。年销售收入2.38亿元。“美林”商标2001年被评为山东省著名商标、2002年获全国节水型卫生洁具知名品牌称号。建有目前亚洲唯一的CAS实验室。先后通过中国建筑装饰协会6升水标准认证，ISO9002质量体系认证，澳大利亚QAS认证以及韩国KS标准认证。

15. 淄博鲲鹏精细陶瓷有限公司

主要生产中铝球、高纯化工填料球、蓄热球、耐磨衬砖和衬板及氧化锆陶瓷、锆铝复合陶瓷等精细陶瓷研磨介质，年产30000吨。2008年，与山东理工大学合作成立山东理工大学鲲鹏精细陶瓷研究所，研究开发高纯超细陶瓷新材料。研制开发的锆铝复合（ZTA）磨介是继淄博市氧化锆陶瓷和氧化铝陶瓷两大主导产品之后的又一新成果。

16. 山东鲁阳股份有限公司

始建于1984年，坐落在淄博沂源，是耐火、保温、防火领域集产品研发、生产、销售、应用服务于一体的专业公司。

六、陶瓷名人

1. 陈希龄（1878—1962年）

淄博市博山区人。1936年，恢复失传的宋代名釉茶叶末釉。代表作有《螃蟹》等，山东省工艺局曾授予“技师”称号。

2. 李兴源（1888—1968年）

字左泉，著名陶瓷艺人，擅长国画，又以雪景见长，曾为北京人民大会堂山东厅制作雪景瓷板画。

3. 冯升谱（1898—1948年）

淄博市博山区人，著名陶塑雕塑艺人，作品有《吕祖》《观音》《罗汉》等，首创雕塑石膏模型。

4. 候相会（1890—1976年）

淄博市博山区福山镇人，1936年研制成功恢复失传的雨点釉。作品有雨点釉浮雕赤虎瓶、五龙樽、独龙山水盘、二龙戏珠瓶、提梁壶茶具、器皿等。

5. 李庆章（1907—1984年）

字雪如，著名陶瓷艺人，代表作有《深山送货》《泰山黑龙潭》《天女散花》等。

6. 沈慧基（1921—1987年）

上海市南市区人。1962年11月—1978年9月，任淄博硅酸盐研究所所长，后任山东省一轻厅总工程师，开辟了我国利用当地原料研制开发高档日用细瓷新材质、新瓷种的成功之路，是山东陶瓷科技进步的奠基人。研制成功高热稳定性匣钵、滑石质日用细瓷。“滑石质日用细瓷”项目于1983年4月获国家发明三等奖，1978年3月出席全国科学大会，获全国先进科技工作称号。培养了一大批陶瓷行业的科研骨干，成为我国陶瓷行业科研开发的重要力量。

7. 崔永顺（1931—）

山东潍坊市寿光县人。组织建成我国第一条煤烧日用陶瓷隧道窑。2007年，获中国陶瓷工业协会授予终身成就奖。

8. 冯乃藻（1933—）

淄博市博山区人，中国工艺美术大师，2003年获中国陶瓷艺术大师称号。代表作品有《钟馗》《三顾茅庐》等。

9. 陈贻谟（1933—）

淄博市博山区人，中国工艺美术大师。2006年，获中国工艺美术终身成就奖，出版《陈贻谟陶瓷造型艺术作品集》。1999年制作的“中华龙”系列餐茶具成为国庆50周年国宴专用瓷，有12件套作品选为国家礼品瓷。

10. 杜祥荣（1936—）

山东省淄博市淄川区人。历任淄博市硅酸盐研究所副所长、所长，建人山东省陶瓷公司副总工程师。主持完成的高长石质精细瓷（鲁玉瓷）于1983年4月获国家技术发明三等奖。主持研制的“高石英质日用陶瓷”于1987年获国家技术发明三等奖，1987年在南斯拉夫萨格勒布第十五届发明国际博览会上获金牌奖，是我国卓有成就的陶瓷专家。

11. 刘凯民（1938—）

淄博市淄川区人，陶瓷釉料专家，享受国务院政府特殊津贴专家。主持完成“高热稳定性匣体钵料的研究”、CC—145等深红色铬—锡红色料、鸡血红釉、鱼子蓝釉、金星釉、蓝钧、兔毫、虎皮等名贵艺术釉。

12. 张儒岭（1939—）

山东省聊城市人。教授级高级工程师。1984—1998年，任山东省硅酸盐研究设计院院长，长期从事科研和科研管理工作，取得多项成果。主持研制的“堇青石轻质骨料耐火材料”获国家发明四等奖，“滑石质日用细瓷”项目获省科学大会奖、国家发明三等奖、比利时布鲁塞尔第36届尤里卡世界发明博览会金奖。主持研制的“人工合成骨粉及骨质瓷技术”获省科技进步一等奖、国家发明专利、国家发明二等奖、杜邦技术创新奖。获国家发明专利6项，省（部）级科技进步奖6项，在省级以上刊物发表论文和专著30余篇。2007年获中国陶瓷行业终身贡献奖。

13. 尹干（1940—）

江西省赣州人，中国陶瓷艺术大师。作品涉及日用瓷造型、雕塑、花釉、黑陶、彩陶、刻瓷等。

14. 张明文（1941—）

淄博市淄川区人，中国陶瓷艺术大师、中国工艺美术大师，山东刻瓷艺术的领军人物。代表作品有鲁青瓷刻瓷瓶《敦煌归真》《纪泰山铭》《薄胎刻瓷瓶》《再现红楼》等。

15. 李梓源（1944—）

淄博市淄川区人，中国陶瓷艺术大师，山东刻瓷艺术的代表人物之一。1982年，鲁青瓷刻瓷文具在德国慕尼黑第三十四届手工艺品国际博览会上获金奖章。

16. 王尔孝（1946—）

淄博市博山区人，高级经济师。2003年，被中国陶瓷工业协会授予中国陶瓷工业突出贡献荣誉称号。著有《陶瓷工艺学》《鲁瓷之光》《鲁瓷大观》主编《淄博陶瓷志》《淄博陶瓷》多媒体光盘等。

17. 曹在堂（1952—）

淄博市淄川区人，高级经济师，著有《混合经济论》《吉庆有鱼—在堂爱玲鱼盘收藏研究集》等专著。

18. 陈德明（1935—）

淄博市博山区人，高级政工师，历任福山陶瓷厂厂长、山东省陶瓷公司党委书记、顾问等职，为山东陶瓷发展做出重要贡献。

19. 韩其诰（1941—）

淄博市博山区人，曾任山东省陶瓷公司党委书记，为山东陶瓷发展做出重要贡献。

20. 任嗣薛（1937—）

淄博市博山区人，高级经济师。历任淄博瓷厂副厂长、山东省陶瓷公司经理、党委书记，为山东陶瓷发展做出重要贡献。

21. 夏侯聘卿（1917—2013年）

山东淄博人，陶瓷颜料专家。曾任山东省硅酸盐研究设计院颜料研究室主任，为山东陶瓷颜料、特别是丝网印刷陶瓷颜料的发展做出重要贡献。

22. 张道学（1943—）

山东省青岛市人，陶瓷颜料专家，享受国务院政府特殊津贴专家。曾任山东省硅酸盐研究设计院颜料研究室主任、院副总工程师，为山东陶瓷颜料发展做出重要贡献。

江苏省陶瓷行业发展概况

江苏省位于我国大陆东部沿海中心、长江下游，东濒黄海，东南与浙江和上海毗邻，西接安徽，北接山东，地势平坦，河渠纵横，湖泊众多，交通便利，陶瓷原料资源丰富，具有发展陶瓷生产的良好条件。

江苏陶瓷产区具有鲜明的陶瓷文化特色，是以宜兴陶瓷为代表的产区。宜兴紫砂、高淳日用瓷、宜兴耐火砖是当代江苏三大主要产品。“陶都”宜兴灿烂的陶瓷文化和精湛的陶瓷艺术驰名中外。

江苏的陶瓷原料矿产资源丰富。主要有高岭土、陶土、耐火黏土、瓷石、长石、石英、蓝晶石、白云石、膨润土、硅灰石等，分布于苏州、宜兴、溧阳、溧水、江宁、高淳、句容、南京、六和、铜山、无锡、丹徒、新沂、赣榆、东海、沭阳、泗洪、宿迁、睢宁等市县。据20世纪50年代中期至1987年的勘探，全省陶瓷原料矿产资源总量为595106.15万吨。

江苏的陶瓷生产历史悠久。在邳县、新沂、沭阳、淮安、连云港、宜兴、吴县和南京等地出土的距今6000多年的制陶工具以及红陶、灰陶、黑陶、白陶、彩陶等陶器遗存表明，早在新石器时代，江苏的陶器生产已有一定的规模和水平。殷商和西周时，江苏出现了印纹硬陶和原始瓷器。春秋战国时，陶器品种增多，使用轮制成型。汉代时江苏陶瓷的烧造技艺有明显进步，宜兴“南山窑”制陶技艺日趋成熟，受浙江影响，宜兴开始烧造青瓷。两晋、南北朝时，宜兴成为当时国内烧造青瓷的主要产地之一。中唐以后，江苏陶瓷业得到长足发展。五代时期，受越窑崛起和原料局限等原因，江苏青瓷渐趋衰落，终至失传。宋代时，江苏宜兴的日用陶器兴起，初创紫砂陶器，为明清的发展奠定了基础。明代时，江苏陶业盛极一时。明代初期，为适应都城南京建设的需要，南京、苏州等地出现烧造建筑陶器的大窑厂；中期，宜兴成为江苏陶器生产的集中地，“宜兴窑”“欧窑”和“蜀山窑”成为三大名窑闻名于世；明正德以后，紫砂陶器成为陶园中独放异彩的瑰丽奇葩。清代的康熙、雍正、乾隆三朝，江苏陶业更有了长足的进步，日用陶器品种增多，堆花装饰工艺已趋成熟，造型愈益新奇，格调纯朴、浑厚、雅致；欧窑的均陶远销海外；紫砂形成独特的艺术风格，许多珍品成为名器。

近百年，特别是20世纪70—90年代，除了传统的紫砂陶、均釉陶和日用陶器外，恢复和发展了青瓷、细瓷、炻器、精陶、色釉陶、美术陶瓷、仿古陶瓷、工业陶瓷和建筑卫生陶瓷等，江苏成为我国生产陶瓷的重要省份之一。

20世纪初，江苏陶业有一段时间抓住机遇求得发展。仅宜兴丁蜀镇一带几乎“家家捶泥，户户制坯”，“衣食所需惟陶业是赖”。由于一些大窑户各怀绝技，产品各具特色，宜兴形成粗货、溪货、黑货、砂货、黄货五个生产区，其中属于砂货的紫砂产品曾于1915年巴拿马国际博览会上获奖。陶瓷三脚龙头以质优价廉，在与德商竞争中获胜而在国内外赢得了声誉，显示了宜兴陶业于衰微中振兴的活力。

1936年，宜兴一地有龙窑76座。上海、杭州、烟台、武汉等地设有经销江苏陶器的门店约80家。江苏陶器在长江下游各省几乎无家不备，其销量之大可与瓷都景德镇瓷器比肩。1937年，日寇发动侵华战争，江苏各地的窑场、窑厂大半倒闭毁损，陶工纷纷失业，陶瓷生产每况愈下。1938—1944年，全省陶瓷年产量仅为战前的45%。

1949—1952年，政府统一组织原材料的采购和分配，实行陶瓷产品的分产联销或联产联销，整顿和恢复了陶瓷业的秩序。从1954年起，通过互助合作和公私合营，全行业的社会主义改造，江苏陶瓷进入发展时期。与此同时，在南京、苏州、徐州等地扩建了一批陶瓷企业。到1957年，全省陶瓷工业总产值为2076万元，比1949年增长11.14倍。

1958年以后，宜兴、南京、苏州、无锡、江阴、镇江、扬州、南通、铜山、邳县、泗洪、高淳等地先后新建和扩建了一批工业陶瓷和日用陶瓷企业，并创办了陶瓷机械设备、窑具耐火材料及釉料配置等专业工厂，初步形成以国营企业为主体的陶瓷工业体系。到1966年，全省陶瓷工业总产值为7609万元，比1957年增长2.67倍。

20世纪50年代，开始进行窑炉改造，发展倒焰窑；60年代，中期起推广隧道窑，逐步实现了由柴窑向煤窑发展的技术改造，结束了千百年来以松柴为燃料烧制陶瓷的漫长历史。1969年，南京电瓷厂在全省率先采用煤气烧成，开创了江苏用洁净燃料烧造陶瓷的历史。70年代到80年代初期，省内各陶瓷企业先后采用了隧道窑、辊道窑、推板窑、梭式窑（抽屉窑）等热工装备，原料的开采和制备实现了机械化。滚压成型、注浆成型、链式干燥、窑炉余热利用、喷雾干燥等技术得到普遍采用。

从20世纪50年代后期起，相继创办了江苏省陶瓷研究所、南京火花塞研究所、徐州陶瓷研究所、高岭土公司研究所等。江苏省陶瓷研究所研制的无铅贴花纸、高温釉中彩当时居国内领先水平，并成功设计国内第一条陶瓷杯生产流水线。原宜兴陶瓷工业学校、各企业兴办的陶瓷职工学校以及省内外各高等院校的相关专业为江苏陶瓷行业培养了大批工程技术人员。

1979年和1982年，相继成立了江苏省陶瓷出口部和江苏省陶瓷工业公司，实行工贸合一的经营管理体制。1987年，全省陶瓷工业总产值为4.9亿元，比1978年增长158%；在全国各陶瓷产区中工业总产值居第5位，利润排第4位，出口交货值居第6位，日用陶瓷产量、出口量、出口创汇均为第8位。

1979—1987年，生产出五光十色的普通陶瓷、彩釉陶器、均釉陶器和紫砂陶器，恢复失传数百年的青瓷生产，发展了精陶、细瓷和炻器，发展了工艺美术陶瓷、园林陶瓷、建筑卫生陶瓷，以及化工、电工、纺织、电子陶瓷等工业陶瓷，成为国内门类齐全、品种繁多的陶瓷产区。1987年，全省有各类陶瓷产品20多大类、10000多个品种，隧道窑为主的各式窑炉202座，生产流水线百余条；陶瓷系统有各类科技人员2000余名。

紫砂陶器是宜兴名扬天下的特产。1980—1987年，仅宜兴紫砂工艺厂就出口紫砂陶器398多万件，外贸交货额1800万元。

进入20世纪末21世纪初，大规模发展传统陶瓷已经不是江苏的优势，陶瓷业进入调整并缓慢发展阶段，宜兴紫砂、高淳日用瓷、宜兴耐火砖（材料）成为三大名品。

一、宜兴产区

宜兴制陶始于7300年之前，宜兴因悠久的陶瓷历史、灿烂的陶瓷文化、精湛的陶瓷艺术而享有“陶都”的誉称。西南的丘陵山区，风光秀丽、景色迷人，包容了溶洞奇观、竹海胜景、茶园绿洲，并蕴藏了得天独厚的陶土资源。早在新石器时期，宜兴的先民们就开始制作陶器，迄今未曾中断。

宜兴陶瓷产品门类齐全，有赏用兼优的各式精美的茶、餐、酒具，有鲜艳夺目的园林建筑陶瓷，有传统的缸、坛、盆、罐，又有新颖别致的艺术陈设陶瓷，还有工业陶瓷、电子电器陶瓷、特种耐火材料等。宜兴陶瓷的高峰期，曾拥有陶瓷企业800多家，从业人员逾10万。“陶都”成为宜兴市的“名片”，在经济、社会的发展中发挥了积极作用，放大与提升了宜兴在国内外的知名度和影响力。

2006年5月，“宜兴紫砂陶制作技艺”成为国家首批非物质文化遗产，“千年陶都”始终传唱着绵延不绝的陶之颂歌。2006年10月，国际陶艺学会和美国中华陶艺学会还分别授予宜兴“世界制壶中心”和“世界茶壶之都”的荣誉。2007年6月，“宜兴紫砂”被国家工商行政管理总局批准为地理标志证明商标，这株宜兴陶苑的名花已经带着“五色土”的芳香走向世界。

二、陶土资源

宜兴的丘陵山区面积为600多平方千米，占全市总面积的35.5%。山势一般在海拔两三百米，高峰在五百米左右，高山多为石英岩构成，低丘多为石灰岩层。山腹中蕴含了丰富和得天独厚的陶土矿产资源，为宜兴陶瓷产业的形成与兴旺提供了物质保证。宜兴丰富的陶土资源催生了陶瓷产业7000多年悠久的历史和厚重的文化积淀。

宜兴陶土矿产资源品种多样，按性能和用途，大致可分为甲泥、白泥、嫩泥、紫砂泥、瓷石、小红泥与紫红泥等几种类型。矿区主要分布在丁蜀镇的黄龙山、青龙山、香山、南山、兰后、涧坞和张渚镇的杨店、西门、柏山、平泉、茗岭、深洞和宜兴林场。

早在明清时，少量专题著作中就有对宜兴陶土矿产资源探究的记述，如“嫩泥出赵庄山”“天青泥出蠡墅”“老泥出团山”“白泥出大潮山”（大潮山，一名“南山”）、“蜀山黄黑二土皆可陶”等。

1925年，当时的中央地矿局曾派专业人员对丁蜀地区的紫砂陶土原料进行过一次地质普查，得出了“紫泥产于南山、黄龙山”，“红泥产于黄龙山、南山”，“绿泥产于青龙山”的结论。

1955年，宜兴县采矿公司成立，筹建陶土原料化验室。1962—1966年，江苏省地质局第六队对宜兴丁蜀镇附近的黄龙山、南山、白泥矿区进行了较为系统的矿产地质普查，并重点对黄龙山甲泥矿进行了勘探。1966年，江苏省宜兴陶瓷公司地质队成立，全面展开以找矿为中心的陶土原料地质普查勘探工作。自1976年起，宜兴陶瓷公司又专门组建了陶瓷原料科普小组，对宜兴地区55个重点陶土矿床（点）进行了深入全面的调查研究，成效显著。

20世纪70年代，发现了小红泥和紫红泥。1983年，华东地区黏土矿业工作者曾对丁蜀镇的黄龙山甲泥和紫砂泥进行实地考察。1984年10月，在青龙山下发现了储量达500余万吨的优质青龙甲泥，其中可露天开采约40余万吨（同时发现一定数量的优质紫砂泥）。1987年10月，在北京召开的石灰系地层国际会议的部分代表专程到丁蜀镇对宜兴紫砂泥黏土矿进行考察。到1990年年底，宜兴境内已发现各类陶土矿床（点）102处，其中，甲泥矿28处、白泥矿36处、嫩泥矿21处、紫红泥和小红泥土12处、瓷石（土）矿5处。

1．甲泥

甲泥是一种藏量最多、产于粉砂岩泥和细砂岩之间的矿泥，当地称为“夹泥”，按习惯称为“甲泥”，是生产日用粗细陶（缸、盆、罐、瓮等）、均陶，园林陶和美彩陶等的重要原料。甲泥属粉砂质黏土与泥岩，外观呈致密块状或土状，干燥时有些黏结并略有滑感，用水浸之不膨胀。甲泥的外观颜色有紫、紫红、蓝青、灰蓝、浅灰和浅黄绿等，有的底色上常杂有黄绿、灰白等斑点，因而，矿工们常常按外观颜色命名为“白麻子”“红麻子”“蓝谱泥”“红皮龙泥”和“乌泥”等俗称。也有按甲泥出产矿口称为“本山甲”（产于黄龙山）“青龙甲”（产于青龙山）“东山甲”“西山甲”“涧众甲”等。

黄龙山甲泥的矿区位于宜兴丁蜀镇西北，是由黄龙山、青龙山和台西村三个矿段组成的综合性大型陶土矿床，B+C+D级储量2700多万吨，是本山甲泥、东山甲泥、西山甲泥、紫砂泥、红泥和绿泥的主要产区。矿体赋存于泥盆系上统五通组和石灰系下统高骊山组地层中，呈层状产出，层位稳定，主矿体厚度变化不大。

1990年统计，宜兴地区有甲泥矿28处，探明储量6738.61万吨，已开采471.21万吨，保有储量6267.40万吨。其中，紫砂泥探明储量和保有储量均为90余万吨。

2. 紫砂泥

紫砂泥是夹子甲泥矿土中的细薄夹层，因氧化铁含量较甲泥高，烧成后呈现紫色或紫褐色，是制作紫砂陶器的重要原料，又称为“岩中岩”“泥中泥”。紫砂泥是甲泥矿土中的一种特殊类型的黏土。从广义上讲，紫砂泥是紫泥、红泥（亦称“朱砂泥”）和绿泥（古称“团山泥”）这三种制作紫砂陶器专用泥料的总称。由于这三种泥料的矿区、矿层分布不同，烧成气氛和烧成温度稍有变化，则烧后的色泽变化多端，耐人寻味，妙不可言。古时把紫砂泥亦称“天青泥”或“青泥”，因此，在1949年前当地陶业界常把紫砂行业称为“青泥业”。

紫砂泥大多是从开采出来的甲泥矿土中精选出来的。紫砂泥原矿呈深紫、暗紫红色，为粉砂黏土质结构，块状，具球形灰黄色斑（俗称“鸡心”），并含细碎光亮的白云母片。紫砂泥的品种很多，有紫泥、底槽青和乌泥等。其中，以底槽青为贵，是紫泥中的上佳泥料。底槽青中又有老、中、嫩三种。现今，有一种紫砂泥原矿的色泽为天蓝青色，烧后呈黯肝色，是紫泥的一个品种，是龙骨上的一个夹层，较嫩而已。黄龙山所产的紫砂泥按矿土色泽有不同的名称。

紫砂泥主要产于宜兴市丁蜀镇北的黄龙山矿区、黄龙村矿区和青龙山矿区。该矿区全长3000余米、宽（深）约450米。紫砂泥矿体呈透镜体，因是甲泥矿土中的夹层，形态较复杂，厚度、层位很不稳定，连续性也差，大多是单孔单体见矿，无一定变化规律。

3. 红泥

红泥的矿土呈橙黄色，古时称红泥为“石黄泥”（即“未触风日的石骨”）。红泥深埋于嫩泥矿土的底层，产量很少。由于含铁量的不同，烧成后呈朱泥色、朱砂紫和海棠红等色泽。用红泥烧制的紫砂器称为“朱泥壶”或“朱泥器”。日本人因很喜爱这种紫砂的颜色而统称我国的紫砂器为“朱泥器”。红泥的烧成收缩率明显大于紫泥，因此，不宜做大件制品，仅适宜做中小件紫砂陶器。红泥原产于丁蜀镇川埠西山和赵庄山。近年，在黄龙山也发现了少量红泥，夹杂于黄石的夹层中，工艺性能与原来的红泥有明显差别。可塑性、触变性、干燥和烧成收缩与紫泥大致相同，烧成温度也较高，宜于打片镶接成型而做一些稍大的紫砂器皿。

4. 绿泥

绿泥因刚开采出来的矿泥略带青灰色而得名，古时称为“团山泥”。团山位于黄龙山和青龙山北侧的交界处。绿泥是紫泥矿层中的夹脂，产于龙骨与黑墩头矿层之间，矿体中氧化铁含量较紫泥少，且以铁的离子状态为主，故自然状态呈暗绿色，颜色稍浅，表面有油脂状光泽，属于一种完全解理的矿物。在氧化气氛中烧成，呈现深沉典雅的米黄色。因矿土中石英含量较高，故颜色稍浅。现今，绿泥与红泥一样，产量已十分稀少，常常把稀少的绿泥和红泥用作化妆土。

小红泥和紫红泥是近年来新开发的两种陶瓷原料。小红泥的外观呈黄绿、土黄色，属粉砂质黏土岩。紫红泥呈紫红色，属粉砂质泥岩。二者均是制作日用细陶器（酒坛）和建筑园林陶的原料之一。

嫩泥的主要成分为水云母、高岭石、多水高岭石、石英，杂质成分有铁质及云母碎屑。因风化程度较好，颗粒细，具有较好的可塑性与结合能力，成型性能及干坯强度良好，是制作日用陶常用的结合黏土。宜兴地区的嫩泥矿区或矿点有：香山、红庙、柏山、石柱头、九里山以及湖父桥北等21处，探明储量444.29万吨，已开采116万吨，保有储量328.29万吨。

白泥的主要成分为水云母、叶蜡石、高岭石、石英及云母碎屑等，是制作砂锅、水罐等细陶产品的主要原料。至1990年，宜兴境内已发现白泥矿36处，探明储量538.74万吨，已开采162.79万吨，保有储量375.95万吨。南山白泥矿区位于宜兴丁蜀镇南3k米处，宁杭公路经过矿区北侧，水陆运输方便，由3—4个白泥矿体组成，矿体呈层状，赋存于泥盆系上统五通组中段及下段石英砂岩中，矿体厚度一般为2—3米，最厚可达7米，最薄0.3—0.5米，C+D级储量100多万吨。

三、陶瓷产品

典雅古朴、工艺精湛的紫砂，苍翠欲滴、如冰似玉的青瓷，绚丽多彩、端庄凝重的均陶，胎质坚致、美观耐用的精陶和釉色斑斓、风姿绰约的美彩陶，被誉为宜兴陶瓷艺术的“五朵金花”。宜兴艺术陶瓷，将陶艺的“精、巧、新、奇、美”融为一体，特色鲜明，各臻其妙，独步千秋，享誉海内外。此外，宜兴还是我国建筑园林陶瓷、工业陶瓷、特种耐火材料的著名产地。

1．紫砂

紫砂发端于北宋，兴盛于明清，鼎盛于当代。作为陶中瑰宝的宜兴紫砂已成为中华民族文化的杰出代表之一。

紫砂是宜兴陶工以当地独产的紫砂土为单一原料、经手工拍打成型、在窑炉内经1100℃烧制而成的一种无釉细陶。紫砂以茶具为主要代表，兼有花瓶、花盆、文房雅玩和雕塑等品类，集陶文化、茶文化、诗词、书法、绘画、篆刻、雕塑诸艺术于一体而成为具有浓郁中国元素的东方艺术珍品。

独特的紫砂陶土是宜兴紫砂区别于其他陶瓷的根本特征。紫砂陶土是大自然赐予宜兴人的天然资源，主要出产于宜兴市丁蜀镇北郊的黄龙山、青龙山、赵庄一带。紫砂土的色调以紫为主，另有红、绿、黄三种自然色泽，含铁量高于其他陶土，不需要和其他原料调配即可制陶，三种色泽的自然矿生泥在艺人们手中互相调配、千变万化而呈万紫千红，人们习惯称它为“五色土”。

紫砂矿源深藏在几十米、甚至几百米的山腹地层下面，开采时夹在甲泥中间，从几斤甲泥中才能选出一两斤好的紫砂泥，古人称之为“岩中岩”“泥中泥”，十分珍稀。紫砂泥具有类似砂的透气性和具备手工制陶需要的可塑性。用紫砂泥制成的各种茶壶的表面能产生一种如美玉般怡人的晕光，收藏家称之为“包浆”。

生活中的陶文化和茶文化的自然交融是产生紫砂艺术的历史文化背景。在7000多年前的新石器时期，宜兴的先民们开始烧造陶器，历经数千年薪火不断。

历史上，江南宜兴又是著名的茶叶产区，更是文人荟萃之地，积淀深厚的陶文化和优越的茶文化在人们日常生活中自然交融。到了北宋初年，宜兴陶工发现了功能特殊的紫砂陶土。以后，就自然而然地产生了紫砂陶。

宜兴紫砂是手工成型的一种既有日用功能又有观赏性、可供把玩的特种工艺陶，有着强烈的地域文化特征和手工制作的工艺特色，独特的成型制作工艺让世界陶艺界为之倾倒。

在机械化尚未形成时，世界各地原始的制陶方法有捏塑法、泥条盘筑法、拉坯成型法等。宜兴有着7000多年的制陶历史，其间也用过上述类似的方法制陶，但陶工的祖先在多年的摸索和实践中逐步发明了一种独有的手工制陶法—片筑法，这也是宜兴对中国乃至世界陶瓷艺术的一大贡献。

片筑法是先把陶泥放在木制的专用工具（泥凳）上，用另一种木制工具（搭只）把陶泥捶打成片后，再把“泥片”根据所制陶器的形体所需尺寸裁切，或围成圆形，或切成方块，再拍打镶接成坯体的一种工艺方法。用这种方法制成的陶坯“泥门紧”，坯体成品率高，烧成时不易变形。宜兴紫砂艺人根据祖先传下的方法进行细化后，形成了一种特殊的工艺技法—打泥片、围身筒、拍打成型法，并成为一种传统，祖祖辈辈代代相传，沿袭至今。

最初的紫砂壶以实用为主，后来由于文人墨客的参与，紫砂茶具的造型逐步兼顾艺术欣赏的要求。赏、用完美结合是紫砂茶具的艺术特征。古朴典雅既是历代制壶艺人遵循的法则，也是紫砂壶艺区别于其他工艺品的造型特征。数百年来，紫砂艺人广泛吸收中华文化和传统民间工艺的精华，有机地融入到自己的造型艺术中来，使紫砂壶的造型千姿百态，成为独特的陶瓷艺术品。

紫砂壶大致可归纳为“三形”“三态”。学院派的“三形”是指几何形、自然形、筋纹形，而紫砂圈内人士则分别称为“光货”“花货”“筋瓤货”，几何形即光货，自然形即花货，筋纹形就是筋瓤货。“三态”则是指动态、静态、动静互寓态。紫砂壶具有生命的活力及鲜明的艺术个性，有的浑厚如秦汉壮士，有的端庄如燕赵佳人，有的妩媚如吴越姝丽，显露出藏在紫砂壶骨子里的神与韵，也折射出紫砂壶制作者的学与品。

明代中期是宜兴紫砂成熟发展和较为繁荣的时期，而真正引起社会的普遍重视和赞赏则是在明末清初之际。明末江阴人周高起所著的《阳羡茗壶系》一书篇首就说：“近百年来，壶黜银锡及闽豫瓷。而尚宜兴陶。”反映出从明代中叶到明末的近百年历史中，宜兴紫砂壶已经驰誉全国，越来越受到人们的珍视。

至明正德年间（1506—1521年），宜兴紫砂不仅日益兴盛，而且涌现出不少民间艺人，其中，供春是把紫砂工艺推至一个崭新的境界而成为紫砂历史上最早的著名艺人。吴梅鼎在《阳羡茗壶赋》中赞美道：“彼新奇兮万变，师造化兮元功。信陶壶之鼻祖，亦天下之良工。”在嘉靖到隆庆年间，继供春而起的紫砂名人有董翰、赵梁、时鹏和元畅四人，并称为“茗壶四大家”。这些名家均以作品造型的艺术化而取胜。同期的壶艺名人还有李茂林，他善制小圆壶，精美朴雅，可与供春壶媲美。到万历年间，名匠辈出，以时大彬、李仲芳、徐友泉三大名家为代表，各立门户，争奇斗艳。紫砂工艺也逐步形成独立的工艺体系而进入百品竞新的勃兴时期，产品也从茶具逐步向文房雅玩等陈设工艺发展。之后，壶艺风格日益趋向精工巧妍。

外国人把宜兴出产的紫砂器称为“红色瓷器”“朱泥器”。17世纪，葡萄牙商人把紫砂器输入欧洲备受欢迎。从此，欧洲人源源不断地从我国订购朱泥器，甚至在法国还出现赝品。德国人约翰·佛烈德利希·色特格尔还仿制成功“红色瓷器”，并于1708年写了一篇文章《朱泥瓷》，足见紫砂的声誉之隆。《明代陶瓷之时代情形》一书中指出：“宜兴输往欧洲的陶瓷数量极为可观，出口到欧洲，深得欧人的爱好。”当时，紫砂壶销往英、法、德、意等国，称为“西洋生意”。1935年，在中国艺术伦敦国际展览会上曾展出英国人维德收藏的时大彬壶、陈鸣远壶以及清乾隆时的陈觐侯制红砂觚式瓶、陈滋伟制梅式笔架等。

明清时期传入日本的宜兴紫砂壶很多。1874年，日本人奥兰田编著的《茗壶图录》里收集了32件名贵紫砂壶图片资料，其中有明万历年间（1618年）李仲芳所制的壶、明陈和之的壶、清初（1667年）陈鸣远的仿鼓壶、清嘉庆二十三年（1818年）的梨皮泥壶等。奥兰田认为，阳羡砂壶“名于天下”，而且“争购竞求不惜百金、二百金，必获而后已”。日本人尤其重视煎茶的小茶壶，凡刻有惠孟臣、陈鸣远、陈曼生等名字的都备受珍爱。

除了紫砂壶之外，从清乾隆年间传入日本的紫砂花盆的数量也很可观。据武内猛马和村田圭司编著的《盆栽钵和水盘》一书所述，各式紫砂花盆为数不少，主要品种有红泥长方圆角盆、朱泥绘画长方盆、红泥长方四角内凹盆、梨皮泥长方袋式盆等，有的还分别刻有“寄石山房”“荆溪水石山人”等铭款。这些花盆有着广阔的市场，受到盆栽爱好者的喜欢。

在日本的万延、文久时代（1860—1863年），有个名叫平野忠司的日本贵族鼓励日本人在常滑市仿制“朱泥器”。明治十年（1878年），日本人鲤江高须派人到宜兴，聘请紫砂艺人金士恒到日本常滑市传授紫砂陶制作技艺，并由鲤江方寿、杉江寿门、伊奈长涛三人跟随学艺。从此，日本把这些类似紫砂器的产品称为“常滑烧”，同时，把金士恒视为鼻祖，至今供奉着他的画像。

此外，宜兴紫砂还大量出口印度尼西亚、菲律宾、新加坡、马来西亚等国，称为“南洋生意”。有的销往印度、越南、老挝、泰国、柬埔寨等国。紫砂的对外贸易，促进了中外文化交流。

清代康熙年间的陈鸣远是紫砂史上又一代表人物，他把自然界中的花、草、鱼、虫等物态与紫砂茶具相结合，创造了影响巨大的紫砂花器流派而名载史册。

清代嘉庆年间，时任溧阳县宰的西泠八家之一的陈鸿寿来宜兴，直接与紫砂高手杨彭年合作设计了18种款式的茶具，后人称之为“曼生十八式”。他在紫砂壶上镌刻书法、绘画，首开紫砂与中国书画结合的先河，使紫砂茶具更加人文化、艺术化。这在当时就有“壶随字贵、字随壶传”的说法。这种艺术风格一直影响到今天，而且更有发展。这时期，杨彭年之妹杨凤年是紫砂史上第一位女性制壶高手，代表作品有《风卷葵》《竹段壶》，现藏于宜兴陶瓷博物馆。

邵大亨是与杨彭年几乎同时代的一位影响巨大的制壶巨匠，他擅长光素器，造型浑厚大度，工艺精湛，在当时就有一壶千金之说，代表作品有现藏南京博物院的《龙头八卦壶》和藏于宜兴陶瓷博物馆的《大亨掇球壶》《仿鼓壶》等。

清末，紫砂高手黄玉麟的代表作品有《鱼化龙》《斗方壶》等。

民国时期，宜兴的制壶高手有程寿珍、俞国良、冯桂林等人，其中，程寿珍的“寿珍掇球壶”曾获巴拿马国际博览会特优奖。

在抗战期间，由于日军侵略致使紫砂市场萧条，艺人们无壶可做，无窑可烧，紫砂业几乎到了断绝的绝境。

1949年以后，紫砂行业才得以保护和发展。1956年，任淦庭、吴云根、裴石民、王寅春、朱可心、顾景舟、蒋蓉等7位宜兴紫砂艺人被江苏省人民政府任命为“技艺辅导”。这些人为新中国的紫砂发展培养了许多人才，当今诸多大师、高级工艺师均出自他们门下。

1978年以来，紫砂达到了五百年来鼎盛的兴旺时期。起初，宜兴紫砂成为与台湾同胞联谊乡情、弘扬中华传统文化、促进两岸统一的“亲情大使”，在港、澳、台地区掀起了宣传紫砂文化、收藏紫砂的热潮。之后，许多紫砂艺人频频到美国、英国、日本、马来西亚、新加坡等国家讲学、交流紫砂文化与陶艺，提高了紫砂的国际品位和地位，在宣传中华文化的同时，也宣传了宜兴的历史和今天的发展成就。被评为中国工艺美术大师的紫砂界10位艺人是：顾景舟、蒋蓉、汪寅仙、吕尧臣、徐秀棠、谭泉海、李昌鸿、鲍志强、顾绍培、周桂珍。当今，紫砂艺人队伍日益壮大，拥有中高级技术职称的紫砂陶艺家逾千人。

宜兴紫砂有着荣耀的历史，世界许多著名的博物馆，如大英博物馆、美国华盛顿国家博物馆、比利时皇家博物馆等都有收藏。1915年，获美国巴拿马国际赛会金奖。1926年，获美国费城艺术博览会金奖。1930年，获比利时国际博览会银奖。1932年，获美国芝加哥世界博览会特别优秀奖。1935年，获英国伦敦国际艺术展览金奖。1984年，获德国莱比锡国际春季博览会金奖。1989年，获中国北京首届国际博览会金奖等。

20世纪80年代起，自宜兴紫砂参加第一届全国陶瓷艺术创新设计评比以来，至今已连续参评八届，历届都有多件新品评上金奖、银奖而取得骄人的成就，在陶瓷界引人注目。

宜兴紫砂的文化品位和文化魅力正在不断上升，已成为文化宜兴的一块“老字号”金字招牌和城市名片。2006年，“宜兴紫砂陶制作技艺”列入第一批国家非物质文化遗产名录。2007年，“宜兴紫砂”被国家工商行政管理总局批准为“地理标志证明商标”。

2. 均陶

宜兴均陶的生产始于宋代，是在日用粗陶的基础上，通过釉料配方变化，经窑变而形成的一个独特品种。1935年，曾获英国伦敦博览会奖章的一件“宋钧窑天蓝窑变深紫蟠桃核笔洗”的展评加注说明指出“原名仿宜兴均窑里蚌式洗”。该作品原是北宋宫廷陈设使用的贡品，现藏于北京故宫博物院。宋代名窑都仿宜兴均陶款式，可见宜兴均陶在宋代已颇负盛名，这也是迄今宜兴均陶发端北宋的佐证。宜兴均陶至明代开始盛行。烧造这类产品的窑址在丁蜀镇西南的均山一带，故称均窑，又称均陶、宜均、均釉。

宜兴均陶于浑朴中见妍整，富有独特的民族风格和丰厚的民俗情趣，素以形制端重、釉色浑厚宜人而著称于世。均釉是其一绝，以“红若胭脂、青若葱翠、紫若艳黑”三色为基本釉色，细分有均蓝、均红、锆白、墨绿、淡蓝、古铜、茄花紫、金星釉等数十种，典型的天青、均蓝、云豆不灰不暗，不躁不跳，与园林的环境和植物的色彩相协调。尤以“灰中有蓝晕，艳若蝴蝶花”的灰蓝釉弥足珍贵。特别是均蓝的“窑变”如星若花，蜚声中外，在国际博览会获得极高的赞誉，在日本更有“海参釉”之美誉，给人以“夕阳紫翠忽成岚”的特殊美感。

烧造均陶产品最成功的窑场是明代嘉靖至万历年间欧子明的“欧窑”，产品有“花盘奁架诸器”以及瓶、盂、尊、钵等，名声享誉日本。当时，还有一位烧制均陶的高手，作品有宜均窑笔洗，红褐色胎，内有淡紫色开片釉，不署真实姓名，用“爱闲老人手制”款，作品曾流传英国及西欧各国。

清雍正年间，均陶产品开始进入皇室，艺术品位可与景德镇瓷器相颉颃。2007年4月，北京故宫举办的“故宫博物院藏宜兴紫砂展”同时展出了明代以来的数十件“宜均”作品，多为罕见之器，风格绝伦，为“均釉”作品进入皇室的直接证据。清乾隆、嘉庆年间，丁山的葛明祥(1736—1811年)、葛源祥(1742—1820年，兄弟俩，是继承欧子明之后烧制宜均的著名艺人，制品以火钵、花盆、花瓶和水盂为最多，釉彩丰富，均釉独特，色泽蓝晕，比欧窑大有进步，世称“葛窑”。日本人最为推崇，查验制品底铭“葛明祥”“葛源祥”款识才予重金收购。清同治至民国年间，最著名艺人魏忠明（1869—1922年）是第一个制作均釉出口花盆的艺人，他的花盆式样新颖美观，所创新的菊、梅、葵诸式花朵口沿花盆，花边匀称，形制完美；其阴阳抽角花盆，都加贴花画面；其京钟大花盆，气势宏大；各式水底、口线，都用不同款样装饰，逗人喜爱，并善工，雕刻细腻。他所制花盆全由日商包销，日商还赠以“万宝顺”印戳，曾获南京工艺赛会金奖章。稍后的均陶名人有鲍明亮、戈根大、彭再生、秦根林、秦根三、诸葛伯勋、贺阿初诸辈，他们在延续传统的基础上，大量制作仿古产品，并不断创作新产品，形成了各自的绝技和专长。其间，花盆类产品造型最常见的有四方、六方、阳文抽角以及菊花式、梅花式和宫灯式等。1910年（清宣统二年），一件高1.6米的均釉大瓶获得南洋劝业会奖状。从20世纪30年代开始，日本政府采取提高均陶进口关税的限制政策，致使宜兴均陶出口遭受打击而一蹶不振。

1949年以后，均陶生产得到恢复和发展。1955年，我国第一套均釉蟠龙圆陶台在丁蜀镇西庄陶业生产合作社（均陶工艺厂最早前身）由魏红春、赵金扬设计制作成功。到20世纪60年代初，宜兴建筑陶瓷厂、宜兴大新陶瓷厂也相继生产均釉陶台，销势十分看好。1972年，宜兴均陶工艺厂为朝鲜金日成主席60寿辰承制均釉成套大花盆，在花盆上堆贴了朝鲜国花“木莲花”图案，与青瓷厂承制的大花盆一道，合成双璧送运朝鲜，作为国礼为金日成祝寿。

均陶产品以釉色瑰丽多彩而闻名，与之相匹配的贴花装饰技法在明代后期开始形成，发展成为宜均的特色。现存于宜兴陶瓷博物馆的《龙头荷花缸》就是早期平贴技法的代表作，作品周身外表贴有牡丹、茶花、菊花、梅花，寓意吉祥平安。至清末民初，艺人们一直沿用绷浆色泥，先搓成条状，再用大拇指在坯体外层，分别以捻、捺、贴、揿、撕、摺等动作，或手抹、或垒叠，浓淡深浅，疏密曲直，扭动自如，首尾相称，细微处再用竹、木制的小工具进行加工点缀，可构思堆贴名山大川、奇花异草，亦可设计堆贴飞禽走兽、古装戏文，无不争奇斗艳、栩栩如生。

均陶贴花名人杨耀生（1910—2005年）是武进湟里人，幼时念过私塾，自小嗜古文，喜书画，学艺灵犀自通，16岁时由族人介绍到丁山窑场，拜民国时期贴花第一高手葛保林（1889—1930年）为师，终成葛师高徒。杨耀生贴花从不在坯体上打草图，因坯制宜去构思题材，精巧娴熟，一挥而就。早在20世纪30—40年代，执窑场牛耳、专做南洋生意的大窑户“葛德和”就以贴花陶器享誉海外，出口至新加坡、印度尼西亚等地的金鱼缸、花洋缸，大多得力于杨耀生的贴花技艺。杨耀生的贴龙缸掌握了“牛头鹿角蛇身体，鸡爪鱼鳞虾眼睛”的要诀，展示了形体的玉韵感，拇指老茧也被用来渲染画面，他左右手都能贴花，左右开工贴出两条对称的龙，基本功无人能企及。50年代中期，杨耀生进宜兴大新陶瓷厂，技艺得到更好施展。1959年，国庆十周年前夕，南洋烟草公司向丁山订购数十对贴花大花盆，由成型高手秦牛大制作，杨耀生和贴花好手谈金荣合作贴花，每件贴一对和平鸽，中间一颗红星，一株虬枝挺拔的青松，寓意祖国万岁。产品运抵北京，南洋代表看后十分赞赏，称赞水平一流。现存宜兴陶瓷博物馆的杨耀生代表作是一件容量为500kg的荷花缸，为1976年杨耀生66岁所做，缸为墩圆形，口沿下贴有一圈10c米高的回纹，缸面有6组圆形构图，分别贴有鸡、鹿、狮、鹤、鹰、熊猫，把不同生灵在大自然的习性表现得活灵活现，圆外贴松、竹、牡丹、芍药、月季等花卉，间或有锦鸡栖息枝头，画面采用白、红、绿三色泥色为贴花原料，施以老黄釉烧成，整体色彩自然相宜，浓淡有致，为杨氏晚年绝唱，已属仅存硕果。在20世纪50—60年代，杨耀生多次被评为宜兴县先进生产者，宣传他的事迹材料都冠以贴花“状元”的美名而成为宜兴陶业界家喻户晓的人物。

20世纪50—60年代，一批老艺人通过言传身教而培养出新一代承古创新传人，为均陶堆花工艺的延续起到了重要作用。70年代初，为了与宜兴精陶餐茶具花纸贴花有所区分，均陶贴花易名为堆花，沿用至今。

20世纪80年代以后，均陶堆花的创新、创优更是取得了令人瞩目的成绩。1983年，均陶工艺厂生产的50套均釉陶台首次进入中南海，其中一套被安放在钓鱼台国宾馆。翌年，均陶蟠龙陶台陶凳作为景点被中国园林“燕秀园”采用，“燕秀园”获英国利物浦国际园林节大金奖、最佳亭子奖和最佳艺术造型永久保留奖。1987年，20件（套）的蟠龙陶台、全均釉陶台、均釉组合花盆等精品入选中南海紫光阁并获国务院颁发的荣誉证书。1987年和1989年，均陶产品先后获得国家质量奖评定委员会颁发的银奖、首届国际博览会金奖。其间，均陶产品还多次参加国际性的展览会、博览会，在国际上产生了深远的影响。

目前，宜兴均陶堆花艺苑中的领军人物李守才、方卫明等在技艺的研究和探索上，都取得了重要成果，为弘扬陶文化做出了贡献。

3. 青瓷

宜兴地区春秋战国时期的几何印纹硬陶和原始青瓷的残片几乎到处可见，特别是在丁蜀镇附近汤渡至湖父的画溪河沿岸，以及塘头、转山头、白坭场、周墓墩的多处古墓中，均有厂发现。考古发现，这些陶瓷大多采用陶轮拉坯，形制规整，美观大方。大型陶罐已采用手工拍打成型，坯外压制多种纹饰，反映了工艺技术的显著进步。宜兴地区很可能是当时南方原始青瓷和几何印纹硬陶的主要产地之一。

古窑址普查发现，在丁蜀镇及其附近有汉代的窑场多处，窑炉达16座之多，大部分汉窑分布在延绵4千米的南山北麓，有狮子墩窑、龙丫窑、馒西窑、马臀窑、顺庆寺窑等，东汉时期宜兴的窑业已具相当规模。汉代南山群窑中的代表性产品为釉陶器，也有烧灰陶和红陶。器型以壶、罐、瓮为主，纹饰为方格纹、窗棂纹、蕉叶纹、水波纹等。大多数瓮罐类产品呈手工打片成型。当时陶工的成型技术日趋熟练，烧制陶器已成为专门的手工业。宜兴地区东汉釉陶的普遍烧制为后来宜兴青瓷的兴起创造了条件，对于由陶到瓷的过渡具有重要意义。

1959年4月，在丁蜀镇汤渡附近发现2处六朝青瓷窑址，后来又在南山北麓相继发现3处六朝青瓷窑遗址，出土的产品以日用青瓷为主。在三国两晋时期，宜兴南山窑烧造出具有一定质量的青瓷器，器形丰满匀称，造型比较成熟。1976年，南京博物院发掘了宜兴涧众唐代。龙窑，这是科学发掘的年代较早的古龙窑。窑长为28.4米，窑墙宽度中段为2.65米、窑梢为2.3米，窑高1.5米。窑床坡度平缓。主要烧制青瓷碗、盆、盘、碟、瓶等产品，釉色有浅青、青绿、花绿、翠青等，釉层较好，晶莹润泽。至晚唐五代，宜兴青瓷的烧制中心已经转移到宜兴城西南的归径棚山、武真堂一带，方圆十余里均有窑址分布，废品和窑具堆积层厚达1米以上，窑场生产规模相当可观，延续的时间较长。

三国两晋南北朝时，宜兴青瓷的制作日臻完美而进入了成熟阶段。1976年，宜兴周处家族墓周墓墩中出土的辟邪器、香熏等都是距今1700多年前的“晋窑”烧制，制作十分精美，其中，青瓷神兽尊神态逼真，釉质润泽，是南京博物院10件国宝级文物之一，也是江苏省10件国宝级陶瓷文物之一。

宜兴青瓷的烧制对南方青瓷的兴盛具有一定的影响。新西兰路易·艾黎先生在《瓷国游历记》中说：“有些专家认为，浙江北部从德清直到绍兴是著名的越窑变迁的路线，我则认为很可能越窑的起点应该是德清以北不远的宜兴。”到了唐代，精美的青瓷制品更是名满天下。“九秋风露越窑开，夺得千峰翠色来。”那夺得千峰翠色的青瓷通过丝绸之路，走出国门，深得欧洲人的喜爱。

五代以后，由于缺乏瓷土等多种原因，宜兴青瓷生产一度衰败失传。

1961年，在江苏省陶瓷研究所的大力支持下，宜兴瓷厂着手青瓷的恢复与试制工作。经过两年的摸索，终于使青瓷艺术重放光华。千姿百态的花瓶、花盆、灯具、酒具、文具、茶具、咖啡具、烟具、玩具、雕塑陈设品，琳琅满目，令人目不暇接。有的釉色青中泛蓝，有的蓝中透青，犹如千峰翠色，显得清新高雅；有的在青翠欲滴的釉面上，用“飞红”的手法醒目地点缀上一两滴嫣红，犹如在碧玉上镶嵌鲜艳的红宝石，显得雍容华贵。传统的百圾碎遍体布满纹路，有的纵横交错，称“鱼子纹”，有的重叠如冰，称“冰裂纹”，显得浑厚古朴，具有明显的“哥窑”风格。未曾涂釉的底座，裸露着黑色或褐红色，犹如“铁足”，口角边缘呈紫色，故名为“紫口铁足”。通体豆青、天青、粉青、黛青、灰青、蓝青、翠青、梅子青、橄榄青、川白、鳝鱼黄、鳖裙等釉面上布满着错综自如的褐色釉碎纹路，与紫口铁足互相映衬，越发显出青瓷的凝重端丽。窑变釉青中幻出嫣红，红中透出姹紫，色调丰富，变幻莫测，使釉彩绚丽华美，美不胜收。除了传统的刻花与浮雕点彩外的装饰手法，还增加了喷花、釉下剧花、丝网印花等多种新工艺，使古老的青瓷之花更增添了动人的韵致。

20世纪80年代后，韩美林、王则坚等一批著名的艺术家纷纷来宜兴青瓷厂进行创作，在他们的带动下，青瓷艺人将绘画、雕塑等多种艺术元素融合到青瓷创作中，大大拓宽了青瓷作品的表现力，从而使宜兴的青瓷作品在全国频频获奖，且有30件青瓷工艺品被中南海收藏。以飞天挂盘、纹片蟹盘、蟠龙挂盘为主的系列挂盘，以活环灵童、纹片釉老寿星、滴水观音为主的特艺系列产品，以纹片蝶纹壶、东坡提梁壶、万寿梅蝶提梁壶为主的茶具问世以后立刻走俏海外，远销54个国家和地区，被海外誉为“东方的蓝宝石”。

20世纪90年代末，宜兴青瓷有所萎缩。2003年，陈氏兄弟创办的宜兴市中远青瓷厂继续青瓷生产。2007年5月，金帆陶瓷公司致力于恢复青瓷生产，把石榴瓶、蟠龙瓶、铁龙瓶、大蟹篓、方梅签筒、一捆竹笔筒等20多个品种模型全部回收集中，把残缺不全的象耳牡丹瓶、丹凤朝阳瓶、福寿瓶等30多个模型进行修复，把个人家中的藏品如早期由中央工艺美院郑可教授工作室设计的七仙女以及高工吴克强设计的孙悟空三打白骨精、哪吒闹海、象尊等10个品种临摹还原。同时，又与景德镇陶瓷学院来公司实习的应届大学生一起选择题材，创新出鹤颈牡丹瓶、风云屏、窑变情侣、雕塑踏雪寻梅、福娃葫芦等20多个品种，为青瓷成功复产创造了条件。目前，已成功生产出各类瓶、尊、签筒、文具、蟹篓、人物雕塑等传统产品和创新作品180多个品种，呈现了传统宜兴青瓷“青中泛蓝”的釉色以及“窑变”“斑花”等独特装饰。宜兴青瓷《梅开二度》，再现其迷人风采。

4. 精陶

精陶是一种精致的陶器，制作工艺十分严格。先把成型后的坯件经1200℃高温素烧成陶、施以透明釉后再经1080℃低温釉烧，如需贴花装饰，再经800℃烤花。精陶兼有瓷的莹润细洁与陶的坚锄耐用，外观洁白无瑕，晶莹夺目，酷似细瓷，胎体呈多孔状，吸水率为8%—12%，耐急热急冷性能和抗冲击强度优于瓷器，适宜机械化洗涤，具有质地轻、耐磨、耐腐、抗冲击，呈色稳定，花面永不褪色、不含铅等优点。产品包括装饰艳丽的成套茶具、造型丰润的刻花咖啡具、古雅大方的彩绘花瓶、文化意韵的挂盘、形象逼真的雕塑陈设件，以及案头随用的各种台灯座、烟缸、衣钩等上千个品种。可谓千姿百态，撩人情愫。

1973年，宜兴精陶厂的美术设计人员相清清为企业设计了“银鱼”商标，商标图案简洁流畅，淡蓝色的太湖“波纹”与欢跃的太湖“银鱼”和谐得体，静中寓动，展示了宜兴精陶的地域特色，并由国家工商局注册。从此，“银鱼”牌商标在宜兴精陶产品上正式使用，开创了宜兴陶瓷商标使用之先河。1998年以来，“银鱼”牌商标被连续评为江苏省著名商标。2005年，“银鱼”牌精陶餐具被评为中国名牌产品。

1972年，精陶化妆土釉下装饰新工艺获得成功。在坯体上喷涂一层化妆土色料（主要有海蓝、粉红、艳黑、黛青、天青、豆青、柠檬黄、苹果绿诸色）入窑素烧，再施以透明釉后釉烧，使产品更显色彩缤纷、晶莹夺目。化妆土产品在烧成前的坯体、烧成后的成品均可作复合装饰，举凡清刻、描彩、镶嵌、填金、釉上加彩、丝网印花等不同装饰，使精陶绚丽多彩，美不胜收。尤以当时设计开发的精陶化妆土象形餐具，增加了餐具的艺术情趣和文化品位，种类有龟、田螺、水牛、绵羊、螃蟹、鲤鱼等动物形态以及白菜、橘子、寿桃、南瓜、莲蓬等蔬果形象，同时还配套了如意、黄瓜、蛟龙、白藕、鲤鱼跃浪等筷架，适用于餐桌每人一份，小巧玲珑、逗人喜爱，风靡于国内星级宾馆和饭店。1986年10月下旬，英国女王伊丽莎白二世访问上海时，上海市政府在上海工业展览馆举行的盛大欢迎宴会上使用了由锦江饭店配备的精陶象形餐具，女王说：“我到过许多国家，也用过金、银餐具，像这种陶制的象形餐具还是第一次见到，非常好，很精美。”

5. 美彩陶

美彩陶是美术陶和彩釉陶的统称。

(1)美术陶瓷　1953年，苏南行政公署文管会在宜兴城镇开掘周墓墩（周处衣冠冢）时，发掘距今已1700余年西晋时期的宜兴古陶瓷92件，其中“青瓷神兽尊”“谷仓罐”“辟邪水注”“鸡首壶”等工艺之精，国内罕见。“青瓷神兽尊”作为国家一级文物而藏于南京博物院。

1935年，由紫砂名手范鼎甫创作的紫砂雕塑假山雄鹰获英国伦敦国际艺术展览会金奖，首开宜兴陈设艺术陶瓷在国际大展中获最高奖项的先河。

1949年以后，宜兴的美术陶瓷的生产得到恢复与发展。1959年，丁蜀镇成立了丁山玩具厂，恢复生产陶瓷工艺品。1965年，宜兴陶瓷研究所开始研制小量动物陶瓷雕塑产品，生产渐有起色。1976年年初，宜兴陶瓷公司积极开发美陶产品，建立宜兴工艺美术陶瓷厂。宜兴美术陶瓷融会紫砂的制作技艺和均釉的传统釉色于一体，产品以中、小件为主，陈设与实用并重，写实与变形并存，运用概括和夸张的造型，形成了以高温花釉为特色，以人物、动物雕塑、花釉壁画、文具、灯具见长的工艺美术陶瓷的产品体系和风格，具有东西方文化交融的显著特色，品种达上千种。

(2)彩釉陶　彩釉陶是宜兴陶苑绽放得较迟的一朵奇葩。20世纪60年代初，宜兴卫生陶瓷厂（现宜兴彩陶工艺厂）的技术人员通过改进原料配方，使彩陶材质具有细白、抗压、抗拉、吸水率低、结晶度高的特点，通过采用模型注浆成型，使彩陶产品规格统一，并根据不同品种施以不同釉色，使造型与釉色交相辉映，形成宜兴彩陶的雏形。1964年，该厂生产的彩釉坛罐在华东地区的轻工业产品评比中获奖，部分产品外销东南亚各国。

20世纪80—90年代，以宜兴彩陶工艺厂研究所所长邱玉林为代表的一批设计师，在宜兴传统釉陶的基础上，经过30年的不断探索，在彩釉陶的造型与装饰上创出了一条新路，使现代艺术彩陶越过传统日用品的高墙，登上了艺术殿堂，成为雅俗共赏的一朵艺术奇葩。

在彩釉陶的造型方面，突破了圆雕形的传统瓶体，把几何形、流线形、异体形、抽象形作为主攻方向，力求在造型上标新立异，让造型动起来、活起来。如“望月瓶”是个双翼瓶，瓶形随底座与椭圆形瓶口向左右伸展，显得雄浑有气魄。上有羽状饰，似翱翔云天之鹰。瓶器圆中套圆，大圆、凹圆、凸圆，顶部挖一圆透亮如日，侧伴新月如钩。似乎是宇宙的缩写，令人浮想联翩。又如艺术彩陶瓶《同一首歌》，器型没有传统的头、肩、颈、腹等明显特点，造型构思按2/4拍音乐指挥手势挥动的轨迹进行模拟设计，形体线条曲折连接，构成了形体的互动重叠，突破了传统单一轮廓线造型的理念，创造了抽象雕塑瓶体，上大下小，视觉轻灵。所有弧线动势照应，节奏有律，富有动感。作品给人的感受是气势道劲，酣畅激越，仿佛形在动、神在舞、情在歌、心在唱，相同的旋律，相同的追求，共唱岁月人生，同创如歌岁月，令人慷慨振奋，荡气回肠。

在彩釉陶的装饰方面，从多种艺术形式中汲取精华，融进了现代装饰的理念，摆脱了就装饰而装饰的窠臼，以形定饰，以饰助形，采用画花、刻花、印花、喷花、点彩、化妆土、挂釉填刻等多种方法，使作品有文化内涵，有鲜明主题，形神兼备，雅俗共赏。如艺术彩陶瓶《希望》，采用色泥渐变的装饰手法，根据泥的色彩，由亮处、暗处、中间色，层层递增，形成沐浴在曙光之中的远山近峦。在此背景上，用刻刀刻画出一棵抽象的大树和几只扑翅飞腾的小鸟。这是大自然的缩写，是融入作者情怀的具有全新思维的独特创造。整个画面既有国画的意境，又有剪纸的韵味，一派朝气蓬勃，充满了生机和活力。细细品味，但见金色的曙光之中，群山醒来了，青枝绿叶在舒展，小鸟在歌唱，生命的液汁在枝叶间涌动，新的希望在向世间万物招手，大自然的生灵又开始了新的一天的憧憬，给人以美好的遐思和无穷的意韵。

彩釉陶的釉色十分丰富，有蓝如天、碧似海、红如霞、黑如墨等20多种单色釉，还有50多种变幻莫测的复色釉。代表性的彩釉装饰有绘釉、无光釉、玉珠釉、流挂釉、渐变釉、复色釉等多种装饰手法。以复色釉为例，在高温炉火中，流淌的彩釉形成自然的山水状，气象万千，美不胜收。这种复色釉装饰的瓶器摆在案头，真有“室有山林绿，人同天地春，从山数百里，尽收眼底中”的妙处。

彩陶厂不断开发新材质、新品种，形成坛罐、花瓶、灯具、衣架、挂盘、花盆花架、器皿及人物、动物雕塑八大类若干个品种，既有形态逼真的仿真产品，又有含蓄夸张的艺术变形产品。先后有20多件（套）新品在轻工业部和省同行评比中获奖，其中，落地衣架被评扩江苏省优质产品，“艺萃”牌花瓶台灯被评为轻工业部优质产品，《古韵釉陶》获第二届中国工艺美术大师精品展金奖，《沉默系列》获第三届中国工艺美术大师精品博览会金奖。产品远销日本、美国、德国、俄罗斯及东南亚等20个国家和地区。艺术彩陶已成为陶都艺苑中令人瞩目的“陶艺新花”。

6. 建筑园林陶瓷

宜兴建筑园林陶瓷是艺术与实用相结合的一种特色陶瓷产品，是陶瓷艺术宝库中的一颗璀璨的明珠，已有400余年的生产历史，主要品种有琉璃瓦、路灯柱、花盆、亭子、陶台、陶凳、壁画等，广泛应用于寺庙古刹、古典建筑、私家园林、城市花园、现代宾馆的建设，以营造古色古香的氛围。

(1)琉璃制品　我国生产琉璃制品的历史源远流长。北魏时开始用于屋面装饰，后逐步发展，到明清时已遍及全国各地。明末清初，在南京聚宝山琉璃制品业的影响下，宜兴开始在丁蜀镇汤渡零星生产琉璃瓦。当时为家庭手工作坊的生产方式，采用泥拍、辘轳转盘等工具成型，一个工人日产瓦坯30多张，釉色有橘黄和铬绿两种，产品主要用于一些古建筑及庙宇的修缮工程。

辛亥革命后，宜兴琉璃瓦生产的规模逐渐扩大。至1925年，窑户周酉叔集资首家在宜兴创办“华盖琉璃瓦公司”，标志着宜兴琉璃瓦的生产方式由家庭手工作坊转为工厂生产。随后五六年间，“三益琉璃瓦厂”和“开山砖瓦公司”相继开办，生产规模进一步扩大，鼎盛时期，员工达500多人。

1935年，开山砖瓦公司技工刘福照在资方杨荣芳等人的资助下，另起炉灶、租建厂房、招收工人，创办“陶新陶器厂”，专业生产琉璃瓦，产品上印有厂名和“福”字戳记。翌年，30万件月绿釉西式瓦首次销往日本，用于“华新银行大厦”的建设。1944年，陶新陶瓷厂由汤渡迁至丁山蠡墅（原宜兴建筑陶瓷厂前身）。当年，采用上海搪瓷厂的一种化工原料，结合传统工艺配方，研制成功“金星绿”釉料，使用在一批西式瓦产品销往台湾，用于台北银行大厦的建设，获得极佳声誉。1946年，该产品获江苏省首届陶瓷产品展览会一等奖。

1925—1946年，为宜兴琉璃制品发展的初盛时期。

1956年，陶新陶器厂实行公私合营，更名为“宜兴建筑陶瓷厂”。1958年，应北京十大建筑工程指挥部之邀，该厂派刘福照、王顺林、章洪大、吴德生四位技师前往北京门头沟琉璃制品厂进行技术援助，帮助恢复失传的翡翠绿釉琉璃瓦的生产，用于北京民族文化宫和军事博物馆的建设。

1956—1977年，宜兴琉璃制品的生产虽然不断有所发展，但速度不快，且步履艰辛曲折，年产量一直徘徊在2万—8万件。

1977年以后，随着国家建筑和旅游业的迅速发展，对琉璃制品的需求量激增。宜兴建筑陶瓷厂抓住有利时机，三年内投资300多万元用于技改，大幅度提高产量和质量，1978年的年产量达11.4万件，1984年的年产量增至171万件，平均年增产率为45.8%。与此同时，相继开发成功用于园林点缀的陶瓷龙亭、琉璃壁画等新产品。1982年，陶瓷《九龙壁》获轻工部优秀奖。1983年，开始使用“园林”牌注册商标。

1985年5月，宜兴首家乡镇企业—茗岭建筑陶瓷二厂建成投产，结束了宜兴建筑陶瓷厂连续保持近30年独家生产经营的局面。随后的四五年间，相继有十几家建筑陶瓷厂投产且发展较快，呈异军突起之势。与此同时，宜兴陶瓷公司也加快琉璃制品的发展步伐，扩大生产规模。至2007年，宜兴地区已有琉璃瓦生产厂家300多家，成为国内最大的琉璃制品生产基地。

20世纪80年代，宜兴均陶工艺厂制作的均釉堆花龙亭等园林陶瓷新品，端庄高雅、韵致清绝，参加英国利物浦国际园林节，取得骄人的成果，荣获了大金奖、最佳亭子奖和最佳艺术造型永久保留奖。说明宜兴建筑园林陶瓷在国际上已经显示出独有的艺术魅力。

宜兴的琉璃制品已形成6个系列、400多个品种。6个系列一是琉璃瓦系列，包括筒瓦、平板瓦、S瓦、西式瓦、空芯瓦、波形瓦等；二是屋脊走兽系列，包括各式回纹、走兽、翘角等；三是花窗栏杆系列，包括菱形、海棠、双眼等；四是龙亭系列，包括四方亭、伞亭、六角亭、重檐亭等；五是浮雕壁画系列；六是路灯柱系列。产品多次荣获省、部优质称号及国际博览会金银奖。釉色已发展到玫红、孔雀蓝、金黄、瓦灰等30余种。产品在国内的销售范围已遍及除西藏以外的各省市区，并销往美国、英国、俄罗斯、日本、马来西亚、澳大利亚等十多个国家和地区。产品在北京图书馆、钓鱼台国宾馆12号楼、中国驻喀麦隆大使馆等，以及深圳的一些度假村及杭州、福州的一些公园建造的亭台楼阁及浮雕壁画得到广泛应用。

(2)花盆　花盆是宜兴建筑园林陶瓷中的重点产品，包括红泥花盆、白泥花盆、仿古花盆等2000多个品种，尤以紫砂花盆和均陶花盆最为著名。

明代时，宜兴花盆就已成为宫廷皇室、达官贵人、巨商富贾和文人墨客风雅生活中的组成部分，用之栽花植树，将户外自然景物移至室内，起到美化环境、陶冶情操、修身养性的作用。北京故宫博物院珍藏有明清时代的宜兴陶瓷花盆。

宜兴陶瓷花盆的功能主要有两大类，一类是供于几桌、案头，用作摆设玩摩和观赏，都以小件为主。另一类用于盆栽、盆设，种植各种造型的树木花卉，称之为“花木盆景”，还有一种是置放奇磊灵石，成山水风景格式，叫做“水石盆景”或“山水盆景”。陶瓷花盆与盆栽艺术的互相依托、互相映衬，构成一道独特的风景，清新隽永、高洁雅达。

紫砂花盆集雕塑、造型、书画于一体，以盆衬景，气韵非凡，令人赏心悦目。20世纪50—60年代，中国工艺美术大师徐汉棠所制的百余种款式的紫砂花盆，深受海派盆艺家的喜爱，在上海被誉为“汉棠盆”。1972年，宜兴均陶工艺厂为朝鲜金日成主席60寿辰承制的均釉成套大花盆作为国礼为金日成祝寿。苏州已故盆艺大师周瘦鹃先生曾珍藏了许多宜兴陶瓷古盆，他说：“有一个既饶画意又富诗情的好盆景，用作窗明几净的清供，给你观赏，就会不知不觉地把一切烦虑、疲劳全部忘却，仿佛飘飘然置身于大自然的怀抱里，作卧游，作神游，真是心上莲花朵朵开了。”

经过数百年来的传承、发展、开拓、创新，宜兴陶瓷花盆的生产已是盛况空前，各类花盆生产企业达200多家。2007年，销售额超过6亿元。

7. 建筑卫生陶瓷

(1)墙地砖　1930年，宜兴三益玻璃公司、开山砖瓦公司开始生产无釉外墙砖。1964年，宜兴丁山耐火材料厂生产毛面砖、劈开砖和彩釉砖，规格达几十种。1966年，宜兴丁山面砖厂生产100米米×100米米白色釉面砖。1978年以后，宜兴生产墙地砖的企业主要有宜兴张泽面砖厂、宜兴市墙地砖厂、宜兴红旗陶瓷厂、宜兴建筑陶瓷厂、宜兴县锦砖厂等。20世纪80—90年代，宜兴约有20多家企业生产墙地砖。

(2)陶管　1956年下半年，宜兴新陶陶器场试制成功陶管。以制缸泥料为原料，分别采用泥片转筒法（直形管）和石膏模印坯法（弯管）成型，内施嫩红釉、外施泥浆釉。1958年起，逐步使用挤压成型与手工镶接喇叭头相结合的制作方法。1962年，宜兴西庄陶业合作社生产农村用排灌陶管。1973年起，应用隧道窑烧成陶管。20世纪80年代后，宜兴生产陶管的企业主要有宜兴红旗陶瓷厂、宜兴建筑陶瓷厂、宜兴正新陶瓷厂等。产品销往本省各地以及浙江、上海、四川等省市。后来，陶管市场逐步萎缩并被淘汰。

(3)卫生陶瓷　1946年，宜兴高大昌陶器工场参照进口产品式样，仿制成功坐便器、水箱和洗面盆，开扇了江苏生产现代卫生陶瓷的历史，随后又有三四家窑户相继生产，最高年产量5000多件，产品主要销往上海、南京等城市。1955年，宜兴高大昌陶器工场实行公私合营，建立宜兴建华陶瓷厂并派人去唐山学习。1959年，政府投资宜兴建华陶瓷厂生产卫生陶瓷并更名为宜兴卫生陶瓷厂。1976年，宜兴卫生陶瓷厂建成年产5万件卫生陶瓷生产线。1984年，扩建年产10万件卫生陶瓷和年产3000套中高档卫生洁具的二期工程项目。1987年，又扩建年产15万件卫生陶瓷的三期扩建工程，节水型坐便器荣获省优秀新产品金牛奖，产品行销上海、浙江、安徽、广东等地。

8. 工业陶瓷及特种耐火制品

宜兴是我国最早生产工业陶瓷的地区之一。1928—1939年，随着化工、电力和纺织工业的发展，宜兴窑场出现烧制工业陶瓷的窑户，当时的产品有面砖、管道、干燥塔、储酸罐、瓷夹板等20多个品种。1950—1956年，宜兴化工陶瓷的制作技术有所发展，宜兴陶业实验工场首创“哈夫镶接法”，用于制作大型化工陶瓷容器，提高功效50%。1959年，国家在宜兴、南京、苏州等地新建或扩建工业陶瓷企业，宜兴的工业陶瓷生产进一步扩大。经过多年的发展，宜兴已建立起工业陶瓷相对完整的科研和生产体系。

按照应用范围，可大体把工业陶瓷分为化工陶瓷、电工陶瓷、纺织陶瓷、电子陶瓷等门类，加上特种耐火制品共5大门类。目前，宜兴全市共有工业陶瓷生产企业280多家，总产值30多亿元，占宜兴陶瓷经济总量的50%以上。

(1)化工陶瓷　1928年，宜兴丁山窑户葛沐春雇人试制化工陶瓷面砖、管道。至1932年，先后制成面砖、干燥塔、储酸罐等10多种产品。1933—1935年，因人员流失、设备简陋等而陷于停顿。1936—1946年宜兴化工陶瓷陆续恢复生产。1947—1949年，因原料、燃料价格飞涨而中断生产。1951年设立宜兴陶业实验工场，主要生产真空过滤器、储酸方缸等化工陶瓷。1953—1956年，产品开始向大型、异型、特型发展。1957年，成立国营宜兴化工陶瓷厂和筹建宜兴陶瓷机械厂。1964年，宜兴化工陶瓷厂年产500吨耐酸耐温砖生产线投产。1981—1984年，宜兴非金属化工机械厂试制成功化工陶瓷塔的更新换代产品—铠装陶瓷塔。1986年，试制成功堇青石薄壁蜂窝陶瓷载体。

宜兴的化工陶瓷可分为器具类和机械类两大类、2000多个品种。器具类包括容器、管道、旋塞、填料、隔膜阀、嵌装塔、耐酸耐温砖、蜂窝陶瓷载体等，机械类包括清液泵、砂浆泵、真空泵、鼓风机、气流粉碎机等，广泛应用于化工、石油、矿山、冶金、造纸、食品、环保、医药等20余个行业。

宜兴非金属化工机械厂是我国化工陶瓷的主要生产企业，近几年投放市场的HTG型全自动陶瓷过滤机，集机电、超声、自动化控制于一体，采用独创的新型梯度微孔陶瓷作为过滤介质，是矿山和冶炼行业固液分离的重大技术创新，填补了我国物料脱水技术的空白。生产的耐酸耐温砖的耐酸、耐磨、抗渗透及冷热激变性能达到国际领先水平，使150—200立方米纸浆蒸煮锅的使用寿命从6年提高到12

年。开发成功堇青石薄壁蜂窝陶瓷载体及其专用设备，顺利实现200孔/平方英寸、600孔/平方英寸两种规格载体的生产，制作的汽车净化消声器具有气体阻力小、几何面积大的特点，CO的最高净化率达到94.2%，HC的最高净化率达到88.6%，噪声降低5dB，使用寿命大于5万千米，综合性能达到国内先进水平。

宜兴海登皇格精细陶瓷有限公司是英国摩根坩埚集团在中国的独资公司，主要生产1.3—4米熔融石英辊棒作为传输辊道，广泛应用于安全钢化玻璃、PDP等行业。

中日合资宜兴清新粉体机械有限公司引进日本技术，开发超微高精度分级机、高精度加料机、无污染颚式破碎机，基本形成气流粉碎机分级机、副机各2个系列20多个规格品种，设备的分级细度达到0.1u米，产品销往全国20多个省、市、自治区，并出口日本、泰国、马来西亚、伊朗等国和我国台湾地区。

江苏锡阳研磨科技有限公司生产的0.4—6毫米陶瓷微珠，是非金属矿行业生产重碳酸钙、高岭土必需的一种磨介体，年产量为3000—5000吨，先后被国家科委、江苏省命名为“国家重点新产品”“江苏省高新技术产品”。产品出口销往英国、美国、德国、瑞典、挪威、芬兰以及意大利等国。

(2)电工陶瓷　电工陶瓷是指电力或电器上使用的陶瓷绝缘体。1936年，宜兴窑户崔鹤鸣与人合股在宜兴创办鹤鸣窑业厂，主要生产电炉板、电炉盘、电炉螺丝梗等，产品销往上海、南京等地，这是江苏省的第一家低压电瓷厂。1937—1938年，增加了瓷夹板、瓷插座、先令葫芦等产品。1953—1957年，建立公私合营鹤鸣陶瓷厂，主要生产电瓷先令和低压开关。1961—1966年，宜兴大新陶瓷厂建立工业陶瓷车间开始生产灭弧罩，年产约10万件。1977年后，宜兴大新陶瓷厂工业陶瓷车间划出，建立宜兴电器陶瓷研究所，重点开发灭弧罩等电器陶瓷产品。

江苏省陶瓷研究所研制的PTC陶瓷基片在冰箱、彩电等家用电器中得到广泛应用；其工程陶瓷分公司生产的PTC陶瓷产量约计1000万片，基本形成系列配套格局，质量指标达到国际同类产品的先进水平。

宜兴市丰峰陶瓷有限公司生产的氧化铝、氧化镁、堇青石、高频滑石陶瓷等，广泛用于电器壳体绝缘、温控、热保护、电加热、微波点火等各种电器。陶瓷金属化产品具有封接强度高、气密性好等特点，用于制作高、低压真空开关，可控硅元件，电位器基板、集成电路基板、制冷片基板，以及陶瓷加热片等。

(3)纺织陶瓷　纺织陶瓷通常可分为瓷件、瓷辊两大类。瓷件类产品在棉、麻、毛、化学纤维、琉璃纤维的生产中用作分丝、导丝部件，瓷辊类产品主要用作牵伸、定型、导丝及脱水部件。

1935年以前，日本纺织瓷件充斥我国市场。1936年，宜兴鹤鸣窑业厂利用本地原料试制成功导丝瓷件，年产量约1000件，后因日军侵华，纺织业凋敝被迫停产。1970年以后，宜兴非金属化工机械厂开始生产纺织瓷件；宜兴电子器件厂生产纺织陶瓷喷头和陶瓷喷丝板等产品。

1974年以前，我国的瓷辊从日本进口每只9000美元。1975年，国家把试制瓷辊的任务交给宜兴非金属化工机械厂。1974—1977年，完成瓷辊成型设备的试制和投产。1978年，解决了瓷辊研磨、抛光等技术问题。1980年6月，YC—201瓷辊通过纺织工业部鉴定。1981年以后，宜兴非金属化工机械厂在国家支持下，逐步完善瓷辊的生产技术和生产线，瓷辊规格达到30多种，产品先后获省、化工部科技成果奖和优质产品奖。瓷辊的硬度、表面粗糙度、耐腐、耐磨、耐热、耐压等性能达到国际先进水平，是我国石油化工企业瓷辊的主要配套供应企业。

鑫宇特种精细陶瓷厂和伊特陶瓷有限公司是生产氧化铝精细陶瓷及其部件的骨干企业。产品包括3600孔、7500孔纺织陶瓷喷头，18孔、39孔、300孔、400孔陶瓷喷丝板，可提高丝干断裂强度15.8%，代替白金和不锈钢产品，可大幅度降低生产成本。

江苏省陶瓷研究所研制成功的化纤精纺陶瓷摩擦片是涤纶牵伸加弹机上假捻器中的主要零件，是决定涤纶丝最终质量的关键零件，具有强度高、耐磨损、使用寿命长和白粉沉积少等特点，适用于高速精纺涤纶粗旦丝。产品在淮阴涤纶长丝厂、金山石化总厂涤纶厂、常州合成纤维厂等单位得到广泛使角，主要性能指标达到国际同类产品水平。

另外，杜塞拉姆工程陶瓷有限公司、星光陶瓷有限公司、丰峰陶瓷有限公司、查林纺配专件厂、佳丰瓷件厂、兴丰瓷件厂主要生产氧化钛、氧化锆、氧化铝等导丝瓷件，产品包括6大门类1000多个规格品种。

据统计，宜兴全市共有纺织瓷件生产企业30余家，重点为国内纺织行业引进的高速纺织机、空气变形机、加捻机、气流纺织机、喷气织机和剑杆织机等设备提供配套瓷件，产品销往全国19个省、市、自治区并有部分出口。

(4)电子陶瓷　电子陶瓷是指电子元、器件和各类电子装置的陶瓷件，可分功能陶瓷和结构陶瓷两大类。

1970年，宜兴多晶硅、单晶硅会战小组与浙江大学、上海电子科学研究所合作，试制成功多晶硅陶瓷、低电阻和高电阻单晶硅。1971年，会战小组扩建为宜兴半导体厂。1973年4月，第四机械工业部投资宜兴半导体厂，要求与中国科学院上海硅酸盐研究所等合作研制集成电路封装外壳；8月，研制成功集成电路封装外壳并通过第四机械工业部鉴定验收；年底，更名为宜兴电子器件厂，建成集成电路封装外壳专业生产线，为国内第一家生产陶瓷管壳的专业厂家，开启了宜兴生产电子陶瓷的历史。

2010年，宜兴共有电子陶瓷生产企业11家，产品包括陶瓷电容器、集成电路封装外壳、压电滤波器、陶瓷热敏电阻和装置瓷等，广泛应用于国防、航天、电子、通讯、机械、化工等领域。

宜兴吉泰电子有限公司、华威微电子有限公司等6家合资或民营电子陶瓷企业已具备较强的产品研制、开发、设计和批量生产能力，产品主要包括微波电路陶瓷外壳、陶瓷密封载体、陶瓷双列直插外壳、陶瓷扁平外壳、陶瓷针栅陈列外壳、陶瓷无引线片式载体外壳等，特种异型陶瓷元器件包括异型外壳、连接件、发热件等。

钟山微电子封装有限公司是信息产业部定点的科研生产基地，主要产品有多层母板陶瓷基片、霍尔电路陶瓷外壳、混合电路陶瓷外壳等，多次完成国家重点工程配套任务，受到中央军委、国务院、信息产业部及国防科工局的嘉奖和表扬。

鑫宇特种精细陶瓷厂和伊特陶瓷有限公司生产的电子陶瓷、耐磨内衬陶瓷以及半导体器件用陶瓷外壳等产品远销意大利、美国、英国、南非、日本等国家。

(5)特种耐火制品　1965年，宜兴丁山耐火器材厂为适应用户需要，开发了高铝、刚玉、碳化硅等材质30多个品种的耐火制品。1971年后，产量进一步扩大，质量不断提高。1978年，建立厂办研究所，开发系列新产品，产品销往全国各地。1981年后，相继开发成功堇青石窑具、炼焦用缸砖、高温莫来石绝热砖、再结晶电熔AZS耐火制品以及低蓄热窑车砖等。

宜兴特种耐火制品大体可分为冶金用耐火材料、高温窑炉用耐火材料和实验室及工业用电阻炉耐火材料共 3大系列，约有生产企业200余家。

无锡南方耐火材料有限公司承担的国家“八五”“九五”重点耐火材料科技攻关项目“连铸用铝

碳、铝锆生产线”“不吹氩防堵塞浸入式水口”分别通过国家冶金局组织的科技成果鉴定。随后开发成功的“连铸用高耐蚀水口”“钢包透气砖”“高强、高效新型铁沟浇注料”“高耐磨长寿命滑板”等系列产品分别被认定为国家级新产品、江苏省高新技术产品，并被列入国家火炬计划项目及国家技术创新项目。

宜兴龙峰耐火有限公司先后成功开发高铝、刚玉、碳化硅等材质耐火制品计30多个品种。堇青石窑具耐火材料和炼焦用缸砖项目分别通过省级鉴定。近几年，开发成功的高温莫来石质绝热砖、再烧结电熔AZS耐火制品、低蓄热窑车砖等产品的性能优良，取代进口。

鑫宇特种精细陶瓷厂生产的氩弧焊陶瓷喷嘴、陶瓷焊接垫以及其他陶瓷焊接配件的性能优良，被广泛应用于造船、桥梁制造和重型机械等工业领域的各种焊接，甚至高电流场合。宜兴市兴峰瓷件厂生产的莫来石陶瓷产品的耐热、抗蠕变、抗热冲击性能良好，广泛应用于高温行业。

湖南省陶瓷行业发展概况

湖南位于长江中游江南地区，大部分地处洞庭湖之南而成为湖南，因境内湘江贯穿南北，简称为湘。湖南东临江西，西接渝贵，南毗两广，北连湖北。湖南是多民族省份，共有汉族、土家族、苗族、瑶族、侗族等51个民族。

湖南的陶瓷资源极为丰富，制陶历史悠久。高岭土、长石、石英、滑石矿遍布全省。在辽阔的钟明灵秀的湖湘大地上，繁衍生息的先民们利用上天赋予的条件，在五千多年的历史中，创造了各个时期风格各异的陶瓷文化，为中国陶瓷的发展做出了重要贡献。

近100多年来，湖南陶瓷业得到了迅速的发展和非凡的提高。湖南的高温硬质瓷不仅为国内之首，而且堪比世界名厂德国罗森塔尔(ROSENTHAL)的产品；湖南生产的中温色釉瓷从品种和装饰方法也在全国称雄；红官窑的釉下五彩也挟湖湘之山川浩瀚和人文灵秀之气将湖南的瓷艺发展到了极致；“中国红”命名的大红釉器物则显示国运亨通的标志性艺术瓷器；炻器创新发展到第二个新境界。

一、醴陵产区

醴陵位于湖南东部，罗霄山脉北段西沿，湘江支流渌水流域。东界江西省萍乡市，北连浏阳市，南接攸县，东邻长株潭金三角经济区，总面积2157.2平方公里，地貌以丘陵山地为主。

醴陵古属扬越之地。夏禹时分中国为九州，醴陵属荆州。春秋战国时属楚黔中郡，秦属长沙郡临湘县，西汉时属长沙国临湘县，东汉初置县，隋朝时废县，唐朝初期恢复县置。明朝《名胜志》称：“县北有陵（姜岭），陵下有井，涌泉如醴（甜酒），因以名县。”1949年7月，醴陵和平解放，属湖南省长沙署。1985年5月24日，国务院批准撤销醴陵县，设立醴陵市（县级），以原醴陵县的行政区域为醴陵市的行政区域，8月15日挂牌成立。

东汉时期，醴陵西部的新阳楠竹山、王坪、荷塘等村就有较大规模的陶器作坊。最近出土的釜、壶、鉢、罐等十余个品种，纹饰多样。

醴陵陶瓷原料丰富。城南石门口至道姑岭、龙华山一带，盛产陶土。渌江上游两侧及大障乡马恋一带，盛产耐火黏土。东北两乡的沩山、炉佛岭、大林、马颈坳、老鸦山、黄獭咀、七里山青泥湾、板杉铺、长坡、仙霞等地盛产瓷土。另外，栗山坝、潘家冲、东堡、八步桥、枫林市等地还出产脉石英、硅土、石英砂岩、方解石和萤石等陶瓷原料。这些都为陶瓷生产提供了有利的条件。再加上湖南历史上林木茂密，河运通达，使湖南在近代得到飞速发展。但醴陵所产瓷土的氧化铝含量较低，而作为染色杂质的氧化铁、氧化钛的含量较高，不能制造目前高档瓷器。但是，由于成本只及国内优质瓷泥的25%—30%，使可以使用这些原料的生产中温色釉瓷的（炻瓷）企业大为受益。醴陵色釉炻瓷能居国内外之冠，这是很重要的原因。

1．清末到 1948年的醴陵陶瓷

1729年（清雍正七年），广东兴宁移民廖仲威在醴陵沩山开窑设厂，开拓了醴陵近代制瓷的先河。后以沩山为中心，在周边的赤竹岭、王仙、老鸭山、大林桥、小林桥、瓦子坪、漆家坳、寨下、严家冲青泥湾、茶子山、塘山口等地迅速发展。

1862年（清同治元年），醴陵瓷业生产开始了较细的分工，将工匠分为做坯、画坯、制泥“三

帮”，各厂技工少则20人，多则30人。1863年（清同治二年），当地人刘近兴在城南道姑岭设厂，开展大规模的陶器生产。产品有饭钵、蒸钵、油壶、盐罐等。光绪中叶，发展生产绍坛、汾坛、汉坛、料坛、元坛等产品，产品行销至长沙、湘潭等周边各埠。到1892—1893年（清光绪十八—十九年），粗瓷生产最盛，有瓷厂480余家，烧瓷龙窑200余座，年产量达800余万件。

1904年，湖南凤凰人熊希龄与曾参与“公车上书”的醴陵举人文俊铎，本着实业救国的思想赴日本考察。在日本期间，他们发现日本瓷业技术先进，产品精良。第二年回国后，熊希龄在文俊铎陪同下，前往醴陵的主要粗瓷产地进行调查，找出了醴陵瓷业生产落后的主要原因，同时又看到了醴陵进一步发展瓷业生产的有利条件：消费市场广阔、瓷土资源丰富和劳动力价格低廉。随即提出了“立学堂、设公司”等主张，得到了湖南官府的大力支持。当年，湖南官立瓷业学堂在醴陵正式开办，次年，湖南瓷业制造公司在醴陵成立，熊希龄任公司总经理，文俊铎任学堂监督。公司聘请日本技师和景德镇技术工人，引进了当时日本最先进的生产工艺和设备，在生产制作中，实行细致的分工，如产品就有圆器、琢器、辘轳器之分。烧成上，改裸烧为用匣钵装烧，用阶级柴窑烧成。1906年（清光绪三十二年），湖南瓷业公司所辖瓷厂生产细瓷，开启了醴陵由粗瓷生产到细瓷开发的新纪元。独具特色的醴陵釉下五彩瓷就是在这样的背景下研制出来的。

此前，醴陵瓷器用单一的氧化钴（俗称土墨）作彩饰原料，手工描绘粗犷花草图案后，施釉覆盖，烧成釉下青花瓷。1907—1908年，湖南瓷业学堂研制出草青、海碧、艳黑、赭色和玛瑙红等多种釉下颜料。湖南瓷业制造公司的绘画名师和瓷业学堂陶画班的毕业生，采用自制釉下色料，运用国画双勾分水填色和“三烧制”法，生产出令人耳目一新的釉下五彩瓷器。釉下五彩瓷器瓷质细腻，画工精美，清新雅丽，别具一格，釉层下五彩缤纷，呈现出栩栩如生的画面，具有较高的艺术价值和使用价值，一问世立即就得到业内人士和国内外的极大关注和好评。1909—1911年，醴陵釉下五彩瓷分别参展武汉劝业会、南洋劝业会和意大利都朗国际赛会，连续获得金奖，醴陵瓷器开始名扬华夏，走向世界。值得一提的是醴陵釉下五彩瓷在1915年的世博会的表现。1915年的世界博览会是为纪念巴拿马运河开通和美国获得巴拿马运河100年的经营权而在美国旧金山举办的，占地264公顷，共有31个国家参加，参展品20多万件，参展人数达到1900万，会展从1915年2月20日开始，历时9个半月，于12月4日闭幕，醴陵釉下五彩瓷荣获得金奖。

在湖南瓷业公司的带动下，细瓷厂不断出现，如私营的普利、改良、德昌、裕华、舜业等制瓷公司，县城的姜湾、中和（后为星火瓷厂所在地）一带遂成为细瓷制作中心。1913年，仅湖南瓷业公司就有职工1300余人，在长沙、湘潭、衡阳、益阳、常德等地设立了销售处。

1918年，北洋军阀张宗昌的军队蹂躏和破坏了湖南瓷业公司和湖南窑业实验场，使机具被毁，生产停顿。虽然在1920年重新启动，但由于用人不当、决策失误，湖南瓷业公司这个19个世纪的第一个龙头企业终于在1930年倒闭，釉下五彩瓷的生产也自此中断了。

1928年，醴陵为长沙第一纺纱厂成功制造了三连保险盒，这是湖南制造工业陶瓷的开始。

1937年抗日战争爆发，景德镇瓷器销路被阻，醴陵瓷业一时兴旺。1940年，醴陵有土瓷厂130余家，技工3300多人，年生产粗瓷2400万件，最盛年达4800万件。1942年，有细瓷厂112家，技工4190余入，年生产细瓷2300余万件，产品销于湘、鄂、川、豫、陕、黔、粤、桂等市场，并推销到香港和南洋。

1940年，醴陵开始生产医用理化瓷和电瓷，并于1946年开办“中国电瓷厂”，逐步形成日用瓷和电瓷两大生产体系。

1944年6月，日本侵略军占领了醴陵，厂房被烧，机具被毁。后又战乱频发，到1949年前夕，细瓷厂倒闭和停工达百余家，数千工人失业，仅有七家勉强维持生产，也是势微力薄。

2. 1949年以后的醴陵陶瓷

1949年以后，醴陵的日用瓷厂得到恢复和新建，当年年底，日用瓷产量为1799万件。1951年日用瓷产量3712万件。1953年日用瓷产量4664万件。到1953年年底，醴陵有瓷厂360余家，职工6130余人。

1951年10月，在醴陵试制成功瓷用黄金水，结束了由长期依赖从国外进口的局面，改由自己生产。

1952年，石门口的20多名制陶工人与私营陶厂组成陶器生产合作社。1956年，改名为“石门口陶器供销生产合作社”。1958年，改名为“醴陵县陶器厂”，转产日用陶和工业陶。1956年更名为“道姑岭陶器生产合作社”。1965年，更名为“醴陵县红旗耐火耐酸陶器厂”，生产日用陶、工业陶和耐火材料等产品。这两厂在兴旺时有职工1040人，年生产工业用陶800—1000吨、日用陶50—100万件。

1954年，县财政投资43万元，成立“地方国营醴陵瓷厂”，率先用部分机械生产日用陶瓷，使用了用煤为燃料的窑炉，这对千多年以烧柴为主的陶瓷制造业是一个突破。同年，为恢复中断20多年的釉下彩瓷生产，经过有关部门多次寻访，找到了原湖南瓷业学堂陶画班首届毕业生、釉下彩艺人吴寿祺。此时吴老已年近古稀，正在农村安享晚年。春天，由林家湖等人去八步桥乡，请吴寿祺出山，来工厂传徒授艺。吴老一面培养釉下彩绘人员，一面改革传统工艺，将“三烧制”改为两次烧成，釉下五彩瓷生产在短时间内得到恢复。此后，醴陵瓷业很快实现了由手工到机械、由柴窑到煤窑的历史性转变，新材料、新技术、新工艺、新产品层出不穷，釉下五彩瓷重放异彩，以至获得“国瓷”美誉。

釉下五彩瓷的制作工艺流程繁琐、复杂，且难度较高。彩绘所用色颜料来自于釉原料、稀土和有色金属矿物质，其中一些颜料中还含有黄金等贵重金属，十分珍贵。由于釉下五彩瓷是直接在毛坯上作画，让色料饰于胎釉之上，这对画师技艺要求就非常之高。由于绘制好的瓷体要经过1370℃左右的高温烧制而成，在高温下一次烧成，技术上很难把握，仿佛火中取宝。制作成功的釉下五彩瓷花纹透过釉导溢于瓷表，晶莹润泽，具有很高的洁白度、透明度和釉面硬度。釉下彩瓷使瓷器上的花纹有着看得见、摸不着、永不褪色，给人一种尘嚣涤尽、心旷神怡之感，而且还具有瓷化强度高，釉面玻璃化程度强，无铅镉之毒，耐酸碱，耐磨损，花面永不褪色，经久耐用等特点，能同时满足人们对于审美和环保健康的双重要求，收藏和使用价值更高。20世纪60年代以来，醴陵生产的工艺美术瓷和高档日用瓷等釉下五彩瓷成为国内外市场的畅销产品，随着生产规模不断扩大，醴陵逐步发展成为全国出口陶瓷主要生产基地之一。

醴陵釉下五彩瓷是新生的陶瓷品种，清末民初醴陵釉下五彩瓷的烧造前后不过20余年，生逢乱世，作品覆盖面不宽，精品罕见，传世作品不过400余件。故宫博物馆的醴陵釉下五彩瓷仅7件，湖南省博物馆收藏的精品也不过17件。

1955年，醴陵陶瓷研究所成立。1958年，醴陵艺术瓷厂（现在的群力艺术陶瓷有限公司）成立。几十年间，这两家单位成为国家用瓷、国礼用瓷、艺术收藏品的主要生产者。

1956年1月25日开始，醴陵全面展开了对资本主义工商业的社会主义改造。全县59家细瓷厂、44家粗瓷厂、5家电瓷厂、8家陶画加工厂、31家生产合作社和185家个体手工业户合营改造成24家公私合营瓷厂、28家手工业社。同年6月，根据国务院的批复，醴陵成立了“湖南工业厅瓷器工业公司”，后来，该公司又将上述单位全部转并为国营的31个企事业单位，共有职工9390人。很多城区细瓷厂转产出口陶瓷，醴陵后来发展成为全国陶瓷出口基地就是从这时开始的，当年，全县陶瓷产量突破1亿件，电瓷4777吨，出口日用陶瓷216万件。

1957年，全县将120座阶级柴窑改为以烟煤为燃料的阶级窑。1958年，国家投入800万元，对陶瓷行业进行了机械化和半机械化的改造。

1958—1960年，瓷器工业公司将其所属31个单位通过撤、并、改、建为10个单位，初步形成专业化分工和专业化配套的格局。

1962年，陶瓷研究所试制成功石版印刷釉下贴花纸。1971年，群力瓷厂试制成功了丝网印刷釉下贴花纸，为陶瓷装饰开辟了新的途径。1963—1965年，瓷器工业公司平均每年生产日用陶瓷6188万件，其中出口3216万件；生产电瓷3287吨；生产工业陶瓷422吨；三年上缴利税2112万元。

1965年初，瓷器工业公司被撤销。各厂向“大而全、小而全”的方向发展。

1967年，全县共生产日用瓷6419万件，比上年减少1360万件；生产电瓷6838吨，比上年减少2356吨；1968年，日用瓷又比上年减少2082万件，电瓷减少2348吨。

1979年1月，湖南省醴陵瓷器工业公司恢复，所属企业有国光、星火、永胜、群力、力生五个出口瓷厂和生产国内用瓷的新民瓷厂，实施了产品结构从单件瓷向成套瓷的转变，产品质量由低档向中、高档的转变，国外市场由向发展中国家出口到向欧美等发达国家出口为主的三个转变。1984年，公司系统日用瓷产量8988万件，出口4047万件。其中，对美国出口数量占全国美国出口数量的45.2%，创汇总额占45.6%，在全国各大产区中名列第一。

到20世纪80年代中后期，全市共有陶瓷企业503家，固定资产17956万元，职工35000余人。其中，国营企事业单位23家、乡镇和个体生产户480家：日用瓷厂131家、工艺美术瓷厂22家、电瓷厂28家、建筑卫生瓷厂16家、特种陶瓷厂3家、其他工业瓷厂98家、陶器厂30家。专业配套企事业单位179家，其中，制泥厂47家、石膏粉厂2家、匣钵厂34家、耐火材料厂58家、颜料花纸厂13家、包装材料厂8家、陶瓷机械厂10家、研究所2家、技工学校1所、供销公司4家。全市年生产日用陶瓷约2亿件，其中出口5000万—6000万件；工艺美术瓷130万件左右，其中出口35万件；电瓷约3万吨，出口约1300吨；建筑瓷44万平方米。

到20世纪90年代初期以后，醴陵陶瓷行业进行了一系列的政策调整和改革。90年代中后期，先后有长城彩釉砖厂、星火瓷厂、力生瓷厂、永胜瓷厂、群力瓷厂、醴陵电瓷厂等大中型国有企业相继破产或停产，民营企业蓬勃发展。民进国退是20世纪90年代后期和21世纪初期的主体趋势，醴陵陶瓷由高温硬质瓷为主转为以中温炻瓷为主，华联、泰鑫、陶润、港鹏、金煌、浦口电瓷等二批民营陶瓷企业应运而生，主导醴陵地区陶瓷的发展。

目前，醴陵有陶瓷企业503家，产业工人12.8万人，从业人员20万人左右，年产日用瓷总量15亿—18亿件，其中，出口8亿—10亿件；工业陶瓷20万—25万吨；电瓷产量占全省的98%，占全国的43%，工艺美术瓷产量约10万件。实现陶瓷总产值约400亿元。县域经济综合实力位居全国百强、中部十强、全省四强。

醴陵培养和造就了一大批陶瓷艺术大师，他们是吴寿祺、林家湖、唐汉初、王德和、郭玢、罗景忻、汤清海、肖禾、苗国青、王润文、孙根生、邓文科、李小年、丁华汉、邓景渊、陈扬龙、熊声贵、易春宣、易炳宣、李仁中、李日铭、杨效基、瞿深泉、张云泉、余华、唐锡怀、熊德政、邓丽丹、王留仙等。这些人一部分人离开或故去，都留下了精彩的作品。

二、铜官产区

铜官镇位于望城县北境的湘江东岸，镇域面积29.44平方公里，距省会长沙30公里。三国时期，铜官为吴蜀分界处，相传吴将程普与蜀将关羽约定互不侵犯，共铸铜棺，故名铜官。自唐代起铜官即以出产陶瓷著名。

铜官是三国吴楚的交界处，是一座商贸陶瓷古都。长沙铜官窑与铜官古镇有着不可分割的“血缘”关系，号称“十里陶城”。《水经注》记载：“铜官山，亦名云母山，土性宜陶，有陶家千余户，沿河而居……”，指的是铜官镇至石渚河一带的制陶产业。早在千余年前的唐代，铜官镇及其东南瓦渣坪就形成了上千人生产的窑场，长沙铜官窑的瓷壶上，冠有“天下第一”“天下有名”等字样。

历史悠久的铜官陶器，以工艺细致、品种繁多、釉色丰富、造型别具一格而闻名遐迩。距湖南省会长沙30公里的望城县铜官镇，素称“十里陶城”，是我国古代五大陶都之一。长沙马王堆西汉古墓中出土的陶器证明，早在2100多年前的西汉，长沙一带就有陶器生产。此外，韩国的煤龙岛、日本的冲绳岛也都出土有铜官陶器。由此可见，铜官陶器很早以前就是外贸出口商品。

随着生产技术和设备的不断发展完善，铜官陶器已创制了五大类、近千个品种和数十种不同的釉色，传统器型和釉色，被色彩缤纷、多种多样的新产品取代，广泛应用于社会生活，深受人们的喜爱。铜官的美术陶瓷题材广泛，粗犷豪放，富有传统特色。

1．唐五代铜官瓷窑址

唐五代铜官瓷窑址位于长沙市望城县从铜官镇至石渚湖约5千米的范围之内。主要窑区在兰岸嘴、瓦渣坪、兰家坡一带，现尚存窑包13处。长沙铜官窑首创釉下彩绘，并把绘画题材和诗文用于瓷器装饰，为瓷器装饰工艺的发展开辟了新途径。长沙铜官窑未见于文献记载，但考古发现证明了其对中国陶瓷史的重要价值。

长沙铜官窑是在岳州窑的基础上发展起来的，以青釉为主，还有褐黑、酱、绿、白釉。其中青、褐、黑釉是铁呈色，绿釉是铜呈色。青釉瓷器中用还原焰烧成的带浅绿色，用氧化焰烧成的带浅黄色。该窑的特点之一是用陶模压出的鱼、鸟、狮子、葡萄、花瓣和人物图案泥块粘贴在器物表面作为装饰。

古长沙铜官窑的产品销售甚广，除了湖南的长沙、益阳、常德等地古墓和衡阳水井中有不少长沙铜官窑瓷器出土之外，在陕西、山东、辽宁、湖北、广西、广东及长江下游、淮河流域的一些遗址和墓葬中均有出土，特别是唐代的商业都会扬州和对外贸易港口明州（今浙江宁波）出土尤多，且多精品。宁波出土的长沙铜官窑瓷器应是准备出口的外销商品。在朝鲜、日本、东南亚、西亚等地都出土有长沙铜官窑瓷器，证明它是中国唐代对外贸易的重要商品之一。

铜官老街在唐代已基本形成，街上建筑多为砖木结构，街面铺麻石，有各种老字号商铺和手工作坊一百多家，现老街仍在，街市更繁荣。1674年（清康熙十三年），在铜官老街南端建彤关寺。1904年（清光绪三十年），改建为东山寺，建有石木结构戏楼，规模宏伟，工艺精致。孝感泗洲寺是世代陶工祭祀陶始祖舜帝的地方，每年农历六月初六，各窑代表齐来祭拜，并游行、唱戏，热闹非常。杜甫守风亭是铜官镇最有名的建筑，为双层砖木结构亭阁，采用木雕和陶瓷浮雕技术装饰，有人物山水，龙凤鸟兽，给人以艺术享受。刘家大屋坐落在袁家湖，1923年，毛泽东来铜官考察工人运动时，曾在该屋住过两晚。

长沙铜官窑辉煌一时，对世界陶瓷事业做出了重要贡献。近年来，经过上百次研讨和实验，已经仿制出了1000多年前生产长沙窑的产品。当地政府将积极配合长沙正在启动的铜官窑遗址保护开发工程，制定长期的保护规划方案，整合已有的景点资源，投入资金和人力，保护和开发铜官镇现有资源，使铜官窑再现“十里陶城”的盛世风采。

2. 铜官的陶瓷业和陶瓷企业

1949年以后，铜官陶瓷业经过手工业合作化，由个体走向集体。1987年，湖南省铜官陶瓷总公司成立，有职工6200余人。主要产品有日用陶瓷、建筑陶瓷、工业陶瓷、艺术陶瓷和炻瓷五大类1700多个品种，产品畅销全国，远销美国、日本、荷兰、澳大利亚等27个国家和中国香港等地区。2005年，铜官陶瓷产值过亿元。铜官的个体陶瓷生产经营户仅有10余家，以生产低档的陶缸、罐、钵、盆和琉璃制品为主。

湖南铜官星光炻瓷厂坐落在风景秀丽的湘江河畔，距湖南省会长沙36公里，与长沙电厂相邻，水陆交通便利，水源、电力和陶土资源十分充足。湖南铜官星光炻瓷厂的前身是铜官陶瓷总公司二工区，始建于1956年，最早是一个以秉承传统陶瓷文化，生产铜官窑特色日用陶瓷产品的企业。1978年，该厂在国内最早转产出口炻瓷。1993年，彻底转换经营机制，与铜官陶瓷总公司分离，成为独立法人单位，更名为“湖南省铜官陶瓷总公司星光炻瓷厂”。2003年。再次更名为“湖南铜官星光炻瓷厂”。工厂占地面积57737平方米，现有在职员工600余人，各类专业技术人员 100余人。经过两轮大规模的技术改造，企业规模宏大，生产设备技术力量雄厚，产品远销欧、美、亚、非的40多个国家和地区，是湖南省重要的炻瓷出口基地。星光炻瓷厂继承传统，开拓创新，于20世纪70年代试制成功介于陶与瓷之间的炻瓷产品，并首家进入美国市场，该产品质地坚硬、抗冲击力强、热稳定性好、不含铅镉等有毒物质，适应于高温蒸煮和机械洗涤，是餐厅、酒店、家庭用瓷。现已成批生产的有餐具、酒具、茶具、咖啡具等多个系列品种。2004年生产能力达3000万件，是铜官陶瓷行业的“龙头”企业。

近年来，临澧的陶瓷产业发展较快。临澧位于洞庭水域沅、澧水之间，具有千年陶瓷生产历史，煤系高岭土储量丰富，水陆交通便利。现有陶瓷生产企业15家，生产人员3000人，以生产建筑卫生陶瓷、电子陶瓷、食品包装陶瓷为主，年产值6亿元，创利税约1亿元，是县域经济的支柱产业。卫生洁具畅销全国及东南亚国家和港澳地区。

三、洪江产区

洪江位于湖南省怀化市西南部、雪峰山脉中段、境内溪河纵横，沅水纵贯全境，渠水、舞水分别于托口、黔城注入沅水，沅水干流上游位于武陵山与雪峰山分界处，三千年前就有先民在此繁衍生息，因其背山临水，水陆两便，日渐成为由大湘西交通西南的商埠、客栈。洪江历史悠久，夏为古荆之地，周末隶属于楚，秦为黔中郡地，汉为武陵郡镡成县，唐朝隶属龙标县。洪江古城则位于黔城镇沅江的下游20千米的地方，承接源于贵州、四川、云南的水上交通。

洪江的陶瓷历史可追溯到5000年以前的高庙遗址文化。高庙遗址位于洪江市岔头乡岩里村，是沅水一级台地上保存完好的新石器时代贝丘遗址，分布面积约1.5万平方米。文化堆积较厚，最厚处距地表可达5米多。遗址可分为下部遗存和上部遗存。下部遗存与皂市下层中晚期年代相当（距今约7400年），出土有相当数量的白陶器、釜、罐、钵等，器物造型奇特，很少带有附耳。纹饰以戳印笔点凤鸟纹、兽面纹最具特色。上部遗存与大溪文化的年代相当（距今约6500—5300年），与大溪文化有一定的联系，但泥质陶很少，平底器和三足器几乎不见；纹饰以戳印纹和凸点纹为主；釜、罐类陶器仍保留着曲颈的传统作风，因此被有关学者分别命名“高庙下层文化”和“高庙上层文化”。高庙遗址所提示的文化遗物不仅证实了“舞水文化类群”划分的合理性，而且进一步表示进入新石器时代以后，这里的石文化不仅保留了自己鲜明的地域特色，而且对洞庭湖地区文化甚至岭南的文化交流产生过重要影响。尤其是高庙下层文化流行的戳印凤鸟纹和獠牙兽面纹图案其神秘性和艺术性可与良渚玉器和商周青铜器上的图案比美，这将为省乃至全国古代文明的研究开辟一个新的途径。高庙遗址是湖南省古代文明史上的一处具有代表性的文化遗产，具有较高的历史、科学和特殊的艺术价值。

在盛唐时，边塞诗人王昌龄贬龙标尉。李白曾有“杨花落尽子规啼，闻道龙标过五溪。我寄愁心与明月，随风直到夜郎西。”的诗相寄。王昌龄也有“沅溪夏晚足凉风，春酒相携就竹丛。莫道弦歌愁远谪，青山明月不曾空。”诗句道说古洪江的荒凉。

清康熙年间，江西、福建、安徽、江苏、浙江、贵州及湖南省内的湘乡、宝庆、衡阳等地商贾纷纷来洪经商、定居使洪江人口大增。行帮纷纷大兴土木建会馆、宫观。清朝文学家王迴形容此时的洪江为“商贾骈集，财货辐辏，万屋鳞次，帆墙云聚”，“烟火万家，称为巨镇”。

洪江的工业发端于清代，主要是手工作坊。1796—1850年（清嘉庆、道光年间），设有榨坊炼制桐油，产品远销汉口、镇江、南京、上海一带。手工业作坊大多数为纺织业，主要是家庭妇女手工纺土纱、织土布，自产自用，并供应市场。

抗日战争期间，长沙、衡阳、湘潭等地工厂转迁洪江，陶瓷、机械及针织、造纸、卷烟、日用化工等工业应时而生，使手工业和民族工业进一步得到发展。1931年，洪江镇的课税营业额达328万元，居全省第六位。1933年，市内市场货币流通量为58万元之多，仅次于长沙，居全省第二位。抗日战争后期，洪江已发展为湘西的政治、军事和文化中心，作为西南地区经济中心地位得到进一步巩固和加强，有“小上海”“小南京”之誉。

洪江盛产瓷土，山林茂密，为陶瓷生产提供了充足的原料和燃料。

1. 民国时期的洪江陶瓷

1915年，洪江滩头与带子街手工制造陶器，产品质量精美，畅销各地，获工商部奖励。民国中期，洪江开始生产日用瓷器。1934年，洪江有瓷业12家，全由醴陵等地进货转销，年营业总额14.5万银元。

1939年，旅居洪江的醴陵人刘谷珊、贺益元和洪江滩头税卡主任李岫云等人，在距市郊约6华里的滩头茅洲建立湘西瓷业公司，建一座五间窑炉，共39人，年产菜碗16万余件，饭碗11万余件，其他瓷器共百万余件，总值12.2万银圆，后又设立“云记”“宋记”“江记”“合记”4家分厂。

抗战胜利后，部分油商投资湘西瓷业（新湘瓷厂、洪江瓷厂前身）、洪江玻璃厂、黔阳大旅社等。

1948年，湖南省第十区行政督察专员公署会计宋炳泉及部队副官江蔚文等人又在洪江带子街创办新厂。

2. 1949年后的洪江陶瓷

1952年，“宋记”、“江记”、“合记”3户合并为新洪企业公司瓷厂；1953年，开始试制细瓷。1954年7月，由人民政府投资，新洪企业公司瓷厂改名为公私合营洪江瓷厂，工厂占地面积为25万平方米，技术力量雄厚，年生产能力为4500万件。滩头“云记”瓷厂则于1955年由绸布业集股，改组为新湘瓷厂，迁往带子街原新洪瓷厂老厂址进行扩建。

1958年，隶属高坡街街道办事处的红旗瓷厂在洪江洲建厂，生产碗、盘、饭钵等。

1979年，桂花园乡在带子街办制模厂，专为洪江瓷厂、新湘瓷厂配套生产石膏瓷器坯模，后又办起桂花瓷厂。常青乡也在渔梁湾洪江瓷厂附近兴办常青瓷厂。

至20世纪80年代，洪江共有新湘瓷厂、洪江瓷厂、常青瓷厂、桂花瓷厂。

洪江附近原有优质的陶瓷原料出产，如洪江的大球土、部分小球土，为生产优质陶瓷提供了得天独厚的条件。但在20世纪50年代到90年代的掠夺性开采，用优质瓷土生产中、低档瓷器，使我国应属上乘的洪江大球瓷土已经枯竭。

20世纪90年代后期，洪江陶瓷工业面临着原料供应的困难。1996年，桂花园乡的桂花瓷厂停产。1998年，常青乡的常青瓷厂以整体出售变为民营企业，改名为洪江市新洪瓷厂。目前，洪江共有新湘瓷业有限责任公司、洪江利多陶瓷有限公司、新洪瓷厂等3家企业。

3. 洪江陶瓷企业

(1)洪江新湘瓷业有限公司 前身是新湘瓷厂。新湘瓷厂是一个老牌国有陶瓷企业，总资产1700万元，职工700人，年产瓷器1500万件，计划经济时期为省13家日用瓷生产的重点骨干企业之一，生产的手工描绘湘彩“正德三头”餐具享誉海内外。20世纪90年代，经营方式从内销及艺术瓷生产大力转向出口配套生产，由单一出口瓷转入“20头”至“56头”出口茶具、餐具配套瓷生产，出口产量占总产量的60%以上，远销欧洲等国家和地区，但由于出口产品质量低，造成生产性亏损。1994年起，全部转为日用内销瓷生产。1996年，洪灾造成企业亏损170多万元。1997年，内销瓷市场发生疲软，产品大量积压，企业亏损严重。1999年12月，因流动资金短缺企业被迫停工停产。2000年3月，企业实行租赁承包。2000年12月20日宣告破产。

2001年9月26日，新湘瓷厂改组股份制，成立洪江新湘瓷业有限公司。体制为“国有控股，职工参股”，工商注册资本249.8万元，其中自然人出8%。公司总资产1460万元，员工400人。2005年，有两条隧道窑生产线，两条加工烤花窑生产线，自供配电320kwh，年生产能力2000万件日用瓷，年产值1200万元，销售收入1000万元左右，主要生产碗系列产品，产品主要销售云、贵、川、粤等省市地，并通过边贸销往俄罗斯及东南亚等国家和地区。2005—2006年，产值分别为1167.6万元、1949.0万元，2006年完成税金29.1616万元。

(2)洪江利多陶瓷有限公司 前身是洪江瓷厂。洪江瓷厂始建于1954年7月，厂区占地面积25万平方米，为国家大二型企业。1975年扩大试制车间，1983年建立陶瓷研究所，配备了球磨机、榨泥机、练泥机、高磁场除铁器等制泥坯设备，以及供烧成试验用的小型窑炉和电炉，研制项目由单一产品试制，扩为从原料配方到成浆加工全套工艺的研究，能完成各种化验、物检、铅检工作。后改制店更名为湖南洪江陶瓷有限责任公司。

2005年5月，香港凌志集团通过全盘收购湖南洪江陶瓷有限责任公司，成立洪江利多陶瓷有限公司。洪江利多陶瓷有限公司拥有固定资产7000多万元，员工1500余人，科研人员60余人，锻机自控辊道窑1座，隧道窑4座，推板窑7座，抽屉窑1座，烤花锦窑6座，设备、技术实力达到国内先进水平，年生产力达5000余万件。产品具有白度高、釉面柔和、造型新颖别致、装饰精美之特点及品种多、花面全、配套能力强（从单杯碟至127头均可配套）、特大型、异型件生产能力强等优势。主要产品有艺洪、珑娜、新洪利、洪波、洪峰、牡丹、洪昌、蓓蕾、微波炉用瓷、各种牛奶杯及高白酒店用瓷等25大系列、320多个品种，其中，95%出口到欧洲、美国等36个国家和地区，销售收入可达7000万元。2005—2006年，现价产值分别为6328.8万元、8607.3万元，2006年完成税金160.44万元。

四、新化产区

新化在湖南中部，资江中游，湘黔铁路穿境而过。三国吴置高平县，宋代隶属邵阳郡，元明清属宝庆府。宋代命名“新化”，取“王化之新地”之意。梅山文化古老而神奇。中华始祖黄帝曾登临境内的大熊山，《史记》及《方舆揽胜》中都有“黄帝南至于江，登湘熊”的记载。大熊山也是“九黎之君”蚩尤的故里，至今仍留有“蚩尤屋场”、“春姬。（蚩尤妻）坳”等遗址。乾隆皇帝南巡御涉此地之时，留有亲笔书写的匾额和对联。这里还是全球苗、瑶民族的发祥地。

20世纪90年代以前的几十年间，新化陶瓷生产均以日用陶瓷为主体。20世纪70年代末期，国有的新化瓷厂、建新瓷厂达到了相当的规模。新化附近出产优质瓷土，新化瓷器具有白度好、硬度高的特点，日用瓷大量出口和内销。新化瓷厂曾被列为全省11大出口企业之一，年产量在2000万件以上。

1. 新化的电子陶瓷

进入20世纪90年代，新化的陶瓷行业大规模转型，电子陶瓷工业飞速发展。新化曾是闻名全国的电子陶瓷工业基地，生产的“95”陶瓷系列产品曾一度达到全国80%的市场占有量，产品广泛应用于电子、电信、航空等领域。后来开始滑坡，产业陷入困境。

为再铸辉煌，新化加大招商引资力度，大力优化经济发展环境，使一度流失外地的电子陶瓷技术人才纷纷返乡置业。从1995年开始，先后开发了市场前景广阔的温控系列、冰箱系列及美容美发系列电陶产品。到2006年，全县上规模的企业已达50余家，电陶产品的市场占有份额达到全国总量的60%以上，产品销往法国、日本、韩国及我国台湾、香港、澳门地区，成为全国最大的电子陶瓷工业基地之一，年产值达3亿余元，从事特种陶瓷生产加工的人员在5000人以上。大部分企业生产金属化放电管瓷管、阀片、温控器装置件、结构件等，存在产业人均劳动生产率不高、人均利税水平均低、许多企业产品结构趋同、企业抗风险能力降低等问题。

新化被列为全国“星火技术开发密集区和电子陶瓷、艺术瓷出口基地”后，相关产业都得到了发展。

鑫星电子陶瓷有限责任公司，成立于1997年，是湖南省私营企业五百强之一，位于湖南省新化县上梅镇。公司现有资产总额5000余万元，员工600余人，科研技术人员80余人。目前，公司拥有白瓷生产线、陶瓷金属化生产线、温控器系列生产线、干压生产线、有色瓷生产线、蜂窝陶瓷生产线六条生产线，主要产品有陶瓷金属化放电管陶瓷、温控器系列陶瓷、耐磨陶瓷、有色陶瓷等，其中金属化放电管陶瓷和温控器陶瓷是我国出口量最大的生产厂家。

2. 新化的特种陶瓷

新化的特种陶瓷无疑开创了湖南陶瓷业的先河，更新了陶瓷业的传统理念，拓展了陶瓷业发展的空间。特种陶瓷是新化县的拳头产品，具有较好的生产基础。

新化县以鑫星电陶公司、欧迪公司、中瓷电子公司、长盛公司、建平精细陶瓷制品厂、通用精瓷公司、湘誉电陶公司、恒光电陶公司等10多家企业为骨干，发展氧化铝、氧化锆、骨石瓷、长石瓷等系列产品。精细特种陶瓷、零膨胀系数陶瓷、高新黑晶陶瓷、陶瓷蜂窝体氧化铝陶瓷等高科技产品都在开发之中。

3. 新化的其他陶瓷

以新化建新瓷厂无铅毒釉上彩瓷产业化示范工程为重点，建成了无铅毒釉上彩瓷生产企业，年产达到2000万件釉上彩瓷生产规模。新化瓷厂主要从事艺术瓷、象牙瓷、白玉瓷的生产。嘉亿瓷业有限公司从事耐热瓷慢炖锅的开发和生产，实现规模效益。

在建筑陶瓷方面，新化以金达雅陶瓷有限公司为重点，加强技术改造，提高产品质量，扩大生产规模，已经达到了200万平方米以上的外墙砖生产能力。

另外，衡阳陶瓷产区曾在历史上发挥过重要作用。湖南衡阳地区以生产“界牌泥”著称。据记载和考证，湖南衡阳、衡东、衡山、耒阳以及常宁一代在元、宋时期就有大量烧造陶器和粗瓷的窑炉遗址，主要有衡东的湘江窑、风优窑、朱家桥窑，衡南的怡谷窑，常宁的瓦子坪窑、白马窑、耒阳的江家园窑等。

在20世纪60—80年代，衡阳地区的陶瓷生产较为发达，主要的生产企业有界牌、衡东、衡山、常宁、耒阳瓷厂，高峰时陶瓷总产量约占湖南陶瓷总产量的30%，产品以出口为主，内销为辅。80年代以后，衡阳地区的国有和集体陶瓷企业相继改制和民营化，陶瓷产业面临严峻挑战。

广西陶瓷行业发展概况

广西是全国陶瓷主产区之一。近年，在经济下行压力较大的严峻形势面前，通过加大技术改造，促进产业转型升级，广西区民营陶瓷行业发展的质量和效益有了明显提高，仍然呈现出较好的发展势头。

一、产业分布和发展现状

广西民营陶瓷企业共有290多家，约占全区陶瓷企业总数的99%。主要分布在北流、容县、博白、钦州、贺州、北海、浦北、合浦、藤县、武鸣、桂平、宾阳等县市，产品有日用瓷、建筑瓷、坭兴陶等，从业人员15万人以上，2014年实现工业总产值220多亿元，自营出口（日用瓷）8125万美元。

全区陶瓷行业主要由日用瓷、建筑瓷、坭兴陶三个板块组成。

（一）日用陶瓷。产地为北流市、容县、陆川、博白、贺州、北海、合浦等县市，主要产品为中西餐具和陶器餐厨具。北流市是主产地，产量和出口均占全区70%以上，现有日用陶瓷生产企业40多家，生产线60多条，2014年产量11亿件，产值100.15亿元。北流市内的广西日用陶瓷工业园区，是目前国内规模最大的日用陶瓷工业园区。贺州市日用陶瓷产量虽然不大，但以通花玲珑碗、罗汉碗为主的贺州碗传统特色明显，在广西区内外享有盛名，深受消费者喜爱。北海市和合浦县以生产砂锅为主，有大大小小企业30多家，产品占国内市场相当份额。特别是合浦县的赤江陶器，历史悠久，质量优良，久负盛名，产品销往国内外市场。

（二）建筑陶瓷。全区共有30多家民营建筑陶瓷企业，主要分布在藤县、武鸣、桂平、北流等县市，基本上是东部转移过来的企业，产量和规模以藤县为最。藤县中和陶瓷集中区，2014年签约入园企业19家，计划建设175条生产线，总投资额129.5亿元；目前已入园企业9家，建成107条生产线，产品有抛光砖、瓷片、仿古砖、耐磨砖、轻质保温板等，2014年固定资产投入15.3亿元，实现工业总产值98亿元。

（三）钦州坭兴陶。钦州市2013年被中国工艺美术协会授予“中国坭兴陶之都”称号，目前拥有坭兴陶民营企业、作坊和工作室139家（间），直接和间接从事坭兴陶行业人员约8000人，拥有中国工艺美术大师2名，广西工艺美术大师37名，还有坭兴陶非物质文化遗产传承人2人（国家级、省级各1人）。坭兴陶主要品种有坭兴工艺陶和坭兴日用陶，包括茶具、水杯、茶叶罐、工艺美术造型陶艺品、仿古制品、旅游工艺纪念品等共600多种产品。

二、发展质量和效益有了显著提高

（一）推进节能减排，实现清洁生产。我区大多数陶瓷企业是燃煤企业，环保压力大。 2015年，各企业加大节能减排力度，效果明显。北流市大部分企业使用了天然气和“煤气发生炉”，实现了清洁生产；武鸣县以亚欧瓷业公司为代表，也基本实现了“煤改气”；藤县中和陶瓷集中区已获“西气东输”线路规划，天然气集供站项目正在洽谈并将很快落地。全区民营陶瓷行业的清洁生产成效显著。

（二）加大技改资金投入，推动产业转型升级。一是提高技术装备水平，发展自动化。如北流市玉洁瓷业公司在2014年产能减半的严峻形势下，仍筹集1600多万元进行“煤改气”和从国外引进自动化生产线，收到了量减势不减、企业效益增的显著成效。二是加大产品开发力度，提高艺术附加值，产品质量档次和销售价格有了明显提升。三是积极培育企业品牌，坚定走产品高档化、品牌化、国际化道路，全区涌现出一批日用瓷、建筑瓷自主品牌产品。

（三）完善园区基础设施建设，积极承接东部产业转移。全区日用瓷、建筑瓷、坭兴陶主产地都建立了工业园区或集中区，园区基础设施建设不断完善，入园企业不断增加。2014年，北流市投入1.2亿元完善园区基础设施建设，承接东部陶瓷转移企业8家；钦州市规划了坭兴陶文化产业园区建设；藤县中和陶瓷集中区财政已累计投入11.5亿元进行园区基础设施建设。全区民营陶瓷企业发展的外部环境进一步改善。

（四）加强人才培养，为产业发展提供人才保障。2014年，广西陶协启动了首届广西陶瓷艺术大师评审工作，并向中国陶瓷工业协会推荐5人参加国家级陶艺大师评审。玉林市、北流市均开展了评选市级、县级陶艺大师工作。钦州市举办了一系列坭兴陶艺术评审、会展、技艺比赛活动。全区陶瓷艺术人才辈出，为行业发展提供了人才支撑保障。

（五）积极举办各种陶瓷展览会，广西陶瓷产区的知名度和美誉度有了新的提高。北流市自2011年获“中国陶瓷名城”称号以来，每年举办一届“中国（北流）国际陶瓷博览会”，吸引了大批国内外参展商参加；钦州市坭兴陶2014年举办了系列产品评优和技术比赛活动。据不完全统计，全区陶瓷企业2014年参加国内外陶瓷会展达到30场（次）以上，广西陶瓷产区的知名度进一步提高。

近年广西区民营陶瓷行业虽然有新的发展，但也面临不少困难和问题。一是市场竞争激烈，企业效益下降。受前几年欧盟、巴西等多个国家和地区反倾销制裁的影响，全区陶瓷产品出口仍然严重受阻，加上国内市场竞争十分激烈，全区日用陶瓷产销量下降了50%左右。二是企业自主品牌还是比较少，产品附加值偏低，产品出口平均价比全国低20%左右，造成不少企业微利甚至亏损经营。三是陶瓷行业用工问题较为突出，多数陶瓷企业的员工在40—50岁之间，年龄结构不合理，断层明显，严重影响了陶瓷行业的健康、稳定发展。

三、行业发展前景展望

陶瓷业是中国最古老的传统产业之一。历经数千年的传承发展，目前仍然具有旺盛的生命力。陶瓷产品作为人类生活必需品，具有不可替代性。尽管目前陶瓷行业形势严峻，转型升级任务艰巨，但我区民营陶瓷行业的发展前景是值得期待的。

第一，国内外陶瓷市场仍有较大发展空间。陶瓷产品作为历史上中国丝绸之路的重要对外贸易产品，在今天国家“一带一路”的战略规划中，仍将担任重要角色。尤其是我区日用陶瓷已经出口世界80多个国家和地区，产品的质量和档次已经可以与国际知名品牌相媲美，但价格相差较大，因此，在质量提升和市场需求的拉动下，我们拓展国内外市场潜力巨大。

第二，全区陶瓷产业转型升级已全面启动。各主产区、各重点骨干企业，目前正在积极发展自动化，推进节能减排，装备先进技术，加大研发投入，提高产品艺术附加值，探索“互联网+陶瓷”的模式和实现途径。由此可见，广西民营陶瓷行业发展前景广阔。

第三，地方政府高度重视陶瓷产业发展。钦州市和北流市均设立专项资金扶持陶瓷产业发展，北流市还成立了陶瓷发展局，专司陶瓷产业发展。玉林市政府已将陶瓷产业列为工业经济支柱之一，并提出今后新上陶瓷项目原则上安排在北流陶瓷工业园区。藤县中和陶瓷集中区规划了占地面积2.5万亩、陶瓷产值300亿元的发展目标，接纳了一批东部转移企业入园发展。可以预见，在各级政府和社会各界的大力支持下，广西区陶瓷产业必将不断发展壮大。

浙江省陶瓷行业发展概况

一、浙江日用瓷器

日用瓷器分为粗瓷、普瓷、细瓷、成套瓷。按质地分为硬质瓷和软质釉。按装饰可分为釉上彩和釉下彩，釉上和釉下彩绘又有贴花、普通彩绘和重工彩之分。

东汉时浙江上虞、德清等地出现黑釉瓷，宋代有青花瓷，元代金华、江山有青白瓷，明清时苍南、瑞安、江山、金华、义乌、开化等地窑场生产白瓷或青花瓷。1746年（清乾隆十一年），福建省连城黄姓举家迁入江山县三卿口乡，选址建窑，世代以制瓷为业，产品以青花瓷碗为主，目前该村成为考察传统制瓷工艺、考古、旅游之地。苍南县碗窑乡的碗窑作坊几百年来持续生产日用瓷器。

辛亥革命期间，吴佐卿在瓯江南岸创办永强青山瓷窑，产品有陶瓷碗、盘和仿古花瓶、花樽、香炉等，瑞安等地陶瓷厂曾派人上门学艺。温州西山瓷器厂的不少技工来自青山窑。1917年，浙江省参议会通过了省议员蔡龄（龙泉县人）在龙泉办瓷厂的提议，省政府同意建立浙江省改良瓷业工厂，并附设传习所，经费由省拨款。省政府实业厅任命蔡龄为厂长，厂址在龙泉城西宫头村，聘请江西技师和技工，招收当地一批徒工开办传习所培训艺徒。工厂设琢器、圆器、大雕、注浆5个工场，产品有印花、釉下青花和釉上粉彩瓷餐具。产品在上海的先施、永安公司及杭州商品陈列馆展销，部分工艺彩瓷进入国际市场。1921年，产品在美国芝加哥、费城等国际展览会获一等奖；1927年，参加法国巴黎展览会；1929年，参加西湖博览会并在杭州国货陈列馆设临时销售处、温州朔门内大街设立门市部。1925年，蔡龄病逝后曾委派四任厂长，均无建树。1931年，转为官督民办。1934年，停业。

抗战时期，温州民族资本家吴百亨深受历史上瓯窑的影响，在国外考察炼乳厂期间，看到工厂环境整洁美观，墙贴面砖，地铺锦砖，回国后立志在温州创办陶瓷企业。1937年，吴百亨派人去江西景德镇学习制瓷，聘请制瓷技师筹办瓷厂。1939年，在西山古窑址建成温州西山瓷器厂，从江西、福建和温州市郊永强青山窑等地招聘一批技工，生产日用陶瓷餐具，面砖和电气、化工、医药用瓷等。此后，不断革新改良，质量良好，花色品种增至数百种，有些产品足可取代舶来品，以“西山”牌商标登记注册。抗战胜利后，西山瓷器厂增添设备，扩大生产。1945年，西山瓷器厂更名为西山窑业厂。1949年4月，因负债过多宣告破产。同年，温州市人民政府调拨物资支援西山窑业厂，救济和维持生产。1951年，省工业厅电邀吴百亨到杭州商谈西山窑业厂公私合营。这年，温州市人民政府投资13万元。之后，西山窑业厂转变生产方针，生产面貌改观，温州陶瓷进入发展时期。

1949年，全省陶瓷业有窑户62家，主要产地在平阳、泰顺、永嘉、龙泉、温岭、东阳、江山等地，生产粗瓷土碗，品种少，质量低，靠廉价销往农村和海岛渔村。省内的日用瓷器主要依赖江西景德镇和福建等地调入供应。1952年以后，政府对瓷业实行扶助政策，龙泉、泰顺、平阳、奉化、诸暨、温岭、东阳、温州等地陶瓷企业相继恢复生产。1956年起，先后新建、扩建了绍兴、兰溪、余姚、宁波、萧山、上虞、衢州、永嘉、瑞安等瓷厂，龙泉、温州、绍兴、兰溪等陶瓷厂试制新产品、新品种取得成效。20世纪80年代后，浙江省陶瓷行业逐步实现粉碎球磨化、成型自动化、烘干连续化、烧成隧道化，陶瓷生产有了较大的发展。进入90年代后，浙江日用瓷业一直处于低落时期。

据第三次全国工业普查资料统计，1995年全省从事陶瓷制品业的乡及乡以上年产品销售收入在100

万元以上的企业有462家，其中日用陶瓷54家、工业用陶瓷44家、建筑卫生陶瓷344家，其他陶瓷企业20家。乡及乡以上陶瓷制品企业275家，其中日用陶瓷39家（其中亏损13家）。工业总产值1.91亿元，产品销售收入1.5亿元，利税总额828万元，其中利润负388万元，年末职工8009人，其中工程技术人员190人。

（一）器皿瓷

器皿瓷主要包括粗瓷、普瓷、细瓷和成套瓷等。

粗瓷。主要是粗瓷碗，俗称“土碗”或“砂圈碗”。这类碗的品种名称有大水、大匹、大斗、中斗、可大、可二、可工等。自汉代以来，浙江就有这类粗瓷碗的生产。1949年前后，产区主要集中在浙南山区和温岭、东阳、江山等地，仅限于在附近农村和山区销售。

1954年，绍兴、兰溪等地瓷厂生产日用瓷，粗瓷就此开始转变为普通瓷器（简称普瓷）。1961年11月，浙江省轻工业厅颁发《浙江省日用瓷器标准》，各生产厂开始按标准组织生产。1963年年底，除浙南部分山区的集体陶瓷厂外，全省转入普瓷（以蓝边器为主）和中级瓷的生产。

1962年，根据浙江省瓷用原料的特性（铁含量高，铝含量低）和工艺技术装备落后的实际情况，制订了中级瓷质量标准，适用于在产品的规整度，特别是白度方面略低于细瓷的过渡产品。1987年，轻工业部正式颁布国家标准《日用细瓷器》《日用细瓷器外观质量分等规定》后，浙江停止使用中级瓷质量标准。1962—1983年期间，各日用瓷厂调整原料配方，采用先进设备、工艺，逐步向细瓷和高档细瓷的方向发展。1985年，绍兴、杭州、上虞等瓷厂细瓷产量占全省总产量的三分之一。1988年，宁波瓷厂全部生产日用细瓷，其中金边正德汤碗以质轻、洁白、规整而著称全省。1995年，浙江细瓷产品等级水平，特别是碗类产品已接近全国先进水平。

1970年年初，浙江开始试制成套日用细瓷。省轻工业局指定龙泉瓷厂生产杭州饭店成套青瓷餐具，绍兴瓷厂承担笕桥机场宾馆用瓷。产品有罗汤、汉盂、大小调羹、品锅、鱼盘、7—10寸平盘和汤盘等。1979年，绍兴瓷厂又如期完成了10万件中波轮船公司船用成套餐具的订购任务。同年9月，绍兴、龙泉、杭州、宁波、上虞等瓷厂的研究所相继建立，加快了新产品、特别是成套瓷的开发速度。1983年年末，仅中式成套餐具就有27头、28头、30头、36头、40头、55头、62头、75头、95头、96头等10个品种，其中绍兴瓷厂“帆船”牌55头中式餐具、宁波瓷厂“大雁”牌（原为“海鸥”牌）65头细瓷餐具投入大批量专业化生产，年产分别达到1万余套，畅销省内外。上虞陶瓷厂研制的75头大团圆异形组合餐具因造型新奇、组合灵活受到消费者的欢迎，被评为浙江省轻纺工业优秀“四新”产品。为适应成套瓷的外观装潢要求，各瓷厂积极改进产品包装，淘汰草绳捆扎，改为纸箱包装，印刷注册商标，部分高档细瓷还采用了锦盒包装。

（二）艺术瓷

浙江的艺术瓷主要包括青花瓷、美术瓷、黑釉瓷、莹白瓷、变色釉瓷、颜色釉瓷、骨灰瓷、高长石瓷和黄陵瓷等。

1. 青花瓷

考古证实，北宋、元代时浙江就生产青花瓷。浙江、云南、江西等省均有钴土矿蕴藏，为当地窑烧造青花瓷创造了条件。1949年前，东阳等瓷业作坊采用当地钴土矿（珠明料）为基础色调，在器物上描绘兰花图案，成为浙江现代烧造青花瓷的继续。1955年，绍兴瓷厂利用东阳珠明料勾绘鬼莲花瓷器青花装饰，生产“可二”青花碗，畅销宁波、绍兴一带广大农村。1956年，青花装饰改手工描绘为“刷花”，生产效率成倍提高。1964年，绍兴瓷厂把青花瓷作为重点开发项目，姜乐文厂长把提高青花瓷档次列入主要科研项目而建立了试制组，探索绍兴青花瓷的特色。1965年，绍兴瓷厂改珠明料为工业氧化钴，并配以高温煅烧，使之发色稳定、色泽青翠、清澈明亮。1966年，青花碗停产。1971年，绍兴瓷厂又成立试制组恢复青花釉的研究，开发松鹤花瓶等青花新品种。1974年，曹鹤鸣、叶宏明建议把青花瓷作为绍兴瓷厂的重点发展项目，省科委下达了“试制釉下青花细瓷”的科研任务。同年11月，绍兴瓷厂试制成功青花瓷产品，具有幽雅宁静、艳而不俗的特点，既有明清时代的传统韵味，又有别于景德镇色泽深沉的格调，被誉为“绍兴青花”。1979年，绍兴瓷厂青花瓷试制品种达130余种。1984年4月，绍兴瓷厂完成了“釉下彩青花细瓷”的研究项目并通过省级技术鉴定。同年12月，绍兴青花细瓷荣获浙江省优质产品称号，其中青花玉兰花瓶和六头高脚青花酒具被评为浙江省优秀“四新”产品。

1980年后，青花瓷产品在杭州、宁波、兰溪等厂普遍生产。绍兴瓷厂继续开发青花瓷器，设计各种仿古系列花瓶及以绍兴风景名胜（兰亭、沈园、东湖、鉴湖、八字桥、大禹陵、三昧书屋、咸亨酒店、秋瑾纪念碑等）为图案的产品，用青花纹饰，移植于各式挂盘、花瓶、文具等瓷器制品。1985年开始，青花瓷产品出口欧亚国家。1987年，绍兴瓷厂得到420万元的青花细瓷生产线技改资金，建成年产300万件青花细瓷生产专线。1991年5月，竣工验收并通过省级技术鉴定。

2．美术瓷

浙江的美术瓷历史悠久。早在魏晋南北朝时期，瓯窑的堆塑瓷，唐代绍兴、上虞的越窑雕塑瓷就著称于世，自南宋以后逐渐衰落。民国初期，温州市郊永强青山窑生产仿古花瓶、花樽和香炉等。1939年后，西山瓷器厂曾进行陶瓷艺术品和装饰技术的研究。

1961年，兰溪瓷厂开始美术瓷的研制，最初的白瓷雕塑以佛像为主。1963年后，温州日用陶瓷厂生产出口陶瓷花盆，产品进入国际市场。1966年，兰溪瓷厂美术瓷的试验中断。20世纪70年代后期，在浙江美术学院的支持帮助下，兰溪瓷厂再度恢复美术瓷的研究和试制，采用化妆土进行产品装饰雕塑，分别施乌金、豆青、橘黄、浅灰、锰红等颜色釉，改变了白瓷雕塑单调的格局，使产品造型逼真、绚丽多彩。1978年后，兰溪瓷厂设立了美术瓷生产车间，年生产能力达到20万件，品种有各式台灯、笔架、花插、烟缸和熊猫、天鹅、公鸡、卧狮、跃马瓷塑等150余种，形成陈设、日用、文具瓷三大系列产品，大批瓷塑、台灯畅销于省内外，其中黛玉葬花、乌金跃马、岳飞、观音等大批瓷塑产品选送全国工艺美术展览会和国外展出，受到国内外人士的一致好评，瓷塑文具等还出口日本等国。1979年，温州为北京首都机场研制大型壁画，并开始生产釉上彩壁画、高温陶板壁画等，之后又研制成功大型釉下壁画、釉中彩壁画、浅浮雕壁画和镶嵌陶瓷壁画。温州市陶瓷研究所制作的彩色陶瓷镶嵌壁画《持花菩萨》在全国首届陶瓷杂志杯大赛和美术作品展中获金杯奖。1980年，兰溪瓷厂柳仲华和郭春田创作的《丝路花雨》人物雕塑被评为全国陶瓷美术三等奖。1985年，兰溪瓷厂殷镜清设计的《漓江春色》壁画在香港陶瓷展销会上展示时高价出售。

20世纪80年代后，绍兴、杭州、上虞等瓷厂的美术瓷也有很大发展，先后形成人物、禽兽、鱼虫等系列70多个品种，其中绍兴瓷厂创作的瓷龟、伯乐相马、七品芝麻官等作品获得浙江陶瓷新产品优秀设计奖。郭琳山创作的瓷雕青花唐女梦、陶艺黄河魂、日出雄鸡等作品具有很强的时代感和独具鲜明的个性。温州陶瓷科学研究所创作的大型彩瓷镶嵌壁画《别州民》，取材于唐白居易诗，画面生动、线条清晰、形象逼真，得到全国陶瓷专家的很高评价。90年代后，省工艺美术研究所嵇锡贵、郭琳山为省丝绸公司制作的《春溢蚕乡》大型壁画的面积为55平方米，由1600块瓷砖组成；后又采用散点透视、传统彩绘与环境艺术结合的手法，创作了《孙子兵法》壁画，长27米，高1.68米，由1776块瓷砖拼接而成。

3. 黑釉瓷

东汉中晚期，上虞、德清烧制成功黑釉瓷器。黑釉瓷器和浙江青瓷一样，成为汉代瓷业的重要成就。龙泉在宋、元两代也生产过少量黑釉瓷器。1984年，龙泉瓷器二厂吴永江承担浙江省轻工业厅新产品试制项目“龙泉乌金釉瓷研究”。1985年10月，试制成功龙泉乌金釉瓷并通过省级技术鉴定。龙泉乌金釉瓷属于以铁为主的多种呈色元素混合着色的黑釉，具有独特风格的装饰效果。1985年，产品送香港中国陶瓷展销会、美国博览会展销，受到国外用户好评。1990年后，龙泉瓷器二厂试制的特大型乌金釉瓷花瓶和宝塔等具有较好的艺术效果。

4. 莹白瓷

莹白瓷以瓷质细腻似玉、釉面滋润似脂而得名，是衢州瓷厂1981年试制成功的一种高级艺术细瓷新瓷种，注册商标为“古爵”牌。1979年夏季，严孝民（衢州瓷厂）、高建新（浙江美术学院）、钱坚强（省日用轻工业公司）开始试制莹白瓷，产品设计主要由浙江美院的高建新、李松柴和衢州瓷厂的胡锡乾承担。1981年11月，试制成功并通过省级技术鉴定。1982年，莹白瓷荣获轻工业部、文化部、省科委科技成果四等奖并由轻工业部一次性投资和贷款200余万元，建成莹白瓷车间。莹白瓷以器皿和人物雕塑为主，产品有酒具、茶具、文具、案具、咖啡具、烟灰缸、台灯、花瓶和各种人物、动物塑像等共160余个品种。1983年，莹白瓷作为礼品瓷开始出口日本并通过我国香港出口各国。1984年，莹白瓷在美国路易斯安那州国际博览会、瑞士巴塞尔国际博览会和刚果、安哥拉、象牙海岸（今科特迪瓦）的中国经济贸易展览会以及广州交易会展出，获得好评，被誉为中国瓷器珍品。

5. 变色釉瓷

1975年，浙江省轻工业局组织温州西山日用陶瓷厂、金华古方陶器厂、绍兴瓷厂、杭州瓷厂等试制应用稀土钇、镨、钕氧化物装饰的陶瓷器。1978年，由绍兴瓷厂骆梅芳和温州日用陶瓷厂金玉英参与研制的稀土高温变色釉瓷项目获得成功，品种有酒具、茶具、文具、咖啡具和人物塑像等艺术瓷。杭州瓷厂的叶国珍、叶宏明、施关相研制成功稀土氧化钕异光变色釉，品种有变色观音、茶具、咖啡具等，通过省级技术鉴定。

变色釉瓷以高级细瓷白釉为基釉，以稀土钕、铈、铽等以及混合稀土氧化物为着色元素，经工艺处理精制而成着色剂，掺入基釉内制成釉浆，施于瓷胎表面，干燥后入窑烧成而发生物理、化学变化成为新的固溶体。这种固溶体在不同波长的光源照耀下呈现出各种不同的颜色。变色釉能变幻出紫、蓝、绿、天青、玫瑰、橘红等10余种颜色，在阳光下呈紫茄色、白炽灯下呈玫瑰色、日光灯下呈蓝色等。1980年后，杭州瓷厂又试制成功结晶釉，增强了装饰效果。1985年10月，绍兴瓷厂、杭州瓷厂和金华古方陶厂选送稀土变色釉瓷器和应用稀土艺术陶器参加全国国际稀土应用博览会展示并去香港展销，受到国际友人和港澳同胞的好评。博览会后，杭州瓷厂建立了稀土着色结晶釉生产线，绍兴瓷厂设计、论证青花和稀土变色釉瓷生产线，制订了适合稀土着色釉的工艺条件，稳定提高产品质量。

6. 颜色釉瓷

浙江用颜色釉装饰日用瓷器起源于汉代，主要用于越窑、瓯窑等青瓷装饰。宋代以豆青、粉青、梅子青装饰龙泉青瓷并出现乌金、茶叶末等色釉。这些名贵颜色釉不少随名窑衰落而失传。

20世纪80年代初，绍兴瓷厂开发出各种颜色釉装饰的文具、酒具、茶具和咖啡具等20余种，其中李敏、蔡秀君研制的滑石瓷和颜色釉开光酒具洁白细腻，类冰似玉，填补了浙江空白；结晶釉飞碟茶具、稀金提梁茶具在首届杭州国际茶文化节上评为优秀茶具。宁波瓷厂开发的成套颜色釉咖啡杯和碟出口美国、西欧。从此，浙江陶瓷颜色釉的品种增多。绍兴瓷厂研制成功硅锌结晶釉、铜红釉、镨黄釉等；杭州瓷厂先后开发成功结晶釉、星光釉（金星釉）、雪花釉；兰溪瓷厂利用钴、铜、锰、铁等矿物试制成功唐三彩；宁波瓷厂试制成功变幻多种颜色的白玉变色釉茶杯。省工艺美术研究所嵇锡贵于1986年创作的高温颜色釉综合装饰花瓶《秋艳》和嵇锡贵、郭艺于1990年创作的青花釉大罐《民间山水》同获全国陶瓷评比二等奖。

7. 骨灰瓷

1964年，河北唐山、山东淄博开始试制骨灰瓷（亦称骨质瓷）。1982年，宁波瓷厂史树雄、邵节和钱坚强（省日用轻工业公司）负责开始试制骨灰瓷。1985年5月，试制成功并通过省级技术鉴定。宁波瓷厂骨灰瓷的主要原料有骨灰、高岭土、长石、石英和少量黏性原料，除极少量煅烧熟矾土外，均采用省内原料。

8. 高长石瓷

1988年，绍兴瓷厂蔡秀君研制开发成功高长石质高级细瓷，适应了外销市场的需要。高长石瓷以长石为溶剂，采用注浆成型与可塑成型、传统工艺和隧道窑高温一次烧成。瓷质细腻，釉面光润，白度好，吸水率、热稳定性均符合国家高级细瓷标准，为省内首次开发的新瓷种，适宜制作高档日用瓷和艺术装饰瓷，如咖啡具、案头文具、酒具、茶具、茶杯、中小型碗、盘和各类大小花瓶等。高长石瓷六头葫芦酒具，宛如天然葫芦，赏心悦目，被评为全国陶瓷行业优胜产品；案头文具、玉兰酒具双双获首届轻工业博览会金牌奖。高长石瓷瓷胎半透明，可制作各种装饰灯具，有其独特风格。

9. 黄陵瓷

1985年2月，衢州瓷厂严孝民等人试制成功用金华、衢州等地黄土丘陵的红砂岩土为主要原料产生的黑、蓝、青、灰、月白等颜色的陶瓷器，包括各种器型的壁挂、雕塑，也适宜制作建筑材料。这种红砂岩原料取自黄土丘陵，定名为黄陵瓷。黄陵瓷的试制成功，提高了黄土丘陵红砂岩土的利用价值，为发展新瓷种和改造黄土丘陵开辟了新途径。

二、浙江建筑卫生陶瓷

浙江是我国现代建筑卫生陶瓷的发祥地之一。1914年，吴佑卿先生在温州永强创建了第一座近代陶瓷窑厂—青山瓷窑。1939年，吴百亨先生在温州西山灰炉创办了西山瓷器厂，采用传统手工捣泥、搅拌、成型、搪釉方法生产建筑及卫生陶瓷。1943年，生产出继上海“泰山”牌无釉毛亩砖和唐山启新瓷厂的红缸砖之后的我国第一批“西山”牌陶瓷釉面砖、锦砖，从而揭开了中国现代建筑陶瓷工业的序幕。1945年，西山瓷器厂更名为西山窑业厂，成功地生产出釉面砖、陶瓷锦砖、电瓷等产品。自1949年以来，浙江的建筑卫生陶瓷产业从未中断，只有起落变迁的时候，一直是中国的一个建陶主要产区。

（一）浙江建筑陶瓷砖

1983年，杭州建筑陶瓷厂引进日本年产10万平方米可塑法辊压成型大型陶瓷饰面板自动生产线。1987年12月，引进意大利年产70万平方米陶瓷地砖生产线，组建温州西山墙地砖厂，1990年投产。1988年，引进年产100万平方米的釉面砖生产线。1990年，在温州西山面砖厂投产。这个时期，用传统工艺生产的152毫米×152毫米×5毫米及114毫米×114毫米×5毫米白色釉面砖产品得到快速发展，企业最多达400多家。

进入20世纪90年代以后，温州、宁波、奉化、绍兴、萧山、余杭、海盐等地相继引进了30多条建筑陶瓷砖生产线，产量和新品种迅速增长。1990年，浙江陶瓷墙地砖的产量为531万平方米。1995年，总产量为8871万平方米。1997年，总产量达到11484万平方米。喷雾干燥法制粉、自动压机成型、辊道窑烧成生产工艺和装备得到广泛采用。

至2001年，全省建筑陶瓷企业约120家，温州约100家，其他主要分布在金华、杭州、萧山、绍兴、宁波等地，其中大、中型企业有20家，中外合资企业约7家，生产能力达2.7亿平方米，在全国各省、市、自治区列第五位，约占全国总产量的13%左右；而温州市2001年的建筑陶瓷产量就有2亿平方米，占全国总产量的9.5%，占浙江省产量的74%。产品品种和规格齐全，形成了产品结构多元化，生产布局区域化，高、中、低档产品并举的生产格局。

2001—2011年，浙江省建筑陶瓷业结构大调整。2011年，温州地区釉面砖生产企业仅存10多家。

成立于1992年的杭州诺贝尔集团有限公司快速发展，成为国内知名品牌企业。诺贝尔集团以生产销售建筑陶瓷砖为主，主导产品包括玻化抛光砖、亚光砖、欧式复古砖、微晶玻璃陶瓷复合板、陶质釉面墙地砖、瓷质釉面墙地砖及其各种装饰配件，广泛应用在中南海办公区、人民大会堂、八一军委大楼、北京奥运场馆、上海世博会永久场馆、南极中山考察站等知名建筑。2003—2010年，诺贝尔产品单一品牌市场占有率、销售额、上交国家税收连续8年位居全国同行业第一，中国民营企业500强。2009年获“全国企事业知识产权试点单位”，2010年获批“浙江省创新型试点企业”、“浙江省博士后工作试点单位”和“国家认定企业技术中心”。

（二）浙江卫生陶瓷

随着陶瓷砖工业的蓬勃发展，浙江省卫生陶瓷企业有上虞陶瓷厂、温州西山特陶集团、温州龙港卫生陶瓷厂、平阳卫生陶瓷厂等，其中上虞陶瓷厂、温州西山特陶集团两家较大。建厂于20世纪80年代初的上虞卫生陶瓷厂（即浙江建筑卫生陶瓷厂）是浙江省最早的卫生陶瓷国有企业，曾经在90年代从意大利TCL引进RDC米产量为40万件/年低压快排水系统，从英国引进液化气的卫生瓷烧成窑。温州西山特陶集团也曾经引进了英国技术装备。浙江的卫生陶瓷企业由于经营乏力等原因，21世纪初基本退出市场。

河南省陶瓷行业发展概况

一、日用陶瓷

河南省的日用陶瓷产品大致可分为粗瓷、普瓷、细瓷精瓷、炻瓷、紫砂等几种。粗瓷产品主要有大缸、砂圈碗等，烧成温度在1080—1100℃，大多在农村销售，1965年以后逐渐退出了市场。

1. 普瓷

又名“二细瓷”。釉面施以白釉，往往在碗边打上一圈或二圈蓝釉色条边，老百姓称之为“蓝边器物”。主要产品为碗、盘、盆等，尤以碗居多。主要在农村和城镇及中小城市销售。河南省的普瓷生产是与细瓷、精陶产品同时开始的。1963年，焦作陶瓷一厂开始生产普瓷。后来淅川、方城县陶瓷厂（1969年）、驻马店陶瓷厂（1974年）、修武陶瓷厂（1975年）、罗山县陶瓷厂（1976年）、汝阳县、宜阳县陶瓷厂（1978年）陆续开始生产普瓷。到1987年，全省有修武、宜阳、罗山、汝阳县陶瓷厂为主要普瓷生产企业，年生产能力为3000万件，主要产品是碗、盘。1981—1987年，罗山县陶瓷厂的普瓷碗连续7年为全省同行业评比第一名，1985被评为省优质产品。

2. 细瓷

细瓷的产品主要为白色，吸水率为零。常常用“薄如纸、自如玉、明如镜，声如磬”来赞美细瓷。1959年，郑州瓷厂与上海硅酸盐研究所合作成功利用河南原料生产细瓷，开创了河南生产细瓷的历史；1961年，细瓷出口，成为全省最早出口陶瓷产品的企业，每年出口300万—500万件，主要产品为咖啡具、餐具、饮具，还有少量的工艺美术瓷。1961年，禹县国营瓷厂、洛阳市陶瓷厂、焦作市陶瓷一厂及新乡市陶瓷厂、焦作市新生陶瓷厂先后生产细瓷。1964年，省轻工业厅确定郑州、禹县、巩县、焦作陶瓷一厂、洛阳市陶瓷厂五个陶瓷企业转为细瓷生产厂。1980年，平顶山市陶瓷厂的《金瓜碗》获得省优秀产品奖。1999年，禹州市神垕镇白玉瓷厂年产高档日用瓷（白玉瓷）4200万件，产值8900万元利，税2000万元。

3. 精陶

1966年，巩县陶瓷厂、禹县国营瓷厂生产出口精陶。1970年，巩县、禹县国营瓷厂的“飞鸽”牌和“地球”牌精陶成为全国精陶产品出口知名品牌。1980年，巩县陶瓷厂的“飞鸽牌”商标精陶饭盆获省优质产品称号。1981年，巩县陶瓷厂成为全国生产出口精陶产品的三个厂家之一，年生产力为300万件，大部分是单件出口，少部分为16头餐具。

4. 炻瓷

炻瓷又称炻器。1974年，禹县钧瓷一厂在省内首家开始生产炻瓷。到1987年，禹县钧瓷一厂、禹县国营瓷厂、焦作陶瓷一厂、焦作陶瓷三厂、宜阳陶瓷先后投入炻瓷生产，并发展成为河南陶瓷出口的拳头产品，生产能力已达3500万件，其中出口2300万件，年创汇500多万美元，主要出口成套炻瓷餐具、茶具等。焦作陶瓷三厂的42头“蝴蝶”牌餐具和焦作陶瓷一厂的24头“三阳”牌餐具在欧美市场很受欢迎。1990年，河南的炻瓷发展到顶峰，1991年开始衰落。2005年以后，焦作陶瓷一厂、陶瓷三厂、禹县钧瓷一厂、禹县国营瓷厂先后停产。2010年，修武瓷厂继续维持炻瓷生产。

5. 紫砂

1979年，宝丰县瓷厂从江苏省宜兴市聘请师傅，利用当地紫砂的原料，试制成功紫砂产品，为全省陶瓷产品增加了一个新品种。宝丰县瓷厂更名为宝丰紫砂工艺美术厂，产品有茶具、花盆、花瓶、笔筒、餐具、人物雕塑等127个品种，其中茶具、花盆、餐具被评为省优秀产品，并有批量出口。1986年，宝丰紫砂工艺美术厂生产的磁化茶具和紫砂火锅在国内外畅销。同年，宝丰紫砂工艺美术二厂成立，主要产品有磁化杯、茶具等。1987年，宝丰紫砂工艺美术厂试制成功紫砂电火锅、紫砂工艺美术二厂的“红雷”牌紫砂陶被评为省优质产品。

二、卫生陶瓷

1972年，新安县建筑陶瓷厂正式生产卫生陶瓷以后，禹州、长葛、新郑、信阳、驻马店及南阳等地先后有一批卫生陶瓷企业陆续投产，形成了在国内有一定影响力的生产基地。纵观河南省卫生陶瓷的发展，大致可以分为起步阶段（1973—1980年）、发展阶段（1981—2000年）、提高发展时期（2001—2010年），共三个阶段。

新安县建筑陶瓷厂前身是1958年建立的日用陶瓷厂。1968年，该厂试制成功福州3#坐便器后，由于当地原料、燃料（煤炭）的优势及市场需求的推动，遂于1973年正式生产卫生陶瓷。1979年，全部转产卫生陶瓷，成为河南省第一家专业生产卫生陶瓷的全民所有制企业。随后，长葛县陶瓷一厂、禹州国营瓷厂、禹州方山陶瓷厂三家企业又先后投产卫生陶瓷，年总产量为约50万件。这个时期，河南卫生陶瓷的生产特点表现为：一是生产规模较小，最大企业年生产能力仅10万件。二是产品种少，仅有福州3#坐便器、蹲便器、洗面盆及洗槽等几个品种。三是生产工艺落后，原料加工多为1—1.5吨球磨机，成型主要是人工抱大桶浇注成型，烧成采用煤烧倒焰窑或煤烧隧道窑带匣钵烧成工艺，釉料采用白色乳浊生料釉，产品多为白色。四是产品质量低。

1981年后，河南的卫生陶瓷工业在技术上取得了很大的突破，推动了卫生陶瓷工业进入快速发展阶段。概括起来，主要的技术突破有以下几项。

(1)烧成技术的革命。1982年，新安县建筑陶瓷厂自行设计建成了我国第一条0.9m×30m裸装煤烧隔焰隧道窑，甩掉了匣钵，率先突破了我国长期以原煤为燃料的卫生陶瓷生产的烧成瓶颈，保证了窑内温差(≤20℃)及气氛的稳定性，实现了彩色制品的稳定生产和生产成本的降低。随后，在中国西北建筑设计院等单位的支持下，这项技术在河南乃至全国迅速得到推广，窑内宽由900mm增加至1200mm、窑炉长度由55m增大到98m，达到单窑年产量30万件的当时最好水平。

(2)实现了低温快烧。1989年，在煤烧隔焰窑烧成技术的基础上，长葛陶瓷一厂又利用河南本地原料实现了低温(1160—1180℃)快烧（烧成周期由原来的30h以上缩短为20h以下），节约了能源，降低了生产成本。

(3)采用磷锆生料乳浊釉替代了锡釉。1984年，新安县建筑陶瓷厂首先采用了磷锆生料釉，长葛地区还使用过熔块釉。随后，超细（平均粒度≤2Hm）硅酸锆的采用，真正保证了釉面平滑、光润的外观质量。

(4)采用模架化管道注浆成型工艺和微压组合浇注工艺。1982年起，新安县建筑陶瓷厂在中国建筑材料科学研究院的帮助下，先后建成了洗面器立式微压注浆成型线，摆脱了传统的人工抱大桶浇注工艺，为工业化生产奠定了可靠基础。1987年，长葛县陶瓷一厂又研制成功了福利3#虹吸坐便器的一次粘接成型工艺，为坐便器类产品立式组合浇注工艺的推广提供了有力的保证。

(5)采用发生炉煤气为燃料。1987年，为了采用纯净煤气以提高产品的烧成质量和解决环境污染的问题，新安县建筑陶瓷厂与清华大学等单位合作，进行流化循环床双器煤气化工艺的研究试验取得成功，建成了河南省卫生陶瓷行业第一座两段式煤气发生炉，实现了烧成窑炉宽断面化(大于2000mm)、降低了窑炉温差(≤10℃)、缩短了烧成周期(≤18h)，提高了产品质量。

由于以上五项技术的改革，促进了河南省卫生陶瓷生产进入了快速发展阶段，先后在洛阳建筑陶瓷厂、洛阳卫生陶瓷厂、洛阳闻洲瓷业、信阳瓷厂、驻马店瓷厂、南阳陶瓷厂、襄县陶瓷厂、舞阳冠军陶瓷厂、禹州国营瓷厂、禹州城关瓷厂、禹州洁丽瓷厂、禹州梁北瓷厂、长葛一瓷厂、长葛二瓷厂、长葛后河瓷厂、长葛辛庄瓷厂、长葛陶瓷总厂、新送新兴陶瓷厂、新乡陶瓷厂、焦作陶瓷二厂等25家企业得到推广应用，年生产能力达1600万件左右。这个时期，河南卫生陶瓷的生产有四个特点：一是生产规模增大，最大企业年生产能力超过70万件。二是品种齐全，产品涵盖连体坐便器、分体坐便器、蹲便器、洗面器、洗涤槽、水箱七大类数十款系列产品，除白色产品外也能生产玫瑰红等彩色产品。三是生产工艺改进较大，所有企业基本上采用了立式组合浇注成型工艺和明焰或隔焰隧道窑裸烧工艺。四是产品质量明显提高，新安县建筑陶瓷厂于1980年后连续参加全国行检，“中原”牌多次获得第五名，1986年和1990年还获得全国行检第三名的好成绩。

2001年，西气东输工程在河南境内通气后，促使了河南省卫生陶瓷行业进入飞速发展期。2001年，新郑市大根陶瓷有限公司率先建成国内第一条1.5m×78m燃气卫生陶瓷辊道窑。洛阳卫生陶瓷厂也相继建成3.06m燃气宽段面隧道窑。之后短短几年间，长葛、禹州、新郑等地新建企业数量骤增至90余家，生产能力为4000万件，使河南成为我国卫生陶瓷生产大省之一。

生产技术的快速发展，使得河南卫生陶瓷行业取得一些喜人的进步和成效。主要表现为以下几点：

(1)生产规模扩大。一批骨干企业迅速成长，年产量100万件以上的企业达11家，洛阳闻州和舞阳冠军陶瓷公司的年产量都在200万件以上，长葛远东陶瓷公司年产量已突破350万件。

(2)烧成技术取得重大突破。在煤烧辊隧道窑的基础上，新郑欧普和禹州欧亚公司又先后建成2.10m×90m气烧辊道窑，烧成能耗达到1100kcal/kg瓷。

(3)生产工艺取得重大改进。立式组合浇注工艺已在行业得到普及；部分连体坐便器采用立式组合浇注一次成型工艺；河南峰景陶瓷科技有限公司的脸盆、水箱等产品还采用了低压快排水注浆工艺。

(4)产品配套化、产品质量显著提高。洛阳美迪亚、洛阳诺金、洛阳闻州、河南峰景、舞阳冠军、长葛远东等企业的产品成套化和质量显著提高并部分出口。

三、建筑陶瓷

1972年，鹤壁瓷件厂第一片152mm×152mm白色陶质釉面砖的诞生，开创了河南省现代建筑陶瓷工业的新时代。几十年来，河南建筑陶瓷工业的发展大致可分为起步阶段（1972—1980年）、发展阶段（1981—2000年）和大调整、大转移阶段（2001—2010年）共三个阶段。

鹤壁瓷件厂始建于1965年，生产高、低压电瓷，1972年部分转产建筑卫生陶瓷，1979年全部转产为以152mm×152mm白色陶质釉面砖为主的建筑陶瓷。之后，禹县钧美二厂、禹县方山陶瓷厂、水城县瓷厂、洛阳市陶瓷厂以及新乡陶瓷厂等企业相继投产152mm×152mm白色陶质釉面砖。这时，河南陶质釉面砖的年总产量为100万平方米左右。这个阶段生产发展的主要特点表现为一是生产规模小，一般企业年产量10万平方米左右。二是生产技术落后，基本采用1—1.5吨球磨机、30—60吨手动摩擦压力机、煤烧匣钵倒焰窑为主体的生产工艺技术和装备。三是品种单一，只生产152mm×152mm白色陶质釉面砖。四是产品质量较差，主要是由生产工艺、技术和装备的落后导致。

1981年后，由于煤烧隔焰窑裸装烧成工艺的出现，使河南建筑陶瓷工业进入发展阶段，生产企业规模扩大，产品质量提升。1995年，河南年产白色釉面砖为250万平方米。期间，鹤壁瓷件厂的“劲松”牌152mm×152mm白色陶质釉面砖在全国行检中获得第五名。与此同时，沁阳劈开砖厂开始生产耐酸和外墙装饰砖，产品品种不断增加。

1985年，洛阳陶瓷厂和焦作二厂先后引进意大利年产70万平方米玻化砖生产线，带动了河南墙地砖行业的引进热潮。新郑轩辕公司、焦作新美公司和林县大方公司引进了玻化砖生产线，登封兆峰公司引进了瓷质釉面砖生产线，长葛兆峰公司引进了釉面马赛克生产线，新乡陶瓷厂和南阳华澳和洛阳卫陶厂引进了抛光砖生产线，加上平顶山宝丰建材公司、安阳装饰砖厂、林州沃德陶瓷公司等国产设备的企业，河南共有陶瓷砖生产企业15家，年生产能力约1500万平方米。与此同时，在引进国外设备的高潮中，河南还从山东引进以煤烧辊道窑和100—200吨自动压砖机为主要设备、以干法制粉工艺生产60mm×240mm炻质彩釉外墙砖生产线30多条，满足了当时建筑业发展的需求。在此期间，河南墙地砖的生产达到了高峰。各类陶瓷砖的总产量达到2910万平方米，其中白色釉面砖达250万平方米、彩釉砖1130万平方米、玻化砖1370万平方米、瓷质外墙砖130万平方米、劈开砖30万平方米。

1995年后，由于宏观调控及市场影响，加之部分企业管理落后，使得河南建筑陶瓷行业经历了一次长期的停产、萎缩过程，洛阳陶瓷厂、新美陶瓷公司、登封兆峰公司等一批引进企业和中、小型煤烧窑炉企业先后破产、倒闭。

进入21世纪后，河南的建筑陶瓷企业继续处于调整过程。宝丰洁石建材公司、禹州洁丽公司和新郑丰达陶瓷公司等一批企业不断提高壮大，长葛兆峰公司和新乡王牌陶瓷有限公司等企业在转换经营方式的重组中前进。与此同时，由于河南地处中原的地理、资源优势，成为粤、闽、浙等地建陶企业南北东西转移的理想地。

2001年后，首先温州企业在禹州、登封两地建起了内墙砖生产线，年生产能力600万平方米以上。接着，福建的外墙砖生产企业在鹤壁、内黄等地建设的福源陶瓷公司和中福陶瓷公司等先后投产，产销两旺。

2009年3月，广东新中源公司在鹤壁征地建厂，设计能力年产抛光砖3000万平方米，一期工程2010年6月投产。目前，御盛陶瓷公司、惠德邦陶瓷公司等一批广东企业也相继在鹤壁开工建设，预期建成后鹤壁地区的陶瓷墙地砖年生产能力可达1.5亿平方米以上，将成为河南产量最大、质量最好、品牌企业最集中的陶瓷生产地区。

1986年，河南省建筑陶瓷工业协会成立。

山西省陶瓷行业发展概况

山西陶瓷目前仍以日用陶瓷为主，2014年产能为26亿件，实际产量21.8亿件(陶瓷瓶包括在内)。主要有怀仁、应县、阳城、平定、介休、朔城区、忻州、闻喜。山西省成规模的建筑陶瓷企业不多，阳城陶瓷工业园较集中，还有洪洞、清徐、乡宁、怀仁、霍州等几家，年产量2.4亿平方米(产能3亿平方米)。长治、阳泉、介休等地生产蜂窝陶瓷、耐碱耐酸陶瓷和保温用泡沫陶瓷。工艺美术陶瓷有抬头发展趋势，主要有平定刻花瓷，平定砂器，榆次及高平的黑陶，新绛及定襄的澄泥砚，琉璃的生产集中在河津、万荣，怀仁、阳城、介休、太原等地也有生产，阳城珐华成功恢复，另外怀仁部分企业试制少量的美术陶瓷产品。电瓷和卫生陶瓷全部停产，全省有陶瓷企业120家，年销售额约100亿元，从业人员50000余人。

一、陶瓷概况

山西陶瓷历史悠久，产生至今5000余年，分属于仰韶文化和龙山文化。早在新石器时代芮城县的西王村就产生了陶器，东汉时出现了瓷器，北齐时代产生了白瓷。琉璃瓦的生产始于北魏时期。三彩陶器及黄釉、黑釉、花瓷初现于唐代。元末产生、明代盛行的珐华瓷产于晋南。清康熙、雍正、乾隆三朝为陶瓷业的极盛时期，嘉庆年间始逐步衰落。至中华人民共和国成立前夕，只有少数个体手工业者生产日用粗瓷制品。山西古陶瓷窑口很多，有霍州窑、临汾窑、乡宁窑、介休洪山窑、交城窑、平定窑、盂县窑、太原孟家井窑(因在宋代孟家井下属于榆次，更多被称为榆次窑)、阳城窑、大同窑、浑源窑、怀仁吴家窑等。其中介休洪山窑在唐代生产的白釉瓷、宋代生产的黑白釉和青釉印花瓷以及青黑刻花瓷器等非常出名。

1917年，山西省政府将通省工艺局(1898年成立)改组为山西工业试验所，进行了细瓷和玻璃的科学研究与试制，尤其是对矿产的化验分析为陶瓷生产提供了很好的配方依据。1933年，成立西北实业公司，并新建了国有性质的西北窑厂，其生产的高温耐火材料和搪瓷产品均为山西首创。1949年，撤销西北实业公司，成立山西省人民政府工业厅。1957年成立轻工业局。1958年，成立轻工业厅一直有专门处室分管陶瓷行业的生产运营。1964年，二轻局工艺美术处批准成立了山西省民间陶瓷研究所，具有行业管理职能，且做了大量技术推广，职工短期培训等工作。1974年，二轻系统成立了陶瓷公司，组织管理陶瓷集体企业的生产，期间也生产了具有地方特色的出口产品，量不大但品种较多。1979年将原二轻的陶瓷公司与原轻工的陶瓷处合并 ，成立山西省陶瓷工业公司，作为管理全省陶瓷工业的行政机构做了大量工作，当时省政府也一度抓了陶瓷生产工作，副省长阎武宏曾担任过陶瓷协会的名誉会长。1985年陶瓷公司与山西省玻璃陶瓷科学研究所人员合并，成为以生产科研为主的企业组织机构。2000年机构改革撤销轻工厅，成立山西省轻工业行业管理办公室。1996年，经民政厅批复，成立了山西省日用硅酸盐协会，是陶瓷玻璃行业的民间管理组织。

20世纪70—80年代，雁北成立陶瓷工业公司和陶瓷工业研究所，霍州成立陶瓷工业公司，负责行业管理，到90年代失去管理职能，陶瓷工业公司不再存在。

二、陶瓷资源

山西位于华北平原西部，是黄河流域中部黄土高原地一部分，全境由错综复杂的山脉构成，广泛分布着震旦系、太古界的古老地层。侏罗纪地层为灰黑色页岩，含砂岩和黏土，震旦系地层含有石英岩，寒武纪地层上部有白云石，奥陶纪地层是石膏的主要地层，铁矿的上部为黏土层。山西具有丰富的陶瓷工业原辅材料资源，品种全、质量好、储量大，在全国占有很重要的地位。

大同黑砂石是全国六大优质原料之一，它与煤共生，产于怀仁、山阴、大同口泉、浑源、左云、灵丘的煤夹石，属硬质高岭土，含杂质很少，化学成分稳定，氧化铝含量高，有一定的可塑性，烧后洁白。已探明储量在百亿吨以上，主要供北方中高档日用瓷选用，是20世纪60年代末开始推广应用的，80年代出口熟料的产量也很大。目前年产量在10万吨以上，但矿区管理较乱，多为原矿出售，更没达到原料标准化要求。只要出产煤的地方就有大量的煤矸石存在，受大同黑砂石在陶瓷工业中应用的启发，原来阳泉、晋城、阳方口、太原、霍州等矿区堆积如山的煤矸石也都得到利用，化学成分以硅铝为主，但烧后白度稍差，多用于中、低档日用瓷和建筑陶瓷生产。

软质黏土的主要产区为介休洪山、朔州峙峪、山阴、左云、右玉等地，总储量为12亿吨。其中介休洪山黏土矿有三层，第一层为紫褐色，统称紫木节，呈层状，易碎，具滑腻感，为优质黏土，杂质少，现年产万吨左右；山阴千斤土储量约5000万吨，颗粒细腻，选矿后可达一级高岭土；左云土塑性好是最大特点，含杂质较多，储量在1000万吨以上，主要用于高压电瓷生产及匣钵生产中；朔州城区峙峪有耐火黏土和陶瓷黏土两个矿区，总储量1200万吨以上。上述黏土均属于二次黏土，可塑性好，干燥强度高，成分较稳定，是生产高档陶瓷的理想原料。另外，阳城、晋城、陵川、壶关、武乡、长子、稷山、乡宁、安泽、洪洞、霍州、石楼、孝义、交城、灵石、昔阳、平定、盂县、楼烦、静乐、定襄、五台、兴县、保德、广灵、平鲁、原平等全省46个县区都有陶瓷工业利用的具一定储量的黏土矿区，探明储量达152.7亿吨。另外紫砂陶土全省到处可见，以乡宁、霍州、宁武最多，储量均在1000万吨以上，浑源的膨润土储量为5931万元。

山西长石以钾长石和钠长石为主，钾长石储量最多。全省矿点近三十处，现已探明列入储量表的控制储量为1000万吨，近年仍有新矿开采使用。分布在盂县、阳高、天镇、浑源、晋城、陵川、武乡、稷山、乡宁、洪洞、霍州、孝义、昔阳、灵石、娄烦、静乐、定襄、五台、原平、灵丘、离石、左权、代县、临县、黎城、闻喜、忻州等地，其中闻喜、忻州矿床较大，质量好。

全省石英矿点三十多处，已探明储量为1.2亿吨以上，分布在应县、阳高、天镇、浑源、晋城、陵川、武乡、稷山、翼城、乡宁、洪洞、霍州、孝义、昔阳、灵石、介休、中阳、娄烦、静乐、定襄、五台、原平、繁峙、灵丘、离石、柳林、左权、代县、临县、黎城、襄垣、垣曲、闻喜、河津、忻州等地。

石灰石全省六十四个矿区，总储量一万吨以上，主要产区有太原、大同、阳泉、长治、潞城、阳高、神池、岚县、霍州、闻喜、稷山等地。白云石分布在大同、定襄、岚县等地。

铝土矿以阳泉、孝义闻名，其他产地还有汾西、河津、平陆、盂县、朔州、怀仁、代县等，总储量为6亿吨。

石膏矿主要分布在太原、阳高、晋城、陵川、长治、武乡、翼城、霍州、灵石、介休、交口、娄烦、静乐、左权、黎城、襄垣、曲沃、襄汾、候马等地，全省已探明储量为4.66亿吨。

三、陶瓷教育和著名人士

1958年，山西省轻工业学校成立，为陶瓷行业培养了不少人才。1975年，山西省玻璃陶瓷科学研究所成立，主要从事陶瓷工业技术研究，是省级陶瓷专业科研单位，研究开发的腐植酸钠在陶瓷工业中的应用、釉上丝网颜料、防渗漏酒瓶等多项科研成果获奖，并应用于生产。

近年来，山西省建材工业学校、太原理工大学、中北科技大学等院校近年也开始招收相关专业学生，山西大学和太原理工大学也为陶瓷行业培养了部分美术设计和造型专业学生。轻工厅和陶瓷公司不同时期组织的培训班，为山西省陶瓷行业培养了不少实用人才。

为山西陶瓷做出较大贡献的人有：水既生、王恒、王嘉兴、王泰安、王元山、王景福、乔嘉胜、庄顺南、张寅卯、张丽珍、张翼德、张聪、张文亮、张福荣、张正夫、张同寿、周录桀、刘蕴华、蔺永茂、蔺涛、程桂茂、曹毅轩、成龙胜、毛仝、应善宝、高玉文、姚文博、严利民、曹希全、李录、石喜寿、马绍武、尉强、阎振恒、高秋祥、刘璇民、乔枫、乔月亮、刘选民等。

四、主要陶瓷产区（怀仁、阳城、平定陶瓷产区）

怀仁陶瓷产区

盛唐时期，怀仁一带就有瓷器的烧制，“惟陶埴一枝，独擅北方”的历史记载和被列为省级文物保护对象的碗窑古窑、小峪制陶遗址在中外陶瓷史上都记述。而县境内吴家窑、峙峰山一带储量丰富、品位极高的“大同土”，更是以高品位、高白度、高储量被业界公认为我国著名的优质陶瓷原料，在国内各大瓷区得到广泛应用。

20世纪80年代以来，特别是世纪之交，怀仁县陶瓷产业得到了迅猛发展。以嘉明、佳美乐、中瑞等为代表的一批民营企业的快速崛起，一个新兴陶瓷产区的格局基本形成。到目前，全县各类陶瓷企业45家，陶瓷生产线90条，带动就业人员三万多人，主要产品日用瓷产量达11.5亿件，地砖600万平方米，琉璃瓦1000万件，包装瓷3500万件。陶瓷行业职工人数达到1.5万人。而产品对外也称怀仁陶瓷的应县陶瓷企业同样发展迅速，现有企业11家，生产能力4亿件，其中：规模以上的陶瓷企业有7家，年产日用陶瓷近2亿件，山阴县有3户企业，年产100多万件，怀仁瓷区已经成为涵盖怀仁、应县、山阴等地厂家的一个陶瓷生产基地品。怀仁陶瓷以品质好、价格低、数量足为经销商青睐，怀仁瓷区在中国陶瓷基业界的影响力日渐显现。

重点企业介绍

怀仁县嘉明陶瓷有限责任公司，始建于1992年8月，创业之初，公司仅有启动资金50万元，十年后嘉明公司拥有固定资产2.2亿元，占地660万平方米，员工2500多人，拥有国内领先技术的日用瓷生产线20条。产品也由过去单一的鱼盘发展到年生产新骨瓷、高白瓷、精陶等五大系列，上千个花色品种的高中档日用瓷2亿件，嘉明苑已经成为目前国内规模最大的日用瓷生产企业。2004年，公司产品通过ISO9000国际质量体系认证，被认定为“山西省著名品牌”，成为“中国家庭用品名牌产品”，并被国务院表彰为“全国再就业先进集体”。嘉明的发展速度和成就成为怀仁陶瓷的一面旗帜，也是怀仁陶瓷昂首于中国陶瓷界的最大亮点。2003年受“非典”影响，停产数月，效益和速度下滑，目前仅有8条生产线运转（其余多数对外出租），主要产品为高档玉珑瓷和釉中彩出口餐具。

怀仁县佳美乐陶瓷有限责任公司，2001年建厂，八年时间扩建为占地175亩，生产线9条，员工1200多人，年生产能力上亿件的企业，主要产品有高白瓷、骨瓷、强化瓷等。尤以质优价廉量大的高白瓷著称，2004年企业通过ISO质量体系认证，是怀仁瓷区发展速度最快，效益最好的企业之一。

华缶瓷业有限责任公司，2003年成立，占地100亩，自建配套二段式冷煤气发生炉一座，完成了洁净能源烧成技术改造。主要产品为高档釉中彩餐具和宾馆用白瓷。公司与邯郸瓷区建立良好的合作关系，在引进专业技术和管理人才，加强横向经济联系，发展个性化产品上成果显著。

山西中瑞陶瓷有限公司，2007年4月投产，2008年4月改造为天然气直焰裸烧。公司设计起点高，基础设施好，经营理念新，目前作为当地最大的包装瓷生产厂，成功进入杏花村汾酒厂等大型酒厂的合格供应商序列，产品以瓷质紧密、造型独特、不渗不漏、供货及时而享誉。目前生产能力为450万件/年。

阳城陶瓷产区

阳城县有着悠久的陶瓷生产历史，西汉时期开始萌芽。县文博馆收藏有西汉时期的罐、瓮、盘、碟、杯等出土陶器。唐宋时期，黑白瓷器生产已很普遍。宋人所著《扁鹊新书》《苏沈良方》等医书多次提及“阳城罐”，经专家考证，为本地陶瓷特产。至明清时期，陶瓷制作已相当精细，陶瓷产品就已成为贡品。清同治年间，有“全兴号”“日升号”“顺和号”陶瓷厂先后在后则腰等地出现。嘉靖四年（1525年）修建的阳城海会寺舍利塔第十层周围墙壁上177块浮雕和1625年寿圣寺塔壁镶嵌的佛教人物均本地所产。北京故宫的琉璃狮子和十三陵殿堂的部分顶冠都有阳城陶瓷制品。20世纪70年代，阳城陶瓷厂所产的玉柱茶具，又名北京茶具，仿天安门前华表柱型加金边设计而成，在1978年的全省茶具评比会上获“状元产品”称号，在北京展出后，受到中外人士的赞美，被人民大会堂宴会厅选用；同时展示的青松咖啡茶具，获得国家对外经济贸易部颁发的荣誉证书，畅销10多个国家和地区。

经过这多年的发展，阳城县日用陶瓷逐渐从单一低档次品种发展为目前的细炻瓷、精品瓷等多品种高档日用瓷，生产线也由几条发展达到24条，生产能力由不足1千万件发展达到近2亿件，从业人员已超过万人，产值超过8000万元。阳城建筑陶瓷工业从无到有，从简单低档次的外墙砖发展为目前的外墙砖、内墙砖、地砖、马赛克、组画瓷片、拼花、腰线等多品种、多规格建筑陶瓷，生产线达到了21条，墙地砖产量达到5000多万平方米，安排当地，劳动力就业近4000人，年增加就业收入近4000万元，同时有力拉动了运输业、服务业和相关产业的快速发展，社会效益十分明显。

2003年，阳城县委、县政府为改变支柱产业单一，依托本县丰富的陶土资源，决策重点发展建筑陶瓷产业，组建阳城县建筑陶瓷工业园区。位于县城东4公里获泽河畔的凤城镇北安阳村东，规划用地3000亩，计划投资30亿元。一期工程规划用地500亩，实际用地564.3亩，目前有浙江温州、广东佛山、湖南岳阳、福建闽清、湖北宜昌等地9家企业落户园区，实现产值5亿元，建成投产16条线，形成年产5000万平方米的生产规模，实现产值5亿元，利税8000万元，直接安排就业3000余人。二期工程规划用地1000亩，计划投资10亿元，用5—8年时间建成30条中高档建筑陶瓷和卫生洁具生产线，形成年产1亿平方米的生产规模，新增就业6000人。首期征地523亩，目前已完成土地补偿、地面附着物拆迁等工作。已有广东佛山等三家投资商入园开工建设。2008年计划建成投产6条生产线，生产能力达到3000万平方米，新增就业岗位1800个。三期工程规划用地1500亩，首期征地475亩，目前正在积极开展招商引资工作。

重点企业介绍

侨枫瓷业有限公司创建于1999年的是晋城市目前规模最大、技术水平和产品档次最高、工艺水平最先进的日用陶瓷民营企业。投资经营者出身于乔氏陶瓷世家，乔嘉盛是原阳城陶瓷厂厂长，土生土长的陶瓷专家和管理者。2002年公司与有关专业院所进行交流探讨，大胆地将现代科技与传统工艺结合。研发出了高档镁质强化瓷，该瓷质地细腻、洁白如玉、玲珑剔透，具有玉质般的光润美感。经山西省陶瓷研究机构鉴定，各项指标都创造了山西历史上最好水平，改写了阳城无高档瓷的历史。2004年，采用了煤气化烧成技术，向清洁生产迈进了实质性的跨越，并先后完成了高白乳浊釉、釉下彩绘、高档镁质瓷等新工艺、新产品的开发，并逐步推向市场，打破了我省南部日用瓷主产地—阳城瓷区多年来单一普通炻瓷一统天下、一成不变的局面，进一步提高了生产效率和产品档次。2006年公司再次投入1600万元新建了一条高档日用瓷生产线，采用目前国内外更为先进的轻体隧道窑烧制产品，更节能、更环保，在烧成制度上采用热煤气还原焰烧成，这在山西省尚属首例。目前，该公司日用瓷年生产能力达到2600万件，产值达2200万元，职工600余人。

晶岗陶瓷有限公司于1996年引进了先进建筑陶瓷生产线，揭开了阳城县发展建筑陶瓷产业的新篇章。依托丰富的陶土、煤炭等资源优势，不断加大产业产品结构调整的力度，先后投资1亿余元，引进国内外先进的陶瓷生产设备和生产工艺，新建了10条年产2000万平方米的全自动化燃煤气墙地砖生产线。目前公司生产的“晶岗牌”“京都牌”“神鸟牌”内外墙砖不仅牢固的占领了临汾、长治、晋城等地市场，还远销河南、湖北、陕西、甘肃、青海、新疆，并出口中亚等国家，深受用户青睐和好评。

平定产区

平定陶瓷业历史源远流长。据出土文物考证和《平定县志》记载，早在新石器时期，境内先民即有陶器制作。到清代，平定砂器已闻名遐迩。

2006年，平定“中国刻花瓷”被列为山西省首批文化遗产保护项目。

2009年10月，“平定县陶瓷协会”成立。目前，平定县陶瓷协会所属陶瓷产业成员单位共有12家。陶瓷主要产品有骨质瓷、锂质耐热陶瓷、刻化瓷、砂锅、古建筑陶瓷、普通日用瓷6个六类上千个品种。

重点企业介绍

平定莹陶瓷有限公司1986年7月成立，主要产品为高档骨质瓷、日用普瓷、锂质瓷砂锅、工艺瓷4大类1000余个品种，年产高档骨质瓷1500万件、日用普瓷2000万件，是山西省规模较大的外向型陶瓷生产企业。2009年，“莹玉”牌商标被认定为山西省著名商标，2012年“莹玉牌骨质瓷”被中国陶瓷工业协会授予中国陶瓷行业名牌产品。

平定古窑陶艺有限公司2006年成立，致力于“中国刻花瓷”的传承、保护、开发、推广。2008年为北京奥组委特制的《龙腾奥运》刻花瓷瓶，被国家体育博物馆收藏。2009年，新中国成立六十周年献礼国瓷《盛世昇平》被中华民族艺术珍品馆、中国民族博物馆、北京闽龙陶瓷艺术馆、民族文化宫、晋商博物馆等收藏。2010年《祥和世博》刻花瓷瓶成为上海世博会指定专属礼品。公司旗下的中国刻花瓷文化园，集研究、设计、生产、旅游、餐饮、文化休闲为一体，已建成投入运行的包括陶行楼、陶知楼、陶韵楼、陶瓷艺术空间以及陶瓷研发创新设计中心和具有旅游观光体验功能的陶瓷生产车间等。

山西省平定县峥嵘立璧琉璃瓦有限公司始建于1982年，主要生产古建琉璃瓦件，年产120万件，是山西省阳泉地区唯一生产古建陶瓷的传统文化特色企业。

五、山西特色陶瓷产品

琉璃与珐华

山西琉璃瓦的生产始于北魏时期，经隋、唐、宋、元、明至清初，产品遍及全省，出现了不少琉璃世家。北京故宫的琉璃狮子和十三陵殿堂的部分顶冠都有阳城的琉璃器。三彩陶瓷初现于唐代。珐华瓷始于元末，盛行于明，产于山西南部，闻名于全国的独特产品。

（一）琉璃器

琉璃器的釉是以铅为助溶剂，以含铁、铜、钴、锰的物质为着色剂，再配以石英而制成的，一般采用二次烧成，即素烧坯胎后再经二次低温釉烧。早在北魏时期山西就有了琉璃瓦的生产，在大同北魏故遗址中，曾发现过一些琉璃瓦碎片，胎质含细砂，釉呈浅绿色，比唐三彩质地稍粗。到了唐代，太原马庄村烧造的琉璃瓦远近闻名。宋代山西烧造琉璃制品的区域很广，有蒲州窑（今永济）、平阳窑（今临汾）、河津窑和潞安窑（今长治）。元代建筑大都（今北京）宫殿的琉璃是山西赵姓琉璃匠制作，明清两代修建北京及沈阳故宫也是从太原、介休、阳城、河津调去的琉璃匠，大同九龙壁（明藩王府前照壁，高8米，长45.5米，厚2.02米，是我国现存最早最大的九龙壁，比北京北海九龙壁还高大、雄伟，是怀仁吴家窑赵氏作坊烧制的。到明代琉璃制作以山西为最盛，清咸丰年间山西仍有琉璃制品生产。民国二十五年河津有琉璃烧制窑四座，抗日战争爆发后停产。1949年后琉璃烧造逐渐恢复，尤其1979年后发展较快，现主要产地都是有一定历史的，如河津、阳城、怀仁、太原、忻州、万荣等，尤其河津、阳城、太原一直为大家认可的琉璃生产基地。河津较为集中，有30余家，相邻的万荣县有近20家，其中河津市三彩琉璃研究所所长史宏艺等人不懈努力下，产品质量不断提高，品种更加丰富，将原来只在建筑装饰上使用的琉璃产品延伸到工艺品—琉璃画，琉璃画新工艺达到了陶艺界釉色研究的较高水平，它强调窑火的自然造化，琉璃釉彩经窑变自然流动，顺势成就，肌理鲜明，展示给人们独特的艺术视觉享受。

（二）珐华器

珐华又称法花，是明代中期山西南部盛行而具有特殊装饰与民族风格的日用器皿。蒲州（今永济）、绛州（今新绛）、平阳（今临汾）、霍州、潞安（今长治）、高平、阳城、晋城等地都有生产。珐华是具有独特风格的名贵釉种，釉色有黄、紫、兰、绿、白等数种，釉面多有纹裂现象。山西珐华均以陶胎作载体，这是与后来仿制并流传至今的景德镇珐华三彩最根本的区别。珐华除用于器皿装饰外，也大量用于古代建筑，往往和琉璃一起使用，自古多有就着建筑施工现场筑窑烧造的习惯，油漆彩绘中的沥粉技术自然而然地就移植到了珐华器装饰上，在陶胎表面上用特制带管的泥浆袋，勾勒成凸线纹轮廓，再分别以黄、绿、紫等釉料填出底子和花纹色彩。1986年，山西省玻璃陶瓷研究所将失传多年的山西珐华釉恢复研制成功，但至今仍没有批量生产。

砂器

砂器是用黏土、砂糁和煤渣配制，再经制坯、烧坯、熏釉等工序而成的一种陶瓷产品，颜色黑亮，极轻易碎。山西砂器首创于潞安（今长治），唐初平定便生产砂货，明清时期，砂货盛名于世，是北京、天津、河北、内蒙古、山东等地红极一时的抢手货。民国时期，平定、榆次、大同、长治、翼城、阳城、沁水、武乡、壶关、和顺、昔阳、广灵等县市均有砂器窑，1936年，砂器产量达到近200万件。1949年后砂器生产由合作小组逐步上升为合作工厂，产量进一步扩大，品种由火锅、壶、砂锅扩大到笼屉、花盆等二十多种。乡宁、霍州、宁武等地有丰富的紫砂原料，生产的紫砂产品与宜兴紫砂有相似之处，与砂器不属同一类产品。山西砂器当数平定历史悠久，新中国成立后，平定砂器品种扩展到近百个。产品行销国内外20多个省市及东南亚国家。平定砂器具有“烧饭不变色，煎药不变性，炖肉不变味”三大特点，并且内外光洁，质地均匀，耐酸耐碱，轻巧耐用，价格低廉。而砂器与刻花瓷的巧妙组合又填补了一项艺术空白，两者互补提高了平定砂器的档次。当前，平定砂器已经由单纯的生活用具发展成为以砂器为载体的工艺制品砂器，产品逐步艺术化心。平定张氏砂器陶艺坊制作的砂器除了要保留传统砂器“不变质，不变味，不变色”的“三不变”特点以外，还结合陶瓷制作工艺，改进砂器技艺：通过对传统砂器的原料配制进行科学改进，使新制造的砂器更耐用，外观更加细腻、整洁，在炖肉、煎药、烧饭时，有效保持了食物的物理特性；采用注浆、机制成型工艺，借助石膏的特性，创造全新的工艺，使得砂器制作省时、省力，降低了成本，产品规格一致，外观整洁，实用与观赏融为一体；刻花瓷与砂器结合，将平定刻花瓷工艺技术运用到平定砂器的装饰上，把民间剪纸艺术嫁接到砂器上，采用淋浇浆技术丰富砂器的装饰，使平定砂器突出了地方性、文化性和艺术性。

平定刻花瓷

平定刻花瓷具有千年历史，史称千年古窑，旧有西窑之称。在地理上与河北邢窑、定窑相邻，造型和工艺相互影响，多有共同之处，故属定窑系。

平定刻花陶瓷是山西省独具地方特色的传统工艺美术陶瓷。在原料上讲究就地取材，去粗留精，因材施艺，造型质朴大方。釉如堆脂，丰润厚重,装饰简练概括。讲究肥花大叶，给人以舒朗之美感。纹饰上下反卷,穿插互让，给人以流动的韵律美。

平定刻花瓷制作工艺采用的是湿作法，经选料、煅烧、研磨、除铁、过滤、陈腐、练泥、揉泥、拉坯、修坯、施釉、刻划花、烘干、装窑、烧制、检选、打磨等几十道工序而成。在坯体未干之前装饰，讲究刀刀见泥，一气呵成，充分展示了陶瓷本身的材质美、装饰过程的技巧美、装饰形象的简洁美以及与造型紧密相依的整体美。

20世纪60年代，山西省古陶瓷专家水既生和省工艺美术工业公司杨伯珠秘书长在冠庄瓷厂大力开发美术陶瓷，与陶瓷厂张聪等技术人员共同研制恢复了仿宋黑釉刻花梅瓶、嘟噜等品种。80年代，经过刻花瓷传人张聪先生对工艺和釉料配方的进一步改良，平定刻花瓷享誉国内。为使平定刻花瓷这一独具地方特色民族瑰宝得以传承，张聪于1995年在平定冠庄村自家的老院里带着自己的三个儿子文亮、宏亮、伟亮创办"平定窑张氏陶艺坊"，历经艰辛，传承和保护了平定刻花陶瓷工艺，并使其得到发展，挖掘创新了木叶陶艺、剪纸漏花、开片、窑变结晶等工艺。2003年9月，平定县被中国民间文艺家协会、中国艺术之乡评审委员会授予“中国刻花瓷之乡”。12月以张聪父子为传人和申报主体的“平定黑釉刻花陶瓷制作工艺”被评定为首批山西省非物质文化遗产保护项目。截至目前，平定文亮刻花瓷砂器研究所，相继研究创新了窑变刻花瓷、亚光刻花瓷、开片、窑变结晶等新品种。

黑陶工艺品

制作黑陶选用的红黏土富含硅、铝、铁、镁、钙、钾等多种化学元素，它构成的黏土矿物有高龄石、蒙脱石、伊利石、水铝英石、石英、长石、铁质矿物和含钙、镁的碳酸盐矿物。黑陶成形方法有拉坯、注浆、印坯、盘筑、雕塑等。主要的装饰手法有研光、印稿、划线、刻线、镂空、平面挑点、扎点、深层挑点、扎点、平雕、浮雕、雕塑、黏结、印章、擦光。山西省现有5家黑陶生产工厂，其中规模较大、产品质量上乘的当数山西翔龙黑陶工艺品有限公司。总经理张福荣现为中国陶瓷工业协会黑陶艺术专业委员会副会长；中国工艺美术学会黑陶艺术研究所所长；中国陶瓷工艺美术大师。

陶瓷砚台

我省用陶瓷工艺生产砚台的历史久远，新绛、定襄都有不少生产工厂和作坊。其中“绛州澄泥砚”为中国四大名砚中唯一的陶瓷砚台。陶瓷砚台的主要生产工艺有采泥、澄泥、过滤、练泥陈腐、制坯成型、阴干、雕刻、修坯、烧成、修饰等，产品质地介于精陶和精炻器之间。1986年，蔺永茂、蔺涛父子成立山西省新绛县绛州澄泥砚研制所，开始研制绛州澄泥砚，致力于“绛州澄泥砚”的开发、挖掘、恢复和创新，使断代几百年的中国四大名砚之一的“绛州澄泥砚”重放异彩，澄泥砚制作技艺被国务院公布为国家级非物质文化遗产。作品多年来连获国家级、省级几十项大奖，并被多家博物馆列为珍品予以收藏。2009年，蔺永茂、蔺涛父子被中国文房四宝协会授予中国制砚大师。

山西省怀仁县陶瓷产业概况

怀仁县地处山西北部，大同盆地中腹，雁门关外。历史上著名的古战场—金沙滩就在辖区。全县三分山，七分川，总面积1230平方公里，人口38万。怀仁县民风淳朴，资源丰富，人文荟萃，经济发达，是山西省经济强县之一。

陶瓷是怀仁县的传统产业，制陶历史已逾千年，据《中国陶瓷史•历代名窑》记载："怀仁窑 在今山西怀仁，故名。明《大明一统志》有'锦屏山在怀仁县西南二十五里，山旧有瓷窑'。现发现的制陶遗址有小峪、张瓦沟、吴家窑三处；始烧于金代，历经元明两代。烧瓷以黑釉为主，弦纹瓶及罐等器物胎体厚重，装饰有粗线条划花及剔花两种，有雁北地区特色。"在中外陶瓷史上"惟陶埴一技，独擅北方"的记载和被列为省级文物保护对象的碗窑古窑、小峪制陶遗址都有记述。

怀仁陶瓷又以吴家窑、碗窑最为出名，民间相传闻名遐迩的大同九龙壁主体琉璃瓷就是由怀仁吴家窑赵氏兄弟烧制而成的。新中国成立初期，吴家窑瓷厂生产的黑釉描金盖杯被载入《中国陶瓷史》，70年代黑釉描金盖杯被人民大会堂选用。吴家窑陶瓷厂也是为山西第一家生产出口瓷的企业。雁北瓷厂还为一九九四年广岛亚运会专供运动员、裁判员就餐的炻瓷餐具，怀仁陶瓷开始扬名国外。为了弘扬怀仁陶瓷文化，从2000年起，怀仁县连续举办了八届"中国•怀仁陶瓷文化节"，中国陶瓷工业协会杨自鹏、韩家鼎、傅维杰、黄芯红等领导和专家多次莅怀视察调研和指导。2005年怀仁被授予"山西省日用陶瓷生产出口基地"称号。

20世纪80年代以来，特别是世纪之交，怀仁县陶瓷产业迅猛发展，以玉珑、佳美乐等为代表的一批民营企业迅速崛起，陶瓷产业迅速扩张为怀仁的支柱产业，成为远近闻名的北方瓷都。

一、怀仁陶瓷产业发展现状

（一）产业规模

目前，怀仁县境内建成各类陶瓷企业45家，陶瓷生产线90条，带动就业人员3万多人，主要产品日用瓷产量达11.5亿件，地砖600万平方米，琉璃瓦1000万件，包装瓷3500万件。日用瓷产量在国内市场上占有相当的份额，其中玉珑瓷业生产的"玉珑瓷"在国内比较知名，产品在欧美、韩国和东南亚畅销不衰。初具规模的陶瓷产业带动了高岭土煅烧、花纸生产、产品包装等相关产业的发展。

（二）地理分布

怀仁陶瓷产业主要集中在三大园区，分别是以佳美乐瓷业、华缶瓷业为代表的云东陶瓷工业园区，以永祥瓷业、景文瓷业为代表的海北头陶瓷园区，以及以玉珑瓷业、恒源瓷业、东兴瓷业为代表的金沙滩陶瓷工业园区。为了加快陶瓷产业的集约化发展，怀仁新建陶瓷企业一律入驻金沙滩陶瓷工业园区。

（三）产品种类

怀仁陶瓷现阶段已初步形成以日用陶瓷为主，兼顾包装瓷、建筑瓷、工艺瓷、琉璃瓷的大陶瓷产业格局，其中日用瓷主要品种有：高白瓷、炻瓷、玉珑瓷、色釉瓷、骨质瓷、黑釉瓷等20大类3500多个品种。

二、怀仁陶瓷产业发展优势

怀仁陶瓷产业的形成、演进与发展，不仅是深厚历史积淀的结果，也是原料优势、交通状况、人员因素、政策扶持和协会运作等诸多因素影响和促成的结果。

（一）丰富的原料资源

高岭土（也叫大同土、砂石、矸子）、铝矾土矿层储量丰富，质量上乘，是生产陶瓷的主要资源材料。其中盛产在我县境内峙峰山一带的高岭土，因其烧后白度高、含铁低，又系中性物料，被清华大学任磊教授誉为中国陶瓷的“国宝”。经勘探证实高岭土地质储量达2.2亿吨以上，适宜大规模开采利用。丰富优质的原料资源，为怀仁陶瓷产业提供了重要的原材料，是怀仁陶瓷产业发展的物质条件。

（二）便捷的交通网络

怀仁县交通便利，同蒲铁路、大运二级公路和208国道纵贯南北，石凉公路横跨东西，乡村公路四通八达，村村实现了通油（水泥）路。大运高速公路在怀仁设有2个互通口，怀仁与首都北京和省会太原的距离缩仅有3个小时车程，大同民用航空机场距怀仁县仅22公里，每天有通达北京、广州等城市的往返航班。便捷的交通网络对进一步扩大怀仁陶瓷的产业配套及销售部局具有重要的作用。

（三）充裕的人力资源

怀仁县陶瓷历史悠久，原有的“四厂一所”，培育了一大批专业技术人才和熟练工人，同时怀仁陶瓷在近几年的发展过程中也相继聘用了一部分淄博、唐山、邯郸等瓷区的技术人员。另外，由于我县教育产业的发展，大批外地子女来怀入学也吸引了相当多的外地人员来怀照顾子女的同时务工，提供了相对充裕和廉价的劳动力。

（四）优越的政策支持

怀仁陶瓷产业的迅速发展，离不开政府政策的支持。作为怀仁县继煤炭之后的第二大支柱产业，县委县政府对陶瓷产业给予了高度重视和强力支持。

一是为陶瓷企业专门规划了陶瓷工业园区，以提高产业聚集度，促进产业集约化发展。

二是出台了《怀仁县振兴陶瓷产业实施意见》，鼓励引导新上陶瓷企业，支持陶瓷企业进行技术改造，提高产品质量。

三是筹建怀仁陶瓷职业技术学院，将培养更多陶瓷方面的专业技术人才。

四是计划筹建山西省日用陶瓷质量监督检验中心，便于怀仁陶瓷产品的就近检验。

同时，政府多次协调相关部门和机构，为陶瓷企业解决土地、厂房、融资信贷等问题。

（五）规范的协会运作

协会自成立以来，紧紧围绕做强做大陶瓷产业这一主线，坚持以服务为宗旨，正确履行协调、监督、研究、发展、服务职能，重点在行业协调、专题调研、考察学习、课题研究、技能竞赛以及全方位服务等方面顺利起步，初见成效。

一是促进企业良性竞争。在协会的组织协调下，企业之间避免了过去的无序竞争状态，积极转变观念，树立怀仁陶瓷大品牌意识，促进怀仁陶瓷产业整体上档升级。

二是申请“怀仁陶瓷”地理标志证明。协会已于2011年11月7日通过了国家工商局商标局“怀仁陶瓷”地理标志证明商标核准注册，成为山西省第一个陶瓷产品中国地理标志证明商标。

三是积极组织企业考察学习。协会常规性组织怀仁陶瓷企业到全国各大陶瓷产区考察，增长见识，开拓视野；并邀请专家、学者来怀举办讲座，传授新理念、新思想，推介新技术、新设备。

三、怀仁陶瓷产业发展构想

紧紧抓住市委、市政府建设“金沙滩陶瓷工业园区”的大好机遇，集聚陶瓷企业，完善园区功能，促进陶瓷产业板块化发展、集群化推进。坚定不移推进以煤扶瓷和升级改造战略。开工建设山西省日用陶瓷质量检验中心项目。力争未来五年陶瓷产量从现在的9亿件提高到15亿件，每件陶瓷产值上升到10元，从业人员达到6万人，人均年收入达到6万元，真正把我县建成名副其实的中国现代日用瓷都，使陶瓷产业逐步接替煤炭的支柱地位，撑起富民强县的基础。

中国耀州瓷—陕西省铜川市

耀州瓷是耀州产品的统称。耀州窑遗址位于今陕西省铜川市王益区黄堡镇南侧，因宋代属耀州府管辖，故称耀州窑。

耀州窑唐代创烧，五代发展，北宋鼎盛，金元续烧；金元后，其中心窑场从黄堡逐渐移至陈炉镇及其周边地区，炉火绵延不息，连续烧造陶瓷的历史长达1400多年，为黄堡镇古“十里窑场”及陈炉镇一带留下了及其珍贵的古陶瓷文化遗产。

耀州窑在中国陶瓷史上占有极为重要的地位，为宋代八大窑系之一，享有“中国古代北方青瓷的代表”和“宋代刻花青瓷之冠”的美誉。耀州瓷独树一帜，风格自成一家，古代上贡皇室，畅销国内，远销海外，至今仍备受广大人民群众喜爱。宋神宗元丰七年的《德应侯碑》中夸赞耀州瓷“巧如范金，精比琢玉…方圆大小，皆中规矩…击其声，铿铿如也；视其色，温温如也”，可见其精妙绝伦程度。

耀州窑历代制瓷各有千秋，大唐初创时期的耀州窑不拘一格，善于学习和借鉴其他窑口的先进技术，勇于进取，大胆创新，使得其烧制的陶瓷呈现出绚丽多彩的格局，除生产黑瓷、白瓷、茶叶沫釉瓷、黄釉瓷、白釉绿彩瓷、白釉褐彩瓷、黑釉剔花填白彩瓷、花釉瓷、青瓷、青釉釉下白彩瓷外，还生产三彩、琉璃建材等低温釉陶，是唐代烧造陶瓷釉色品种最多的窑场之一。耀州窑早期以黑釉、茶叶沫釉瓷和唐三彩最具代表性。琉璃建材专供唐代皇家建筑使用。晚唐时期，青瓷得到长足发展，已在整个黄堡窑场崭露头角。这一时期烧制的器物以碗、盘、钵、盏、执壶、盒为大宗，还有抗、釜、盅、盏托、砚、烛台、漏斗、腰鼓等。装饰手法以贴花和彩绘多见，并且开始出现划花和戳印花，纹样相对较少，以朵花、牡丹和卷草纹常见。

五代是耀州窑发展史上的重要转折时期，其制瓷技术有了重大改进和提高，产品以青瓷为主，创造性地烧造出天青釉瓷，堪称五代青瓷的翘楚。器物多酒具、茶具和餐具，主要有以釉裹足为特征的碗、盘、洗、高足杯、柳斗杯、多曲盏、盏托、套盒、盒、执壶等，器物造型多仿金银器皿，秀美精致、清新典雅。装饰手法以剔花和划花最具特色，兼有贴花。这一时期的器物装饰纹样比唐代大为增加，植物花卉类的牡丹、菊花、枫叶、卷草，动物类的凤、鸳鸟、龟、鱼，人物类的袍服人物、婴戏枝叶等，为宋代耀瓷纹样的大发展奠定了坚实的基础。20世纪80年代窑址出土了一批带“官”字款的五代青瓷，证明耀州窑五代开始已为宫廷烧造贡瓷。尤其是其釉裹足支钉装烧工艺、天青釉色、仿金银器皿造型等特征对两宋时期的官窑青瓷产生了深远的影响。总之，五代耀州窑的青瓷已经达到了极高的艺术境界。

北宋耀州窑进入鼎盛时期，形成了“十里窑场”的宏大规模。制瓷工艺日臻完善，青瓷烧造技术达到了炉火纯青的境界。耀州窑除烧造以橄榄绿为基本色调的“类余姚秘色”青瓷外，兼烧造少量黑釉、酱釉及兔毫、油滴等结晶釉瓷。其青瓷“巧如范金，精比琢玉”，“击其声，铿铿如也；视其色，温温如也”，“虽欧瓷之艳丽，景瓷之细致，亦弗能相匹”，产量达到历史巅峰。刻花青瓷线条流畅，犀利洒脱，素有“宋代刻花青瓷之冠”的美誉。印花青瓷布局规整，题材丰富，在宋瓷中独树一帜。影响深远的耀州窑系亦形成于此时期。宋代耀州青瓷，器物种类繁多，式样雅朴，极富变化，其中以碗、盘、渣斗、盏、盏托、擂钵、唾盂、注壶、倒装壶、杯、盅、玉壶春瓶、梅瓶等生活用器为主，此外还有以各式香炉和香章为主的香具，以粉盒和表为代表的化妆具，各式灯具、卧具、花具、文房用具、医药具、宗教法器和供器、乐器、儿童玩具等，不一而足。宋代耀州青瓷不仅种类众多，而且同一类器物造型也多种多样。宋代也是耀州窑器物纹样和图案最为丰富的历史时期。常见的为花卉草木、珍禽瑞兽、昆虫蝶蛾、水族鱼类、释道造像、各种人物、历史故事、庭院山石、水波流云等，每一种类中又有多种纹样图案，例如三把莲、博古插花、鹤衔博古、驾鹤仙游。飞天、五童戏大、婴戏葡萄、婴孩及袍服人物碱鞠、婴戏竹马、伏虎人物、庭院人物、戏剧人物、山石、人物等。有些耀瓷还有年款或吉祥语，“如大观”“熙宁”“政和”和“长命”“同伴合着”等。

金代是耀州窑发展的又一转折时期，其早期继承了宋代传统的制瓷工艺，以烧造青瓷为主，多豆青釉和青绿釉，玻璃质感强，仍为宫廷烧造贡瓷。这一时期还成功创烧出月白釉瓷，其釉厚如堆脂，青中闪白，白中透青，极富玉石之美。晚期陶瓷风格渐变，采用了涩圈叠烧工艺，青瓷呈现姜黄色，质量明显下降，同时兼烧黑釉、酱釉等品种。器物多实用器，以碗、盘为大宗，还多见碟、盖碗、瓶、壶、罐、灯、炉、盒等器种，装饰以刻花、印花为主，纹样趋于疏朗、简练，主题纹样往往饰于开光图案中。鼎盛一时的宋代耀州窑，到金代后期呈现出明显的衰退之势，其制瓷范围由黄堡镇向其东部的立地坡、上店和陈炉一带扩展。

入元以后，耀州窑烧瓷中心已由黄堡镇转向陈炉镇，产品销路完全面向民间。耀州窑除继续烧造姜黄釉青瓷外，还烧造黑釉、酱釉和茶叶沫釉瓷，烧制器物以日用瓷为主。青瓷釉色姜黄，胎体厚重，装饰日渐简约，失去了往昔精巧秀丽的风格，逐渐走向衰落。新兴的三大窑厂，元以前多学习黄堡窑的制瓷工艺，烧造青瓷，但产品多工艺不精。到了元代，这些窑场仍以烧造青瓷为主，釉色多青中泛黄，少数为青绿色。器物种类有碗、盘、洗、钵、玉壶春瓶、双耳瓶、温碗、盏、盆、缸、杯、烛插等。此时耀州窑已经在继承黄堡瓷脉的基础上有所创新，如元代晚期的陈炉窑场创烧一种简笔刻花青瓷，在青黄釉下加饰化妆土，刻去化妆土上的部分透出深绿色花纹，明快洗炼，淡雅美观，比传统的刻花青瓷更为简朴、清新。

明代陈炉窑场的制瓷技术和产品风格发生了明显的转变。青瓷制品不复多见，黑瓷和白瓷大量涌现，并出现了以绘画装饰为主流的仿磁州窑产品风格的白地黑花瓷。白地黑花瓷以对比强烈、画风质朴、粗犷豪放、写意性强、极富浓厚的民间艺术气息和地域文化特色而深受人们喜爱，成为明代耀州窑最具代表性的新产品。

清代陈炉窑场生产规模和窑场范围不断扩大，“炉山不夜”的胜景成为“同官八景”之一。产品釉色种类也比明代更加多样，除烧造黑釉、酱釉、茶叶沫釉、白釉、白地黑花和白釉黑箍瓷外，还创烧出了香以及内白外黑、内白外黄等复色釉瓷。清代晚期又学习景德镇制瓷工艺，成功烧造出了具有当地特色且广受民众青睐的青花瓷。此时期所烧制的器物主要有坛、博、瓶、盒、盘、香炉、香筒、烛插、花瓶等，在装饰上各类富有民间色彩的文字提款的广泛流行和运用，丰富了陈炉耀州窑的内涵。

民国时期耀州窑沿袭清代风格，青花瓷成为主流产品，又在此基础上发展出香黄地青花黑彩的新品种。装饰方面，年款、古诗词、吉祥语、俗语、歇后语、俚语等文字提款多与绘画相结合，图文并茂，相映成趣，颇具一方特色。

新中国成立以后，耀州窑陶瓷得到了长足的发展。先后建成了铜川市建筑陶瓷厂、铜川市电瓷厂、铜川市庄里陶瓷厂、铜川市陈炉陶瓷厂、铜川矿务局艺术陶瓷厂、铜川市耐火材料厂、西北耐火材料厂、铜川市大缸厂等陶瓷企业。改革开放以后，陶瓷企业数量有所扩张，个体私营企业也有了较快的发展，陶瓷工业逐步形成了相对齐全的产业门类，成为具有一定规模的陕西陶瓷工业生产基地。在80年代中期以前陶瓷产量占全省陶瓷总产量的80%以上，技术装备达到当时全国同行业中等发展水平。

陈炉陶瓷厂是黄堡耀州窑的继承者，碑文杂记、史志文献、记载了陈炉昔日峥嵘的岁月，就如同黄土高坡的一颗参天大树，根深叶茂。其所产缸、盆、碗、罐享名关中，家喻户晓。1977年，陈炉陶瓷仿制耀州青瓷获得成功，使得失传已久的耀州窑青瓷重放异彩。日月如梭，进入新世纪，陈炉荣获全国历史文化名镇殊荣，耀州窑也被正式列为全国重点文物保护单位，耀州窑陶瓷制作技艺被列入国家第一批非物质文化遗产保护名录，在中国古陶瓷文化艺术宝库中独树一帜，使耀瓷文化这一中华瑰宝焕发更加绚丽的光彩。铜川市委、市政府高度重视陶瓷产业的发展，按照“调整结构、拓展市场、外引内联、形成规模”的思路，依托现有资源，巩固、挖掘和创新传统工艺陶瓷，不断提高日用陶瓷品位，着力开发建筑陶瓷、电瓷等高附加值产品，扩大电瓷生产规模，创市场、创品牌，形成较大规模和市场竞争力，实现陶瓷产业发展的新突破。

2015年，全市共有陶瓷生产企业和研究所40户，年平均从业人数2720人，有陶瓷工艺美术大师66人，其中国家级大师3人、省级大师22人、市级41人。全部资产总额111359万元。全年生产日用工艺瓷800万件、墙地砖1830万平方米、琉璃瓦550万平方米、广场砖2300万块、特种瓷20万件、陶粒砂6.5万吨、各种酒瓶1000万个。完成工业总产值83801万元，实现销售收入82520万元。产值、销售收入和全部资产总额分别比2014年增长6.52%、17.02%和21%。

如今的耀州瓷种类繁多，装饰题材丰富。有绚丽多彩的唐三彩，漆黑发亮的黑釉瓷，有薄如纸、明如镜、青如天、声如磬的五代天青瓷，有刻花犀利、纹饰洒脱的宋代刻花、印花青瓷，有光洁莹润、如冰似玉的金代月白釉瓷，有粗犷豪放的明代白地黑花瓷和姜黄釉瓷，以及茶叶沫釉瓷、白釉瓷、酱釉瓷、青花瓷、香黄釉瓷等，产品多达数百种，其中以刻花青瓷、印花青瓷和黑釉剔花瓷最富特色、最具代表性。

今天，耀州瓷已成为收藏鉴赏、旅游纪念、礼品馈赠、家居装饰、会议纪念之佳品，在国内外享有盛誉，深受各界人士的青睐。

辽宁省法库县陶瓷发展史

法库属沈阳市辖县份，县域位于辽宁省北部，区域面积2320平方公里，南与母城沈阳隔辽河相望，位于沈阳1小时经济圈内，是沈阳经济区城际连接带重要节点。

法库陶瓷历史悠久，据考古学家考证，法库在新石器时代、青铜器时代、战国时期及辽金时期遗址中发现了大量的陶、瓷片及陶瓷器等，最早距今已有3400年。众多民族在法库书写生存发展辉煌篇章的同时，也使这里的远古文明留下了陶瓷印记，使得悠久的陶瓷文化在此积淀。在法库，可以感受到陶瓷文化厚重的历史底蕴和人文精神。清代雍正、乾隆两朝的督陶官唐英，在雍正年间到法库与当地窑场工人一同研究制瓷方法；天安门广场毛主席纪念堂的部分陶瓷用品，是当年经过专家严格论证选送法库的瓷土制作而成的，可以说，历史的遗迹印证了法库陶瓷文化古老的溯源，瓷土的芬芳遍及了祖国大地。

2002年3月，当时的沈阳市政府主要领导高瞻远瞩，明确提出法库要认真查摆自身资源优势、市场优势，要突出区域经济特色，举全县之力迅速将非金属矿产资源优势转变为产业优势、经济优势、竞争优势。发展陶瓷产业，“此事要一抓到底，这是法库的希望之光”。法库县委、县政府做出大力发展陶瓷产业重大决策，全县上下统一思想、同一目标，凭着“想尽千方百计，不辞千辛万苦，踏遍千山万水，说尽千言万语”的“四千”创业招商精神艰苦创业，陶瓷产业得到快速发展。

2002年6月，第一家陶瓷企业“沈龙瓷业”落户，同年10月投产。法库陶瓷全新时代就此开始！

2006年9月25日，“东北瓷都”商会正式成立。

2006年6月，辽宁法库经济开发区被国家发改委批准为省级开发区，法库陶瓷产业集群成为东北地区最大陶瓷生产基地，初步形成规模，被评为“辽宁省最具发展潜力的开发区”。

2007年、2008年，法库陶瓷规模进一步扩大，同时产品在档次上有了较大提高。

2007年5月，西班牙博士盖陶瓷落户开发区，提升了区域产业水平和产品技术含量，法库陶瓷开始实现从量到质的转变。

2007年7月，成功举办了“第一届国际陶瓷博览会”和“千人大会”，法库陶瓷产业集群被命名为“陶瓷产业集群国际合作基地”和“沈阳市十大城市名片”。 有力地推动了产业发展，扩大了知名度。

2008年6月，法库陶瓷产业集群被评为“中国县域经济产业集群100强”“辽宁省华侨创业基地”。

2009年，法库陶瓷产业集群完成了一次历史性跨跃。一批有代表性的重点企业入驻园区。辽宁金地阳陶瓷有限公司于2009年8月一期工程竣工投产，2009年生产高档抛光砖635万平方米，实现产值44220万元，实现利税5328．9万元，安排就业达513人。沈阳博士盖陶瓷有限公司于2009年8月一期工程竣工投产，2009年生产高档抛光砖530万平方米，实现产值44904.4万元，实现利税6727.9万元，安排就业达486人。沈阳五洲震耀陶瓷有限公司落户园区，计划总投资3.5亿元人民币，建设4条中高档抛光砖生产线。预计2010年7月可竣工投产。项目全部投产后可年产抛光砖1800万平方米，实现产值40000万元，实现利税8000万元，可安排就业950人。2009年落户法库的沈阳新王者瓷有限公司，计划总投资2亿元人民币，建设4条中高档抛光砖生产线，2010年7月第一条生产线竣工投产。项目全部投产后可年产抛光砖1800万平方米，实现产值30000万元，实现利税6000万元，可安排就业850人。

2009年，法库检测中心（省级）的成立，更是为企业发展提供了强有力的保障。通过检测中心的工作，强化企业产品的质量控制，建立公平竞争的质量平台，促进区域和企业品牌建设。2009年5月，沈阳质量检验协会陶瓷分会正式成立，并落户法库，标志着法库陶瓷向高档次、高品位迈进的开始。

2009年年末，累计开工建设企业145户，各类生产线360条，其中投产生产线192条。有建筑陶瓷、日用陶瓷、艺术陶瓷、工业陶瓷；有中档的釉面砖、耐磨砖、玻化砖，高档的抛光砖和微晶瓷等12大类27个品种。陶瓷产品覆盖了东北三省及内蒙古的东部地区、京津唐及江浙的部分地区，部分产品还出口俄罗斯、美国、蒙古、朝鲜和阿拉伯等国家及地区。成为中国第五大陶瓷产区，被评为“中国县域产业集群竞争力百强”。 经过法库人几年的努力，增加产品种类，提升产品质量，加强市场宣传的成果，法库陶瓷开始进入以“品牌化、国际化、瓷文化”为发展战略的新阶段。

2010年2月，法库出台了“企业争创名优产品和著名商标活动方案”，打造自主品牌工程正式启动。

2010年4月，辽宁法库陶瓷协会成立大会召开。陶瓷协会的成立，为陶瓷行业制定了详细的管理规范，不仅让企业提高了自律性，而且提高了企业的行业诚信度。为法库陶瓷产业和县域经济的又好又快发展提供支撑和保障。2010年8月，法库陶瓷产业集群被中国工业陶瓷协会授予“东北瓷都”称号，9月被中国建筑卫生陶瓷协会授予“东北亚建筑陶瓷产业基地”称号，10月法库荣获“中国产业百强县”称号。

2011年3月，沈阳日本骊住陶板项目开工建设，由日本伊奈制陶株式会社投资兴建、以生产陶土板为主的新型建材项目。投资总额为6.9亿元人民币，于2012年5月投产，预计年产量100万平方米，实现产值3.5亿元，安排就业70余人。世界级航母企业日本骊住项目入驻法库，推动了建材行业的发展，对加快法库陶瓷产业升级和推进品牌化进程具有重大意义。

2011年9月，辽宁苏泊尔陶瓷工业有限公司开工建设，是由中国苏泊尔集团投资新建的一家大型现代化卫生洁具生产企业。规划用地2000亩，总投资20亿元人民币，建设20条高档卫生洁具生产线。该项目是园区第一家卫生洁具生产企业，填补了园区空白，改变了园区产品种类结构。企业生产车间长450米，宽150米，约6.75万平方米，是目前卫生洁具行业最大的现代化单体车间。

2011年11月，辽宁省委书记王珉同志作出重要批示，法库陶瓷产业要“紧盯国内市场、发展中高档产品、引进外国著名品牌、大力发展卫生洁具和艺术陶瓷、提高附加值”。

2012年4月,法库陶瓷文化创意展示中心开工建设,创意中心是以国内、外陶瓷工艺美术大师创作为主体的集艺术陶瓷创作、设计、展示、生产、销售、培训、服务为一体的陶瓷艺术产业基地。依托陶瓷产业发展优势，把文化融入到陶瓷产业中，打造陶瓷文化创意品牌，是法库经济发展中最具发展潜力的新兴产业之一。

2012年5月10日，原辽宁省省长陈政高同志到法库陶瓷调研，召开企业家座谈会，明确提出法库陶瓷的发展方向—“打造千亿产业集群争创中国陶瓷之都”。

2012年6月6日，北京华电中科节能科技公司LED项目正式签约。

2012年6月8日，沈阳保利洁卫生洁具项目正式签约。

2012年6月13日，原辽宁省省长陈政高同志主持召开“打造千亿产业集群，争创中国陶瓷之都”全国知名陶瓷企业家座谈会。

2012年7月21日，沈阳骊住建材有限公司正式投产，举行隆重的落成典礼。

2012年11月,沈阳科达洁能燃气有限公司正式向园区企业供给煤制气。法库成为全国乃至世界投资者的投资洼地和经商集聚的宝地。00

2013年2月15日—19日，法库县县长陈佳标、开发区管委会主任姜春杰赴福建开展了招商活动，期间参加了闽清企业联合会、建筑陶瓷协会、电瓷协会主办的“闽清2013年企业家代表大会”，并签订了沈阳海特曼商业综合体、陶瓷配套产业综合市场、陶瓷精品抛金砖项目。

2013年4月23日，法库县陶瓷协会召开品牌建设座谈会。会议就如何做好品牌建设、申报名牌产品、注册驰名商标等问题进行了讨论。县质监局、经济开发区管委会、工商局分别就如何打造品牌、申报品牌，如何为企业做好服务进行了说明，并为2012年获得环渤海地区“诚信企业”和“知名品牌”的陶瓷企业颁发了牌匾。目前，中国瓷谷企业目前拥有辽宁省著名商标3个、沈阳市著名商标4个、辽宁省名牌产品4个、沈阳市名牌产品8个、环渤海地区建材行业“知名品牌”和辽宁省“知名品牌”19个、环渤海地区“诚信企业”11个、沈阳十大绿色装饰材料4个、沈阳十大绿色陶瓷品牌20个，特别是“亿友”陶瓷品牌被评为“中国驰名商标”。

2013年6月16日，中国陶瓷谷商贸物流中心暨海鑫融资担保责任有限公司奠基仪式在经济开发区隆重举行。

2013年8月，中国建筑材料联合会授予沈阳市法库陶瓷产业集群“中国瓷谷”荣誉称号。

2013年9月，辽宁法库经济开发区被评为国家循环化改造示范试点园区。

2013年10月13日上午，法库陶瓷文化创意中心落成暨李尚哲工作室启动仪式隆重举行，标志着法库陶瓷创意中心正式启动。

2013年11月22日，全国建材协会百家优秀企业授牌仪式在沈阳王者陶瓷有限公司举行。

2014年4月23—27日，第八届沈阳法库国际陶瓷博览交易会暨2014法库春季房产交易会隆重召开。共举办了14个主题活动，展区面积达12万平方米，通过开幕式、中国瓷谷商会揭牌仪式、招商推介及陶瓷新产品发布会、青少年陶瓷教育实践基地揭牌仪式、地方人文特色浓郁的辽沈地区书画展、浩松陶瓷生活体验馆开业庆典等一系列活动，全面展示和宣传了法库独特的发展优势、深厚的文化底蕴、巨大的创业空间和全县干部群众“争第一、创唯一”的精神风貌。

2014年4月23日，中国瓷谷商会揭牌。林继文任会长。中国瓷谷商会做为企业之间沟通的桥梁和纽带，必将推动陶瓷行业的大发展。

2014年4月27日，陶博会闭幕式上，中国建材联合会向陶瓷城管委会颁发“全国建材行业先进集体”牌匾。

2014年4月28日，苏泊尔卫浴生产线一期隧道窑启动点火，实现了苏泊尔的全新跨越，对法库陶瓷产业结构调整具有巨大的推动作用。

2014年5月9日，辽宁省省长李希到法库陶瓷产业调研。视察联合保利展厅。

2014年9月9日，召开第九届沈阳法库国际陶瓷博览交易会。

2015年2月3日，在陶瓷文化创意中心举行首届“中国瓷谷杯”陶瓷绘画大赛。

2015年3月4日，美术报北方文化艺术中心与法库陶瓷文化创意中心举行揭牌仪式。

2015年3月25日，在沈阳召开第十届沈阳法库陶瓷博览交易会新闻发布会。

2015年4月27—29日，召开第十届沈阳法库陶瓷博览交易会。

产区专栏

行业组织

广东陶瓷协会简介

广东陶瓷协会是经广东省民政厅批准，并注册登记的行业组织，由陶瓷行业生产、科研、设计、教育、内外贸等企、事业单位组成的社会团体。

广东陶瓷协会在广东省经贸委的领导下，负责全省陶瓷的行业协调管理工作。协会成立于1995年11月，目前有团体会员200多家。

作为政府与会员之间的桥梁和纽带，广东陶瓷协会以传达政府意图、完成政府委托的工作、贯彻国家政策法规、为会员企业等提供服务、推动广东陶瓷行业的发展为宗旨。

作为广东陶瓷行业的重要核心，广东陶瓷协会在制订行业规划、开展技术培训、实施名牌战略、举办专业展览、提供信息服务等活动中开展着卓有成效的工作。

广东陶瓷协会一贯积极开展国际交流与合作，不断加强与国际陶瓷同行之间的联系与交往，致力于促进陶瓷行业的技术进步、扩大贸易往来，并且在这一领域中发挥着日益重要的作用。

协会主办的《广东陶瓷信息》《简讯》等，对会员赠阅。

陶瓷行业按产品结构可以简单地分为建筑陶瓷（墙地砖、卫生洁具、园林陶瓷等）、日用美术陶瓷（日用陶瓷、艺术陈设陶瓷、陶艺等）和特种陶瓷（电子陶瓷、结构陶瓷等）。陶瓷行业是跨行业的特殊产业，涉及轻工、建材、电子、工艺美术等。广东省陶瓷工业历史悠久。经过三十多年改革开放的发展，行业发生了巨大变化，取得了显著的经济效益，为广东省甚至全国人民群众生活环境及质量的改善、精神文明建设做出了贡献。无论是经济规模、经济效益、技术装备等，广东省陶瓷工业多年来一直排列在国内同行业首位，其中建筑卫生陶瓷产量占全国总产量的60%，是全国最大最集中的生产基地，发挥着举足轻重的作用和影响，出口创汇约占全国陶瓷行业近一半。

广东陶瓷协会现有单位会员200多家，约占全省陶瓷行业企业10%，约占产量65%，上规模和具有一定影响的企业绝大部分是协会的会员单位甚至是省副理事长单位。

协会的各项工作，尤其是服务工作得以卓有成效地开展，在行业中具有较高的威信和影响，也受到许多地方政府主管部门、地方协会和企业的好评，在省级工商行业协会中也是较突出的协会之一。

联系方式：

联系人：陈泽展
电话：020-83340139
传真：020-83342536
邮箱：gzgdca@163.com
QQ：398739300
地址：广东省广州市越秀区东风中路300号金安大厦附楼3705室

江西省陶瓷行业协会简介

江西省陶瓷行业协会是江西省跨地区、跨部门，不分所有制的从事陶瓷行业及相关产品的生产、设计、科研、教育、流通、收藏及其他服务活动的企业、事业单位、院校、地方性社团组织及个人会员自愿组成的非盈利性行业社会团体。是经江西省民政厅批准注册登记的，业务主管部门为江西省轻工行业管理办公室。协会成立于2012年6月28日，目前有会员、会员单位共计300多家。

协会在国家宪法、法律、法规及各项政策指引下，立足研究、协调、服务、沟通、监督、发展的原则，发挥联系政府与企业之间的桥梁和纽带作用，以维护本行业和会员的合法权益，协调会员间的关系，监督企业自觉自律，为会员服务，为振兴江西省陶瓷行业服务。

协会还制定行业规划及行规行约，调查、收集、整理和统计行业的基础资料，研究行业发展方向，做好行业有关情况的调研工作，及时反映企业的实际困难和问题，为会员提供信息、法律和技术咨询服务。同时，协会还承担政府及有关部门委托的其他事项。积极开展省内外及国际间交流与合作，不断加强与国内外陶瓷同行之间的联系与交流，致力于促进陶瓷行业的技术进步、扩大贸易往来，并且在这一领域中发挥着日益重要的作用。

江西省陶瓷行业协会将不断为江西陶瓷行业的繁荣与进步贡献力量。

联系方式：

电话：0791-86222070
传真：0791-86222070　86227401
邮箱：jxtcxh@163.com
网址：www.jxtcxh.com
地址：江西省南昌市福州路197号515室
邮编：330046

福建省陶瓷行业协会简介

福建省陶瓷行业协会成立于2006年8月，是由全省建筑卫生陶瓷、工业陶瓷、工艺美术陶瓷和日用陶瓷等企事业单位、社会团体及相关行业组织自愿组成，承担全省陶瓷行业服务协调与自律管理的跨部门、跨所有制、跨地区的非盈利性的行业组织。协会在福建省经济社团联合会的指导下，负责全省陶瓷行业的管理工作。

协会服务宗旨：全心全意、尽心尽责为广大会员提供最优质的服务，推动福建陶瓷行业的持续发展与繁荣兴旺。

协会工作范围：

一、贯彻执行党和国家的方针和政策，承办政府及行业管理部门委托的各项任务，开展行业、地区经济调查研究，提出行业有关经济政策和立法方面的意见和建议，协助政府及行业部门进行行业规划，参与制定国家标准和行业标准，进行行业统计、收集、分析、发布行业信息。

二、受行业部门委托，参与质量管理与监督工作，授权对行业内重大技术改造、技术引进、投资与开发项目进行前期论证。

三、参与行业管理、行检行评、生产与经营许可证发放的有关工作，参与资质审批、相关产品市场的建设，授权组织科技成果鉴定和推广应用，发展行业和社会公益事业。

四、指导做好行业内产品价格自律，检查并监督执行行规行约，协调同行价格争议，维护公平竞争。反映会员愿望与要求，协调会员之间关系，维护其合法权益。

五、努力为会员企业服务，开展咨询服务，组织人才、技术、职业培训，指导、帮助企业改善经营管理，提供经营决策服务，提高行业经营水平和效益。创办刊物，提供国内外技术情报、市场信息，推广应用新技术、新工艺、新产品、新设备、组织各类研讨、交流、展览、展销会等。

六、发展同国内外同行业或相关行业组织协会、公会的技术交流与合作，发展跨地区、跨部门、跨行业、跨所有制形式的企业横向联系，经营合作、技术合作，产销衔接等中介活动。开拓国内外市场，推动行业内高新技术、名牌产品的发展，扩大出口创汇，开展各种有益于行业发展的活动。

七、协调与指导相关行业、有关市县同行业协会、专业委员会的业务工作，承担政府及行业部门委托的其他任务。

福建省陶瓷行业协会诚挚地希望与各界朋友在经贸、科研、技术、管理等方面交流合作。

福建省陶瓷行业协会是你进入福建省陶瓷行业最好的引见人，无论你需要在福建省采购、投资、还是学术交流，我们都能为你提供最合适的合作伙伴。

贤聚德才、合成大业！祝我们的事业会更好！

联系方式：

电话：0591-87606506 87561816

传真：0591-87561816

地址：福建省福州市省府路1号金皇大厦6楼625室

邮编：350001

河北省陶瓷玻璃行业协会简介

河北省陶瓷玻璃行业协会（简称省陶玻协会）是经省政府批准设立，并在省民政厅登记注册，具有独立法人的社会团体。由全省陶瓷玻璃行业的国有、民营、个体、三资企业及相关行业自愿组成的非营利性社会组织。业务上接受省民政厅、省工经联（省经团联）的指导和监督。

省陶玻协会自2001年9月成立以来，在省委、省政府的领导下，通过自身的努力，与河北省有关部门及全国各省、市级行业协会建立了广泛的业务关系，协会现已发展成为省内具有较大影响的社会团体组织。其宗旨是遵守国家宪法、法律和法规，遵守社会道德风尚；坚持以创新的思维、协作的文化、开放的平台，有效的服务为指导思想，为会员需求服务，为行业发展服务，为政府决策服务。

省陶玻协会会员单位涵盖全省11个市的科研、建材、轻工、电子、医药、包装、收藏、技术、进出口及相关行业。凡依法注册成立的社会团体、企事业单位以及符合入会条件的个人，只要拥护本协会章程，并按规定缴纳会费，均可自愿申请加入。

省陶玻协会严格按照《国务院社团登记管理规定》和《河北省陶瓷玻璃行业协会章程》规定，在经营范围内开展活动。为会员单位开拓外埠市场、扶植产品品牌、引进先进管理经验、帮助招商引资、提高社会知名度；结合有关部门制定行业标准、技术标准、质量标准、管理标准等工作及监督实施，并会同有关部门举办择优评模等活动。省陶玻协会将为不断带动全省陶瓷玻璃行业健康、有序、快速的发展而持续努力。

联系方式：

电话：0311-87044102

地址：河北省石家庄市合作路北合街18号

邮编：050051

山东省陶瓷协会简介

一、协会基本情况

山东省陶瓷协会成立于1995年，是山东省从事陶瓷行业科研、教育、设计、生产等企事业单位和个人组成的行业社会团体，下设陶瓷艺术专业委员会、宾馆用瓷专业委员会、刻瓷艺术专业委员会、民间陶瓷文化研究委员会、专家工作委员会5个分支机构。现有会员单位567个。主要有日用陶瓷、工艺美术陶瓷、园林陶瓷、卫生陶瓷、高技术陶瓷、高级耐火材料、陶瓷机械、陶瓷颜料等12类产品3万余个品种，产品销往80多个国家和地区，在我国陶瓷行业中占有举足轻重的地位，在国内外享有很高的声誉。

二、社团宗旨和业务范围

本协会是遵循“自愿、平等、互利”的原则，入会自愿，退会自由。致力于山东省陶瓷行业技术和产品创新、人才培养、信息共享，促进陶瓷行业经济和文化发展，遵守国家的法律、法规和政策，接受上级主管部门的指导和监督，在经济活动中承担有限责任。

三、行业发展

山东省是全国陶瓷生产重要的产区之一，2012年，山东省日用陶瓷总产量为19.65亿件。比上年增长32.92%，比全国高出0.39个百分点，占全国总产量的7.2%，具有自主知识产权的合成骨质瓷、高石英瓷、镁质强化瓷、华青瓷、鲁青瓷等高档产品畅销全国各地，约占国内高档日用瓷市场份额的20%，陶瓷出口欧美、东南亚80多个国家和地区，山东陶瓷作为陶瓷行业著名品牌，在国内外市场享有很高的声誉，省内主要产地淄博市2004年被国家授予“中国陶瓷名城”，淄博陶瓷作为“国瓷”成为中南海、紫光阁、人民大会堂、钓鱼台国宾馆等国家党政机关专用瓷，2009年被中国陶协授予“淄博陶瓷 当代国窑”地域品牌，率先跃为全国陶瓷行业著名品牌。近年来，以“淄博陶瓷 当代国窑”地域品牌为引领的山东陶瓷，在实施转方式、调结构、创名牌、打品牌、闯市场、内涵发展、实现产业品牌化的市场营销策略等方面，取得了显著地成果。2012年，年工业总产值实现380亿元，同比增长20%；销售收入实现370亿元，同比增长20%；利税实现40亿元，利润实现27亿元，同比增长23%。

四、人才培养

目前，全省具有省级以上陶瓷艺术大师荣誉称号的共有164名。其中：中国陶瓷艺术大师13名，山东省陶瓷艺术大师有151名。还有山东省杰出青年陶瓷艺术家56名。具有高级以上技术职称的有1000余名；国家级专家、享受国务院政府特殊津贴、省、部、市级有突出贡献的中青年专家60余名，荣获国家、省、行业科技研发成果奖项300余项，其中，镁质强化瓷获国家科技发明三等奖、合成骨质瓷获国家科技发明二等奖，为全国陶瓷行业最高奖项。近几年来，山东陶瓷投入品牌市场的新瓷质、新设计、新造型数量在全国陶瓷产区独占鳌头。

五、品牌建设

协会于2009年4月，申请注册“淄博陶瓷”地理标志商标，同年10月，被国家工商总局商标局批准注册，这是山东省第一个工业产品地理标志商标。2009年9月，中国陶瓷工业协会授予淄博市“淄博陶瓷 当代国窑”地域品牌。随后，淄博市政府办公厅下发文件，成立“淄博陶瓷 当代国窑”地域品牌管理领导小组，办事机构设在山东省陶瓷协会，具体负责“淄博陶瓷”地理标志商标和“淄博陶瓷 当代国窑”地域品牌授权使用管理工作。自2009年9月7日至2013年9月7日，先后六批次授权山东硅元新型材料有限责任公司、淄博华光陶瓷文化科技有限公司等11家企业使用“淄博陶瓷”地理标志商标。

目前，山东陶瓷行业拥有3个中国名牌、4个中国驰名商标、13个中国陶瓷行业名牌、9个山东省名牌、9个山东省著名商标、3个山东轻工名牌、17个山东省陶瓷行业名牌。2013年3月，我协会被山东省工商局授予“山东省地理标志商标运用示范单位”，协会注册的“淄博陶瓷”地理标志商标获得山东省“十大地理标志商标”荣誉称号。

联系方式：

电话：0533-5202090 传真：0533-5202090
邮箱：sdstcxh@163.com 网址：www.sdtaoxie.com
地址：山东省淄博市张店区西四路119号 邮编：255000

广西陶瓷行业协会简介

广西陶瓷行业协会是广西壮族自治区陶瓷行业的行业组织，是经广西民政厅批准注册登记，是由广西从事陶瓷行业及相关产品的生产、设计、科研、教育、贸易等企业、事业单位、地方社团组织及职业陶瓷艺术家、科研工作者、企业家等团体和个人会员自愿组成的非营利性、行业性社会团体。广西陶瓷行业协会的业务主管部门为广西壮族自治区工业和信息化委员会。

广西陶瓷行业协会于2011年12月成立，协会秘书处设办公室、综合技术信息服务部，总部设在南宁市天桃路24号天桃大厦206室。协会在广西北流市设办事处，地址：北流国际陶瓷贸易城二楼东区。

广西陶瓷行业协会作为行业信息沟通的平台、连接行业企业与政府交流的桥梁纽带，承担政府委托的行业管理职能，制定行业自律的行规行约，调查、收集、整理行业相关基础资料，研究行业发展方向，组织行业技术信息交流、培训，组织专业会展，提供信息服务，推广科技成果等各项服务。

广西陶瓷行业协会将为发展广西陶瓷产业，弘扬中华陶瓷文化而不懈努力。

联系方式：

电话：0775-6290099

传真：0775-6290099

邮箱：gxtcsh@126.com

协会地址：广西壮族自治区南宁市天桃路24号天桃大厦206室

北流办事处：广西壮族自治区北流市二环北路228号北流国际陶瓷贸易城二楼东区

山西省日用硅酸盐协会简介

山西省日用硅酸盐协会，是经山西省民政厅批准，正式成立于1996年6月。是具有法人资格的非营利性社会团体，地址为太原市杏花岭区马道坡街37号。

协会工作的主要方向是在山西全省进行玻璃陶瓷行业调查研究，行业编制规划，行业组织评比和玻璃陶瓷成果推广。

协会的主管单位为山西省民政厅，同时接受中陶协、山西省轻工业行业管理办公室和山西省民政厅的业务指导和监督管理。

近年来，协会积极组织山西省玻璃陶瓷企业参加全国行业会议，全国创新设计大赛、产品展销等活动，不断扩大山西省陶瓷行业的影响力。主动与政府、企业沟通，争取他们的支持，包括各种项目、资金、荣誉及产业政策。先后成立展示山西陶瓷精品的窗口“晋瓷坊”展厅、陶瓷艺术创作基地“晋瓷艺苑”，将为山西艺术陶瓷的起飞打下坚实的基础。协会进行了两届山西省玻璃陶瓷艺术大师的评审工作，评选出山西陶瓷艺术大师36人，山西玻璃艺术大师1人，山西陶瓷名人2人，为培养山西玻璃陶瓷人才做出了贡献，为推动我省艺术陶瓷上台阶，同时对加快日用陶瓷新产品开发有重大意义。

协会组织制定了山西省《日用陶瓷制品单位产品综合能耗限额》标准工作，为山西加强玻璃陶瓷企业节能管理，淘汰落后产能和工艺设备，提高行业能效水平，提供重要依据。

联系方式：

协 会 会 长：刘汉贵　　电话：0351-4670242
协会秘书长：罗婴彪　　电话：0351-4670259
地址：山西省太原市杏花岭区马道坡街37号

湖南省陶瓷行业协会简介

湖南省陶瓷行业协会成立于1992年，于2005年年底由长沙迁入醴陵市，是由全省从事陶瓷生产、科研、教学、贸易及其相关企业、事业单位、院校及个人会员自愿组成的非营利性、行业性的社会团体，也是一个互相交流、探讨、学习的平台。协会的宗旨是在国家宪法、法律、法规及各项政策的指引下，紧紧围绕为政府当好参谋，为企业服好务，在行业自律、行业协调、人才引进等方面，充分发挥政府和企业之间的桥梁和纽带作用，维护本行业的合法权益，促进行业健康发展。

一直以来，省陶协积极组织开展协会各项工作，整体功能得到不断提升，取得了一定的成效，工作层面日益扩大，服务领域不断拓宽，活动开展有声有色，有力地助推了产业发展。目前，协会共有个人会员300余人，会员单位200多家。

联系方式：

电话：0731-23245228
传真：0731-23245228
地址：湖南省醴陵市寨子岭（青云北路）315号

浙江省陶瓷行业协会简介

浙江省陶瓷行业协会是经浙江省民政厅批准注册登记的，是由浙江省内不分所有制的从事陶瓷行业及相关产品（服务）的生产、设计、科研、教育、流通、收藏及其他服务活动的企业、事业单位、院校、地方性社团组织及个人会员自愿组成的非营利性、行业性的地方性社会团体。协会成立于2015年5月，目前会员逾百家。

协会会员主要分为两种：单位会员和个人会员，其中，单位会员主要包含以下三类，一是建筑卫生陶瓷，代表性的企业是“杭州诺贝尔集团”；二是日用陶瓷，代表性的企业是“浙江楠宋瓷业有限公司”“杭州民生陶瓷有限公司”等；三是艺术类陶瓷，以省内各知名窑口为代表，如越窑、南宋官窑、哥窑、龙泉青瓷、长兴紫砂、金华婺州窑、建德窑、遂昌黑陶、衢州莹白瓷等。

浙江省陶瓷行业协会将在国家宪法、法律、法规及各项政策指引下，发挥政府与企业之间的纽带作用，以维护本行业和会员的合法权益，为行业服务，促进行业健康发展。

浙江省陶瓷行业协会在制订行业规划及行规行约，调查、收集、整理和统计行业基础资料，研究行业发展方向，进行技术培训，举办专业展览，提供信息服务，推广科技成果等活动中开展卓有成效的工作。同时，协会还承担着政府委托的行业管理职能。

浙江省陶瓷行业协会积极拓展对外交流，开展与兄弟省份协会、国际有关组织的交流与合作，致力于促进陶瓷行业的技术进步、扩大贸易往来，并且在这一领域中发挥着日益重要的作用。

浙江省陶瓷行业协会将不断为浙江陶瓷业的繁荣与进步贡献力量。

联系方式：

理事长：金尧根

秘书长：张春朋

电话：0571-56163678

传真：0571-56163868

邮箱：jasar001@163.com

网址：www.ccianet.cn

地址：浙江省杭州市萧山区金城路2727号

邮编：311201

江苏省陶瓷行业协会简介

江苏省陶瓷行业协会成立于2007年11月，由省境内陶瓷企业、陶瓷研究机构、陶瓷院校发起组成，以宜兴陶瓷产业为基础，共有会员企业120家，下设陶艺专业委员会，在国内外开展经常性的陶瓷文化展示、研究、评比、交流等活动，推动了江苏省陶瓷的发展，弘扬了宜兴陶瓷特色文化，产生了较大的影响。

协会的主要职责是按照有关法律的规定，制订本行业行规行约，坚持行业自律，监督会员自觉执行行业自律公约的执行情况。参与本行业技术标准、管理标准的制订、修订工作，督促会员做好标准的贯彻实施工作。做好向有关部门推荐优质产品和新技术产品工作。组织与陶瓷相关的陶艺文化活动，研究中华传统陶瓷艺术、陶瓷文化、组织国际国内陶艺交流活动。组织行业技术培训和专业技能教育，配合政府有关部门做好技能等级考核工作；在本行业内开展新技术的推广应用，做好知识产权保护等工作，做好向有关部门推荐申报各种专业技术职称和组织省陶艺大师、省陶艺名人荣誉称号的评选工作。开展国内外技术交流与合作。维护会员的合法权益，反映会员的合理要求。编辑协会刊物。收集、整理、研究、编写本行业资料、史料、专著。

协会成立以来，依据宜兴陶瓷产业基地，依靠地方政府，开展了多层次、多层面的活动。如依靠宜兴市政府的支持，每年组织一次“陶都风—宜兴陶艺展”活动，近年来，先后在北京、上海、深圳、台北、无锡举办，扩大了以宜兴陶瓷艺术为代表的江苏陶瓷在外的影响力。首次组织了江苏省陶瓷艺术大师、江苏省陶瓷艺术名人的评比，完善了江苏陶艺名人培育的机制，定期编辑《江苏陶艺》《宜兴紫砂》《陶都通讯》等专业刊物。并编写出版发行了《宜兴紫砂陶》《宜兴青瓷》《宜兴均陶》《宜兴陶瓷史》《宜兴陶艺人物录》《精彩陶都》《紫砂研究》（1—3辑）等十多部陶艺文化专著，拍摄了电视专题片《宜兴紫砂陶》《缸坛盆罐的交响》《紫砂泰斗顾景舟》等，组织评比表彰了对江苏陶瓷发展做出突出贡献的企业和个人。在江苏陶瓷行业营造了争优创优的氛围。

江苏陶瓷在国内陶瓷行业影响较大，陶瓷艺术文化特色明显，历史沉积深厚，紫砂陶、青瓷、均陶等分别获国家和省非物质文化遗产，近年来，协会在推动陶瓷文化建设方面，花了不少功夫，也取得了较好的成效。如组织编写《宜兴陶瓷史》花费了大量精力、财力和物力，这项工作填补了宜兴陶瓷发展的空白，既有文化意义，又有历史价值。

联系方式：

常务副会长：史俊棠

秘书长：鲍建生

联系电话：0510—87189325

地址：江苏省宜兴市丁蜀镇丁山北路150号

云南省陶瓷行业协会简介

云南省陶瓷行业协会成立于1991年4月，至今已有25年的历史，现有会员单位近百家，产品主要有日用瓷、建筑瓷、卫浴洁具、建水紫陶、琉璃瓦、青砖青瓦、园林艺术陶等。云南石林瓷业有限公司经多年的打拼，得到了很大的发展，年产值已达亿元，产品除内销外，还远销东南亚各国及俄罗斯等国家，是目前西南地区最大的日用瓷生产企业。云南省易门县拥有十多家建筑卫浴企业，年生产能力达9000万平方米，产值近5亿元。2008年8月，易门陶瓷产区经中国建材工业协会核准，荣获中国西南建筑陶瓷生产基地称号。云南省建水县生产的紫陶被誉为中国四大名陶之一，随着知名度的不断提升，销售看好，价格攀升，生产企业越来越多，已从几年前的二、三十家发展到现在的近四百家，发展前景看好！随着旅游业的发展及城乡古建筑的建设，促进了云南园林陶的发展，主产品青砖青瓦及园林艺术陶热销省内外。云南气候温和，大部分地区四季如春，拥有丰富的瓷土资源，热烈欢迎各方朋友前来观光考察，投资兴业。

联系方式：

电话：0871-63341253
传真：0871-63341253
QQ：1017360535
地址：云南省昆明市五里多长润街三号（昆明建材商业城办公大楼二楼）
邮编：650041

河南省陶瓷玻璃行业管理协会简介

河南省陶瓷玻璃行业管理协会，由河南省人民政府（1985）17号文，河南省编委（1985）73号文批准成立，事业编制十名，设处级领导职数一名。

协会是一个跨地区、跨部门、不分所有制、非盈利性的全省性行业组织，由河南省陶玻行业的生产、贸易、科研、教学、文化等单位及个人自愿加入组成。

主管单位由河南省第一轻工业厅，依次变为河南省轻工业厅，河南省轻工总会，河南省轻工行业管理办公室，现为河南省人民政府国有资产监督管理委员会，注册于河南省民政厅。

协会聘请了原河南省人大副主任钟力生（2012年去世）、全国人大农业与农村委员会委员、原河南省常务副省长王明义等为名誉主席（2014年现因国家政策辞去协会职务）。

1985—1994年会长刘金炳，秘书长何庆华；1994—1999年会长任玉庆，秘书长何庆华；2000—2005年会长王爱纯，秘书长张润淼；2006年至今会长王爱纯，秘书长耿矿发。会长、秘书长由上级提名，民主选举，协会上报民政厅，下文通报会员及相关单位。

协会现有团体及个人会员600余个。

协会原来下设四个专业委员会，分别为陶瓷、玻璃、照明电器、搪瓷，后增设陶瓷专家委员会、青年陶艺家创作委员会、女陶艺家分会。

协会职能是在企业和政府之间，企业与企业之间，企业与商家之间发挥桥梁和纽带作用，反应会员的愿望，传达政府意图，协助政府进行行业管理，沟通产业关系，促进行业发展。协会致力于开放河南陶瓷行业，力促河南陶瓷企业与全国接轨，与世界接轨，举办多次行业交流及国内外交流展示活动，为打开企业的视野及拓展创新思路不懈努力。协会组织行业培训，着力提升全行业的技术进步。

协会创办有《河南陶瓷》刊物与《河南陶玻网》，汇聚河南陶瓷精英，长期致力于中原陶瓷文化推广与河南陶瓷行业的技术进步与设计创新。

协会经省国资委批准，与企业、陶艺家联合创办“河南陶瓷馆”，致力于推广陶瓷艺术与弘扬河南陶瓷文化、举办公益活动以及对外交流活动。

2000年，举办河南陶瓷职业技能大赛，参加人数不足十名。2001年，赴安徽交流。2002年，河南省陶瓷艺术大师开评。2003年，赴德化参会交流。2004年，带领河南陶瓷企业赴潮州参观交流，参加广交会。2005年，组团参加北京艺博会。2006年，承办大厨房杯全国陶艺大赛，参加作品500多件。2007年，开办河南陶瓷培训班，学生70余人，邀请清华大学张守智等7位名家教授到河南授课。2008年，与禹州人民政府共同承办钧瓷文化节，协调联合国国际陶艺大家20人在河南洛阳、汝州、禹州交流四天，河南省陶瓷行业4人到韩国参加粉青陶瓷节。2009年，为清丰县到福建广东招商承接产业转移。2010年，与汝州政府共同承办汝瓷文化节，承办中国历史名瓷烧制技艺大赛，全国十大名窑及其他产区专业人士400余人参会，参评作品1200余件。2011年，共同承办中国历史名瓷复兴成就展，再次赴韩国参加展览。2012年，举办中韩陶瓷艺术展。2013年，成立河南陶瓷馆至2016年年底，依次举办海峡两岸陶瓷艺术展，国际茶陶展，第三届、第四届“东方韵”国际陶瓷艺术展，杨志从艺50周年作品展，青年陶艺家作品展，陶瓷设计艺术大赛，马年、猴年生肖作品展等重要活动。

协会经常举办及参与对外交流活动，先后派人赴法国、荷兰、日本、中国台湾、景德镇、宜兴等地交流学习，2015年，赴美国国际陶瓷技术展考察及参展，河南省陶瓷行业8人参加，同年与中州大学达成协议，开展产学研结合，搬入中州大学办公。

在党和政府关怀下，中陶协领导大力支持下，协会得到了较好发展、壮大了队伍、扩大了影响。协会多次获得中国陶瓷工业协会和省内各级政府部门表彰。

作为河南省陶玻行业重要核心组织，河南省陶瓷玻璃行业管理协会将进一步搭建平台，促进交流与合作，谋求共同发展。

联系方式：

电话：0371—56672857

邮箱：hntb12@163.com

网址：www.hntb21.org

地址：河南省郑州市英才街6号中州大学9号楼

邮编：450052

安徽省陶瓷协会简介

安徽省陶瓷协会，成立于2011年9月29日，英文名称：Anhui Province Ceeamics Association（缩写ACA）。

协会的宗旨是遵守国家宪法、法律、法规和国家政策，遵守社会公序良俗和商业道德。按照行业主管部门的有关规定，协助或者接受主管部门实施行业管理，维护本省陶瓷行业利益，保护本协会会员的正当权益，加强会员单位的联系，帮助会员提高管理水平和服务质量，促进业务的健康发展。督促会员维护客户利益，树立本行业的良好形象，为本行业的发展做出贡献。协会接受业务主管部门安徽省工商联、业务指导部门安徽省经信委、安徽省文化厅和社会团体登记管理机关安徽省民政厅的业务指导和监督管理。协会的会址设在安徽省合肥市胜利路长春都市豪庭。

一、业务范围

（一）根据地方政府经济建设的中心任务，结合行业情况，积极宣传贯彻党和国家以及地方政府的有关方针、政策和法规；

（二）开展对全行业生产、技术、营销、管理和市场等状况的调研，研究陶瓷产业的规划和发展方向，向政府有关部门提出有关行业发展的方针、战略、规划、政策等方面的建议，并参与有关活动；

（三）协助政府主管部门进行行业统计，收集、分析、发布行业信息；

（四）协助有关部门和企业对行业内重大技术改造、技术引进、投资与开发项目的前期论证工作；

（五）组织本行业科技成果和专业技术技能鉴定和推广应用；

（六）组织企业申报有关人员的技术职称及有关荣誉称号，并提出初审意见；

（七）协助会员企业申领生产、经营许可证，并提出资质评估的初审意见；

（八）支持企业实施名牌战略，组织企业打造“安徽陶瓷”品牌，推荐企业申报名、优、新产品和著名商标等工作；

（九）积极推行环境保护，促进绿色生产基地的建设，加快产业的改造和提升；

（十）促进新产品的研发和技术创新工作，推进会员企业的现代化管理；

（十一）拓展对外交流，开展与其他行业协会或国际有关组织及其成员之间的交往，建立和发展经贸合作关系；

（十二）组织制订行规行约与行业标准，协调会员企业在国际市场的价格体系，加强进出口产品质量控制，协助应对国际贸易纠纷，组织开展倾销和反倾销应诉的工作；

（十三）提供企业需要的信息咨询、培训、出国交流及参展等服务；

（十四）协调会员关系，维护会员企业的合法权益；

（十五）进行行业内部价格协调，制止低价倾销及价格垄断行为；

（十六）对本行业产品和服务的质量、竞争手段、经营作风进行监督，维护行业信誉，鼓励公平竞争，处理违规行为；

（十七）定期出版协会刊物，包括有关市场行情、客户资讯情况和会员状况等。及时为会员提供各种信息和专业咨询服务；

（十八）组织产业会展、招商工作，发展行业社会公益事业；

（十九）政府部门授权的职能；

（二十）承担政府有关部门交办和企业委托的其它任务。

二、第一届理事会名单

名誉会长：李卫华（全国政协常委、安徽省政协副主席、省工商联主席）
杨　果（安徽省文化厅厅长）
任兆祥（安徽省经信委原副主任）

顾　　问：牛　昕（安徽省广播电视台党委副书记、纪委书记）
童忠全（安徽省经信委产业处调研员）
魏庆银（安徽省轻工协会副会长）

会　　长：崔怀伦

常务副会长：张 展 黄 凯

副 会 长：黄德俊 江 河 李学斌 孙志宜 杨 帆 鲍 雷

秘 书 长：马业长

副秘书长：时方勤 倪龙娇

常务理事：（排名不分前后）

张　展　崔怀伦　黄　凯　时方勤　杨　帆　黄德俊　李学斌　江　河
孙志宜　鲍　雷　马业长　倪龙娇　余学玉　肖　玮　卢群山　卢莉华
张业柱　汪　洋　王景胜　张安浩

理　　事：（排名不分前后）

张　展　黄　凯　崔怀伦　时方勤　黄德俊　李学斌　孙志宜　杨　帆
鲍　雷　马业长　倪龙娇　余学玉　肖　玮　马　健　卢　华　张业柱
张小路　汪　洋　王京胜　朱大维　吴道义　姚为俊　朱胜甲　秦厚威
李　辉　张炯炯　荆　琦　周光云　卢群山　卢莉华　张亚军　张安浩
朱志杭　沈德亮　谢　勇　赵金银　江　河　李四保

联系方式：

电话：0551-4253689

邮箱：ahstcxh@126.com

地址：安徽省合肥市胜利路长春都市豪庭北楼C座0501号

潮州市陶瓷行业协会简介

潮州市陶瓷行业协会是经潮州市民政局批准并注册登记的行业组织。自1996年成立以来，经历了二十年的发展，潮州陶协规模不断扩大，实力日渐雄厚。目前，潮州陶协拥有数百家会员企业，囊括了松发、四通、长城、顺祥、伟业等多家知名陶瓷龙头企业，会员单位产品涵盖了日用、工艺、卫生、电子陶瓷等各个类别，年产值占全市陶瓷产业总产值较大比重。

协会在政府和相关部门的指导下开展工作，起到政府与企业之间的桥梁和纽带作用，潮州陶协努力传达政府要求，完成政府委托的工作，贯彻国家标准、法规，推动陶瓷产业实施转型升级、积极开展公平贸易和知识产权等各方面的工作，为会员企业提供各项服务，并及时向政府和相关部门反映行业和企业的诉求。潮州陶协是国内陶瓷产业的规模化协会，是行业协会中功能较齐全、影响力较大的协会，被省民政部门评定为5A级协会，被省商务厅评定为公平贸易工作站，也是潮州市唯一一个与省社工委签订“省创新观察项目”的单位。潮州陶协先后获得了“中国陶瓷行业优秀协会”、“广东省社会组织模范单位”、“广东省节能技术服务单位”、“广东省优秀行业协会”、“潮州市标准化工作先进单位”等荣誉。

联系方式：

电话：0768-6898771
传真：0768-6898772
邮箱：13828376655@163.com
网址：www.czcia.com
地址：广东省潮州市中国瓷都陈列馆后楼二楼
邮编：521031

佛山市陶瓷行业协会简介

佛山市陶瓷行业协会机构设置

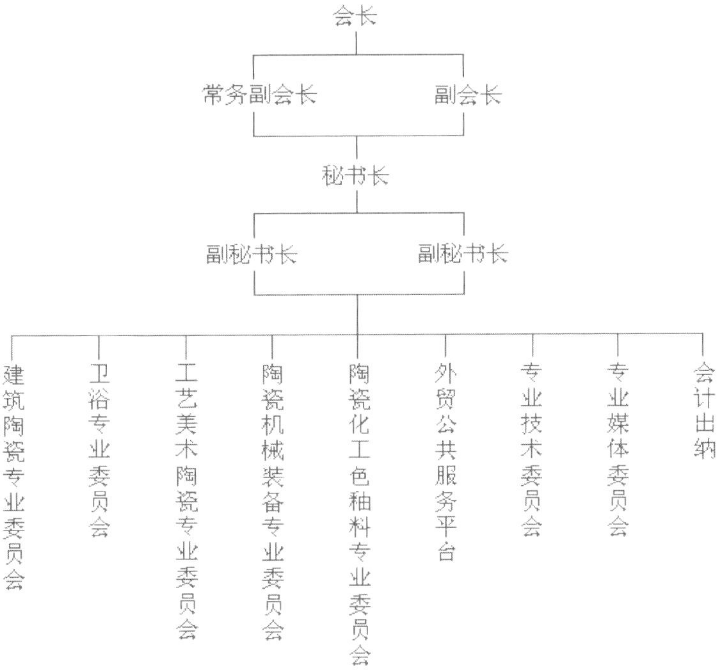

佛山市陶瓷行业协会是在佛山市从事陶瓷产品、陶瓷原料、化工色釉料、陶瓷机械装备制造的企业，以及从事陶瓷研发、设计、检测、营销会展、教育、传媒、文化机构等单位自愿组成的行业管理组织。

佛山市陶瓷行业协会本着为企业和行业发展服务，为政府和社会服务的宗旨，全力搭建陶瓷行业国内外交流的平台。

佛山市陶瓷行业协会诚挚地希望与国内和世界各地的朋友在生产、经贸、科研、技术、管理等方面交流合作。

佛山市陶瓷行业协会是你进入佛山陶瓷行业最好的引见人，无论你需要在佛山采购、销售、投资，还是学术交流，我们都能为你提供最好的服务和合作伙伴。

广交朋友，平等互利，加强合作，共同发展。

祝我们的事业会更好。

联系方式：

电话：0757-82724001 82780815

传真：0757-82707201

邮箱：fcia01@126.com

地址：广东省佛山市禅城区江湾三路2号中国陶瓷城五楼A515

邮编：528031

深圳市陶瓷行业协会简介

深圳市陶瓷行业协会是经深圳市民政局批准注册登记的，由全市从事陶瓷生产、科研、教学、贸易及其相关企业、事业单位及个人会员自愿组成的非营利性、行业性社会团体。

协会秉承“真诚、务实、创新、发展”的理念，为行业搭建一个国内国际相互交流的商务平台，畅通政企沟通的渠道，加强行业自律，维护会员的合法权益，通过技术培训、专业展览、信息服务不断促进行业的健康发展。

协会内设立秘书处、会员部、中小瓷商服务中心和知识产权服务中心，设立了特种陶瓷、日用陶瓷、艺术陶瓷等专业委员会，特聘了行业专家、学者为广大会员企业服务，并通过协会网站和会员杂志，为陶瓷行业产学研的不断发展贡献力量。

联系方式：

电话：0755-29036625　29036353
传真：0755-29036625
联系人：杨小姐　易先生
网址：www.szcia.cn
地址：广东省深圳市龙华新区观澜街道环观南路下围工业区国际名瓷大厦601室
邮编：518110

景德镇陶瓷协会简介

景德镇陶瓷协会是经景德镇市民政局注册登记，于1997年12月成立，隶属景德镇市陶瓷工业发展局（原市瓷局）的事业单位，是景德镇地区陶瓷企业、事业单位和从事陶瓷的个体劳动者自愿组成的社会团体，是跨部门、跨所有制的全行业组织。现拥有团体、个人会员900多个。

协会下设办公室、秘书处、技术部、信息部、市场部、知识产权部等六个办事机构。并成立了日用瓷、艺术瓷、陶瓷原料、陶瓷出口、窑炉等五个专业委员会。

景德镇陶瓷协会致力于使自身成为政府联系企业的纽带，企业走向市场的桥梁，不断促进陶瓷行业经济、技术、管理水平的提高，推动陶瓷行业的进步和发展。协会的主要任务是传递信息、规范市场、维权打假、技术服务。

目前景德镇陶瓷协会共拥有六个商标：“景德镇”牌瓷器证明商标、“千年瓷都”商标、“景德镇青花”瓷器证明商标、“景德镇玲珑”瓷器证明商标、“景德镇粉彩”瓷器证明商标、“景德镇色釉”瓷器证明商标。其中，“景德镇”牌瓷器商标于1999年7月向国家工商行政管理总局商标局申请注册，2002年2月被认定为中国驰名商标，2009年荣获全国“消费者最喜爱的绿色商标”称号；“景德镇青花”、“景德镇玲珑”、“景德镇粉彩”、“景德镇色釉”于2010年12月被认定为景德镇市知名商标，2011年11月被认定为江西省著名商标。

2007年，景德镇陶瓷协会被选举为中国陶瓷工业协会副理事长单位，被中国陶瓷工业协会授予“中国陶瓷行业优秀协会”；2010年，景德镇市创建市知名商标工作先进单位；2011年，景德镇市创建江西省陶瓷著名商标先进单位；2013年，景德镇市首届十大爱心公益社会组织。协会成员单位荣获市政府授予“陶瓷工业十强企业”、“陶瓷品牌建设先进单位”，产（作）品多次荣获全国各类奖项。

协会自成立以来制定了景德镇陶瓷行业管理办法、“景德镇”牌证明商标管理办法、“景德镇陶瓷艺术名人作品证书”管理办法等一系列行业管理办法。紧紧围绕加强陶瓷行业管理，促进全市陶瓷行业健康有序发展为目标，以扩大宣传、健全组织、加强保护、搞好服务入手，全面启动和加强陶瓷行业的管理工作，使协会会员队伍日益扩大，协会职能日益拓展，协会作用日益增强，协会声誉日益提高，全市陶瓷行业管理工作正朝着正常化、规范化的轨道向前发展。

景德镇陶瓷协会主要工作

一、发展会员、健全机构

协会自1997年12月26日成立以来大力发展会员，从成立之初的65个会员单位初步发展成为具有近千个会员单位的协会。除负责协会日常事务管理的秘书处外，协会还成立了知识产权部、市场部、信息部、技术部等部门。为了更好的开展行业管理工作，相继成立了日用瓷专业委员会、艺术陶瓷专业委员会、陶瓷原料专业委员会、陶瓷窑炉专业委员会以及陶瓷出口专业委员会。

二、制定管理办法、规范行业行为

2000年，协会先后制定了《景德镇陶瓷行业管理办法》、《“景德镇”牌证明商标管理办法》、《景德镇陶瓷艺术名人作品证书管理办法》、《“景德镇”瓷器纸箱（盒）包装管理办法》等11个管理办法，对景德镇陶瓷行业进行全方位的规范管理。

三、举办陶瓷评比、促进创新发展

1. 2005年10月举办“中国瓷园杯”精品陶瓷大奖赛；

2. 2006年举办首届中国酒品包装设计大赛；

3. 2008年、2009年、2010年连续三年与景德镇市瓷局一起举办全国日用陶瓷产品创新大赛；

4. 2009年6月举办“闽龙杯”全国陶瓷原创设计电视大奖赛；

5. 组织参加中国陶瓷工业协会举办的第七届（2002年浙江龙泉）、第八届（2006年江苏宜兴）、第九届（2010年广东佛山）、第十届（2015年湖南醴陵）全国陶瓷创新评比。

四、加强陶瓷市场管理、促进景德镇陶瓷销售

1. 先后在江苏南通、浙江杭州、北京、山东蓬莱等地协助建设陶瓷市场或景德镇陶瓷专卖店；

2. 组织会员单位参加了杭州、盐城、广州、唐山、淄博、东营、佛山、义乌等地举行的陶瓷展览展销会；

3. 配合市政府开展景德镇陶瓷国内、国外展销活动整治行动；

4. 组织德国法兰克福、泰国青迈陶瓷交易会；

5. 多次为外省市陶瓷市场在我市举办招商推介会，如广东佛山华夏陶瓷城、山东淄博陶瓷科技城、山东蓬莱陶瓷市场、广州国际采购中心、浙江杭州宏丰家俱城、浙江义乌小商品城等。

五、加强品牌建设、弘扬陶瓷文化

协会先后向国家工商总局商标局申请注册了“景德镇”瓷器证明商标、“千年瓷都”、“景德镇青花”、“景德镇玲珑”、“景德镇粉彩”、“景德镇色釉”等具有景德镇特色的陶瓷商标。“景德镇”瓷器商标于2002年2月被国家工商总局商标局认定为“中国驰名商标”，2007年荣获“消费者最喜爱的绿色商标”称号；“景德镇青花”、“景德镇玲珑”、“景德镇粉彩”、“景德镇色釉”被江西省工商局认定为“江西省著名商标”。

六、出版内部报刊、编印名录大全

1998年8月—2002年12月编印协会内部刊物《景瓷信息》共54期。2008年2月编辑出版《景德镇陶瓷名录大全》。

七、加强相互交流、促进产业发展

1. 2004年5月组织景德镇市陶瓷企业赴日本陶瓷产区学习考察；

2. 2004年9月协会领导赴韩国利川参加利川陶瓷节及景德镇国际陶瓷博览会的招商推介活动；

3. 2006年8月参加在广东佛山举办的“地方陶瓷行业协会工作联谊会”；

4. 2006年10月与中国台湾莺歌镇陶瓷艺术发展协会签订《交流合作协议》，通过交流合作促进两地陶瓷业的蓬勃发展；

5. 多次赴河北唐山、山东淄博、广东潮州、河南禹州和汝州、广西北流、江苏宜兴、湖南醴陵等产瓷区观摩学习；

6. 先后接待中国陶瓷工业协会、台湾陶瓷协会、江苏宜兴陶瓷协会、湖南陶瓷协会、广东陶瓷协会、河北陶瓷协会、河南陶瓷协会、山东陶瓷协会、浙江龙泉陶瓷协会、广西北流陶瓷协会、福建德化陶瓷协会以及唐山政府参观考察团、湖南醴陵政府参观考察团、江苏宜兴政府参观考察团、浙江龙泉政府参观考察团、黑龙江绥棱县政府参观考察团、福建德化政府参观考察团、广东佛山政府参观考

察团。

八、协助评定中国陶瓷艺术大师

1、2002年配合中国陶瓷工业协会开展首届中国陶瓷艺术大师评选活动，景德镇9位陶瓷艺术家获评（全国共35人）；

2、2010年第二届中国陶瓷艺术大师评选，景德镇陶瓷协会负责江西地区的初评推荐工作，经过对参评者业绩材料和参评作品综合评审，共推荐35名参加全国终评。最终景德镇18位陶瓷艺术家获评（全国共93人）。

“景德镇”商标及四大名瓷商标使用和管理情况

1997年7月28日，向国家工商行政管理总局商标局申报“景德镇”瓷器商标注册成功，注册号第1299950号。

1998年4月13日，景德镇市人民政府10号文件：《景德镇市人民政府关于发布景德镇市陶瓷产品宏观管理办法的通知》，文件确定“景德镇”是历史上形成的一个陶瓷标牌，是我市的巨大无形资产。市人民政府委托市陶瓷协会对这一无形资产进行管理。

2000年6月，“景德镇”商标被江西省著名商标认定委员会认定为“江西省著名商标”。

2002年2月8日，国家工商行政管理总局商标局认定“景德镇”商标为“中国驰名商标”。

2002年6月28日，景德镇市质量技术监督局、景德镇市工商局、景德镇市公安局、景德镇陶瓷协会联合下发关于整顿和规范陶瓷市场第一号通告，明确颁布“景德镇”瓷器商标已经国家工商总局核准注册，是中国驰名商标，受法律保护。为整顿和规范市场秩序，严厉打击外地陶瓷产品非法冲击“景德镇”商标的假冒、伪劣等侵权行为，依法维护消费者的合法权益，特发此通告。

2002年7月10日，以上四家单位又联合发布关于整顿和规范陶瓷市场的第二号通告。通告规范景德镇陶瓷艺术市场，凡冠名景德镇的陶瓷艺术作品必须经市陶瓷协会确认。

2004年5月13日，市工商局和市陶瓷协会联合行动，查获了一家非法制作驰名商标包装箱的私人作坊。

2004年5月14日，瓷都晚报刊出，题名“景德镇”商标不容侵犯的专题报道。

2004年7月23日，浮梁县工商局在洪源镇查处非法制作驰名商标包装箱的一私营工厂并当场给予处罚决定书。

2005年11月29日，市中级人民法院知识产权厅依法对三家未经许可滥用“景德镇”商标生产花瓶的企业的产品进行了诉前证据保全收缴。

2005年12月10日，《景德镇日报》(都市导刊) 头版头条刊登时评“用好金字招牌，维护景瓷声誉-法院查处擅用‘景德镇’商标行为”。

2006年11月14日，景德镇陶瓷协会成功注册了“千年瓷都”商标。

2007年，首届在亚洲举行了“世界地理标志大全”国际大会，景德镇瓷器入选地理标志国际大会中国代表产品，向世界展示了中国，为江西争取了荣誉。

2008年10月27日，景德镇市人民政府发布第49号政府令：“景德镇陶瓷知识产权保护办法”经市人民政府第40次常务会议讨论通过并自2008年12月7日起施行。

随即建立了以副市长主持，市瓷局等15个政府职能部门的“景德镇陶瓷知识产权联席会议制度”，组建成立了由市瓷局等7个职能部门组成的景德镇陶瓷知识产权保护联合执法办公室、联席会议制度。联合执法办公室的成立，为规范陶瓷市场秩序、促进陶瓷品牌发展提供了有力保障。

2008年11月27日，瓷都晚报发表时政评论，景德镇陶瓷知识产权保护办法12月7日正式施行，“景德镇”商标不可随意用、作品证书不可随意造、陶瓷展销不可随意办。

2009年4月22日，“景德镇”瓷器商标续用经国家工商行政管理总局商标局核准。使用期续至2019年7月27日。

2009年8月27日，景德镇陶瓷协会向市中级人民法院知识产权厅起诉7家陶瓷企业，法院为“景德镇”商标维权。

2009年8月27日，瓷都晚报头版头条刊登此消息，标题为“为景德镇商标维权，法律是最好的武器”。

2009年11月，“景德镇”瓷器商标荣获“2009年消费者最喜爱的绿色商标”称号，是全国陶瓷行业唯一获奖品牌，是江西省唯一入选获奖品牌。

2010年2月21日，向国家工商行政管理总局商标局申报“景德镇青花”获批。“景德镇青花”地理证明商标注册成功。第7541883号。

2010年2月21日，向国家工商行政管理总局商标局申报“景德镇玲珑”获批。“景德镇玲珑”地理证明商标注册成功。第7541881号。

2010年2月21日，向国家工商行政管理总局商标局申报“景德镇色釉”获批。“景德镇色釉”地理证明商标注册成功。第7541884号。

2010年2月21日，向国家工商行政管理总局商标局申报“景德镇粉彩”获批。“景德镇粉彩”地理证明商标注册成功。第75411882号。

2010年4月1日，景德镇陶瓷知识产权保护联合执法办公室下发“2010年景德镇陶瓷知识产权保护工作要点”。

2010年5月28日，召开全市陶瓷品牌建设表彰大会。2009年，全市30件陶瓷商标注册成功，法兰瓷FRANE、龙兴、玉柏、卡地克、昌南、精誉被认定为江西省著名商标，景德、红鑫、永和春被认定为市知名商标。到2009年年底，全市陶瓷拥有一个中国驰名商标，13个江西著名商标，3个市知名商标，陶瓷注册商标79个。

2010年11月23日，景德镇陶瓷协会就“景德镇”商标管理和维权中发生的侵权界定向市工商局报告，并由市工商局商标科向省工商局汇报，得到明确界定条例。

联系方式：

专职副理事长：孙飞

电话：0798-8227585

传真：0798-8227585

邮箱：jdzca0798@126.com

地址：江西省景德镇市莲花塘路9号

高安市陶瓷行业协会简介

高安市陶瓷行业协会于2008年8月21日成立，是经高安市外经贸局批准、高安市民政局登记的具有独立法人的地方性行业协会，由在高安从事陶瓷生产制造及陶瓷上下游配套的企业组成。现任会长是江西太阳陶瓷有限公司董事长胡毅恒先生。

目前协会成员企业有70余家，主要分布在高安、上高、宜丰等泛高安产区。这个团队集中了泛高安陶瓷界的企业家精英。

为了更好的发挥协会职能，服务会员企业。协会成立了经济金融管理专门委员会、高安陶瓷品牌建设与营销管理专门委员会、矿产资源管理专门委员会、安全生产与人力资源管理专门委员会、环境保护与质量技术监督管理专门委员会、对外联络工作专门委员会6个专门委员会，将为会员企业在投融资、品牌建设、矿产资源引进、人才管理以及行业技术革新等方面提供系统的、常态化的服务。

协会将秉承“依法办会，团结兴会”的理念，将吸纳更多的陶瓷企业加入协会，为企业抱团发展、合力共赢寻求机遇。同时，协会在“环保优先 品牌引领 转型升级 科学发展”的“十六”字发展方针的指引下，积极引导会员企业转型升级，为高安陶瓷产业的发展和地方经济的建设贡献力量。

联系方式：

电话：0795-5486198
传真：0795-5486198
邮箱：gastchyxh@163.com
地址：江西省高安市中国建筑陶瓷产业实训中心一楼
邮编：330811

怀仁县陶瓷行业协会简介

怀仁县陶瓷行业协会是怀仁县陶瓷行业的行业组织，是经山西省怀仁县民政局批准注册登记的，是由怀仁县陶瓷企业、相关单位及个人会员自愿组成的非营利性社会团体，业务主管部门为山西省怀仁县经济和信息化局。协会成立于2010年12月，目前有会员30余家，职工人数逾万人。现内设秘书处、行业监管部、技术服务部、财务部等，同时下设日用陶瓷、建筑卫生陶瓷、陶瓷原料、辅料及装饰材料、陶瓷装备技术应用、陶瓷营销六个专业委员会。协会主办的《怀仁陶瓷简讯》对会员赠阅，对外交流。

协会在国家宪法、法律、法规及各项政策指引下，立足研究、协调、服务、沟通、监督、发展的原则，发挥联系政府与企业之间的桥梁和纽带作用，以维护本行业和会员的合法权益，协调会员间的关系，监督企业自觉自律，为会员服务，为振兴怀仁县陶瓷产业服务。

协会还制订行业规划及行规行约，调查、收集、整理和统计行业的基础资料，研究行业发展方向，做好行业有关情况的调研工作，及时反映企业的实际困难和问题，为会员提供信息、法律和技术咨询服务。同时，协会承担政府及有关部门委托的其他事项。积极开展国际交流与合作，不断加强与国际陶瓷同行之间的联系与交流，致力于促进陶瓷行业的技术进步、扩大贸易往来，并且在这一领域中发挥着日益重要的作用。

怀仁县陶瓷行业协会将不断为怀仁陶瓷行业的繁荣与进步贡献力量。

联系方式：

电话：15721616824

邮箱：zghrtc@163.com

地址：山西省怀仁县新县委1107室

MODENA
MODENA
Machinery

博德全球品牌大使
世界斯诺克名将:丁俊晖先生

宝丰陶瓷

让世界了解宝丰 使宝丰走向世界

公司简介

广东宝丰陶瓷科技发展股份有限公司，创办于2004年1月。是一间专业生产高档日用陶瓷的国家级高新技术企业，是广东陶瓷（梅州高陂）产业技术创新联盟秘书处单位，是中国对土耳其陶瓷出口行业自律工作委员会委员，是广东省第二批重点邦扶高成长性中小企业，是广东省清洁生产企业。

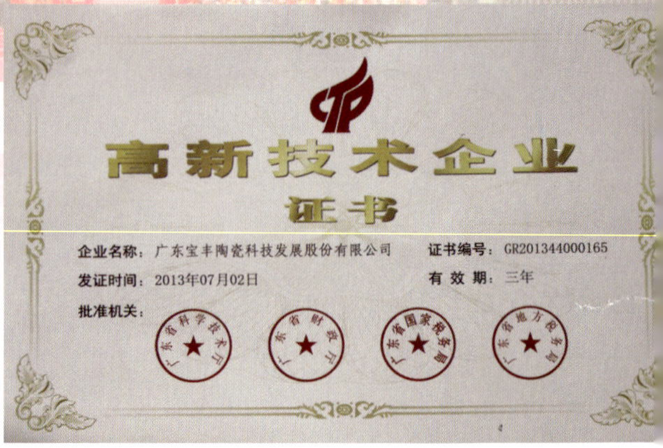

公司注册资金3008万元，占地总面积5.1万多平方米，厂房建筑面积3.6万平方米。现有员工236人（其中工程技术人员48人），技术力量雄厚、设备较为先进。拥有省级企业技术中心和工程技术研究开发中心，获国家授权39件（其中发明专利4件、全球独占许可发明专利1件、实用新型专利12件、外观专利22件），获市、县科学技术进步奖七项。同时，公司还参与起草了广东省《日用陶瓷燃气辊道窑能源消耗规范》、《日用陶瓷单位产品能耗限额标准》等地方标准起草工作，充分体现了公司在行业内的技术实力。

公司以“让世界了解宝丰，使宝丰走向世界”为经营理念，强力打造宝丰品牌，通过了《ISO9001:2000质量管理体系认证》、《ISO14001：2004环境管理体系认证》、《出口产品质量许可证》、《输美日用陶瓷生产厂认证》、《安全生产标准化》等认证。主要产品有高档日用陶瓷系列产品等上千个花色品种，产品远销欧美、东南亚等40多个国家和地区。其中“38头中餐具”荣获第五届中国陶瓷产品设计大奖赛“铜奖”；“水点桃花高力士杯具”荣获广东省第四届陶瓷艺术与设计创新大赛“银奖”。

公司生产的“宝丰牌日用陶瓷”，于2012年7月被中国陶瓷工业协会授予“中国陶瓷行业名牌产品”称号。生产“图形商标”牌日用陶瓷产品，于2013年12月被广东省名牌产品推进委员会确认为“广东省名牌产品”。

2013年生产高档陶瓷产量4000吨，实现产值1.2亿元，销售收入10608万元，出口创汇1650万美元，利511.4万元，税收1191.22万元。

面对未来，宝丰公司将秉承社会、自然、资源和谐发展的宗旨，发扬“宝丰陶瓷”的价值追求，谋求业与社会的共同发展，力争至2025年实现产值10亿元以上，将企业打造成为“具有自主知识产权和知名品牌全球高档陶瓷产品生产和供应商”。

地址：广东省梅州市大埔县高陂陶瓷
业园区
电话：86-753-5855899
传真：86-753-5859896
联系人：郭先生
邮箱地址：mzbaofeng@163.com
阿里巴巴网址：
http://www.gdbftc.1688.com

泰山瓷业外景

2007省级技术中心

工业设计中心

2011国家级非遗

2011质量认证

2010当代国窑证书

2013大地奖

董事长卢德国

淄博泰山瓷业是由原淄博瓷厂洪山分厂改制而成，是我国日用陶瓷骨干企业，主要生产高档饭店宾馆用瓷、高端礼品瓷和工艺美术陶瓷，有四大瓷种，其中，镁质强化瓷全国销量第一，鲁青瓷全国独有，水晶骨瓷、水晶玉瓷具有国际一流水平。产品被选为北京钓鱼台国宾馆用瓷、北京奥运会用瓷和驻外使馆专用瓷，被授予“当代国窑”称号。公司拥有先进的生产设备和精湛的制瓷技术，引进世界一流全自动成型生产线，采用智能化控制燃气窑炉烧制，实现了低碳、节能、高效的生产效果。

公司建立了省级企业技术中心和省级工业设计中心，具有完整的研发设备和检测仪器，取得22项科研成果，拥有7项专利，其中4项国家发明专利。公司与山东省陶瓷公司联合共建山东省陶瓷行业公共技术服务平台，承担了淄博陶瓷产业集群窗口网络平台建设，为全省陶瓷企业提供技术服务，服务平台先后被认定为省级和国家级示范平台。公司积极参入国家行业地方标准起草制定工作，参入制定了6项国家地方标准。近几年来，公司还承担了市级以上科技发展、技术创新项目18项，取得了12项科技成果，其中有8项已投入批量生产，实现了科技成果的转化，科技进步引导企业步入了发展的快车道。

公司注重陶瓷文化遗产保护，“淄博陶瓷烧制技艺”被列入国家级非物质文化遗产保护名录，泰山瓷业是该非物质文化遗产传承保护单位。公司积极开展国际陶瓷文化交流，自2005年起，连续承办了10届中国（淄博）国际木火节，吸引了20多个国家200多位陶艺家参加。公司成为山东省文化产业示范基地、山东省非物质文化遗产生产性保护基地、山东省工业旅游示范景点、淄博市重点文化企业。

公司先后荣获中国陶瓷行业杰出企业、中国陶瓷行业名牌产品、国家免检产品、山东名牌产品、山东省著名商标等称号，获省级以上新产品评比各类奖项116项 。公司董事长、总经理卢德国当选为中国陶瓷工业协会副理事长、山东省陶瓷工业协会监事长、山东工艺美术协会副理事长，荣获中国陶瓷行业杰出企业家称号，是宁夏中卫市人大代表、淄博市淄川区政协委员。

淄博泰山瓷业有限公司

公司网址：www.taishanciye.com　电子邮箱：taishanciye@sohu.com　联系电话：0533--5789666　5816888
图文传真：0533--5792955　5793369　通讯地址：山东省淄博市淄川区泰山瓷业路88号

河北斯罗米克科技股份有限公司

河北斯罗米克科技股份有限公司，简称“斯罗米克”，股权代码：660061，成立于2010年7月，注册资金600万元人民币，座落于唐山市路北区，系中华人民共和国海关A类企业，中国陶瓷工业协会常务理事单位，中国硅酸盐协会、唐山国际商会会员单位。公司是目前中国唯一从事全过程日用陶瓷工程交钥匙服务的专业机构，公司可为客户工厂提供一体化解决方案，包括项目可研、工厂设计、工艺路线制定、配方服务及陶瓷机械装备的设计、制作和安装、技术改造方案的提出与论证、工厂生产疑难问题的诊断与处理、人员培训、原物料及陶瓷制品的物流。

系英国SECO工程公司的中国区总代理。公司服务除西藏、青海、海南以外的全国各省区及美国、日本、香港、越南、印度、缅甸、伊朗、泰国、以色列、孟加拉、印尼等国，目前是中国日用陶瓷装备中出口量最大，产品结构最先进的企业，也是目前唯一能和进口设备相对接的企业。

企业荣誉

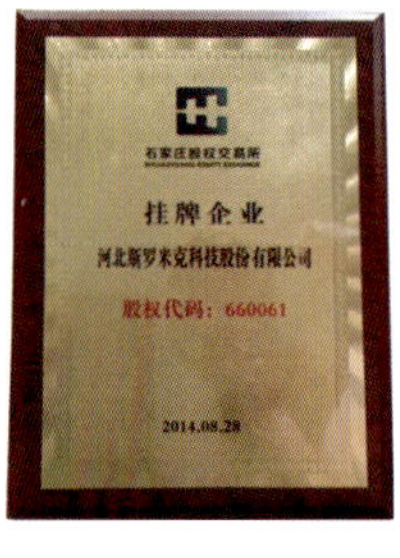

江苏省宜兴紫砂工艺厂

国家级非物质文化遗产
生产性保护示范基地
江苏省宜兴紫砂工艺厂
(宜兴紫砂陶制作技艺)
中华人民共和国文化部制
二〇一一年十一月

宜兴紫砂陶，始于北宋，兴盛于明清，鼎盛于当代。自上世纪开元以来，曾在一系列国际博览会上屡获金、银奖等殊荣，享誉世界。1910年，就荣获南洋陶业劝业会金奖；1926年，获美国费城万国博览会特别奖；1930年获比利时国际博览会银质奖，为中华民族赢得了声誉。新中国成立之后，万象更新，百业待兴。1954年在党和政府的组织领导下，任淦庭、吴云根、裴石民、王寅春、朱可心、顾景舟、蒋蓉七位老艺人振臂一呼，三间草房一杆秤，将散落在民间的紫砂小作坊、陶器店（毛顺兴陶器行、毛志云紫砂陶器店、徐庆棠紫砂陶器店、陈真庆紫砂陶器店、张洪寿紫砂陶器店、顾金声紫砂陶器店）如珍珠串线般，组建了蜀山陶业生产合作社。1955年10月，招收大批徒工，由七位老艺人悉心传授，系统培训，孕育了以当代十位中国工艺美术大师为代表的一大批名家高手，为宜兴紫砂的传承、繁荣、发展奠定了坚实的基础。为表彰老艺人对紫砂事业作出的重要贡献，1956年，江苏省人民政府授予七位老艺人“技术辅导员”的荣誉称号。

1958年，宜兴紫砂迎来新的机遇发展，由七位老艺人悉心传授，系统培训，孕育了以当代十位中国工艺美术大师为代表的一大批名家高手，为宜兴紫砂的传承、繁荣发展奠定了坚实的基础。形成了完整的徒工培训体系，拥有一批国家级、省级工艺美术大师，高、中级工艺美术师，企业先后成为国家二级企业、国家二级计量企业、国家轻工业部质量管理奖企业，“方圆牌”高级紫砂茶具和紫砂陶器在1979年到1983年相继荣获国家金质奖和银质奖；1984年，荣获德国莱比锡国际博览会金质奖，产品畅销世界五十多个国家和地区。被誉为“艺术的殿堂，人才的摇篮”，在紫砂发展史上影响重大，意义深远。

历经半个多世纪的薪火相传，风雨相伴，她的辉煌成就，无不凝聚着从七位老艺人和广大紫砂工艺师的心血和汗水，同时，更饱含了党和国家领导人、省市领导的亲切关怀和殷切希望。彭真、万里、乔石、李瑞环、宋平、彭冲、周培源、蒋南翔、姬鹏飞、刘华清、费孝通、李鹏、朱镕基、韩培信、 彭珮云、荣毅仁、吴学谦、王光英、李铁映、程思远、王汉斌、王任重、李源潮、李岚清、刘云山、李长春、林文漪、郑万通等领导先后在百忙之中亲临紫砂工艺厂视察或参观紫砂文化展览。同时，一些国家的元首和国际友人也纷纷慕名前来参加、交流。以一代宗师、壶艺泰斗顾景舟先生为代表的众多工艺师也纷纷应邀赴台湾、港澳地区及国外进行学术交流，举办展览，传播中华文化。对于一家企业而言，能受到这么多领导和国际友人的瞩目和关心，无疑是无上的光荣和激励。

近年来，我厂非常注重保护、传承、交流发展和社会公益等方面的工作。

传承：我厂在2011年11月，被评为首批国家级非物质文化遗产生产性保护示范基地，全国41家，我省仅3家获此殊荣。1979年江苏省宜兴紫砂工艺厂成功申报注册“方圆牌”商标。重视技术人员知识产权保护工作，通过努力，坚决打击侵权行为，切实维护自身合法权益，技艺人员申请产品外观专利，共计631项。

交流：我厂为扩大紫砂文化影响，注重对外文化交流，分别到韩国、日本、美国进行学术研究、作品展示，在国内几乎所有省会城市都进行展示。

立艺先立德，人品决定艺品。

我厂先后有汪寅仙大师被评为全国劳动模范，顾绍培大师为全国五一奖章获得者，吴鸣大师连续三届评为市学术带头人，华健2012年被评为全国轻工系统劳动模范，毛子健被评为无锡市劳动模范，我厂谭泉海大师曾为三届全国人大代表。

“继往开来庆盛世，再创辉煌谱华章”。江苏省宜兴紫砂工艺厂将在传承历史文脉、创新开拓未来中，不辱使命，为传承和弘扬宜兴紫砂这一优秀的民族瑰宝作出更大的贡献。

http://www.jsyxzsc.com

地址：宜兴市丁蜀镇外油车30号　电话：0510-87401631　0510-87404959　邮编：214221
Email:7401631@vip.sina.com　传真：0510-87402324　网址：www.jsyxzsc.com

Q ®
QIANFENGCUI
NANSONG CHINA
© 2003
www.nansongchina.com

山西省晋城市阳城县侨枫瓷业有限公司

侨枫 QIAOFENG CERAMICS

山西省晋城市阳城县侨枫瓷业有限公司创建于1999年，是一家集产品研发、生产、销售为一体的综合性民营企业。主要生产日用陶瓷、文化艺术陶瓷，产品畅销全国20多个省市自治区。

公司坚持传承与创新相结合，走品牌化发展之路。引进高层次技术人才，加大产品研发力度，实现产品更新换代。几年来共获专利28项，版权18项。其中“中温高白锆锂生料乳浊釉及其生产方法”、“使用低品质粘土生产高档釉下彩绘日用瓷”获得国家发明专利。挖掘整理的传统手工技艺“乔氏法花”被列为“山西省非物质文化遗产”。研发、生产的瓷板画、花瓶、看盘等文化艺术陶瓷备受市场青睐。侨枫商标获批“山西省著名商标”，侨枫牌产品获批“山西省名牌产品”。企业通过了“ISO9001：2008国际质量体系”认证。

公司坚持生产工艺技术改造，走科学发展之路。引进了制版机、自动洗坯机、自动施釉线等新工艺设备，现代化程度大大提高。

公司先后荣获山西省“绿色等级企业”、山西省“优秀民营企业”、“山西省五一劳动奖状”、山西省“最具社会责任中小企业”、“守合同 重信用单位”等殊荣。

皇城花瓶（方肩瓶）

产品介绍：作品描绘的是中国一代名相、清朝康熙大帝的老师、《康熙字典》的总裁官、文渊阁大学士光禄大夫陈廷敬的故居、国家AAAAA级旅游景区——山西省阳城县北留镇皇城村的皇城相府。作者用独特的技艺，独到的视角，勾勒出一幅古代“自然山水画”。画面枕山临水、城墙雄伟，房屋则朴实典雅、错落有致，一座别具特色的明清城堡式官宅建筑群、一座具有人文精神的东方古城堡展现在人们面前。

观音赐福（小口法花瓶）

产品介绍：观音赐福是我国民间传统文化的祝福表达方式之一。瓷瓶上的观音系侨枫人传承陶瓷世家的珐华技艺精雕细刻而成，形象生动逼真，五官轮廓清晰。细观就会发现，观音宝像慈悲威严，右手呈莲花指，左手托聚宝瓶。身后祥云缭绕，莲花献瑞。敬请一尊观音，吉祥与福慧、温馨与幸福就会不期而至。于个人则仕途通达、前途无量；于家庭则和谐美满，吉祥幸福；于企业则生意兴隆，财源滚滚。此瓶可旺办公、家居风水，实乃祥瑞之兆。

新骨瓷餐具

产品介绍：采用动物骨粉和石英等优质原料制作而成，质地轻盈，呈乳白色，细密坚硬，不易破裂。将瓷器置于灯光下可隐隐透光。釉面不含铅、镉等危害人体健康的成份，增加了有益于人体健康的钙、镁矿物元素，具有杀菌、消毒、提高人体免疫力等作用，是新一代“绿色陶瓷”。优美好看的造型搭配上圆润的光泽，还有一种高贵的贵族气息，是提升酒店、餐馆、家庭品味和档次的法宝之一。

瓷 板 画

产品介绍：瓷盘画是运用天然钴料及颜色釉料在白泥板坯上经陶艺师绘画装饰，再罩以透明釉，然后在高温1300摄氏度上下一次烧成，使色料充分渗透于坯釉之中，画面美观，明净素雅。陶瓷瓷板画有人物，山水，花鸟，青花，粉彩重工等多种形式和大小规格，能满足不同层次客户需求。

电话：0356-4844496　传真：0356-4844484　网址：sxqfcy.cn　地址：山西省晋城市阳城县演礼工业园区

广东顺祥陶瓷有限公司

顺祥陶瓷，是中国知名的日用陶瓷品牌。1984年4月创立于中国著名瓷都——广东潮州，是一家集科、工、贸为一体的大型日用陶瓷企业，公司致力于陶瓷炊具、陶瓷杂具、陶瓷水具、陶瓷餐具、素瓷等日用陶瓷器皿及家居用瓷的研发、生产和销售，现已建立起包括原料厂、白地厂、花纸厂、彩瓷厂、包装厂等设备一流的配套工厂和现代化的办公大楼，总建筑面积近30万平方米，公司拥有国内和海外两大营销中心及两大生产基地，员工1000多人。

公司成立之初，产品主要面向欧美及东南亚等海外市场和渠道进行销售，并在国际市场的销售过程中累积了丰富的经验，多年来，产品以其精致的格调和出色的性能畅销海外100多个国家和地区，自2008年起，顺祥逐步完成国内营销战略布局，从国际市场延伸到国内市场，顺祥实现了营销格局的华丽蝉变，产品在国内外市场被指定为中国钓鱼台国宾馆的国宾用瓷和摩洛哥王国唯一皇室御用陶瓷。

公司现拥有多条自动化和半自动化先进陶瓷制作设备，多条长80米隧道窑，并建成国内陶瓷企业首个具有CNAS资格的实验室。凭借强大的技术研发、生产实力和先进的管理经验，顺祥曾先后被国家授予“中国名牌产品”，“国家免检产品”，“广东著名商标”，“广东省高新技术企业”等荣誉称号，并通过ISO9001:2008质量管理体系ISO14001:2004环境管理体系和OHSAS18001：2007职业健康安全管理体系等认证，同时，荣登“中国优秀民营科技企业”榜单。

强大的研发和生产能力，为公司实现“日用陶瓷领军品牌”的目标奠定坚实基础和提供强有力的保障。在品牌的培养和建设当中，顺祥人也有自己“慢生活”主张，也正源于这种主张，顺祥也明确了自己的品牌核心诉求--“精致 品味 悠慢”，为此顺祥产品如作品般焕发勃勃生机。

总部：广东顺祥陶瓷有限公司
地址：广东省潮州市枫溪如意路工业园南侧B1
电话：0768-3905800 传真：2923939

国内营销中心：深圳市顺祥商贸有限公司
地址：深圳市龙岗区深惠路452号宝岭大厦19-20楼(地铁3号线丹竹头站A出口)
电话：0755-25427121 传真：0755-25427101

科研专栏

中国轻工业陶瓷研究所

简 介

中国轻工业陶瓷研究所成立于1954年8月，是我国陶瓷行业集科技开发、公益技术服务与艺术创作为一体的专业研究所，曾隶属于原国家轻工业部。1999年7月原国家10个部委所属242所科研院所管理体制改革时，我所并入景德镇陶瓷学院，但仍是具有事业法人资格地位、可独立对外交往的研究机构。

现有职工297人，其中在职职工147人，退休职工150人。具有教授级高级技术职称人员14人，高级技术职称人员26人，中级技术职称人员26人。中国工艺美术大师10人，中国陶瓷艺术大师4人，中国陶瓷设计艺术大师1人，省级工艺美术大师12人，国家有突出贡献的中青年专家1人，享受国务院政府津贴5人，享受省政府津贴2人，赣鄱555英才2人，市专业技术拔尖人才8人。

全所占地面积95633.6平方米，植被覆盖率达70%以上。目前，在所区的植物林里，植物品种多达100多种。仅竹子有毛竹、苦竹、金竹、水竹、桃竹、凤尾竹、罗汉竹等七个品种，柏树有云片柏、线柏、龙柏、扁柏、刺柏等五个品种，桂花有金桂、银桂、四季桂三个品种，最具代表性的植物是樟树，有一株树龄700多年的明朝古樟，至今仍枝叶茂盛，极具生命力。此外，我所100年以上的樟树有20多棵、国家一级保护植物西伯利亚冷杉2棵。所区经常有猫头鹰、斑鸠、相思鸟、啄木鸟、寿戴鸟、八哥、松鼠等10多种鸟兽栖息，俨然成为了一个城中小森林。

所区建筑风格独具一格，是为数不多的仍保留建所时期原始风貌的单位。民国初期建造的三栋亭屋和五、六十年代建造的科研厂房及制作“7501”毛主席用瓷的窑房与创作设计办公楼均保持完好，多次被评为国家级、省级园林化先进单位。近年来，随着我所经济的快速发展，所财政每年都安排一定经费用于所区环境的园林化建设，不断改造改善庭院环境，致力于创建一个环境优美、宜居乐业，极富人文气息的研究所。在庭院建设中，我所一直追求古朴典雅的风格、合理和谐的布局。一是采取修旧如旧的方式对历史建筑进行了全面整修，既有焕然一新的效果，又保持了原有风格和面貌；二是进一步绿化美化环境，植树种草，保持一种原生态美；三是在绿化美化的基础上，对庭院进行了亮化，安装路灯，设置夜景灯。我所已成为接待各方宾朋的窗口单位，所有来宾都对我所的环境建设赞不绝口。

我所工作区内建筑面积38577.65平方米，截至到2014年底拥有固定资产3841.92万元，各类仪器设备360台（套）。目前我所下设艺术陶瓷、传统陶瓷、特种陶瓷、装饰材料、机电热工5个研创中心，另外，承担国家陶瓷行业的基础性公益技术工作的“国家日用陶瓷产品质量监督检测中心”、“全国日用陶瓷标准化中心”、“全国陶瓷工业信息中心”和中文科技核心期刊《中国陶瓷》杂志社均设在我所。2012年，我所在江西省又率先成为国际标准化组织—接触食品的陶瓷器皿、玻璃器皿和玻璃陶瓷器皿技术委员会（ISO/TC166）秘书处单位，为我国日用陶瓷行业实际参与国际标准化工作迈出了坚实的一步。

联系方式：

联系人：段先生　　电话：0798-8439095
邮箱：767307395@qq.com　　地址：江西省景德镇市新厂西路556号

中国科学院上海硅酸盐研究所

简 介

中国科学院上海硅酸盐研究所渊源于1928年成立的国立中央研究院工程研究所，1953年更名为中国科学院冶金陶瓷研究所。1959年独立建所，定名为中国科学院硅酸盐化学与工学研究所，1984年改名为中国科学院上海硅酸盐研究所。经五十多年的发展，上海硅酸盐研究所已成为一个以基础性研究为先导，以高技术创新和应用发展研究为主体的无机非金属材料综合性研究机构，形成了“基础研究—应用研究—工程化研究、产业化工作”有机结合的较为完备的科研体系。

现有在职职工700余人，其中高级专业技术人员290余人，中国科学院院士2名，中国工程院院士3名（1名为双院士）（截止2014年底）。

科研机构设置为：高性能陶瓷和超微结构国家重点实验室、中国科学院特种无机涂层重点实验室、中国科学院能量转换材料重点实验室（上海无机能源材料与电源工程技术研究中心）、结构陶瓷工程研究中心（复合材料研究中心）、中国科学院透明光功能无机材料重点实验室（人工晶体研究中心）、中国科学院无机功能材料与器件重点实验室、古陶瓷与工业陶瓷工程研究中心（古陶瓷科学研究国家文物局重点科研基地）、生物材料与组织工程研究中心、无机材料分析测试中心和信息情报中心。

学科方向是先进无机材料科学与工程，主要研究领域涵盖了人工晶体、高性能结构与功能陶瓷、特种玻璃、无机涂层、生物环境材料、能源材料、复合材料及先进无机材料性能检测与表征等，是该领域科学研究单位中门类最为齐全的研究所。

历年来，累计取得科技成果1031项，获得国家、中国科学院、上海市等省部级以上各类科技奖项410项，其中国家发明奖29项，国家自然科学奖8项，国家科技进步奖14项。历年来申报专利2242项，批准专利1115项（截止2014年底）。

研究所具有先进的科研条件，大规模的园区建设使实验室的工作环境焕然一新；知识创新经费的支持，促进了科研设备的现代化；国家级无机材料测试中心的建立使材料的性能与表征具有可靠性和权威性；图书、情报、刊物良好的支撑系统，充分显示了追求信息动态的高效率。主办发行的《无机材料学报》已进入核心学术期刊，并为SCIE收录引用。并与自然出版集团签署协议，将合作出版npj Computational Materials（《npj-计算材料学》），这是中国首个“自然合作期刊”（Nature Partner Journal, NPJ）。

研究所与美国、日本、德国、英国、法国、俄罗斯等国家的著名大学和科研机构以专家互访、讲学、合作研究等方式广泛进行学术交流，与国际著名的大公司或西欧核子研究中心等国际化组织进行工程化产业化的合作及出口高技术产品的业务洽谈与往来。

上海硅酸盐所是硕士、博士学位授予单位，设有博士后流动站。几年来，还与美国、加拿大、法国、德国、日本、瑞士、斯洛文尼亚、香港等国家和地区进行联合培养了多名研究生。

联系我们：

电话：021-52412990　　传真：021-52413903

地址：上海市定西路1295号　　邮编：200050

佛山市陶瓷研究所有限公司

简 介

佛山市陶瓷研究所有限公司源自1958年成立的佛山市陶瓷研究所，总部座落在著名的南国陶都——广东省佛山市。在50多年的发展历史中，以科技创新为发展之本，不断引进现代化管理理念，坚持多元化、集团化、国际化发展，成为一家集科研开发、生产营销、经济贸易、技术服务及科技期刊出版为一体的综合型高新技术企业。是特种陶瓷行业的先行者，占据国内特种陶瓷业的领先地位。

佛山市陶瓷研究所有限公司凭借坚实的技术根基创造了光彩夺目的企业辉煌，开发出金刚牌陶瓷辊棒、辊棒涂料、耐火材料、球石衬砖、泡沫陶瓷、无机陶瓷膜管、精密陶瓷零件以及晶石陶瓷刀具、手表、首饰等日用陶瓷，占有国内市场巨大份额，成功抢滩国际市场，产品出口到包括西班牙、土耳其、印度、墨西哥等20多个国家。

“质量是企业的生命”是佛山金刚企业集团奉行的质量方针。金刚企业严格按照ISO9001标准，建立和完善企业质量管理体系，精心管理体系，精心管理、加强控制，为客户提供优质的产品和服务。

联系方式：
电话：0757-82271190
传真：0757-82275583
地址：广东省佛山市禅城区石湾榴苑路18号

景德镇市陶瓷研究所

简 介

景德镇市陶瓷研究所，是一所从事陈设艺术陶瓷和实用艺术陶瓷创作设计及工艺研究的科研事业单位，现有中国工艺美术大师5名；中国陶瓷艺术大师7名；江西省工艺美术大师15名；享受国务院“特殊津贴”专家5名；江西省政府“特殊津贴”专家3名；高级专业技术人员34名；具有雄厚的技术实力。历年来，创作设计的艺术陶瓷作品，曾获国家、省、市陶瓷艺术创作设计评比金、银、铜奖或一、二、三等奖近200项，近百件作品被国内外重点艺术院、馆收藏。多次承担并完成国家、省、市下达的重大创作设计任务。

1997年，为北京人民大会堂设计制作特大型（322CM*90CM）综合装饰《映山红》宝灵尊，被专家称为“世纪之作”，陈列在北京人民大会堂江西厅。同年，为迎接香港回归祖国，由中国工艺美术大师熊钢如创意，景德镇市八位大师联袂绘成大型瓷板画《紫归牡怀》被江西省人民政府选定，作为江西省人民政府的礼品，赠贺香港特别行政区政府成立，现珍藏在香港。同时，我所还出色地完成了中南海“紫光阁”和外交部驻香港特派员公署陈设瓷的创作设计任务。

1999年，承担江西省人民政府下达的99昆明世界园艺博览会“江西瓷园”瓷工艺演示和陶瓷艺术家现场绘画表演任务，经过六个月努力工作，圆满地完成任务。为此，被江西省人民政府授予“特别贡献奖”。同年，由中国工艺美术大师熊钢如创作的超万件青花斗彩《百荷图》瓷瓶，作为江西省人民政府的礼品，赠贺澳门特别行政区政府成立，现珍藏在澳门。

2004年，为中共中央党校创作设计八件陈设艺术瓷，全部陈列在中共中央党校大会堂，受到各方好评。

2005年，由市委书记许爱民同志创意、策划、赖德全、何叔水、熊钢如、黄水泉联袂创作的500件小口梅瓶《源》、《脉》作品，以中国共产党中央委员会的名义，赠送中国国民党中央委员会、亲民党中央党部。同年，由所长赖德全创作的《天阔云作岸，山高人为峰》瓷板山水画被江西省人民政府赠送给神舟六号航天飞行先进事迹报告团。

2005年、2006年，所长赖德全为中国社科院制作礼品瓷分别赠送给英国皇家学术院祝贺该院成立100周年以及俄罗斯社科院祝贺该院远东研究所成立50周年。

2006年，所长赖德全为江西省政府制作礼品瓷分别赠送菲律宾总统阿罗约及香港行政长官曾荫权。

2008年被评为江西省轻工行业先进集体。

2010年，我所5位大师先后前往上海世博园江西馆进行现场陶瓷技艺表演，深受好评。

我所还一直致力于社会公益事业，仅2007年至2010年，就为我市贫困大学生、贫困户捐款140余万元，成为景德镇市人民政府通令嘉奖的唯一单位。

2007年开始到2010年，景德镇市陶瓷研究所组建了景德镇市陶瓷艺术产业创新服务平台，并成立景德镇市和德陶瓷股份有限公司。重点培育有一定产业基础和规模的陶瓷企业和大师工作室（包括陶瓷材料、陶瓷工艺技术、陶瓷艺术、陶瓷包装彩印等），在陶瓷艺术创新和陶瓷（日用瓷和艺术瓷）产业化领域形成较强创新能力，实现基地内陶瓷产品生产。

近年来，我所销售收入连年翻番，近3年来实现利税近千万元，取得了良好的社会影响和经济效益。

联系方式：

电话：0798-8480369　　地址：江西省景德镇市新厂西路351号
邮编：333000

江西省陶瓷研究所

简　介

江西省陶瓷研究所是一家省级独立应用型陶瓷工业科研单位。1985年5月建所，现隶属于江西省工业和信息化委员会，差额拨款事业单位（正处级），位于江西省景德镇市珠山区新厂西路476号。现有编制数147人，在编职工86人，中、高级职称以上人员57人（其中：正高级10人；国家、省、市级工艺美术大师21人；享受国家、省政府津贴专家9人）。曾荣获“全国轻工系统先进单位”，“全省科技创新先进集体”，“全省科技工作先进单位”；自2002年至2013年连续12年获“全省轻工系统直属单位目标管理先进集体”等荣誉称号。

“景德镇市窑炉学会”、“景德镇市企业技术创新服务中心有限公司”均设在本所。是“国家日用及建筑陶瓷工程中心”副主任单位、“江西省陶瓷企业技术服务中心”依托单位，创有国内外发行的《陶瓷研究》杂志。

历年来共承担各级科研课题100余项。在完成的科技成果中，获部、省级科技进步奖9项。其它科技成果奖24项，获国家发明、实用新型、设计专利30项；在全国陶瓷创作设计评奖赛中，共荣获金、银、铜奖近200余项，省市级作品奖300余项。

我所紧跟国家改革开放和经济建设的步伐，不断开发出满足市场需求的陶瓷新产品，并通过引入市场运行机制的改革，积极抓好成果产业化工作和订单式生产，实现了经济效益和社会效益的稳步提高。

艺术陶瓷创作设计是我所强项，现有专职创作设计人员46人，先后在“民间青花的研究与开发”、“高温颜色釉综合装饰”、“釉中彩装饰”等多个领域取得了突破性成果，为我国艺术瓷发展作出了较大贡献。全所现年均完成艺术瓷设计创作约300件(套)，作品多次应邀到日本、美国、加拿大、德国、法国、新加坡、马来西亚、澳大利亚、泰国等国家以及香港、澳门、台湾地区展出，并因作品具有的升值空间与鉴赏价值而使投资及收藏家们注重及购藏。历年来，在全国陶瓷作品评比大赛、景德镇国际陶瓷博览会、全省工艺美术大奖赛、市陶瓷艺术大奖赛、中国传统工艺美术精品展、中国工艺美术大师精品展、中国工艺美术“百花奖”评比大赛和“中华民族艺术珍品”评比大赛等系列活动中，我所参展参评作品多次问鼎折桂，获得金、银、铜奖500余项，其中国家级金、银、铜奖200余项，省市级作品奖300多项。我所创作设计的艺术瓷因其画面新颖、技法多样、质量上乘、给人眼睛一亮的视觉冲击力而成为景德镇当地响亮的品牌。

所属经济实体有：景德镇市昌南窑瓷业有限公司、江西省海泰窑炉开发中心、“景德镇大瓷汇瓷业有限公司等。

联系方式：

联系人：乐先生

综合办电话：0798-8493187　　销售电话：0798-2198181

网上销售：0798-8482175　　地址：江西省景德镇市珠山区新厂西路476号

江苏省陶瓷研究所有限公司
简　介

江苏省陶瓷研究所有限公司由创建于1958年的江苏省陶瓷研究所改制而成，位于风景秀丽的太湖之滨，植根在经济发达、交通便利的世界著名陶都——宜兴，是一家集科研开发、技术咨询服务和生产经营为一体的现代科技企业。现有各类专业技术人员80余名，其中高中级职称专技人才50余名，享受国务院颁发的政府特殊津贴专家、江苏省有突出贡献中青年专家、江苏省“333工程”培养对象和无锡市、宜兴市学术技术带头人数名。公司下设日用陈设陶瓷、工程陶瓷、功能陶瓷、陶瓷原辅材料等分公司和进出口部，并建有江苏天裕陶瓷与耐火材料检测有限公司和中日合资江苏天一昭和陶瓷有限公司。

公司主要从事工程结构陶瓷、功能敏感陶瓷、日用陶瓷、艺术陶瓷、发泡陶瓷、复合多孔陶瓷、陶瓷过滤机（板）、陶瓷用色素颜料、釉料等陶瓷新材料的科研、开发、生产并形成了产业化，同时从事陶瓷产品进出口，陶瓷、耐火材料质量检测，陶瓷原辅材料经营，陶瓷技术咨询服务等业务。建有“江苏省新型陶瓷材料工程技术研究中心”、“江苏省宜兴新型陶瓷材料公共技术服务中心”、“国家轻工业陶瓷、耐火材料监督检测宜兴站”、“江苏省陶瓷工业信息中心”和《江苏陶瓷》杂志编辑部等服务机构，是中国陶瓷工业协会技术陶瓷专委会主任单位、江苏省硅酸盐学会陶瓷专委会和耐火材料专委会主任单位。先后承担了省“八五”、“九五”、“十五”、“十一五”重大科技攻关、国家火炬计划、省高技术研究、省工业支撑计划、国际合作等科研项目160余项，其中获省以上科技进步奖40余项，国家和省优秀新产品奖（金奖）10余项，拥有国家发明和实用新型专利28件，制订国家标准9项。大件氧化炉陶瓷、电真空陶瓷、耐磨陶瓷、高温PTC陶瓷、嫣红釉陈设艺术瓷、轻质发泡陶瓷、复合多孔陶瓷、陶瓷过滤机系列等多项成果达到国内领先或国际先进水平。具有自营进出口经营权，现年自营出口超1000万美元，年销售近1.5亿元。是江苏省高新技术企业、江苏省AAA级重合同守信用企业、江苏省AAA级技术咨询企业、江苏省重点科技服务机构、江苏省模范职工之家、无锡市文明单位、园林化单位、优秀科研单位、全国和江苏省技术市场金桥奖先进集体，通过了ISO9001质量管理体系认证、输美日用陶瓷生产厂认证和清洁生产认证。

公司在继承传统产业，开拓新兴领域，致力于高新技术产业化，努力把公司做大做强的不懈追求中，重视和加强企业文化建设，坚持以人为本，大力倡导“献身、求实、协作、创新”的企业精神和相互尊重、相互信任、相互支持的新颖人际关系，努力营造团结、和谐、宽松、向上的工作氛围，初步形成了风正、气顺、人和的人文环境和创新争优的企业新文化。公司生机勃发，前程似锦，生产的产品在国内外均有较高的知名度。

联系方式：

联系人：周顺杰　　电话：0510-87185314

传真：0510-87186951　　邮箱：sales@jstys.com

地址：江苏省宜兴市丁山北路196号　　邮编：214221

广东省陶瓷研究所

简 介

广东省陶瓷研究所是中国陶瓷第一大省——广东省的省属专业技术研发机构，拥有一批高素质的专业科技人才和管理人才。我所坚持以市场为导向，以产学研、科工贸相结合为经营理念，以技术创新为动力，致力于陶瓷及相关产品的研究开发，不断开发出适合市场需求的新技术、新工艺、新产品。

我所利用广东是中国陶瓷主产区的有利位置，把科研与市场需求和产业有机结合，利用中国进出口商品交易会、国外展销会及中国陶瓷博览会等贸易窗口，积极开展与海内外客户的互惠互利合作。

为消费者营造完美的生活空间，是我所科技创新的不竭动力。我们传承中国传统陶瓷文化，采用现代尖端科学元素，重点开发推出的系列陶瓷产品，各具特色，件件精品，深受广大消费者欢迎。

广东省陶瓷研究所愿和海内外朋友携手合作，共创美好未来！

联络方式：

电话：0754-88461832
传真：0754-88262567
邮箱：gdcri@163.com
邮编：515041
地址：广东省汕头市高新区科技西路六号六楼

山东工业陶瓷研究设计院有限公司
简 介

山东工业陶瓷研究设计院有限公司隶属于中材高新材料股份有限公司。中材高新材料股份有限公司是中国中材集团出资控股，以山东工业陶瓷研究设计院优良资产为基础，发起设立的高科技股份企业，是中国先进陶瓷和人工晶体行业最大的集研发设计、产品制造、成套技术与装备和相关工程集成于一体的国家高新技术企业、国家创新型试点企业、国家新材料产业化基地骨干企业和技术支持单位，引领着中国先进陶瓷材料技术与产业的发展方向。

山东工业陶瓷研究设计院是首批242家中央转制的科研院所之一，是国内专门从事工业陶瓷研究开发、工程设计并具有甲级陶瓷工程设计资质的单位，是国际ISO/TC206精细陶瓷技术委员会国内归口联络单位，国家工业陶瓷工程技术研究中心、全国工业陶瓷标准化技术委员会和国家工业陶瓷产品质量监督检验中心均设在本单位。公司多年来承担了百余项国家“863”计划、国家科技攻关计划课题，共荣获国家科技进步奖9项，其中一等奖2项、二等奖3项、三等奖4项；获得省部级科技奖励近百项。

山东工陶院陶瓷膜事业部是国内专业从事陶瓷及陶瓷膜过滤材料研发与生产的单位，产品种类多，性能优异，产品技术引领着国内多孔陶瓷的发展方向。公司凭借工陶院和国家工业陶瓷工程技术研究中心强大的技术依托和创新平台，开发出多项具有自主知识产权的微孔陶瓷及陶瓷膜专利产品与技术，是目前国内微孔陶瓷过滤材料领域最大的研发与生产基地。

联系方式：
电话：0533-3597021　3597018　3172320
传真：0533-3182160
邮箱：zoomberhuanbao@163.com
地址：山东省淄博市裕民路128号

湖南省陶瓷研究所有限公司

简 介

湖南省陶瓷研究所有限公司的前身为二十世纪初成立的湖南瓷业公司，至今已逾百年。1906年，清末著名文化人、实业家、后曾任民国国务总理的熊希龄先生，以湖南醴陵窑为基础，倡办湖南瓷业公司，同时开办湖南瓷业学堂，生产胎质洁白的釉下彩瓷器，成为中国现代釉下彩瓷的滥觞；1955年，以原瓷业公司和瓷业学堂为主体，组建设立了湖南省陶瓷研究所，并由国务院原副总理、国家原副主席王震题写了所名，通过科学研究和挖掘创新，推动了醴陵窑及釉下五彩瓷器的更快发展，也奠定了醴陵作为中国著名瓷城、第二瓷都的地位。

湖南省陶瓷研究所以“百年企业，国瓷品牌”为发展宗旨，通过对传统釉下彩陶瓷技艺孜孜不倦的研究、发扬和创新，将华美俊逸的釉下彩瓷发展推向了一个又一个新的高峰：

——上世纪初，湖南瓷业公司开发生产的釉下彩瓷器多次参加国内外展览，即屡获一等金奖，从此名扬天下，并被国人誉之为“国瓷”；

——上世纪五十年代至七十年代，湖南省陶瓷研究所曾数十次为毛泽东、周恩来、邓小平等党和国家领导人，以及中南海、人民大会堂研究、开发和生产陈设瓷、礼品瓷及国宴用瓷，总数达1700多件套，被誉为“当代官窑”；

——2003年9月，全国人大原副委员长李铁映视察我公司时，为湖南省陶瓷研究所题词“瓷魂”；

——2004年8月，湖南省陶瓷研究所复制开发出“巴拿马金奖瓶”，后由国际奥委会荣誉主席萨马兰奇、现任主席罗格、希腊奥委会主席尼古拉乌、中国奥委会名誉主席何振梁，分别用四种文字在瓷瓶上题词“从长城到奥林匹亚”，并命名为“世界和平”，作为中国奥委会赠送给国际要人的礼品；

——2006年10月，湖南省陶瓷研究所为中非合作论坛北京峰会研制开发了“中国红牡丹天球瓶”礼品瓷50套，作为国家主席胡锦涛赠送给出席峰会的非洲48国元首及贵宾的礼品；

——2007年11月，湖南省陶瓷研究所开发出“红福湖湘”文化礼品瓷盘，打造出“湖湘新名片”；

目前，标有“湖南陶瓷研究所精制”底款的釉下五彩艺术瓷，不仅是国家级博物馆、美术馆和众多收藏家收藏瓷器的首选之一，也是人们盛世收藏、陈设鉴赏、馈赠送礼的艺术珍品。

联络方式：

电话：0731-22660008
传真：0731-22660618
网址：www.hncri.com
邮箱：hncri@163.com
地址：湖南省株洲市珠江南路248号
厂址：湖南省醴陵市寨子岭315号
邮编：412007

唐山陶瓷研究院

简 介

唐山陶瓷股份有限公司研究院的前身是唐山陶瓷工业公司研究所，最早成立于1958年元月，于1999年改所建院，隶属于唐山市人民政府国有资产监督管理委员会，唐山陶瓷研究院是我国陶瓷领域最负盛名的综合性研究院之一。下辖工艺研究室、艺术研究室、装饰材料研究室等6个专业研究部门和金水车间、高档艺术瓷厂、特种陶瓷厂、窑炉公司等专业生产单位，河北省陶瓷工业科技情报站等权威机构设在这里。

该院拥有全国一流的陶瓷科技专家和陶瓷美术艺术家。其中中国陶瓷艺术大师2名，河北省陶瓷艺术大师9名，高中级工程师40名。每年在专业期刊上发表专论数十篇。在国内外陶瓷界久负盛名。

60年来，该院为我国陶瓷工业的发展进步做出了突出贡献，先后完成重大科研课题127项，获省部级以上奖励20余项。该院自主研制的骨质瓷、白玉瓷、白兰瓷、玉兰瓷，在我国不同历史时期都代表了我国陶瓷工业的最高水平，被誉为“四朵金花”，享誉神州，蜚声海外，特别是骨质瓷已在国内形成庞大的产业规模，在国际市场上成为最具竞争力的产品。该院于上世纪八十年代初研制成功的“铁红金圈结晶釉”是宋代曜变天目釉的同类结晶体，原已失传700余年，重新研制成功后引进轰动，被誉为“国宝”和“可遇而不可求”的珍品，获“国家发明奖”，代表作品被北京故宫博物院收藏。以骨质瓷艺术瓷和色釉雕金装饰技法为代表的一批艺术创新成果在国内取得领先地位。该院是国家陶瓷装饰用金水重点生产单位，上世纪七十年代开始金水生产，经过30多年的艰苦努力，形成高水平的系列化品种系列，可以充分满足客户不同品质要求，在国内具有极高的知名度。

该院研发生产的高档艺术陈设瓷处于国内一流水平。院内汇集了以国家级陶瓷艺术大师刘希舜为首的一批老中青技术骨干，艺术创作在国内独树一帜，代表作品《三月藤花》、《北国风光》等被《当代中国陶瓷精品选》等画册收录。他们精研的釉下青花、釉下五彩、釉上新彩、雕金、喷彩等绘画技法在传统继承中不断创新，形成独特的艺术风格。异彩分呈，琳琅满目的高档艺术瓷畅销全国，远销海外。

联系方式：

联系人：乔明

电话：0315-3280335

传真：0315-3185907

E-mail：tstyybgs@163.com

地址：河北省唐山市银河路原二瓷厂院南

山西省玻璃陶瓷科学研究所

简 介

山西省玻璃陶瓷科学研究所（简称玻陶所）成立于1976年，其前身为山西省陶瓷工业研究所，是省内专门从事玻璃、陶瓷、新型无机非金属应用技术开发与研究的省级科技型企业，现隶属于山西省国有资产投资控股集团有限公司。

本所现有在职职工79人，专业技术人员51人，占职工人数的65%，其中教授级高工1人，高级工程师4人，工程师21人。全所占地面积30000平方米，建筑面积10000平方米，固定资产约合1000万元。

所内下设总工办、工艺实验室、项目开发室、理化检测室、情报资料室等业务科室8个。下设行政办、支部办、财务科、设备科、网络信息科等行政科室7个。

山西省玻璃陶瓷技术开发实验室、山西省陶瓷工业科技情报站、山西省陶瓷产品监督检验站也设在我所，面向全省玻璃陶瓷行业开放。

在省科技厅的大力支持下，从92年开始先后建立了日用陶瓷、工程陶瓷、合成料三个中试基地。2002年与清华大学新型陶瓷与精细工艺国家重点实验室联合成立了高新技术企业—“山西力之源电池材料有限公司”。

建所以来先后承担了省部级以上科研课题28项，其中获省级科技进步奖、优秀新产品奖9项，并为省内外几十家玻陶企业提供了工艺设计和技术咨询服务，为山西省陶瓷工业的发展做出了应有贡献，并以雄厚的技术力量、完善的科研设施、丰富的国内外情报资料在省内陶瓷行业具有一定的权威性和影响力。

联系方式：
电话：0351-4670259
传真：0351-4670801
邮箱：services@taoci.sx.cn
邮编：030013
地址：山西省太原市马道坡街37号

辽宁省轻工科学研究院

简 介

辽宁省轻工科学研究院由原辽宁省硅酸盐研究所、辽宁省造纸研究所、辽宁省轻工机械设计研究所于2001年合并而成，主要研究方向为：无机非金属新材料的研制与开发，特种纸及制品的研制与开发，工业成套设备的研究设计与生产。是集研究、设计、生产、检测、技术服务、科技推广和人才培养于一体的综合性科研院所。

经过50多年的建设与发展，科研队伍不断壮大，研究成果层出不穷。产生了许多中青年科技骨干及学术带头人，科研能力得到提升，为行业增加了大量的技术储备。共完成230项科研和技术服务项目。完成国家、省、部下达的科研课题并通过鉴定的有100余项，多个项目分别获得中国轻工业联合会科学技术进步奖、国防科工委科技进步奖、省科学技术进步奖。

我院已形成包括金属薄膜材料及其制品、特种涂料及制品、特种电子陶瓷材料及制品、特种工程陶瓷材料及制品、特种陶瓷涂层材料及制品、特种玻璃及制品等研究设计体系。

随着改革开放进程的推进，我院积极寻求发展，追求创新，拓宽发展道路及研究方向，各项工作取得了令人瞩目的成就，得到了政府部门和社会各界的认可，并先后获得了“高新技术企业”、“辽宁省高性能陶瓷材料及制品工程技术研究中心”、“辽宁省无机非金属材料产业化基地”等称号。

面对新机遇、新挑战，我院将励精图治、勇往直前，建立了各项现代化管理制度，极大的调动了科技人员创造性，不断开发新技术，坚持“管理科学规范，科研创新求实，开发高新产品，满足客户要求”的质量方针，努力将辽宁省轻工科学研究院建设成为集研发、制造、科技服务于一体，具有较高技术创新能力的现代科技企业，为我国国防建设和经济社会发展做出更大贡献。

联系方式：

电话：024-86714900
传真：024-86872663
邮箱：lnqky@vip.163.com
地址：辽宁省沈阳市皇姑区崇山西路3号
邮编：110036

天津市硅酸盐研究所

简 介

天津市硅酸盐研究所成立于1958年，2000年转制成为具有独立法人的科技型企业单位。现有职工82人，其中高级工程师18人，工程师26人，各类专业人员31人。天津市硅酸盐研究所是从事无机非金属材料研究的专业研究所，是具有一定生产经营规模的科技型企业。其研究领域包括特种玻璃，技术陶瓷，人工晶体，石英纤维，新型节能电炉、超细功能粉体材料及发热元件等，产品广泛应用于航空、航天及高科技院所的试验研究工作中，同时在电子、机械、化工、冶金、环保、纺织、医疗保健等行业也有着广泛应用。近十年来，研究所进行了30多项科研项目的研究工作，其中包括国家“863”项目，国家军工重点工程配套项目，市科委中试项目以及市科委自然基金，青年基金等项课题的研究。多项研究成果获国家、部、市级以上科技成果奖，并有多项成果获得国家发明专利。

联系方式：

电话：022-27680759　27680736

传真：022-27680736

邮箱：zl88213@sina.com

地址：天津市南开区冶金路18号

邮编：300111

广东省枫溪陶瓷工业研究所
简 介

广东省枫溪陶瓷工业研究所，位于中国瓷都潮州市枫溪区，创建于1958年，占地面积1万平方米，职工总数58人，其中科技人员40人，是广东省属技术开发型陶瓷科研事业单位，主要从事工艺美术瓷的设计研究、新产品开发技术推广工作，下属有科研室、创作室、实验工厂、潮州市陶瓷技术公共服务平台、《广东陶瓷》编辑部等机构。建所以来，在陶瓷原料、坯釉配方、耐火材料、颜料色剂、造型设计等方面取得了100多项科技成果，有40多项分别获得国家、地、市级奖励，工艺美术陶瓷先后有100多件作品获国际博览会金奖和国家、省级奖励，是中国轻工部和省陶瓷项目研究及国家礼品瓷制作的定点单位，拥有国家级、省级工艺美术大师、高级工艺美术师、工艺师、工程师等专业技术人员多名，具有新产品创作及试制等能力，技术力量雄厚，设备齐全，产品制作精湛，蜚声海内外。

利用高新技术改造传统产业，是科研所的主要任务。近几年来，我所大力加强对陶瓷行业普通存在的技术难题进行攻关研究，先后完成“陶瓷低温快烧工艺技术”、“废瓷回收利用”等项目的研究工作，“陶瓷低温快烧工艺技术”通过广东省科委的鉴定，并获得国家的发明专利。“废瓷回收利用”项目的建设，将为陶瓷行业的可持续发展起到良好的推动作用。

为适应科技体制改革要求，我所利用现有的条件和优势，创办了陶瓷旅游商场和陶瓷科普教育基地，被定为“广东省旅游定点单位”、“全国青少年科技教育基地”。

联系方式：
电话：0768-6884398
传真：0768-6873134（办）
网址：www.fxciri.cn
邮箱：gdfxtys@163.net
邮编：521031
地址：广东省潮州市枫溪区外马路

东北大学冶金学院

简　介

东北大学冶金学院成立于2015年12月15日，由原材料与冶金学院（成立于1996年10月）的钢铁冶金、有色金属冶金、冶金物理化学、热能与环境工程、工程热物理、资源与环境工程和工业生态学等研究所组建而成，其历史可追溯到1923年东北大学建校之初的采冶系。

学院现有2个国家一级学科博士学位授权点，2个博士后流动站；冶金工程是首批国家一级重点学科。根据国家教育部“985工程”建设计划，依托冶金与材料学科建设了“现代冶金与材料过程工程科技创新平台”（国家Ⅰ类平台），同时，冶金学科群拥有13个国家级、省部级重点实验室和工程中心等研究基地。

学院设有冶金工程、能源与动力工程、环境科学、新能源科学与工程和资源循环科学与工程5个本科生专业，共有9个二级学科和6个博士点。全院教职员工206人，专任教师156人，其中中国工程院院士1人，国务院学科评议组成员2人，教育部“长江学者奖励计划”特聘教授1人，国家“青年千人计划”入选者1人，国家杰出青年基金获得者1人，国家“百千万人才工程”入选者1人，国家优秀青年基金获得者2人，教育部新世纪优秀人才8人。学院现有教授45人（包括博士生导师36人），副教授71人，具有博士学位的专任教师151人，占96.8%。在校学生数达2884人，其中本科生1904人，硕士研究生584人，博士研究生396人。

“十二五”期间，学院累计科研进款3.3亿元，获批国家自然科学基金项目145项，其中重大项目1项、重点项目11项，“973计划”项目9项，“863计划”项目19项；获各类科技奖47项，其中国家级奖4项、省部级奖28项；授权发明专利247项；发表学术论文2800余篇；出版著作（教材）41部。获国家级教学成果二等奖1项，获省级教学成果一等奖3项、二等奖2项。近年来，学院本科生专业和研究生专业毕业生的一次就业率始终保持在95%以上，受到用人单位的广泛好评。

在国内外学术交流与开放合作中，学院与美国、加拿大、英国、法国、日本和澳大利亚等二十余个国家建立了密切的合作关系，聘请了90余名国内外著名学者为学院的名誉教授和兼职教授。

东北大学冶金学院材料研究所

简　介

2002年材料学被评选为国家重点学科。依托本学科的材料各向异性与织构教育部重点实验室于2006年组建。

目前，该学科已形成高性能金属结构材料、先进功能材料、陶瓷与粉末冶金材料、材料先进制备与处理技术、材料表征与设计技术5个主要研究领域。承担了数十项国家级重要科研项目，获得了省部级奖励70余项，形成了一支以中青年科学家为中坚力量、具有国际学术水平的研究与教学队伍。3人获国家杰出青年科学基金，2人入选国家百千万人才工程，9人入选教育部跨世纪/新世纪优秀人才计划。2010年获得国家级教学团队荣誉称号。该学科拥有较完备的材料研究先进仪器设备，已成为国家和区域新材料及先进制备技术的研究中心与人才培养基地。

联系方式：

电话：024-83685836

地址：辽宁省沈阳市和平区望湖北路4号

邮编：110004

中国科学院大连化学物理研究所
简 介

中国科学院大连化学物理研究所（以下简称大连化物所）创建于1949年3月，当时定名为“大连大学科学研究所”，1961年底更名为“中国科学院化学物理研究所”，1970年正式定名为“中国科学院大连化学物理研究所”。

大连化物所是一个基础研究与应用研究并重、应用研究和技术转化相结合，以任务带学科为主要特色的综合性研究所。六十多年来，大连化物所通过不断积累和调整，逐步形成了自己的科研特色。1998年，大连化物所成为中国科学院知识创新工程首批试点单位之一。2007年经国家批准筹建洁净能源国家实验室。2010年8月，大连化物所在“创新2020”发展战略研讨会中将所发展战略修订为“发挥学科综合优势，加强技术集成创新，以可持续发展的能源研究为主导，坚持资源环境优化、生物技术和先进材料创新协调发展，在国民经济和国家安全中发挥不可替代的作用，创建世界一流研究所。”

大连化物所重点学科领域为：催化化学、工程化学、化学激光和分子反应动力学以及近代分析化学和生物技术。

大连化物所围绕国家能源发展战略于2011年10月启动了洁净能源国家实验室（DNL）的筹建工作，DNL是我国能源领域筹建的第一个国家实验室，共规划筹建化石能源与应用催化、低碳催化与工程、节能与环境、燃料电池、储能、氢能与先进材料、生物能源、太阳能、海洋能、能源基础和战略、能源研究技术平台等11个研究部。大连化物所还拥有催化基础国家重点实验室和分子反应动力学国家重点实验室两个国家重点实验室、以及甲醇制烯烃国家工程实验室、国家催化工程技术研究中心、膜技术国家工程研究中心、燃料电池及氢源技术国家工程中心、国家能源低碳催化与工程研发中心等多个国家级科技创新平台。大连化物所围绕国防安全、分析化学、精细化工和生物技术广泛开展基础性、战略性、前瞻性研究工作，设立化学激光研究室、航天催化与新材料研究室、仪器分析化学研究室、精细化工研究室和生物技术研究部等五个研究室。另外，大连化物所还与国外著名大学、公司和研究机构联合设立了中法催化联合实验室、中法可持续能源联合实验室、中德催化纳米技术伙伴小组、中韩燃料电池联合实验室和DICP-BP能源创新实验室等十几个国际合作研究机构。

2012年以来，大连化物所按照中科院的统一部署，经过反复研讨和凝练，确定和完善了研究所“一三五”规划，即，一个定位：“以洁净能源国家实验室为平台，坚持基础研究与应用研究并重，在化石资源优化利用、化学能高效转化、可再生能源等洁净能源领域，持续提供重大创新性理论和技术成果，满足国家战略需求，发挥不可替代的作用，建设世界一流研究所。”；四个重大突破：“煤代油新技术、WQZB用化学能高效转化关键技术、洁净能源相关的基元及催化反应中的重大科学问题、液流储能关键材料与新技术”；七个重点培育方向：“烃类清洁转化及高值化利用关键技术、化工过程节能减排关键技术、燃料电池及氢能关键材料及技术、生物质能高效转化利用技术、太阳能光-化学转化科学与技术、生物分析与生物转化技术、环境监测技术及设备”。

自建所以来，大连化物所造就了若干享誉国内外的科学家及一大批高素质研究和技术人才，先后有17位科学家当选为中国科学院和中国工程院院士，3位当选为发展中国家科学院院士，1位当选为欧洲人文和自然科学院院士。目前在所工作的国家杰出青年基金获得者19人，引进国家“千人计划”5人，国家“青年千人计划”6人，中国科学院“百人计划”39人。大连化物所是国务院学位委员会授权培养博士、硕士学位的单位，具有化学和化工一级学科博士学位授予权，具有博士生导师资格的审批权，截止2014年底，共有博士生导师112人，硕士生导师171人，在读研究生818人，其中博士541人，硕士276人，已培养研究生2215名，其中博士1414名，硕士801名。设博士后流动站，在站博士后111人。

1956－2014年大连化物所取得科研成果800多项，曾先后获得省部级以上奖励240多项，其中获得国家奖励90项，中科院、省部级一等奖79项。2013年，张存浩院士获得国家最高科学技术奖；2014年，“甲醇制取低碳烯烃技术”获得国家技术发明一等奖。

1950－2014年发表论文总数14900余篇。其中，影响因子大于3的2859篇。实施知识创新工程以来，发表SCI论文8304篇，200余篇学术论文发表在Science、Nature、Angew.Chem.、JACS等学术刊物以及相关学科顶级刊物上。出版科技专著59部。

截至2014年底，大连化物所累计申请专利5564件，其中发明专利5251件，累计专利授权2199件，其中发明专利授权1925件，累计申请国外专利350多件，其中PCT申请210多件，获得国外专利授权80多件。

大连化物所主持出版国内催化领域和色谱领域核心期刊《色谱》和《催化学报》以及英文学术期刊Journal of Energy Chemistry（能源化学）（原名为Journal of Natural Gas Chemistry(天然气化学)，2013年1月更名）。其中《催化学报》和Journal of Energy Chemistry（能源化学）被SCI-E收录。

联系方式：

电话：0411-84379163

传真：0411-84691570

邮件：NetCenter@dicp.ac.cn

地址：辽宁省大连市沙河口区中山路457号

邮编：116023

咸阳陶瓷研究设计院

简 介

中国建材咸阳陶瓷研究设计院，面向建筑卫生陶瓷行业进行新工艺、新技术、新装备、新产品研究开发和设计制造，有机械装备研究开发、先进陶瓷产品研究开发、行业服务、技术服务及设计四大科研经营服务板块，全国建筑卫生陶瓷标准化委员会、国家建筑卫生陶瓷质量监督检验中心和国家刊物——建材技术《陶瓷》杂志社设在我院。

主要技术服务：

建筑卫生陶瓷工艺技术的研究、开发和服务；

陶瓷企业的老厂改造、新厂设计；

陶瓷机械装备的设计、制作和配套；

新型卫生瓷模具的设计、开发、制作、推广；

热工窑炉的开发、制造；

建筑卫生陶瓷的质量的监督检测；

卫生瓷专业信息网及《陶瓷》期刊的编辑出版。

主要产品目录：

YB系列陶瓷柱塞泥浆泵及配件；

各种陶瓷色料及熔块、陶瓷柱塞及其它材质特种陶瓷制品；

辊棒、板材、烧嘴套等特种窑具；

各种陶瓷检测仪器；

球磨机、喷塔、压机，窑炉等陶瓷生产设备。

联系方式：

电话：029-33576575

传真：029-33572148

网址：www.xytcy.com

地址：陕西省咸阳市渭阳西路35号

邮编：712000

中钢集团洛阳耐火材料研究院有限公司

简 介

中钢集团洛阳耐火材料研究院有限公司（简称中钢洛耐院）是中国中钢集团公司所属的科技企业。

中国中钢集团公司是国务院国资委管理的中央企业，是一家为钢铁工业和钢铁生产企业提供综合配套、系统集成服务的集资源开发、贸易物流、工程科技、设备制造、专业服务为一体的大型跨国企业集团，主要从事冶金矿产资源开发与加工；冶金原料、产品贸易与物流；相关工程技术服务与设备制造等。

中钢洛耐院创建于1963年，原为冶金部直属重点科研院所，是中国耐火材料专业领域唯一的大型综合性研究机构，是我国耐火材料行业技术、学术、信息与服务中心和耐火材料科技成果的主要辐射中心。1999年转制为科技型企业，经营范围涵盖耐火材料产品，产品质量检测，信息服务，工程设计、咨询、承包，国内外贸易以及检测仪器、齿科医用设备、包装材料、加工工具生产等多个领域。

中钢洛耐院总占地面积29万平方米，总建筑面积约12万平方米，拥有以耐火材料国家工程研究中心和国家高技术产业化特种耐火材料示范工程为主体的产业基地。院本部位于洛阳市涧西区，生产区位于洛新工业园区。现有复合材料、高级氧化物、冶金功能、不定形耐火材料等十大类18条生产线，年产中高档耐火材料6万余吨，产品品种达200多个，主要应用于钢铁、有色、石化、陶瓷、建材、水泥、玻璃、电力等多个行业，销至美洲、欧洲等全世界40多个国家和地区。

中钢洛耐院拥有各类专业技术人员400余人，博士、硕士、教授级高工逾100人。研发中心是国家认定企业技术中心、河南省特种耐火材料重点实验室，并设有博士后科研工作站。建院以来承担国家耐火材料领域各类科技开发计划和科技攻关项目300多项，取得部省级科技成果600多项，获得包括国家科技进步奖、发明奖在内的部省级以上科技奖励200多项，授权专利100余项。

中钢洛耐院是国家重点高新技术企业、国家创新型企业、国家级重合同守信用单位、河南省优秀高新技术企业、河南省创新型企业、河南省五十家高成长型高新技术企业、河南省信用建设示范单位和AAA信用等级企业、省级文明单位等，通过了ISO9001质量管理体系、ISO14001环境管理体系和GBT 28001职业健康安全管理体系的认证。

依托或挂靠在中钢洛耐院的行业机构有：耐火材料国家工程研究中心、国家耐火材料质量监督检验中心、全国耐火材料标准化技术委员会、国家进出口商品检验局耐火材料认可实验室、中国金属学会耐火材料分会、耐火材料行业生产力促进中心、中国耐火材料行业协会技术质量标准部等。

中钢洛耐院编辑出版全国中文核心期刊《耐火材料》、英文版《China’s Refractories》以及《耐火材料信息》等刊物。

回顾过去，中钢洛耐院凝聚了发展的动力。展望未来，中钢洛耐院将充分发挥已有优势，努力构建世界高温工业领域具有重要影响力的研发、生产和服务基地。

联系方式：

电话：0379-64205114　　传真：0379-64205800

邮箱：lirr@lirrc.com　　网址：www.lirrc.com

地址：河南省洛阳市西苑路43号　　邮编：471039

南京工业大学膜科学技术研究所

简 介

南京工业大学膜科学技术研究所成立于1994年，主要从事无机陶瓷膜研制、膜应用及膜集成技术开发、膜催化反应以及无机多孔材料开发等研究工作。研究所以中国工程院院士、国家有突出贡献的中青年专家徐南平教授为学术带头人，拥有一支高水平的科研队伍，博士、博士后占80%以上，并有近百名博士研究生和硕士研究生参与研究工作。

研究所先后承担了国家重点科技攻关项目、国家“863”项目、国家杰出青年基金项目等重要科研项目40余项，发表学术论文500余篇，申请专利六十余项，获得国家和省部级科技进步奖12项，创建了江苏久吾高科技股份有限公司和南京九思高科技有限公司，并依托研究所建有江苏省膜工程研究中心和全国(化学工业)膜工程研究中心(南京)。建成了国内最大规模的陶瓷膜生产基地，产品在生物化工、化学工业、石油化工、食品、环境保护等领域获得成功的应用。

本研究所在膜制备、表征、污染与清洗及膜组件和应用设备研制等各个方面取得了多项重要成果，已有20项成果通过了省部级组织的专家鉴定，技术达到国际先进水平，产品填补了国内商品无机膜的空白。并被国家科技部列入《九五国家重点成果推广计划》、国家级“星火”计划，国家“火炬”计划，获得国家级重点新产品证书。获得了国家科技进步二等奖和三等奖各一项、化工部科技进步二等奖三项、江苏省科技进步一等奖等多项科技奖励，拥有40余项专利技术，并完成了国家海洋局的两项行业推荐标准“陶瓷微孔滤膜”和“陶瓷微孔滤膜的测试方法”的编写工作。

南京工业大学膜科学技术研究所是中国膜工业协会的常务理事单位，中国膜原材料和特种膜专业委员会的主任委员单位。取得我国无机膜领域的五个第一：建立了我国第一个无机膜工业产品生产基地；推广我国第一台工业无机膜成套设备；完成我国第一个无机陶瓷分离膜研究项目并通过部级鉴定；获得我国无机膜第一个国家科技进步奖；获得我国无机膜第一个国家技术发明奖。

目前，本研究所已发展成从基础研究到商品膜设备制造的一个大规模的一体化系统，拥有膜制备实验室、膜应用实验室、纳米材料实验室、多孔材料实验室、膜集成技术实验室、分子筛实验室、膜催化实验室、组合化学实验室、商品膜与膜设备生产基地等，研究工作也拓展至纳米材料、催化材料、集成技术等领域。

联系方式：
电话：025-83172291
传真：025-83172292
E-mail：mst@njut.edu.cn
地址：江苏省南京工业大学膜科学技术研究所
邮编：210009

2015

中国陶瓷年鉴

2015

教育专栏

景德镇陶瓷大学

简 介

景德镇陶瓷大学是中国唯一一所多科性陶瓷本科高等学府，校名由郭沫若同志题写，是全国94所有资格招收享受中国政府奖学金攻读硕士、学士学位留学生的高校之一。

学校坐落于江西东北部的千年瓷都——景德镇，占地1600余亩，建筑面积50余万平方米，仪器设备总值1.6亿余元，馆藏图书130余万册，电子图书336余万册。

办学历史 学校的前身为1910年创办的中国陶业学堂，开创了中国陶瓷教育的先河。中国陶业学堂由河北、湖北、江苏、安徽、江西五省协款经清庭学部批准设立，校址在江西饶州（今鄱阳县），以“养成明白学理，精进技术之人才，以改良陶业”为办学宗旨。中国陶业学堂后经校名屡易、校址屡迁，血脉相承、传统相继，1927年更名为江西省立陶业学校；1947年升格为江西省立陶业专科学校，成为当时江西省五所专科高校之一；1958年成立本科建制的景德镇陶瓷学院，隶属国家原轻工业部；1984年，学校成为全国第二批硕士学位授权单位；2013年，学校成为博士学位授权单位。

办学特色 百余年来，学校始终以弘扬中华陶瓷文化、振兴中国陶瓷工业为使命，秉承“诚朴恕毅”的校训和“脑手并用、科艺结合”的人才培养理念，坚持“植根行业、服务地方、面向全国、走向世界”的办学方针，围绕“建设国内外有重要影响、特色鲜明的高水平大学”目标，充分发挥基地办学优势，逐步形成了“在人才培养上注重实践、在学科专业上注重艺工并重、在科学研究上注重行业需求、在艺术创作上注重创新引领”的办学特色，已发展成为全国乃至世界陶瓷文化与陶瓷艺术、陶瓷人才培养、科学研究与文化交流的重要基地。

学科专业 学校设有材料科学与工程学院、陶瓷美术学院、设计艺术学院、机械电子工程学院、工商学院、信息工程学院、人文社科学院、思想政治理论课教学科研部、研究生院、继续教育学院和独立学院——景德镇陶瓷学院科技艺术学院，专业覆盖工学、文学、管理学、理学、历史学、经济学、艺术学、教育学、哲学、法学等十大学科门类。学校突出“设计艺术和陶瓷工程”优势，注重艺工并重、艺工商交融，重点打造“艺术设计与陶瓷文化、陶瓷材料工程与机电、陶瓷经济与管理”三大优势特色学科群。学校现有一级学科博士点2个，一级学科硕士点13个，二级学科硕士点51个，专业学位硕士点4个，本科专业42个，其中国家级特色专业3个、省级特色专业8个、省品牌专业12个，省高水平学科2个，省“十二五”重点学科3个，“十二五”示范性硕士点2个。

师资队伍 学校现有专任教师789人，其中正高127人、副教授285人，专任教师硕博比81.12%、博士比25.6%，硕士、博士研究生导师175人。现有国家级有突出贡献中青年专家3人，国家杰出青年基金获得者3人，享受国务院政府特殊津贴27人，新世纪百千万人才工程国家级人选3人，国家级教学名师1人，国务院学位委员会学科评议组成员1人，全国优秀教师3人，教育部新世纪优秀人才5人，教育部高校教学指导委员会委员5人，井冈学者2人，赣鄱英才555工程人选18人，省主要学科学术和技术带头人培养对象8人，高校中青年学科带头人和骨干教师65人，省级教学名师12人，新世纪百千万人才工程省级人选29人，省政府特殊津贴10人，省“井冈之星”青年科学家10人，省文化艺术学科带头人4人，联合国教科文组织国际陶艺学会会员2人，国家级艺术大师26人。

人才培养 学校已发展成为“本-硕-博”完整人才培养体系的多科性陶瓷高等院校。全日制在校学生1.9万余人（含独立学院），其中研究生1100余人，留学生200余人。近年来，毕业生就业率始终保持在90%以上，居于全省高校前列。现有国家级教学团队1个，国家级人才培养模式创新实验区1个，国家级特色专业3个，国家级“卓越工程师教育培养计划”试点专业3个，首批国家级专业综合改革试点项目1个，首批国家级工程实践教育中心4个，研究生教育创新基地4个。省级教学团队5个，省级教学示范中心5个，省级人才培养模式创新实验区3个。学校先后获得国家教学成果奖1项、省级教学成果奖60多项、省级精品（优质）课程30余门、省级精品资源共享课4门、省研究生教育改革项目10余项、省研究生创新项目20多项，国家级精品教材1部，国家级精品视频公开课1门，出版国家及省部级规划教材近10部。学校是教育部第二批卓越工程师教育培养计划高校。学校注重学生创新创业能力的培养与训练，以我校学生为主构建的大学生创业基地——乐天陶社，成为全省首批创业示范基地；学生自主创业率在全省高校始终名列前茅。多年来，学生在国内外大赛中屡创佳绩，获得了被誉为“设计界奥斯卡奖”的德国红点国际设计大奖、IF国际设计大奖、W3世界卫浴设计大奖等重大奖项。学校每年均有研究生考上清华大学、中科院、中央美术学院等国内著名大学、院所的博士研究生。学校毕业生遍布全国各地，实践能力强为行业熟知，成为支撑中华陶瓷文化发展和陶瓷工业科技进步的中坚力量。

科学研究 学校始终坚持立足陶瓷行业技术创新和地方经济发展，形成了国家、省（部）、学校三位一体，行业、社会与学校互动的科研服务、文化研究与艺术设计创新平台体系。现有国家工程（工程技术）研究中心2个，省部级科研平台23个，省级科研团队3个。国家日用及建筑陶瓷工程技术研究中心成为国家科技部首批国家技术转移示范机构，并获得“‘十一五’国家科技计划执行优秀团队”称号。“高性能低膨胀陶瓷材料的研制及其应用”、“结构陶瓷典型应用条件下力学性能测试与评价关键技术及应用”分别荣获国家科学技术进步二等奖。近年来，学校积极牵头组建产学研联盟，与景德镇、高安、广东佛山、潮州、山东淄博、湖南醴陵等16个主要产瓷区开展了全面的产学研合作，近200项科研成果成功转化为生产力，累计实现经济效益近百亿元。在陶瓷文化研究方面，学校率先提出“景德镇学”研究，在全国学术界引起很大反响。近年来完成了《中华大典•艺术典•陶瓷艺术分典》、《中国古代陶瓷文献影印辑刊》（30卷）等一批国家、省部重大文化研究与出版工程项目。近三年来，学校新增国家级科研项目近70多项、省部级科研项目300余项；发表论文4000多篇，进入2012中国大学ESI-TOP论文排行榜100强，位居2015中国大学最具影响力学术论文排行百强榜第65位；出版学术著作40多部，授权发明专利40多项、实用新型及外观设计专利近百项；获得省自然科学、科技进步奖、省社会科学优秀成果奖及省高校科技成果奖30多项。学校主办的中文核心期刊《中国陶瓷》、《陶瓷学报》和《中国陶瓷工业》等学术期刊，享誉国内外陶瓷界。

艺术创作 学校以传承创新中华陶瓷文化为己任，积极开展陶瓷艺术与文化的挖掘整理、艺术创作与设计，在继承青花、斗彩、古彩、粉彩、颜色釉等传统陶瓷技艺的基础上，注重材质、工艺、造型和装饰等方面的创新，开创了“现代民间青花”、“陶瓷综合装饰”、“现代瓷绘艺术”等新的艺术表现形式，创作了大量的民族瑰宝。300余件作品被国内外著名博物馆、美术馆收藏，200余件作品在全国美展等重大评比中获奖，擎起了中华陶瓷文化复兴的学院派大旗。完成了“人民大会堂江西厅”陈列瓷、奥运瓷、世博会、中博会纪念瓷及我国首个“瓷佛殿”——常州天宁宝塔瓷佛殿等一批设计创作工程，为企业设计开发新产品上百种，为北京、上海、南昌等多个城市进行了大型环境艺术设计。秦锡麟、周国桢等教授作品被故宫博物院永久收藏，打破了故宫博物院不收藏在世艺术家作品的惯例。学校获得全国美展首届中国美术奖·创作奖金奖、铜奖各1项，中国美术奖·理论评论奖1项。

对外交流 学校与美国、日本、韩国、英国等国20多所高校建立了校际友好关系，构建了中国陶艺国际夏季进修学院等学习交流平台，与包括联合国教科文组织陶艺学会，美国陶艺教育委员会、欧洲陶艺协会等在内的世界各大陶瓷专业学会展开了交流与合作。其中与美国阿尔佛雷德大学、西弗吉尼亚大学联合建立的“中国陶艺国际夏季进修学院”、“JCI－WVU国际陶瓷艺术家工作室”项目被美国国务院出版的《中美关系200年》列为“中美民间交往的典范和新高潮”。学校被教育部、国家外国专家局列为“高等院校学科创新引智计划”项目单位。2008年，学校与美国国务院、美国西弗吉尼亚大学合作创作了4个“行碗”，受到美国总统布什的高度称赞；2009年，学校在法国巴黎联合国教科文组织总部成功举办“中国景德镇陶瓷艺术展”；2011年，应法国国家艺术行业联合会邀请，参加法国卢浮宫第17届国际文化非遗展；2012年，在第八届中国（深圳）国际文化产业博览交易会上成功举办了“景德镇陶瓷学院师生作品展”；2013年，学校在英国剑桥大学成功举办了“中国白金”陶艺作品展，学校教师代表团受到英国女王伊丽莎白二世在白金汉宫的亲切会见，并向英国女王赠送了由我校艺术家设计制作的礼品瓷；2014年，学校受希腊邀请，在希腊亚洲艺术博物馆举办“中华当代陶瓷艺术展”。学校先后成功举办了中国、非洲与阿拉伯国家间陶瓷艺术与景德镇学交流活动、高技术陶瓷国际论坛、世界陶瓷城市市长峰会国际文化论坛、古陶瓷科学技术国际研讨会和中国中部设计艺术国际研讨会等系列学术交流活动，进一步提升了学校国际影响力。

学生工作 学校坚持以育人为本、德育为先，创新学生教育管理服务工作方式方法，积极开展科技文化艺术节、学生社团文化节及各类大学生课外学术科技文化活动，营造浓厚的校园文化氛围；组织动员近万名学生深入农村开展科技支农、政策宣讲、企业帮扶、文艺演出等活动，学校思想政治工作和校园文化建设成效显著。学校先后获得“全国大学生‘三下乡’暑期社会实践先进单位”、“全国精神文明建设工作先进单位”、“全国‘五四’红旗团委”、“全省高校思想政治工作先进集体”、“全省高校社会实践先进单位”、“全省就业工作先进单位”等荣誉称号，获得省高校校园文化建设优秀成果奖一、二等奖多项；学生在全国“挑战杯”、数学建模、电子设计等竞赛中获得国家级奖60余项，多人被评为“中国大学生自强之星”、“江西十大杰出青年”、“全国大学生年度人物”、“江西省大学生十大年度人物”。学校贯彻落实国家各项资助政策，形成了“奖、贷、助、勤、补”五位一体的学生资助体系，年发放各类奖助学金2000余万元、安排勤工助学岗位500多个。同时，学校积极拓展社会捐赠和校友捐赠，成立了“景德镇陶瓷学院教育基金会”，设立多项社会奖助学金。

社会声誉 景德镇陶瓷大学是中国陶瓷人才培养的摇篮，是中国陶瓷黄埔。景德镇陶瓷大学培养的艺术类毕业生，人才辈出，在国内外艺术界崭露头角，成果显著，引起国内外艺术界的高度关注，被称为“陶院现象”。长期以来，学校为社会培养和输送了各类陶瓷学科人才近10万名，大批毕业生已成为陶瓷业界著名的艺术家、企业家、科技领军人物，中国工艺美术大师（陶瓷类）、中国陶瓷艺术大师、中国陶瓷设计艺术大师近三分之二以上毕业于我校，由校友创办的欧神诺、箭牌、金意陶等一批知名陶瓷品牌享誉国内外。

学校连续八次获得“江西省文明单位”称号，先后荣获“全国高校后勤十年社会化改革先进院校”、首届“中国产学研合作创新奖”、“全国绿化先进集体”、“江西省园林化单位”、“江西省安全文明校园”、“江西省体育工作先进单位”、全省“模范职工之家”、“全省高校党建先进单位”等荣誉称号。

景德镇陶瓷大学将强化内涵建设，引领行业发展，使学校成为陶瓷行业高层次人才培养基地、陶瓷行业技术进步发动机、中华陶瓷艺术与文化高地，把学校建设成为国内外有重要影响、特色鲜明的

高水平大学。（主要数据截至2015年8月）

联系方式：

电话：0798-8499000
地址：江西省景德镇陶瓷大学
邮编：333403

清华大学美术学院陶瓷艺术设计系
简 介

清华大学美术学院陶瓷艺术设计系是我院最早开设的专业系之一。本系教学体系完整，师资力量雄厚，有近一半的教师具有博士学位或正在攻读博士学位。同时，系内拥有完善的教学设备，宽敞的工艺实习场地，为学生创造了宽松良好的学习环境。

陶瓷艺术设计是一个凝聚着深厚的传统文化，同时又与人民的现实生活密切相关的专业。在专业教学上注重课程设置的系统性、完整性和延续性。注重理论与实践相结合，以中国传统文化为依托，面向社会需求，立足科学研究和艺术探索，并通过经常开展国际学术交流活动，促进专业教学。现设有陶瓷设计、传统陶艺和现代陶艺三个专业方向。其中，陶瓷设计课程，旨在培养学生从事陶瓷产品设计的能力，提高我国陶瓷设计的水平，增强我国日用陶瓷产品的国际竞争力；传统陶艺课程，目的是继承传统陶瓷的艺术和技术，发展传统的手工艺文化，并将手工艺与人们的日常生活紧密结合，将艺术引入生活；现代陶艺课程，目的在于培养学生在艺术创作方面的现代意识，充分展示自己的艺术个性，探索陶瓷材料的各种可能性。近几年来，陶瓷艺术设计系还将现代陶艺与建筑艺术、公共艺术结合起来，以适应现代人审美需求多元化的趋势，推动陶瓷艺术向更广阔的领域发展。

陶瓷艺术设计系非常注重国内和国际间的学术交流，每年定期邀请国外知名陶艺家来系里讲学授课，丰富了教学内容和方法。另外，利用各种机会派教师赴国外交流、考察、学习和深造。

本系学生在四年的专业学习中，受到了艺术与设计、理论研究与实际操作等各方面的训练和知识积累，有着扎实的基础和较强的适应能力，毕业生就业范围广泛，活跃于各大专院校、研究机构和设计公司，为祖国的经济建设和文化建设做出了贡献。

联系方式：
电话：010-62798932
地址：北京市海淀区清华园1号
邮编：100084

广东省陶瓷职业技术学校

简 介

广东省陶瓷职业技术学校创办于1975年，是省教育厅直属的一所全日制中等职业学校，学校地处“中国瓷都”——潮州市枫溪区，办学环境优越，师资力量雄厚，教学设备先进齐全。教学实践资源丰富，是全省陶瓷、轻工美术设计的专业技术和技能人才的培训基地，是陶瓷职业技能鉴定中心。

学校面向全省招生，开设专业有：陶瓷造型设计、陶瓷装饰设计、装潢设计、工艺雕塑、工艺绘画、室内设计技术、电脑美术设计、陶瓷商务英语等专业。学校注重学生基础实操技能培养，各专业以熟练掌握实践技能为培养目标，以强化训练为手段，使学生动手能力得到大幅提高。学校强化育人工作，优化育人环境，通过积极组织开展丰富多彩的第二课堂活动，组织参加省、市的各种技能竞赛，提高学生综合素质，以独具特色的职业教育方式使我校毕业生备受用人单位欢迎，历年就业综合率都达到98%，备受媒体关注。

学校在省教育厅的正确领导下，坚持新时期大力发展职业教育的办学方针，以“改革、创新、求实、发展”的办学思路，使学校的办学规模不断扩大，教学质量不断提高，学校致力打造专业品牌，突显办学特色，为广东经济建设输送更多的技能型人才。

联系方式：

电话：0768-6872539

传真：0768-6872539

地址：广东省潮州市枫溪区安丰东路15号

江西陶瓷工艺美术职业技术学院

简 介

江西陶瓷工艺美术职业技术学院座落在举世闻名的千年瓷都、国家历史文化名城江西景德镇市区，毗邻世界著名的黄山、庐山、三清山、龙虎山等名山胜地。是经江西省人民政府批准、国家教育部备案的全国唯一一所主要从事陶瓷材料与工艺美术类教育教学的公办全日制省示范性普通高等职业院校，隶属于江西省教育厅。

学校占地面积35.7万平方米，建筑面积20万平方米，建有一流的艺术教学大楼和实验实训中心，高规格图书馆，标准化运动场所，多功能学生活动中心和空调、热水器、卫生间、盥洗间一应俱全的学生寝室，学院坚持“人文、艺术、生态”的建设理念，校园环境清幽，花香流溢，自然风光和人文气息融为一体，科教精神与艺术氛围相得益彰，校园文化和职业文化相互映衬，是莘莘学子读书求学的理想之地，也是中国陶瓷文化艺术交流及创作的重要窗口和基地。

学校广大师生员工始终秉承“厚德树人、强技立身”的校训和“德育为先、能力为本、质量立校、特色兴校”的办学理念，在长期的办学实践和探索中，始终坚持以增强内涵、提高质量、促进就业、服务经济和社会发展为导向，为生产、建设、管理、服务一线培养了大批合格的高层次技术技能人才，为大批年轻人打开通向职业成功成才的大门。

学校设有陶瓷艺术学院、设计艺术学院、数字艺术学院、材料与机械工程学院、经济管理学院、公共基础教学部和成教学院，开设涵盖美术与设计、材料与机械、经济与管理等门类领域的全日制专业32个。学院面向全国29个省（直辖市、自治区）招生，在校学生7000余人。

学校现有教职工450人，现有教师380人，教授29人，副高以上专业技术职称75人。其中国家级教学名师1人，国务院特殊津贴获得者2人，国家级工艺美术大师5人，省级工艺美术大师5人，江西省陶瓷美术家3人，高级工艺美术师15人，教育部专业教学指导委员会委员6人，省级学科带头人1人，省级教学名师5人，省级中青年骨干教师16人，入选“江西省新世纪百千万人才工程”2人，省级教学团队3个，学校还聘请了50多名中国工艺美术大师、艺术院校名师、大型企业技术骨干和能工巧匠作为学院的兼职教师及客座教授。学校现为中国陶瓷工业协会副理事长，全国装饰材料专业委员会副会长、全国陶瓷与玻璃行业教学指导专业委员会副主任委员、中国工艺美术学会副理事长、江西工艺美术学会副理事长单位。

学校现有国家级精品课程1门，省级精品资源共享课程16门，校级精品课程25门；有国家重点建设专业2个，江西省高校特色与示范专业9个。近年来完成各类科研和教改课题40多项，发表论文300多篇，出版教材、专著50多部，其中《景德镇粉彩瓷绘艺术》获省社科成果奖，《陶瓷艺术釉工艺学》、《陶瓷工业机械设备》、《粉彩瓷绘艺术》、《设计素描》等八部教材被选为国家“十一五”规划教材或全国同类高校通用教材。我院教师独著的国家“十一五”规划重点出版图书《景德镇粉彩瓷绘艺术》和《中国陶瓷艺术制作大教本》（国家“十一五”规划重点出版图书）分别荣获第一届全国高职高专艺术设计专业“精品教材奖”。学院教师主持的“高职高专陶瓷工程材料专业基于工作过程课程体系改革与建设”，“高职高专会计电算化专业基于工作过程的体系改革与建设”，“景德镇粉彩瓷绘艺术”“氧化铝陶瓷基片水系流延制备技术的研究”等教改、科研项目分别荣获江西省教学成果奖、江西省社科成果奖和江西省高等学校科技成果奖。

学校按照“合作办学、合作育人、合作就业、合作发展”的发展思路，积极探索实践“订单式”、“现代学徒制”、“工作室制”、“中高职对接培养”、“联合培养应用型本科人才”，创新办学体制机制和人才培养模式。目前已与内蒙古伊东陶瓷产业园、山西应县人民政府陶瓷产业园、江西井冈山市人民政府陶瓷产业基地、江苏常州国家大型动画基地、江西余江工艺美术雕刻厂、江西南康家俱设计与制作产业园区、南昌“791艺术街区”、华为网络公司、中国移动景德镇分公司、广东欧神诺陶瓷股份有限公司、广东科达机电股份有限公司、景德镇佳洋艺术陶瓷有限公司等一批产业园区、大型企业和地方政府联合开展特色人才的“订单式”培养，在学校所有特色专业中广泛开展“现代学徒制”，并同广东新明珠等60多家国内知名企业开展了校企合作。

学校设有中央财政支持职业教育实训基地2个，江西省人才培养模式创新试验区3个，江西省高等职业教育专业技能实训中心2个。建有国家职业技能鉴定所、中国陶瓷职业技能培训站、全国电子商务师鉴定培训站、全国CAD培训鉴定中心、华为网络工程师认证培训中心、ADOBE中国认证设计师江西培训中心等多个职业技能鉴定培训站（所），鉴定的工种有50多个。有集教学、培训、生产、科研为一体实训室70个，稳定的校外实训基地117个，为学生的专业技能培养和就业准入资格培训起到了重要作用。

学校十分重视学生综合素质的培养，积极开展第二课堂教育活动，有20余个学生社团，校园文化生活丰富多彩。每年都要举办校园文化艺术节、专业文化成果展览、社团文化节、陶瓷文化周、动漫艺术节、公寓文化节、心理活动文化月来丰富学生业余生活。近年来，学生在全国大学生广告大赛、全国大学生环保公益招贴画设计大赛、全国大学生企业经营管理沙盘模拟大赛、全省大学生艺术大赛、江西省大学生物流模拟经营大赛等各类职业技能竞赛中，先后荣获集体奖40余项，个人单项奖多达100余项，充分展示了学校的专业水平和校园魅力。

学校始终把学生就业工作放在突出位置，通过就业指导课、就业讲座与论坛、职业测评与咨询、大学生创业园、模拟招聘与职业规划、校企合作与顶岗实习、就业推荐与创业扶持等多种形式和渠道，帮助学生树立正确的就业观、择业观、创业观。开通就业工作绿色通道，建立了遍布全国的优质就业网络，拓宽了学生就业渠道，每年举办各类毕业生就业招聘活动百余场，为地方经济社会的建设和行业产业的发展输送了大批优秀的毕业生。毕业生因专业知识扎实、专业能力精湛、综合素质高而深受用人单位欢迎，毕业生的就业率一直在省内同类院校中位居前列，学校多次荣获全省普通院校毕业生就业工作先进集体。

学校充分利用自身独特的资源优势，大力开展中国工艺美术和陶瓷文化传播交流和社会服务。每年都有来自美国、英国、法国、德国、新加坡、日本、韩国等国家专家学者和陶瓷艺术爱好者到学校感受陶瓷文化和精湛的工艺美术技艺、体验陶瓷创作、学习制瓷技术。学校也多次选派教师到法国、美国、德国、英国、尼日利亚、摩洛哥、突尼斯、新加坡、韩国、日本等国家开展讲学及陶瓷文化艺术交流等活动，为增进中外艺术家的联谊与中外文化的沟通架起了桥梁。

学校的发展得到的各级领导的亲切关心和支持，近年来中央、省部委有关领导先后莅临学院视察，他们对学校近年来坚持走“德育为先、能力为本、质量立校、特色兴校”的内涵发展之路给予了高度评价，对与企业进行人才培养、产品设计开发、实训基地建设等产学研合作所取得的成绩给予了充分肯定，并希望学校进一步加大校企合作力度，为行业和地方经济和社会服务培养更多的高素质技能型专门人才。

继往开来，开拓创新。经过五十多年的发展，学校已经发展成为一所育人环境优越、办学理念先进、办学特色鲜明、综合实力增强的高等职业院校。当前，学校正在按照“学校有特点、专业有特色、学生有特长”的建设思路和“打造一流的师资，培养一流的学生，铸就一流的质量，建设一流的设施，创新一流的管理”的建设目标，坚持特色办学，创新办学体制机制，深化教育教学改革，强化内涵建设，提升核心竞争力，全力将学院建设成为国内知名、行业一流、特色鲜明的工艺美术类高等职业示范性院校。

联系方式：

电话：0798-8441108
地址:江西省景德镇市新厂西路486号
邮编:333001

景德镇学院

简 介

景德镇学院坐落在全国历史文化名城、中国优秀旅游城市、世界闻名的千年瓷都——江西省景德镇市，是一所公办多科性全日制普通本科院校。学院确立了“地方性、应用型、开放式”的办学定位，走“特色化、差异化、国际化”发展之路，确定了把学院建成一所“合格的、特色鲜明的、应用技术型地方本科院校”的发展目标。

学院占地面积1006.2亩，校舍建筑面积28.2万平方米，其中教学科研行政用房18.6万平方米。纸质图书93万册，有中外文期刊1200种，电子图书21万种，有现代电子图书系统和计算机网络服务体系。教学仪器设备总值5678万元。有实验实训中心12个，共117个实验室，有稳定的校外实习、实训基地108个。

学院现有在校生8300余人，有专任教师464人。具有高级专业技术职务的教师228人（其中教授77人），具有硕士学位以上的教师283人（其中博士23人），有新世纪百千万人才工程国家级和省级人选、“赣鄱英才555工程”人选、享受国务院特殊津贴、国家级艺术大师、省级教学名师、学科带头人、骨干教师等65人。

学院主动适应地方经济社会发展需要，不断调整专业结构，构建了以文学、理学为基础，以工学为主干，以艺术设计和教师教育为特色，多学科协调发展的学科专业体系，建设了一批重点专业和特色专业。现有省级教学团队2个、省级特色专业7个、省级创新人才培养实验区2个、省级高校首届双语教学示范课程5门，中央财政支持专业建设提升项目2个，省财政支持实训基地1个。获江西省优秀教学成果二等奖4项、三等奖6项。近几年来，学生参加省级及以上竞赛获奖163项，在“挑战杯”中国大学生课外学术科技作品大赛、全国大学生数学建模大赛、全国大学生电子电脑设计大赛、全国大学生广告大赛、全国信息技术应用水平大赛等重要比赛中屡创佳绩。

学院积极探索协同创新机制，开展以生态农业、机械控制等为重点的应用研究。加强平台和科研团队建设，提升学术科研水平。学院首次获批国家自然科学基金依托单位；“江西省特色资源植物重点实验室”获批江西省重点实验室培育基地组建项目；“江西省陶瓷旅游产品研发设计基地”项目获批江西省科技厅第二批江西省软科学培育研究基地；依托中国科学院昆明植物研究所、江西农业大学，分别主持国家自然科学基金项目“梅花草属系统学研究”、“中国亚热带地区三种古老植物比较谱系地理学研究”。参与中国科学院大科学装置开放研究项目“依托种质资源库的植物DNA条形码研究，主持“梅花草属(Parnassia L.)的分子条形码”专项。获批了“基于物联网的分布式城市环境监测系统研究”产学研项目和“华木莲群体基因组学研究”科学前沿项目两个重大项目。承担“景德镇区域经济发展对策研究”重大专项，编制景德镇市现代农业“十二五”规划、浮梁县休闲农业规划、产业园区规划和生态旅游景观设计等；

学院依托景德镇深厚的历史文化底蕴，开展以陶瓷人物、陶瓷与文学等为特色的陶瓷文化研究和艺术创作，取得了一批较有影响的研究成果。近五年来，教师发表学术论文1383篇，其中在核心刊物发表论文408篇，被SCI、EI、ISTP等收录论文67篇；课题立项233项，其中国家自然科学基金项目2

项，省级课题立项166项；出版专著、教材共109部；获得省、市级及以上科研成果奖励33项。

办学39年来，学院共为社会培养各类人才4万余人，成为景德镇及周边地区重要的人才培养基地。景德镇市中小学中，80%以上的教师和教育行政干部由学校培养。学校还培养了一大批陶瓷艺术领域的高级人才，其中国家级大师20余名，省级工艺美术大师190余名。

学院坚持“科学发展，和谐兴校”的指导思想，本着“自强不息，泽土惠民”的校训精神，围绕建设一所合格的、特色鲜明的、应用技术型地方本科院校目标，团结一致，艰苦奋斗，凝心聚力，共图大业，取得了显著成绩。学院先后获得“全国先进基层党组织”、全国“五四”红旗团委、江西省“五一”劳动奖状单位、“江西省文明单位”等光荣称号。

联系方式：

电话：0798-8336008
地址：江西省景德镇市昌江区瓷都大道838号

无锡工艺职业技术学院

简 介

无锡工艺职业技术学院是江苏省人民政府批准，隶属于江苏省教育厅的全日制普通高等学校，是宜兴目前唯一一所独立建制的高等学校。

学院前身系创建于1958年的陶都工业大学，1959年调整为江苏省宜兴陶瓷工业学校，其渊源可以追溯到1933年创办的江苏省立宜兴陶瓷科职业学校。1985年更名为江苏省宜兴轻工业学校，2004年7月升格为无锡工艺职业技术学院。学院因陶而兴，拥有80多年办学历史，有着浓厚的办学底蕴和良好的人文地理环境，现设有陶瓷学院、数字艺术系、环境艺术系、服装工程系、机电工程系、电子信息系和经济管理系等7个院系。学院以艺术类专业为主，以陶瓷类专业为特色，共开设专业36个，其中陶瓷艺术设计、陶瓷工艺、雕塑设计、电线电缆制造技术、眼视光技术等专业是省属高职院校中独具特色的专业。学院面向全国招生，着力培养服务区域发展的技术技能人才，目前拥有全日制在校生近8000人。

自升格以来，学院坚持走内涵提升的发展道路，办学实力明显增强。2007年学院以“优秀”成绩通过教育部高职高专人才培养工作水平评估；2010年以“优秀”通过高职高专院校基层党组织建设工作考核；2011年以优异成绩成为省级示范性高职院校建设单位；2014年学院通过江苏省教育厅专家组验收，以优异成绩成为省级示范性高职院校。学院先后获得江苏省和谐校园、江苏省文明单位、江苏省平安校园、江苏省党风廉政建设示范高校、江苏高校思想政治教育工作先进集体等荣誉称号。

目前学院是中国陶瓷职业技能培训基地、江苏省专业技术人员继续教育基地、江苏省眼镜行业职业技能鉴定基地、无锡市高技能人才培训基地等，拥有多项职业培训和职业资格认证资质。同时学院也是江苏省陶瓷艺术专业委员会主任单位，为更好地传承和弘扬国家非物质文化遗产，在宜兴市政府的大力支持下，2008年学院设立了宜兴创意设计人才培训中心和宜兴陶瓷艺术研究中心，并挂牌成立了宜兴徐悲鸿艺术学院。

学院注重师资建设，目前已形成一支教育理念新、师德素质优、教学水平高、实践能力强的专兼职结合的“双师型”师资团队。现有副高及以上职称90人，研究生以上学历或硕士以上学位189人，“双师型”教师比例达85%以上。学院拥有国家一级美术师、工艺美术大师、陶艺大师、眼镜行业资深专家等一大批专家学者，教师教科研成果丰硕。

2013年学院成为江苏省构建现代职教体系试点单位，先后与南京艺术学院、常州大学合作“3+2”本科，迈出了举学历教育的第一步。同时学院注重引进国内外优质教育资源，与南京师范大学、苏州大学、南京艺术学院等多所本科院校进行专本对接合作，并与多所国外同类学院建立了长期稳定的合作办学关系。

学院占地近1000亩，建筑面积24余万平方米，是融山水为一体的生态型、园林式、数字化的新校园。学院教学设施配套齐全，现建有2个中央财政支持的国家级职业教育实训基地、3个省级实训基地、2个省级工程技术研究中心以及34个实训中心。图书馆功能齐全，藏书49.63万册，电子图书资源11816GB。

多年来，学院坚持德育为先、能力为本、质量立校、特色强校的办学理念，借鉴国内外先进教育思想，不断推进内涵提升工程，逐步形成了富有特色的人才培养机制，毕业生就业前景广阔，就业率连续多年保持在98%以上，就业竞争力指数位居全省高职高专院校前列。

展望未来，无锡工艺职业技术学院将秉承“乐善至诚，强学力行”的校训，本着高起点建设、高标准要求、高质量发展的思路，努力将学院办成一所办学水平较高、办学特色鲜明的高等职业技术学院。

联系方式：

电话：0510-81710008　81710066　81710088

传真：0510-81710018　81710099

邮箱：wxgyzjb@wxgyxy.cn

网址：www.wxgyxy.edu.cn

地址：江苏省宜兴市荆邑南路99号

华北理工大学艺术学院
简 介

华北理工大学艺术学院为始办于1959年的陶瓷美术专业，是河北省最早举办的艺术设计专业。2000年招收本科生，现有艺术设计、绘画和动画三个本科专业，分别为视觉传达、环艺、陶艺、油画、国画和动画等专业方向。2005年教育部批准我院设计艺术学专业硕士学位授予权， 2011年获批设计学一级学科授予权，同时具有同等学力申请硕士学位招收资格。在校本科生509人，设有视觉传达、环艺工作室，陶艺工作室，动画工作室，展览厅和专业期刊阅览室，现藏专业图书35000余册。

艺术学院现有教职工36名，其中具有教授、副教授专业技术职称的教师12人，博士1人。有7位教师出版了技法专著十余部，多位教师在国家重点期刊杂志上发表了大量学术论文,设计和绘画作品多次入选国内外展览并获奖。中央电视台、河北电视台及唐山电视台的有关栏目已为学院多位教师拍摄了个人艺术活动专题片；客座教授杨永善、张世范等国内著名教育家多次来校举办学术讲座。学生作品多次参加在教育部等部门主办的绘画、设计类大展中获奖。学院先后培养出了谢永增、梅墨生、王晓辉、曹宝泉、方力钧、杨少斌、高惠君等一大批在艺术界产生很大影响的国家级和国际级大师。

联系方式：

电话：0315-2597230　0315-2592037
E-mail：yishu2004@ncst.edu.cn
校址：河北省唐山市新华西道46号
邮编：063009

华南理工大学材料科学与工程学院

简 介

华南理工大学材料科学与工程学院是在原华南工学院相关传统优势专业基础上发展起来的，其历史可以追溯到二十世纪五十年代。1952年开设全国第一家橡胶专业和全国最早的硅酸盐专业；1958年开设属于全国第一批的高分子化工和化学纤维专业；1959年开设全国第一家电子陶瓷专业。1995年华南理工大学整合上述专业优势资源成立材料科学与工程学院。2008年初，原机械工程学院材料科学与技术研究所并入学院，成立金属系；2012年，原生物科学与工程学院生物医学工程系并入学院，形成了学科更完整、综合实力更强的新材料科学与工程学院。目前，学院所支撑的我校材料学科ESI全球排名进入前13.9%（2015年1月）；在2012年教育部组织的学科评估中，"材料科学与工程"一级学科国家重点学科名第五，排名进入全国前5%。华南理工大学材料科学与工程学院历任院长有贾德民教授（1995-2003）、童真教授（2003-2007）、余其俊教授（2008-2012）。现任院长为彭俊彪教授。

学院现设有5个系（高分子材料科学与工程系、无机材料科学与工程系、金属材料科学与工程系、电子材料科学与工程系、生物医学工程系）；6个研究院、所（材料科学研究所、高分子光电材料与元器件研究所、生物医学工程研究院、高分子研究所、光通信材料研究所、高技术陶瓷及应用研究所）；1个国家级实验教学示范中心（材料科学与工程教学实验中心）；1个国家重点实验室（发光材料与器件国家重点实验室）；1个国家工程技术研究中心（国家人体组织功能重建工程技术研究中心）；6个省部级重点实验室（生物医学材料与工程教育部重点实验室、广东省高性能与功能高分子材料重点实验室、广东省生物医学工程重点实验室、广东省先进储能材料重点实验室、广东省光纤激光材料与应用技术重点实验室、聚合物成型加工教育部重点实验室[共建]）；5个省级工程研究中心和工程实验室（广东省功能材料工程技术研究开发中心、广东省人体组织功能重建工程技术研究开发中心、广东省特种光纤材料与器件工程技术研究开发中心、广东省建筑材料低碳技术工程技术研究中心、广东省印刷OLED材料及显示技术工程实验室）。

目前，学院拥有2个一级学科博士点：材料科学与工程（为一级学科国家重点学科，含材料学、材料物理与化学、材料加工工程3个二级学科博士点）和生物医学工程；2个二级学科博士点：高分子化学与物理（理学，为省级重点学科）、微电子学与固体电子学；2个博士后流动站（材料科学与工程、生物医学工程）；1个工程硕领域（材料工程）；5个本科专业：高分子材料与工程（教育部高等学校特色专业和广东省名牌专业）、材料科学与工程（教育部高等学校特色专业和广东省重点专业，含无机非金属材料科学与工程、金属材料科学与工程、材料化学）、电子科学与技术（电子材料与元器件）、光电信息科学与工程（光电器件）（教育部高等学校特色专业）、生物医学工程（广东省重点学科）。

引培并重，建设高水平师资队伍

学院现有专任教师215人，其中教授/研究员85人。

学院现有两院院士9人（含双聘），教育部"长江学者奖励计划"特聘/讲座教授7人，国家杰出青年科学基金获得者12人，"青年千人"2人，基金委优秀青年科学基金获得者4人，广东省高等学校特聘教授（珠江学者）9人，教育部跨世纪/新世纪人才培养计划31人，国家级"千百十工程"培养对象2人，广东省“千百十工程”省级培养对象12人等。学院有教育部创新团队4支，973首席科学家5人。此外，学院还聘请了近50名国内外知名的专家、学者为学院的顾问教授或兼职教授；与美国、日本、新加坡、香港等国家和地区的相关高校和科研机构建立了长期稳定的合作与交流关系，每年出国（境）进修学习或合作研究近百人次。

筑安全环境，构特色管理，保障教学科研工作顺利进行

学院教学育人条件优越。拥有教学和实验室面积约35000平方米，完备先进的教学与科研仪器设备总价值3.3亿元，能够充分保障各层次学生得到系统的实验训练和全面的综合素质培养。学院目前在读学生2781人，其中博士研究生430人，硕士研究生852人，全日制本科生1499人，1人获得全国百篇优秀博士学位论文，7人获得全国百篇优秀博士学位论文提名。

锐意创新，产学研结合，实现科研跨越式发展

学院科研实力与成绩突出，近年来先后获得国家、省部级各类科研奖励30项（包括国家自然科学二等奖1项、国家技术发明二等奖2项、教育部高等学校自然科学一等奖2项、教育部高等学校技术发明一等奖1项、广东省科学技术一等奖4项等。2014年实到科研经费超过8900万元。发表三大索引论文近400篇，申请专利278件，获专利授权128件，举办各种学术会议和研讨会75场。

材料科学与工程学院一直秉承优良学术传统，开拓进取，脚踏实地，努力为全院师生营造良好工作环境和学习氛围，人才培养、科学研究、社会服务与文化传承等各项事业不断取得进步，已为国家培养了上万名材料专业人才。目前，材料科学与工程学院正为建设“具有一定国际影响的材料领域教育与研究机构”而不断努力，必将为中国材料科学与工程领域的科学进步与产业发展不断做出新的贡献。

联系方式：

学院办公室：020-87112860

研究生教务：020-22236029

本科生教务：020-87111907

学生工作办公室：020-87110265

组织人事秘书、党委办公室：020-87112846

科研办公室：020-87110259

财务办公室：020-22236039

办公室传真：020-87110273

地址：广东省广州市五山华南理工大学材料科学与工程学院

邮编：510640

唐山工业职业技术学院

简 介

唐山工业职业技术学院成立于2001年4月，实施专科层次的高等职业技术教育。其办学历史可以追溯至1951年。

学院现有在校生10551人。设有临床医学、口腔、护理、管理、财经、信息工程、文法、机电工程、农林工程等9系和基础部等5个教学部及继续教育学院。开办40个专业，涵盖制造、医卫、农林、环保、财经、旅游、艺术、法律等13大专业门类。是省内外具有较高知名度的综合性高职院校。现有教职工832人，其中专任教师470人，具有副高级以上专业技术职务教师206人，硕士以上学位教师209人，享受国务院特殊津贴专家2人，省级优秀教学团队1个。在首轮高职高专院校人才培养工作水平评估中获得优秀等级，2010年被河北省教育厅确定为第四批省重点建设的示范性高职院校。

学院弘扬“塑树形象、增强团结、科学发展、争创一流”主旋律，秉承“勤诚朴和”的校训精神，坚持“立足唐山、面向河北、助推京津冀、融入环渤海、服务区域经济社会发展需求”的办学定位和“开放多元、力求卓越”的发展方向，形成了“校企互容、服务社会”的办学特色。学院抓住河北经济发展方式转变、唐山建设科学发展示范区的契机，瞄准经济社会发展特别是主导产业发展需求和职教发展前沿，坚定不移地走内涵建设、产学研相结合的科学发展之路，着力打造“全国首个科学发展示范区职业教育领头羊”，建设一流服务型高职院校。

学院与北车集团唐山轨道客车有限责任公司等行业企业密切合作，创新“校企互通、工学交融、德能俱进”人才培养模式，形成了与行业企业高度融合、工学交替、顶岗实习等联合培养人才的新机制。创办了全国第一个动车组技术专业，重点建设了动车组技术、汽车检测与维修、口腔医学技术、园林、会计、物流、酒店管理等12个优势专业和专业群。口腔医学技术专业为河北省首批示范性专业，《固定义齿工艺技术》为唐山市首门国家级精品课。与北京军区总医院、曹妃甸实业公司等企业合作，建立了148个稳固、紧密的校外实训基地。在全国高校较早组建了产学研一体化的农民专业化合作组织——“山里甜”农民专业合作社，成立鲜桃研发中心，主办中国晚桃网信息服务平台。与唐山军分区共同建立华北地区首个专业技术兵储备基地，在完善基地建设的组织领导机制、工作运行机制和政策保障机制方面取得了一定经验，走出了地方高校服务国防建设、军民融合式发展的新路子。

近年来，学院各级各类课题立项142项，科研经费到账总额140万元，其中国家科技部项目及全国教育科学规划项目3项。获得市级以上成果奖48项。累计培训各类人员3万人次、职业技能鉴定1.5万人次。果树新品种推广覆盖5个省18万亩，为农民增收近亿元。与法国巴黎东部——马恩河谷大学等教学机构达成友好合作框架协议并实现互访。

近五年来，学生荣获全国口腔工艺技术展评团体优胜奖、全国大学生英语大赛高职高专组特等奖等省级以上技能竞赛奖励300多项。整体就业率一直保持在96%以上。毕业生阮国强、王新分别受到国务院总理温家宝和中央纪律检查委员会书记贺国强接见。先后有50多名毕业生赴美、英、沙特、加、澳等地工作。

联系方式：

电话：0315-8738023　　招生：0315-8738215

传真：0315-8738024　　地址：河北省唐山市新华西道120号

邮编：063004

清华大学材料学院

简 介

材料是人类文明和社会发展的基石。清华大学材料科学与工程系建于1988年，由化学工程系的无机非金属材料专业、工程物理系的材料物理专业、原机械工程系的金属材料专业组成。20多年来，建成了一支高水平的师资队伍，做出了一批高水平的科研成果，培养了一批优秀的人才，大大提升了清华大学材料学科的实力、学术声誉、国内和国际影响力。2012年12月27日，经学校批准，由原材料科学与工程系、原机械工程系材料加工学科组建了材料学院，下设材料物理与化学系、材料加工工程系、无机非金属材料系、金属材料系、复合材料系。

材料学院师资力量雄厚，现有教授/研究员44人（含两院院士7人，千人计划5人），副教授/副研究员30人，高级工程师19人，讲师7人，另有兼职教授3人，博士后30余名。学院致力于培养具有国际视野和创新精神，具备扎实理论基础和突出科研能力的优秀人才，现有在校本科生350名，硕士研究生197名，博士研究生285名，其中外国留学生40余人。10篇博士学位论文入选“全国百篇优秀博士学位论文”。

材料学院设有新型陶瓷与精细工艺国家重点实验室、先进材料教育部重点实验室、先进成形制造教育部重点实验室、北京电子显微镜中心、“先进材料”国家实验教学示范中心、材料科学与工程研究院中心实验室等国内一流的教学科研平台，以及高技术陶瓷产学研基地、贝氏体钢推广中心、镁铝合金成形技术研究开发中心实验室、北京市高技术陶瓷材料与工艺国际科技合作基地和功能材料国际联合研究中心等国家级产学研基地。

学院科研工作以国际科学前沿和国家战略需求为导向，既鼓励原创性基础研究，也积极推进面向国家重大科技需求的应用研究，取得了一大批在国内外具有重要影响的研究成果，获得了包括国家自然科学奖、国家发明奖、国家科技进步奖等在内的多项国家级奖励，每年发表的SCI论文数量连续多年名列清华大学榜首。在教育部组织开展的学科评估中，清华大学的“材料科学与工程”一级学科连续多次排名第一。

材料学院与美国、法国、日本、韩国等近十多个国家和地区建立了科研合作及研究生联合培养等方面的合作，有多位知名学者在国际著名材料科学与技术领域学术期刊、国际材料联合会、国际玻姆物理学会、联合国工业发展组织等有影响的学术团体兼职。

联系方式：

电话：010-62784560

传真：010-62771160

E-mail：clx@.tsinghua.edu.cn

地址：清华大学材料学院逸夫技术科学楼

邮编：100084

泉州工艺美术职业学院

简 介

泉州工艺美术职业学院是福建省唯一的全日制工艺美术类公办高等职业院校，前身是德化陶瓷职业技术学院，由成立于1981年的德化职业中专学校、1980年的德化技术学校、1994年的德化成人中专学校及德化矿物质分析中心合并升格而成，2013年3月福建省政府批准更为现名，2014年4月更名获教育部备案。

学院座落在“世界瓷都”、“福建省最适宜人居住地”和“福建省最佳旅游目的地”——泉州德化，是“全国素质教育先进示范院校”、“福建省花园式学校”、“福建省文明学校”、“泉州市平安先行学校”。占地面积305亩，总建筑面积7万多平方米；校内实验实训室38间、校外实训基地54家，与46家大型工艺美术企业建立长期紧密的合作关系；设有四个系、二个部，设置32个专业（方向），面向全国招生；在编教师176名，教授3名、副教授34名，省级优秀教学团队1个、省级教学名师1名、省级专业带头人2名，“双师型”教师88名，国家级、省级工艺美术大师29名，另有外聘兼职教授、大师25名。

办学以来，学院致力于建设特色鲜明、亲近产业的现代高职院校，全力以赴推动发展。2009年通过教育部人才培养工作评估，并逐步形成了传统工艺美术、现代艺术设计、工艺材料技术、财经商贸等四大特色专业群，主要专业在福建省首轮高职院校专业建设质量评价中名列第9，现有2个教育部“高等职业学校提升专业服务产业发展能力”的重点建设专业，1个全国职业院校民族文化传承与创新示范专业、5门省级精品课程、1个省级生产性实训基地、3个省级示范专业、获得省级教学成果奖一等奖和二等奖各一项，获批建设“陶瓷新材料福建省高校应用技术工程中心”，承担国家教学资源库项目2项。

学院始终坚持特色发展，服务产业需求，深化校企合作，为工艺美术产业特别是陶瓷产业提供人才和智力支撑。深入开展“大师班教学”“教授工作室教学”等现代学徒制教学，已培养2万多名各类专业技术人才，历届毕业生初次就业率均达97.5%以上；承担或协助国家、省、市科研项目49个，合作企业研发技术项目17个，组织撰写出版著作5部。是“全国高技能人才培训基地”、“商务部援外培训项目承训学校”、“中国陶瓷工艺协会培训基地”、“福建省陶瓷产业技术开发基地”、“福建省陶瓷行业职业技能培训与考核中心”、“福建省高级技师培养基地”、“福建省陶瓷行业协会培训基地”、“福建省工艺美术学会培训基地”、“清华大学美术学院教学实习基地”。

联系方式：

党政办电话：0595-23522903

招生处电话：0595-23595878

地址:福建省泉州市德化学府路100号

许昌陶瓷职业学院

简 介

许昌陶瓷职业学院是经河南省人民政府批准，国家教育部备案的一所民办全日制普通高等职业院校，是河南省唯一一所以陶瓷为特色专业的职业学校。学院坐落在闻名中外的中国钧瓷文化之乡——河南省许昌市禹州境内，目前占地面积446亩，建筑面积达12万平方米，新校区一期、二期已经建成。

学院紧临永登高速、郑尧高速，北临南水北调中线总干渠。南与国家AAA级景区三千亩森林植物园毗邻，颍河之水相伴，是一座环境静谧、景色宜人的育人场所。校园环境优美，院内绿树常青、绿草如茵，亭台小景点缀其中，构成优雅的育人环境。

学院拥有现代化的教学大楼、科技楼、实训大楼、图书馆、大礼堂；拥有多个实验室、大师工作室、专家公寓。有专用的校内实习工厂及多个校外实习基地；拥有先进的电教室、语音室、多媒体教学设备、计算机网络系统；图书馆藏书68万册，各类中外期刊、电子期刊5000余种，建有专用电子阅览室，冬有暖气，夏有空调。阅览室可供1000多人同时阅览。有设施良好的公寓式学生宿舍、食堂、400米标准塑胶体育运动场。有医院、日用生活服务区等完善的后勤保障体系。

雄厚的师资力量：学校坚持“以质量求生存，以特色求发展”的办学理念，凭借禹州千年的钧瓷文化积淀和博大精深的制瓷技艺，有千余家陶瓷企业作为坚强后盾，有众多国家级、省级工艺美术大师、陶瓷艺术大师的强力支撑，形成了教育、科研、生产相结合的办学特色。同时，学校与禹州市钧瓷研究所、孔家钧窑、荣昌钧瓷坊等机构积极合作，有中国工艺美术大师、中国陶瓷艺术大师、省陶瓷艺术大师亲自为学生授课，学生可直接在陶瓷企业进行专业学习。

学院坚持“专家治校、名师执教”的原则，拥有一批知名专家、教授在校授课。原河南财经政法大学副院长，经济学专家李鸿昌教授在任学院院长的同时，亲自指导经济管理类专业的教学工作。另外，学院拥有一支师德高尚、素质优良、治学严谨、结构合理的既能讲授专业理论知识、又能指导学生实际训练和操作的“双师型”教师队伍。

明确的培养目标：学院坚持“以服务为宗旨，以就业为导向”的原则，以市场为导向设置专业，准确定位培养目标，加大对学生的实际职业技能训练，使学生毕业时能获得相应的毕业证书和职业资格证书、普通话、计算机及英语等级证书。学院为毕业生设有网上求职系统，并与用人单位广泛联系，拓展就业岗位。为保证毕业生就业打下坚实基础。

学院设有陶瓷系、经济管理系、园林艺术系、汽车工程系和基础部5个教学单位，开设雕塑艺术设计（陶瓷雕塑艺术方向）、艺术设计（陶瓷器皿设计方向）、材料工程技术、财务管理、房地产经营与估价、物业管理、旅游管理、市场营销、会计电算化、音乐表演、园林技术、酒店管理、汽车检测与维修、汽车电子技术、机电一体化15个专业。艺术设计、机电一体化、汽车检测与维修、旅游管理4个专业招收中等职业学校学生对口升学，设有五年制大专雕塑艺术设计、房地产经营与估价、艺术设计、汽车检测与维修4个专业。

目前，全院教职工按照国家关于大力发展职业教育的精神和政策要求，团结一致、开拓创新，不断深化教育教学改革，正以崭新的面貌、饱满的热情、求真务实的态度，向建设创新型特色大学的宏伟目标稳步迈进。

联系方式：
咨询热线：0374-8136101 8136102　　邮编：461670
地址：河南省禹州市颍北新区药城路北段东侧

湖南陶瓷技师学院（湖南轻工高级技工学校）
简 介

一、学校基本情况

湖南轻工高级技工学校隶属于湖南省轻工盐业集团公司，国家级重点技工学校，省级高技能人才培训基地和安全生产三级培训基地，湖南省中小企业职工培训基地，湖南省职业技能鉴定专家委员会陶瓷专业委员会秘书单位。

学校创建于1958年6月，地处醴陵市解放路狮子坡街3号，校园环境优美。截止2011年，学校占地面积92亩，总建筑面积80125平方米，校舍建筑面积55032.92平方米，教学行政用房面积28328.02平方米，实训场所所占面积3948.64平方米，实训场所建筑面积9027.02平方米。拥有固定资产1.2亿元。

学校基础设施完备，建有教学大楼3座、多功能综合大楼1座、技能实训大楼2座、学生公寓3座、培训招待所1座、食堂3座、塑胶运动场1座、体育馆1座。教学设施和生活设施齐全，拥有数控加工中心、钳工装配实训工场、焊接实训工场、电力拖动控制室、单片机实训室、制冷实训中心、电子装配实训室、电工电子实验室、电视机维修实训工场、电子产品调试中心、电子机电综合仿真实验室、PROTEL99电路制作实训室、多媒体投影室、计算机实训中心、陶瓷物理化学分析实验室、陶瓷色料实验室、陶瓷产品检测鉴定实验室、陶瓷彩绘实训工场、陶瓷造型设计实训工场、陶瓷模具设计实训工场、陶瓷产品（作品）烧制实训工场。学校学术设施充足，拥有学术报告厅、陶艺作品展览厅，图书馆藏书40000余册，阅览厅订购各类杂志100余种。

师资力量雄厚，教职工286人，其中专职教师208人，兼职教师49人，具有高级职称教师55人，中级职称教师64人。

二、办学现状

学校实行多类别多层次的多样化办学。内设教学和科研机构有技工教学部、陶瓷教学部、先锋高中、成人教育与培训部、釉下五彩国瓷研究所、职业技能鉴定所等。

技工教学部常设专业有机电一体化、数控加工技术、模具制造、电气自动化、电子应用技术、计算机技术应用、环境艺术设计、电算财会、电子商务等。其中机电一体化、数控加工技术、模具制造、电气自动化、电子应用技术、环境艺术设计等专业办有高级技工班，电气自动化专业办有预备技师班。

陶瓷教学部常设专业有陶瓷工程、陶瓷工艺美术等专业。陶瓷工程、陶瓷工艺美术两个专业均办有高级技工班和预备技师班。

成人教育与培训部主要承担安全生产培训、移民培训、农村劳动力培训、拓展培训、企业职工在岗转岗培训等工作。与高等院校合作，组织大专本科函授、远程网络教育工作，办有函授大专班和本科班，在籍学生134余人。

先锋高中是由湖南轻工高级技工学校举办的一所相对独立的民办普通高中，2011年在籍学生855人。办学颇具特色，充分利用举办方职教资源，开展普职兼容教育。

三、主要办学成果

1、陶瓷专业产教研一体化人才培养工作成绩斐然。2011年9月学校国瓷所陶瓷艺术大师研制的釉下五彩瓷作品《万花赏瓶》、《天球瓶》、《玉壶春瓶》，被确定为国家政协副主席王刚出访意大利、瑞士、阿尔及利亚、冰岛四国的礼品，分别赠予意大利总理、冰岛总统、瑞士联邦主席、阿尔及利亚经社理事会主席等外国元首和国际名流。

2、普职兼容办学模式受到湖南省教育厅关注，被确定在2011年湖南省普通高中校长论坛会议上推介。申报的《构建高中普职兼容办学模式实践与研究》课题被审批确定为湖南省“十二五”教育科学规划课题。

3、选派的语文教师在参加株洲市首届高中语文教师教学研究能力竞赛中，以86分的高分获得株洲地区第一名。

4、高技能培训、农村劳动力技能培训、阳光工程培训、移民培训、特种作业职业资格培训、安全管理培训、创业培训等各类培训总人数达12586人。

5、学校被湖南省人社厅评审为“2011年度技工教育先进单位”，被国家人社部评审为“国家技能型人才培育突出贡献单位”。

联系方式:

电话：0731-23232486

地址：湖南省醴陵市解放路狮子坡3号

邮编：412200

淄博职业学院

简 介

淄博职业学院坐落于齐国故都、工业名城、国家园林城市、全国文明城市山东省淄博市。鲁中地区独特的经济结构和文化底蕴赋予了学院尚工重商、医学人文并举的专业特色。学院在2006年教育部人才培养工作水平评估中获得优秀等次；2007年入选国家示范性高等职业院校建设单位，2010年以优秀成绩通过验收；先后获得全国职业教育先进单位、全国精神文明建设工作先进单位等荣誉称号。

建设一流　跨越发展

淄博职业学院组建于2002年7月，是淄博市人民政府主办的一所全日制普通高等学校，建院之初就确立了建设全国一流职业学院的奋斗目标。

目前，学院规划面积3000亩，建成面积2192亩，建筑面积66万平方米。有教职工1393人，其中正高职称56人，副高职称333人，博士32人，硕士513人，双师素质教师达90%以上。学院下设18个系院，75个高职专业，全日制在校生26000余人。现有国家特支计划（万人计划）人才、国家教学名师、二级教授、享受国务院特殊津贴专家1人，国家级优秀教学团队2个，国家级职业教育实训基地4个，国家重点建设专业8个，国家级精品课程9门，国家级精品资源共享课9门，国家级教学资源建设项目1个，国家级教学成果奖3项；有省级教学名师6人，省级突出贡献的中青年专家2名，省级优秀教学团队6个，省品牌、特色专业11个，省级精品课程73门，省级教学成果奖16项。

学院立足区域经济对人才的需求，设立高职专业76个，形成了工、商、医、艺、外语、社会事业等专业全面发展的综合性办学格局。投入3000余万元建设数字化校园，建立了先进的数字化校园信息平台。建有校内外实习实训基地1000余个，虚拟实验实训和虚拟工艺项目51个。每年面向社会培训各类人才1万余人次。与美、法、俄、韩等12个国家和地区的52所高校建立了友好合作关系，开展中外师生交流近千人次。

改革求变　高点定位

学院以“培养学生的就业竞争力和发展潜力”为核心目标，不断加强教育教学改革，提高师资队伍素质，以职业能力为核心，形成了职业素质养成和职业技能培养全过程课程化实施框架。全面推行导师制管理模式，不断推进考试和评价模式改革，人才培养质量持续提升。

学院以区域经济转方式调结构对职业人才的需求为出发点，牵头建立淄博职业教育集团，大力推进校、政、企深度融合，不断优化实践教学体系，实现资源共享、三方共赢。建立校内准工业园和创业孵化园，职业指导与服务三年不断线。首创“零学费培养、零成本创业”模式，通过为企业开设“订单班”、建立“校中厂”、“厂中校”，使人才培养质量与用人单位需求零距离。

学生连续在全国职业院校技能大赛、全国大学生电子设计大赛、山东省职业院校技能大赛等重大赛事中拔得头筹。毕业生就业率一直保持在98%以上，用人单位满意度达95%，很多学生未等毕业就被用人单位提前“预订”。

管理创新　内涵主导

学院着眼社会需求，以服务学生为宗旨，大力实施精细化管理，推进内涵发展，不断创新管理机制。

一是建立全员竞聘，放眼全院选贤任能，优化了人力资源配置。二是实行三级预算三级管理，按专业再造教育教学部，实施教育教学一体化管理，使优势资源直指教学“一线”。三是独创“全时段覆盖”法，学生在校活动时间24小时“无缝隙”覆盖管理，有效提高了应对突发事件的能力。四是依据国际先进理念，建立四级考核体系，提高了全院教职员工服务教育教学“主战场”的自觉性和主动性。

学院的管理创新得到了社会各界的认可，新华社、中央电视台、人民日报、光明日报、中国青年报、中国教育报等国家主流媒体多次报道学院的做法；教育部发简报在全国高校推广学院的先进经验；中央领导刘延东先后两次对学院的做法做出批示；姜大明、鲁昕等省部委领导先后到学院调研，并对学院的工作给予充分肯定。

只有拼搏才是人生价值的最好体验！目前，淄博职业学院人正秉承这一信念，团结奋进，开拓进取，为培养更多更好的技术技能人才，为经济社会发展做出更大的贡献！

联系方式：
电话：0533-2828000
招生咨询：0533-2828111　　2821888
邮编：255314
地址：山东省淄博新区联通路西首市

山东大学材料科学与工程学院

简 介

山东大学材料科学与工程学院始建于1952年，坐落于美丽的泉城济南，毗邻风景秀丽的千佛山景区。历经山东工学院机械工程系、山东工学院金属工艺系、山东工学院第二机械系和第三机械系、山东工业大学第二机械系、山东工业大学材料工程系、山东工业大学材料科学与工程学院、山东大学材料科学与工程学院等历史发展时期，是我国最早设有金属热加工专业的院系之一。

学院从早期的以金属热加工专业为基础的学科，经过六十余年的建设与发展，成为涵盖材料科学、材料加工工程和材料物理化学等学科的一级学科，形成了“厚德明理、博学笃行”的优良办学传统，是山东大学专业设置齐全、学科优势突出、师资力量雄厚、办学条件先进的强院之一，建立了材料科学与工程一级学科学士-硕士-博士完整的育人体系，设有材料科学与工程一级学科博士点和博士后科研流动站，拥有材料科学与工程一级学科国家重点学科，是山东大学“211工程”、“985工程”重点建设的学院之一。

二十世纪五十年代，学院完成了金属热处理、铸造、金属压力加工、焊接以及固体力学等五个本科生专业的建设。八十年代，相继建成了金属热处理、铸造、金属压力加工以及固体力学等四个专业的硕士学位授权点。九十年代，先后申报成功了焊接专业硕士学位授权点以及铸造、金属塑性加工、材料学等三个专业的博士学位授权点。教育部学科、专业调整后，学院设立了材料学、材料加工工程两个二级学科硕士学位和博士学位授权点，并建立了材料科学与工程一级学科博士点和博士后科研流动站。学术型硕士、全日制工程硕士、非全日制工程硕士等不同类别的研究生培养模式稳步发展；学术型博士、工程博士等两种博士生培养模式锐意创新。

经过多年建设与发展，学院拥有材料科学与工程一级学科国家重点学科、教育部重点实验室1个、省级重点学科4个、省级重点实验室4个、省级工程技术研究中心5个、省级实验教学示范中心1个，搭建了“多学科交叉与融合”和“生物医用材料”2个中央级高校修购专项综合实验教学平台。拥有实验室面积约1.5万余平方米，大型仪器设备60余台（套），仪器资产1.2亿余元。

六十多年来，学院师资队伍建设成绩显著，学院教职工中有国家有突出贡献的中青年专家8名、享受国务院特殊津贴专家36名、教育部“长江学者”特聘教授1名、国家杰出青年科学基金获得者3名、入选中组部 “千人计划”者1名、百千万人才工程（第一、二层次）入选者1名、新世纪百千万人才工程国家级人选2名、教育部（跨）新世纪优秀人才支持计划入选者10名、山东省专业技术拔尖人才25名、山东省有突出贡献的中青年专家7名、泰山学者攀登计划获得者1名、泰山学者特聘教授3名、教育部“长江学者和创新团队发展计划”创新团队1个、山东省优秀创新团队1个、山东大学“齐鲁青年学者”特聘教授2名、国家级教学团队1个、国家教学名师1人、全国模范教师1人、全国劳模2人以及获得其它省部级以上荣誉称号的数十人次。

学院本科专业设置齐全，设有金属材料工程、无机非金属材料工程、高分子材料与工程、材料成型及控制工程(含铸造、塑性成形与模具、焊接三个专业方向)、材料物理、材料化学、包装工程等七个专业。2003年设立了山东大学“材料科学与工程”优秀本科人才培养基地，2011年设立了教育部

“材料成型及控制工程”卓越工程师教育培养计划试点专业。自2003年国家实施高等教育“质量工程”以来，学院获得国家级特色专业、国家级精品课程、国家级教学团队、国家级教学名师等建设项目和奖励。2012年，材料成型及控制工程专业获批教育部“十二五”期间“高等学校本科教学质量与教学改革工程”专业综合改革试点项目。

学院先后承担了973项目、863项目、国家自然科学基金重大重点项目、国家科技支撑计划项目、国际合作重点项目、国防军工项目等一批国家和省部级科研项目。在国际重要学术期刊上发表了一批高水平学术论文，近10年来年均发表SCIEI论文260篇以上，近5年来年均获得授权发明专利30余项。学院始终坚持基础研究与工程实际紧密结合的理念，承担和完成了一批校企、校地合作项目，许多科研成果实现了成果转化和产业化，产生了显著的经济效益和社会效益，为促进国家和地方经济建设与发展以及行业技术进步做出了突出贡献。自1978年全国科学大会以来，学院共荣获28项全国科学大会奖、国家技术发明奖、国家科技进步奖和国家星火奖，荣获29项省部级科技成果一等奖。

2012年1月，美国ESI（Essential Science Indicators）基本科学指标库公布的最新学科排数据中，我校材料科学学科（Materials Science）ESI 全球排名92位，标志着我校材料科学学科已经进入世界一流学科行列。

学院现有教职工154人，其中教师系列 108名，管理系列17名，工程实验系列29名。教师队伍中教授53名，副教授41名。教师中有博士学位97名，占专任教师的90%。从国外取得博士学位的27名，具有国外工作经历的教师70名。

迄今为止，学院已经培养各类毕业生16000余名。学院现有在校生1800多名。

联系方式：

电话：0531-88392925

地址：山东省济南市历下区经十路17923号山东大学千佛山校区

邮编：250061

大连理工大学材料科学与工程学院

简 介

材料科学与工程学院源于1954年创建的铸造专业和1958年创建的金属材料及热处理专业，1984年成立材料工程系，2005年成立材料科学与工程学院。

学院师资力量雄厚。现有教职工102人，其中兼职院士2人，教授35人，副教授33人，高级工程师4人，讲师工程师22人。师资队伍中杰出人才辈出：有“千人计划”入选教授1人，国家杰出青年科学基金获得者4人，“长江学者奖励计划”特聘教授3人，国家973首席科学家1人，国务院学科评议组成员3人，国家百千万人才工程百层次人才2人，教育部跨新世纪优秀人才9人。

学院致力于培养具有国际视野和创新精神、具备扎实理论基础和突出科研能力的优秀人才。现有在校本科生741人，硕士研究生271人，博士研究生177人，其中国外留学生12人。近五年有3篇博士学位论文获得辽宁省优秀博士学位论文，其中2篇获得全国百篇优秀博士论文提名奖。多年来我院为社会各界培养了大量优秀毕业生，改革开放后的杰出代表有：中国科学技术大学校长万立骏院士，东京工业大学金属材料系史蹟教授，加拿大阿尔伯塔大学材料与冶金系陈卫星教授，三一重工股份有限公司总裁向文波，以及朱敏、任忠鸣、牛焱、韩晓东、马秀良、赵永好等9位国家杰出青年基金获得者。

学院学科、专业设置合理。铸造专业和金属材料及热处理专业1981年首批获准设立硕士点，1984年和1991年获准设立二级学科博士点。材料科学与工程学科2001年获批一级学科博士点。现有材料物理与化学、材料学、材料加工工程、材料表面工程、高分子材料、材料连接技术、材料无损检测与评价7个二级学科博士点和硕士点。2006年批准为辽宁省高等学校重点学科领域研究生培养基地，2007年获批辽宁省一级重点学科。现有材料物理、金属材料工程、材料成型及控制工程、功能材料4个本科专业，其中金属材料工程专业设有日语强化班，由中日双方师资协同授课。材料成型及控制工程专业2005年成为辽宁省本科教学示范基地，2009年批准为国家高等学校特色专业建设点，2010年全国第一个通过工程教育专业认证。2013年辽宁省专业综合评价中，金属材料工程和材料物理专业均排名第一。2012年全国高校学科评估中，材料科学与工程一级学科排名2398。

学院科研实力强，成果丰硕。学院设有高性能材料加工成形新技术、新能源及功能材料设计与表征、重大工程表面技术、先进连接技术及材料4个科研平台（下设15个研究实验室）和1个材料测试分析中心（校级），依托三束材料改性教育部重点实验室、辽宁省太阳能光伏系统重点实验室、辽宁省先进连接技术重点实验室、辽宁省高校原材料特种制备技术重点实验室、凝固控制与数字化制备技术辽宁省重点实验室（筹）等5个省部级重点实验室。近五年，学院承担了国家“973”、“863”和国家科技支撑、国家基金重点项目，及其它省部级重大重点项目和军工预研等多项课题，承接了大量企事业单位委托的开发项目；获得国家技术发明二等奖1项，省部级一等奖3项，二等奖12项；省部级鉴定成果14项，成果转化18项；申请和获得发明专利90多项，其中获准50多项；发表被三大检索机构收录的论文1600多篇，其中SCI 600多篇，EI 700多篇，ISTP 100多篇；近三年年均科研经费3000万元。

大连理工大学材料测试分析中心现有透射电镜、扫描电镜、电子探针等22台大型设备，总价值3200万元，为全校和社会提供服务。材料科学与工程实验中心承担材料、机械、能动、化机、船舶、航空航天、汽车、创新等学院本科实验教学任务，2009年获批辽宁省实验教学示范中心，正在组织申报国家实验教学示范中心。

山东理工大学材料科学与工程学院

简 介

材料科学与工程学院前身是山东建材学院分院材料工程系。2002年山东理工大学成立时，合并相关学科专业组建材料科学与工程学院。

材料科学与工程学院下设学院办公室、教学管理科、学生科（团总支）3个科室。设无机非金属材料工程、材料化学、高分子材料与工程、金属材料工程4个教学系及材料科学与工程实验中心。仪器设备固定资产总值2400余万元。现有材料科学与工程、材料化学、高分子材料与工程3个本科专业。设有材料科学与工程一级学科硕士点和材料工程领域工程硕士点。现有在校本科生1200余人、硕士生60余人。现有教职工55人，其中，专任教师47人，双聘院士1人，教育部“新世纪优秀人才支持计划”入选者1人；专任教师的职称结构为：教授15人、副教授23人；学历结构为：具有博士学位27人、硕士学位23人。

材料科学与工程学院是国家工业陶瓷材料工程技术研究中心、工程陶瓷制备技术国家地方联合工程研究中心、山东海洋生物质纤维材料及纺织品协同创新中心组成单位，是国家新材料产业化基地技术支撑单位。拥有山东省陶瓷基复合材料工程技术研究中心、山东省先进复合材料重点实验室、中央与地方共建高校基础实验室---材料科学与工程基础实验室。

学院坚持以科研为先导、以教学为中心，把培养“厚基础、宽专业、动手实践能力强、综合素质高的创新型人才”作为办学目标，不断更新教育思想和教育观念，深化教育改革，在教学改革和科学研究等方面取得了丰硕成果。大学生英语四级累计通过率达到92%，六级通过率达到30%；考研录取率平均超过30%，毕业生一次就业率平均达到90%以上。

近年来，材料学院致力于教学、科研、学科建设和学生创新教育工作的开展，已形成了浓厚的学术氛围和良好的育人环境。近两年先后承担国家级课题17项，其中包括国防“973”“新型陶瓷装甲的研制” 等课题，省、市科技攻关项目及省级试点专业教改项目等各级各类科研教研课题30余项，科研总经费达2600余万元。获得省、市科级奖励35项,发明专利77项。在国内外重要学术刊物上发表学术论文675篇。其中，251篇被SCI和EI等收录；发表教学研究论文90余篇。

联系方式：
电话：0533-2781665　0533-2781357　0533-2780903
地址：山东省淄博市山东理工大学材料科学与工程学院
邮编：255049

陕西科技大学材料科学与工程学院

简 介

材料科学与工程学院创建于1958年，时称硅酸盐工程系；1993年改名为材料工程系；2001年更名为材料科学与工程学院。现拥有材料科学与工程一级学科博士后流动站、材料物理与化学和材料学2个博士点及材料科学与工程一级学科硕士学位授予权，有省部级重点学科2个，省部共建重点实验室3个，陕西省13115工程中心3个。拥有国家级大学生校外实践基地、陕西省人才培养模式创新实验区、陕西省实验教学示范中心以及陕西省重点科研和教学团队。学院设有无机非金属材料工程、材料物理、材料化学、纳米材料与技术4个本科专业，专业涵盖无机非金属材料、光电材料、功能薄膜和涂层、纳米能源材料等。

学院汇聚了一批具有丰富教学经验和学术成果的教授、专家，并且活跃于国内外的专业领域，近年来发表学术论文2000余篇，拥有多项国家专利，获得包括国家技术发明二等奖和陕西省科学技术二等奖 在内的多项国家级和省部级奖励。承担了国家杰出青年科学基金、国家自然科学基金重点和面上、“863”计划、国防预研、国家科技攻关等多项国家级、省部级项目、产学研合作项目。

学生科技创新活动成绩突出，在陕西省第九届“挑战杯”大学生课外学术科技作品竞赛中，我院获得2个一等奖，2个二等奖，并且1件荣获全国二等奖。在陕西省“创青春”创业大赛中荣获3金、3银、1铜的好成绩，1件作品荣获全国创业大赛银奖；第九届全国高校环境友好科技竞赛中，获得三等奖、优秀奖。第五届全国高校环境创意设计大赛中，我院两件作品获得铜奖，这也是我校首次在这两项竞赛中获奖。

学院培养了以全国人大常委会副委员长艾力更•依明巴海，原中科院上硅所所长、973首席科学家罗宏杰教授为代表的多名行业领军人才，为国家建设和社会发展做出了重要贡献。

学院不断改善学生学习环境和条件，经常邀请国内外知名人士来学院讲学。已与日、美、英、澳等许多大学和科研机构建立友好关系，并长期保持着与国内领先企业的协作关系。学院毕业生在考取国内外知名大学的硕士、博士研究生，进入国家机关，创业以及加盟企业团队的激烈竞争中都取得了巨大的成功。

为贯彻“宽口径、厚基础、高素质、强能力、多模式”和“基本要求+特色”的人才培养原则，强调基础与专业的合理衔接，培养学生跨学科的、创造性的能力，自2015年学院实行按“材料科学与工程类”大类进行招生和培养。

联系方式：
电话：029-86168204
地址：陕西省西安市未央大学园区
咸阳校区：陕西省咸阳市人民西路49号
邮编：710021

天津大学材料科学与工程学院
简 介

材料是人类文明和社会进步的基础与先导。天津大学材料科学与工程学院成立于1997年，其前身为成立于1985年的材料科学与工程系，是我国成立最早、学科方向最为齐全的材料类院系之一，是我国高水平材料类专业人才培养和高水平材料科学研究的重要基地之一。学院所属“材料科学与工程”一级学科为国家重点学科，设有材料科学与工程一级学科博士点和博士后流动站。学院下设先进金属材料研究所(金属材料系)、先进高分子材料研究所(高分子材料系)、先进陶瓷研究所（无机非金属材料系)、焊接与先进制造技术研究所(材料加工系)、新能源材料研究所、天津大学-日本国立物质材料研究所（NIMS）联合研究中心等6个教学科研单位。

学院师资力量雄厚，现有专任教师105人，其中教授50人，副教授35人，具有国外学习和工作经历的教师比例超过70%。教师中有国家级“千人计划”入选者2人，国家“外专千人”1人、国家“青年千人”1人、国家级教学名师1人、“长江学者”讲座教授1人、国家杰出青年科学基金获得者（A类）7人、国家优秀青年科学基金获得者1人，天津市“千人计划”入选者5人、“青年千人”1人、教育部新世纪优秀人才入选者15人。

学院教风学风严谨，现有全日制在校本科生1000余名，博士、硕士研究生700余名。设有“国家卓越工程师教育培养计划”专业“材料科学与工程”、“材料成型及控制工程”以及“国家战略新兴产业”专业“功能材料”三个本科专业，实施“师昌绪荣誉学位计划”等高层次创新人才培养举措。学院建有材料科学与工程“国家级实验教学示范中心”。近年来，获得国家级教学成果奖1项，国家精品课程4门，国家精品资源共享课程3门。学生一次就业率已经连续多年超过99%，本科毕业读研和出国深造的比例近60%。学院注重在科研实践中培养研究生创新能力，近年来获全国优秀博士学位论文1篇，提名1篇。

学院科研实力雄厚，拥有先进陶瓷与加工技术教育部重点实验室、教育部材料复合与功能化工程研究中心，天津市材料复合与功能化重点实验室、天津市现代连接技术重点实验室等省部级重点科研基地.形成了材料复合与功能化、纳米材料与器件、生物医用材料、现代焊接技术、先进高分子材料、先进陶瓷材料与器件、材料物理化学、材料环境行为与表面工程等重要学术研究方向。近5年，学院承担了一批国家级科研项目，其中包括国家973基础研究计划首席科学家项目1项，973项目课题7项，863计划项目与课题10项，国家自然科学基金项目120余项，发表SCI论文800余篇，获得省部级科技奖励8项，其中一等奖5项。

学院对外交流活跃，分别与日本国立物质材料研究机构（NIMS）、美国弗吉尼亚理工大学成立了联合研究机构，与美国、英国、澳大利亚、日本等多个国家以及港澳台地区的高校开展密切的教学科研合作和师生交流互访。

联系方式：

电话：022-27406693　　地址：天津市南开区卫津路92号　　邮编：300072

武汉理工大学材料科学与工程学院

简 介

一、学科发展沿革

武汉理工大学材料科学与工程学院是学校的特色与优势学院，经过几十年的建设和发展，正逐步成为我国材料科学与工程学科人才培养、科学研究的重要基地之一。

• 1981年经国务院学位委员会批准，材料学首批获得博士学位授权点

• 1988年被列为国家级重点学科

• 1987年国家计委批准建设“材料复合新技术国家重点实验室”

• 1989年设立了材料科学与工程博士后流动站

• 2000年获得材料科学与工程一级学科博士、硕士学位授权点

• 1997年经立项审核被确定为“211工程”重点建设学科

• 1999年材料学、材料加工工程学科先后设立“长江学者”特聘岗位。2004年设立湖北省“楚天学者”特聘教授岗位

• 2004年被评为“湖北省有突出成就的创新学科”。材料物理与化学、材料加工工程是湖北省重点学科。

• 2007年材料科学与工程被列为一级学科国家重点学科，材料学、材料物理与化学、材料加工工程被列为二级学科国家重点学科。

二、主要研究领域

“九五”和“十五”期间，材料科学与工程学科有五个项目被列为国家“211工程”重点学科建设项目，即生态建筑材料及其关键技术、生物医用材料、智能材料、器件及智能结构系统、材料复合新技术与先进复合材料。以“211工程”重点学科建设项目为重点，通过建设以下研究方向形成有特色和优势的研究工作：

• 材料复合新技术与新材料

• 生态建筑材料

• 高分子材料与树脂基复合材料

• 光、电功能材料与器件

• 新能源关键新材料及其应用

• 智能材料与结构系统

• 生物医用材料

• 成型制造及其关键新材料

三、研究基地和科学研究

为了对高水平科学研究和创新人才培养提供有力的支撑，围绕主要研究方向，本学科建设了9个国家和省、部级科研基地，实验室总建筑面积达到4万平方米，设备总值达到2.1亿元。这些科研基地从

材料组成和结构分析、材料制备与加工、材料性能评价到材料重要应用的工程化研究与工业性试验，装备了功能比较齐全、具有国际先进水平的仪器设备。这些科研基地包括：

- 材料复合新技术国家重点实验室（科技部）
- 硅酸盐建筑材料国家重点实验室（科技部）
- 光纤传感技术国家重点工业性试验基地（国家发改委）
- 绿色建筑材料及其制造技术教育部工程研究中心（教育部）
- 湖北省生物材料工程研究中心（湖北省政府）
- 湖北省燃料电池重点实验室（湖北省政府）
- 燃料电池与氢源技术国家工程研究中心（国家发改委。由中科院大连化物所、清华大学和武汉理工大学共建）

材料复合新技术国家重点实验室是1987年立项建设，拥有一批先进的材料合成与加工装备以及现代化的材料结构分析、表征与性能测试设备。主要研究方向：1、发展新一代材料复合与加工新技术，特别是低维复合技术，包括纳米复合技术及薄膜复合技术；2、基于材料复合与加工新技术，发展新型结构与功能材料，特别是国防建设配套关键新材料、信息功能材料和新能源材料；3、材料基础研究与材料设计，特别是多组分、多尺度材料的复合原理与设计。

硅酸盐建筑材料国家重点实验室于2011年经科技部立项建设，主要研究方向硅酸盐材料工程基础理论，硅酸盐材料生产过程与装备，低品位原燃料与固体废弃物资源化；硅酸盐材料新品种、新技术；硅酸盐新材料评价与标准。拥有一批先进的硅酸盐材料研究与检测装备。

光纤传感材料与传感技术国家重点工业性试验基地是1990年由国家计委批准开始建设，1997年国家批准为全国唯一的光纤传感技术重点工业性试验基地，总投资2800万元，以光纤液位、温度、阀位等三种产品建立工业性试验线，开展工业性试验，并形成年产10000台套的工试生产能力。主要研究领域：(1)特种光纤及新型敏感材料研究；(2)光纤智能材料与结构及应用研究；(3)新型光纤光栅传感器及其应用研究；（4）光纤传感网络技术研究。

材料研究与测试中心部门开放实验室始建于1987 年，它是以研究材料化学组成、微观结构与性能为主的现代化的研究与分析测试机构。全中心拥有建筑面积6000平方米，拥有40多种大型精密分析测试仪器，配有各种物性测试仪器，可满足各种材料的组成、结构及物理性能的分析与检测。

“十五”期间，围绕我国工业技术可持续发展中的重大科技问题、国防建设配套关键新材料的重大需求以及材料科学的前沿，承担了包括国家“973”项目、国家“863”项目、国家自然科学基金杰出青年基金、重大、重点、面上等各类国家科技与攻关项目、国防重大科研项目和重大、重点国际合作项目等在内的纵向科研项目和面向建材行业、地方和企业的重大技术开发项目，科技经费五年到款总额达到2.1亿元，获得国家奖6项，省部级一等奖14项，出版专著8部、教材14本，为我国建材行业的科技进步、国防建设和材料科学的发展做出了贡献。

四、教师队伍

围绕主要研究方向，本学科建设了一支以973首席科学家、长江学者特聘教授、国家杰出青年基金获得者为学术带头人，学历层次高，整体科研能力强，年龄结构、学历结构、职称结构合理，朝气蓬勃、富于创新的学术队伍。材料科学与工程学科现有专职教师和研究人员253人，其中“长江学者奖励计划”7人、“国家杰出青年基金”获得者4人、“新世纪百千万人才工程”国家级人选8人、国家教学名师2人、教育部创新团队3个，国家级教学团队2个，教育部“新世纪优秀人才支持计划”入选者22人、教育部“跨世纪优秀青年教师基金”入选者5人、教育部“优秀骨干教师”2人、湖北省教学名师1

人，博士生导师64人。在教师队伍中，博士学位获得者的比例超过65%，中青年教师中50%以上的人员具有在国外知名大学或著名研究机构从事合作研究、访问研究和攻读学位的经历。

五、人才培养

材料学院现设有材料科学与工程、高分子材料与工程、复合材料与工程、材料物理、材料化学、材料成型与控制工程6个本科专业；拥有材料科学与工程一级学科博士点和博士后流动站，材料学为国家级重点学科。2012年在校全日制本科生3207人，硕士研究生和博士研究生1377人。

自1996年来，以武汉理工大学作为主持单位，承担了教育部面向21世纪高等教育教学内容和课程体系改革计划中“材料在专业人才培养方案及教学内容体系的研究”等教改项目，承担省部级以上教学改革项目15项，在材料类专业教学改革与实践中取得了丰硕成果，自2004年以来，获得国家级教学成果1项和省部级教学成果奖6项，在国内高校中产生了一定影响。材料科学与工程学院有高校材料科学与工程专业教学指导委员会副主任委员和委员3人，是高校无机非金属材料专业教学指导分委员会主任委员单位、材料物理与化学专业教学指导分委会副主任委员单位、高分子材料与工程专业教学指导分委会副主任委员单位等。目前，材料学院有国家级精品课程2门，湖北省精品课程2项，2门教材列入国家精品教材。

承担有国家精品教材、“十五”国家级规划教材、“十一五”国家级规划教材、系列新编教材的编写工作。目前已出版教材12部，教育部高等教育“百门精品课程教材建设计划”教材、“十一五”国家级规划教材1部、普通高等教育“十五”国家级规划教材，“十一五”国家级规划教材立项7项，《材料科学基础》、《材料概论》（双语）等教材被数十所院校采用。《无机非金属材料实验CAI课件》，获湖北省高校优秀课件一等奖，已在全国21所院校使用。

学生毕业后，可以到材料、交通、化工、电子、航空航天、信息、生物工程、国防、汽车、船舶、建材、化工防腐、电机、石油等行业的高校、科研院所、公司、企业从事教学、科研、开发、设计和管理方面的工作。2011年学生就业率高达95%以上。

六、国际合作与交流

材料科学与工程学科已建立了广泛的国际学术交流与合作关系，与美国、英国、法国、俄罗斯、日本、德国、澳大利亚、韩国等国的多所大学研究所建立了合作关系。本学科以开展高水平实质性国际科技合作为核心，以扩大与国际上知名大学和研究机构的合作交流为重点，以选派学术带头人出国访问、讲学、进修、合作研究和参加国际学术会议及邀请国际知名学者来校讲学为主体，形成了全方位的国际交流与合作格局。“十五”期间，本学科同这些单位合作承担了国家自然科学基金重大国际合作研究项目、科技部政府间重点国际合作项目等，联合召开国际会议和双边会议8次，双边进行学术交流的人次达到了350人次，选派教师到国外研究、学习150人次。2006年，经教育部和国家外国专家局批准，在本学科建立了“材料复合新技术与先进功能材料科学创新引智基地”（国家“111”计划）。本学科已成为我国材料学科重要国际合作研究与学术交流基地之一。

联系方式：

电话：027-87651776

教学办：027-87651780

学工办：027-87651202

地址：湖北省武汉理工大学马房山校区西院

湖南大学材料科学与工程学院

简 介

湖南大学材料学科的历史可追溯到20世纪初开办的矿科、窑科和机械科。1943年矿冶学部开始招收研究生；1958年设立硅酸盐、铸造、金属防腐和金属物理方向；1986年获材料学二级学科博士学位授予权。2000年，湖南大学将校内材料物理与化学学科、材料学学科、材料成型与控制工程专业和材料测试研究中心合并，引进国内外高层次人才组建团队，成立了材料科学与工程学院。同年获材料科学与工程一级学科博士学位授予权；次年获准设立材料科学与工程博士后科研流动站。现材料科学与工程一级学科和各二级学科均为湖南省重点学科。百年来，材料学科培养了以李薰、李元元、成会明等为杰出代表的大批优秀人才，为国家发展建设作出了贡献。自2008年起，湖南大学材料学科ESI排名进入世界前1%，2012年在ESI列入的全球708个机构中排名209位，即ESI排名优于世界上99.5%的材料研究机构。

学院下设材料科学与技术系、金属材料及控制工程系、非金属材料与工程系和本科实验中心， 拥有完备的材料学科博士、硕士和本科人才培养体系。在籍本科生和研究生1500余人。学院各教授团队组建了重点实验室、研究中心和研究所，拥有若干可承担国家重大重点科研任务和培养高级专业精英人才的、有特色的先进研究基地。各系学科责任教授组建了教学团队，主导和实施本科生和研究生课程教学。现有材料科学与工程和材料成型及控制工程两个大类本科专业，其中材料科学与工程专业是国家级特色专业。本科生初次就业率连续7年稳定在98%以上，研究生学位论文评审通过率和抽查合格率均达到100%。

学院师资力量雄厚，现有专任教师63人，其中院士1人（共享），国家“千人计划”专家1人，长江学者特聘教授1人，教育部新世纪优秀人才7人，湖南省杰出青年基金获得者2人，湖南省“百人计划”专家1人，中国侨联特聘专家1人，湖南省科技创新团队1个；正副教授48人，其中博士生导师21人，具有博士学位教师占专任教师总数的95.1%，有一年以上海外留学经历的教师占专任教师总数的45.9%。

学院是湖南大学“211工程”、“985工程”重点建设单位，已逐步形成了若干在国内外有影响的稳定而有特色的研究方向，建立了若干省（部）级重点实验室和教学科研基地。其中喷射沉积技术及应用、国防新材料先进制备技术、轻量化结构先进成形制造为部省级重点实验室；高分辨电镜中心拥有国内外先进的和有特色的原子成像技术平台；碳纤维与其复合材料工程中心获得上千万的国防军工“一条龙”项目，为国内少数几个可制备沥青基炭纤维材料的团队。学院现有实验室面积12000m^2，实验设备资产超过亿元。近5年承担各类科研项目325余项，含973、863计划在内的国家级项目55项，省部级项目76项，年均科研经费达1484万元。在国内外高水平学术期刊如Acta Mater、Electrochimica Acta、J.Hazard Mater、J.Power Sources、Macromol Rapid Comm等发表论文522篇，其中SCI收录278篇。获国家和省部级科技成果奖3项，高水平论文数量和标志性成果增长明显，为一流专业精英人才培养提供了有力保障。

学院与国内外著名院校、研究机构和工业公司开展了广泛学术交流、科研合作和人才联合培养，建立了良好的对外合作关系和常态化的学术交流机制，旨在建成国内一流的、开放式的、高水平研究型学院，为国家和社会培养“厚基础、重实践、善创新”的精英人才。

联系方式：
电话：0731-88821610　88821727
传真：0731-88823554
网址：www.clxy.hnu.cn
E-mail：cailiaocailiao@126.com
地址：湖南省长沙市岳麓山湖南大学
邮编：410082

2015

年鉴

2015

行业新闻

2014年度

2014年我国陶瓷行业经济运行情况分析

2014年，全国规模以上2035家陶瓷企业主营业务收入完成3581.3亿元，比上年同期增长13.54%，主营业务成本3006.5亿元，同比增长13.45%，实现利税445.9亿元，比上年同期增长11.23%，利润完成289.3亿元，同比增长11.92%，行业资产总计1927.03亿元，同比增长17.39%。统计企业中，日用陶瓷企业676家，主营业务收入完成998.5亿元，累计增长12.37%；主营业务成本853.9亿元，增长13.45%，利税总额实现108.8亿元，同比增长8.91%，实现利润61.1亿元，同比增长9.13%；卫生瓷企业319家，主营业务收入585.1亿元，同比增长15.99%，实现利税66.2亿元，同比增长17.82%，实现利润43.9亿元，同比增长18.28%；卫生陶瓷产量完成1.96亿件，累计增长7.33%；特种陶瓷企业613家，主营业务收入1323.7亿元，同比增长11.08%，实现利税196.7亿元，同比增长7.58%，实现利润138.6亿元，同比增长7.85%；园林及陈设艺术瓷企业427家，主营业务收入669.8亿元，同比增长18.41%，实现利税74.09亿元，同比增长19.74%，实现利润45.6亿元，同比增长23.94%。

墙地砖企业1187家，产量完成110.9亿平米，累计增长10.83%，主营业务收入约4200亿元，同比增长约12%左右。

2014年，日用陶瓷出口量为188.2万吨，同比增长26.26%，出口额累计49.4亿美元，同比增长81.93%；艺术类陶瓷出口39.7万吨，同比下降23.02%，出口值19.59亿美元，同比下降33.08%；工业陶瓷出口276.1万吨，增长148%，出口值14.29亿美元，增长7.86%；卫生瓷累计出口7650万件，累计增长24.33%，出口额32.04亿美元，累计增长61.33%；墙地砖累计出口10.62亿平米，累计下降2.01%，出口额78.13亿美元，累计下降1.0%。

2014年，日用陶瓷进口量0.688万吨，同比增长11.89%；进口额累计0.52亿美元，同比增长17.89%；艺术瓷进口量1192吨，同比下降17.19%；进口额累计1260万美元，同比下降4.83%；卫生陶瓷进口50.84万件，累计下降9.28%，进口额0.46亿美元，累计下降1.55%；墙地砖进口405.5万平米，累计增长5.27%，进口额0.92亿美元，累计增长14.6%。

2014年中国陶瓷行业各产区煤改气进程一览

在大气治理上雾霾形成的重要原因之一是煤炭、石油等化石能源的使用已成为共识。但要改变这一现状，还面临着很多问题。现阶段我们处在工业化、城镇化高速发展和消费结构转型升级的进程中，仍然需要大规模高能量密度的能源。即使是经济发展方式转型和可持续消费模式的形成，都需要一个过程。

为了治理大气污染，各产区纷纷提出并实施“煤改气”，2014年，各省区市都有压减燃煤任务，各自积极向国家争取天然气供应指标。辽宁省法库县要求2014年年内全县陶瓷产业取缔煤气发生炉；广东清远产区也在全面完成“煤改气”工作；江西高安将限定日期则定在2015年底前。按照肇庆2014年起实施的《建筑陶瓷产业转型升级行动计划》要求，全市的63家陶瓷企业268条生产线已全部被列入整改范围，全部陶瓷企业被要求在2014年9月底前完成“煤改气”，或达到清洁生产标准；其他也要求“煤改气”的城市如广西南宁、浙江杭州、内蒙古呼和浩特等也纷纷进行整改。

广东地区

2014年3月

根据《肇庆市改善环境空气质量综合治理工作细化实施方案》，治理设明确的时间限制，2014年9月底前，鼎湖区、高要市所有建筑陶瓷企业按环保等要求完成升级改造并通过验收。2014年年底前，范围推广至全市所有建筑陶瓷企业。《方案》要求，企业全部生产线使用天然气，或者按照要求进行综合治理升级后达标，颗粒物、二氧化硫的排放浓度限值须达到国家标准；配备环保在线监控设施，生产废水100%循环利用。值得一提的是，于2014年12月31日前完成“煤改气”改造并使用天然气的陶瓷企业，每条生产线将可得到一次性的财政补贴。若2015年1月1日后才使用天然气的生产线，不再享受该优惠政策。

2014年7月

清远：早在2012年10月广东省清远市就下发了《推进陶瓷企业“煤改气”工作实施方案》，2013年3月《清远市陶瓷行业综合整治工作方案》又适时出台。但2014年7月1日，这一项目仍未能正式为清远陶瓷企业供给天然气，清远38家企业无一签署用气合同。

据广东省肇庆当地陶瓷企业负责人介绍，在使用天然气之前，当地陶企除了要以预付款的形式提前购买天然气外，还需向天然气公司缴纳合同履约金100万元，并按照企业的生产线规模分配天然气使用配额，若当月天然气配额未使用完，押金则会被扣除。据了解，目前鼎湖区陶企已基本完成这一款项的缴纳。

广东省肇庆制定的《建筑陶瓷产业转型升级行动计划》从2014年起实施，要求陶瓷企业进行整治，推进“煤改气”，即窑炉燃料由水煤气改为天然气。

四会7家陶瓷企业中，3家已完成“煤改气”升级改造，还有3家改造完成现正调试，剩下1家预计2014年8月底可完成改造。同时带动产业链包括金刚新材料、康荣精细陶瓷、大象陶瓷原料厂、南江琉璃项目等10家相关企业使用天然气。

而在四会南江工业园内28家使用重油、水煤浆等能源的企业在“煤改气”带动下，已有20家企业签约改用清洁能源，其中9家企业完成天然气改造，其余11家企业正进行天然气管道建设和熔炉改造，预计7月中旬可以全部使用天然气。不在28家名单内的企业已有9家主动改造使用天然气，目前园区已使用天然气或将要使用天然气的企业达到29家。

2014年8月

广东省肇庆市出台《肇庆市建筑陶瓷企业改用天然气财政补助实施细则》，在企业改用天然气后，对每一条生产线一次性奖励50万元人民币。

目前，肇庆市65家陶瓷企业的268条生产线中，已有9家企业12条生产线使用天然气，13条生产线正在改造，37条生产线已签订技改协议，而对未改用天然气的81条生产线实施了停产。

其他地区

2014年1月

沈阳：自去年获批国家级循环化改造示范试点园区后，法库陶瓷开发区已有金地阳等30余家企业完成了技术改造升级，红太阳等28家企业完成了“煤改气”。2014年，全县陶瓷产业将取缔煤气发生炉，全部实现清洁生产。陶瓷原本是高能耗、环境负荷大的产业。法库县积极推进中水传输、中水回用等工程，引进天然气以及煤制气技术，最大限度地降低了产品能耗。目前，法库陶瓷开发区内90%的陶瓷企业通过了清洁生产审核，2014年将全部达到清洁生产审核标准。

2014年3月

青海：3月底，西宁2014年“煤改气”工作方案已获西宁市政府同意，根据方案规定，2014年8月底前，西宁市将完成天然气管网覆盖范围区的809蒸吨燃煤锅炉改造任务，全面消除西宁市区及大通回族土族自治县、湟中、湟源三县建成区的“冒黑烟”现象，赶在入冬前，用上清洁能源，减少燃煤锅炉对冬季大气的污染。

2014年5月

福建：5月18日，福建晋江新奥燃气有限公司向晋江市政府提交“关于分片区停供天然气的紧急报告”，称是为了避免超负荷运行导致安全事故或突然停气造成重大经济损失和社会影响。该报告还附上了“晋江新奥燃气保安全、保供气实施详细方案。一个方案是建陶企业主动减少用气量。另一个方案则是分片区半个月停供措施。

然而由于泉州所有的企业都实行天然气替代，供气方中海油晋江分输站最大供气量控制在346万方/日，无法满足已完成LNG替代的建陶企业的用气需求(天然气缺口量约每日60万立方)，严重制约了已完成窑炉改造的建陶企业正常生产，部分建陶企业要求允许晋江、南安陶瓷行业重新启用水煤气代替天然气缺口部分供热量，以确保企业正常生产的燃料需求。

2014年6月

江西景德镇：6月30日，景德镇市环境保护局，印发了关于《景德镇市2014年大气污染防治年度实施计划》的通知，年度工作任务中规划了燃煤小锅炉淘汰、加快推进集中供热、“煤改气”工程建设，并将景德镇特地陶瓷有限公司天然气替代煤气发生炉的“煤改气”工程列入重点完成目标。

2014年8月

江西高安：根据《高安市大气污染防治行动计划实施方案》加快陶瓷企业污染防治设施建设要求，到2014年8月底前，全市所有陶瓷企业都要按照规定完成淘汰链排炉和窑炉尾气除尘脱硫设施建设工作，确保保持正常运行并达标排放。

第五届广州茶文化与紫砂工艺展在广州举办

2014年1月9日—12日，第五届广州茶文化与紫砂工艺展暨艺博会在中国进出口商品交易会展馆隆重举办。展会汇集了130多位艺术大师、600多家展商、上万件茶品、紫砂、艺术收藏品璀璨登场，展出面积16,800平方米。

中式瓷器花瓶做为国礼被国家主席习近平赠与德国总理默克尔

中国国家主席习近平2014年3月28日访问德国，德国总理默克尔携罕有露面的“第一先生”绍尔“私人宴请”习近平。按照外交惯例，双方互赠礼物。习近平送给默克尔一套中式瓷器花瓶，而默克尔送给习近平的礼物是一幅18世纪的中国地图。

第二十三届中国（佛山）国际陶瓷及卫浴博览交易会盛幕开启

4月18日，承载着“全方面深化行业绿色环保理念，倡导企业关注绿色产品研发生产，关注消费者健康诉求，创造绿色宜居空间”使命，以“绿色·健康·升级”为主题的第23届中国（佛山）国际陶瓷及卫浴博览交易会拉开序幕，开幕仪式与启幕仪式分别在佛山国际会议展览中心展馆与中国陶瓷城展馆盛大举行。各级政府代表、行业协会领导、领事馆商会代表、石湾泛家居联盟代表、国内外陶瓷企业家代表、设计师、参展商代表以及新闻媒体的朋友们莅临现场，共享盛宴。

第十五届中国（佛山）国际马赛克展览会开幕

4月18日，第十五届中国（佛山）国际马赛克展览会暨第十五届中国马赛克文化节，在中国马赛克城盛大开幕。展会由中国陶瓷工业协会马赛克专业委员会、中国马赛克总部基地主办，中国马赛克城承办。

第四届中国（北流）陶瓷博览会成功举办

4月18日，以“交流合作·互利共赢”为主题的第四届中国（北流）陶瓷博览会在北流国际陶瓷贸易城开幕。中国轻工业联合会名誉会长、中国陶瓷工业协会名誉理事长杨志海，自治区商务厅副厅长张晓青，玉林市市长苏海棠，北流市委书记吕剑枫以及国内外陶瓷行业客商代表等出席开幕式。开幕式由北流市市长招展主持。本届北流陶瓷博览会为期三天，共设置展区5个，陶瓷展位1500个，使用展示面积3.8万平方米，参会国内外客商5000人以上。

第八届沈阳法库陶瓷博览会开幕

4月23日，为期5天的第八届沈阳法库陶瓷博览会在法库中央大街开幕。本届展会设置了建筑陶瓷、艺术陶瓷、工业陶瓷、卫生洁具、陶瓷配套等8个主要展区。近年，法库陶瓷产业发展迅速，产值不断扩大，陶瓷产业直接安排就业7.5万人，有力促进当地经济发展。

第28届东盟（泰国）国际建材展圆满落幕

5月4日，第28届东盟(泰国)国际建材展圆满落幕。据主办方介绍，本届展会吸引了近35万来自全球31个国家和地区的观众前来观展，观众除来自新加坡、马来西亚、越南、老挝、柬埔寨等东盟国家外，还有来自澳大利亚、日本、韩国、中国、欧美地区的采购商、参观团等。

作为泰国乃至东盟地区规模最大及档次最高的建筑材料展览会，该展会无疑给来自亚太地区的建材企业为开拓东盟市场提供了一个理想的展示平台。

据国家统计局和海关发布的数据显示，2013年中国陶瓷砖累计出口金额同比增长24.28%。从出口贸易国的分布情况看，排在前五位依次是马来西亚、沙特阿拉伯、美国、新加坡、泰国；与2012年相比，马来西亚、新加坡、泰国的出口额快速增长，累计同比增速分别为121.06%、46.93%、46.12%，出口额占比分别由上年的第5、7、8位，提升至第1、4、5位。

部分品牌企业对以价格产品主导贸易的模式反思早已开始，意大利、西班牙瓷砖产品每平方米的平均售价约为800元人民币，而中国一线高端品牌产品的最高售价仅为每平方米350元人民币左右，泰国本土品牌COTTO每平方米的售价约为200元人民币。据了解，COTTO的很多产品都是找中国的厂家贴牌生产，“有些中国产品的质量比欧洲生产的还要好。”Boonthavorn相关负责人表示，中国陶瓷品牌进军泰国市场，有很好的产品基础。

2014中国陶卫行业电商论坛在佛山举行

O2O电商模式正在消费市场上掀起一股热潮，而作为低关注度的陶卫行业，如何在电商中角逐，5月16日，以“O2O模式下的渠道变革”为主题的2014中国陶卫行业电商论坛，在佛山陶瓷总部基地三楼多功能会议室隆重举行，来自电子商务营销企业、陶卫企业电商负责人、经销商等共同探讨陶卫行业电商的突围之路，十多家媒体记者作现场报道。

会上，四位主题演讲嘉宾从陶卫行业如何探索，再到运用大数据突围等多个角度来分析，来自上海齐家网信息科技股份有限公司联合创始人兼COO高巍，作了关于《O2O给家居行业迎来新的变革》的专题演讲、九牧厨卫股份有限公司电商事业部总监薛勇作了《传统品牌的电商之路》的专题演讲、华耐家居集团副总裁、华耐立家建材连锁常务副总裁李琦作了关于《传统流通企业在信息化时代的发展趋势的研讨》的专题演讲、以及广东金意陶陶瓷有限公司常务副总经理张念超作了《大数据时代下的商业新思维》的专题演讲。

中国陶瓷工业协会黄芯红在总结表示，本次论坛意义重大，对陶卫行业探讨电商之路又迈进了一步。

河南首届陶瓷艺术品博览会开幕

5月17日，一场展示中原陶瓷精华的“盛宴——河南陶瓷艺术品博览会暨河南省陶瓷艺术研究中心成立大会”在郑东新区CBD天下收藏南区三楼多功能厅举行，会上，河南省民间组织管理局局长张正德宣读了河南省民政厅“关于河南省陶瓷艺术研究中心成立的批复”；中国工艺美术行业协会副理事长、河南省工艺美术行业协会理事长张玉蟲致辞；河南省工业经济联合会副会长兼秘书长郭根法发表重要讲话。中国陶瓷艺术大师孟玉松、晋晓瞳、朱文立等陶瓷界知名人士，湖北省陶瓷协会李文聪秘书长及河南省文化厅、银监局、法学会、档案局等有关局委、机构的相关负责人、主办方负责人河南省陶瓷艺术研究中心理事长曹俊孝，承办方负责人河南智本营联盟机构董事长耿强等300余人出席会议。

2014上海国际工业陶瓷展览会成功举办

6月25日，2014上海国际工业陶瓷展在上海国际展览中心成功举办，国内外新老展商200多家参展；中国机械工程学会磨损失效分析分会抗磨技术专业委员会及中国铸造协会耐磨铸件分会组织会员单位以展团形式参展，共有来自15个国家与地区10670人次莅临参观。89%的参展企业及参会代表表示：见到了许多潜在用户，又了解到了一些本行业先进产品及技术，还与同行进行了广泛的交流，参加本次展览及会议超出了预期效果。

2014年第四届中国陶瓷文化艺术创意设计精品展览会在京圆满结束

6月30日，为其四天的中国陶瓷文化艺术创意设计精品展览会在北京国际展览中心(老馆)圆满结束。此次陶瓷文化艺术创意设计精品展览会是由中国轻工业联合会与中国陶瓷工业协会共同主办，由来自江西景德镇、江苏宜兴、浙江龙泉、福建德化、河南禹州、汝州、广东佛山、广东潮州等荣获中国陶瓷文化历史名城的著名陶瓷产区参展商前来展示。同期举办的2014年第四届“大地奖″陶瓷评比活动也在此精彩落下帷幕。

景德镇代表团访问意大利、匈牙利等著名产瓷区

9月5日，应意大利法恩扎市市长、匈牙利佩奇市市长等邀请，市长颜赣辉率景德镇市人民政府代表团赴意大利、匈牙利、波兰等地，对以上国家有关产瓷区城市进行了友好访问，出席了相关陶瓷专业文化经贸活动，考察了相关陶瓷企业、陶瓷博物馆及陶瓷艺术院校，就深化陶瓷文化艺术交流，加强双方经贸合作，进行了深入的沟通和磋商，并向欧洲多个产瓷区大力推介了2014年瓷博会。陶瓷工业园区、陶瓷股份公司、浮梁县政府等有关部门单位主要负责人陪同访问考察。

第十四届中国（淄博）国际陶瓷博览会开幕

9月6日，第十四届中国（淄博）国际陶瓷博览会在山东淄博开幕，来自国内外的800余家企业、上万名陶瓷经销商参展。淄博是中国“五大瓷都”之一，陶瓷文化源远流长，目前已经形成高级日用瓷器、建筑陶瓷、艺术陶瓷等产业类别。淄博是中国陶瓷名城、中国五大瓷都之一，2008年被中国陶瓷工业协会授予“淄博陶瓷·当代国窑”称号，陶瓷文化源远流长，陶瓷工业实力雄厚。中国（淄博）国际陶瓷博览会从2001年开始已连续成功举办了十三届，为淄博陶瓷产业转型发展持续注入了新动力。

第九届沈阳法库国际陶瓷博览交易会顺利闭幕

9月11日，第九届沈阳法库国际陶瓷博览交易会胜利闭幕。本届展会展区面积15万平方米，共举行了14个主题活动，通过节俭隆重的开幕式，陶瓷新产品发布会暨房企对接会、陶瓷产业未来发展趋势暨新技术应用论坛、中国瓷谷企业新品推介会、海峡两岸著名书画家交流笔会等一系列活动，全面展示和宣传了法库独特的发展优势、深厚的文化底蕴、巨大的创业空间和全县干部职工“争第一、创唯一”的精神风貌，对提升法库知名度，促进法库与世界各地的交流与合作产生了积极影响。

第十七届唐山中国陶瓷博览会成功举办

9月16日举行的“迁安之光”第十七届唐山中国陶瓷博览会取得了圆满成功。陶博会的成功举办，对于全面提升唐山市对外开放的规模、层次和水平，促进科学发展、转型升级，全面加快沿海强市、

美丽唐山建设，将产生积极推动作用。陶博会共有国内外269家陶瓷厂商到会参展，参展陶瓷产品达数十个系列、上千个品种，名牌名企比例达到70%以上，到会客商和来宾4000多人，其中来自36个国家和地区的430多名国际采购商，国内17个省市的850多名国内大型陶瓷用户到会洽谈。

2014年互联网金融平台竞争力评估与区域合作发展策略研讨会在佛山举行

9月19日，2014年互联网金融平台竞争力评估与区域合作发展策略研讨会在佛山举行。来自北京、上海、广州、深圳等地的50余家互联网金融机构参与了研讨会，佛山这座产业城市，首次在全国互联网金融行业崭露头角。

研讨会上，互联网金融服务平台司马钱宣布正式落户佛山。同时，佛山市提出要把自身打造为“互联网金融产业高地”，未来要把互联网金融培育成佛山的重要产业。

广东省（潮州）陶瓷艺术设计大赛在潮州举行

“广东省（潮州）陶瓷艺术设计大赛” 于10月15日在潮州市瓷都陈列馆举行。本次大赛由广东陶瓷协会主办、潮州市陶瓷行业协会、中国瓷都陈列馆（潮州）协办。近300件作品参加评比。经专家、教授、大师组成的评审小组认真评审，共评出金奖作品：37件；银奖作品：79件；铜奖作品：37件。

第二十四届中国（佛山）国际陶瓷及卫浴博览交易会成功举办

10月18日，以“绿色·健康·升级”为主题的第24届中国（佛山）国际陶瓷及卫浴博览交易会在中国陶瓷工业协会常务副理事长傅维杰的主持下，正式拉开序幕。开幕仪式与启幕仪式分别在佛山国际会议展览中心与中国陶瓷城展馆盛大举行，各级政府代表、行业代表、领事馆商会代表、国内外陶瓷企业家代表、设计师、参展商代表以及新闻媒体等近千人莅临现场。

2014中国景德镇国际陶瓷博览会开幕

10月18日，2014中国景德镇国际陶瓷博览会在江西省景德镇市开幕，有35个国家和地区的800多家品牌陶瓷企业参展，品类涵盖高端日用陶瓷、艺术陶瓷、高技术陶瓷，以及陶瓷原辅材料等；瓷博会期间，除开展经贸洽谈外，还开展“一带一路”主题活动、蒋祈《陶记》暨景德镇宋元窑业国际学术研讨会、国际陶艺展、国际陶瓷艺术拍卖会等一系列丰富多彩的活动。

佛山陶瓷杯陶艺大赛成功举办

10月18日，第24届中国（佛山）国际陶瓷及卫浴博览交易会在中国陶瓷城隆重举办，佛山陶瓷杯陶艺大赛及展览也在中国陶瓷城五楼中庭展览厅同时举行，这次展览由广东陶瓷协会、佛山中国陶瓷城集团有限公司及佛山市陶瓷行业协会主办，佛山市陶瓷行业协会工艺美术专业委员会承办，广东石湾陶瓷博物馆协办。展览共吸引了近130名陶艺创作者的参与，展出作品达150多件。

2014陶业节能环保技术高峰论坛在佛山举行

10月18日，由广东陶瓷协会、佛山陶瓷学会主办，中国陶瓷城·中国陶瓷总部基地有限公司协办的以“寻找环保难点·探寻应对策略”为主题的2014陶业节能环保技术高峰论坛在中国陶瓷城5楼会议室隆重举行。本次会议由《创新陶业》报、《佛山陶瓷》杂志和新陶网承办，广东省建筑材料行业协会会长吴一岳、广东陶瓷协会会长陈环、广东陶瓷协会秘书长陈振广、佛山市陶瓷学会秘书长黄宾等行业协会、学会领导出席参加，并聚集了多个建陶卫浴企业、机械化工企业和环保治理企业的代表和本地主流媒体记者前来参加。

2014年度优秀陶瓷经销商颁奖典礼举办

10月19日，由中国陶瓷工业协会营销分会主办的2014年度中国优秀陶瓷经销商颁奖典礼在华夏明珠大酒店举办。本次活动主题为“陶瓷经销商如何更好地迎接电商时代的到来?”中国陶瓷工业协会副秘书长、中国陶瓷工业协会营销分会秘书长侯文全，中国陶瓷城集团营销策划总监谢宪民，中国陶瓷工业协会营销分会副会长、北京希凯世纪建材有限公司董事长赵振林，中国陶瓷工业协会营销分会副会长、广东省陶瓷协会秘书长陈振广，中国陶瓷工业协会营销分会专职副会长于枫，中国陶瓷工业协会营销分会副秘书长姜崇等协会领导出席了活动。

2014年海湾六国对中国陶瓷产品进口量持续增大

海湾六国建筑业的增长直接带动了建筑陶瓷的市场，据有关报告称，沙特阿拉伯与卡塔尔是未来建筑材料需求最旺盛的国家，沙特阿拉伯正在大举兴建基础设施与住房。

据悉，在中东海湾六国，中国与欧洲品牌的瓷砖已占据了50%以上的市场份额，剩下的由本地生产商与其他国家分食，包括马来西亚、印度、埃及等国家，它们的瓷砖产品占了该市场的25%左右。而在海湾六国本地生产企业中，阿联酋的瓷砖企业占主导地位，目前阿联酋企业生产的瓷砖多数为本地消费，仅12%的瓷砖用于出口。

中东海湾六国瓷砖市场对产品价格高度敏感，而抛光砖因持久耐用而越来越受欢迎。另外，中国产品进口量的增大说明了该市场对高品质产品的需求。

弗若斯特&沙利文的一位发言人称，“当地企业只有扩大产能，加大营销力度，平衡好现有的分销体系，才能降低外国品牌的市场份额。外国品牌在这个市场的强势是本地企业面临的最大挑战之一。目前大多数本地经销商都有意向经营瓷质砖，因为他们在与中国厂家的合作中获得了更大的利润。”

2014年泛高安产区喷墨技术发展趋势明显

2014年，高安产区企业采用喷墨技术的产品主要有瓷片、仿古砖、全抛釉、外墙砖4大类，其中以瓷片类企业占据的喷墨机数量最多。据了解，加上上高、宜丰两地，整个泛高安产区拥有喷墨机90余台，而这个数据比在2012年底统计的40余台翻了一倍还多。

类似神州陶瓷、国员陶瓷等瓷片企业喷墨机达10台之多，其中神州陶瓷在2014年3线投产后就开始实现全喷墨化，罗斯福陶瓷喷墨产品所在的比例也在50%-60%。

据了解，瓷片类产品1条生产线，基本都要配置3台或以上喷墨机。如神州陶瓷3线配置了4台喷墨机，其中两台是进口喷墨机，国员陶瓷、罗斯福陶瓷每条瓷片生产线都配置了3台喷墨机，并且墨水供应基本都是以陶丽西、意达加为主的进口墨水。

除了瓷片，仿古砖、全抛釉是使用喷墨机最多的两类产品，尤其是从2013年起，高安产区的仿古砖和全抛釉企业开始推广喷墨仿古砖和全抛釉，数量也从个位数增加到了两位数。目前还有很多仿古砖企业表示要增加喷墨机，喷墨机转产快、色号少，相对普通仿古砖来说，喷墨技术花色效果更好、客户更容易接受。

淄博10陶企上榜年度创新发展500强

按照《淄博市人民政府关于扶持“双500强”企业加快发展的意见》(淄政发〔2013〕11号)要求，根据自愿申报和评审结果，淄博市人民政府公布了2014年度创新发展500强企业名单，其中多家建陶企业上榜。淄博大华陶瓷有限公司、淄博唯能陶瓷有限公司、淄博金卡陶瓷有限公司、淄博金狮王科技陶瓷有限公司、淄博狮王陶瓷有限公司、淄博大业陶瓷技术有限公司等10家建陶企业均位列其中。

第九届亚洲铁电学暨第九届亚洲电子陶瓷联合国际会议在上海召开(AMF-AMEC-2014)

第九届亚洲铁电学暨第九届亚洲电子陶瓷联合国际会议（AMF-AMEC-2014）于2014年10月26日-30日在上海召开。来自泰国、韩国、日本、印度、马来西亚、美国、法国、德国、俄罗斯、澳大利亚、加拿大、英国、新加坡、约旦、中国等23个国家和地区的700多位物理、化学、材料等领域的知名专家和学者以及20家企业和出版单位参会。本次大会由中国科学院上海硅酸盐研究所主办，南京大学与同济大学协办，上海硅酸盐所李永祥研究员和南京大学陈延峰教授担任本次大会主席。上海硅酸盐所郭景坤院士、所长宋力昕、副所长杨建华出席大会开幕式。本次大会是首次在中国大陆地区举办的AMF和AMEC的联合会议，共包含4个大会报告（Plenary Lectures），102个邀请报告（Invited Talks）、186个口头报告（Oral Presentations）以及396张墙报（Posters）。口头报告共设6个分会场，墙报展示共设2个分会场。

2014年度中国部分瓷砖产品新趋势

1. 抛光砖企业通过技术创新，稳占中高端市场

近几年来，辊筒印花、喷墨打印、全抛釉、抛晶技术等全新装饰技术，所带来的瓷砖在最终装饰效果上的表现力，让抛光砖之前所具有的优点重要性日渐下滑。2014年，各产区抛光砖销量均有所

下降，尤其以中低档抛光砖下降幅度较为明显。然而，东鹏、诺贝尔、新明珠、新中源、宏宇、欧神诺、汇亚、特地、鹰牌、金舵、兴辉等企业抛光砖企业仍然依靠技术创新，通过减薄、提供不同规格产品等方式，在中高端市场中取得了良好的效果。

2. 大理石瓷砖盛行

大理石瓷砖在2009年被佛山市简一陶瓷有限公司首创，经过多年的推广，在2013年时大理石瓷砖发展呈现井喷态势，而在2014年瓷砖行业整体萧条的情况下依然热度不减，佛山秋季陶博会期间，以"大理石瓷砖"名义进行宣传推广的企业和品牌就超过了20家，包括特高特、兰洛斯、威登堡、新时代、升华、御家、英超、君领、圣凡尔赛等等，大理石瓷砖以其可以媲美天然石材的装饰纹理和瓷砖在吸水率、平整度、强度方面的传统优势，得到了商家越来越多的青睐。

3. 小规格仿古砖抢眼

在2014年建陶行业整体低迷的情况下，仿古砖的总体销量依然保持上涨，与大规格仿古砖产品相比，小规格仿古砖的表现较为抢眼，2014年，部分小规格仿古砖生产企业销量涨幅超过30%。

4. 微晶石越发亲民

微晶石从2011年开始兴起至今，已经成为建筑陶瓷市场上的重要产品。2014年微晶石行业的总销量达到300万平方米。由于2014年市场大环境的影响，虽然不同厂家的微晶石价格差别仍有分化，但大多微晶石产品已从当年刚推出时的每平米一两千元降至如今的几百元，价格已经逐步趋于平民化。

5. 水泥砖迎来上升期

2014年陶博会期间，水泥砖的表现成为热点之一，展会上展示水泥砖的陶企超过30家，其中包括费罗娜、统一等许多专业做水泥砖的陶瓷企业，水泥砖由于其色泽朴实典雅，气质干净自然，非常符合部分追求个性的消费者对简单生活，贴近自然的理念的倡导，因此近两年来水泥砖产品销量一直处于上升趋势。

6. 抛晶砖应用范围拓宽

自从佛山市金丝玉玛装饰材料有限公司所开发的抛晶砖产品"K金砖"在市场上热销以来，已有越来越多的厂家也加入到抛晶砖的行列，由于抛晶砖定位及价格高于传统主流瓷砖产品，因此也制约了抛晶砖在终端市场上被大量采购的表现，而更多的只能作为装修中点缀或一些高端场所的使用。

因此，部分陶瓷企业在2014年，已开始将抛晶砖在风格和价位上进行调整，更加趋向于平民化，将其应用空间也尽量拓展到高档场所以外，使抛晶砖产品能够形成有梯度的产品线。

7. 木纹砖受地域文化影响大

随着近两年木纹砖关注度的持续走高与喷墨技术的发展，木纹砖的纹理变得越来越细腻，产品品质也越来越高。在2014年的博洛尼亚展与佛山陶博会上，木纹砖都成为亮点之一，目前，在国内市场木纹砖产品相对于传统主流瓷砖产品，尚属于小众，购买者也多以追求个性的消费者为主。并且受地域不同及文化差异等因素影响，木纹砖产品销售状况亦有区分，2014年木纹砖在广东及福建等南方市场销量处于上升趋势，而在宁夏及甘肃等西北市场，由于观念和文化的不同，产品销量就相对较差，同时，木纹砖在乡镇和农村市场的表现，也强过一二线城市市场上的表现。

8. 薄板等绿色节能产品借力新环保法

2015年1月1日起，《中华人民共和国环境保护法》正式实施。随着新环保法的实施和消费者环保意识的不断提高，以及陶瓷薄板在绿色节能方面优势的凸显和对玻璃幕墙替代作用的加强，越来越多的企业在2014年推出了陶瓷薄板产品。与此同时，一些国外的陶瓷薄板企业也进入中国市场，天艺石材代理的西班牙天炼陶瓷薄板就在佛山秋季陶博会上进行了展示；西班牙德赛斯将薄板用在了厨卫空间；南京摩德纳建材代理了意大利娜米拉薄板，并参展了2014年5月的上海建材展。国外陶瓷薄板进入中国市场，还将促使国内薄板产品的规格进一步扩大，厚度进一步减薄。2014年意大利博洛尼亚展和里米尼展上出现的新工艺、新技术也开始在薄板产品上应用，陶丽西在广东佛山的展厅就对此进行了展示。

9. 瓷砖异形化散发新活力

为突破产品同质化所产生的问题，在传统上，厂家寻求的方式是追求材质的差异及图案纹理的创新。2014年，却有不少厂家开始从瓷砖的规格入手，打造差异化和个性化的产品，纷纷推出六边形、八边形、十二边形、菱形、波浪形等各种形状的瓷砖。2014年博洛尼亚陶瓷卫浴展上，多边形瓷砖就吸引了不少眼球，而2014年佛山秋季陶博会期间，更是有厂家推出了以六边形瓷砖为主的异形砖。

10. 大规格瓷砖发展趋势明显

在国内瓷砖行业中，800×800(mm)的地砖就一度被称为“大规格”，但现在已被视作常规尺寸，而如600×1200(mm)、900×1200(mm)、1000×1000(mm)，甚至1200×1200(mm)的规格，一般都会被企业将“大规格”作为营销点用在推广宣传里。大规格砖近两年逐渐开始流行，在高端应用的场所，如高级酒店、豪华会所、高档写字楼、别墅、大户型房屋等，大规格瓷砖依旧占据着主导地位，尤其是地砖，由于其铺贴损耗小，完成效果简约大气而又不失典雅，因此颇受设计师及消费者的欢迎。

行业新闻

2015年度

2015年我国陶瓷行业经济运行情况分析

2015年，全国卫生陶瓷、特种陶瓷、日用陶瓷、园林陈设艺术及其他陶瓷制品制造等2136家规模以上陶瓷企业完成主营业务收入3965.5亿元，比上年增长8.15%，利税完成489.7亿元，比上年增长7.20%，实现利润313.03亿元，比上年增长5.23%，148家亏损企业亏损额11.2亿元，比上年增长21.78%，累计应收账款247.2亿元，比上年增长9.56%，累计产成品库存154.4亿元，比上年增长8.75%。

统计企业中，卫生瓷企业328家，产量完成19893.9万件，比上年下降0.18%，卫生瓷主营业务收入645.2亿元，比上年增长10.05%，利税完成73.2亿元，比上年增长8.7%，利润完成47.7亿元，增长6.42%，亏损企业亏损额2.73亿元，比上年增长5.53%，应收账款52.8亿元，比上年增长9.23%，产成品库存37.02亿元，比上年增长14.47%。特种陶瓷企业635家，主营业务收入1403亿元，比上年增长4.22%，利税完成204.3亿元，比上年增长3.24%，利润完成140.9亿元，同比增长1.1%，亏损企业亏损额3.5亿元，比上年增长18.2%，累计应收账款103.6亿元，比上年增长7.55%，累计产成品库存44.1亿元，比上年增长10.57%。日用陶瓷企业638家，主营业务收入1067亿元，比上年增长11.72%，利税完成118.04亿元，比上年增长14.06%，利润完成66.1亿元，增长13.88%，47家亏损企业亏损额2.36亿元，比上年增长26.15%，累计应收账款51.3亿元，比上年增长9.88%，累计产成品库存44.6亿元，比上年增长10.75%。园林陈设艺术及其他陶瓷制品制造企业535家，主营业务收入849.2亿元，比上年增长9.17%，利税完成94.09亿元，比上年增长6.88%，利润完成58.1亿元，增长5.59%，亏损企业亏损额2.65亿元，比上年同期增长46.43%，累计应收账款39.4亿元，比上年增长15.29%，累计产成品库存28.7亿元，比上年下降2.67%。

2015年，陶瓷砖产量完成107.1亿平米，比上年增长0.76%。其中，瓷质砖产量82亿平米，下降0.51%；陶质砖产量25.1亿平米，增长5.16%。其他炻瓷砖、细炻砖、炻质砖没有生产。

2015年1-10月河北省陶瓷产品出口保持增长

据石家庄海关统计，2015年1-10月河北省累计出口各类陶瓷产品（以下简称“陶瓷”）34.4亿元，比上年同期（下同）增长13.8%。10月当月出口3.7亿元，同比增长13.2%，是自2015年4月份以来连续第7个月呈现增长。

全年除1月3月下降以外，其他各月均保持增长

1-3月呈逐步下降趋势，分别为3.5亿元、下降5.2%；3.3亿元、增长1.6倍；2.1亿元，下降22%，而且3月份是最低点，下降幅度较大；4月份出现回暖迹象，此后各月同比一直呈现增长，出口值分别为3.3亿元，增长8%；5月份仍为3.3亿元，与上月基本持平；6月份为3.8亿元，增长22.7%；7月份为4亿元，增长12%；8月份为3.1亿元，环比略有下滑，但同比增长2.7%；9月为4.4亿元，大幅增长30%，创全年最高值；10月为3.7亿元，环比下滑16.3%，同比增长13.2%，已是连续7个月呈现增长。

民营企业出口占比逾六成

2015年1-10月全省民营企业出口陶瓷22.4亿元，增长13.1%，占同期全省陶瓷出口总值的65%；国有企业出口7亿元，增长22.7%，占20.3%；外商投资企业出口5亿元，增长5.9%，占14.5%。

欧美市场占近半壁江山

2015年1-10月全省陶瓷出口覆盖全球159个国家和地区。其中，对美国出口11.7亿元，增长25.8%；对欧盟出口5.1亿元，增长4.1%；出口澳大利亚2.1亿元，增长35.8%；出口加拿大1.9亿元，增长11.2%；出口中东(17国)2.7亿元，下降6.4%；出口东盟9838万元，大幅增长1.1倍。此外，出口到“一带一路”国家6.9亿元，下降4.9%。

唐山市陶瓷出口占比逾八成，廊坊市增幅较大

2015年1-10月唐山市出口陶瓷产品28.4亿元，增长14.8%，占同期全省陶瓷出口总值的82.6%，仍为全省陶瓷产品出口第一大城市；石家庄市出口2.5亿元，下降1.3%；廊坊市出口1.5亿元，增长42.8%；邯郸市出口1.2亿元，下降7.6%；其他各地市也均有出口记录。

出口品种中以家用陶瓷出口为主

1-10月，家用陶瓷出口29.7亿元，增长17%，占86.3%；建筑用陶瓷出口2.8亿元，增长7.7%；装饰用陶瓷出口3025万元，下降48.7%。

第六届中国广州国际茶文化与紫砂工艺展览会成功举办

1月9日，2015年第六届中国广州国际茶文化与紫砂工艺展览会暨艺术收藏博览会举办。展会汇集了300多位艺术大师、700多家展商、上万件艺术收藏品，实际展出面积16000平方米，累计接待专业观众超过63000人次，现场成交额高达1.48亿元。

吉羊迎春陶瓷艺术展在邯郸峰峰矿区磁州窑艺术馆开展

2月11日，吉羊迎春·陶瓷艺术创新设计展在峰峰矿区磁州窑艺术馆开展。该展览由峰峰矿区大家陶艺有限责任公司举办，展期为一个月，共展出磁州窑艺术研究院艺术家们的作品140余件，样式有瓷板画、挂盘、雕塑、果盘等多种多样，技法有红绿彩、水墨写意、黑刻白刻等，丰富多彩。

2015龙泉青瓷传承与创新展在浙江省博物馆举行

3月15日，由浙江省博物馆主办，龙泉经济社会发展促进会和章生一青瓷苑承办的“青出于蓝”——2015龙泉青瓷传承与创新展在浙江省博物馆举行，展期持续到4月12日。龙泉市人才联合会特色工艺美术专委会遴选66件富有时代气息的龙泉青瓷作品参展，有37件参展龙泉青瓷精品被浙江省博物馆永久收藏，为历年来龙泉青瓷被国家一级博物馆收藏最多的一次。

中国陶瓷艺术大展暨首届湖南（醴陵）陶瓷博览会隆重开幕

3月26日，中国陶瓷艺术大展暨首届湖南（醴陵）陶瓷博览会在醴陵·世界陶瓷艺术城隆重开幕。此次瓷博会由中国轻工业联合会、中国陶瓷工业协会、湖南省商务厅、株洲市人民政府共同主办，醴陵市人民政府承办，湖南省陶瓷行业协会、华泽集团醴陵·世界陶瓷艺术城协办。以“中国醴陵·瓷彩天下”为主题，为期十二天，共16项主体活动，旨在打造一场以陶瓷文化为核心的交流盛会和视觉盛宴。展会吸引了全国200余家企业参展，收到来自全国各地陶瓷业内艺术人士参评作品3000余件。涵盖了艺术陶瓷、日用陶瓷、电瓷、特种陶瓷、酒瓶及陶瓷花纸色釉原辅材料等种类，分布在醴陵陶瓷博物馆、中国陶瓷艺术大展参评作品展区、特邀企业展区、醴陵釉下五彩瓷展区、醴陵炻瓷展区、全国各产地企业展区等展览区域。

第十一届中国国际耐火材料及工业陶瓷展览会圆满落下帷幕

4月3日，在中国博览会会展综合体（上海虹桥）举办，为期三天的“第十一届中国国际耐火材料及工业陶瓷展览会”圆满落下帷幕，此次展会由中国钢铁工业协会、中国耐火材料行业协会、中国国际贸易促进委员会冶金行业分会主办，历经20余年的发展，得到了国内外同行的一致公认，为钢铁及耐火材料企业提供了一个开放的交流平台，促进了上下游之间、供需双方之间的沟通，使中国的耐火材料产业向着更高更远的方向迈进。

第二十五届中国（佛山）国际陶瓷及卫浴博览交易会盛大开幕

4月18日，以“新探索·优服务·大未来”为主题的第25届中国（佛山）国际陶瓷及卫浴博览交易会在万众瞩目中正式拉开序幕。开幕仪式与启幕仪式分别在佛山国际会议展览中心与中国陶瓷城展馆盛大举行，各级政府代表、行业代表、领事馆商会代表、国内外陶瓷企业家代表、设计师、参展商代表以及新闻媒体等近千人莅临现场。中国地理标志-石湾公仔礼品展览也在中国陶瓷城五楼中庭展览厅同时举行。这次展览由佛山市陶瓷行业协会主办、佛山中国陶瓷城集团有限公司协办，佛山市陶瓷行业协会工艺美术专业委员会承办。礼品展吸引了多名陶艺创作者的参与，展出作品达200多件。

第五届中国（北流）国际陶瓷博览会开幕

4月18日，第五届中国（北流）国际陶瓷博览会暨第八届中国陶瓷产品设计大奖赛在北流国际陶瓷城开幕。博览会会期4月18日-20日，以“打造交流合作平台•共享陶瓷发展商机”为主题，设展览展示、贸易洽谈、发展论坛、学术交流、产品设计大赛、公益拍卖、旅游美食等版块，开设了陶瓷产业发展论坛、陶瓷出口基地建设经验交流会。共设5个展区，1500个展位，使用展示面积38000平方米，参展陶瓷产品涵盖日用陶瓷、艺术陶瓷、高科技陶瓷、工业陶瓷、电子陶瓷、建筑陶瓷、卫浴陶瓷、酒店瓷、礼品瓷以及陶瓷机械、原料、包装辅料等。

第十届沈阳法库国际陶瓷博览交易会开幕

4月27日，第十届沈阳法库国际陶瓷博览交易会开幕。市领导沙波涛出席开幕式。本届展会共设四大展区，展区面积50万平方米，共55家企业参展，主要展出建筑瓷、日用瓷、卫生洁具、陶瓷配套、陶瓷原料等“中国瓷谷”和国内外陶瓷主产区陶瓷生产及配套企业产品等。

2015首届中国瓷画双年展在景德镇开幕

“2015首届中国瓷画双年展”于4月28日上午10时在昌南美术馆开幕。此次展览由景德镇市人民政府、中国美术学院、中国对外文化集团共同主办，景德镇市文学艺术届联合会、景德镇陶瓷艺术研究院、昌南美术馆承办。景德镇市副市长熊皓、中国美院原副院长高发根、著名油画家冷军、美术报副主编张谷风、瓷画家李菊生、吕金泉发表讲话。此次双年展被景德镇市市长颜赣辉称为是一场“定位高、立意深、手法多、参与者众多，具有创新意识，充分展示中国瓷画独有的核心价值观”的展览。展览以“瓷画”为载体，征集了全国各地优秀艺术家的数百件作品，经过严格的评选，最终268件瓷画精品佳作入选本次展览。

醴陵艺术陶瓷专场拍卖会圆满落幕

5月30日，2015湖南省第十三届文物(国际)博览会魅力五彩·醴陵艺术陶瓷精品专场拍卖会在联合利国文化产权交易所开拍。经过长达1小时的激烈竞拍，共有42件拍品被22位买家拍得，总成交额2155200元。醴陵釉下五彩艺术陶瓷精品专场拍卖圆满落幕，标志着湘瓷文化对接金融迈出坚实的第一步。

2015上海国际工业陶瓷展览会成功举办

2015上海国际工业陶瓷展于6月10日-12日在上海新国际博览中心成功举办，共有来自56个国家与地区11，480人次莅临参观。87%的参展企业及参会代表表示：“见到了许多潜在用户，又了解到了一些本行业先进产品及技术，还与同行进行了广泛的交流，参加本次展览及会议超出了预期效果”。

2015中国国际陶瓷工业技术与产品展览会在广州成功举办

6月1日，由中国陶瓷工业协会举办的全球最大规模的陶瓷工业盛会（2015中国国际陶瓷工业技术与产品展览会）在广州琶洲展馆开幕，这个已经举办了28届的展会再次迎来了新一次的绽放。本届展会吸引了20多个国家和地区共800多家企业参展，展位面积达86500平方米，其中新参展的企业高达260多家，占比超过30%，首日共接待专业观众23057人，其中海外买家4011人，国内买家19046人。

“秦风桂韵——陕西耀州窑陶瓷展”在防城港市开展

6月15日，由陕西耀州窑博物馆、广西文物保护与考古研究所、防城港市博物馆共同主办的《秦风桂韵——陕西耀州窑陶瓷暨在广西、越南的传播影响展》在防城港市正式开展。展览汇集了历代瓷器珍品和发掘文物共231件（套）。

第五届中国陶瓷文化艺术创意设计精品展览会圆满闭幕

6月29日，由中国轻工业联合会、中国陶瓷工业协会主办的2015中国国际轻工消费品展览会暨第五届中国陶瓷文化艺术创意设计精品展览会在北京中国国际展览中心圆满落下帷幕。展会同期还成功举办了“大地奖”评选活动。展览会为期4天，是全国陶瓷界的重要盛会，是推广品牌、扩大影响力的重要平台，面积近3万平方米，共设600多个展位，参展作品以陶瓷为主，并涵盖了工艺美术、红木家具、珠宝等多个门类。

第17届中国(广州)国际建筑装饰博览会成功举办

7月8日，第17届中国(广州)国际建筑装饰博览会拉开大幕。广州建博会包含了建材装饰行业的整个产业链，这种可以为建筑装饰行业提供完整解决方案的展会自然能够吸引更多的企业和更多的专业观众前来参加。为此，主办方也将展会所涉及的十六大展出品类整合为六大类别--定制家居、室内装饰、门窗、卫浴、建筑装饰五金、机械等，进一步引领了大家居定制时代的发展潮流。本届广州建博会展出面积达到340000平方米，参展企业超过2200家，据统计到会的海内外专业观众已经突破130000人。

《瓷器之路——从古老走向未来》中国瓷器展在莫斯科闪亮登场

《瓷器之路——从古老走向未来》中国瓷器展7月17日在莫斯科“新玛涅什”展馆隆重开幕。中国驻俄罗斯使馆公使谢小用、江西省文化厅副厅长朗道先、莫斯科“玛涅什”博物馆馆长伊丽娜·托普丽娜出席开幕式并分别致辞。本次展览由莫斯科中国文化中心和江西省文化厅主办，江西省博物馆和“新玛涅什”展馆承办。

此次展览是中俄陶瓷文化艺术交流的延续，展出的80件瓷器全部来自江西省博物馆，展品分为“青花瓷”、“釉上瓷”和“综合装饰瓷”三大部分，瓷器作者既有造诣精深的老艺术家，也有朝气蓬勃的中青年艺术家，体现了当代中国景德镇群星灿烂的陶瓷艺术发展局面。

中国陶瓷金尊奖评选正式启动

7月18日，2015中国陶瓷资本高峰论坛，在佛山泛家居电商创意园隆重举行。中国轻工业联合会副会长杜同和宣布：“中国陶瓷金尊奖评比正式启动”，评比活动将本着对内优化品牌效能秩序、对外助推自主品牌通路、为中国陶瓷卫浴产业的升级转型提供助力的目的，以传播中国陶瓷卫浴行业最高成就、最具权威的奖项体系——“中国陶瓷金尊奖”为使命；杜会长还代表五大机构宣布了金尊奖评比领导小组成员名单。

吉尔吉斯斯坦举办“中国文化日”中国瓷画展

7月29日，吉尔吉斯斯坦“中国文化日”系列活动之中国瓷画展在吉国家造型艺术博物馆举办。本次展览展出了来自享有中国“陶瓷之都”美誉的景德镇的37件瓷画作品。所有展品均出自中国当代最具代表性的瓷画艺术家之手，展示了瓷画艺术特有的魅力。

广东省工艺美术珍品（艺术陶瓷类）展暨“唯美杯”广东省艺术陶瓷精品双年展开幕

8月13日，广东省工艺美术珍品(艺术陶瓷类)展暨“唯美杯”广东省艺术陶瓷精品双年展在广州东方文德艺术品交易中心开幕。为实施省委省政府加快建设文化强省的战略，促进省传统艺术陶瓷的保护和发展，推动优秀艺术陶瓷作品的创作、收藏和宣传展示，广东省经信委委托广东陶瓷协会组织开展广东省工艺美术珍品(艺术陶瓷类)的认定、展览工作。此次展览作为认定工作成果，得到全省国家级大师、省级大师积极响应，共有16位国家级大师和32位省级大师参加，分别占本省艺术陶瓷类国家级大师60%和省级大师35%，同时共呈现其地域特色鲜明的原作、精品约200件，可谓近年广东省陶瓷艺术发展的高水准展示。

北京京彩瓷被作为国礼赠与国际田联主席

8月22日，中国•北京第十五届田径世界锦标赛在国家体育馆——“鸟巢”盛大开幕。2015年世界田径锦标赛是继2008年北京奥运会后，北京市承办的最大型综合性运动会，有来自200多个国家超过2000名运动员在47个项目上展开竞逐。为了将这一世界顶级赛事与中华文化更好交融，组委会决定，以代表中国传统文化艺术精粹的国礼京彩瓷，做为本次世锦赛的国礼，由北京瓷器行业中唯一的一家中华老字号——居仁堂京瓷（北京）文化有限公司的大师设计制作《筑梦•京彩瓷赏盘》，选择用的是中国传统器型——圆盘，以国花牡丹和鸟巢为主体图案，采用珐琅彩和粉彩装饰，由国家主席习近平赠送给国际田联主席迪亚克和国际友人。

第三届河北省陶瓷艺术技艺大赛在峰峰矿区举行

8月22日，第三届河北省陶瓷艺术技艺大赛在峰峰矿区举行，来自河北省各地区的陶瓷艺术从业人员共95人参加了比赛。本届技艺大赛分陶瓷绘画、陶瓷雕塑、手拉坯、刻剔花、陶瓷造型设计五类项目。技艺大赛意在营造良好陶瓷文化艺术氛围，发现陶瓷技艺人才，促进陶瓷传承和创新技艺。

2015中国好陶瓷暨第四十一届山东省陶瓷艺术设计创新评比在临沂市举行

8月24日，由山东省陶瓷协会主办的“2015中国好陶瓷暨第四十一届山东省陶瓷艺术设计创新评比在临沂市落下帷幕，评选出金奖作品46件（套）；银奖作品67件（套）；铜奖作品77件（套），39件（套）作品获优秀奖和评委特别奖。

本届陶瓷艺术设计创新评比在规模、参评作品数量及影响力等方面均超往届。省内淄博、临沂、济南、日照、德州、曲阜以及省外江西、湖南、河南、天津、黑龙江、北京、上海、广东、辽宁等省市的300余位陶瓷艺术家携日用陶瓷、刻瓷、陶（瓷）塑、陶瓷彩绘、新材质等六大类365套，3000余件作品参评。

第十五届中国（淄博）国际陶瓷博览会开幕

9月6日，第十五届中国（淄博）国际陶瓷博览会暨第十四届中国（淄博）新材料技术论坛，在山东淄博盛大开幕。本届陶博会融通古今中外，内涵丰富，博大精深。宋代五大名窑首次齐聚淄博，“汝、官、哥、钧、定”五大名窑产区的当代陶瓷精品汇聚一堂，来自五大窑口的二十七位国家级大师将倾情奉献自己的扛鼎之作，几十位省级大师也将集中呈现名窑瓷器冠绝古今的千年绝技，全面反映了五大名窑的艺术特色，使人们一厅之内便可同时欣赏到我国陶瓷文化最具代表性的陶瓷艺术精髓。尤其是作为淄博地域传统工艺的琉璃艺术将重磅回归，将让传统的琉璃艺术光彩照人、熠熠生辉。

首届中国（广东）国际“互联网+”博览会在佛山市成功举办

9月12日，为期3天的首届中国（广东）国际“互联网+”博览会，在佛山市中欧中心落下帷幕，但相关话题还在不断发酵。作为佛山传统的龙头制造业之一的陶瓷产业，此次也铆足劲扎堆博览会，以全新概念和模式融入“互联网+”大时代中。

抱团，从生产线开始

9月10日下午，参展“互联网+”博览会的佛山陶瓷产业联盟投资有限公司，正式与电子信息类985高校电子科技大学智能制造研究院签订战略合作框架协议，双方将在产学研、培训、工业设计、智能化、减排等方面展开合作。

据悉，佛山陶瓷产业联盟投资有限公司是由新明珠、东鹏、蒙娜丽莎、新润城等14家佛山知名陶企共同投资组成的投资实体公司，据相关负责人、佛山市陶瓷行业协会会长戴一民介绍，签订协议后，双方将首先在生产线改造上展开合作。研究院专家将进驻到各个企业，为企业度身定制智能化方案。生产线可谓陶企的生命线，投资一条生产线，少说也要上千万元。而智能化生产线，不仅能提高产量、减少人工成本，更能做到节能减排，对企业做大做强很有帮助。

跨界，解决资金难题

如果你买了1万元的瓷砖，过了3年不仅可以拿回1万元本金还获得相应收益，而且瓷砖依旧属于你的。你是否会觉得有点天方夜谭？9月10日“互联网+”博览会开幕当天，新锐陶瓷品牌元高陶瓷举办发布会，与媒体分享这个看似天方夜谭的新营销模式。

元高陶瓷董事长张国元表示，之所以能做到“不花钱用瓷砖”，是因为引入了“P2P互联网金融”新模式。据介绍，元高陶瓷目前已与纪元投资公司、国元农业科技公司签订合作协议，消费者购买瓷砖后，将获得相应的P2P理财产品，年收益率最高达到11%。这些资金将定向投资高科技农业领域，从源头严控，囊括全产业链，确保投资收益。此外，元高陶瓷还请来王杰担任代言人，并牵手央视《发现·诚信》栏目组深度合作。

融合，激活消费体验

除了陶企参展，建材电商平台参展“互联网+”博览会，也颇受关注。如新上线的“91惠家居商城”，此次也参加了展览会，现场更有体验专区供市民即场感受DIY自选建材的乐趣。据商城董事长何润炽介绍，过去装修，消费者要找设计师、找建材产品，此后还要不断筛选、沟通、修改，非常麻烦，这个平台集合了设计、体验、销售等各种资源，以及陶瓷、家具、卫浴、灯饰、家饰、五金等全系列产品，大大简化了装修流程，而且融合了全新的DIY自主选材软件，能让消费者线上感受装修效果，大大激发其体验感。

大埔县蜜柚名茶长寿文化旅游节暨陶瓷展销会成功举办

9月15日，大埔县举办了蜜柚名茶长寿文化旅游节暨陶瓷展销会。来自全国各地的嘉宾和省、市、县领导欢聚一堂。活动内容包括蜜柚、名茶、美食、陶瓷展和旅游推介活动以及客家文化与健康长寿高峰论坛。活动期间，该县签约招商引资项目、签订蜜柚、茶叶、陶瓷购销合同共23项，其中招商引资项目10项，茶叶、蜜柚购销合同10项，陶瓷购销合同3项，签约金额合计107.6亿元。同时，还举行了该县“中国长寿之乡”、“中国青花瓷之乡”、“中国名茶之乡”的授牌仪式。

第十八届唐山中国陶瓷博览会成功举办

9月16日举行的“唐港区之光”第十八届唐山中国陶瓷博览会取得了圆满成功，本届陶博会充分借助环渤海加速崛起和京津冀协同发展的重大战略机遇，在贸易展览、项目合作、城市宣传、人才技术引进、互联网贸易等方面，取得了一系列丰硕成果，对全市扩大对外开放、促进经济社会发展的作用更加凸显，真正成为了有质量、有内涵、有实效的陶瓷盛会。本届陶瓷贸易展共设展位900个，展区面积1.75万平方米，吸引了来自12个国家和地区的10多家国际、国内知名陶瓷品牌参展，名牌名企比例达到75%以上，涉及日用瓷、建筑瓷、卫生瓷、艺术瓷等十几大类陶瓷品种。大会期间，共有来自境内外4500位嘉宾客商参会，我市约有20余万人参观了陶瓷展览活动。

第十一届沈阳法库国际陶瓷博览会开幕

9月21日，为期5天的第十一届沈阳法库国际陶瓷博览会在辽宁法库经济开发区盛大开幕，沈阳市副市长祁鸣、市政府副秘书长曲向军、沈阳市服务业委员会副主任任凤云、法库县代县长王欢苗等政府相关负责人出席会议，辽宁法库陶瓷协会会长李利民、各地协会代表及业内人士出席大会。辽宁省家具协会会长祖树武先生、副会长金亚凡女士应邀出席开幕式。本届展会以“市场与创新”为主题。规模宏大，活动精彩纷呈是本届展会的一大亮色，展会共设四大展区，共55家企业参展，参展范围包括建筑陶瓷产品展销，艺术陶瓷、日用陶瓷产品展销，陶瓷机械及配套产品展销。主体活动包括中国瓷谷新材料科技企业孵化器揭牌仪式、辽宁法库新材料产业技术创新大会、2015中国陶瓷砖行业高峰论坛、“向泥土致敬”主题讲座、第七届陶瓷砖生产技术论坛、第八届中国建陶产业进出口高峰论坛、中国瓷谷·阿里巴巴渠道商战略合作签约仪式、法库县陶瓷旅游纪念品设计大赛，东北地区陶瓷书画交流笔会等活动。

2015年前10月福建省泉州市陶瓷产品出口量增近五成

面对国际上此起彼伏的针对我国陶瓷制品出口的反倾销制裁，泉州市陶瓷产品出口却实现逆势增长。据泉州海关统计，2015年1—10月共出口陶瓷制品23亿元，同比大幅增长46.4%，主要出口品种为上釉的大陶瓷砖、陶制塑像及其他装饰品、其他瓷质餐具等。10月当月共出口2.8亿元，同比增长51.5%。

其中，民营企业出口为主导，出口额18.5亿元、同比增长70.9%，占泉州市陶瓷产品出口的

80.4%，外商独资企业出口2.8亿元，占泉州市陶瓷产品出口的12.2%。出口市场主要为美国及阿联酋，分别出口5.9亿元、1.4亿元，同比分别增长50.6%、83.8%。

近年来，国际上对于我国陶瓷制品出口的反倾销制裁声音不断，陶瓷出口环境更加艰难，泉州陶瓷出口却实现逆势上扬。业内人士分析，近年来泉州市陶瓷企业主动加强品牌创新和科研投入，打造绿色高端、附加值高的新型陶瓷产业，及时跟踪分析国际市场和政策变化，积极应对陶瓷出口中的贸易摩擦，合理运用国际贸易规则，很大程度上维护了自身利益。

西部瓷都·夹江首届陶博会开幕

10月8日，为期三天的首届夹江陶瓷博览交易会在“中国西部瓷都”四川省夹江县拉开帷幕。展会设有1个主会场和2个分会场。陶博会以“开放、创新、绿色、品牌”为主题；定位于“陶瓷产品展示平台、陶瓷产品交易平台、陶瓷行业交流平台”。采取政府主导、企业主体、市场运作模式运作。举办此次陶博会在于打造中国西部瓷都夹江陶瓷区域品牌，促进夹江陶瓷产业转型升级，壮大产业集群，拓展夹江产区产品销售市场。展会在三江国际陶瓷城主会场和瓷都万象城、粤新中源陶瓷城两大分会场举行，三大会场各具特色、互为补充，布有国际馆、红坯馆、绿色环保馆、卫浴馆、艺术陶瓷馆、陶瓷机械及配套馆等展馆，共有180余家企业、经销商参展，集中布展面积超20万平方米，展览内容涵盖地砖、广场砖、内外墙砖、仿古砖、西瓦、古建青砖、卫生洁具、工艺美术陶瓷等近千规格万余花色品种，以及陶瓷原料、陶瓷机械等配套产品。覆盖陶瓷生产、原材料供应、机械设备制造等涉陶行业。

第三届中国西部（白银·平川）陶瓷峰会暨平川陶瓷文化节隆重开幕

10月9日，第三届中国西部(白银·平川)陶瓷峰会暨平川陶瓷文化节在甘肃省白银市平川区隆重开幕。此次陶瓷盛会受到各级领导、陶瓷行业和众多媒体的高度关注，已成为国内陶瓷精英就世界及中国陶瓷产业发展高端交流的重要平台。本届峰会由中国陶瓷工业协会、甘肃省白银市人民政府主办，白银市平川区人民政府承办，主题为“多彩丝路、陶醉平川”，旨在展示丝路陶瓷文化，融入“一带一路”战略，优化平川陶瓷产业，持续打造“西部陶都”。

全国首个出口陶瓷评议基地落地佛山

10月14日，中国WTO/TBT-SPS国家通报咨询中心陶瓷产品技术性贸易措施研究评议基地在佛山成立，这也是全国首个出口陶瓷评议基地。

2015年上半年，我国建筑陶瓷出口金额38.4亿美元，其中广东建筑陶瓷出口28.03亿美元，约占我国建筑陶瓷出口总额的73%。但是随着全球贸易保护主义的加剧，技术性贸易措施逐渐成为制约我国陶瓷出口的最大障碍，每年佛山陶瓷出口企业因国外技术性贸易措施蒙受的损失达数亿美元。

对此，新成立的评议基地将以WTO其他成员陶瓷产品技术性贸易措施为关注点，主持评议世界其他国家地区对我国陶瓷产业提出的技术性贸易措施，积极协助佛山陶瓷产品出口质量安全示范区和陶瓷产品特色产业基地开展技术性贸易措施应对工作，帮助企业掌握和应对国外技术性贸易措施。

2015中国景德镇高技术陶瓷国际论坛暨第九届亚洲陶瓷材料研讨会在景德镇召开

10月17日，2015中国（景德镇）高技术陶瓷国际论坛暨第九届亚洲陶瓷材料研讨会在景德镇陶瓷学院开幕。副省长谢茹，科技部参赞蔡嘉宁，省科技厅书记郭学勤，韩国陶瓷技术研究院副院长金亨泰，中国科学院上海硅酸盐研究所所长宋力昕，中国硅酸盐学会陶瓷分会理事长周健儿，市领导董立新，李镇发，沈薇，张春萍以及韩国、法国、日本、意大利、德国、美国等18个国家代表、国内高校、科研院所、相关企业、行业专家、学者等共100余人出席开幕式。

第十六届中国佛山国际马赛克展览会开幕

10月18日，第十六届中国（佛山）国际马赛克展览会暨第十六届中国马赛克文化节，在中国马赛克城隆重开幕。文化节展会由中国陶瓷工业协会马赛克专业委员会、中国马赛克总部基地主办，中国马赛克城承办。

2015中国景德镇国际陶瓷博览会开幕

10月18日，2015中国景德镇国际陶瓷博览会盛大开幕。全国政协副主席、全国工商联主席王钦敏，江西省人民政府省长鹿心社，江西省政协主席黄跃金，中国轻工业联合会副会长、秘书长王世成，商务部外贸发展局副局长贾国勇，中国国际商会会展部长郭英会共同推杆启动开幕。古老而美丽的瓷都，又一次迎来了这一年一度举世瞩目的国际陶瓷盛会。在开幕仪式上，省长鹿心社说，景德镇是世界著名的瓷都，陶瓷文化底蕴深厚，制瓷工艺精湛。千百年来，景德镇陶瓷通过陆上和海上丝绸之路销往世界各地，为促进中国与世界各国的经贸发展、文化交流发挥了重要作用。

2015年中国优秀陶瓷经销商颁奖典礼在佛山隆重举行

10月18日，由中国陶瓷工业协会营销分会主办，中国陶瓷城集团有限公司赞助，唐姆建材有限公司和佛山中科壹家科技有限公司支持的2015年中国优秀陶瓷经销商颁奖典礼，在佛山中国陶瓷总部基地陶瓷剧场隆重举行。大会表彰了市场一线为我国陶瓷行业作出重要贡献的杰出经销商，以鼓励和推动行业健康发展。同时，该活动特邀重要嘉宾现场围绕“大变局!你往何处去?”的主题，分析当前行业大洗牌的紧张局势，以开启多元化的思维碰撞和建立新时代商业逻辑思维。

第二十六届中国(佛山)国际陶瓷及卫浴博览交易会成功举办

10月18日，以“新探索”为主题的第26届中国(佛山)国际陶瓷及卫浴博览交易会(以下简称“第26届佛山陶博会”)在万众瞩目中正式拉开序幕!各级政府代表、行业代表、领事馆商会代表、国内外陶瓷企业家代表、设计师、参展商代表以及新闻媒体等近千人莅临现场，共襄盛会。第26届佛山陶博会开幕仪式在佛山国际会议展览中心举行，中国陶瓷工业协会副理事长浦永祥主持，他代表中国陶瓷工业协会对莅临嘉宾表示感谢和欢迎。2015年全国各大产区都分别举办了陶博会，但佛山陶博会依然是中国陶瓷市场的风向标，引领并推动着行业的发展。

景德镇“唐英杯”第十一届陶瓷艺术“百花奖”展评活动举行

10月18日，景德镇“唐英杯”第十一届“百花奖”展评活动在景德镇学院新艺术大楼一楼展厅举行。展示的获奖作品题材各异，既有各种风格的瓷板画、不同形状的瓷瓶，也有各种组合雕塑、人物创作、动物模型，作品题材包括山水、人物、花鸟、建筑、宗教等元素，近300平方米的展厅四周和中间都布满了各种作品，吸引了不少陶瓷艺术爱好者和艺术系学生前来参观交流。

临沂（罗庄）陶瓷协会陶瓷展厅惊艳亮相商博会

10月18日，第六届中国(临沂)国际商贸物流博览会在临沂国际会展中心隆重开幕，临沂（罗庄）陶瓷协会陶瓷展厅在会展中惊艳亮相，前来参观人员挤爆现场。中国（临沂）国际商贸物流博览会作为我国首个以市场贸易为主题的国际级博览会，既是促进商品展销和交流合作的服务平台，又是展示商贸物流发展成果的重要窗口，已成为国内外各产业基地、专业市场、品牌企业搭建深度合作、互利共赢的有效载体和重要平台。此次参展，是由临沂（罗庄）陶瓷协会组织，临沂十大建陶生产企业共同参展。

第八届中国宜兴国际陶瓷文化艺术节开幕

10月20日，第八届中国宜兴国际陶瓷文化艺术节暨2015中国陶都（宜兴）金秋经贸洽谈会在江苏宜兴隆重开幕。全国各大陶瓷产区陶艺大师、国际友城代表、国际友人共2000余人参加了本届开幕式。第八届中国宜兴国际陶瓷文化艺术节以“缅怀大师风范，弘扬景舟精神；繁荣陶瓷文化，促进科学发展”为“主题”，围绕“陶醉中国、陶缘景舟、陶苑芬芳、陶行阳羡、陶都兴业”五个“陶”的“主线”，共安排设计了42类（项）活动。

2015中国陶瓷行业优秀媒体及优秀新闻作品颁奖大会在佛山举办

由中国陶瓷工业协会、中国陶瓷媒体俱乐部主办，并由中国陶瓷工业协会佛山办事处承办的第三届中国陶瓷行业新闻媒体表彰大会由“中陶城集团”“BOBO陶瓷薄板”冠名赞助，于2015年10月21日下午2时在中国陶瓷总部·陶瓷剧场三楼多功能会议中心举行。

首届中国陶瓷电商峰会在福建省德化县举行

10月27日，2015年首届中国陶瓷电商峰会于德化举行。开幕式上，景德镇市政府代表从德化手中郑重接过峰会会旗，将承办第二届中国陶瓷电商峰会。首届峰会以“互联网+陶瓷产业”为主题，开展了中国陶瓷在线交易平台和陶瓷全球购首次公开对外推介、国内陶瓷及跨境陶瓷电商论坛、专家学者与电商实操手分享对话、中陶协和阿里研究院联合首次评选发布“中国日用陶瓷十佳网货品牌”及“中国工艺陶瓷十佳网货品牌”等一系列活动。其中，景德镇陶美堂获得“中国日用陶瓷十佳网货品牌”称号，景德镇贝汉美、鼎众、鸿轩、君凯、欧瑞雅、兆宏等6个陶瓷品牌获得“中国工艺陶瓷十佳网货品牌”称号。

京城第一窑开出“丝韵” 京彩瓷博物馆正式亮相

10月30日，文博会西城区分会场举行由京彩瓷博物馆推出的“向泥土致敬”京彩瓷文化体验线活动，“京彩瓷博物馆”正式亮相。此外，由老字号居仁堂打造的“京城第一窑”也于10月30日上午开窑。坐落在北京老字号居仁堂内的京彩瓷博物馆，正式亮相文博会，并首次推出“京彩瓷文化体验线”活动。京彩瓷源于清末，俗称北京仿古瓷，因模仿前朝名瓷品种而得名。如今，京彩瓷已列入北京市非物质文化遗产名录。京彩瓷博物馆内藏着号称“千古第一瓷”的“乾隆粉彩百鹿尊”。此藏品真品在故宫博物院，是奉帝十道密旨而制，汲粉彩绝技，因其器型硕大(500件)，瓷画、烧制工艺繁复，因而难以复制。馆内藏品由工艺美术大师亲自监制才得以再现，被视为“镇馆之宝”。

第九届先进陶瓷国际会议在桂林举行

由中国硅酸盐学会主办、中国硅酸盐学会特种陶瓷分会、清华大学新型陶瓷与精细工艺国家重点实验室、桂林理工大学材料学院、桂林电子科技大学材料学院联合承办的第九届先进陶瓷国际会议于2015年11月4日至7日在桂林市举行。本次会议与会代表574人，其中境外代表80人，境内代表494人。境外代表分别来自美国、澳大利亚、丹麦、英国、芬兰、法国、德国、意大利、日本、韩国、波兰、葡萄牙、沙特阿拉伯、斯洛文尼亚、瑞典等15个国家。会议共收到论文摘要600余篇，安排了大会报告4个、66个邀请报告和139个口头报告，另有200余篇论文在会议期间展示。

山西省第三届工美陶瓷职业技能大赛在平定县举办

11月6日，2015年中国技能大赛——山西省工艺美术第三届“平定刻花瓷奖·神工杯”陶瓷职业技能大赛决赛在平定县启动。省人大常委会原常务副主任、省工艺美术协会名誉理事长纪馨芳，省总工会常务副主席郭新民，陶瓷专家韩烈火，省城联社主任、省工艺美术协会理事长李荣钢，省中小企业局副局长闫龙江及省、市相关部门负责人出席大赛决赛启动仪式。县领导郭爱聪、王卫东、刘选民、李有义参加。

国际著名古陶瓷专家柯玫瑰获景德镇荣誉市民称号

11月10日，江西省景德镇市市长颜赣辉向国际著名陶瓷专家、英国维多利亚阿尔伯特博物馆前东方部主任柯玫瑰女士颁发荣誉市民证书，以表彰她为传播景德镇陶瓷文化作出的卓越贡献，“柯玫瑰女士是一位积极推进景德镇与全球对接的英国学者，为景德镇陶瓷文化做出了卓越的贡献。”景德镇市外事侨务办主任高翔说，柯玫瑰是景德镇市授予荣誉市民的第三名外国人，也是第一位获得这一荣誉的外籍陶瓷专家。

第九届卫生洁具行业高峰论坛在福建省南安市举行

11月18日，以“逆风展翅，善拼能赢”为主题的第九届卫生洁具行业高峰论坛在福建省南安市举行，来自上海、江苏、浙江、广东以及福建本地卫浴企业共400多人，围绕目前行业的发展趋势展开了讨论。

2015年广西（钦州）坭兴陶“两赛一展”活动举行

11月21日，2015年广西(钦州)坭兴陶“两赛一展”活动开幕式在钦州坭兴陶文化创意产业园举行。市长唐琮沅宣布活动开幕。中国陶瓷工业协会常务副理事长傅维杰致辞。此次“两赛一展”活动包括首届“坭兴杯”中国(钦州)陶瓷技艺大赛、“百年金奖”坭兴陶精品展以及首届“陶园杯”钦州市青少年陶艺创作比赛，活动为期两天，吸引了河北、湖南、江西、贵州等全国各地的陶瓷大师和爱好者参加。

四川省夹江县多条陶瓷新生产线举行开工仪式

夹江又有陶瓷新线开工

11月23日，夹江米兰诺高档红坯陶瓷生产线、佳士得瓷业扩建等15个项目，开工仪式在夹江县新场镇举行。截止目前，2015年夹江已经有6条生产线点火投产。

11月23日，夹江在新场镇举行项目集中开工、竣工仪式，市委常委、秘书长宁坚出席仪式并宣布开工。集中开工建设包括米兰诺高档红坯陶瓷生产线、佳士得瓷业扩建等15个项目，投资额共15.2亿元；集中竣工投产包括珠峰新型外墙砖生产线、索菲亚高档瓷砖生产线等12个项目，投资额共15.8亿元。

红坯陶瓷再启征程

夹江陶瓷经过20多年的发展，现在面临着产能过剩、资源枯竭、生产线老化、环境恶化等诸多问题，生存与发展的形势非常严峻，为此米兰诺公司近年来与西班牙陶瓷研究所合作，大量利用夹江当地页岩资源生产高档红坯陶瓷，目前已取得了一些最新的科研成果。

因此公司决定投资5亿元，建设两条高档红坯陶瓷生产线。设计年产高档红坯地砖1200万㎡，并配套研发中心、销售、库房等设施6万㎡。项目建成后预计可实现年产值4亿元，增加就业人员500余名。

2015年已有6条新线点火

据统计，2015年夹江产区共建成了6条陶瓷新线，其中全抛釉生产线3条、内墙瓷片1条、西瓦线1条、外墙砖一条。

除了已经建成投产的生产线以外，产区内还有4条在建生产线。

据了解，2015年开年后，产区内香莱尔(广乐分厂)、盛世东方、康荣等企业新建的陶瓷生产线先后点火投产，拉开了新线建成投产的序幕。紧接着筹备近一年的金翔陶瓷企业超3万平米的全抛釉生产线和米兰诺技改重建西瓦生产线也随之在7月底和8月底顺利点火投产。

2015年，在产能增长方面仅全抛釉日产能就增长了7.5万平方米、瓷片产能增长了3.5万平方米、西瓦日产能增长30多万片。

至此，夹江产区的全抛釉的日生产能力已经开始突破20万平米，将整个四川产区全抛釉生产能力提升到了一个前所未有的高度。

尽管面临行业“寒流”，夹江陶瓷产业依然保持了相对稳定的发展势头。

2015佛山陶瓷艺术节在石湾举行

由佛山市文化广电新闻出版局、禅城区人民政府联合主办，佛山市禅城区文化体育局、石湾镇街道办事处承办的，“梦想陶都•陶醉亚洲——2015佛山陶瓷艺术节”，于11月27日至11月29日在石湾隆重举行。

节水型卫生洁具国标正式发布

新国标就卫浴洁具生产企业在设计、研发、管理等环节的节水方面都提出了更高的要求，将更加有效地推进居民生活节水进程，将节约厨卫用水量30%以上。国标委相关负责人介绍，新国标于2015年12月1日正式实施。

新标准首次对高效节水卫生洁具给出定义，并明确了高效节水型产品的技术要求和试验方法。标准对节水型坐便器、蹲便器，小便器、陶瓷片密封水嘴、机械式压力冲洗阀、非接触式给水器具、延时自闭水嘴、淋浴用花洒等8类常用产品提出了具体技术要求。

对于市民家中常见的各种洁具，新国标在节水方面有了详细要求，今后购买可参考这些硬杠杠。其中，节水型坐便器分为节水型和高效节水型两类：标准规定节水型坐便器应不大于5.0升；高效节水型坐便器单档或双档的大档用水量不大于4.0升；节水型蹲便器分为节水型和高效节水型两类：节水型单档蹲便器或节水型双档蹲便器的大档蹲便器用水量不大于6.0升，节水型蹲便器的小档冲洗用水量不大于标称大档用水量的70%；高效节水型蹲便器单档或双档的大档冲洗用水量不大于5.0升。

同时，对于市民家中洗浴的“费水大户”，标准将节水型淋浴用花洒进行了分级，共分为三级，Ⅰ级为节水性能最好、Ⅱ级次之，Ⅲ级为基本要求。据悉，标准要求将流量等级在产品明显部位标明，未来消费者购买时可以以此作为参考。

“霓彩霞韵”陶瓷颜色釉艺术展圆满落幕

12月4日至12月20日，由国中陶瓷艺术馆主办，中国陶瓷工业协会、中国收藏家协会陶瓷收藏委员会、禹州市陶瓷工业局支持的“霓彩霞韵”传统与创新陶瓷颜色釉艺术展在北京国中陶瓷艺术馆成功举办。中国陶瓷工业协会名誉理事长杨志海、中国收藏家协会会长罗伯健、清华美术学院教授张守智、著名学者艺术史论家刘传铭等领导专家参加开幕式。

景德镇市“十大陶瓷文化景观”评选活动新闻发布会举行

12月8日下午，由景德镇市委宣传部主办，市文学艺术界联合会、景德镇日报社、市广播电视台、市旅游发展委员会、市文化广播新闻出版局、瓷都晚报社、景德镇在线等单位联合承办的景德镇市“十大陶瓷文化景观”评选活动在紫晶宾馆举行新闻发布会，宣布此次评选活动正式启动。景德镇市“十大陶瓷文化景观”评选活动以“展现瓷都魅力，折射时代光华”为主题，旨在通过评选的方式对全市各领域建设、形成、出现的陶瓷文化景点进行调查、梳理和展示。景德镇全市辖区内的陶瓷文化展馆、陶瓷文化景区、陶瓷文化创意街区、陶瓷文化村落、陶瓷遗址景观、手工、非遗陶瓷生产基地等领域及具有较大影响、公众关注度较高、受市民和游客喜爱、承载深厚历史文化底蕴、展现陶瓷文化保护和建设成果的景观均可报名参加评选。

整个评选活动由六个部分组成，分别为景德镇“十大陶瓷文化景观”评选新闻发布、陶瓷文化景观主题创作周（诗词、歌曲、摄影）、候选景观形象媒体展示周、景德镇陶瓷文化景观迎新嘉年华、对话“东市区”、十大陶瓷文化景观颁奖盛典。组委会将组织专家组初步评选出20个候选单位，随后参加到公众评选等各个评选环节。候选单位在经过形象展示、公众投票公布、专家评议，即由专家评审组，媒体代表组，主办、承办、协办方代表组联合评出十大陶瓷文化景观。届时，市委、市政府将对评选活动产生的“十大陶瓷文化景观”授牌。

佛山制造上榜国家级价值评价

12月12日，2015年中国品牌价值评价信息发布暨论坛在北京举行。从2012年开始央视财经频道联合中国品牌建设促进会等单位连续成功举办了三次品牌评价结果发布、论坛、对话等活动，对宣传推动我国品牌建设发挥了重要作用。佛山陶瓷和南海铝材分别以约400亿元和110亿元的品牌估值，在全国入选区域品牌中分列前10强和前20强。

佛山市环保局就五年间全市环保工作召开媒体通报会

12月15日，佛山市环保局召开媒体座谈会，就五年期间的全市环保工作进行通报。“十二五”期间，佛山以二氧化硫为代表的工业污染年均浓度实现了约50%的下降，千余家污染企业在这五年间被关停。2015年年底收官之前，佛山首批42条河涌整治任务将在年底完成，全市所有村级工业园区环境整治将完成摸底排查，首批104个试点村级工业园将完成环境整治。

五年关停千余污染企业

佛山市环保局环境监察分局局长陈振华介绍，“十二五”期间，佛山PM2.5、二氧化硫等四项主要污染物排放总量年均减排5%，仅以2015年1至11月为例，全市二氧化硫、二氧化氮、可吸入颗粒物和细颗粒物（PM2.5）的平均浓度比上年同期均有下降，其中二氧化硫浓度下降近三成，PM2.5下降11.4%。

“佛山作为全国领先的制造业大市，工业势头迅猛发展，但以二氧化硫为代表的工业污染大幅改善。”陈振华介绍，“十二五”期间，二氧化硫年均浓度下降约50%，PM2.5和二氧化氮等年均浓度下降超过20%。

成绩单的背后，是佛山五年来对大气污染重点行业的整治。据介绍，“十二五”期间，佛山累计关停污染企业千余家，其中淘汰了63家陶瓷企业等，完成淘汰和整治使用高污染燃料的小锅炉3000台。

首批河涌年底完成整治

备受关注的佛山首批42条河涌将在年底完成整治，首批河涌共包含389个项目建设，共投资约75亿元，具体内容是因地制宜推进引水工程、生物修复和岸线整治等多项治水工程。

作为佛山环保工作一块“难啃的骨头”，村级工业园整治同样正在紧锣密鼓进行中。村级工业园改造的“任务”是2015年年底之前，对所有村级工业园进行摸底排查，实行分类整治，在此基础上完成首批104个试点村居的村级工业园环境整治。

数据显示，截至2015年10月，佛山首批村级工业园整治任务已完成70%。

规范企业污水管网建设

陈振华透露，佛山在未来五年内的工作将以环境质量改善为导向，比如继续推进新一年的100件环保民生实事，开展第二批和第三批共185条河涌“一河一策”整治工作等。

据介绍，佛山将在“十三五”初期加大对企业超洁净排放的改造要求，除了目前一直在做的电力行业超洁净排放，还将把陶瓷、铝型材等行业纳入超洁净排放要求范围。

环保执法手段未来将有哪些特点？“明年将对企业违法建设项目进行全面清理”，佛山市环境监察分局相关负责人介绍，“十三五”的执法思路是注重采用科技手段进行阳光执法，比如运用无人机等科技手段工具提高对污染源的提前精细化排查分析，并且在各区划好网格化的执法范围，重点规范企业污水管网建设等。

2015首届“泛高安”陶瓷采购节开幕

隆冬时节，暖阳高照，瓷都国际嘉宾云集。12月18日上午10时18分，由江西省建筑陶瓷产业基地管委会、高安市陶瓷行业协会共同主办，瓷都国际承办的2015首届“泛高安”陶瓷采购节在高安中国建筑陶瓷产业基地瓷都国际会展中心盛大开幕。全国各省市经销商、家装公司、设计师代表，以及中央、省、市、高安本地和陶瓷行业主流媒体约3000人，共同见证高安陶瓷发展史又一激动人心的时刻。

宜兴精品紫砂荣获万国博览会特别金奖

12月21日至24日，在美国拉斯维加斯举行的巴拿马太平洋万国博览会百年庆大会上，由紫砂名家、宜兴唐门紫砂世家第五代传人唐朝霞选送参展的“蜂菊壶”荣获特别金奖，“丹凤朝阳壶”荣获金奖。这是新中国建国以来唯一的一位获此国际大奖的女性紫砂艺术家。

1915年,宜兴紫砂在首届巴拿马太平洋万国博览会上让世界为之倾倒，程寿珍的“掇球壶”、范大生的“大柿子壶”获头等奖。1933年，在美国芝加哥万国博览会上，宜兴紫砂再次轰动世界，大放光彩，范大生的“合棱壶”、俞国良的“四方传炉壶”、汪宝根的“东坡壶”、朱可心的“竹节鼎”喜获金奖。此次在美国拉斯维加斯举行的巴拿马太平洋万国博览会百年庆大会上，共有30多个国家的5000多个品种参展，盛况空前。宜兴唐门紫砂世家第5代传人唐朝霞作为特邀嘉宾，精心选送的“蜂菊壶”“丹凤朝阳壶”，以其“气韵丰茂、神形兼备”的艺术特色，分别获得特别金奖和金奖。

高安市委市政府出台5项新举措 帮助当地陶瓷企业发展

高安在宋代就开始了以日用陶瓷、工艺陶瓷为主的陶瓷产业，成就了高安陶瓷史上的辉煌。近年来，高安不断发展陶瓷历史文化，依托中国建筑陶瓷产业基地，按照“环保优先、品牌引领、转型升级、科学发展”的思路，正在加快建设立足江西、辐射全国、走向世界的建筑陶瓷产业中心。高安目前已拥有陶瓷及配套企业139家，陶瓷生产线187条，年产能达到8亿平方米，拥有陶瓷品牌186件，其中，中国驰名商标10件，成功跻身五大陶瓷产区的前列。然而随着当前全球经济的持续下行和环保要求的不断加压，陶瓷行业正面临着市场和环保的双重压力，这也将是今后陶瓷行业发展的新常态，和必须面临的新形势。

面对新常态，高安市委市政府将继续加大对陶瓷行业的领导、支持，与陶瓷行业共度难关。主要是下面五个：

一是致力于产品的提升。企业要加大产品的研发投入，加强企业内部管理，强化产品品质的提升。这种产品结构的调整，确保产品质量可靠，避免同质化竞争，实现特色化、差异化、优质化发展。

二是致力于品牌建设。品牌是企业的核心竞争力，企业要大力实施品牌战略，不断扩大企业和产品的知名度、美誉度，力争抢占更大、更高的市场份额。有关部门和陶瓷行业协会也要积极引导，主动作为，通过电视、网络、报纸等媒体和会展、参展的形式，共同宣传好、打造好高安陶瓷品牌，真正拓展高品、高质高安陶瓷。

三是致力于生态完善。近年来，在各界的关心支持下，我市建陶基地设施不断完善，相继建成建筑卫生陶瓷国检中心，货运、铁路专用线，污水处理厂等配套设施，相关部门要主动运作，全力支持，力争最大限度发挥效能，提供技术支持和平台支撑。

四是致力于环境保护。随着新环保法的实施，环保要求越来越严，处罚标准越来越高，企业家一定要有长远的眼光和社会责任，一心牢固树立保护环境就是保护自己、污染环境就是伤害自己这个理念，严格执行相关的环保要求，确保安全排放。同时相关部门要支持相关项目的建设，确保尽早建成投产，尽快发挥作用，彻底解决制约陶瓷发展的环保难题，实现千亿建筑陶瓷产业发展目标。

五是致力于产业发展，陶瓷产业是高安的富民产业，市委市政府必将一如既往的关心、支持陶瓷产业发展，特别是在当前情况下，职能部门和各乡镇、各服务单位要千方百计帮助，想方设法支持。尤其是各银行，坚决不能出现抽贷现象，而且还要加大放贷的力度，真正为企业雪中送炭。

陶瓷企业线上线下相结合开拓互联网销售新模式

在过去的几年里，电商已经渐渐的从传统的销售模式中分一杯羹变成了占据市场很大的一块份额，就单单的从双十一交易来看，2013年天猫双十一交易额为350.19亿元，2014年双十一交易额突破571亿元，巨大的数字背后预示着一个新的销售渠道的崛起。与此同时，陶瓷产业落后，纷纷朝着电商进军。

传统销售模式渐落伍 陶企纷纷进军电商

在才过去的2014年里，从“店商”到如今的电商，陶瓷行业内各种铺天盖地的交流、论坛无一例外对电商展开热议。单单在2015年双十一活动当天期间，淘宝商城的瓷砖类销售额突破2000万，涉及电商的瓷砖品牌也是越来越多，电商进程加速前进。以电商辅助传统销售渠道、打造自己的瓷砖品牌电商网站、进驻淘宝加盟天猫等为目前许多瓷砖品牌主要的电商模式。

大埔县组织陶瓷企业参加第118届广交会签约近亿美元

第118届广交会（第二期），大埔县组织了37家陶瓷企业参展，共获展位98个，签约成交9252万美元，同比增长7.37%，其中工艺陶瓷3434万美元，占37.12%，日用陶瓷5818万美元，占62.88%。

四川省夹江县高端陶瓷产业园区正成为陶瓷产业发展新洼地

位于四川省夹江县吴场镇的夹江高端陶瓷产业园区内，机器轰隆声与鞭炮声齐鸣。夹江县索菲亚新型建材有限公司年产1152万平方米地砖的生产线点燃了第一把火，528米的窑炉实现全自动化控制。

跟一般项目把基层设施全部建好后才点火生产不同，索菲亚公司抢抓工期，待生产线及关键设施安装到位后，便立即进入试生产阶段，边调试设备，边完善配套建设。在略显简陋的车间内，新点火的生产线一片繁忙，工人们正抓紧温窑。该生产线预计12月下旬出产品。而在车间的空地上，工人们正在焊接放置成品所需的钢架，脚下的地面还等着在调试生产的间隙进行硬化。厂区道路、办公用房等配套设施建设也将陆续展开。

2015年4月30日，索菲亚项目正式入驻高陶园区开展场平工作，历经200天的艰苦奋战，目前第一条生产线已建成。与原来的生产线相比，引进意大利陶瓷生产技术、采用自动化设备的新生产线，综合成本可降低20%，能耗将下降10%。“公司二期计划投资1.5亿元，在明年底前建成一条自动化程度更高、年产1460万平方米高档仿古地砖的生产线。三期投资5000万元，于2017年底建成一座现代化的陶瓷科研中心。所有项目建成投产后，可实现年产值10亿元，提供就业岗位600余个。”

目前，夹江高陶园区共有5个项目同时展开建设，呈现出你追我赶的发展势头。当天，与索菲亚公司一墙之隔的四川珠峰瓷业有限公司，投资2亿元新建的2条窑炉长450米的新型外墙砖生产线及配套设备，经过2个月的试运行，产出了第一批新产品。而在另外一边，四川荣典金属制品有限公司年产12万吨耐磨钢球和3条钢段生产线，已于9月正式启动厂房基础建设。占地420亩的嘉尚陶瓷项目4条高端陶瓷生产线，已基本完成场地平整、厂区板房、厂区护坡及厂房道路建设工作。

经过两年多来的建设，夹江高陶园区基础设施配套不断完善，随着入驻项目一个个显现成效，这里正在成为夹江陶瓷产业发展的新洼地。截至2015年10月，夹江高陶园区主干道、施工用水、施工用电、公租房等基础设施配套建设已全部完成，吸引5家企业入驻，协议投资总额达22.3亿元，完成园区开发面积1188亩。

据园区管委会负责人沈晓斌介绍，下一步，夹江高陶园区将继续加快推进园区110kv变电站项目、供水厂项目及污水处理厂项目建设进度，积极引导首批入园项目在一期项目投产后加快推进二期项目建设工作。同时强化招商引资，根据园区产业规划布局，突出“创新驱动、绿色低碳、循环利用”的园区特色，围绕园区陶瓷这一主导产业，不断引进相同及关联度高的产业项目，充实壮大主导产业，不断引进陶瓷上下游及配套企业，推进优质资源及优势产业集聚。

广西藤县着力打造“清洁生产、节能环保”绿色陶瓷产业基地

“按照陶瓷行业评价体系，园区企业综合评分均在85分以上，属清洁生产先进企业等级。”梧州市环保局有关负责人表示，国家史上最严厉的新《环保法》2015年落地执行，不少地方的陶瓷企业因不符合环保要求而停产整改，藤县的陶瓷企业却能继续生产，轻松占领市场。1-9月，该县陶瓷企业实现总产值超53.23亿元，占全县规模以上工业总产值的25%，税收8500万元，在市场不景气的环境下实现逆势增长。

已有19家企业进驻、建成投产131条生产线的藤县中和陶瓷产业园，引进的佛山陶瓷企业在转移过程中，纷纷升级了环保装置。

藤县持续加大陶瓷企业的节能、环保基础设施建设，坚持环保先行，着力打造“清洁生产、节能环保”的绿色陶瓷产业基地。入园企业也主动革新、改造、提升，向循环经济、生态产业要效益。2013年底投产的广西碳歌环保新材料公司，专门“吞食”园区企业废弃的陶瓷、陶瓷废渣等固体废料，生产轻质陶瓷保温墙板。

多家佛山陶企入选广东首批高新技术企业培育库

广东首批2049家高新技术企业培育库拟入库企业及奖补情况对外公示。本次通过评审的全省首批拟入库企业共2049家，佛山共262家企业入选，超过总数的12%，企业获奖补额从10万元—479万元不等。其中，陶瓷卫浴行业多家企业入选。

入选高新技术企业培育库拟入库企业的陶瓷卫浴企业包括佛山市三水盈捷精密机械有限公司、广东赛因迪科技股份有限公司、广东蒙娜丽莎新型材料集团有限公司、佛山市新鹏机器人技术有限公司、佛山市万达业机械设备有限公司、佛山市禅城区南庄科美达机械设备有限公司、佛山市道氏科技有限公司、佛山市高明英皇卫浴有限公司、佛山市恒洁卫浴有限公司、佛山市汇泰龙五金卫浴制造有限公司、佛山市康荣精细陶瓷有限公司、佛山市赛普飞特机械有限公司等。

为加快实施创新驱动发展战略，促进高新技术企业培育工作，广东省开展高新技术企业培育后备库建设。通过高新技术企业培育入库，培育一批拥有核心关键技术及知识产权，研究开发实力强、注重产学研合作、具有一定的成果转化能力、成长性高的优秀企业，成长为高新技术企业，不断壮大全省高新技术企业创新群体，促进广东省创新驱动发展水平的提升。对入库培育企业，每年根据其研发、转化及经营情况，将按适当比例给予财政奖励补贴，用于开展国家高新技术企业要求的技术创新活动和相关事项。

申报入库企业主营业务或产品需属于《国家重点支持的高新技术领域》，高新技术产品（服务）收入占企业当年总收入的40%以上，企业需具有一定的科技成果转化能力、销售和总资产成长性指标良好。

2015

中国陶瓷年鉴

年鉴

2015

腾达瓷砖

TENGDA TILE

中国外墙砖行业龙头企业　福建省建陶行业龙头企业

中国精品陶板领跑企业　中国仿古砖重要生产基地

公司概况

晋江腾达陶瓷有限公司创立于1985年，拥有29年的瓷砖生产技术与经验。

公司拥有两大生产基地：300多亩的腾达生产基地、650亩的安泰生产基地，拥有26条国际一流瓷砖生产线

公司已发展成为中国外墙砖行业龙头企业及福建省建陶行业龙头企业。

公司获得“中国500最具价值品牌”、“中国驰名商标”、“中国陶瓷行业名牌”、“大型工业企业”高新技术企业”、“福建名牌产品”、“福建省著名商标”、“福建质量管理先进企业”等荣誉。

公司领军人黄家遵董事长荣任中国陶瓷工业协会副会长、福建省陶瓷协会副会长、晋江慈善总会永远荣誉会长，并荣获“晋江慈善家”、“闽商建设海西突出贡献奖”等荣誉。黄宝守总经理当选晋江市人大代表，并荣任晋江市青年商会副会长、厦门泉州商会常务副会长、厦门侨乡经济促进会常务副会长。

工程首选

因腾达产品在重点工程的品质、交货期、性价比和产品设计方面具有强大的竞争优势，公司已成为承接最多重点工程的外墙砖企业。

北京2008奥运村、广州亚运城、中国航天城、首都机场、中国科学院、中国工程院、人民日报社、清华大学北京大学、中央美术学院、景德镇陶瓷学院、中影集团、联想集团等上万个重点工程选用腾达瓷砖。

腾达公司已成为国内实力地产公司首选外墙砖合作伙伴，公司与万科、恒大、万达、保利、招商、复地、绿城等建立合作伙伴关系。

权威认证

3C国家强制性产品认证

ISO9001:2008质量体系认证

ISO9001:2008产品认证

ISO14001:2004体系认证

职业健康安全管理体系认证

采用国际标准产品标志证书

测量管理体系认证

标准化良好行为示范企业

外墙砖

陶板

全抛砖/仿古砖

占地650亩的新厂区

中国顶级建陶集团

中国500最具价值品牌(2007年-2012年)

中国驰名商标　中国陶瓷行业名牌　高新技术企业

MONA LISA CREATIVE CERAMIC ART MURALS

创意装饰新景界

蒙娜丽莎创意陶瓷艺术壁画

NEW CREATIVE DECORATIVE LANDSCAPE BORDER

鄂尔多斯乌兰木伦河陶瓷高温壁画壁画

佛山传媒集团大堂壁画

江门市建设二路下沉隧道壁画

景德镇机场外立面青花瓷壁画装饰

南宁机场贵宾厅壁画

安源路矿工人运动纪念馆陶瓷雕塑

万科东荟城外立面壁画

深圳地铁陶瓷艺术壁画

武汉地铁陶瓷艺术壁画

天宁寺天花及神龛陶瓷艺术装饰

陶瓷艺术壁画，为蒙娜丽莎文化创意设计有限公司独家研制开发的全新形态的空间装饰壁画产品。此产品依托蒙娜丽莎集团高科技陶瓷产品新型无机轻质板材——陶瓷薄板和环保瓷砖为基础材料，经过低、高温烧制或雕刻等多种现代复杂工艺相结合而成。

蒙娜丽莎陶瓷艺术壁画以“瓷艺双馨，妙造自然”为产品开发理念，借助现代工业科学技术，致力于在新时期全面弘扬“传统陶瓷文化”。为了坚持产品的原创设计，公司聘请了以著名画家陈捷为首的数位顶级艺术家，从事创作和产品设计的把控。

作为创新型的空间装饰产品，蒙娜丽莎陶瓷艺术壁画艺术价值高、图案精、画幅大、厚度薄、重量轻、寿命久、安装快、保养便等显著特点，即所谓“薄”“大”“精”“深”四大优势特点。陶瓷艺术壁画可广泛运用于诸如电视背景墙、玄关、屏风等家居场所，也可大面积适用于公共建筑各类装饰墙领域。同时，此艺术壁画可根据建筑空间的主题、内容、场景进行画面与尺寸唯一定制，达到独一无二的装饰效果，具有极大的艺术收藏价值。

公司简介

COMPANY PROFILE

蒙娜丽莎瓷砖 MONALISA TILES

广东蒙娜丽莎新型材料集团有限公司总部位于佛山市南海区西樵镇，是一家集科研开发、专业生产、营销为一体的大型陶瓷及新型材料企业，成立于1992年。集团拥有广东清远蒙娜丽莎建陶有限公司、 佛山市蒙娜丽莎实业有限公司、佛山市南海区蒙娜丽莎文化创意设计有限公司三家全资子公司组成，旗下拥有蒙娜丽莎、QD两个品牌。目前，集团注册资金为1.6937亿元，总占地面积1000余亩，拥有23条现代化建筑陶瓷和2条轻质新型建材生产线，年生产各类墙地砖、陶瓷板、瓷艺产品等4000多万平方米，已建成覆盖全国所有省区的近3000个专卖店,海外近百个国家和地区的400个营销网络，为消费者提供及时周到的服务。

作为行业绿色低碳先锋，蒙娜丽莎率先在国内研制开发出陶瓷薄板、轻质无机多孔板两项产品，是为中国陶瓷行业唯一一家入选“辉煌60周年——中华人民共和国成立六十周年成就展”的企业；成为国家首批“资源节约型、环境友好型”试点企业；2009年建成的“中国蒙娜丽莎文化艺术馆”成为佛山市知名的博物馆，加快企业文化建设、文化营销步伐；2010年，公司成为上海世博会特许生产商，并成为行业唯一的首批“广东省工业旅游示范单位”。目前，是行业内唯一一家同时拥有国家认定企业技术中心、博士后科研工作站及院士工作站三大技术平台的企业。

佛山市子陶陶瓷技术有限公司 ICT

佛山市子陶陶瓷技术有限公司，坐落于“陶瓷之都”佛山，是一家面向建陶行业、专业从事花色设计、工艺技术研发、机电设备、色釉料供应的综合性服务公司，公司曾在2013中国陶瓷卫浴行业网络风云榜评选中荣获“最受网络关注新锐企业”称号。

我司长期以来以务实恳切的态度，积极引进和吸收国际先进设计及技术理念。现与意大利、西班牙等多家设备、设计及釉料公司保持长期紧密的合作，不仅为行业陶企提供纯正意大利设计，而且配合提供色釉料、设备等整套产品开发及展示的整体服务。我们力求使国内市场与国际接轨，在不断的创新研究以及专业开发技术的支持下，生产技术及产品具有良好的质量保证，得到了客户的广泛好评及行业口碑。

CMF陶瓷生产设备：自动送粉系统，砖坯储存系统，通体砖干拌色粉系统，磨抛机，平整度尺寸检测机。

SRS、Assoprint：陶瓷设计图案，展厅设计，实验仪器，网版硬件设备。

Vetriceramici：各类型高档成釉，印刷釉，釉用干粒，数码釉料。

“诚信立业，共创共享”是子陶的核心理念。成就顾客才会成就子陶，为顾客提供国际化品质的产品和服务是我们的职责，为顾客带来尊贵感是我们的荣耀。

公司面貌及荣誉

前　台

中国陶瓷品牌奖证书

网络风云奖证书

新锐奖证书

意大利顶级干粒、釉料公司 VETRICERAMICI A FERRO COMPANY

惟奇陶瓷材料（佛山）有限公司专业生产陶瓷特殊原料。Vetriceramici 是一间现代化的意大利陶瓷原料公司，在意大利，波兰，墨西哥以及中国均有生产工厂。本公司注重于产品的研发，客户服务以及业务扩展。

专业从事以下产品生产：

◇有色干粒　◇工艺干粒　◇有色微晶粒　◇熔块

◇二次布料产品　◇陶瓷釉料　◇喷墨墨水

意大利原创设计公司 SRS assodigit ASSO

■ 本公司的主要产品之一，陶瓷图案设计及产品应用，不仅为客户提供大理石、玉石、砂岩和拼花等陶瓷花色图案设计，而且提供产品开发、铺面效果和空间展示应用等一揽子产品解决方案和服务。

意大利整厂输送设备公司 CMF TECHNOLOGY

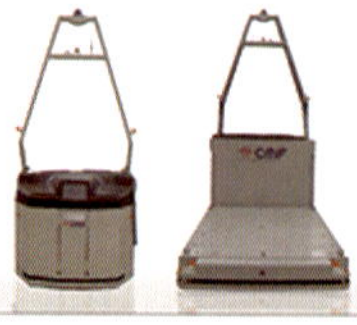

LGV 激光无轨道储坯系统

陶瓷原料全自动输送设备整线

Technology Tower

T-BOX 摇头储坯设备，最大储存量350平方

联系人：陈先生　　邮箱：fs_ict@163.com　　联系电话：0757-82780186

SACMI
PH10000
SAMA
SACMI
RIEDHAMMER
SACMI
PHR 2006

SACMI

①压机生产车间 ②码包机械手

③喷雾干燥塔 ④单层辊道窑

数字化喷釉的未来在这里
DHD D DHD X
THE FUTURE OF DIGITAL PRINTING IS HERE

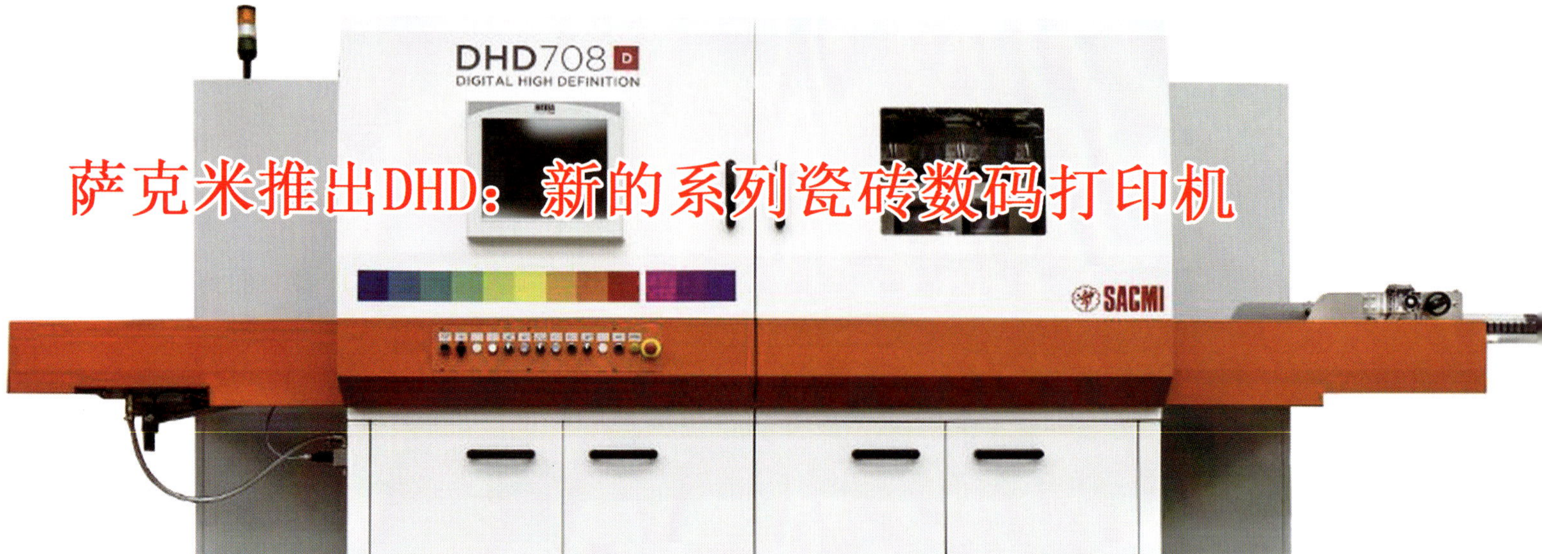

萨克米推出DHD：新的系列瓷砖数码打印机

萨克米，作为全球陶瓷行业设备和整线供应的领导者，推出其新型数码装饰系统。现在，随着全新的DHD系列打印机的问世，陶瓷施釉和装饰领域又向前迈出了一大步。归功于最新的打印技术，萨克米数码装饰单元能够用来控制施加墨水、釉料和其它更为时髦、更为创新的材料。如今，DHD喷墨打印机允许瓷砖生产厂家建立全数字化的施釉线，从而获得能够开创新一代陶瓷产品的广泛的美学效果。

用于陶瓷墨水受控制的同步应用。

◎坚固的承载框架。
◎传输皮带系统（DHD708），无刷伺服电机驱动，数字数据传输。
◎DHD 708可根据要求提供带有聚乙烯材料导向装置的精确的齿形皮带运输系统（其它型号作为标准配置提供）。
◎墨水供应装置，安装在操作人员一侧的低门上。
◎“IDRA”墨水供应装置，安装在色条后面，保证最佳的墨水供应动态。
◎新型独特的“IDRA”墨水供应系统可自动控制所有重要的参数，如温度、流量和回路内的压力。
◎色条为独立的，易于抽出。可安装Dimatix北极星喷头。
◎色条完全抽出使得操作人员易于接近所有的主要液压和电子部件。
◎自动打印头清洗系统。
◎主控制电脑，用于处理图形文件和控制打印。
◎19”触屏操作面板。
◎电子控制系统和软件，全部由萨克米-Intesa设计、开发和制造。

◎软件简单易学，用户友好型图形界面，基于Window 7的 64位操作系统，可提供图形管理和控制“Multicolor”数码打印。
◎通过远程连接所需的硬件和软件，可进行远程技术支持。

SACMI

2015

中国陶瓷年鉴

年鉴

2015

中国陶瓷年鉴(2015)

（下册）

中国陶瓷工业协会 主编

中国文史出版社

目 录

行业论文

中国陶瓷工业

樊瑞新
（中国陶瓷工业协会）

【概况】

2014年是我国经济的转型之年，是贯彻落实党的十八届“三中”、“四中”全会精神，全面推进深化改革的开局之年，也是我国陶瓷工业由“高速”发展时代，进入“中速”发展阶段的关键之年。在国内经济发展“三期叠加”的发展背景下，陶瓷工业产业结构优化升级、企业兼并重组、提升品牌和创新能力、企业管理精细化、市场发展细分化成为2014年陶瓷行业发展的新风向。2014年陶瓷行业运行形势总体平稳，主要产品产量稳步增长；产品出口结构有所调整，出口单价呈上升趋势；国内销售手段不断丰富，陶瓷电商快速发展，国内市场需求减少和产能供给过剩导致产销失衡的矛盾突出；节能减排环保治理的压力更大；部分中小企业因资金链问题经营遭遇困难；行业“调结构、转方式”步伐加快。

2014年，全国规模以上3222家陶瓷企业主营业务收入完成7711亿元，比上年同期增长14.2%，实现利税941.5亿元，比上年同期增长11.23%，利润完成586.3亿元，同比增长11.92%。子行业中，日用陶瓷企业676家，主营业务收入完成998.5亿元，累计增长12.37%；主营业务成本853.9亿元，增长13.45%，利税总额实现108.8亿元，同比增长8.91%，实现利润61.1亿元，同比增长9.13%；卫生瓷企业319家，主营业务收入585.1亿元，同比增长15.99%，实现利税66.2亿元，同比增长17.82%，实现利润43.9亿元，同比增长18.28%；卫生陶瓷产量完成1.96亿件，累计增长7.33%；特种陶瓷企业613家，主营业务收入1323.7亿元，同比增长11.08%，实现利税196.7亿元，同比增长7.58%，实现利润138.6亿元，同比增长7.85%；园林及陈设艺术瓷企业427家，主营业务收入669.8亿元，同比增长18.41%，实现利税74.09亿元，同比增长19.74%，实现利润45.6亿元，同比增长23.94%。墙地砖企业1187家，产量完成110.9亿平方米，累计增长10.83%，主营业务收入4130亿元，同比增长约12%。

2014年，日用陶瓷出口量为188.2万吨，同比增长26.26%，出口额累计49.4亿美元，同比增长81.93%；艺术类陶瓷出口39.7万吨，同比下降23.02%，出口值19.59亿美元，同比下降33.08%；工业陶瓷出口276.1万吨，增长148%，出口值14.29亿美元，增长7.86%；卫生瓷累计出口7650万件，累计增长24.33%，出口额32.04亿美元，累计增长61.33%；墙地砖累计出口10.62亿平方米，累计下降2.01%，出口额78.13亿美元，累计下降1.0%。

表一、出口陶瓷产品统计

商品名称	2013年度		2014年度		数量增长（%）	金额增长（%）
	出口数量（千克）	出口（美元）	出口数量（千克）	出口（美元）		
总计	22953696149	16848147186	23378585942	19348153654	1.85	14.84
墙地砖	18820611402	7892429221	18437903366	7813847927	-2.03	-1
日用瓷	1490840678	2715479940	1882270790	4940291574	26.26	81.93
工业陶瓷	1110496412	1325441740	1380759076	1429670829	24.34	7.86
卫生瓷	1015419538	1986485715	1280191307	3204725256	26.08	61.33
艺术瓷	516328119	2928310570	397461403	1959618068	-23.02	-33.08

2014年，日用陶瓷进口量0.688万吨，同比增长11.89%；进口额累计0.52亿美元，同比增长17.89%；艺术瓷进口量1192吨，同比下降17.19%；进口额累计1260万美元，同比下降4.83%；卫生陶瓷进口50.84万件，累计下降9.28%，进口额0.46亿美元，累计下降1.55%；墙地砖进口405.5万平方米，累计增长5.27%，进口额0.92亿美元，累计增长14.6%。工业陶瓷进口1.0079万吨，增长1.48%，进口额3.61亿美元，增长21.9%。

表二、进口陶瓷产品统计

商品名称	2013年度		2014年度		数量增长（%）	金额增长（%）
	进口数量（千克）	进口（美元）	进口数量（千克）	进口（美元）		
总计	104156046	485519841	107774058	565441509	3.47	16.46
墙地砖	76300346	80709455	79781278	92489188	4.56	14.6
工业陶瓷	9932675	296684635	10079162	361326488	1.47	21.79
卫生瓷	10326947	47202583	9832971	46468674	-4.78	-1.55
日用瓷	6156440	47680436	6888452	52553193	11.89	10.22
艺术瓷	1439638	13242732	1192195	12603966	-17.19	-4.82

【地区分布情况】

2014年，据国家统计局数据（见表三），2014年1～12月陶瓷行业规模以上企业中，广东、福建、江西、山东、四川陶瓷砖产量居全国省区排名前五位，其中广东省累计同比增长11.16%，占全国陶瓷砖产量（下同）的23.11%；福建累计同比增长6.4%，占22.75%。江西累计同比增长33.4%，占10.53%。从同比增速看，河南、广西、陕西、安徽、山西等省区产量增长较快，增速都达到两位数以上。五大瓷砖生产大省总产量达到78.8亿平方米，占全国总产量的71%。瓷砖大省山东产量连续两年出现负增长，同比下降0.5%。

表三、国内瓷砖产量统计

地 区	2014年产量（万平方米）	增长（%）	占比（%）
全国总计	1109342	10.83	
广 东	256392	11.16	23.11
福 建	252414.3	6.4	22.75
江 西	116835.8	33.4	10.53
山 东	85183.7	-0.5	7.68
四 川	77889.4	10.52	7.02
辽 宁	68456.5	-10.63	6.17
河 南	47067	30.45	4.24
广 西	40278.7	43.21	3.63
湖 北	38731.2	0.27	3.49
陕 西	34357.5	28.35	3.10
河 北	22314.8	12.38	2.01
湖 南	16350.3	10.66	1.47
浙 江	12942.2	20.61	1.17
重 庆	8461.9	-27.53	0.76
贵 州	7875.8	8.86	0.71
安 徽	6291.9	125.39	0.57
云 南	4599.2	15.64	0.41
甘 肃	3068	-3.97	0.28
新 疆	2793.5	-2.93	0.25

地　区	2014年产量（万平方米）	增长（%）	占比（%）
宁　夏	2083.2	-25	0.19
山　西	1327.4	47.7	0.12
江　苏	1160.7	67.81	0.10
上　海	960.9	7.52	0.09
黑龙江	956.6	1868259	0.09
内蒙古	542.7	-32.39	0.05
天　津	6.7	-27.65	0.00

据国家统计局统计数据（见表四），2014年全国卫生陶瓷总产量是1.96亿件（19619.9万件），比上年增长7.33%。全国各省数据统计中，卫生陶瓷产量前三大省份排序是河南（7016万件）、广东（5265.8万件）、河北（2386.4万件）三省，与2013年全年河南（5504万件）、广东（5442万件）、河北（2521万件）相比，顺序有所变化，河南成为我国卫生陶瓷产量第一大省。2014年河南、广东、河北三省的卫生陶瓷总产量为14668万件，占全国总产量的74.7%；2013年这三省产量13467万件，占全国总产量的64.8%。卫生陶瓷生产的集中度相对较高，其中河南省卫生陶瓷产量占全国的35.76%，广东、河北产量出现负增长，分别比上年度降低3.24%、5.35%。

表四、国内卫生瓷产量统计

省区	2014年产量（万件）	累计同比　　增长(%)	占比（%）
全国总计	19619.9	7.33	
河　南	7016	27.47	35.76
广　东	5265.8	-3.24	26.84
河　北	2386.4	-5.35	12.16
湖　北	1761.9	4.35	8.98
湖　南	758.2	36.68	3.86
福　建	457.8	-8.33	2.33
广　西	406.1	-4.3	2.07
江　西	356.6	7.67	1.82
重　庆	299.2	-11.17	1.52
北　京	171.9	2.85	0.88
山　东	169.5	15.34	0.86
上　海	130.8	-28.44	0.67
四　川	122.6	-8.11	0.62
浙　江	87.9	-0.26	0.45
江　苏	66	-48.44	0.34
天　津	59	-2.52	0.30
安　徽	36.3	-5.96	0.19
云　南	29.3	297.61	0.15
贵　州	28.5	87.15	0.15
辽　宁	10	-0.15	0.05

据海关数据显示，2014年全国31个省区共出口各类陶瓷2337万吨，出口额193亿美元。出口数量排在前5位的省区分别为：广东省（1384万吨），占全国的59.2%；福建省（301万吨），占全国的12.8%；山东省（141.6万吨），占全国的6.05%；河北省（56.4万吨），占全国的2.4%；浙江省（49.1万吨），占全国的2.1%。出口额排在前5位的省区分别为：广东省（75亿美元），占全国的38.7%；福建省（17.2亿美元），占全国的8.8%；浙江省（10亿美元），占全国的5.1%；山东省（8.4亿美元），占全国的4.3%；重庆市（7亿美元），占全国的3.6%。山西省、浙江省、天津市以及广西壮族自治区、

内蒙古自治区等出口增速较快。

表五、分省区出口统计

企业所在省份	2013年度		2014年度		数量增长（%）	金额增长（%）
	出口数量（千克）	出口额（美元）	出口数量（千克）	出口额（美元）		
总计	22953696149	16848147186	23378585942	19348153654	1.85	14.84
广东省	13636638080	6046513346	13842211123	7500035989	1.51	24.04
福建省	2947800379	1386011051	3014395896	1721053722	2.26	24.17
山东省	1213559187	908634195	1416666044	849601149	16.74	-6.5
河北省	568535070	534402896	564244537	574039748	-0.75	7.42
浙江省	346940826	394435767	491899876	1002207161	41.78	154.09
上海市	403689270	207419646	485282279	268629969	20.21	29.51
江苏省	505343579	984950520	413005739	658489809	-18.27	-33.14
江西省	346638651	799512941	321903856	679365128	-7.14	-15.03
河南省	326901760	204092483	319197246	208637429	-2.36	2.23
山西省	191392876	133720579	310279993	139327028	62.12	4.19
湖南省	217551635	410460286	240811570	503690217	10.69	22.71
辽宁省	293930608	919720701	212653830	343422430	-27.65	-62.66
四川省	295756968	558393654	205049088	482436460	-30.67	-13.6
广西壮族自治区	135321999	125819996	199018781	597301710	47.07	374.73
新疆维吾尔自治区	161521635	390093169	179097533	504302104	10.88	29.28
湖北省	222333283	204880217	169173688	247064307	-23.91	20.59
北京市	171352017	111580650	166589385	129297383	-2.78	15.88
重庆市	154009446	588338582	163328440	707597495	6.05	20.27
贵州省	169096844	341360911	123899285	364591048	-26.73	6.81
安徽省	140327575	448496150	113293640	364370821	-19.26	-18.76
黑龙江省	119358299	306829494	101135516	524447263	-15.27	70.92
云南省	86520057	304143130	92825043	358418540	7.29	17.85
内蒙古自治区	38280313	5586149	60532209	96595973	58.13	1629.21
甘肃省	61602780	177157469	48152116	226717045	-21.83	27.97
宁夏回族自治区	19069746	56671087	40337351	131015908	111.53	131.19
天津市	23874000	23467053	32170367	31920279	34.75	36.02
海南省	89579552	30689986	15631323	7018941	-82.55	-77.13
陕西省	18476459	65918031	14760614	64106059	-20.11	-2.75
吉林省	30449604	96449418	12709330	24541922	-58.26	-74.55
青海省	1132447	5093818	7054705	31288945	522.96	514.25
西藏自治区	16711204	77303811	1275539	6621672	-92.37	-91.43

海关统计显示，2014年，我国有31个省区进口各类陶瓷产品10.7万吨，进口额5.6亿美元。进口数量排名前5位的省、区、市分别为：北京市（3.5万吨），占全部进口的32.6%；广东省（3.0万吨），占全部进口的28.4%；上海市（2.5万吨），占全部进口的23.3%；江苏省（0.59万吨），占全部进口的5.4%；天津市（0.29万吨），占全部进口的2.7%。进口额排在前5位的省、区、市分别为：上海市（1.64亿美元），占全部进口总额的29%；江苏省（1.55亿美元），占全部进口总额的27.5%；广东省（0.77亿美元），占全部进口总额的13.6%；北京市（0.64亿美元），占全部进口总额的11.4%；天津市（0.18亿美元），占全部进口总额的3.33%。河北省、天津市、安徽省、四川省、重庆市等进口增长速度较快。

表六、分省区进口统计

企业所在省份	2013年度		2014年度		数量增长（%）	金额增长（%）
	进口量（千克）	进口额（美元）	进口量（千克）	进口额（美元）		
总计	104156046	485519841	107774058	565441509	3.47	16.46
北京市	37831480	60307355	35220379	64894502	-6.9	7.61
广东省	27893574	69498154	30683667	77389964	10	11.36
上海市	21621456	123966616	25122217	164291965	16.19	32.53
江苏省	5857666	129801430	5920600	155919681	1.07	20.12
天津市	1545026	20400440	2982280	18851859	93.02	-7.59
浙江省	2215370	22291640	1908637	18570571	-13.85	-16.69
辽宁省	999638	11284914	1127010	8817149	12.74	-21.87
重庆市	736203	4815967	1074414	6845280	45.94	42.14
山东省	1850368	11705282	1057473	11375176	-42.85	-2.82
福建省	888765	6843226	875352	8910486	-1.51	30.21
河北省	353120	945028	752364	1862303	113.06	97.06
湖北省	343438	8964731	306910	8369331	-10.64	-6.64
四川省	178478	2619595	291553	2896481	63.36	10.57
安徽省	73457	1014108	135728	2407155	84.77	137.37
新疆维吾尔自治区	11366	137410	60279	540848	430.34	293.6
云南省	22975	416467	49294	777452	114.55	86.68
陕西省	402584	5062369	46697	7803327	-88.4	54.14
广西壮族自治区	59473	224063	29785	167388	-49.92	-25.29
吉林省	143505	820062	26805	410870	-81.32	-49.9
河南省	955333	1266424	23883	351581	-97.5	-72.24
黑龙江省	48072	611917	23501	188051	-51.11	-69.27
江西省	31531	395164	17162	731115	-45.57	85.02
宁夏回族自治区	234	8197	13131	132519	5511.54	1516.68
海南省	425	29996	7474	39907	1658.59	33.04
贵州省	16985	97023	5054	42694	-70.24	-56
内蒙古自治区	577	773111	4428	2153587	667.42	178.56
湖南省	41480	937397	3752	660452	-90.95	-29.54
西藏自治区	600	3823	2960	9654	393.33	152.52
山西省	31125	93481	898	17526	-97.11	-81.25
甘肃省			275	11804		
青海省	1742	184451	96	831	-94.49	-99.55

据海关数据显示，2014年，我国共向210个国家和地区出口陶瓷砖1843万吨（10.62亿平米），下降2.01%，出口额78.13亿美元，同比下降1%。出口省区（见表八）主要集中在广东，累计出口同比增长31.38%，占我国陶瓷砖出口总额的75.87%，与上年相比，占比增加了4.11个百分点。从同比增速看，在我国陶瓷砖主要出口地区中，广西、江西、浙江累计出口额同比呈现高增长，增速在60%以上。重庆、江苏、福建出口额同比出现下降。2014年，我国陶瓷砖出口排在前五位的贸易国（见表七）依次是越南、马来西亚、印度尼西亚、沙特阿拉伯、美国。其中对越南累计出口6.39亿美元，比上年增长3.46倍，占我国瓷砖出口总额（下同）的8.1%；马来西亚累计出口4.74亿美元，下降17.4%，占我国陶瓷砖出口总额的6.06%；对印度尼西亚出口3.88亿美元，增长26.3%，占我国陶瓷砖出口总额的

4.96%；对沙特阿拉伯累计出口3.54亿美元，下降27.6%，占我国陶瓷砖出口总额的4.53%；对美国累计出口3.39亿美元，下降5.57%%，占我国陶瓷砖出口总额的4.33%。与上年相比，对越南、印度尼西亚出口额快速增长，累计同比增速分别为345%、26.1%，出口额提升至第1、3位。我国陶瓷砖出口额一半以上在亚洲，2014年，累计出口亚洲同比增长4.03%，占我国陶瓷砖出口总额（下同）的61.1%。与上年相比，出口亚洲金额占比持续扩大，其他各洲占比均有萎缩。从同比增速看，出口非洲、大洋洲、亚洲增速居前；对南美洲、欧洲、北美出口出现负增长。

表七、 2014年瓷砖出口前十位国家和地区

出口国	出口数量（千克）	出口额（美元）
全部出口总计	18437514920	7813847020
越南	369398469	639417227
马来西亚	493371436	474318355
印度尼西亚	854754166	388178012
沙特阿拉伯	1130722551	354642759
美国	943610997	339848600
新加坡	335484692	301569453
尼日利亚	988069025	287900582
阿联酋	608108506	242961024
香港	215349463	234396972
菲律宾	781628229	231203449

表八、2014年瓷砖出口省区前十位

省份	出口数量（千克）	出口额（美元）	数量占比（%）	金额占比（%）
	18437514920	7813847020		
广东省	12496093423	4005058533	67.78	51.26
福建省	2578877084	804946560	13.99	10.30
山东省	943676722	279937647	5.12	3.58
上海市	361188603	102950271	1.96	1.32
浙江省	253392234	146791324	1.37	1.88
江西省	212210466	270992703	1.15	3.47
辽宁省	177439823	145237653	0.96	1.86
江苏省	144236599	116039198	0.78	1.49
河北省	143907762	38119897	0.78	0.49
北京市	125388948	43157771	0.68	0.55

2014年，卫生陶瓷出口128万吨（7650万件），占全国总产量的38.2%，同比增长11.6%。出口额32亿美元，超过全球贸易总量三分之一以上。卫生陶瓷的平均出口价格为41.83美元/件，均价比上年增长9.19美元，价格上涨幅度28.1%，卫生陶瓷产品出口结构正在调整，中高档产品出口比例有所上升。出口卫生陶瓷中约三分之一流向美国、西亚、欧洲等发达国家和地区，前十个主要国家或地区（见表九）分别是美国（占总出口量的24.31%，增长11.5%）、伊朗4.89%，增长362%、新加坡3.6%，增长171%、阿联酋3.02%，增长157%、韩国9%，增长16.1%、马来西亚2.28%，增长26.4%、沙特阿拉伯2.39%，增长18.1%、加拿大3.91%，增长8.4%、西班牙1.78%，增长11.7%、俄罗斯2.02%，增长56.3%。向这十个国家(或地区)的出口占全国卫生陶瓷出口量的57.2%，其中向前5个地区的出口量约占总量的44.8%。广东省卫生陶瓷出口量和出口额继续保持全国第一（见表十），全年出口35.9万吨，7.97亿美元，占全国总出口的28.12%和24.88%；河北省位居第二，分别占全国总出口的25.39%和11.03%；福建省依然位居第三，为9.99%和7.72%；随后为重庆市2.41%和5.19%、浙江省3.16%和4.98%。

表九、2014年卫生陶瓷出口前十位国家和地区

序号	产销国名称	出口数量（千克）	出口额（美元）	数量占比（%）	金额占比（%）
		1280191307	3204747176		
1	美国	311243193	483304113	24.31	15.08
2	伊朗	62580394	318700242	4.89	9.94
3	新加坡	46114802	233715429	3.60	7.29
4	阿联酋	38603223	188987529	3.02	5.90
5	韩国	115245905	138595583	9.00	4.32
6	马来西亚	29244268	136988651	2.28	4.27
7	沙特阿拉伯	30657692	106108306	2.39	3.31
8	加拿大	50081880	86288156	3.91	2.69
9	西班牙	22802417	81763040	1.78	2.55
10	俄罗斯联邦	25885880	79769040	2.02	2.49

表十、2014年卫生陶瓷出口前十位省区

省份	出口数量（千克）	出口额（美元）	数量占比（%）	金额占比（%）
	1280191307	3204747176		
广东省	359944422	797479742	28.12	24.88
河北省	325098599	353613887	25.39	11.03
福建省	127866342	247348405	9.99	7.72
重庆市	30797632	166248868	2.41	5.19
浙江省	40454850	159456329	3.16	4.98
江西省	25119501	145431315	1.96	4.54
安徽省	26651271	141425262	2.08	4.41
新疆维吾尔自治区	22919860	125254584	1.79	3.91
黑龙江省	21610153	124516896	1.69	3.89
山东省	58681995	112117605	4.58	3.50

2014年，日用陶瓷出口188.2万吨约75.2亿件，占全国总产量的近两成，同比增长26.2%。出口额49.4亿美元，比上年增长82%。日用瓷平均出口单价0.656美元/件，均价比上年增长44%。出口前十个主要国家或地区（见表十一）分别是美国(占总出口量的17.38%，比2013年增长9.73%)、英国4.61%，增长32.9%、德国3.99%，增长40.1%、俄罗斯联邦3.0%，增长14.1%、新加坡2.30%，增长134%、伊朗1.75%，增长12倍、马来西亚3.86%，增长26%、阿联酋3.09%，增长35.7%、土耳其2.44%，增长67.5%、荷兰2.23%，增长69.6%。日本、澳大利亚等国从上年的前十位退出。从出口省区情况看（见表十二），广东省继续保持日用陶瓷出口第一大省的地位，出口量值分别占我国日用瓷全部出口的39.7%、38.17%；其余省区排序为：浙江省出口量值分别占6.32%、8.65%、湖南省出口量值分别占8.6%、6.23%、山东省出口量值分别占13.61%、6.16%、福建省出口量值分别占4.08%、5.28%、重庆市出口量值分别占1.14%、3.85%、黑龙江省出口量值分别占1.01%、3.73%、新疆维吾尔自治区出口量值分别占1.53%、3.23%、广西壮族自治区出口量值分别占4.42%、3.06%、河北省出口量值分别占3.67%、2.94%。

表十一、2014年日用陶瓷出口前十位国家和地区

序号	产销国名称	出口数量（千克）	出口额（美元）	数量占比（%）	金额占比（%）
		1882287538	4940391602		
1	502 美国	327084142	841170758	17.38	17.03
2	303 英国	86740281	215284324	4.61	4.36
3	304 德国	75038364	198430890	3.99	4.02
4	344 俄罗斯联邦	56470099	196289014	3.00	3.97
5	132 新加坡	43337328	193784481	2.30	3.92
6	113 伊朗	33025209	192610038	1.75	3.90
7	122 马来西亚	72681362	187152312	3.86	3.79
8	138 阿联酋	58199617	171170646	3.09	3.46
9	137 土耳其	45964670	168123821	2.44	3.40
10	309 荷兰	41910724	137733763	2.23	2.79

表十二、2014年日用陶瓷出口前十位省区

序号	省份名称	出口数量（千克）	出口额（美元）	数量占比（%）	金额占比（%）
		1882287538	4940391602		
1	广东省	747347949	1885818914	39.70	38.17
2	浙江省	119015487	427250876	6.32	8.65
3	湖南省	161865962	307875079	8.60	6.23
4	山东省	256142249	304134958	13.61	6.16
5	福建省	76755149	260718785	4.08	5.28
6	重庆市	21462873	190283071	1.14	3.85
7	黑龙江省	18989142	184109704	1.01	3.73
8	新疆维吾尔自治区	28786902	159420206	1.53	3.23
9	广西壮族自治区	83116934	151223535	4.42	3.06
10	河北省	69160735	145454196	3.67	2.94

【贸易摩擦】

2014年1月，在商务部贸易救济调查局的指导下，中国陶瓷工业协会组织国内126家日用瓷企业，通过谈判，与巴西发展工业和贸易部达成了《巴西日用陶瓷反倾销价格承诺条款》，该《条款》详细规定了我国日用瓷出口巴西的价格、数量、出口手续以及违约处理等规则。中陶协安排专人负责126家企业出口巴西日用瓷合同资料的审核备案工作。即：不分瓷种CIF价最低控制在3.2美元/公斤，数量限制2.5万吨/年。2014年，日用瓷对巴西出口总量为7635.77吨，出口值2385.2万美元，分别占我国出口总量的0.40%、0.48%。而之前的2013年，日用瓷对巴西出口量为28583吨、4618.6万美元，分别占我国出口总量的1.91%、1.70%。采取自律措施后，对巴西日用瓷出口量、出口值分别下降73.2%、48.3%。

除巴西外，欧盟、墨西哥也是对我国日用瓷出口采取反倾销措施的地区和国家。2014年，日用瓷对欧盟出口40.21万吨，出口值10.58亿美元，分别占我国日用瓷出口总量的21.36%、21.43%；2013年，出口量27.99万吨，出口值5.91亿美元；2012年，出口量39.94万吨，出口值7.47亿美元；采取反倾销措施后，2013年，我国对欧盟出口量、出口值分别下降29.9%、20.8%，2014年比2013年分别增长43.6%、79.01%，比反倾销之前的2012年分别增长0.6%、41.6%。2014年，我国日用瓷对墨西哥出口量2.21万吨，出口值4077万美元；2013年出口量1.89万吨，出口值2296万美元。采取反倾销措施后，对墨西哥日用瓷出口量、出口值分别增长16.9%、77.5%。

除日用陶瓷外，巴西对我国陶瓷砖反倾销调查于2014年7月3日发布初裁结果。巴西外贸委员会发

布的第53号令，决定对进口自中国的未上釉瓷砖发布初裁，决定征收6个月的临时反倾销税，征税税率为3.01-5.73美元/平方米。涉案产品南共市税号为6907.90.00。2014年12月19日巴西官方发布了对华瓷砖反倾销案件终裁的公告，对非价格承诺企业执行终裁税；对价格承诺参加企业，自2015年1月8日起，按价格承诺中最低限价和数量限制执行。2015年1月8日起至2015年12月31日的最低限价为CIF10.5美元/平方米和CIF477.27美元/吨，数量限制为22,000,000平方米和484,000吨。参与价格承诺的企业不再征收反倾销税。

我国陶瓷出口遭遇反倾销的原因有以下几点：

1、陶瓷出口产品科技含量较低，品牌意识不强，出口价格严重偏低。我国陶瓷生产企业生产线陈旧，生产技术落后，企业研发中心规模小，研发能力弱导致我国的陶瓷产品与意大利等国家的陶瓷产品相比，科技含量较低，无法进入中高端市场，使得陶瓷产品在国际市场上的价格水平较低。近几年陶瓷出口金额的增长主要是靠出口数量的拉动，而并非出口价格，这就造成了国内资源的大量浪费。目前国内大多数企业的品牌意识薄弱，许多企业是贴牌生产，有甚者已经放弃走品牌路线。

2、陶瓷出口市场相对集中，造成国内同行业之间恶性低价竞争局面。在2005年上半年，我国对欧盟、美国、香港、日本四大市场的出口就占我国陶瓷出口总额的一半以上。其中，欧盟占近五分之一，对美国的出口也因为配额的取消，同比增长了14.9%。市场的过于集中、狭窄使得陶瓷出口企业被迫竞相压低价格，去争取有限的配额。结果是：一方面，本来应得的高额利润骤然缩减，被国外进口商捡了个“渔翁之利”；另一方面，又为本国陶瓷产品的出口赚下一个倾销嫌疑的坏名声。

3、对国外反倾销案件应诉率低。我国陶瓷企业对国外反倾销案件反应较迟钝，积极性差，应诉率低，解决效果差。出现这种现象的原因在客观上是国家没有及时提供进口国家对于本产品制订的相关法规和标准，陶瓷出口企业对此不熟悉或不了解，一旦遭到反倾销等贸易制裁时，企业都无从应对；主观上，大部分出口企业较偏重于个体的短期利益和局部利益，不愿意在反倾销应诉方面花费更多的精力、时间与财力，更重视采取低价手段和“东方不亮西方亮”的策略。最终的结果是导致整个陶瓷出口大环境每况愈下，越来越对出口企业不利。

面对国外反倾销案件的增多，陶瓷行业应采取如下策略：

1、全面提升陶瓷产品的科技含量，打造高品质陶瓷产品。针对我国陶瓷产品科技含量低这一弱势，陶瓷企业一方面应该引进先进的生产线及其设备，全面提升企业的硬件设施，同时要大量引进陶瓷方面的人才，给予优厚的待遇，组建一支高素质的团队；另一方面要扩大研发中心的规模，使研发中心真正的发挥作用，无论在产品的质量还是在产品的花色、式样、包装等方面都要紧跟市场的需求。

2、增强企业品牌化意识。我国的陶瓷企业大多数都没有自己的产品品牌，这是我国陶瓷出口的又一大弱势。企业应根据自身的能力，研制开发并推广自主品牌。企业的研发中心要根据国际流行趋势和市场的需求来研制产品，切忌盲目跟风模仿。

3、明确市场发展战略，积极开拓新市场，避免产品集中。我国陶瓷企业要针对国际市场营销状况制订长远的发展规划和明确的战略构想。不仅要注重传统市场，而且要积极的开拓新市场，避免和其他一些企业争夺现有的市场，以便分散产品销售，形成良性竞争秩序。即使一些企业在现有阶段很难将市场转移，也要努力尝试开拓新市场，为企业的进一步发展打下基础。

4、加强对有关反倾销法规的学习，按照国际标准建立健全的信息情报系统。我国对国外的反倾销案件应诉率低，这与国内企业缺乏全面了解世贸组织的反倾销协议和重点陶瓷出口国的反倾销法规密切相关。陶瓷企业要加强学习世贸组织中有关倾销和反倾销的法规，认真了解陶瓷主要出口国的有关法律规定，明白这些协议条款、法规中那些是可以利用的，那些是必须要回避的。同时在日常工作中要注意收集公司的各种协议合同、商务信函、收支票据等，一旦发生反倾销诉讼，企业能在最短的时间内备齐所需资料。

5、积极与政府、行业协会协作，充分发挥政府、行业协会的作用。企业应积极利用行业协会与政府保持密切关系，一方面有利于企业了解国外相关的法律、法规，另一方面有利于充分发挥行业协会的作用，加强宣传的力度与效果，同时企业之间也可以互通有无，共同发展进步。

【2013年陶瓷相关标准】

《建筑卫生陶瓷行业准入标准》于2014年4月1日起施行。《建筑卫生陶瓷行业准入标准》是国家针对建筑卫生陶瓷行业所制定的首部行业准入标准，具有标志性的意义，它将提高企业和地区进入陶瓷行业的“门槛”。《准入标准》共涉及建设布局，规模、工艺和设备，质量管理，节能降耗，清洁生产，安全生产和社会责任，监督管理以及附则等八个方面的内容。国家将从土地供应、环评审批、能源供给、质量和安全监管、信贷、融资以及相关企业在建筑卫生陶瓷项目投资施工建设与生产运营等方面对建筑卫生陶瓷行业的发展进行指导和规范。建筑卫生陶瓷行业技术改造与创新刻不容缓。

2014年12月12日，为贯彻《中华人民共和国环境保护法》和《中华人民共和国大气污染防治法》，防治污染，保护和改善生态环境，保障人体健康，完善国家环保标准体系，国家环保部与国家质量监督检验检疫总局联合发布了《陶瓷工业污染物排放标准》（GB25464-2010）。本次发布的标准征求了中国建筑卫生陶瓷协会、中国陶瓷工业协会以及诺贝尔、蒙娜丽莎、新明珠、唯美、欧神诺、宏陶、旭日、东鹏、鹰牌等国内五十多家知名陶瓷、卫浴企业的意见，对两处行业较为关注的重要参数作出了修改：将原有标准4.2.7条修改为喷雾干燥塔、陶瓷窑烟气基准含氧量为18%，实测喷雾干燥塔、陶瓷窑的大气污染物排放浓度，应换算为基准含氧量条件下的排放浓度，并以此作为判定排放是否达标的依据；将原标准表5中喷雾干燥塔、陶瓷窑的颗粒物限值调整为30mg/m^3、二氧化硫限值调整为30mg/m^3、氮氧化物限值调整为150mg/m^3。修改后的标准自发布之日起执行。

2014年5月6日，工业和信息化部公告(2014年第32号)批准1208项行业标准，《氧化铝陶瓷衬板耐磨管件》（JC/T2209-2014）等十项特种陶瓷标准（见表十三）于2014年10月1日开始实施。

表十三、2014年10月1日开始实施的十项特种陶瓷标准

标准编号	标准名称	标准主要内容	实施日期
JC/T 2205-2014	石英玻璃术语	本标准规定了石英玻璃及其制品种类、工艺、外观质量、规格、性能的术语和定义。	2014/10/1
		本标准适用于石英玻璃及其制品。	
JC/T 750-2014	透明石英玻璃抗析晶性试验方法	本标准规定了透明石英玻璃抗析晶性试验的试验原理、样品的制备、仪器设备与材料、试验步骤、结果表述和试验报告等。	2014/10/1
		本标准适用于透明石英玻璃抗析晶性的试验。其中析晶层厚度试验法适用于透明石英玻璃制品的抗析晶性试验；可见光透射比试验法适用于对可见光透射比有要求的透明石英玻璃制品的抗析晶性试验；目测法适用于表面有透明层的不透明石英制品的抗析晶性试验。	
JC/T 2206-2014	热致红外可调镀膜玻璃	本标准规定了热致红外可调镀膜玻璃的技术要求、试验方法、检验规则、标志、包装、运输和储存。	2014/10/1
		本标准适用于建筑用热致红外可调镀膜玻璃，其他领域使用的热致红外可调镀膜玻璃可参照使用。	

标准编号	标准名称	标准主要内容	实施日期
JC/T 2207-2014	造纸机除砂器用陶瓷元件	本标准规定了造纸机除砂器用陶瓷元件的产品分类、技术要求、试验方法、检验规则、标志、包装、运输和储存。 本标准适用于造纸机除砂器用陶瓷除砂器、除渣器和除砂嘴。	2014/10/1
JC/T 2208-2014	造纸机用陶瓷脱水元件	本标准规定了造纸机用陶瓷脱水元件的产品分类、技术要求、试验方法、检验规则、标志、包装、运输和储存。 本标准适用于造纸机用脱水陶瓷成型板、刮水板和真空箱面板。不适用玻璃、微晶、陶瓷涂层型造纸机用脱水元件。	2014/10/1
JC/T 2209-2014	氧化铝陶瓷衬板耐磨管件	本标准规定了氧化铝陶瓷衬板耐磨管件的定义、产品分类、技术要求、检测方法、检验规则和标识、包装、运输和储存。 本标准适用于耐磨工程中内衬或外衬氧化二铝陶瓷衬板的耐磨管件。	2014/10/1
JC/T 2210-2014	建筑陶瓷自清洁性能测试方法	本标准规定了建筑陶瓷光催化活性的定义、试验装置、试剂、试验条件、试验步骤、试验结果计算、试验结果报告。 本标准主要适用于附有光催化技术的建筑陶瓷材料及制品，对其自清洁性能的表征。本标准不适用于黑暗环境中使用的光催化及可见光应答型的光催化建筑陶瓷自清洁材料。	2014/10/1
JC/T 2211-2014	精细陶瓷耐高温冲刷试验方法	本标准规定了精细陶瓷在高温条件(600℃)下耐冲刷性能试验方法的术语和定义、试验原理、冲刷试验设备、试样数量和规格、试验方法、数据处理与计算和试验报告。 本标准适用精细陶瓷的材料研发、质量控制、性能检测和设计。	2014/10/1
JC/T 2212-2014	常压固相烧结碳化硅陶瓷热交换管	本标准规定了常压固相烧结碳化硅陶瓷热交换管的技术要求、试验方法、检验规则、标志、包装、运输和储存。 本标准适用于电力、钢铁、冶金、化工、机械、纺织等工业领域制造热交换器及冷凝器用的常压固相烧结碳化硅陶瓷热交换管。	2014/10/1
JC/T 2213-2014	介电陶瓷材料锆钛酸钡、锆、钛和钡含量的测定X射线荧光光谱法	本标准规定了介电陶瓷材料锆钛酸钡中钡、钛和锆共3种元素的测定方法。 本标准适用于介电陶瓷材料锆钛酸钡、钛酸钡及其中间体等的检测。	2014/10/1

2014年9月22日，国家标准化委员会发布中华人民共和国行业标准备案公告2014年第8号(总第176号)，《化学瓷坩埚》（QB/T 1991-2014）等7项日用及化学瓷标准（见表十四）于2014年10月1日开始实施。

2014年12月1日，国家质量监督检验检疫总局、国家标准化管理委员会批准发布2014年第18号公告，《日用玻璃陶瓷》（GB/T30771-2014）标准开始实施。

表十四、2014年10月1日实施的7项日用瓷标准

序号	备案号	标准编号	标准名称	代替标准号	批准日期	实施日期	标准主管部门
1	46029-2014	QB/T 1991-2014	化学瓷坩埚	QB/T 1991-1994	2014-05-06	2014-10-01	工业和信息化部
2	46030-2014	QB/T 1992-2014	化学瓷蒸发皿	QB/T 1992-1994	2014-05-06	2014-10-01	工业和信息化部
3	46031-2014	QB/T 1639-2014	陶瓷模用石膏粉	QB/T 1639-1992	2014-05-06	2014-10-01	工业和信息化部
4	46032-2014	QB/T 2381-2014	亮金水 亮钯金水	QB/T 2381-1998	2014-05-06	2014-10-01	工业和信息化部
5	46033-2014	QB/T 2382-2014	亮金水 亮钯金水试验方法	QB/T 2382-1998	2014-05-06	2014-10-01	工业和信息化部
6	46065-2014	QB/T 4666-2014	骨质瓷器用骨炭		2014-05-06	2014-10-01	工业和信息化部
7	46066-2014	QB/T 4667-2014	日用陶瓷单位产品能源消耗限额		2014-05-06	2014-10-01	工业和信息化部

2014年11月25-26日，第二届全国日用陶瓷标准化技术委员会(SAC/TC405)成立大会暨标准审查会议在湖南醴陵召开。来自全国各日用陶瓷产区的委员及特邀代表50多人参加本次会议。湖南华联瓷业股份有限公司承办本届会议。会议首先宣读了国家标准化委员会关于第二届全国日用陶瓷标准化技术委员会组成人员的批复文件，聘任傅维杰为第二届全国日用陶瓷标准化技术委员会主任委员，李硕等为副主任委员，张侃为第二届全国日用陶瓷标准化技术委员会秘书长。标委会对《陶瓷材料烧结温度范围测定方法》等5项标准进行了审议和讨论。

2014年5月7-8日，第三届全国建筑卫生陶瓷标准化技术委员会第五次年会暨标准审议会在江苏省宜兴市召开。会议期间重点审议《锆英砂》行业标准、《陶瓷砖》国家标准、《陶瓷砖试验方法》国家标准，同时还召开了《坐便器安装规范》工作会，《卫生洁具智能坐便器》工作会。其中，《陶瓷砖》标准系在2006版基础上起草修改，采用ISO13006：2012国际标准，并增加了对抛光砖的规定及陶瓷砖厚度的限定等内容。

【陶瓷产品质量】

2014年第四季度，国家质检总局共抽查了北京、天津、河北、上海、江苏、福建、江西、山东、河南、湖北、湖南、广东、重庆、四川等14个省、直辖市178家企业生产的178批次陶瓷坐便器产品。本次抽查依据GB6952-2005《卫生陶瓷》、GB25502-2010《坐便器用水效率限定值及用水效率等级》、GB26730-2011《卫生洁具便器用重力式冲水装置及洁具机架》等标准的要求，对陶瓷坐便器产品的水封深度、水封表面面积、吸水率、便器用水量、洗净功能、固体排放功能、污水置换功能、坐便器水封回复、便器配套要求、安全水位技术要求、坐便器用水效率等级、坐便器用水效率限定值、管道输送特性、驱动方式、进水阀密封性、进水阀耐压性、进水阀CL标记、防虹吸功能、水箱安全水位、排水阀自闭密封性共20个项目进行了检验。抽查发现有13批次产品不符合标准的规定，涉及水封深度、吸水率、便器用水量、洗净功能、坐便器水封回复、安全水位技术要求、水箱安全水位、进水阀CL标记、防虹吸功能、进水阀密封性、坐便器用水效率等级项目。

2014年3月13日，山东省质量技术监督局公布2014年食品相关产品质量监督抽查结果，两批次日用陶瓷产品抗热震性项目不合格，企业涉及淄博茂业陶瓷有限公司、淄博博山亚美陶瓷厂。

2014年，广东省质量技术监督局抽查了深圳、河源、梅州、潮州、揭阳等5个地市(区)60家企业生产的日用陶瓷产品80批次，发现不合格产品6批次，不合格产品发现率为7.5%。本次抽查依据（GB/T 3534-2002）《日用陶瓷器铅、镉溶出量的测定方法》、（GB12651-2003）《与食物接触的陶瓷制品铅、镉溶出量允许极限》、经备案现行有效的企业标准及产品明示质量指标和要求，对日用陶瓷的铅溶出量、镉溶出量、抗热震性(热稳定性)、吸水率等4个项目进行了检验。

2014年7月15日，上海市质量技术监督局通报2014年上海市陶瓷砖产品质量监督抽查结果，抽查了45批次产品，经检验，不合格0批次。本次监督抽查依据（GB6566-2010）《建筑材料放射性核素限量》、GB/T4100-2006《陶瓷砖》等国家标准及相关产品标准要求，对产品的下列项目进行了检验：尺寸、吸水率、断裂模数和破坏强度、无釉砖耐磨深度、抗釉裂性、耐化学腐蚀性、耐污染性、放射性核素。

2014年10月，广东省质监局日前公布2014年广东省卫生陶瓷产品质量专项监督抽查结果，不合格产品发现率为6.5%。本次共抽查了广州、珠海、佛山、江门、东莞、潮州、清远、顺德8个地市（区）152家企业生产的卫生陶瓷产品200批次，依据GB6952-2005《卫生陶瓷》、GB26730-2011《卫生洁具便器用重力式冲水装置及洁具机架》、GB/T26750-2011《卫生洁具便器用压力冲水装置》、GB25502-2010《坐便器用水效率限定值及用水效率等级》、GB28377-2012《小便器用水效率限定值及用水效率等级》及经备案现行有效的企业标准或产品明示质量要求，对坐便器的水封深度、水封表面面积、吸水率、便器用水量、洗净功能、固体排放功能、污水置换功能、坐便器水封回复、便器配套要求、坐便器用水效率等级、坐便器用水效率限定值、管道输送特性、驱动方式、进水阀密封性、进水阀耐压性、进水阀CL标记、防虹吸功能、水箱安全水位、排水阀自闭密封性等19个项目进行了检验；对蹲便器的水封深度、吸水率、便器用水量、洗净功能、排放功能、防溅污性、便器配套要求、安全水位技术要求、驱动方式、进水阀密封性、进水阀耐压性、进水阀CL标记、防虹吸功能、水箱安全水位、排水阀自闭密封性等15个项目进行了检验；对小便器的水封深度、吸水率、便器用水量、洗净功能、污水置换功能、便器配套要求、密封性能、强度性能、密封性能、强度性能、断电保护、小便器用水效率等级、小便器用水效率限定值等13个项目进行了检验；对洗面器的最大允许变形、重要尺寸、吸水率、抗裂性、溢流功能、耐荷重性等6个项目进行了检验。抽查发现，13家企业的13批次卫生陶瓷产品不合格，其中12家为潮安县企业，包括潮安县古巷镇威士达卫生瓷厂、潮安县古巷镇马德利陶瓷加工厂、潮安县古巷福庆建筑陶瓷厂、潮安县凤塘能厦陶瓷厂、潮安县丽威陶瓷洁具有限公司、潮安县古巷镇朗格陶瓷制作厂、潮安县古巷镇雄兴陶瓷厂、潮安县古巷大立陶瓷厂、潮安县古巷镇升格陶瓷厂、潮安县凤塘镇金汇洁具厂、潮安县佳泓陶瓷洁具有限公司、潮安县恒生陶瓷有限公司。不合格项目涉及卫生陶瓷的水箱安全水位、便器用水量、坐便器用水效率等级、坐便器用水效率限定值、水封深度、坐便器水封回复、安全水位技术要求、洗净功能、吸水率和重要尺寸等。另外，标称珠海铂鸥卫浴用品有限公司生产的一批次“BRAVAT”卫生陶瓷（坐便器），被检出坐便器水封回复项目不合格。

2014年10月16日，陕西省质量技术监督局通报瓷砖抽查结果，本次在西安、咸阳、宝鸡、渭南、铜川、安康地区的生产及经销企业中抽查企业37家，抽取样品40批次。经检验，综合判定合格样品36批次，抽查产品不合格率为10%。本次抽查依据GB/T4100-2006《陶瓷砖》、GB/T3810.1～16-2006《陶瓷砖试验方法》、GB6566-2010《建筑材料放射性核素限量》等相关标准和经备案现行有效的企业标准及产品明示质量要求，对陶瓷砖产品的尺寸、吸水率、断裂模数和破坏强度、无釉砖耐磨深度、抗釉裂性、耐化学腐蚀性、耐污染性、放射性核素项目进行了检验。抽查发现有4批次样品不符合标准要求，涉及陶瓷砖产品的尺寸、吸水率、破坏强度项目不达标。

2014年10月，沈阳市质量技术监督局日前公布2014年沈阳市陶瓷砖产品质量监督抽查结果，共监督抽查31家陶瓷砖生产企业生产的31批次产品。经检验，合格31批次，合格率为100%。本次监督抽查委托沈阳产品质量监督检验院承担检验任务。监督抽查依据《2014年沈阳市陶瓷砖产品质量监督抽查方案》执行，按GB/T4100-2006《陶瓷砖》、GB6566-2010《建筑材料放射性核素限量》和产品明示的质量要求对尺寸偏差、表面质量、吸水率、破坏强度、断裂模数、放射性核素等项目进行了检验。

2014年6月，贵州省质量技术监督局组织对陶瓷砖产品生产企业产品质量进行了监督抽查，抽查了6家企业6个批次的产品，合格率为83.3%。本次检验项目涉及尺寸、外观、吸水率、破坏强度、断裂模数、抗釉裂性、耐污染性、耐低浓度酸和碱、耐高浓度酸和碱、放射性等。结果显示，遵义行远陶瓷有限责任公司一批次陶瓷砖［产品规格型号600mm×600mm×9mm，生产日期（批号）2014年4月7日］，尺寸、外观、断裂模数项目不合格。

【转型升级与产品创新】

2014年，陶瓷行业在国家促进企业自主创新和技术改造升级、推进产业转移等政策措施推动下，结构调整的步伐加快，一批创新产品相继通过鉴定并投产。

2014年10月25日，由广东宏陶公司、宏威公司、宏海公司、景德镇陶院共同完成的“高温大红基印花釉的研制”科技成果鉴定会在佛山召开。“高温大红基印花釉的研制”项目最大的创新点在于发明出一种新的技术，创新性地获得了发色纯正、鲜艳的高温大红印花釉。该印花釉能与其他花釉进行套色或混合使用，产品图案明度明显增加，彻底解决了高温陶瓷装饰印花色彩冷淡不够鲜艳、色域不广的世界性难题。另外该技术中采用低温挥发的复合型有机物作为溶剂，配制出专用高温大红色印花油，既满足了胶辊印刷的需要，同时可在400℃前实现无残留，不会造成图案（釉面）的缺陷。

2014年12月，在四川省科技厅组织的科技成果鉴定会上，威远县白塔集团开发的窑变艺术陶瓷砖生产技术、止滑功能陶瓷砖工业化生产技术两项专利技术顺利通过专家鉴定。此次威远县白塔集团开发的窑变艺术陶瓷砖生产技术，通过配方研究、晶核剂选择、釉层厚度及温度控制，使晶花表观尺寸可达到6mm以上，并通过低温快烧实现了节能减排。止滑功能陶瓷砖工业化生产技术，突破了陶瓷砖防滑技术瓶颈，通过微结构设计提高陶瓷砖防滑性能，其釉面摩擦系数可达到0.8以上，达到防滑防污效果，切实有效地降低了因地板防滑系数低而发生的安全事故率。此两项技术都达到国内领先水平，其中窑变艺术陶瓷砖生产技术还填补了国内空白。

2014年6月21日，佛山市溶洲建筑陶瓷二厂有限公司研制的“陶瓷粉料高效节能干法制备技术及成套设备”科技成果鉴定会召开。该项目是佛山产学研合作重大科技成果，拥有十余项专利。该项目引入了水泥行业的粉料均化概念与装备，研究开发了适应于陶瓷多种类原料的逐级放大均化系统，优化了均化系统的各项参数，满足了陶瓷多原料种类、多色料种类、多种大小批量特性的配方原料干法混合均化要求，提高了粉料的均化度、流动性等性能，使之更加适应陶瓷墙地砖的压制成型工艺，向工业化生产应用迈开了一大步，已经规模化生产了厚度超过10mm的300mm×90mm规格的外墙砖产品。而且将干法制粉与陶瓷废渣利用相结合，大量在产品配方中使用陶瓷废渣，陶瓷废渣掺入量可达60%以上。该成果综合技术水平达到了国际先进水平。

2014年9月21日，中国高科技产业化研究会在中国科技会堂主持召开了由北京中伦基业科技发展有限公司自主研发的“‘天炻’牌发泡微晶陶瓷保温材料”科技成果鉴定会。该产品通过创新技术，制造了吸水率低、表观密度小、保温效果好的发泡微晶陶瓷材料。并将这种技术用于消纳固体废弃物，可发挥资源循环、节能保温等综合效果，具有巨大的发展潜力。

2014年9月，江苏高淳陶瓷股份有限公司、山东华光陶瓷股份公司，创新运用高温色釉、黄地开光和古老的珐琅彩工艺，以及精雕开模等现代陶瓷技术，运用现代科技对珐琅彩的配方和工艺进行创新改良，改良后的珐琅彩工艺更稳、品质更高，环保指标均达到国际上最严格的美国加州标准。历时7个月，圆满完成APEC国宴专用瓷的“智”造任务。APEC国宴用瓷的设计与制作凝聚了新一代中国陶瓷人的智慧、理念和汗水，表现出中国陶瓷技术的赶超与品质的飞跃，她向世界展示了中国陶瓷的崛起！

【中陶协第六届二次理事会】

2014年9月11-12日，中国陶瓷工业协会第六届理事会第二次会议在吉林省吉林市成功召开，来自全国各陶瓷产区的260多位理事、常务理事、副理事长等出席本次会议。中国轻工业联合会名誉会长、中国陶瓷工业协会名誉理事长杨志海，中国轻工业联合会副会长兼中国陶瓷工业协会理事长杜同和，中国陶瓷工业协会常务理事长傅维杰、副理事长浦永祥，中国陶瓷工业协会顾问陈帆，第六届理事会副理事长蔡宪昌、林伟、吴木海、陈环、祁春学、孙靖、王爱纯、史俊棠、魏斌、冯林华、江伟辉、葛春平、赵春田、苏同强、殷书建、闫振恒、边明、徐定昌、徐小洪、陈建新、吴瑞彪、赵振林等出席了会议。商务部贸易救济调查局处长刘超、吉林市副市长房立群、吉林市龙潭区委书记孙维国等国家和地方领导到会祝贺。

9月12日上午，六届二次理事会听取中国陶瓷工业协会理事长杜同和所作的工作报告。他全面总结了自去年7月第六次会员代表大会召开以来的工作，对今后的工作进行了部署。副理事长浦永祥作了会费收支情况的报告。常务副理事长傅维杰主持本次会议。会议通过了杜同和理事长关于调整增补理事、常务理事、副理事长的提案。与会理事认真听取了蔡宪昌、苏同强、黄芯红、陈帆、林伟、杨瑞鸿、袁勇、赵振林、何国明分别所作的陶瓷原辅材料、日用陶瓷、建筑卫生陶瓷、陶瓷设备技术、陶瓷幕墙、陶瓷营销、陶瓷马赛克、陶瓷原料辅料、瓷砖粘接剂等专业委员会的工作报告。会议听取了中联耐材电子商务有限公司“中国陶瓷官网”项目信息总监张文启所作的“中国陶瓷官网”运营情况和中国陶瓷会刊编辑发行情况以及下步工作的规划汇报；听取了河北省玻璃陶瓷行业协会会长祁春学所作的在北京建设中国陶瓷文化艺术产业园的规划与实施进展汇报。

9月12日下午，与会理事听取了国家统计局潘建成博士对当前宏观经济形势及对陶瓷行业带来影响的分析，理事们对感兴趣的话题进行了深入交流。

【协会主要活动】

2014年，由中国陶瓷工业协会举办的第十一届新锐榜评选活动采用线上启动的方式进行，共吸引了100多家企业报名297项参评项目，涵盖建陶、卫浴、机械、化工等建筑卫生陶瓷产业链上下游产业。报名企业除了来自广东、福建、江西、山东、河南等国内重点产区的企业外，也包括了国内其他一些新兴产区的企业。此次新锐榜共颁发15大奖项，其中粘贴材料类首次纳入新锐榜评选中，并受到业内追捧。最终新锐榜头奖“金土奖”被广东东鹏控股股份有限公司捧得。

2014年，中国陶瓷工业协会继续开展中国陶瓷行业名牌的评审工作，共有61家企业、57个瓷砖品牌、20个日用瓷品牌、1个卫浴品牌、2个艺术瓷品牌、2个装饰材料品牌、1个工业瓷品牌、2个陶瓷机械品牌共85个品牌提交了申报资料。经专家评审，共有37个瓷砖品牌、13个日用瓷品牌、2个艺术瓷品牌、2个装饰材料品牌、1个卫浴品牌、1个工业瓷品牌、1个陶瓷机械品牌共57个品牌获得了中国陶瓷行业名牌产品荣誉称号。

2014年4月，中国陶瓷工业协会与北流陶博会组委会共同成功举办了陶瓷作品评比，共有257件作品参评，经专家评审，共评出26个金奖，47个银奖，65个铜奖。

2014年6月，中国陶瓷工业协会在北京举办了2014中国国际轻工消费品展览会暨第四届中国陶瓷艺术创意设计精品展，同期举办了“大地奖”评比活动。本次展会上共有1069件陶瓷作品参评“大地奖”活动，经专家评审，共评出168个金奖，215个银奖，179个铜奖。

2014年10月，中陶协组织的第四届中韩陶瓷艺术交流展暨中韩学术交流研讨会在景德镇陶瓷学院成功举办，本次交流活动主要以景德镇产区作品为主。会上，韩国的张起熏和朴庆顺先生分别介绍了朝鲜青画白瓷的发生与变迁和韩国白瓷的造型，景德镇陶瓷学院的曹建文教授做了《景德镇青白瓷的历史与传承》报告，江西师范大学美术学院的毛小龙教授做了《宋代文化消费与景德镇青白瓷的发展》的发言。随后代表团在10月23日和24日分别参观了瑶里博览区、陶瓷博物馆和陶艺家工作室等，交流展取得了圆满成功。

2014年9月，中陶协组织的首届中国当代陶瓷设计特展暨中国日用陶瓷艺术设计高峰论坛在河北省唐山市举办，同期编辑出版了《中国当代陶瓷设计》画册。

2014年9月，中陶协组织的“未羊贺吉”——首届十二生肖大赛在景德镇举办。本次活动共有128件作品参加了终评，共评出10个金奖，21个银奖，29个铜奖，68个入选奖。

2014年12月，由中华人民共和国文化部主办，宁波市人民政府承办的“2014年中国（宁波）文化艺术博览会”在浙江省宁波市召开。我协会为了给企业开拓国内艺术市场，单独举办了“中国（宁波）陶瓷文化艺术展览会”。组织了全国各主要陶瓷产区的陶瓷企业和陶艺家们共130个展位及10位国家级大师的80余件作品参展，展出面积近4000平方米。

2014年7-10月，中陶协与中国装饰协会“美丽中国行”活动合作，举办了华叔杯镶贴技能大赛。首场大赛于2014年7月在北京居然之家北四环店拉开帷幕；第二场大赛于2014年8月在沈阳国际展览中心举办；第三场大赛于9月13日在西安大明宫建材市场进行；第四场大赛于9月26日在长春欧亚卖场进行；第五场于10月16日-11月1日，分别在上海红星美凯龙和九星市场举行。各场大赛都吸引了众多设计公司、建筑装饰公司、家装设计公司的参加，得到了当地瓷砖企业、瓷砖粘接剂生产企业的支持。

2014年10月，由中国陶瓷工业协会营销分会主办的2014年度“中国优秀陶瓷经销商”颁奖典礼暨“信息化离我们有多远”高层峰会活动在华夏明珠大酒店举行，来自全国各地的300多家陶瓷经销商代表、行业协会领导、行业媒体参加了此次盛典。授予了295家单位为“2014年度中国优秀陶瓷经销商”，34家单位为“2014年度中国金牌陶瓷经销商”，3家单位为“2014年度中国优秀卫浴经销商”，4家单位为“2014年度中国优秀陶瓷电商平台”等荣誉称号。

2014年5月，中陶协与财贸烟草工会在潮州组织了日用陶瓷行业劳动定额培训班，12月15日，与全国总工会财贸烟草工会共同组织了《卫生陶瓷行业部分劳动定额指导标准》评审。

2014年3月29日，中国陶瓷工业协会陶瓷幕墙与装饰材料分会成立大会在佛山举行。倡导成立陶瓷幕墙与装饰材料分会，是顺应社会发展之举，是有基础有条件有前途之举。随后，大会讨论并通过了陶瓷幕墙与装饰材料分会的工作条例与推荐名单，中国陶瓷工业协会常务副理事长傅维杰担任陶瓷幕墙与装饰材料分会会长。陈帆作了关于倡议与筹备成立“中国陶瓷工业协会陶瓷幕墙与装饰材料分会”的报告。

2014年5月21-24日，由中国建筑材料联合会、中国陶瓷工业协会、中国建筑卫生陶瓷协会、中国国际贸易促进委员会建筑材料行业分会、广东陶瓷协会共同举办了首届“2014年中国国际陶瓷产品展览会”，本次展会在广州琶洲馆举办，是第一次中国主办国际级的陶瓷产品展。

【重要展会活动】

2014年4月18-22日，为期5天的第23届中国(佛山)国际陶瓷及卫浴博览交易会盛大举行，本届陶博会以“绿色·健康·升级”为主题，展会期间举办了“绿色创意空间设计赛暨2014中国建陶产业绿色制造与空间运用高峰论坛”、“全国建材家居卖场走进佛山陶瓷暨第十二届全国典型市场现场经验交流活动”。10月18-22日,中国（佛山）第24届佛山陶博会在佛山举行。展出面积约37万平方米,云集700多家陶瓷、卫浴一线品牌,是目前中国陶瓷及卫浴品牌企业最多,规模最大,聚集效应最强的专业展。

2014年4月18-20日，为期三天的第四届北流陶博会顺利举办，本届陶博会贸易合同和商品成交总额53.7亿元，共接待海内外参观者42.1万人次。本届陶博会以“交流合作，互利共赢”为主题，设置了开幕式、经贸、学术、文化和公益拍卖会等五大板块活动，包含开幕式、日用陶瓷结构调整与优化提升论坛会、出口基地建设经验交流会、陶瓷精品公益拍卖会、陶瓷名优产品(作品)评奖、撤县设市20周年成果和书画展、创建全国诗词之市推进会、特色美食节旅游美食、名车、家居饰品、名优特色产品展销等12个方面的活动内容。

2014年4月23日，第八届沈阳法库国际陶瓷博览交易会在法库召开。本次博览会展区面积共12万平方米，设八个展区，展出建筑瓷、日用瓷、卫生洁具、陶瓷配套等中国瓷谷和国内外陶瓷主产区陶瓷生产及配套企业产品。此次博览会上众多陶瓷企业推出150多种各类陶瓷高端新产品。

2014年9月6日，中国（淄博）第十四届陶博会在淄博国际会展中心举办，本届陶博会将以往的“政府主导、企业承办”改为“政府支持市场运作”，充分发挥会展的主体作用，展会还增加了第三届中国创新创业大赛山东赛区比赛和全国新材料行业决赛，提升淄博科技创新和材料交流，同时，引进了毕加索陶瓷作品展、陶瓷艺术大师作品展、淄博窑古陶瓷展、中外日用陶瓷精品展等活动，尤其是与意大利文化艺术中心合作举办的毕加索陶瓷作品展，展出了毕加索亲自创作的50件世界级的陶瓷艺术精品，有力地提升了展会的文化品位。

2014年9月16日，第17届唐山中国陶瓷博览会在唐山国际会展中心举行，来自国内外的近270家陶瓷企业参展。本届陶博会将紧紧抓住环渤海加速发展和京津冀协同发展的机遇，以承办“世界陶瓷之路”联盟唐山峰会为契机，充分展示国内外优秀的陶瓷产品和先进的生产工艺，宣传推介唐山良好的投资环境和丰富的旅游资源。

2014年10月18日，中国景德镇国际陶瓷博览会在景德镇国际会展中心举行。此次展会展览面积28600平方米，1900个展位分布在3个展馆内的6个展区。展会还设置了30多项相关活动，60多个民间举办的个展、微展也同期举行。本届瓷博会有35个国家和地区的800多家品牌陶瓷企业参展，品类涵盖高档日用陶瓷、精品艺术陶瓷、高技术陶瓷，以及陶瓷原辅材料等；为期5天的瓷博会期间，除开展经贸洽谈外，还开展了“一带一路”主题活动、“蒋祈《陶记》暨景德镇宋元窑业国际学术研讨会”、“中国景德镇国际陶艺展”、“全国青年陶艺大赛”、“中外陶艺家原创新品（御窑杯）大奖赛”、“陶瓷创新与发展论坛”、“景德镇国际艺术陶瓷拍卖会”等一系列丰富多彩的配套活动。

2014年9月23日，展出面积超过17万平方米的2013年意大利CERSAIE国际陶瓷卫浴展览会，在博洛尼亚国际展览中心开幕，CERSAIE创建于1983年，每年一届，是意大利规模最大、最专业的陶瓷卫浴类产品展览项目。来自40多个国家超过800家公司参展，伊派·爱马仕、博华陶瓷、东鹏陶瓷、萨米特陶瓷、奥米茄陶瓷等多家陶企也将派代表亮相博洛尼亚陶瓷展。2014年的博洛尼亚展，仿木、仿石产品是展会的主角，喷墨打印工艺因此备受关注，在这一届博洛尼亚展，木纹砖比往届更多，而大规格薄板也成为展会的一大亮点。

西卡瓷砖粘结剂解决方案

刘 晴
（西卡（中国）有限公司）

瓷砖粘结剂又称面砖粘结剂是由水泥、石英砂、聚合物胶结料配以多种添加剂，经机械混合均匀而成。近年来，因瓷砖粘结剂其施工简便，优良的粘结力等特性解决瓷砖铺贴空鼓、掉砖等问题，所以备受国内消费者及施工师傅的欢迎，成为瓷砖铺贴首选建筑材料。

一、西卡作为全球化工建筑材料的领导者，具有强大的研发团队及产品创新能力

集团下的瓷砖粘结剂系列产品研发历史悠久，产品线齐全，根据EN 12004标准细化成一系列各具特色的瓷砖粘结剂产品系列。

Sika®Ceram-100 Basic

单组份干粉类薄层水泥基瓷砖粘结剂，产品符合EN 12004 C1要求；加水搅拌后即可使用；适用于中高吸水率瓷砖、天然、人工石材等材料，室内墙面、地面和室外的地面都可使用；对普通基材都有很好的粘结力，施工性优异。

Sika®Ceram-205 Medium

单组份干粉类柔性水泥基瓷砖粘结剂，产品符合EN 12004 C2ET要求；加水搅拌后即可使用；适用于中等尺寸的低吸水率瓷砖，室内墙面、地面和室外的地面都可使用；抗滑移性能优异、开放时间长，高柔性、可用于建筑物外立面，对普通基材都有很好的粘结力，防霜冻，施工厚度可达10mm。

Sika®Ceram-205 Large

单组份干粉类柔性水泥基瓷砖粘结剂，产品符合EN 12004 C2ET要求；加水搅拌后即可使用且对加水量波动不敏感；适用大尺寸的低吸水率瓷砖，室内墙面、地面和室外的地面都可使用，适用于水加热类地暖或旧瓷砖上再贴砖；抗滑移性能优异、开放时间长，对普通基材都有很好的粘结力，防霜冻，施工厚度可达10mm。

Sika®Ceram-205 Xtra Large

单组份干粉类高聚合物掺量的水泥基瓷砖粘结剂，产品符合EN 12004 C2ET要求；加水搅拌后即可使用且对加水量波动不敏感；适用于所有类型瓷砖，包括大尺寸瓷砖、大理石、天然石材等；可用于室内外墙面、地面、地暖、旧瓷砖上贴砖，游泳池和重交通区域等；抗滑移性能优异、开放时间长，对普通基材都有很好的粘结力，防霜冻，施工厚度可达10mm。

Sika®Ceram-205 Xtra Large LD

无尘、单组份干粉类高聚合物掺量的水泥基瓷砖粘结剂，产品符合EN 12004 C2ET要求；加水搅拌后即可使用，且对加水量波动不敏感；适用于所有类型瓷砖，包括大尺寸瓷砖、大理石、天然石材等；可用于室内外墙面、地面、地暖、旧瓷砖上贴砖、游泳池和重交通区域等；降低施工时粉尘污染，抗滑移性能优异、开放时间长，对普通基材都有很好的粘结力，防霜冻，施工厚度可达10mm。

Sika®Ceram-255 StarFlex

适用于中等尺寸瓷砖、可形变的高性能水泥基粘结剂，产品满足EN 12004 C2ET S1要求；加水搅拌后即可使用，且对加水量波动不敏感；适用于所有类型瓷砖，包括薄陶瓷板、大理石、天然石材等；可用于室内外墙面、地面、地暖、旧瓷砖上贴砖、游泳池和重交通区域等；抗滑移性能优异、开放时间长，可形变，防霜冻，施工厚度可达15mm。

Sika®Ceram-255 StarFlex LD

无尘的、适用于中等尺寸瓷砖、可形变的高性能水泥基瓷砖粘结剂，产品满足EN 12004 C2ET S1要求；加水搅拌后即可使用且对加水量波动不敏感；适用于所有类型瓷砖，包括薄陶瓷板、大理石、天然石材等；可用于室内外墙面、地面、地暖、旧瓷砖上贴砖、游泳池和重交通区域等；降低施工时粉尘污染，抗滑移性能优异、开放时间长，可形变，防霜冻，施工厚度可达15mm。

Sika®Ceram-240 Rapid

快速硬化的单组份高性能水泥基瓷砖粘结剂，产品满足EN 12004 C2FT 要求；加水搅拌后即可使用且对加水量波动不敏感；适用于所有类型瓷砖，包括大尺寸瓷砖、大理石、天然石材等；可用于室内外墙面和地面、地暖、旧瓷砖上贴砖、游泳池、工业和重交通区域等；早期强度高，抗滑移性能优异、防霜冻，施工厚度可达10mm。

Sika®Ceram-260 Rapid Plus

快速硬化的双组份高性能水泥基瓷砖粘结剂，产品满足EN 12004 C2FT S1要求；适用于所有类型瓷砖，包括大尺寸瓷砖、陶瓷薄板、大理石、天然石材等；可用于室内外墙面和地面，在木板或石膏板上都可施工，可用于地暖、旧瓷砖上贴砖、游泳池、工业和重交通区域等；早期强度高，抗滑移性能优异，可形变，防霜冻，施工厚度可达20mm。

Sika®Ceram-280 Stone

快速硬化的单组份可形变水泥基瓷砖粘结剂，产品满足EN 12004 C2FT S1要求；适用于所有类型瓷砖，包括玻璃、陶瓷马赛克等；可用于室内外墙面和地面、地暖、旧瓷砖上贴砖、游泳池、工业和重交通区域等；早期强度高，抗滑移性能优异，可形变，防霜冻，施工厚度可达15mm。

Sika®Ceram-230 Mosaic

极白的、用于玻璃马赛克的粉状水泥基瓷砖粘结剂，产品满足EN 12004 C2TE要求；可用于室内外墙面和地面、旧瓷砖上贴砖、游泳池等；自填缝、白度高、抗滑移性能优异、施工性优良、开放时间长。

Sika®Ceram-265 Fluid

可形变、可流平的、适用于大尺寸地面瓷砖的粉状水泥基瓷砖粘结剂，产品满足EN 12004 C2E S1要求；适用于所有类型瓷砖，可用于室内外墙面和地面、地暖、旧瓷砖上贴砖等；开放时间极长、流动性好易于大尺寸找平。

二、西卡全球三大明星瓷砖粘结剂产品

- 轻量型明星款→SikaCeram®-290 Starlight
- 万能型明星款→SikaCeram®-255 StarFlex LD

● 洁净型明星款→SikaCeram®-355 StarPaste

三、西卡瓷砖铺贴应用体系

1、西卡厨卫防水瓷砖铺贴系统

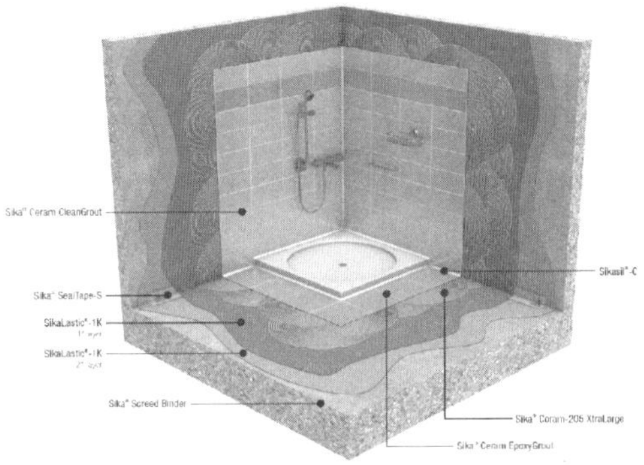

2、西卡墙面瓷砖铺贴系统

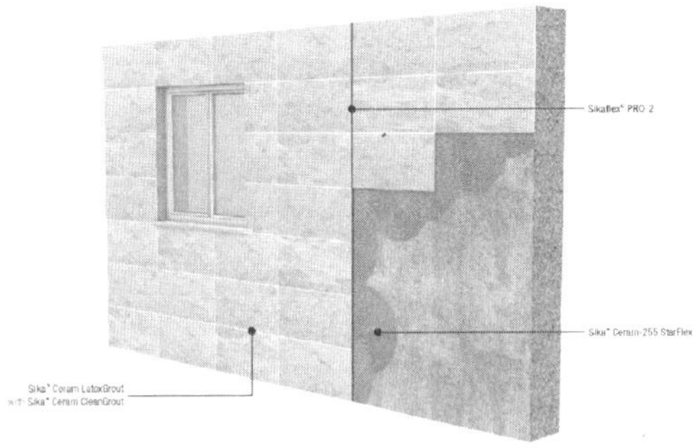

3、西卡地面瓷砖铺贴系统

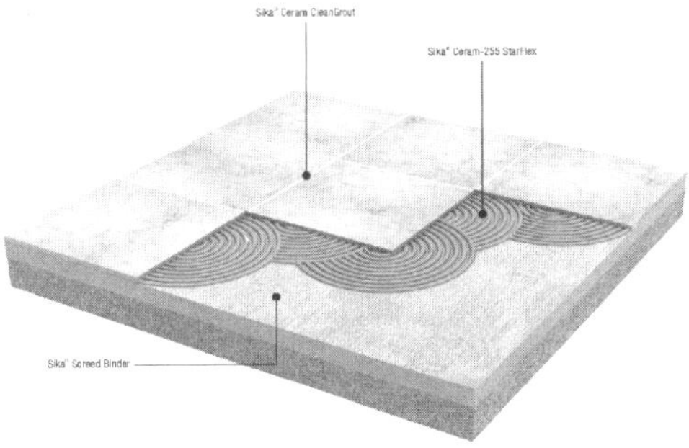

4、西卡通用瓷砖铺贴系统

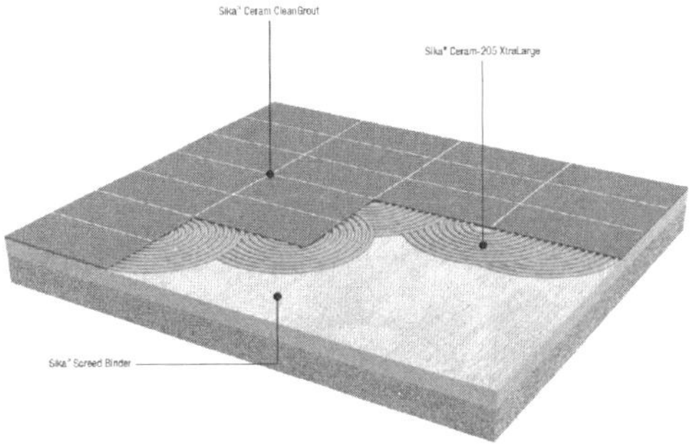

5、游泳池瓷砖铺贴系统

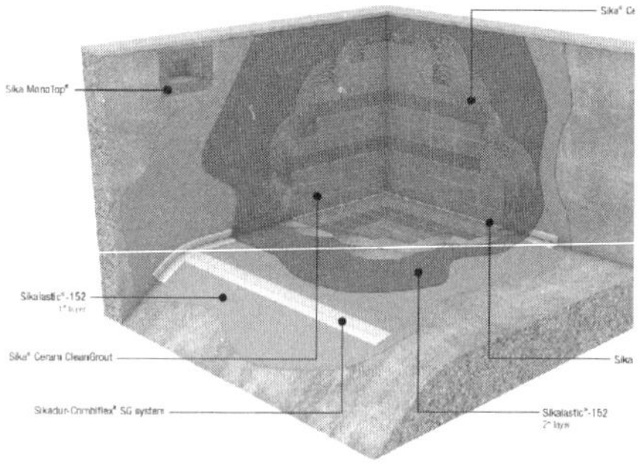

6、西卡阳台瓷砖铺贴系统

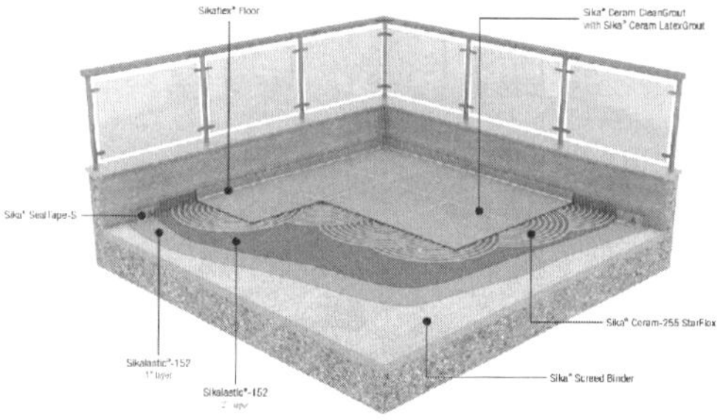

7、西卡瓷砖翻新铺贴系统

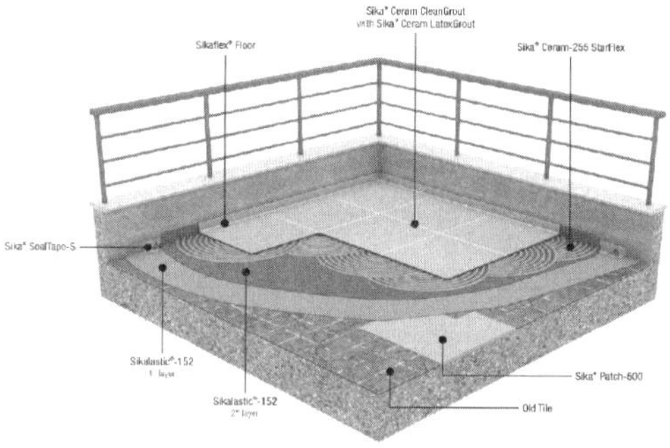

8、西卡防水瓷砖铺贴二合一系统

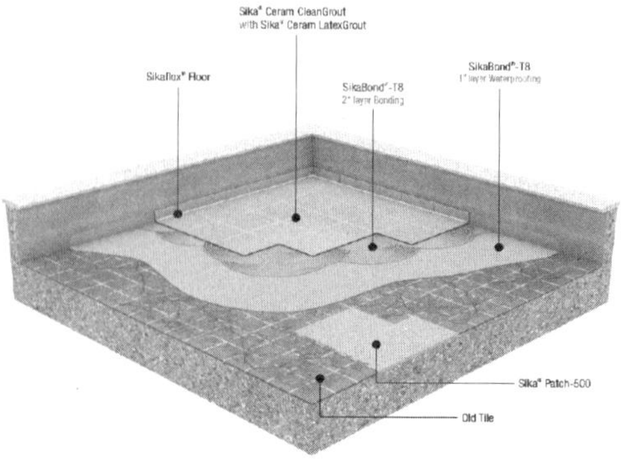

9、西卡、大理石、石材铺贴系统

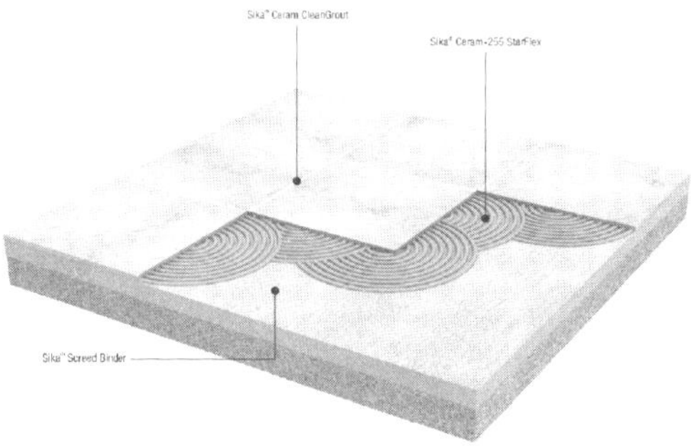

四、针对西卡全球核心产品，西卡中国积极将先进技术导入国内，根据国内市场行情及施工习惯研发、测试、生产西卡中国系列瓷砖粘结剂

为保证优质品质及优良施工性，西卡中国研发团队配备专门的砂浆研发实验室。西卡中国砂浆研发实验室现有研发人员十人，其中博士学历两人，硕士学历两人，高级工程师一人，中级工程师三人，大多数研发人员是无机非金属材料专业或者高分子材料专业，毕业于同济大学、华南理工大学、东南大学等重点院校。在苏州和广州分别设有设备齐全的砂浆研发实验室，立足于华东和华南，服务全国。

我们相信在西卡全球强大的技术支持下，加上西卡集团收购的在瓷砖粘结剂产品方面排名全球前列的意大利Technokolla公司和澳大利亚CTA公司零距离技术支持及西卡中国研发团队的共同努力下，

西卡瓷砖粘结剂系列能够给您提供全方位的优质瓷砖铺贴解决方案。

实验室图片：

部分仪器设备图片：

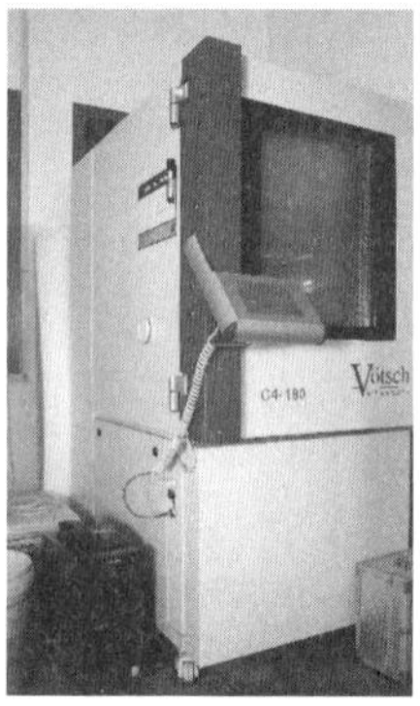

建筑陶瓷激光印刷技术初探

郝小勇
（江苏朕诺甫纳米材料有限公司、江苏拜富科技有限公司副总经理）

前言

改革开放以来，特别是近二十年以来，我国建筑卫生陶瓷业得到迅速发展，建筑卫生陶瓷的装饰技术也经历了丝网印刷、胶辊印刷和喷墨印刷。喷墨印刷目前已成为陶瓷墙地砖装饰技术的主流，但喷墨印刷也存在一定的缺陷：如喷头数量多、磨损大、价格贵和喷头堵塞的问题。同时墨水的不稳定性、沉淀和保质期过短等也是喷墨印刷的一个痛点。对于无机非金属材料的陶瓷产品来说，笔者个人认为喷墨印刷技术只是一个过渡，我们可以观察，丝网印刷和胶辊印刷用的耗材是印油(油墨)，这种产品的粘度大，无机非金属材料不易沉淀，相对来说在生产中容易控制。而喷墨印刷不同，用的是墨水，既是水，液体性成分多固体性成分少是必然的，而液固比重差异又较大，沉淀也就必然产生。要想不沉淀，一定要很好的大分子有机化合物做“框架”把无机材料“架”起来，那一定会对喷墨印刷后在瓷砖表面的渗透性和渗透深度产生影响，同时要做到不沉淀成本一定很高。也有用溶胶—凝胶方法生产陶瓷喷墨颜料和墨水的方法，目前国内大生产实际上很难实现，原因主要是生产成本贵，陶瓷厂很难接受，同时部分技术还不成熟，当然这样制作的墨水也会沉淀，而且时间要比用烧结法颜料生产出的墨水长很多。鉴于以上原因，很多研究人员在思考有没有一种印刷技术来代替喷墨印刷，答案是有的，只是目前还有一些技术难点需要解决，那就是激光印刷技术。

一、从印刷技术的发展看激光印刷

印刷术是中国古代的四大发明之一，它开始于隋朝的雕版印刷，经宋仁宗时的毕昇发展、完善，产生了活字印刷，并由蒙古人传至了欧洲，所以后人称毕昇为印刷术的始祖。中国的印刷术是人类近代文明的先导，为知识的广泛传播、交流创造了条件，为人类的进步作出了杰出贡献。印刷术是活字版印刷，实际上就是一种拓印方法的延续。从拓印开始到雕版印刷再到丝网印刷，人类走过了二千多年的历史。

20世纪70年代的中国还处于铅字排版阶段，图像制版当时还处于照相分色阶段，电子分色机刚开始引进，那时还没有出现整页拼版系统。从印刷来讲，胶印发展较快，胶印机是当时一些展会上的主流产品。真正意义上的数字印刷出现在20世纪90年代中期，当时我国引进了第一台数码印刷机。

陶瓷的装饰技术首先是由陶瓷花纸和工艺美术陶瓷开始，逐步扩展到日用陶瓷，进一步发展到建筑卫生陶瓷的。由于建筑陶瓷印刷起步较晚，因而直接开始应用的技术就是丝网印刷，这是同建筑陶瓷的平面结构密不可分的，后来发展到滚筒印刷，现在又出现喷墨印刷。整个印刷技术和国内的纸张印刷技术基本相同。21世纪初，纸张印刷技术还应用点针式打印机打印和复印两种方式结合来完成，点针式打印机使用约3年基本上就完成了历史使命，从而进展到喷墨打印，纸张的喷墨打印使用时间也不长，3-5年就被激光打印取代。现在纸张印刷是激光打印机与激光复印机结合的方式了。

激光印刷的工具就是激光印刷机和激光需要打印的内容转换成数据序列形式的原始图像，将这些原始图像转换成光电信号用数据传送给打印机。打印机中的微处理器将这些数据破译成点阵的图样，破译后的点阵图样被送到激光发生器，激光发生器根据图样的内容迅速作出开与关的反应，把激光束投射到一个经过充电的旋转鼓上，鼓的表面凡是被激光照射到的地方电荷都被释放掉，而那些激光没有照到的地方却仍然带有电荷，通过带电电荷吸附的碳粉转印在纸张上从而完成印刷。

二、激光印刷陶瓷产品的可能性

从平面纸张印刷技术的发展来看，胶辊印刷的历史不算很长，大约存在了70年，后起的计算机辅助的点针式打印机存在时间更短，前前后后大约不到5年的历史，再后来的喷墨打印持续的时间也较短，很快就被激光印刷取代。由于激光打印快、清晰、墨粉用量少等优点，激光打印机的出现一举摧毁了喷墨方法和技术，从而成为纸张印刷行业的主流。

激光(Laser)又称镭射，20世纪以来继原子能、计算机、半导体之后，人类的又一重大发明。其理论基础是爱因斯坦的光子学说，这一理论可解释为：在组成物质的原子中，有不同数量的粒子(电子)分布在不同的能级上，在高能级上的粒子受到某种光子的激发，会从高能级跳到(跃迁)低能级上，这时将会辐射出与激发它的光相同性质的光，而且在某种状态下，能出现一个弱光激发出一个强光的现象。这就叫做“受激辐射的光放大”，简称“激光”。光与物质的相互作用，实质上是组成物质的微观粒子吸收或辐射光子，同时改变自身运动状况的表现。

激光用于陶瓷首先是利用激光的能量，20世纪70年代美国已经开始利用CO_2高功率激光切割陶瓷制品。现在，高技术结构陶瓷、特种陶瓷、工业陶瓷、日用陶瓷等普遍应用激光技术，这些激光技术主要用在切割、雕印、喷印等方面，其中激光切割是应用激光的能量对陶瓷材料进行“外科手术”，而喷印和雕印利用激光的光电性能对陶瓷材料进行印刷装饰。雕印是利用激光的高能量将计算机设定的信号雕刻在陶瓷产品上，如商标、条形码、二维码等。喷印是将彩色墨粉按计算机传输的信号喷到陶瓷花纸上，通过不同温度的烧或烤将图像转印到陶瓷的表面。在2014上海国际工业陶瓷展会期间，笔者通过咨询，该行业一般将激光雕印称为激光打印，将所使用的机器成为激光打印机，把喷印归为一类，称为激光印刷，相应的机器称为激光印刷机。网络上一般将前者称为激光打标机、激光打码机等，将后者称为激光印刷机。

可以看到，激光印刷技术在结构陶瓷、特种陶瓷、工业陶瓷和日用陶瓷等领域已经很成熟也很普遍。建筑卫生陶瓷特别是建筑陶瓷需要应用的激光印刷技术实际上和上述的激光印刷方法类似，不同的是：建筑陶瓷的激光印刷要求墨粉的耐温性能要更高一些，印刷机速度要更快一些，最重要的是承印材料是陶瓷产品，这三者解决好，激光印刷就可以成功用于建筑陶瓷的印刷。

三、建筑陶瓷产品激光印刷需要的材料

建筑陶瓷的激光印刷如上述，需要的工具和材料为：计算机、激光印刷机、墨粉和陶瓷材料等。印刷的方法和纸张激光印刷方法相同或类似。

3.1 未来建筑陶瓷激光打印机的构想

用于建筑陶瓷的激光打印机尚未正式面世，无法得到数据和资料，因而笔者只能根据个人的所见和理解来进行构想，虽然2014年的广州工业展期间有个别企业展出了激光陶瓷打印机，但是否能够应用于建筑陶瓷还未可知。

建筑陶瓷激光打印机的结构可以参考纸张激光打印机结构，由激光扫描系统、电子照相系统和控制系统三大部分组成，其中激光扫描系统包括激光器、偏转调制器、扫描器和光路系统。它的作用是

利用激光束的扫描形成静电潜像。电子照相系统由光导鼓、高压发生器、显影定影装置和输出机构组成。其中输出机构应可以输出平面材料，其作用是将静电潜像变成可见的输出图像。瓷砖在进入输出系统之前应进行充分的吸尘和表面静电处理。

建筑陶瓷激光打印机的印刷原理类似于静电复印，所不同的是静电复印是采用对原稿进行可见光扫描形成潜像，而激光打印机是用计算机输出的信息经过调制后的激光束扫描形成潜像。

建筑陶瓷的激光打印机工作过程更多可能类似于高温瓷像用的激光打印机的工作过程，首先将图片从电脑输入打印机，打印机接到图像的打印命令后，将陶瓷坯体通过传感器送到打印机的感光鼓，由激光显影器充电到显影仓，再由载体将粉盒的粉吸出，通过激光照射显影到陶瓷坯体上。为了操作和维护方便，可以设计成激光发射器、感光鼓、粉盒这三部分分离。

按上述方法承印建筑陶瓷，原理上是行得通的，印刷的速度也不会太慢，是否能完成建筑陶瓷流水线生产的要求还需要实践。

3.2 陶瓷墨粉

喷墨打印机用的是墨水，而激光打印机用的是墨粉。

墨粉的好处在于陶瓷原辅材料企业制作方便，陶瓷生产企业使用方便。原因是墨粉不会像墨水一样出现沉淀。同时，打印同样数量的陶瓷砖，墨粉的用量要少得多，节约成本。再者，感光技术发展到今天已经能够很好地实现了这一技术，技术难度不大。

查阅资料显示，激光墨粉传统的仍以熔融粉碎法来完成，这类似于陶瓷色料的烧结法再粉碎，其中成品的细度是重点，一般办公用激光打印机的墨粉粒度在5μm左右，陶瓷色料做到这一点几乎没有难度。

陶瓷激光墨粉的难点在于以下几个方面：1、墨粉的电性能；2、墨粉与陶瓷砖坯体的粘附性能；3、墨粉如何实现在陶瓷砖表面的渗透。

墨粉的电性能更多可能是在陶瓷色料烧结的过程中加入可以极化的无机非金属材料(如氧化物和化合物)来实现，重要的是不能影响陶瓷色料在高温下发生色度不够和出现色彩偏移。

墨粉与陶瓷砖的粘附性及其渗透性是属于陶瓷色料烧成后后期处理的问题，可以通过有机或无机材料来调节，这和目前的印油、墨水等类似，基本上通过试验都可以完成。

3.3 陶瓷材料的处理

建筑陶瓷的激光印刷承印材料为瓷砖坯体，瓷砖素坯是经过原料球磨、原料干燥、压机压制和坯体快速干燥等过程形成的具有一定温度、一定水分和一定强度的陶瓷坯体。现在流水线生产过程中生产速度较快，压制、印刷、施釉、干燥等过程都以窑炉为中心进行，整个生产要满足窑炉的连续化用量，一个环节出问题，整个窑炉都可能出现空烧或产品不合格等问题。因此，陶瓷企业一般在每个工艺过程中进行严格的质量和数量考核以确保窑炉用量和最后的产品质量。

瓷砖的激光印刷一定要满足陶瓷的流水线生产需要。要满足这种需求一定要使激光印刷机的进出口相反而不是像纸张因数那样上下拐弯，即要满足平面直线印刷(这样可一台一个花色逐台进行)，也可以设计成通道式一次完成，总而言之不能有反复。

瓷砖坯体在进入激光印刷机前要进行预处理。激光印刷要进行以下处理：1、除去瓷砖坯体表面的灰尘；2、扩大或者疏通坯体表面的毛细孔；3、进行静电处理。这三步中静电处理最复杂，因为要让磁性墨粉吸附到瓷砖表面，而瓷砖和墨粉盒又不能接触，这两者之间的电位一定要足够，且要瞬间完成。

瓷砖坯体印刷完成后可能也要定影处理，这个过程应该和纸张的影印技术类通。目的是让磁性陶瓷墨粉向瓷砖内部进行渗透，达到一定的深度。

总结

激光印刷是否能成为建筑陶瓷未来的印刷趋势目前还没有太多的讨论，但从国内外印刷技术的走势来看，激光印刷建筑陶瓷显然更具生命力，也更符合无机非金属材料的印刷需求和材料性能。用于建筑陶瓷印刷的激光印刷机基本原理应该和纸张印刷的原理一致，墨粉比较容易制作，方法和陶瓷色料的制成更相通，电性能解决好就可以生产出符合要求的墨粉，颜色也易于控制，色彩将更加丰富和饱满。瓷砖坯体的处理也相对容易，可以在线完成。显影定影等工作可以计算机辅助，技术比较成熟。

陶瓷数码彩色喷墨印花机
颠覆传统陶瓷印花格局

希望陶瓷机械设备有限公司

发展概述

自20世纪90年代以来，陶瓷行业得到了迅猛的发展，印花设备的进步起到了重要的推动作用。伴随着陶瓷印花产业化的需求，陶瓷企业对印花的速度、质量、精度等要求不断提高，陶瓷印花设备也经历了重大的变革。从最早期的手工作业，到机械化传统链条式印花机、皮带式精确套版印花机、辊筒印花机，再到数码彩色喷墨印花机，陶瓷印花设备在短短20多年的时间里，以飞跃的步伐进入了数字化时代，拉开了陶瓷数字印刷的大幕。

作为国内陶瓷印花设备领军企业，希望陶瓷机械设备有限公司专注各类陶瓷印花设备的研发、生产、销售已近20年，这是一个不断积累和进步的20年，也是一个见证了陶瓷行业高速发展的20年。在此期间，希望公司研发出了中国第一台数控平网陶瓷印花机、中国第一台陶瓷辊筒印花机、中国第一台陶瓷数码彩色喷墨印花机，引领了中国陶瓷印花技术的创新和发展。

陶瓷数码彩色喷墨印花机的出现颠覆了传统陶瓷印花格局，将陶瓷行业带入了全新的发展阶段，在本文里，我们将跟着希望公司的视角从特点、构成、发展方向等方面来进一步了解数码彩色喷墨印花机（下文简称喷墨机）。

优势和特点

1、只需设计图像，无需制版费用，可印刷个性化图案，可对承印物实现各种复杂造型的表面装饰。

图文信息在计算机里经色彩管理、数据转换、分色等处理后传送到相应的CPU管理器、通过驱动板卡编译为工业喷头能识别的信息，按需驱动喷头压电陶瓷，从而喷射出不同墨点大小的釉墨阵列，还原成可视的图文，这样无需传统的开发、试版、定版、制版的繁复流程，降低了开发难度，简单易操作，促进了花式与种类开发，为个性化生产提供了条件。

2、具有常规、分割和随机喷印等多种工作模式。

操作人员可根据生产的具体要求灵活选择不同的工作模式。选择常规模式进行喷印，每片砖喷印的图案都一样，有高度的一致性；分割模式下可打印大面积不重复的拼图；随机模式下每一片砖的图案都可能有变化，常用于生产仿石、木纹等瓷砖。

3、 套色精确、更换印花规格极为方便。

数字化印刷采用数码处理位置信号，通过伺服电机、喷头等执行元件实现精确套版，解决传统生产对版时间长、套版精度不高、对操作人员的要求高等问题。

4、 与砖坯无接触、无压力的喷印，确保砖坯不受损伤。

减少了砖坯印刷时因接触、碰撞、粘网造成损伤或印刷不良等问题，减少了损耗。

5、可喷印凹凸的模板砖。

解决了传统平网、辊筒印花机不能在凹凸模板砖上印花的局限，使瓷砖产品3D化。

6、可选用多级灰度喷印，图案细腻饱满、层次感强、色彩丰富。

7、分辨率高，打印效果清晰。

喷头分辨率的单位为DPI，表示每英寸范围内可喷印的最多墨点，常用横向与纵向相乘来表达。陶瓷喷墨机选用的喷头分辨率一般可达360×360 DPI以上。

技术构成

喷墨机是一种将陶瓷表面装饰与现代工业控制、计算机技术结合起来，利用电脑同时控制大量喷头，非接触式地将多种颜色的釉墨直接打印到陶瓷表面进行装饰的机器。一台喷墨机由运动系统、供墨系统、喷印系统等多个部分组成。

一、外观与结构

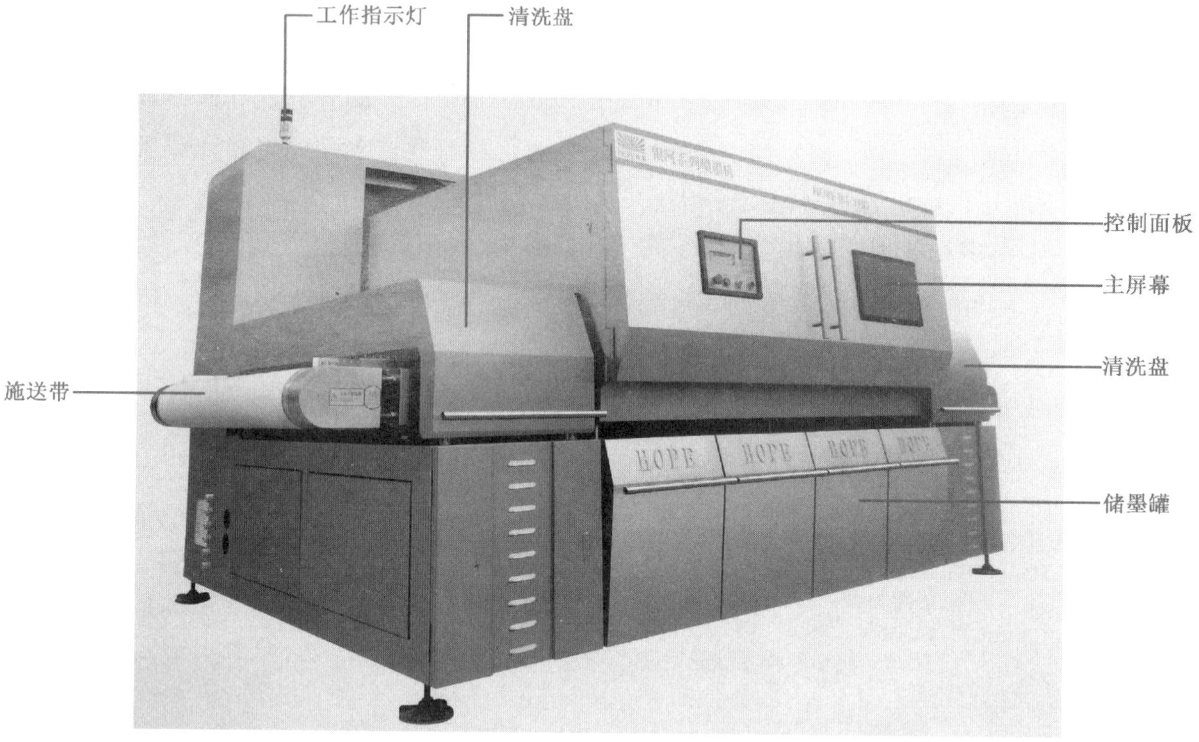

二、运动系统

1、传送机构、喷头定位机构、清洗机构组成喷墨机的运动系统。

2、传送带将承印物传递至喷头定位机构下方，同时将位置信号反馈到打印系统，由打印系统控制并驱动喷头完成印刷工作。

3、一个合格的喷头定位机构需具备使所有喷头平行并与传送带运动方向垂直的功能，能够用指令控制喷头升降，可根据承印物的厚薄调整合适的打印高度，清洗时喷头相对传送带位置可以精确调整，配合完成清洗。

4、当喷头被水汽、环境中的粉尘、自身喷射的散墨点污染后，清洗机构能够在短时间内清理喷头，使其恢复到正常工作的状态。

三、供墨系统

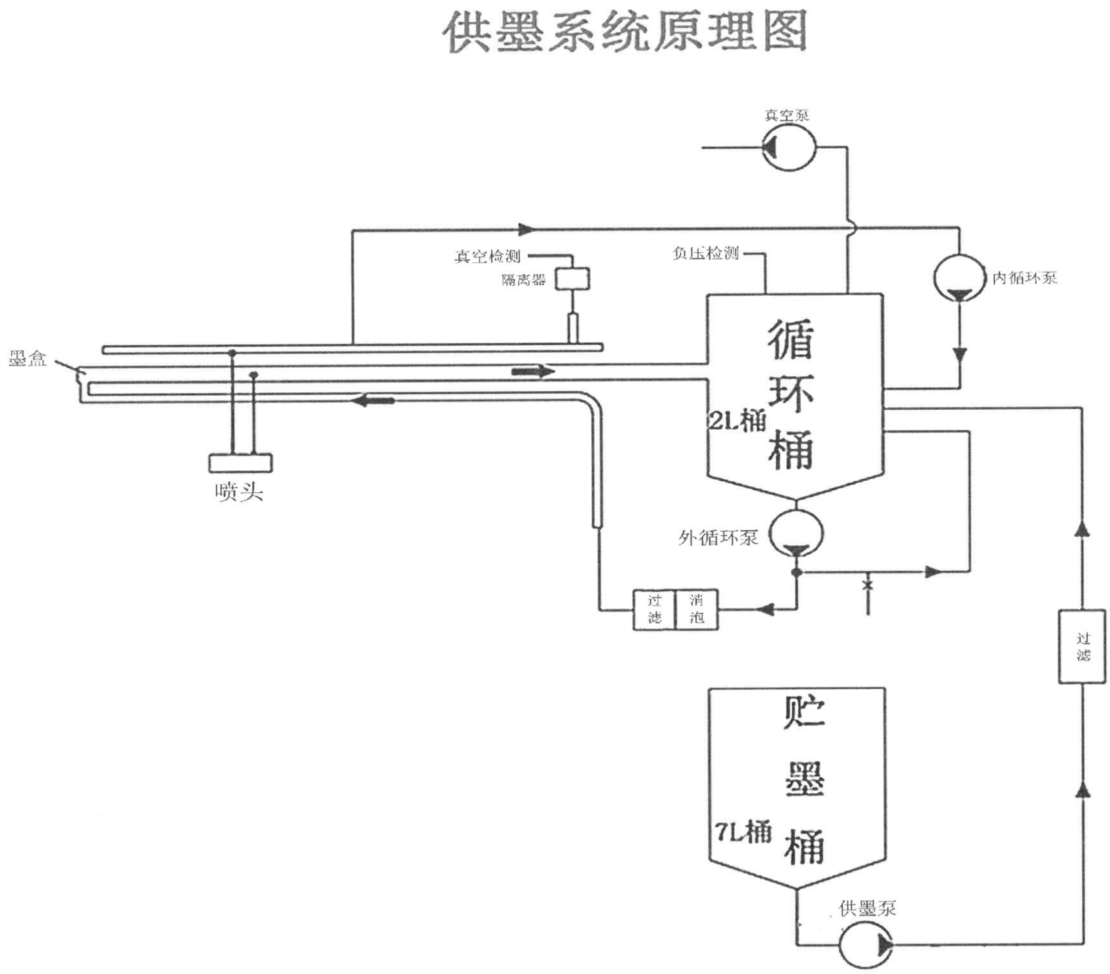

贮墨桶、墨盒、二级循环墨桶、加热恒温恒压系统、墨路循环系统组成喷墨机的供墨系统

1、贮墨桶用于贮存油墨，需要时向二级墨桶供应油墨。

2、墨盒安装在喷头上方，为所有喷头的喷印提供连续稳定、干净、恒温的油墨。

3、二级墨桶安装在墨盒的后方，通过墨管、过滤器、真空泵、主循环泵等元件与墨盒连接，用于贮存与喷印要求温度相同的油墨，随时供应到墨盒。

4、加热恒温恒压系统与墨路循环系统用于为喷头连续提供温度与压力恒稳定的油墨。

四、喷印系统

1、喷头的工作原理

油墨在喷头的压电陶瓷内流动，通过数码信号控制压电陶瓷使其在要求的时间按一定的规律通电，通电的压电陶瓷会产生变形，将釉墨从喷孔中挤出从而形成一个墨点。不同的通电规律可形成不同大小的墨点，也就是不同的灰度等级。

2、喷墨机的工作原理

喷墨机运用先进的图像打印处理系统对目标设计图进行分析，处理成控制数据和信号，从而控制喷头进行相应的墨水喷射以完成陶瓷砖面印花工作。

2.1. 喷墨机会对目标设计图进行颜色拆分，并将不同颜色的图案信息传送到不同的喷头。

2.2. 将不同颜色的图案转换为一个个墨点的数据，每个点再加上灰度等级的信息。

2.3. 将数据传送到喷头，通过控制喷头每一个喷孔喷射的时间和墨点大小，从而还原出一幅图案。

3、灰度等级是通过墨滴大小控制灰度的一种方法。

有灰度等级的情形（如图1）：圆形的是墨滴，方形的是砖。

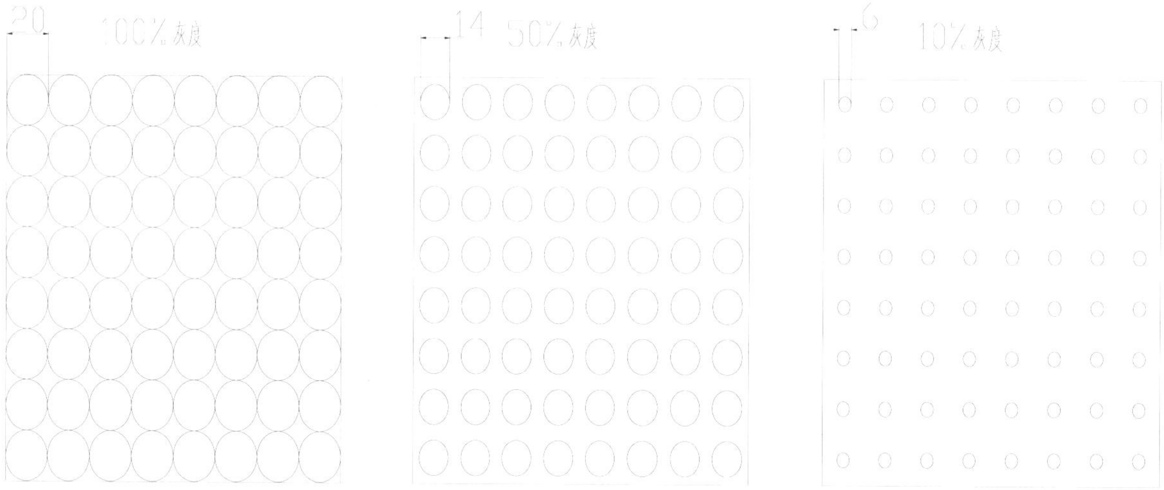

图1　有灰度等级的图形

无灰度等级的情形（如图2）。

图2　无灰度等级的图形

总结：与无灰度等级喷印（如网版）的效果相比较，用灰度等级控制喷印会使图案更加细腻饱满，层次感更强，效果更逼真。

4、色彩管理、非线性补偿曲线

几乎所有的数码及彩印产品等从线性输入到输出再到彩色光线进入眼睛都会产生非线性失真，如果我们认真比较就会发现相同的信号用不同品牌的电视机放映会有色差，甚至同一品牌同一型号的不同批次也会有差异；同一台家用打印机用不同的纸打印的效果会不一样；同一摄影底片用不同的相纸也会有不一样的视觉效果。

喷墨机喷印图案时是接近线性的，但经过多道处理工序后会产生非线性失真，所以不同的釉线、机器、窑炉生产出的产品之间在视觉效果上也会有差异。通过借助仪器生成补偿曲线，可以在很大程度上弥补非线性失真的问题，使不同釉线、机器、窑炉生产出的产品在视觉效果上趋于一致，并且更接近真实的颜色，调图也更容易。但是线性补偿曲线只能解决非线性失真的问题,并不能解决色域问题（如下图）。

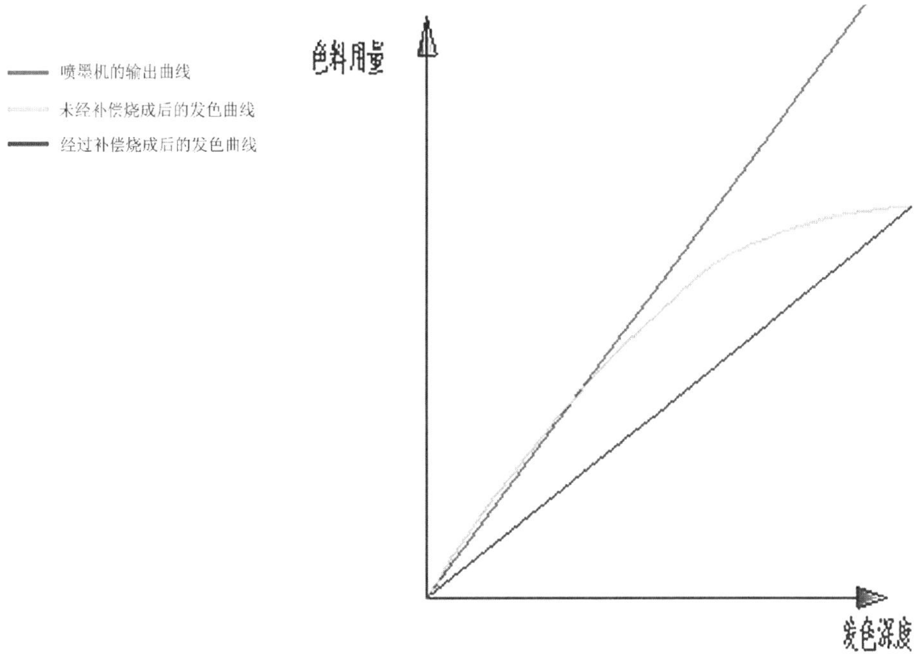

国际色彩协会The International Color Consortium简称ICC，提出并创建了一套共同遵循的色彩标准和理论。以制定的标准为依据，通过检测、定义从输入到输出中影响色域的文件，取得相关呈现色域的数据，并进行修正,从而完成所见即所得的色彩管理过程。喷墨机大多引入色彩管理解决各种因素所造成的偏色问题，使图案调整更加方便准确。虽然色彩管理不能完全解决色域问题，但能在一定程度上扩宽色域。

采用非线性补偿曲线与色彩管理相结合的方式既可以解决非线性失真的问题，又能很好地弥补色域的局限性，不失为一个好的解决方案。

发展方向

超薄、大尺寸是建筑陶瓷的发展方向之一，但是破损率高一直是制约其推广的重要因素。喷墨机采用无接触印刷，可最大限度地减少薄板砖在印花环节的破损，开发宽幅的喷墨机可以推动节能、环保陶瓷薄板砖的发展。

随着陶瓷生产3D化成为一种新的趋势，利用大墨量数码喷墨技术在平面砖表面喷印油墨从而实现模具效果，这对于追求有模具效果的仿石、仿木砖的生产提供了更方便、成本更低的选择，也是其发展方向之一。

喷墨机向多通道、多颜色、多效果方向发展，生产厂家可以根据实际需要选择不同墨滴大小的喷头进行组合，也可以利用普通墨水、功能性或特殊效果墨水进行组合，生产更加丰富、多元化、有市场竞争力的终端产品，从而避免陶瓷产品的恶性同质化竞争。

随着喷墨机在陶瓷装饰领域的应用普及，喷头技术的进步和墨水工艺技术的发展，相信在未来几年的时间内，施釉线的全数码化应用将会成为新的发展趋势。用数码喷釉设备替代传统的淋釉工艺，实现精准施釉；利用数码操控，形成特殊效果，再与常规数码喷墨机组合，使终端产品的颜色和结构更加丰富和多元化。

普及使用

从最开始只有高端品牌陶企选用，到现在成为陶企的标配印花设备，陶瓷喷墨机的大规模应用为陶瓷行业带来了革命性的变化，从传统的印刷方式转变到数码印花方式，改变了陶瓷企业的生产模式和销售模式；促进了创新，产品质量普遍提升；且降低了污染、减少了库存浪费和损耗，大大优化了产业结构。颠覆了传统陶瓷印花格局的喷墨机开启了陶瓷行业大发展的新纪元。

瓷砖胶的技术及其市场前景

德高（广州）建材有限公司

一、瓷砖发展史

1. 瓷砖的定义

瓷砖是由粘土和其他无机非金属原料（石英砂等），经过研磨、混料、压制、烧结等工艺加工制成的具有一定机械强度、耐酸碱的瓷质或石质的建筑装饰材料。

2. 瓷砖的分类

瓷砖，可根据其品种，使用的部位，生产的工艺，产品的性能而有不同的分类方法。表1列出了常用的瓷砖分类方法。

表1瓷砖的分类

序号	品种	部位	性能（吸水率E）	石材
1	釉面砖	内墙砖	瓷质砖（E≤0.5%）	大理石
2	仿古砖	地　砖	炻瓷质（0.5%<E≤3%）	花岗岩
3	抛光砖	外墙砖	细炻质（3%<E≤6%）	板　石
4	玻化砖	广场砖	炻质砖（6%<E≤10%）	洞　石
5	全抛釉	泳池砖	陶质砖（E≥10%）	人造石
6	微晶石	工业砖	备注：依据国家标准GB/T4100-2006《陶瓷砖》	
7	纸皮砖			
8	劈开砖			
9	马赛克			
10	陶瓷薄板			

3. 瓷砖的辨析

针对市面上的各种瓷砖，我们如何简单地评判墙地砖质量的好坏？

通常说来要一看二听三滴水四尺量五送检。

一看：表面是否平整、完好；釉面均匀、光亮，无斑点、缺釉和磕碰现象；四周边缘应规整。看包装内出厂的检验报告、合格证、说明书等。

二听：用铁器轻轻敲击砖的各部位、声音应该均匀一致，声音清脆有金属般声音的砖，一般砖体细密、强度高、结构强度大、耐久性好。

三滴水：将墨水滴于砖面，观察抹后留下痕迹的深浅来判断防污性能；可将水滴在瓷砖背面，看水散开后浸润的快慢。一般来说，吸水越慢，说明该瓷砖密度越大；反之，吸水越快，说明密度稀疏，其内在品质以前者为优。

如图1所示

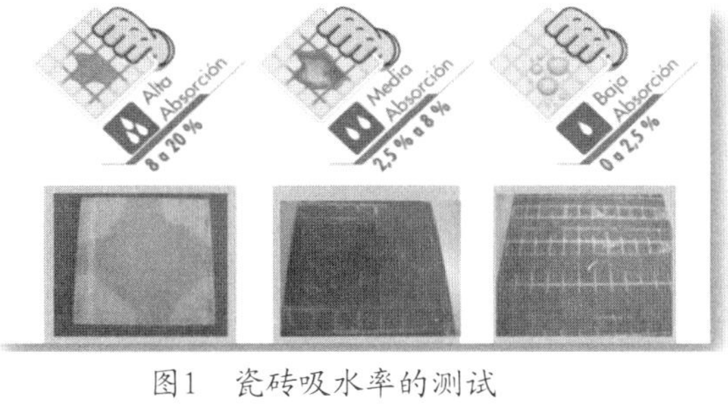

图1　瓷砖吸水率的测试

四量：瓷砖边长的精确度越高，铺贴后的效果越好。买优质瓷砖不但容易施工，而且能节约工时和辅料。随机抽查几块瓷砖，用卷尺测量每片瓷砖的大小、方正有无差异，精确度高的为优；将两块瓷砖面对面放置，观察接触缝隙，四边、四角全接触的平整度好，否则铺贴后易出现两块相邻瓷砖边缘不平整的现象。

五送检：送到专业的检测机构进行检测。

一般的消费者仅仅关注瓷砖的花色、纹理、尺寸、价格等外在的因素，往往忘记瓷砖是半成品，并未从系统的角度去考虑整个瓷砖饰面系统。

通常说来：

瓷质砖（吸水率E≤0.5%）：结构致密、吸水率小，不易污染，但难粘贴。（如玻化砖）

陶质砖（E>10%）：结构多孔、吸水率大，易粘贴，易脏，不易清洗。（如釉面砖）

作为瓷砖胶的导购，向客户介绍产品时一定要关注瓷砖的吸水率。

现在市面上流行的300mm×600mm、400mm×800mm规格的玻化砖、全抛釉、微晶石等，吸水率E≤0.5%，用于墙面装饰时，必须使用德高瓷砖胶来粘贴。

通常价格贵的瓷砖比较致密，吸水率低，更难以粘贴，因此更应该选用好的德高瓷砖胶来匹配，避免瓷砖空鼓、脱落等安全隐患的产生。

表2是常见家居装修中主流瓷砖的规格和价格。图2是市面流行的瓷砖。

表2　主流瓷砖规格和价格表

品牌	瓷砖种类	使用部位	型号	尺寸（mm）	价格（元/m²）	价格区间
诺贝尔	玻化砖	墙面（厨卫）	N60111K	300×600	210	100-300元
			FD80552K	400×800	190	
		地面（大厅）	F60958K	600×600	250	
			JF8007K	800×800	135	
诺贝尔	全抛釉	墙面（厨卫）	VS66807	300×600	385	300-500元
			VS88804	400×800	440	
		地面（大厅）	VS66803	600×600	405	
			VS88813	800×800	403	
诺贝尔	微晶石	墙面（厨卫）	R80352	400×800	750	500-900元
			R61365	600×1200	835	
		地面（大厅）	R60357	600×600	635	
			R80372	800×800	560	
诺贝尔	仿古砖	墙面（厨卫）	W18608	240×320	220	150-300元
			Q42617	250×400	166	
		地面（大厅）	CN54974	450×450	170	
			TD60404	600×600	265	
诺贝尔	瓷片	墙面（厨卫）	W45158	300×450	180	150-250元
			Q64950	300×600	210	
		地面（厨卫）	T34116	300×300	170	
			Q28661	260×455	185	

注：以上数据源自淘宝网，仅供参考。

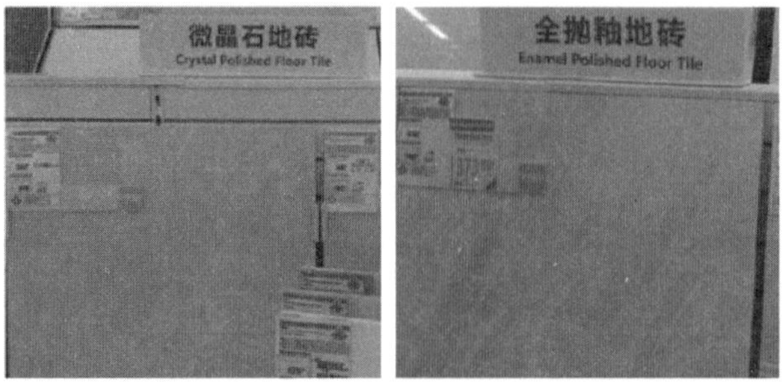

图2　目前市面流行的瓷砖

4. 瓷砖的市场状况

China，中国，陶瓷。自古以来，中华民族就是一个喜欢陶瓷的民族。近年来，随着我国工业化进程的不断推进，致使房地产业发展迅速，瓷砖的生产和消费都取得了迅猛的发展。

根据中国建筑卫生陶瓷协会数据，2011年中国瓷砖消费量（年产量减去出口）约77亿m^2。（备注：如1m^2瓷砖配套使用20元瓷砖胶，瓷砖胶的市场容量近1600亿元）人均消费量也超过5m^2，无论是消费总量还是人均均为全球最大。近年来，中国瓷砖的产量以15%的速率增长，其中低吸水率的瓷砖总量占70%以上（见图3图4）。

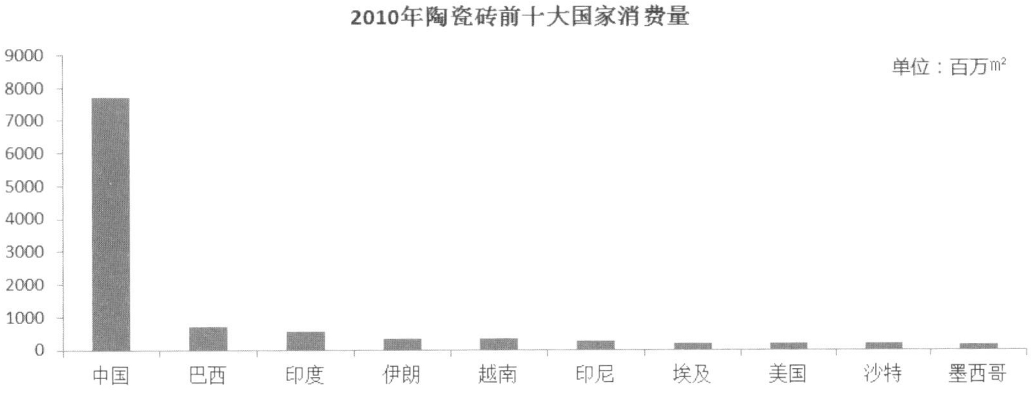

图3 2010年瓷砖世界排名

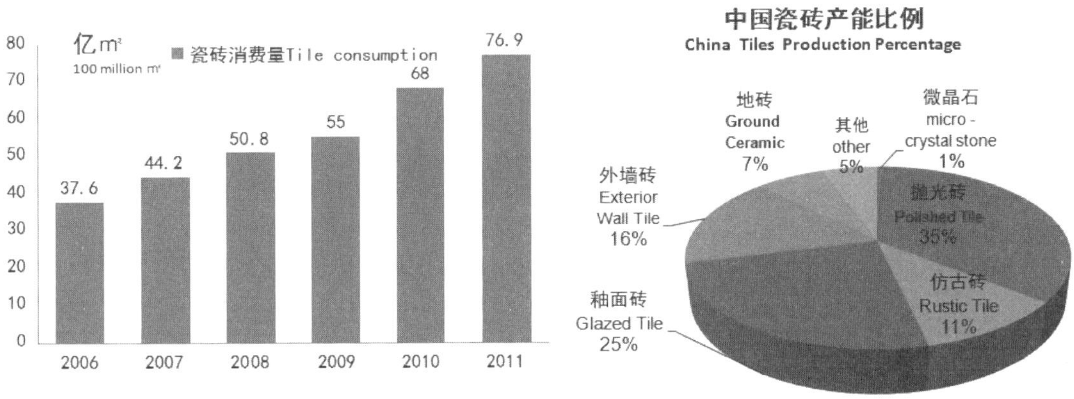

图4 中国瓷砖历年消费量及各类瓷砖占比

整个瓷砖行业朝着高密度、低吸水率、大尺寸方向发展，如蒙娜丽莎陶瓷薄板，吸水率仅有0.2%，尺寸规格为900mm×1800mm×5.5mm。瓷砖行业的发展，呼唤更安全的瓷砖粘贴材料——德高瓷砖胶。

二、瓷砖胶的种类

根据瓷砖胶组分的不同可将其分为三大类：水泥基瓷砖胶(C)、膏状乳液胶粘剂(D)、反应型树脂胶粘剂(R)。目前市场上，水泥基瓷砖胶是主流，尤其在外墙瓷砖黏贴上不允许有有机材料黏贴。本节将对水泥基瓷砖胶(C)的材料标准和性能分析做具体阐述，膏状乳液胶粘剂(D)和反应型树脂胶粘剂(R)在此不做介绍。

瓷砖胶根据不同可选性能又可分为以下几种型号，代号标识如下：普通型瓷砖胶-（1）、增强型瓷砖胶-（2）、快速硬化瓷砖胶-（F）、抗滑移瓷砖胶-（T）、加长晾置时间瓷砖胶-（E）、柔性瓷砖胶-（S1）、高柔性瓷砖胶-（S2）。

产品的标记顺序如下：产品类型、代号和标准号。

例：抗滑移-普通型-水泥基胶粘剂：C1T JC/T 547-2012；

加长晾置时间-抗滑移-增强型-水泥基胶粘剂：C2TE JC/T 547-2012。

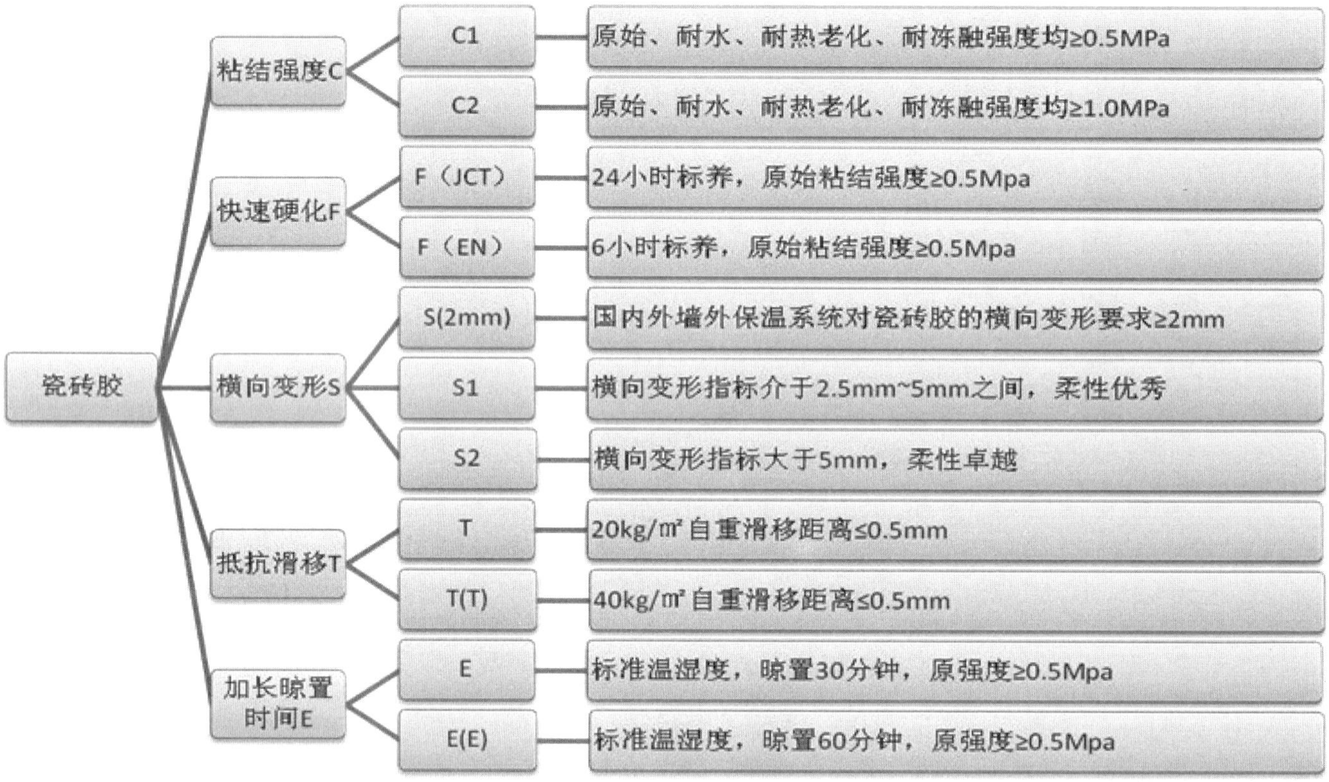

图5瓷砖胶的分类及功能详解

瓷砖胶在国外的发展已经进入成熟的阶段。与之相比，中国市场目前还处于初级阶段。打个比方，中国目前市场上使用的大部分瓷砖粘贴材料就是七八十年代广泛使用的肥皂，它可以用来洗澡、洗头、洗衣服等，是万能的产品，但功能有限，无法满足绝大多数客户的需求。而国外瓷砖胶市场就是进入21世纪以来，繁多的日用家化产品，我们有飘柔、海飞丝、潘婷、舒肤佳、汰渍等，每个人可根据产品的功能和用途来选择相应的产品，产品丰富多样，客户可以各取所需。

三、瓷砖胶材料标准

瓷砖胶产品应符合的材料标准如下：

JC/T 547－2012 《陶瓷墙地砖胶粘剂》

HJ/T 220－2005 《环境标志产品技术要求 胶粘剂产品》

德高TTB系列产品全面通过中国环境标志产品认证，是绿色环保的产品。

四、瓷砖胶性能分析

表3　水泥基胶粘剂(C)的技术要求

基本性能		
I	普通胶粘剂（C1）	
项目		指标
拉伸胶粘原强度/MPa	≥	0.5
浸水后的拉伸胶粘强度/MPa	≥	
热老化后的拉伸胶粘强度/MPa	≥	
冻融循环后的拉伸胶粘强度/MPa	≥	
晾置时间，20min拉伸胶粘强度/MPa	≥	
II	快速硬化胶粘剂（CF）	
项目		指标
早期拉伸胶粘强度，24h/MPa	≥	0.5
晾置时间，10min拉伸胶粘强度/MPa	≥	
其他所有要求如表2中I所列		
可选性能		
III	特殊性能（CT）	
项目		指标
滑移/mm	≤	0.5
IV	附加性能（C2）	
拉伸胶粘原强度/MPa	≥	1.0
浸水后的拉伸胶粘强度/MPa	≥	
热老化后的拉伸胶粘强度/MPa	≥	
冻融循环后的拉伸胶粘强度/MPa	≥	
V	附加性能（CE）	
项目		指标
加长的晾置时间，30min拉伸胶粘强度/MPa	≥	0.5

注：浸水后的拉伸胶粘强度：标养7天后，20℃水中养护21天，测强度；热老化后的拉伸胶粘强度：标养14天后，70℃烘箱中养护14天，测强度；冻融循环后的拉伸胶粘强度：标养7天后，20℃水中养护21天，经过25次冻融循环（1次循环4小时，15℃2个小时，-15℃2个小时），测强度。

五、瓷砖铺贴材料的历史

瓷砖铺贴材料分为三个阶段。第一阶段，采用传统的水泥材料（如水泥砂浆、水泥净浆）来粘贴瓷砖。第二阶段，随着瓷砖性能的变化，有些区域开始加入一些液体类胶粘剂（如108胶）在施工现场与水泥砂子进行混合使用。但这类胶粘剂的性能较差，导致建筑物的外墙瓷砖饰面时有脱落现象，并有人员及物体被砸伤的情况。家庭装修中厨房烟道部位由于温度比较高，瓷砖脱落现象十分普遍。同时，108胶之类有机胶的不环保也常常受到使用者的诟病。第三阶段，随着工业的发展和社会的进步，人们对建筑装饰材料要求更高（环保、舒适、美观）。作为干粉砂浆成员之一的，专用、环保型干粉瓷砖胶得到迅猛发展，它符合国家环保、节能发展的需求。

1. 起源

水泥的历史最早可追溯到古埃及和古罗马时期。1817年，年轻的工程师Louis Vicat致力于研究一种“石灰-火山灰”混合物的水硬性。 Louis Vicat 研制出了水泥，而Scotsman Joseph Asdin则改进了水泥成分，并于1824年为一种凝固更缓慢的水泥申请了专利。他将这种水泥命名为波特兰水泥（Portland）。法国的第一家水泥厂于1846年在滨海布涅洛建立。1868年，拉法基开始在阿尔代什省泰尔镇生产水泥。1908年，拉法基研究实验室主任Jules Bied成功研发出高铝水泥（Ciment Fondu®）。（备注：派丽集团Parexgroup的前身是拉法基砂浆集团，拉法基是目前建材企业中的世界

500强）。

1893年法国的特里诺瓦获得了干粉砂浆的生产专利。1936年瓷砖固定粘结剂开始在英国销售使用。20世纪50年代初随着建筑业的复兴，瓷砖被大量使用，瓷砖胶作为配套材料也得到广泛应用。1958年瓦克化学品有限公司在德国成功开发出适用建筑工地的Vinnaps可再分散乳胶粉，市场上出现了具有薄层胶粘剂特点的水泥基瓷砖胶。1972年，澳洲的两位建筑工程师David和Vitor联合成立家族式建材企业，德高Davco品牌诞生。Davco意味David and Vitor’s Company，是一家专业生产瓷砖胶的公司。德高LOGO是典型的澳洲建筑工匠的形象，他右手拿着专业的贴砖工具—齿形刮板，左手竖起大拇指并靠在一叠瓷砖上，生动描述着这个品牌的含义“德高瓷砖胶，好！”2000年7月，法国派丽集团收购德高公司。见图6。

图6　德高公司的LOGO及其含义

2. 国内发展情形

我国现代建筑业和建筑材料起步较晚，但发展迅速。1896年我国建成了第一家水泥厂，1985年水泥产量跃居世界第一位。20世纪80年代我国开始引进预拌砂浆技术。1995年3月，澳洲德高公司进入中国，并在广州承接了中国第一个工程项目—广州花都火车站外墙粘贴瓷砖工程。德高率先在中国使用瓷砖胶产品。2003年，上海市开始在建筑工程中应用普通预拌砂浆。时至今日，我国在干粉砂浆领域取得了长足进步，但发展非常不平衡。经济发展较快的长江三角洲、珠江三角洲和环渤海地区是干粉砂浆发展最快的三个地区，80％以上的干粉砂浆企业集中在此。相关数据显示，瓷砖胶进入中国市场已有近20年的历史，但其产能还不到瓷砖粘贴材料市场的5%。但瓷砖胶具有粘结力高、柔韧性好、防水抗渗、质感和耐久性好，无毒环保，施工简便等特点，市场前景越来越看好。图7为德高公司在花都站的贴砖工程。

图7　花都火车站外墙瓷砖粘贴工程

六、瓷砖黏贴的验收（摘自JGJ110）

5.0.1 试样粘结强度应按下式计算：

$$R_i = \frac{X_i}{S_i} \times 10^3 \qquad (5.0.1)$$

式中 R_i——第 i 个试样粘结强度（MPa），精确到0.1MPa；

X_i——第 i 个试样粘结力（kN），精确到0.01kN；

S_i——第 i 个试样断面面积（mm^2），精确到$1mm^2$。

5.0.2 每组试样平均粘结强度应按下式计算：

$$R_m = \frac{1}{3}\sum_{i=1}^{3} R_i \qquad (5.0.2)$$

式中 R_m——每组试样平均粘结强度（MPa），精确到0.1MPa。

七、瓷砖胶的市场前景

据“陶业长征Ⅳ——全国陶瓷砖产能及产区发展大型实地调研活动”调查结果显示：至2014年，我国陶瓷砖生产线共3440条（不含西瓦），总日产能4503.6万平方米（不含西瓦）。其中，广东省陶瓷砖日产能1328.82万平方米，同比2011年增长18.86%，占全国总产能28.6%；福建陶瓷砖总日产能559.5万平方米，同比2011年增长28.21%，占全国总产能12.6%；山东陶瓷砖总日产能521.89万平方米，同比2011年增长4.05%，占全国总产能11.7%；江西陶瓷砖总日产能460.89万平方米，同比2011年增长38.99%，占全国总产能10.5%；四川陶瓷砖总日产能266.75万平方米，同比2011年增长6.3%，占全国总产能6%；河南陶瓷砖总日产能222万平方米，同比2011年增长82.57%，占全国总产能5%。

以此计算，以一年生产310天计算，我国陶瓷砖年产能可达1396116万平方米，同比2011年增长315487万平方米，增幅29.19%。

据此分析，第四季度瓷砖产量仅需超过18.42亿平方米，我国陶瓷砖产量很有可能在2014年首次突破100亿平方米。“今年破百亿的可能性几乎是100%”，中国建筑卫生陶瓷协会副秘书长尹虹表示。

按照瓷砖胶正常使用量计算，每平方米使用量应该为10公斤，那么瓷砖胶标准用量将达到1000亿公斤也就是1亿吨，最大产值将达到2000亿元。即使早期按照50%使用率，也将达到1000亿元的市场规模。

中国美术学院陶瓷美术教育简史(1960—2008)

孙学军

【摘 要】本文通过对中国美术学院1960年-2008年陶瓷美术教育史的调查，从办学历程、学术思想、教学科研、主要人物等方面入手，对不同时期的陶瓷美术教育状况进行了分析研究。陶瓷美术专业最初隶属于工艺美术系，之后又分别隶属于工业设计与陶瓷系、陶瓷艺术设计系、陶瓷与工艺美术系。在近半个世纪的的办学历程中，历经几代教育者们的辛勤耕作，陶瓷美术专业从无到有，始成今天的面貌。本文通过对校史、系史资料的收集、重要人物的访谈、归纳与总结等方式，最大限度地还原了陶瓷美术专业的教育历史，为该专业未来的发展提供了较好的史实依据和理论基础。

【关键词】工艺美术系、工业设计与陶瓷系、陶瓷艺术系、陶瓷与工艺美术系、陶瓷美术教育

引言

时间悄然滑进21世纪，中国当代陶瓷美术的现状与面貌已然精彩纷呈，佳作迭出。毋庸置疑，当代陶瓷美术已经成为当下中国艺术百花园中不可忽视的重要一员。然而，对中国当代陶瓷美术教育的历史研究却一直是人们很少涉及的领域，大多数理论研究方面的书籍也很少谈及陶瓷美术专业教育史的研究，更罔论中国美术学院的陶瓷美术教育的研究了。事实上，中国美术学院陶瓷美术专业有着近半个世纪的教育历程，在整个中国当代陶瓷美术教育史上有着重要的地位及影响力，对其教育历史的研究与梳理势在必行。有鉴于此，对中国美术学院的陶瓷美术教育史的研究与梳理，也是了解和窥探整个中国现代陶瓷美术教育发展历程的一个重要手段。中国美术学院陶瓷美术专业近半个世纪的教育历史，有着国内其他艺术院校不可比拟的历史和学术文脉，以及独特的研究价值。

一、中国美术学院陶瓷美术教育简史研究的意义

中国美术学院陶瓷美术教育历经近半个世纪，与其他艺术门类一样，都经历了一个从无到有，逐步发展的历史阶段。整理和研究该专业的发展脉络和教育历史，无疑会给该专业未来的发展厘清头绪甚至是方向。

在中国美术学院80余年的发展历史当中，对其他艺术门类的教育史研究相对系统和完整，而陶瓷美术教育历史的研究却几乎空白，这与有着悠久办学历史、传承相对有序、影响十分深远的传统专业而言，显然失有其应有的历史地位。

一切文化艺术的发展，离不开她所处的外部环境。陶瓷美术专业从初创、探索和渐趋形成今天的面貌，实与中国的政治、文化、科技、经济发展休戚相关，尤其是经济和科技的不断发展，使得古老的陶瓷艺术在当下的文化大繁荣中得以充分的发展和进步，这是时代赋予我们的机遇和任务，这也是

撰写本文的一个目的所在。

二、中国美术学院陶瓷美术教育简史研究的范畴

本文研究的范畴是中国美术学院陶瓷美术专业，是在中国美术学院的历史发展脉络中进行梳理和研究。时间的框定是自该专业招收第一届本科生起（即1960年），至该专业与玻璃艺术专业及首饰设计专业合并成立“陶瓷与工艺美术系”止（即2008年），时间跨度近半个世纪。

撰写本文的过程中，笔者查阅了大量的校史、系史等文献资料，并采访相关的老师和校友，尽可能地还原历史的本真、忠于历史的原貌，这是撰写本文的一个重要原则。

三、中国美术学院陶瓷美术教育简史研究的线索

（一）时间线索

对历史的追溯与研究显然总是离不开“时间”这个最为重要的线索。

研究之需，时间的界定与划分无疑是撰写本文时遇到的首要问题。时间的起始相对于时间结点而言较为容易界定，而本文的时间结点却颇费思量，选择2008年为时间结点，是因为该专业在顺应学院发展和院系调整的大背景下，与玻璃、首饰设计专业整合为一个“陶瓷与工艺美术系”，从整个断代史和本专业教育历史的角度上讲，它既是一个时间拐点，又是一个时间的起点。

（二）人物线索

历史的书写离不开在岁月长河中那一个个闪光的人物。

由于历史资料的缺失，又无前辈权威研究资料可以参照，许多史料的收集就得益于对前辈教师和校友的采访，大都能够客观反映当时的真实情况。笔者在采用这些访谈史料的同时，本着“真实、平实、务实”的客观性原则，把一些有明显时代局限性和浓重的个人观点逐一剥离“教育简史” 这一命题之外，当然，对于那些能够反映真实历史，即使有些观点与我们惯常的认知相左甚至对立，笔者也会考虑加以采用。

另外，笔者也紧紧围绕陶瓷美术专业不同的历史阶段重要的事件和人物为副线，尤其是具有广泛共识的、对本专业的发展及转承链接的关键人物，在行文中也会着力铺陈。人物线索应以入校任教的时间顺序来划分，这也是尊重历史客观事实的、科学的划分方法。

（三）教学与科研线索

教学的不断革新和学术活动的广泛开展是陶瓷美术专业得以延续、传承和发展的关键所在。

陶瓷美术专业随着学院的改革与发展，虽历经变换，几易其名，始终在不断探索当代学院陶瓷美术专业发展的新方向，占领与学院地位相匹配的学术高地。取得这些成就主要得益于教学与科研的不断改革和创新。

教学与科研线索主要从课程设置、教学成果、学术交流、科研创作等几方面入手，系统梳理陶瓷美术教育的发展脉络。由于史学研究是综合性比较强的一种研究形式，故而还应该对线索以外的其他因素进行纵横联系研究，只有这样，研究的成果才会更有意义、历史才会更趋丰盈。

四、中国美术学院陶瓷美术教育简史研究面临的困难

由于中国美术学院相关陶瓷美术教育的许多原始资料缺失，在本文撰写过程中亦没有可供参考的前人的权威研究资料，收集第一手资料就变得尤为重要，其中不少资料属于抢救性整理。这些工作包括：对已故老教授和校友的资料收集、对本专业教师的访谈、对各个时期教学大纲和课程表的收集、

对论文所需资料的遴选与整理等，都给本文的撰写带来了前所未有的挑战。

诚然，要系统梳理一个有着近半个世纪历程的专业的教育历史，假如没有困难也是不可想象的。陶瓷美术专业成立不久就发生了“文化大革命”，教学秩序也由此被打乱，教学生活也中断多年；该专业也经历多次院系调整，分合交替，也使得梳理的工作变得十分复杂。

虽然本文的撰写力求忠实于历史的原貌，还原与中国美术学院陶瓷美术教育相关的许多历史瞬间，但由于上述的种种原因，最后的成文难免会有许多不足之处，还请读者多赐宝贵意见，以期使本文更加丰满和完善！

第一章　审时度势 专业创立（1960-1976年）

第一节　邓白与工艺美术系的复建

1952年，全国高等学校院系进行大调整。我院于1953年2月2日接华东军政委员会文化部命令（化秘人字[53]第442号），“调庞薰琹[1949年任中央美术学院华东分院教授、教务主任。1956年中央工艺美术学院建成，庞薰琹被任命为第一副院长。]同志去京筹备中央工艺美术学院”。同年9月，学院决定，1952年度第二学期结束后，原有的实用美术系归并到中央美术学院，本院1953年度第一学期仅设绘画、雕塑两系，系内不再划分专业，学制改为5年。

图1、60年代的邓白先生

由图案系[1927年11月，蔡元培在《创办国立艺术大学之提案》中提出：“大学预定为五院：国画院、西画院、图案院、雕塑院、建筑院……”。后来学院下设国画、西画、雕塑庞薰琹（1906—1985）原名薰琴，字虞铉，笔名鼓轩。江苏常熟人。1936年后任教于杭州国立艺专，同年，图案四系及预科、研究部。]发展而来的实用美术系[1950年，国立杭州艺专改名“中央美术学院华东分院”，图案系改名“实用美术系”，后并入中央美术学院实用美术系（建筑专业并入上海同济大学建筑系），不少教师来到北京，成为新中国最具影响的艺术设计院校之一—中央工艺美术学院的重要教学力量。]被抽调北京，组成中央工艺美术学院（现清华大学美术学院）的主体，原实用美术系的建筑组并入同济大学，我院庞熏琹、雷圭元等一批工艺美术学科骨干和知名教授即帅该系大部分师生迁京。之前的实用美术系教员中，仅留下邓白先生一人担任绘画系白描人物课的教学。

图2、邓白先生在创作

1958年6月，我院改名为浙江美术学院。由于浙江美术学院地处经济相对发达的沿海地区，建国初期的经济发展相对活跃，社会经济的不断发展急需一批工艺美术设计方面的人才投入经济建设当中去；另外一方面，1957年6月，中央高等教育部通知各高等院校把现行的统一教学计划和教学大纲改为参考性文件，指出各校各专业的教学计划、教学大纲可由各校根据高等教育部所制定的相关规则自行制定、报高教部备案。这些因素都促成了不久后工艺美术系的复建活动的开展。

1958年，学院领导察觉到了工艺美术人才对于国家社会主义建设的重要性，加之本地区对工艺美术人才的需求也十分迫切、缺口相当严重。与此同时，邓白先生也多次在校务会议上提出自己对重建工艺美术系的看法和建议。因此，为了适应国家建设需要，学院领导决定重新恢复工艺美术系。

在邓白先生的努力下，复建工艺美术系的计划文件渐趋明朗。由于邓白先生是原图案系和实用美术系的骨干教师，因此复建任务历史性地落在他的肩上。时任中国画系主任的邓白先生不计个人得失，在一无师资，二无设备，基础薄弱，当时又适逢政治运动“大跃进”[1957年11月13日，《人民日报》发表社论，提出了“大跃进”的口号。1958年5月召开的中共八大二次会议是发动“大跃进”运动的一次重要会议。会议制定了鼓足干劲，力争上游，多快好省地建设社会主义的总路线，通过了第二个五年计划，提出了一系列不切实际的任务和指标。在这之后制定的1958年国民经济计划的第二本账的主要指标过高，造成了经济工作中的急于求成和急躁冒进。]、“大炼钢铁[1957年11月，毛泽东曾提出要用15年左右时间在钢铁等主要工业品的产量方面赶上和超过英国的口号。1958年8月17日，中共中央在北戴河召开政治局扩大会议，通过《全党全民为生产1070万吨钢而奋斗》的决议，从此掀起轰轰烈烈的全民大炼钢铁运动。]”等极为困难的情况下，率领绘画系毕业的冯罗铮、杜曼华、郭立范等七八位青年教师，从零开始，白手起家。由于复建初期的年轻教员均来自绘画系，所以起步非常艰难，年轻教员自身也急需学习工艺美术相关专业的教学内容。正如1958年到工艺美术系任教的刘乙秀[刘乙秀(1934—)，江苏江阴县人。1956年任教于浙江美术学院直至1995年退休。长期从事平面设计和装饰艺术教育，设计作品多次获奖。出版有：《视觉形象，视觉心理，视觉导向》、《装潢美术设计丛书》等。]老师回忆文章中写的那样：

图3、邓白先生与年轻教员在一起（左一刘建国、左四李松柴、左五高建慧）

“……邓白先生白天为学生上课，晚上就给年轻教员辅导，辅导的内容便是年轻教员次日要面对学生的课程。每天辅导教员结束后，邓先生还要亲手刻蜡纸、印讲义，准备次日全天的教学资料……”

就是在这样困难的情况下，邓白先生夙兴夜寐，从全系发展的规划、教学大纲的制定、年青教师的培养、学生的指导，全方位挑起重担。

图4、邓白先生在萧山瓷厂（左二赵大安、左三稽锡贵）

“善歌者使人继其音，善教者使人继其志”（《礼记·学记》），在邓白先生的切实培育下，工艺美术系的年轻教师一拨拨地成长起来。邓白先生由此赢得了一个“老母鸡”的雅号，这一雅号充盈了师生们对邓先生的崇敬感激之情。邓先生就像一只不知疲倦的老母鸡，精心护雏育雏，言传身教，孵化出一个个师资，使工艺美术系发展成为包含染织、陶瓷、装潢三个专业的最大的系，并对我院后来设计教育的学科建设厥功甚伟。

陶瓷美术专业第一届毕业生、原工艺美术系主任陈淞贤老师在其回忆文章《恩师邓白先生》[中国美术学院八十华诞回忆录—《漫歌怀忆》第276页。]中这样评价邓白先生：

“我从20世纪60年代开始追随先生四十余年。总结先生的一生，他具有三个方面的闪光点：其一，邓先生是一位集中国传统美德于一身的知识分子的典范。……其二，邓白先生是一位名副其实的优秀共产党员。作为从旧社会过来的知识分子，他自觉接受党的教育，热爱党的艺术教育事业，坚持党的文艺方针和教育方针。……其三，是邓白先生杰出的艺术成就。……他一生都在为弘扬中国的民族文化、发展中国的现代文化努力奋斗。……”

直到20世纪80年代，老骥伏枥的邓白先生还在思考工艺美术教育的改革与发展，撰写了《发展工艺美术刍议》、《谈谈工艺美术创新》等文章，前瞻性地认识到随着社会经济的高速发展，设计艺术人才的需求必然会迅速膨胀，他呼吁要重视工艺美术教育，提出要在原有教学格局上集中力量，实行调整改革。破除以往重纯艺轻工艺的观念，培训师资，开设新兴专业，培养社会急需的工艺美术设计人才等。耄耋之年的邓白先生仍在关注、且还能敏锐地发现和抓住工艺美术设计在新时期的发展方向和发展策略，其精神着实可佩可敬。邓先生的想法和见解，很大程度上影响到当时学院领导人发展工艺美术设计教学的思路，从某种意义上推进了学院设计教学的改革。如今我院的设计教学已由一个系发展成包含六大系的设计分院，陶瓷美术专业也独立成系。

第二节　陶瓷美术专业的设立

1960年4月27日，院务委员会第27次会议讨论通过，工艺美术系与民间美术系正式合并，增设陶瓷美术专业，学制五年，邓白任工艺美术系主任。同年9月，陶瓷美术专业第一届8名新生入校，这其中就有后来留校、并切身探索与实践现代陶瓷艺术教育的陈淞贤老师。陶瓷美术专业的设立，完善并丰富了我院工艺美术教育的体系，使得这一传统的工艺美术门类在新中国成立十年后在我院得到重新的历史定位与认识，并由此再获新生。

我院陶瓷美术专业的增设，主要基于以下三个方面的背景和原因。

（一）社会经济发展的需要

1953年，新中国第一个“五年计划”开始了，我院经过几年来政治运动和新艺术教育的实践，在学习改造工作取得显著成效的基础上，贯彻执行为国家建设服务、为工农大众开门的教育方针，进而确定了培养社会主义美术创作专门人才和高等美术教育师资的目标，开展一系列工作，为建设社会主义的美术学院开拓新局面。

在这样的历史背景下，全国上下、各行各业掀起了建设社会主义革命的浪潮。由于浙江地处沿海，历史上就是社会经济比较发展的地区，新中国成立后，社会经济也重新焕发生机与活力，经济建设的发展也急需工艺美术方面的人才。

浙江是中国陶瓷艺术的发祥地之一，更是越窑青瓷的故乡。历史上的南宋官窑及龙泉青瓷就出自浙江并名播天下。“善养百花唯朝露，能生万物是春风”。1957年7月，周恩来总理在南京召开的全国轻工业厅局长会议上提出要恢复中国历史五大名窑的指示，并要求浙江省把龙泉青瓷和南宋官窑发展和恢复起来，这直接导致了陶瓷美术专业的设立。在新的历史时期，作为陶瓷主产地之一的浙江，恢复和建设陶瓷产业成为历史必然的选择，陶瓷美术人才的培养已然迫在眉睫。

（二）图案设计教育的积淀

从我院前身“国立艺术院”开始的图案系到后来的实用美术系，对传统陶瓷造型、装饰艺术的研习教学一直就没有中断过。

我院首任教务长林文铮先生在他1928年撰写的《为西湖艺院贡献一点意见》中写道：

“图案为工艺之本，吾国古来艺术偏重于装饰性，艺院创办体案系是很适应时代之需要的。艺术中与日常生活最有关系者，莫过于图案！……艺术院之图案系对这一节应当负革新之责任，我们并希望图案系将来扩充为规模宏大之图案院。”

林文铮先生确有远见，最初的图案系如今已经发展成包含众多设计专业的“图案院（设计学院）”。

1934年艺专制定的《本校艺术教育大纲》在图案专业部分是这样描述的：

“西方人素称东方人为天生的图案家，吾国古代铜器的形，后代瓷器的色、线已臻实用艺术的上乘，而达于纯粹艺术的境界。惜乎近代因过事抄袭，遂流于衰败之途。不特影响民族的精神，甚至为工艺落伍的主因。我们就是站在经济的立场亦宜加以挽救，图案系的设立实急不容缓。……高职部三年级专修基本图案，专科部则以染织、陶瓷、室内装饰、建筑图案为主体。……未来图案系的发展当在社会认识图案的力量之时。目前已经渐渐有了些微的转机，将来更为乐观。我们深信中国工艺的复兴及日常生活的美化当有待未来的无数图案家。”

由于大纲的确立，图案系的地位在以往的所有美术学校的办学中，大到了一个空前的高度。

这一时期的图案教学具有两个特点[见《艺术摇篮—浙江美术学院六十年》第20页。]：一是重视民族民间遗产，在继承中发展传统图案（主要是传统陶瓷造型和纹样以及染织图案），反对洋化和复古；第二是重视设计，将艺术与技术熔于一炉。陈之佛教授是这一主张的主要倡导者。邓白先生是陈之佛教授的学生，这些观点，在后来邓白先生复建工艺美术系以及设立陶瓷美术专业的工作上，都是有所体现的。

（三）完善学科体系的必然

1958年学院改名为浙江美术学院至“文化大革命”前的这一个时期，我院教学秩序稳定，教学质量相应提高，美术创作活跃，学术空气浓厚，学校工作出现欣欣向荣的可喜景象。

在学院领导以及邓白先生等人的努力下，工艺美术系得以复建，教学工作也有条不紊地展开。

中国陶瓷这一维系人类与大地情感交流的劳作方式和艺术生产形态，有着几千年的发展历史，丰富的遗存。火与土的淬炼，凝铸成中华民族文化史中独特而璀璨的篇章。可是，在古代文人士大夫眼里，陶瓷一直被视为“匠者所为”，各种典章史籍少有记载，而从业者又囿于文化素养只能师徒相授、口耳相传。随着时代的变迁，曾经辉煌一时的许多古代名窑生产中断、技术失传，成为历史的陈迹，只能在博物馆里寻觅它们的身影。

邓白先生主持工艺美术系后，就在思考如何继承和发展我国优秀的制瓷传统，古为今用。这与当时发展民族产业的经济时局是合拍的。他探究的目光定格在制瓷名地浙江，浙江是中国瓷器的最早产地之一，其中龙泉窑最为著名，烧制活动几乎中断。为了重振龙泉瓷器，使其重获新生、推陈出新，邓白先生多次赴龙泉山区协助省轻工业厅进行龙泉青瓷的恢复性研究和试制工作。

1960年，为庆祝中华人民共和国建立十周年，由浙江省轻工业厅厅长翟翕武亲自指挥，邓白先生设计的牡丹云鸾图案青瓷瓶及高级餐具、茶具，经过多年的努力，于国庆前夕烧制成功。国庆瓷的成功得到了中央领导和轻工部领导的肯定。培养陶瓷美术设计人才的计划在政府和学院领导的推动和支持下，被提上议事日程。

第三节　早期教学与科研

20世纪60年代初期的陶瓷美术专业教学基本沿袭了早期实用美术系的教学模式。在全国一片建设社会主义的号召下，为了加快社会主义建设的步伐，开展了学习苏联经验的运动，一方面促进了对旧教育的改造和新教育的建设；另一方面，由于机械地照搬苏联的教学计划、教学内容，过分强调正规化和整齐划一，使我院的美术教育事业出现了与以往不同的情况。

（一）早期教学

1、招生条件：60年代我院大学部学生来源以高中毕业生或相当于高中毕业的同等学历的工农子弟为主；并争取由有关工厂保送在职青年工人入学，文化程度酌情放宽；并可酌量招收初中毕业生进行培养。在生源的招收中，扩大了招生范围，不受华东地区限制，以便在录取新生时能有所挑选以及确保招生指标。根据《工艺美术系1960年度发展意见》中记录：“60年暑假招生人数，两个专修班各10人，染织、装潢、陶瓷各15人，共65人。”（当年实际招生人数为8人）这样的招生规模与以往相比是比较高的，也出现了教学中师生比例不平衡的问题（1960年工艺美术系三个专业师资总和只有10人，系主任、书记除外）。

2、课程设置：这个时期陶瓷美术的课程延续了实用美术系时期的基本特征，以“浙江美术学院1961—1962学年度教学计划”为参照，课程主要分为：

共同课（不同年级）：政治课四门、专业理论课七门、文化体育课五门。

专业技法课（陶瓷美术专业）：素描、国画、水彩水粉、图案基础、雕塑基础。

这一时期陶瓷美术的专业教学以摹习传统纹样较多，并穿插下乡下厂实习创作。与现代陶瓷美术教育的方式有很大不同。

3、设施设备：由于工艺美术系当时是一个大系，基本的教学硬件相对充足，根据当时陶瓷美术开设的课程来看，教室、图书资料室、桌椅、画具都相对完备，由于培养动手能力的课程相对较少，用于陶瓷成型、烧制等工艺的设备还相当薄弱。

此外，教师每人有一年的下放劳动锻炼，或采取短期下放方式。除随同学下乡下厂、参加劳动之外，也可利用寒暑假期间作短期下放劳动，并必须保证每人有一个月的劳动日。这一时期，劳动始终贯穿着整个教学进程。

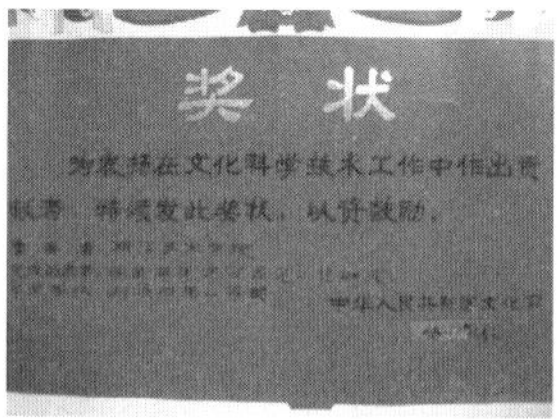

图5、文化部“科技成果二等奖”奖状（1981年）

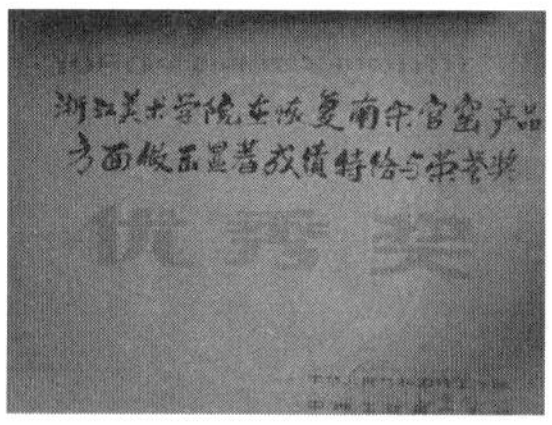

图6、轻工业部“优秀奖”奖状（1980年）

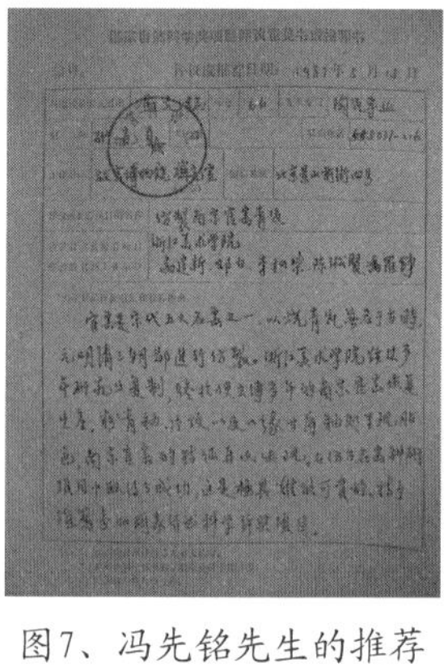

图7、冯先铭先生的推荐书 （1987年）

（二）科研

1、为了重振龙泉青瓷，使其重获新生、推陈出新，邓白先生多次赴龙泉山区协助省轻工业厅进行龙泉青瓷的恢复性研究和试制工作。“我们可以拭目以观，预料这一具有历史意义的‘青瓷之花’，将在万众欢腾的建国十周年的庆祝中，以簇新的姿态出现，放射着灿烂的光芒，为浙江的制瓷工业闯开新的局面。”[参见《邓白美术文集》第24页。]并于1959年为人民大会堂宴会厅设计《牡丹云鸾图案龙泉青瓷餐具》烧制完成，作为国庆十周年献礼，得到了中央领导和轻工部领导的肯定。

2、根据文化部高等美术院校编选计划，集体编写专业教材《中国陶瓷史》。

3、1963年，陶瓷专业在邓白带领下，开始恢复“南宋官窑”的试制科研工作。并于1965年尝试性地烧制出一些成品。1965年11月30日，《文汇报》登载“浙江美术学院工艺系陶瓷专业师生试烧失传700多年的‘郊坛窑’（南宋官窑青瓷）成功”的消息。在文革结束后成功试制出一些精品，于1980年获得国家文化部和轻工业部颁发的科技成果二等奖和优秀成果奖。

第四节　早期教员

陶瓷美术专业创建初期面临的主要困扰与工艺系其他专业一样，就是本专业的师资问题。由于原实用美术系的大部分教员北迁，工艺美术专业教员紧缺，加之陶瓷美术专业又是一个新专业，面临的困难可想而知。邓白先生在陶瓷美术专业创立初期就注重培养年轻教员，这些年轻教员在他的培养下，在教学上也逐渐走上正轨。

作为工艺美术系主任的邓白先生，内引外援，为陶瓷美术专业的师资煞费苦心：让原来毕业于我院中国画系的冯罗铮[冯罗铮为陶瓷美术专业早期教员之一，1955年毕业于浙江美术学院国画系，主要讲授图案课程。]老师主攻陶瓷美术专业方向；工艺美术系与民间美术系合并之后，原来搞漆艺专业的高建新老师也充实到陶瓷美术专业；于1960年把毕业于中央工艺美术学院的郭春田[1960年毕业于中央工艺美术学院，来系任教不久即调离。简历从略。]留我系工作（不久调离）；又于1961年将毕业于中央工艺美术学院的李松柴来我系任陶瓷美术专业教员；1965年将陶瓷美术专业第一届毕业生陈淞贤留校任教。至此，陶瓷美术专业初期的师资力量基本建构完成。

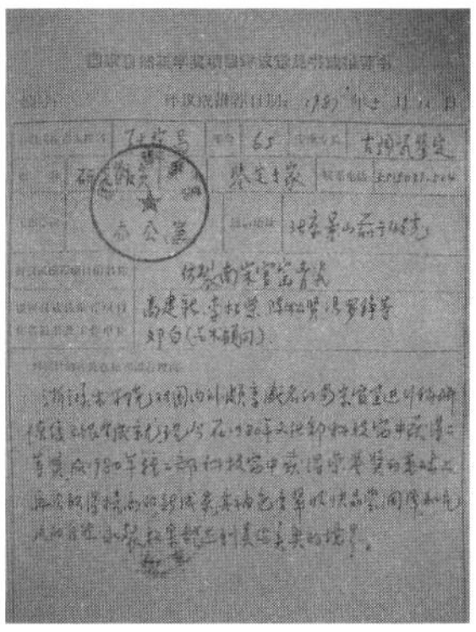
图8、耿宝昌先生的推荐书（1987年）

邓白（1906—2003）

广东东莞人，字曙光，晚号白叟。1926年入广州市立美术学校学习，学习油画及图案，深得陈之佛器重。两年后转学上海美术专科学校，1929年在中央大学艺术系学习，1933年毕业后回东莞中学及东莞师范学校任教。1938年后任教于贵州安顺职业学校一年，即转至重庆中央大学建筑系任助教。1941年，应吕凤子先生之聘，任国立艺术专科学校图案系讲师，不久升为副教授。

1984年起任陶瓷美术史博士研究生导师。历任浙江美术学院教授、中国画系主任、工艺美术系主任、中国美术家协会理事、浙江美术家协会副主席、浙江省文联常务委员、中国陶瓷学会副理事长等职。

邓白擅长工笔花鸟画，其作品讲格调、重意境、笔墨精纯，出版有《邓白画集》。邓白在美术史论方面也有广泛而深入的研究，主要著作有《图画见闻志注释》、《潘天寿评传》、《邓白美术文集》，主编《中国美术全集·陶瓷（上卷）》等。

图10、《邓白美术文集》封面（1992年）

高建新（1919—1986）

1919年出生，福建福州人。1953年中央美术学院华东分院民间艺人创作研究班结业，留校在民间美术研究室任教。1958年到浙江美术学院工艺美术系任教。1959年至龙泉工作，并设计大批出口瓷器，1963－1978年作为主要人员研制成功南宋官窑青瓷。获文化部科技成果二等奖、四等奖，省科技成果二等奖和四等奖各一项。

图11、邓白《青花釉里红石榴瓶》

李松柴（1933—2007）

1933年生于湖北省武汉市。1961年中央工艺美术学院陶瓷美术系毕业，同年赴浙江美术学院任教，从事陶瓷美术教学工作。在参与恢复南宋官窑和历代青花瓷器装饰品研究与创作两项工作中，均获国家级的荣誉奖和一等奖。

先后出版了《黑白花卉》、《黑白构成》、《装饰风景》、《怎样画金鱼》、《怎样画蝴蝶》、《装饰动物》等专著。

陈淞贤（1941—）

1941年生,浙江省上虞县人。1965年毕业于浙江美术学院（现中国美术学院）工艺美术系，同年留校任教。历任浙江美术学院工艺美术系主任、中国美术学院工业设计与陶艺系主任、院学术学位委员会委员。1999年被联合国教科文组织国际陶艺学会（IAC）吸收为中国大陆首批两位会员之一，中国美术家协会陶艺专业委员会委员，全国第七届陶展评审委员会副主任。

图12、邓白先生在勘验烧成作品（旁立者为李松柴）

论著有《中国传统陶瓷艺术研究》、《中国历代陶瓷饰纹》、《陶艺的当代风格》、《传统陶艺与现代陶艺》等。1992年获国务院授予“政府特殊津贴”

图13、60年代的陈淞贤

正是有了这些早期教学的开拓者们辛勤的工作，使陶瓷美术专业从无到有，逐渐走上正常的教学轨道。并伴随着文革的结束，政治上的拨乱反正，教学大纲的全面梳理，陶瓷美术专业又将迎来它新的春天。

第五节 小结

60年代初期的教学，是工艺美术系复建成立后最为艰苦的教学岁月。陶瓷美术专业师资力量欠缺，教学和实习场所都受到一定的制约。这一时期的教学基本沿袭了原来实用美术系的教学模式。学校运动过多，创作过多，违背了美术教育的客观规律，降低了教学质量，同时政治空气异常紧张，到了文革时期更是教学完全停滞，批判斗争不断。

总结陶瓷美术专业初期的历程，有这样三个亮点。

1.设立了陶瓷美术专业，完善了我院的教学体系。前辈们的辛勤努力为我们今天的专业发展奠定了基础。

2.对龙泉青瓷进行恢复性研究和试制工作，重振龙泉青瓷，使其重返青春，推陈出新。

3.1963年，在邓白先生带领下开始恢复南宋官窑的科研工作并于1965年尝试性地烧制出一些成品。在文革结束后成功试制出一些精品，于1980年获得国家文化部和轻工业部颁发的科技成果二等奖和三等奖。龙泉窑和官窑烧造的初步成功，为其他古代名窑的恢复和发展积累了可供效仿的宝贵经验。

第二章　繁荣稳定 拓展新局（1976-1998年）

第一节　概述

1976年10月，“四人帮”终于被粉碎，“文化大革命”结束了十年的浩劫。浙江美术学院度过严寒，西湖之畔的这所艺术摇篮迎来了充满希望的春天。

春风又吹进了浙江美术学院，全院师生员工在院党委的领导下投入到“揭、批、查”的运动中，肃清林彪、江青反革命集团的影响。同时在恢复“文革”前的系科基础上，又恢复了入学考试制度。由于十年的荒废，使得1977年的报考人数达到了16000人之多，择优录取了新生68名。

图14、学生在交流烧成经验

陶瓷美术专业“文革”之后的招生是在1978年，当年录取新生11名，他们是百里挑一的佼佼者。70年代末80年代初的几届毕业生，他们中的大多数人至今活跃在美术教育战线上，有一些起着中流砥柱的作用。

这一时期学院新增了不少专业，其中与工艺美术系相关的是增设环境艺术专业而后独立成系；1984年12月，学院与浙江大学、浙江工艺美术研究所联合建立“浙江省计算机美术研究中心”等。学生的培养比以往更加富有层次，有研究生（博士、硕士、三年制）、本科生（四年制）、专科生（二、三年制）、进修生和留学生，以及后来的研究生主干课程班等。邓白教授于1984年被确立为博士生导师，并于当年招收第一位陶瓷美术理论博士—熊寥。

图15、浙江省陶艺学会成立（1988年）

由于专业设置渐趋合理，招生数量逐年增加。1985年全院在校学生人数达到700多人，师生比例由原来的1：0．8变为1：3．3，师生比例渐趋合理。

第二节　教学与教员

图16、浙江省电脑美术中心成立（1984年）

由于十年动乱，课程发展几乎停滞，学院在1977年整理教学计划时发现，原有60年代制定的课程早已和时代发展不相吻合，学院逐渐认识到培养建设有中国特色的艺术教育的必要性，一方面克服以往封闭式的教学，另一方面也需防止“全盘西化”的错误倾向。正是因为这样的艺术指导思想，最终推动了教学的健康发展。

图17、刘建国 《满腹珠玑》（2006年）

这一时期还为了弥补师资方面的不足，陶瓷美术专业通过选留毕业生，调入外校优秀教师等方法，积累了一些优秀师资力量。例如在1985年毕业的12名陶瓷专业学生中，就有三名毕业生留校任教。这些新生力量的加入，为陶瓷美术专业的教学带来了蓬勃的朝气，他们自身也相继成为专业教学的骨干。同时，在改革开放的新形式下，教师们组织力量对原有教学大纲进行修改，于1979年制定了专业教学方案，又于1986年制定了教学大纲，最终在1990年出台了我院新的《专业教学大纲》，那些留校不久的新生力量在教学大纲的修订中，起了显著的作用。

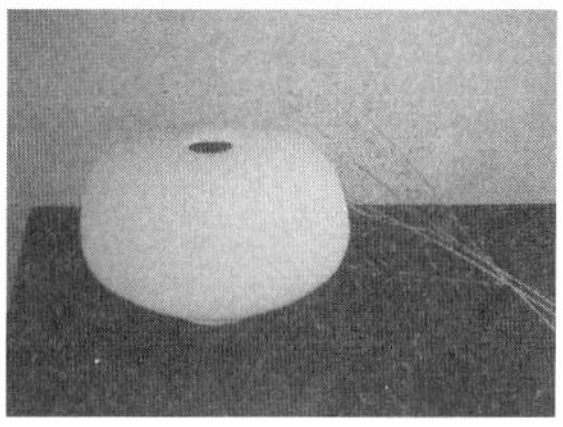

图18、 周小英《拔茅茹以其汇》（1989年）

陶瓷美术专业在这一时期的教学也逐渐发生着变化。在1984年调整原来的专业教学结构，引进开设了“现代陶艺”课程，走在全国高等艺术院校的前列。另外“三大构成”教学的引入、手工拉坯课程以及对外交流的不断开展，都极大地丰富着陶瓷美术教学，加之现代陶瓷美术思想随着中国的改革开放也被逐渐认识和接受，我系教师也积极地进行着有益的尝试和探索。

这一时期的中青年陶瓷美术专业教师主要有以下几位。

刘建国

1955年生于江西永新，笔名剑谷。1977年毕业于浙江美术学院（现中国美术学院）工艺系留校任教。主要讲授茶具、咖啡具、日用器皿造型设计、模具制作、装饰等课程。

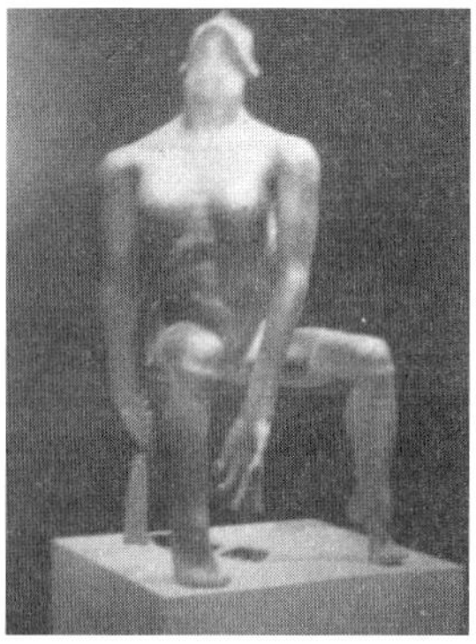

图19、刘正 《惊蛰5》（1998年）

周小英

生于浙江杭州。1982年毕业于浙江美术学院（现中国美术学院）工艺系，同年留校任教。主要讲授基础图案等课程，后调任浙江美术学院出版社任编辑。

刘正

1963年出生于江西南昌。1985年毕业于浙江美术学院（现中国美术学院）陶瓷美术专业，同年留校任教。主要讲授图案基础、动物图案、素描、陶塑、壁饰等课程。

图20、孙保国《皮层解剖器具》（1989年）

孙保国

生于河南郑州。1985年毕业于浙江美术学院（现中国美术学院）陶瓷美术专业，同年留校任教。主要讲授基础图案、陶塑等。1994年移居美国。

王建军

1985年毕业于浙江美术学院（现中国美术学院）陶瓷美术专业，同年留校任教。主要讲授基础图案、动物陶塑等。现居澳大利亚。

张保成

陕西西安人。1982年毕业于浙江美术学院（现中国美术学院）工艺系，1986年广州美术学院硕士研究生毕业任教于陶瓷美术专业。主要讲授装饰基础等课程。现居日本横滨。

图21、王建军《穴口》（1989年）

熊寥

1943年生于江西省景德镇市。1969年毕业于北京师范大学中文系，1969－1972年在北京师范大学中文系工作。1984－1988年在浙江美术学院工艺系师从邓白先生攻读陶瓷专业博士学位，毕业后留校工作。主要讲授陶瓷美术史。

周武

1964年生于浙江省龙泉市。1992年毕业于浙江美术学院（现中国美术学院）陶瓷美术专业，并留校任教。主要讲授器皿造型、手工拉坯等课程。

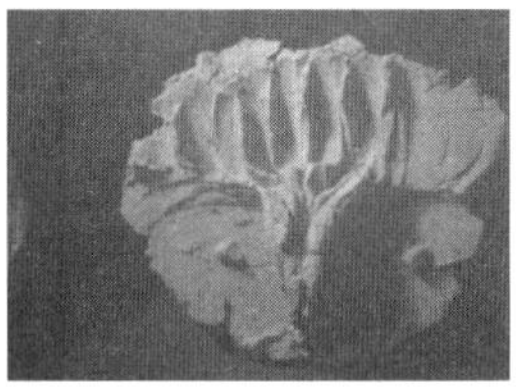

图22、张宝成《龙颜：人面像》（1989年）

沈岳

1957年生于浙江省杭州市。1984年毕业于浙江美术学院（现中国美术学院）国画系。主要讲授陶瓷彩绘、基础构成、陶瓷壁饰等课程。

戴雨享

1965年生于江西景德镇。1989年毕业于浙江美术学院（现中国美术学院）陶瓷美术专业。1989－1996年在景德镇陶瓷学院美术系任教，1996年调任中国美术学院陶瓷美术专业任教。主要讲授陶瓷彩绘、基础构成、陶瓷壁饰等课程。

这一时期对师资力量的充实和完善，为陶瓷美术专业的发展注入了新的活力。随着改革开放政策的不断深入，学术氛围也日益浓厚，陶瓷美术专业适时地将现代陶艺理念引入课堂教学，为我院陶瓷美术专业未来的发展拓展了新的局面。

图23、熊寥《中国陶瓷与中国文化》封面（1990年）

第三节　课程设置

由于十年动乱，课程发展几乎停滞，学院在1977年整理教学计划时发现，原有60年代制定的课程早已和时代发展不相吻合，学院逐渐认识到培养建设有中国特色的艺术教育的必要性，一方面克服以往封闭式的教学，另一方面也需防止“全盘西化”的错误倾向。坚持立足于社会主义建设和文艺为人民服务、为社会主义服务的方针。正是因为这样的艺术指导思想，才最终推动了学院健康思潮的涌动。

图24、周武《紫金壶2》（1999年）

这一时期的课程经历了教学大纲的修订与系科的调整，变动较大，60年代教学大纲中的不少课程被删除，增加了许多新课程。回顾这一时期的课程变化，主要有以下几个方面。

图25、沈岳《猫头鹰》（2008年）

（一）“三大构成”教学的引入。

在80年代我院工艺美术系的基础教学中，“三大构成”是较早引入教学的泊来课程。平面构成、色彩构成、立体构成统称“三大构成”，在德国和日本设计类教学中应用广泛，地位很高。这一课程在80年代初期被引入工艺美术系的教学当中，陶瓷、装潢、染织三个专业的教学中都有设计，只是侧重点不同。

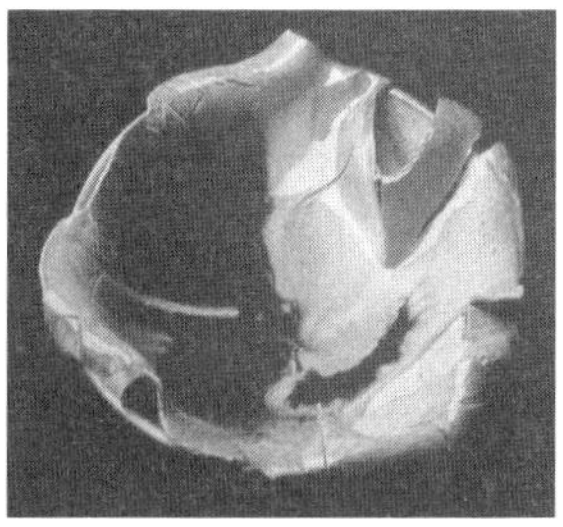

图26、戴雨享 《泽荷》（1998年）

“三大构成”起源于被誉为“现代设计摇篮”的德国包豪斯学院，其主要教育思想和方针如下：

1、提倡自由创造，反对模仿因袭、墨守陈规。

2、将手工艺与工业化生产相结合，提倡在掌握手工艺的同时了解现代工业的特点。

3、强调基础训练，从现代抽象绘画和雕塑发展而来的“三大构成”是现代设计教学的基础方法。

4、强调动手能力和理论修养并重。

5、强调学校教学与社会实践相结合。

“三大构成”课程的引入，改变了以往单一的图案教学模式，对陶瓷美术这一传统艺术门类在新时期的发展起到了积极的促进作用。

在陶瓷美术专业的具体教学中，也不断地总结和深化“三大构成”的教学效果，使之与陶瓷美术专业的特点相结合。例如这一时期的“特色课程”—“立体构成”[见《学院金秋-中国美术学院教学成果·1993-1997》，第204页。]是这样表述的：

“陶瓷美术专业作为一个立体造型专业，立体构成是重要的基础之一。陶瓷美术创作设计的造型原则和立体构成的法则是完全一致的。……因此，为了更好地与专业相结合，在近期的立体构成教学中尝试用泥为材进行立体构成教学。以期学生所学，既能掌握立体构成的规律、法则，又能提高对陶泥的认识，并熟练掌握成型技巧。”

（二）手工拉坯课程的开设

1986年，陶瓷专业首次开设手工拉坯课程[《中国美术学院七十年华》中校史记载是1984年，据多方考证，应为1986年为确]。据我系刘建国老师回忆，1985年孙保国和王建军两位当年留校的教师，去浙江金华古方陶瓷厂学习手工拉坯技术，于次年开设手工拉坯成型课程。由于当时条件限制，使用人力慢轮拉坯，需要相当的体力和灵活掌控能力。及至80年代末，条件又有些改善，配备了8台电动履带拉坯机，虽不用人力转动，掌控却不易掌握，由于石膏浇制的辘轳十分沉重，惯性很大，不利于初学者掌握。这种情况直至1998年才大为改观，从景德镇购置了一批箱式电动拉坯机，便于学生操作实用，安全上也得到了保证，手工拉坯课程也逐渐步入正轨。

尽管如此，手工拉坯课程的开设，还是加强了学生动手能力的培养，为今后专业的发展奠定了良好的基础。

（三）现代陶艺教学的渐次展开

在这一时期的教学实践中，现代陶艺课程的开展无疑是一个特色。

现代陶艺是一门新兴的艺术学科，它产生于20世纪初，是传统陶艺在现代艺术思潮的影响下、传统制陶观念改变的产物，当然也是现代科技和综合发展的必然体现。传统陶艺强调“道器并重”，且偏重于设计理念；而现代陶艺则强调陶瓷的“艺术含量”。从广义上讲，现代陶艺是传统陶艺的延伸与拓展，更确切地说，现代陶艺是以陶瓷材料为媒体、强调表现艺术个性的现代艺术门类。

陶瓷美术专业在1984年调整原有教学结构，大胆引入现代陶艺教学，走在全国高等艺术院校的前列。

“现代陶艺要求学生掌握的知识面较宽，陶艺是‘土’和‘火’的艺术，除了让学生把握制陶工艺技能（如拉坯、盘泥、敲片）之外，更要紧的是掌握‘土’和‘火’的规律。了解了‘土’性和‘火’性是一个陶艺家成熟的标志。除此之外，还必须了解现代艺术观念和表现技法，并充分运用现代科技手段，表现于自己的陶艺作品中。总之，作为现代陶艺教学，必须贯穿全方位的教学思想和教学内容，然后通过自己的陶艺作品去尽情表现丰富多彩的现实生活。”

图27、陈淞贤作品（1997年）

第四节　现代陶瓷美术教学的开拓与探索

尽管中国素有“陶瓷之国”的美誉，但直到改革开放之前，“现代陶艺理念”对于中国这个陶瓷母国的影响几乎空白。改革开放后，随着西方各种艺术思潮和现代艺术观念的不断引入，中国的现代艺术才逐渐萌芽和活跃起来。国外的艺术书刊相继引进、国内各种美术刊物陆续创刊、艺术界的对外交流也日益频繁、令人耳目一新的各种展览不断推出……在这样的大环境下，世界各国的现代陶艺作品也随之被介绍到国内，现代陶艺观念也逐渐被认知和接受。

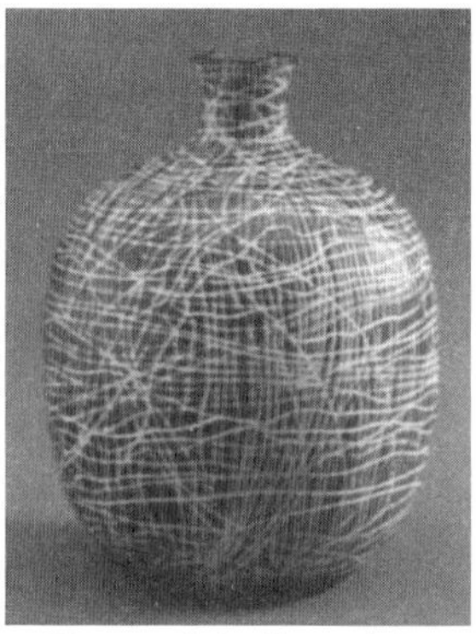
图28、陈淞贤《瓶》（1997年）

从引入现代陶艺观念的那一刻起，就与旧有的艺术观念产生了冲突，与其他艺术门类相比，现代陶艺在中国的发展更为艰难。中国陶瓷艺术历史悠久，传统审美意识根深蒂固，早已形成固有的观赏习惯和模式，“实用而尽量美观”的观念束缚了陶艺家的才智，无法融入现代艺术的潮流中去。而现代陶艺延伸了原有陶瓷艺术的艺术属性，使陶艺家不受“制器”的限制，可以在更广阔的审美和价值评判领域里自由驰骋。

这一时期，陶瓷美术专业的教学大纲经历了一个新变化，更多课程由纸面走向手工创作，加之新的师资力量的不断配备，西方现代艺术思潮的影响，现代陶艺的教学与创作不可逆转地汇入这一时代的潜流中。

以陈淞贤为代表，陶瓷美术专业的中青年教师积极地把现代陶艺的理念融入课堂教学中去，并以切身实践与理论投入现代陶艺的开拓和探索中，成为中国高等美术院校较早开展现代陶艺教学的系科之一。我们从1989年陈淞贤发表的学术论文《陶艺的当代风格》[见《新美术》1989年02期。]中可以一窥这一时时期对现代陶艺的认识：

“把陶艺创作的审美意义从以实用为主的传统创作原则中独立出来，并且得以空前的强调，这是现代陶艺的基本创作主导思想……现代陶艺的当代风格已经十分明显地从以往的单向风格转变成多元的、开放的复向风格，这是一种高层次的文化综合，充分体现了在信息时代，随着信息的快速传递，人们产生的心理异化趋向，以及为了寻找异化了的自我，在不平衡中谋求新的平衡的逆反精神。”

第五节 小结

回顾文革结束初期到90年代末这一阶段，改革开放政策的持续深入、师资队伍的日益充实、教学条件的逐渐改善，都为陶瓷美术专业创造了一个繁荣稳定的外部环境。

对现代陶艺观念的引入和探索，为陶瓷美术专业在新时期的发展拓展了一个新局面。正如陈淞贤教授所说的那样：

“我院的陶瓷美术专业远离陶瓷产区，这是一个弱势；同时她又与其他如绘画、雕塑、设计等美术形式共处一个学校，相互的学习和浸染又成为优势。其实，在邓白先生设立陶瓷美术专业之初，就是要培养艺用陶瓷的专门人才。从这个意义上讲，陶瓷美术专业在80年代初期引入现代陶艺教学，既是历史的选择，又是时代发展的必然。”

陶瓷美术专业在这一个时期取得了许多可喜的成绩，例如：1988年成立了“浙江省陶艺家协会”；有三位教师的作品分别入选1988年和1990年的法国瓦洛里“国际陶艺双年展”；有一位教师和一位研究生的作品入选1998年日本“美浓展”；有三位教师和两位研究生分获“第九届全国美术展览”铜奖和优秀奖等；分别于1997年和1998年主办了“中国美术学院陶艺作品展”和“首届中国当代青年陶艺家作品双年展”。

这些成果的取得，也为今后陶瓷美术专业的教学和发展积累了宝贵的经验。

第三章　锐意进取 渐成体系（1998-2008年）

第一节　概述

随着我院招生规模的逐渐扩大、教学软硬件的日益完善、对外交流的不断开展，加之由我系承办的“中国当代青年陶艺家作品双年展”连续成功举办，陶瓷美术专业也迎来了它快速发展的一个时期。

顺应学院发展，陶瓷美术专业在这一时期经历了多次的整合。1996年，原工艺美术系一分为三，陶瓷美术专业与工业造型设计专业合并为“工业设计与陶瓷系”，这样的分合方式也的确为原工艺美术系装潢、染织服装、陶瓷美术三个专业创造了新的发展机遇。2000年5月，原有的设计类专业又整合为“设计艺术学院”；2003年9月陶瓷美术专业与工业设计专业分离，独立成为“陶瓷艺术设计系”；又于2007年9月，与象山校区原视觉艺术学院的玻璃、首饰专业整合为“陶瓷与工艺美术系”，从原来的“设计艺术学院”并入新成立的“公共艺术学院”。

这一时期还有一个明显的变化是学院的招生规模较之以往明显增加，陶瓷美术专业的办学层次更加丰富。1998年，陈淞贤教授首次招收了两名硕士研究生，与1984年邓白先生招收博士研究生时间相隔14年。之后的2000年和2001年，刘正教授又分别招收了一位韩国和蒙古国留学硕士研究生。2004年，刘正教授招收7名硕士研究生。

陶瓷美术专业从建立至1998年前，共招收13届本科生，计107名学生。学院于2000年开始扩大本科生的招生规模，陶瓷美术专业2000年招收本科生20名，2001年增加到39名，2004年增加到61名，这样的招生规模是前所未有的。

随着招生规模的扩大，陶瓷美术专业从教师队伍、教学空间、试验设备等都遭遇了空前的压力。在新的学院发展形式下，陶瓷美术专业在2003年6月与工业设计专业分离，正式独立成系，并在当年9月的新学年开始独立开展教学与科研活动。

陶瓷美术专业在新的历史机遇下跨入了一个新的发展阶段，如何应对当前学院总体发展的方向、如何使陶瓷美术专业的发展迈入一个新层面，是摆在当时专业决策者们面前的一个亟须解决的新课题。

第二节　教学革新

随着陶瓷美术专业独立成系，招生人数也不断扩大，2002年学院成立基础部教学，使原来在本系学习专业的实际时间缩短为三年。在这样的情况下，课程的调整和革新成为必然。

这一时期陶瓷美术专业开设的主要课程有：成型工艺、器皿设计、陶塑创作、材料学、烧制工艺、装饰技法。总体而言，这一时期的教学是围绕以下两个主要课程进行革新。

1998年以来，陶瓷美术专业逐步建立和完善泥料、釉料、模具、烧成等实验室，购置了一批新型的电动拉坯机，教学硬件得到了很大改善。随着对外交流的深入开展，加强器皿教学的认识也逐渐形成共识。

图29、李海霖 《意器7》（2007年）

1999年10月4日-11月5日，德国基尔姆梯姆斯工艺美院陶瓷系主任盖保特教授（全名为约翰内斯·盖普哈特，陶瓷专业的师生习惯称他为“盖保特”—笔者注）来系给陶瓷专业学生进行为期一个月的器皿教学。又于2001年3月31日-5月15日来系进行为期一个半月的讲学。两次讲学，盖保特教授将德国严谨的陶瓷器皿教学无私地讲授给陶瓷美术专业的师生，并撰文《关于中国美院陶瓷专业教学改革的思考》[见《新美术》2000年第4期，第65页。]为陶瓷美术专业建言献策。

图30、翟小实《炸》（2006年）

作为我系器皿教学的骨干教师，周武于2000年获得德国DAAD基金会的资助，赴德国进行为期半年的交流学习。在盖保特教授的引荐下，2000年9月25日-10月20日，盖保特的研究生、韩裔陶艺家黄甲淳（第一届韩国世界陶艺大展金奖获得者一笔者注）来系进行陶瓷釉料的实验教学。

当时硕士研究生在读的许群和本科留校工作不久的李海霖都是这一教学过程的亲历者，也为日后的器物造型课程的顺利开展培养了后备力量。

图31、许群 《器皿32》（2001年）

（二）拓展陶瓷雕塑教学的新空间

在1998年11月举办的“首届中国当代青年陶艺家作品双年展”上，时任陶瓷美术专业教研室主任的刘正展出了他的《惊蛰3》、《惊蛰5》两件陶塑作品，获得了广泛的关注：

“他以造型难度极大的人物为主，不但挑战了人体动作的极限也挑战了陶艺烧成工艺的极限。……他用泥条盘筑的方式构筑人体，过程缓慢而且耗人心力，采用这种烧成率极低的造型成了他的代表风格，给人留下极深的印象。”[见左正尧《超越泥性》第150页。]

图32、吴昊 《布颜儿欲5》（2006年）

在这之后，陶塑教学课程的密度和课时量得到不断加强。在拓展原有泥条盘筑空间的同时，强调釉药和彩绘在陶塑创作中的有机结合，使釉色、造型、绘画和陶土成为一件陶塑作品不可分割的整体。

随着学生数量的增加，为了使师生比例更趋合理，同时也能更好的完善教学，教学队伍在这一个时期也得到了充实，例举如下：

李海霖

1974年出生于江西省余江县。2000年毕业于中国美术学院陶瓷美术专业留校任教。2007年获中国美术学院硕士学位。主要讲授器皿造型、拉坯成型、釉药及实验课程。

翟小实

1968年生于辽宁沈阳市。1991年毕业于浙江美术学院（现中国美术学院）雕塑系。2000年毕业于中国美术学院雕塑系获硕士学位并来系任教，2008年调入公共艺术学院公共空间艺术系任教。主要讲授陶瓷雕塑等课程。

许群

1969年生于青海西宁。1992年毕业于浙江美术学院（现中国美术学院）陶瓷美术专业，任教于华东师范大学。2001年获中国美术学院硕士学位留校任教。主要讲授器皿造型、拉坯成型、釉药等课程。

图33、舒展 《手语3》(2006年)

吴昊

1970年生于安徽省。1994年毕业于景德镇陶瓷学院，2002年毕业于日本京都市立艺术大学工艺科。2003年1月任教于中国美术学院陶瓷美术专业。主要讲授器皿造型、拉坯成型、乐烧等课程。

舒展

1969年生于浙江省杭州市。1992年毕业于浙江美术学院（现中国美术学院）中国画系。1992－1997年执教于杭州市教育学院。1997－2003年执教于德国汉堡艺术学院工业设计系。2005年调入中国美术学院陶瓷美术专业任教。主要讲授陶塑等课程。

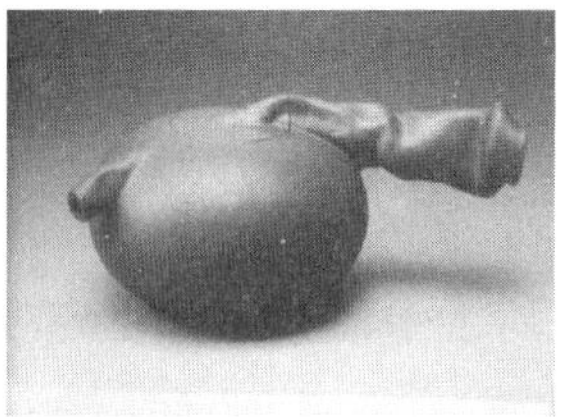
图34、吴光荣 《捏壶》(2005年)

吴光荣

1961年出生于安徽淮南。1989年毕业于南京艺术学院工艺美术系。1992年在南京艺术学院美术系硕士课程班学习美术史。2005年9月调入中国美术学院陶瓷美术专业任教。主要讲授泥片成型、陶瓷美术简史等课程。

图35、孙学军 《迷失·秩序》(2006年)

孙学军

1973年生于河南省许昌市。1997年毕业于中国美术学院陶瓷美术专业。2006年4月调入中国美术学院陶瓷美术专业任教。主要讲授器皿造型、拉坯成型、釉药及实验课程。

胡敏

1978年出生于浙江省庆元县。2002年毕业于中国美术学院陶瓷美术专业。2007年获中国美术学院硕士学位并留校任教。主要讲授陶瓷雕塑、壁饰等课程。

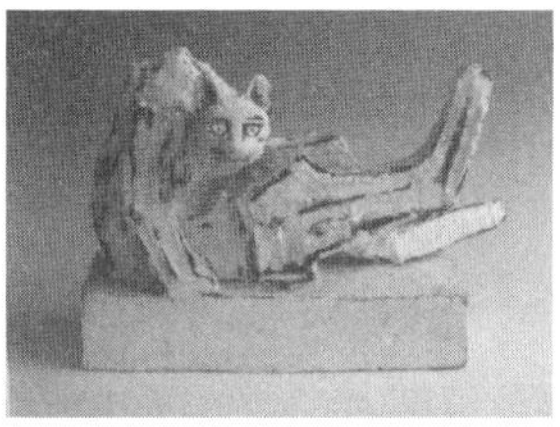
图36、胡敏《猫》(2006年)

刘茜

1957年生于吉林省。1985年毕业于鲁迅美术学院版画系。2007年9月任教于中国美术学院陶瓷美术专业。主要讲授陶瓷雕塑、泥条盘筑等课程。

第三节　中国当代青年陶艺家作品双年展的设立及其意义

经过十余年的实验性探索之后，我院陶瓷美术专业的教学在90年代中期开始走上了良性发展的轨道，逐渐形成健康发展的氛围。这一时期，国内一系列的现代陶艺展览相继举办，为现代陶艺的发展推波助澜。也正是在这样的背景下，举办一个具有学术性、实验性的现代陶艺展览成为可能。

图37、刘茜 《祷》(1998年)

（一）中国当代青年陶艺家作品双年展的设立

1998年深秋，杭州南山路，梧桐树叶飘落一地金黄。这是一个注定让人记忆的时节。

11月7日－12月7日，在时任工业设计与陶瓷系主任陈淞贤教授的全力支持与推动下，刘正和周武两位教师精心组织、筹划已久的“首届中国当代青年陶艺家作品双年展”在中国美术学院画廊如期举行。这是由中国美术学院主办、陶瓷美术专业承办的首次学术性陶艺展览，来自中国大陆、香港、台湾和美国的二十余位青年陶艺家、艺评家应邀参展。时任院长潘公凯、副院长许江、世界陶艺协会副会长珍妮特女士、以及参展艺术家和陶瓷美术专业的师生见证了这一历史时刻的到来。

展览共展出了70余件现代陶艺作品，较全面地反映了中国当代陶艺发展状况，显示了青年陶艺家在观念更新和材料变革方面所进行的大胆探索和实践，使展览带有强烈的学术性和实验性。

展览期间，举行了现代陶艺的研讨会。世界陶艺协会副会长珍妮特女士、旅美陶艺家李见深先生先后为研讨会作了专题性幻灯讲座。青年陶艺家们有意识的围绕陶艺创作现状和未来、创作观念和材料进行了自由热烈的交流和研讨。展览表明，青年陶艺家们已有意识地把陶瓷媒材发展为现代艺术中一门独立的艺术语言，并结合当下社会文化情境和个体生存状态来进行交流与对话。同时，也从中看到了中国当代陶艺的多元发展趋势。

在成功举办“首届中国当代青年陶艺家作品双年展”之后的2000年、2002年、2004年、2006年、2008年，刘正和周武两位老师又连续策划了五届展览，时间跨越10年之久。以一个专业（2003年9月独立成系）的力量，连续举办6届全国性大型学术展览，这在中国美术学院的发展历史上是前所未有的。

如今，该展览从最初22位青年陶艺家参与、70余件参展作品的区域性小规模展览，逐步发展为130余位陶艺家参与、300余件参展作品的学术性展览。从由中国美术学院主办、陶艺系承办的展览组织方式，在2004年（第四届）拓展为中国美术家协会陶瓷艺术委员会参与主办的全国性专业展览。从区域性的陶艺展览，发展为众多陶艺家参与的全国性学术活动，于今已然备受陶艺界瞩目，成为我国现阶段当代陶艺领域最具影响力的展览之一。

图38、首届双年展画册封面（1998年）

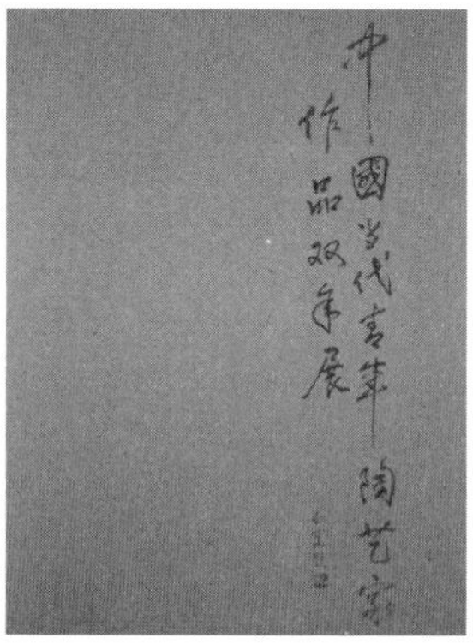
图39、邓白为首届双年展题名（1998年）

图40、1998年首届双年展现场

图41、首届双年展开幕现场（1998年）

图42、第三届双年展参展艺术家合影（2002年）

（二）中国当代青年陶艺家作品双年展的设立意义

1、促进了我院陶瓷美术专业的教学与科研。

随着双年展的成功举办，使我院陶瓷美术专业的教学与科研成果有机会与外界更多地展示和交流。加强了教师与学生学习交流的机会，不断检验和审视陶瓷美术专业的教学方向，为教学的革新和研究创作提供了一种不可或缺的观照。

这一时期，陶瓷美术专业对外交流日趋频繁，对外交流的层次也逐步提高。国内、国外知名的陶艺家和教授不断地来我系进行讲座和教学，给学生开拓了视野，同时，也让国内外陶艺界认识和了解了中国美术学院陶瓷美术教育的水平和面貌。

2、为中国当代青年陶艺家群体提供了交流的平台。

每一届的双年展，就是中国当代青年陶艺家们的节日。在这个舞台上，结识新朋，相约旧友，交流创作心得，展示自己的作品。

从2002年第三届双年展开始，吸纳以学院师生为代表的新生代艺术家，并酝酿在展览中糅进陶艺教育等鲜活的因子。许多青年陶艺家正是通过双年展这个平台，被公众认识和熟悉的。

3、推动了中国陶瓷美术教育与陶艺创作的发展。

十年来，双年展借中国美术学院良好的艺术资源和深厚的人文底蕴，以大美术为背景，借鉴中外美术展览的经验，集思广益，选择不同流派、地域和工艺材料的创新之作，构建当代陶艺文化交流的平台，以开放的视野审视当代陶瓷美术的教学和发展。

图43、中国美术家协会陶艺委员会工作会议在我院召开（2005年）

自双年展创办以来，始终秉持健康、创新的理念，旨在宏扬民族文化，复兴古老的陶瓷艺术。从某个角度而言，该展览见证了中国近十年来当代陶艺的变革，同时，推动了我国陶艺文化教育与陶艺创作的发展。它旗帜鲜明，崇尚创造意识，强调开拓精神，提倡传承，主张探索，反对食古不化，拒绝庸俗。可以说，该展览较全面地反映了我国当代陶艺创作和陶艺高等教学的面貌。

图44、第四届双年展开幕现场（2004年）

4、为世界了解中国当代陶艺面貌开启了一扇窗口。

随着双年展的成功举办，越来越多的中国青年陶艺家被世界陶瓷艺术界所认识。如今活跃在教育和创作领域的许多知名青年陶艺家，如我院的刘正、周武、戴雨享、许群、吴光荣，以及其他地区的如陆斌、白明、左正尧、白磊、陈光辉、黄焕义、康青、魏华等，大多是通过双年展这个窗口被国外陶艺界所了解和熟悉，他们的作品也不断地以刊物或是展览的形式被介绍到国外。

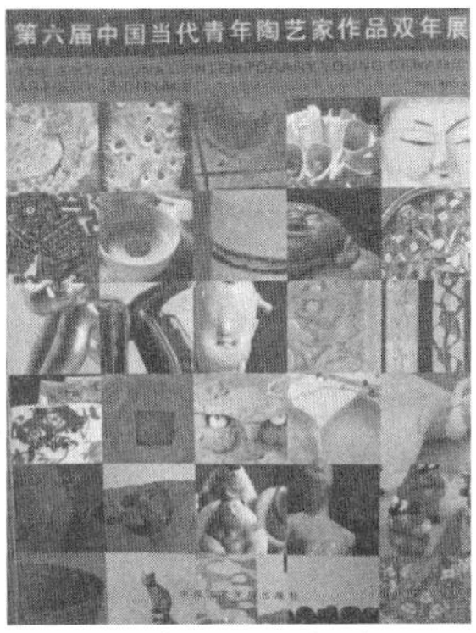

图45、第六届双年展画册封面（2008年）

第四节 独立成系

1996年与工业设计专业合并成立工业设计与陶瓷系以来，陶瓷美术专业从教学设备、教师队伍、教学成果等许多方面都取得了长足的进展。特别是在1998年、2000年、2002年连续成功举办三届“中国当代青年陶艺家作品双年展”之后，我院陶瓷美术专业在国内外都获得了较高的声望与评价，对外交流的密度也日益频繁。2000年之后，随着我院招生规模的扩大，陶瓷美术专业学生人数不断增加，加之原有系科隶属关系也不利于两个专业的教学管理、学科发展和对外交流。2002年，学院进行院系调整改革，分别成立造型艺术学院和设计艺术学院，又分别成立造型基础教学部和设计基础教学部，这也为陶瓷美术专业独立成系创造了条件。

图46、刘正教授在创作中

2003年6月，经学院研究决定，正式组建陶瓷艺术系。因为刘正教授作为中国美术学院陶瓷美术教学的学科带头人，又担任工业设计与陶瓷系副主任，成立陶瓷艺术系这一任务历史性地落在他的肩上。刘正教授会同周武老师一道，带领陶瓷美术专业全体教员，从教学大纲的编制、课程安排、教学目标、教学设备等积极地展开筹备工作。并在2003年暑假期间，将雕塑系在滨江校区过渡时期建造的雕塑工棚，顺利地改造成陶瓷美术专业的试验教学场地，为独立开展教学做好了充分的准备工作。

图47、刘正 《探梅2》（2006年）

2003年9月，陶瓷艺术系正式挂牌成立，刘正任系主任兼支部书记，周武任副主任，教学、科研等各项工作也顺利开展起来。

陶瓷美术专业的独立成系，为该学科持续健康的发展提供了助力。陶瓷美术专业秉承“将艺术与技术熔于一炉”的教学方针，整合中国美术学院深厚的教学资源与人文底蕴，明确了以研究陶艺表现和器物造型为主攻方向的教学与研究方

图48、周武 《白中蓝》（2004年）

向，确立了培养陶艺家和陶瓷器皿艺术设计师以及与之相关的高级专业研究人才为教学目标，逐渐完善了以器皿和陶塑两个教学模块为中心的精品课程，在全国高等艺术院校同类专业中，形成了独具学院气质与面貌的现代陶艺教学，日益显露特有的风格和体系。

2007年10月，随着中国美术学院象山中心校区的建成并投入使用，根据学院的总体布局，陶瓷艺术系从设计学院分离出来并入新成立的公共艺术学院，与原视觉艺术学院的玻璃艺术、首饰设计专业合并成立“陶瓷与工艺美术系”，原陶瓷艺术系副主任周武出任系主任，李文任副主任。并于2008年11月成功举办“第六届中国当代青年陶艺家作品双年展”，陶瓷美术教育的总体方向依旧，教学也未受校区搬迁的影响，各项工作得以顺利展开。

第五节 小结

陶瓷美术专业在这一时期以“首届中国当代青年陶艺家作品双年展”为契机，使教学和研创有了一个良好的开局。在90年代中期以后，中国现代陶艺的教学和创作经历了一个蛰伏期后，开始出现蓬勃发展的势头。以高等艺术院校为代表，现代陶艺的教学也广泛地开展起来，各种形式的展览为现代陶艺的普及推波助澜，现代陶艺的理念也越来越深入人心，人们也逐渐以一种开放的心态来接受和欣赏现代陶瓷艺术作品，现代陶艺已然是当代艺术大家庭中的一员。

这一时期我院陶瓷美术专业对外交流不断，广泛开展国际国内的交流活动，许多知名的国内外专家不断来访讲学或讲座，开拓了陶瓷美术专业师生的视野，增进了与其他院校和艺术家的联系，实践着学院“多元互动，和而不同”的办学理念。

陶瓷美术专业在这一时期确立了以陶瓷塑造和手工器皿两大教学板块，并成立了泥料、釉料、模具、烧成四个教学实验室。教学过程中强调体现当代学院陶艺的内在学养，推动手艺文化教育，走出了一条适合我院陶瓷美术专业自身发展的新路，形成了自己独有的特点和面貌。

结语

本文通过对中国美术学院1960－2008年陶瓷美术教育历史的回顾与分析，整理和阐述了中国美术学院陶瓷美术专业48年的发展演变历程。事实上，早在国立艺专创办之初的图案科就开设有陶瓷美术设计课程，只是当时国事动荡，历来被认为是匠人所为的陶瓷艺术还不可能在一个高等艺术学院里生根发芽。建国后的1960年，根据当时政治、经济等各方面的需要，加之当时的浙江美术学院（中国美术学院前身）所处地理位置又是中国青瓷的发祥地，历史上的越窑、龙泉窑、南宋官窑都蜚声海内外，陶瓷美术专业的设置历史性地落在具有深厚学术积淀的浙江美术学院身上，填补了浙江作为青瓷大省却无培养陶瓷美术高级人才的教育空白。

陶瓷美术专业成立之初，邓白先生就将教育目标定位在培养高级陈设艺术陶瓷的创作和设计人才。陶瓷美术是一个综合性、交叉型的艺术学科，它涉及科技、经济、人文和社会诸多学科领域。单就美术方面而言，它就涉及造型基础、绘画装饰、美学涵养等；从陶瓷工艺而言，又涉及泥料、釉料、绘材以及冷热成型工艺。从这个角度来讲，陶瓷美术专业培养的是复合型的陶瓷艺术人才。

改革开放以后，随着西方外来艺术思潮的涌入，中国艺术观念和面貌都逐渐发生着巨大变革。我院陶瓷美术教育适时地与西方现代陶艺教育思想完成对接，拓展了现代高等艺术院校陶瓷美术教育的空间，使古老的陶瓷艺术在新时代、新思想的引导下，焕发了新的活力。

随着我院陶瓷美术专业的独立成系，现代陶瓷艺术的教学理念得到更好的实施和体现。师生的陶瓷艺术作品更多地呈现出带有浓厚东方文化情结与学院气质的面貌。毋庸置疑，现代陶瓷艺术在当代中国艺术的百花园中占有一席之地，成为一个重要力量。

回顾我院陶瓷美术专业近半个世纪的教育历史，历经几代人的艰难开拓，终于形成今天的可喜面貌。我们有理由相信，中国美术学院的陶瓷美术教育将会有更加美好的明天。

参考文献

1、《邓白美术文集》，邓白著，浙江美术学院出版社，1992年9月出版。
2、《邓白全集—1、2、3卷》，中国美术学院出版社，2003年11月出版。
3、《世纪传薪—中国美术学院七十周年纪念》，中国美术学院七十周年院庆画册编辑委员会编，中国美术学院出版社，1998年3月出版。
4、《超越泥性》，左正尧著，湖南美术出版社，2003年1月出版。
5、《漫歌怀亿—中国美术学院八十华诞回忆录》，中国美术学院校友总会编，中国美术学院出版社，2008年4月出版。
6、《延伸与突破—中国现代陶艺状态》，左正尧撰，湖南美术出版社，2003年4月出版。
7、《艺术摇篮·浙江美术学院六十年》，宋忠元主编，浙江美术学院出版社，1988年3月出版。
8、《学院金秋—中国美术学院教学成果·1993－1997》，中国美术学院七十周年院庆画册编辑委员会编，中国美术学院出版社，1998年3月出版。
9、《中国美术学院七十年华》，中国美术学院七十周年院庆画册编辑委员会编，中国美术学院出版社，1998年3月出版。
10、《陶瓷美术专业对外交流资料汇编》，陶瓷与工艺美术系资料室。
11、《新美术》，浙江美术学院学报·季刊，1989年第2期，上海人民美术出版社。

定窑恢复与发展

陈文增

定窑—定州窑陶瓷，产地在今河北曲阳，古属直隶定州。定瓷烧制始于唐（618-907年）、兴于北宋（960-1127年），失于元（1127-1368年）。是我国北方大地上繁衍几代而影响深远的一个窑系。同当时的汝、钧、官、哥窑一起，号称我国宋代五大名窑。

一、定窑陶瓷的特点及影响

定窑遗址，规模宏大，世所奇观。它东起北镇（龙泉镇）通天河畔，西止燕川山下，方圆20公里，总面积达150多万平方米。俗称“一溜十八坡”。民间相传：当年“大窑三千六，小窑如牛毛。”虽然，定瓷兴衰是随历代政治经济的沉浮而变化，但作为中华民族文化的精萃，给人们留下了宝贵的物质财富和文化启迪。定瓷胎质坚密、细腻、釉色透明，柔润媲玉。《归潜志》有联语：“定州花瓷瓯，颜色天下白。”之外有红、黑、紫诸色。白定名贵，色定尤为名贵。宋·邵伯温《闻见录》曾有宋仁宗斥张贵妃接受臣僚王拱宸馈送定州红瓷的佳话。可知，宋时定瓷已为上层社会所备加珍视。

定、汝、官、哥、钧五大名窑中，唯定窑以装饰见长。其刻花奔逸、潇洒，可谓刀行似流云，花成如满月。刀挥来去，均形成一种既定规范。而印花则制范精细，拍印考究，遂造就一种华贵典雅之气韵，间辅以剔花、堆花、贴花等尤别开生面各得其趣。品类有盘、碗、瓶、尊、炉、枕、人物等。设计开唐、宋陶瓷形制之先河，或劲健挺拔，或秀美隽丽，无不咸称圣手，妙道自然。

定窑生产鼎盛时期当推北宋政和、宣和年间。定窑经过唐、五代两朝探索和完善，已初步形成一整套成功的工艺流程和管理体系。从北京故宫博物院及其他馆藏实物分析，足可得到如是证明。当然，定窑生产史上最大的成功应该是它发明了覆烧工艺，这种把器物倒过来烧的大胆尝识和成功，足以说明定窑人从历史以来就不甘固守成法，而敢于创造。这种工艺的改革，使定窑生产效率递增10—20倍，为继之蜂拥而起的定官窑、定民窑全面开花打下了坚实的基础。

定瓷名播遐迩，势压群芳。史载：江西景德镇、山西平定、四川彭县、北京龙泉务诸窑皆蜂起仿效，故形成庞大的定窑系。定瓷的隆兴，不仅改革和引发着本国陶瓷工业，更以磅礴之势启迪和震撼着邻邦。北宋徐竞《宣和奉使高丽图经》卷三十二载：高丽“碗、碟、花瓶、汤盏，皆窃仿定器制度。”中国定瓷对日本的影响也有目共睹，日本诗人虎关师练（1278—1346年）在《济北集》有诗为证：“定州白瓷陶冶珍，纵横小理自然新。扫清仙客闲天地，贮得四时一味春。”

定窑的发展，促进了一方经济繁荣，商品流通出现空前景象。定州作为义武节度使驻地，商贾云集，买卖隆兴。定瓷由此走向边陲，走向邻邦，走向四面八方。据《曲阳县志》及现存王子山院碑记载，五代以来，朝廷即在此设税官专事收瓷器税。可知，昔日定窑为丰厚国库做出了巨大贡献。

定瓷白而光润，器薄如纸，叩击如磬，故有“白如玉、薄如纸、声如磬”之称。“白如玉”，定瓷胎质和釉色白而光润，如玉洁丽柔和。一般白瓷，包括现代白瓷，釉色皆与坯体溶为一色，虽有润、光、柔之优，却无优美灵动之感。若称为玉，实难相符。而定瓷之白，绝不是纯白，有的白里透黄，有的白中泛青，隐隐约约，色韵暗起，玉质应生，妙不可言。“薄如纸”，一般指盘、碗类。均以薄为格调，几乎不薄不为定。一块八寸盘，称之不过六两，一般现代瓷实在无法与之比拟。“声如磬”，瓷击有声，声色不同，厚胎声域粗短，薄胎声色清长。说定瓷声如磬，首先追溯到它的质料。烧结温度较高给“磬声”奠定了必要之先决条件，在高温下，定瓷胎骨的瓷化达到了至佳程度，故由土石声一跃而发出金石声。

历史上的金宋之战，不仅使中原人民蒙受了莫大的灾难，也使兴旺发达的定瓷业惨遭劫祸。定瓷被迫颓废，工匠随时局南流。故世留“北定南迁”之说。话是如此讲，试想，离开了本地原料，更何谈地道风格的定瓷？故《文房肆考》说：定瓷“北贵于南”。

二、定窑遗址的发现

定瓷艺术是国粹、国宝，具有文化与经济双重属性和科技与艺术双重表现。定窑传统工艺是中华民族优秀文化中极其重要的组成部分，作为中国陶瓷文化集大成者，定窑文化具有非常显著的战略位置。站在历史与当代文明的高度看这一问题，恢复它、研究它不是没有必要，而是很有必要，非常必要。文化是一个民族的灵魂、国度的象征，岂能在有无二字上质疑。在不堪回首的中国近代史上，内忧外患，民不聊生，面对帝国主义列强之威胁，中国人民付出了巨大牺牲，而最终取得了胜利，其本源应归于本土文化这个载体没有动摇。所以，侵略者欲消灭一个民族，必重在消灭其文化，而恰恰是文化最难消灭。经济与文化有着不同的属性：经济属于时空性的，变化的；而文化属于永久性的，根深蒂固的。回首中国历史及世界史，无不雄辩地证明了这一点：文化振兴，民族兴旺；文化丢失，则民族消亡。

精神决定着物质，辩证法不可抗拒。定窑的复出属于新的历史时期留给我们的一种文化思考。面对改革和市场经济，定窑的历史虽以经济面目出现但其发展振兴的基础和动力则属于文化，是面对历史和现实去发挥创造和实现自身优势与价值，具有经济与文化之双重意义和功能。知识经济的含义就是文化经济，它的出现和形成正是在大文化基础上的诞生，它标志着一个民族的振兴和强大。定窑研究史不妨说就是定窑文化史和民族文化的发展史。

1922年，中国近代古陶瓷研究先驱叶麟趾先生为了中国定窑文化的留存和延续，曾到定窑遗址实地考察，1934年在《古今中外陶瓷汇编》中首次提出定窑遗址在河北省曲阳县剪子村（涧磁村），沉睡近千年之久的历史名窑终于被披露于世。赵汝珍所编《古玩指南全编》成书于1942年，他当时住北平，堂号“求难斋”。他对定窑陶瓷有一定研究。“定器，均覆烧，故上边口无釉，均罩铜圈以饰掩之。花纹多仿自古铜镜，以牡丹、萱草、飞凤、双鱼之类为多。装饰花纹之法，有划花、堆花、印花、绣花等。”其《瓷器源流》一节较详尽地介绍了我国古陶瓷概况，并在鉴定工艺等方面进行了论述，是融文化、艺术、鉴赏于一体的综合性文献。

清宣统年间出版的《匋雅》初名《瓷学》（寂园叟著）以及后来见及的上海朝记书庄印行的许之衡所著《饮流斋说瓷》，这些论著尤其是在鉴定、鉴赏方面，提供了不可多得的材料。

三、新中国成立以来对定窑的研究

新中国成立以来，党和国家非常重视定窑的文物考古工作，在定窑学术探讨及研究方面也取得了可喜成绩。当时的研究从两个方面展开：一是从宋以来的文人笔记中获取新线索，发现新问题；其二则是以馆藏真品和古定窑遗址作实地考察分析、论证，最后以事实说话，以严谨的学术态度奠定了定窑学术研究的基础，开阔了眼界，获得了成果。

譬如关于定窑生产的上下限问题：过去学术界一直认为失传于宋；而根据发掘新成果，则把下限推至元。即定窑始烧于唐，兴盛于宋，失传于元。其间涌现众多杰出的古陶瓷专家和考古学者：

"陈万里先生是我国近代第一位走出书斋，运用考古学的方法对古窑址进行实地考察的学者。"陈万里，江苏吴县人。出生于1892年。新中国成立后任故宫博物院研究员。他反对看资料写文章，讲究认真，提倡走出书堆作实地调查。20世纪50年代初曾亲临定窑及诸古窑实地踏勘，发表《邢越二窑及定窑》等，根据实地获得的标本进行综合考证，论述翔实且具有很强的科学性。

冯先铭先生，陶瓷考古学者。1921年出生于北京。1947年起开始在故宫博物院做研究工作。冯先生学识广博，治学严谨，对定窑研究卓有成效。关于定窑纪年、铭文鉴定以及上下限问题有过详尽的论述。曾到日本及中国台湾地区讲学。曾担任中国古陶瓷研究会会长、国家文物鉴定委员会委员。有《定窑》、《古陶瓷鉴真》、《中国陶瓷》等专著出版。

在定窑工程研究方面，颇具成就的当属李国桢、郭演仪的《历代定窑白瓷的研究》。李国桢先生为轻工部高工。该文对定窑的原料进行了化学分析，对工艺特点有较深入的探讨，并对历代定窑瓷的不同配方、成分进行了科学论证，对当代定窑恢复生产起到了非常重要的借鉴作用。在定窑研究方面，这一时期主要是一些博物馆及大学学者、专家、教授等，有成效者还有故宫博物院研究员王莉英、副研究员杨静荣和中国历史博物馆研究员李知宴、故宫博物院研究员李辉柄以及北京大学权奎山先生等。由于篇幅所限恕不能一一列举。

除专家、学者对定窑进行调查研究并撰文外，国家文物局、河北省文物局曾对定窑进行发掘，为研究定窑提供了不可多得的资料。20世纪60年代，河北省文化局文物工作队曾对河北曲阳县定窑遗址即今北镇村通天河西侧等一带进行了小规模的发掘。迄今为止，当地农民仍把发掘过的田地称之为"古瓷地"。根据发掘情况，位于灵山镇西侧的二瓷厂曾进行过试验生产，虽未获成功，然而这确是新中国成立后把考古同生产初步结合起来的一次仿制活动。详细情况见《考古》1965年第8期《河北曲阳县涧磁村定窑遗址调查与发掘》一文。

到了20世纪70年代初，定州市出土了两座宋代塔基，并出土了一批定窑盘、碗、瓶、罐等。这些瓷器形制不一、年代各异，对研究定窑造型纹饰乃至纪年考证起到了新的推动作用。当时的定县博物馆曾整理成文，名为《河北定县发现两座宋代塔基》，载《文物》1972年第8期。

1985年至1987年，经国家文物局批准，河北省文物研究所再一次对曲阳县定窑遗址进行了较大规模的发掘。此次发掘前后持续两年，对定窑遗址附近的涧磁村、北镇村一带的田野进行了有序的发掘，获得了大量的资料标本。在认识定窑形制、纹饰以及黑定、紫定、兔毫方面，提供了新的佐证。中国古陶瓷研究会1997年年会暨学术讨论会在河北石家庄召开，着重对定窑和磁州窑进行学术讨论。河北省文物局副局长刘世枢先生作了《定窑考古札记》的报告。河北省文物局还对此次发掘的器物进行了编制整理。

国家文物鉴定委员会委员、河北省文物出境鉴定中心副主任穆青2002年即编辑出版了《定瓷艺术》一书。该书结合发掘出土的文物及馆藏珍品，以图文并茂的形式介绍了定窑的考古调查与发掘、定窑的历史分期与时代风格及艺术特色等。陈文增著《定窑研究》、《定窑陶瓷文化及其造型装饰艺术研究》以及和焕著《话说定窑》分别于2003年、2008年、2009年出版，通过试制于生产实践，总结出一系列科学的工艺流程和学术理论，为当代定瓷生产及学术研究提供了可资借鉴的学术支撑。

四、1972年以来国内对定窑的研究及恢复

1972年，日本首相田中角荣访华，在北京向周恩来总理询问中国定窑的情况。周总理回答："正在恢复。"1975年，河北省保定地区工艺美术定瓷厂筹建处成立，并于1978年成立定瓷试验组。1979

年，曲阳第二陶瓷厂开始仿制定瓷。1983年，曲阳第二陶瓷厂改名为“曲阳县定窑瓷厂”。

陈文增、蔺占献、和焕等人均为河北省保定地区工艺美术定瓷厂试验组技术骨干。当时负责试验的还有王玉峰、左树林、许胜凯、刘孟儒等人，烧成的有刘占印、刘占山、张连好等人。蔺占献是建厂以来培养的第一批原料师，陈文增与和焕分别担任造型工艺和装饰设计。1980年3月25日，轻工业部和中央工艺美术学院陶瓷系在北京主持召开了定窑、建窑仿古瓷作品鉴赏会，对陈文增、蔺占献、和焕等制作的仿定产品进行鉴定，著名专家冯先铭、高庄、梅健鹰、李国桢、周淑兰、王莉英等应邀赴会，认为 “已达到了乱真的程度”。

1981年5月，曲阳县定窑瓷厂、唐山陶瓷研究所共同成立了“河北省定窑研究组”，在河北省第一轻工业局总工程师刘可栋的组织领导下，张义增、刘家顺、毕南海、张新科、李文献、张晓梅等研究人员对定瓷生产工艺和造型装饰进行研究试制。1983年5月5日，“定窑研究”技术鉴定会在曲阳召开，李国桢、郭演仪、宋伯胤、叶喆民、耿宝昌等专家出席，认为“试制出的样品瓷质和纹饰接近古瓷”。1984年9月，“定窑研究”项目获河北省科技成果一等奖。之后，曲阳县定窑瓷厂生产效益每况愈下，最终放弃了定瓷研发。

至1984年，河北省保定地区工艺美术定瓷厂（后改名为“曲阳工艺美术定瓷厂”）因工厂效益原因，其他同志相继调出，但仍有陈文增、蔺占献、和焕、刘占印等人在恢复定窑的艰难历程中继续探索。1987年，曲阳工艺美术定瓷厂陈文增、蔺占献、和焕等人北上灵山山沟，建立了河北省工艺美术定瓷厂，隶属于河北省国防科工办之建华玻璃厂，继续定瓷的研发。1992年，河北省建华玻璃厂搬迁到定州，陈文增、蔺占献、和焕等人在曲阳成立了河北省曲阳定瓷有限公司。原料工艺师承古法，造型花饰力拓薪传，仿求累真，创求独特，形成了仿古、日用、艺术三大系列产品的生产规模。

定窑研究成果的鉴定功不可没，然而贴近历史，才能鉴照当今，在重大的新的思维下生发的研究课题又提出更艰巨的挑战。继北京、曲阳两次鉴赏鉴定会之后，陈文增、蔺占献等人在长期试验、生产过程中不断接触新情况，发现新问题，对先前两次鉴定会大部分鉴定结果产生了歧异。

问题之一：利用单刀机轮制作泥坯，然后用石膏模压印的所谓印花产品，同宋代利用辘轳车手工拉坯，然后在陶范上拍印的印花制品，有着本质的区别。宋代传统的拉坯印花工艺讲究泥料陈腐，揉泥按顺序定方向，烧成产品敲击时作磬声，其声清悠悦耳，可赏袅袅余音。单刀机轮泥料制备与传统制法迥异，其泥料性能所达到的工艺要求与传统制法的泥料性能相去甚远，所做产品比重大，难以产生悠长声色，更不可能达到“质近”，只能达到“貌似”。《定瓷印花工艺初探》一文（载《河北陶瓷》1991年第2期）由研究印花工艺的专家和焕撰述，对印花工艺要求有详尽的论解。

问题之二：凡恢复中的工艺品制作，诸如孩儿枕、几何形瓷枕等仿品，所使用的模具（陶范）均为石膏制作（宋代没有石膏，不可能出现石膏模具），而宋代定窑所使用的模具则为瓷泥素烧，而后印坯或拓坯成型，与仿制品的石膏模具注浆成型相比，两者有着性能、质地、效果等诸多区别。以后如果说借用或替代材料，只有在某种材料物种灭绝和枯竭的情况下才可使用。素烧陶范只是预制工艺而已，不存在任何难度，所以石膏陶范在恢复中作为重要的工序和手段，是违背宋代定窑工艺要求的。

问题之三：定窑白瓷的呈色问题。定窑白瓷究竟是什么颜色？米黄色之说极其片面地限制了定窑白瓷的呈色领域，导致了人们在试制生产过程中的错误认识。由于窑次烧成时间、四序变化、配方包括年代等差异，其白瓷呈色是绝对不可能一致的，加之烧成气氛的不同，是不可能限于一种呈色的。若用仪器测定，足可分为十数种乃至更多，绝非一个米黄色。冯先铭先生讲过：定瓷是有几个色泽的，米黄色不过是其中一个品种。

定窑研究恢复与鉴定必须正本清源，必须紧密地贴近历史，尊重科学，还历史本来面目。色定中黑、紫、红是定窑中稀有的珍品。紫定，色紫如葡萄；黑定，色黑如漆；红定则如枣透亮沉丽。这种色定的工艺配方均以矿物质原料合成，根本不用化学色料。色釉于形制中的表现形式往往是边口处薄，下部近底足部厚，下部形成一自然圈状。

严格地讲，定窑恢复时间应为1996年。1996年1月，河北省曲阳定瓷有限公司研发的河北省科委计划内项目“日用美术定窑陶瓷”通过科技成果鉴定，专家们认为“瓷质接近古定瓷，工艺技术达到宋代定瓷水平，造型装饰有所创新”。1996年12月，“日用美术定窑陶瓷”项目获河北省科技进步奖三等奖。同时，多篇专业论文发表，以陈文增为代表的定窑人从传统工艺到学术理论全面地恢复了定窑，陈文增、蔺占献、和焕被批准为国家级和省级非物质文化遗产传承人。

五、国外对定窑的研究状况

1941年，日本的中国古陶瓷专家小山富士夫根据叶麟趾先生的考证，专程来中国考察定窑，并证实了这一发现。现存于日本根津美术馆的定窑一千二百零五片瓷片就是当时从定窑采集的。据中国陶瓷专家冯先铭先生讲，小山富士夫把这一千二百零五片定窑瓷片带回日本后，特地搞了一个颇具规模的“中国定窑瓷片展”，在日本引起轰动，并成为日本人研究中国定瓷文化的重要依据。这部分瓷片分青白、牙白、米黄、土黄等。按历史年代、形制特征、装饰方法等一一进行排列整理。1983年，日本根津美术馆、大阪市立东洋陶瓷美术馆、日本经济新闻社联合编辑出版了《定窑白瓷》一书。书中图文结合，欣赏与研究并举，比较全面并概括性地介绍了定窑的基本情况。其中，弓场纪知所撰《纪年出土的定窑》考证有据，深入浅出，结合中国研究成果进行了详尽论述，颇具学术价值。阿久井长则的《定窑研究史》从定窑历史的形成到诸时代不同风貌、制作工具、方法、纪年、纹饰、造型等，无不涉及。

日本还有一位中国古陶瓷专家名叫荒井幸雄。在他的中国古陶瓷研究档案里，中国有十个省、市二百余县、乡近三百处古遗址和博物馆都留下了他的足迹。他参阅了自1954年以来的《文物》等资料，按照其文献及发掘报告，对每个窑址考察之细，简直令人难以置信。有些本来并不著名的民间古窑，根据记载或传说，他都亲临其境。定窑遗址，他已是第二次考察。

英国有一位陶瓷专家叫史蒂芬·布舍，19世纪末曾驻中国北京英国公使馆，是个“中国通”，其间所著《东方陶瓷艺术》（纽约·1899）中赞叹“凤凰以及定器上其他精致的花纹是无法超越的”。这是他在研究定窑实物的基础上发出的由衷的感叹。大英博物馆一位名叫何布森的工作人员，著有《中国陶瓷》一书，其中有一章是专门讲定器的。他最早注意到定窑瓷器的出产地和其玻化程度，更讲到其倒置（即我们讲的“覆烧”）烧造方式和不上釉的边口等，尤其还提到宋以后历代的“土定”等仿制品。到1922年，英国学者黑润盾在其《中国早期陶瓷》一书中提到定器釉外面的泪珠（我们称“淋釉”或“泪痕”），并开始对黑定器与紫定器有了初步认识。

综上所述，伦敦三大博物馆（大英博物馆、维多利亚博物馆、斐西瓦乐·大维德中国美术馆）都收藏着精美的中国定器，都拥有大批陶瓷专家，甚至连何布森这样一位普通的大英博物馆的工作人员都能发表著述。距以上专家第一本著述发表近百年的1997年，英国学者、维多利亚博物馆馆长柯玫瑰女士，携带着定窑标本的研究成果来中国进行学术交流，说明了西方国家对中国陶瓷文化的痴迷程度。

英国、美国的博物馆里陈列着中国不同时期的定瓷，并拥有一批陶瓷专家，设有专门的定瓷研究机构。据新西兰的中国古陶瓷专家路易·艾黎先生在所著《瓷国游历记》中讲：赫瑟林顿在他的《中国早期陶瓷》一书中写道："我们无须进一步去讨论黑定的问题，在英国和美国还没有经过鉴定的样品。"看来，中国黑定在英、美陶瓷学者眼中还十分生疏。这种生疏虽然已经过了很久，但作为深一层的课题研究，恐怕已被解析无数遍了。迄今为止，世界上已有十多个国家设置专门机构，投入人力、财力研究中国定窑。国外研究定窑的进展是否已领先于国人，尚未可知，好在他们在恢复生产方面还没有我们条件便利。

作为中国人，炎黄子孙，我们既不要妄自尊大，也不要妄自菲薄。振兴民族经济，首先要振兴民族文化，做到自强不息，自我尊重。中国的特色就是一种世界优势，只有拥有鲜明的民族性，才能具有世界性。经济是躯体，文化是血脉，悖于这个道理，理想的实现永远只是一句空话。

六、当代定窑生产现状

定瓷恢复自1976年起至今已三十多年，随着经济效益和社会影响的日渐凸显，近几年来其生产厂家、生产作坊也日渐增多。曲阳县城及周边、定窑遗址附近的村庄分布着大小作坊几十家，定州市也有若干家，形成了曲阳、定州跨两县(市)百余家的定瓷生产规模。河北省曲阳定瓷有限公司是国内第一家定瓷研制生产厂家，国家级非物质文化遗产"定瓷烧制技艺"保护单位，国家博物馆指定生产厂，河北省科技企业，河北省文化产业示范基地。现有国家级、省级工艺美术大师5名，享受国务院特殊津贴专家4名，全国劳动模范2名，国家级非遗传承人1名，省级非遗传承人3名，河北省十大金牌工人1名，下设成型部、拉坯部、原烧部、业务部、设计部、文化宣传部、生活安全部等部门。定瓷作为曲阳三大文化之一，活跃了地方文化经济，大师级定瓷作品还作为国礼出现在外交场合，为加强中外友好关系做出了贡献。大师级创作队伍的日益扩大更为定瓷文化市场的繁荣奠定了坚实的基础，为当地的文化建设和经济建设做出了卓越贡献。公司曾获中国民营企业十年成果奖，被评为"中国质量、服务、信誉AAA级企业"。产品远销日本、加拿大、美国、英国、中国港澳等国家和地区。坯釉研究及艺术瓷产品获河北省科技进步奖、国家科委金奖、国家知识产权局金奖及全国专利技术金奖等。作品多次参加国内外大展并获奖，多件作品被人民大会堂、国家博物馆、中南海紫光阁收藏、国家知识产权局等权威机构收藏。十几年来，多次为中央电视台（一、二、四、七、十套）、香港凤凰卫视、澳门莲花卫视、河北电视台、《人民日报》、《光明日报》、《经济日报》、《河北日报》、《中华儿女》、《中华英才》等各大媒体关注、报道。

新的形势给我们新的任务，在战略规划方面面临新的挑战。产品创新要加强，不能一直做仿古瓷和昂贵的艺术品，那是作为定窑恢复发展时期阶段性的彰显。未来定窑要量产化，机械化，在生活用瓷方面下大力气，我们的生活用瓷是艺术化的产品，绿色环保，有独特个性。生活用瓷与艺术瓷两条腿走路，这是目前定窑大发展的远景目标。2013年提出来一个定窑发展的指导思想"定窑文化新概念"，也就是定窑人面对现状，目前国家和世界陶瓷生存的现状并不乐观，不管是科技陶瓷、工业陶瓷、生活陶瓷，定窑面对这么强势的国内外陶瓷厂家，必须找准我们未来的方向。"定窑文化新概念"里有一个细节就是"定窑坯釉透明度研究"。因为历史上定窑陶瓷是半透明或不透明，所以我们现在要进行它的透明度研究、精细度研究。世界陶瓷各有面目，不管是釉中彩、釉下彩都大同小异。唯独定瓷和他们不一样，定窑陶瓷，里边没有绘画，只用刀具在器壁上进行装饰，不含任何低毒有害成份，所以说这种绿色环保的材料最适合走向日用陶瓷。定窑在坚守个性、不丢掉个性特点的前提下，要打开另一条通道——生活用瓷，艺术陶瓷在市场上占有量毕竟有限，而生活用瓷则前途无量，定窑现在有很大的市场潜力。

定窑要发展必须走向民用、走向世界。定窑产品的优势就是绿色环保，这是未来世界陶瓷市场的发展方向。定窑产品铅镉的溶出量低于国家标准三十倍，这在中国陶瓷乃至世界陶瓷中是很少有的。现在世界陶瓷的发展日新月异，在世界陶瓷史上没有中国陶瓷的名牌，甚至我们中国生产的陶瓷，贴上外国的商标而进入市场。这是中国陶瓷界的耻辱，中国陶瓷界应该知耻而后勇，重新夺回世界陶瓷王国的称号。

初探陶瓷材料课程中的应用设计

柏跃德
（北京工业大学）

【摘　要】陶瓷材料的应用设计已经成为陶瓷设计中的一个重要课题，如何将材料应用于好的设计之中，也成为了一个具有现实意义的命题。目前很多院校开设了陶瓷艺术设计课程，但是这些课程很多是一夜之间开设起来的，如何将这些硬件和软件的资源运用好，为课程服务，为学生服务，为社会需求服务，为陶瓷事业的发展、壮大以及更长远的前行服务已经成为一个现实命题。本文中有对企业、院校成功案例的分析、借鉴，撰写本文的目的是想发现是否有更多的问题值得思考。

【关键词】陶瓷材料、应用

应用设计一词是近年来出现并被大量使用的名词，对企业来说，是强调对生产技术成熟的产品或是已在市场流通的商品，通过市调或是客观实际的市场分析，在重新细分产品购买对象以及使用方式得到科学的市场数据以后，通过企业或是企业委托的院校机构的研发设计中心依据市场需求翔实客观的数据分析对产品做出的重新定位设计。随着很多艺术与设计院校开设陶瓷艺术设计课程，在对几所兄弟院校陶瓷艺术与设计实验室的参观学习与交流中，虽然各个实验室课程开展与所处环境有所差异，有的院校依托产区材料和生产工艺的特色出发展开课程，在注重创新和概念表达的同时借助区域优势在教学中体现。

比如景德镇陶瓷学院的陶瓷课程比较重视利用青花原料的彩绘手法表现，同时在参观该校实验室的过程中给我们深刻印象的是他们对釉料工艺课程的重视，课程中展示的是丰富的釉料配比实验，依靠基础釉配制出更多的有色品种出来。在以传统青花彩绘方面的练习注重的是学生掌握青花钴料在各种不同器形上的绘画表现。这两个方面的课程方向取决于从事陶瓷艺术设计专业学生的毕业去向，在与实验室负责人的沟通过程中得知，很多陶瓷学院的的学生毕业后去往南方从事陶瓷生产的企业继续釉工艺研发的工作，他们可以很好的将学校所学的专业技能运用于自己的工作之中，为将来的职业道路开拓出新的更大空间。而另外一部分从事传统青花彩绘的学生则更看重艺术创作的表达，在自己的艺术人生中寻找定位。

在广州美术学院设计学院的陶瓷艺术实验室感受到的则是该校师生在利用材料去创作新形态，这些形态接近雕塑造型手法，利用材料特性和就近的石湾窑塑形的特点创作大量的陶瓷雕塑和观念性的陶艺作品，这些作品虽然形态各异表现手段不同，但在作品整体面貌上仍然体现出产区的地域特色和创作缩影。番禺职业技术学院的陶瓷艺术课程则更加灵活，由于该院校是专门为职业型、技能型的办学特点，在课程的开展过程中更加注重与学校办学特色结合，他们的课程主要是为各个专业领域的需要而展开，比如为动画专业开设的形象立体的静态模型课程，为产品专业的学生开设的石膏成型中子型与模型翻制课程，传统手工成型中的各种造型手法等。

在参访这些院校的陶瓷艺术课程中，有的院校依靠产区的特点开展陶瓷课程，但总的来说大同小异，大同讲的是课程并没有脱离自由创作的影子，或者说沿袭传统的感性教学和创作出发来设定课程。对市场需求以及由于人们的生活方式和审美需求的变化并没有给予更多关注，因此课程模式南北方院校基本相似。也就是说学校沿袭的仍是国内传统陶瓷生产企业产出的产品和陶瓷工艺品类的范畴。很难体现出院校作为研发和创新前沿的优越性来。在参观佛山金意陶仿古瓷砖企业得到一个重要的启示，作为广东众多生产陶瓷地砖的企业在传统生产模式不变的条件下大力开发产品的实用功能，打破地砖传统的实用功能，在改造瓷砖表面效果、色彩变化以及将瓷砖分割重组后，将原来使用范围大大扩展开来，产品就由原先单一的使用方式变换成可以作为室内空间局部装饰的主题墙、壁画、隔段甚至是家具等具有全新实用功能的产品，事实证明，这在市场得到很高的认可和销售业绩，这将传统的产品在应用环节重新定位组合，经过设计师的再设计使得传统瓷砖具有了勃勃生机和很好的市场前景。

应用设计的重点在于应用部分，首先需要具有创新思维的支持，创新思维是具有能够引导大众思维和生活方式向前迈进的。将应用设计概念在陶瓷艺术设计课程中引入也许更能体现和符合院校作为设计前沿。陶瓷材料作为艺术与设计思维表达的一种创作手段更多拓展其应用设计具有很多可行性。其实；陶瓷材料生产的产品在现有的生活需求中只发挥了材料30%的作用，随着人类对材料认识的深度和广度越来越大，陶瓷材料制品已经不再局限于碗、盘和地砖等产品，它是很多使用和时间局限的工业产品很好的替代品。同时由于我们对陶瓷材料的研究和熟练掌握已经超过千年，对陶瓷材料质地和表面效果可以创造无数美妙的装饰效果，这是其他新材料不完全能具备的特性，比如我们使用青花材料制作的产品外观与新材料生产的青花瓷的外观效果是无法比拟的。陶瓷材料还具有耐磨、防腐蚀、坚硬抗氧化等特点，不论是室内室外都可以历久弥新。陶瓷产品在日用生活中只限于传统的生活方式居多，作为一种古老而又现代的人工材料还有很大部分的使用价值并没有得到开发和利用。同样从教学内容来说也没有更多拓展陶瓷材料作为教学元素更广阔的空间，本文之所以以陶瓷材料为基础，以应用为出发点来探讨挖掘和放大其设计范围我认为有非常充分的可能性和实用性。作为教学将陶瓷材料加强应用设计在教学之中目前还不多见，这一点是受市场需求的影响，传统的陶瓷产业大部分还是生产以原有生活模式为主的产品。比如：茶具、咖啡具、餐具、地砖、墙面砖以及少量个性化定制的陶瓷产品，从事此类产品的企业很多产品样式和质量也没有什么特色差别。作为教学课程在重复企业的生产方式很难在教学内容和教学效果上有质的突破。同时陶瓷艺术设计教学作为艺术设计课程教学的一个部分，应充分体现出设计专业特长，就是具有创新概念和能够以超前的眼光引导人们观念前进。虽然在工艺手段和材料表现上比企业生疏稚嫩，作为设计和应用的基础条件可以借助企业所长共同合作寻找全新的解决方案。在与广东金意陶仿古瓷砖企业设计研究所以及湖南醴陵陶瓷企业的负责人交流过程中发现，企业生产环节中的技术问题、产量以及市场销售都很顺畅，最大的制约仍然是这些成熟技术所生产的产品在市场如何重新定位，客户群在哪里以及如何顺应现今人们生活水平提高而带来的生活方式的改变。

作为学校从事陶瓷艺术与设计的实验室来说，是否可以利用现有的专业优势从材料和设计的角度开发应用设计在课程中展开的可能性。首先，作为教学单位在掌握一定专业技能基础和运用基础部分来拓展开其应用渠道是院校的优势，高校的实验单位作为社会前沿拥有很多企业和社会不能短时间具备的资源，比如信息资源、人力资源、教育资源和社会资源等。其次，作为课程引进可以把教学内容直接与社会需求挂钩，特别是作为企业不具备足够研发能力以及研发时间的阶段时，应用设计作为陶瓷设计课程在学校展开就有着非常重要的前沿导向作用。最后，通过应用设计课程的引入可以扩大学生两个方向的学习。①主动展开市场调研收集客观翔实的数据。②避免各个专业学生陷入陶瓷艺术课程专业研究里去，作为陶瓷艺术专业的动手过程和技法训练，改变原先为了掌握专业技能学习变成为了寻求应用设计需要而展开的主动训练，从而一定程度上提高学生把学习、创作与市场观念紧密结合在一起，避免学习的盲目和被动。

在将应用设计引入陶瓷艺术课程中有几点问题需要着重探讨。①应用设计在陶瓷艺术课程中运用的可行性；②应用设计在陶瓷艺术课程中侧重点在哪里；③如何结合陶瓷艺术课程特色合理展开应用的设计方向；④现有工艺条件是否可以支持应用设计在陶瓷材料顺利展开；⑤作为院校课程，陶瓷艺术课程引入应用设计的支撑基础是什么？归纳起来主要在教学资源、成熟工艺（与企业结合）、销售环节（对市场需求把握与客观分析数据）、市场检验（是否产生理论分析的市场利润）几个方面。以金意陶仿古瓷砖企业的实地调研和座谈的沟通中侧面了解了企业目前存在和面临的问题主要在市场研发和使用的创新，如何在功能创新上寻找突破点，实现创新改变生活。以院校丰富的设计资源为依托的陶瓷艺术课程引入应用设计思路作为课程一个方向有以下几个优势。

①将应用设计思路引入课程可以很大程度上发挥设计院校的长处，目前国内院校将应用设计明确纳入课程规划中的不多，甚至还没有。陶瓷艺术课程在院校课程中还处于无目的状态，大多是教授学生掌握陶瓷制作工艺，在课题创作上属于自由创作状态，学生作业效果没有什么评价标准。陶艺作品并没有充分发挥学生将所学艺术专业理论知识用于陶瓷材料创作之中，也无法发挥学生所学专业的艺术修养。创作没有进入理性分析而无法服务于现实生活。

②可以在陶瓷艺术课程中有目的、有重点的展开学习，应用设计是寻找将材料开发成生活必需品，以往人们对陶瓷材料生产的产品基本定格在盘盘罐罐和作为装饰材料地砖与墙砖上，仿佛从人们的概念中就无法超越材料的使用模式。对于从事陶瓷专业的人来说，陶瓷是一种创作手段，我们更多应该思考怎样扩大这种材料的使用范围，突破材料成品的局限而广泛运用于生活更多面上，因此在如何应用材料有重点有目标的推进，使之在专业课中体现的丰富多样的作用。

③陶瓷材料是人类社会活动中最早创造出来的人工材料之一，到今天为止陶瓷材料已经被人们使用了上千年，这个过程中材料形式和面貌在不断创新变化，这种创新变化不断为人们生活带来变化，人类已经走进发达的工业时代，各种工业产品充斥着生活的方方面面，是否可以将这些冷漠的工业产品外观或特殊材料要求的部分利用陶瓷语言以人性和温暖的面貌展现给世人，使具有亲和的陶瓷材料更多参与到人们日常生活使用的队伍中，更加完整的结合陶瓷艺术课程特色合理展开应用的设计方向，发挥陶瓷材料的更多使用空间。

④作为实验单位研发重点在于设计环节，这也是实验室的优势所在。但作为课程开展的基础是需要真正了解市场需求，应用陶瓷材料产品的最终去向是为设计过程中提供了最科学的依据。设计环节需要与成熟的生产工艺相辅助，只有掌握陶瓷工业化生产的过程才能有效展开匹配的设计想法，这里所讲的并不是设计受制于生产，而是强调设计师必须对陶瓷生产过程的工艺材料手段有所了解才有可能使设计行之有效，否则可能出现设计概念化或是生产工艺根本无法达到，因此设计与工艺的同步是设计环节必不可少的部分。

⑤应用设计基础和跨越专业取长补短是做好应用设计的前提，作为陶瓷设计教学的基础是课程拓展必须的前提，学生牢固掌握陶瓷制作的基础工艺过程是展开后续设计的第一要素，熟练而细致的陶瓷工艺制作环节也是批量生产工艺的前提，比如制作子型、配件、以及模具生产的第一个开模产品其

实就是手工制品，这就需要很好的细心、耐心和精心的制作心态才有可能完成高质量的形态。跨越专长取长补短是就除陶瓷专业以外的设计专业而言的，设计专业的人一般规律是就事论事，指的是学什么专业研究什么方向，这会使设计思路和表现手段越来越狭窄，比如某专业的学生在借阅书籍时往往直奔该专业书架而去，这就是一种惯性和专业限制思路导致的。实践证明只要我们给陶瓷以外专业学生相应的辅导，这些学生在使用自己专业领域的知识和思维方式思考陶瓷材料和表现手段的可行性时创造出新鲜作品就是时间问题了。因此展开应用设计概念的前提是重视基础可跨越思维非常必要。

⑥应用设计引入还需要有足够的时间给予支持，因为应用设计所涉及的不简单是一个科研或是项目的问题，一个科研或是一个项目所要解决的只是产业链条中的一个环节的创新或是突破，它属于局部改进或创造。而应用设计需要解决的是一个产业链的整体问题，完成应用设计的改造需要对市场充分调研的前提下得出的科学客观的数据，对这些数据做针对性的分类和细分，在分类的内容里归纳对应用设计的内容进行整理，将所有文案工作进行抽象化到具象化的改造，归纳成有效元素使这些有效元素符合市场需求的资料。由此展开第二步的设计过程，以市调结果为依据展开形象化的设计思路，这些思路以发散方式展开，也就是将一个目标作十倍设计稿件展开再寻找接近目标的结果整理出来提交生产企业或是实验室打样生产。最关键的是市场检验环节，也就是市场尝试性的投入检验。因此这是改变一个产业的尝试。

我国的陶瓷产业已经有上千年的生产历史，算起来从唐代的广州开埠主要解决的是陶瓷产品外销的目的，也就是陶瓷产业化已经过千年，漫长的时间一直从事相近的产品定位生产来满足周而复始的人类需求，随着时间的改变和人们生活方式转换，陶瓷产品的原有模式已经不能够在今天人们的生活中得到满足，人们呼唤着陶瓷材料以新的面貌和实用功能出现在人们的生活当中，几千年的积淀使我们拥有非常成熟的工艺技术，如何更好的利用成熟的生产技术为今天的人们服务已经是一个不能回避的问题，这个人类最早开发利用的古老而又皙新的材料能不能被我们重新审视、定位并加以合理的设计，再发挥它永远的利用价值，不仅是陶瓷生产企业需要思考的问题，更是教学和科研单位需要思考和解决的重要课题，做好这样的课题不仅意味着可以解决陶瓷产品目前面临的千篇一律的面貌，改变人们对陶瓷产品的不断要求，或是解决一个产业重新寻找生机的所在，同时也是科学实验单位在这时期寻找和建立有效实践课题来满足学生真正需求的重要一步。至少将设计的应用范围拓展到真正改变材料状态中来，将教与学两者同步展开，使教学起到真正具有引领社会进步的价值作用。

特大型高温陶制花器的研制

毕南海、毕翼飞
（唐山海格雷骨质瓷有限公司、河北科技师范学院）

【摘　要】制作一件优秀的陶瓷制品，需要经过设计、制胎、成型、烧成等工艺流程才能实现。而那些体型硕大的陶瓷制品则需要采用有别于普通方法的特殊工艺才能完成。笔者通过研制直径200cm高温陶制花器的过程，总结出一套烧制特大型陶瓷器物的工艺方法和理论。在无技术人员、无制作经验、无原料配方、无成型工艺方法、无烧成技术参数的情况下，经过多次研究实践，终于取得了烧制特大型陶制花器的成功，填补了本产区陶瓷生产领域的空白。

引言

日前，笔者经唐山中国陶瓷博览会工作人员介绍，与国外一家公司签订了两只特大型高温陶制花器的供货合同。虽然笔者过去也曾做过一些陶艺制品，但那都是些体型较小的器物。此次体型如此硕大、重量高达数吨的高温陶制花器，不要说本人没做过，就是在唐山陶瓷产区也没有任何单位做过。但是，为了不辜负介绍人的一番好意，为了给国人争一口气，笔者毅然决然的承接了此项艰巨的工程。

该花器的技术指标是：圆形、敞口、斜腹、平底。口径为200cm,底径为120cm，高度为90cm,口沿厚度为10cm。整体为麻面、深棕色、不施釉，其烧成温度为1260度左右，器物整体要具有相当的牢固性和良好的通透性。

一、成型方法的确定

通常，陶瓷制品成型的主要方法为盘条、模印、拉坯、注浆、滚压等。

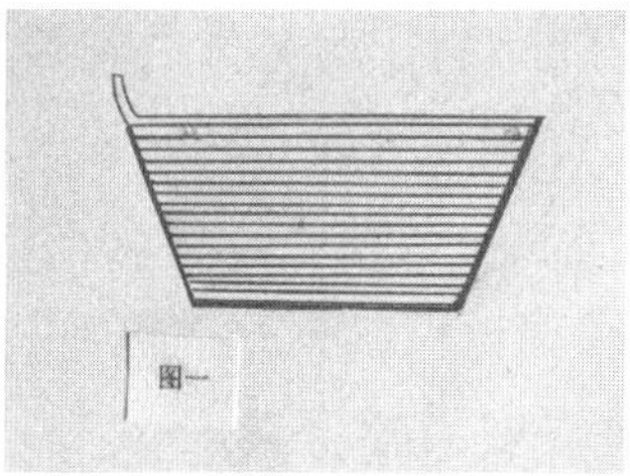

笔者在接受此项工程以后，一直在思考采用何种成型方法来制作这个特大型花器的坯体。首先试着按照盘条（见图一）的方法制作这个庞然大物，但是在绘制图纸时发现了几个无法解决的难题。首先是制品的规整度无法保证，其次是坯体的搬运和干燥都无法解决。图 一

后来，笔者的一位蒋姓朋友提示可否采用内模倒扣（见图二）的方法成型。但是当笔者提出此方法不能解决坯体的翻转及吊装时，他也无计可施了。

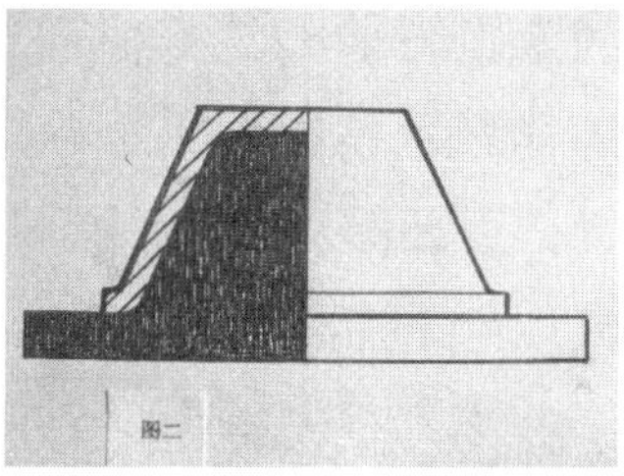

图 二

一连十数日，笔者在拉坯和模印、注浆、滚压等几种方法中反复思考和比较。注浆方法需要制作巨大的石膏模具，还无法解决摺浆、坯体厚度和烧成中的坯体变形等问题。滚压方法需要研制一种国内外均没有的巨型滚压

机，以及滚压成型工艺的配套问题。拉坯方法则需要解决能够承载大量泥料的巨型拉坯机问题。盘条成型工艺的可能性在前面已经给否决了。

现在唯一的出路就是在印坯成型上做文章了。但是，采用此种方法成型，必须解决坯体的翻转吊装问题。在经过绘制各种成型方法的图纸及一系列对比以后，笔者终于设计出一种“组合式模具印坯成型方法”（见图三）。但这仅是一种猜想，此方法究竟能否试验成功，还要经过实际操作的检验才能证明。

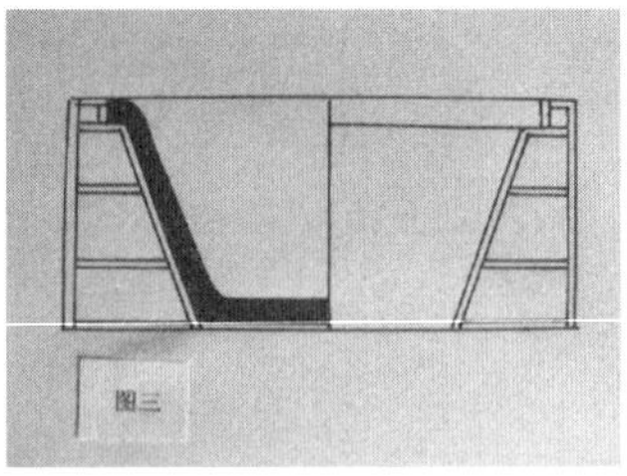

图 三

制坯模具的研制

1、设计模具

用印坯方法制作大型花器，首先需要制作一个巨大的模具。该模具应该可以拆装组合，亦应有相当的牢固度，还能够很好地附着石膏。为了使该模具达到以上要求，笔者设计出一种外围是钢制骨架（以使模具能够承载数吨泥料的重量），里面安装木条（以保障筛网的固定），木条上装订筛网（以利于石膏的附着），筛网上浇筑石膏的组合式印坯模具。

但是，这种大型模具我们连听说都没听说过，更别谈有什么实物可以借鉴了。笔者是一个陶瓷美术工作者，并不具备制作机械设备的技术和能力。但是，求人不如求己。面对一无图纸，二无经验，三缺资金的现状，笔者只有迎难而上，亲自出马了。

2、绘制图形

因为制作此花器的模具太大，为了便于开模和搬运，我们把模具分成6瓣来制作。笔者先是在地面上绘制出大花器（按照12%收缩率放尺）的口径和底径的圆形，再把底径与口径之间的距离与高度连起来，绘制出大花器侧面的形状。

3、焊接骨架

接下来，用角钢切割出焊接模具所需要的组件，（先用角钢焊接一个可以制作多个单一骨架的模具来）然后依此焊接36个钢制模具的骨架。接着，把每个骨架直立安放在地面上（每个模具组件需要6个骨架），在其内外用多道扁铁横着焊接牢固。然后，在每组模具骨架的两端上中下各钻上3个直径2cm的孔洞，作为安装左右钢架连接的螺栓之用。（见图四）

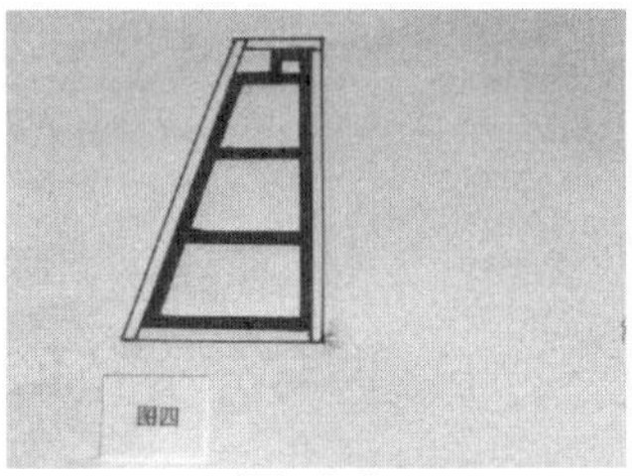

图 四

当6只模具的金属骨架都做好以后，便可将其安放到事先画好的场地上进行安装。先是在相邻的组件上安装螺栓，再用渐进的方法将螺栓逐个拧紧，以避免个别组件拧紧后影响整体模具的组合。在几经调试模具钢架的高度、直径以后，就可以进行下一步工作了。

4、安装木条

为了使石膏能够很好的附着于模具表面，还要在组合模具横向扁铁上竖向安装宽约3cm、厚约1cm的木条若干。其安装的方法是：先用电钻在钢制骨架上中下扁铁上钻出直径0.3cm的圆孔，然后再用细螺栓把木条逐个固定好，木条的薄厚要均匀，排列要整齐。当木条安装到模具的左右边缘时要对齐边缘，不要跨界，否则就会妨碍两组模具的对接，给下面的工作造成不便。

5、装订筛网

为了使石膏很好的固定于木板表面，还要在木条上装订一层金属筛网。筛网的网眼直径为0.5cm左右即可，这样既可以将其镶嵌于石膏里起到钢筋的固定作用，又不至于因筛网的直径太大造成石膏吸水后开裂。装订筛网的钉子要分布均匀、密实，装订要牢固。不然的话，石膏模具在印坯过程中经反复敲打震动容易产生开裂和脱落。

6、涂抹石膏

涂抹石膏这道工序是整个花器模具制作的关键环节，要引起我们足够的重视。先在一个器皿中注入4kg的水，再往里加入约5kg的石膏，经搅拌数分钟后备用（因石膏浆液调好以后会逐渐凝固，所以不要一下子调制过多）。

涂抹石膏的的方法是：待容器里的石膏稍稍凝固以后，我们即可用抹子将其往钉有筛网的木条上涂抹（此时的石膏既不是随意流淌的浆水，也不是坚硬的石膏体）。开始时，不要光盯着一个地方，要尽快的往大面积上涂抹。当整个模具都涂满一层石膏以后，再用较稀的石膏浆水填平那些低洼部分。这样，经过多次涂抹找平以后，就初步完成涂抹石膏的工作了。

接下来，就要从上到下对模具表面进行修整了。因为，大花器边缘的转折比较难做，所以要事先做一个模板来矫正模具口沿的规整度。修整模具上石膏的工具是铲刀与钢锯条，铲刀是为了铲除那些凸起的部分，钢锯条是为了给模具整体找平，在大的面积上找出相对弧形平面来。因为此时模具的内缘即为花器的外缘。所以，为了使模具能够有一个相对圆的形状，我们在修整时，还要用盒尺不断地丈量模具口部的尺寸，把那些相对窄的部分拓宽，以利于保持花器的规整度。

图 五

最后，还要在模具的底部浇筑一定厚度的石膏浆液，待其凝固后修正平滑即可使用了（见图五）。

三、相关设施的研制

此次制作的特大型花器体型硕大，所需要使用的的泥料较多。除了制作组合式模具外，其坯体的制作、干燥、搬运、装窑等环节，都需要一些辅助设施。而这些设施都是前人不曾使用过的，也就是说现在没有地方去买，也没有现成的样品可以参考，只有自己动脑筋设计研制。

1、安放模具的工作台

因为拓坯成型以后的花器坯体需要吊装搬运到晾晒场干燥，需要做一个可以重复安装的模具、制作坯体的工作台（见图六）。工作台是用砖和水泥砌成的圆形平台，直径为230cm,高约20cm,在平台的中间砌有三个间距25cm的凹槽，凹槽的宽度为12cm,深度为10cm。该凹槽用以安放托举大花器坯体的金属托盘。

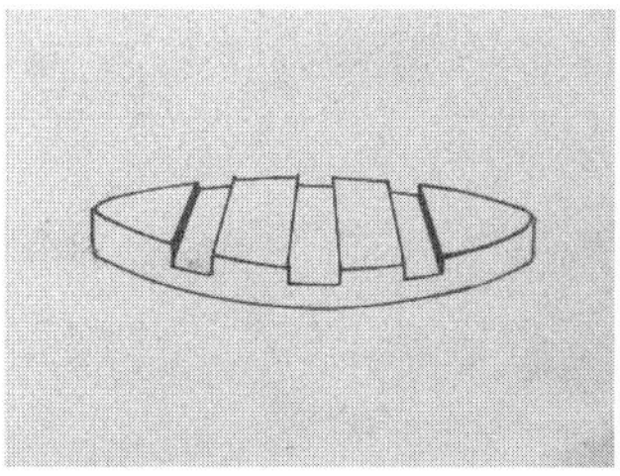

图 六

2、托举坯体的托盘

为了能够更好地吊装坯体，笔者专门设计了一种针对性很强的金属托盘（见图七）。该托盘的底部是3根长230cm，宽10cm的U形钢梁，它们作为托举坯体底部的主体。其两端为高90cm、宽85cm的回字形钢制构架，构架的上方系有直径0.8cm粗的钢丝绳，与龙门吊上安装的捣链挂钩相连。U形钢梁和回字形构架在使用时由两端的螺栓连接而成，待花器坯体吊装到位后，即行拆开螺栓，将分解后的U形钢梁从下部抽出，再搬运到另一个工作台上组合安装。

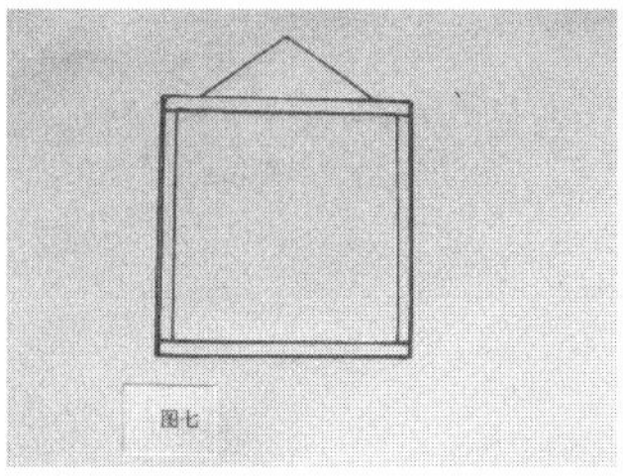

图 七

3、吊装坯体的龙门吊

为了有效的吊装花器的坯体，笔者专门设计了一个四轮活动式龙门吊车（见图八）。该吊车高度为270cm，高度为300cm。顶部采用25cm宽的工字钢，两旁支撑的立柱为10cm宽的工字钢焊接而成，其下部宽150cm，也是由10cm宽的工字钢焊接而成，两旁各附一根6cm直径的角钢。下部两端各安装两个直径30cm的硬质塑料转轮。钢梁上左右各安装一个手动式捣链，以配合钢制吊装托盘的使用。

图 八

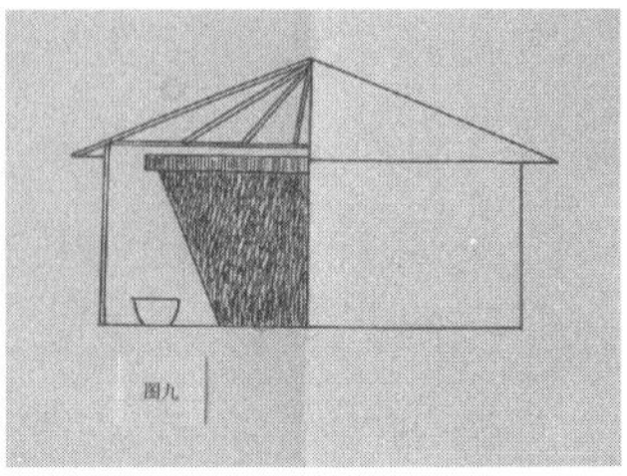

图 九

4、蒙古包式的干燥室

为了使坯体在一个相对封闭的空间（恒温、恒湿）内慢慢的干燥，笔者设计了一种蒙古包式的干燥室（见图九）。该干燥室的直径为250cm，外缘高度为100cm，中心立柱的高度为150cm。干燥室外缘采用3cm宽的扁铁焊接而成。中间立柱为5cm直径的木料与直径30cm见方的底座连接而成。中心立柱与外缘之间均匀的排列有8根130cm长、3cm粗的木杆。其外包裹有0.02cm厚的塑料薄膜，顶部罩以0.02cm厚的塑料薄膜。

5、烧制大花器的窑炉

现代陶瓷生产的燃料多采用天然气和电力。所以，与其相适应的窑炉结构也有一定的特殊性。（其特点就是高温快烧，基本上是一天烧一窑。）其长度可以适当延伸，但有效高度一般不应超过200cm，宽度不能超过150cm，否则的话，窑内的温度就很难控制均匀，产品质量也难以得到保障。而笔者此次研制的大花器坯体直径已经超过了230cm。那就是说，适合烧制它的窑炉世界上根本就不存在，我们只有自己来设计研制这种烧制大花器的专用窑炉了。

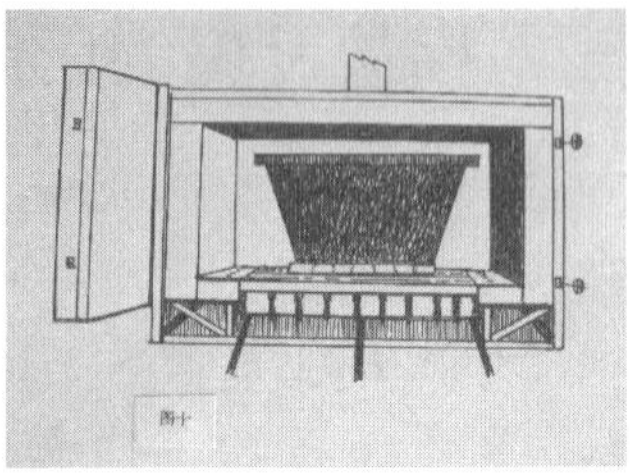

图 十

在参考了众多烧制陶瓷器物的窑炉之后，笔者根据自己的经济能力采用了当时普遍流行的梭式窑的制式。但是，因为大花器规格尺寸的特殊性，一味模仿别人的窑炉式样是行不通的。于是，笔者就把窑炉的宽度（内径）提高到280cm(含喷火嘴的宽度)，把窑炉的高度设定在110cm。最后，整个窑炉的外部尺寸为：通高220cm，长宽都是300cm，烟囱高度为800cm，直径为40cm(见图十)。

为了使如此宽大的窑炉空间都能均匀地升温，笔者还特意把燃料输入的喷火嘴增加到40个（东西南北各10个），把液化气输入端的阀门增加到4组，把减压阀增加为两组（一组备用），把余热回水管的直径增加至3.6cm。

该窑炉结构和操作系统，经实际使用证明，其结构和性能基本符合烧制特大型高温陶制花器的工艺要求。

四、坯体材质的组合

因为外方客户要求该大花器既要牢固又要有通透性，而且还不能上釉。所以，笔者在自己以往的陶器材料配方中，查找不到适合它的组合。

这样，笔者就只能凭着自己制作陶瓷作品的经验和客户对产品的技术要求，试着组合一些原料配方，并逐个将其做成样板在窑内试烧，以求得其可塑性、收缩率和耐火度等工艺技术指标。

1、原料组合配方：

在经过30几轮的实验和筛选，笔者最终保留了两组配方。

第一组配方：唐山本地耐火土（购入成品）占80%；本地黄土（普通黄土）占10%；本地废陶瓷泥料（唐山七瓷厂废坯）占10%。

第二组配方：唐山本地耐火土（购入成品）占92%；本地黄土（普通黄土）占8%。

经过物理性能试验，笔者发现第一组配方虽然可塑性好、烧结温度低，但是坯体抗折性较差（太脆），透气性也大大低于第二组配方。烧制大件产品后可能产生炸瓷（热稳定性不好）现象。

第二组配方组方单纯，泥料可塑性、透气性均好，热稳定性也颇佳。其成本较之第一组配方要低9%。

2、拓坯泥料的调制

笔者把购入的本地（分类）耐火土按照92%（直径0.5cm的颗粒占20%，直径0.3cm颗粒占30%、直径0.2cm颗粒占10%、耐火土成品占40%）的组合均匀地洒在水泥地上，然后再按照8%的比例在上面铺上一层黄土。接着用喷壶往上面洒水，直至水不再往下渗透（也不要流出来）为止。

经过三天左右的时间（如果水偏少时还可以继续用喷壶往上洒一些水）陈腐后，便可以用铁筢子和铁锹将它们搅拌在一起（也可以穿上胶鞋往上踩），最后，经过真空搅泥机搅两遍后即可使用了。

3、着色剂的调制

因为国外的客户要求其制定的大花器要有良好的通透性，还要求其表面呈现出一种成熟的褐色来，但是又不允许表面有任何釉料。针对外方的这一要求，我们试制了一种颜料，可以既保持其良好的通透性，又能够使花器表面呈现出沉着成熟的褐色。

这种颜料的组成很简单，就是用氧化铁粉兑水，再加上2%的醋精调配成液体。将其搅匀后，用喷枪喷洒在大花器坯体的表面即可。

需要注意的是：

1、把氧化铁溶液灌入喷枪前要搅拌均匀。

2、喷枪喷洒的颗粒要粗一些，不要让氧化铁溶液在坯体表面流淌。

3、要密切注意烧成温度，温度过高会使过厚的氧化铁产生烧结，引起表皮开裂。

4、氧化铁溶液具有较深的颜色，我们在喷洒时一定要注意保护好周围的物体，用报纸将其遮挡，以免造成污染。

五、印坯成型的方法

当模具和泥料制作完备以后，就可以开始印坯成型了。

印坯制作大花器的工艺流程如下。

1、拓印成型

先将一些纯棉布用水浸湿后，平铺在组合模具的内壁（注意不要重叠的太多，也不要留出空档来。）然后把搅好的泥料平铺在模具的底部，用脚反复踩实。接着就可以顺着底部往上方排泥料，然后用大木锤使劲的捶打这些泥料，直至它们能够紧密的结合在一起为止。

2、掌握厚度

我们在把这些泥料依次平铺的时候，还要注意掌控好坯体的厚度。因为此特大型花器的形体也和其他小型器物一样需要经过高温烧成，所以我们从印坯开始就要掌握好坯体各个部位的厚度。在器底向上转折的部位应该是花器最厚的地方，因为它是承载整个花器重量的基础。然后，随着坯体的不断升高，坯体的厚度也渐渐变薄，直到与口沿相接的位置坯体才又逐渐变厚起来。

那么，怎样才能准确的知道坯体各个部位的厚度呢？笔者经过不断地摸索才弄清楚：一是要靠扎实的功底和长期实践的经验，二是靠一种检查厚度的工具来测量。我们把上石棉瓦时使用的铁钩子弄直，在需要的长度那里焊上一个圆铁片，就成了检验坯体厚度的的工具。根据坯体厚度的实际需要，我们做了15cm(底部)、10cm(中部）、8.5cm(口部）三种不同规格的测量工具。

我们用15cm长的工具向坯体的底部里面插，如果插到石膏模具表面距离铁片还有空余，就说明坯体薄了，就要往这里补充些泥料。如果工具插进去泥料已经没过了铁片还未触及到石膏，就说明此处泥料多了，就要用铲刀铲掉一些。这样的检验办法，也同样适用于花器的其他部位。

3、适时开模

当大花器的坯体完成以后，可将其与模具一起自然放置2—4小时，待器口的湿度稍稍减轻时，用数根湿布条围在口沿部位，并用大幅的塑料薄膜将坯体与模具一起苫盖起来，以防止口沿开裂。

在春夏季节，一般要等72小时以后才可以卸开模具。但是，不可将某两个相连的模具全部拆开卸下，要慢慢地把模具间连接的螺栓松开（但不要断开），以防止坯体失去模具的依靠而垮塌。待观察一段时间，并亲手检验一下坯体的牢固程度后，再决定是否将花器坯体吊装运送到晾坯的干燥房中。（冬季则应该在印坯车间里安装取暖设施，原则上室内温度不能低于20度。）

4、吊装坯体

当确认坯体的坚固程度已经达到可以吊装的标准时，即可用龙门吊车吊运坯体了。先在U形钢梁两端安装回字形吊架。由两名员工将龙门吊车移动至吊架的两端，将捣链的钩子挂在吊架的钢丝绳上，然后左右两端同时轻轻地拉动捣链的锁链，同步提升托盘和坯体。待坯体离开工作台约10cm时，要暂停提升，仔细观察托盘的承重状况，左右是否平衡？钢架是否变形？当确认一切正常时，便可由员工缓缓地将坯体运送至晾坯场。

当坯体运至晾坯场的晾坯台以后，先在坯体的口部蒙上一些湿润的棉布，还要在花盆坯体四周摆放6—8盆清水，以利于坯体在这个封闭的空间里有一个相对恒湿的环境。然后把蒙古包式的干燥室在坯体周围组合起来，围好四周的围挡，覆盖好顶部的塑料薄膜就可以了。在以后的日子里，每天都要掀开塑料薄膜进行查看，是否有凝结水滴到坯体上？还要向水盆里添加一些新的清水。这样，经过大约7天时间就可以逐步打开四周的塑料薄膜通风。再经过一周就可以拆除干燥室，让坯体在晾坯场内自然干燥。但是，苫盖在坯体口沿的棉布却不能除去，要一直蒙在上面，直到坯体入窑焙烧为止。

六、烧成曲线的设定

当笔者开始接触此花器研制工程之初，怎么烧制如此硕大的坯体就一直是个大难题。因为，现代陶瓷生产工艺已经淘汰了老式的燃煤窑炉，而改为燃气窑炉了。此次需要烧制的大花器坯体足有1800kg重，坯体的平均厚度在10cm左右，使用燃气梭式窑焙烧它不啻是割肉自啖，因为燃气梭式窑的特点就是高温快烧，而我们要焙烧的器物则需要低火慢烧，这个矛盾该如何解决呢？

为此，笔者多次走访了本地从事制陶工作的老师傅。但是，他们听说要做这么一个大家伙，还要用梭式窑烧制以后，都连连摇头，说这简直就是天方夜谭，我在和他们开国际玩笑。大家都劝我不要冒险，赶紧终止合同，赔偿客户损失费。一味的蛮干只会搬起石头砸自己的脚，弄得不好还会倾家荡产。

笔者从人们严肃的目光中看出了问题的严重性。但是，事已至此，后退是没有出路的。于是，我就根据以往多年烧造普通陶瓷器物的经验，经过慎重考虑，决定以缓慢升温，延长焙烧时间，耗费大量燃料和工时来保证烧制此花器的成功。

烧制大花器的升温曲线：整个烧成时间定为5天（120小时），第一天（1—24小时）升温至100度；第二天（24—48小时）升温至200度；第三天（48—72小时）升温至500度；第四天（72—96小时）升温至1000度；第五天（96—118小时）升温至1260度；而后保温2小时，放闸门，自然冷却2天（48小时）至常温开窑门。

七、装烧坯体的方法

该大花器的装烧方法是一项较为复杂的工艺流程，其实施方法也是同样没有先例可循的。

1、吊装大花器坯体

笔者在开始装烧大花器坯体以前，已经安排员工把窑车从窑炉里拉了出来。并已事先在窑车上砌好了安放大花器坯体的平台，该平台的式样与制坯工作台是一致的，也是由耐火砖和耐火水泥砌成的。

当龙门吊把大花器的坯体运至窑车上方以后，在确认金属托盘的U形钢梁已经对准平台上的凹槽后，即可将坯体缓缓降下，直至其平稳的落在窑车上。然后再拆除U形钢梁与回字形构架之间的螺栓、移走龙门吊和托盘，将窑车推进窑内，就可以考虑开始点火升温了。

2、用炭火熏烤坯体：（第一天）

此时花器的坯体内还残存着极少的水分，为防止坯体在升温后开裂，笔者指示员工在窑内四周安放数个盛放焦炭的大铁桶，利用焦炭的温度慢慢的烘烤坯体。并且要半掩窑门，以利坯体水分的排出。这个过程持续12小时，可将窑内的温度保持在80摄氏度左右。

3、关窑门点火升温

在经过炭火熏烤以后，坯体已经基本干燥，此时就可以闭窑门点火升温了。但仍不可将窑门完全关闭，只要把窑门的螺栓挂上，留一个宽约15cm的缝隙，烟道的闸板也要完全开启。

此时切不可将喷火嘴全部点燃，只应将窑内四角的4个火嘴点燃，其供气量也仅仅是在0.01wp左右，微乎其微，火嘴上方也只是青烟缭绕，有气无力的状态。切不可一味的猛烧，致使窑内的温度飙升，造成坯体内外温差过大而炸裂。此时段需要延续12小时左右，窑内温度一直在100度左右徘徊。

4、持续低温焙烧：（第二天）

在经过一天的低温焙烧以后，我们即可在以前4个火嘴的基础上，再点燃窑内四周中间各一个火嘴，使窑内火嘴的总数达到8个。这时仍不可急于把窑内温度升的过快，那样会造成十分严重的不良后果。

此时窑门仍需保持不完全闭合的状态，闸板也处于敞开的位置。此时段大约持续24小时，窑内的温度须不超过200度为佳。

5、坚持缓慢升温：（第三天）

此时窑内持续升温已经过去了48小时，大花器坯体由于连续的烘烤已经基本干燥（原料内部还存有极少的分子水）。我们就可以在窑内的四个角上再各点燃2个火嘴，使窑内火嘴的总数达到16个。

这时，我们就可以把窑门完全关闭，烟道闸板下降五分之一。此时还不能急于把窑内的温度升上去，因为600度是坯体升温的一个坎，600度以后坯体就会由红变黑，到那时才可以逐渐放开升温速度。

这个时段持续12小时左右，窑内温度要保持在400度左右。在第36—72小时才可以把温度升至500度左右。

6、逐渐提速升温：（第四天）

当大花器的坯体被连续焙烧至第四天时，我们就可以稍稍加快升温的速度了。先是继续在东南西北四个方向各点燃一个火嘴（这时窑内总共已经点燃20个火嘴），然后把烟道的闸板再降下来五分之一，此时烟道还留有五分之三的空隙。

这个时段窑炉的升温速度显然要比前三天快许多，（按照预先设计的升温曲线到第四天结束时，窑内温度要达到1000摄氏度。）但是，在600度以前还是要慎重。具体的升温速度是：72—78小时升至650度；78—84小时升至800度；84—93小时升至900度；93—96小时升至1000度。

这个时段窑内的温度逐渐升高，颜色由发红到发黄。我们在望火孔中已经可以看到大花器的形体轮廓了。我们要按照观察的窑内状况来轮换和调整各个喷嘴的工作状态，使那些已经工作多日的喷火嘴得到休息和冷却。

7、提高升温速度：（第五天）

当窑火连续燃烧到第五天时，窑内温度已经达到了1000度，坯体也由发黄向发白转化。此时，我们还要把其他剩余的喷火嘴点燃（使窑内工作的喷嘴达到28—34个，并不断轮换喷嘴的工作状态）。另外，还要把闸板再适当的下降一些。但是，要注意观察窑内火焰的燃烧状况，使窑内火焰始终保持在正压和氧化气氛。

在大花器焙烧的最后24小时之内，我们要充分提高警惕。因为这是最后的关键时刻，连续96小时的使用和燃烧，已经使燃气管道和阀门处于超负荷状态。所以，为了确保燃气具有充足的压力，要时时检查气压表、喷嘴和连接管的工作状态，对突发事件要及时准确的处置，特别要注意防火防爆。

这个时段的升温速度是：97—102小时升至1080度；102—110小时升至1150度；110—115小时升至1200度；115—118小时升至1260度；118—120小时保温。

8、住火下闸板

在经过120小时（五昼夜）的连续焙烧后，窑火终于可以停息了。这时，大花器的烧制结果还是一个谜，我们还不能立即查看烧制的结果。此时要赶紧放下烟囱的闸板，关闭各火嘴的风门，以防止冷空气从这些缝隙侵入对坯体造成伤害。我们还要耐心的等上几天，等到窑内温度达到常温就可以打开窑门一睹大花器的芳容了。

八、制品研制得失谈

紧张忙碌的研制工作结束了，笔者看着自己亲手烧制的特大型花器伫立在在眼前，心里有一种说不出来的快感。往日劳动的艰辛都被胜利洗刷得一干二净，回想起那无数次的努力和无数次的失败，心里真是五味杂陈，感到成功来之不易。

下面，笔者就此次大花器研制的成败得失谈谈感想。

几点感悟

1、胜利来自于无数次失败的坚持之后。

2、尊重科学、相信自己。

3、要敢于走前人未走过的路。

4、要有敢于创新、敢于担当的信念。

几点教训

1、当第一个大花器坯体做好以后，笔者不知道该怎么吊运（那时还没有金属托盘的创意）。就用龙门吊把模具和坯体一起吊了起来。但是，当模具和坯体刚一离地，整个坯体底部就一下子塌了下来，笔者赶紧叫员工们把模具放了下来，自己穿着胶靴站到坯体里边，用脚使劲的踩踏才使坯体得以修复。

2、当第2个大花器的坯体开模以后，在自然干燥（那时还没想到蒙古包式干燥室的设施）的过程中，眼看着坯体的口部出现裂缝，且越来越大，直到坯体从上到下完全裂开。笔者用锯子将此坯体锯下一个剖面，烧好后留作纪念。

3、当第3个大花器坯体打开模具后的第3天（第一个坯体也是第3天打开模具的），坯体一下子就扑簌簌的瘫倒在平台上。因为连续3天的阴天，坯体的干燥程度并未达到相应的标准，应该等一段时间再打开模具。

4、第6个大花器经过连续5昼夜的焙烧后，由于当事人急于将此作品参加展览活动，在窑内温度还有400度的情况下，就让笔者打开窑门、拖出窑车（她说坏了由她负责）。结果在开窑3小时以后，该大花器就四分五裂的散开了。这就是说，烧制体型巨大的高温陶制器物，必须等到窑内温度自然冷却以后方可打开窑门取出制品。

5、在烧制第6个大花器坯体的过程中，当窑内温度达到1160度时，由于连续多日的使用，窑炉左后方连接喷嘴和管路之间的3个胶管同时起火燃烧，窑火瞬时点燃了从管道里喷涌而出的液化气，火焰一下子冲上了屋顶，幸而屋顶是石棉瓦结构才未酿成火灾。笔者赶紧冲进控制室关闭了供气阀门，才避免了一次重大事故。

此次事件说明，烧制如此硕大制品的窑炉结构，应该全部采用金属管线连接，以保证其在高温烘烤下可以胜任长时间的连续工作。

6、我们把烧制好的大花器存放在库房，过了十几天以后，发现它的表面泛起了许多白点，用铁丝一剜就是一个小坑，而且白点还在不断地泛出来，怎么也制止不了。

笔者经过仔细分析发现，这原来是坯体原料里的熟料在搞鬼。由于我们第一次烧制坯体的保温时间较短，以至于坯体的实际焙烧温度并未达到指标，在放置过程中，由于那些熟料吸收空气中的水分而膨胀，造成器物表面泛起白渣。后来我们通过提高坯体保温时间使这一问题得以解决。

九、结论

特大型高温陶制花器研制是一项极其复杂的工程。在没有任何资料、经验可以借鉴的情况下，在时间紧、任务重、资金少的困难面前，笔者选择了迎难而上、自主创新的工作态度，发扬了锲而不舍、百折不挠的实干精神，经过自主研发原料配方、生产设施，攻克成型工艺、烧成方法等技术难关，终于在短短六个月的时间里烧制成功了直径200cm，高90cm的特大型高温陶制花器，开创了本产区烧造特大型陶器的先河，填补了当时我国陶瓷生产领域的空白。

该工程项目总结出一整套设计、施工、烧制特大型高温陶制花器的工艺方法、技术数据和学术理论，在我国陶瓷研究领域开创了一个新品种，为我国陶瓷发展史册增添了崭新的一页。

（在本文完成之际，笔者要特别感谢为此次特大型高温陶制花器研制工程给予大力支持和帮助的周子彦先生、蒋立红先生，以及其他支持和鼓励过我的各位同仁。）

论网购模式下陶瓷制品包装的安全性设计

郝建英、黄凡
（湖南工业大学包装设计艺术学院　湖南陶瓷技师学院 株洲 412007）

【摘　要】网购是当下最流行的商品销售方式，正日益冲击着传统实体店销售模式的发展。然而，对于陶瓷等易碎品而言，由于包装与物流运输行业的准备不足，一直未能融入网购商品的大潮中去。陶瓷制品不畅销也暴露出当代设计、物流行业存在的一些问题，如包装设计的滞后与相似化，创新而不新，物流环节存在诸多安全隐患等。没有包装的保驾护航，再美丽的陶瓷作品也难以畅行无阻，需要引起重视并及时进行整改，才能广泛参与国际化市场竞争。

【关键词】陶瓷　包装设计　安全　网购

近年来，B2C网购方式伴随着互联网的普及，从传统销售模式中脱颖而出，且来势迅猛，发展成为国际化的商品交易方式。这种依托信息化平台进行产品销售的方式，不仅对传统的线下销售方式是一个挑战，对陶瓷企业、快递公司和包装设计者也提出新的挑战。如何能够解决易碎的陶瓷制品在包装运输过程中的安全问题，成为新时期陶瓷企业共同关注的一个话题。在我国，B2C网购产品的增长速度远远大于国营和民营的各类快递公司增长速度，许多快递公司组建时间短，为迎合市场而不断扩大，管理与运行机制不完善，分运环节存在诸多安全隐患。由于快递公司经常会碰上网购的陶瓷制品被损坏而赔偿或退货等事件，又苦于市场上没有专门用于网购日用陶瓷产品的安全运输包装设计，面对日用陶瓷制品，只能是望而却步，痛失商机。陶瓷制品的运输安全保障，成为制约陶瓷企业生产、线上销售量和快递公司服务质量的一大障碍。

一、国内陶瓷制品的包装现状

醴陵炻瓷和釉下五彩瓷、景德镇的青花瓷、河北唐山的骨质瓷、浙江龙泉的青瓷、江苏宜兴的紫砂陶等在国内的日用陶瓷品类中均具有鲜明的地域文化特色。从生产规模上看，江西景德镇产区的小企业和作坊多，其日用瓷加工产业与湖南醴陵相比要小，其销售方式主要以零售为主。从日用瓷产品的类型上来看，有茶具、中西餐具、咖啡具、文具等，大部分以组合形式出现，器物造型也多样化，而且日用瓷产品通常都有把、嘴、盖、钮、托盘等附件，对产品进行组装和套装的难度也大。

图 1　普通锦盒泡沫包装

在日用瓷网购包装设计实践方面，各产区尚处于初步研究阶段，其产品包装形式与实体店的销售包装一致，几乎没有变化，没有考虑不同销售方式对产品包装在功能上的侧重点。据相关数据统计表明，我国每年因包装不善所造成的经济损失高达140亿元，其中因缓冲包装不当所造成的损失占绝大部分，而仅陶瓷包装破损率就占产量的20%，达3亿多元。

随着现代人消费方式的改变和物流渠道的日益便捷化，超市选购和电子商务网购已经成为商品交易的主要方式。对于易碎的陶瓷制品而言，其包装不但要能够适应错综复杂的现代物流环境，还要能够从众多的商品中脱颖而出，吸引消费者的眼球。因此，适用、经济、安全与美观，是企业和设计师所必须考虑的因素。

图 2 四角有圆柱的陶瓷包装盒　郝建英

从陶瓷展览会场和产区陶瓷市场中不难发现，我国的陶瓷产品包装尚未走出传统包装的影子，在盒型结构、装潢形式和包装工艺等方面，还徘徊在传统盒型和装潢表现形式的思维定式上。缺少时代文化语言和地域识别性，国内的陶瓷包装盒型和装潢材料大同小异，包装形式上更是千篇一律，材料也不够环保，这在很大程度上制约了陶瓷制品的品牌推广和市场发展空间。

图 3 八边形开窗瓷盘包装盒　郝建英

目前，市场上的陶瓷制品在包装设计上存在以下几个方面的不足。

第一，包装盒外形过于方正生硬，棱角分明，空间层次感弱，多是“制造”而缺少“创造”。锦盒加泡沫的包装盒多年来一直在陶瓷制品的运输和销售过程中扮演着主要角色（图1），近年来，也普遍用于玻璃、玉石、金银器、宗教用器、书画等文化艺术品的包装，这种一盒多用的包装形式早已无法满足促销功能的需求，导致从盒型外观上无法辨别产品品类，视觉识别率差，区域文化特征模糊。需要从中拉开差距，融入产品元素信息和现代包装设计语言，进行文化创意与品牌拓展。

图 4 翻盖式瓷盘包装盒　郝建英

第二，产品与包装在风格上的不协调，成为陶瓷制品包装的“流行病”。许多陶瓷企业极不重视包装环节，不同风格的产品也不区分包装，无论产品造型和装饰是传统还是现代，普遍使用同一包装形式。使得新瓷配老包装，风格上极不协调，地域特色不明显，视觉冲击力弱。各产区、各企业的包装盒堆在一起，很难从外观上分辨出产地和生产企业，反映出陶瓷包装设计上存在“大一统”现象。

第三，绿色包装材料与新技术在陶瓷包装上的开发与运用缺乏，低碳环保和可重复利用性研究不够。尤其在包装新材料、新工艺的研发方面进展缓慢。在工业文明的时代背景下，企业习惯于依赖机械设备加工而使传统手工包装技艺的文化土壤逐渐干枯，使产品包装缺少了手工文化情结和地域色彩。

第四，包装材料不环保，存在白色污染；包装盒内白色泡沫等填充材料使用较多，导致白色污染严重，可回收利用率低。

第五，包装缓冲结构设计上不完善，物流环境的错综复杂，对易碎制品的安全保护性不强，有的包装盒上的铜锁扣附件在物流过程中容易松动，存在一定的安全隐患。导致陶瓷制品在网购盛行的当下，却使众多商家和物流快递公司望而却步。

第六，产区包装企业缺少与艺术高校之间的互动交流和产、学、研合作，包装设计人才缺少，产品自主研发能力非常薄弱，导致企业自身长期供氧不足，进而形成人才培养可持续发展上的断层。

第七，在知识产权保护方面观念淡薄，在包装上不愿意主动创新。导致企业之间相互模仿，包装盒“近亲繁殖”现象严重。

图5　翻盖式瓷瓶包装盒　　郝建英

以上诸多问题的普遍存在，已经成为制约当代醴陵釉下五彩瓷制品参与国际化市场竞争的重要因素。

近年来，各地陶瓷产区在技艺传承和品质提升上成就显著，却无暇顾及产品包装格调，存在传承有余而创新不足，陷入了陶瓷包装发展的瓶颈和审美的僵局。这种陶瓷与包装的格调差距，最终带来产区陶瓷包装文化的整体衰退和盲目跟风。

当代陶瓷产品及其包装如何凸显出自身的本土身份和文化特征，传达出具有本土文化特色的包装语言和手工文化符号，如何将学院派的形式语言创新和产区的内在精神性塑造相结合，使陶瓷产品及其包装实现外在和内在的审美统一，早日走出“瓶瓶罐罐”的造型、“瓷上国画”的装饰、“锦盒加泡沫”的包装形式，也是众望所归。

二、陶瓷包装的创新与安全性设计

陶瓷包装的创新体现在三大方面。第一是形式创新。通过形体与空间艺术的营造，增加包装的空间层次感和视觉识别性。第二是文化创新，只有扎根于自己的文化土壤，才能吸取到这片土地上的精华，才能形成具有地方特色的风貌，才能保持自身的地域文化和民族文化身份，做到和而不同。第三是材料创新，新材料新技术带来的往往是历史性的革命，能带给人们耳目一新的感受。在包装材料及装潢设计上，尝试在陶瓷包装中引入新材料、新工艺，加强对环保材料的开发利用。在装潢设计上，改变目前产品包装上的锦缎布包裹和“釉下五彩瓷”名称泛滥现象，突出企业形象和文化品牌。

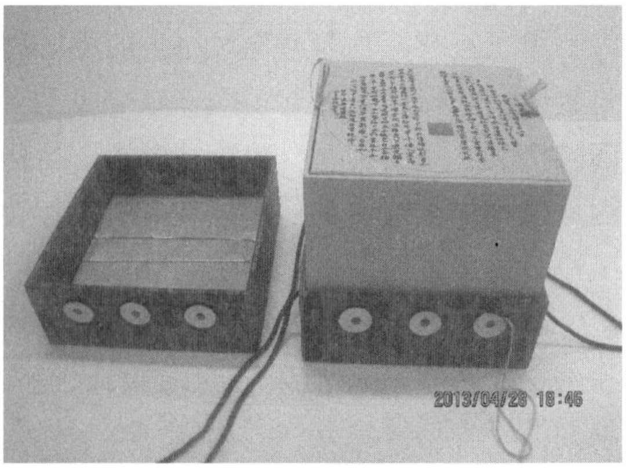

图6 带内盖的陶瓷包装盒　郝建英

在包装新技术研发上，要不断进行新材料的试验，如吸塑模、EVA材料、珍珠棉、废纸盒、蜂窝纸、玻璃钢等。在陶瓷制品外包装材料与结构创新设计上，要加强与高校的产学研项目合作，充分发挥高校人才资源优势，将竹材、纸浆、蜂窝纸板、植物纤维等天然环保材料引入包装设计中，使产品外包装材料既绿色环保，又减少原材料浪费；陶瓷造型及工艺技术上，要发挥传统手工文化特色，依托现代生产加工工艺进行综合创新，整体提升包装的艺术品位和文化附加值，使陶瓷包装从观念到实践上进行全新的突破，从外在（包装）和内在（产品）两方面实现真正的和谐统一。

在包装结构创意与安全性设计过程中，需要设计者对陶瓷产品对象进行充分把握，分析其造型结构特征、最佳着力点、最适合的包装结构和材料，产地及销售区域、运输环境风险评估、包装档次和消费群体定位等，打破传统的盒型结构，进行发散思维。遵循实用、经济、美观的设计原则。

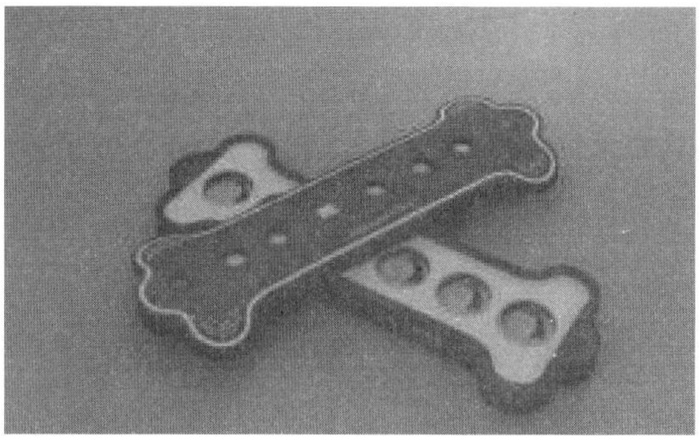

图 7 转轴式陶瓷碗包装　郝建英

如四角有圆柱的陶瓷包装盒（图2），该包装创意来源于中国传统象棋格局和星宿图像，将传统建筑中的榫卯结构应用于包装盒中，增加了包装盒的结构力和缓冲抗压性，四角的圆柱形也增加了包装盒外观的柔和性和构成美，体现出“方中有圆，圆中有方”之传统造物理念。在设计定位上，主要针对高档艺术陶瓷产品进行包装设计，旨在打破传统的“锦盒加泡沫板”的大一统形式，突出包装形体结构的多功能性与空间虚实变化，增加了包装的地域文化符号、艺术品位、绿色环保和开启过程的趣味化和层次感，为陶瓷等易碎品进行电子商务交易和物流运输保护提供包装借鉴。在包装结构与装潢定位上，盒底部的悬空结构提高了包装的防震缓冲性和空间虚实对比。四角的圆柱以“釉下五彩”宋体字形式分别点缀装饰，与中心的圆形书法相呼应，增加了包装的空间层次。在包装选材上，内衬材料采用蜂窝纸板材料，外包装材料为密度板裱糊，操作工艺简便，缓冲性强，绿色环保。

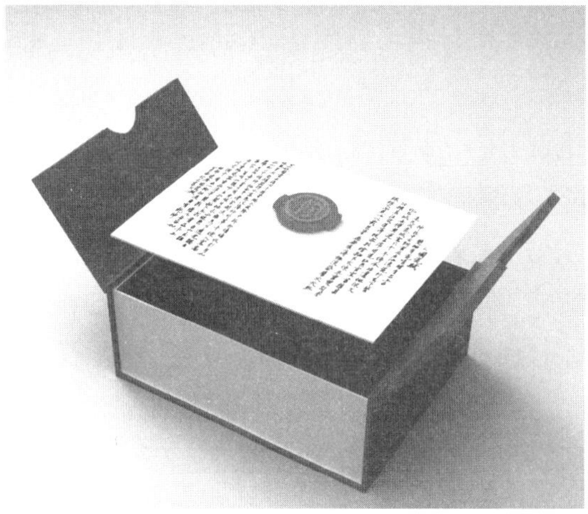

图 8 陶瓷文具包装　郝建英

在八边形开窗瓷盘包装（图3）创意设计上，通过对中国传统文化中“天圆地方”理念的认识，体现“方中有圆，圆中有方”的品行修为和设计观念，直观的实物效果方便消费者选择和陈设。该包装集保护、展示与方便挑选等优点于一身，可以不打开包装便对产品一目了然。将锁扣安装在四个斜角上，易于减少运输过程中锁扣与外物的摩擦，透明亚克力板结实耐压，盖的两侧安装有提带，方便开启。瓷盘安放在蜂窝纸板内，起到良好的抗震和缓冲性。在细节处理上，瓷盘的取放入手部位和盖两侧提带的设计，锁扣的安装部位和方式均进行了精心的设计。

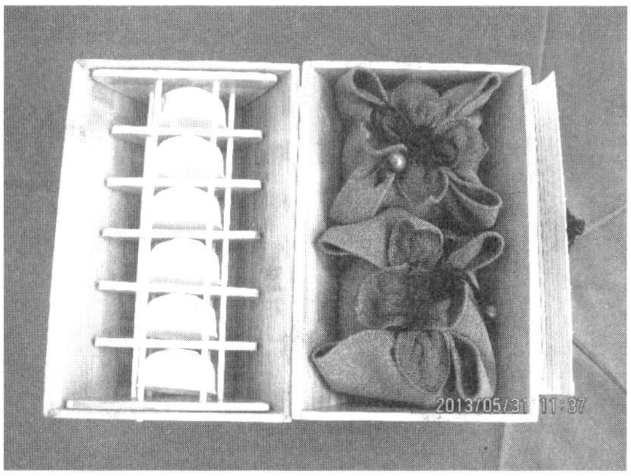

图 9　旅行陶瓷茶具包装　赵丽莉

如翻盖式包装盒（图4）采用前后翻盖式包装，内外用同色纸包裹，突出产品主体形象。包装内结构采用上下组合的蜂窝纸压形，将瓷盘卡于上下的凹槽内固定，增加了包装开启后的审美感受，突出实物作品的主题视觉效果。“国瓷赋”诗词的书法装饰，突出产品的地域文化民族特色。锁扣安装在切角两侧，保护性好，节省空间。绳子的贴身设计方便提拿。在内衬结构设计上，以产品造型为基础，上下包装部分采用一阴一阳与产品相吻合，将模具成型工艺融入包装盒设计中，表面镶嵌的圆形透明有机玻璃板，突出该产品装饰图案所具有的“看得见，摸不着”的釉下工艺特征。盘底部分采用作者撰文的“国瓷赋”文字内容进行装饰，增加产品的文化附加值，也使消费者对釉下五彩瓷产品历史文化、艺术性与工艺特性有更为全面的认识。针对尺寸在30厘米左右的瘦长形瓷瓶，也可以采用翻盖式包装结构（图5），通过产品与包装盒的正负形吻合，在物流环节可以起到良好的安全保护作用。

如带内盖的陶瓷包装盒（图6）采用天地盖的形式，在锁扣口设计上采用星斗图形，中间部分的虚空增加了包装盒的空间层次，色彩对比使产品包装外观更加醒目突出。开盖后，内包装盒上设有一封口盖，与盒底上下将产品卡于压制出的凹槽内固定，节省了包装材料，也增加了包装盒打开后的层层深入，引人入胜，更增添了含蓄性和人文气息。让开启的过程也充满美的享受。

在陶瓷碗包装设计上，要考虑到产品的市场定位和使用方便，审美情趣等。如图7的陶瓷碗包装设计，创意来源于中国传统吉祥文化中的如意造型，转轴式的旋转结构新颖别致，集展示、促销和保护功能于一体。盒盖的表面为圆弧形，上面五个圆环凹槽分别印有五个瓷碗的照片，方便消费者直观了解包装盒内的产品信息，同时还能用于碗的陈放展示。盖的两端均设有卡槽孔用于上下固定。内包装结构采用吸塑模植绒，盒盖的底面上贴有一层薄海绵层用于隔离缓冲，在盒的一侧安装有贴身宽提带，方便提拿。

如陶瓷文具包装（图8）设计则采用左右双开的开启方式，中间采用可旋转的锁扣进行密封口，锁扣安装在盖板上，盖板卡在盒内，与内盒高度齐平。使用时，将标志旋纽旋转90度即可卡在两侧暗槽之内进行包装盒固定和开启。包装内衬材料为硬质海绵压形。

在包装功能设计上，也需要进行不断拓展与功能延伸，提高包装的利用率和附加值。如旅行茶具包装设计（图9），其创意来源于中国传统建筑结构形式，包装盒整体为长条六边形，上下部分对称，一侧采用合页连接，一侧采用竹帘包裹后盘扣连接。采用竹板、竹条和竹帘等竹材料，体现绿色环保，同时打开盒盖便可以作为旅行用泡茶的茶床使用。茶杯通过隔板与六根竹棍穿插组合，将杯子悬空固定在竹条与隔板之间，对产品具有良好的缓冲作用。使用时，将茶杯隔板组合架取出，从孔洞中向一边抽取出最上面的两根竹棍，即可取出茶杯。盒盖展开后可以作为茶床和茶水池使用，竹帘可以陈放茶杯，包裹茶壶的麻布展开后可以作为吸水布，体现物尽其用。

三、未来陶瓷包装网购平台的发展前景

中国是世界上最大的陶瓷生产国和贸易国，随着陶瓷产品的不断创新和制瓷工艺水平的提高，瓷制品的国内外需求不断扩大，该行业有很大的发展空间和潜力。瓷制品的网购包装设计却严重制约了产品的销售量，如果改进设计，提高产品的网购安全系数，降低产品的破损率和包装成本，将有助于促成有关部门制定 “易碎品的网购包装要求和安全操作规范”，对提高我国出口瓷的市场竞争力和环保意识等具有重要的意义，对企业的品牌形象和经济效益提升都有十分重要的意义。

当代陶瓷包装的“近亲繁殖”和“大一统”现象，折射出的是陶瓷产区的文化守旧与创新无力，而走出陶瓷包装设计的瓶颈和审美僵局，仅仅依靠包装企业自救是远远不够的，需要高校的深入参与，进行产学研互动，通过学院派的“设计创新”和产区的“陶瓷文化内在精神性塑造”，才能打破产品与包装的不和谐对话，以文化创意、材料创新、工艺创新和设计创新，整体推动陶瓷在国内外市场中的竞争力。

不同地区的产品有其不同的性能特点，在包装设计上，要有长远的发展眼光，形成网购陶瓷制品

的包装标准化要求和易碎品物流环节规范操作章程和破损处理、安全保障办法等文件，解决人为操作失误和政策管理漏洞。同时，要兼顾安全性、区域化特点。第一，针对网购的日用瓷包装，首要必须考虑运输安全问题。第二，加强包装的指示性符号和可视化设计，用最直观的图形来输送商品的品牌特征，让快递公司与消费者都能从外包装上直观地获取商品的类别信息。第三，要简化包装结构，避免过度包装。在确保安全的前提下，选择易育才、成本低、可降解、可回收且缓冲效果好的材料运用于网购瓷制品包装设计中，减少资源的浪费。第四，在防震设计上，对于日用瓷网购包装的内部缓冲材料的选用，应该选择环保易回收的缓冲材料。如瓦楞软垫、蜂窝纸板、纸浆模塑制品、稻谷壳粉碎压模制品、泡沫纸包装材料、充气囊包装、真空包装等。

总之，随着网购、包装与物流行业管理法规政策的日益完善和防震包装技术、防伪包装技术和机械智能化包装技术的发展，陶瓷包装所面临的诸多难题会逐渐得到解决，在未来的电子商务平台上，陶瓷制品必将扮演重要的角色。

参考文献：

1. 赵丽娟. 包装结构设计中尺寸设计的探讨. 包装工程. 2000. 04
2. 孟滨. 中国书法艺术对现代包装设计的影响. 包装工程. 2008. 05

该论文为2014年株洲市社科立项项目《基于B2C网购模式下的醴陵日用瓷包装安全性设计》成果，项目编号：ZZSK14097。

探索中职校陶艺课教学

雷显元
（浙江省龙泉市中等职业学校）

【摘 要】陶艺就是陶瓷艺术的简称。在当代陶瓷专业课程改革中，课堂教学改革是其中重要一环。依据最新教育教学理论和国家《艺术教育标准》，并结合本人十几年教学经验，本文提出“赏”“思”“融”“展”的陶艺课程教学四字策略，即在欣赏陶艺作品中激发学生学习兴趣，在思考中挖掘创作素材，从其他艺术中吸收灵感融会贯通，定期举办陶艺展增强学生创作兴趣。以期有效培养学生的创新意识、创造能力并促进其全面发展，实现“以陶育人”的课程宗旨。

【关键词】陶艺教学　兴趣　个性　审美　信心

陶瓷艺术在我国历史悠久，旧石器时代，我们的祖先就开始了制陶；新石器中期，以仰韶文化为代表，出现了彩陶艺术。陶艺以瓷泥和火的特殊语言和表现形式，深受人们的喜爱。同时，陶艺又是维系人类发展的重要纽带和文明标志。2000年中国美术家协会陶瓷艺术委员会的成立，在学术上明确奠定了陶艺的纯艺术地位，也逐渐成了艺术创作的一个热点。随着社会意识形态的变化，人们对陶艺的欣赏要求也在不断改变。

龙泉是著名的青瓷之都，2009年，龙泉青瓷捧回“人类非遗”证书，成为世界陶瓷类唯一的入选项目。以龙泉青瓷为代表的现代陶艺在表现传统文化、时代风貌和精神方面风姿卓越，大放异彩。龙泉市中等职业学校是省级“非遗”传承教学基地。陶艺专业作为培养龙泉青瓷产业技能型人才的平台，如何培养高素质技能型人才，如何提高人才培养的质量，值得我们每位专业教师思考和探索。下面就以个人的陶艺教学经历谈几点初浅体会。

（一）赏——利用多媒体和实物，激发学生的陶艺兴趣

托尔斯泰说过：“成功的教学所需要的不是强制，而是激发学生的兴趣。”唤起学生强烈的陶艺兴趣是教学成功的关键。一个对陶艺兴趣浓厚的学生，对各种陶瓷相关现象和问题都会产生惊异感。在陶艺学习过程中，他也会灌注全部热情，兴致勃勃，津津有味，甚至达到迷恋不舍的地步；在学习后，他会产生满足感，觉得与陶艺相关的物件与知识是他的良师益友，他掌握的陶艺技能是其生命的忠实伴侣。学生从陶艺学习过程中会得到无数的启迪，并由此产生欢快、惬意的心情。所以，学习兴趣是陶艺学生成长的“起点”。

陶艺既是一门艺术，又是一门技术，而且操作性很强。但从某种程度上说，陶艺也并非繁复的制作工艺。其成型方式主要有四种：捏塑法、泥条盘筑法、手工拉坯法、模制法。在成型工序之后便是陶艺的装饰，根据表达意图，在坯体表面以刻画、戳印、堆雕、刮毛、镂空等方式进行适当处理，朴素自然随意，给人以无穷的回味和不尽的遐想。好的开头是成功的一半。第一节课重在赏，要在赏

中激活兴趣。所以在给学生上第一节陶艺课时，没有必要直接带领他们走进陶艺室，可带他们去多媒体教室，观看一些教师收集整理的陶瓷图片和制作视频。重点讲解我国陶艺发展的历史、现状和未来以及陶艺制作的工具、要点、技法等，让学生对“陶艺”这门新兴课程产生感性的认识，对祖国悠久灿烂的艺术文化充满自豪感。而后可和学生进行一些“即兴提问”，把自已刚才在片子中看到的一些不懂和疑问都提出来。对于学生的提问，教师能解答的尽量在课堂上解决，或许有些是不能解决的，可留到以后具体操作中进行解决。美国教育家布鲁纳说过：“学习的最好刺激，乃是对所学材料的兴趣。”这时再带学生进陶艺室，让他们去接触真实的陶艺创作环境，让学生坐下来，触摸眼前的这些陶艺制作工具，谈对这些陶艺工具的实际用途。有的学生欣喜不已，有的学生则带了一些“研究”神情，在观察在思考。陶行知先生说过：“要以自己的经验作根，以这经验所发生的知识作枝，然后别人的知识才成为我们知识的一个有机部分。”于是给每个学生发一块陶泥，让他们利用这些陶艺制作工具，学习和模仿一些刚才在片子中看到的陶艺创作方法，感受陶泥与众不同的特性。这样一堂课学生在敲敲打打揉揉捏捏中结束，学生虽然没有像模像样地创作出优秀的陶艺作品，但初步入室引领学生观赏，激发兴趣的目的达到了。简短的课时也无法围绕陶瓷的方方面面从地理、艺术、历史、语文、化学等学科角度进行系统的知识介绍，许多知识要在今后的教学中分点突破，分散落实。第一堂课只是一种导入，一种兴趣的激发。兴趣是认识和从事活动的巨大动力，是推动人们去寻求知识和从事活动的心理因素。这样的一节课，让学生体会颇多，学生随后的学习自然兴味盎然了。当然，整个教学过程都有通过“赏”来激发学生兴趣，创设教学情境的问题。关键是我们应该怎样有效引导，需要注意什么。本人教学中讲究如下几点。

1、品瓷要品出味。要善于引导学生品味陶瓷作品最闪亮之处。一如诗歌有诗眼，陶瓷的瓷眼就是那最动人、最精彩之处。赏的教学不仅要把解说文字变成画面，而且力求将学生导入情境之中，真正进入陶瓷至美的观赏境界。让他们乐而忘返。

2、语言要有点“盐”。要有精警凝练的解说，有幽默风趣的语言，或者至少要带点激情。好的古诗往往“着一字而境界全出”，好的陶瓷也一样，简洁凝练的解说，往往能道出作品的精髓和极美的艺术境界。陶瓷教学幽默风趣的讲解往往像磁石一般，能把学生分散的注意力一下子聚拢过来。而带有激情的精彩讲解又彷佛是思想的电光石火，能给学生以启迪，催人振奋。这样的课堂才会有事半功倍的效果。

3、要让学生爱屋及乌。要用“赏”引导学生对陶瓷的相关内容产生兴趣。例如对陶瓷书籍要有兴趣，书籍能促进人从野蛮到文明，从庸俗到崇高。古人曾云：“开卷有益。”事实正是这样，陶瓷类的书读的愈多，越富于睿智，越具有眼光。对泥土要有兴趣，陶艺就是土与火的艺术。

心理学研究表明，培养天才的起点在于兴趣。日本的木村久一曾经说过：“如果孩子的兴趣和热情得以顺利发展，就会成为天才。”华裔诺贝尔物理学奖获得者崔琦先生说过：“喜欢和好奇心比什么都重要。”如果一门课程使学生饱受挫折的打击而与成功的喜悦无缘，学生也就不会喜欢，更谈不上“终生学习的愿望”了。

（二）思——挖掘各种创作素材，彰显个性魅力

2500多年前的孔子有一句名言“学而不思则罔，思而不学则殆”，讲的就是学习与思考的关系。如何引导学生在陶艺学习中学思结合，进行富有趣味、富有创意的活动呢？本人认为要注意五点：一是任务要小而具体；二是任务要新而有趣；三是要有适当的难度；四是要富有启发性；五要紧密联系

学生的实际。这样情形下的陶艺创作，学生动了心思，有了情致，其作品才会彰显个性魅力。

在投入正规的学习创作阶段，因为没有专业陶艺教程，我们曾遇到一些难题。其实，即使书店买回的教材，也不一定适合中专年龄段的学生，这就需要陶瓷教师根据学生实际，独具匠心地安排设计了。新课程改革要求我们树立“生活即教材”的新理念，正好给了我们一个良好的启发。这也是本人具体教学过程中一贯倡导的。生活即教材，就是要求教师针对学生的生活环境、实际经历、知识构建情况，灵活处理教学，设计教学情境，使学生在愉悦的氛围中参与摸索，发现自己，挑战现实，实现创新。其实生活中的好多物品都可以成为陶艺教学的素材，衣服、鞋子、动物、家电、器皿、交通工具等，只要我们做个有心人，周围的事物很多可以成为活生生的“模特儿”。有一次学做“泥条泥板盘筑器型”，先让一位学生伸出自己所穿的鞋子，说说它的名称、外形、色彩、图案及穿上去的感觉。同学们听了，一下子乐开了花，都想要尝试做一件陶艺的鞋子。然后要求他们回忆自己在其他地方看到的精彩鞋子，如父母的、教师的、店里的、网上的等。随即利用多媒体课件展示这一类型陶艺作品，引导学生进行评议，启发学生思考，也让学生拓宽眼界。这种情形下做出的陶艺，自然栩栩如生，形神毕现。

著名美籍华人科学家杨振宁曾说：“一个人要出成果，原因之一就要顺乎自己的兴趣，然后再结合社会的需要来发展自己的特长。有了兴趣，‘苦’就不是苦，而是乐。”正是这样，本人常布置学生精心构思，反复设计，利用陶泥制作一些自己喜欢的而有趣味有创意有思想的陶艺作品，完成后果然有许多出乎意料的优秀作品。有的因为没有做好，所以周末大家放假，他们也待在陶艺室继续做，直至做到他们自己满意为止。

艺术历史的经验告诉我们，保护、发扬艺术个性，是解放艺术生产力的金钥匙。个性是艺术创作的灵魂，没有了个性，艺术就失去了价值。所以在实际的教学过程中，我们应鼓励学生大胆创新，勇于实践，不要简易的抄袭或临摹教材中的作品，要有自己的个性。教师少示范，即使示范，也只要介绍一些制作过程中的重点、难点，完成一些“半成品”。目的是让学生学会积极地思考，积极地探究，艺术创作最怕学生照着老师“依葫芦画瓢”。如果完成的作品都是“拷贝不走样”的话，那还谈得上什么创新？谈得上什么发挥学生的主观能动性？米开朗基罗、罗丹、亨利 摩尔等雕塑大师的作品，若干年过去了，怎么还会被人们牢牢记得，推崇为典范？历史和现实都已不断地证明：艺术家真挚的感情和个性是艺术的生命，而不能坚持艺术个性，独立地认识和表现自己的独特感受，就会失去艺术真诚这一最重要的品格。在追求艺术品位，呼吁个性化的今天，哪怕是小物件，只要极具个性化它都能让人们增添亮色，给平凡的生活空间带来惊喜。

（三）融——从其他艺术吸收灵感，培养独特的审美趣味

陶瓷艺术融工艺美术、绘画、雕塑于一体，是审美与实用的统一，是科学技术与审美创作的统一，是自然科学、社会科学、美学、人文文化等知识的综合协调。陶瓷教育教学无论是在艺术技能的训练、个性的发展、创造力的培养、审美和鉴赏能力的提高、学科的相互作用与渗透等诸方面都有明显的综合素质教育的表现特征。陶艺是融合各种审美内容的佼佼者，融合各种艺术门类的创作审美灵感于一体，培养创作或者鉴赏陶瓷艺术的独特审美品格和审美情趣，将在不同的环境和不同的条件下显示出独特的魅力，其作用和影响甚至可终身使人受益。

艺术是相通的，这是不同门类艺术名流们共同认可的一句至理名言，也是推动艺术发展、践行双百方针的永恒理念。陶艺的范畴属雕塑，雕塑又和绘画、工艺、建筑等同属美术范畴，所以绘画、工

艺、建筑等艺术门类对陶艺的影响可想而知，本人认为影响最深的当属绘画。如果绘画是二维艺术的话，那么雕塑可以划为三维或者四维艺术，历来很多的雕塑家都善于绘画，而善于绘画的却不一定熟悉雕塑，陶艺实际上是从平面到立体的转折。我国宋代，哲学文学都渗透到绘画中来，有谓画竹是“君子”，兰是“美人”，梅是“骨气”，以为诗是画的内涵，画则诗的外溢。到了康熙乾隆时代，扬州八怪强调画家重抒发自己的情感个性，重诗画交融，以诗托画，以画托诗。其实，艺术是相通的，不同形式的艺术门类将浩如烟海、繁若天星、丰富多彩的各种艺术形式融合为一体。而各种艺术又在广阔的艺术海洋中无羁遨游、百家争鸣、异曲同工。它们以各自不同的艺术手法大放异彩各显神通。所以我们应鼓励学生有时间多学些绘画，特别是素描，因为素描对陶艺教学的促进很大，二三年级的学生还可多画些写生以及富有创意的线描画装饰画。 陶艺不仅与书法、绘画、雕刻、设计有千丝万缕的联系，而且与历史、地理、科学、文学等学科也有数不清的结合点。

遵从艺术相通的理念把借鉴相关艺术的精华融入陶瓷艺术创作中，博采众家之长，会有意想不到的效果。另外，其他姊妹艺术对陶艺教学的促进也很大，如音乐，所以我在教学过程中，特别是学生制作过程中，在不影响教学的情况下。允许播放一些优秀的中外乐曲，悠扬的古筝、抒情的小提琴、欢快的唢呐及深沉的钢琴、萨克斯等，目的是让学生借助音乐营造氛围、发挥想象，提高他们的艺术综合能力，培养独特的审美趣味。当然音乐的选择要根据教学内容实际需要，合理运用，不然会适得其反。本人认为诗画瓷融合为一，可以提高陶艺作品的意境美。同时，我们应该树立“不只是培养专业人才”或“不一定是专业人才”的意识。因为，现代社会要求陶瓷艺术教育在反映社会需求方面的培养教育目标是“生存”、“合作”、“发展”。 陶瓷设计专业开设了配饰陶艺设计、室内陶艺设计、室外陶艺设计、建筑陶艺设计、生活陶艺创作、实验陶艺创作等反映市场、社会需求的课程群，经过实践表明，无论是对学生知识面的拓宽还是学生就业，都有很好的效果。 我们应按照各门类艺术都是相通的这一理念让学生在各种不同门类的艺术中相互交流、相互启迪、相互借鉴、相互补充、相互促进，在创作实践中不断提高，不断升华、精益求精创造出更多更好、日臻完善的陶艺精品。

（四）展——定期举办陶艺展览，增强学生创作信心。

定期举办陶艺展览，作为学校的一种教育常态，可推进校园文化建设，活跃和丰富学生的文化艺术生活，同时，可以激活学生非同凡响的兴致，并增强其陶艺活动的信心。“信心是兴趣持久的动力，是通向成功的保证。”当学生的作品达到一定的质量和数量时，就可以适当的举办一些展览或小义卖活动。小到课堂展览，大到学校、社会展览，目的是让学生保持创作兴趣、增强创作信心及体验成功的快乐。每堂陶艺教学课结束时，都会利用数码相机把学生的作品，不管好坏、成败拍摄下来，然后在下课前几分钟当堂展示。一方面让学生清晰了然地看到自己创作的作品，另一方面也让学生展开积极的讨论和评价，欣赏、了解哪些作品最富有创意，哪些作品最耐人寻味，哪些作品有待完善改进。当这些泥坯晾干，放进窑炉素烧、上釉，烧成，我们会将作品集中起来，举办一些小型的展览会。陶土溢彩，陶艺飘香。如上完了“泥条泥板盘筑”一课，教师就举办一个“泥条泥板盘筑作品展销会”，把学生制作的各种民族、各种风格的作品放在一起，让学生假设自己是顾客，进行挑选品评。上完了“陶瓷器皿”一课，就举办一个“陶瓷器皿博览会”，把学生制作的“精品”和大师的作品加以比较，体会大师和学生制作时不同的构思和技巧。上完 “直筒拉坯”一课，就可以举办一个“直筒拉坯月”，把学生制作的直筒放在一起，让他们说说自己的看法和感受。在互相的比较中不知不觉就学会了拉直筒技巧和注意的问题。一年一度的校园技能节展览中陶艺作品便是一道亮丽的风景线，备受领导、来宾的关注和青睐。每年参加学校举办展览的学生作品都拍了照片，并给优秀作品颁发证书，学生们也异常振奋。一件件稚拙、质朴、新异生动的陶艺作品，不仅包含了形象的思维和抽象的创意，更是其情感与智慧、精神与物质同体的思维；不仅是学生情感的外在表现，也是他们精神状态的具体投射，更是其与自己心灵、情感相对应的特殊语言形态。

生活是陶艺创作的源泉，陶艺作品融入生活的精神，突出表现生活的风采。因而获得了同学和老师的赞赏和喜爱。展览是对学生最好的赞赏，能较好地满足学生的心理需求。我们以为，学生因为陶艺做得好而受到称赞、奖励，获得荣誉，这是外在因素。但展览是其对陶艺行动的反馈，会使学生创作陶艺的动机、愿望得到强化，使兴趣转化为动机，或直接加强动机。这样，就形成了“需要—动机—行动—结果满足—兴趣加强”的良好心理模式。展览能有效促进学生心理的健康发展，改善学生的心理素质。学习陶艺的行为由学生学习动机来支配。通过展览，学生认识到“会做”陶艺水平取决于平时的爱学与勤奋的程度。因而，展览能切实促进并提高学生的合作创新能力、动手实践能力和职业竞争能力，培养其初步的陶艺精神，使学生个性获得自主的最优发展。展览拓宽了学生的艺术视野，也极大地激发了学生的热情和自信，大大调动了学习陶艺的积极性，激发了学生的志趣。

陶艺的产生是人类前进过程中具有划时代意义的伟大创造。陶艺的发展，凝聚着人类的智慧和汗水，也寄寓着人类对美的追求和向往。陶艺继承发扬了祖国的优秀民族文化，使之后继有人；同时也确实锻炼了学生的手和脑，使学生在人格和心灵上都得到了升华。陶艺教学具有很强的实践性和应用性，强调学生的亲身经历，动手操作，将陶艺知识与技法转化为操作技能，进而发展和提高学生的综合能力及文化艺术素养。陶艺教学要灵活而落到实处，注意“赏、思、融、展”四字策略，才能有效培养学生的创新意识、创造能力并促进其全面发展，实现了“以陶育人”的课程宗旨。根据教育部《艺术课程标准》的要求，陶艺教学应从人类历史文化中汲取营养；在完整的艺术活动中形成艺术能力；也不能以单纯地掌握知识技能为目标，而应让学生在围绕人文主题的艺术学习中，轻松、愉快地掌握知识和技能，了解艺术的历史和文化内涵，形成艺术经验和艺术能力，获得尊重、关怀、友善、合作、分享等人文素养，促进个性的完善与发展。

“路漫漫其修远兮，吾将上下而求索”。陶艺教学的“春天”还刚来临，我们有信心，也有决心去迎接这美好的“春天”，使之在龙泉的大地上生根、发芽、成长，为龙泉青瓷的下一代做出我们应有的贡献！

【参考文献】
1、杨帆：《传统陶艺与现代生活》，发表于《装饰》杂志，2002年第12期。
2、吕波主编：《陶艺制作》，人民美术出版社　2010年8月。
3、郑宁：《从对民艺的思考谈传统陶艺课程的内涵》，《首届国家教育年会论文集》　2005年。
4、李正安：《陶瓷艺术的属性和特征》，《装饰》2002年第4期。

广东日用陶瓷设计与品牌战略研究

李雪玲
（广东职业技术学院艺术设计系）

【摘　要】广东日用瓷出口量居世界首位，但在国际日用瓷知名品牌榜上，却难觅其踪。本文从设计与品牌的关系入手，探寻广东日用瓷设计理念及品牌发展现状及瓶颈，分析广东日用陶瓷产业进行产品设计理念创新及品牌建设的必要性，最后就广东日用陶瓷设计与品牌建设提出笔者的策略性建议。

【关键词】日用瓷；设计理念；创新；品牌建设

1 引 言

“设计”是设计师针对某一产品或品牌，借助自己的想象及技能手段所进行的艺术性创作活动，以期将目标产品及其品牌价值予以表现。在创意经济时代，伟大的产品设计创意是成就高端产品及品牌价值最强有力的法宝。广东日用陶瓷在世界日用瓷出口总量上独占花魁，成为广东区域经济强有力的支撑。然而，与拥有良好品牌运作能力的国际高端品牌相比，广东日用瓷设计创新理念和品牌价值极为有限。原因何在？本文旨在以设计师的视角，从日用瓷设计与品牌关系入手，探寻广东日用陶瓷设计与品牌发展现状及面临的问题，分析广东日用瓷产业进行产品设计理念更新、再定位及品牌建设的必要性，最后，就广东日用陶瓷设计及品牌建设提出笔者的策略性建议。

2　广东日用陶瓷设计与品牌发展现状及面临的问题

2.1　出口量大，价格低的尴尬

毋庸讳言，广东日用瓷在中国日用瓷发展史上涂上了浓墨重彩的一笔，在全国日用瓷出口50强名单中，广东日用瓷企业占了一半以上，且这些企业多集中在潮州地区。其中，潮州陶瓷以“清新、素雅、玲珑、新颖、独特”的风格和品质在国内外市场深受广大顾客青睐，其产品畅销180多个国家和地区。

即便如此，广东日用瓷还是面临出口量大，价格低的尴尬。近年来，广东日用瓷产品结构及质量得到了很大的改善和提升，出口增幅也较大，但由于产品始终游离于中低档产品的范畴，缺乏品牌优势，国际市场竞争力与生产能力极不匹配；再加上劳动力成本高、资源消耗大且价格居高不下、人民币贬值等一系列不利因素，使得企业获利空间被一再挤压，即使在出口总值同比增长的前提下，出口价格还是下降几个百分点。总之，与国际高端品牌相比，广东日用瓷产品始终在价值链低端徘徊，所获得的市场价值极为有限。

2.2　陶瓷产品设计理念与品牌定位、推广——陈旧、缺失、不准确、失控

目前，世界日用瓷市场中低档产品总体上呈现供大于求的趋势，但高端品牌产品却供不应求。随

着人们经济和消费水平的提高，日用瓷产品的个性、创意、质量等因素成为消费者更为关注的焦点。从消费者角度来看，高档日用瓷产品所具有的特、优、精、新的特点，可以形成优雅、尊贵气质的联想，在一定方面满足了人们对高雅、时尚、个性生活品位的追求，即一种有别于大众的差异化的消费感受。这种差异化的消费感受对品牌形象和品牌资产的形成尤为关键。消费感受在一定层面上映射了消费者的社会观、价值观、人生观、性格特征、生活品位等，这种消费群体的阶层化不仅可以提升陶瓷产品品牌形象，给特定陶瓷产品品牌蒙上特有的神秘气质及内涵特征，而且对陶瓷品牌的市场定位及纵深、持续的推广起到了潜在、迅猛的作用。然而，广东日用瓷品牌多以中低档为主，品牌层次模糊，品牌气质趋同现象严重，缺失多样化、差异化和个性化色彩。这种诸多缺失的品牌形象模糊了消费者群体的差异化以及差异化的消费感受，对品牌定位和推广极为不利。

另外，从企业形象方面来看，特色的企业文化是品牌定位、推广的“软武器”，广东日用瓷企业对市场的定位缺乏连贯性。企业文化虽有一定的积淀，但这些积淀的企业文化就像一堆被企业自身数次否定的文化碎片，难以整合、培育。企业文化无法形成，品牌定位、推广，乃至品牌特色和品牌资产从何谈起？

广东日用瓷产品品牌市场定位不准确、失控和设计理念不无关系。产品设计理念陈旧甚或缺失导致产品缺乏创意、造型雷同、画面单一，产品更新速度缓慢。对大多日用瓷企业而言，所谓的“设计”只是囿于盲目地模仿，甚至直接“COPY”市场上畅销的产品，如此“设计”意味的产品，再冠上科技含量不高的不争事实，在市场上的竞争力可想而知，距离品牌产品的距离当然相去甚远。鉴于产品缺乏创意性设计，和高档产品无力竞争，陶瓷厂家的盈利手段只能是以量取胜，走中低档大众路线。

总之，产品创新设计理念环节的陈旧、缺失是广东日用瓷企业的软肋，同时，企业品牌定位的不准确、失控也使企业损失很多高端市场份额。

2.3 日用瓷设计人才储备机制不健全

目前，广东日用陶瓷企业设计人才极度缺乏，设计人才储备机制不健全。虽然每年有很多大中专院校陶艺设计专业的毕业生涌入广东，他们对于日用瓷造型、装饰和功能的表达很新颖、大胆，但由于厂家对产品设计能力和设计需求的认识不足，给予他们的发展空间很小，待遇和就业环境也不理想，因此许多科班生即使涉足陶瓷设计领域，也多以建筑、卫士陶瓷设计为主。当然，其中不乏某些热血的年轻设计师以拯救者或唐吉诃德式的情结投身于日用瓷设计，但理想很丰满，现实太骨感，很难在此领域既往无鞍地驰骋下去。相比国外日用瓷企业，公司对设计师的重视程度远比广东高，他们的设计师不仅拥有宽松的设计环境、优厚的工作待遇，尤为重要的是，公司对设计师的技能培训和进修也极为重视，以期他们可以为公司带来更为新奇、灵动的设计作品。

3 广东日用陶瓷产业进行产品设计理念创新及品牌建设的必要性

3.1 广东日用陶瓷设计与品牌发展面临的问题决定了广东日用陶瓷产业必须进行产品设计理念创新及品牌建设

前文已述，广东日用瓷生产及出口居世界前列，但因缺乏长远的战略发展眼光，没有培育出自己的国际知名品牌，故只能以近乎成本价进行销售，平均每件陶瓷产品在国际市场上仅卖到0．2美元，甚至许多优质产品也只能靠贴牌才能打入高档市场。结果，最终酿成现今的悲哀局面——一边是产业链低端利润，一边是反倾销罪名的无情风雨。

广东日用陶瓷产业进行产品设计理念更新、再定位及品牌建设在一定程度上可以逐步改善这种状况。由于设计理念前卫、新颖，再加上不断提升的优良品质，如此倾心打造的蕴含浓郁高端品位和人文特征的产品就可以和世界知名陶瓷品牌抗衡。即使企业还面临原料成本、出口退税等方面的压力，但较高的品牌认知度可以获得较高的价格空间，企业的盈利空间也自然会加大。这种以设计理念创新带动品牌发展，再假以价位、品质、风格差异吸引不同层次消费者的策略手段，不仅增强了产品品牌的市场竞争力，在国际市场上还可以扭转反倾销态势；与此同时，品牌效应的良性循环也反过来使企业管理者认识到设计理念及设计师的作用，进而带动对陶瓷设计人才储备机制的完善。

3.2 创意经济时代的特点决定了广东日用瓷产业必须进行产品设计理念创新及品牌建设

创意经济时代是以知识和创意为本的经济时代，强调的是脑力和创意，创意决定了产品的差异性；创意经济就是实现对产品内容高附加值的生产，其贡献远超过产品质量的贡献。一个伟大的产品设计创意，可以成就一个卓越的品牌，开拓出无限的新市场及财富创造的契机。一个企业如果将发展创意文化经济作为首要的目标点，实际上就是选择了高端发展路线，选择了将创意作为未来品牌发展的中心。从这个层面上说，创意经济时代刷新了品牌发展的格局，通过创意为消费者创造不一样的消费体验的品牌建设就成为企业发展的首要目标。

目前，创意经济作为新兴经济形态已渗透到世界各大产业中，日用瓷领域当然也不例外。鉴于此，广东日用陶瓷产业若不想沦落为真正的“夕阳产业”，必须将基于创意经济时代背景下出发的产品设计理念更新及品牌建设作为今后企业发展的重要导向。

4 广东日用陶瓷设计与品牌策略建议

随着经济全球化的推进，广东日用瓷企业在走出国门的同时，与国外的差距也非常明显，特别是在日用瓷设计和品牌形象方面。因此，如何强化广东日用瓷设计及品牌策略就成为亟须解决的问题。

4.1 抵制崇洋贴牌、同室操戈等“短视”现象，打造和培育自主品牌，形成产业集群效应

目前，广东日用瓷企业应逐步走出崇洋贴牌经营模式，否则只能将企业引入永久失语之境地。同时，广东日用瓷企业也应自觉抵制同室操戈等“短视”现象，政府和行业协会应主动干预，责成企业遵守市场规则，以减少价格战给企业自身及国家带来的损失。事实证明，谋取长远发展的策略才是真策略，只做产品，不做品牌，其结局恰如“不谋全局者不足以谋一域，不谋万世者不足以谋一时”。

鉴于此，广东日用瓷企业应在提升产品设计水准、质量和档次的前提下，向国际知名品牌学习，打造和培育自主品牌，以期企业的长远发展。企业致力于打造自主品牌时，要通过品牌营销手段，重点提高品牌的知名度和忠诚度。因为在一般情况下，品牌知名度和消费者的喜爱程度及购买欲、市场占有率成正比。对消费者来说，即使面对不同品牌价格方面的诱惑，也会甘愿付出高价，这得力于消费者对该品牌的高度信奉和忠诚度。同时，就设计和艺术层面来说，日用瓷设计是介于工业设计和纯艺术之间的艺术形式，别具一格的设计理念可以赋予产品品牌或高端霸气或低调奢华或朴拙田园或温雅浪漫的气质，所带给人们的消费体验不纯粹是商品在物质方面的功能性体验，更重要的是一种审美快感，一种对品牌文化的丰厚的精神体验，这种体验是消费者对以创新设计理念为是的知名品牌的认可和肯定，它从一定层面上反映了整个社会的品位与时尚。

另外，广东日用瓷企业必须加快产业集群力度，形成产业集群规模效应。首先，针对产业集群中不同档次产品品牌塑造力度方面。除了强化高档瓷作为自主品牌塑造的力度，同时对中低档产品品牌塑造的力度也不能放松，以求广东日用瓷品牌整体竞争力的提升。其次，产业集群良好的规模效应也离不开企业文化的塑造。产业集群内的企业在确定明晰、稳固的市场定位的基础上，积极整合并打造

稳固、持久、特色的企业文化，提升企业品牌文化形象，使广东日用瓷集群品牌在国际日用瓷领域拥有不怠的竞争力。

4.2 注重设计环境的营造，积极引入外国设计师，并大胆培育本土设计师

纵观国际日用瓷知名品牌，如英国Wedgwood公司、德国麦森瓷器等，其优良的产品品质、新颖的设计思想都得力于优秀设计师的倾心付出。特别是在产品质量、品质相当的情况下，设计师的创新理念和设计风格更加凸显。因此，广东日用瓷企业要想打造在国际上具有竞争力的品牌，提高自主创新意识，还必须在设计人才引进、培养等方面转变思想。对外，大胆聘请国外优秀陶瓷设计师，以国际化的视野实现和中国日用陶瓷多元文化的共融；对内，积极培育本土设计师，从思想到灵魂深处尊重设计师的个性及设计作品，改善其待遇和设计环境，使其心无旁骛、淋漓尽致地挥洒艺术才华。

另外，企业其他部门也应加强同设计师的沟通和交流，使设计师多渠道、多方位地把握市场潮流和信息，以做到设计作品和各国文化、风情、意趣爱好及消费时尚的有机融合。

4.3 开拓国际化的视野和发展方式，结合广东地域特点，创新产品设计理念，重新定位高端产品设计思维

广东日用瓷企业要遵循市场化运作规律，开拓国际化的视野和发展方式，并结合地域特点，优化产品结构，创新产品设计理念，重新定位高端产品设计思维，拉开与中低档产品的价格区位及品牌差异性，增加产品的高附加值，重拾以往不敢端倪的国际高端产品市场的话语权，这些是广东日用瓷企业实现产品创意升级和产业战略转移的重点。

其中，在设计理念及产品风格方面，设计师要以消费者趣味为导向，以人性化设计为本，在陶瓷器型、花面设计、配套方面有的放矢，在延续中国传统文化内涵的同时，将时尚潮流与艺术元素、传统文化与时代审美趣味相结合，打造既有民族文化品位又有世界潮流气质的广东日用瓷品牌。总之，标新立异的设计创意，精益求精的设计过程，多元化的设计取材，独立于购买者对产品质量评估之外的广阔的精神内涵，这样的产品追求和设计境界肯定可以使广东日用瓷制品在世界高端市场领域占有一席之地。

另外，这种利用文化底蕴来塑造品牌文化形象，形成产品独特的文化风格和品牌个性，以此来满足消费者文化消费的诉求模式，是人性化理念在日用陶瓷产品设计运用中的重要手段，也是高端产品设计思维的重要模式。

5 结 语

总之，随着世界经济一体化进程的不断深入以及创意经济时代的来临，广东日用瓷企业只要拓宽视野，转变思维，加大优秀设计人才储备机制，以世界市场潮流为导向，以广东地域风貌和中国传统文化为基石，创新产品设计理念，定位高端产品设计思维，打造和培育自主品牌，激发产业集群效应，就一定能在世界日用瓷市场赢得更为广阔的发展空间。

参考文献

[1] 蔡付斌、王丽龙、解敦亮.中国日用陶瓷品牌建设研究.中国陶瓷工业，2003，10（06）,76-78 。
[2] 周源. 日用陶瓷设计的发展新趋势. 佛山陶瓷，2008,(08):43-45。
[3] 丘志伟. 广东日用陶瓷产业现状分析. 佛山陶瓷，2010,(07):1-4。
[4] 徐世浩. 品牌和名牌——日用陶瓷的战略意识. 江苏陶瓷，2009, 42(04):1-2。
[5] 修艺源. 英国日用陶瓷品牌的设计理念分析及启示——以Wedgwood品牌为例的探讨 [J].设计艺术, 2010,(05) :77-78。

论中国龙山现代黑陶烧制技术

刘德功　胡新苗

（济南德功龙山黑陶艺术有限公司）

中国是世界上最早发明陶器的国家之一，龙山黑陶是中国陶文化中的杰出代表。中国龙山现代黑陶的烧制技术在传承古人烟熏渗炭的基础上，通过借鉴考古发掘古窑的布局结构、还原古时烧制渗炭技术，同时结合自己多年的烧制经验，在实践中不断积累与创新，总结出一套全新的黑陶烧制技术。2008年经国家级黑陶文化研究专家（原清华美院院长）杨永善教授亲自鉴定并认可，自己研究黑陶五十年，走访了全国数十家黑陶厂，只有这件作品"基本达到了4600年前蛋壳陶杯的工艺水平"。

黑陶是以黄河故道沉积多年的粘土为原料，经过选泥、拉坯、修整、打光、雕刻等手工艺制作完成，待自然阴干后，在800-900度的高温环境下焙烧而成。随着制作及烧制工艺的不断提高，龙山黑陶也渐渐发展为一种影响中外的文化产业。黑陶文化历史悠久，于四千多年前新石器时代晚期达到高峰，主要分布于黄河中下游一带，因中国著名考古学者吴金鼎先生于1928年首次发掘于山东省章丘市龙山镇，而命名为龙山黑陶。被史学界誉为"原始文化的瑰宝"，并闻名于世。中国龙山现代黑陶，正式摆脱了原始陶器粗糙的外观和简陋的工艺，选用含铁量高、粘性适度、可塑性强的黄河故道沉积多年的红胶泥，采用拉坯、注浆等不同工艺，结合压光、修整，运用雕刻、浮雕、透雕等各种手法制作完成，晾干后入窑烧制。下面结合实际情况，就中国龙山现代黑陶的烧制技术做详尽论述。

自20世纪80年代，我根据考古挖掘古代窑址的结构情况，建成了自己独特的陶窑，起初因为黑陶烧制技术不成熟，解决不了黑陶渗水、破损等难题。在多年的探索、实验过程中，遇到很多问题，比如开裂、色差、声音沉闷等。经过不断地积累和总结分析，发现黑陶之所以渗水，关键在于把握火候，与烧制过程中不同时期的温度需要有着密切地关系，关键在于把握好火候。

对于窑内的温度，仪器无法排上用场，全凭肉眼观察，经过多年的烧制经验及总结，练就了一双"火眼金睛"，可以通过产品的颜色来判断窑内温度。同时，为了检验亲手烧制的黑陶是否渗水，将其埋在地下8年，每天在上面浇水，再将其放在水中浸泡月余，后取出，试验用黑陶完好无损，颜色依旧乌黑发亮。

为了更好的控制窑温，我将窑建在室内，通过多次的实验改进，终于设计出自己独特的窑体，窑体结构是上圆下方形，高3.5米，长2.8米，宽2.8米，底部有循环烟道，顶有天窗，并先后对窑体进行了十几次改进。并且根据器物的大小、形状，分上中下三层，按窑的不同位置，放不同产品。增设了防火墙，防火墙的应用，一是调整窑内温度，也称为调温装置，二是避免火室的火苗直接扑进窑室，影响渗炭效果。在烧制时，根据器物大小、胎体厚薄等采用不同的烧制方法，对每一次装窑、烧窑、封窑、开窑情况都做了详细记录，对出现的问题进行详细研究，总结出一套实用的经验方法。一、装窑后，先用小火温窑，大约用24小时的时间，这一步使窑内物品完全干燥并尽量统一窑内温度。二、随后逐渐加温，用中火烧制12小时。三、用大火烧制8小时。四、压火、降温，封闭烟道，也就是最关键的渗碳技术。据考古发掘，在古代窑址中发现松枝松叶，这说明古人就曾用过渗炭技术。通过多年的烧制，从20世纪80年代开始到2006年，我终于解决了黑陶烧制中的渗炭技术、窑温控制等难题，从而在烧制技术上有了新的突破，黑陶的艺术品质也有了根本性的提升，实现了质的飞跃。

制作精美的蛋壳陶时，必须精选城子崖下武源河畔的“胶泥”做为独特的原材料，经过120-280目罗网的多次过滤，将杂质滤除。其中烧制蛋壳陶的时候，尤其要注意以下几点。一、天气的变化。二、坯体的干湿程度。三、坯体在窑内的摆放位置。四、温度控制。

为了达到最好的渗炭效果，通过试验证明，在窑温降至600-700度时渗炭最佳，同时按照器物的大小，采用多次封窑，待窑内温度降至200-300度时开窑。

诸多因素影响到黑陶的烧制效果，我总结有几点特别值得注意。其一是产品的干湿度，陶坯水分含水率降至10%左右才能装窑；其二是陶器在窑内摆放的位置，充分利用窑内顶端与底部的温差，根据坯体的厚薄程度，分层摆放；其三是制作陶器时运用的不同工艺，镂空、高浮雕、雕塑等不同工艺烧制时间长短不一，温度也不同；其四是天气的阴晴、冷热。黑陶烧制中出现的各种问题，我根据几十年的烧制经验，以下几点是关键。第一是原料的选用，经过多年的实验，黄河流域多年沉淀的红胶泥最为实用，还可以根据原料含沙量的高低来制作、烧制大小不同、工艺不同的各种黑陶作品。第二是防火墙的疏密程度直接影响着窑内的温度。第三是渗炭最佳时间必须从高温渐降至600—700度时最佳。

我现在把掌握的黑陶烧制技术，整理成一系列的体系理论。吉林、黑龙江等地的制陶同行慕名而来，学习黑陶制作烧制技术。各大院校师生纷纷前来参观学习，德功公司被山东理工大学定为教学科研实践基地，我本人也在2009年被聘为山东理工大学美术学院兼职教授。

基于消费社会视角的陶瓷品牌设计与创建

秦波
（韩山师范学院）

【摘　要】本文以消费社会的概念为基础，对陶瓷品牌创建进行深入的研究，认为品牌的创建应从满足消费习惯和消费心理的角度进行。

【关键词】消费社会　品牌　炫耀性消费

1、消费社会特征下的设计缺口

在《新牛津英语词典》中，消费社会被定义为买卖在经济活动中起最重要作用的社会。但在文化研究者的眼中，消费社会的重点被放在物品的高度丰富性上。他们所指的消费社会概念与原始社会或封建社会中那种以物物交换或简单的供需关系截然不同，消费社会的产生与工业技术的快速发展密切相关。当电子信息技术和媒介高度发展以后，人们的日常生活就不再是单纯地为了满足基本生存需求而消费，他们的消费目的和指向都开始发生巨大的变化。欲望开始成为影响消费活动的主因，物品也失去了简单的使用价值，而是以其符码价值或附加价值——如为消费者带来的地位差异、身份差异和声望差异等为最终商品价值。实际上，英文中的消费者（consumer）一词自14世纪出现以来就包含着浪费、消耗等负面的信息。如今，文化研究者在使用这个词语的时候还是以一种批判的立场来看待其中所包含着的社会生活现状。

从历史发展的角度来看，无论哪种社会形态下都有消费行为。但我们所说的现代消费社会与之前的消费形式有着截然不同的概念。首先，非生产性是现代消费社会的定义根本。正如一些研究者认为的“只有当消费成为一种独立于生产的社会行为之后，消费社会才可能到来”。[汪民安主编，《文化研究关键词》，凤凰出版传媒集团，江苏人民出版社，2007年，第396页。]类似于早期人类社会中那种为了日常生活而必须进行的生产与消费，并不能与现代消费社会同类而谈，只有当社会生产力达到一定高度，能够满足绝大多数人群基本生活需求之后所进行的生产，即对于这部分产品而展开的消费行为才能算作是现代消费社会中的消费现象。所以说现代消费社会的产生当始自1913年——随着福特公司的第一辆汽车从生产线上下来，一个大规模的生产时代得以开始，富裕的物质生活及高昂的生产力直接促生了现代消费社会。波德里亚在《消费社会》一书中也对这种游离于实用生产的消费行为进行了深入的阐述，正是由于科学技术的高速发展及社会生产力的飞速进步，越来越多的消费行为已不再是针对消费品的日常实用性而开展。消费者们在富裕的社会生活中，越来越乐意于享受物质所带来的精神享受，这也就引申出现代消费社会的第二个概念特征——享乐性。实际上，当今的消费者们正在将消费行为当做一种可以使人获得愉悦体验的方法，他们并不关心消费品本身能否给他们的生活带来实际的帮助或作用，而仅仅考虑针对这一消费品所产生的消费行为是否使他们获得了心理的满足。这种满足通常建立在由此所获得的社会认同及身份崇拜上，正如迈克·费瑟斯通在《消费文化与后现代主义》一书中所说："在消费文化中，一直存在着种种声望经济，它意味着拥有短缺商品，花相当多的时间进行投资，恰当地获取，有效地运用金钱和知识。"

不过也正是这种消费的炫耀性为我们的设计带来了契机，使我们能够在完成使用功能设计之外另辟蹊径，以一种高附加值的设计方式满足消费者在发达社会中所提出的深层消费需求。这种设计摆脱了实用性功能的需求桎梏，转而以一种更为华丽的方式展现在消费者的眼前。有时它虽然仍以日常用品的面貌出现，但消费者在购买时的诉求已转变为从消费行为本身获得快感。另一方面它在之后的使用中也可以源源不断地为使用者提供精神上的享受。也就是说在现代消费社会的发展形势影响下，我们的设计需要面对更高层次的消费需求，这也是马斯洛在需求层次金字塔中所描绘的顶端需求——自我认同。

2、炫耀性消费为陶瓷品牌创建提供的契机

在现代消费社会的持续影响下，消费者们越来越深刻地体会到消费行为能够带给他们的愉悦感。尤其是那些精英人群，他们所拥有的金钱和身份让他们更乐于享受由高端设计为他们营造的生活环境。就目前的设计成果来看，能够满足这种心理需求的设计物一般都具有一个共同的特征——品牌。

品牌的创建一方面是为了更好地树立设计师形象，另一方面实际上也是为了使消费者在持续的消费行为中更容易获得他人的身份认同。例如，在社交场合中，一块世界知名品牌的手表往往能够使佩戴者更快地获得陌生人群的地位认同，从而帮助他更好地完成社交活动及获得身份认可。而作为陶瓷产品来说，现代消费方式的出现也对它的设计者们提出了更高的要求。陶瓷产品自产生以来便长期地肩负着满足消费者日常生活需求的重任。当封建社会高度发展之后，皇权控制下的官方陶瓷生产实际上便已为我们展现了高端定制瓷的面貌。这种瓷器使用最优质的原料，由掌握着最高超技艺的工人制作，仅供统治阶级使用，平民难得一见。因此，这种官方定制瓷实际上也为我们在现代消费社会的大环境下考虑陶瓷设计的方向给出了指导。品牌的创建就是为了在消费者的心中确立产品的固有地位。换言之，只有能够秉持先进设计理念和精致制作工序的产品才能够借助品牌强化它在消费品中的高端地位，使得消费者一旦接触到这一品牌便能够立刻在内心映照出关于该产品的完美面貌。只有当整个社会都对这个品牌树立起绝对好感之后，针对该品牌的消费行为才能够为消费者带来快感。当然这还是建立在炫耀性消费的基础之上。

经济学家凡勃伦在1899年出版的《有闲阶级论——关于制度的经济研究》一书中首次提出"炫耀性消费"的概念。他认为，炫耀性消费就是为特权阶层的财富或权利提供证明并用以保持尊荣感的行为。从市场发展的角度来看，炫耀性消费为之做出了积极的贡献，它提高了社会生产的积极性，并拉动了消费。而这种消费行为也对现代陶瓷产业起到了很好的推动作用，它使得消费者不再单纯地因为生活必须而购买陶瓷产品，越来越多的消费者开始从纯粹的审美需求或心理满足的角度去审视和评价陶瓷产品，并为那些能够打动他们内心的产品解开腰包。如今无论是国内还是国外，都出现了这种善于利用设计引导消费行为的陶瓷品牌生产商。例如：创建于1572年的荷兰皇家蒂士拉马肯陶瓷公司作为荷兰元老级的陶瓷公司，目前仍然是荷兰陶瓷设计和生产的风向标。如今他们的产品种类繁多，甚至连复杂的重建项目工程都是皇家蒂士拉马肯陶瓷公司的生产范畴。在技术方面，即便是在如今大机器盛行的环境下，他们也依然保持着手工制作的传统，而在设计理念上，蒂士拉马肯公司却积极地跟随着市场发展的脚步。为了提升自己的设计能力，他们聘请了包括罗得里克·沃斯（Roderick—Vos）、约伯· 斯米茨（Job Smeets）、海拉·杨格瑞斯（Hella Jongerius）、马赛尔·万德斯

（Marcel Wanders）在内的国际级设计师来设计独具新意的高端陶瓷产品。特别是其中由亚历山大·范·斯罗华设计的陶瓷项链更是将陶瓷产品引入到时尚圈中，而罗得里克·沃斯设计的气泡碗则以其独特的造型颠覆了传统陶瓷碗的设计逻辑。气泡形象的引入使得碗的造型轻盈而素雅，带来了陶瓷造型的新语义。在中国，位于上海的spin陶瓷设计公司则为我们展现了具有民族风情的产品设计理念。Spin的产品简单而优雅、有机且流畅，中国传统的简约唯美元素被充分地运用到陶瓷造型的设计中去，这一特征使得它能够在被众多西方陶瓷品牌覆盖的市场中脱颖而出。

可以看出当市场经济充分发展之后，随着消费行为模式的改变、特别是炫耀性消费习惯的产生，无疑为陶瓷产品生产者们提供了良好的契机。同时消费市场也对设计者们提出了更高的要求。他们应当以独特的设计理念来指导品牌创建，并以品牌形象来引导消费，同时以坚定的品牌质量保证消费者的身份认同需求。

3、陶瓷设计产业的运营机制对品牌创建提出的要求

中国古代的陶瓷工艺一直是西方上层社会的消费必需品。但是由于某些特殊原因的影响，中国现当代陶瓷生产在国际市场上的竞争力大不如前，究其原因在于如今中国的陶瓷生产企业要么就处于出卖劳动力的代工状态，要么就处于蹲在传统技艺的饭碗上不思进取的状态，更有甚者则以抄袭和模仿知名品牌设计来获取利益。这三种生产模式无论如何都不应该是中国现代陶瓷生产的常态，要想改变这一现状，我们就必须从创建品牌形象的角度去转变思维。当然，品牌的创建并非一日之功，结合其他陶瓷厂家的成功案例，我们可以总结出陶瓷设计品牌创建过程中需要注意的几个关键点。

①提升广告力度与艺术含量。

对于现代消费社会而言，广告的作用远不止我们表面所能看到的那些，一个优秀的广告能够帮助新兴品牌快速确立其形象并组织起一个足够庞大的消费群体。例如研究们认为“在充当消费手册的同时，这些杂志（《女士家庭杂志》）的重要性在于包含了无数待售消费品的广告，由此成为购物者重要的信息来源。……它们成为渴望做好家务的主妇的另一信息来源，向女性消费者描绘了又一种家庭生活的理想景象。”[[英]彭妮·斯帕克著，钱凤根、于晓红译，《设计与文化导论》，译林出版社，2012年，第28-29页。]我们可以看到任何一个成功的陶瓷品牌生产厂商都会不遗余力地通过广告来提升品牌的认知度，这些广告的途径包括电视、网络、平面等。在广告中，设计师们往往将产品置于一个相对平静雅致的优美环境中，以此突出陶瓷的温润质地和精致做工，从而起到彰显品牌形象的作用。

②以巧妙的包装设计强化品牌内涵。

包装是现代商品不可或缺的一项设计内容。除却本身的保护功能之外，一个好的包装还必须能够起到引起购买兴趣和强化品牌内涵的作用。中国古代陶瓷的包装所注重的往往是其实用性能，如至今仍在景德镇盛行的以稻草和木框架制作的外包装便是一例。不过，在以提倡精神享受为主旨的现代消费社会中，这种包装就显得过于简陋了。因此，为包装进行合适的设计就成为陶瓷品牌厂商必须思考的问题之一。现在比较流行的陶瓷包装主要表现为两个发展趋势：第一为华丽型包装。这种包装对于材质、做工和体量的设计比较关注，追求惊艳的效果，意在突出瓷器的档次，让购买者产生物超所值的消费体验。第二为简朴型包装。这种包装通常适合追求手工质感的陶瓷产品。它常采用牛皮纸板、干花干草、纸绳棉绳等为包装材质，不追求绚烂的色彩，只求带给消费者回归自然的轻松心态。值得注意的是，无论采用哪种包装风格，其主旨皆在于凸显品牌的内涵。一个以时尚感为设计根本的陶瓷

品牌，其产品包装无论如何也不可能采用复古的设计风格。

③适当的营销方式可优化品牌形象。

中国现代陶瓷产品的营销策略中有一个十分典型的反面案例，即20世纪90年代盛行于各地的“景德镇陶瓷展销会”。这种营销形式可谓及其粗暴，它不仅使得消费者对陶瓷销售产生厌恶，更使景德镇陶瓷一度从世界陶瓷的顶峰跌落至谷底。因此，想要创建一个能够为消费者喜爱和推崇的陶瓷品牌，就必须关注营销手段的合理性。在这里我们可以参考美国匹兹堡还原公司在推广“耐久”牌家庭炊具中所使用的方法——雇用艺术家制作一系列符合品牌内涵的杂志广告推销产品，并鼓励商店在橱窗中悬挂有品牌名的旗帜，同时开展一系列以“尝试和体验”为主题的促销活动，由此加强消费者对该品牌的认同。当然，对于陶瓷品牌的创建而言，也许我们可以采用其他的方法。例如营造一个舒适而悦目的家居空间，再将产品摆放于其间，通过这种场景认同来起到优化品牌形象的作用。

4、结语

从总体上来说，在现代消费社会中的陶瓷产业的发展方向早已不是向着单纯的使用需求去发展。为了满足消费者以炫耀为目的的消费心理，现代陶瓷产品的设计师们必须将品牌建设置于首位。只有以品牌为媒介、树立品牌形象、规划符合消费心理的品牌内涵，才能够使传统的陶瓷产业重现辉煌。

民窑圣火　千年不熄

刘立忠

磁州窑是我国北方最大的民窑体系，是古代民间陶瓷的杰出代表，千年陶瓷古镇彭城镇，陶瓷文化源远流长，可谓“万年窑火相传，百代历久弥新”。为了更好地弘扬磁州窑文化，日前，中国古陶瓷学会常务副会长、秘书长王莉英等国内十几位知名专家学者会聚峰峰，参加该区举办的中国磁州窑遗址论证会。专家组成员实地考察了磁州窑文化遗存，并就磁州窑的发展史、现状进行了论证，专家认为：古磁州地区磁州窑陶瓷文化在中国陶瓷史上占有十分重要的地位，是目前国内保存规模最大、保存现状最为完好的古陶瓷文化遗存开创的釉下白底黑（褐）花等装饰艺术，对后世彩瓷工艺影响深远。

近年来，当地政府加大对磁州窑遗址保护力度，积极引进外资，大胆尝试创新，不断研发新的陶瓷作品，如今，陶瓷业已成为当地经济发展的一支生力军。

民窑圣火 千年不熄

磁州窑制瓷历史悠久，可追溯到新石器时代的磁山文化，早在8000年前便开始了烧制陶器。

南北朝时期，磁州窑便开始制作青瓷。

唐代以来，北方民众推崇“以白为美”的审美观点，磁州窑出现了化妆白瓷系列。

北宋时期，磁州窑以黑釉剔花瓷和铁锈花瓷著名，强烈鲜明的黑白对比，雕刻精美的纹理图案，创造性地将中国绘画的技法巧妙生动地绘制在瓷器上，开创了我国瓷器绘画装饰的新途径，同时也为宋以后景德镇青花及彩绘瓷器的大发展奠定了基础。宋代磁州窑瓷器造型十分丰富，主要生产民间日常用瓷，还有少量的文具、玩具、娱乐用品及各种瓷塑等。常见的器型有：各式的盘、碗、碟、盏、盏托、渣斗、瓶（玉壶春瓶、梅瓶、花口瓶、卷口瓶、瓜棱瓶、多管瓶）、壶、罐、钵、洗、盆、缸、水盂、笔洗、砚滴、炉、唾盂、灯等，尤以多种多样的瓷枕最具代表性。瓷枕始见于隋代，最初只是用于陪葬，唐代多为医用脉枕，式样上体轻形小，入宋以后大量生产，人们逐渐认识到瓷枕具有清凉去热的物理特性，从而开始把它作为驱火明目、延年益寿的理想夏令寝具。磁州窑即有长方形、腰圆形、如意头形、花瓣形、鸡心形、六角形、八方形等瓷枕，品种繁多，样式新颖别致。

明清时期，彭城磁州窑窑火空前鼎盛，日用陶瓷销售到我国北方十三个省、府、县，成为北方陶瓷业代表，与南方景德陶瓷不相伯仲，中国陶瓷产业出现了“南有景德，北有彭城”的局面。

新中国成立以后，峰峰陶瓷业空前辉煌，产品销往世界80多个国家和地区，与景德、宜兴、佛山、唐山、潮州、淄博、醴陵并列为全国八大瓷区，成为峰峰国民经济的支柱产业。

新兴瓷业生机勃勃

改革开放以后，峰峰的陶瓷企业步入由计划经济向市场经济的快速转轨时期，由于当时产品没有及时创新并转换，致使大批企业相继停产或破产。面对发展困难，峰峰矿区开始实施文化产业复兴工程，把复兴峰峰陶瓷作为最大的民生产业和文化产业，围绕“把高档日用瓷做强，把磁州窑工艺瓷做精，把工业科技瓷做大”三个方向，致力于把峰峰打造成为北方陶瓷之都。为此，峰峰矿区成立了

"陶瓷产业振兴工作领导小组"，确定了一系列政策规划，确立了"政策扶持，项目带动"思路。

一方面，积极推进国有陶瓷企业改制，对处于停产和半停产的国有企业逐个梳理，分别研究，采取"一企一策，因厂制宜"的工作方法，加快陶瓷企业改制。同时，积极同先进瓷区联系，引进外来资本，加速国有陶瓷企业改制步伐。近几年来，该区先后引进英属塞提侧洛斯有限公司资金300万美元，实现年产值1330万元；引进英属维尔京群岛宏丰公司资金1500万元，年产中高档日用瓷1800万件，实现产值5300万元；引进世界最大的陶瓷生产企业英国维基吾德公司与华玉瓷业合作，为峰峰高档日用瓷抢占国际市场闯出了一条新路。

另一方面，大力培育民营陶瓷企业，实施系列优惠政策，目前，全区民营陶瓷企业已发展到55家，年产各类陶瓷3.3亿件，产值达5.3亿元。

磁州窑文化源远流长

为扩大磁州窑文化品牌影响力，1999年，峰峰矿区文物保管所配合邯郸市文研所在彭城镇新华村发掘出元代窑址一座、清代窑址一座、料池一处、上万片瓷片，并对发掘的元代窑址进行了原地保护，建起馒头窑形保护棚，成立了盐店窑遗址博物馆。

随后，又在彭城镇富田村发现明、清以来馒头窑10座，作坊 4 处，古原料场地1处，投资300多万元建成富田窑遗址博物馆。遗址占地面积达10余亩，成为目前国内外保存陶瓷古窑数量最多、最集中、最完整的窑群遗址。

随着两处遗址博物馆的相继落成，该区与邯郸公交总公司联合运营了旅游4路（现604路）公交线路，年接待游客20万次，创收400多万元。

目前，投资1700万元、占地108亩，集磁州窑历史文化、传承传统工艺、陈列陶瓷作品、游览、休闲购物为一体的"中国磁州窑博展馆"已竣工，"古陶瓷都"精品旅游线路成为一大亮点。

2003年，峰峰矿区在北京人民大会堂举办了"中国（北京）磁州窑文化发展战略研讨会暨经贸洽谈会"；2004年成功举办了"中国峰峰首届磁州窑文化节"和"陶瓷国际发展战略研讨会"；随后，陆续在佛山、山东、厦门等地举办了招商会和项目发布会，累计签订供货合同 6 亿元。在实现了利润产值的同时，有效提升了峰峰陶瓷知名度。

目前，峰峰矿区磁州窑文化产业从业人员达2.5万人，拥有获得国家、省、市各级荣誉的陶瓷工艺大师6000余人。其中，刘立忠荣获联合国教科文组织授予的"国际民间美术大师"，并获得国家级非物质文化遗产项目代表性传承人、国家级陶瓷工艺大师、中国民间文化杰出传承人等荣誉称号；安际衡被中宣部、中国文联、中国民协评为"中国民间文化杰出传承人"，获得首批河北省民族民间文化传承人、第二届河北省工艺美术大师等荣誉称号；魏启山被省政府命名为"第二批省级非物质文化遗产传承人"；闫保山、王念峰、杨少峰、柴珲等被评为"第二届河北省工艺美术大师"荣誉称号。

此外，峰峰矿区还积极引导有实力的企业与高等院校、科研院所联合，进行磁州窑文化研究和新型产品研发，使企业产品得到不断创新。目前，该区已先后与中央美术学院、西安美术学院、北京服装学院、河北师范大学、河北艺术职业学院、河北农大艺术学院、邯郸学院艺术与传媒系、辽宁工业大学等十几所大专院校建立联系，成立了磁州窑实习基地，并共同开展了多项研究课题。

同时，峰峰矿区磁州窑文化企业中涌现出一大批国内知名企业，产品出口到欧美、澳洲、东南亚、中东等30多个国家和地区。

千年风雨窑火不灭，千年瓷都今朝胜昔。截至目前，峰峰矿区拥有磁州窑文化企业90余家，总产值突破6亿元，实现利税4500万元。

彭城窑的手绘装饰艺术

刘立忠

磁州窑的艺术成就，吸收了中国书画艺术中的许多特点，创造出了黑花装饰，墨色挥洒，骨法用笔，形神兼备，万变不离其宗。磁州窑的黑花装饰，是在浸有白化妆土的湿坯上绘制成的，要求画工用笔简练、迅速、生动、活泼、不拘小节。因此，他们竭力寻找一条符合自己行业的特有画法。画面或彩或素，或点或圈，或花或叶，或字或书，或拟鸟迹兽踪，或摹五谷六畜，或一气呵成，或起伏跌宕；所画花草，长短挥洒，唰然有声，跃然坯上。这种熟练操作是画工们艰苦磨炼的结果。因此，画工们在生产中找出了图案的表现规律。他们在用笔上游刃有余，任其剪裁，往往使人感到以少胜多，以空为有，与中国画理论不谋而合。他们是在民间艺术创造中锤炼成的名副其实的中国写意画大师。

抽象纹饰在磁州窑中占有很大的比例，画工们用俗语称抽象纹饰为"瞎作作"，即胡画乱画。瓷绘老工程师吴兴让在整理《近百年彭城陶瓷纹样》时毫不费力信手几笔，画了不少连自己都叫不出名的抽象纹样。这种凝聚着磁州窑艺术精魂和老艺术家数十年心血的"兴之所至"的"信手涂鸦"，打碎了桎梏，放纵了性情。这种自由心胸的坦荡流露，人们见怪不怪，画工们只凭感觉叫它们勾弹子、豆芽菜、鸡毛花、归心花、点花、子母线等。听起来"土"得掉渣，但这种对民间、乡土、原始生存状态的皈依，却是艺术中最宝贵的东西。顺手顺笔，顺的是常情常理，顺的是至情至理。

勾弹子：似水波，似云烟，似灯笼，似石榴，似爆竹，归心凝重，八方蹦跃，从具象的形式中抽象出点线面的自由变化，一种富贵吉祥、热烈生动的生活生命情态跃然眼前。

豆芽菜：像灵芝仙草，像祥云金霞，像风筝舞，像蝶恋花，缕缕炊烟铺排出夕阳牧笛的悠悠气韵。

鸡毛花：鸡毛乃乡间俗物，但却入画而为花，为构图之契机，为形象之枢纽，磁州窑装饰画，化腐朽为神奇，视禽羽为神圣，勾勒点染，或如心花怒放，或如雄鸡振翎，或如一羽青霄之孤旷，或如丛菊怒放之蓬勃，于物象中提炼、概括、夸张，最终抽象为点与线的排布。简约至极，丰富至极。

归心花：是花，是叶，是云，是平面造型在无限延伸中的变化，亦无所不是，乃以景定情，以情生形。这是由黑变白，由阴变晴的太阳，它可使万物复苏。

点画：这是极度概括的结果，是花，是叶，似屋漏之斑驳。或正，或欹，或向或背，聚散疏密，皆品位文章。活脱脱是生命的延续，是生生不息的生命意识的流淌。

子母线：一正二护，是情感，亦是寄托，粗细、宽窄和黑白的强烈对比，旨在写意，生动之至，令人赞叹不已。

从前画工们学艺，师承三年，大都是身传口授。他们以画诀、画样作为范本，使一抽象纹样在继承的基础上进行变化。磁州窑装饰画中以提、压、按等用笔，以极度概括的手段以及夸张变形的抽象，在快速运笔中形成自然的"粗""细"元素，而这种元素又是用磁州窑民间艺人世世代代对艺术的痴心、痴情所渗透润泽了的永恒。这是磁州窑绘画审美价值不衰的深层原因。

夸张一个"简"字，也是磁州窑的一大特点。韩修竹在他的《北方青花瓷》一文中讲道"磁州窑黑花装饰简练得只是一些用笔点簇而成的不规则的点线。"它表现出艺人们的创造天才，他们为了省工省力，竭力地寻找追求自由性、随意性的连笔、简笔，将自然中的形体尽力概括，抽出图案具象的东西，在手绘技巧上，抽象纹饰已达炉火纯青之境。它把中国画的笔法纳入图案之中，虽寥寥几笔却淋漓酣畅、简朴生动，令人爱恋。

师傅在教徒弟时，不断地提示一些要领，单就在磁州窑民间陶瓷彩绘与刻画装饰过程中强调很多的方法与理论，大多在边干活边讲的过程中进行，原话不一定记得那么准，就我所理解与悟出的可以总结为如下要点。

在操作过程中艺术上理论术语有：留白、占位、布花、近似、长眼、透巧、漏拙、点到、贯气、端祥等要点。下面分述以便理解与了解民间艺人的艺术理论。我们常说学画一枝一花易，弄清弄懂其中的理难，能用理来指导怎么干更难。但谁都想干得更好，我们常用的术语都是平常的方言口语，不一定大家都认同，谈出来共同研究，以便于帮助认识与理解民间磁州窑陶瓷艺术精神及绘画的品质与风格。

留白：民间陶瓷绘画最讲究的一项艺术理论，也是最难理解更是难以确切掌握的一项理论与方法。师傅讲留白的“白”也可以叫作留“空”。讲的是构图中的虚实关系，不光整个画面要留白，每一枝、一叶、一花都要留白。空白留的巧妙、适当，是画工一生每天、每件、每笔都应当注重推敲的功力。“白”不是可有可无，留在哪，留多大，是应十分讲究的。白是可以当“实”用，但要你用的巧。

占位：民间陶瓷绘画求在“似与不似之间”，所画的是一种神态与意境，这里所指的占位是在绘画构图中抢占重要的位置，该占的地方一定要占上，占不一定是占原来的大小形状，也就是说“占到要处”、“占上就好”的一种写意神态的术语。原应该有的结构形可用别的形态与原应有的大小去占据，也可以用不同的大小去占据，显得不空，占得有理为占位。

布花：是指在装饰纹饰过程中，花头与重点纹饰安排在哪，即构图的重点纹饰与辅助的纹饰安排的问题。磁州窑民间陶瓷上多装饰那些老百姓喜欢的肉突突的大形花，有的叫牡丹，有的是想象中与理想中的花，在器物上，首先要确定花头的位置，先把花头画出，然后再用二方或四方连续的缠枝作处理，布花就是要安排花头的大小与位置，合理的布置在器皿之上。

近似：讲的是所描绘的对象，求在似与不似之间，因为民间绘画的风格，不可能画得完全规格一致与一模一样。这是由于手工操作的方式、工时、价格、生产要素决定了它的绘画风格，多用写意表达。似像似不像是民间绘画的根，亦是民间绘画的本性。

长眼：也可以称之为目测。是指画者在胚体上，用目测量的技能。画圆型器物时要本能的一眼看到三分之一是多少，因为圆的画面展开后是一个很长的装饰面或带，眼上的功夫就相当的重要。因在民间陶瓷彩绘中，很少用稿与尺来分割，用目测并测出所需的四分之一，五分之一的量。准确地把握目测的量是为完成其大写意风格时必须的技能与功夫，所描绘的纹饰多大多宽，心里有数，才有可能大胆地去处理画面。才能毫不迟疑地挥毫泼墨，使之恰当完美地完成圆体的衔接，这是必修的目测量圆形体的眼力功夫。

透巧：这是画面处理的理论依据，如在大量拙笨的笔触中，偶尔特意地透一点秀，即特意地作一点相对而言的细功，或妙描，使画面在拙中透巧，透析出作者扎实的绘画功力，达到画面生动灵活。

漏拙：是指用笔不要只注重飘逸顺溜，因为在大量生产描绘过程中，噼里啪啦地习惯写画，容易造成画面过于气势单一感。漏拙与透巧一样，一个是在大量拙的势下，一个是讲在流畅顺溜的势下，有意的造出反方向或逆势态的笔触，以取得画面生动的效果。出人意料地搞一点拙是民间美术不完美的“美”。“美”是造化出来的以拙衬美，这样才会造就民间绘画潇洒中的生动跳跃。大量地大面积的漏拙，是最高境界的“美”。其要点是：拙是作者故意流漏的。

点到：民间绘画，点到为止，以少代多，以简代繁，在民间绘画中十分重要。某处本应有某纹饰，有的可以简化为点，只要点到，并不显的有什么在纹饰上的不完整感，反而更具有变化感与跳跃感。像某处本应有一叶或一花，有时可以用意点到为止，或浓或淡，或大或小，只要刻意点到要害处，自然看起来就顺眼。因为它符合你所描绘对象的自然的生长规律与图案规律，但点到不等于点“过”。“不过”与点到是相对的理。“不过”是指绘画的细节要十分讲究， “不过”是美，“过”则拙。弯也好、点也好、粗也好、细也好，在对比中某一处过其量，就会走到它的反面而变为拙。所以用笔适当，勾点适合，在飞速运笔的过程中，运转的度与应描绘的粗细感都要讲究正好，不可“过”。这些都需要千百遍的练习与体悟，这是民间绘画需神会的“功”。

贯气：讲拙、讲巧、再讲贯穿一致的气质，贯气就是联贯一气，是指整体画面效果的气质，要有一气呵成的气势。笔可断，气不可断，在民间绘画中，怪、拙、繁、杂等味道都有可能出现，但贯串一致是其成功最重要的要素。全盘的拙、全盘的杂都会觉得合理与应该，如只有怪、拙、繁、杂而无贯串一气的效果，我们说它什么也不是了。

雅中漏俗，雅是其贯穿一致的地方。俗至大俗反而为大雅。在快疾潇洒流畅中，偶带些生涩，亦是由潇洒流畅而贯之，这些在统一中“贯”是主弦律，在主弦律的节制下，有个别跳动的音符，反而增加音乐的美感，民间绘画也十分讲究理的认识与运用。

端祥：即在干活的过程中，每完成一件制品后，再回过头看一下自己刚完成的制品与作品，意在品位，看一下自己所绘画装饰的制品，有没有美感或享受，有没有遗憾与不足。再看一下哪些是优秀的妙笔，哪些是败笔与拙笔，应如何修改装饰使之更加完美的过程。

这对于手工艺人太重要了，这是用脑子在评判，用脑子在理性认知上的总结与改进过程，是对艺人下一步再创作理性升腾升华的必须过程。

师傅常对我们说：再看看——仔细地看看——看这儿——看那儿等。让徒弟们在品位的过程中能悟出点什么，师傅的这些有所指与无所指的言意，实是有所指的，绝不是无的放矢，因为当你在端祥审视过程中，使自己站到了作品之外的角度去观测、去细看，角度改变了认知的东西与理会随之而变的，能让我们悟出师傅所指出的不足处，更能启发我们认知师傅所传授的要领，让人悟出个道理，这就是端祥的意义。

当回首端祥品位的时侯，这种神的传递与修养，是民间艺人在艺术技术道路上最重要的传授及自我提高的过程。正是坚持每天每件每笔不间断地端祥品位，才能最有效与忠诚地接受这门手艺的理念，在不断的端祥品位过程中，掌握的技巧才会多起来，使得这项艺术在生产与创作过程中得以传承延续与进步升华。

千年邢窑　盛世瓷韵

邢窑研究所

唐代诗人皮日休《茶瓯诗》写到：“邢窑与越人，皆能造瓷器。圆似月魂堕，轻如云魄起。”李肇《国史补》中说，“内丘白瓷瓯，端溪紫石砚，天下无贵贱通用之” 。这被诗人以“月之魂云之魄”相比拟，而且“天下无贵贱通用之”的神器就是邢窑白瓷，史称“邢白瓷”。

一、白瓷之源

邢窑是我国生产白瓷最早的窑场之一，在唐朝达到了鼎盛阶段，成为我国早期白瓷的生产中心。邢窑白瓷是华夏白瓷的鼻祖，它结束了自商周以来青瓷独尊的历史，形成了我国陶瓷史上“南青北白”争奇斗艳的两大体系，为彩瓷的发展奠定了基础，被称为陶瓷史上一座辉煌的里程碑。邢窑还是名副其实的贡窑，出土的“盈”、“大盈”、“翰林”款器物是专为皇家大盈库定烧的器皿。邢窑隋代透影白瓷、隋三彩、唐三彩等填补陶瓷史空白的器物，都印证着邢窑窑工掌握了极其复杂的制瓷工艺。

二、千载沉浮

邢窑始于北朝，早期以烧制青瓷为主，白瓷初露端倪，隋代已能烧制薄如纸、白如雪、质如玉的精细透光白瓷，将我国制瓷技术推向了新的高峰。唐代，邢窑白瓷种类丰富，胎质坚细，釉面光洁，造型庄重大方，装饰纹样丰富，装饰技法多样，达到鼎盛时期。邢白瓷不仅“天下无贵贱通用”，还曾远销海外，对海内外陶瓷文化都产生了极其深远的影响。晚唐五代后，由于战乱、原材料枯竭等原因，逐渐衰落。宋代，虽还生产少量贡品，其制瓷规模已不能和唐代相比。元代之后就神秘地消失了，整体烧造时间为九百多年。

20世纪80年代之前，虽经文物工作者苦苦寻觅，邢窑遗址踪影难觅！关于邢窑的诸多谜团，成了近代古陶瓷史学研究的“斯芬克斯”之谜。

1980年，临城县境内发现了大量具有唐代风格的白瓷片、窑具、窑炉等遗物和遗迹，先后有17处古窑址出土。

1984年在内丘县境内，共发现28处邢窑遗址，采集、征集和考古发掘出土的文物标本万余件，该遗址1996年被国务院公布为全国重点文物保护单位。

1988年，河北省文物研究所组成了邢窑考古队，对邢窑遗址进行了首次发掘，发掘了临城祁村、山下、内邱西关的三处窑址，其中内邱西关发掘出土的隋代透光白瓷填补了中国陶瓷史上的一个空白。

2011年，在临城瓷窑沟的考古发掘收获了大量金元时期的白底黑花瓷器，对邢窑后期的发展和延续提供了重要的实证。

2012年，位于内丘县西关的邢窑发掘现场，27座北朝时期窑炉的出土震惊世界！这批窑炉年代早、完整程度高，早期灰坑出土遗物多，尤其是首次发现的隋三彩，填补了古陶瓷史上的空白。从这里发掘出土的大量北朝时期的邢窑青瓷，以及早期的白瓷，一举解决了邢窑的起源问题，邢窑的发轫定格在了北朝时期，该发掘项目也因之成功入选“2012年度全国十大考古新发现”。

邢窑遗址的发现，大大促进了邢窑的研究工作。研究者们从考古学、文物学、工艺技术等不同角度对邢窑进行了研究与探讨，取得了一批成果。邢瓷烧制技艺作为国家级非物质文化遗产的一部分,我们要很好地传承下去。

三、龙跃凤鸣

在近千年中，无数邢窑工匠以他们的聪明才智，创造出大量的实用与欣赏并重的陶瓷器物。邢窑制品种类丰富、原料优良、制作精细、装饰典雅隽秀、胎釉细腻温润，器形堪称中国陶瓷烧造史上的典范，那独有的气度和神韵，给世人带来巨大的心灵震撼和视觉冲击，洋溢出邢窑陶工追求艺术、崇尚美好的理念。

以邢窑的鼎盛时期，盛唐为例。盛唐高度发达的政治、经济、文化给邢窑带来了源源不断的审美需求，也使邢窑吸取同时代各种姐妹艺术形式的营养，逐步形成了邢窑独特的艺术风采，为后人留下了宝贵的文化遗产。此时的制品多以细白瓷为主，器物的种类五花八门，其釉色已达到了非常成熟的程度。白瓷质地细腻，釉色白中泛青，温润如玉，给世人带来了祥和、恬静的感觉，奠定了邢窑以白为美称霸天下的物质基础。此时邢瓷制品的造型艺术不断升华，口、颈、肩、腹及底的线条处理十分考究，线条饱满酣畅，极富韵律，制作规整精细，干净利落，形成了庄重大方、雍容华贵的艺术风范，成为我国陶瓷造型艺术的典范。邢器的这种质地美和丰满、凝重的形体互为补充，使其呈现出既雍容饱满而又凝重大方的美感。唐代邢窑装饰手法也更加多样化，计有印花、划花、刻剔花、镂空、捏雕等方法，为更准确的诠释邢窑博大精深的艺术风采增加了新的物证。彩绘瓷与唐三彩等色釉品种更增添了邢窑丰富的文化内涵。

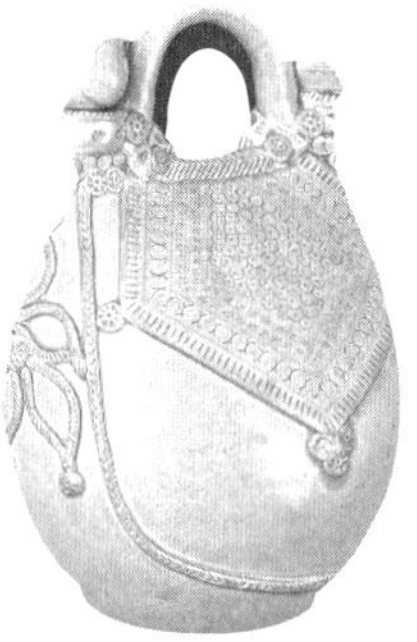

四、邢窑研究所

邢窑研究所成立于2012年3月，是经邢台市科技局、邢台市民政局批准注册的研究机构。邢台市科技局为该所业务主管单位。研究所挂靠邢台学院美术与设计学院，依托学院省级重点学科——美术学，以邢台学院美术与设计学院教师为主要研究力量，聘请国内邢瓷研究知名专家张志忠担任负责人，主要从事邢瓷文化、邢瓷考古、邢瓷技艺、邢瓷艺术设计等研究工作，目前研究所设有邢瓷博物馆、陶瓷艺术实验室以及作品展厅。

1. 负责人

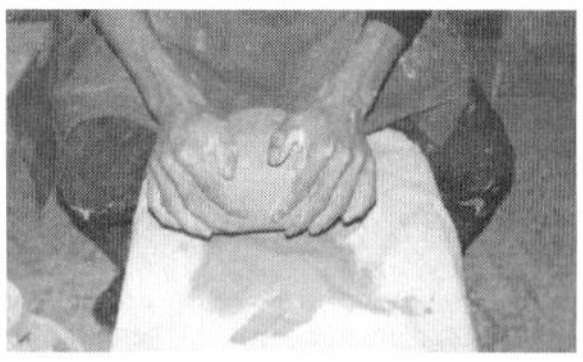

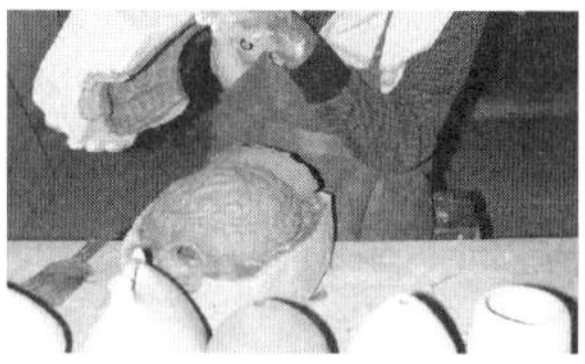

张志忠，河北省陶瓷艺术大师。1963年11月生，河北省临城县人。中国民主促进会会员。中国古陶瓷学会会员，中国陶瓷工业协会会员，中国陶瓷工业协会陶瓷艺术委员会常务理事，河北省陶瓷艺术专业委员会副主任委员，河北省文物考古学会理事，河北省博物馆学会理事，河北省收藏家协会理事。邢窑陶瓷烧制技艺传承人。现任邢台市政协委员，邢窑博物馆副研究馆员，邢台市邢窑研究所所长、邢台学院教授，河北邢瓷瓷业有限公司艺术总监。

自参加工作以来，先后在临城县第一瓷厂美术组、河北省邢窑研究组从事邢窑的恢复研究工作。对古代陶瓷的原料配制、成型、烧成，特别是传统拉坯、利坯工艺技术娴熟，有丰富的制瓷经验。在古代陶瓷工艺和艺术方面亦有颇多成果，2013年被中国陶瓷工业协会授予“中国陶瓷历史名窑恢复与发展贡献奖”。2014年，张志忠被河北省陶瓷玻璃协会授予“河北省陶瓷行业突出贡献科技工作者”荣誉称号，被第三届中国非物质文化遗产博览会授予“优秀传承人展示奖”。2015年，被命名为第四批省级非物质文化遗产项目邢窑陶瓷烧制技艺代表性传承人（编号04-0114）。

张志忠的作品多次在省级和国家级陶瓷大赛中获奖并被多家博物馆收藏。作品“葫芦瓶”获中国第九届陶瓷创新评比银奖；作品“一代天骄”获中国首届“大地奖”（艺术陶瓷类）陶瓷作品评比金奖；作品“星雨”、“追梦”分获中国第二届、第三届“大地奖”（艺术陶瓷类）陶瓷作品评比金奖；“圆梦”获（2013）中国民间工艺美术品博览会金奖；邢窑“翰林罐”被中国工艺美术馆收藏；“早春”被国际非物质文化遗产博览园荣誉收藏。

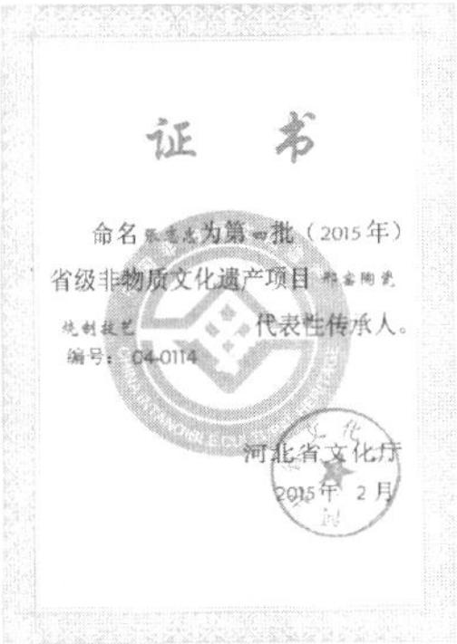

在邢窑研究方面，成果丰硕，先后在《文物》、《考古》等核心期刊发表《邢窑工艺技术研究》、《邢窑隋唐细白瓷研究》、《邢窑装烧方法研究》、《邢窑隋代透影白瓷》、《邢窑装饰初探》等二十余篇论文，参加的“邢窑恢复研究”项目曾获省轻工业厅科技一等奖。还出版《千年邢窑》、《邢窑研究》《中国邢窑》等多部著作，被业内誉为“邢窑研究恢复第一人”。

2. 主要工作和活动

古老的邢白瓷能否焕发青春？能否形成产业、创下品牌？能否带动经济发展，提升邢台市的文化软实力？坐落于邢台学院的邢台市邢窑研究所任重道远。近年来，邢窑研究所一直致力于邢窑文化、考古、技艺研究，积极开展学术研究交流，弘扬邢窑文化，力图让千年邢瓷的梦想变成现实，让传承与创新的永恒主题辉映盛世中国！

2013年6月，研究所聘请多位国内知名专家担任顾问，出版了邢瓷领域的学术期刊《邢窑研究》。故宫博物院研究员李辉柄先生专门为本刊物题写刊名。刊物中精心收录二十余篇文章，将近年来邢窑邢瓷领域的考古、工艺、文化、艺术等方面的研究成果囊括其中，为邢瓷文化研究者和爱好者进行学术交流开拓了又一平台。邢台市邢窑研究所还承担了多项省、市级研究和服务社会项目，如：邢瓷艺术保护传承与开发研究、邢窑透光白瓷研究与恢复、邢窑工艺美术的文化史研究、邢瓷文化创意产业发展研究并积极开展学术交流活动。邢台市邢窑研究所参办了河北省陶瓷艺术技艺大赛、“南青北白——越窑与邢窑学术研讨会”、“发现邢窑——邢窑陶瓷特展”，张志忠所长携研究所成员多次应邀出席陶瓷领域的学术研讨活动，如“故宫博物院珐琅彩瓷作品展”、“第二届邯郸磁州窑国际论坛”、“2012中国景德镇国际陶瓷博览会”、“第五届中国成都国际非物质文化遗产博览会”，为营造陶瓷文化研究氛围，促进技艺传承发展，推动设计制作创新起到重要作用。

邢窑研究所获中共河北省委对外宣传局和河北日报报业集团举办的“河北骄傲——代表河北的100张名片”之一，使邢瓷和邢台市邢窑研究所得以真实的呈现在大众面前。

不息的窑火
——解放以来磁州窑的发展历程

任双合
中国陶瓷艺术大师

磁州窑以它独特的工艺制作和独树一帜的装饰艺术誉满全球，更以它千年窑火不断的神话般奇迹为世人赞叹。磁州窑人以其聪明才智，在中国陶瓷历史乃至世界陶瓷史上写下了光辉篇章。尤其是解放以来，在党和政府的关怀、支持和帮助下，使一个千年古窑旧貌换新颜，从解放初期到现在几十年的时间，使这里发展成为一个既有悠久文化历史传统，又具现代面貌的综合性大型陶瓷产区，跨入了全国八大陶瓷产区的行列，创造了磁州窑历史上前所未有的辉煌。从解放到现在，磁州窑发展历程大体上经历了三个阶段；解放初期一段时间内是恢复发展生产打基础阶段；第二阶段是全面发展创造辉煌；第三阶段是凤凰涅槃浴火重生。

一、磁州窑中心产区彭城地处太行山革命老区，因此1945年8月就已经解放，国民经济恢复时期（1945年—1952年）在晋冀鲁豫边区政府领导下，按照新民主主义经济纲领精神，在发展生产，繁荣经济的政策指导下，组织瓷业生产合作社，号召瓷业工人归队自救，对磁州窑传统技艺和私营瓷业，贯彻了“保护、发展、提高”的方针。为了迅速恢复发展陶瓷生产，进行了多方面的经济建设，把没收官僚资产、乱伪企业、反动资本家的资产，组成国营陶瓷企业，军政机关陶瓷组建公营企业，贷款支持各村的集体瓷业和私营瓷业发展生产，这样彭城瓷业在国营、公营经济领导下，出现了五种经济并存的局面，对陶瓷业迅速恢复与发展，起了很大的作用。同时边区政府和冀南银行，还采取发放贷款和低息贷款，动员煤矿等单位支持资金，外运粮食救济瓷业工人，公众集资民办众助，成立工人工会等多种方式，支持恢复发展陶瓷生产，都起到了有力的促进作用。瓷窑由解放初的47座，到年底增到54座，缸窑12座，盘由80盘，增加到了180盘，磁业工人1300人，产量1440万件。

在全面恢复瓷业生产的同时，边区政府还十分重视陶瓷的技术进步和产品的质量升级。1946年5月在彭城组建了“边区政府工业制造所”（邯郸市陶瓷研究院的前身），并调来陶瓷专家，开始用当地原料研究制造日用细瓷。同时，由于采取多种方式发展瓷业生产，至中华人民共和国成立的1949年，共恢复碗窑、缸窑、砂贷窑266座，产量8011万件，从业人员达到3350余人。

随着形势的发展，党和人民政府为了加强对陶瓷业的领导，促进瓷业大发展，组建管理机构，调任干部，成立了公营企业管理局，对瓷厂进行全面规划、调整、统一改组，组建了第一瓷厂、第二瓷厂等多个工厂，并配备干部和管理人员，实行了党委领导下的厂长负责制。彭城瓷业纳入了国家计划经济的轨道。

国家对邯郸陶瓷的扶植，不仅仅表现在大力恢复和发展现有产品生产方面，同时下力量抓技术进步、产品升级换代、细瓷研制和磁州窑传统技术的恢复和继承。不但成立研究结构，而且还从外调来陶瓷专家和本地区技术人员，经过不懈努力，研制开发出磁州窑第一代细瓷产品，改变了彭城长期以来只能生产粗瓷的历史，并得以迅速推广。淘汰了日用粗瓷，实现了原料加工机械化，可塑成型滚压化，干燥链条化，烧成隧道化。在此段时间内，1953年也开始着手仿宋瓷的研究恢复工作，并取得成功。1955年仿宋瓷在研究所正式投入生产，而且有70余种产品接受国外订货，是建国以来，彭城陶瓷最早的外销出口产品，在国际莱比锡博览会上得到很高的评价。建国十周年时，还特别为人民大会堂制作了陈设瓷和刻画花茶具等仿宋瓷产品，之后，仿宋瓷多次参加了国内外展览，受到好评。

在邯郸陶瓷不断取得大发展的同时，国家对专业人才的培养也十分重视，从内外组人加强研究所和各陶瓷生产厂的技术力量，在彭城成立了陶瓷工业学校，接收大中专毕业生、培训在职职工等，使其技术队伍不断壮大，陶瓷生产技术水平不断提高。新产品，新器型，新花色不断出现。到20世纪60年代中期，产品在粗瓷改细瓷的情况下，产量达到4489.45万件，而且出口瓷突破千万件大关。达到1075.13万件。一个新型的磁州窑产区以逐步形成。

二、经过三四十年的艰苦奋斗，勤劳智慧的磁州窑职工在党和政府的领导下，把一个贫穷落后的民间瓷窑建设成为一个大型综合性陶瓷产区。直接生产厂14个，超千人厂9个，另有研究所、花纸厂、石粉厂、匣钵厂、石膏厂、包装厂、机修厂、技工学校、子弟学校、幼儿园、陶瓷医院、情报站、煤气站和后勤单位十多个，作为磁州窑传人的邯郸陶瓷集团公司，不断地适应新形势，继承和发扬了磁州窑文化精髓，坚持以质量求生存，以品种求发展，以提高经济效益中心的指导思想，认真贯彻“科技兴陶，名牌兴企”的战略，充分发扬自己的优势，把邯郸陶瓷建设成为一个具有世界先进水平的窑炉、成型机、陶瓷花纸印刷机，具有国内一流的生产流程的现代化企业集团。实现了原料标准化、辅料专业化、燃料煤气化、装备现代化、产品高档化。研制开发出了日用瓷、建筑瓷、工业瓷、卫生瓷、特种陶瓷、艺术瓷、旅游陶瓷等七大门类近百个瓷种。其中两种产品荣获国家银质奖，七种产品荣获轻工业部优质产品奖，“力力牌”强化瓷、“白玫牌”日用瓷等先后荣获“河北省名牌产品”荣誉称号。并形成以“红黄蓝白黑”为主要特点，艺术瓷异军突起，磁州窑传统产品发扬光大的生产格局，使邯郸陶瓷以花色多、品种全、质量精而畅销全国28个省市自治区和亚非欧美等65个国家和地区。1989年产量达到了13190.95万件，工业总产值14026.76万元，出口量3856.07万件。

在邯郸陶瓷发展的大好形势下，20世纪80年代“邯郸市磁州窑研究会”和“邯郸市硅酸盐学会”相继成立。标志着磁州窑和邯郸陶瓷的发展进入了一个新时期，其中磁州窑研究会，不但包括本土的技术人员，而且还有各级领导，特聘当时全国人大副委员长黄华为名誉会长。吸收全国热衷于磁州窑的专家、学者、收藏家、理论家、还吸收了一大批外籍会员。曾几度在彭城召开学术交流研讨会，名誉会长黄华还特意到彭城参加会议，题词鼓励，对磁州窑的发展进步起到了很大的推动作用。与此同时，一些专家、艺术家也纷纷来这里进行艺术创作，著名画家黄胄先生还被聘为集团公司的艺术顾问。中央工艺美术学院院长张仃先生看了磁州窑艺术瓷厂为首都机厂制作的大型壁画后激动得的高呼“磁州窑万岁”。这一个个动人的情节都成为传颂的佳话。总之，新中国成立后三四十年成为磁州窑发展辉煌时期。

20世纪70年代末和80年代中期，邯郸陶瓷总公司在北京的中国历史博物馆和中央美术学院展览馆举办了两次大规模的综合性磁州窑艺术汇报展览。仅在中国历史博物馆展览中，展出包括磁州窑历代文物珍品，现代仿制品和新作，现代美术陶瓷和现代日用瓷四个部分，其中古陶瓷66件，现代作品2089件/套。展出作品共计2155件/套。向社会展示磁州窑的历史和新中国成立后的发展现状，取得的辉煌成果。国家有关领导、艺术界个人权威、社会人士及各界人士踊跃参观、询问、座谈，盛况空前，轰动京华，纷纷题词作画。全国政协副主席佛教协会名誉会长赵朴初先生观后感慨激动，即挥毫写下“艺术弘千载，光彩耀四方”的赞扬磁州窑的诗句，赵老的题词形象生动地描绘出当时磁州窑的红火状态。在此前后的一二十年间，国内外展览不断，出图书、邮票，拍电影、电视片，选送国家礼品瓷等活动异常频繁。

三、随着改革开放形势的发展，90年代的企业转型和改制，使邯郸陶瓷进入了一个新的发展阶段之中。工厂企业先后由国营转化为私有或私营，陶瓷集团公司解体，取而代之的是区局和陶瓷协会，一大批陶瓷职工下岗、失业。但是生命力极强的磁州窑的根没有绝，窑火没有灭，一批有志之士为了谋生，更为了传承优秀的传统文化艺术，发扬了穷棒子精神，艰苦奋斗，开始用微薄的力量，办起了家庭作坊和小窑场，继续点燃着磁州窑之火，艰苦的支撑着磁州窑前进的步伐。毛泽东主席曾经说过“星星之火，可以燎原”，又一二十年过去了，磁州窑在当地党委政府的支持和关心下又获得了新生，几十座家庭作坊和窑场都已稳定发展。出现了安氏“大家陶艺”即是生产厂又是收藏展示的现代大型艺术馆。“磁州窑富田遗址”、“磁州窑盐店遗址”在历史遗迹上延续磁州窑火的集生产、观光、旅游为一体的文化产业型单位。几十座家庭作坊和窑场都有新的发展。一大批技术和艺术人才脱颖而出，有三人被授予国家级陶瓷艺术大师荣誉称号，有几十人被授予省级陶瓷艺术大师荣誉称号，无冕之王大有人在。磁州窑被国家列入国家级非物质文化遗产，有二人被认定为国家级非物质文化遗产传承人。当地政府还建立了“磁州窑博物馆”和“磁州窑历史博物馆”。磁州窑的继承和发展出现了崭新的局面。在继承和发扬传统技艺的同时，磁州窑的研究制作更加深化，创新产品不断出现，将现代观念，现代信息，现代科学技术，现代机器设备，现代装饰材料，现代烧成方式融入传统工艺生产和技艺中，打造着当代磁州窑产品的新面貌。

与此同时，磁州窑的细瓷、其他瓷种和辅助材料产品厂也不断的发展壮大，出现了一批像裕行、盛华、玉源、佳美、合益、梧桐树、天山等一批较大型外销瓷生产厂，私营生产厂达到九十余家。陶瓷花纸厂也由原来的两家发展成为现在的三十余家。在彭城可以说大小瓷厂和陶瓷有关的各类工厂星罗棋布，为彭城陶瓷发展的前景打下了良好的基础。

尤其可喜的是，近年来中央出台了发展文化产业的政策，又为磁州窑提供了新的发展机遇，加快了磁州窑文化产业发展的步伐。当地党委和政府更加重视磁州窑发展的前景和对磁州窑产业的扶植力度。宣传、展销、研讨、打造网络平台、制订发展规划。提出打造“山城、水乡、瓷都”彭城的宏观目标。在“十三五”规划中又提出，打造特色品牌，唱响磁州窑文化品牌，弘扬磁州窑文化，以富田遗址、盐店遗址、大家陶艺、七厂艺术街区等为中心建成磁州窑文化传承基地，鼓励国家级大师培养传承人增设工作室，与省市高校对接合作，创办陶瓷艺术学校。注册中国磁州窑商标，把磁州窑品牌叫响全国，推向世界。在整个规划中还多处提到有关磁州窑文化发展和与此相关的内容。如彭城镇古街的打造；把磁州窑传统文化符号融入城区建设；打造极具人文魅力的古窑、古街、古镇；滏阳河旅游资源的开发，抓好文化遗产的保护，支持磁州窑历史博物馆升级等。有政府的决心、社会的关注和支持、磁州窑人的雄心壮志和不懈精神，相信磁州窑发展腾飞的日子会很快到来。

2015

中国海洋年鉴

年鉴

2015

政策法规

中华人民共和国环境保护法

主席令第9号

（1989年12月26日第七届全国人民代表大会常务委员会第十一次会议通过
2014年4月24日第十二届全国人民代表大会常务委员会第八次会议修订）

目　录

第一章 总则

第一条 为保护和改善环境，防治污染和其他公害，保障公众健康，推进生态文明建设，促进经济社会可持续发展，制定本法。

第二条 本法所称环境，是指影响人类生存和发展的各种天然的和经过人工改造的

自然因素的总体，包括大气、水、海洋、土地、矿藏、森林、草原、湿地、野生生物、自然遗迹、人文遗迹、自然保护区、风景名胜区、城市和乡村等。

第三条 本法适用于中华人民共和国领域和中华人民共和国管辖的其他海域。

第四条 保护环境是国家的基本国策。

国家采取有利于节约和循环利用资源、保护和改善环境、促进人与自然和谐的经济、技术政策和措施，使经济社会发展与环境保护相协调。

第五条 环境保护坚持保护优先、预防为主、综合治理、公众参与、损害担责的原则。

第六条 一切单位和个人都有保护环境的义务。

地方各级人民政府应当对本行政区域的环境质量负责。

企业事业单位和其他生产经营者应当防止、减少环境污染和生态破坏，对所造成的损害依法承担责任。

公民应当增强环境保护意识，采取低碳、节俭的生活方式，自觉履行环境保护义务。

第七条 国家支持环境保护科学技术研究、开发和应用，鼓励环境保护产业发展，促进环境保护信息化建设，提高环境保护科学技术水平。

第八条 各级人民政府应当加大保护和改善环境、防治污染和其他公害的财政投入，提高财政资金

的使用效益。

第九条 各级人民政府应当加强环境保护宣传和普及工作，鼓励基层群众性自治组织、社会组织、环境保护志愿者开展环境保护法律法规和环境保护知识的宣传，营造保护环境的良好风气。

教育行政部门、学校应当将环境保护知识纳入学校教育内容，培养学生的环境保护意识。

新闻媒体应当开展环境保护法律法规和环境保护知识的宣传，对环境违法行为进行舆论监督。

第十条 国务院环境保护主管部门，对全国环境保护工作实施统一监督管理；县级以上地方人民政府环境保护主管部门，对本行政区域环境保护工作实施统一监督管理。

县级以上人民政府有关部门和军队环境保护部门，依照有关法律的规定对资源保护和污染防治等环境保护工作实施监督管理。

第十一条 对保护和改善环境有显著成绩的单位和个人，由人民政府给予奖励。

第十二条 每年6月5日为环境日。

第二章 监督管理

第十三条 县级以上人民政府应当将环境保护工作纳入国民经济和社会发展规划。

国务院环境保护主管部门会同有关部门，根据国民经济和社会发展规划编制国家环境保护规划，报国务院批准并公布实施。

县级以上地方人民政府环境保护主管部门会同有关部门，根据国家环境保护规划的要求，编制本行政区域的环境保护规划，报同级人民政府批准并公布实施。

环境保护规划的内容应当包括生态保护和污染防治的目标、任务、保障措施等，并与主体功能区规划、土地利用总体规划和城乡规划等相衔接。

第十四条 国务院有关部门和省、自治区、直辖市人民政府组织制定经济、技术政策，应当充分考虑对环境的影响，听取有关方面和专家的意见。

第十五条 国务院环境保护主管部门制定国家环境质量标准。

省、自治区、直辖市人民政府对国家环境质量标准中未作规定的项目，可以制定地方环境质量标准；对国家环境质量标准中已作规定的项目，可以制定严于国家环境质量标准的地方环境质量标准。地方环境质量标准应当报国务院环境保护主管部门备案。

国家鼓励开展环境基准研究。

第十六条 国务院环境保护主管部门根据国家环境质量标准和国家经济、技术条件，制定国家污染物排放标准。

省、自治区、直辖市人民政府对国家污染物排放标准中未作规定的项目，可以制定地方污染物排放标准；对国家污染物排放标准中已作规定的项目，可以制定严于国家污染物排放标准的地方污染物排放标准。地方污染物排放标准应当报国务院环境保护主管部门备案。

第十七条 国家建立、健全环境监测制度。国务院环境保护主管部门制定监测规范，会同有关部门组织监测网络，统一规划国家环境质量监测站(点)的设置，建立监测数据共享机制，加强对环境监测的管理。

有关行业、专业等各类环境质量监测站（点）的设置应当符合法律法规规定和监测规范的要求。

监测机构应当使用符合国家标准的监测设备，遵守监测规范。监测机构及其负责人对监测数据的真实性和准确性负责。

第十八条 省级以上人民政府应当组织有关部门或者委托专业机构，对环境状况进行调查、评价，建立环境资源承载能力监测预警机制。

第十九条 编制有关开发利用规划，建设对环境有影响的项目，应当依法进行环境影响评价。

未依法进行环境影响评价的开发利用规划，不得组织实施；未依法进行环境影响评价的建设项目，不得开工建设。

第二十条 国家建立跨行政区域的重点区域、流域环境污染和生态破坏联合防治协调机制，实行统一规划、统一标准、统一监测、统一的防治措施。

前款规定以外的跨行政区域的环境污染和生态破坏的防治，由上级人民政府协调解决，或者由有关地方人民政府协商解决。

第二十一条 国家采取财政、税收、价格、政府采购等方面的政策和措施，鼓励和支持环境保护技术装备、资源综合利用和环境服务等环境保护产业的发展。

第二十二条 企业事业单位和其他生产经营者，在污染物排放符合法定要求的基础上，进一步减少污染物排放的，人民政府应当依法采取财政、税收、价格、政府采购等方面的政策和措施予以鼓励和支持。

第二十三条 企业事业单位和其他生产经营者，为改善环境，依照有关规定转产、搬迁、关闭的，人民政府应当予以支持。

第二十四条 县级以上人民政府环境保护主管部门及其委托的环境监察机构和其他负有环境保护监督管理职责的部门，有权对排放污染物的企业事业单位和其他生产经营者进行现场检查。被检查者应当如实反映情况，提供必要的资料。

实施现场检查的部门、机构及其工作人员应当为被检查者保守商业秘密。

第二十五条 企业事业单位和其他生产经营者违反法律法规规定排放污染物，造成或者可能造成严重污染的，县级以上人民政府环境保护主管部门和其他负有环境保护监督管理职责的部门，可以查封、扣押造成污染物排放的设施、设备。

第二十六条 国家实行环境保护目标责任制和考核评价制度。县级以上人民政府应当将环境保护目标完成情况纳入对本级人民政府负有环境保护监督管理职责的部门及其负责人和下级人民政府及其负责人的考核内容，作为对其考核评价的重要依据。考核结果应当向社会公开。

第二十七条 县级以上人民政府应当每年向本级人民代表大会或者人民代表大会常务委员会报告环境状况和环境保护目标完成情况，对发生的重大环境事件应当及时向本级人民代表大会常务委员会报告，依法接受监督。

第三章 保护和改善环境

第二十八条 地方各级人民政府应当根据环境保护目标和治理任务，采取有效措施，改善环境质量。

未达到国家环境质量标准的重点区域、流域的有关地方人民政府，应当制定限期达标规划，并采取措施按期达标。

第二十九条 国家在重点生态功能区、生态环境敏感区和脆弱区等区域划定生态保护红线，实行严格保护。

各级人民政府对具有代表性的各种类型的自然生态系统区域，珍稀、濒危的野生动植物自然分布区域，重要的水源涵养区域，具有重大科学文化价值的地质构造、著名溶洞和化石分布区、冰川、火山、温泉等自然遗迹，以及人文遗迹、古树名木，应当采取措施予以保护，严禁破坏。

第三十条 开发利用自然资源，应当合理开发，保护生物多样性，保障生态安全，依法制定有关生态保护和恢复治理方案并予以实施。

引进外来物种以及研究、开发和利用生物技术，应当采取措施，防止对生物多样性的破坏。

第三十一条 国家建立、健全生态保护补偿制度。

国家加大对生态保护地区的财政转移支付力度。有关地方人民政府应当落实生态保护补偿资金，确保其用于生态保护补偿。

国家指导受益地区和生态保护地区人民政府通过协商或者按照市场规则进行生态保护补偿。

第三十二条 国家加强对大气、水、土壤等的保护，建立和完善相应的调查、监测、评估和修复制度。

第三十三条 各级人民政府应当加强对农业环境的保护，促进农业环境保护新技术的使用，加强对农业污染源的监测预警，统筹有关部门采取措施，防治土壤污染和土地沙化、盐渍化、贫瘠化、石漠化、地面沉降以及防治植被破坏、水土流失、水体富营养化、水源枯竭、种源灭绝等生态失调现象，推广植物病虫害的综合防治。

县级、乡级人民政府应当提高农村环境保护公共服务水平，推动农村环境综合整治。

第三十四条 国务院和沿海地方各级人民政府应当加强对海洋环境的保护。向海洋排放污染物、倾倒废弃物，进行海岸工程和海洋工程建设，应当符合法律法规规定和有关标准，防止和减少对海洋环境的污染损害。

第三十五条 城乡建设应当结合当地自然环境的特点，保护植被、水域和自然景观，加强城市园林、绿地和风景名胜区的建设与管理。

第三十六条 国家鼓励和引导公民、法人和其他组织使用有利于保护环境的产品和再生产品，减少废弃物的产生。

国家机关和使用财政资金的其他组织应当优先采购和使用节能、节水、节材等有利于保护环境的产品、设备和设施。

第三十七条 地方各级人民政府应当采取措施，组织对生活废弃物的分类处置、回收利用。

第三十八条 公民应当遵守环境保护法律法规，配合实施环境保护措施，按照规定对生活废弃物进行分类放置，减少日常生活对环境造成的损害。

第三十九条 国家建立、健全环境与健康监测、调查和风险评估制度；鼓励和组织开展环境质量对公众健康影响的研究，采取措施预防和控制与环境污染有关的疾病。

第四章 防治污染和其他公害

第四十条 国家促进清洁生产和资源循环利用。

国务院有关部门和地方各级人民政府应当采取措施，推广清洁能源的生产和使用。

企业应当优先使用清洁能源，采用资源利用率高、污染物排放量少的工艺、设备以及废弃物综合利用技术和污染物无害化处理技术，减少污染物的产生。

第四十一条 建设项目中防治污染的设施，应当与主体工程同时设计、同时施工、同时投产使用。防治污染的设施应当符合经批准的环境影响评价文件的要求，不得擅自拆除或者闲置。

第四十二条 排放污染物的企业事业单位和其他生产经营者，应当采取措施，防治在生产建设或者其他活动中产生的废气、废水、废渣、医疗废物、粉尘、恶臭气体、放射性物质以及噪声、振动、光辐射、电磁辐射等对环境的污染和危害。

排放污染物的企业事业单位，应当建立环境保护责任制度，明确单位负责人和相关人员的责任。

重点排污单位应当按照国家有关规定和监测规范安装使用监测设备，保证监测设备正常运行，保存原始监测记录。

严禁通过暗管、渗井、渗坑、灌注或者篡改、伪造监测数据，或者不正常运行防治污染设施等逃避监管的方式违法排放污染物。

第四十三条 排放污染物的企业事业单位和其他生产经营者，应当按照国家有关规定缴纳排污费。排污费应当全部专项用于环境污染防治，任何单位和个人不得截留、挤占或者挪作他用。

依照法律规定征收环境保护税的，不再征收排污费。

第四十四条 国家实行重点污染物排放总量控制制度。重点污染物排放总量控制指标由国务院下达，省、自治区、直辖市人民政府分解落实。企业事业单位在执行国家和地方污染物排放标准的同时，应当遵守分解落实到本单位的重点污染物排放总量控制指标。

对超过国家重点污染物排放总量控制指标或者未完成国家确定的环境质量目标的地区，省级以上人民政府环境保护主管部门应当暂停审批其新增重点污染物排放总量的建设项目环境影响评价文件。

第四十五条 国家依照法律规定实行排污许可管理制度。

实行排污许可管理的企业事业单位和其他生产经营者应当按照排污许可证的要求排放污染物；未取得排污许可证的，不得排放污染物。

第四十六条 国家对严重污染环境的工艺、设备和产品实行淘汰制度。任何单位和个人不得生产、销售或者转移、使用严重污染环境的工艺、设备和产品。

禁止引进不符合我国环境保护规定的技术、设备、材料和产品。

第四十七条 各级人民政府及其有关部门和企业事业单位，应当依照《中华人民共和国突发事件应对法》的规定，做好突发环境事件的风险控制、应急准备、应急处置和事后恢复等工作。

县级以上人民政府应当建立环境污染公共监测预警机制，组织制定预警方案；环境受到污染，可能影响公众健康和环境安全时，依法及时公布预警信息，启动应急措施。

企业事业单位应当按照国家有关规定制定突发环境事件应急预案，报环境保护主管部门和有关部门备案。在发生或者可能发生突发环境事件时，企业事业单位应当立即采取措施处理，及时通报可能受到危害的单位和居民，并向环境保护主管部门和有关部门报告。

突发环境事件应急处置工作结束后，有关人民政府应当立即组织评估事件造成的环境影响和损失，并及时将评估结果向社会公布。

第四十八条 生产、储存、运输、销售、使用、处置化学物品和含有放射性物质的物品，应当遵守国家有关规定，防止污染环境。

第四十九条 各级人民政府及其农业等有关部门和机构应当指导农业生产经营者科学种植和养殖，科学合理施用农药、化肥等农业投入品，科学处置农用薄膜、农作物秸秆等农业废弃物，防止农业面源污染。

禁止将不符合农用标准和环境保护标准的固体废物、废水施入农田。施用农药、化肥等农业投入品及进行灌溉，应当采取措施，防止重金属和其他有毒有害物质污染环境。

畜禽养殖场、养殖小区、定点屠宰企业等的选址、建设和管理应当符合有关法律法规规定。从事畜禽养殖和屠宰的单位和个人应当采取措施，对畜禽粪便、尸体和污水等废弃物进行科学处置，防止污染环境。

县级人民政府负责组织农村生活废弃物的处置工作。

第五十条 各级人民政府应当在财政预算中安排资金，支持农村饮用水水源地保护、生活污水和其他废弃物处理、畜禽养殖和屠宰污染防治、土壤污染防治和农村工矿污染治理等环境保护工作。

第五十一条 各级人民政府应当统筹城乡建设污水处理设施及配套管网，固体废物的收集、运输和处置等环境卫生设施，危险废物集中处置设施、场所以及其他环境保护公共设施，并保障其正常运行。

第五十二条 国家鼓励投保环境污染责任保险。

第五章 信息公开和公众参与

第五十三条 公民、法人和其他组织依法享有获取环境信息、参与和监督环境保护的权利。

各级人民政府环境保护主管部门和其他负有环境保护监督管理职责的部门，应当依法公开环境信息、完善公众参与程序，为公民、法人和其他组织参与和监督环境保护提供便利。

第五十四条 国务院环境保护主管部门统一发布国家环境质量、重点污染源监测信息及其他重大环境信息。省级以上人民政府环境保护主管部门定期发布环境状况公报。

县级以上人民政府环境保护主管部门和其他负有环境保护监督管理职责的部门，应当依法公开环境质量、环境监测、突发环境事件以及环境行政许可、行政处罚、排污费的征收和使用情况等信息。

县级以上地方人民政府环境保护主管部门和其他负有环境保护监督管理职责的部门，应当将企业事业单位和其他生产经营者的环境违法信息记入社会诚信档案，及时向社会公布违法者名单。

第五十五条 重点排污单位应当如实向社会公开其主要污染物的名称、排放方式、排放浓度和总量、超标排放情况，以及防治污染设施的建设和运行情况，接受社会监督。

第五十六条 对依法应当编制环境影响报告书的建设项目，建设单位应当在编制时向可能受影响的公众说明情况，充分征求意见。

负责审批建设项目环境影响评价文件的部门在收到建设项目环境影响报告书后，除涉及国家秘密和商业秘密的事项外，应当全文公开；发现建设项目未充分征求公众意见的，应当责成建设单位征求公众意见。

第五十七条 公民、法人和其他组织发现任何单位和个人有污染环境和破坏生态行为的，有权向环境保护主管部门或者其他负有环境保护监督管理职责的部门举报。

公民、法人和其他组织发现地方各级人民政府、县级以上人民政府环境保护主管部门和其他负有环境保护监督管理职责的部门不依法履行职责的，有权向其上级机关或者监察机关举报。

接受举报的机关应当对举报人的相关信息予以保密，保护举报人的合法权益。

第五十八条 对污染环境、破坏生态，损害社会公共利益的行为，符合下列条件的社会组织可以向人民法院提起诉讼：

（一）依法在设区的市级以上人民政府民政部门登记；

（二）专门从事环境保护公益活动连续五年以上且无违法记录。

符合前款规定的社会组织向人民法院提起诉讼，人民法院应当依法受理。

提起诉讼的社会组织不得通过诉讼牟取经济利益。

第六章 法律责任

第五十九条 企业事业单位和其他生产经营者违法排放污染物，受到罚款处罚，被责令改正，拒不改正的，依法作出处罚决定的行政机关可以自责令改正之日的次日起，按照原处罚数额按日连续处罚。

前款规定的罚款处罚，依照有关法律法规按照防治污染设施的运行成本、违法行为造成的直接损失或者违法所得等因素确定的规定执行。

地方性法规可以根据环境保护的实际需要，增加第一款规定的按日连续处罚的违法行为的种类。

第六十条 企业事业单位和其他生产经营者超过污染物排放标准或者超过重点污染物排放总量控制指标排放污染物的，县级以上人民政府环境保护主管部门可以责令其采取限制生产、停产整治等措施；情节严重的，报经有批准权的人民政府批准，责令停业、关闭。

第六十一条 建设单位未依法提交建设项目环境影响评价文件或者环境影响评价文件未经批准，擅自开工建设的，由负有环境保护监督管理职责的部门责令停止建设，处以罚款，并可以责令恢复原状。

第六十二条 违反本法规定，重点排污单位不公开或者不如实公开环境信息的，由县级以上地方人民政府环境保护主管部门责令公开，处以罚款，并予以公告。

第六十三条 企业事业单位和其他生产经营者有下列行为之一，尚不构成犯罪的，除依照有关法律法规规定予以处罚外，由县级以上人民政府环境保护主管部门或者其他有关部门将案件移送公安机关，对其直接负责的主管人员和其他直接责任人员，处十日以上十五日以下拘留；情节较轻的，处五日以上十日以下拘留：

（一）建设项目未依法进行环境影响评价，被责令停止建设，拒不执行的；

（二）违反法律规定，未取得排污许可证排放污染物，被责令停止排污，拒不执行的；

（三）通过暗管、渗井、渗坑、灌注或者篡改、伪造监测数据，或者不正常运行防治污染设施等逃避监管的方式违法排放污染物的；

（四）生产、使用国家明令禁止生产、使用的农药，被责令改正，拒不改正的。

第六十四条 因污染环境和破坏生态造成损害的，应当依照《中华人民共和国侵权责任法》的有关规定承担侵权责任。

第六十五条 环境影响评价机构、环境监测机构以及从事环境监测设备和防治污染设施维护、运营的机构，在有关环境服务活动中弄虚作假，对造成的环境污染和生态破坏负有责任的，除依照有关法律法规规定予以处罚外，还应当与造成环境污染和生态破坏的其他责任者承担连带责任。

第六十六条 提起环境损害赔偿诉讼的时效期间为三年，从当事人知道或者应当知道其受到损害时起计算。

第六十七条 上级人民政府及其环境保护主管部门应当加强对下级人民政府及其有关部门环境保护工作的监督。发现有关工作人员有违法行为，依法应当给予处分的，应当向其任免机关或者监察机关提出处分建议。

依法应当给予行政处罚，而有关环境保护主管部门不给予行政处罚的，上级人民政府环境保护主管部门可以直接作出行政处罚的决定。

第六十八条 地方各级人民政府、县级以上人民政府环境保护主管部门和其他负有环境保护监督管理职责的部门有下列行为之一的，对直接负责的主管人员和其他直接责任人员给予记过、记大过或者降级处分；造成严重后果的，给予撤职或者开除处分，其主要负责人应当引咎辞职：

（一）不符合行政许可条件准予行政许可的；

（二）对环境违法行为进行包庇的；

（三）依法应当作出责令停业、关闭的决定而未作出的；

（四）对超标排放污染物、采用逃避监管的方式排放污染物、造成环境事故以及不落实生态保护措施造成生态破坏等行为，发现或者接到举报未及时查处的；

（五）违反本法规定，查封、扣押企业事业单位和其他生产经营者的设施、设备的；

（六）篡改、伪造或者指使篡改、伪造监测数据的；

（七）应当依法公开环境信息而未公开的；

（八）将征收的排污费截留、挤占或者挪作他用的；

（九）法律法规规定的其他违法行为。

第六十九条 违反本法规定，构成犯罪的，依法追究刑事责任。

第七章 附则

第七十条 本法自2015年1月1日起施行。

环境保护部　发展改革委　工业和信息化部　财政部住房城乡建设部　能源局关于印发《大气污染防治行动计划实施情况考核办法（试行）实施细则》的通知

环发〔2014〕107号

各省、自治区、直辖市人民政府：

按照《国务院办公厅关于印发大气污染防治行动计划实施情况考核办法（试行）的通知》（国办发〔2014〕21号）要求，环境保护部会同国务院有关部门制订了《大气污染防治行动计划实施情况考核办法（试行）实施细则》。现印发给你们，请认真组织落实。

环境保护部　　发展改革委
工业和信息化部　　财政部
住房城乡建设部　　能源局

2014年7月18日

大气污染防治行动计划实施情况考核办法（试行）实施细则总则

一、为明确和细化《大气污染防治行动计划》（以下简称《大气十条》）年度考核各项指标的定义、考核要求和计分方法，加快落实考核工作，制定本实施细则。

二、对于各项指标的考核要求，《大气污染防治目标责任书》（以下简称《目标责任书》）中有年度目标的，按照《目标责任书》进行考核，否则遵照本实施细则进行考核。

三、依据本实施细则提供的计分方法，对空气质量改善目标完成情况、大气污染防治重点任务完成情况分别评分。京津冀及周边地区、长三角区域、珠三角区域共10个省（区、市）评分结果为两类得分中较低分值；其他地区评分结果为空气质量改善目标完成情况分值。

四、考核结果划分为优秀、良好、合格、不合格四个等级，评分结果90分及以上为优秀、70分（含）至90分为良好、60分（含）至70分为合格，60分以下为不合格。

第一类 空气质量改善目标完成情况

一、考核目的

建立以质量改善为核心的目标责任考核体系，将空气质量改善程度作为检验大气污染防治工作成效的最终标准，确保《大气十条》及《目标责任书》中细颗粒物（PM2.5）、可吸入颗粒物（PM10）年均浓度下降目标按期完成。

二、指标解释

考核年度PM2.5（PM10）年均浓度与考核基数相比下降的比例。

三、考核要求

（一）考核PM2.5省份的要求

2013年度不考核PM2.5年均浓度下降比例，2014、2015、2016年度PM2.5年均浓度下降比例达到《目标责任书》核定空气质量改善目标的10%、35%、65%，2017年度终期考核完成《目标责任书》核定PM2.5年均浓度下降目标。

（二）考核PM10省份的要求

2013年度不考核PM10年均浓度下降比例；2014年度PM10年均浓度下降目标由各地方人民政府自行制定或达到《目标责任书》核定空气质量改善目标的10%；2015年度PM10年均浓度下降比例达到《目标责任书》核定空气质量改善目标的30%；2016年度PM10年均浓度下降比例达到《目标责任书》核定空气质量改善目标的60%；2017年度终期考核完成《目标责任书》核定PM10年均浓度下降目标。

四、指标分值

空气质量改善目标完成情况分值为100分。

五、数据来源

（一）采用国控城市环境空气质量评价点位（以下简称国控城市点位）监测数据。

（二）各省（区、市）PM2.5（PM10）年均浓度为其行政区域范围内地级及以上城市（设置国控城市点位的）年均浓度的算术平均值。

六、考核基数

（一）PM2.5考核基数：2013年PM2.5年均浓度。

（二）PM10考核基数：以2012年PM10年均浓度为基础，综合考虑空气质量新老标准衔接进行确定。

七、年度考核计分方法

（一）PM2.5年度考核计分方法

PM2.5年均浓度下降比例满足考核要求，计60分；未满足考核要求的，按照PM2.5年均浓度实际下降比例占考核要求的比重乘以60进行计分；PM2.5年均浓度与上年相比不降反升的，计0分。

在完成年度考核要求基础上，超额完成《目标责任书》核定空气质量改善目标30%以上（含）的，计40分；低于30%的，按照超额完成比例占30%的比重乘以40进行计分。

（二）PM10年度考核计分方法

1.对于PM10年均浓度要求下降，但考核年度PM10年均浓度未达到《环境空气质量标准》（GB3095-2012）的省（区、市）PM10年均浓度下降比例满足考核要求，计60分；未满足考核要求的，按照PM10年均浓度实际下降比例占考核要求的比重乘以60进行计分；PM10年均浓度与上年相比不降反升的，计0分。

在完成年度考核要求基础上，超额完成《目标责任书》核定空气质量改善目标30%以上（含）的，计40分；低于30%的，按照超额完成比例占30%的比重乘以40进行计分。

2. 对于PM10年均浓度要求下降，且考核年度PM10年均浓度达到《环境空气质量标准》（GB3095-2012）的省（区、市）

PM10年均浓度达到《环境空气质量标准》（GB3095-2012）要求，计40分。PM10年均浓度下降比例满足考核要求，计20分；未满足考核要求的，按照PM10年均浓度实际下降比例占考核要求的比重乘以20进行计分；PM10年均浓度与上年相比不降反升的，计0分，在此基础上，PM10年均浓度每上升1%，扣1分。

在完成年度考核要求基础上，超额完成《目标责任书》核定空气质量改善目标30%以上（含）的，计40分；低于30%的，按照超额完成比例占30%的比重乘以40进行计分。

3. 对于空气质量要求持续改善的海南省、西藏自治区、云南省

PM10年均浓度达到《环境空气质量标准》（GB3095-2012）要求，计70分；与基准年相比，PM10年均浓度每上升1%，扣1分。

PM10年均浓度与考核基数相比下降比例达到5%以上（含）的，计30分；未达到5%的，按照PM10年均浓度实际下降比例占5%的比重乘以30进行计分。

注：广东省PM2.5年均浓度下降和PM10年均浓度下降分别计分，权重分别为70%和30%，总得分为二者的加权平均值。

第二类 大气污染防治重点任务完成情况

一、考核目的

基于《大气十条》中重点任务措施要求，设立大气污染防治重点任务完成情况指标，通过强化考核，以督促各地区贯彻落实《大气十条》及《目标责任书》工作要求，为空气质量改善目标如期实现提供强有力保障。

二、具体指标

（一）产业结构调整优化

1. 指标解释

遏制产能严重过剩行业盲目扩张、分类处理产能严重过剩行业违规在建项目、淘汰落后产能和搬迁城市主城区重污染企业的情况。

2. 工作要求

该项指标包括“产能严重过剩行业新增产能控制”、“产能严重过剩行业违规在建项目清理”、“落后产能淘汰”、“重污染企业环保搬迁”4项子指标。具体工作要求如下：

（1）严禁建设产能严重过剩行业新增产能项目。

（2）分类处理产能严重过剩行业违规在建项目。对未批先建、边批边建、越权核准的违规项目，尚未开工建设的，不准开工；正在建设的，要停止建设；对于确有必要建设的，在实施等量或减量置换的基础上，报相关职能部门批准后，补办相关手续。

（3）完成年度重点行业落后产能淘汰任务。其中2014年完成国家下达的“十二五”钢铁、水泥、电解铝、平板玻璃等重点行业落后产能淘汰任务。

（4）制定城市主城区钢铁、石化、化工、有色金属冶炼、水泥、平板玻璃等重污染企业环保搬迁方案及年度实施计划，有序推进重污染企业梯度转移、环保搬迁和退城进园。

3. 指标分值

该项指标分值12分，其中产能严重过剩行业新增产能控制、产能严重过剩行业违规在建项目清理、重污染企业环保搬迁各占2分，落后产能淘汰占6分。

4.计分方法

根据发展改革委、工业和信息化部认定的产能严重过剩行业新增产能控制和违规在建项目分类处理证明材料，考核相关指标完成情况。对于产能严重过剩行业新增产能控制，满足上述工作要求的，计2分，发现一例违规核准、备案产能严重过剩行业新增产能项目的，扣0.5分，扣完2分为止。对于产能严重过剩行业违规在建项目清理，满足上述工作要求的，计2分，发现一例产能严重过剩行业违规在建项目的，扣0.5分，扣完2分为止。

根据地方人民政府提供的重污染企业环保搬迁证明材料，考核相关指标的完成情况，经现场核查证实完成当年环保搬迁任务的，计2分，否则计0分。

根据全国淘汰落后产能目标任务完成和政策措施落实情况的考核结果，对各地淘汰落后产能指标计分。

（二）清洁生产

1.指标解释

落实《大气十条》中，“对钢铁、水泥、化工、石化、有色金属冶炼等重点行业进行清洁生产审核，针对节能减排关键领域和薄弱环节，采用先进适用的技术、工艺和装备，实施清洁生产技术改造”等要求的情况。

2.工作要求

2014年，各省（区、市）编制完成钢铁、水泥、化工、石化、有色金属冶炼等重点行业清洁生产推行方案，方案中应包括行政区域内重点行业清洁生产审核和清洁生产技术改造实施计划。重点行业30%以上的企业完成清洁生产审核。

2015年，钢铁、水泥、化工、石化、有色金属冶炼等重点行业的企业全部完成清洁生产审核，完成方案中的40%清洁生产技术改造实施计划。

2016年，完成方案中的70%清洁生产技术改造实施计划。

2017年，完成方案中全部清洁生产技术改造实施计划。

3.指标分值

该项指标分值6分。2014年，编制完成重点行业清洁生产推行方案占3分，重点行业清洁生产审核占3分；2015年，重点行业清洁生产审核占2分，重点行业清洁生产技术改造占4分；2016年、2017年重点行业清洁生产技术改造占6分。

4.计分方法

各省（区、市）制定重点行业清洁生产推行方案，每年报送本地区清洁生产审核、清洁生产技术改造情况。满足全部工作要求的，计6分。发展改革委、工业和信息化部、环境保护部对地方报送的情况进行审核，组织重点抽查和现场核查。如发现各地区报送重点行业清洁生产情况与现场核查不符，发现一例扣0.5分，扣完为止。

（三）煤炭管理与油品供应

1.指标解释

对于北京市、天津市、河北省、山东省、上海市、江苏省、浙江省、广东省，该指标为煤炭消费总量控制及国四与国五油品供应的情况；对于其他地区，为煤炭洗选加工及国四与国五油品供应情况。其中，北京市、天津市、河北省另外增加散煤清洁化治理指标。

2. 工作要求

该项指标包括“煤炭消费总量控制”、“煤炭洗选加工”、“散煤清洁化治理（仅限北京市、天津市、河北省）”、“国四与国五油品供应” 4项子指标。具体工作要求如下：

（1）煤炭消费总量控制

2014年，北京市、天津市、河北省、山东省、上海市、江苏省、浙江省和广东省珠三角区域煤炭消费总量与2012年持平；2015、2016年，北京市、天津市、河北省、山东省煤炭消费总量与2012年相比实现负增长，上海市、江苏省、浙江省和广东省珠三角区域煤炭消费总量与2012年持平；2017年，北京市、天津市、河北省、山东省分别完成1300万吨、1000万吨、4000万吨、2000万吨的煤炭压减任务，上海市、江苏省、浙江省、广东省珠三角区域煤炭消费总量与2012年持平。

严格按照《大气十条》要求，北京市、天津市、河北省、山东省、上海市、江苏省、浙江省和广东省珠三角区域新建项目禁止配套建设自备燃煤电站；耗煤项目要实行煤炭减量替代。除热电联产外，禁止审批新建燃煤发电项目；现有多台燃煤机组装机容量合计达到30万千瓦以上的，可按照煤炭等量替代的原则建设为大容量燃煤机组。

（2）煤炭洗选加工

2013、2014、2015、2016年，其他地区新建煤矿同步建设煤炭洗选加工设施，现有煤矿加快建设与改造，逐年提高原煤入选率；2017年，原煤入选率达到70%。

（3）散煤清洁化治理

相关地区制定散煤清洁化治理实施方案及年度实施计划，确定洁净煤利用目标与洁净煤替代项目；按照年度计划要求，推进散煤清洁化治理，到2016年，北京市民用洁净煤使用量达到330万吨/年，洁净煤利用率达到100%；到2017年，天津市、河北省民用洁净煤使用量分别达到270万吨/年、1800万吨/年，洁净煤利用率达到90%以上。

（4）国四与国五油品供应

按照《大气十条》的安排，按时供应符合国家第四、第五阶段标准的车用汽、柴油。

3. 指标分值

该项指标分值10分。其中，北京市、天津市、河北省煤炭消费总量控制占6分，散煤清洁化治理占2分，国四与国五油品供应占2分；山东省、上海市、江苏省、浙江省、广东省，煤炭消费总量控制占8分，国四与国五油品供应占2分；其他地区，煤炭洗选加工占4分，国四与国五油品供应占6分。

4. 计分方法

依据地方统计部门提供的数据，确定北京市、天津市、河北省、山东省、上海市、江苏省、浙江省与广东省珠三角区域煤炭消费总量，运用国家统计局提供的数据进行校核，满足工作要求的计6分（其中，北京市、天津市、河北省计4分），否则计0分。

依据地方提供的年度耗煤项目建设清单及其煤炭替代情况，进行综合评估，同时运用环境保护部、发展改革委、能源局的数据进行校核，满足要求的计2分，否则计0分。在日常督查中，发现一例非热电联产的燃煤发电项目、新投产燃煤火电项目未按要求落实煤炭等量替代或新建自备燃煤电站，扣1分，扣完2分为止。

北京市、天津市、河北省提供考核年度散煤清洁化治理情况的证明材料，包括民用洁净煤使用规模、使用比例及使用范围等，据此进行综合评估。全部完成年度治理目标的，计2分；完成90%的，计

1.5分；完成80%的，计1分；完成70%的，计0.5分；否则计0分。环境保护部环境保护督查中心在日常督查中，发现一例在地方上报已完成散煤清洁化治理的区域销售、使用高硫高灰份散煤的，扣0.5分，扣完为止。

考核年度原煤入选率达到70%（含）的计4分，达到65%（含）的计3分，达到60%（含）的计2分，否则计0分。

按时供应符合国家第四、第五阶段标准的车用汽、柴油的，北京市、天津市、河北省、山东省、上海市、江苏省、浙江省、广东省计2分，其他地区计6分。随机抽检行政区域内地级及以上城市的20个加油站，抽查达标油品的供应情况，发现一例销售不达标油品的，扣1分，扣完为止。

（四）燃煤小锅炉整治

1.指标解释

特定规模以下燃煤小锅炉的淘汰情况，及新建燃煤锅炉准入要求的执行情况。

2.工作要求

该项指标包括“燃煤小锅炉淘汰”、“新建燃煤锅炉准入”2项子指标。具体工作要求如下：

（1）燃煤小锅炉淘汰

2014年，编制地区燃煤锅炉清单，摸清纳入淘汰范围燃煤小锅炉的基本情况；根据集中供热、清洁能源等替代能源资源落实情况，编制燃煤小锅炉淘汰方案，合理安排年度计划，并报地方能源主管部门和特种设备安全监督管理部门备案；累计完成燃煤小锅炉淘汰总任务的10%。

2015年，累计完成燃煤小锅炉淘汰总任务的50%。其中北京市、天津市、河北省、山西省、内蒙古自治区、山东省地级及以上城市建成区，还需淘汰95% 10蒸吨及以下燃煤锅炉、茶浴炉。确有必要保留的，当地人民政府应出具书面材料说明原因。

2016年，累计完成燃煤小锅炉淘汰总任务的75%。

2017年，累计完成燃煤小锅炉淘汰总任务的95%。确有必要保留的，当地人民政府应出具书面材料说明原因。

（2）新建燃煤锅炉准入

严格执行《大气十条》与《目标责任书》的要求，禁止建设核准规模以下的燃煤小锅炉。

3.指标分值

该项指标分值10分，其中燃煤小锅炉淘汰占8分，新建燃煤锅炉准入占2分。

4.计分方法

依据污染源普查数据和质检部门锅炉统计数据，核定燃煤小锅炉淘汰清单；依据日常督查、重点抽查和现场核查的结果，核定燃煤小锅炉淘汰比例。完成工作目标的，计8分；完成工作目标80%的，计6分；完成工作目标60%的，计4分；否则计0分。

严格按照《大气十条》相关要求核准新建燃煤锅炉的，计2分；在日常督查中，发现一例违规新建燃煤小锅炉，扣0.5分，扣完2分为止。

中央燃煤锅炉综合整治资金支持城市治理任务完成率低于90%的，扣2分；低于80%的，扣4分。

（五）工业大气污染治理

1.指标解释

各地区工业烟粉尘与工业挥发性有机物治理的情况。

2.工作要求

该项指标包括“工业烟粉尘治理”、“工业挥发性有机物治理”2项子指标。具体工作要求如下：

（1）工业烟粉尘治理

火电、钢铁、水泥、有色金属冶炼、平板玻璃等行业国控、省控重点工业企业和20蒸吨及以上燃煤锅炉（包括供暖锅炉与工业锅炉）安装废气排放自动监控设施，增设烟粉尘监控因子，并与环保部门联网；加快除尘设施建设与升级改造，严格按照考核年度重点行业大气污染物排放标准的要求，实现稳定达标（部分地区或行业执行特别排放限值）；强化工业企业燃料、原料、产品堆场扬尘控制，大型堆场应建立密闭料仓与传送装置，露天堆放的应加以覆盖或建设自动喷淋装置。

（2）工业挥发性有机物治理

2014年，制定地区石化、有机化工、表面涂装、包装印刷等重点行业挥发性有机物综合整治方案；完成储油库、加油站和油罐车油气回收治理，已建油气回收设施稳定运行。

2015年，北京市、天津市、河北省、上海市、江苏省、浙江省及广东省珠三角区域所有石化企业完成一轮泄漏检测与修复（LDAR）技术改造和挥发性有机物综合整治；有机化工、表面涂装、包装印刷等重点行业挥发性有机物治理项目完成率达到50%，已建治理设施稳定运行。其他地区石化、有机化工、表面涂装、包装印刷等重点行业挥发性有机物治理项目完成率达到50%，已建治理设施稳定运行。

2016年，北京市、天津市、河北省、上海市、江苏省、浙江省及广东省珠三角区域有机化工、表面涂装、包装印刷等重点行业挥发性有机物治理项目完成率达到80%，已建治理设施稳定运行。其他地区石化、有机化工、表面涂装、包装印刷等重点行业挥发性有机物治理项目完成率达到80%，已建治理设施稳定运行。

2017年，各地区重点行业挥发性有机物综合整治方案所列治理项目全部完成，已建治理设施稳定运行。

3.指标分值

该项指标分值15分，其中工业烟粉尘治理占8分，包括重点工业企业废气排放自动监控设施建设1分，重点工业企业稳定达标排放5分，工业堆场扬尘控制2分；工业挥发性有机物治理占7分，包括储油库、加油站和油罐车油气回收2分，重点行业挥发性有机物综合整治5分。

4.计分方法

（1）工业烟粉尘治理

重点工业企业与20蒸吨及以上燃煤锅炉烟粉尘在线监控设施安装率达到95%，并与环保部门联网，计1分，否则计0分。

依据重点工业企业和20蒸吨以上燃煤锅炉自动监测数据及监督性监测数据核定重点工业企业稳定达标率；95%以上（含）稳定达到烟粉尘排放标准的，计5分，85%以上（含）稳定达标的，计3分，否则计0分。在日常督查和现场核查中，发现一例违法排污或者已建烟粉尘治理设施不正常运行的，扣0.5分，扣完为止。

随机抽查20个以上工业堆场，根据日常督查和现场核查结果，评估堆场扬尘控制情况；90%以上（含）堆场按照要求进行扬尘控制的，计2分；80%以上（含）堆场按照要求进行扬尘控制的，计1分，否则计0分。

（2）工业挥发性有机物治理

根据日常督查、重点抽查和现场核查的结果，核定储油库、加油站和油罐车油气回收的完成情况；90%以上（含）按时完成油气回收并稳定运行的，计2分，否则计0分。

根据日常督查、重点抽查和现场核查的结果，核定重点行业挥发性有机物治理项目的完成和运行情况；按时完成重点行业挥发性有机物治理设施建设并稳定运行的，计5分，否则计0分。

（六）城市扬尘污染控制

1.指标解释

建筑工地、道路等城市扬尘主要来源的污染控制情况。

2.工作要求

该项指标包括“建筑工地扬尘污染控制”、“道路扬尘污染控制”2项子指标。具体工作要求如下：

（1）施工工地出口设置冲洗装置、施工现场设置全封闭围挡墙、施工现场道路进行地面硬化、渣土运输车辆采取密闭措施等。

（2）实施道路机械化清扫，提高道路机械化清扫率。

3.指标分值

该项指标分值8分。其中建筑工地扬尘污染控制占4分，道路扬尘污染控制占4分。

4.计分方法

随机抽查20个以上建筑工地。建筑工地抽查合格率达到90%，计4分；达到80%，计3分；达到70%，计2分；否则计0分。

依据《中国城市建设统计年鉴》相关数据核算各地区道路机扫率。城市建成区机扫率达到85%，计4分；低于85%的，以2012年为基准年，年均增长6个百分点及以上，计4分，年均增长4个百分点及以上，计2分；否则计0分。

（七）机动车污染防治

1.指标解释

对于北京市、天津市、河北省、山东省、上海市、江苏省、浙江省、广东省，该指标为高排放黄标车淘汰、机动车环保合格标志管理、机动车环境监管能力建设、新能源汽车推广及城市步行和自行车交通系统建设的情况；对于其他地区，为除新能源汽车推广外的四项内容。

2.工作要求

该项指标包括“淘汰黄标车”、“机动车环保合格标志管理”、“机动车环境监管能力建设”、“新能源汽车推广”和“城市步行和自行车交通系统建设”5项子指标。具体工作要求如下：

（1）按进度淘汰黄标车

2013年，北京市淘汰30%的黄标车；天津市、上海市、江苏省、浙江省、广东省珠三角区域淘汰20%的黄标车；其他省（区、市）、广东省其他地区淘汰10%的黄标车。

2014年，全国淘汰黄标车和老旧车600万辆，其中京津冀、长三角及广东省珠三角区域淘汰243万辆左右；其他地区淘汰357万辆左右。

2015年，北京市、广东省珠三角区域淘汰全部黄标车；天津市、上海市、江苏省、浙江省累计淘汰80%的黄标车；其他省（区、市）和广东省其他地区累计淘汰90% 2005年底前注册运营的黄标车，累计淘汰50%的黄标车。

2016年，天津市、上海市、江苏省、浙江省累计淘汰90%的黄标车；其他省（区、市）、广东省其他地区累计淘汰70%的黄标车。

2017年，各地区淘汰90%以上的黄标车。

（2）按照《机动车环保合格标志管理规定》联网核发机动车环保合格标志，依据机动车环保达标车型公告核发新购置机动车环保检验合格标志，发标信息实现地市、省、国家三级联网。

（3）按照《全国机动车环境管理能力建设标准》配备省级和地市级机动车环境管理机构、人员、办公业务用房、硬件设备等，并严格落实《中共中央办公厅 国务院办公厅关于党政机关停止新建楼堂管所和清理办公用房的通知》（中办发〔2013〕17号）。

（4）北京市、天津市、河北省、山东省、上海市、江苏省、浙江省、广东省严格按照《财政部 科技部 工业和信息化部 发展改革委关于继续开展新能源汽车推广应用工作的通知》（财建〔2013〕551号）有关规定和工作方案，在公交客运、出租客运、城市环卫、城市物流等公共服务领域，新增及更新机动车的过程中推广使用新能源汽车，完善城市充电设施建设。

（5）结合城市道路建设，完善步行道和自行车道。城市道路建设要优先保证步行和自行车交通出行。除快速路主路外，各级城市道路均应设置步行道和自行车道（个别山地城市可适当调整），主干路、次干路及快速路辅路设置具有物理隔离设施的专用自行车道，支路宜进行划线隔离，保障骑行者的安全。通过加强占道管理，保障步行道和自行车道基本路权，严禁通过挤占步行道、自行车道方式拓宽机动车道，已挤占的要尽快恢复。居住区、公园、大型公共建筑（如商场、酒店等）要为自行车提供方便的停车设施。通过道路养护维修，确保步行道和自行车道路面平整、连续，沿途绿化、照明等设施完备。

3.指标分值

该项指标分值12分，其中，北京市、天津市、河北省、山东省、上海市、江苏省、浙江省、广东省，淘汰黄标车占7分、机动车环保合格标志管理占1分、机动车环境监管能力建设占1分、新能源汽车推广占1分、城市步行和自行车交通系统建设占2分；其他地区，淘汰黄标车占7分、机动车环保合格标志管理占2分、机动车环境监管能力建设占1分、城市步行和自行车交通系统建设占2分。

4.计分方法

黄标车淘汰率满足当年工作要求的，计7分；完成当年工作要求85%的，计5分；完成当年工作要求70%的，计3分；否则计0分。

北京市、天津市、河北省、山东省、上海市、江苏省、浙江省、广东省，机动车环保合格标志核发管理满足工作要求，并实现地市、省、国家三级联网的，计1分，否则计0分。其他地区机动车环保合格标志核发管理满足工作要求的，计2分，未依据机动车环保达标车型公告开展新车注册登记的扣1分，发标信息未实现地市、省、国家三级联网的扣1分，发标率未达到80%的计0分。

机动车环境监管能力建设满足工作要求的，计1分。

在省级行政区域内，公交客运、出租客运、城市环卫、城市物流等公共服务领域新增或更新的机动车中新能源汽车比例达到20%的，计1分，否则计0分。

在省级行政区域内，对省会城市和随机抽取的1个其他县级及以上城市（区）进行抽查，每个抽查城市在不少于3个行政区域内，选取总条数不少于10条、总长度大于10公里的道路路段，应涵盖快速路辅路、主干路、次干路和支路，可根据城市具体情况确定各级道路组成比例，对步行和自行车交通设施进行考核统计，步行道和自行车道配置率（设置步行道和自行车道的道路比例）达90%，且完好率（步行道和自行车道使用功能完整，路面平整、连续、顺畅，不受机动车或其他设施侵占干扰所占比例）达80%的，计2分；步行道和自行车道配置率达80%，且完好率达70%的，计1分，低于上述比例的，计0分。

（八）建筑节能与供热计量

1. 指标解释

各地区新建建筑执行民用建筑节能强制性标准、绿色建筑推广和北方采暖地区供热计量情况。

北方采暖地区包括北京市、天津市、河北省、山西省、内蒙古自治区、辽宁省、吉林省、黑龙江省、山东省、河南省、陕西省、甘肃省、青海省、宁夏回族自治区、新疆维吾尔自治区。

2. 工作要求

该项指标包括“新建建筑节能”、“供热计量”2项子指标。具体工作要求如下：

（1）新建建筑执行民用建筑节能强制性标准及绿色建筑推广

所有新建建筑严格执行民用建筑节能强制性标准。政府投资的国家机关、学校、医院、博物馆、科技馆、体育馆等建筑。直辖市、计划单列市及省会城市的保障性住房，以及单体建筑面积超过2万平方米的机场、车站、宾馆、饭店、商场、写字楼等大型公共建筑，自2014年起全面执行绿色建筑标准。

（2）供热计量

北方采暖地区制定供热计量改革方案，按计划推进既有居住建筑供热计量和节能改造；实行集中供热的新建建筑和经计量改造的既有建筑，应按用热量计价收费。

3. 指标分值

该项指标分值5分。其中，北方采暖地区新建建筑执行民用建筑节能强制性标准及绿色建筑推广占2分，供热计量占3分；其他地区新建建筑执行民用建筑节能强制性标准及绿色建筑推广占5分。

4. 计分方法

随机抽查50个以上考核年度新建建筑。新建建筑在施工图设计阶段和竣工验收阶段执行民用建筑节能强制性标准的比例均达100%，北方采暖地区计1分，其他地区计3分；发现一例新建建筑未达到民用建筑节能强制性标准，扣0.5分，扣完为止。政府投资的新建公共建筑、直辖市、计划单列市及省会城市的保障性住房以及单位面积超过2万平方米的大型公共建筑自2014年起执行绿色建筑标准的，北方采暖地区计1分，其他地区计2分，否则计0分。

对北方采暖地区的省级行政区域内所有地级及以上采暖城市，每个城市随机抽查不低于10个实行集中供热的新建建筑和经计量改造的既有建筑项目，其中新建建筑不低于7个（其中居住建筑不少于4个）。所抽查项目100%按用热量计价收费，计3分；90%以上（含）的，计2分；80%以上（含）的，计1分；否则计0分。

（九）大气污染防治资金投入

1. 指标解释

地方各级财政、企业与社会大气污染防治投入的总体情况。

2. 工作要求

建立政府、企业、社会多元化投资机制，保障大气污染防治稳定的资金来源，加大地方各级财政资金投入力度，明确企业治污主体责任。

3. 指标分值

该项指标分值6分。

4. 计分方法

地方各级财政、企业和社会大气污染防治投入之和占地区国民生产总值的比例，高于全国80%位值

（含）的，计6分；低于80%位值、高于50%位值（含）的，计4分；低于50%位值、高于20%位值（含）的，计2分；否则计1分。

（十）大气环境管理

1. 指标解释

编制实施细则与年度实施计划、建立重点任务管理台账、重污染天气监测预警应急体系建设、大气环境监测质量管理、秸秆禁烧、环境信息公开情况。

2. 工作要求

该项指标包括“年度实施计划编制”、“台账管理”、“重污染天气监测预警应急体系建设”、“大气环境监测质量管理”、“秸秆禁烧”和“环境信息公开”6项子指标。具体工作要求如下：

（1）2013年，制定实施细则，确定工作重点任务和治理项目，完善政策措施并向社会公开。

（2）2014、2015、2016、2017年，制定年度实施计划，严格按照国家的总体要求制定年度环境空气质量改善目标，确定治理项目实施进度安排、资金来源、政策措施推进要求及责任分工，并向社会公开。

（3）针对产业结构调整优化、清洁生产、煤炭管理与油品供应、燃煤小锅炉整治、工业大气污染治理、城市扬尘污染控制、机动车污染防治、建筑节能与供热计量、大气环境管理等重点任务建立台账，准确、完整记录各项任务及其重点工程项目的进展情况，并逐月进行动态更新。

（4）重污染天气监测预警应急体系建设

按时完成省、市两级重污染天气监测预警系统建设和应急预案制定。对于省、市两级重污染天气应急预案，严格按照相关要求制定和备案，定期开展演练、评估与修订，全面落实政府主要责任人负责制，配套制定部门专项实施方案。

行政区域内单个城市空气质量达到重污染天气预警等级时，及时启动城市重污染天气应急预案；行政区域内多个城市空气质量达到重污染天气预警等级时，应同时启动省级、市级应急预案，推动城市联动、共同应对。

（5）大气环境监测质量管理

根据《环境监测管理办法》（原国家环保总局令第39号）、《关于加强环境质量自动监测质量管理的若干意见》（环办〔2014〕43号），建立完善的环境空气自动监测质量管理体系，对环境空气质量监测站点的布点采样、仪器测试、运行维护、质量保证和控制、数据传输、档案管理等进行规范管理和监督检查，保障监测数据客观、准确。

（6）秸秆禁烧

建立秸秆禁烧工作目标管理责任制，明确市、县和乡镇政府以及村民自治组织的具体责任，严格实施考核和责任追究。对环境保护部公布的秸秆焚烧卫星遥感监测火点开展实地核查，严肃查处禁烧区内的违法焚烧秸秆行为。

（7）环境信息公开

在政府网站及主要媒体，逐月发布行政区域内城市空气质量状况及其排名（直辖市可不排名）；公开新建项目环境影响评价相关信息；按照《关于加强污染源环境监管信息公开工作的通知》（环发〔2013〕74号）和《污染源环境监管信息公开目录》（第一批）的要求，公开重点工业企业污染物排放与治污设施运行信息；同时，按照《国家重点监控企业自行监测及信息公开办法》（试行）及《国家重点监控企业监督性监测及信息公开办法》（试行）的要求，及时公布污染源监测信息。

3.指标分值

该项指标分值共16分，其中年度实施计划编制占2分，台账管理占1分，重污染天气监测预警应急体系建设占5分，大气环境监测质量管理占3分，秸秆禁烧占1分，环境信息公开占4分。

4.计分方法

（1）年度实施计划编制

按要求编制实施细则与年度实施计划，并向社会公开的，计2分；实施细则与年度实施计划未向社会公开的，扣1分。

（2）台账管理

管理台账完整、真实，满足工作要求的，计1分；否则计0分。

（3）重污染天气监测预警应急体系建设

各地区人民政府提供开展重污染天气监测预警的证明材料，满足考核要求计1分，否则计0分。

抽查省、市两级重污染天气应急预案，满足考核要求计1分，否则计0分。

各地区人民政府应提供重污染天气应急预案启动的证明材料，包括各地区人民政府重污染天气应急预案启动情况的材料，及时准确启动达到80%的计1分，否则计0分，环境保护部统计情况作为考核的依据；各地区人民政府重污染天气应急响应信息报送情况的材料，按照环境保护部重污染天气信息报告工作要求报送的计1分，否则计0分，环境保护部统计情况作为考核的依据；各地区人民政府重污染天气应急措施落实、监督检查和问题整改情况的材料，满足工作要求的计1分，否则计0分，环境保护部环境保护督查中心对重污染天气应急预案落实情况进行监督检查，作为考核的依据。

（4）大气环境监测质量管理

若发现由于人为干预造假，致使数据失真的现象，作为一票否决的依据，总体考核计0分。依据环境保护部环境监测质量监督检查结果及各地区环境监测质量管理总结报告综合评定，满足考核要求的，计3分，否则计0分。未建立完善的环境空气自动监测质量管理体系，包括气态污染物量值溯源和量值传递体系以及颗粒物比对体系，扣2分。

（5）秸秆禁烧

建立并严格执行秸秆禁烧工作目标管理责任制、禁烧区内无秸秆焚烧火点且行政区内秸秆焚烧火点数同比上一年减幅达30%（含）以上的，或者连续两年行政区内秸秆焚烧火点数低于10个的，计1分；禁烧区内无秸秆焚烧火点且行政区内秸秆焚烧火点数同比上一年有所减少但减幅未达30%的，计0.5分；否则计0分（秸秆焚烧火点数以环境保护部公布并核定的卫星遥感监测数据为准）。

（6）环境信息公开

各地区人民政府应提供执行环境信息公开制度的证明材料，严格按照工作要求公开各项环境信息的，计4分；缺少一项信息公开内容的，扣1分，扣完为止。

关于发布国家污染物排放标准《陶瓷工业污染物排放标准》（GB 25464-2010）修改单的公告

环境保护部公告2014年 第83号

为贯彻《中华人民共和国环境保护法》和《中华人民共和国大气污染防治法》，防治污染，保护和改善生态环境，保障人体健康，完善国家环保标准体系，我部决定对国家污染物排放标准《陶瓷工业污染物排放标准》（GB 25464-2010）进行修改完善，制定了标准修改单，并由我部与国家质量监督检验检疫总局联合发布。

该标准修改单自发布之日起实施。

特此公告。

(此公告已经国家质量监督检验检疫总局田世宏会签)

附件：《陶瓷工业污染物排放标准》（GB 25464-2010）修改单

环境保护部

2014年12月12日

抄送：各省、自治区、直辖市环境保护厅（局）。

环境保护部办公厅2014年12月12日印发

附件:

《陶瓷工业污染物排放标准》（GB 25464-2010）修改单

为进一步完善国家污染物排放标准，我部决定修改国家污染物排放标准《陶瓷工业污染物排放标准》（GB 25464-2010），修改内容如下：

一、将4.2.7条修改为：喷雾干燥塔、陶瓷窑烟气基准含氧量为18%，实测喷雾干燥塔、陶瓷窑的大气污染物排放浓度，应换算为基准含氧量条件下的排放浓度，并以此作为判定排放是否达标的依据。

二、将表5中喷雾干燥塔、陶瓷窑的颗粒物限值调整为30 mg/m3、二氧化硫限值调整为50 mg/m3、氮氧化物限值调整为180 mg/m3。

建筑卫生陶瓷行业准入公告管理暂行办法

第一章 总 则

第一条 为实施《建筑卫生陶瓷行业准入标准》（以下简称准入标准），规范建筑卫生陶瓷行业准入公告管理，制定本办法。

第二条 各省、自治区、直辖市工业和信息化主管部门（以下简称省级工业主管部门）负责本地区建筑卫生陶瓷企业准入公告申请的受理、审核和推荐工作，监督检查准入条件保持情况。

工业和信息化部负责对省级工业主管部门审核推荐的准入公告申请进行复核、公示和公告，并实行动态监管。

第二章 申请与审查

第三条 申请准入公告的建筑卫生陶瓷生产线所属企业应当具备以下基本条件：

（一）具有独立法人资格；

（二）符合《建筑卫生陶瓷行业准入标准》；

（三）遵守国家有关法律法规，无重大违法行为。

第四条 具备条件的建筑卫生陶瓷企业可向生产线所在地省级工业主管部门提出准入公告申请，并提交《建筑卫生陶瓷行业准入公告申请书》（见附件）及所需材料。

申请企业应当对申请材料真实性负责。

第五条 申请准入公告应当提交以下材料：

（一）建筑卫生陶瓷行业准入公告申请书；

（二）企业法人营业执照副本；

（三）项目建设土地审批文件或建设用地使用权证；

（四）项目建设竣工环境保护验收文件；

（五）节能评估和审查文件（新建和改扩建项目提供）；

（六）质量抽检报告；

（七）强制性认证证书（生产瓷质砖的提供）；

（八）排污许可证和污染物排放达标证明材料；

（九）能源利用状况报告（年耗标准煤5000吨及以上的企业提供）；

（十）质量保证体系有效证明文件；

（十一）安全生产标准化建设情况；

（十二）上年度社保金缴费凭证及纳税凭证；

（十三）职业健康保障体系有效证明文件；

（十四）生产线运行情况说明。

上述（二）至（十三）项材料，请提供经省级工业主管部门核实的复印件。

第六条 省级工业主管部门对材料齐全、符合规定的申请，予以受理并出具受理通知书。对材料不全或不符合规定的申请，应在10个工作日内一次性告知申请企业需要补充的全部内容。

省级工业主管部门对申请材料进行核实，应在受理之日起20个工作日内将申请材料和部门意见报工业和信息化部。

省级工业主管部门意见应当对照准入标准，明确建设条件、生产布局、生产规模、工艺与装备、环境保护、质量管理、节能降耗、安全生产、职业卫生以及社会责任等是否符合要求。

第七条 工业和信息化部在收到省级工业主管部门推荐的申请材料之日起三个月内，组织专家完成复核。

必要时，工业和信息化部或委托省级工业主管部门组织专家对申请企业进行实地复核。实地复核专家应在两名以上。实地复核结果由专家和企业代表共同签字确认。

第八条 符合准入标准的建筑卫生陶瓷生产线和所属企业名单，工业和信息化部在部门网站上进行公示（一个月），公示无异议的，予以公告。

第三章 监督管理

第九条 进入公告名单的生产线所属企业（以下简称已公告企业）要严格按照准入标准组织生产经营活动，并定期对照准入标准开展自查。每年1月31日前将上年度企业自查报告报送省级工业主管部门。

第十条 企业自查报告是检查已公告企业保持准入标准的依据，应说明以下情况：

（一）企业相关生产经营情况；

（二）企业内部质量、环保、节能、安全生产、职业病防治、社会责任等制度建设及执行情况；

（三）企业组织结构、法人代表、相关资质、主要产品及生产能力等变更情况。

第十一条 省级工业主管部门审核企业自查报告。每年3月31日前将审核后的企业自查报告报送工业和信息化部。

第十二条 工业和信息化部或委托省级工业主管部门组织专家对已公告企业进行临时现场检查（通知后2日内完成）。临时现场检查，不应影响企业正常生产经营活动，由专家对照企业自查报告，检查已公告企业保持准入标准的情况。临时现场检查记录由专家和企业代表共同签字确认。

第十三条 任何单位和个人发现正在申请公告企业或已公告企业有不符合规定的情况，可向工业和信息化部或省级工业主管部门举报。

第十四条 已公告企业有下列情况之一的，省级工业主管部门应责令其限期整改，拒不整改或整改后仍不合格的，报请工业和信息化部撤销其公告。

（一）申报材料有弄虚作假行为；

（二）发生重大质量、环境、安全生产事故；

（三）不接受监督检查；

（四）现场检查发现不能保持准入标准；

（五）发生重大违法行为。

工业和信息化部拟撤销已公告企业名单，应提前告知相关省级工业主管部门和企业，听取其陈述和申辩，并组织专家对企业陈述和申辩进行论证，之后决定是否撤销公告。

被撤销公告的已公告企业，经整改合格满一年后方可重新申请公告。

第四章 附 则

第十五条 本办法适用于中华人民共和国境内（香港、澳门、台湾地区除外）所有类型的建筑卫生陶瓷生产企业。

第十六条 受理准入公告申请、现场复核和临时现场检查均不得收受申请企业费用。

第十七条 本办法由工业和信息化部负责解释。

第十八条 本办法自2014年8月1日起施行。

附件：建筑卫生陶瓷行业准入公告申请书（略，详情请登录工业和信息化部网站）

关于公布“广东省陶瓷行业《新产品新技术鉴定评价管理办法》（试行）”的通知

各有关单位：

为贯彻省委、省政府《关于提高自主创新能力提升产业竞争力的决定》《广东省工业产业结构调整实施方案》以及有关产业政策，适应行业管理的发展和政府职能的转变，规范新产品、新技术鉴定评价工作，强化技术创新管理，促进先进适用新产品的生产和新技术的有效推广应用，广东陶瓷协会负责组织、管理、监督广东省陶瓷行业新产品、新技术的鉴定评价工作。特制定广东省陶瓷《新产品新技术鉴定评价管理办法》（试行）。请遵照执行，执行过程有任何问题，请与协会秘书处联系。

广东陶瓷协会

广东省陶瓷行业《新产品新技术鉴定评价管理办法》

（试行）

第一章　总　则

第一条　为贯彻省委、省政府《关于提高自主创新能力提升产业竞争力的决定》《广东省工业产业结构调整实施方案》以及有关产业政策，适应行业管理的发展和政府职能的转变，规范新产品、新技术鉴定评价（以下简称鉴定）工作，强化技术创新管理，促进先进适用新产品的生产和新技术的有效推广应用，参照原国家《新产品新技术鉴定验收管理办法》，结合我省陶瓷行业实际，制定本办法。

第二条　新产品、新技术鉴定评价是指聘请有关专家，按照规定的形式和程序，对技术创新活动中新产品、新技术的主要性能、技术水平、试（投）产或在生产中试（使）用的可行性、市场前景、社会经济效益等进行综合审查和评价，并作出相应的结论。

第三条　本办法所称的新产品、新技术是指在我省陶瓷行业具有先进性、新颖性和适用性的民用工业产品、技术。

新产品是指采用新技术原理、新设计构思研制生产，或在结构、工艺等某一方面有所突破或较原产品有明显改进，从而显著提高了产品性能或扩大了使用功能，并对提高经济效益具有一定作用的产品。

新技术是指产品生产过程中采用新技术原理、新技术构思及新工艺装备等，对提高产品质量及节能降耗等某一方面较原技术有明显改进，达到实用程度并对提高经济效益具有一定作用的技术。

第四条　新产品、新技术的鉴定评价应紧密结合行业特点和市场用户的需求，体现为企业和用户服务的宗旨。以推动产业结构优化升级为主线，以增强企业自主创新能力，提升产品市场竞争力为目标，在企业自愿的前提下开展新产品、新技术的鉴定评价工作，积极推动行业新技术和产品的推广与应用，有力维护行业内市场秩序和良性竞争，促进行业的健康可持续发展。

第五条　新产品新技术鉴定评价贯彻产业技术政策。申请鉴定评价的产品和技术应属于国家和省鼓励发展的门类，对列入国家和省产业结构调整禁止、淘汰目录的产品和技术，一律不组织鉴定评价。通过严格执行产业结构调整相关产业政策，进一步发挥新产品、新技术的鉴定评价工作对企业自主创新能力建设的作用，切实推动我省陶瓷产业技术的升级进步。

第六条　广东陶瓷协会负责组织、管理、监督广东省陶瓷行业新产品、新技术的鉴定评价工作。

第二章　鉴定评价范围和原则

第七条　列入相关项目计划和企业自愿提出的新产品、新技术（包括试产前后及投产阶段）的鉴定评价工作，按照本办法执行。

涉及人身安全、社会公共利益以及国家有特殊规定的新产品、新技术的鉴定工作，按国家有关规定执行。

第八条　新产品、新技术鉴定评价工作要坚持严谨求实、客观公正、科学民主、专家与用户共同参与的原则，保证鉴定评价工作的严肃性和合理性。

新产品、新技术鉴定评价工作，要注意新产品、新技术的技术水平、经济效益、社会效益以及市场前景，保证鉴定评价工作取得实效。

第九条　新产品、新技术鉴定评价结论可以作为产品、技术推广应用和转让、申报奖励以及享受有关扶持政策的参考依据。

第三章　鉴定评价内容和程序

第十条　新产品、新技术鉴定评价的主要内容是：

（一）评价新产品、新技术的性能、采用标准、技术水平、生产工艺条件；

（二）考核新产品试（投）产、新技术试（使）用所需条件是否具备；

（三）预测分析市场前景、经济效益和社会效益。

第十一条　申请新产品、新技术鉴定评价，应具备下列条件：

（一）产品设计新颖、结构合理、性能先进，技术先进实用、具备全新的功能或较原技术有明显改进，有应用、推广价值；

（二）技术资料齐全，数据真实准确；

（三）达到设计要求，符合国家标准、行业标准、企业标准或用户要求的技术经济指标；

（四）新产品、新技术有较好的效益或预期效益；

（五）企业工艺装备、检测手段能满足研发、生产等要求。

第十二条　申请新产品、新技术鉴定评价应当提交以下资料：

（一）鉴定大纲；

（二）技术总结报告及试生产总结报告；

（三）产品标准以及性能测试报告或型式试验报告；

（四）经济效益、社会效益报告；

（五）用户使用报告；

（六）科技查新报告；

（七）生产图纸、工艺文件及有关说明书等设计文件。

第十三条　新产品、新技术鉴定评价，由开发单位提出书面申请，连同鉴定评价材料，经市工业主管部门或陶瓷行业相关协会提出意见后，报广东陶瓷协会组织鉴定评价。

第十四条　广东陶瓷协会在收到申请之日起十日内，作出是否受理的答复。对特别重大的项目，受理申请的单位可以报请上一级主管部门组织鉴定。

经资料形式审查和必要的现场考察合格后，广东陶瓷协会对申报项目组织鉴定评价，一般采取现场会议的鉴定形式，组成专家委员会对相关新产品、新技术进行鉴定评价，最终形成鉴定评价意见。

第十五条　通过鉴定的新产品、新技术，由鉴定组织单位核发广东陶瓷协会统一制定的《新产品新技术鉴定证书》。

第四章　鉴定组织和管理

第十六条　鉴定委员会应当由具备下列条件的技术专家和技术经济专家组成：

（一）具有该行业（或相关行业）的高级技术职称（职务）或技术经济专业类的高级职称（职务），特殊情况下可聘请不超过20%的具有中级技术职称业务骨干参加；

（二）具有比较丰富的科学技术、经营管理知识和良好的职业道德，求实公正。

第十七条　鉴定委员会成员由行业专家和用户代表组成，为7—15人（取单数）。

直接参与本项产品或技术开发人员不得参加鉴定委员会。项目承担单位人员原则上不得参加鉴定委员会，特殊行业由于专业限制需要项目承担单位参加的，其成员数不得超过鉴定成员总数的五分之一。

鉴定委员会成员原则上从广东陶瓷协会专家库中按相关行业抽取。

第十八条　鉴定委员会应当履行下列职责：

（一）接受鉴定组织单位的领导，并对其负责；

（二）坚持实事求是、科学严谨的态度，对新产品、新技术进行审查和评价；

（三）组织审议新产品、新技术的答辩及验证试验；

（四）提出鉴定报告，对结论持有异义的问题要在报告中注明，全体成员要在鉴定证书上签字。

鉴定委员会负责人对鉴定结论要负责任，每个成员有权充分发表个人意见。

第十九条　参加鉴定评价的有关人员，要采取合理措施保护其在新产品、新技术鉴定工作中知悉的商业秘密。未经权利人许可，不得披露、使用、允许他人使用或转让该商业秘密。

第六章　附则

第二十条　本办法由广东陶瓷协会负责解释。

鉴定评价工作流程图

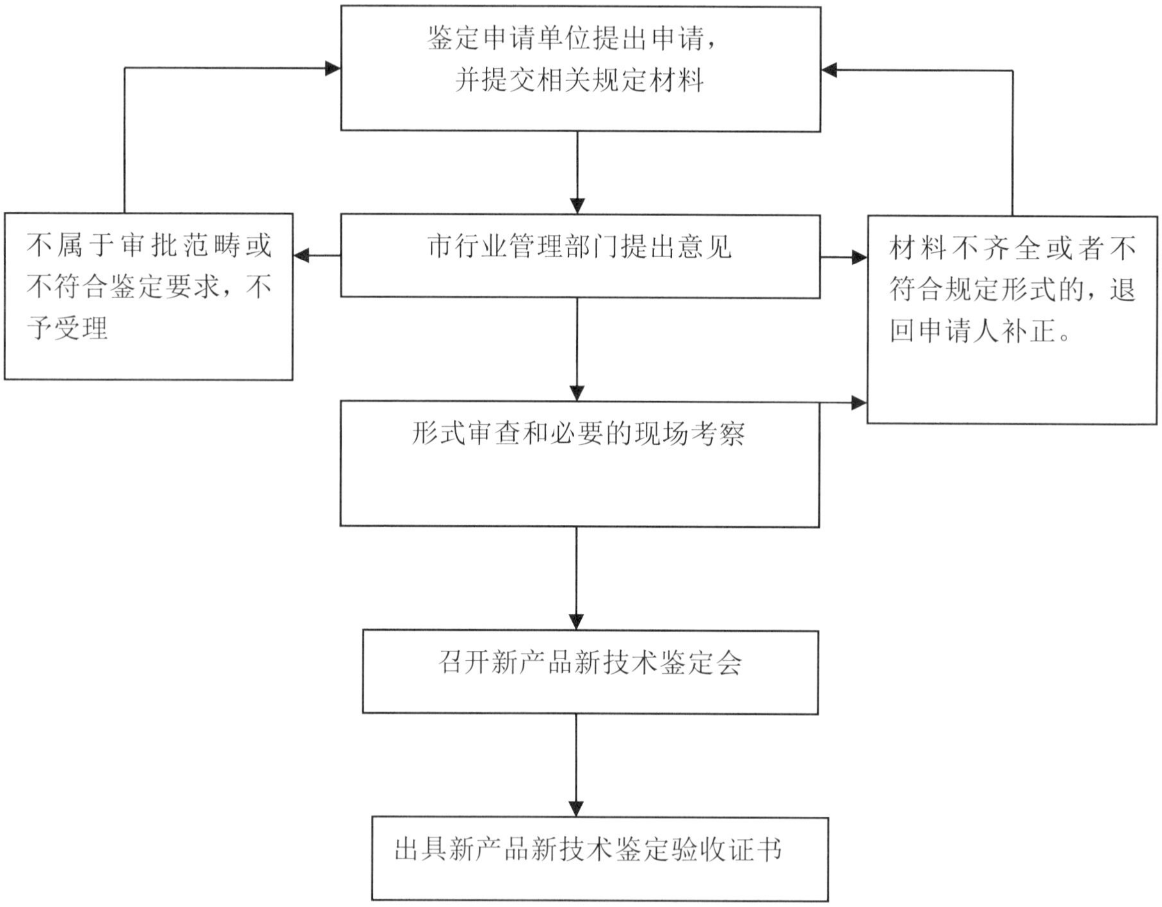

2015

年鉴

中国陶瓷年鉴

2015

G75006

贵妃醉酒

福建省佳美集团公司自1992年成立以来，直辖有德化县佳美工艺品有限责任公司、德化县佳美彩印有限公司、厦门市进出口有限公司、厦门敦海艺品有限公司、厦门国际货运有限公司、漳州市佳圣轩工艺品有限公司，以生产工艺瓷、树脂工艺品、高档日用瓷、礼品艺术瓷为主，产品全部销往30多个国家和国内各大城市，已成为集科研、贸易、生产、彩印包装、仓储、国际货运为一体的高度外向型股份制企业，凸显出各成员企业相互配套、共同发展的集团优势。

公司秉承瓷都德化千年陶瓷文化，集精雕细捏艺术之大成，思尽各工序终极之巧造，揉合科技与艺术之完美，喷发出陶瓷文化之精华。坚持以人为本，树立科学发展、和谐发展理念，发扬“团结、务实、开拓、进取”的经营精神，力推产品向高端精品方向发展。产品选材精、做工细、造型美、装饰巧、含义深、白如雪、润如玉、透如绢，已成为东方艺术之珍品。现已拥有佳美工艺品“ ”中国驰名商标，“苏氏陶瓷”和“佳圣轩”二件省级著名商标。先后通过了ISO全面管理体系，涵盖有质量管理、环境管理、测量管理、职业健康安全管理和输美认证管理等体系。

继往开来写历史，推陈出新创产品。我们将进一步树立科学发展观，紧跟时代潮流，依托中国瓷都德化历史悠久的陶瓷文化品牌，以瓷为载体，加大研发创新，创造更加富含艺术文化产品走进千家万户，走向世界，为德化社会、经济全面发展和推进海峡西岸经济区建设作出应有的贡献。

地址：中国福建省德化县城关东环路

电话：0595-23596988　　传真：0595-23596788

网址：www.jiamei.us　　E-mail：hsf@jiamei.us

联系人：黄先生

JIAMEI GROUP

佳美集团

福建省佳美集团公司

FUJIAN JIAMEI GROUP CORPORATION

苏氏陶瓷

Davco®
德高
德高瓷砖胶，好！
别浪费力气
拉不掉的！
PAREXGROUP
Building expertise, together
法国派丽集团

Davco®
德高
德高防水，放心！
防水 瓷砖胶 填缝料
PAREXGROUP
Building expertise, together
法国派丽集团

主营业务 BUSINESS

德高 防水系列

与传统防水材料相比，德高K11防水浆料不仅能在基面形成防水层，更重要的是能渗透到基体内部形成结晶体，阻塞毛细孔，封闭水的通道，从而起到防水功能。

德高 瓷砖胶系列

与传统水泥贴砖工艺相比，德高瓷砖胶具有粘结强度高、粘结层薄、环保无毒、保水性好、更耐久的优点，能彻底解决渗水、砖裂、空鼓、脱落等铺贴问题！

德高 填缝料系列

德高填缝料色彩丰富，色泽均匀牢固，具有优异的粘结力以及一定的柔韧性，不会产生裂纹，明显提高抗渗能力；还具有抗霉菌侵蚀的能力。

商业模式 BUSINESS

德高专注于厨卫防水铺贴系统，在全国**400**多个城市设有**2700**多家专卖店，**50000**多个分销网点。

Davco®
德高

德高中国 ABOUT PAREXGROUP DAVCO CHINA

德高（广州）建材有限公司（以下简称德高中国）创建于1998年，是全球著名的特种砂浆领导公司–法国派丽集团（PAREXGROUP）在中国设立的全资企业。经过二十多年的发展，德高中国已成为中国特种砂浆行业的领导者之一，德高K11防水浆料、德高彩色瓷砖填缝料、德高TTB瓷砖胶等产品以其可靠的品质深获广大用户的信赖，已成为中国市场的领导产品。

德高（中国）的总部设立于广州，在上海、北京、成都、武汉设立子公司、分公司和生产基地，在重庆、南京、杭州、福州、长沙、沈阳、南宁、石家庄和西安设立了办事处，德高销售网络遍布全国。

经过二十年的发展，德高中国已成为中国特种砂浆行业的领导者之一。德高销售网络遍布全国，8个自有工厂、3个OEM工厂、6个物流中转仓，拥有800多名员工。

德高专注于厨卫防水铺贴系统，在全国400多个城市设有2700多家专卖店，50000多个分销网点。

德高［广州］建材有限公司
ParexDavco (Guangzhou) Co., Ltd.

地址：广州市滨江西路206号
Address: No.206, Binjiang West Road, Guangzhou

电话TEL：+86 20 8441 1717
传真FAX：+86 20 8443 1130

广州工厂：广州市南沙区市南路东涌段68号
Address: No. 68, Dongchong Section, Shinan Road, Nansha, Guangzhou

本企业通过ISO9001质量管理体系和OHSAS18001职业健康安全管理体系认证。

中国陶瓷年鉴 2015

企业风采

The editorial boarda style

CCIA

中国陶瓷工业协会 主编

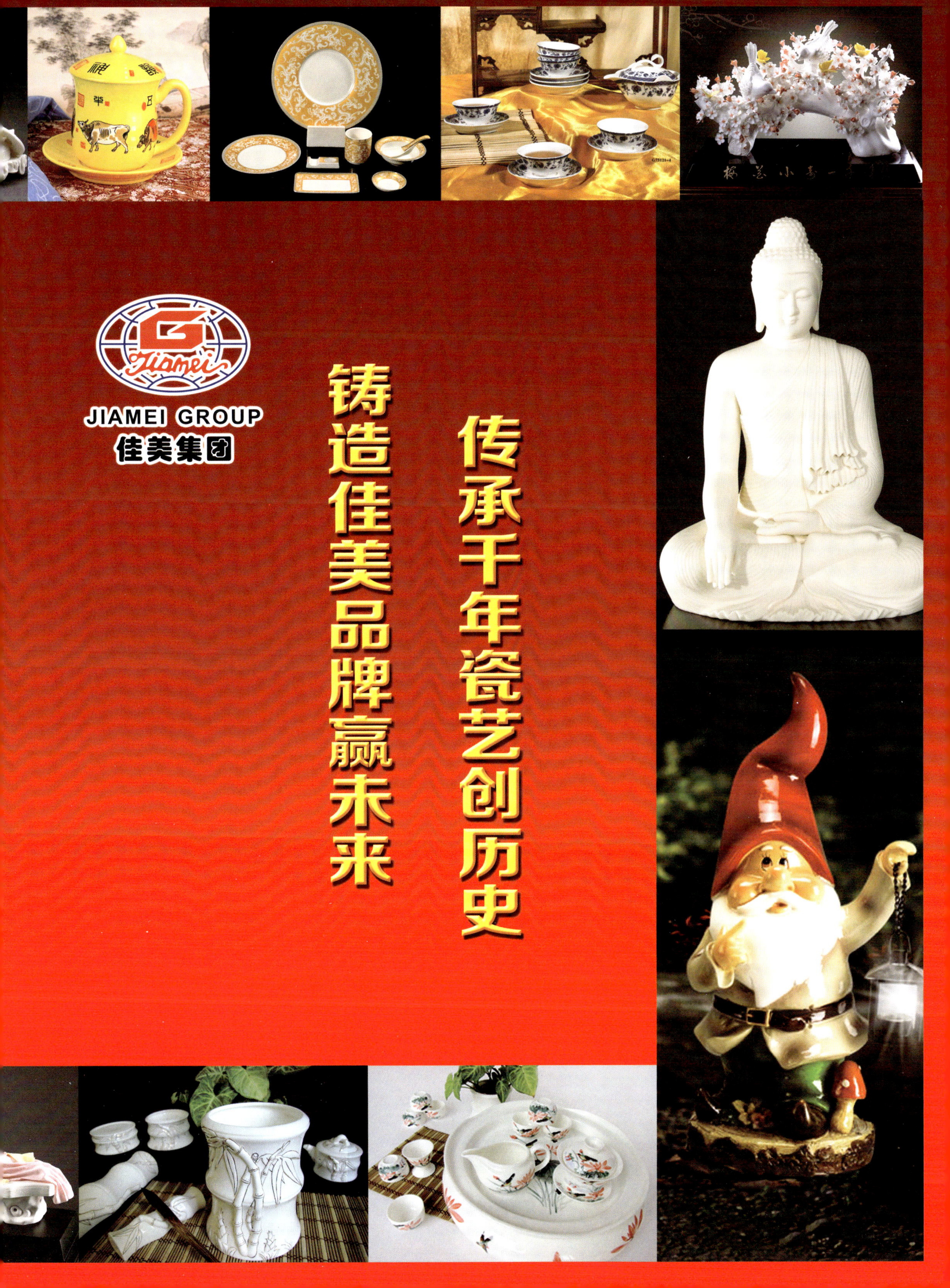
JIAMEI GROUP
佳美集团
传承千年瓷艺创历史
铸造佳美品牌赢未来

主的家居生活打造细节品质，是唐姆品牌永恒的追求，是我们全体伙伴的工作方向。我们在学习中进步，在创新中超越，在竞争中发展，在协作中共赢。展望未来，凭借超前的意识、雄厚的实力、卓越的团队和全球性的战略眼光，唐姆品牌自信能够沉着应对瞬息万变的国内、国际竞争浪潮，一如既往地坚持以创新为企业生存和发展的基本，利用更丰富的资源、更先进的发展理念、更多的优秀人才、更强的整合力量，以国际化视野打造全球化的一流团队，以更开放的胸怀和气魄，推动公司向集团化、集约化、产业化的方向前进。

“唐姆”是一个品牌——源于中国的世界品牌，在每一位唐姆伙伴的努力下，唐姆品牌已经遍布全国并正在走向全球。我们为此而自豪，因为这其中有我们每一位伙伴的辛勤努力！并且，我们一直在努力！

获奖证书

唐姆®全球瓷砖安装专家

产品简介

唐姆玻化砖粘结剂905

产品优势：

- 瓷砖无需预先浸泡
- 水性材料、绿色环保
- 施工范围广，粘结力强
- ISO9001质量认证

适用范围：

- 室内外粘贴玻化砖饰面材料等
- 基础适用于平整的水泥基、混凝土、石底面，也适用于石膏板（仅用于干燥内墙）砌块、珍珠岩板、废旧瓷砖和大理石、花岗岩等（要做些打毛处理）二次粘贴
- 墙面及地面
- 各类干燥或潮湿的室内外环境

唐姆石材粘结剂907

产品优势：

- 水性材料、绿色环保
- 施工简便快捷，加水搅拌即可使用
- 施工范围广，粘结力强
- 良好的保水性，耐水性

适用范围：

- 各种规格天然石材的粘结，被粘结石材厚度不大于20mm
- 适用于砖石、混凝土、水泥、无袖瓷砖珍珠岩板、大理石、花岗岩基面，也可用于室内干燥场合
- 墙面及地面
- 建筑物室内及室外的施工

唐姆粘结剂

玻化砖粘结剂905

马赛克粘结剂912

瓷砖粘结剂910

马赛克粘结剂912 中性

唐姆产品服务热线：400-811-1515　电话：010-68315916　传真：010-68318106　邮箱：TAMMY@thmaterials.com

唐姆® 全球瓷砖安装专家

唐姆陶瓷薄板粘结剂909

产品优势：

- 水性材料、绿色环保
- 施工简便快捷，加水搅拌即可使用
- 施工范围广，粘结力强
- 良好的耐水性

适用范围：

- 适用于陶瓷薄板
- 墙面及地面
- 建筑物室内及室外的施工
- 各类干燥或潮湿的室内外环境

唐姆瓷砖粘结剂910

产品优势：

- 瓷砖无需预先浸泡
- 水性材料、绿色环保
- 施工范围广，粘结力强
- ISO9001质量认证

适用范围：

- 适用于普通瓷砖，中玻璃釉质及非釉质型陶土瓷砖的粘结
- 适用于平整的水泥、砼、砖、石底面外，也适用于石膏板（仅用于干燥的内墙）、泡沫板、砼砌块、珍珠岩板等表面的瓷砖粘结
- 也可在废旧的瓷砖和大理石、花岗岩（要做些打毛处理）上再次粘贴

石材粘结剂907

瓷砖粘结砂浆920

陶瓷薄板粘结剂909

地址：北京市海淀区三里河路17号甘家口大厦906室　唐姆品牌营销中心：北京市通州区嘉创路5号新华联科技大厦902室

唐姆® 全球瓷砖安装专家

产品简介

唐姆马赛克粘结剂912

产品优势：

- 水性材料、绿色环保
- 施工范围广，粘结力强
- ISO9001质量认证

适用范围：

- 适用于粘贴任何吸水率陶瓷马赛克或玻璃马赛克，加强型还可在木板上使用
- 适用于室内外墙面和地面
- 适用于干燥或潮湿环境

唐姆防水灰浆971/972

产品优势：

- 无毒无害绿色环保
- 施工简便、快速，柔韧性较强，能覆盖微小裂缝
- 施工范围广，粘结力强
- ISO9001质量认证

适用范围：

- 适用于室内外厨房、卫生间、阳台、地下室、水池等要求防水或防潮处
- 适用于建筑物室内外的施工

唐姆防水灰浆

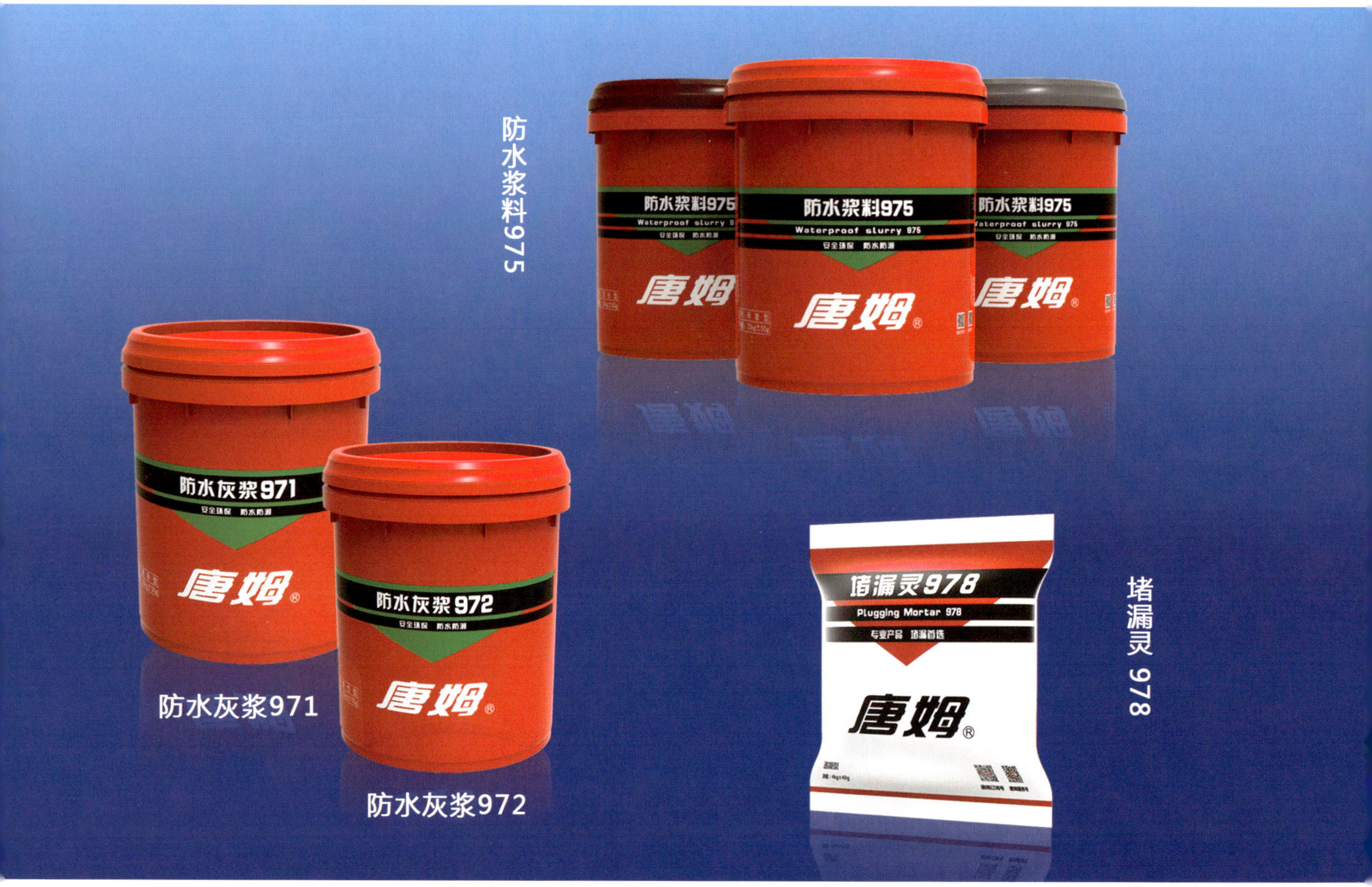

防水浆料975

防水灰浆971

防水灰浆972

堵漏灵 978

唐姆产品服务热线：400-811-1515　电话：010-68315916　传真：010-68318106　邮箱：TAMMY@thmaterials.com

唐姆® 全球瓷砖安装专家

唐姆多彩填缝剂922(有砂)/925(无砂)

产品优势：

- 具有较强的粘结力和颜色附着力
- 抗压耐磨损、抗霉菌、抗强碱
- 无毒害、无污染、安全环保
- 柔韧性能好、避免饰面开裂
- 色彩丰富，16种颜色满足客户不同需求（另可根据客户需求进行调色）

适用范围：

- 适用嵌缝宽度：0-5mm（无砂型），3-12mm（有砂型）
- 适用于室内外的墙面和地面使用
- 适用于陶瓷砖、马赛克、外墙陶瓷砖、石材等饰面进行嵌缝施工

唐姆多彩环氧填缝剂931

产品优势：

- 具物理性能优异，具有防水、耐磨、强度高、耐久性好、抗污、较强的抗化学腐蚀性能
- 使用范围广，可用于室内外墙面、地面瓷砖、石材、马赛克填缝
- 配方独特，可调成多种颜色，灵活搭配
- 含抗菌防霉成分，能阻止砖缝中霉菌的滋生及藻类等微生物的侵蚀
- 色彩艳丽，抗紫外线，能长久保持装饰效果，永久不变色
- 环保产品，无刺激气味，绿色环保，低VOC排放，健康放心

适用范围：

- 用于高档瓷砖、仿古砖、石材和各种马赛克填缝
- 室内外的墙面、地面
- 厨房、卫生间、泳池等
- 住宅、商业场合

唐姆填缝剂

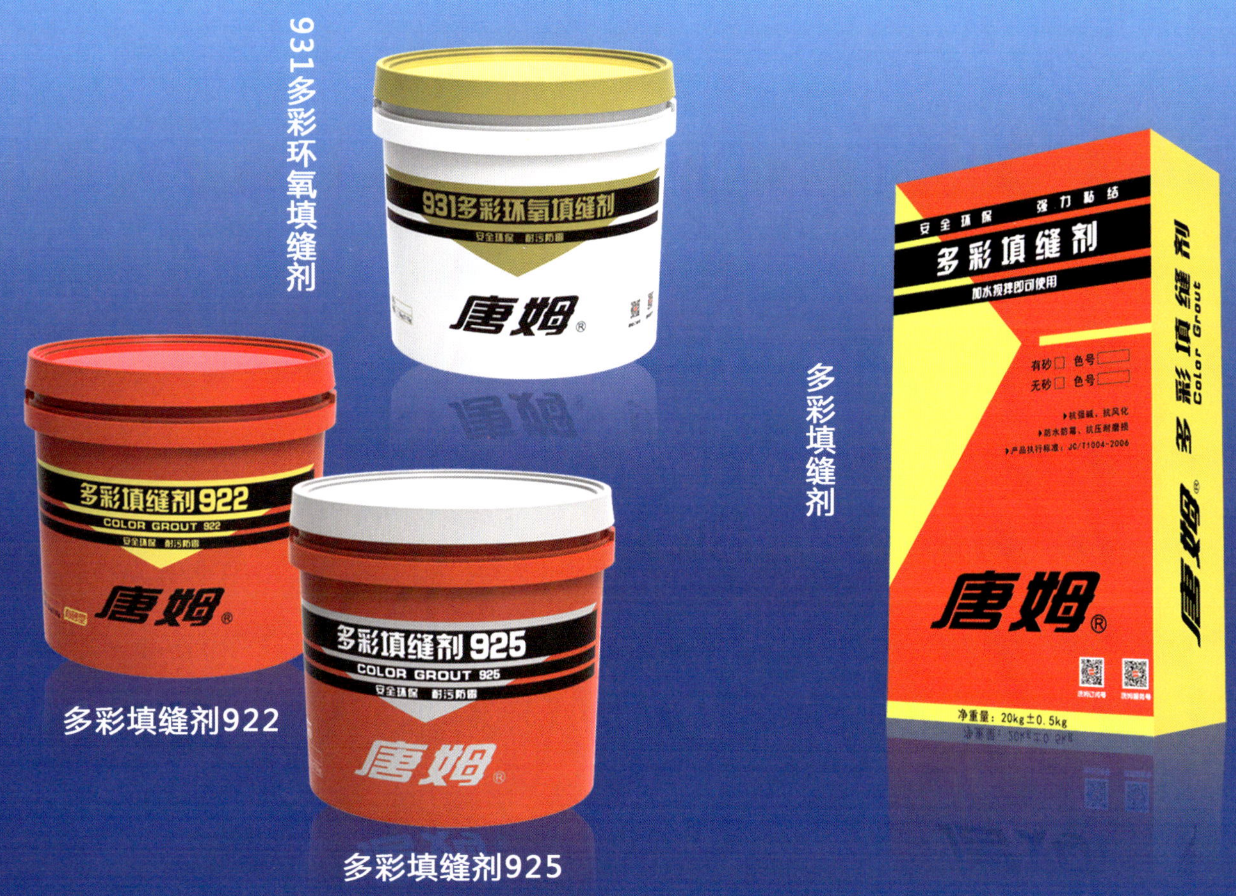

多彩填缝剂922

多彩填缝剂925

BUILDING TRUST Sika®

西卡（中国）有限公司

技术实力

厂容厂貌

领导班子工作照

产品特点与应用

Sika Ceram-50 瑞士西卡通用强力瓷砖胶

应用范围：

▲ 混凝土、抹灰、砌砖等多种基材
▲ 建筑室内卫生间、厨房墙砖、地砖
▲ 吸水率较高的釉面砖及陶质砖

优点：

▲ 聚合物改性长久有效粘结
▲ 预拌标准砂浆，质量稳定
▲ 施工方便、加水即可
▲ 降低凝固收缩、避免开裂、脱落
▲ 薄涂施工，减轻粘结层自重

SikaLatex CT-100 瑞士西卡玻化砖耐水背涂胶

应用范围：

墙面地面低吸水率玻化砖、石材铺贴。适用于厨房、卫浴、阳台、露台等潮湿、易渗水区域的瓷砖铺设

优点：

▲ 强力粘结光滑低吸水性基面，有效防止空鼓
▲ 耐水、耐候，热变性能高，耐久性好
▲ 与水泥砂浆相容，具优良抗渗防水性能
▲ 绿色环保，无毒无害

Sika Ceram-100 瑞士西卡高级防水瓷砖粘结剂（增强型抗下坠）

应用范围：

▲ 水泥、混凝土、砌砖等多种基层材料
▲ 建筑室内外墙地砖的铺贴施工
▲ 各类干燥或潮湿环境如：阳台、卫生间、厨房等瓷砖铺贴施工
▲ 低吸水率的玻化砖、石材

优点：

▲ 适用多种基面的优良粘结性能
▲ 防水、耐温度变化，抗滑移
▲ 施工方便、加水即可
▲ 薄涂施工，减轻粘结层自重

Sika Ceram Tile Grout 瑞士西卡填缝料

应用范围：

适用于室内，室外墙面，地面用瓷砖，石材等铺贴填缝，可增强面材美观效果，并防止基材膨胀，收缩变形，延长饰面使用寿命。

优点：

▲ 优良防渗水性防止水分由砖材缝渗入
▲ 具有防霉功能，防止气候和环境对墙面产生影响
▲ 粘结力强，抗压强度，耐磨性好
▲ 加水搅拌即可，施工快速建议
▲ 粉料质感细腻，宽细缝通用

Sika Ceram -150 瑞士西卡全效瓷砖胶粉

应用范围：

▲ 混凝土、抹灰、砌砖等多种墙地面基材
▲ 浅色系或透明瓷砖、大理石、石材
▲ 吸水率较低的各类瓷砖

优点：

▲ 聚合物改性胶粉，有效粘结多种基面
▲ 适用多种瓷砖、天然石材、马赛克等
▲ 精选材料预拌，质量稳定
▲ 和易性好、施工方便、加水即可
▲ 白色胶粘粉不污染面材

Sika Ceram Beautiseal 瑞士西卡美缝剂

应用范围：

用于瓷砖、马赛克、石材、木板、玻璃、铝塑板等材料的缝隙装饰。

优点：

▲ 优异的抗污性、耐腐蚀、耐酸碱
▲ 高耐磨，优异的耐老化
▲ 自洁性优良，色彩丰富，适用范围广
▲ 低异味，绿色环保

BUILDING TRUST

西卡（中国）有限公司

产品图片

瓷砖胶50

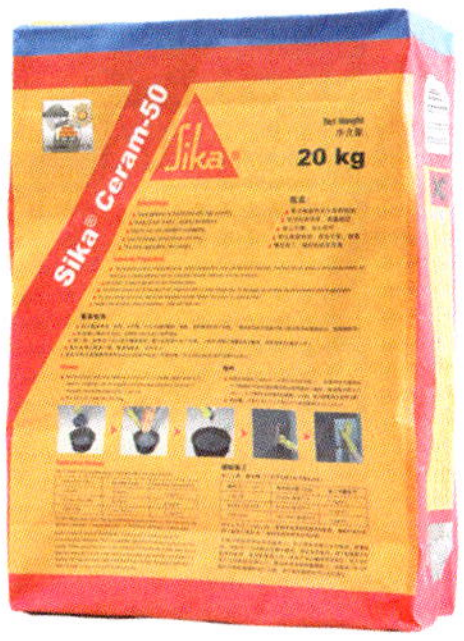

双组份填缝料

瓷砖胶100

5KG填缝料

瓷砖胶150

2KG袋装填缝料

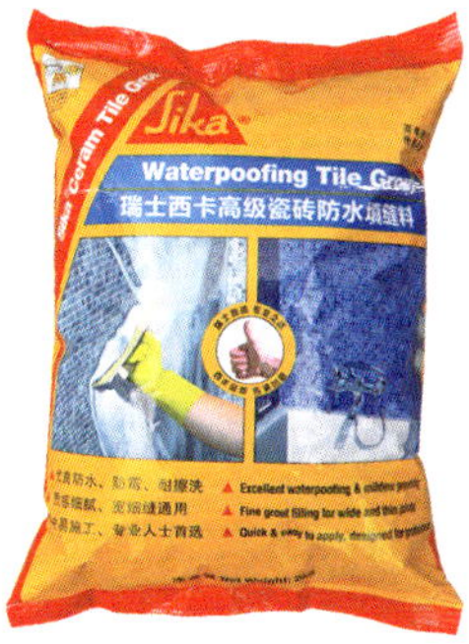

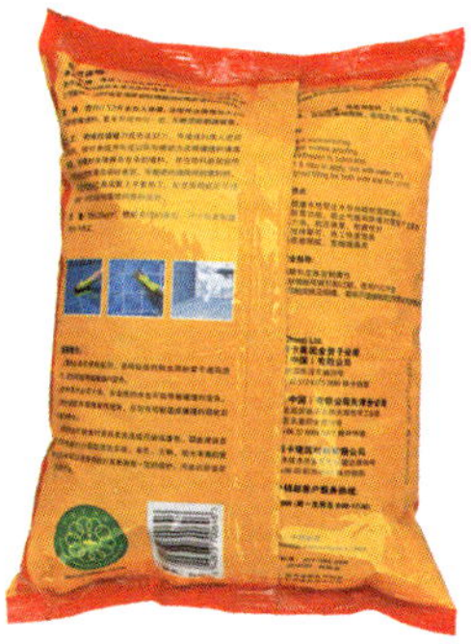

背涂胶

美缝剂

希望在品质，创新铸未来

Hope Relies On Quality Lnnovation Founds The Future

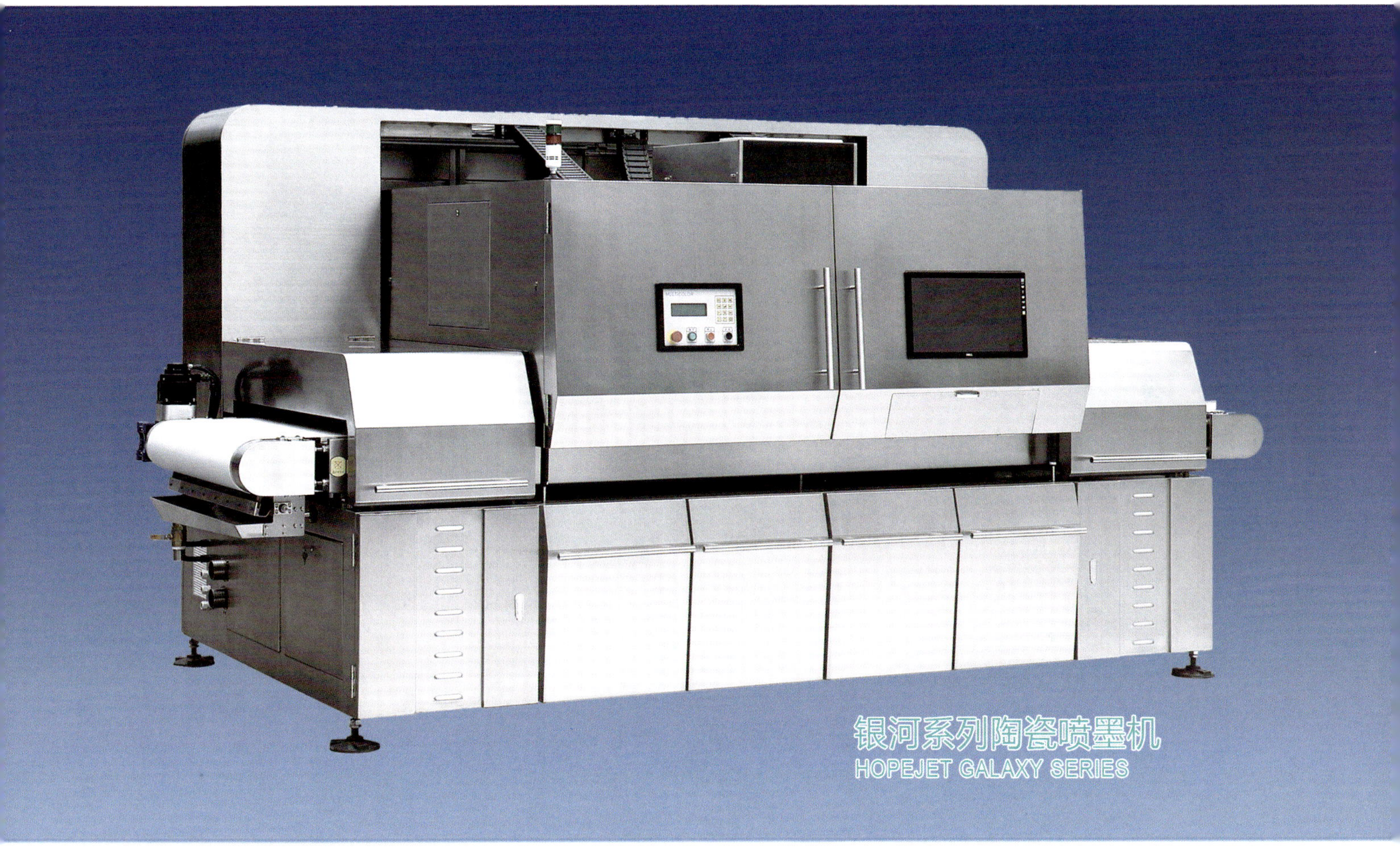

希望公司的产品同样享誉国际市场，产品遍及印度、马来西亚、印度尼西亚、越南、巴基斯坦、埃及、伊朗、土耳其等二十多个国家和地区，并获得国际客户的高度评价。

公司创建伊始，希望人就制定了在行业内打造世界顶级品牌的长远发展战略目标，喊出了发自肺腑的“希望在品质，创新铸未来”的企业文化口号，为希望公司的发展之路打下了坚实的基础。希望公司秉承“客户至上”的经营理念，以同质价廉、同价质优的产品面向客户，始终将客户的利益摆在第一位，赢得了广大客户的信任与支持。在人性化的管理体制下，希望公司全体员工积极进取、勇于创新，铸就了“希望”在行业内的良好口碑。今天，以质量、服务、创新为发展原则的希望人将继续以精益求精、务实上进的态度迎接陶瓷行业日新月异的挑战。

我们已经看到：这颗来自中国“希望”之星,正在世界品牌园中绽放着璀璨的光芒！

希望陶瓷机械设备有限公司

HOPETECH HOPE CERAMICS MACHINERY CO.,LTD

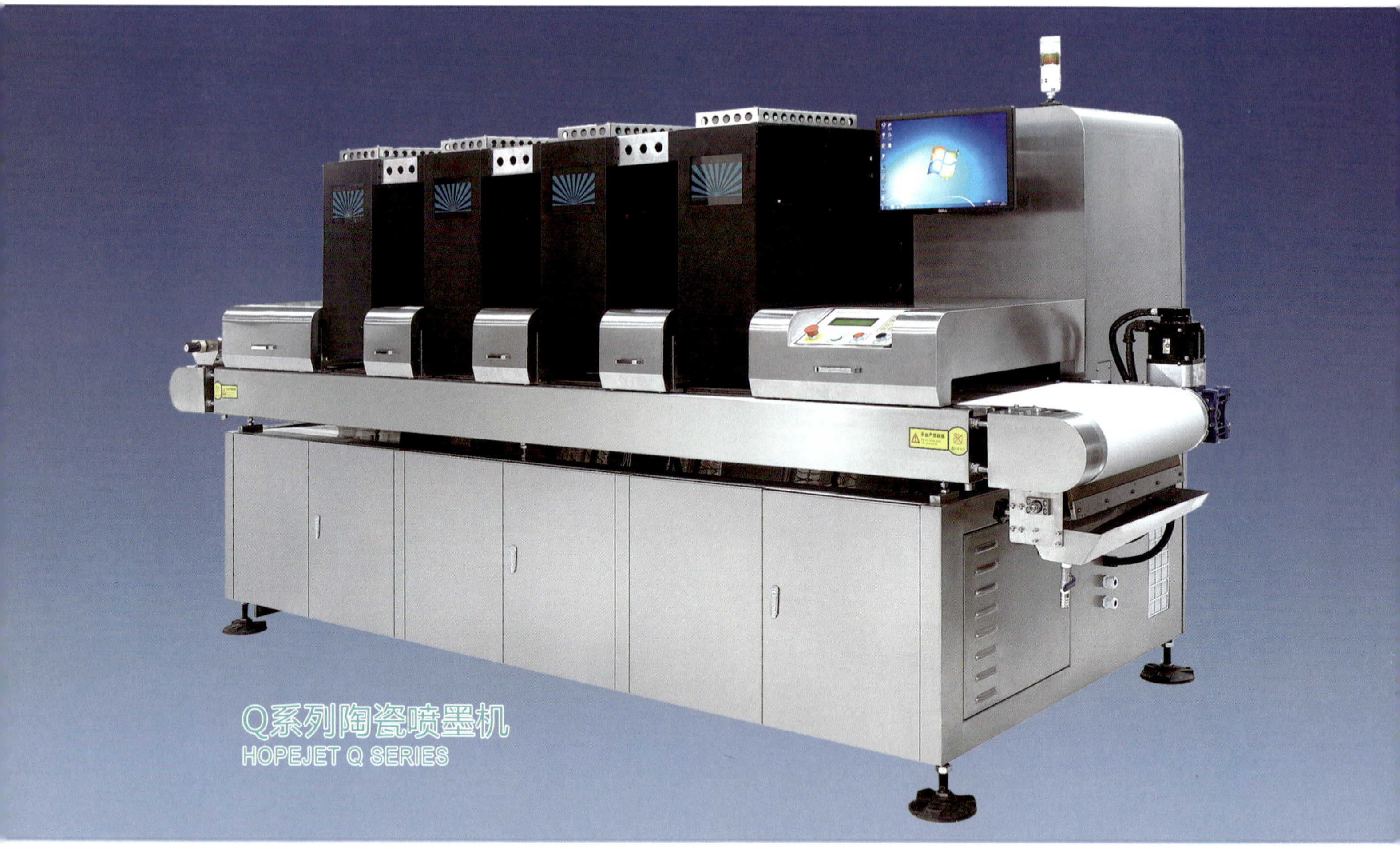

Q系列陶瓷喷墨机

HOPEJET Q SERIES

展会剪影

关于佳贝特

About JABEST

临沂佳贝特集团有限公司成立于2004年5月，下辖临沂佳贝特建陶有限公司、临沂大将军建陶有限公司、临沂美鑫管业有限公司、山东韵昊置业有限公司、临沂美鑫钢管材料市场有限公司。2013年实现销售收入30多亿元。公司现有职工5000余人，公司通过ISO9001：2000质量管理体系认证和ISO14001：2004环境管理体系认证。

集团下属陶瓷企业拥有国内先进生产设备和国内领先的瓷砖研发中心。现有300 mm×450 mm、300 mm×600 mm、400 mm×800 mm等系列100多个花色品种的墙地砖产品，日产量达13万平方米。产品各类、规格齐全，花色缤纷明快，性能稳定，销售网络遍布全国各地。几年来，公司先后被评为“改革开放三十年建材行业最具影响力企业”、“中国陶瓷行业最具发展潜力企业”和“产业升级突出贡献企业”，荣获“经济发展贡献奖”、“科学技术进步奖”和“重大节能成果奖”。2009年“佳贝特陶瓷”荣获“山东名牌”。2010年公司荣获“山东省消费者满意单位”。2011年获“山东省著名商标”。

佳贝特集团覆盖面广、迅捷高效的销售和服务网络已辐射国内外，建立了400余家一级代理商和千余家二、三级分销商，销售网络覆盖广东、海南、新疆、内蒙古、黑龙江等全国31个省份，市场占有率和产品覆盖率逐年提高，创造了业内营销奇迹。目前，产品已经出口俄罗斯、韩国、加拿大、新加坡、迪拜、美国和欧洲、非洲等国家和地区。

公司未来的发展，将坚持“做中国建陶业强者”的发展战略。充分发挥自身在建材行业生产、研发、品牌建设方面的优势，以科技推动企业的持续、快速、健康发展，建成国内最大的内墙砖生产基地。坚持实施名牌战略，科学管理，规范运作，实现公司可持续发展，创造更佳的经济效益和社会效益。

我们的荣誉

联系方式

电　话：0539-7387776
联系人：朱经理
手　机：13666390037

佳贝特陶瓷
JABEST CERAMICS

工厂展示

佳貝特陶瓷
JABEST CERAMICS

产品展示

新常态、新创业、新

华瓷股份董事长 许君奇先生

华联股份是一家从事陶瓷制品设计、研发、生产与销售的专业化大型陶瓷企业。

自1994年成立以来，华联依托瓷城醴陵古老悠久的陶瓷文化底蕴，怀抱“振兴民族陶瓷工业”的奋斗目标，致力于陶瓷产业与陶瓷文化结合，坚持以科技改造提升传统产业，构建华联炻瓷、华联红官窑、华联新材料、华联亿嘉和华联火炬五大传统陶瓷和科技陶瓷业务板块，打造出华联、红官窑、火炬三大中国驰名商标品牌，华联企业技术中心更被认定为国家级企业技术中心。

20年发展历程中，华联始终将自身的奋斗目标与民族陶瓷工业的振兴联系在一起，并紧跟趋势，使企业五大业务板块各具特色。华联自主开发的色釉炻瓷，以“绿色环保、文化创意”为特色，提升中国传统陶瓷的出口形象；华联红官窑深度挖掘独有的“毛瓷”工艺，对接人民大会堂、京西宾馆及奥运会、世博会、亚运会等高端平台，推动了釉下五彩的国际化、高端化；华联火炬高标准新建电瓷产业园，实现装备升级、产品升级，将一个拥有70年历史的中国电瓷行业老字号品牌发扬光大；华联新材料对接国际IT巨头，为陶瓷行业注入了科技、时尚的内涵，将成为陶瓷行业转型升级的一个重要方向；华联打造的亿嘉网购，正成为一个平台化的专业购物网站，引领陶瓷行业走向电商时代……

着眼未来，华联紧跟新营销、新技术、新经济发展趋势，顺应新常态，重塑新动力。将毫不动摇地坚持 “一体两翼”发展战略，不断提升企业内涵式增长能力，在传统陶瓷板块坚持做品牌、做创新、做网络、做电商平台，形成综合的商业模式，进一步做强做大。在科技陶瓷板块将走高技术、自动化、高端制造、精密制造发展之路，形成中国创造的陶瓷新材料产品，做规模经济和高附加值经济，用5年左右时间，力争销售收入达30亿元，进入国际知名陶瓷品牌前三名。

中国驰名商标品牌-华联

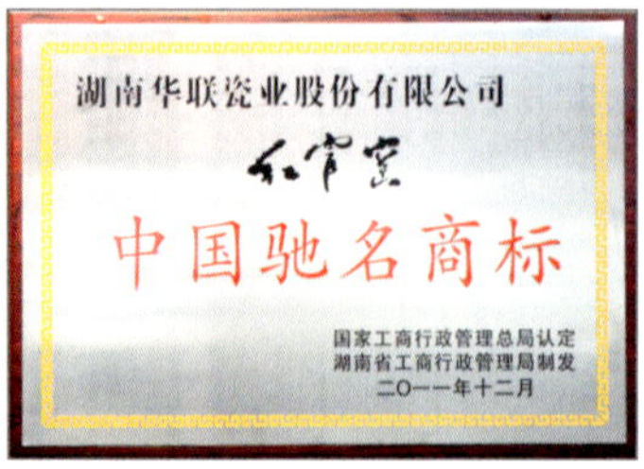

中国驰名商标品牌-红官窑

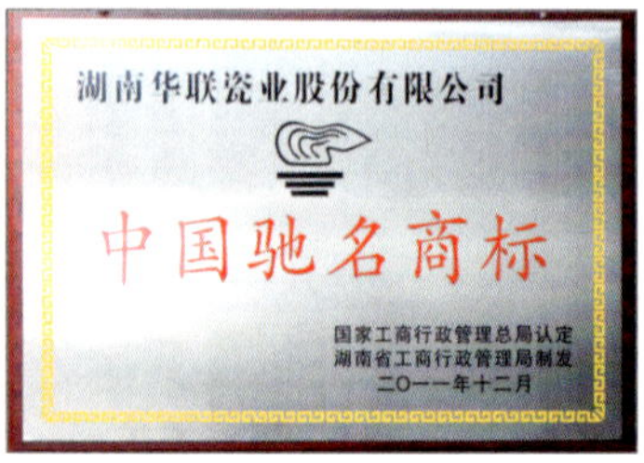

中国驰名商标品牌-华联火炬

国家认定企业技术中心

跨越 —— 湖南华联瓷业股份有限公司

至尊国瓷、崇尚妙品

红官窑 始于1905

- 中国驰名商标、国家用瓷生产基地、国家级非物质文化遗产——醴陵釉下五彩瓷烧制技艺传承基地。
- 红官窑的前身为醴陵群力瓷厂，源于1905年熊希龄创办的湖南官立瓷业学堂及瓷业公司。
- 先后为毛泽东、周恩来、邓小平、江泽民、胡锦涛等党和国家领导人特制生活用瓷，被誉为“现代红色官窑”、“当代国瓷”。

国际色釉陶瓷界旗帜性品牌

HUALIAN 华联

- 中国驰名商标、国家商务部重点培育和发展的中国出口名牌。
- 色釉炻瓷研制技术国内领先、国际一流。
- 依托广交会、法兰克福展等外贸展会和电子商务平台，畅销全球八十多个国家和地区。宜家、吉普森、星巴克、沃尔玛等全球一流企业的战略性合作伙伴。
- 年出口规模7000-10000万美元。

中国电瓷电器行业标杆品牌

- 中国电瓷行业老字号品牌，中国驰名商标。
- 六氟化硫高强度大瓷套的研制成功填补国内空白。可以按照国标、美标、澳标、英标和IEC标准组织开发和生产1000kV及以下变压器套管和穿墙套管、组合电器、线路绝缘子等13个系列上千种规格型号的电瓷电器产品。
- 公司产品畅销全国，远销全球30多个国家和地区，是国家电网公司目前认可的几大超特高压产品生产企业之一。

打造中国高科技陶瓷制造高地

华联新材料

- 荣获两项国家发明专利，主要性能比肩日本京瓷公司。
- 优势对接国际IT巨头，将陶瓷新材料成功应用到电子产品领域。
- 着眼未来，公司将围绕电子信息、生物医学、航天航空、国防军工以及时尚生活等创新产品，储备技术，以市场为引领，以技术为支撑，努力将企业打造成为集粉体研制、高端制造、精磨加工于一体的高科技企业。

中国陶瓷网购第一品牌

IJARL

- 取意英文单词“JARL”的首领，贵族之意。凭借独一无二的设计，高端的品质，IJARL已成为了时尚陶瓷的代名词，一直引领着陶瓷潮流风尚，一直为消费者倾注真诚。
- 伴随网络经济的快速发展，华联IJARL创造了家居陶瓷网络销售的奇迹，成为了国内陶瓷网购第一品牌。2014年“双十一”网络购物狂欢节，销售突破800万元。
- 目前，华联IJARL正在全力打造建设“IJARL生活”移动端APP和微信端及线下体验馆的020新电商模式，搭建陶瓷电子商务新销售平台，开始新的创业和跨越。

华联炻瓷

华联红官窑

华联火炬

华联新材料

华联 IJARL

联系方式:

地址：中国 湖南 醴陵市万宜路3号　官方微信：hnhlcy

电话：+86-731-23382168　传真：+86-731-23382388

网址：http://www.hnhlcy.com　Http://hunanhualian.en.alibaba.com

扫一扫

关注有惊喜哦！

三环陶瓷
SANHUAN PORCELAIN

金 石 方 圆

中国东盟博览会宴会用瓷

2004年开始，三环集团与中国东盟博览局成为战略合作伙伴，至今已有11年。2015年初接到中国—东盟博览局秘书处关于东盟接待用瓷的指示，当即成立 “东盟盛宴专用瓷研发小组 ”，设计研发组19人、生产研发组5人、市场对接组 5人等，经过200多天不懈的努力，设计出60多款的设计方案，最终精选出 “金石方圆”这一系列，通过原材料配制、成型、烧成、装饰等九十多道工序，克服各个阶段的技术难题，创造了东盟盛宴用瓷“金石方圆”系列餐具。

《“金石方圆”要客接待专用瓷》系列产品共43件，选用“帝皇黄”色调，高温烧制而成。它参考了中国传统文化，使用书画装裱风格，借用“中国-东盟博览会”七字做画面设计元素，以中国特有的篆书、篆刻的艺术表现手法，帝皇黄为主色调，采用黄金+磨砂金的顶级制作工艺，华丽尊贵。由此创造出以“一带一路”大背景、“海上丝绸之路”新思路、东博会元素及广西元素为设计理念的“金石方圆”系列产品，实现“方寸之间，气象万千”的繁荣景象，寓意着中国-东盟海洋合作年，以东博会为中心，带动东盟各国的共同繁荣发展、共同打造政治互信、经济融合、文化包容的利益、命运、责任共同体的合作共赢之路。广西三环将成为递给东盟国家乃至世界的一张名片，经典符号的全新演绎，传统工艺的科技再现，端庄典雅与简洁大方交融，庄严质感尽显大国之风，盛宴重器，甫一亮相，已成经典。

天地之间，东盟之中，金石方圆

三环陶瓷 SANHUAN PORCELAIN

官样御瓷-喜鹊登枝

GUANYANGYUCI-XIQUEDENGZHI

同治十一年（1872年）二月，内务府遍召满蒙大臣的女儿入宫备选。同治帝按照慈安的旨意，选翰林院待讲崇绮之女啊鲁特为皇后，慈禧太后中意的富蔡氏为慧妃，并于九月举行了大婚之礼。同治大婚典礼，据宫中旧档，同治八年折旨，系依照康熙四年成例办理。同治十一年九月，举行同治皇帝大婚典礼。同治大婚时，从国库中拔款1100万两白银，特别造办一切大婚用物。同治皇后的妆奁为600抬，经过6天才抬进皇宫。这些物品纹饰华美，寓意吉祥，是婚礼文化的重要载体。其中的皇后用瓷数量惊人，风格独特，在北京博物馆院遗存6000余件。这批瓷器数量大，做工精致，色彩丰富而艳丽，花纹婉约而柔媚，纹饰或工整活泼，充满了热烈而祥和的喜庆氛围。款识一律用红彩款。其中喜鹊登枝系列用瓷正是同治大婚御瓷主用瓷系列之一。

本次喜鹊登枝系列官样用瓷正是复古同治大婚御瓷中整体以黄地粉彩绘喜鹊登枝为主题系列御瓷的原貌。上绘喜鹊、梅花等吉祥纹样，梅枝树树，暗香浮动，喜鹊只只，盈飞雀跃，整个设计图饱满，布局一致，图样画法工细，画面静中有动，格调明快。细腻有序的细节，吉祥的花纹装饰及美好的寓意散发出和谐的喜庆色彩。表现出"喜上眉梢"之意，寓意吉祥喜庆的好预兆。

整个喜鹊登枝系列产品为中国知名陶瓷企业三环集团荣誉出品，无铅无镉，健康安全，尽显品牌价值典范。我们秉承千百年传统制瓷精神，选用高品质天然原料，经百道工艺精制胎体，1380℃高温烧制而成，产品搭配合理，器型独特新颖，花色意境优美，釉面洁白如玉润泽透亮，是难得的致美致臻之精品。

TECKWIN®

Innovative Digital Solutions

公司简介

上海泰威技术发展股份有限公司2001年12月成立于中国上海。公司自主研发、制造、销售陶瓷喷墨机、UV平板及卷对卷打印机。各类机型广泛运用于满足工业打印或高端展示展览等图像应用领域。

泰威以创新技术和科学规范主导产品设计、以精益思维严格控制生产流程，向市场提供高稳定性、高性价比的设备是泰威秉承的企业目标。

上海泰威技术发展股份有限公司在美国和中东驻有服务工程师和销售代表处，代理遍布亚太地区、南美洲和欧洲等地，产品销售已经覆盖全球超过75个国家和地区。泰威人精心研制的系列打印设备以富有竞争力的价格及优越的打印性能，致力于为客户提供高性价比的专业服务。泰威是上海市高新技术企业并获ISO9001:2008质量管理体系国际认证。泰威人的文化：诚实、正直、合作、进取。

泰威技术产品销售网络覆盖全球76个国家和地区。精心研制的灯箱布喷绘机以富有竞争力的价格及优越的喷绘功能，致力于为广大企业客户提供高性价比的专业服务。

泰威TeckBlaze 1800T-1

地址：中国上海松江泗泾高技路276弄91号　前台总机：+86-21-5762 8383　传真：+86-21-5762 8484

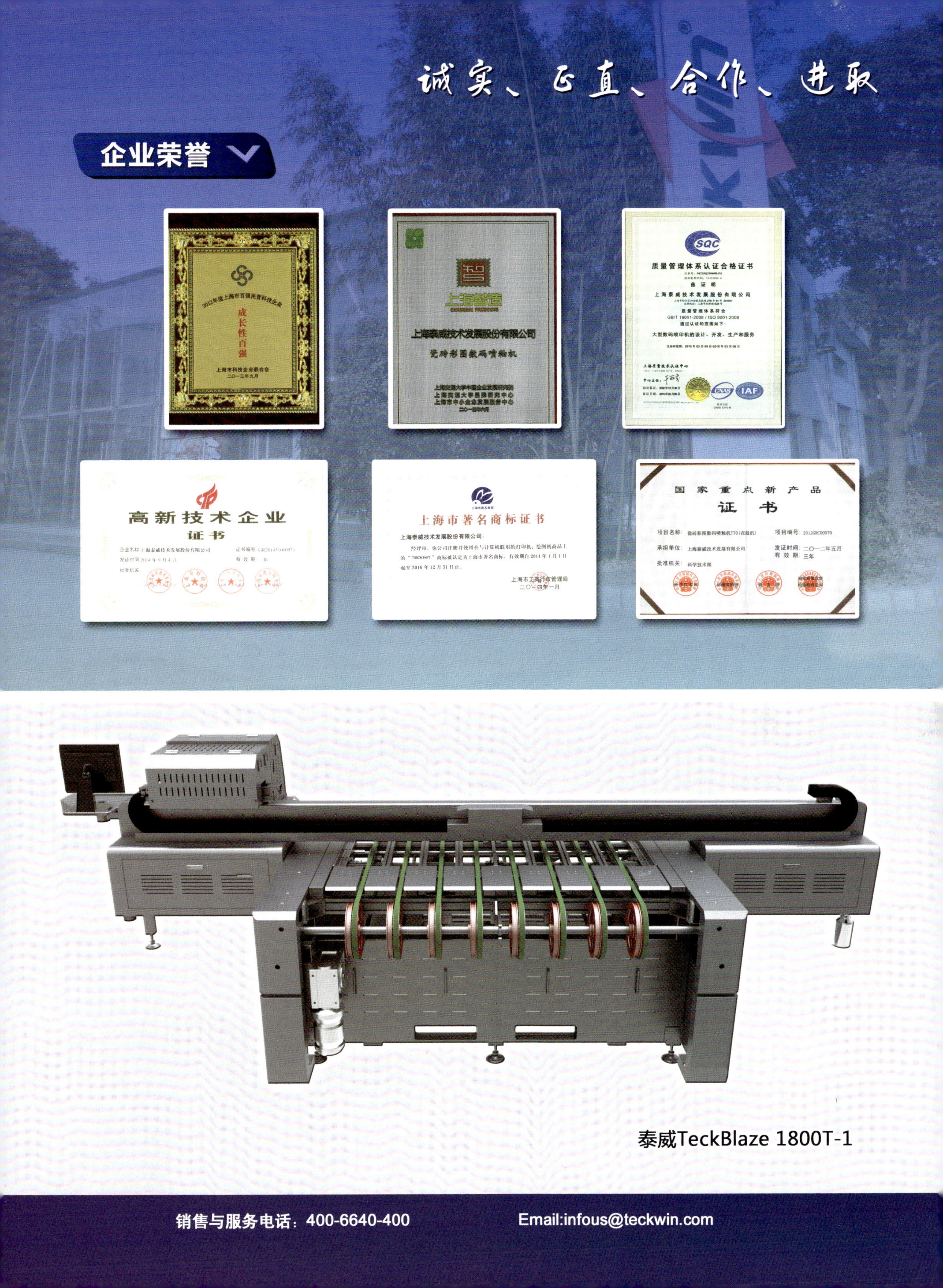
诚实、正直、合作、进取
企业荣誉
成长性百强
上海泰威技术发展股份有限公司
质量管理体系认证合格证书
高新技术企业
证书
上海市著名商标证书
国家重点新产品
证书
泰威TeckBlaze 1800T-1
销售与服务电话：400-6640-400
Email:infous@teckwin.com

诚实、正直、合作、进取

工厂图片

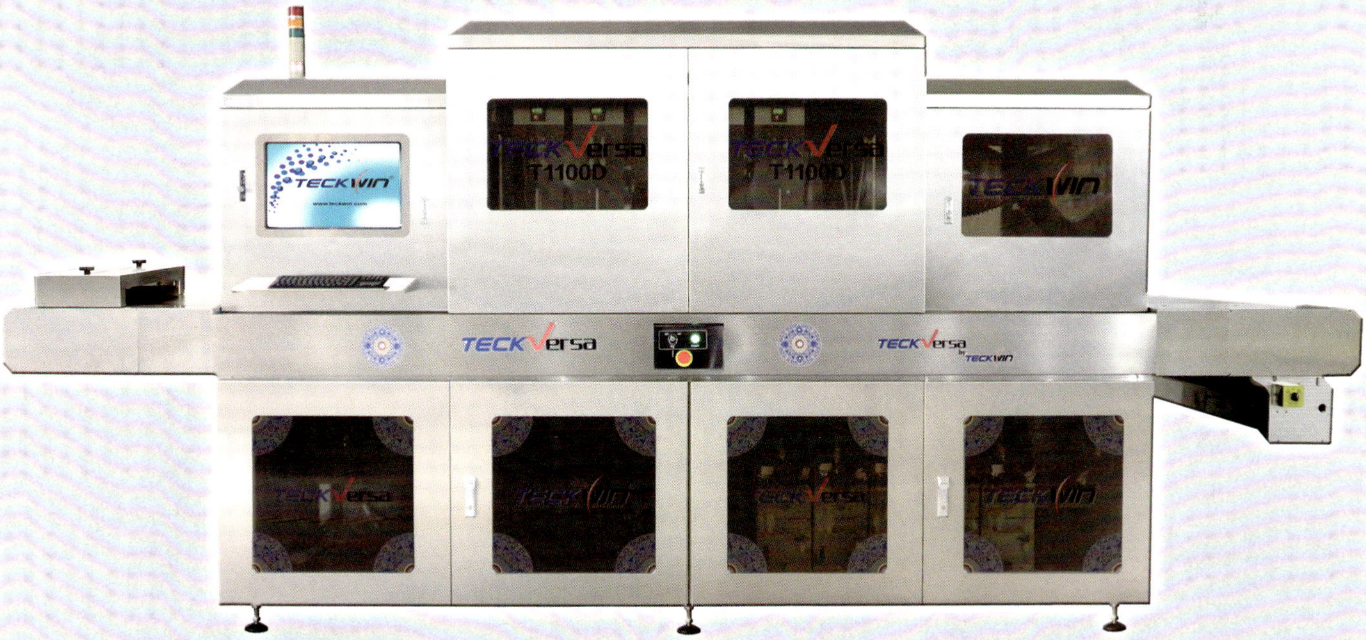

泰威Teckversa 700-1100

销售与服务电话：400-6640-400　　Email:infous@teckwin.com

【国瓷永丰源下属分公司】

深圳国瓷永丰源股份有限公司

地址：深圳市龙华新区观湖街道环观南路永丰源瓷文化创意产业园
电话：0755-2980 8999　　传真：0755-2980 8824

深圳市永丰源瓷业有限公司

地址：深圳市龙华新区观湖街道环观南路永丰源瓷文化创意产业园
电话：0755-2518 2999　　传真：0755-2980 8011

深圳市瑞琼陶瓷颜料有限公司

地址：深圳市龙华新区观湖街道环观南路永丰源瓷文化创意产业园
电话：0755-2980 8999　　传真：0755-2980 8824

广东永丰源陶瓷有限公司

地址：广东省饶平县三饶工业开发区
电话：0768-8353 220　　传真：0768-8352 828

唐山永丰源花纸有限公司

地址：河北省唐山市丰润区任各庄镇工业园区
电话：0315-5508 710　　传真：0315-5508 706

四川永丰源瓷业有限公司

地址：四川省成都市金牛区两河路中段
电话：028-8758 7299　　传真：028-8758 7621

深圳市永丰源酒店礼品有限公司

地址：深圳市福田区福强路4001号世纪工艺珍宝馆一楼
电话：0755-8272 1683　　传真：0755-8272 1692

上海永丰源家居用品有限公司

地址：上海市普陀区新村路671号（近交暨路）
电话：021-6609 1199　　传真：021-5635 3127

Auratic USA INC（美国永丰源）

Add:14F,41 MADISON AVENUE,NEW YORK，NY 10010，USA
Tel:（001）212 684 8888

永丰源瓷谷文化（北京）有限公司

地址：北京市西城区广安门外大街1号深圳大厦二层
电话：010-6332 7086　　传真：010-6326 4718

江西宜春洪州瓷业有限公司

地址：江西宜春市经济技术开发区宜商大道136号
电话：0795-7205589

内蒙古大汗窑瓷业有限公司

地址：内蒙古鄂尔多斯市准格尔经济开发区
电话：0477—2239080　传真：0477—2239702

【企业荣誉】

国瓷永丰源精品瓷器以高品位、高质地等优点获得了无数荣耀和好评，曾多次被选为国礼赠送给多国首脑，同时国瓷永丰源也是中南海和钓鱼台国宾馆指定国宴餐具研制企业。

国瓷永丰源精品瓷器被作为国礼赠送给俄罗斯前后两任总统

2010年11月国瓷永丰源被国家文化部评为“国家文化产业示范基地”

2014年12月国瓷永丰源荣获“深圳老字号”荣誉称号

auratic
国瓷永丰源
盛世牡丹
【金梅450MM釉下雕花观澜窑花瓶】
凝聚30多位资深设计师灵感，历经2年艰辛研制，特别创作出 釉下彩雕花系列·观澜窑珍藏瓷，以记载盛世中华繁荣景象，祝愿伟大祖国和谐昌盛。
永丰源
国家文化产业示范基地
Model Base Among National Cultural Industries
深圳国瓷永丰源股份有限公司 总部地址：深圳市龙华新区观湖街道环观南路永丰源瓷文化创意产业园
电话Tel:0755-2980 8999(总机) 传真Fax:0755-2980 8823 网址http:www.gcyfy.com

佛山市新瓷窑业科技有限公司

FO SHAN XINCI CERAMIC TECHNOLOGY CO.,LTD.

公司简介

佛山市新瓷窑业科技有限公司是集科研，设计服务的专业窑炉研发公司。其前身是佛山市新瓷窑炉有限公司，总部设在佛山，并在四川夹江，江苏宜兴，江西宜春等设有分支机构，在国内拥有宠大的窑炉研发网络。

公司发展多年来，先后为越南，印尼，泰国，印度，伊朗等国进行窑炉设计安装，现经过不断努力创新，为国内外研发出300多条产量高，能耗低，烧成质量好，自动化程度高，运行平稳的新型节能、环保窑炉。所设计的产品获得广东省陶瓷协会颁发的新型环保自动化节能窑炉“绿色产品金奖”，是国内窑炉研发的先进企业。

公司本着“科技为先，以人为本”的理念，以卓越创新窑炉，诚信服务朋友的方针，为用户提供建筑陶瓷，日用陶瓷，卫生陶瓷，电瓷，玻璃，治金，化工等新型环保节能窑炉的总体设计，投瓷估算，工艺布置，工艺配方，并以先进的设计方案对旧窑进行节能改造，代培技工和技术咨询等服务。

面向新世纪，新瓷窑业科技有限公司愿与国内外新老朋友真诚合作，携手共创美好的明天。

企业荣誉

2004年3月，中国建筑卫生陶瓷协会会长丁卫东赠字

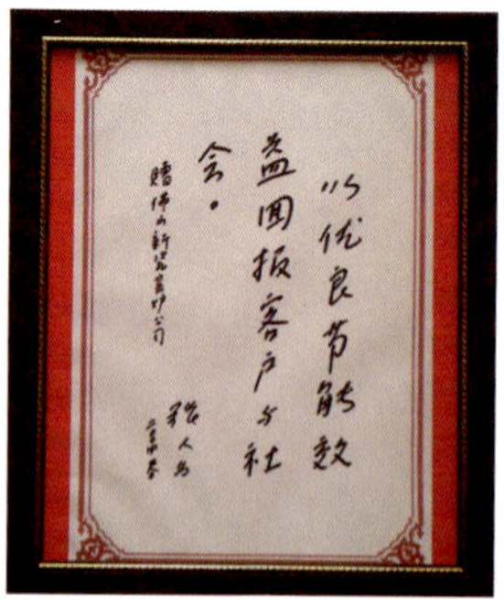

2004年4月，中国建材局张人为局长赠字

2006年6月18日，公司总经理熊新成成为广东省湖北商会第一届会员

2008年3月28日，新瓷进驻成为黄冈市窑炉工业协会常务理事单位

2013年6月，公司在第四届陶瓷上游供应企业研讨会暨优秀供应商表彰大会上荣获绿色产品金奖

2011年5月，公司成为窑炉暨节能技术装备分会会员单位

地址：佛山市禅城区张槎弼北股份经济合作社坑田工业区15号
电话：0757–82705268　0833–5613353
传真：0757–82705819　0833–5613353
邮箱：hxc@21xinci.com

质量第一　信誉为本
卓越创新窑炉　诚信服务朋友

佛山市新瓷窑业科技有限公司
FO SHAN XINCI CERAMIC TECHNOLOGY CO.,LTD.

辊道窑系列

辊道窑整线布局图

120m微晶玻璃晶化辊道窑

景业陶瓷厂整线辊道窑工程

日产18000平米仿古砖（400m）辊道窑生产线

日产15000平米仿古砖（360m）辊道窑生产线

日产12000平米仿古砖辊道窑生产线

隧道窑系列

氧化铝瓷球（中温）隧道窑

108m西式瓦隧道窑

年产60万件卫生瓷隧道窑

年产12万M2-20万M2微晶玻璃隧道窑

地址：佛山市禅城区张槎弼北股份经济合作社坑田工业区15号
电话：0757－82705268　0833－5613353
传真：0757－82705819　0833－5613353
邮箱：hxc@21xinci.com

质量第一　信誉为本
卓越创新窑炉　诚信服务朋友

佛山市新瓷窑业科技有限公司
FO SHAN XINCI CERAMIC TECHNOLOGY CO.,LTD.

梭式窑系列

120m3卫生洁具梭式窑

微晶玻璃梭式窑

微晶玻璃梭式窑

微晶玻璃梭式窑

电烧梭式窑

冶金窑炉系列

焦化窑炉

110m粉末冶金隧道窑

推钢式加热炉

19孔热回收捣固焦炉

不锈钢退火炉

地址：佛山市禅城区张槎弼北股份经济合作社坑田工业区15号
电话：0757－82705268　0833－5613353
传真：0757－82705819　0833－5613353
邮箱：hxc@21xinci.com

质量第一　信誉为本
卓越创新窑炉　诚信服务朋友

JABO 佳宝®陶瓷

公司简介

山东佳宝陶瓷有限公司始建于2003年，设计年产能2600万平方米，年产值5亿元，是集高品质墙地砖研发、生产、销售为一体的新型节能现代化建陶企业。

公司自成立以来，秉持“以品质为核心，以创新服务为根本”的经营理念，主打“佳宝”、“美之宝”两大品牌，其中“美之宝”于2014年荣获山东省著名商标。主要生产销售300*600、300*800、400*800、300*900、250*750系列高档微晶镜面瓷片，600*600、600*900、400*800、800*800系列超晶玉石、超平•金刚釉、金刚微晶石大理石瓷砖。

凭借技术创新实力，企业先后通过ISO9001质量管理体系认证和ISO14001环境管理体系认证，荣获中国3.15诚信企业，中国驰名品牌，中国绿色环保建材产品，中国工程建设重点推广应用产品等行业荣誉。经过十多年发展历程，佳宝企业始终以“创新、环保、节能、服务”为发展理念，正以全新的姿态，立足临沂，策马扬鞭，快步向前，走向世界。

以品质为核心　以创新服务为根本
佳宝陶瓷
2014年度
先进单位
证　书
中国绿色环保建材产品
证　书
中国工程建设重点推广应用产品
罗庄区慈善之星
证　书
中国3.15诚信企业
2012年度安全生产
先进单位
荣誉证书
中国驰名品牌
Chinese famous brand
证　书
全国消费者放心满意品牌

佳宝陶瓷

佳宝陶瓷
刘经理：18866960622　电话：0539-7383666
地　址：山东省临沂市罗庄区新206国道与振兴大道交汇中国陶瓷博览城。

佳宝陶瓷
中国陶瓷博览城

陶 都
中国·临沂陶瓷
CHINA LINYI CERAMICS
佳宝陶瓷
中国陶瓷博览城
JABO佳宝陶瓷
陈经理：15853983977 座机：0539-2929777
地 址：山东省临沂市罗庄区新206国道与振兴大道交汇

客户的需求，就是我们工作的方向！

客户的满意，就是我们发展的动力！

程师多名，职工200多人。2014年被市环保局确定为环保行业规范化检查验收示范单位，2015年协助市安全生产监督管理局制定了《色釉料行业安全生产标准化评审标准》，并高质量地通过了检查验收。

公司以质量第一求生存，以市场需求为导向，以科技创新求发展，以产品可靠稳定为基础，竭诚为广大客户提供最优质的产品和一流的服务。

公司董事长徐宁欢迎新老顾客前来洽谈业务！

厂　区

厂　区

生产车间

高温窑炉

Fangji 方基制釉

随方逐圆　积基树本

产品图片

品名：亚光熔块　温度：1500℃左右

品名：乳白熔块　温度：1580℃左右

品名：水晶熔块　温度：1580℃左右

品名：锆白熔块　温度：1580℃左右

品名：钛白熔块　温度：1580℃左右

品名：微晶熔块　温度：1500℃左右

品名：全抛釉　温度：1580℃左右

客户的需求，就是我们工作的方向！

客户的满意，就是我们发展的动力！

公司领导

徐宁 总经理

徐德文 副总

黄发文 工程师

张庆民 工程师

联系方式

公司地址：淄博市桓台县开发区工业园果里镇官中村南1000米　公司官网：www.chinafangji.com

公司邮箱：fangji@chinafangji.com　公司座机：0533-2341555　公司传真：0533-2341432

徐总座机：0533-2341666　徐总手机：13053336565　公司微信：ZBFJZY123

HUAIRENHENGYUAN
怀仁恒源
微波炉适用

怀仁恒源瓷业有限公司

企业简介

怀仁恒源瓷业有限公司位于怀仁县新家园镇，创建于2009年6月14日，是一家股份制民营企业，占地430亩。该企业高起点设计，高标准实施，以天然气为能源，以节能减排为目标，现已建成建筑面积4万平方米的亚洲最大的日用瓷生产单体车间，建成国内最先进的微机调控的96米燃气隧道窑炉两条，58米辊道烤花窑一条，干燥线16条；投资570万元建成了一条15公里的天然气管线；投资280万元建成6公里的高压输电专用线路；投资320万元建成了两个400立方米、两个200立方米的污水处理池及2000米污水回收管网，并植防护林6000多棵。生产线已全部正常生产，日产日用瓷达到16万件，产品合格率达到了90%，产销两旺，达到了订单生产、产品零库存。产品销售到合肥、昆明、上海、广州、深圳等28个大城市。目前公司拥有职工650多名，人均月工资达到2800元以上。2013年上交各项税费280多万元。

近两年公司组织技术力量对套具瓷、工艺瓷及艺术瓷板的开发研究又有了新的突破：1、套具瓷：生产配套了“中国龙”46头套具及36头、28头、26头、24头、22头、20头、18头、14头、10头、6头等礼品套具；2、工艺瓷：研发了以毛泽东、邓小平、胡锦涛、习近平为代表的伟人头像盘、伟人像瓷板及纪念建党90周年热盘。3、艺术瓷板：以红色旅游为主题，以“开国大典”、“周恩来同志从莫斯科归来”、“壶口瀑布”、“黄果树瀑布”、“沁园春·雪”等为代表的艺术瓷板。这三项的产值已占企业总产值的30%左右，前景可观。因此计划在这些方面继续加大力度，研制出更高档的艺术产品，力争产值占到总产值的70%。

2013年，恒源瓷业总结了几年的生产经验，提出了改变产业结构，扩大生产规模，提高产品技术含量和产品档次的技改计划，投资500多万元新建了一条年产1000万件的陶瓷杯具生产线，改变配套不够全、档次不够高的弊端，进一步增强企业在市场上的竞争力，促进企业持续发展。投资500多万元从唐山市桑莱斯陶瓷机械设备公司引进一条成型自动化生产线和2台自动塑压机，同时购置了水帘吸尘机、自动浸釉机等先进设备。2014年又新购置了6台自动精坯洗水机，改变了原来传统的手工操作，加快了企业升级改造和新项目建设。

于2014年7月新建一座3．4m两段式冷净煤气发生炉，日耗电1000度，日用水量20立方米。

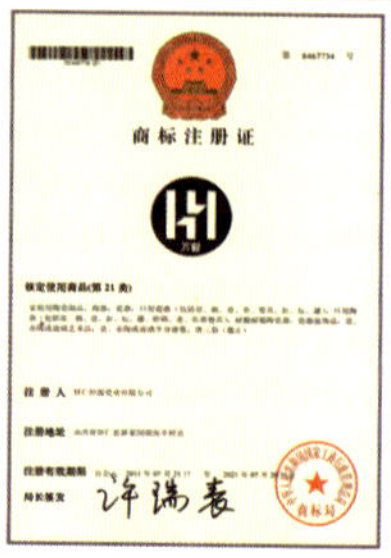

信誉第一 用户至上 诚信服务 共创辉煌

恒源瓷业公司年度表彰大会

展销大厅

展　厅

车间图片

电话：0349-3154900　　传真：0349-3154921

联系人：孙万 董事长　　邮箱：hengyuanciye@163.com

网址：www.hengyuanchina.com.cn

地址：山西怀仁县新家园镇南辛村北

WANYI®
萬毅
HUAIRENHENGYUAN
怀仁恒源
微波炉适用

WANYI®
萬毅
HUAIRENHENGYUAN
怀仁恒源
微波炉适用

怀仁恒源瓷业有限公司

产品图片

信誉第一 用户至上 诚信服务 共创辉煌

国家文化产业示范基地

平定古窑陶艺有限公司暨中国刻花瓷文化园

平定县素有“文献名邦”之美誉。除有淳朴的民风、厚重的文风，更有卓越的刻花瓷技艺，是公认的刻花瓷技艺发祥地，名副其实的“中国刻花瓷之乡”。2006年成为山西省首批“非遗”项目，2014年又升级为国家级非遗项目。

“平定刻花瓷”是中国传统陶瓷中的珍品。它以竹刀代笔，纯手工制作，在坯体未干之前刻划，一气呵成，线条流畅、形象概括简约。具有朴实无华、亲切自然之本色。充分展示了陶瓷本身的材质美、装饰过程的技巧美、装饰形象的简洁美以及与造型相依的整体美，是“纯粹地道的陶瓷装饰语言”。

平定古窑陶艺有限公司自2006年成立以来，以传承、保护、开发、推广传统工艺美术陶瓷——“平定刻花瓷”为己任，始终坚持“两个立足”（立足于民间传统技艺，立足于当地材料资源），“五个创新”（经营理念创新，产品开发创新，工艺技术创新，文化管理创新，销售模式创新）的发展思路，秉承“较高的文化品位，良好的社会声誉，卓越的经济效益”的经营理念。牢牢把握打造国家级文化产业示范基地、打造中国刻花瓷第一领军品牌、打造最具幸福感的文化企业、形成“南有青花瓷、北有刻花瓷”格局的经营宗旨。努力践行“崇尚文化，缔造品牌声誉，倡导责任，彰显以人为本”的企业核心文化价值观。积极推进平定“中国刻花瓷”这一民间传统技艺的产业化发展。经过几年的不懈努力，终于使濒临失传，无人问津的“平定刻花瓷”重放异彩，成为倍受人们青睐的文化、外事、政务、商务礼品，成为中国陶瓷界的一枝奇葩，山西省一张靓丽的文化艺术名片。

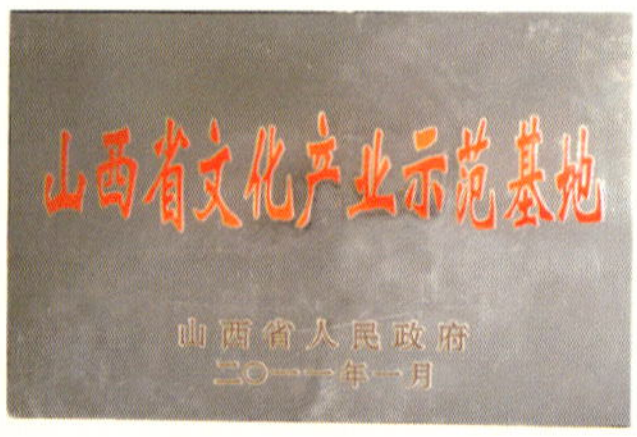

生产车间

陶知楼、陶韵楼

刻花车间

中国刻花瓷文化园
地址：山西省阳泉市平定路石板坪 电话：0353-6162118 传真：0353-6160118
网址：www.zgkhc.com E-mail：kehuaci@163.com

部分获奖作品

21寸蝶恋花工艺挂盘

缠枝牡丹纹特号天球

盛世昇平

豆青釉梅兰竹菊胆瓶

吉庆有余21寸盘

锦上添花

民族团结瓶

民族之花

十全十美富贵瓶

棕红釉吉祥百福

棕红釉龙凤呈祥刻花梅瓶

棕红釉梅兰竹菊天球瓶

龙凤呈祥对梅瓶

部分荣誉作品

公司主创团队

葛银平

葛银平，男，1965年10月生，山西省平定县人。

从1982年开始从事陶瓷造型装饰设计工作，先后任平定县冠庄陶瓷厂科研组技术员，平定古窑陶艺有限公司造型设计组组长，工艺美术师。

2010年在清华大学美术学院高级人才研修班进修；2012年获“阳泉市工艺美术大师”荣誉称号。

2014年获“山西省工艺美术大师”荣誉称号。

1993年曾发表《平定窑陶瓷装饰》论文（《河北陶瓷》）。

2008年，为北京奥组委特制的《龙腾奥运》刻花瓷瓶，被国家体育博物馆收藏。

2009年，主持设计创作建国六十周年献礼国瓷《盛世昇平》刻花瓷瓶并被人民大会堂、中华民族艺术珍品馆、中国民族博物馆、北京闽龙陶瓷艺术馆、民族文化宫、晋商博物馆等收藏。

赵怀仓

赵怀仓，女，1967年4月出生，山西省平定县人。

先后在平定莹玉陶瓷公司，平定古窑陶艺有限公司，从事日用瓷装饰、贴花以及刻花装饰等技术工作。

2010年在清华大学美术学院高级美术研修班进修。

2012年获“阳泉市工艺美术大师”荣誉称号；2014年获“山西省陶瓷艺术大师”荣誉称号。

2006年起任平定古窑陶艺有限公司工艺美术师，多次获国家级，省级大奖。是中国创造AAA艺术家、山西省工艺美术先进工作者。

2009年获第二届中国美术陶瓷技艺大赛图案设计金奖。

2011年在“北方瓷都杯”第三届中国美术陶瓷技艺大赛中，获“陶瓷装饰组”优秀奖。

张丰栾

张丰栾，男，1962年6月生，山东淄博人。

1991年起先后任职淄博万沣集团、淄博天美陶瓷有限公司，淄博合盛隆有限公司科研所，从事技术，质检，生产调度等工作。

1992—1993年在山东轻工学院陶瓷工艺专业学习结业。

1999年获工艺工程师职称；

2002年获市级陶瓷认证员资格；

2008年获省级陶瓷认证员资格；

2013年11月起任平的古窑陶艺有限公司总工艺师。

李金平

李金平，男，1972年7月生，陕西铜川人，出身陶瓷世家。熟练掌握窑炉建造、原料筛选、配料、研磨、练泥、拉坯、施釉、装饰、装烧等全部生产工艺技术。

1998年曾受聘中央工艺美院陶瓷系担任教辅。

2005年任平定古窑陶艺有限公司总工艺师。

2009年，在第二届中国美术陶瓷技艺大赛中获“现场拉坯成型”银奖；参与的“平定刻花瓷生产技术的开发与应用”项目获应用研究三等奖。

2010年，参与设计的《祥和世博》荣获“天工艺苑.百花杯”中国工艺美术精品铜奖。

2012年，被授予阳泉市“工艺美术大师荣誉”称号。

2013年，获山西省工艺美术“先进工作者”称号;2014年，获“山西省陶瓷艺术名人”称号。

专家顾问团队

水既生

水既生，男，生于1928年，山西省朔州市人。书法家、篆刻家，古陶瓷专家，古文字专家。现为中国书法家协会会员，山西书法家协会顾问。

曾任山西省轻工业厅科技处总工程师、山西省玻璃陶瓷科学研究所总工程师、中国民间工艺美术委员会委员、中国古陶瓷研究会理事、山西省工艺美术学会常务理事、山西省考古学会常务理事，陶瓷高级工程。

张守智

张守智，男，1932年出生，河北省承德人。中央工艺美术学院（现清华大学美术学院）教授，博士生导师。

现任中国美术家协会会员、中国陶瓷工业协会顾问、中国中工美术博物馆藏品定级专家委员会委员。

其创作和主持设计的多件作品，被国务院“紫光阁”、国家博物馆、中国工艺美术馆、香港茶具文物馆、美国大都会博物馆、联合国科教文陶艺协会等典藏。

吕晓庄

吕晓庄，女，生于1935年，广东省顺德县人。中央工艺美术学院（现清华大学美术学院）陶瓷艺术系，教授。

现任中国硅酸盐学会会员，全国高等院校化学研究会会员，中国工艺美术学会全国陶瓷美术学会会员，中国古陶瓷研究会会员。

吕晓庄教授对我国传统陶瓷工艺和坯釉原材料颇有研究。同时关注世界各国先进生产工艺的引进和改造。曾主持北京地铁“走向世界”马赛克镶嵌壁画，北京首都体育馆“冰上运动”高温花釉壁画等的研制工作。

周淑兰

周淑兰，女，1940年出生，天津市武清人。中央工艺美术学院（现清华大学美术学院）陶瓷艺术系，副教授，硕士生导师。

先后有近百件作品参加国内外展览、获奖或被收藏。其中“圣牛”获艺术院校师生作品展优秀奖；“铁锈花束颈瓶”被收入《现代中国美术全集》；“秋风”被收入《当代中国陶瓷精品选》；“青瓷彩斑洗”被中国工艺美术馆收藏。1995年世界妇女大会期间，应邀为驻外国使馆人员讲授“磁州窑陶瓷艺术”。著作有《应用美术》（北京中学教师合格证培训教材）；《中国古陶瓷艺术精选》；《陶瓷图案》等。

王乐耕

王乐耕，男，1973年出生，河北省唐山人。北京理工大学设计艺术学院传统工艺美术系主任，副教授，硕士生导师，清华大学美术学院博士。主要从事现代陶艺、传统手工艺，陶瓷艺术欣赏与制作、陶瓷坯釉烧成实验、传统工艺文化与现代设计、视觉心理学、传统工艺美术田野考察与基地实践等。

1999年，“迎千禧国际陶瓷艺术邀请展”。

2000年，“清华大学国际陶瓷艺术交流展”。

王纪平

王纪平，男，1960年8月出生，山西省大同市人。毕业于天津美术学院。现为山西大学美术学院副教授、研究生导师。

历任山西大学美术学院设计系主任，山西陶艺家协会主席。曾主持过山西省博物院雕塑、山西大剧院雕塑、山西科技馆雕塑、山西奥体中心雕塑。

先后荣获：第八届全国陶艺大赛铜奖：（2006年）

全国城市雕塑优秀奖：（2009年和2012年）

盛世东方陶瓷有限公司
Shengshi Dongfang
夹江县盛世东方陶瓷有限公司
中国陶瓷行业十大品牌
ONE OF THE TEN FAMOUS BRANDS IN CHINA'S CERAMIC INDUSTRY
我們的荣誉
夹江县盛世东方陶瓷有限公司
陶泥春天
中国3.15诚信品牌
3.15 HONEST BRAND IN CHINA
夹江县盛世东方陶瓷有限公司
陶泥春天
中国绿色环保产品
CHINESE GREEN ENVIRONMENTAL PROTECTION PRODUCT
夹江县盛世东方陶瓷有限公司
陶泥春天
中国工程建设重点推荐产品
CHINESE ENGINEERING CONSTRUCTION RECOMMEND PRODUCTS
夹江县盛世东方陶瓷有限公司
中国陶瓷行业百强优秀企业
TOP CHINESE CERAMIC INDUSTRY OUTSTANDING ENTERPRISES
中国3.15诚信品牌
中国陶瓷行业十大品牌
CPBD
中国绿色环保产品
中国陶瓷行业百强优秀企业

盛世东方

Shengshi Dongfang

我们的现代化流水线工厂
Modernized automatic factory

副总裁向县领导和外商介绍公司概况
Vice president introduces company profile to government officials and foreign customers

公司营销大厅 Sales showroom

陶瓷有限公司

总裁与外商进行商务洽谈
Business negotiation between president and foreign customers

友好合作
Friendly cooperation

SOPHIA 索菲亚

夹江县黄土陶瓷有限公司

夹江县黄土陶瓷有限公司座落于“西部瓷都”夹江，紧邻乐山火车站，西傍峨眉山，南邻乐山大佛。公司始建于1992年，由集体到股份制，由股份制到独资企业，现拥有固定资产8千万元，占地50余亩，目前职工400人，两条辊道窑陶瓷生产线，年产量900万平方米，拥有“红桔”“瑞迪斯”“豪康”“亚丁”“索菲”“艾伦”等品牌，规格：600×600高级水晶砖、600×600耐磨砖、600×600不透水仿古砖，工业年产值1.2个亿。

公司于2003年收购乐山市夹江县夹江宾馆，正式涉足酒店行业。

公司于2009年在眉山市丹棱县投资人民币1.5亿元，建成四川索菲亚陶瓷有限公司，该项目系一条年产量900万平方米高档内外墙砖生产线。总占地300余亩、员工400余人，有3280吨的压机数台，公司主要产品：索菲、亚丁、瑞迪斯、豪康、洛瑞、艾伦等品牌。规格：800×800、600×600、300×300、300×450、300×250、600×60等，水晶、仿古、耐磨砖等不透水，内、外墙砖。日产量25000平方米，年产量900万平方米、年产值2个亿、利税3千万元。

公司于2010年参股投资金融，成立乐山昆仑村镇银行。进军金融行业。

公司于2015年五月，在夹江县投资创建索菲亚新型建材有限公司。该项目位于夹江县吴场高陶工业园区，总投资人民币5个亿，占地480亩，工程分两期进行。主要生产高档大规格抛釉系列产品，解决700人就业问题，预计投产后日产7.2万平方米，年产量2600万平方米，年产值6个亿，利税1.5亿元。

我公司从1992年创办以来，一直开拓创新，诚实守信，锐意进取，逐步成为一家专业的集陶瓷研发、生产、销售为一体的现代化企业，并同时涉足酒店业、金融业，从而形成汇聚陶瓷、宾馆、金融位一体的多元化发展的现代化新型龙头企业。

瑞迪斯

索菲 SOPHIA 索菲瓷砖

夹江县黄土陶瓷有限公司

电话：0833-5831666　0833-5831939

地址：四川省乐山市夹江县黄土镇凤桥村16社

现代官窑—景德镇陶瓷股份有限公司

景德镇陶瓷股份有限公司传承千年陶瓷文化，制造顶级名瓷，铸就世界品牌。自建国以来，“红叶陶瓷”一直为中南海、人民大会堂、外国元首设计、生产专用瓷，还先后被选定为北京（上海）APEC国际会议、雅典、北京两届奥运会赛场、新中国成立60周年国庆庆典天安门观礼台专用瓷，同时，作为对外交往的国家礼品瓷赠送给外国元首，被中外博物馆永久收藏。代表了中国日用陶瓷最高水平，被誉为“现代官窑”。

2001年5月31日，时任中共中央总书记的江泽民在公司考察时，饶有兴趣地拿着釉面莹亮、绘有小桥流水人家的古典园林青花餐具对陪同的中办领导说：“中南海就应该用这样的餐具，这，就代表中国。”

2005年8月20日，胡锦涛总书记在景德镇陶瓷股份有限公司考察。在展示厅欣赏产品时，对在场的人员说：“瓷器、丝绸、茶叶是中华民族对人类文明的杰出贡献，在世界各国大博物馆都珍藏着中国瓷器，这是最能代表中国的”。走出展厅，胡总书记非常高兴地对陪同的公司领导说：“你们公司给我留下很好的印象，全是美的享受”。

按照品牌发展战略，公司通过资源整合，形成了完整的高档日用细瓷、宾馆、酒店系列用瓷、传统日用陶瓷,高档礼品瓷和艺术陶瓷等的设计、开发、生产和营销体系。并围绕主推“国瓷”，做精做大陶瓷工业游进行精心策划和全面布局，开发出一批适应游客选购的旅游产品，让游客能全方位地了解最现代化的制瓷技术，一流的手工技艺，观赏到最精美的陶瓷艺术，选购到最称心的陶瓷产品。

地址：江西省景德镇市朝阳路558号　电话：0798—8495858　8441532

红叶 RL®

"红叶陶瓷"——"中国名牌产品"

"红叶商标"——"中国驰名商标"

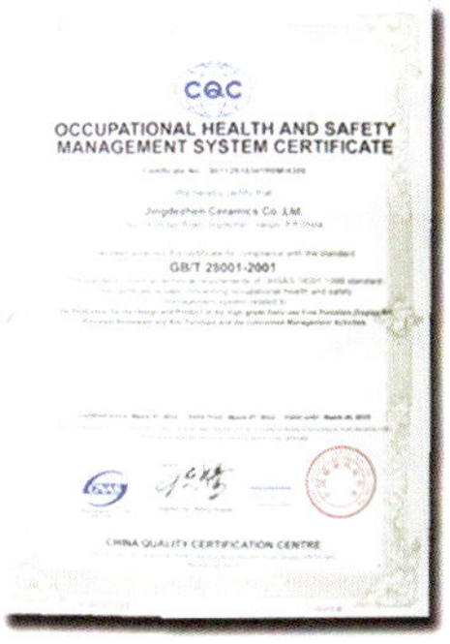

吉祥如意—中南海专用瓷

蓝金牡丹

古典园林—中南海专用瓷

金舵瓷砖

JINDUO CERAMICS

贴近好生活!

◆ 公司简介

佛山市金舵陶瓷有限公司创建于1993年，是一家创新型的高新技术企业。一直以来，金舵秉承“质量是金，技术是舵”的产品理念，致力于为追求高品质生活的人们提供高档建筑装饰材料。

金舵拥有强大先进的生产能力，旗下有广东佛山和广西梧州两个大型现代化生产基地，总占地面积达1800亩，采用17条当今世界一流的建筑陶瓷生产线，年产能达1亿平方米。专业生产经营全抛釉、大理石瓷砖、抛光砖、仿古砖、内墙砖、微晶石等6大品种多个系列的高档建筑装饰材料，产品种类、花色、风格齐全，为消费者提供多样的选择。

金舵拥有专业的研发设计能力，有高中级专业人才100多名，同时建有博士后科研站及专业的产品研发中心，并常年与意大利陶瓷技术专家合作，金舵独创的4K超清晶釉技术、立体融层叠刻技术、极致汇聚锁色技术等专业技术引领行业。并荣获“国家生态建材示范展示中心示范企业”、“广东省高新技术企业”、“建陶行业高新技术企业”等，金舵成为建陶行业为数不多的创新型高科技企业。

金舵被上千个大型知名工程采用，金舵瓷砖凭借过硬的产品质量、优越的产品性能及服务体系，不仅受到终端消费者的青睐，更受到上千个大型知名工程的垂青,其中包括：“北京奥运会秦皇岛奥体中心”、“九运会主会场”、“海南省政府办公大楼”、“广州大学城”等，金舵不仅是建陶行业20多年屹立不倒的常青树，更是经得起市场和消费者检验的优秀品牌。

金舵一千多个营销网点遍布全国，覆盖北京、上海、广州、深圳、南京、西安、南昌等国内各线市场，同时与大型物流机构形成战略合作，建立完善的终端销售服务与工程服务体系，金舵瓷砖以创新的产品和专业的服务，强大的销售网络，完善的市场及物流体系，及时为广大终端客户及消费者提供最专业最贴心的品质服务。

品牌文化理念

品牌定位：满足中产阶级消费群体的中、高端品牌！

营销战略：贴近终端、全员营销、职业化、产品市场化

营销方针：以满足用户需求为核心，系统打造产品营销、故事营销、文化营销、品牌营销，实现品牌整体提升

品牌理念：产品理念：质量是金、技术是舵。
管理理念：细节是金、结果是舵。
市场理念：顾客是金、市场是舵。
团队理念：情义是金、思想是舵。

质 量 是 金　　　技 术 为 舵

◆ 璀璨殊荣

中国名牌产品

中国陶瓷行业名牌产品

中国建材百强企业

广东省著名商标

广东省名牌产品

中国环境标志产品认证

国家省市级质量奖及科技进步奖

中国3C强制认证

ISO9001国际质量管理体系认证

ISO14001国际环境管理体系认证

广东省质量管理先进企业

广东省清洁生产企业

◆ 销售网络

金舵瓷砖建立了完善的市场体系和渠道模式，以创新的产品和专业的服务，构筑了强大的销售网络，金舵品牌专卖店遍布全国各地。为了更好地迎接新一轮全球化的挑战，2015年，金舵瓷砖“新金舵、新起点、新未来”战略升级；积极打造“简单、正直、务实、执行、激情”的营销团队，以实际行动创造国际高品质陶瓷，为广大用户提供更优质的产品和更卓越的服务。

地址：广东省佛山市禅城区南庄镇石南大道149号金舵领航馆　电话：0757-85310888　传真：0757-85338822

官网：www.jinduo.com　Email：info@jinduo.com　官方微信：jinduo_1993

JV69121-效果图

JG39002效果图

JV69121-A 300x600mm

JV69121-B 300x600mm

JG369121 300x300mm

JG39002H1-KC 300x300mm

JG39002-B 300x300mm

JG39002-A 300x300mm

格子纹作为最经典的装饰元素，总能演绎出各种不同的美感，通过格子的颜色与结构的重组，给人带来天马行空的幻想和糖果般的甜美。随着近年来各式田园风的流行，格子在家居装饰上应用更广泛。2015年金舵瓷砖对现有产品结构进行调整，重新挖掘格子花纹的各种可能性，将经久不衰的时尚元素，植入历久常新的瓷砖，以喷墨打印和糖果釉等行业先进技术，打造出时尚家装界的焦点和设计师的爱宠，掀起新一轮的温馨田园风。

质量是金　　技术为舵

金舵大理石瓷砖
JINDUO MARBLE TILES
为精神贵族而生!
BORN TO THE SPIRITUAL NOBILITY
2015年金舵大理石瓷砖重磅上市
JMB88819美高媒灰 空间
JMA88822 卡布奇诺 空间
JMC88818雨林啡 空间
JMA88815星河米黄 空间
JMC88816珊瑚红 空间
JMA88812索菲特金 空间
JMC88816珊瑚红 (800×800mm)
JMB88819美高媒灰 (800×800mm)
JMA88822卡布奇诺
JMA88815星河米黄 (800×800mm)
JMA88812索菲特金 (800×800mm)
JMC88818雨林啡 (800×800mm)
金舵瓷砖取材世界各地顶级珍稀大理石为创作蓝本，采用行业最先进的喷墨印花技术，结合进口优质釉料，精心研发出【金舵大理石】系列产品。系列瓷砖设计富有品味、花色独特丰富、纹理立体自然，而且经高压高温特殊处理后，砖体致密又不含放射性元素，最适合讲究生活品质、追求空间享受的精神贵族，为他们打造出尊贵、舒适、健康的品味空间。
地址：广东省佛山市禅城区南庄镇石南大道149号金舵领航馆 电话：0757-85310888 传真：0757-85338822
官网：www.jinduo.com Email：info@jinduo.com 官方微信：jinduo_1993

佛山市华夏陶瓷博览城

——南中国陶瓷交易展览大核心

华夏陶瓷博览城由人大通过立项，政府统一规划，实行市场化运作，以企业投入为主，经著名地产项目策划人王志纲以及众多专家学者联合策划，于2002年1月14日动工兴建。项目总投资约32亿元，定位于世界性专业陶瓷交易展贸平台，华夏陶瓷博览城在陶瓷行业最为发达的中国广东佛山闪亮登场。

华夏陶瓷博览城以前所未有的前瞻思维，推翻一直以来陶瓷行业各自为政的局面，以卓远的目光契合未来陶瓷行业整体发展需要，一跃成为以佛山国际会议展览中心为核心起点，占据陶瓷产业中心城央位置以及大佛山环城路网动脉所在，总占地面积达2000多亩的现代化陶瓷展贸航母。华夏陶瓷博览城是全中国第一个专业的陶瓷展贸市场，也是中国陶瓷的商贸、会展、技术、信息多功能平台，致力打造成世界级陶瓷会展、商贸、研发、陶瓷协会、色釉料中心。自建成起，华夏陶瓷博览城作为陶瓷商贸中心的鼻祖地位便不可撼动，先后获得由全国各个行业协会及机构认可的荣誉：国家级旅游示范点、推进流通现代化重点联系批发市场、佛山市房地产业协会理事单位、中国产业发展促进会常务理事、全国建材交易信用评级3A级信用单位等华夏陶瓷博览城以陶博大道为轴，分为“陶瓷产业核心展贸区（西区）”和即将建成的“陶瓷高新精英商住区（东区）”两大主题功能区，以陶瓷产业、自然生态和城市文明的完美交融，构筑一个融合了现代气息、生态气息和人文气息的世界级陶瓷中央商务城区。

一、建设情况及成效

（一）陶瓷产业核心展贸片区（西区）：

华夏陶瓷博览城其规划超前，功能设置合理，以国际会展中心为中心，近百幢营销大楼相得益彰。由大型的陶瓷展贸区、佛山国际会议展览中心、世界陶瓷文化广场、华夏建筑陶瓷研究开发中心等区域构成，并配有现代化的信息中心以及完善的周边配套设施。并根据华夏博览城发展需要，量身订造了一支专业的物业管理团队，为城内商户提供系统化的管理，营造城内优良的营商环境，提高商住价值：

1、陶瓷展贸区：华夏陶瓷博览城其规划超前，功能设置合理，以国际会展中心为中心，近百幢营销大楼相得益彰。这里有获得中国名牌产品、驰名商标的“新明珠”、“金舵”、“萨米特”等数百家知名企业的总部基地，产品花色成千上万，可满足经销商和普通消费者的需要。现时，城内展贸区已建成经济面积共约60万平方米，集四川、山东、浙江、福建、山西、广东等全国各大产区的知名企业共500多家。

2、华夏建筑陶瓷研究开发中心：华夏建筑陶瓷中心拥有近280台国际先进的建筑、卫生、日用陶瓷检测分析仪器，全套建筑、卫生、日用陶瓷工艺实验设备。研发中心在进行陶瓷新技术、新产品的研究开发与成果转化的同时，提供检测分析、技术咨询、信息资料、交流培训、创业支持等服务。自05年5月正式运行以来，现已有超过500多家陶瓷企业多次到本中心进行检测服务、技术咨询、交流培训等。

3、信息化交流平台：作为现代社会陶瓷信息交流、电子商务和企业信息化发展重要手段的华夏陶瓷网，是面向全国建筑陶瓷、卫浴等行业的专业化的大型行业门户网站。为陶瓷供应商、生产商、经销商、零售商及消费者提供陶瓷商业资讯和陶瓷电子商务平台应用，提供从域名注册、主机空间、网站制作等网站建设基础服务和基于互联网的企业管理、客户服务、客户资源管理、产品分销及在线销售等多元化的B2B、B2C电子商务系统的查询和实用服务。

4、辉煌的成就：华夏陶瓷博览城从2002年建设以来，迄今共接待了来自近百个国家和地区的客商和旅游、参观、考察团等，接待各界人士大概在250万人次以上。接待了来自美、加、日、德、意、巴西、西班牙等国及国内的考察、参观、旅游、商务团体数百个，参观旅游者达百多万人次。先后获得由全国各个行业协会及机构认可的众多荣誉称号：国家级旅游示范点、推进流通现代化重点联系批发市场、佛山市房地产业协会理事单位、中国产业发展促进会常务理事、全国建材交易信用评级3A级信用单位等。

5、佛山国际会议展览中心：以国际化标准建设的佛山国际会展中心建筑面积3万平方米，展厅面积12000平方米，可设标准展位800个，是我国陶瓷行业唯一的大型主题会展中心，设有可召开国际性学术会议6种语言同声传译系统的国际会议厅和2个巨型电子屏幕。这里是佛山乃至中国陶瓷向国际展示的平台，也是佛山展览业的领航地。这里不仅是国内外商家展示企业风采、推广先进产品和进行实质交易的极佳平台，也是中国陶瓷走向世界的大通道。除了每年春秋两届的陶交会外，每年在展馆内举办的还包括佛山汽车博览会、医疗器械展、茶叶展、服装展等十多个专业展览会。

（vip贵宾室）

会议中心

多功能厅位于会展中心二楼，可分为两个独立的会议室，配备同声传译设备，小型舞台，环绕立体声影音响，舞台灯光，大型投影屏幕的设备，满足国际性会议的需要

（会议中心）

（会议室）

陶瓷博览交易会

佛山电商展览会

联系方式：

电话：0757-85399488　85313888

地址：广东省佛山市南庄镇

佛山汽车展销会

茶叶工艺品展销会

陶瓷高新精英商住区（东区）

华夏陶瓷博览城东区建设，是华夏未来发展的重心所在，囊括了创意设计、文化传播、陶瓷领军企业、高端人才集聚的一体化陶瓷高端商住区。

1、华夏中央广场

华夏中央广场总建筑面积约42万㎡，分二期开发，一期2012年动工，建筑产品有超甲级写字楼（国际创意设计中心）、国际行政公馆、白领精英住宅，以及配套底商街铺，计划2014年底完工。二期计划2014年动工，由现代陶瓷商城、超高地标建筑–现代5A超甲级写字楼、五星级国际酒店、国际商务公馆等建筑组团构成，计划2016年完工。

2、周边配套建设

计划开发中的二期工程约700亩土地，建筑面积约50万平方米，预计进驻商家达400多家，建设和华夏陶瓷博览城相呼应的、功能衔接的，以陶瓷总部为核心、包括陶瓷在内的建材、家居卫浴、装饰产品、高级商务办公楼等配套完善的高档商贸物流中心、会展中心。

华夏东区建成之后，与现有西区形成陶瓷文化与贸易的相互交融的双核心体系，相互呼应的体系将会使东西配套渐趋完善，大大增强华夏陶瓷博览城的影响力和规模效应。放眼不远的未来，华夏陶瓷博览城将随着自身的发展和完善，以及华夏人努力和拼搏，不断提高作为陶瓷商贸中心的集聚价值和辐射效应，打造顶级国内陶瓷销售、文化、展贸、设计的多功能大核心，为整个陶瓷行业创造无限的商机。

HUAXIA CERAMIC EXPOSITION CITY

山西安益洪山陶瓷有限公司

公司简介

山西安益洪山陶瓷有限公司地处山西省晋中市介休市绵山镇大众路181号，占地面积86031平方米，注册资本4000万元，公司性质为有限责任公司，现有员工297人。企业法定代表人为李宏伟。公司主营业务为自产自销日用陶瓷、工艺美术瓷、出口陶瓷和陶瓷材料。

据史料记载原介休洪山陶瓷厂始建于唐末宋初，距今已有1200多年的历史，1956年公私合营命名为洪山陶瓷厂，1965年，山西省人民委员会公布介休洪山瓷窑遗址为省级重点单位，2006年洪山窑址被国务院认定为全国重点文物保护单位。1998年企业获得自营进出口权，1999年“洪山牌”商标荣获山西省著名商标。企业生产的仿古多彩瓷、高档骨质瓷、工艺美术瓷，庄重大方、高贵典雅，享有“质如玉、亮如镜、声如罄”的美誉，产品远销东南亚、欧洲、中东、非洲及北美等80多个国家和地区，深受国内外客户的青睐。2010年8月企业改制，组建了山西安益洪山陶瓷有限公司，并对生产线进行技术改造，建设年产3500万件日用瓷生产线，其中：改造建设年产2300万件普通日用瓷生产线，新建年产1200万件高档骨质瓷生产线。项目投资总投资近1.2亿元，于2010年11月开始筹备，2011年7月完成项目建设任务。新生产线淘汰了原污染严重、产能落后的煤烧窑炉，引进国内同行业先进技术和设备，以清洁能源天然气为窑炉和热风炉提供燃料，生产目前国内外畅销的精品瓷种，实现了产品的升级换代。公司也成转变为节能、环保的新型陶瓷生产企业。

目前，公司主要产品有：普瓷及骨瓷为主的餐具、酒具、茶具、咖啡具、杯碟、礼品瓷、工艺瓷、美术瓷等产品。

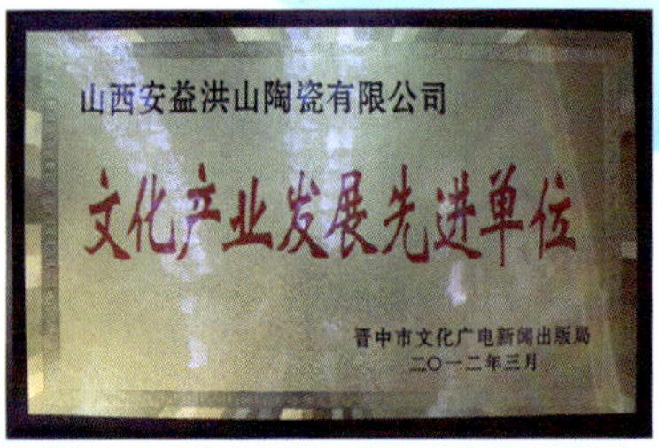

但论品位　不问价钱

初来台湾，粗茶淡饭，颇想倾阮囊之所有再饮茶一端偶作豪华之享受。一日过某茶店，索上好龙井，店主将我上下打量，取八元一斤之茶叶以应，余示不满，乃更以十二元者奉上，余仍不满，店主勃然色变，厉声曰："卖东西看货色，不能专以价格定上下。提高价格，自欺欺人耳！先生奈何不察？"我爱其戆直。现在此茶店门庭若市，已成为业中之翘楚。此后我饮茶，但论品位，不问价钱。

—— 梁实秋

我尽心做好色料

粉墨人生

不了情

茶海-红

凤舞九天

富足四方

好运来

荷塘月色（釉中彩）

花开季节

皇家风情

黄金甲

锦上添花

玫心所动

联系方式：

电话：0354 - 7351220　　手机：13593065704　　E-mail：13593065704@163.com

地址：山西省介休市大众路181号　　Q Q：1094820536　　邮编：032000

行业标准

ICS 91.100.25
Q 31

GB

中华人民共和国国家标准

GB/T 4100—2015
代替 GB/T 4100—2006

陶 瓷 砖

Ceramic tiles

(ISO 13006:2012 Ceramic tiles—
Definitions,classification,characteristics and marking,MOD)

2015-05-15 发布 2015-12-01 实施

中华人民共和国国家质量监督检验检疫总局
中国国家标准化管理委员会 发布

前　言

本标准按照 GB/T 1.1—2009 给出的规则起草。

本标准代替 GB/T 4100—2006《陶瓷砖》，与 GB/T 4100—2006 相比，主要技术变化如下：

——增加了对陶瓷砖厚度的规定(见 7.3)；

——删除了挤压陶瓷砖 $3\% < E \leqslant 6\%$ AⅡa 类-第 2 部分(见 2006 版的附录 C)；

——删除了挤压陶瓷砖 $6\% < E \leqslant 10\%$ AⅡb 类-第 2 部分(见 2006 版的附录 E)；

——修改了对陶瓷砖摩擦系数的要求(见附录 A、附录 B、附录 C、附录 D、附录 E、附录 G、附录 H、附录 J、附录 K、附录 L，2006 版的附录 A、附录 B、附录 C、附录 D、附录 E、附录 G、附录 H、附录 J、附录 K、附录 L)；

——修改了对陶瓷砖小色差的要求(见附录 A、附录 B、附录 C、附录 D、附录 E、附录 G、附录 H、附录 J、附录 K、附录 L，2006 版的附录 A、附录 B、附录 C、附录 D、附录 E、附录 G、附录 H、附录 J、附录 K、附录 L)；

——修改了干压陶瓷砖技术要求分类的方法，将原标准按产品表面积分类修改为按名义尺寸分类(见附录 G、附录 H、附录 J、附录 K，2006 版的附录 G、附录 H、附录 J、附录 K)；

——修改了陶质砖技术要求分类的方法，将原标准按产品有无间隔凸缘分类修改为按名义尺寸分类(见附录 L，2006 版的附录 L)。

本标准使用重新起草法修改采用 ISO 13006:2012《陶瓷砖　定义、分类、性能和标记》。

本标准与 ISO 13006:2012 相比，在结构上增加了三条(7.1、7.2、7.3)，增加了对陶瓷砖厚度的限定(见 7.3)，适应我国陶瓷砖薄型化的需要，增加了一个附录(附录 M)，统一了摩擦系数的测定方法。删除了 ISO 13006:2012 两个附录(ISO 13006:2012 的附录 C、附录 E)，即取消了中吸水率挤压陶瓷砖 AⅡa 类($3\% < E \leqslant 6\%$)的第 2 部分和中吸水率挤压陶瓷砖 AⅡb 类($6\% < E \leqslant 10\%$)的第 2 部分，这两部分的技术要求较低，对应的产品在我国很少生产。

本标准与 ISO 13006:2012 的技术性差异如下：

——修改了范围，明确规定本标准适用于干压或挤压成型的陶瓷砖，不适用于陶瓷配件砖(见第 1 章)。

——关于规范性引用文件，本标准做了具有技术性差异的调整，用已经采用了国际标准的 GB/T 3810.1～GB/T 3810.16 代替了 ISO 10545-1～ISO 10545-16，增加引用了 GB/T 9195—2011 和 GB/T 13891(见第 2 章)。

——增加了瓷质砖、炻瓷砖、细炻砖、炻质砖、陶质砖、摩擦系数、静摩擦系数的定义，便于制造商和消费者使用(见 3.8、3.9、3.10、3.11、3.12、3.17、3.18)。

——增加了对抛光砖尺寸的规定，适应我国生产抛光砖的国情(见附录 G)。

——增加了对陶瓷砖厚度的规定，引导陶瓷砖向薄型化发展(见 7.3)。

——增加了陶瓷砖摩擦系数试验方法，统一摩擦系数的测定(见附录 M)。

——删除了技术要求较低的挤压陶瓷砖 $3\% < E \leqslant 6\%$ AⅡa 类-第 2 部分(见 ISO 13006:2012 附录 C)。

——删除了技术要求较低的挤压陶瓷砖 $6\% < E \leqslant 10\%$ AⅡb 类-第 2 部分(见 ISO 13006:2012 附录 E)。

本标准做了下列编辑性修改：

——删除了国际标准的前言。

本标准由中国建筑材料联合会提出。

本标准由全国建筑卫生陶瓷标准化技术委员会(SAC/TC 249)归口。

本标准负责起草单位:咸阳陶瓷研究设计院。

本标准参加起草单位:杭州诺贝尔集团有限公司、广东蒙娜丽莎新型材料集团有限公司、广东宏陶陶瓷有限公司、广东兴辉陶瓷集团有限公司、广东新明珠陶瓷集团有限公司、广东博德精工建材有限公司、佛山欧神诺陶瓷股份有限公司、佛山市溶洲建筑陶瓷二厂有限公司、广东东鹏控股股份有限公司、佛山石湾鹰牌陶瓷有限公司、湖北省当阳豪山建材有限公司、国家建筑卫生陶瓷质量监督检验中心。

本标准参加起草人:王博、段先湖、刘幼红、李莹、张旗康、卢广坚、陈洪再、李列林、覃空、郑树龙、林志江、金国庭、麦卓荣、苏志强、张卫星。

本标准代替了 GB/T 4100—2006,GB/T 4100—2006 的历次版本发布情况为:

——GB/T 4100—1992;

——GB/T 4100.1—1999、GB/T 4100.2—1999、GB/T 4100.3—1999、GB/T 4100.4—1999、GB/T 4100.5—1999。

GB/T 4100—2015

陶　瓷　砖

1　范围

本标准规定了陶瓷砖的术语和定义、分类、性能、抽样和接收条件、要求和试验方法、标记和说明。

本标准适用于由干压或挤压成型的陶瓷砖。

本标准不适用于陶瓷配件砖。

2　规范性引用文件

下列文件对于本文件的应用是必不可少的。凡是注日期的引用文件，仅注日期的版本适用于本文件。凡是不注日期的引用文件，其最新版本(包括所有的修改单)适用于本文件。

GB/T 3810.1　陶瓷砖试验方法　第1部分:抽样和接收条件(GB/T 3810.1—2006,ISO 10545-1:1995,MOD)

GB/T 3810.2　陶瓷砖试验方法　第2部分:尺寸和表面质量的检验(GB/T 3810.2—2006,ISO 10545-2:1995,MOD)

GB/T 3810.3　陶瓷砖试验方法　第3部分:吸水率、显气孔率、表观相对密度和容重的测定(GB/T 3810.3—2006,ISO 10545-3:1995,IDT)

GB/T 3810.4　陶瓷砖试验方法　第4部分:断裂模数和破坏强度的测定(GB/T 3810.4—2006,ISO 10545-4:2004,IDT)

GB/T 3810.5　陶瓷砖试验方法　第5部分:用恢复系数确定砖的抗冲击性(GB/T 3810.5—2006,ISO 10545-5:1996,IDT)

GB/T 3810.6　陶瓷砖试验方法　第6部分:无釉砖耐磨深度的测定(GB/T 3810.6—2006,ISO 10545-6:1995,IDT)

GB/T 3810.7　陶瓷砖试验方法　第7部分:有釉砖表面耐磨性的测定(GB/T 3810.7—2006,ISO 10545-7:1996,IDT)

GB/T 3810.8　陶瓷砖试验方法　第8部分:线性热膨胀的测定(GB/T 3810.8—2006,ISO 10545-8:1994,IDT)

GB/T 3810.9　陶瓷砖试验方法　第9部分:抗热震性的测定(GB/T 3810.9—2006,ISO 10545-9:1994,IDT)

GB/T 3810.10　陶瓷砖试验方法　第10部分:湿膨胀的测定(GB/T 3810.10—2006,ISO 10545-10:1995,IDT)

GB/T 3810.11　陶瓷砖试验方法　第11部分:有釉砖抗釉裂性的测定(GB/T 3810.11—2006,ISO 10545-11:1994,IDT)

GB/T 3810.12　陶瓷砖试验方法　第12部分:抗冻性的测定(GB/T 3810.12—2006,ISO 10545-12:1995,IDT)

GB/T 3810.13　陶瓷砖试验方法　第13部分:耐化学腐蚀性的测定(GB/T 3810.13—2006,ISO 10545-13:1995,IDT)

GB/T 3810.14　陶瓷砖试验方法　第14部分:耐污染性的测定(GB/T 3810.14—2006,ISO 10545-14:1995,IDT)

GB/T 3810.15 陶瓷砖试验方法 第15部分:有釉砖铅和镉溶出量的测定(GB/T 3810.15—2006,ISO 10545-15:1995,IDT)

GB/T 3810.16 陶瓷砖试验方法 第16部分:小色差的测定(GB/T 3810.16—2006,ISO 10545-16:1999,IDT)

GB/T 9195—2011 建筑卫生陶瓷分类和术语

GB/T 13891 建筑饰面材料镜向光泽度测定方法

3 术语和定义

GB/T 9195—2011 界定的以及下列术语和定义适用于本文件。为了便于使用,以下重复列出了GB/T 9195—2011 中的某些术语和定义。

3.1

陶瓷砖 ceramic tile

由粘土、长石和石英为主要原料制造的用于覆盖墙面和地面的板状或块状建筑陶瓷制品。

[GB/T 9195—2011,定义 3.1.1]

3.2

釉 glaze

经配制加工后,施于坯体表面经熔融后形成的玻璃层或玻璃与晶体混合层起遮盖或装饰作用的物料。

[GB/T 9195—2011,定义 4.2]

3.3

底釉 engobed surface

施于陶瓷坯体与釉料之间,起遮盖或装饰作用,烧成后不完全玻化或玻化的釉料。

[GB/T 9195—2011,定义 4.3]

3.4

抛光面 polished surface

陶瓷砖烧制后经机械研磨、抛光使砖产生镜面光泽的表面。

[GB/T 9195—2011,定义 4.7]

3.5

抛光砖 polished tile

经过机械研磨、抛光,表面呈镜面光泽的陶瓷砖。

[GB/T 9195—2011,定义 3.1.20]

3.6

挤压砖 extruded tile

将可塑性坯料以挤压方式成型生产的陶瓷砖。

[GB/T 9195—2011,定义 3.1.7]

3.7

干压砖 dry-pressed tile

将混合好的粉料经压制成型的陶瓷砖。

[GB/T 9195—2011,定义 3.1.8]

3.8

瓷质砖 porcelain tile

吸水率(E)不超过 0.5%的陶瓷砖。

3.9

炻瓷砖　stoneware porcelain tile

吸水率(E)大于 0.5%,不超过 3%的陶瓷砖。

3.10

细炻砖　fine stoneware tile

吸水率(E)大于 3%,不超过 6%的陶瓷砖。

3.11

炻质砖　stoneware tile

吸水率(E)大于 6%,不超过 10%的陶瓷砖。

3.12

陶质砖　earthenware tile

吸水率(E)大于 10%的陶瓷砖。

3.13

吸水率　water absorption

E

干燥的单位质量的产品达到水饱和时所吸收的水的质量,用质量百分数表示。

[GB/T 9195—2011,定义 7.10]

3.14

尺寸描述　description of sizes

注: 这里描述的尺寸只适用于矩形砖,对于非矩形砖可以采用相应的最小矩形的尺寸,见图 1 和图 2。

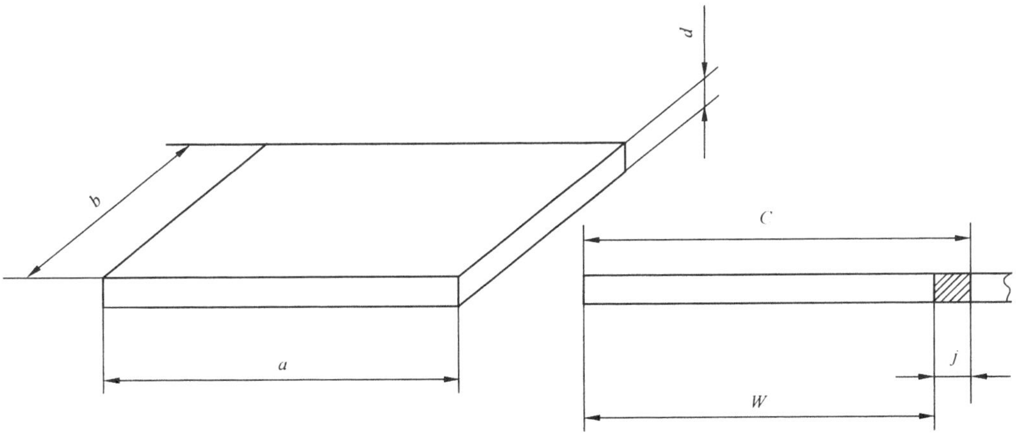

说明:

a,b ——可见面尺寸;

d ——厚度;

j ——连接宽度;

C ——配合尺寸;

W ——工作尺寸。

$C=W+j$

图 1　砖

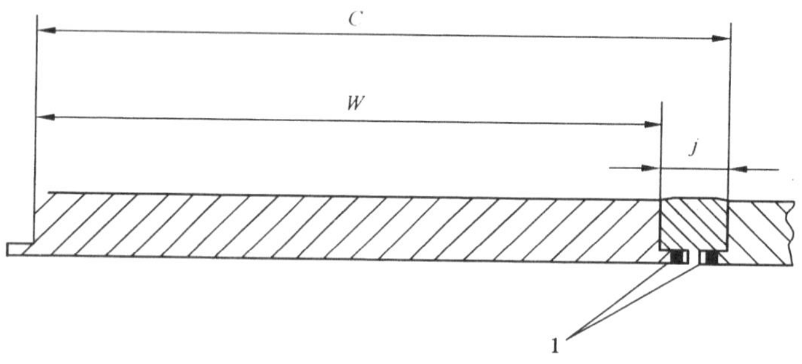

说明：
1 ——间隔凸缘；
j ——连接宽度；
C ——配合尺寸；
W——工作尺寸。
$C=W+j$

图 2 带有间隔凸缘的砖

3.14.1

名义尺寸 nominal size

用来统称产品规格的尺寸。

3.14.2

工作尺寸 work size

W

按制造结果而确定的尺寸，实际尺寸与其之间的差应在规定的允许偏差之内。

注：工作尺寸包括长、宽、厚。

3.14.3

实际尺寸 actual size

按照 GB/T 3810.2 中规定的方法测得的尺寸。

3.14.4

配合尺寸 coordinating size

C

工作尺寸加上连接宽度。

3.14.5

模数尺寸 modular size

包括了尺寸为 M、2 M、3 M 和 5 M 以及它们的倍数或分数为基数的砖，不包括表面积小于 9 000 mm^2 的砖。

注：ISO 1006 中，1 M=100 mm。

3.14.6

非模数尺寸 non-modular size

不以模数 M 为基数的尺寸。

3.14.7

公差　tolerance

在尺寸允许范围之内的偏差。

3.15

间隔凸缘　spacer lug

带有凸缘的砖，便于使沿直线铺贴的两块砖之间的接缝宽度不超过规定的要求，见图2。

3.16

背纹　back feet

陶瓷砖背面具有一定形状的凹凸槽。部分外墙砖的背纹如图3所示。

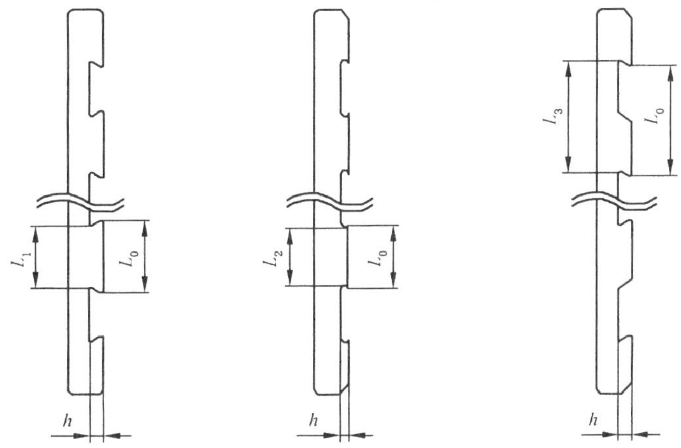

a）例1　　b）例2　　c）例3

说明：

h ——深度；

L_i ——长度，i=0，1，2，3。

图3　背纹

3.17

摩擦系数　coefficient of friction

使物体克服摩擦力作用产生滑动或有滑动趋势时作用于物体上的切向力和垂直方向上力的比值。

3.18

静摩擦系数　static coefficient of friction

使物体克服静摩擦力作用即将产生滑动时作用于物体上的切向力和垂直方向上力的比值。

4　分类

4.1　分类方法

按照陶瓷砖的成型方法和吸水率进行分类。陶瓷砖分类及代号见表1。

表 1 陶瓷砖分类及代号

按吸水率(E)分类		低吸水率(Ⅰ类)				中吸水率(Ⅱ类)				高吸水率(Ⅲ类)	
		$E \leqslant 0.5\%$ (瓷质砖)		$0.5\% < E \leqslant 3\%$ (炻瓷砖)		$3\% < E \leqslant 6\%$ (细炻砖)		$6\% < E \leqslant 10\%$ (炻质砖)		$E > 10\%$ (陶质砖)	
按成型方法分类	挤压砖(A)	AⅠa类		AⅠb类		AⅡa类		AⅡb类		AⅢ类	
		精细	普通	精细	普通	精细	普通	精细	普通	精细	普通
	干压砖(B)	BⅠa类		BⅠb类		BⅡa类		BⅡb类		BⅢ类[a]	

[a] BⅢ类仅包括有釉砖。

4.2 按成型方法分类

按成型方法分为：

a) 挤压砖，按尺寸偏差分为：
   1) 精细；
   2) 普通。

b) 干压砖。

4.3 按吸水率(*E*)分类

4.3.1 类型

按吸水率(*E*)分为：低吸水率砖(Ⅰ类)、中吸水率砖(Ⅱ类)和高吸水率砖(Ⅲ类)。

4.3.2 低吸水率砖(Ⅰ类)

低吸水率砖(Ⅰ类)包括：

a) 低吸水率挤压砖：
   1) $E \leqslant 0.5\%$ (AIa类)；
   2) $0.5\% < E \leqslant 3\%$ (AIb类)。

b) 低吸水率干压砖：
   1) $E \leqslant 0.5\%$ (BIa类)；
   2) $0.5\% < E \leqslant 3\%$(BIb类)。

4.3.3 中吸水率砖(Ⅱ类)

中吸水率砖(Ⅱ类)包括：

a) 中吸水率挤压砖：
   1) $3\% < E \leqslant 6\%$(AⅡa类)；
   2) $6\% < E \leqslant 10\%$(AⅡb类)。

b) 中吸水率干压砖：
   1) $3\% < E \leqslant 6\%$(BⅡa类)；
   2) $6\% < E \leqslant 10\%$(BⅡb类)。

4.3.4 高吸水率砖(Ⅲ类)

高吸水率砖(Ⅲ类)包括：

a) 高吸水率挤压砖：$E>10\%$（AⅢ类）；

b) 高吸水率干压砖：$E>10\%$（BⅢ类）。

5 性能

不同用途陶瓷砖的产品性能要求见表2。

表2 不同用途陶瓷砖的产品性能要求

性能		地砖		墙砖		试验方法
		室内	室外	室内	室外	
尺寸和表面质量	长度和宽度	√	√	√	√	GB/T 3810.2
	厚度	√	√	√	√	GB/T 3810.2
	边直度	√	√	√	√	GB/T 3810.2
	直角度	√	√	√	√	GB/T 3810.2
	表面平整度（弯曲度和翘曲度）	√	√	√	√	GB/T 3810.2
	表面质量	√	√	√	√	GB/T 3810.2
	背纹[a]				√	图3
物理性能	吸水率	√	√	√	√	GB/T 3810.3
	破坏强度	√	√	√	√	GB/T 3810.4
	断裂模数	√	√	√	√	GB/T 3810.4
	无釉砖耐磨深度	√	√			GB/T 3810.6
	有釉砖表面耐磨性	√	√			GB/T 3810.7
	线性热膨胀[b]	√	√	√	√	GB/T 3810.8
	抗热震性[b]	√	√	√	√	GB/T 3810.9
	有釉砖抗釉裂性	√	√	√	√	GB/T 3810.11
	抗冻性[c]		√		√	GB/T 3810.12
	摩擦系数	√	√			附录M
	湿膨胀[b]	√	√	√	√	GB/T 3810.10
	小色差[b]	√	√	√	√	GB/T 3810.16
	抗冲击性[b]	√	√			GB/T 3810.5
	抛光砖光泽度	√	√	√	√	GB/T 13891
化学性能	有釉砖耐污染性	√	√	√	√	GB/T 3810.14
	无釉砖耐污染性[b]	√	√	√	√	GB/T 3810.14
	耐低浓度酸和碱化学腐蚀性	√	√	√	√	GB/T 3810.13
	耐高浓度酸和碱化学腐蚀性[b]	√	√	√	√	GB/T 3810.13
	耐家庭化学试剂和游泳池盐类化学腐蚀性	√	√	√	√	GB/T 3810.13
	有釉砖铅和镉的溶出量[b]	√	√	√	√	GB/T 3810.15

[a] 通过水泥砂浆铺贴的外墙砖，包括隧道中铺贴的砖。

[b] 参见附录Q。

[c] 砖在有冰冻情况下使用时。

6 抽样和接收条件

抽样和接收条件应符合 GB/T 3810.1 的要求。

7 要求和试验方法

7.1 挤压陶瓷砖

挤压陶瓷砖的技术要求应符合附录 A、附录 B、附录 C、附录 D、附录 E 的要求。

7.2 干压陶瓷砖

干压陶瓷砖的技术要求应符合附录 G、附录 H、附录 J、附录 K、附录 L 的要求。

7.3 厚度

干压陶瓷砖的厚度应符合表 3 的规定。

表 3 干压陶瓷砖的厚度

单位为毫米

表面积 S	厚度值
$S \leqslant 900\ cm^2$	≤10.0
$900\ cm^2 < S \leqslant 1\ 800\ cm^2$	≤10.0
$1\ 800\ cm^2 < S \leqslant 3\ 600\ cm^2$	≤10.0
$3\ 600\ cm^2 < S \leqslant 6\ 400\ cm^2$	≤11.0
$S > 6\ 400\ cm^2$	≤13.5
注：微晶石、干挂砖等特殊工艺和特殊要求的砖或有合同规定时，厚度由供需双方协商。	

8 标记和说明

8.1 标记

砖和/或其包装上应有下列标志：

a) 制造商的标记和/或商标以及产地；
b) 质量标志；
c) 砖的种类及执行本标准的相应附录；
d) 名义尺寸和工作尺寸，模数(M)或非模数；
e) 表面特性，如有釉(GL)或无釉(UGL)；
f) 烧成后表面处理情况，如抛光；
g) 砖和包装的总质量。

8.2 产品特性

对用于地面的陶瓷砖，应说明有釉砖的耐磨性级别或使用的场所。

注：参见附录 N。

8.3 产品说明

产品说明中应包含以下信息：

a) 成型方法；

b) 陶瓷砖类别及执行本标准的相应附录；

c) 名义尺寸和工作尺寸，模数(M)和非模数；

d) 表面特性，如，有釉(GL)或无釉(UGL)；

e) 背纹(需要时)。

示例 1：精细挤压砖，GB/T 4100—2015，附录 A，AⅠa M 25 cm×12.5 cm(*W* 240 mm×115 mm×10 mm) GL。

示例 2：普通挤压砖，GB/T 4100—2015，附录 B，AⅠb 15 cm×15 cm (*W* 150 mm×15 mm ×9.5 mm) UGL。

示例 3：干压砖，GB/T 4100—2015，附录 G，BⅠa M 25 cm×12.5 cm (*W* 240 mm×115 mm×10 mm) GL。

示例 4：干压砖，GB/T 4100—2015，附录 L，BⅢ 15 cm×15 cm (*W* 150 mm×150 mm×9.5 mm) UGL。

附　录　A
（规范性附录）
挤压陶瓷砖（$E \leqslant 0.5\%$　AⅠa类）

挤压陶瓷砖（$E \leqslant 0.5\%$，AⅠa类）的技术要求应符合表A.1的规定。

表A.1　挤压陶瓷砖（$E \leqslant 0.5\%$　AⅠa类）技术要求

技术要求				试验方法
项目		精细	普通	
长度和宽度	每块砖（2条或4条边）的平均尺寸相对于工作尺寸（W）的允许偏差/%	±1.0， 最大±2 mm	±2.0， 最大±4 mm	GB/T 3810.2
	每块砖（2条或4条边）的平均尺寸相对于10块砖（20条或40条边）平均尺寸的允许偏差/%	±1.0	±1.5	GB/T 3810.2
	制造商选择工作尺寸应满足以下要求： 模数砖名义尺寸连接宽度允许在3 mm～11 mm之间[a]； 非模数砖工作尺寸与名义尺寸之间的偏差不大于±3 mm			GB/T 3810.2
厚度[b] 厚度由制造商确定； 每块砖厚度的平均值相对于工作尺寸厚度的允许偏差/%		±10	±10	GB/T 3810.2
边直度[c]（正面） 相对于工作尺寸的最大允许偏差/%		±0.5	±0.6	GB/T 3810.2
直角度[c] 相对于工作尺寸的最大允许偏差/%		±1.0	±1.0	GB/T 3810.2
表面平整度 最大允许偏差/%	相对于由工作尺寸计算的对角线的中心弯曲度	±0.5	±1.5	GB/T 3810.2
	相对于工作尺寸的边弯曲度	±0.5	±1.5	GB/T 3810.2
	相对于由工作尺寸计算的对角线的翘曲度	±0.8	±1.5	GB/T 3810.2
背纹（有要求时）	深度（h）/mm	$h \geqslant 0.7$		图3
	形状	背纹形状由制造商确定，示例如图3所示。 示例1：$L_0 - L_1 > 0$ 示例2：$L_0 - L_2 > 0$ 示例3：$L_0 - L_3 > 0$		图3
表面质量[d]		至少砖的95%的主要区域无明显缺陷		GB/T 3810.2
吸水率[e]（质量分数）		平均值≤0.5%， 单个值≤0.6%		GB/T 3810.3
破坏强度/N	厚度（工作尺寸）≥7.5 mm	≥1 300		GB/T 3810.4
	厚度（工作尺寸）<7.5 mm	≥600		GB/T 3810.4

表 A.1（续）

<table>
<tr><th colspan="5">技 术 要 求</th><th rowspan="2">试验方法</th></tr>
<tr><th colspan="3">项 目</th><th>精细</th><th>普通</th></tr>
<tr><td colspan="3">断裂模数/[N/mm²(MPa)]
不适用于破坏强度≥3 000 N 的砖</td><td colspan="2">平均值≥28，单个值≥21</td><td>GB/T 3810.4</td></tr>
<tr><td rowspan="2">耐磨性</td><td colspan="2">无釉地砖耐磨损体积/mm³</td><td colspan="2">≤275</td><td>GB/T 3810.6</td></tr>
<tr><td colspan="2">有釉地砖表面耐磨性[f]</td><td colspan="2">报告陶瓷砖耐磨性级别和转数</td><td>GB/T 3810.7</td></tr>
<tr><td>线性热膨胀系数[g]</td><td colspan="2">从环境温度到 100 ℃</td><td colspan="2">参见附录 Q</td><td>GB/T 3810.8</td></tr>
<tr><td colspan="3">抗热震性[g]</td><td colspan="2">参见附录 Q</td><td>GB/T 3810.9</td></tr>
<tr><td colspan="3">有釉砖抗釉裂性[h]</td><td colspan="2">经试验应无釉裂</td><td>GB/T 3810.11</td></tr>
<tr><td colspan="3">抗冻性</td><td colspan="2">经试验应无裂纹或剥落</td><td>GB/T 3810.12</td></tr>
<tr><td colspan="3">地砖摩擦系数</td><td colspan="2">单个值≥0.50</td><td>附录 M</td></tr>
<tr><td colspan="3">湿膨胀[g]/(mm/m)</td><td colspan="2">参见附录 Q</td><td>GB/T 3810.10</td></tr>
<tr><td colspan="3">小色差[g]</td><td colspan="2">纯色砖
有釉砖：$\Delta E<0.75$
无釉砖：$\Delta E<1.0$</td><td>GB/T 3810.16</td></tr>
<tr><td colspan="3">抗冲击性[g]</td><td colspan="2">参见附录 Q</td><td>GB/T 3810.5</td></tr>
<tr><td rowspan="2">耐污染性</td><td colspan="2">有釉砖</td><td colspan="2">最低 3 级</td><td>GB/T 3810.14</td></tr>
<tr><td colspan="2">无釉砖[g]</td><td colspan="2">参见附录 Q</td><td>GB/T 3810.14</td></tr>
<tr><td rowspan="5">抗化学腐蚀性</td><td rowspan="2">耐低浓度酸和碱</td><td>有釉砖</td><td colspan="2" rowspan="2">制造商应报告耐化学腐蚀性等级</td><td rowspan="2">GB/T 3810.13</td></tr>
<tr><td>无釉砖</td></tr>
<tr><td colspan="2">耐高浓度酸和碱[g]</td><td colspan="2">参见附录 Q</td><td>GB/T 3810.13</td></tr>
<tr><td rowspan="2">耐家庭化学试剂和游泳池盐类</td><td>有釉砖</td><td colspan="2">不低于 GB 级</td><td rowspan="2">GB/T 3810.13</td></tr>
<tr><td>无釉砖</td><td colspan="2">不低于 UB 级</td></tr>
<tr><td colspan="3">铅和镉的溶出量[g]</td><td colspan="2">参见附录 Q</td><td>GB/T 3810.15</td></tr>
</table>

[a] 以非公制尺寸为基础的习惯用法也可用在同类型砖的连接宽度上。

[b] 在适用情况下，陶瓷砖厚度包括背纹的高度，按照图 3 测定。

[c] 不适用于有弯曲形状的砖。

[d] 在烧成过程中，产品与标准板之间的微小色差是难免的。本条款不适用于在砖的表面有意制造的色差（表面可能是有釉的、无釉的或部分有釉的）或在砖的部分区域内为了突出产品的特点而希望的色差。用于装饰目的的斑点或色斑不能看作为缺陷。

[e] 吸水率最大单个值为 0.5% 的砖是全玻化砖（常被认为是不吸水的）。

[f] 有釉地砖耐磨性分级参见附录 P。

[g] 表中所列“参见附录 Q”涉及的项目是否有必要进行检验，参见本标准附录 Q。

[h] 制造商对于为装饰效果而产生的裂纹应加以说明，这种情况下，GB/T 3810.11 规定的釉裂试验不适用。

附 录 B
（规范性附录）
挤压陶瓷砖（0.5%<E≤3% AⅠb类）

挤压陶瓷砖（0.5%<E≤3% AⅠb类）的技术要求应符合表B.1的规定。

表 B.1 挤压陶瓷砖（0.5%<E≤3% AⅠb类）技术要求

技术要求				试验方法
项目		精细	普通	
长度和宽度	每块砖（2条或4条边）的平均尺寸相对于工作尺寸（W）的允许偏差/%	±1.0，最大±2 mm	±2.0，最大±4 mm	GB/T 3810.2
长度和宽度	每块砖（2条或4条边）的平均尺寸相对于10块砖（20条或40条边）平均尺寸的允许偏差/%	±1.0	±1.5	GB/T 3810.2
长度和宽度	制造商选择工作尺寸应满足以下要求： 模数砖名义尺寸连接宽度允许在3 mm～11 mm之间[a]； 非模数砖工作尺寸与名义尺寸之间的偏差不大于±3 mm			GB/T 3810.2
厚度[b] 厚度由制造商确定； 每块砖厚度的平均值相对于工作尺寸厚度的允许偏差/%		±10	±10	GB/T 3810.2
边直度[c]（正面） 相对于工作尺寸的最大允许偏差/%		±0.5	±0.6	GB/T 3810.2
直角度[c] 相对于工作尺寸的最大允许偏差/%		±1.0	±1.0	GB/T 3810.2
表面平整度最大允许偏差/%	相对于由工作尺寸计算的对角线的中心弯曲度	±0.5	±1.5	GB/T 3810.2
表面平整度最大允许偏差/%	相对于工作尺寸的边弯曲度	±0.5	±1.5	GB/T 3810.2
表面平整度最大允许偏差/%	相对于由工作尺寸计算的对角线的翘曲度	±0.8	±1.5	GB/T 3810.2
背纹（有要求时）	深度（h）/mm	h≥0.7		图3
背纹（有要求时）	形状	背纹形状由制造商确定，示例如图3所示。 示例1：$L_0-L_1>0$ 示例2：$L_0-L_2>0$ 示例3：$L_0-L_3>0$		图3
表面质量[d]		至少砖的95%的主要区域无明显缺陷		GB/T 3810.2
吸水率（质量分数）		平均值0.5%<E≤3%，单个值≤3.3%		GB/T 3810.3
破坏强度/N	厚度（工作尺寸）≥7.5 mm	≥1 100		GB/T 3810.4
破坏强度/N	厚度（工作尺寸）<7.5 mm	≥600		GB/T 3810.4

表 B.1（续）

技术要求					试验方法
项目			精细	普通	
断裂模数/[N/mm^2(MPa)] 不适用于破坏强度≥3 000 N 的砖			平均值≥23，单个值≥18		GB/T 3810.4
耐磨性	无釉地砖耐磨损体积/mm^3		≤275		GB/T 3810.6
	有釉地砖表面耐磨性[e]		报告陶瓷砖耐磨性级别和转数		GB/T 3810.7
线性热膨胀系数[f]	从环境温度到 100 ℃		参见附录 Q		GB/T 3810.8
抗热震性[f]			参见附录 Q		GB/T 3810.9
有釉砖抗釉裂性[g]			经试验应无釉裂		GB/T 3810.11
抗冻性			经试验应无裂纹或剥落		GB/T 3810.12
地砖摩擦系数			单个值≥0.50		附录 M
湿膨胀[f]/(mm/m)			参见附录 Q		GB/T 3810.10
小色差[f]			纯色砖 有釉砖：$\Delta E<0.75$ 无釉砖：$\Delta E<1.0$		GB/T 3810.16
抗冲击性[f]			参见附录 Q		GB/T 3810.5
耐污染性	有釉砖		最低 3 级		GB/T 3810.14
	无釉砖[f]		参见附录 Q		GB/T 3810.14
抗化学腐蚀性	耐低浓度酸和碱	有釉砖	制造商应报告耐化学腐蚀性等级		GB/T 3810.13
		无釉砖			
	耐高浓度酸和碱[f]		参见附录 Q		GB/T 3810.13
	耐家庭化学试剂和游泳池盐类	有釉砖	不低于 GB 级		GB/T 3810.13
		无釉砖	不低于 UB 级		
铅和镉的溶出量[f]			参见附录 Q		GB/T 3810.15

[a] 以非公制尺寸为基础的习惯用法也可用在同类型砖的连接宽度上。

[b] 在适用情况下，陶瓷砖厚度包括背纹的高度，按照图 3 测定。

[c] 不适用于有弯曲形状的砖。

[d] 在烧成过程中，产品与标准板之间的微小色差是难免的。本条款不适用于在砖的表面有意制造的色差(表面可能是有釉的、无釉的或部分有釉的)或在砖的部分区域内为了突出产品的特点而希望的色差。用于装饰目的的斑点或色斑不能看作为缺陷。

[e] 有釉地砖耐磨性分级参见附录 P。

[f] 表中所列“参见附录 Q”涉及的项目是否有必要进行检验，参见本标准附录 Q。

[g] 制造商对于为装饰效果而产生的裂纹应加以说明，这种情况下，GB/T 3810.11 规定的釉裂试验不适用。

附 录 C
（规范性附录）
挤压陶瓷砖（3%＜E≤6% AⅡa 类）

挤压陶瓷砖（3%＜E≤6% AⅡa 类）的技术要求应符合表 C.1 的规定。

表 C.1 挤压陶瓷砖（3%＜E≤6% AⅡa 类）技术要求

技术要求		精细	普通	试验方法
项目		精细	普通	
长度和宽度	每块砖（2 条或 4 条边）的平均尺寸相对于工作尺寸（W）的允许偏差/%	±1.25，最大±2 mm	±2.0，最大±4 mm	GB/T 3810.2
	每块砖（2 条或 4 条边）的平均尺寸相对于 10 块砖（20 条或 40 条边）平均尺寸的允许偏差/%	±1.0	±1.5	GB/T 3810.2
	制造商选择工作尺寸应满足以下要求： 模数砖名义尺寸连接宽度允许在 3 mm～11 mm 之间[a]； 非模数砖工作尺寸与名义尺寸之间的偏差不大于±3 mm			GB/T 3810.2
厚度[b] 厚度由制造商确定； 每块砖厚度的平均值相对于工作尺寸厚度的允许偏差/%		±10	±10	GB/T 3810.2
边直度[c]（正面） 相对于工作尺寸的最大允许偏差/%		±0.5	±0.6	GB/T 3810.2
直角度[c] 相对于工作尺寸的最大允许偏差/%		±1.0	±1.0	GB/T 3810.2
表面平整度 最大允许偏差/%	相对于由工作尺寸计算的对角线的中心弯曲度	±0.5	±1.5	GB/T 3810.2
	相对于工作尺寸的边弯曲度	±0.5	±1.5	GB/T 3810.2
	相对于由工作尺寸计算的对角线的翘曲度	±0.8	±1.5	GB/T 3810.2
背纹（有要求时）	深度（h）/mm	h≥0.7		图 3
	形状	背纹形状由制造商确定，示例如图 3 所示。 示例 1：$L_0-L_1>0$ 示例 2：$L_0-L_2>0$ 示例 3：$L_0-L_3>0$		图 3
表面质量[d]		至少砖的 95% 的主要区域无明显缺陷		GB/T 3810.2
吸水率（质量分数）		平均值 3.0%＜E≤6.0%，单个值≤6.5%		GB/T 3810.3
破坏强度/N	厚度（工作尺寸）≥7.5 mm	≥950		GB/T 3810.4
	厚度（工作尺寸）＜7.5 mm	≥600		GB/T 3810.4

表 C.1（续）

技术要求					试验方法
项目			精细	普通	
断裂模数/[N/mm²(MPa)] 不适用于破坏强度≥3 000 N 的砖			平均值≥20,单个值≥18		GB/T 3810.4
耐磨性	无釉地砖耐磨损体积/mm³		≤393		GB/T 3810.6
	有釉地砖表面耐磨性[e]		报告陶瓷砖耐磨性级别和转数		GB/T 3810.7
线性热膨胀系数[f]	从环境温度到 100 ℃		参见附录 Q		GB/T 3810.8
抗热震性[f]			参见附录 Q		GB/T 3810.9
有釉砖抗釉裂性[g]			经试验应无釉裂		GB/T 3810.11
抗冻性[f]			参见附录 Q		GB/T 3810.12
地砖摩擦系数			单个值≥0.50		附录 M
湿膨胀[f]/(mm/m)			参见附录 Q		GB/T 3810.10
小色差[f]			纯色砖 有釉砖:ΔE<0.75 无釉砖:ΔE<1.0		GB/T 3810.16
抗冲击性[f]			参见附录 Q		GB/T 3810.5
耐污染性	有釉砖		最低3级		GB/T 3810.14
	无釉砖		参见附录 Q		GB/T 3810.14
抗化学腐蚀性	耐低浓度酸和碱	有釉砖	制造商应报告耐化学腐蚀性等级		GB/T 3810.13
		无釉砖			
	耐高浓度酸和碱[f]		参见附录 Q		GB/T 3810.13
	耐家庭化学试剂和游泳池盐类	有釉砖	不低于 GB 级		GB/T 3810.13
		无釉砖	不低于 UB 级		
铅和镉的溶出量[f]			参见附录 Q		GB/T 3810.15

[a] 以非公制尺寸为基础的习惯用法也可用在同类型砖的连接宽度上。

[b] 在适用情况下，陶瓷砖厚度包括背纹的高度，按照图 3 测定。

[c] 不适用于有弯曲形状的砖。

[d] 在烧成过程中，产品与标准板之间的微小色差是难免的。本条款不适用于在砖的表面有意制造的色差(表面可能是有釉的、无釉的或部分有釉的)或在砖的部分区域内为了突出产品的特点而希望的色差。用于装饰目的的斑点或色斑不能看作为缺陷。

[e] 有釉地砖耐磨性分级参见附录 P。

[f] 表中所列“参见附录 Q”涉及的项目是否有必要进行检验，参见本标准附录 Q。

[g] 制造商对于为装饰效果而产生的裂纹应加以说明，这种情况下，GB/T 3810.11 规定的釉裂试验不适用。

附　录　D
（规范性附录）
挤压陶瓷砖（6%<E≤10% AⅡb 类）

挤压陶瓷砖（6%<E≤10% AⅡb 类）的技术要求应符合表 D.1 的规定。

表 D.1　挤压陶瓷砖（6%<E≤10% AⅡb 类）技术要求

<table>
<tr><th colspan="4">技　术　要　求</th><th rowspan="2">试验方法</th></tr>
<tr><th colspan="2">项　目</th><th>精细</th><th>普通</th></tr>
<tr><td rowspan="3">长度和宽度</td><td>每块砖（2 条或 4 条边）的平均尺寸相对于工作尺寸（W）的允许偏差/%</td><td>±2.0，
最大±2 mm</td><td>±2.0，
最大±4 mm</td><td>GB/T 3810.2</td></tr>
<tr><td>每块砖（2 条或 4 条边）的平均尺寸相对于 10 块砖（20 条或 40 条边）平均尺寸的允许偏差/%</td><td>±1.5</td><td>±1.5</td><td>GB/T 3810.2</td></tr>
<tr><td colspan="3">制造商选择工作尺寸应满足以下要求：
模数砖名义尺寸连接宽度允许在 3 mm～11 mm 之间[a]；
非模数砖工作尺寸与名义尺寸之间的偏差不大于±3 mm</td><td>GB/T 3810.2</td></tr>
<tr><td colspan="2">厚度[b]
厚度由制造商确定；
每块砖厚度的平均值相对于工作尺寸厚度的允许偏差/%</td><td>±10</td><td>±10</td><td>GB/T 3810.2</td></tr>
<tr><td colspan="2">边直度[c]（正面）
相对于工作尺寸的最大允许偏差/%</td><td>±1.0</td><td>±1.0</td><td>GB/T 3810.2</td></tr>
<tr><td colspan="2">直角度[c]
相对于工作尺寸的最大允许偏差/%</td><td>±1.0</td><td>±1.0</td><td>GB/T 3810.2</td></tr>
<tr><td rowspan="3">表面平整度
最大允许偏差/%</td><td>相对于由工作尺寸计算的对角线的中心弯曲度</td><td>±1.0</td><td>±1.5</td><td>GB/T 3810.2</td></tr>
<tr><td>相对于工作尺寸的边弯曲度</td><td>±1.0</td><td>±1.5</td><td>GB/T 3810.2</td></tr>
<tr><td>相对于由工作尺寸计算的对角线的翘曲度</td><td>±1.5</td><td>±1.5</td><td>GB/T 3810.2</td></tr>
<tr><td rowspan="2">背纹（有要求时）</td><td>深度（h）/mm</td><td colspan="2">h≥0.7</td><td>图 3</td></tr>
<tr><td>形状</td><td colspan="2">背纹形状由制造商确定，示例如图 3 所示。
示例 1：$L_0-L_1>0$
示例 2：$L_0-L_2>0$
示例 3：$L_0-L_3>0$</td><td>图 3</td></tr>
<tr><td colspan="2">表面质量[d]</td><td colspan="2">至少砖的 95% 的主要区域无明显缺陷</td><td>GB/T 3810.2</td></tr>
<tr><td colspan="2">吸水率（质量分数）</td><td colspan="2">平均值 6%<E≤10%，
单个值≤11%</td><td>GB/T 3810.3</td></tr>
<tr><td colspan="2">破坏强度/N</td><td colspan="2">≥900</td><td>GB/T 3810.4</td></tr>
<tr><td colspan="2">断裂模数/[N/mm²（MPa）]
不适用于破坏强度≥3 000 N 的砖</td><td colspan="2">平均值≥17.5，单个值≥15</td><td>GB/T 3810.4</td></tr>
</table>

表 D.1（续）

<table>
<tr><th colspan="3" rowspan="1">技 术 要 求</th><th colspan="2"></th><th rowspan="2">试验方法</th></tr>
<tr><th colspan="3">项 目</th><th>精细</th><th>普通</th></tr>
<tr><td rowspan="2">耐磨性</td><td colspan="2">无釉地砖耐磨损体积/mm^3</td><td colspan="2">≤649</td><td>GB/T 3810.6</td></tr>
<tr><td colspan="2">有釉地砖表面耐磨性[e]</td><td colspan="2">报告陶瓷砖耐磨性级别和转数</td><td>GB/T 3810.7</td></tr>
<tr><td>线性热膨胀系数[f]</td><td colspan="2">从环境温度到 100 ℃</td><td colspan="2">参见附录 Q</td><td>GB/T 3810.8</td></tr>
<tr><td colspan="3">抗热震性[f]</td><td colspan="2">参见附录 Q</td><td>GB/T 3810.9</td></tr>
<tr><td colspan="3">有釉砖抗釉裂性[g]</td><td colspan="2">经试验应无釉裂</td><td>GB/T 3810.11</td></tr>
<tr><td colspan="3">抗冻性[f]</td><td colspan="2">参见附录 Q</td><td>GB/T 3810.12</td></tr>
<tr><td colspan="3">地砖摩擦系数</td><td colspan="2">单个值≥0.50</td><td>附录 M</td></tr>
<tr><td colspan="3">湿膨胀[f]/(mm/m)</td><td colspan="2">参见附录 Q</td><td>GB/T 3810.10</td></tr>
<tr><td colspan="3">小色差[f]</td><td colspan="2">纯色砖
有釉砖：$\Delta E<0.75$
无釉砖：$\Delta E<1.0$</td><td>GB/T 3810.16</td></tr>
<tr><td colspan="3">抗冲击性[f]</td><td colspan="2">参见附录 Q</td><td>GB/T 3810.5</td></tr>
<tr><td rowspan="2">耐污染性</td><td colspan="2">有釉砖</td><td colspan="2">最低 3 级</td><td>GB/T 3810.14</td></tr>
<tr><td colspan="2">无釉砖[f]</td><td colspan="2">参见附录 Q</td><td>GB/T 3810.14</td></tr>
<tr><td rowspan="5">抗化学腐蚀性</td><td rowspan="2">耐低浓度酸和碱</td><td>有釉砖</td><td colspan="2" rowspan="2">制造商应报告耐化学腐蚀性等级</td><td rowspan="2">GB/T 3810.13</td></tr>
<tr><td>无釉砖</td></tr>
<tr><td colspan="2">耐高浓度酸和碱[f]</td><td colspan="2">参见附录 Q</td><td>GB/T 3810.13</td></tr>
<tr><td rowspan="2">耐家庭化学试剂和游泳池盐类</td><td>有釉砖</td><td colspan="2">不低于 GB 级</td><td rowspan="2">GB/T 3810.13</td></tr>
<tr><td>无釉砖</td><td colspan="2">不低于 UB 级</td></tr>
<tr><td colspan="3">铅和镉的溶出量[f]</td><td colspan="2">参见附录 Q</td><td>GB/T 3810.15</td></tr>
</table>

[a] 以非公制尺寸为基础的习惯用法也可用在同类型砖的连接宽度上。

[b] 在适用情况下，陶瓷砖厚度包括背纹的高度，按照图 3 测定。

[c] 不适用于有弯曲形状的砖。

[d] 在烧成过程中，产品与标准板之间的微小色差是难免的。本条款不适用于在砖的表面有意制造的色差(表面可能是有釉的、无釉的或部分有釉的)或在砖的部分区域内为了突出产品的特点而希望的色差。用于装饰目的的斑点或色斑不能看作为缺陷。

[e] 有釉地砖耐磨性分级参见附录 P。

[f] 表中所列“参见附录 Q”涉及的项目是否有必要进行检验，参见本标准附录 Q。

[g] 制造商对于为装饰效果而产生的裂纹应加以说明，这种情况下，GB/T 3810.11 规定的釉裂试验不适用。

附 录 E
(规范性附录)
挤压陶瓷砖(E>10% AⅢ 类)

挤压陶瓷砖(E>10% AⅢ 类)的技术要求应符合表 E.1 的规定。

表 E.1 挤压陶瓷砖(E>10% AⅢ 类)技术要求

技术要求				试验方法
项目		精细	普通	
长度和宽度	每块砖(2 条或 4 条边)的平均尺寸相对于工作尺寸(W)的允许偏差/%	±2.0,最大±2 mm	±2.0,最大±4 mm	GB/T 3810.2
	每块砖(2 条或 4 条边)的平均尺寸相对于 10 块砖(20 条或 40 条边)平均尺寸的允许偏差/%	±1.5	±1.5	GB/T 3810.2
	制造商选择工作尺寸应满足以下要求: 模数砖名义尺寸连接宽度允许在 3 mm~11 mm 之间; 非模数砖工作尺寸与名义尺寸之间的偏差不大于±3 mm			GB/T 3810.2
厚度[b] 厚度由制造商确定; 每块砖厚度的平均值相对于工作尺寸厚度的允许偏差/%		±10	±10	GB/T 3810.2
边直度[c](正面) 相对于工作尺寸的最大允许偏差/%		±1.0	±1.0	GB/T 3810.2
直角度[c] 相对于工作尺寸的最大允许偏差/%		±1.0	±1.0	GB/T 3810.2
表面平整度 最大允许偏差/%	相对于由工作尺寸计算的对角线的中心弯曲度	±1.0	±1.5	GB/T 3810.2
	相对于工作尺寸的边弯曲度	±1.0	±1.5	GB/T 3810.2
	相对于由工作尺寸计算的对角线的翘曲度	±1.5	±1.5	GB/T 3810.2
背纹(有要求时)	深度(h)/mm	$h \geq 0.7$		图 3
	形状	背纹形状由制造商确定,示例如图 3 所示。 **示例 1**:$L_0-L_1>0$ **示例 2**:$L_0-L_2>0$ **示例 3**:$L_0-L_3>0$		图 3
表面质量[d]		至少砖的 95% 的主要区域无明显缺陷		GB/T 3810.2
吸水率(质量分数)		平均值>10%		GB/T 3810.3
破坏强度/N		≥600		GB/T 3810.4
断裂模数/[N/mm^2(MPa)] 不适用于破坏强度≥3 000 N 的砖		平均值≥8,单个值≥7		GB/T 3810.4

表 E.1（续）

技术要求					试验方法
项目			精细	普通	
耐磨性	无釉地砖耐磨损体积/mm³		≤2 365		GB/T 3810.6
	有釉地砖表面耐磨性[e]		报告陶瓷砖耐磨性级别和转数		GB/T 3810.7
线性热膨胀系数[f]	从环境温度到 100 ℃		参见附录 Q		GB/T 3810.8
抗热震性[f]			参见附录 Q		GB/T 3810.9
有釉砖抗釉裂性[g]			经试验应无釉裂		GB/T 3810.11
抗冻性[f]			参见附录 Q		GB/T 3810.12
地砖摩擦系数			单个值≥0.50		附录 M
湿膨胀[f]/(mm/m)			参见附录 Q		GB/T 3810.10
小色差[f]			纯色砖 有釉砖：$\Delta E<0.75$ 无釉砖：$\Delta E<1.0$		GB/T 3810.16
抗冲击性[f]			参见附录 Q		GB/T 3810.5
耐污染性	有釉砖		最低 3 级		GB/T 3810.14
	无釉砖[f]		参见附录 Q		GB/T 3810.14
抗化学腐蚀性	耐低浓度酸和碱	有釉砖	制造商应报告耐化学腐蚀性等级		GB/T 3810.13
		无釉砖			
	耐高浓度酸和碱[f]		参见附录 Q		GB/T 3810.13
	耐家庭化学试剂和游泳池盐类	有釉砖	不低于 GB 级		GB/T 3810.13
		无釉砖	不低于 UB 级		
铅和镉的溶出量[f]			参见附录 Q		GB/T 3810.15

[a] 以非公制尺寸为基础的习惯用法也可用在同类型砖的连接宽度上。

[b] 在适用情况下，陶瓷砖厚度包括背纹的高度，按照图 3 测定。

[c] 不适用于有弯曲形状的砖。

[d] 在烧成过程中，产品与标准板之间的微小色差是难免的。本条款不适用于在砖的表面有意制造的色差（表面可能是有釉的、无釉的或部分有釉的）或在砖的部分区域内为了突出产品的特点而希望的色差。用于装饰目的的斑点或色斑不能看作为缺陷。

[e] 有釉地砖耐磨性分级参见附录 P。

[f] 表中所列“参见附录 Q”涉及的项目是否有必要进行检验，参见本标准附录 Q。

[g] 制造商对于为装饰效果而产生的裂纹应加以说明，这种情况下，GB/T 3810.11 规定的釉裂试验不适用。

附 录 G
（规范性附录）
干压陶瓷砖（$E \leqslant 0.5\%$ BⅠa 类）

干压陶瓷砖（$E \leqslant 0.5\%$ BⅠa 类）的技术要求应符合表 G.1 的规定。

表 G.1 干压陶瓷砖（$E \leqslant 0.5\%$ BⅠa 类）技术要求

<table>
<tr><th colspan="4">技 术 要 求</th><th rowspan="3">试验方法</th></tr>
<tr><th colspan="2" rowspan="2">项 目</th><th colspan="2">名义尺寸</th></tr>
<tr><th>70 mm≤N<150 mm</th><th>N≥150 mm</th></tr>
<tr><td rowspan="3">长度和宽度</td><td rowspan="2">每块砖（2 条或 4 条边）的平均尺寸相对于工作尺寸（W）的允许偏差/%</td><td>±0.9 mm</td><td>±0.6，
最大值±2.0 mm</td><td rowspan="2">GB/T 3810.2</td></tr>
<tr><td colspan="2">抛光砖：最大值±1.0 mm</td></tr>
<tr><td colspan="3">制造商选择工作尺寸应满足以下要求：
模数砖名义尺寸连接宽度允许在 2 mm～5 mm 之间[a]；
非模数砖工作尺寸与名义尺寸之间的偏差不大于±2%，最大 5 mm</td><td>GB/T 3810.2</td></tr>
<tr><td colspan="2">厚度[b]
厚度由制造商确定。
每块砖厚度的平均值相对于工作尺寸厚度的允许偏差/%</td><td>±0.5 mm</td><td>±5，
最大值±0.5 mm</td><td>GB/T 3810.2</td></tr>
<tr><td colspan="2" rowspan="2">边直度[c]（正面）
相对于工作尺寸的最大允许偏差/%</td><td>±0.75 mm</td><td>±0.5，
最大值±1.5 mm</td><td rowspan="2">GB/T 3810.2</td></tr>
<tr><td colspan="2">抛光砖：±0.2，最大值≤1.5 mm</td></tr>
<tr><td colspan="2" rowspan="2">直角度[c]
相对于工作尺寸的最大允许偏差/%</td><td>±0.75 mm</td><td>±0.5，
最大值±2.0 mm</td><td rowspan="2">GB/T 3810.2</td></tr>
<tr><td colspan="2">抛光砖：±0.2，最大值≤2.0 mm</td></tr>
<tr><td rowspan="4">表面平整度
最大允许偏差/%</td><td>相对于由工作尺寸计算的对角线的中心弯曲度</td><td>±0.75 mm</td><td>±0.5，
最大值±2.0 mm</td><td>GB/T 3810.2</td></tr>
<tr><td>相对于工作尺寸的边弯曲度</td><td>±0.75 mm</td><td>±0.5，
最大值±2.0 mm</td><td>GB/T 3810.2</td></tr>
<tr><td>相对于由工作尺寸计算的对角线的翘曲度</td><td>±0.75 mm</td><td>±0.5，
最大值±2.0 mm</td><td>GB/T 3810.2</td></tr>
<tr><td colspan="3">抛光砖的表面平整度允许偏差为±0.15，且最大偏差≤2.0 mm。
边长>600 mm 的砖，表面平整度用上凸和下凹表示，其最大偏差≤2.0 mm</td><td>GB/T 3810.2</td></tr>
<tr><td rowspan="2">背纹（有要求时）</td><td>深度（h）/mm</td><td colspan="2">h≥0.7</td><td>图 3</td></tr>
<tr><td>形状</td><td colspan="2">背纹形状由制造商确定，示例如图 3 所示。
示例 1：$L_0-L_1>0$
示例 2：$L_0-L_2>0$
示例 3：$L_0-L_3>0$</td><td>图 3</td></tr>
</table>

表 G.1（续）

<table>
<tr><th colspan="5">技　术　要　求</th><th rowspan="3">试验方法</th></tr>
<tr><th colspan="3" rowspan="2">项　目</th><th colspan="2">名义尺寸</th></tr>
<tr><th>70 mm≤N<150 mm</th><th>N≥150 mm</th></tr>
<tr><td colspan="3">表面质量[d]</td><td colspan="2">至少砖的 95%的主要区域无明显缺陷</td><td>GB/T 3810.2</td></tr>
<tr><td colspan="3">吸水率[e]（质量分数）</td><td colspan="2">平均值≤0.5%，单个值≤0.6%</td><td>GB/T 3810.3</td></tr>
<tr><td rowspan="2">破坏强度/N</td><td colspan="2">厚度(工作尺寸)≥7.5 mm</td><td colspan="2">≥1 300</td><td>GB/T 3810.4</td></tr>
<tr><td colspan="2">厚度(工作尺寸)<7.5 mm</td><td colspan="2">≥700</td><td>GB/T 3810.4</td></tr>
<tr><td colspan="3">断裂模数/[N/mm^2（MPa）]
不适用于破坏强度≥3 000 N 的砖</td><td colspan="2">平均值≥35，单个值≥32</td><td>GB/T 3810.4</td></tr>
<tr><td rowspan="2">耐磨性</td><td colspan="2">无釉地砖耐磨损体积/mm^3</td><td colspan="2">≤175</td><td>GB/T 3810.6</td></tr>
<tr><td colspan="2">有釉地砖表面耐磨性[f]</td><td colspan="2">报告陶瓷砖耐磨性级别和转数</td><td>GB/T 3810.7</td></tr>
<tr><td>线性热膨胀系数[g]</td><td colspan="2">从环境温度到 100 ℃</td><td colspan="2">参见附录 Q</td><td>GB/T 3810.8</td></tr>
<tr><td colspan="3">抗热震性[g]</td><td colspan="2">参见附录 Q</td><td>GB/T 3810.9</td></tr>
<tr><td colspan="3">有釉砖抗釉裂性[h]</td><td colspan="2">经试验应无釉裂</td><td>GB/T 3810.11</td></tr>
<tr><td colspan="3">抗冻性</td><td colspan="2">经试验应无裂纹或剥落</td><td>GB/T 3810.12</td></tr>
<tr><td colspan="3">地砖摩擦系数</td><td colspan="2">单个值≥0.50</td><td>附录 M</td></tr>
<tr><td colspan="3">湿膨胀[g]/(mm/m)</td><td colspan="2">参见附录 Q</td><td>GB/T 3810.10</td></tr>
<tr><td colspan="3">小色差[g]</td><td colspan="2">纯色砖
有釉砖：$\Delta E<0.75$
无釉砖：$\Delta E<1.0$</td><td>GB/T 3810.16</td></tr>
<tr><td colspan="3">抗冲击性[g]</td><td colspan="2">参见附录 Q</td><td>GB/T 3810.5</td></tr>
<tr><td colspan="3">抛光砖光泽度[i]</td><td colspan="2">≥55</td><td>GB/T 13891</td></tr>
<tr><td rowspan="2">耐污染性</td><td colspan="2">有釉砖</td><td colspan="2">最低 3 级</td><td>GB/T 3810.14</td></tr>
<tr><td colspan="2">无釉砖[g]</td><td colspan="2">参见附录 Q</td><td>GB/T 3810.14</td></tr>
<tr><td rowspan="5">抗化学腐蚀性</td><td rowspan="2">耐低浓度酸和碱</td><td>有釉砖</td><td colspan="2" rowspan="2">制造商应报告耐化学腐蚀性等级</td><td rowspan="2">GB/T 3810.13</td></tr>
<tr><td>无釉砖</td></tr>
<tr><td colspan="2">耐高浓度酸和碱[g]</td><td colspan="2">参见附录 Q</td><td>GB/T 3810.13</td></tr>
<tr><td rowspan="2">耐家庭化学试剂和游泳池盐类</td><td>有釉砖</td><td colspan="2">不低于 GB 级</td><td rowspan="2">GB/T 3810.13</td></tr>
<tr><td>无釉砖</td><td colspan="2">不低于 UB 级</td></tr>
<tr><td colspan="3">铅和镉的溶出量[g]</td><td colspan="2">参见附录 Q</td><td>GB/T 3810.15</td></tr>
</table>

表 G.1（续）

<table>
<tr><th colspan="3">技 术 要 求</th><th rowspan="3">试验方法</th></tr>
<tr><th rowspan="2">项 目</th><th colspan="2">名义尺寸</th></tr>
<tr><th>70 mm≤N<150 mm</th><th>N≥150 mm</th></tr>
<tr><td colspan="4">a 以非公制尺寸为基础的习惯用法也可用在同类型砖的连接宽度上。
b 在适用情况下，陶瓷砖厚度包括背纹的高度，按照图 3 测定。
c 不适用于有弯曲形状的砖。
d 在烧成过程中，产品与标准板之间的微小色差是难免的。本条款不适用于在砖的表面有意制造的色差（表面可能是有釉的、无釉的或部分有釉的）或在砖的部分区域内为了突出产品的特点而希望的色差。用于装饰目的的斑点或色斑不能看作为缺陷。
e 吸水率最大单个值为 0.5%的砖是全玻化砖（常被认为是不吸水的）。
f 有釉地砖耐磨性分级参见附录 P。
g 表中所列“参见附录 Q”涉及的项目是否有必要进行检验，参见本标准附录 Q。
h 制造商对于为装饰效果而产生的裂纹应加以说明，这种情况下，GB/T 3810.11 规定的釉裂试验不适用。
i 适用于有镜面效果的抛光砖，不包括半抛光和局部抛光的砖。</td></tr>
</table>

附　录　H
（规范性附录）
干压陶瓷砖（0.5%<E≤3% BⅠb 类）

干压陶瓷砖（0.5%<E≤3% BⅠb 类）的技术要求应符合表 H.1 的规定。

表 H.1　干压陶瓷砖（0.5%<E≤3% BⅠb 类）技术要求

<table>
<tr><th colspan="4">技　术　要　求</th><th rowspan="3">试验方法</th></tr>
<tr><th colspan="2" rowspan="2">项　目</th><th colspan="2">名义尺寸</th></tr>
<tr><th>70 mm≤N
<150 mm</th><th>N≥150 mm</th></tr>
<tr><td rowspan="2">长度
和
宽度</td><td>每块砖（2 条或 4 条边）的平均尺寸相对于工作尺寸（W）的允许偏差/%</td><td>±0.9 mm</td><td>±0.6，
最大±2.0 mm</td><td>GB/T 3810.2</td></tr>
<tr><td colspan="3">制造商选择工作尺寸应满足以下要求：
模数砖名义尺寸连接宽度允许在 2 mm～5 mm 之间[a]；
非模数砖工作尺寸与名义尺寸之间的偏差不大于±2%，最大 5 mm</td><td>GB/T 3810.2</td></tr>
<tr><td colspan="2">厚度[b]
厚度由制造商确定；
每块砖厚度的平均值相对于工作尺寸厚度的允许偏差/%</td><td>±0.5 mm</td><td>±5，
最大±0.5 mm</td><td>GB/T 3810.2</td></tr>
<tr><td colspan="2">边直度[c]（正面）
相对于工作尺寸的最大允许偏差/%</td><td>±0.75 mm</td><td>±0.5，
最大±1.5 mm</td><td>GB/T 3810.2</td></tr>
<tr><td colspan="2">直角度[c]
相对于工作尺寸的最大允许偏差/%</td><td>±0.75 mm</td><td>±0.5，
最大±2.0 mm</td><td>GB/T 3810.2</td></tr>
<tr><td rowspan="4">表面平整度
最大允许偏差/%</td><td>相对于由工作尺寸计算的对角线的中心弯曲度</td><td>±0.75 mm</td><td>±0.5，
最大±2.0 mm</td><td>GB/T 3810.2</td></tr>
<tr><td>相对于工作尺寸的边弯曲度</td><td>±0.75 mm</td><td>±0.5，
最大±2.0 mm</td><td>GB/T 3810.2</td></tr>
<tr><td>相对于由工作尺寸计算的对角线的翘曲度</td><td>±0.75 mm</td><td>±0.5，
最大±2.0 mm</td><td>GB/T 3810.2</td></tr>
<tr><td colspan="3">边长>600 mm 的砖，表面平整度用上凸和下凹表示，其最大偏差≤2.0 mm</td><td>GB/T 3810.2</td></tr>
<tr><td rowspan="2">背纹（有要求时）</td><td>深度（h）/mm</td><td colspan="2">h≥0.7</td><td>图 3</td></tr>
<tr><td>形状</td><td colspan="2">背纹形状由制造商确定，示例如图 3 所示。
示例 1：$L_0-L_1>0$
示例 2：$L_0-L_2>0$
示例 3：$L_0-L_3>0$</td><td>图 3</td></tr>
<tr><td colspan="2">表面质量[d]</td><td colspan="2">至少砖的 95% 的主要区域无明显缺陷</td><td>GB/T 3810.2</td></tr>
<tr><td colspan="2">吸水率（质量分数）</td><td colspan="2">0.5%<E≤3%，单个最大值≤3.3%</td><td>GB/T 3810.3</td></tr>
</table>

表 H.1（续）

技术要求					试验方法
项目			名义尺寸		
			70 mm≤N<150 mm	N≥150 mm	
破坏强度/N	厚度(工作尺寸)≥7.5 mm		≥1 100		GB/T 3810.4
	厚度(工作尺寸)<7.5 mm		≥700		GB/T 3810.4
断裂模数/[N/mm²(MPa)] 不适用于破坏强度≥3 000 N 的砖			平均值≥30,单个值≥27		GB/T 3810.4
耐磨性	无釉地砖耐磨损体积/mm³		≤175		GB/T 3810.6
	有釉地砖表面耐磨性[e]		报告陶瓷砖耐磨性级别和转数		GB/T 3810.7
线性热膨胀系数[f]	从环境温度到 100 ℃		参见附录 Q		GB/T 3810.8
抗热震性[f]			参见附录 Q		GB/T 3810.9
有釉砖抗釉裂性[g]			经试验应无釉裂		GB/T 3810.11
抗冻性			经试验应无裂纹或剥落		GB/T 3810.12
地砖摩擦系数			单个值≥0.50		附录 M
湿膨胀[f]/(mm/m)			参见附录 Q		GB/T 3810.10
小色差[f]			纯色砖 有釉砖:ΔE<0.75 无釉砖:ΔE<1.0		GB/T 3810.16
抗冲击性[f]			参见附录 Q		GB/T 3810.5
耐污染性	有釉砖		最低 3 级		GB/T 3810.14
	无釉砖[f]		参见附录 Q		GB/T 3810.14
抗化学腐蚀性	耐低浓度酸和碱	有釉砖	制造商应报告耐化学腐蚀性等级		GB/T 3810.13
		无釉砖			
	耐高浓度酸和碱[f]		参见附录 Q		GB/T 3810.13
	耐家庭化学试剂和游泳池盐类	有釉砖	不低于 GB 级		GB/T 3810.13
		无釉砖	不低于 UB 级		
铅和镉的溶出量[f]			参见附录 Q		GB/T 3810.15

[a] 以非公制尺寸为基础的习惯用法也可用在同类型砖的连接宽度上。

[b] 在适用情况下，陶瓷砖厚度包括背纹的高度，按照图 3 测定。

[c] 不适用于有弯曲形状的砖。

[d] 在烧成过程中，产品与标准板之间的微小色差是难免的。本条款不适用于在砖的表面有意制造的色差（表面可能是有釉的、无釉的或部分有釉的）或在砖的部分区域内为了突出产品的特点而希望的色差。用于装饰目的的斑点或色斑不能看作为缺陷。

[e] 有釉地砖耐磨性分级参见附录 P。

[f] 表中所列“参见附录 Q”涉及的项目是否有必要进行检验，参见本标准附录 Q。

[g] 制造商对于为装饰效果而产生的裂纹应加以说明，这种情况下，GB/T 3810.11 规定的釉裂试验不适用。

附 录 J
（规范性附录）
干压陶瓷砖（3%<E≤6% BⅡa 类）

干压陶瓷砖（3%<E≤6% BⅡa 类）的技术要求应符合表 J.1 的规定。

表 J.1 干压陶瓷砖（3%<E≤6% BⅡa 类）技术要求

技术要求		名义尺寸 70 mm≤N<150 mm	名义尺寸 N≥150 mm	试验方法
项目				
长度和宽度	每块砖（2 条或 4 条边）的平均尺寸相对于工作尺寸（W）的允许偏差/%	±0.9 mm	±0.6，最大±2.0 mm	GB/T 3810.2
长度和宽度	制造商选择工作尺寸应满足以下要求： 模数砖名义尺寸连接宽度允许在 2 mm～5 mm 之间[a]； 非模数砖工作尺寸与名义尺寸之间的偏差不大于±2%，最大 5 mm			GB/T 3810.2
厚度[b] 厚度由制造商确定； 每块砖厚度的平均值相对于工作尺寸厚度的允许偏差/%		±0.5 mm	±5，最大±0.5 mm	GB/T 3810.2
边直度[c]（正面） 相对于工作尺寸的最大允许偏差/%		±0.75 mm	±0.5，最大±1.5 mm	GB/T 3810.2
直角度[c] 相对于工作尺寸的最大允许偏差/%		±0.75 mm	±0.5，最大±2.0 mm	GB/T 3810.2
表面平整度最大允许偏差/%	相对于由工作尺寸计算的对角线的中心弯曲度	±0.75 mm	±0.5，最大±2.0 mm	GB/T 3810.2
表面平整度最大允许偏差/%	相对于工作尺寸的边弯曲度	±0.75 mm	±0.5，最大±2.0 mm	GB/T 3810.2
表面平整度最大允许偏差/%	相对于由工作尺寸计算的对角线的翘曲度	±0.75 mm	±0.5，最大±2.0 mm	GB/T 3810.2
表面平整度最大允许偏差/%	边长>600 mm 的砖，表面平整度用上凸和下凹表示，其最大偏差≤2.0 mm			GB/T 3810.2
背纹（有要求时）	深度（h）/mm	h≥0.7		图 3
背纹（有要求时）	形状	背纹形状由制造商确定，示例如图 3 所示。 示例 1：$L_0-L_1>0$ 示例 2：$L_0-L_2>0$ 示例 3：$L_0-L_3>0$		图 3
表面质量[d]		至少砖的 95%的主要区域无明显缺陷		GB/T 3810.2
吸水率（质量分数）		3%<E≤6%，单个最大值≤6.5%		GB/T 3810.3

表 J.1（续）

技术要求					试验方法
项目			名义尺寸		
			70 mm≤*N*<150 mm	*N*≥150 mm	
破坏强度/N	厚度(工作尺寸)≥7.5 mm		≥1 000		GB/T 3810.4
	厚度(工作尺寸)<7.5 mm		≥600		GB/T 3810.4
断裂模数/[N/mm^2(MPa)] 不适用于破坏强度≥3 000 N 的砖			平均值≥22，单个值≥20		GB/T 3810.4
耐磨性	无釉地砖耐磨损体积/mm^3		≤345		GB/T 3810.6
	有釉地砖表面耐磨性[e]		报告陶瓷砖耐磨性级别和转数		GB/T 3810.7
线性热膨胀系数[f]	从环境温度到 100 ℃		参见附录 Q		GB/T 3810.8
抗热震性[f]			参见附录 Q		GB/T 3810.9
有釉砖抗釉裂性[g]			经试验应无釉裂		GB/T 3810.11
抗冻性[f]			参见附录 Q		GB/T 3810.12
地砖摩擦系数			单个值≥0.50		附录 M
湿膨胀[f]/(mm/m)			参见附录 Q		GB/T 3810.10
小色差[f]			纯色砖 有釉砖：ΔE<0.75 无釉砖：ΔE<1.0		GB/T 3810.16
抗冲击性[f]			参见附录 Q		GB/T 3810.5
耐污染性	有釉砖		最低 3 级		GB/T 3810.14
	无釉砖[f]		参见附录 Q		GB/T 3810.14
抗化学腐蚀性	耐低浓度酸和碱	有釉砖	制造商应报告耐化学腐蚀性等级		GB/T 3810.13
		无釉砖			
	耐高浓度酸和碱[f]		参见附录 Q		GB/T 3810.13
	耐家庭化学试剂和游泳池盐类	有釉砖	不低于 GB 级		GB/T 3810.13
		无釉砖	不低于 UB 级		
铅和镉的溶出量[f]			参见附录 Q		GB/T 3810.15

[a] 以非公制尺寸为基础的习惯用法也可用在同类型砖的连接宽度上。

[b] 在适用情况下，陶瓷砖厚度包括背纹的高度，按照图 3 测定。

[c] 不适用于有弯曲形状的砖。

[d] 在烧成过程中，产品与标准板之间的微小色差是难免的。本条款不适用于在砖的表面有意制造的色差（表面可能是有釉的、无釉的或部分有釉的）或在砖的部分区域内为了突出产品的特点而希望的色差。用于装饰目的的斑点或色斑不能看作为缺陷。

[e] 有釉地砖耐磨性分级参见附录 P。

[f] 表中所列“参见附录 Q”涉及的项目是否有必要进行检验，参见本标准附录 Q。

[g] 制造商对于为装饰效果而产生的裂纹应加以说明，这种情况下，GB/T 3810.11 规定的釉裂试验不适用。

附　录　K
（规范性附录）
干压陶瓷砖（6%＜E≤10% BⅡb 类）

干压陶瓷砖（6%＜E≤10% BⅡb 类）的技术要求应符合表 K.1 的规定。

表 K.1　干压陶瓷砖（6%＜E≤10% BⅡb 类）技术要求

<table>
<tr><th colspan="4">技　术　要　求</th><th rowspan="3">试验方法</th></tr>
<tr><th colspan="2" rowspan="2">项　目</th><th colspan="2">名义尺寸</th></tr>
<tr><th>70 mm≤N＜150 mm</th><th>N≥150 mm</th></tr>
<tr><td rowspan="2">长度和宽度</td><td>每块砖（2 条或 4 条边）的平均尺寸相对于工作尺寸（W）的允许偏差/%</td><td>±0.9 mm</td><td>±0.6，最大±2.0 mm</td><td>GB/T 3810.2</td></tr>
<tr><td colspan="3">制造商选择工作尺寸应满足以下要求：
模数砖名义尺寸连接宽度允许在 2 mm～5 mm 之间[a]；
非模数砖工作尺寸与名义尺寸之间的偏差不大于±2%，最大 5 mm</td><td>GB/T 3810.2</td></tr>
<tr><td colspan="2">厚度[b]
厚度由制造商确定。
每块砖厚度的平均值相对于工作尺寸厚度的允许偏差/%</td><td>±0.5 mm</td><td>±5，最大±0.5 mm</td><td>GB/T 3810.2</td></tr>
<tr><td colspan="2">边直度[c]（正面）
相对于工作尺寸的最大允许偏差/%</td><td>±0.75 mm</td><td>±0.5，最大±1.5 mm</td><td>GB/T 3810.2</td></tr>
<tr><td colspan="2">直角度[c]
相对于工作尺寸的最大允许偏差/%</td><td>±0.75 mm</td><td>±0.5，最大±2.0 mm</td><td>GB/T 3810.2</td></tr>
<tr><td rowspan="4">表面平整度
最大允许偏差/%</td><td>相对于由工作尺寸计算的对角线的中心弯曲度</td><td>±0.75 mm</td><td>±0.5，最大±2.0 mm</td><td>GB/T 3810.2</td></tr>
<tr><td>相对于工作尺寸的边弯曲度</td><td>±0.75 mm</td><td>±0.5，最大±2.0 mm</td><td>GB/T 3810.2</td></tr>
<tr><td>相对于由工作尺寸计算的对角线的翘曲度</td><td>±0.75 mm</td><td>±0.5，最大±2.0 mm</td><td>GB/T 3810.2</td></tr>
<tr><td colspan="3">边长＞600 mm 的砖，表面平整度用上凸和下凹表示，其最大偏差≤2.0 mm</td><td>GB/T 3810.2</td></tr>
<tr><td rowspan="2">背纹（有要求时）</td><td>深度（h）/mm</td><td colspan="2">h≥0.7</td><td>图 3</td></tr>
<tr><td>形状</td><td colspan="2">背纹形状由制造商确定，示例如图 3 所示。
示例 1：$L_0-L_1>0$
示例 2：$L_0-L_2>0$
示例 3：$L_0-L_3>0$</td><td>图 3</td></tr>
<tr><td colspan="2">表面质量[d]</td><td colspan="2">至少砖的 95%的主要区域无明显缺陷</td><td>GB/T 3810.2</td></tr>
<tr><td colspan="2">吸水率（质量分数）</td><td colspan="2">6%＜E≤10%，单个最大值≤11%</td><td>GB/T 3810.3</td></tr>
</table>

表 K.1（续）

技术要求					试验方法
项目			名义尺寸		
			70 mm≤N<150 mm	N≥150 mm	
破坏强度/N	厚度(工作尺寸)≥7.5 mm		≥800		GB/T 3810.4
	厚度(工作尺寸)<7.5 mm		≥600		GB/T 3810.4
断裂模数/[N/mm²(MPa)] 不适用于破坏强度≥3 000 N 的砖			平均值≥18,单个值≥16		GB/T 3810.4
耐磨性	无釉地砖耐磨损体积/mm³		≤540		GB/T 3810.6
	有釉地砖表面耐磨性[e]		报告陶瓷砖耐磨性级别和转数		GB/T 3810.7
线性热膨胀系数[f]	从环境温度到 100 ℃		参见附录 Q		GB/T 3810.8
抗热震性[f]			参见附录 Q		GB/T 3810.9
有釉砖抗釉裂性[g]			经试验应无釉裂		GB/T 3810.11
抗冻性[f]			参见附录 Q		GB/T 3810.12
地砖摩擦系数			单个值≥0.50		附录 M
湿膨胀[f]/(mm/m)			参见附录 Q		GB/T 3810.10
小色差[f]			纯色砖 有釉砖：ΔE<0.75 无釉砖：ΔE<1.0		GB/T 3810.16
抗冲击性[f]			参见附录 Q		GB/T 3810.5
耐污染性	有釉砖		最低 3 级		GB/T 3810.14
	无釉砖[f]		参见附录 Q		GB/T 3810.14
抗化学腐蚀性	耐低浓度酸和碱	有釉砖	制造商应报告耐化学腐蚀性等级		GB/T 3810.13
		无釉砖			
	耐高浓度酸和碱[f]		参见附录 Q		GB/T 3810.13
	耐家庭化学试剂和游泳池盐类	有釉砖	不低于 GB 级		GB/T 3810.13
		无釉砖	不低于 UB 级		
铅和镉的溶出量[f]			参见附录 Q		GB/T 3810.15

[a] 以非公制尺寸为基础的习惯用法也可用在同类型砖的连接宽度上。

[b] 在适用情况下，陶瓷砖厚度包括背纹的高度，按照图 3 测定。

[c] 不适用于有弯曲形状的砖。

[d] 在烧成过程中，产品与标准板之间的微小色差是难免的。本条款不适用于在砖的表面有意制造的色差(表面可能是有釉的、无釉的或部分有釉的)或在砖的部分区域内为了突出产品的特点而希望的色差。用于装饰目的的斑点或色斑不能看作为缺陷。

[e] 有釉地砖耐磨性分级参见附录 P。

[f] 表中所列“参见附录 Q”涉及的项目是否有必要进行检验，参见本标准附录 Q。

[g] 制造商对于为装饰效果而产生的裂纹应加以说明，这种情况下，GB/T 3810.11 规定的釉裂试验不适用。

附 录 L

（规范性附录）

干压陶瓷砖（E＞10% BⅢ类）

干压陶瓷砖（E＞10% BⅢ类）的技术要求应符合表 L.1 的规定。

表 L.1 干压陶瓷砖（E＞10% BⅢ类）技术要求

技术要求				试验方法
项目		名义尺寸		
		70 mm≤N<150 mm	N≥150 mm	
长度和宽度	每块砖（2 条或 4 条边）的平均尺寸相对于工作尺寸（W）的允许偏差/%	±0.75 mm	±0.5， 最大±2.0 mm	GB/T 3810.2
	制造商选择工作尺寸应满足以下要求： 模数砖名义尺寸连接宽度允许在 1.5 mm～5 mm 之间[a]； 非模数砖工作尺寸与名义尺寸之间的偏差不大于±2%，最大 5 mm			GB/T 3810.2
厚度[b] 厚度由制造商确定。 每块砖厚度的平均值相对于工作尺寸厚度的允许偏差/%		±0.5 mm	±10， 最大±0.5 mm	GB/T 3810.2
边直度[c]（正面） 相对于工作尺寸的最大允许偏差/%		±0.5 mm	±0.3， 最大±1.5 mm	GB/T 3810.2
直角度[c] 相对于工作尺寸的最大允许偏差/%		±0.75 mm	±0.5， 最大±2.0 mm	GB/T 3810.2
表面平整度 最大允许偏差/%	相对于由工作尺寸计算的对角线的中心弯曲度	+0.75 mm −0.5 mm	+0.5，−0.3 最大值+2.0 mm， −1.5 mm	GB/T 3810.2
	相对于工作尺寸的边弯曲度	+0.75 mm −0.5 mm	+0.5，−0.3 最大值+2.0 mm， −1.5 mm	GB/T 3810.2
	相对于由工作尺寸计算的对角线的翘曲度	±0.75 mm	±0.5， 最大值±2.0 mm	GB/T 3810.2
	边长＞600 mm 的砖，表面平整度用上凸和下凹表示，其最大偏差≤2.0 mm			GB/T 3810.2
背纹（有要求时）	深度（h）/mm	h≥0.7		图 3
	形状	背纹形状由制造商确定，示例如图 3 所示。 **示例 1**：$L_0-L_1>0$ **示例 2**：$L_0-L_2>0$ **示例 3**：$L_0-L_3>0$		图 3
表面质量[d]		至少砖的 95% 的主要区域无明显缺陷		GB/T 3810.2

表 L.1（续）

技 术 要 求				试验方法
项 目		名义尺寸		
		70 mm≤N<150 mm	N≥150 mm	
吸水率(质量分数)		平均值>10%，单个最小值>9%。当平均值>20%时，制造商应说明		GB/T 3810.3
破坏强度/N	厚度(工作尺寸)≥7.5 mm	≥600		GB/T 3810.4
	厚度(工作尺寸)<7.5 mm	≥350		GB/T 3810.4
断裂模数/[N/mm^2(MPa)] 不适用于破坏强度≥3 000 N 的砖		平均值≥15，单个值≥12		GB/T 3810.4
耐磨性 有釉地砖表面耐磨性[e]		报告陶瓷砖耐磨性级别和转数		GB/T 3810.7
线性热膨胀系数[f]	从环境温度到 100 ℃	参见附录 Q		GB/T 3810.8
抗热震性[f]		参见附录 Q		GB/T 3810.9
有釉砖抗釉裂性[g]		经试验应无釉裂		GB/T 3810.11
抗冻性[f]		参见附录 Q		GB/T 3810.12
地砖摩擦系数		单个值≥0.50		附录 M
湿膨胀[g]/(mm/m)		参见附录 Q		GB/T 3810.10
小色差[f]		纯色砖 有釉砖：ΔE<0.75 无釉砖：ΔE<1.0		GB/T 3810.16
抗冲击性[f]		参见附录 Q		GB/T 3810.5
耐污染性 有釉砖		最低 3 级		GB/T 3810.14
抗化学腐蚀性	耐低浓度酸和碱 有釉砖	制造商应报告耐化学腐蚀性等级		GB/T 3810.13
	耐高浓度酸和碱[f]	参见附录 Q		GB/T 3810.13
	耐家庭化学试剂和游泳池盐类(有釉砖)	不低于 GB 级		GB/T 3810.13
铅和镉的溶出量[f]		参见附录 Q		GB/T 3810.15

表 L.1（续）

<table>
<tr><th colspan="3">技 术 要 求</th><th rowspan="3">试验方法</th></tr>
<tr><th rowspan="2">项 目</th><th colspan="2">名义尺寸</th></tr>
<tr><th>70 mm≤N
<150 mm</th><th>N≥150 mm</th></tr>
<tr><td colspan="4">[a] 以非公制尺寸为基础的习惯用法也可用在同类型砖的连接宽度上。
[b] 在适用情况下，陶瓷砖厚度包括背纹的高度，按照图 3 测定。
[c] 不适用于有弯曲形状的砖。
[d] 在烧成过程中，产品与标准板之间的微小色差是难免的。本条款不适用于在砖的表面有意制造的色差（表面可能是有釉的、无釉的或部分有釉的）或在砖的部分区域内为了突出产品的特点而希望的色差。用于装饰目的的斑点或色斑不能看作为缺陷。
[e] 有釉地砖耐磨性分级参见附录 P。
[f] 表中所列“参见附录 Q”涉及的项目是否有必要进行检验，参见本标准附录 Q。
[g] 制造商对于为装饰效果而产生的裂纹应加以说明，这种情况下，GB/T 3810.11 规定的釉裂试验不适用。</td></tr>
</table>

附 录 M
（规范性附录）
摩擦系数的测定

M.1 适用范围

本附录规定了陶瓷砖表面静摩擦系数测定方法。

M.2 仪器和材料

M.2.1 仪器

一套测力系统，用于测试在砖面上拉动一个滑块时所需用力，见图 M.1。包括：

——分度值不小于 0.25 kgf 的水平型拉力计；

——4.5 kg 的重块；

——4S 橡胶，IRD 硬度 90±2；

——用一块尺寸为 75 mm×75 mm×3 mm 的 4S 橡胶块粘在一块尺寸为 200 mm×200 mm×20 mm的胶合板上组成的滑块组件，胶合板的一侧边上固定着一个环形螺钉，用于与拉力计连接；

——位于砖工作表面以下用来阻止砖滑动的固定架。

M.2.2 测试用材料

测试用材料包括：

——两块厚 6 mm 的浮法玻璃板：一块尺寸不小于 150 mm×150 mm，另一块尺寸为 100 mm×100 mm；

——220 号碳化硅粉末；

——400 号碳化硅砂纸；

——蒸馏水或去离子水；

——中性清洁剂。

M.3 实验步骤

M.3.1 试样准备

试验应在不小于 100 mm×100 mm 的砖表面上进行。测试小规格砖时，应把它们铺贴成一个合适的平面。用中性清洁液洗净砖表面，待砖表面完全洗净干燥后再进行试验。

M.3.2 滑块的准备

将一张 400 号碳化硅砂纸平铺在台面上，沿水平方向拉动滑块组件，使其表面的 4S 橡胶在砂纸上移动的距离约为 100 mm。将滑块在水平面内转过 90°再重复上述打磨过程共计 4 次。以上步骤为一个完整过程。用软刷刷去碎屑，必要时重复以上过程直至完全去除 4S 橡胶表面的光泽。

M.3.3 毛玻璃校正板的准备

将尺寸较大的玻璃板放在可限制其运动的平面上，在其表面上撒 2 g 碳化硅磨粒并滴几滴水。用边长为 100 mm 的玻璃板作为研磨工具，使其在大玻璃板上作圆周运动直至大玻璃板表面完全变成半透明状态。必要时需更换新的磨料和水重复以上过程。

用清洁剂清洗半透明毛玻璃板，然后擦净其表面并在空气中干燥。

将滑块组件放在已经在工作台面上就位的毛玻璃校正板上，用垫片调整校正板和拉力计的高度使滑块组件环首螺钉与拉力计的挂钩处于同一水平面上。将重量为 4.5 kg 的重块放在滑块组件中央。沿水平方向拉动滑块组件测定使滑块组件产生滑动趋势时所需的拉力，记录拉力读数。总共拉动 4 次，每次拉动方向均与上次相差 90°。

摩擦系数校正值计算见式(M.1)：

$$COF = R_d / nm \qquad \cdots\cdots\cdots\cdots (M.1)$$

式中：

R_d ——4 次拉力读数之和，单位为千克力(kgf)；

n ——拉动次数；

m ——滑块组件加上 4.5 kg 重块的总重量，单位为千克力(kgf)；

COF——摩擦系数校正值。

如果 4S 橡胶面打磨得均匀，4 个拉力读数应该基本一致，且校正值应在 0.75±0.05 范围内 。在测试 3 个样品之前和之后均应重复校正过程并记录结果。如果前后的校正值相差超过±0.05，则整个测试过程应该重做。操作人员在每测试 3 个样品之前和之后均应校正测试设备和检查操作过程，以确保获得较高的测试一致性。

M.3.4 测试过程(干法)

M.3.4.1 洗净并烘干每块砖的测试表面，将待测砖放在工作台面上并紧靠限制其活动的固定架，刷去所有的碎屑。

M.3.4.2 将滑块组件放在待测砖的测试面上，将 4.5 kg 的重块放在滑块组件上部的中央部位。用拉力计测定沿水平方向使组件产生滑动趋势时所需的拉力，记录拉力读数。

M.3.4.3 每次测试 3 个测试面或样品，每个测试面上要拉动组件 4 次，每次拉动的方向与上次相差 90°，总计获得 12 个计算静摩擦系数所需的读数。记录所有的读数。

M.3.4.4 每测试完一个测试面或样品后均应检查 4S 橡胶面，如果其表面显示出光泽或刮痕，则按 M.4.2 重复打磨过程。

M.3.5 测试过程(湿法)

用蒸馏水液润湿样品表面，重复 M.4.4.2～M.4.4.4 的步骤。每次测试均应保证砖面始终湿润。

M.3.6 计算

用式(M.2)和式(M.3)计算测试面的静摩擦系数值：

干法：

$$F_d = R_d / nm \qquad \cdots\cdots\cdots\cdots (M.2)$$

湿法：

$$F_w = R_w / nm \qquad \cdots\cdots\cdots\cdots (M.3)$$

式中：

F_d ——干燥表面的静摩擦系数值；

F_w ——湿润表面的静摩擦系数值；
R_d ——干法4次拉力读数之和，单位为千克力(kgf)；
R_w ——湿法下4次拉力读数之和，单位为千克力(kgf)；
n ——拉动次数；
m ——滑块组件加上4.5 kg重块的总重量，单位为千克力(kgf)。

M.4 试验报告

试验报告应包括以下内容：

a) 依据GB/T 4100标准；
b) 样品的说明；
c) 测试方法；
d) 干法和湿法下静摩擦系数的平均值。

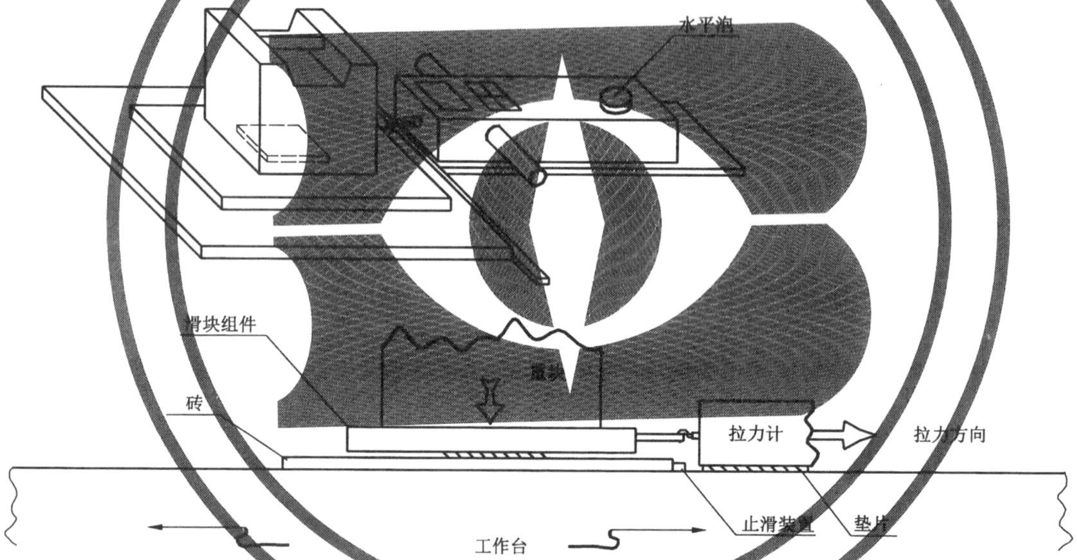

图 M.1 测力系统

附 录 N
（资料性附录）
包装标记使用规定

包装和/或说明书规定使用下面标记。一般不要求使用标记，除非在规定的条件下。

a)

b)

c)

d)

说明：

a） 适用于地面的砖；

b） 适用于墙面的砖；

c） 该罗马数字只是一个例子，它表示了有釉地砖耐磨性的级别；

d） 该标记表示具有抗冻性的砖。

图 N.1 包装标记

附 录 P
（资料性附录）
有釉地砖耐磨性分级

本附录仅提供了各级有釉地砖耐磨性(见 GB/T 3810.7)使用范围的指导性建议,对有特殊要求的产品不作为准确的技术要求。

0 级 该级有釉砖不适用于铺贴地面。

1 级 该级有釉砖适用于柔软的鞋袜或不带有划痕灰尘的光脚使用的地面(例如:没有直接通向室外通道的卫生间或卧室使用的地面)。

2 级 该级有釉砖适用于柔软的鞋袜或普通鞋袜使用的地面。大多数情况下,偶尔有少量划痕灰尘(例如:家中起居室,但不包括厨房、入口处和其他有较多来往的房间),该等级的砖不能用特殊的鞋,例如带平头钉的鞋。

3 级 该级有釉砖适用于平常的鞋袜,带有少量划痕灰尘的地面(例如:家庭的厨房、客厅、走廊、阳台、凉廊和平台)。该等级的砖不能用特殊的鞋,例如带平头钉的鞋。

4 级 该级有釉砖适用于有划痕灰尘,来往行人频繁的地面,使用条件比 3 类地砖恶劣(例如:入口处、饭店的厨房、旅店、展览馆和商店等)。

5 级 该级有釉砖适用于行人来往非常频繁并能经受划痕灰尘的地面,甚至于在使用环境较恶劣的场所(例如:公共场所如商务中心、机场大厅、旅馆门厅、公共过道和工业应用场所等)。

一般情况下,所给的使用分类是有效的,考虑到所穿的鞋袜、交通的类型和清洁方式,建筑物的地板清洁装置在进口处适当地防止划痕灰尘进入。

在交通繁忙和灰尘大的场所,可以使用吸水率 $E \leqslant 3\%$ 的无釉地砖。

附　录　Q
（资料性附录）
试验方法

本标准附录中涉及到的试验方法是产品要求中所规定的，但该部分试验要求不是必检的。本附录是对这些试验及其他相关信息的解释说明。

GB/T 3810.5　陶瓷砖试验方法　第 5 部分：用恢复系数确定砖的抗冲击性

该试验使用在抗冲击性有特别要求的场所。一般轻负荷场所要求的恢复系数是 0.55，重负荷场所则要求更高的恢复系数。

GB/T 3810.8　陶瓷砖试验方法　第 8 部分：线性热膨胀的测定

大多数陶瓷砖都有微小的线性热膨胀，若陶瓷砖安装在有高热变性的情况下应进行该项试验。

GB/T 3810.9　陶瓷砖试验方法　第 9 部分：抗热震性的测定

所有陶瓷砖都具有耐高温性，凡是有可能经受热震应力的陶瓷砖都应进行该项试验。

GB/T 3810.10　陶瓷砖试验方法　第 10 部分：湿膨胀的测定

大多数有釉砖和无釉砖都有微小的自然湿膨胀，当正确铺贴（或安装）时，不会引起铺贴问题。但在不规范安装和一定的湿度条件下，当湿膨胀大于 0.06%时（0.66 mm/m）就有可能出问题。

GB/T 3810.12　陶瓷砖试验方法　第 12 部分：抗冻性的测定

对于明示并准备用在受冻环境中的产品应通过该项试验，一般对明示不用于受冻环境中的产品不要求该项试验。

GB/T 3810.13　陶瓷砖试验方法　第 13 部分：耐化学腐蚀性的测定

陶瓷砖通常都具有抗普通化学药品的性能。若准备将陶瓷砖在有可能受腐蚀的环境下使用时，应按 GB/T 3810.13 中 4.3.2 规定进行高浓度酸和碱的耐化学腐蚀性试验。

GB/T 3810.14　陶瓷砖试验方法　第 14 部分：耐污染性的测定

该标准要求对有釉砖是强制的。对于无釉砖，若在有污染的环境下使用，建议制造商考虑耐污染性的问题。对于某些有釉砖因釉层下的坯体吸水而引起的暂时色差，本标准不适用。

GB/T 3810.15　陶瓷砖试验方法　第 15 部分：有釉砖铅和镉溶出量的测定

当有釉砖是用于加工食品的工作台或墙面且砖的釉面与食品有可能接触的场所时，则要求进行该项试验。

GB/T 3810.16 陶瓷砖试验方法　第 16 部分：小色差的测定

本标准只适用于在特定环境下的单色有釉砖，而且仅在认为单色有釉砖之间的小色差是重要的特定情况下采用本标准方法。

ICS 91.140.70
Q 31

中华人民共和国国家标准

GB 6952—2015
代替 GB 6952—2005

卫 生 陶 瓷

Sanitary wares

2015-09-11 发布 2016-10-01 实施

中华人民共和国国家质量监督检验检疫总局
中 国 国 家 标 准 化 管 理 委 员 会 发布

GB 6952—2015

卫 生 陶 瓷

1 范围

本标准规定了卫生陶瓷的术语和定义，产品分类和标记，通用技术要求，便器技术要求，洗面器、净身器和洗涤槽技术要求，试验方法，检验规则，标志和标识，安装使用说明书，包装、运输和贮存。

本标准适用于在民用或公用各类建筑物内与各相应配件配套后安装于给排水管路上的各类卫生陶瓷产品的生产、销售、安装和使用。

2 规范性引用文件

下列文件对于本文件的应用是必不可少的。凡是注日期的引用文件，仅注日期的版本适用于本文件。凡是不注日期的引用文件，其最新版本(包括所有的修改单)适用于本文件。

GB/T 2828.1 计数抽样检验程序 第1部分：按接收质量限(AQL)检索的逐批检验抽样计划

GB/T 3768 声学 声压法测定噪声源声功率级 反射面上方采用包络测量表面的简易法

GB/T 9195 建筑卫生陶瓷分类及术语

GB 20810 卫生纸(含卫生纸原纸)

GB/T 23131 电子坐便器

GB/T 23448 卫生洁具 软管

GB 26730—2011 卫生洁具 便器用重力式冲水装置及洁具机架

GB/T 26750 卫生洁具 便器用压力冲水装置

JC/T 694 卫生陶瓷包装

JC/T 764 坐便器坐圈和盖

JC/T 932 卫生洁具排水配件

JG/T 285 坐便洁身器

3 术语和定义

GB/T 9195 和 GB 26730—2011 界定的以及下列术语和定义适用于本文件。为了便于使用，以下重复列出了 GB 26730—2011 中的某些术语和定义。

3.1

釉泡 glaze bubble

釉面出现的开口或闭口气泡。

3.2

棕眼 pin hole

穿透釉面的小孔眼。

3.3

针孔　pin prick

釉面上呈现的针刺状小孔。

3.4

斑点　speck

制品表面呈现的异色污点。

3.5

花斑　color spot

产品表面呈现的块状异色斑。

3.6

色斑　discoloration

产品表面呈现的不应有的异色斑点。

3.7

静压力　static pressure

进水阀完全关闭时，供水管路中的稳定压力值。

[GB 26730—2011，定义 3.10]

3.8

动压力　dynamic pressure

进水阀完全打开时，在它之前的管道中的稳定压力值。

[GB 26730—2011，定义 3.10]

3.9

工作水位　working water level；WL

满足正常冲洗过程需要时水箱中的水位高度。

[GB 26730—2011，定义 3.12]

3.10

溢流水位(水箱)　overflow level；OL

水箱中的水即将从溢流口流出时的水位高度。

[GB 26730—2011，定义 3.13]

3.11

盈溢水位　spill level；SL

在动压力为 0.5 MPa，进水阀完全打开而排水阀完全关闭的情况下，水箱中的水已溢流时所能达到的最大水位高度。

[GB 26730—2011，定义 3.14]

3.12

非密封口最低水位　none-sealed water level；NL

在排水阀关闭且将溢流口堵塞状态下，可溢出水箱的最低水位。

[GB 26730—2011，定义 3.17]

3.13

节水型便器　water saving pan and urinal

名义和实际用水量不大于 5.0 L 的坐便器；名义和实际用水量不大于 6.0 L 的蹲便器；名义和实际用水量不大于 3.0 L 的小便器。

3.14

名义用水量　nominal water consumption

产品标称的用水量。

3.15

实际用水量　actual water consumption

实际测得的便器平均用水量。

3.16

炻陶质卫生陶瓷　stoneware-earthen sanitary ware

炻质卫生陶瓷和陶质卫生陶瓷统称为炻陶质卫生陶瓷。

4　产品分类和标记

4.1　产品分类

4.1.1　分类方法

卫生陶瓷按吸水率分为瓷质卫生陶瓷和炻陶质卫生陶瓷。便器按照用水量多少分为普通型和节水型。

4.1.2　瓷质卫生陶瓷

瓷质卫生陶瓷产品分类见表1。

表 1　瓷质卫生陶瓷产品分类

种类	类型	结构	安装方式	排污方向	按用水量分	按用途分
坐便器 （单冲式和 双冲式）	挂箱式 坐箱式 连体式 冲洗阀式	冲落式 虹吸式 喷射虹吸式 旋涡虹吸式	落地式 壁挂式	下排式 后排式	普通型 节水型	成人型 幼儿型 残疾人/老年人专用型
蹲便器	挂箱式 冲洗阀式	—	—	—	普通型 节水型	成人型 幼儿型
洗面器； 洗手盆	—	—	台式 立柱式 壁挂式 柜式	—	—	—
小便器	—	冲落式 虹吸式	落地式 壁挂式	—	普通型 节水型 无水型	—
净身器	—	—	落地式 壁挂式	—	—	—
洗涤槽	—	—	台式 壁挂式	—	—	住宅用 公共场所用
水箱	带盖水箱 无盖水箱	—	壁挂式 坐箱式 隐藏式	—	—	—
小件卫生陶瓷	皂盒、手纸盒等	—	—	—	—	—

4.1.3 炻陶质卫生陶瓷

炻陶质卫生陶瓷产品分类见表 2。

表 2 炻陶质卫生陶瓷产品分类

种类	类型	安装方式
洗面器、洗手盆	—	台式、立柱式、壁挂式、柜式
不带存水弯小便器	—	落地式、壁挂式
水箱	—	坐箱式、壁挂式
净身器	—	落地式、壁挂式
洗涤槽	家庭用、公共场所用	立柱式、壁挂式
淋浴盘	—	—
小件卫生陶瓷	皂盒、手纸盒等	—

4.2 产品标记

产品标记参见附录 A。

5 通用技术要求

5.1 外观质量

5.1.1 釉面

除安装面(不包括炻陶质水箱)及下列所述外,所有裸露表面和坐便器及蹲便器的排污管道内壁都应有釉层覆盖;釉面应与陶瓷坯体完全结合。

a) 坐便器和蹲便器:瓷质便器水箱背部和底部、瓷质水箱盖底部和后部、瓷质水箱的内部、蹲便器安装后排污水道外隐蔽面部分。

b) 洗面器:洗面器后部靠墙部位、溢流孔后部、台上盆底部、洗面器角位和立柱后部。

c) 净身器和洗手器:正常位非可见区域及隐蔽面。

d) 其他用于防止产品烧成变形的位于非可见面区域的支撑部件。

5.1.2 外观缺陷最大允许范围

外观缺陷最大允许范围应符合表 3 规定。

表 3 卫生陶瓷外观缺陷最大允许范围

缺陷名称	单位	洗净面	可见面	其他区域
开裂、坯裂	mm	不准许		不影响使用的允许修补

表 3（续）

缺陷名称	单位	洗净面	可见面	其他区域
釉裂、棕眼	mm	不准许		允许有不影响使用的缺陷
大釉泡、色斑、坑包	个	不准许		
针孔	个	总数 2	1；总数 5	
中釉泡、花斑	个	总数 2	1；总数 6	
小釉泡、斑点	个	1；总数 2	2；总数 8	
波纹	mm^2	≤2 600		
缩釉、缺釉	mm^2	不准许		
磕碰	mm^2	不准许		20 mm^2 以下 2 个
釉缕、桔釉、釉粘、坯粉、落脏、剥边、烟熏、麻面	—	不准许		—
注 1：数字前无文字或符号时，表示一个标准面允许的缺陷数。 注 2：0.5 mm 以下的不密集针孔可不计。				

5.1.3　**色差**

同一件产品或配套产品之间应无明显色差。

5.2　最大允许变形

卫生陶瓷产品的最大允许变形量应符合表 4 的规定。

表 4　最大允许变形　　单位为毫米

产品名称	安装面	表面	整体	边缘
坐便器/净身器	3	4	6	—
洗面器、洗手盆	3	6	20 mm/m，最大 12	4
小便器	5	20 mm/m，最大 12	20 mm/m，最大 12	—
蹲便器	6	5	8	4
洗涤槽	4	20 mm/m，最大 12	20 mm/m，最大 12	5
水箱	底 3 墙 8	4	5	4
淋浴盘	—	20 mm/m，最大 12	20 mm/m，最大 12	—
注：形状为圆形或艺术造型的产品，边缘变形不作要求。				

5.3　尺寸

5.3.1　**尺寸允许偏差**

凡是本标准中未注明卫生陶瓷产品尺寸偏差或限定值的尺寸，其允许偏差应符合表 5 的规定。

表 5 尺寸允许偏差

单位为毫米

尺寸类型	尺寸范围	允许偏差
外形尺寸	—	规格尺寸×(±3%)
孔眼直径	$\phi \leqslant 30$ $30 < \phi \leqslant 80$ $\phi > 80$	±2 ±3 ±5
孔眼圆度	$\phi \leqslant 70$ $70 < \phi \leqslant 100$ $\phi > 100$	2 4 5
孔眼中心距	≤100 >100	±3 规格尺寸×(±3%)
孔眼距产品中心线偏移	≤100 >100	3 规格尺寸×3%
孔眼距边	≤300 >300	±9 规格尺寸×(±3%)
安装孔平面度	—	2
下排式便器排污口安装距	—	0 −30
落地式后排坐便器排污口安装距	—	+15 −10

5.3.2 **厚度**

卫生陶瓷产品任何部位的坯体厚度应不小于 6 mm。不包括为防止烧成变形外加的支承坯体。

5.4 **吸水率**

瓷质卫生陶瓷产品的吸水率 $E \leqslant 0.5\%$；
炻陶质卫生陶瓷产品的吸水率 $0.5\% < E \leqslant 15.0\%$。

5.5 **抗裂性**

经抗裂试验应无釉裂、无坯裂。

5.6 **轻量化产品单件质量**

轻量化产品单件质量如下(不含配件)：

a) 连体坐便器质量不宜超过 40 kg；
b) 分体坐便器(不含水箱)质量不宜超过 25 kg；
c) 蹲便器质量不宜超过 20 kg；
d) 洗面器质量不宜超过 20 kg；
e) 壁挂式小便器质量不宜超过 15 kg；

f) 特殊工程类产品可按合同要求。

5.7 耐荷重性

经耐荷重性测试后，应无变形、无任何可见结构破损。各类产品承受的荷重如下：

a) 坐便器和净身器应能承受 3.0 kN 的荷重；

b) 壁挂式洗面器、洗涤槽、洗手盆应能承受 1.1 kN 的荷重；

c) 壁挂式小便器应能承受 0.22 kN 的荷重；

d) 淋浴盘应承受 1.47 kN 的荷重。

5.8 配套技术要求

5.8.1 便器配套要求

5.8.1.1 冲水装置

便器类产品应配备满足用水量要求的冲水装置，并应保证其整体的密封性。

5.8.1.2 重力式冲水装置

便器类产品所配套的便器重力式冲水装置应符合 GB 26730 的规定。

5.8.1.3 压力冲水装置

便器类产品所配套的便器压力冲水装置应符合 GB/T 26750 的规定。

5.8.1.4 防虹吸功能

所配套的冲水装置应具有防虹吸功能。

5.8.1.5 安全水位

便器用重力式冲洗水箱的安全水位应符合 GB 26730—2011 中 5.4.1 规定，隐藏式水箱安全水位应符合 GB 26730—2011 中 5.4.10.2 的规定。

5.8.1.6 便器坐圈和盖

坐便器类产品应配备便器坐圈和盖，且应符合 JC/T 764 的规定，配备电子坐圈和盖还应符合 JG/T 285、GB/T 23131 的规定。

5.8.2 给水配件和排水配件

5.8.2.1 所配备的卫生洁具用软管应符合 GB/T 23448 的规定。

5.8.2.2 所配备的排水配件应符合 JC/T 932 的规定。

5.8.3 洁具机架

配套隐藏式水箱的坐便器和壁挂式产品所配备的洁具机架应符合 GB 26730 的规定。

5.8.4 存水弯

不带整体存水弯的卫生陶瓷产品应配备水封深度不得小于 50 mm 的存水弯，管道通径应符合6.1.5 的规定。

注：建筑物排水管道已安装水封深不小于 50 mm 的存水弯时，不配存水弯。

6 便器技术要求

6.1 尺寸要求

6.1.1 坐便器排污口安装距

6.1.1.1 下排式坐便器排污口安装距应为 305 mm，有需要时可为 200 mm 或 400 mm。特殊情况可按合同要求。

6.1.1.2 后排落地式坐便器排污口安装距应为 180 mm 或 100 mm。特殊情况可按合同要求。

6.1.2 坐便器和蹲便器排污口

6.1.2.1 坐便器排污口尺寸

下排式坐便器排污口外径应不大于 100 mm，后排式坐便器排污口外径应为 102 mm；虹吸式坐便器安装深度应为 13 mm～19 mm；下排虹吸式坐便器排污口周围应具备直径不小于 185 mm 的安装空间，其他类型坐便器排污口周围应具备直径不小于 150 mm 的安装空间；冲落后排式坐便器的排污管的长度不得小于 40 mm。

坐便器排污口尺寸示意图应符合图 B.1。

6.1.2.2 蹲便器排污口外径

蹲便器排污口外径应不大于 107 mm。

6.1.3 壁挂式便器螺栓孔

壁挂式坐便器安装螺栓孔间距应符合图 B.2 的规定。

壁挂式坐便器的所有安装螺栓孔直径应为 20 mm～27 mm，或为加长型螺栓孔。

6.1.4 水封

6.1.4.1 水封深度

所有带整体存水弯便器的水封深度应不小于 50 mm。

6.1.4.2 坐便器水封表面尺寸

安装在水平面的坐便器水封表面尺寸应不小于 100 mm×85 mm。坐便器水封表面尺寸示意图应符合图 B.3。

6.1.5 存水弯最小通径

6.1.5.1 坐便器存水弯水道应能通过直径为 41 mm 的固体球。

6.1.5.2 带整体存水弯蹲便器水道应能通过直径为 41 mm 的固体球。

6.1.5.3 带整体存水弯的喷射虹吸式小便器和冲落式小便器的水道应能通过直径为 23 mm 的固体球，或水道截面积应大于 4.2 cm^2。其他类型的小便器的水道应通过直径为 19 mm 的固体球，或水道截面

积应大于 2.8 cm^2。

6.1.6 坐便器坐圈

6.1.6.1 坐便器坐圈尺寸

坐便器坐圈尺寸应符合图 B.4 的规定,有特殊要求的按合同规定。

6.1.6.2 坐便器盖安装孔

6.1.6.2.1 安装孔直径应为 15 mm。

6.1.6.2.2 中心距应为 140 mm 或 155 mm。

6.1.6.2.3 孔眼距中心线偏移应符合表 5 规定。

6.1.6.2.4 孔眼圆度应符合表 5 规定。

6.1.6.3 坐便器盖安装孔距边

坐便器安装孔距边:成人普通型应为 419 mm;成人加长型应为 470 mm;幼儿型应为 380 mm。

6.1.6.4 坐便器坐圈宽

坐便器坐圈宽:成人型应为 356 mm;幼儿型应为 280 mm。

6.1.6.5 坐圈离地高度

坐圈离地高度:成人型应不低于 370 mm;幼儿型应不低于 245 mm;残疾人/老年人专用型应不低于 420 mm。

6.1.7 便器进水口

6.1.7.1 进水口距墙

6.1.7.1.1 用冲洗阀的坐便器进水口中心至完成墙的距离应不小于 60 mm。

6.1.7.1.2 用冲洗阀的小便器进水口中心至完成墙的距离应不小于 45 mm。

6.1.7.2 进水口内径

6.1.7.2.1 冲洗阀式坐便器进水口内径应为 32 mm 或 38 mm。

6.1.7.2.2 冲洗阀式蹲便器进水口内径应为 28 mm 或 32 mm。

6.1.7.2.3 挂箱式水箱坐便器进水口内径应为 32 mm、38 mm 或 50 mm。

6.1.7.2.4 冲洗阀式小便器进水口内径应为 13 mm、19 mm、32 mm 或 38 mm。

6.1.8 水箱进水口和排水口

水箱进水口直径应为 25 mm 或 29 mm,排水口直径应为 65 mm 或 85 mm。特殊情况可按合同要求。

6.2 便器功能要求

6.2.1 便器用水量

6.2.1.1 按 8.8.3 规定进行试验,便器名义用水量应符合表 6 规定,实际用水量应不大于名义用水量。

表 6 便器名义用水量

单位为升

产品名称	普通型	节水型
坐便器	≤6.4	≤5.0
蹲便器	单冲式:≤8.0;双冲式:≤6.4	≤6.0
小便器	≤4.0	≤3.0

6.2.1.2 双冲式大便器的半冲平均用水量应不大于全冲水用水量最大限定值的 70%。

6.2.1.3 普通型双冲式坐便器和蹲便器的全冲水用水量最大限定值(V_0)应不大于 8.0 L。

6.2.1.4 节水型双冲式坐便器的全冲水用水量最大限定值(V_0)应不大于 6.0 L。

6.2.1.5 节水型双冲式蹲便器全冲水用水量最大限定值(V_0)应不大于 7.0 L。

6.2.1.6 幼儿型便器用水量应符合节水型产品规定。

6.2.2 坐便器冲洗功能

6.2.2.1 试验项目

各类坐便器冲洗功能试验项目见表 7。

表 7 坐便器冲洗功能试验项目

试验项目		普通型坐便器		节水型坐便器	
		全冲	半冲	全冲	半冲
洗净功能		✓	✓	✓	✓
球排放试验		✓		✓	
颗粒排放试验		✓		✓	
混合介质排放试验				✓	
排水管道输送特性		✓		✓	
水封回复功能		✓	✓	✓	✓
污水置换功能	单冲式	✓		✓	
	双冲式		✓		✓
卫生纸试验			✓		✓
注:表中"✓"为应检项目。					

6.2.2.2 洗净功能

按 8.8.4.1 规定进行墨线试验,每次冲洗后累积残留墨线的总长度不大于 50 mm,且每一段残留墨线长度不大于 13 mm。

6.2.2.3 排放功能

6.2.2.3.1 球排放

按 8.8.5 进行球排放试验,3 次试验平均数应不少于 90 个。

6.2.2.3.2 颗粒排放功能

按8.8.6规定进行颗粒排放试验，连续3次试验，坐便器存水弯中存留的可见聚乙烯颗粒3次平均数不多于125个，可见尼龙球3次平均数不多于5个。

6.2.2.3.3 混合介质排放功能

节水型坐便器应按8.8.7规定进行混合介质排放功能试验，第一次冲出坐便器的混合介质（海绵条和纸球）应不少于22个，幼儿型坐便器第一次冲出数应不少于11个，如有残留介质，第二次应全部冲出。

6.2.2.4 排水管道输送特性

按8.8.8规定进行管道输送特性试验，球的平均传输距离应不小于12 m。

6.2.2.5 水封回复功能

按8.8.9规定进行试验，水封回复不得小于50 mm。若为虹吸式坐便器，每次均应有虹吸产生。

6.2.2.6 污水置换功能

按8.8.10进行污水置换试验，单冲式坐便器稀释率应不低于100；双冲式坐便器，只进行半冲水的污水置换试验，稀释率应不低于25。

6.2.2.7 卫生纸试验

双冲式坐便器应按8.8.11规定进行半冲水的纸球试验，测定3次，每次坐便器便池中应无可见纸。

6.2.3 小便器功能

6.2.3.1 洗净功能

按8.8.4.2规定进行墨线试验，每次冲洗后累积残留墨线的总长度不大于25 mm，且每一段残留墨线长度不大于13 mm。

6.2.3.2 污水置换功能

带整体存水弯的小便器按8.8.10进行污水置换试验，小便器的稀释率应不低于100。

6.2.3.3 水封回复

带整体存水弯小便器应按8.8.9规定进行试验，水封回复不得小于50 mm。虹吸式小便器每次应有虹吸产生。

6.2.3.4 无水小便器功能

无水小便器功能要求及试验方法参见附录G。

6.2.4 蹲便器冲洗功能

6.2.4.1 洗净功能

按8.8.4.3规定进行墨线试验，每次冲洗后累积残留墨线的总长度不大于50 mm，且每一段残留墨线长度不大于13 mm。

6.2.4.2 排放功能

按 8.8.12 规定进行试验，测定 3 次，至少 10 个试体冲出排污口；幼儿型蹲便器应至少 7 个试体冲出排污口。

6.2.4.3 防溅污性

按 8.8.13 规定进行防溅污性试验，不得有水溅到模板上，直径小于 8 mm 的溅射水滴或水雾不计。

6.2.4.4 污水置换功能

按 8.8.10 进行污水置换试验，单冲式蹲便器稀释率应不低于 100；双冲式蹲便器，只进行半冲水的污水置换试验，稀释率应不低于 25。

6.3 坐便器冲水噪声

按 8.10 规定测定坐便器冲洗噪声，冲洗噪声的累计百分数声级 L_{50} 应不超过 55 dB(A)，累计百分数声级 L_{10} 应不超过 65 dB(A)。

6.4 连接密封性

便器按生产厂的安装说明装配冲水装置和进水管后，应按 8.11 规定进行试验，连接管路无渗漏。

6.5 疏通机试验

不带整体存水弯的坐便器采用外接存水弯时，在进行功能试验前，应按 8.12 规定进行试验，除存水弯排水口有水溢出外，其他地方不应有渗漏。

7 洗面器、净身器和洗涤槽技术要求

7.1 尺寸要求

7.1.1 排水口

排水口尺寸应符合图 B.5 的规定。

7.1.2 供水配件安装孔和安装面尺寸

洗面器和净身器供水配件安装孔和安装面尺寸应符合图 B.6 的规定。

安装孔背平面半径应至少比安装孔半径大 9 mm。

7.1.3 安装平面

水嘴安装平面至少应高于产品最低溢流水位 13 mm。

7.2 溢流功能

设有溢流孔的洗面器、洗涤槽、洗手盆和净身器按 8.9 进行溢流试验，应保持 5 min 不溢流。

8 试验方法

8.1 外观质量

8.1.1 釉面和外观缺陷

在产品表面的漫射光线至少为 1 100 lx 的光照条件下，距产品约 0.6 m 处目测检查釉面和外观缺陷，检查时应将产品翻转观察各检查面。

8.1.2 色差

在产品表面的漫射光线至少为 1 100 lx 的光照条件下，距产品约 2 m 处，对水平放置的一件产品或集中水平放置的一套产品目测检查是否有明显色差。

8.2 变形

8.2.1 测量器具

测量器具包括：

a) 精度为 1.0 mm 的钢直尺、直角尺、高度尺；

b) 精度为 0.1 mm 的塞尺或类似功能的量具；

c) 具有水平平面的检测工作台。

8.2.2 测量方法

8.2.2.1 钢直尺法

用钢直尺的直边紧贴测量面，测量其最大缝隙。

8.2.2.2 平台法

将产品的被测量面置于工作平台上，用塞尺测量上翘部分到平台垂直距离或用直角尺和钢直尺测量左右两边的高度差。

8.2.2.3 对角线法

用钢直尺测量两对角线，求其尺寸差。

8.2.3 变形部位及测量方法

各类产品的变形部位及测量方法按表 8 规定进行，测量方法示意图参见附录 C。

表 8 产品变形部位及测量方法

产品名称	变形名称	变形部位	测量方法
坐便器 净身器	安装面弯曲变形	底座平面、安装水箱口平面	平台法
	表面变形	坐圈平面	平台法
	整体变形	整体歪扭不平、坐圈倾斜	平台法

GB 6952—2015

表 8（续）

产品名称	变形名称	变形部位	测量方法
洗面器 洗手盆	安装面弯曲变形	靠墙面、支架面、下水口的下平面	平台法、钢直尺法
	表面变形	洗净面以上的水平表面	钢直尺法
	整体变形	对角方向的歪扭	平台法、对角线法
	边缘弯曲变形	边缘侧面	钢直尺法
小便器	安装面弯曲变形	靠墙面和地面	平台法
	表面变形	两侧面、前平面	钢直尺法、平台法
	整体变形	对角方向的歪扭	平台法、对角线法
蹲便器	安装面弯曲变形	靠地表面	平台法
	表面变形	上表面	钢直尺法、对角线法
	整体变形	整体及水圈平面歪扭	平台法、对角线法
	边缘弯曲变形	两侧边	钢直尺法
洗涤槽	安装面弯曲变形	底面、靠墙面和支架面	钢直尺法、平台法
	表面变形	水平上表面、侧面	钢直尺法、平台法
	整体变形	整体歪扭	对角线法、平台法
	边缘弯曲变形	水圈侧边和侧面	钢直尺法、平台法
水箱	安装面弯曲变形	靠墙面、底面	平台法、钢直尺法
	表面变形	正面和侧面	钢直尺法
	整体变形	整体歪扭	对角线法
	边缘弯曲变形	水箱上口、箱盖安装面	钢直尺法
各种产品	安装孔平面度	孔眼平面	钢直尺法

8.3　尺寸

8.3.1　检测工作台

由水平工作平面和垂直工作平面组合而成的检测工作台。

8.3.2　测量工具

测量工具包括：

a)　分度值为 1 mm 钢直尺、钢卷尺；

b)　精度为 1°的直角尺；

c)　分度值为 0.02 mm 的游标卡尺；

d)　分度值为 1 mm 的水封尺；

e)　分度值为 0.5 mm 的塞尺；

f)　带尺锥台及锥台；

g)　以及类似功能的测量器具。

8.3.3 外形尺寸

8.3.3.1 长度、宽度

将被测样品放置在检测台水平工作面上，使被测的一端紧靠在垂直工作面上，将直角尺直立于水平工作面上并紧靠被测的另一端，然后用钢直尺沿中心线测其垂直工作面与直角尺之间两测量点的距离，即为产品的长度或宽度值。

8.3.3.2 高度

将样品的被测一端放置在水平工作面上，将钢直尺沿宽度方向紧靠另一被测端且使其平行于水平工作面，用直角尺测量水平工作面与钢直尺之间的距离，即为产品的高度值。

8.3.4 孔眼尺寸

8.3.4.1 孔眼直径和孔眼圆度

用游标卡尺测量孔眼直径，对于特型孔眼可用内、外圆卡配合测量。每孔测量 3 个点，每次测量均在上次测量位置基础上将测点旋转约 60°。取最小值为该孔眼直径值，其最大半径差值为孔眼圆度值。

8.3.4.2 孔眼中心距及中心线偏移

在样品水平放置的情况下，将一个带尺锥台和一个锥台分别放入两个被测孔眼中，由锥台直尺读出并记录孔眼中心距离。继续固定锥台直尺测量位置，用钢直尺和直角尺确定中心线偏移。

8.3.4.3 安装孔平面度

将一块面积大于安装孔平面的平板平行置于被测面上，用塞尺测定两平面间的最大垂直间距。

8.3.4.4 孔眼距边及排污口安装距

被测样品放置于检测台上，用样品所测边缘靠紧直角尺，将带尺锥台放入孔眼中，读出并记录孔眼中心与直角尺之间的数值。

8.3.4.5 排污口外径

在距排污口约 5 mm～10 mm 处用游标卡尺测量排污口最大外径。

8.3.5 水封

8.3.5.1 水封深度

向便器存水弯加水至有溢流，停止溢流后，用水封尺或直尺或有效仪器测量由水封水表面至水道入口上表面最低点的垂直距离，并记录。

8.3.5.2 水封表面尺寸

向坐便器存水弯加水至有溢流，用游标卡尺或类似功能的量具测量水封表面的最大长度和宽度，并记录。

8.3.6 存水弯最小通径

按 6.1.5 的规定，将规定直径的固体球放入便器水道入口中，用冲水或摇摆的方式使固体球沿水道

GB 6952—2015

运动，记录该球是否由排污口排出。

8.3.7 坯体厚度

取同类同期产品（或用破损成品），用游标卡尺或内卡配合钢直尺测量产品坯体的厚度，取最小值。

8.3.8 其他尺寸

按标准规定部位或图纸所示，用钢直尺、直角尺或游标卡尺进行测量。其中产品尺寸的长度值超过 1 m 的情况下可用钢卷尺测量。

8.4 吸水率

8.4.1 制样

由同一件产品的 3 个不同部位上敲取一面带釉或无釉的面积约为 3 200 mm^2、厚度不大于 16 mm 的一组试样，每块试片的表面都应包含与窑具接触过的点，试样也可在同批次、相同品种的破损产品上敲取。

8.4.2 试验步骤

将试样置于(110±5)℃的烘箱内烘干至恒重(m_0)，即两次连续称量之差小于 0.1%，称量精确至 0.01 g。将已恒重试样竖放在盛有蒸馏水的煮沸容器内，且使试样与加热容器底部及试样之间互不接触，试验过程中应保持水面高出试样 50 mm。加热至沸，并保持 2 h 后停止加热，在原蒸馏水中浸泡 20 h，取出试样，用拧干的湿毛巾擦干试样表面的附着水后，立刻称量每块试样的重量(m_1)。

8.4.3 计算

试样的吸水率按式(1)计算：

$$E=\frac{m_1-m_0}{m_0}\times 100\% \quad \cdots\cdots(1)$$

式中：

E ——试样吸水率，%；

m_1 ——吸水饱和后的试样质量，单位为克(g)；

m_0 ——干燥试样的质量，单位为克(g)。

8.5 抗裂试验

在一件产品的不同部位敲取面积不小于 3 200 mm^2、厚度不超过 16 mm 且一面有釉的 3 块无裂试样，浸入无水氯化钙和水质量相等的溶液中，且使试样与容器底部互不接触，在(110±5)℃的温度下煮沸 90 min 后，迅速取出试样并放入 2 ℃～3 ℃的冰水中急冷 5 min，然后将试样放入加 2 倍体积水的墨水溶液中浸泡 2 h 后查裂并记录。

8.6 轻量化产品单件质量

随机抽取 3 件同型号不带配件的陶瓷产品，用精度为 1 kg 的称量器具称量，报告 3 件平均值。

8.7 耐荷重性试验

8.7.1 试验一般要求

对壁挂式卫生陶瓷产品进行荷重试验时应按产品安装说明将产品安装在试验台上进行试验，如果生产厂随产品提供支撑装置,应用配套的支撑装置进行试验,支撑装置在试验中应可观察到。

试验板及各类产品的受力部位示意图见附录 D。

8.7.2 坐便器、洗面器、小便器耐荷重性试验

试验板表面面积为 600 mm×225 mm 的钢板,且在一面贴有厚度为 13 mm 的橡胶垫。

将试验板平放在被测产品上且使橡胶面紧贴被测面。缓慢向试验板垂直施加荷重,使被测产品所承受的总荷重达到 5.7 的规定,保持 10 min,观察并记录有无变形或可见结构的破损。

8.7.3 洗涤槽耐荷重性试验

试验板直径为 76 mm 的钢板,且在一面贴有厚度为 13 mm 的橡胶垫。

将试验板平放在被测产品冲洗底面中心部位,且使橡胶面紧贴被测面,垂直施加荷重,使被测产品所承受的总荷重为 0.44 kN,保持 10 min,观察并记录有无变形或可见结构的破损。

8.7.4 淋浴盘耐荷重性试验

试验板直径为 76 mm 的钢板,且在一面贴有厚度为 13 mm 的橡胶垫。

将试验板分别平放在被测产品冲洗底面中心部位和上边沿面,且使橡胶面紧贴被测面,垂直施加荷重,使产品所承受的总荷重为 1.47 kN,保持 10 min,观察并记录有无变形或可见结构的破损。

8.8 便器功能试验

8.8.1 功能试验装置

8.8.1.1 便器功能试验应采用符合 E.1 规定的标准化供水系统。

8.8.1.2 排水管道输送特性应采用图 E.3 规定的排水管道输送特性试验装置。其中与坐便器排污口连接的排水管道采用内径为 100 mm 的透明管,用 90°弯管连接横管,排水横管的长度为 18 m,顺流坡度为 0.020,下排式坐便器排污口至横管中心的落差为 200 mm。

8.8.1.3 排水管道输送特性试验应在符合 8.8.1.2 规定的装置上,采用符合 8.8.1.1 规定的相应标准化供水系统进行试验。便器其他功能试验应采用符合 8.8.1.1 规定的标准化供水系统。

8.8.1.4 应使用与该便器配套使用的冲水装置并安装成使用状态,在标准化供水系统上进行功能试验。

8.8.1.5 将供水系统按表 8 规定调节供水压力测定便器用水量,其他功能试验在保持测试用水量时冲水装置和供水系统的状态下,除防溅污试验按表 8 规定的最高压力下进行试验外,其他均在表 8 规定的最低试验压力下进行试验。

8.8.1.6 不带整体存水弯坐便器,应装配或采用生产商配套的符合 5.8.4 规定的存水弯进行功能试验;不带整体存水弯蹲便器应按 8.8.12 规定进行功能试验。

8.8.2 供水系统标准化调试程序

8.8.2.1 水箱式便器试验供水系统标准化调试程序

水箱式便器试验供水系统标准化调试程序,应符合图 E.1 的规定。具体程序如下:

a) 调节压力调节器 4 至静压为(0.14 ±0.007)MPa。
b) 打开截止阀 10,调整阀门 6,在(0.055±0.004)MPa 动压下,流量计 7 所测的水流量为(11.4±1)L/min。
c) 保持阀门 8 试验时应为全开状态,调试完成后,关闭阀门 8。
d) 卸掉截止阀,安装样品。

8.8.2.2 冲洗阀式便器试验供水系统标准化调试程序

冲洗阀式便器试验供水系统标准化调试程序，应符合图 D.2。具体程序如下：

a) 通过压力调节器 4 设定表 7 的静压力调至 0.24 MPa。

b) 装上配套提供的冲洗阀，供水开关处于全开状态，使供水系统的出水端和冲洗阀出水口可与大气相通。

c) 开启冲洗阀，通过调节阀门 8，使流速峰值达到(95 ± 4) L/min。如果厂商说明该冲洗阀达不到规定的最小流速，则将该冲洗阀调至全开状态。

d) 将冲洗阀连接到测试便器。

e) 记录冲洗阀装在便器上时的流量峰值和计量器 10 的动压峰值，必要时通过调节阀门 9，使流量峰值保持在±4 L/min，计算出 0.55 MPa 压力下试验的用水量。

8.8.3 便器用水量测定

8.8.3.1 便器用水量试验供水压力

在表 9 规定的供水压力下测定便器实际用水量。

表 9 便器用水量试验压力(静压力)

单位为兆帕

便器类型	坐便器和蹲便器		小便器
冲水装置	水箱(重力)式	压力式	冲洗阀
试验压力	0.14	0.24	0.17
	0.35		
	0.55		

8.8.3.2 测试方法

用水量测试方法如下：

a) 将被测便器按 8.8.1 要求安装在符合 8.8.2 要求的供水系统上，连接后各接口应无渗漏，清洁洗净面和存水弯，并冲水使便器水封充水至正常水位。

b) 在 8.8.3.1 规定的试验压力之一，按产品说明调节冲水装置至规定用水量，其中水箱(重力)冲水装置应调至水箱工作水位线标识。若生产厂对产品有特殊要求，则按产品说明和包装上的明示压力进行测定。

c) 按正常方式(一般不超过 1 s)启动冲水装置，记录一个冲水周期的用水量；保持冲水装置此时的安装状态，按 8.8.3.1 规定调节试验压力，分别在各规定压力下连续测定 3 次。双冲式便器应同时在规定压力下测定 3 次的半冲用水量。记录每次冲水的静压力、主水量、总水量、溢流水量(若有时)和冲水周期。

8.8.3.3 结果计算

8.8.3.3.1 单冲式便器用水量

单冲式便器用水量按式(2)计算，测试结果精确至 0.1 L：

$$V = V_1 \qquad \cdots\cdots(2)$$

式中：

V ——实际用水量，单位为升(L)；

V_1——单冲式便器用水量算术平均值，单位为升(L)。

8.8.3.3.2 **双冲式便器用水量**

双冲式便器用水量按式(3)计算，测试结果精确至 0.1 L：

$$V=\frac{V_1+2V_2}{3} \quad \cdots\cdots(3)$$

式中：

V ——实际用水量，单位为升(L)；

V_1——全冲水用水量算术平均值，单位为升(L)；

V_2——半冲水用水量算术平均值，单位为升(L)。

8.8.3.3.3 **半冲水占全冲水用水量最大限定值(V_0)的比率(ρ)**

半冲水占全冲水用水量最大限定值(V_0)的比率(ρ)按式(4)计算，保留小数后一位：

$$\rho=\frac{V_2}{V_0}\times 100\% \quad \cdots\cdots(4)$$

式中：

ρ ——半冲水占全冲水用水量最达限定值的比率，%；

V_0——全冲水用水量最大限定值，单位为升(L)；

V_2——半冲水用水量算术平均值，单位为升(L)。

8.8.4 **墨线试验**

8.8.4.1 **坐便器墨线试验**

将洗净面擦洗干净，在坐便器水圈下方 25 mm 处沿洗净面画一条连续的细墨线，启动冲水装置。观察、测量残留在洗净面上墨线的各段长度，并记录各段长度和各段长度之和。连续进行 3 次试验，报告 3 次测试残留墨线的总长度平均值和单段长度最大值。双冲式坐便器还应进行 3 次半冲水试验，并报告 3 次测试残留墨线的总长度平均值和单段长度最大值，精确至 1 mm。

8.8.4.2 **小便器墨线试验**

将洗净面擦洗干净，在小便器出水圈最低出水点至水封面垂直距离的三分之一处沿洗净面画一条连续水平细墨线，启动冲水装置。观察、测量残留在洗净面上墨线的各段长度并记录各段长度和各段长度之和。连续进行 3 次试验，报告 3 次测试残留墨线的总长度平均值和单段长度最大值，精确至 1 mm。

8.8.4.3 **蹲便器墨线试验**

将洗净面擦洗干净，将市售墨水在蹲便器冲洗水圈下 30 mm 处画一条连续细墨线，启动冲水装置，观察、测量残留墨线长度并记录，连续测试 3 次，报告 3 次测试残留墨线的总长度平均值，精确至 1 mm。

8.8.5 **坐便器球排放试验**

将 100 个直径为(19±0.4)mm、质量为(3.01±0.1)g 的实心固体球轻轻投入坐便器中，启动冲水装置，检查并记录冲出坐便器排污口外的球数，连续进行 3 次，报告 3 次冲出的平均数。

8.8.6 坐便器颗粒试验

8.8.6.1 试验介质

试验介质如下：

a) 颗粒：(65±1)g(约 2 500 个)直径为(4.2±0.4)mm、厚度为(2.7±0.3)mm、密度为(951±10)kg/m^3的圆柱形聚乙烯(HDPE)颗粒；

b) 小球：100 个直径为(6.35±0.25)mm 的尼龙球。100 个尼龙球的质量应在 15 g～16 g 之间，密度为(1 170±10)kg/m^3。

8.8.6.2 试验方法

将试验介质放入坐便器存水弯中，启动冲水装置，记录首次冲洗后存水弯中的可见颗粒数和尼龙球数。进行 3 次试验，在每次试验之前，应将上次的颗粒冲净。报告 3 次测定的平均数。

8.8.7 坐便器混合介质试验

8.8.7.1 试验混合介质

试验混合介质组成如下：

a) 海绵条：尺寸为(20±1)mm×(20±1)mm×(28±3)mm 的聚氨酯海绵条 20 个，新的干燥密度为(17.5±1.7) kg/m^3；

b) 打字纸：定量为 30.0 g/m^2，制成(190±6)mm×(150 ± 5)mm 试验用纸。

8.8.7.2 试验方法

试验方法如下：

a) 将 20 个新海绵条试验前至少在水中浸泡 10 min；

b) 将 20 个海绵条放在被测坐便器存水弯的水中，在水中用手挤压使其排出空气并浸吸水。幼儿型坐便器应采用 10 个海绵条进行试验；

c) 向坐便器存水弯内加水，确保水封为完全水封深度；

d) 将单张纸弄绉，团成直径约 25 mm 的纸球，每次试验前准备 4 组纸球，每组 8 个；

e) 每次试验前，将 8 个纸球分别放在盛水容器中，直到水完全浸透；

f) 将水浸透的 8 个纸球一个接一个放入便器中并使其随机地分布在海绵条中。幼儿型坐便器试验用纸球一组为 4 个；

g) 正常启动冲水装置冲水；

h) 完成冲水周期后，记录海绵条和纸球冲出坐便器的数量。再次冲水，记录留在便器内的海绵条和纸球数量。

重复进行 4 次试验，舍去最差的一组数据，取其余 3 组第一次冲出数量的平均值，并报告第二次冲水是否有残留介质。

8.8.8 排水管道输送特性试验

8.8.8.1 试验介质

用 100 个直径为(19±0.4)mm、质量为(3.0±0.1)g 的实心固体球进行试验。

8.8.8.2 试验方法

将坐便器安装在符合 8.8.1 规定的试验装置上，将 100 个固体球放入坐便器存水弯中，启动冲水装置冲水，观察并记录固体球排出的位置。测定3次。

8.8.8.3 试验记录

球在沿管道方向传送的位置分为8组进行记录，代表不同的传输距离。将18 m排水横管分为六组，由0 m～18 m每3 m为一组，残留在坐便器中的球为一组，冲出排水横管的球为一组。

试验结果的记录和计算：

加权传输距离＝每组的总球数×该组平均传输距离

所有球总传输距离＝加权传输距离之和

球的平均传输距离＝所有球总传输距离÷总球数

示例：为便于理解，在表10中列出一例排水管道输送特性试验结果记录表。

表10 排水管道输送特性试验结果记录

传输距离分组	球数			3次冲水每组总球数	平均传输距离/m	加权传输距离/m
	第一次冲水	第二次冲水	第三次冲水			
坐便器内	5	2	7	14	0	0
0 m～3 m	14	22	15	51	1.5	76.5
3 m～6 m	8	9	6	23	4.5	103.5
6 m～9 m	5	2	4	11	7.5	82.5
9 m～12 m	2	0	3	5	10.5	52.5
12 m～15 m	5	8	2	15	13.5	202.5
15 m～18 m	9	12	7	28	16.5	462
排出管道	52	45	56	153	18	2 754
总数	100	100	100	300		3 733.5
球的平均传输距离＝3 733.5 m÷300＝12.4 m						

8.8.9 水封回复试验

本项试验适用于带整体存水弯的各类便器。

单冲式便器进行全冲水试验；若为双冲式便器，则先进行半冲水试验。

若一次冲水周期完成后，排污口出现溢流，则水封回复值与水封深度值相同，记录结果，试验结束；

若无溢流出现，则应测量水封深度。再连续完成6个冲水周期；若为双冲式便器，则按一次全冲两次半冲的顺序继续完成6个冲水周期。记录每次冲水后所测回复的水封深度；

在对虹吸式便器测试过程中，应观察虹吸式坐便器每次冲水时是否产生虹吸；若有一次未发生虹吸，记录结果，试验结束。

报告水封回复的最小值；报告虹吸式坐便器是否有不虹吸发生。

8.8.10 污水置换试验

小便器、坐便器和蹲便器的污水置换试验按以下规定进行。

用约80 ℃的自来水配制浓度为5 g/L的亚甲蓝溶液。

在试验条件下将坐便器或小便器冲洗干净，完成正常进水周期后，将30 mL染色液倒入便器水封中，搅拌均匀，由水封水中取 5 mL 溶液至容器中，按相应产品的技术要求加水稀释至 125 mL 或 500 mL(标准稀释率为 25 或 100)，混均后移入比色管中作为标准液待用。

启动坐便器或小便器冲水装置，冲水周期完成后，将便器内的稀释液装入与装标准液同样规格的比色管中，目测与标准液的色差：

若比标准液颜色深，则记录稀释率小于标准稀释率；

若与标准液颜色相同，则记录稀释率等于标准稀释率；

若比标准液颜色浅，则记录稀释率大于标准稀释率。

8.8.11 双冲式坐便器的半冲卫生纸试验

8.8.11.1 试验介质

试验介质为 6 张定量为(16.0±1.0)g/m²，尺寸为(114±2)mm×(114±2)mm 的成联单层卫生纸，卫生纸应符合 GB 20810 的要求，且应符合下列条件：

a) 浸水时间不大于 3 s。应满足以下试验：将该 6 联卫生纸紧紧缠绕在一个直径为 50 mmPVC 管上。将缠绕的纸从管子上滑离。将纸筒向内部折叠来得到一个直径大约为 50 mm 的纸球。将这个纸球垂直慢慢放入水中。记录纸球完湿透所需的时间。

b) 湿拉张强度应通过以下试验：用一个直径为 50 mm 的 PVC 管来作为支撑试验用纸的支架。将一张卫生用纸放于支架上，将支架倒转使纸浸于水中 5 s 后，立即将支架从水中取出，放回到原始的垂直位置。将一个直径为 8 mm，质量为(2±0.1)g 的钢球放在湿纸的中间。支撑钢球的纸不能有任何撕裂。

8.8.11.2 试验方法

将 6 联未用过的卫生纸制成直径大约为 50 mm～70 mm 的松散纸球，每组 4 个纸球。

将 4 个纸球投入坐便器存水弯水中，或将 3 个纸球投入幼儿型坐便器存水弯水中，让其完全湿透。在湿透后的 5 s 内启动半冲水开关冲水，冲水周期完成后，查看并记录坐便器内是否有纸残留；如有残留纸，则试验结束，报告试验结果。

如没有残留纸，再重复进行第二次试验；如有残留纸，则试验结束，报告试验结果。

如没有残留纸，再重复进行第三次试验；报告试验结果。

8.8.12 蹲便器排放功能试验

按图 F.1 蹲便器排放试验用人造试体示意图的规定制备 4 个试体，将 3 个试体沿冲水方向并排放到便器冲洗面中间，若为幼儿型蹲便器则放 2 个试体，再将第四个试体成十字形横放在 3 个试体上面的中间位置，形成三竖一横的状态，见图 F.2，立即冲水，观察并记录排出便器外的试体个数，测试 4 次，报告试体全部排出便器外的次数。

对于不带整体存水弯蹲便器产品，在测试时应配接一直径为 110 mm，水封深度为 50 mm，落差为 500 mm/300 mm 的外接存水弯后进行测试。

8.8.13 蹲便器防溅污性试验

用 3 块厚度为 25 mm 的垫块将一块至少 600 mm×500 mm 的透明模板支垫在蹲便器圈面上，使其和便器圈上表面之间有 25 mm 的间隙。启动冲水装置冲水，观察并记录模板上直径大于 8 mm 的水滴数。测试 5 次，取最大值。

8.9 洗面器、净身器、洗涤槽溢流试验

将洗面器或涤槽或净身器洗按使用状态安放，调节水嘴或供水装置的供水流量调至 0.15 L/s，关闭

或堵塞排水口，从水开始流入溢流孔计时，保持 5 min，记录 5 min 内有水开始溢出洁具的时间，若5 min 无溢流，则停止试验并记录。

8.10 坐便器冲洗噪声试验

8.10.1 仪器设备及环境要求

仪器设备及环境要求包括：

a) 仪器：精度不低于 0.1 dB(A)的声级计。

b) 噪声室：应符合 GB/T 3768 的要求且环境噪声不高于 30 dB(A)。

8.10.2 试验步骤

按 GB/T 3768 的规定测定坐便器完整冲水周期中的冲水噪声。记录累计百分数声级 L_{50} 和 L_{10}。测定 3 次，报告 3 次算术平均值。

8.11 便器连接密封性试验

按照生产商说明连接，承受 0.1 MPa 水压 15 min。连接管路不得有泄漏。

8.12 疏通机试验

将所配存水弯按厂商说明书安装成使用状态，将手动疏通机装入坐便器并使其穿过存水弯通过排污口，若生产商有说明，可使用蛇形疏通管。

使坐便器中充满水，疏通器每旋转 5 次为一个试验循环。每个试验循环之前，调至坐便器中水充满水封。每次循环试验后将疏通机取出、再插入、旋转，进行 100 次循环试验。观察并记录除存水弯排水口有水溢出外，其他地方是否有渗漏或损坏。

8.13 冲水装置防虹吸试验

便器重力式冲水装置防虹吸试验按 GB 26730 的规定进行。

便器压力冲水装置防虹吸试验按 GB/T 26750 的规定进行。

8.14 安全水位测定

将水箱配件安装在水箱中，按便器用水量调节进水阀至所需工作水位，用钢直尺测量水箱的有效工作水位至溢流口的垂直距离；用直角尺和钢直尺测量进水阀临界水位与溢流口水位的垂直距离；用直角尺测量水箱(重力)冲水装置的非密封口最低位与所测盈溢水位的垂直距离。并记录各测量值。

9 检验规则

9.1 检验分类

产品检验分出厂检验和型式检验。

9.2 出厂检验

9.2.1 检验项目

出厂检验的项目按表 11 规定进行。

表 11 出厂检验项目表

序号	检验项目	产品类型	要求	试验方法
1	外观质量	各类产品	5.1	8.1
2	最大允许变形	各类产品	5.2	8.2
3	水封	便器	6.1.4.1	8.3.5.1
4	便器用水量	便器	6.2.1	8.8.3
5	坐便器冲洗功能	坐便器	6.2.2.2 6.2.2.3.1 6.2.2.5 6.2.2.6	8.8.4.1 8.8.5 8.8.9 8.8.10
6	小便器冲洗功能	小便器	6.2.3.1	8.8.4.2
7	蹲便器冲洗功能	蹲便器	6.2.4.1 6.2.4.2	8.8.4.3 8.8.12
8	安全水位	坐便器重力式冲洗水箱	5.8.1.5	8.14
9	用水量标识	便器	10.1.3	—

9.2.2 **组批规则和抽样方案**

9.2.2.1 对出厂检验项目中的 5.1、6.1.4.1 进行逐件检验。

9.2.2.2 对出厂检验项目中的其他项目按 GB/T 2828.1 的规定进行，采用一般检验水平Ⅱ，正常检验一次抽样方案。

9.2.3 **判定规则**

出厂检验项目的接收质量限(AQL)为 1.5。

经检验所要求项目均合格，则该批产品为合格，凡有一项或一项以上不合格，则判定该批产品不合格。

9.3 **型式检验**

9.3.1 **检验项目**

型式检验包括第 5 章、第 6 章、第 7 章要求的全部项目。

9.3.2 **检验条件**

有下列情况之一时，应进行型式检验：

a) 新产品试制定型鉴定；

b) 正式生产后，结构、材料、工艺有较大变化，可能影响产品质量时；

c) 产品停产半年以上，恢复生产时；

d) 出厂检验结果与上次形式检验结果有较大差异时；

e) 正常情况下，每年至少进行一次。

9.3.3 组批规则

以同品种同类型同型号的产品组批，每 500 件～3 000 件为一批，不足 500 件仍以一批计。

9.3.4 判定规则

型式检验的检验项目、不合格类别、样本量和判定组数按表 12 规定进行。有合同要求时，可由合同双方协商确定。

表 12 型式检验判定规则

不合格类别	项目	条款	样本量	判定组数	
				Ac	Re
A	外观质量	5.1	3	0	1
	最大允许变形	5.2	3	0	1
	尺寸	5.3	3	0	1
	便器用水量	6.2.1	1	0	1
	坐便器冲洗功能	6.2.2	1	0	1
	小便器冲洗功能	6.2.3	1	0	1
	蹲便器冲洗功能	6.2.4	1	0	1
	防虹吸功能	5.8.1.4	1	0	1
	安全水位	5.8.1.5	1	0	1
B	吸水率	5.4	1	0	1
	抗裂性	5.5	1	0	1
	溢流功能	7.2	1	0	1
	耐荷重性	5.7	1	0	1
	尺寸	6.1 和 7.1	3	0	1
	配套性[a]	5.8.1.1	3	0	1
	坐便器冲洗噪声	6.3	3	0	1
	连接密封性要求	6.4	3	0	1
	限重	5.6	3	0	1
	疏通机试验	6.5	1	0	1

[a] 除 5.8.1.4 和 5.8.1.5 之外的配套性要求。

9.3.5 综合判定

对所要求项目进行检验，经检验所有项目均合格，则判定该批产品为合格，凡有一项或一项以上不合格，则判定该批产品不合格。

9.4 抽样方法

出厂检验按 9.2.2.2 规定的样本量从所组批中随机抽取样品。

型式检验按 9.3.3 规定的样本量应由提交的合格批中随机抽取样品，可采用随机抽样数表抽样。

试验所需试片可从相同生产工艺的破损产品上敲取。

10 标志和标识

10.1 耐久性标志

10.1.1 商标应印在产品的本体可见位置，在隐蔽面应有检验标识。

10.1.2 便器用重力式冲洗水箱应有水位线标识。

10.1.3 便器名义用水量应标识在产品可见部位。

10.2 产品包装标识

10.2.1 便器类产品应明示产品的名义用水量。

10.2.2 产品包装上至少应标明：

——产品名称；
——产品类别（瓷质或炻陶质）；
——商标；
——产品标记；
——执行标准；
——合格；
——生产日期或批号；
——制造厂名称及厂址。

10.3 出厂检验合格证

每批出厂的产品应有出厂检验合格证，内容至少包括产品名称、制造厂名称、生产日期、便器类产品用水量、产品类别、出厂检验标识。

11 安装使用说明书

产品应有安装使用说明书，内容至少应包括：

a) 产品安装方法及冲水装置的调试、使用、维修。

b) 对水压有特殊要求的便器类产品，应说明产品使用的压力适用范围。

c) 施工注意事项。为确保便器的正确安装，防止便器底座埋入胶凝材料（水泥砂浆）中因膨胀而撑裂便器，生产厂应将便器正确安装方法的施工建议及错误安装造成损失的责任列入安装使用说明书中，或将此内容贴在便器明显处。

d) 使用注意事项。包括：

  1) 请不要向便器内冲入新闻纸、纸尿垫、妇用卫生巾等容易堵塞的物品。

  2) 请不要用重力撞击陶瓷，以防止破损漏水。

  3) 不要在 0 ℃以下环境中使用。

12 包装、运输和贮存

12.1 包装

卫生陶瓷产品的包装应符合 JC/T 694 的规定。产品随行文件应包括产品出厂检验合格证、安装使用说明书、装箱清单、装配图等。

12.2 运输

12.2.1 搬运时应轻拿、轻放，严禁摔扔，以防破损。

12.2.2 在运输和存放时应有防雨措施，防止包装受潮；防止撞击。

12.3 贮存

产品应按类别、品种、规格分别整齐堆放，在室外堆放时应有防雨设施。

附　录　A
（资料性附录）
卫生陶瓷产品标记

A.1　范围

本附录适用于编制卫生陶瓷产品的标记，为了便于采购、工程设计部门使用，推荐采用本附录。

A.2　产品分类代码

A.2.1　标记组成

GB 6952 中涉及的卫生陶瓷产品由标记来识别，标记组成形式为：

GB 6952　□□-□□□□□□-×××

标准号——GB 6952

类别码——□□

编码——□□□□□□

安装距——×××

A.2.2　类别码

第一个字母表明产品类别：C＝瓷质

NC＝炻陶质

第二个字母表明产品类型：Z＝坐便器

M＝洗面器

X＝小便器

D＝蹲便器

J＝净身器

C＝洗涤槽

S＝水箱

P＝洗手盆

A.2.3　编码

产品编码按表 A.1 规定表示。

表 A.1　各类产品编码

类别	第1个编码		第2个编码		第3个编码		第4个编码		第5个编码		第6个编码	
坐便器	类型	编码	安装	编码	排污	编码	规格	编码	用途	编码	用水量	编码
	挂箱式	1	落地式	1	下排式	1	普通型	1	成人	A	普通型	P
	坐箱式	2	壁挂式	2	后排式	2	加长型	2	幼儿	B	节水型	J
	连体	3			其他	3			残疾人/老年人	C		
	冲洗阀式	4										
洗面器；洗手盆	类型	编码	安装	编码	龙头孔							
	台式	A	台上	1	单孔	1						
	立柱式	B	台下	2	双孔	2						
	壁挂式	C	平板	3	三孔	3						
	柜式	G	陶瓷柱	4								
			金属架	5								
			明挂	6								
			暗挂	7								
小便器	安装	编码	排污	编码	用水量	编码						
	落地式	1	带存水弯	1	普通型	P						
	壁挂式	2	不带存水弯	2	节水型	J						
蹲便器	类型	编码	排污	编码	挡板	编码	用途	编码	用水量	编码		
	挂箱式	1	带存水弯	1	有挡板	1	成人	A	普通型	P		
	冲洗阀	2	不带存水弯	2	无挡板	2	幼儿	B	节水型	J		
净身器	安装	编码	龙头孔	编码								
	落地式	1	单孔	1								
	壁挂式	2	双孔	2								
			三孔	3								
			四孔	4								
			无孔	5								
洗涤槽	类型	编码	安装	编码	挡板	编码	用途	编码				
	单联	1	台式	1	后挡板	1	家庭用	A				
	双联	2	壁挂式	2	无挡板	2	公共场所用	B				
水箱	类型	编码	安装	编码	用途	编码	启动方式	编码	用法	编码	开关部位	编码
	带盖水箱	1	坐箱式	1	重力式	1	机械式	1	单按	1	顶按	1
	无盖水箱	2	壁挂式	2	压力式	2	感应式	2	双按	2	侧按	2

A.2.4　安装距

便器排污口中心至安装墙面或地面的距离应标明。

壁挂式水箱底距地面的安装高度应按产品的使用要求标明。

其他产品有需要明示的安装距离也应标明。

A.3　示例

示例 1：成人用落地式后排连体加长节水型坐便器，排污口中心距地面高度为 185 mm。产品标记应为：

GB 6952 CZ-3122AJ-185

示例 2：壁挂感应式高水箱为炻陶质，与蹲便器配套使用的安装高度为 1.3 m，产品标记应为：

GB 6952 TS-223-1300

示例 3：洗面器为瓷质单孔台上盆，产品标记应为：

GB 6952 CM-A11

附 录 B
（规范性附录）
卫生陶瓷产品尺寸要求示意图

B.1 坐便器排污口尺寸

坐便器排污口尺寸见图 B.1。

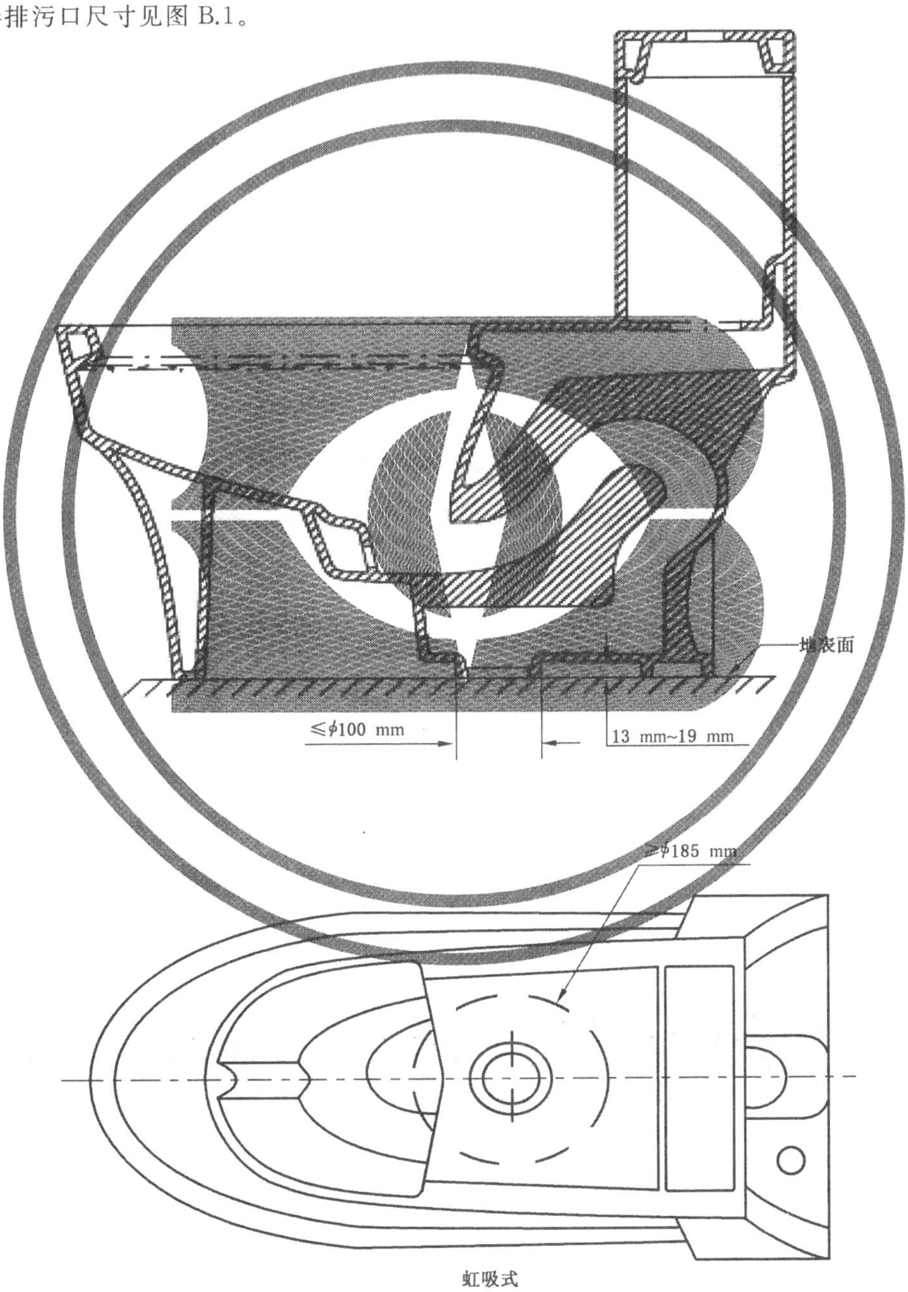

图 B.1 坐便器排污口尺寸要求示意图

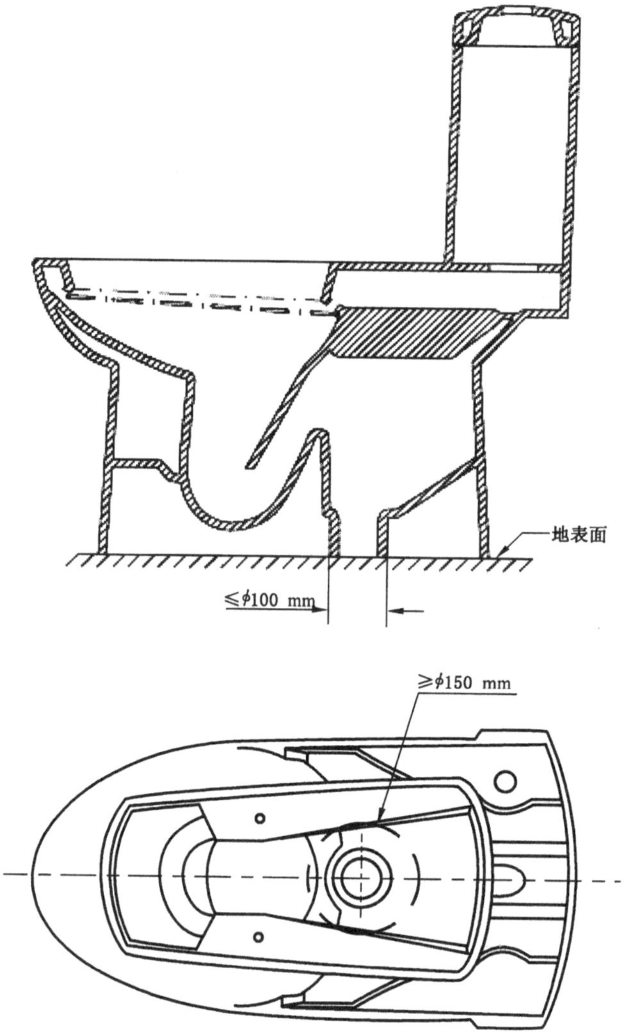

冲落式

a） 下排式坐便器排污口尺寸

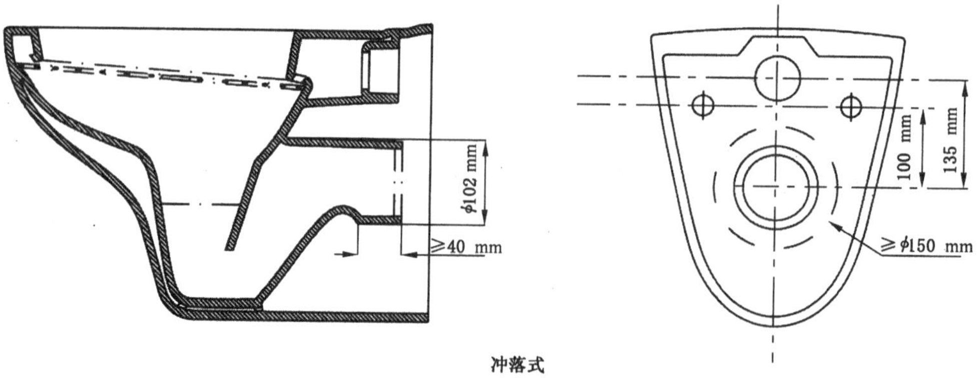

冲落式

图 B.1（续）

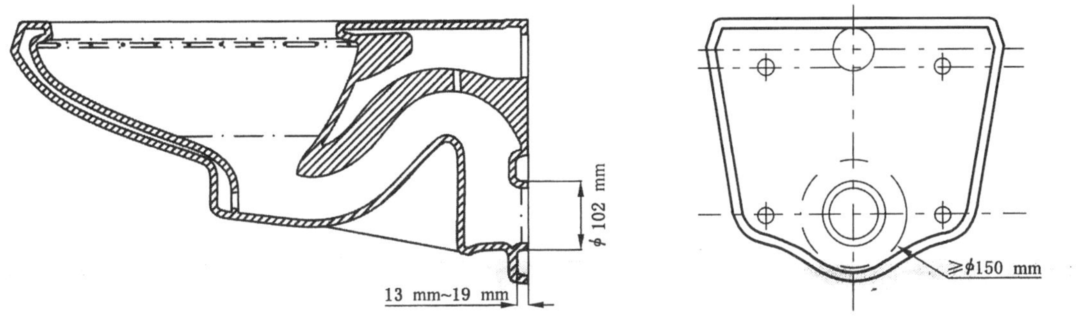

虹吸式

b） 壁挂式坐便器排污口尺寸

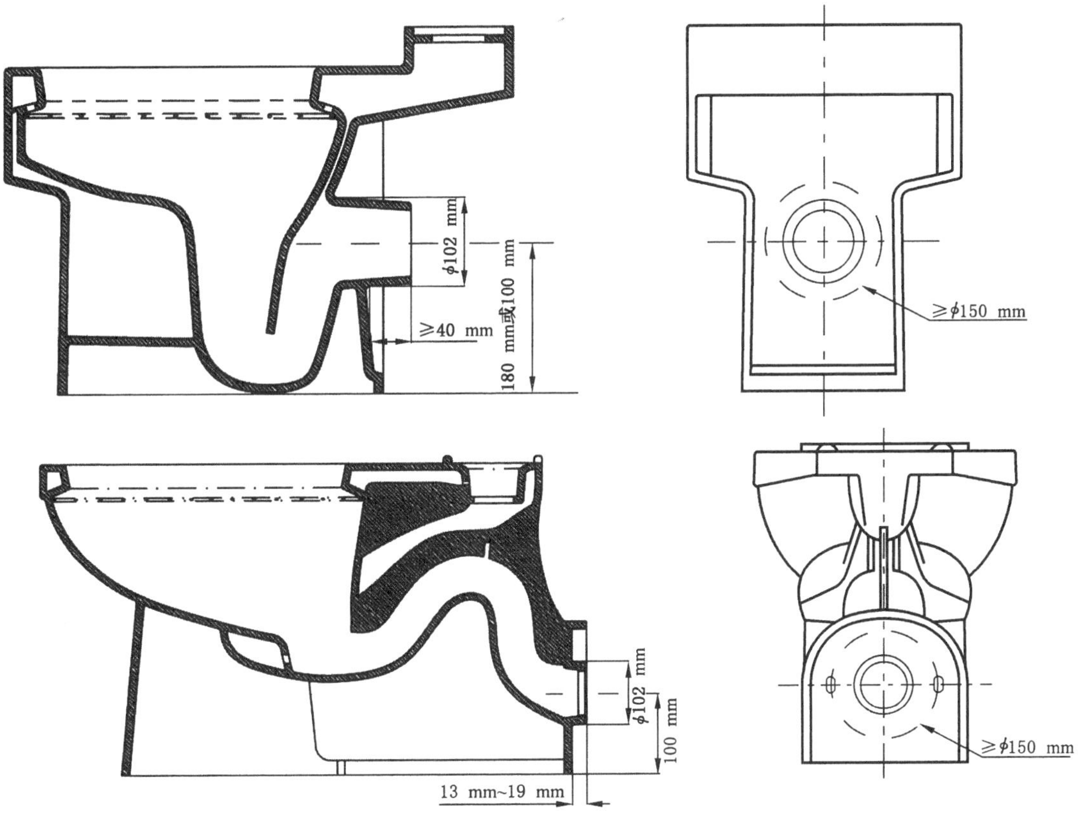

虹吸式

c） 落地后排式坐便器排污口尺寸

图 B.1（续）

B.2 壁挂式坐便器安装螺栓孔间距

壁挂式坐便器安装螺栓孔间距见图 B.2。

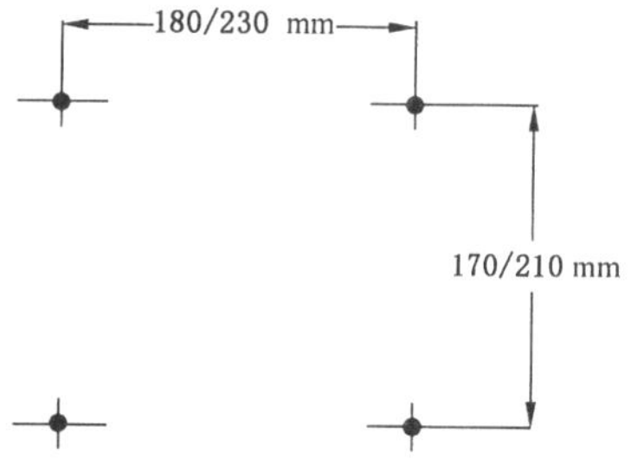

a） 4孔

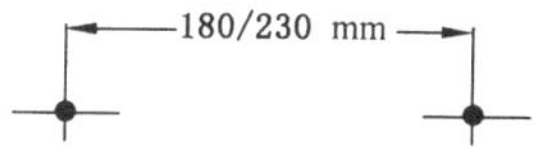

b） 2孔

图 B.2 壁挂式坐便器安装螺栓孔间距示意图

B.3 坐便器水封深度、水封表面尺寸和坐便器坐圈离地高度示意图

坐便器水封深度、水封表面尺寸和坐便器坐圈离地高度示意图见图 B.3。

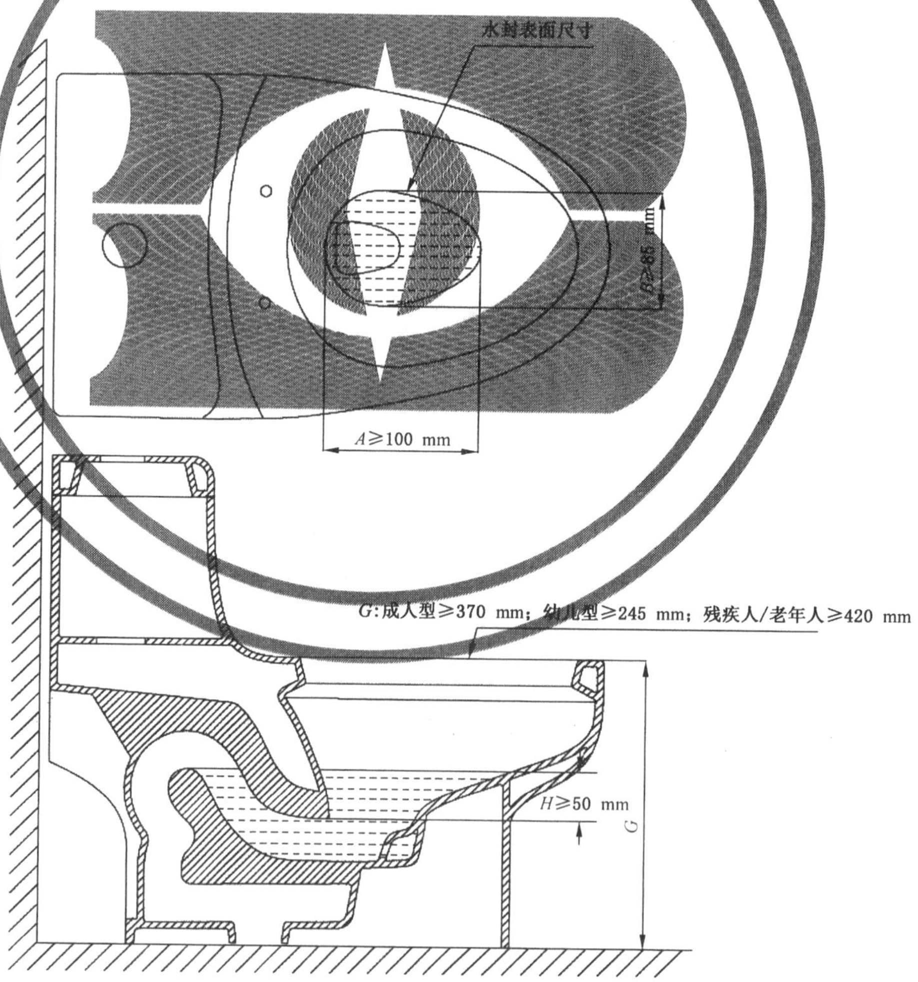

图 B.3 坐便器水封深度、水封表面尺寸和坐便器坐圈离地高度示意图

B.4 坐便器坐圈尺寸示意图

坐便器坐圈尺寸示意图见图 B.4。

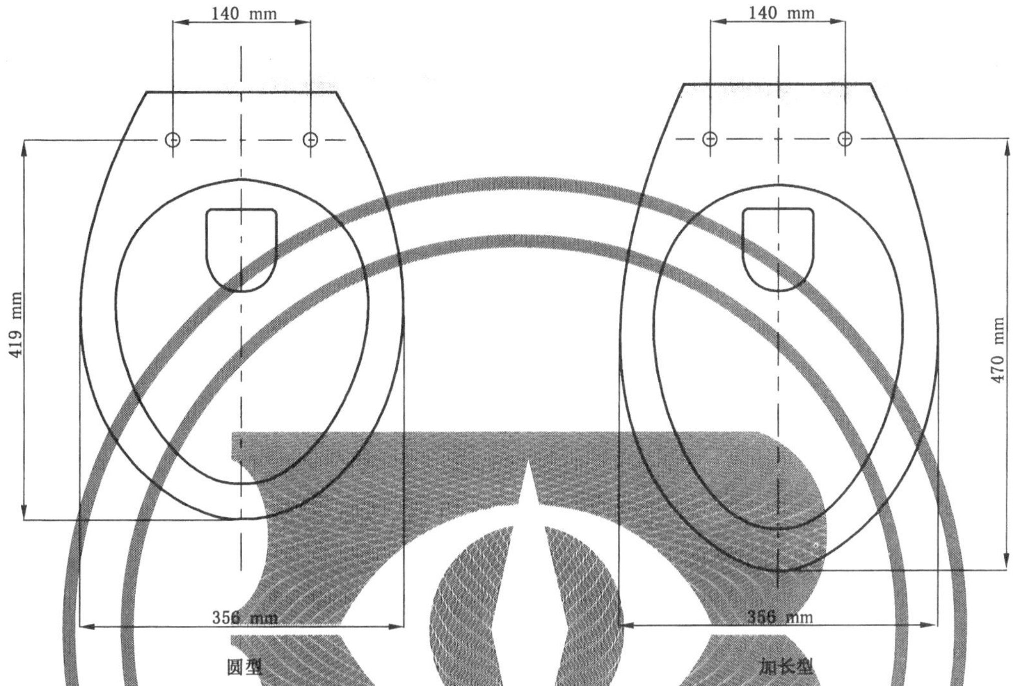

图 B.4 坐便器坐圈尺寸示意图

B.5 洗面器、净身器和水槽排水口尺寸

洗面器和净身器排水口尺寸见图 B.5。

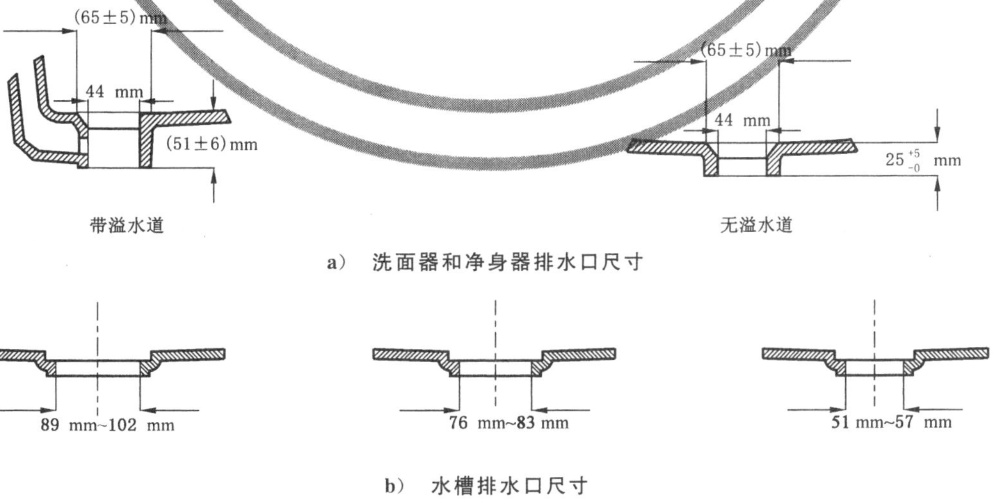

图 B.5 洗面器、净身器和水槽排水口尺寸示意图

B.6 供水配件安装孔和安装面尺寸

洗面器和净身器供水配件安装孔和安装面尺寸见图 B.6,安装孔直径为 25 mm～38 mm,安装面直径不小于 64 mm。

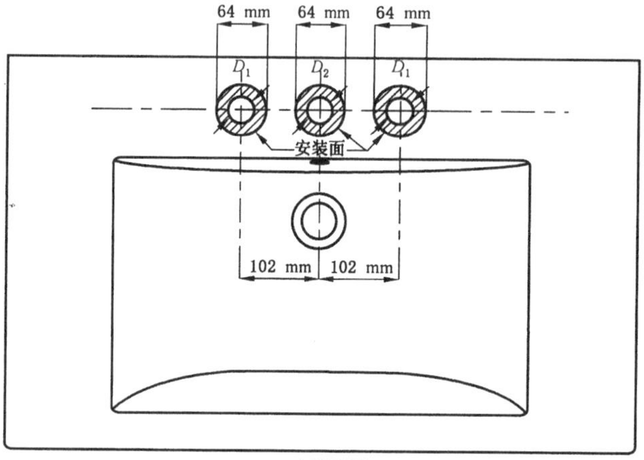

8寸孔图示

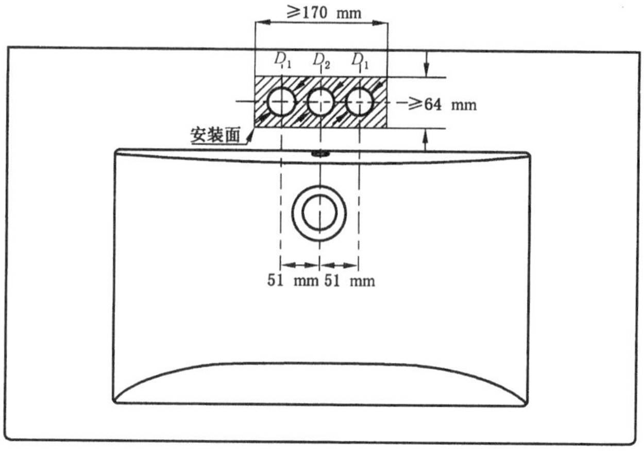

4寸孔图示

a) 组合式

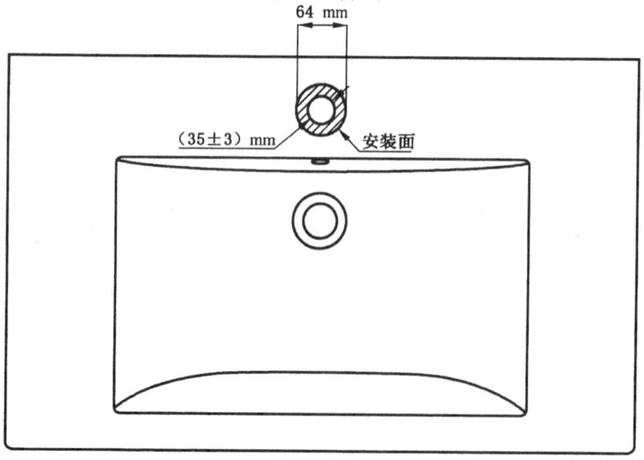

b) 单孔

图 B.6 供水配件安装孔和安装面尺寸示意图

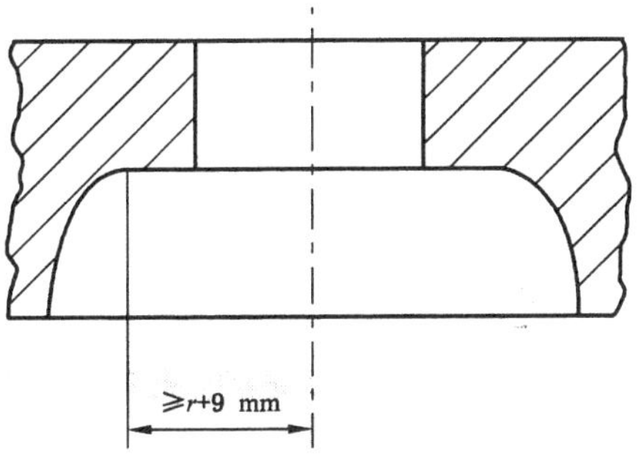

c) 洗面器背面安装平台

注 1：D_1＝32 mm～38 mm。

注 2：D_2＝25 mm～38 mm。

注 3：安装孔可不在一条直线上。

图 B.6（续）

B.7 蹲便器水封深度要求

蹲便器水封深度要求示意图 B.7。

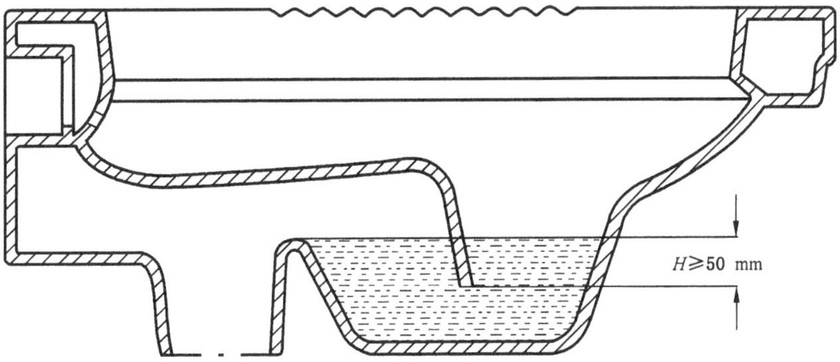

注：H 为蹲便器水封深度尺寸。

图 B.7 蹲便器水封深度示意图

B.8 小便器尺寸要求

小便器尺寸要求见图 B.8。

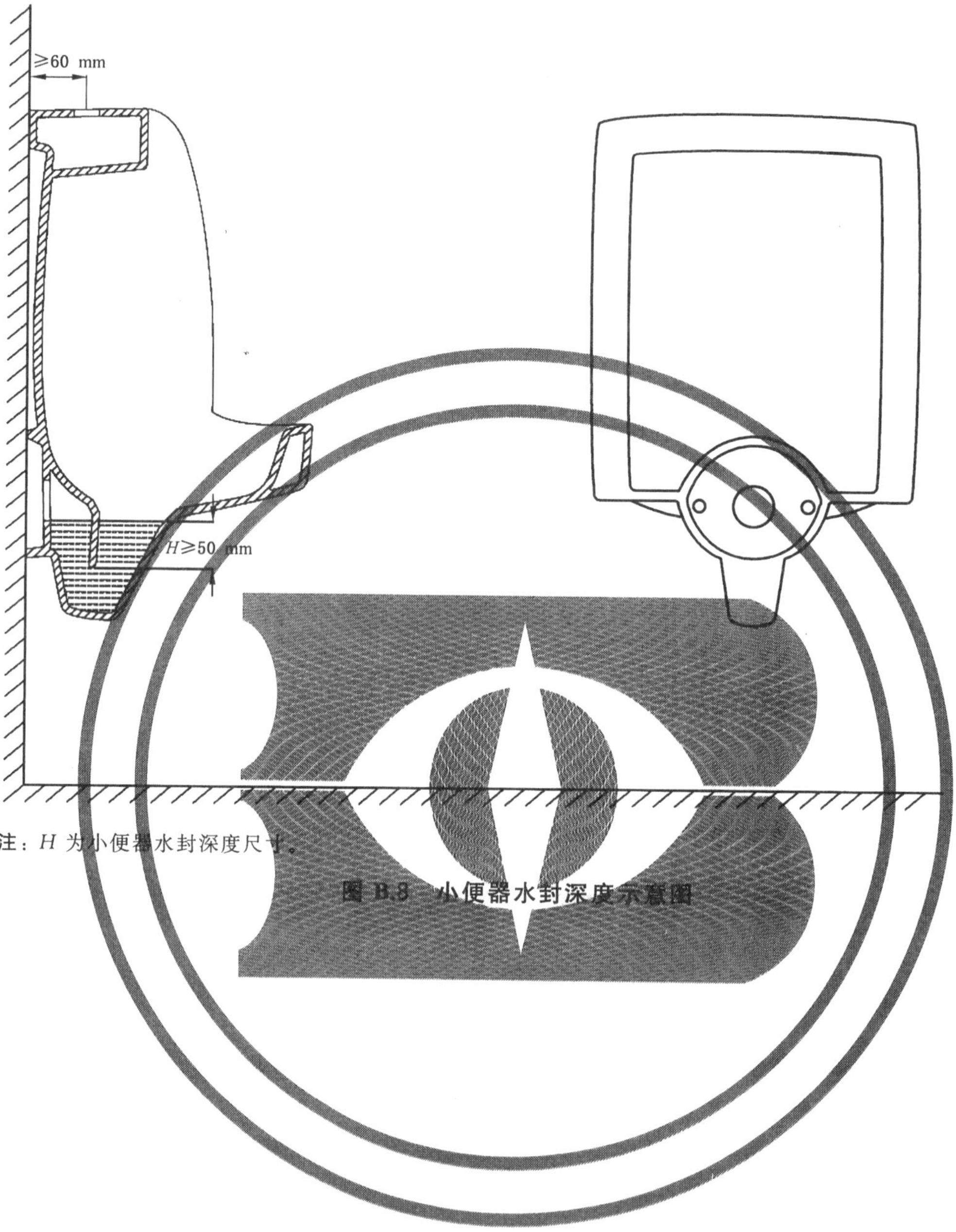

注：H 为小便器水封深度尺寸。

图 B.8 小便器水封深度示意图

GB 6952—2015

附 录 C
（资料性附录）
卫生陶瓷产品变形测量方法示意图

C.1 连体坐便器

连体坐便器变形测量方法如图 C.1 所示。

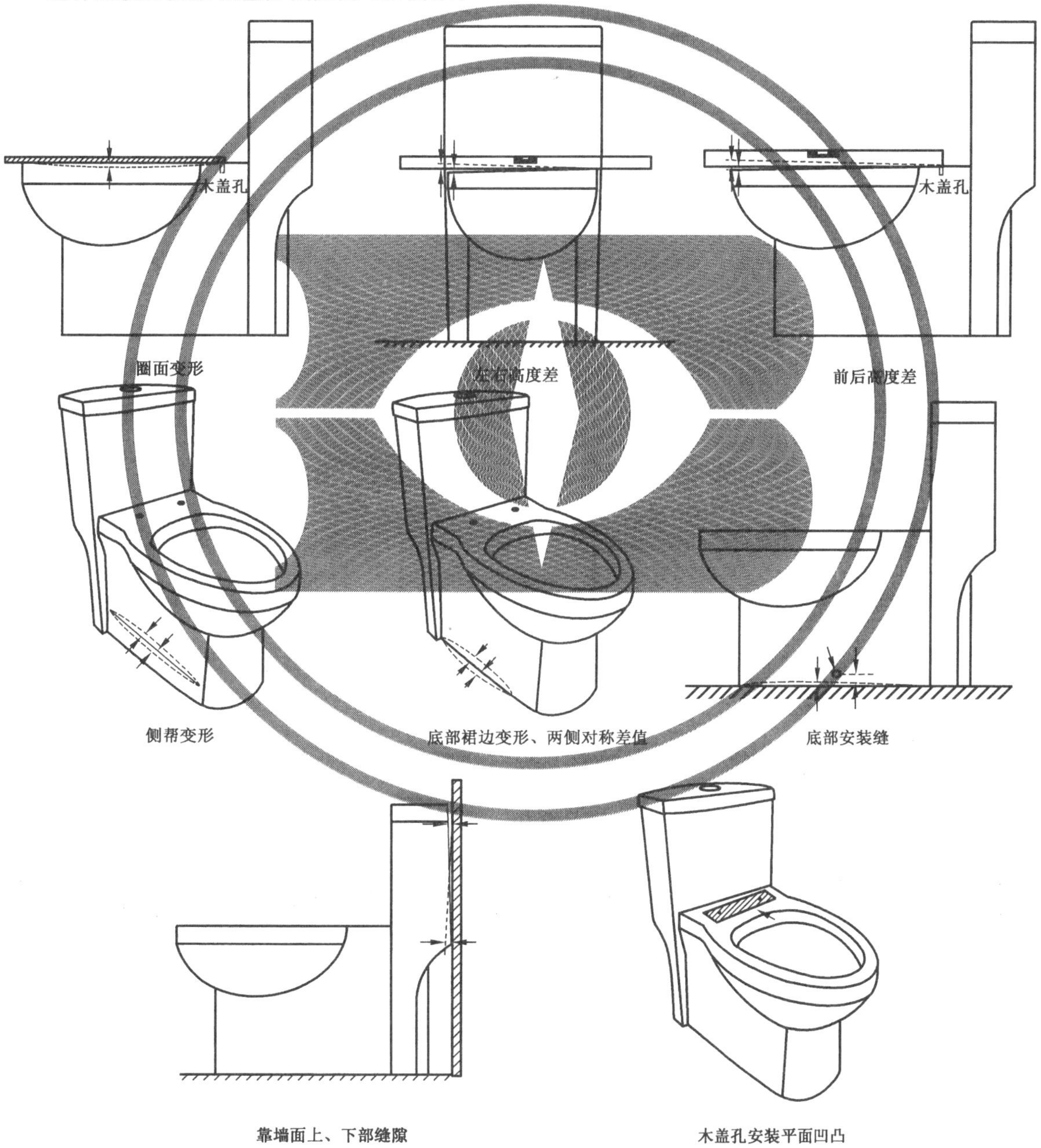

图 C.1 连体坐便器

C.2 分体坐便器

分体坐便器变形测量方法如图 C.2 所示。

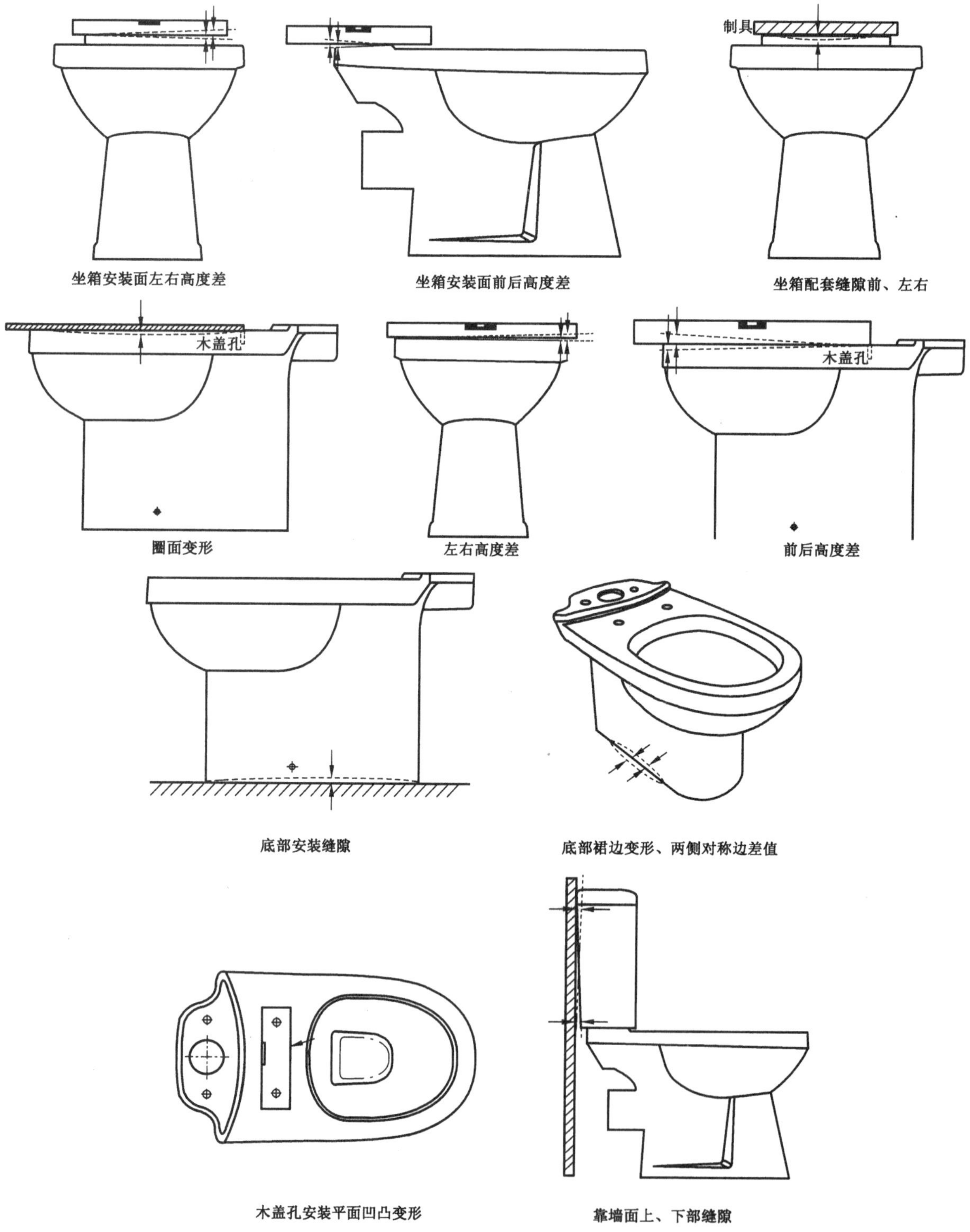

图 C.2 分体坐便器

C.3　靠墙式分体坐便器

靠墙式分体坐便器变形测量方法如图 C.3 所示。

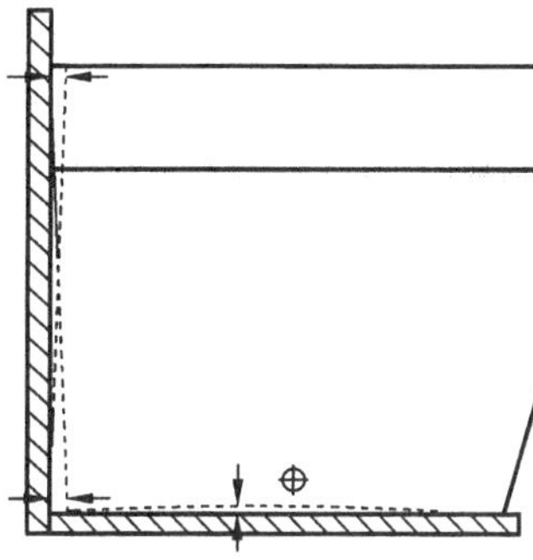

靠墙面缝隙、底部安装缝隙

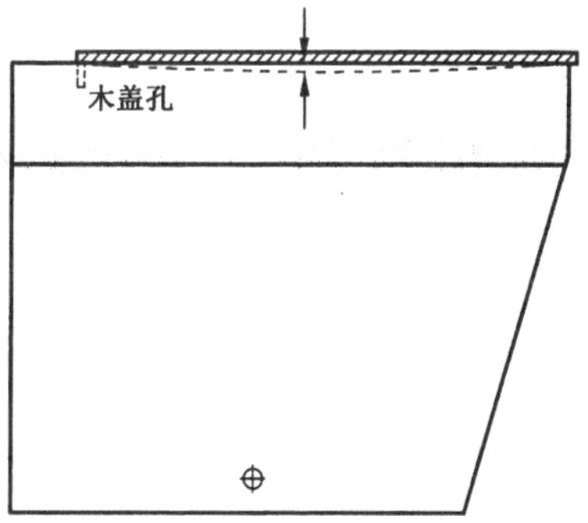

圈面变形

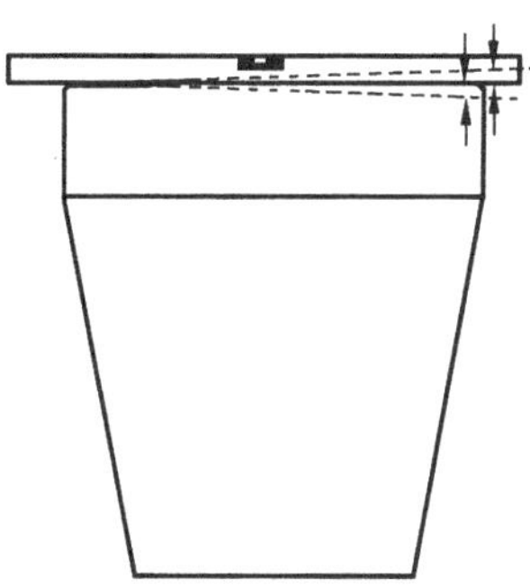

左右高度差

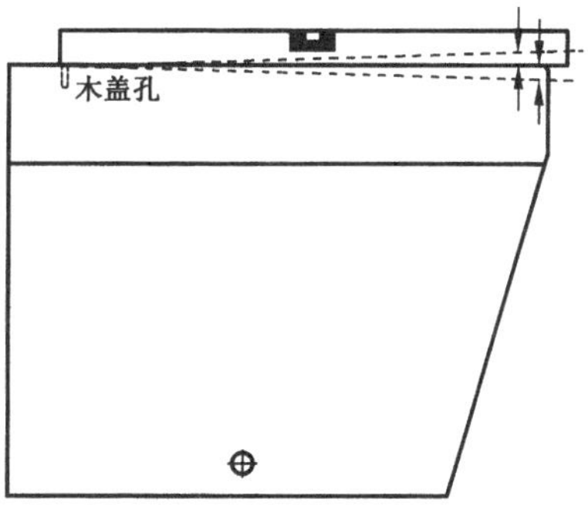

前后高度差

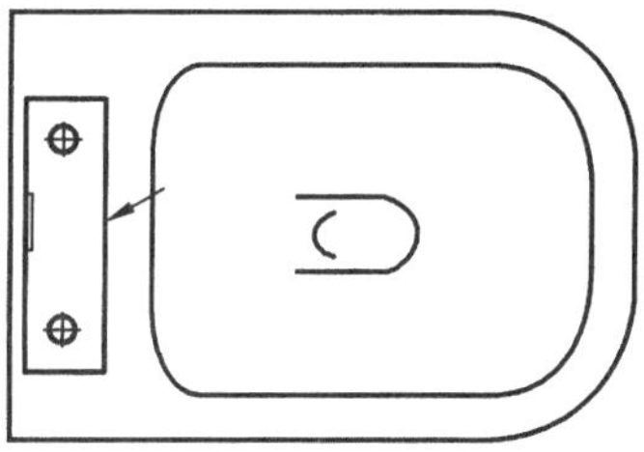

木盖孔安装面凹凸变形

a）　靠墙式落地式坐便器

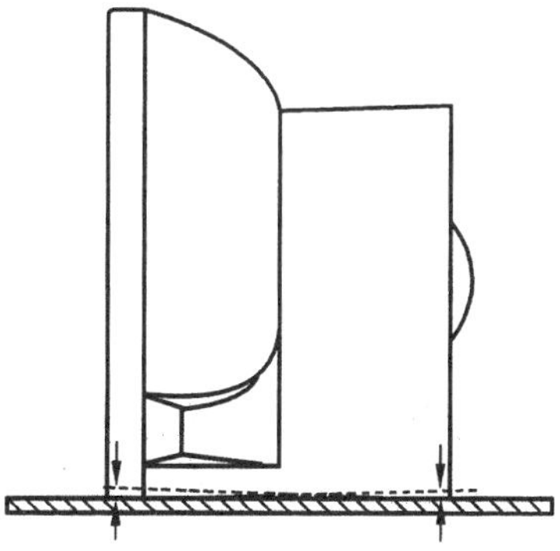

靠墙面缝隙

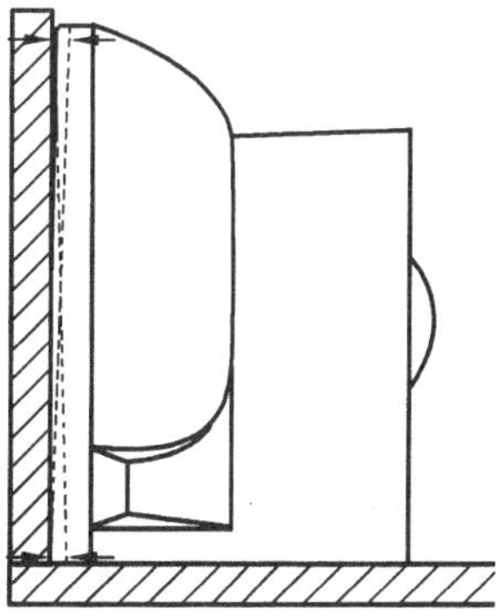

后仰尺寸

b）　靠墙式挂式坐便器

说明:后仰尺寸避开挡沿位置。

图 C.3　靠墙式分体坐便器

C.4 水箱

水箱变形测量方法如图 C.4 所示。

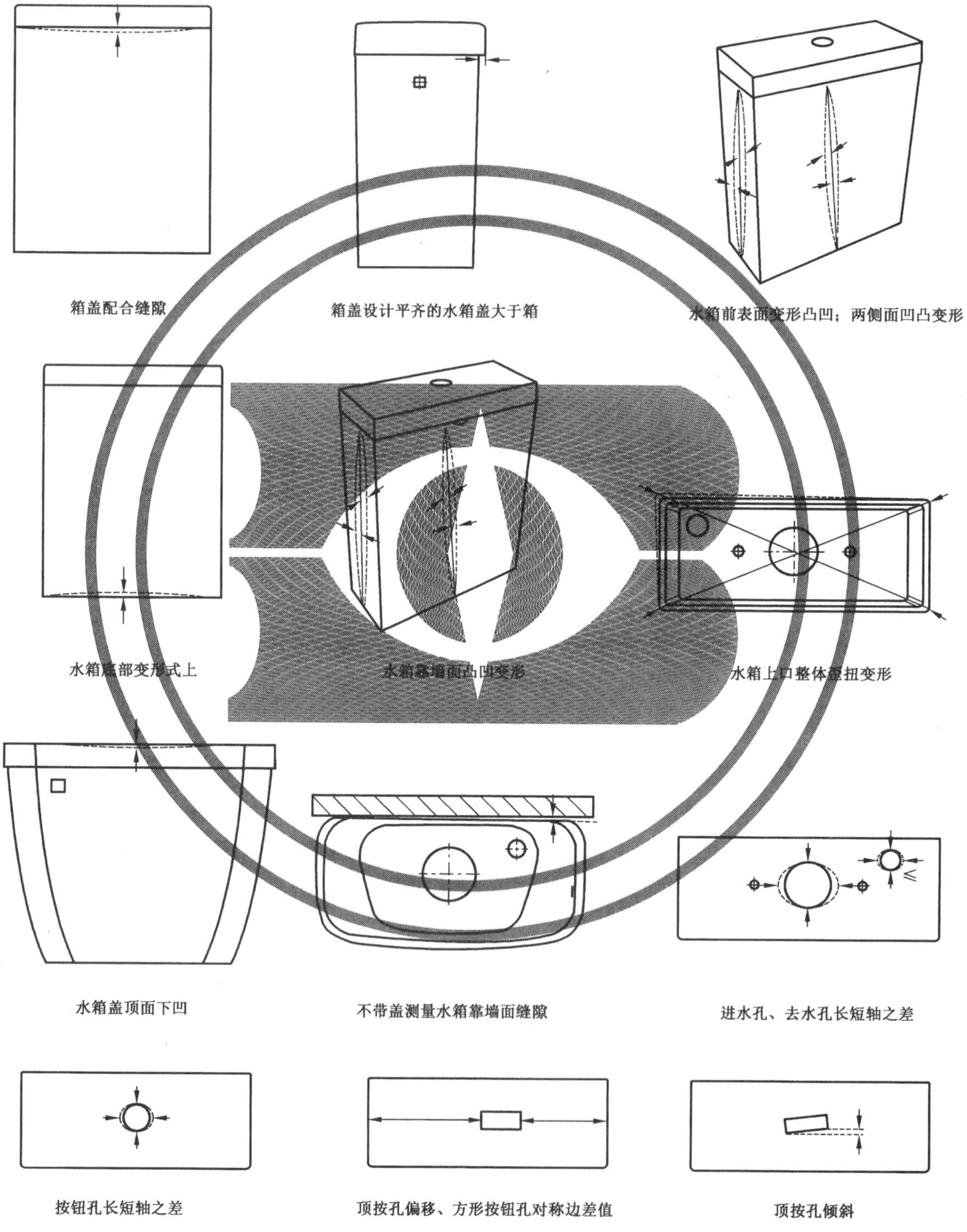

图 C.4 水箱

C.5 洗面器

洗面器变形测量方法如图 C.5 所示。

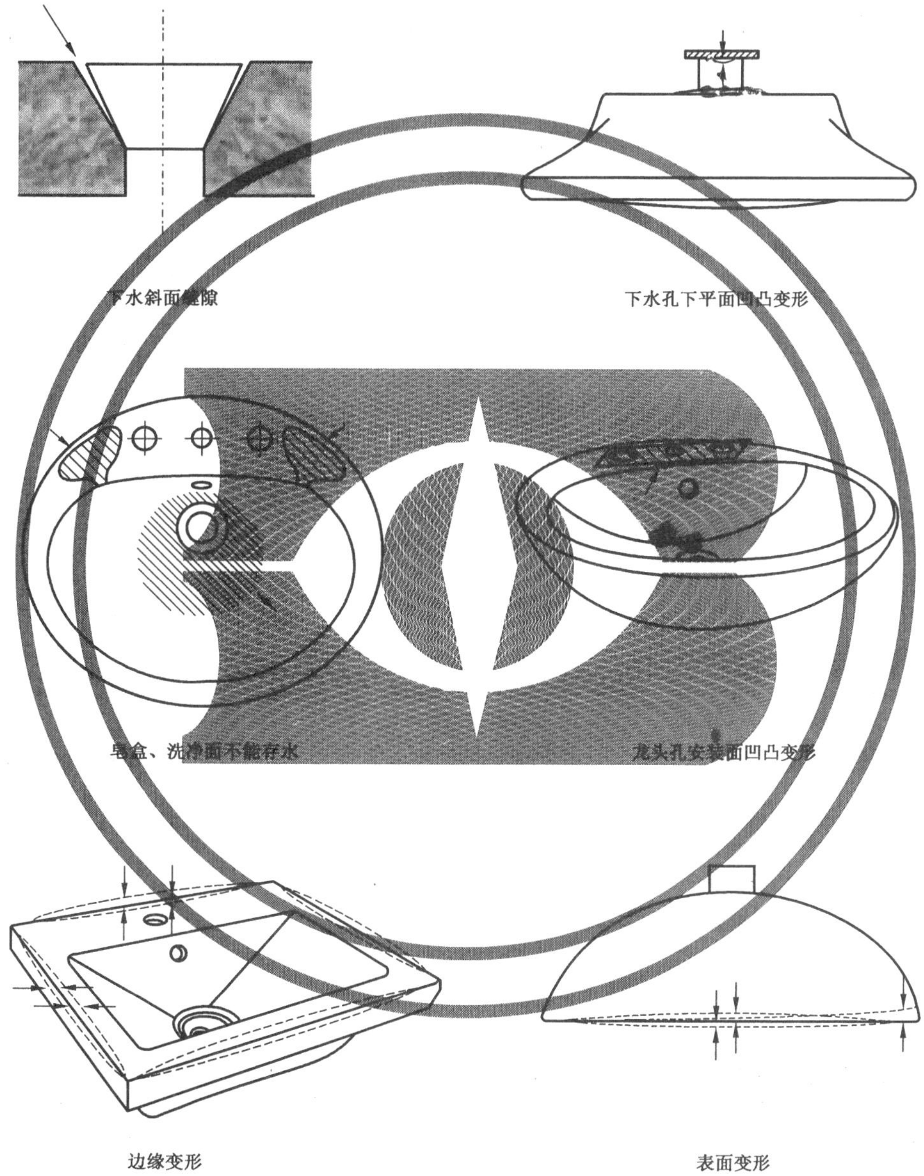

图 C.5 洗面器

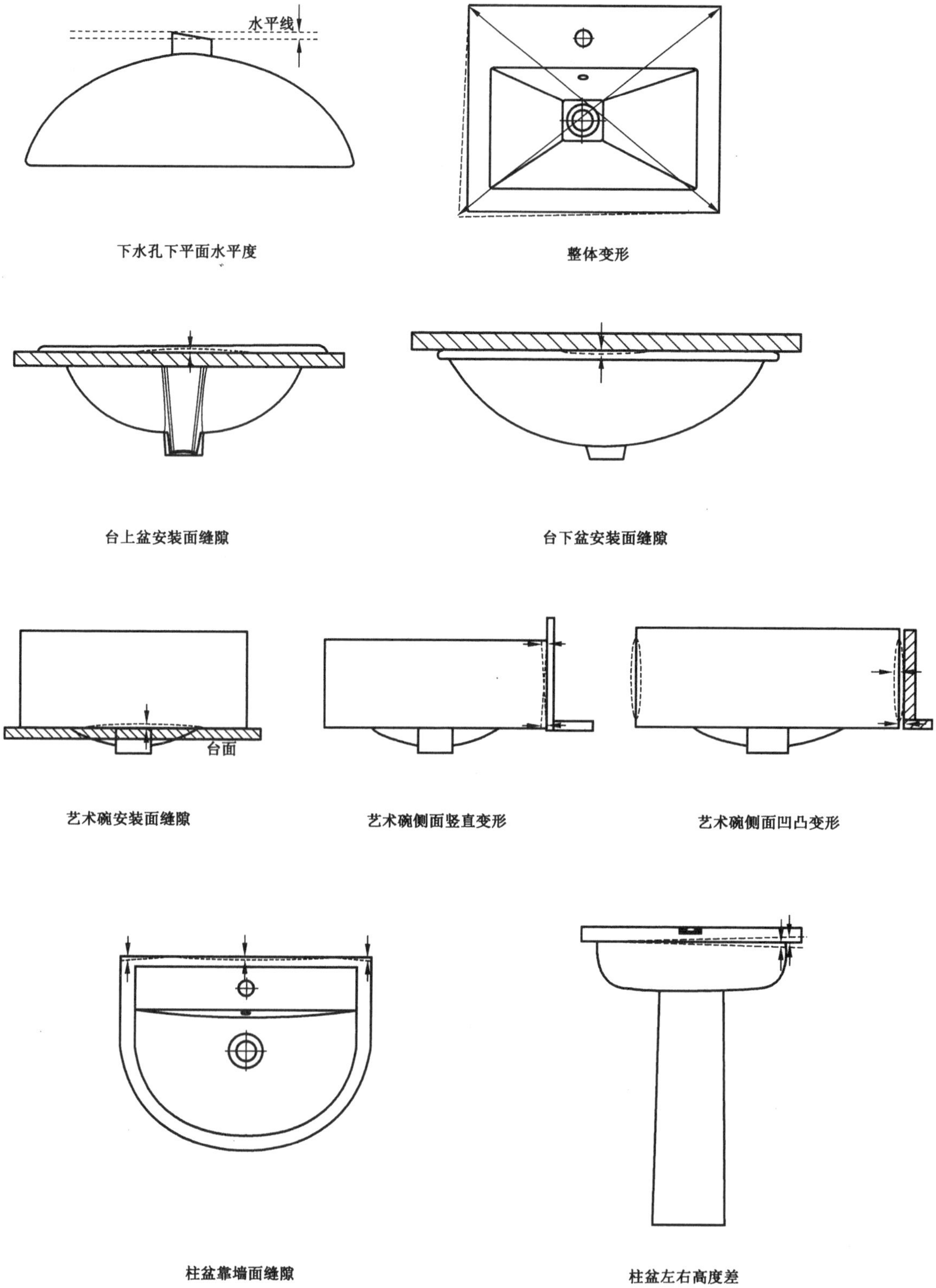
水平线
下水孔下平面水平度
整体变形
台上盆安装面缝隙
台下盆安装面缝隙
台面
艺术碗安装面缝隙
艺术碗侧面竖直变形
艺术碗侧面凹凸变形
柱盆靠墙面缝隙
柱盆左右高度差

图 C.5（续）

C.6 净身器

净身器变形测量方法如图 C.6 所示。

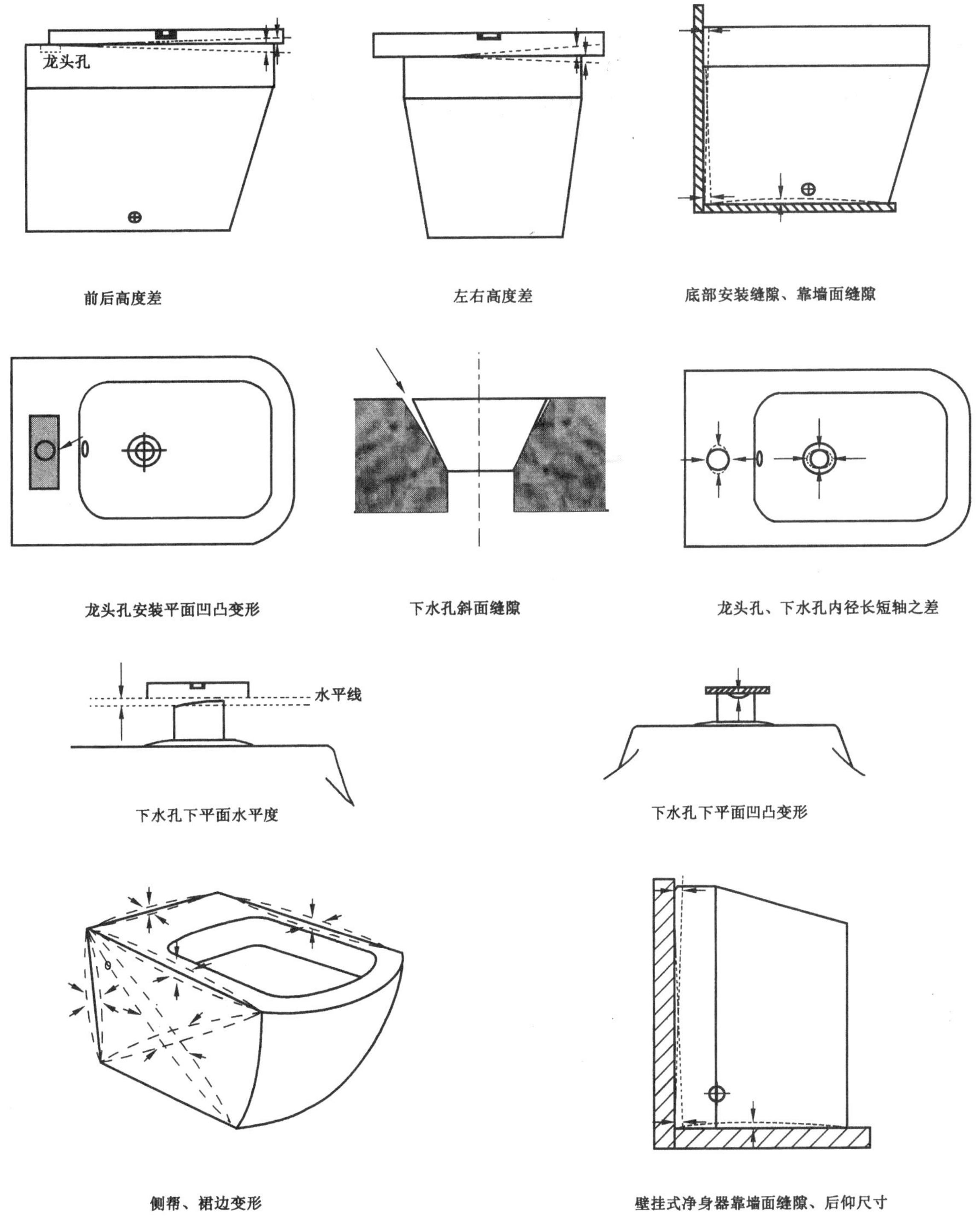

说明：壁挂式净身器避开挡沿位置。

图 C.6 净身器

C.7 蹲便器

蹲便器变形测量方法如图 C.7 所示。

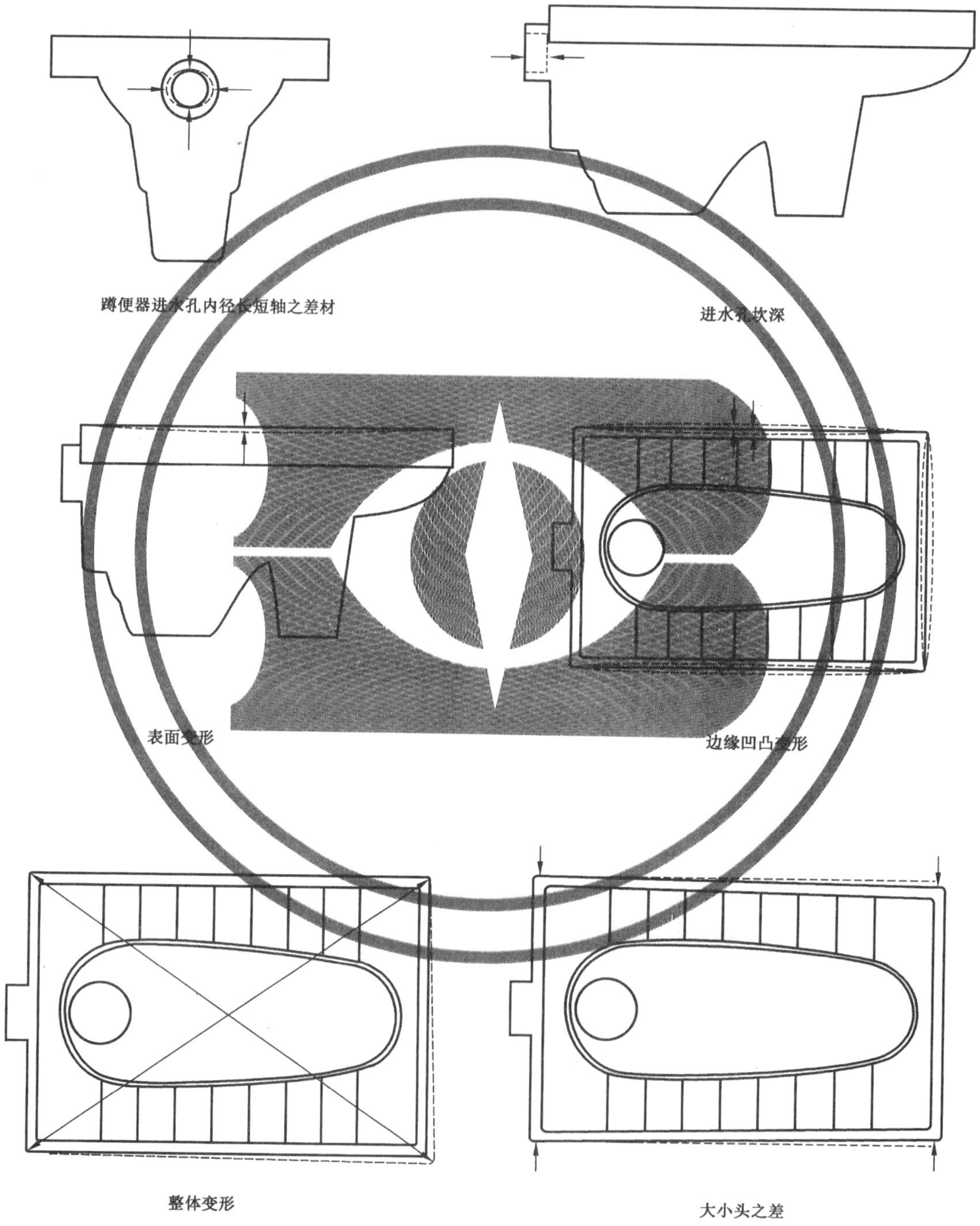

图 C.7 蹲便器

C.8 小便器

C.8.1 落地式小便器

落地式小便器变形测量方法如图 C.8 所示。

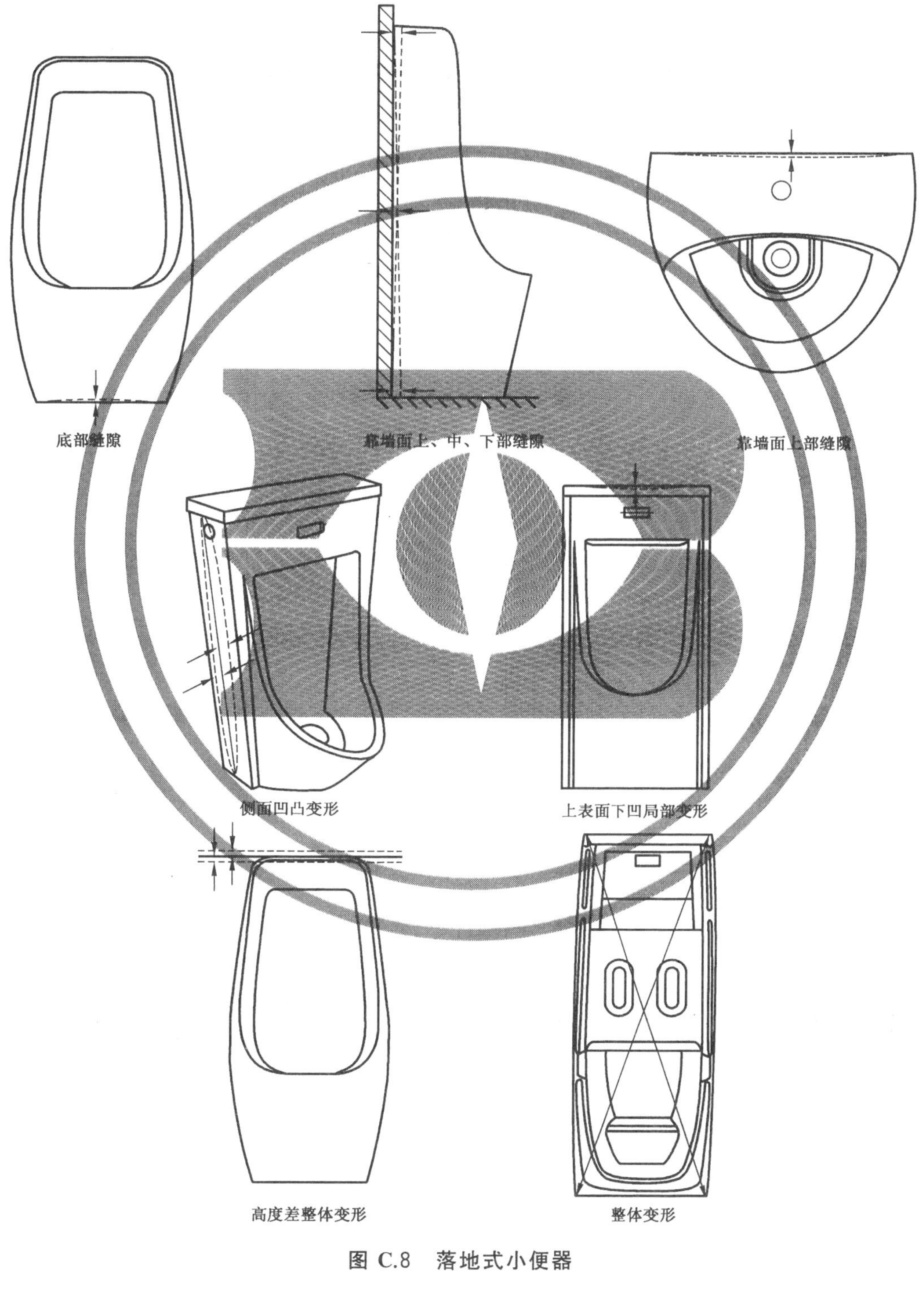

图 C.8 落地式小便器

C.8.2　壁挂式小便器

壁挂式小便器变形测量方法如图 C.9 所示。

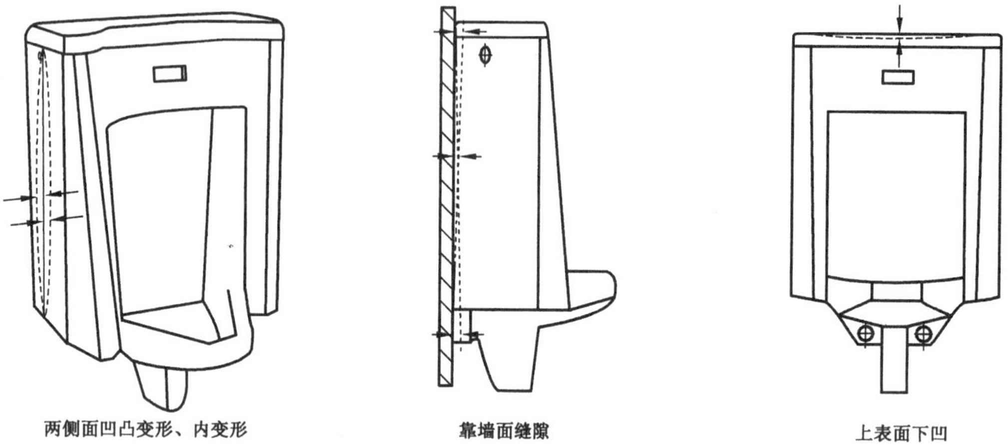

图 C.9　壁挂式小便器

C.9　洗涤槽和拖布池

C.9.1　洗涤槽

洗涤槽变形测量方法如图 C.10 所示。

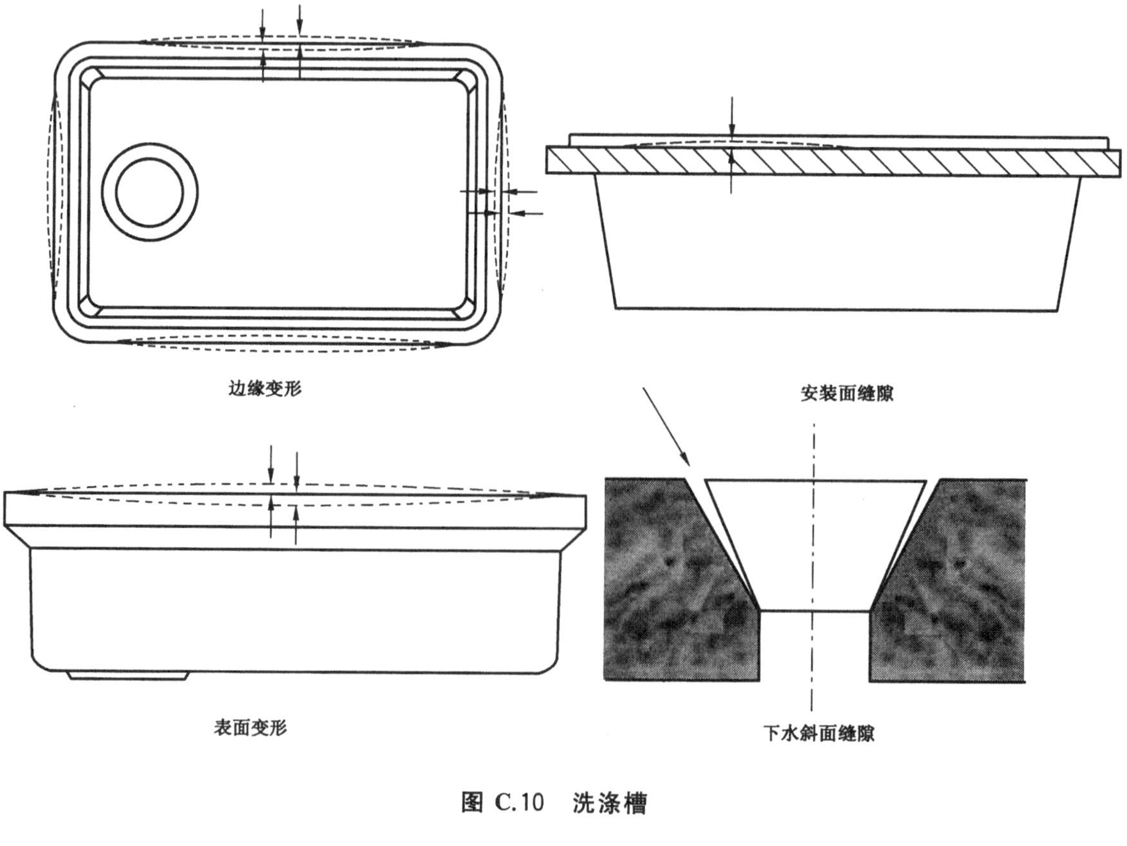

图 C.10　洗涤槽

C.9.2 **拖布池**

拖布池变形测量方法如图 C.11 所示。

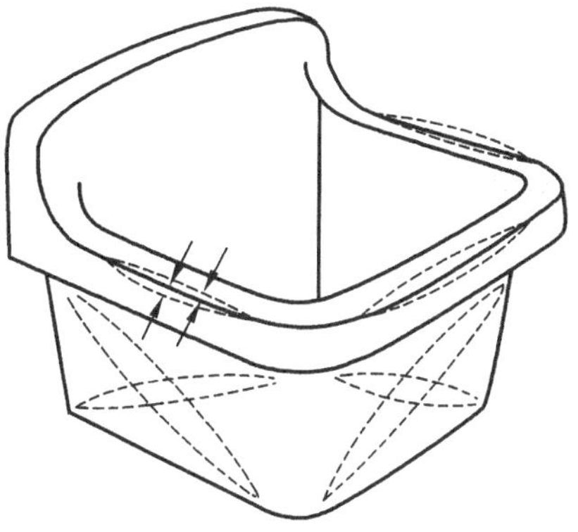

侧面、边缘凹凸变形

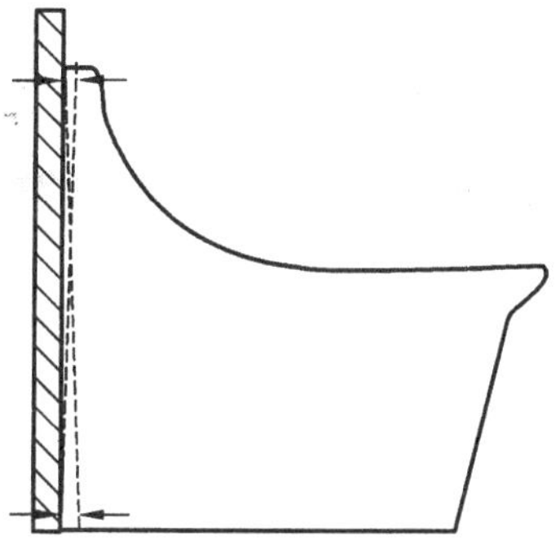

靠墙面缝隙

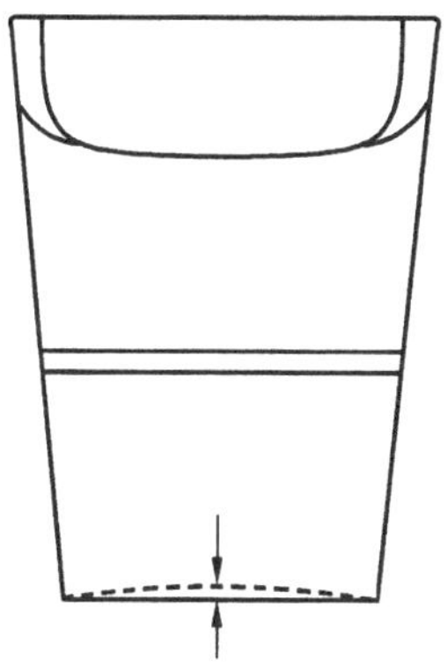

底部缝隙

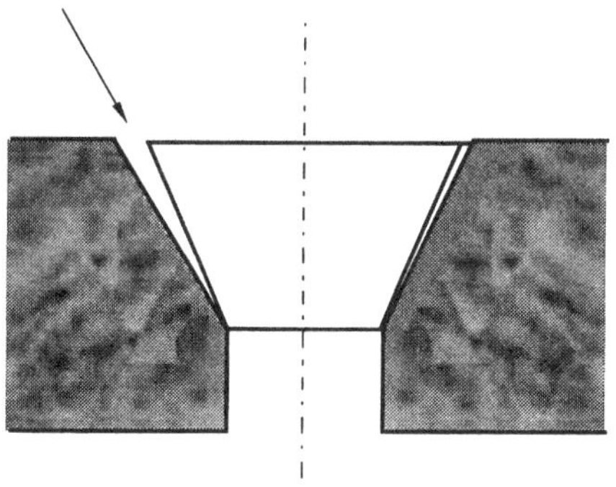

下水斜面缝隙

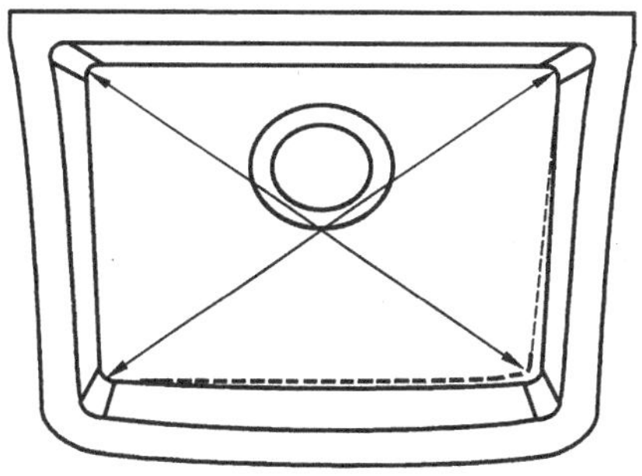

整体变形

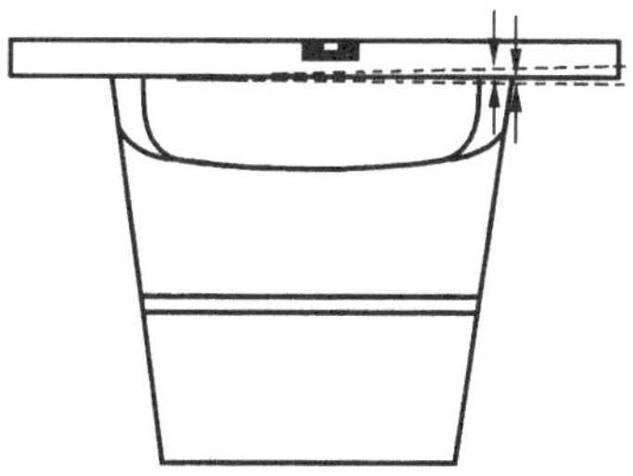

左右高度差

图 C.11 拖布池

附 录 D
（规范性附录）
耐荷重性试验示意图

D.1 试验板

试验板如图 D.1 所示。

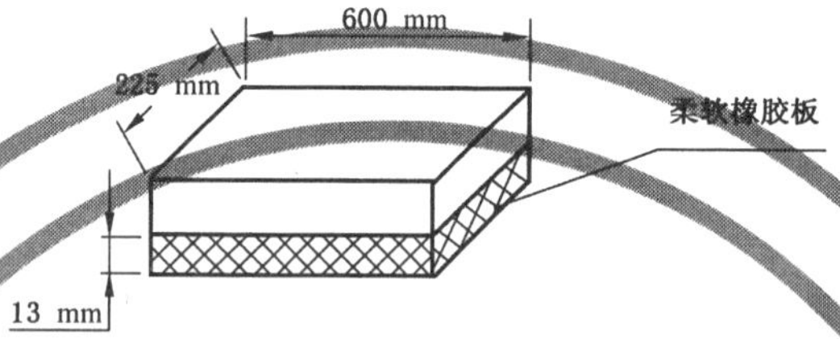

图 D.1 试验板

D.2 坐便器耐荷重性试验

坐便器耐荷重性试验如图 D.2 所示。

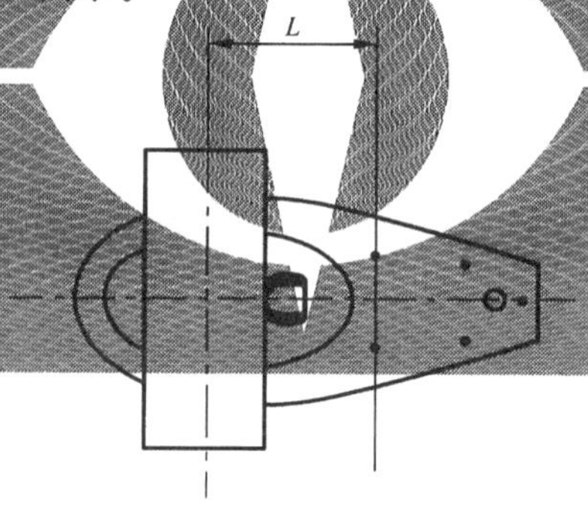

类型	L
普通型	250
加长型	300

图 D.2 坐便器

D.3 洗面器耐荷重性试验

洗面器耐荷重性试验如图 D.3 所示。

图 D.3 洗面器

D.4 小便器耐荷重性试验

小便器耐荷重性试验如图 D.4 所示。

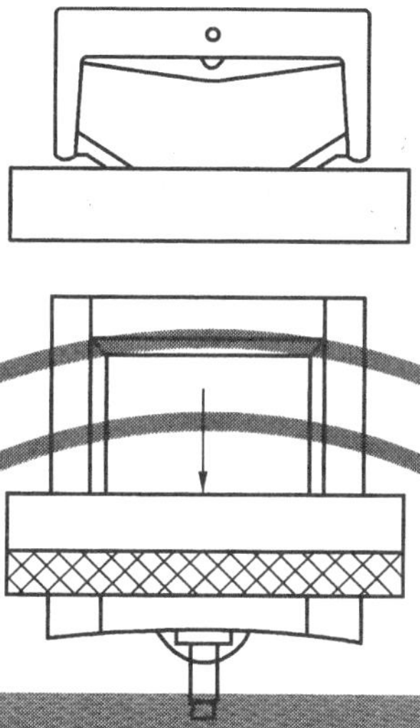

图 D.4 小便器

D.5 洗涤槽和淋浴盘耐荷重性试验

洗涤槽和淋浴盘耐荷重性试验如图 D.5 所示。

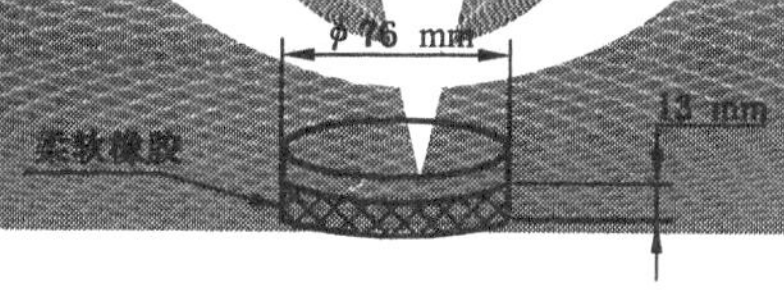

a） 洗涤槽试验板

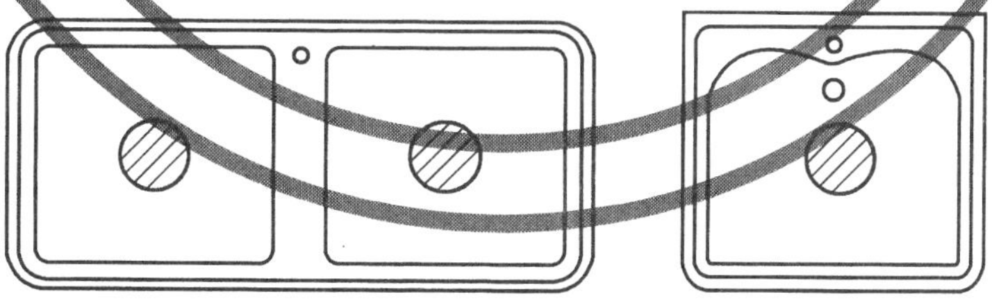

b） 洗涤槽

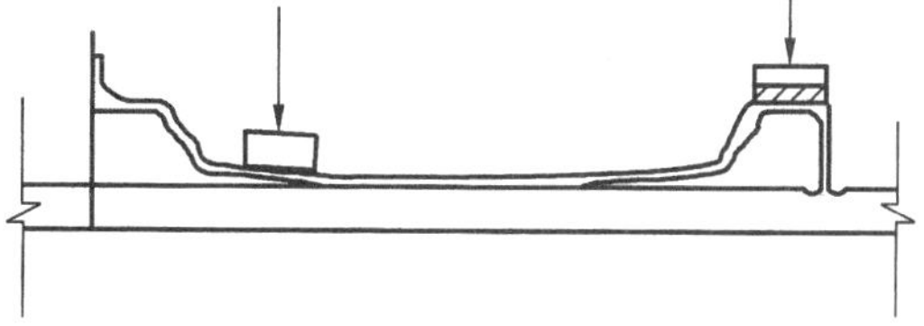

c） 淋浴盘

图 D.5 洗涤槽和淋浴盘

附　录　E
（规范性附录）
便器功能试验装置

E.1　标准化供水系统

便器标准化供水系统示意图见图 E.1 和图 E.2。

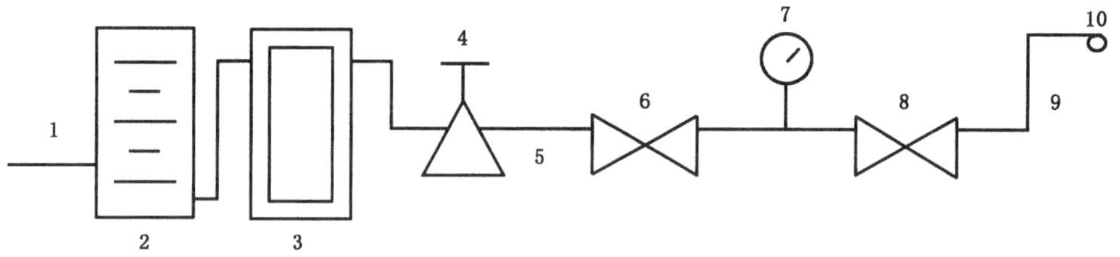

a）　标准化供水系统

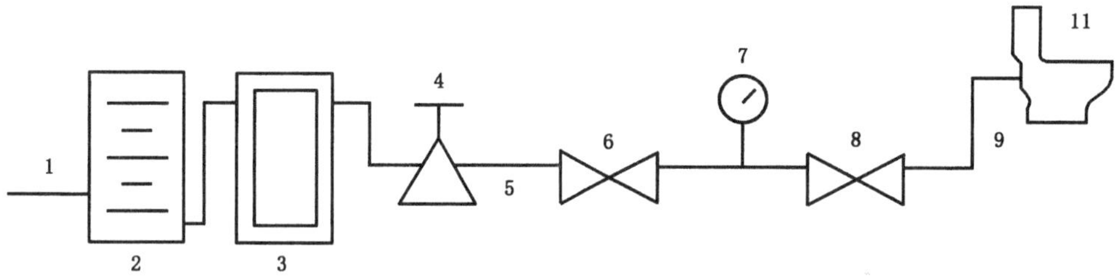

b）　水箱式便器试验供水系统

说明：

1 ——供水管道。试验应为干净水，应提供不小于 860 kPa 的静压。

2 ——过滤器。使用过滤器除去水中的颗粒和污物，防止对供水系统的运行及便器测试的影响。

3 ——流量计。流量计的使用范围应为 0 L/min～38 L/min，精度为全量程的 2%。可用变流涡轮流量计。

4 ——调压器。减压阀（稳压器）的适用范围应为 140 kPa～550 kPa，且压差不超过 35 kPa 时，流量不小于38 L/min。

5 ——供水管。应使用最小为 NPS-3/4 的供水管。

6 ——阀门。控制阀是市场上可买至的 NPS-3/4 球阀或类似便利阀。

7 ——压力表。压力表的使用范围为 0 kPa～690 kPa，刻度为 10 kPa，精度不低于全量程的 2%。

8 ——球阀或闸阀。用于通断控制（最小为 NPS-3/4）。

9 ——软管。用软管将标准化供水系统与便器联接。所用软管的内径不得小于 NPS-5/8。

10——截止阀。模拟进水阀的截止阀是 NPS-3/8，可用黄铜制 R-15 模拟阀门用于坐便器测试。

11——样品。已安装水箱及进水阀的待测样品。

图 E.1　测试水箱式便器的标准化供水系统

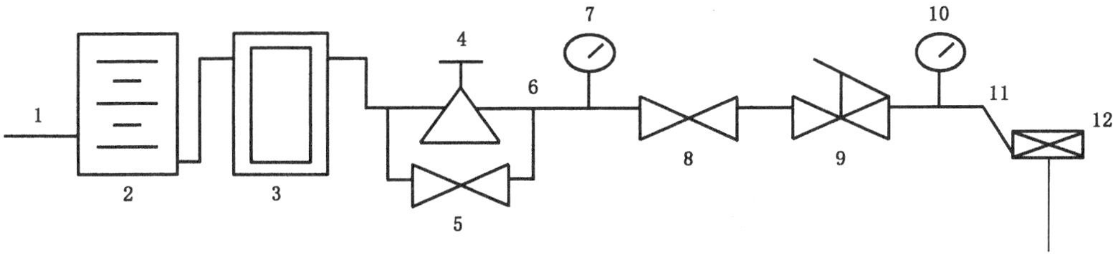

说明：

1 ——供水管道。试验应为干净水，应提供不小于 860 kPa 的静压。

2 ——过滤器。使用过滤器除去水中的颗粒和污物，防止对供水系统的运行及坐便器测试的影响。

3 ——流量计。流量计的使用范围应为 0 L/min～227 L/min，精度为全量程的 2%。可用变流涡轮流量计。

4 ——调压器。减压阀(稳压器)的适用范围应为 140 kPa～550 kPa，且压差不超过 49 kPa 时，流量应不小于 189 L/min 。可以用一个附加的调阀，用于调整进口压力。

5，8，9——阀门。控制阀是市场上可买至的 NPS-3/4 等径球阀或类似 8 的调节阀、9 为快速通断阀、5 为旁路阀门。

6 ——供水管。应使用最小管径为 NPS-1-1/2 的供水管。

7,10 ——压力表。压力表的使用范围为 0 kPa～690 kPa，刻度为 10 kPa 。精度不低于全量程的 2%。

11 ——软管。用软管将标准化供水系统与冲洗阀联接。所用软管的内径为 NPS-1-1/4 且不得长于 3 m。

12 ——冲洗阀。应提供与冲洗阀配套的截止阀。制造商或实验室应提供制造商所选择的用于试验的冲洗阀。试验所用冲洗阀应符合 GB/T 26750 的规定。

图 E.2 测试冲洗阀式坐便器、蹲便器和小便器的标准化供水系统

E.2 排水管道输送特性试验装置

排水管道输送特性试验装置见图 E.3。

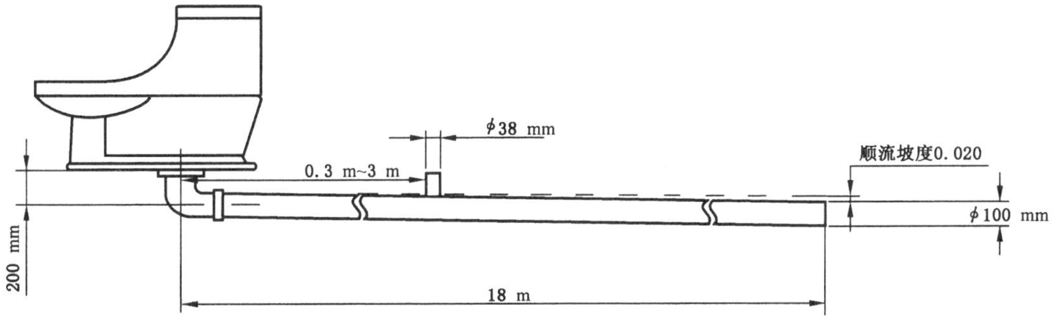

a) 下排式坐便器排水管道输送特性试验装置示意图

图 E.3 排水管道输送特性试验装置示意图

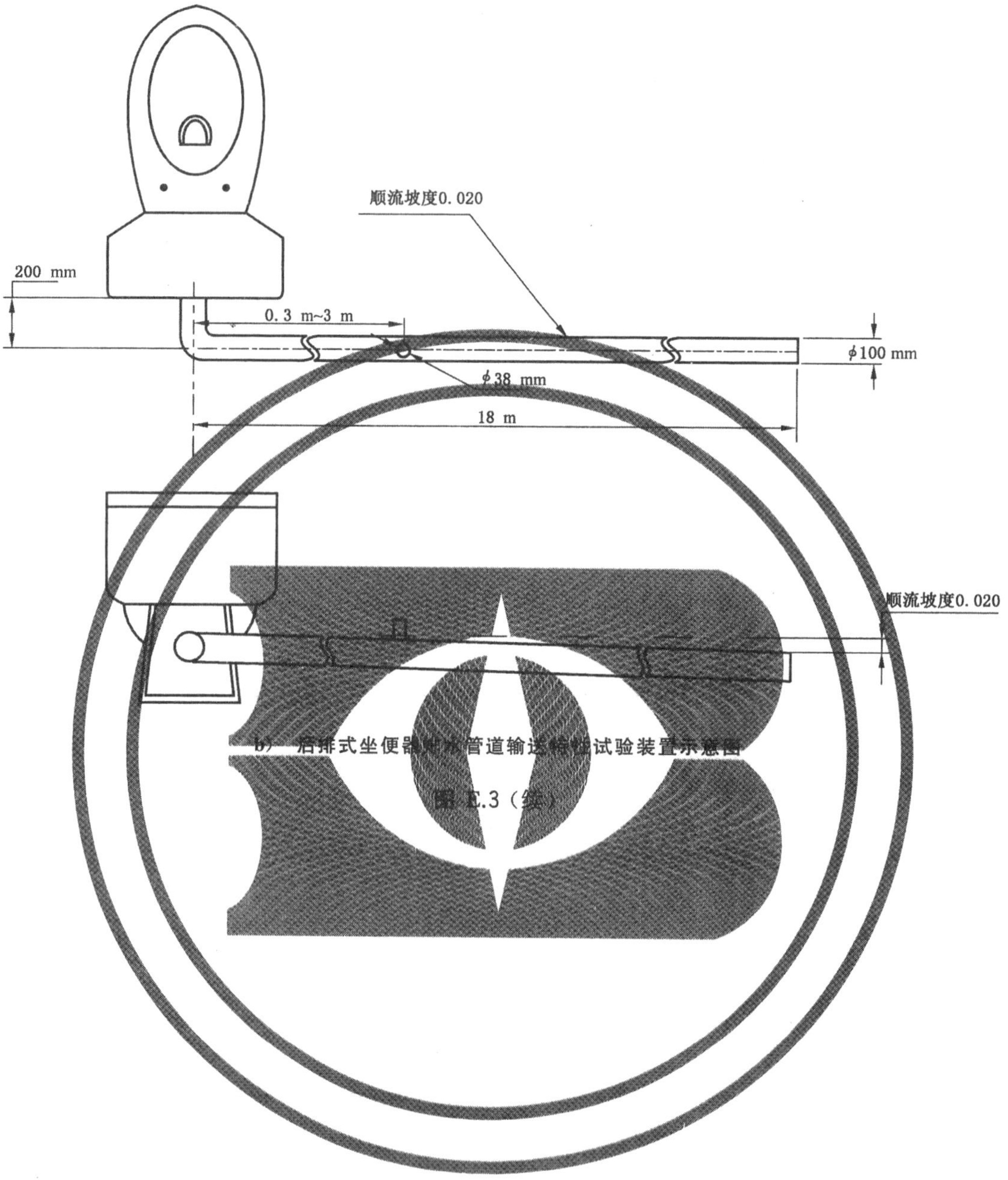

b) 后排式坐便器排水管道输送特性试验装置示意图

图 E.3（续）

GB 6952—2015

附 录 F
（规范性附录）
蹲便器排放试验用人造试体示意图

F.1 蹲便器排放试验用人造试体

蹲便器排放试验用人造试体示意图见图 F.1。

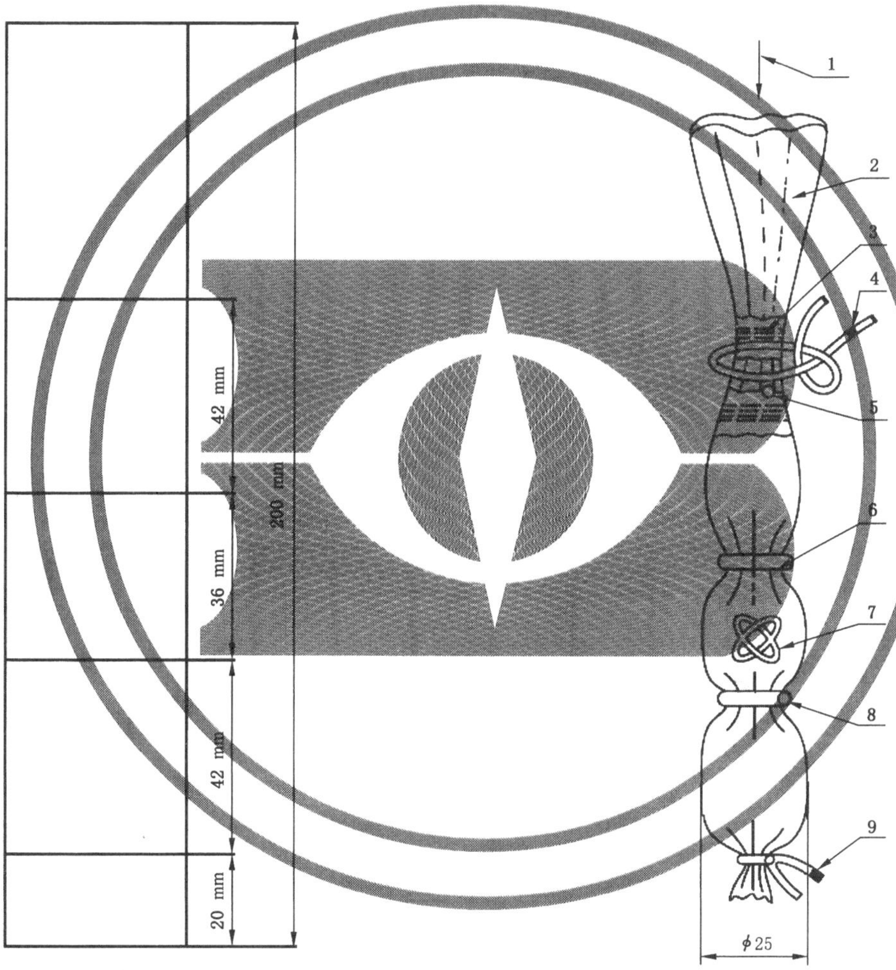

说明：

1 ——37 mL 水；

2 ——人造肠衣：长约 230 mm，直径 ϕ25 mm；

3 ——扎紧细线；

4，5 ——O 型圈：规格 10×1.8；

6 ——扎紧细线；

7 ——纱布外套：医用纱布；

8，9 ——纱布套绑线。

图 F.1 试验用人造试体示意图

F.2 蹲便器排放试验用人造试验放置

蹲便器排放试验用人造试验放置示意图见图 F.2。

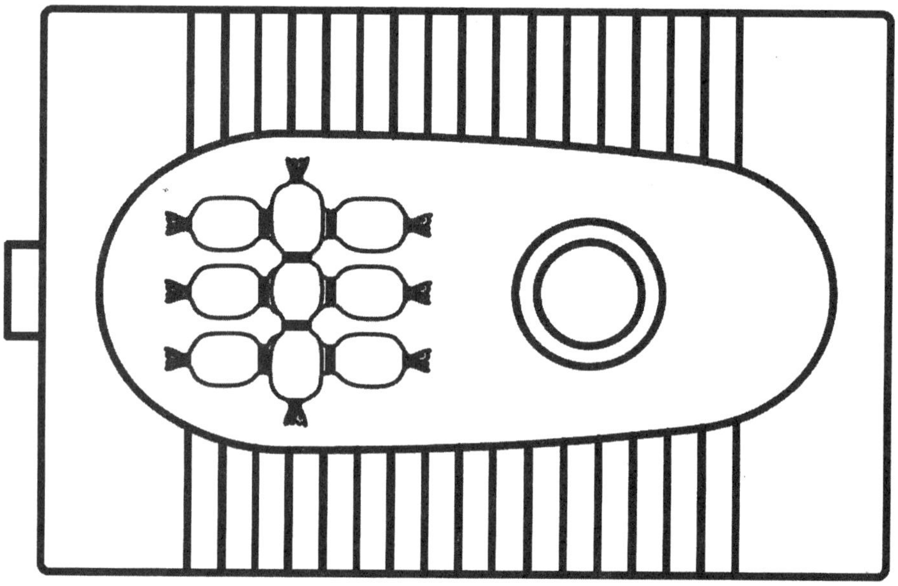

a） 前出水式蹲便器

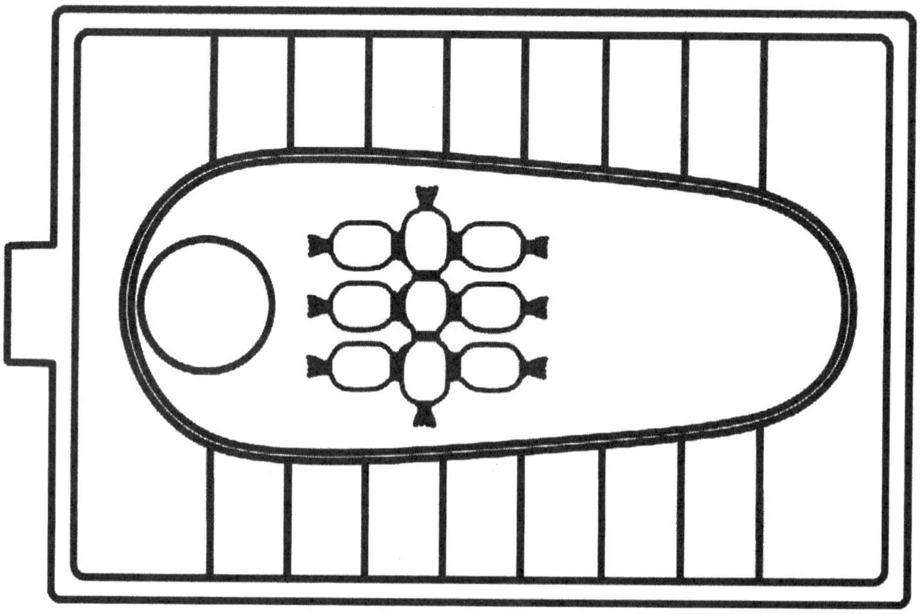

b） 后出水式蹲便器

图 F.2 蹲便器排出功能试验试件放置示意图

附 录 G
（资料性附录）
无水小便器功能要求及试验方法

G.1 概述

本附录规定的性能要求和试验方法适用于所有无水小便器。

G.2 测试样品

由同型号同批产品中随机抽取一件产品或由制造商提供的3件产品中随机抽取一件产品，该产品作为测试样品，按本标准附录规定进行所有项目的测试。

G.3 测试环境条件及测试小便器的安装

G.3.1 测试室：有一个封闭的测试室，应能隔绝实验室内部与外部的空气对流，不允许有空气流或其他变化影响样品测试数据的精度。测试室仅需一个方便测试样品和单人进出的门，并能使用室内温度控制在20 ℃～38 ℃范围之内。测试室应便于小便器的安装、测试操作，便于测试或监测试仪器设备的安置。

G.3.2 测试室可以由预制的面板组装面成，也可以是一个固定的房间。测试小便器安装面应符合相关建筑规范。应将测试小便器及支撑附件垂直安装在安装墙面的中心线上，安装后的小便器测试样品到两侧的墙面或是临近的小便器的最小距离要符合建筑规范的规定。

G.4 测试准备

小便器测试样品应垂直放置，其存水弯和排水口内应清洁无杂物。每次测试前，应用制造商说明书指定密封剂充满小便器测试样品的存水弯。若小便器测试样品使用的是可拆卸的过滤盒，应由制造商提供未使用的过滤盒，将制造商指定的密封剂填充过滤盒至制造商指定高度，按说明书要求将此过滤盒安装至小便器测试样品上。

G.5 防堵塞性

G.5.1 试验方法

将无过滤嘴的纸烟由中间折断，制成长度为38 mm±6.4 mm的测试试体20个。先将2个试体放置到小便器测试样品的坑口内。打开水嘴，以0.5 L/min的流速冲洗小便器1 min，再放入2个试体，再冲水，直至放入20个试体，冲水量为5 L，试体应全部冲出小便器；再用重复5次测试，共测试6次。其中3次测试使用制作的试体，另外3次使用揉碎的试体。

G.5.2 性能要求

每次测试过程中，不应发生故障或堵塞现象。

G.6 可拆卸存水弯的密封性

G.6.1 试验方法

用制造商提供的存水弯插件安装工具，将插件安装、拆卸 50 次后安装到测试样品上，进行气压试验，将排水口堵塞，在小便器水道进水口处输入压缩空气至 10 kPa 保持 15 min。再重复 4 次试验。

G.6.2 性能要求

每次试验，应无泄压发生。

G.7 排出性和氨含量评价的试验方法

G.7.1 试剂

G.7.1.1 清洁剂

应使用制造商建议的化学试剂和/或清洗剂。化学试剂和/或清洗剂应随机由制造商提供的定制包装中抽取。

测试样液准备。

G.7.1.2 测试液

市售无香味 3% 氨水。

G.7.2 检测设备

检测设备包括：

气体检测泵；

取样管：精度为 0.1 mL；

温度记录仪(可记录当前温度、最高温度和最低温度)：精度为 ±1 ℃；

测试室：应是隔离的可防干扰的。

G.7.3 试验设备的安装

将温度记录仪安装在支架上，使其置于小便器测试样品右侧，距地高度为(300±50)mm 的位置。

G.7.4 试液的收集

由小便器测试样品排出的试验液体可通过安装在测试室的排水系统上的排水口收集，也可用水箱或类似容器直接收集。

G.7.5 试验记录事项

对小便器测试样品的整个测试过程中，应记录下列项目：

a) 测试样品功能；

b) 最高、最低和当前的空气温度；

c) 测试样品的日清洗时间；

d) 样品残留氨含量测定时间；

e) 取样空气中的氨含量；

f) 测试样品所安装的墙面到被测样品距离墙最远的点的水平距离。该数据在小便器样品安装后才能确定。

G.7.6 测试样品载体和基准值测定

将准备好的测试液倒入容量为 120 mL 的无盖容器内并置于小便器内(紧邻或在坑口内)。用气体检测泵按 G.7.7 规定的位置采集烟雾样,测定氨含量并记录所有测量数据。作为测定样品氨含量之前的基准值。

G.7.7 测试液排出性和氨含量测定

以(950±95)mL/min 的流速在 0.5 min±5 sec 时间内将 470 mL 测试液注入小便器的坑口,每间隔 4 min±15 s 重复加注,一共加注 3 次。通过在每个测试间隔观察小便器测试样品坑口内是否有可见的残留的测试液,记录每次测试液是否全部被排出。

连续 3 次的测试液排出测试完成后,按以下规定时间,用气体检测泵按 G.7.8 规定的位置采集烟雾取样,测定氨含量并记录所有测量数据:

a) 3 次的测试液排出测试完成后 5 min 测试氨含量;
b) 3 次的测试液排出测试完成后 15 min 测试氨含量;
c) 3 次的测试液排出测试完成后 30 min 测试氨含量;
d) 3 次的测试液排出测试完成后 60 min 测试氨含量。

在清洗小便器测试样品前,再重复两次测试。

G.7.8 取样位置

应在下述 4 个位置处采集氨气烟雾试样:

a) 小便器前沿:在小便器前沿水平处的正上方 (75±12)mm 的位置。
b) 小便器坑口:在小便器坑口内最低点的正上方 (75±12)mm 的位置。
c) 成人站立地面至鼻孔位:在与安装小便器的墙面水平距离(150±4)cm 的位置。
d) 成人坐位的地面至鼻孔位:在与安装小便器的墙面水平距离 (119±4)cm 的位置。

G.7.9 测试频率

每天测试 3 次,取 3 组样,连续测试 3 天。仅在每天测试结束后对小便器测试样品进行清洗,并记录测试结果。

G.7.10 功能要求

进行连续 3 天的测试液排出测试,9 次的测试液排出测试中,至少有 8 次测试液能全部排出,则测试液排出试验为合格。

3 次的测试液排出测试完成后 5 min 所测氨含量不应超过 G.7.6 所测基准值的 40%;

其他时间所测的氨含量所有结果的 95%不应大于 0.01 mL/L。

ICS 81.060.20
Y 24

中华人民共和国国家标准

GB/T 30771—2014

日用玻璃陶瓷

Domestic devitroceram

2014-07-08 发布 2014-12-01 实施

中华人民共和国国家质量监督检验检疫总局
中国国家标准化管理委员会 发布

前　言

本标准按照 GB/T 1.1—2009 给出的规则起草。

本标准由中国轻工联合会提出。

本标准由全国日用陶瓷标准化技术委员会(SAC/TC 405)归口。

本标准起草单位:潮州市三元陶瓷(集团)有限公司、潮州市陶瓷行业协会、江苏高淳陶瓷股份有限公司、广东三圆微晶玻璃科技有限公司、深圳市三燕贸易有限公司、国家陶瓷及水暖卫浴产品质量监督检验中心。

本标准主要起草人:黄再元、黄振豪、林振纯、黄晓冬、邱伟志、陈鹏彬、张泽彪、柳茂春、孔德双、许玉泉、张益群、邱胜琳、李丽卿。

GB/T 30771—2014

日用玻璃陶瓷

1 范围

本标准规定了日用玻璃陶瓷的术语和定义、产品分类、要求、试验方法、检验规则和包装、标志、运输、贮存。

本标准适用于日用玻璃陶瓷，不适用于日用玻璃陶瓷烹调器。

2 规范性引用文件

下列文件对于本文件的应用是必不可少的。凡是注日期的引用文件，仅注日期的版本适用于本文件。凡是不注日期的引用文件，其最新版本(包括所有的修改单)适用于本文件。

GB/T 2828.1—2012 计数抽样检验程序 第1部分：按接收质量限(AQL)检索的逐批检验抽样计划

GB/T 2829—2002 周期检验计数抽样程序及表(适用于对过程稳定性的检验)

GB/T 3298 日用陶瓷器抗热震性测定方法

GB/T 3300 日用陶瓷器变形检验方法

GB/T 3301 日用陶瓷的容积、口径误差、高度误差、质量误差、缺陷尺寸的测定方法

GB/T 3302 日用陶瓷器包装、标志、运输、贮存规则

GB/T 3303 日用陶瓷器缺陷术语

GB/T 3532 日用瓷器

GB/T 3534—2002 日用陶瓷器铅、镉溶出量测定方法

GB/T 5000 日用陶瓷名词术语

GB/T 5009.11—2003 食品中总砷及无机砷的测定

GB/T 5009.63—2003 搪瓷制食具容器卫生标准的分析方法

GB/T 6682—2008 分析实验室用水规格和试验方法

GB 12651 与食物接触的陶瓷制品铅、镉溶出量允许极限

GB 19778 包装玻璃容器 铅、镉、砷、锑溶出允许限量

GB/T 27587 日用陶瓷耐微波加热测试方法

3 术语和定义

GB/T 3303、GB/T 5000界定的以及下列术语和定义适用于本文件。

3.1

玻璃陶瓷 devitroceram

由结晶相和玻璃相构成的一类陶瓷复合材料，一般通过对玻璃进行适当加热处理以使玻璃体内产生足量结晶相而获得。

3.2

日用玻璃陶瓷　domestic devitroceram

供日常使用的玻璃陶瓷制品。

3.3

结石　stone

制品中没有熔化的固体夹杂物。

3.4

气泡　bubble

制品中存在的气体夹杂物。

3.5

模痕　seam mark

制品在模具上定型时产生的模具合缝痕迹及模头吸附痕迹。

4 产品分类

4.1 按产品的用途分为碟类、碗类、杯类、壶类及其他器物类。

4.2 按产品的器型分为扁平制品、小空心制品、大空心制品。

4.3 按产品的规格分为小型、中型、大型、特型，其规格范围见表1。

表1

类别	型式			
	小型	中型	大型	特型
盘碟类口径/mm	<128	128～<228	228～350	>350
碗类口径/mm	<110	110～<175	175～250	>250
杯类口径/mm	<60	60～<100	100～140	>140
壶类容量/mL	<250	250～<1 000	1 000～2 400	>2 400
其他器物类	视其外观相似情况，分别按上述各类定形			

5 要求

5.1 外观质量

5.1.1 产品不允许有崩缺、裂纹和渗漏缺陷。

5.1.2 成套产品的花面色泽应基本一致，贴花产品不允许明显的画面缺陷；

5.1.3 产品的底沿应平滑，放在平面上应平稳。

5.1.4 有盖产品的盖与口基本吻合。

5.1.5 底部标志应正确、清晰，不得有明显歪斜与偏心。

5.1.6 产品外观缺陷应符合表2规定。

表 2

序号	缺陷名称	测量单位	产品规格	合格品
1	变型	高度/mm	盘碟类	
			小型	不大于 2.5
			中型	不大于 3.5
			大型	不大于 4.5
			特型	不大于口径的 2.0%
			鱼盘类	
			<200	不大于 3.5
			200～240	不大于 4.5
			240～320	不大于 6.0
			≥320	不大于最长口径的 2.0%
		口径/mm	碗类	
			小型	不大于 2.5
			中型	不大于 3.5
			大型	不大于 4.5
			特型	不大于口径的 2.0%
			杯类	
			小型	不大于 2.0
			中型	不大于 2.5
			大型	不大于 3.0
			特型	不大于口径的 2.5%
			壶类	
			<60	不大于 2.5
			≥60	不大于 3.0
2	结石	直径/mm	小、中、大、特型	不大于 0.3
3	气泡	直径/mm	小、中、大、特型	小于 0.5，间距不小于 30
4	模痕	—	小、中、大、特型	不明显
5	波浪纹	—	小、中、大、特型	显见面不明显

注：本标准未能包括的缺陷，可按相似缺陷处理。

5.2 抗热震性

5.2.1 成套或系列产品

餐具以小型盘、碗类产品为代表件，茶、咖啡具以杯、盅类产品为代表件，120 ℃～20 ℃热交换一次不裂。

5.2.2 非成套或系列产品

小型产品 120 ℃～20 ℃热交换一次不裂；中、大、特型产品 110 ℃～20 ℃热交换一次不裂。

5.3 铅、镉、砷、锑溶出量

5.3.1 铅、镉溶出量允许极限应符合 GB 12651 规定。

5.3.2 砷、锑溶出量允许极限应符合 GB 19778 规定。

5.4 微波炉适应性

按 6.3 的试验方法，一次循环不裂和无电弧产生。

5.5 产品规格误差

5.5.1 口径误差

口径大于 200 mm 的误差允许±1.0%，口径在 60 mm～200 mm 之间的误差允许±1.5%，口径小于 60 mm 的误差允许±2.0%。

5.5.2 高度误差

高度误差允许±3.0%。

5.5.3 质量误差

质量误差允许±6.0%。

6 试验方法

6.1 抗热震性

按 GB/T 3298 执行。

6.2 铅、镉、砷、锑溶出量测定

6.2.1 浸泡条件

按 GB/T 3534—2002 中 7.2 执行。

6.2.2 铅、镉溶出量测定

按 GB/T 3534—2002 执行。

6.2.3 砷溶出量测定

6.2.3.1 试剂

除非另有说明，在分析中仅使用确认为分析纯的试剂和 GB/T 6682—2008 中规定的二级水。

6.2.3.1.1 硫脲溶液(50 g/L)

称取 5.0g 硫脲，加约 40 mL 水，加热溶解，冷却后定容至 100 mL。

6.2.3.1.2 **硫酸溶液(1+9)**

量取硫酸 100 mL,小心倒入 900 mL 水中,混匀。

6.2.3.1.3 **硫酸溶液(1+1)**

量取硫酸 100 mL,小心倒入 100 mL 水中,混匀。

6.2.3.2 氢化物原子荧光光度计法

取 5 mL~10 mL 浸泡液于 25 mL 容量瓶中,分别加入硫脲溶液(6.2.3.1.1)2.5 mL,用硫酸溶液(6.2.3.1.2)定容至刻度并混匀,按 GB/T 5009.11—2003 总砷的测定中 5.2~第 8 章执行。

同时做空白试验。

6.2.3.3 银盐法

取 5 mL~10 mL 浸泡液于 150 mL 锥形瓶中,加水至 40 mL,再加入 10 mL 硫酸溶液(6.2.3.1.3),按 GB/T 5009.11—2003 总砷的测定中 13.2、第 14 章执行。

浸泡液中砷的含量按式(1)进行计算。

$$X = \frac{(A_1 - A_2) \times 1\ 000}{V \times 1\ 000} \qquad \cdots\cdots(1)$$

式中:

X ——浸泡液中砷的含量,单位为毫克每升(mg/L);

A_1——测定用浸泡液中砷的质量,单位为微克(μg);

A_2——试剂空白液中砷的质量,单位为微克(μg);

V ——浸泡液的体积,单位为毫升(mL)。

计算结果保留两位有效数字。

6.2.4 锑溶出量测定

按 GB/T 5009.63—2003 中第 8 章执行。

6.3 微波炉适应性

按 GB/T 27587 执行。

6.4 变形

按 GB/T 3300 执行。

6.5 产品规格误差、缺陷尺寸

按 GB/T 3301 执行。

7 检验规则

7.1 检验分类

产品检验分为交收检验和型式检验,采用每百单位不合格品数(计件法)检验。

7.2 交收检验

7.2.1 每件产品应经制造厂检验部门全数检验并经交收检验合格后方可出厂。

7.2.2 交收检验项目为5.1和5.5规定的内容。

7.2.3 交收检验按GB/T 2828.1—2003的各项规定执行。各项检验项目的不合格分类、接收质量限、检验水平及抽样方案见表3。正常检验一次抽样及判定按表4执行。

表 3

<table>
<tr><th>检查项目</th><th>不合格分类</th><th>接收质量限(AQL)</th><th>检查水平(IL)</th><th>抽样方案</th></tr>
<tr><td>5.1.1</td><td>A</td><td>0.25</td><td>一般检查水平Ⅱ</td><td rowspan="7">一次抽样(从正常检验一次抽样开始,按转移规则进行)</td></tr>
<tr><td>5.5</td><td rowspan="6">B</td><td rowspan="6">4.0</td><td>特殊检查水平S-3</td></tr>
<tr><td>5.1.2</td><td rowspan="5">一般检查水平Ⅱ</td></tr>
<tr><td>5.1.3</td></tr>
<tr><td>5.1.4</td></tr>
<tr><td>5.1.5</td></tr>
<tr><td>5.1.6</td></tr>
</table>

表 4

批量范围	一般检查水平Ⅱ						特殊检查水平S-3		
	AQL=0.25			AQL=4.0			AQL=4.0		
	样本量	Ac	Re	样本量	Ac	Re	样本量	Ac	Re
2~8	50	0	1	3	0	1	3	0	1
9~15	50	0	1	3	0	1	3	0	1
16~25	50	0	1	3	0	1	3	0	1
26~50	50	0	1	13	1	2	3	0	1
51~90	50	0	1	13	1	2	3	0	1
91~150	50	0	1	20	2	3	3	0	1
151~280	50	0	1	32	3	4	13	1	2
281~500	50	0	1	50	5	6	13	1	2
501~1 200	50	0	1	80	7	8	13	1	2
1 201~3 200	200	1	2	125	10	11	13	1	2
3 201~10 000	200	1	2	200	14	15	20	2	3
10 001~35 000	315	2	3	315	21	22	20	2	3
35 001~150 000	500	3	4	315	21	22	32	3	4
150 001~500 000	800	5	6	315	21	22	32	3	4
≥500 001	1 250	7	8	315	21	22	50	5	6

7.2.4 受检产品可按单位、套具、花面、器型等形成批。

7.2.5 样本的抽取按以下要求进行:

a) 单位产品按表3的规定从交货批中直接随机抽取样本量。

b) 成箱配套产品根据交货批产品数量对照表3的要求查出相应的样本量,用样本量除以每箱内的产品数，其商差是整数则以此数值为抽取的箱；其商差含小数，则去除小数，在整数位加 1 作为抽样检箱数。从交货批产品中随机抽取确定箱数的成箱配套产品，然后从抽取的箱中随机抽取该批产品的样本量(每箱中抽出的样本数应大致相等)。

c) 当交货批小于或等于样本量时，则全部抽取。

7.2.6 交收检验项目中，如有一项不合格，则判定该产品为不合格。该批产品由交货方返工之后，方可再次提交检验。

7.3 型式检验

7.3.1 型式检验项目为本标准要求的全部内容，所有项目每半年不少于一次，遇有下列情况之一时亦应进行型式检验：

a) 产品原料改变时；

b) 生产工艺方法变更可能影响产品性能时；

c) 停产 6 个月以上再恢复生产时；

d) 生产工艺过程中发生意外事故时；

e) 有合同要求时。

7.3.2 型式检验的样本应从规定周期内制造，并经过批检查合格的某个批或若干个批中抽取，抽取样本的方法要保证所得到的样本能代表本周期的实际技术水平。

7.3.3 型式检验按 GB/T 2829—2002 的规定执行，各检验项目的不合格分类、不合格质量水平、判别水平、不合格判定数及抽样方案见表 5。有合同要求时，可由合同双方协商确定。

表 5

检验项目	不合格分类	不合格质量水平(RQL)	判别水平(DL)	抽样方案	样本量	Ac	Re
5.1.1	A	6.5	Ⅲ	一次	32	0	1
5.5、5.1.2、5.1.3、5.1.4、5.1.5、5.1.6	B	20			32	3	4
5.3.1	A	15	Ⅰ	一次	6	0	1
5.3.2					6	0	1
5.4		30			3	0	1
5.2	B	25	Ⅰ	二次	$n_1=5$ $n_2=5$	0 1	2 2

7.3.4 检验的各个项目中，如有一项不合格，则判该产品型式检验不合格。

8 包装、标志、运输、贮存

8.1 产品的包装、标志、运输、贮存按 GB/T 3302 规定执行。

8.2 成套产品包装时要求配套无差错。

ICS 81.060.20
Y 88

中华人民共和国国家标准

GB/T 13524.1—2015
代替 GB/T 13524.1—1992

陈设艺术瓷器
第1部分:雕塑瓷

**Standard of artistic porcelain—
Part 1:Carved porcelain**

2015-07-03 发布 2016-02-01 实施

中华人民共和国国家质量监督检验检疫总局
中国国家标准化管理委员会 发布

前　言

GB/T 13524《陈设艺术瓷器》分为三个部分：

——第 1 部分：雕塑瓷；

——第 2 部分：器皿瓷；

——第 3 部分：文化用瓷。

本部分为 GB/T 13524 的第 1 部分。

本部分按照 GB/T 1.1—2009 给出的规则起草。

本部分代替 GB/T 13524.1—1992《陈设艺术瓷器　雕塑瓷》。与 GB/T 13524.1—1992 相比，主要技术差异如下：

——删除了“底板粘渣”术语(见 1992 年版的 3.2.4)；

——删除了吸水率的技术要求和试验方法(见 1992 年版的 5.1、6.1)；

——修改了产品规格误差(见 5.1，1992 年版的 5.5)；

——修改了釉面的要求(见 5.2.1，1992 年版的 5.2)；

——修改了裂纹的技术要求(见表 3，1992 年版的表 3)；

——修改了检验规则(见第 7 章，1992 年版的第 7 章)。

本部分由中国轻工业联合会提出。

本部分由全国日用陶瓷标准化技术委员会(SAC/TC 405)归口。

本部分起草单位：福建省佳美集团公司、德化县质量计量检测所、福建省日用陶瓷产品质量监督检验中心、福建省泉州龙鹏集团有限公司、德化县苏清河艺瓷苑、福建冠福现代家用股份有限公司、德化蕴玉陶瓷雕塑艺术研究所、德化县聚益瓷雕工艺厂、福建省德化县飞天陶瓷有限公司、广东长城集团股份有限公司。

本部分主要起草人：陈国典、陈志翰、杨剑民、柯宏荣、瞿凤珍、林雪萍、王培景、陈瑞文、郑智奥、苏友德、林建胜、郑雄伟、蔡廷祥、黄志亮、周冬菊。

本部分所代替标准的历次版本发布情况为：

——GB/T 13524.1—1992。

GB/T 13524.1—2015

陈设艺术瓷器
第1部分:雕塑瓷

1 范围

GB/T 13524的本部分规定了雕塑瓷的术语和定义、产品分类、技术要求、试验方法、检验规则和包装、标志、运输、贮存规则。

本部分适用于雕塑瓷产品,不适用于特种工艺雕塑瓷和工贸双方协商认可的雕塑瓷产品。

2 规范性引用文件

下列文件对于本文件的应用是必不可少的。凡是注日期的引用文件,仅注日期的版本适用于本文件。凡是不注日期的引用文件,其最新版本(包括所有的修改单)适用于本文件。

GB/T 2828.1—2012 计数抽样检验程序 第1部分:按接收质量限(AQL)检索的逐批检验抽样计划

GB/T 2829—2002 周期检验计数抽样程序及表(适用于对过程稳定性的检验)

GB/T 3301 日用陶瓷的容积、口径误差、高度误差、重量误差、缺陷尺寸的测定方法

GB/T 3302 日用陶瓷器包装、标志、运输、贮存规则

GB/T 3303 日用陶瓷器缺陷术语

GB/T 5000 日用陶瓷名词术语

3 术语和定义

GB/T 5000、GB/T 3303界定的以及下列术语和定义适用于本文件。

3.1

特种工艺雕塑瓷 special technical carved porcelain

在造型和装饰上,技术难度大、工艺要求高或按客户要求定制、仿制,并符合下列条件之一的:

a) 精雕细刻的捏雕、镂雕、浮雕及采用特种工艺造型和综合装饰的雕塑瓷;

b) 小于50 mm的微型雕塑瓷和大于800 mm的超特型雕塑瓷。

3.2

镀膜装饰 plating film decoration

采用镀膜方法,使产品表面形成一层色膜。

3.3

合缝迹 seam mark

产品表面呈现的合缝痕迹。

3.4

注浆纹

吊浆 vein of casting slip

产品表面呈现的线状痕迹。

3.5

皮子釉

刨皮花　browning mark

带有树节的刨皮烧后留在产品上的阴褐色釉面。

3.6

青花毛料　blur of blue and white pigment

青花料色模糊不清。

3.7

青花料刺　rough on blue and white pigment

青花色料有刺手感。

3.8

镀膜痕迹　mark of plating film

镀膜产品的镀层表面呈现的痕迹。

3.9

脱膜　dropping film

产品在镀膜后镀层脱落。

4 产品分类

4.1 按产品形状分为人物、动物、花卉山水、其他类。

4.2 按产品规格分为小型、中型、大型、特型，其规格范围见表1。

表 1

单位为毫米

类别	型式			
	小型	中型	大型	特型
人物	50～<150	150～<350	350～<550	550～800
动物、花卉山水、其他	50～<150	150～<250	250～<400	400～800
注：按产品外形最大尺寸定型。				

4.3 按产品的等级分为优等品、一等品、合格品。

5 技术要求

5.1 产品规格误差

小、中型的误差允许±3.0%；大、特型的误差允许±4.0%。

5.2 外观质量

5.2.1 釉面光润(无光釉、无釉产品等除外)，色泽纯正。

5.2.2 产品放置在平面上应基本稳定，配件与主体应相适宜。

5.2.3 成套产品的色泽应基本一致，规格尺寸应相称。

5.2.4 产品不允许有裂穿、碰损、坯爆、炸釉、颜色剥落和脱膜缺陷。

5.2.5 产品裸露部位外观质量要求：

a) 陈设的人物头面正视部位不允许有缺陷。

b) 头面非正视部位及人物的胸腹、四肢、动物的头、脚等裸露部位的斑点、落渣、熔洞、疙瘩、坯泡、泥渣、毛孔、缺泥、缺釉、石膏脏等缺陷按表2规定，测定量和单位按表3执行。

c) 罗汉、寿星及类似产品裸露头顶的斑点缺陷，小、中型：优等品与一等品不允许，合格品不大于0.5 mm限1处；大、特型：优等品不允许，一等品不大于0.5 mm限1处，合格品不大于0.5 mm限2处。

d) 裸露部位裂纹：优等品与一等品均不允许；合格品阴裂：小型不大于5 mm限1处，中型不大于10 mm限1处，大型不大于15 mm限1处，特型不大于20 mm限1处；坯釉皆裂：显见面不允许，非显见面各型按表3规定幅度缩小50%。

e) 其他缺陷按表3规定执行。

表2

单位为毫米

缺陷部位	产品规格	优等品	一等品	合格品
人物头面	小、中型	不允许	不允许	不允许
	大、特型	不允许	不允许	不大于0.5，限1处
人物头顶、胸、腹、四肢	小、中型	不允许	不大于0.5，限1处	不大于0.5，限2处
	大、特型	不大于0.5，限1处	不大于0.5，限2处	不大于1，限1处
人物头部背面、躯干背部和动物头、脚	小、中型	不大于0.5，限1处	不大于0.5，限2处	不大于1，限2处
	大、特型	不大于0.5，限2处	不大于1，限2处	不大于1.5，限2处

5.2.6 产品各等级的非裸露部位外观缺陷应符合表3规定，并应符合下列要求：

a) 优等品每件产品不得超过2种缺陷；

b) 一等品每件产品不得超过4种缺陷；

c) 合格品每件产品不得超过6种缺陷。

表3

序号	缺陷名称	测定量和单位	产品规格	优等品	一等品	合格品
1	裂纹[a]	长度 mm	小型	不允许	阴裂不大于5，限2处；坯釉皆裂不允许	阴裂不大于15，限2处；坯釉皆裂不允许
			中型	阴裂不大于4，限1处；坯釉皆裂不允许	阴裂不大于8，限2处；坯釉皆裂不允许	阴裂不大于20，限2处；坯釉皆裂不允许
			大型	阴裂不大于5，限1处；坯釉皆裂不允许	阴裂不大于12，限2处；坯釉皆裂不允许	阴裂不大于30，限3处；坯釉皆裂不允许
			特型	阴裂不大于6，限2处；坯釉皆裂不允许	阴裂不大于16，限2处；坯釉皆裂不允许	阴裂不大于40，限3处；坯釉皆裂不允许
2	斑点	直径 mm	小型	不大于0.5，限1个	不大于1，限2个	不大于2.5，限4个
			中型	不大于0.5，限2个	不大于1.5，限2个	不大于3，限5个
			大型	不大于1，限2个	不大于2，限3个	不大于3.5，限6个
			特型	不大于1.5，限3个	不大于2.5，限5个	不大于4，限8个

表 3（续）

序号	缺陷名称	测定量和单位	产品规格	优 等 品	一 等 品	合 格 品
3	落渣[b]	直径 mm	小型	不允许	不大于 1，限 2 个	不大于 2.5，限 3 个
			中型	不允许	不大于 1.5，限 2 个	不大于 3，限 3 个
			大型	不大于 1，限 2 个	不大于 2，限 3 个	不大于 3.5，限 4 个
			特型	不大于 1.5，限 3 个	不大于 3，限 4 个	不大于 4，限 5 个
4	熔洞	直径与深度 mm	小型	不允许	不大于 1.5，深不超过 1.5，限 2 个	不大于 2.5，深不超过 2，限 3 个
			中型	不允许	不大于 2，深不超过 1.5，限 2 个	不大于 3，深不超过 2，限 3 个
			大型	不大于 1，深不超过 1.5，限 2 个	不大于 2.5，深不超过 2，限 3 个	不大于 3.5，深不超过 2.5，限 4 个
			特型	不大于 1.5，深不超过 1.5，限 2 个	不大于 3，深不超过 2，限 3 个	不大于 4，深不超过 2.5，限 4 个
5	疙瘩、坯泡、泥渣	直径 mm	小型	不允许	不大于 1.5，限 3 个	不大于 3，限 4 个
			中型	不允许	不大于 2，限 3 个	不大于 3.5，限 4 个
			大型	不大于 1.5，限 1 个	不大于 3，限 4 个	不大于 4.5，限 5 个
			特型	不大于 2，限 2 个	不大于 3.5，限 4 个	不大于 5，限 5 个
6	毛孔	直径 mm	小型	不允许	不大于 0.5，限 10 个	不大于 0.5，限 20 个
			中型	不大于 0.5，限 4 个	不大于 0.5，限 15 个	不大于 1，限 25 个
			大型	不大于 0.5，限 8 个	不大于 1，限 20 个	不大于 1，限 30 个
			特型	不大于 1，限 8 个	不大于 1，限 25 个	不大于 1，限 35 个
7	缺泥	面积 mm^2 与深度 mm	小型	不允许	不大于 5，深不超过 0.5，限 1 处	不大于 10，深不超过 1，限 1 处
			中型	不大于 5，深不超过 0.5，限 1 处	不大于 10，深不超过 0.5，限 1 处	不大于 15，深不超过 1，限 1 处
			大型	不大于 10，深不超过 0.5，限 1 处	不大于 15，深不超过 0.5，限 1 处	不大于 20，深不超过 1，限 1 处
			特型	不大于 15，深不超过 0.5，限 1 处	不大于 20，深不超过 0.5，限 1 处	不大于 25，深不超过 1，限 1 处
8	缺釉（缩、压釉）	面积 mm^2	小型	不允许	不大于 10，限 2 处	不大于 20，限 2 处
			中型	不大于 10，限 1 处	不大于 20，限 2 处	不大于 40，限 2 处
			大型	不大于 15，限 1 处	不大于 30，限 2 处	不大于 60，限 2 处
			特型	不大于 20，限 1 处	不大于 40，限 2 处	不大于 80，限 2 处
9	皮子釉	面积 mm^2	小型	不允许	不允许	不大于 20，限 1 处
			中型	不允许	不大于 10，限 1 处	不大于 35，限 1 处
			大型	显见面不允许，非显见面不大于 20，限 1 处	不大于 20，限 1 处	不大于 50，限 1 处
			特型	显见面不允许，非显见面不大于 30，限 1 处	不大于 30，限 1 处	不大于 65，限 1 处

GB/T 13524.1—2015

表 3（续）

序号	缺陷名称	测定量和单位	产品规格	优等品	一等品	合格品
10	石膏脏[c]	直径与深度 mm	小型	不允许	不大于 1.5，深不超过 1.5，限 2 处	不大于 3，深不超过 1.5，限 2 处
			中型	不允许	不大于 2.5，深不超过 1.5，限 2 处	不大于 4，深不超过 1.5，限 2 处
			大型	显见面不允许，非显见面不大于 3.5，深不超过 1.5，限 3 处	不大于 3.5，深不超过 1.5，限 3 处	不大于 5，深不超过 1.5，限 3 处
			特型	显见面不允许，非显见面不大于 4.5，深不超过 1.5，限 3 处	不大于 4.5，深不超过 1.5，限 3 处	不大于 6，深不超过 1.5，限 3 处
11	注浆纹	—	各型	不允许	不太明显	不太严重
12	合缝迹	—	各型	不明显	不严重	不太严重
13	变形、釉薄、桔釉、烟熏、釉面擦伤	—	各型	不允许	不明显	不严重
14	阴黄	—	各型	不允许	很不明显	不严重
15	火刺	—	各型	不允许	不允许	不太明显
16	画线缺陷[d]	长度 mm	小型	断缺不大于 2，限 2 处	断缺不大于 3，限 4 处	断缺不大于 5，限 6 处
			中型	断缺不大于 3，限 2 处	断缺不大于 4，限 6 处	断缺不大于 6，限 8 处
			大型	断缺不大于 4，限 3 处	断缺不大于 5，限 8 处	断缺不大于 7，限 10 处
			特型	断缺不大于 5，限 4 处	断缺不大于 6，限 10 处	断缺不大于 8，限 12 处
17	画面缺陷[e]	面积 mm^2	小型	不大于 10，限 3 处	不大于 20，限 4 处	不大于 40，限 5 处
			中型	不大于 15，限 3 处	不大于 25，限 4 处	不大于 50，限 5 处
			大型	不大于 20，限 4 处	不大于 30，限 6 处	不大于 60，限 8 处
			特型	不大于 25，限 4 处	不大于 35，限 6 处	不大于 80，限 8 处
18	色脏	面积 mm^2	小型	不允许	不大于 30，限 2 处	不大于 50，限 3 处
			中型	不大于 10，限 2 处	不大于 40，限 3 处	不大于 60，限 4 处
			大型	不大于 20，限 2 处	不大于 50，限 4 处	不大于 70，限 5 处
			特型	不大于 30，限 3 处	不大于 60，限 5 处	不大于 80，限 6 处
19	蓝金、彩色不正	—	各型	不明显	不太明显	不严重
20	烤花粘釉	—	小型	不允许	不明显	不严重
			中型	不允许	不明显	不严重
			大型	很不明显	不明显	不严重
			特型	很不明显	不明显	不严重

表 3(续)

序号	缺陷名称	测定量和单位	产品规格	优等品	一等品	合格品
21	青花料刺、青花毛料、镀膜痕迹	—	各型	不明显	不太明显	不太严重
22	底沿粘渣[f]	长度 宽度(高度) mm	小型	不允许	长不大于周长 1/8,宽不大于 2	长不大于周长 1/5,宽不大于 4
			中型	不允许	长不大于周长 1/8,宽不大于 3	长不大于周长 1/5,宽不大于 4
			大型、特型	长不大于周长 1/12,宽不大于 3	长不大于周长 1/8,宽不大于 4	长不大于周长 1/4,宽不大于 5

表 2、表 3 中缺陷折算规定:

a) 除有明确规定者外,表 3 的缺陷规定均指显见面。非显见面按显见面缺陷规定幅度扩大一倍。非显见面的毛孔缺陷幅度按规定不变,数量可以两个折算一个。

b) 白须发以外的其他显见面不彩部位的缺陷,小、中、大型产品按表 3 缺陷规定幅度及处数或个数均缩小 50%,若遇单数时,可加 0.5 或加 1,使之变成双数再折半。非显见面既不扩大也不缩小,保持缺陷规定原数不变。

c) 以雕塑为主体的器皿内部空间能见部位和小玩具及实用小杂品类的合格品(不含优等品和一等品)外观质量分等,可按表 3 缺陷规定幅度扩大 50%处理。

d) 凡遇直径或长度小于规定幅度 50%的缺陷,其个(处)数偏多时,可以两个(处)折算一个(处),但所增加的绝对个(处)数,不得超过原等级规定缺陷总数的 50%。如果原等级规定缺陷总数为单数时,可将总数加 1,使之变成双数再折半。

e) 小、中型直径 10 mm 范围内,大、特型直径 20 mm 范围内,不得有 3 种不同缺陷或 3 个相同缺陷,大、特型产品的毛孔、火刺缺陷在直径 20 mm 范围内不超过 5 个,超过允许范围,以缺陷密集判该产品下降一级。

f) 白须发按表 2 人物的胸腹、四肢等裸露部位缺陷范围执行。

g) 凡长度不大于 0.5 mm,直径不大于 0.3 mm 或距离 500 mm 处几乎看不出的色彩清淡的缺陷不作缺陷计。

h) 本标准凡未列入缺陷,可根据其形状按相似缺陷处理。

[a] 纹片釉除外。

[b] 落渣应铲平渣锋且不刺手。

[c] 石膏脏深度如超过允许范围,按熔洞缺陷处理。

[d] 画线断缺以外的其余画线缺陷,优等品:不明显;一等品:不太明显;合格品:不严重。

[e] 寿星的桃子、观音的莲花瓣及类似画面的颜色起皱不允许。

[f] 底沿粘渣要磨平渣锋且不刺手;多处粘渣长度可以相加计算。

6 试验方法

产品规格误差、缺陷尺寸测定按 GB/T 3301 执行。

7 检验规则

7.1 检验分类

产品检验分出厂检验和型式检验，采用每百单位不合格品数（计件法）检验。

7.2 出厂检验

7.2.1 产品应经制造厂检验部门检验合格后方可出厂。

7.2.2 出厂检验项目为5.2.1、5.2.2、5.2.3、5.2.4、5.2.5、5.2.6规定的内容。

7.2.3 出厂检验按GB/T 2828.1—2012的各项规定执行。各检验项目的不合格分类、接收质量限、检验水平及抽样方案见表4。正常检验一次抽样及判定按表5进行。

表 4

检验项目	不合格分类	接收质量限(AQL)	检验水平(IL)	抽样方案
5.2.4	B	2.5	一般检验水平Ⅰ	一次抽样(从正常检验一次抽样开始，按转移规则进行)
5.2.1		4.0		
5.2.2				
5.2.3				
5.2.5				
5.2.6				

表 5

批量范围	一般检验水平Ⅰ					
	AQL为2.5			AQL为4.0		
	样本量	Ac	Re	样本量	Ac	Re
2～8	5	0	1	3	0	1
9～15	5	0	1	3	0	1
16～25	5	0	1	3	0	1
26～50	5	0	1	3	0	1
51～90	5	0	1	3	0	1
91～150	5	0	1	13	1	2
151～280	20	1	2	13	1	2
281～500	20	1	2	20	2	3
501～1 200	32	2	3	32	3	4
1 201～3 200	50	3	4	50	5	6
3 201～10 000	80	5	6	80	7	8
10 001～35 000	125	7	8	125	10	11

表 5（续）

批量范围	一般检验水平Ⅰ					
	AQL 为 2.5			AQL 为 4.0		
	样本量	Ac	Re	样本量	Ac	Re
35 001～150 000	200	10	11	200	14	15
150 001～500 000	315	14	15	315	21	22
≥500 001	500	21	22	315	21	22

7.2.4 产品批的形成：受检产品可按同一级别的单件、套具、花面装饰方法分别形成批，必要时还可细分。

7.2.5 样本的抽取按以下要求进行：

a) 单件产品按表 4 的规定随机抽取样本量。

b) 成箱（包括成套或成捆，下同）配套产品先按产品数量对照表 4 的要求查出相应的样本量，用样本量除以每箱内的产品数，其商若是整数则以此数值为抽取的箱数；其商若含小数，则去除小数，在整数位加 1 为抽取的箱数。从产品中随机抽取确定箱数的成箱配套产品，然后从抽取的箱中随机抽取该批产品的样本量（每箱中抽出的样本数应大致相等）。

c) 当产品批小于或等于样本量时，则全部抽取。

7.2.6 检验项目中，如有一项不合格，则判定该产品为不合格。该批产品重新分等后方可再次提交检验。

7.3 型式检验

7.3.1 型式检验项目为本标准技术要求的全部内容，每年进行一次，遇有下列情况之一时亦应进行型式检验：

a) 产品原料改变时；

b) 生产工艺方法变更可能影响产品性能时；

c) 停产 6 个月以上再恢复生产时；

d) 生产工艺过程中发生意外事故时；

e) 有合同要求时。

7.3.2 型式检验的样本应从本周期制造的并经过批检查合格的某个批或若干个批中抽取。抽取样本的方法要保证所得到的样本能代表本周期的实际技术水平。

7.3.3 型式检验按 GB/T 2829—2002 的规定执行，各检验项目的不合格分类、不合格质量水平、判别水平及抽样方案见表 6。有合同要求时，可由合同双方协商确定。

表 6

检验项目	不合格分类	不合格质量水平(RQL)	判别水平(DL)	抽样方案	样本量	Ac	Re
5.2.4	B	5.0	Ⅱ	一次	32	0	1
5.2.1		15				3	4
5.2.2							
5.2.3							
5.2.5							
5.2.6							
5.1							

7.3.4 检验的各个项目中，如有一项不合格，则判该周期型式检验不合格。

8 包装、标志、运输和贮存

8.1 产品的包装、标志、运输和贮存按 GB/T 3302 规定执行。

8.2 成套产品包装时要求配套无差错。

ICS 81.060.20
Y 88

GB

中华人民共和国国家标准

GB/T 13524.3—2015
代替 GB/T 13524.3—1993

陈设艺术瓷器 第3部分:文化用瓷

Standard of artistic porcelain—Part 3: Cultural ware

2015-07-03 发布　　2016-02-01 实施

中华人民共和国国家质量监督检验检疫总局
中国国家标准化管理委员会　发布

GB/T 13524.3—2015

前　言

GB/T 13524《陈设艺术瓷器》分为三个部分：

——第1部分：雕塑瓷；

——第2部分：器皿瓷；

——第3部分：文化用瓷。

本部分为GB/T 13524的第3部分。

本部分按照GB/T 1.1—2009给出的规则起草。

本部分代替GB/T 13524.3—1993《陈设艺术瓷器　文化用瓷》。与GB/T 13524.3—1993相比，主要技术差异如下：

——修改了文化用瓷的定义(见3.1,1993年版的3.1)；

——修改了最大尺寸误差(见5.2,1993年版的5.6)；

——修改了釉面的要求(见5.3.1,1993年版的5.2)；

——修改了裂纹的技术要求(见表3,1993年版的表2)；

——修改了检验规则(见第7章,1993年版的第7章)。

本部分由中国轻工业联合会提出。

本部分由全国日用陶瓷标准化技术委员会(SAC/TC 405)归口。

本部分起草单位：福建省德化县佳美工艺品有限责任公司、福建省日用陶瓷产品质量监督检验中心、德化县质量计量检测所、福建冠福现代家用股份有限公司、福建省德化金东宝瓷业有限公司、德化县万盛陶瓷有限公司、福建省德化县华达陶瓷有限公司、泉州市标准化研究所、广东长城集团股份有限公司。

本部分主要起草人：陈国典、苏尧棠、杨剑民、苏献忠、赖礼同、林秀珍、郑智奥、王培景、陈瑞文、赖颖秦、李甲栈、陈宏昆、蔡廷祥。

本部分所代替标准的历次版本发布情况为：

——GB/T 13524.3—1993。

GB/T 13524.3—2015

陈设艺术瓷器
第3部分:文化用瓷

1 范围

GB/T 13524 的本部分规定了文化用瓷的术语和定义、产品分类、技术要求、试验方法、检验规则和包装、标志、运输、贮存规则。

本部分适用于文化用瓷产品,不适用于特种工艺文化用瓷产品。

2 规范性引用文件

下列文件对于本文件的应用是必不可少的。凡是注日期的引用文件,仅注日期的版本适用于本文件。凡是不注日期的引用文件,其最新版本(包括所有的修改单)适用于本文件。

GB/T 2828.1—2012 计数抽样检验程序 第1部分:按接收质量限(AQL)检索的逐批检验抽样计划

GB/T 2829—2002 周期检验计数抽样程序及表(适用于对过程稳定性的检验)

GB/T 3299 日用陶瓷器吸水率测定方法

GB/T 3300 日用陶瓷器变形检验方法

GB/T 3301 日用陶瓷的容积、口径误差、高度误差、重量误差、缺陷尺寸的测定方法

GB/T 3302 日用陶瓷器包装、标志、运输、贮存规则

GB/T 3303 日用陶瓷器缺陷术语

GB/T 5000 日用陶瓷名词术语

GB/T 5001—1985 日用陶瓷分类

GB/T 10812 玲珑日用瓷器

3 术语和定义

GB/T 3303、GB/T 5000 和 GB/T 10812 界定的以及下列术语和定义适用于本文件。

3.1

文化用瓷 cultural ware

与书法、美术、宗教、体育文化生活有关的瓷器。如印盒、笔筒、水盂、笔架;调色盘、盆、盒;香炉、熏炉;围棋罐;化妆饰品盒等文化用瓷。

3.2

特种工艺文化用瓷 special technical cultural ware

在制造工艺和装饰方法上,精雕细刻(堆花、盘龙、镂空、捏雕等)综合装饰的文化用瓷。

3.3

隐藏面 hidden surface

非显见面目测不到的部位。

3.4

花面惊纹　crackle on decoratile pattern

花面颜料上出现软惊。

3.5

釉下缩料　peeling under glaze decoration

釉下色料卷缩露出胎体。

3.6

釉下散料点　stain scatter under glaze pigment

制品釉下呈现不应有的料色点。

4　产品分类

4.1　按产品的用途分为文具画具类、祭具类、其他类。

4.2　按产品的规格分为小型、中型、大型、特型，其规格范围见表 1。

表 1　　单位为毫米

类别	型式			
	小型	中型	大型	特型
文具画具类	<80	80～<140	140～220	>220
祭具类	<150	150～<350	350～550	>550
其他类	视其外形相似情况，分别按上述各类定型			
注：按产品外形最大尺寸定型。				

4.3　按产品的等级分为优等品、一等品、合格品。

5　技术要求

5.1　吸水率

吸水率应符合 GB/T 5001—1985 中 2.2 的规定。

5.2　最大尺寸误差

最大尺寸误差应符合表 2 的规定。

表 2　　单位为毫米

类别	最大尺寸			
	<100	100～<200	200～350	>350
允许误差/%	±2.0	±1.5	±1.2	±1.0

5.3　外观质量

5.3.1　釉面光润（无光釉、无釉产品等除外），颜色纯正。

5.3.2 成套产品的釉色、画面色泽应基本一致。

5.3.3 产品放在平面上基本平稳，有盖产品的盖与主体结合处应基本吻合。

5.3.4 产品不允许有裂穿、磕碰、渗漏、炸釉缺陷。

5.3.5 产品各等级的外观缺陷应符合表 3 的规定，并应符合下列要求：

a) 优等品每件产品不得超过 2 种缺陷；

b) 一等品每件产品不得超过 4 种缺陷；

c) 合格品每件产品不得超过 6 种缺陷。

表 3

序号	缺陷名称		测定量和单位	产品规格	优等品	一等品	合格品
1	变形[a]		口径或高度、长度 mm	小型	不大于 1	不大于 2	不大于 3
				中型	不大于 1.5	不大于 3	不大于 5
				大型	不大于 2.5	不大于 4	不大于 6
				特型	不大于 4	不大于 5	不大于 9
2	斑点[b]		直径 mm	小型	显见面不允许，非显见面不大于 1，限 2 个	不大于 1，限 2 个	不大于 2.5，限 2 个
				中型	显见面不允许，非显见面不大于 1.5，限 3 个	不大于 1.5，限 3 个	不大于 2.5，限 4 个
				大型	显见面不允许，非显见面不大于 2，限 4 个	不大于 2，限 4 个	不大于 4，限 6 个
				特型	显见面不允许，非显见面不大于 2.5，限 5 个	不大于 2.5，限 5 个	不大于 4.5，限 8 个
3	裂纹[c]	阴裂	长度 mm	小型	显见面不允许，非显见面不大于 2	显见面不允许，非显见面不大于 6	显见面不允许，非显见面不大于 15
				中型	显见面不允许，非显见面不大于 3	显见面不允许，非显见面不大于 8	显见面不允许，非显见面不大于 25
				大型	显见面不允许，非显见面不大于 4	显见面不允许，非显见面不大于 10	显见面不允许，非显见面不大于 30
				特型	显见面不允许，非显见面不大于 5	显见面不允许，非显见面不大于 12	显见面不允许，非显见面不大于 40
		坯釉皆裂		小型	不允许	显见面不允许，非显见面不大于 3	显见面不允许，非显见面不大于 6
				中型	不允许	显见面不允许，非显见面不大于 6	显见面不允许，非显见面不大于 12
				大型	不允许	显见面不允许，非显见面不大于 9	显见面不允许，非显见面不大于 18
				特型	不允许	显见面不允许，非显见面不大于 14	显见面不允许，非显见面不大于 28

GB/T 13524.3—2015

表 3（续）

序号	缺陷名称	测定量和单位	产品规格	优等品	一等品	合格品
4	坯泡、疙瘩、泥渣、石膏脏	直径 mm	小型	不大于 1，限 2 个	不大于 2，限 2 个	不大于 3，限 4 个
			中型	不大于 2，限 2 个	不大于 3，限 2 个	不大于 4，限 4 个
			大型	不大于 2，限 3 个	不大于 4，限 4 个	不大于 5，限 6 个
			特型	不大于 3，限 3 个	不大于 5，限 5 个	不大于 6，限 6 个
5	水泡边、刺边	直径与长度 mm	小型	不允许	不大于 1，长不大于 6	不大于 1，长不大于 15
			中型	不大于 0.5，长不大于 3	不大于 1，长不大于 8	不大于 1，长不大于 25
			大型	不大于 1，长不大于 4	不大于 1，长不大于 14	不大于 1.5，长不大于 35
			特型	不大于 1，长不大于 5	不大于 1，长不大于 20	不大于 1.5，长不大于 45
6	熔洞[d]	直径 mm	小型	不大于 1，限 1 个	不大于 1.5，限 2 个	不大于 2.5，限 4 个
			中型	不大于 1，限 2 个	不大于 2，限 3 个	不大于 2.5，限 6 个
			大型	不大于 1.5，限 3 个	不大于 3.5，限 4 个	不大于 4.5，限 8 个
			特型	不大于 2，限 4 个	不大于 4，限 5 个	不大于 5.5，限 10 个
7	毛孔	直径 mm	小型	不大于 0.5，限 5 个	不大于 0.5，限 10 个	不太严重
			中型	不大于 0.5，限 10 个	不大于 1，限 20 个	不太严重
			大型	不大于 1，限 20 个	不大于 1，限 30 个	不太严重
			特型	不大于 1，限 30 个	不大于 1，限 40 个	不太严重
8	粘疤[e]	长度 mm 与面积 mm^2	小型	不明显	不大于周长 1/10，深度不大于 0.5	不大于周长 1/4，深度不大于 1.5，其他粘疤限 12 mm^2
			中型	不明显	不大于周长 1/10，深度不大于 0.5	不大于周长 1/4，深度不大于 1.5，其他粘疤限 12 mm^2
			大型	不明显	不大于周长 1/10，深度不大于 1	不大于周长 1/4，深度不大于 2.5，其他粘疤限 12 mm^2
			特型	不明显	不大于周长 1/10，深度不大于 1	不大于周长 1/4，深度不大于 2.5，其他粘疤限 12 mm^2
9	釉泡[f]	直径 mm	小型	不大于 0.5，限 2 个	不大于 1，限 4 个	不大于 2，限 4 个
			中型	不大于 1，限 3 个	不大于 1.5，限 5 个	不大于 3，限 5 个
			大型	不大于 1，限 4 个	不大于 2，限 5 个	不大于 4，限 6 个
			特型	不大于 1，限 5 个	不大于 2，限 6 个	不大于 5，限 8 个

GB/T 13524.3—2015

表 3（续）

序号	缺陷名称		测定量和单位	产品规格	优等品	一等品	合格品
10	压釉[g]		长度 mm	小型	显见面不允许，非显见面不大于 4	显见面不允许，非显见面不大于 6	显见面不大于 10，非显见面不限
				中型	显见面不允许，非显见面不大于 6	显见面不大于 4，非显见面不大于 8	显见面不大于 14，非显见面不限
				大型	显见面不大于 3，非显见面不大于 8	显见面不大于 5，非显见面不大于 12	显见面不大于 16，非显见面不限
				特型	显见面不大于 5，非显见面不大于 10	显见面不大于 6，非显见面不大于 15	显见面不大于 20，非显见面不限
11	缺釉[h]	底足缩釉	长度 mm	小型	不大于 16	不大于 26	不大于 36
				中型	不大于 18	不大于 28	不大于 38
				大型	不大于 24	不大于 36	不大于 56
				特型	不大于 30	不大于 38	不大于 58
	缺釉	其他缺釉	面积 mm^2	小型	不允许	不大于 5，限 1 处	不大于 10，限 1 处
				中型	不允许	不大于 7，限 1 处	不大于 20，限 1 处
				大型	不允许	不大于 8，限 2 处	不大于 30，限 3 处
				特型	不允许	不大于 9，限 2 处	不大于 40，限 3 处
12	缺泥[i]		面积 mm^2	小型	不大于 4	不大于 6	不大于 30
				中型	不大于 6	不大于 8	不大于 60
				大型	不大于 8	不大于 10	不大于 80
				特型	不大于 10	不大于 12	不大于 100
13	桔釉、釉薄		—	各型	不允许	不明显	不严重
14	泥釉缕、色足		—	各型	不明显	不太明显	不太严重
15	耳把歪、釉面擦伤		—	各型	不明显	不太明显	不太严重
16	落渣[j]		直径 mm	小型	不大于 0.5，限 1 个	不大于 1，限 2 个	不大于 2，限 4 个
				中型	不大于 0.5，限 2 个	不大于 2，限 2 个	不大于 3，限 4 个
				大型	不大于 1.5，限 2 个	不大于 2.5，限 3 个	不大于 3.5，限 5 个
				特型	不大于 2，限 3 个	不大于 3.5，限 4 个	不大于 4.5，限 5 个
17	底沿粘渣		长度 mm	各型	外沿不大于周长 1/10，内沿不大于周长 1/8	外沿不大于周长 1/8，内沿不大于周长 1/6	应磨钝
18	火刺		—	各型	不允许	不允许	不严重
19	烟熏[k]		—	各型	不允许	不允许	不太明显
20	阴黄		—	各型	不允许	不明显	不严重

表 3（续）

序号	缺陷名称	测定量和单位	产品规格	优等品	一等品	合格品
21	釉下毛料、料刺、料色不一致	—	各型	不明显	不太明显	不严重
22	釉下缩料	直径 mm	小型	不允许	不大于 2,限 2 处	不大于 6,限 4 处
			中型	不允许	不大于 2,限 2 处	不大于 6,限 4 处
			大型	不允许	不大于 3,限 2 处	不大于 12,限 4 处
			特型	不允许	不大于 3,限 2 处	不大于 12,限 4 处
23	釉下散料点	直径 mm	小型	不大于 1,限 2 个	不大于 2,限 4 个	不大于 2.5,限 15 个
			中型	不大于 1,限 2 个	不大于 2,限 4 个	不大于 2.5,限 15 个
			大型	不大于 2,限 3 个	不大于 3,限 6 个	不大于 4.5,限 20 个
			特型	不大于 2,限 3 个	不大于 3,限 6 个	不大于 4.5,限 20 个
24	画线缺陷[l]	长度 mm	小型	不大于 3,限 2 处;或不大于 5,限 1 处	不大于 4,限 3 处;或不大于 10,限 1 处	不大于 10,限 4 处;或不大于 20,限 1 处
			中型	不大于 4,限 2 处;或不大于 7,限 1 处	不大于 5,限 4 处;或不大于 12,限 1 处	不大于 14,限 4 处;或不大于 26,限 1 处
			大型	不大于 5,限 3 处;或不大于 9,限 1 处	不大于 7,限 5 处;或不大于 14,限 1 处	不大于 16,限 6 处;或不大于 28,限 1 处
			特型	不大于 6,限 3 处;或不大于 11,限 1 处	不大于 8,限 6 处;或不大于 16,限 1 处	不大于 20,限 7 处;或不大于 30,限 1 处
25	画面缺陷[m]	面积 mm^2	小型	不大于 8,限 4 处	不大于 12,限 4 处	不大于 40,限 8 处
			中型	不大于 15,限 4 处	不大于 20,限 4 处	不大于 60,限 8 处
			大型	不大于 20,限 4 处	不大于 25,限 4 处	不大于 80,限 8 处
			特型	不大于 25,限 4 处	不大于 30,限 4 处	不大于 100,限 8 处
26	花面惊纹	—	各型	不允许	不允许	不太明显
27	彩色不正	—	各型	不明显	不太明显	不太严重
28	色脏	面积 mm^2	小型	不大于 10,限 2 处	不大于 20,限 2 处	不大于 50,限 3 处
			中型	不大于 20,限 2 处	不大于 30,限 2 处	不大于 90,限 3 处
			大型	不大于 40,限 3 处	不大于 50,限 3 处	不大于 130,限 4 处
			特型	不大于 50,限 3 处	不大于 70,限 3 处	不大于 160,限 4 处
29	玲珑眼影线	—	各型	不大于眼总数 20%	不大于眼总数 25%	不大于眼总数 40%

表 3（续）

序号	缺陷名称	测定量和单位	产品规格	优等品	一等品	合格品
30	玲珑眼惊釉	—	各型	不允许	不允许	不大于眼总数 25%

表中缺陷折算规定：

a) 各级产品每件上的缺陷不得密集，若密集时，则在原等级基础上降低一个等级。点状缺陷（毛孔、水泡边除外）相距 5 mm 内为密集。

b) 除已明确规定者外，表 3 规定的缺陷均指显见面，非显见面缺陷均可按显见面规定的尺寸增加 50%；毛孔尺寸按规定不变，数量两个折算一个。

c) 凡遇直径、面积小于规定幅度 50% 的缺陷，而其数量较规定略多时，可以两个折算一个，但所增加的绝对个数不得超过原规定总数的 50%，如果原规定总数为单数时，可将总数加 1 变成双数再折半。

d) 凡未规定处数者，均可按尺寸相加计算。

e) 凡表 3 未包括的缺陷，可根据其形状按相似缺陷处理。

f) 凡遇下列情况，可不作缺陷计算：

1) 小、中型直径不大于 0.3 mm；大、特型不大于 0.5 mm；

2) 面积小于 1 mm^2；

3) 底足外沿宽小于 0.5 mm，内沿宽小于 1.0 mm 的缩釉；

4) 隐藏面的缺陷；

5) 颜色清淡的微小缺陷。

a 大、特型口径小于 100 mm 的变形按规定幅度减半。

b 釉面以点状分布为装饰风格的除外。

c 阴裂和坯釉皆裂连在一起时应分开计算，但总长度不得超过阴裂规定幅度；优等品、一等品口部阴裂不允许；纹片釉装饰不计算裂纹缺陷；堆花、捏雕装饰上坯釉皆裂，一等品显见面按非显见面规定幅度减半。

d 1 mm 以下的熔洞，深度不大于 0.5 mm 按毛孔处理；优等品口部不允许有熔洞。

e 粘疤应磨钝；优等品、一等品其他粘疤不允许。

f 开口釉泡优等品不允许，一等品、合格品显见面不允许。

g 把、耳、蛊压釉按非显见面规定幅度减少 50%。

h 优等品，一等品宽不大于 1 mm，合格品宽不大于 2 mm。

i 口部缺泥优等品不允许，一等品、合格品按规定幅度减半。

j 落渣应铲除尖端。

k 颜色釉装饰的产品：一等品不明显。

l 优等品每条箍线上断口不得超过 2 处，但小于规定幅度 50% 的可二处折算一处。

m 画面小于产品面积 80% 的处数减半；人物、动物头部、四肢残缺不允许，正面花头和人物、动物其他部位幅度减半；底款字迹与图案应清晰，优等品、一等品端正，合格品基本端正。

6 试验方法

6.1 吸水率测定

按 GB/T 3299 执行（大、特型产品可以取同品种的试片进行测定）。

6.2 变形测定

扁平制品、空心制品的变形试验方法按 GB/T 3300 执行；其他制品的变形，测量偏离中轴线的最大部位。

6.3 最大尺寸误差、缺陷尺寸的测定

按 GB/T 3301 执行。

7 检验规则

7.1 检验分类

产品检验分出厂检验和型式检验，采用每百单位产品不合格品数(计件法)检验。

7.2 出厂检验

7.2.1 产品应经制造厂检验部门检验合格后方可出厂。

7.2.2 出厂检验项目为 5.3.1、5.3.2、5.3.3、5.3.4、5.3.5 规定的内容。

7.2.3 出厂检验按 GB/T 2828.1—2012 的各项规定执行。各检验项目的不合格分类、接收质量限、检验水平及抽样方案见表 4。正常检验一次抽样及判定按表 5 进行。

表 4

检验项目	不合格分类	接收质量限(AQL)	检验水平(IL)	抽样方案
5.3.4	B	2.5	一般检验水平 I	一次抽样(从正常检验一次抽样开始，按转移规则进行)
5.3.1		4.0		
5.3.2				
5.3.3				
5.3.5				

表 5

批量范围	一般检验水平 I					
	AQL 为 2.5			AQL 为 4.0		
	样本量	Ac	Re	样本量	Ac	Re
2～8	5	0	1	3	0	1
9～15	5	0	1	3	0	1
16～25	5	0	1	3	0	1
26～50	5	0	1	3	0	1
51～90	5	0	1	3	0	1
91～150	5	0	1	13	1	2
151～280	20	1	2	13	1	2
281～500	20	1	2	20	2	3
501～1 200	32	2	3	32	3	4
1 201～3 200	50	3	4	50	5	6

表 5（续）

批量范围	一般检验水平 I					
	AQL 为 2.5			AQL 为 4.0		
	样本量	Ac	Re	样本量	Ac	Re
3 201～10 000	80	5	6	80	7	8
10 001～35 000	125	7	8	125	10	11
35 001～150 000	200	10	11	200	14	15
15 001～500 000	315	14	15	315	21	22
≥500 001	500	21	22	315	21	22

7.2.4　产品批的形成：受检产品可按同级别的单件、套具、花面装饰方法分别形成批，必要时还可细分。

7.2.5　样本的抽取按以下要求进行：

a）单件产品按表 4 的规定随机抽取样本量。

b）成箱（包括成套或成捆，下同）配套产品先按产品数量对照表 4 的要求查出相应的样本量，用样本量除以每箱内的产品数，其商若是整数则以此数值为抽取的箱数；其商若含小数，则去除小数，在整数位加 1 为抽取的箱数。从产品中随机抽取确定箱数的成箱配套产品，然后从抽取的箱中随机抽取该批产品的样本量（每箱中抽出的样本数应大致相等）。

c）当产品批小于或等于样本量时，则全部抽取。

7.2.6　检验项目中，如有一项不合格，则判定该产品为不合格。经检验判定为不合格时，该批产品重新分等后，方可再次提交检验。

7.3　型式检验

7.3.1　型式检验项目为本标准技术要求的全部内容，每年进行一次，遇有下列情况之一时亦应进行型式检验：

a）产品原料改变时；

b）生产工艺方法变更可能影响产品性能时；

c）停产 6 个月以上再恢复生产时；

d）生产工艺过程中发生意外事故时；

e）有合同要求时。

7.3.2　型式检验的样本应从本周期制造的并经过批检查合格的某个批或若干个批中抽取，抽取样本的方法要保证所得到的样本能代表本周期的实际技术水平。

7.3.3　型式检验按 GB/T 2829—2002 的规定执行，各检验项目的不合格分类、不合格质量水平、判别水平及抽样方案见表 6。有合同要求时，可由合同双方协商确定。

表 6

检验项目	不合格分类	不合格质量水平(RQL)	判别水平(DL)	抽样方案	样本量	Ac Re
5.3.4	B	5.0	Ⅱ	一次	32	0 1
5.3.1		15				3 4
5.3.2						
5.3.3						
5.3.5						
5.2						
5.1	C	40	Ⅰ	二次	$n_1=3$ $n_2=3$	0 2 1 2

7.3.4 检验的各个项目中，如有一项不合格，则判该周期型式检验不合格。

8 包装、标志、运输和贮存

8.1 产品的包装、标志、运输和贮存按 GB/T 3302 规定执行。

8.2 成套产品包装时要求配套无差错。

ICS 81.060.01
分类号：Y 20
备案号：46065-2014

QB

中华人民共和国轻工行业标准

QB/T 4666－2014

骨质瓷器用骨炭

Bone charcoal for bone china

2014-05-06 发布　　2014-10-01 实施

中华人民共和国工业和信息化部　发布

QB/T 4666－2014

前　言

本标准按照GB/T 1.1－2009给出的规则起草。

本标准由中国轻工业联合会提出。

本标准由全国日用陶瓷标准化技术委员会（SAC/TC 405）归口。

本标准起草单位：唐山北方瓷都陶瓷集团有限责任公司、唐山金方圆骨质瓷制造有限公司、潮州市荣昌陶瓷工艺实业有限公司、国家陶瓷产品质量监督检验中心（江西）、中国陶瓷工业协会。

本标准主要起草人：刘刚、金宝元、商灵芝、周桂欣、王美兰、常刚、吴兆培、王同言、黄岳喜、金盈。

QB/T 4666－2014

骨质瓷器用骨炭

1 范围

本标准规定了骨质瓷器用骨炭的术语和定义、产品分类、要求、试验方法、检验规则和标志、包装、运输、贮存。

本标准适用于骨质瓷器用骨炭。

2 规范性引用文件

下列文件对于本文件的应用是必不可少的。凡是注日期的引用文件，仅注日期的版本适用于本文件。凡是不注日期的引用文件，其最新版本（包括所有的修改单）适用于本文件。

GB/T 1871.1－1995 磷矿石和磷精矿中五氧化二磷含量的测定 磷钼酸喹啉重量法和容量法

GB/T 4734－1996 陶瓷材料及制品化学分析方法

GB/T 5000 日用陶瓷名词术语

QB/T 1503 日用陶瓷白度测定方法

QB/T 2434 日用陶瓷原料含水率测定方法

QB/T 2435 日用陶瓷原料筛余量测定方法

3 术语和定义

GB/T 5000 界定的以及下列术语和定义适用于本文件。

3.1

骨炭 bone charcoal

脱脂脱胶的动物骨骼经高温煅烧后的产物，主要成分为磷酸钙[$Ca_3(PO_4)_2$]。

4 产品分类

4.1 产品按形态分为块状和粉状。

4.2 产品按质量要求分为一等品、合格品。

5 要求

5.1 外观质量

5.1.1 块状产品应无明显杂质，无明显煅烧过程中的残留物；颜色应为白色、乳白色或淡黄色。

5.1.2 粉状产品应无明显杂质，且色泽均一。

5.2 筛余量

粉状骨炭的筛余量由供需双方议定。

5.3 含水率

产品的含水率不应超过 1.0%。

5.4 化学成分和白度

产品化学成分和白度应符合表 1 的规定。

QB/T 4666—2014

表1

等　级	化学成分/%				1 200 ℃煅烧后白度/%
	CaO	P_2O_5	Fe_2O_3	I.L	
一等品	≥54.00	≥42.00	≤0.05	≤0.30	≥90
合格品	≥53.00	≥40.00	≤0.10	≤0.50	≥88

6　试验方法

6.1　外观质量：在自然光条件下距离样品 0.5 m 目测检查。

6.2　筛余量测定按 QB/T 2435 执行。

6.3　含水率测定按 QB/T 2434 执行。

6.4　化学成分：P_2O_5 测定按 GB/T 1871.1—1995 执行；其他化学成分测定按 GB/T 4734—1996 执行。

6.5　白度测定按 QB/T 1503 执行。

7　检验规则

7.1　每批产品应经生产单位检验部门检验合格后方可出厂，出厂时应附有产品质量合格证明书。

7.2　组批与抽样：袋装产品以 40 t 为一批（不足 40 t 按一批计）。按表 2 规定进行随机抽样。块状产品每袋取样不应少于 2 kg；粉状产品每袋产品取样不少 100 g。

表2

批量/袋	<100	100～400	401～800
样本量/袋	5～10	15	20

7.3　样品加工：将所取块状试样全部混合，将试样破碎至最大尺寸不超过 30 mm，混匀，以四分法缩分一次（装运量 30 t 以上缩分两次），将缩分后的试样继续破碎至最大尺寸不超过 10 mm，混匀，再缩分至最后试样为 4 kg，取 2 kg 送实验室，其余部分封存备查；粉状试样可直接混匀，以四分法缩分至最后试样为 4 kg，取 2 kg 送实验室，其余部分封存备查。

7.4　产品按要求进行检验，若含水率不符合标准规定，则判该批产品为不合格；其余各项不符合标准规定的，应重新抽样复验，若仍有一项不符合标准规定，则判该批产品不合格。

7.5　经检验判定为不合格批时，该批产品由生产单位返工后，方可再次提交检验。

8　标志、包装、运输、贮存

8.1　产品应用塑料编织袋包装。

8.2　包装袋上应注明产品名称、等级、质量、生产批号、生产企业名称及地址。

8.3　产品在运输过程中应防止雨淋、受潮、散包和混入杂质。库存时应置于通风干燥处。

ICS 81.060.01
分类号：Y 20
备案号：46031-2014

QB

中华人民共和国轻工行业标准

QB/T 1639—2014
代替 QB/T 1639—1992

陶瓷模用石膏粉

Gesso for ceramic mould

2014-05-06 发布　　2014-10-01 实施

中华人民共和国工业和信息化部　发布

QB/T 1639－2014

前　言

本标准按照GB/T 1.1－2009给出的规则起草。

本标准是对QB/T 1639－1992《陶瓷模用石膏粉》的修订。

本标准与QB/T 1639－1992相比，除编辑性修改外主要技术变化如下：

—— 产品分类中增加了按用途分类（见4.2）；

—— 将“按质量分类”修改为4.2（见4.2，1992年版的5.5）；

—— 修改了部分物理性能（见表1，1992年版的表1）；

—— 修改了三氧化硫（SO_3）和三氧化二铁（Fe_2O_3）以及酸不溶物的指标内容（见表2，1992年版的表2）；

—— 增加平均实际含量的要求及检验方法（见5.5和6.4）；

—— 出厂检验项目增加了5.2（见7.1.2和表3，1992年版的7.3.1和表3）。

本标准由中国轻工业联合会提出。

本标准由全国日用陶瓷标准化技术委员会（SAC/TC 405）归口。

本标准起草单位：江苏高淳陶瓷股份有限公司、广西三环企业集团股份有限公司、潮州市三华陶瓷实业有限公司、国家陶瓷产品质量监督检验中心（江西）、中国陶瓷工业协会。

本标准主要起草人：孔德双、谷昌军、孔新保、许玉泉、洪日辉、邱梓瀚、陈冰。

本标准所代替标准的历次版本发布情况为：

—— QB 904－1983；

—— QB/T 1639－1992。

QB/T 1639—2014

陶瓷模用石膏粉

1 范围

本标准规定了陶瓷模用石膏粉的术语和定义、产品分类、要求、试验方法、检验规则和标志、包装、运输、贮存。

本标准适用于陶瓷模用石膏粉。

2 规范性引用文件

下列文件对于本文件的应用是必不可少的。凡是注日期的引用文件，仅注日期的版本适用于本文件。凡是不注日期的引用文件，其最新版本（包括所有的修改单）适用于本文件。

GB/T 2828.1—2012 计数抽样检验程序 第1部分：按接收质量限（AQL）检索的逐批检验抽样计划（ISO 2859-1：1999，IDT）

GB/T 2829—2002 周期检验计数抽样程序及表（适用于对过程稳定性的检验）

GB/T 5000 日用陶瓷名词术语

QB/T 1640 陶瓷模用石膏粉物理性能测试方法

QB/T 1641 陶瓷用石膏化学分析方法

JJF 1070—2005 定量包装商品净含量计量检验规则

3 术语和定义

GB/T 5000 界定的以及下列术语和定义适用于本文件。

3.1

标准稠度 standard consistency

在 QB/T 1640 规定的条件下，石膏料浆自由扩展直径达（220±5）mm 时，加水量占石膏粉质量的百分数。

4 产品分类

4.1 按晶形分为：α-半水石膏粉、β-半水石膏粉。

4.2 按质量分为：一等品、合格品。

5 要求

5.1 石膏粉应色白（改性石膏除外），无杂质结块。

5.2 自由水含量不应大于 0.5%。

5.3 物理性能应符合表 1 规定。

5.4 化学成分应符合表 2 规定。

5.5 平均实际含量不应小于其标注净含量或应符合 JJF 1070—2005 中 4.3.2 的要求。

表1

项目			要求	
			一等品	合格品
筛余量/%	过 0.15 mm 孔径标准筛		0.0	
	过 0.090 mm 孔径标准筛	≤	1.0	
标准稠度/%	α-半水石膏	≤	45	60
	β-半水石膏	≤	70	75
初凝时间/min	α-半水石膏	≥	8	
	β-半水石膏	≥	7	
终凝时间/min	α-半水石膏	≤	30	
	β-半水石膏	≤		
2 h 湿抗折强度/MPa	α-半水石膏	≥	4.5	4.0
	β-半水石膏	≥	3.2	2.7
45 ℃干抗折强度/MPa	α-半水石膏	≥	8.0	7.0
	β-半水石膏	≥	7.0	6.0

表2

化学成分		要求	
		一等品	合格品
结晶水/%	≥	5.6	5.2
氧化钙（CaO）/%	≥	36.5	35.0
三氧化硫（SO_3）/%	≥	54.0	50.0
三氧化二铁（Fe_2O_3）/%	≤	0.01	0.01
酸不溶物/%	≤	0.5	

6 试验方法

6.1 石膏粉颜色外观质量以目测鉴定。

6.2 物理性能按 QB/T 1640 测定。

6.3 化学成分及自由水按 QB/T 1641 测定。

6.4 平均实际含量的测定按 JJF 1070—2005 中 5.1.1 进行。

7 检验规则

产品检验分出厂检验和型式检验。

7.1 出厂检验

7.1.1 每批产品经检验合格后方可出厂，出厂时应附有证明产品质量合格的文件。

7.1.2 出厂检验项目为 5.1～5.3 及 5.5 规定的内容。

7.1.3 产品按同一品种、同一等级组成一批。

7.1.4 平均实际含量（5.5）检验的样本按 JJF 1070—2005 中 5.4.4 的规定进行随机抽样。5.1～5.3 的样本抽取随机进行，抽样总量不应少于 20 kg，混合均匀后，按四分法取足所需的试样量。

7.1.5 出厂检验按 GB/T 2828.1—2012 的规定执行，检验项目、不合格分类、合格质量水平、检查水平、抽样方案见表 3。

表3

检验项目	不合格分类	合格质量水平 AQL	检查水平 IL	方案类型及严格度
5.1	B	4.0	S-3	特殊检查一次抽样方案
5.2				
5.3				

7.1.6 出厂检验的项目中，如有一项不合格，则判该批产品为不合格。该批产品由交货方返工分等后方可再次提交检验。

7.2 型式检验

7.2.1 型式检验每 12 个月进行 1 次，遇有下列情况之一时，亦应进行型式检验：

a) 新产品试制定型鉴定；

b) 正式生产后，在结构、材料、工艺有较大变动时；

c) 产品停产 6 个月以上再恢复生产时；

d) 上级监督部门提出进行型式检验要求时。

7.2.2 型式检验的项目为 5.1～5.4 规定的内容。

7.2.3 型式检验的样本应从本周期内生产的并经生产厂出厂检验合格的产品中抽取。

7.2.4 型式检验按 GB/T 2829—2002 进行，检验项目、不合格分类、不合格质量水平、判别水平、抽样方案及样本量见表 4。

表4

检验项目	不合格分类	不合格质量水平 RQL	判别水平 DL	抽样方案	样本量
5.1	B	30	I	一次	3
5.3					
5.2	C	50	I	一次	$n_1=2$ $n_2=2$
5.4					

7.2.5 检验的各个项目中，如有一项不合格，则判该产品型式检验不合格。

8 标志、包装、运输、贮存

8.1 产品应用防潮袋包装，包装袋上应清楚标明产品名称、净含量、生产厂名、厂址、防潮标记及产品等级、有效期和出厂日期。

8.2 运输中应防止雨淋、受潮、散包和混入杂质。库存时应置于通风、干燥处。

ICS 81.060.20
Y 24

中华人民共和国国家标准

GB/T 10813.1—2015
代替 GB/T 10813.1—1989

青瓷器
第1部分:日用青瓷器

Celadon porcelain ware—
Part 1: Domestic celadon porcelain ware

2015-10-09 发布　　2016-05-01 实施

中华人民共和国国家质量监督检验检疫总局
中国国家标准化管理委员会　发布

前　言

GB/T 10813《青瓷器》分为4个部分：

——第1部分：日用青瓷器；

——第2部分：陈设艺术青瓷器；

——第3部分：纹片釉青瓷器；

——第4部分：青瓷包装容器。

本部分为GB/T 10813的第1部分。

本部分按照GB/T 1.1—2009给出的规则起草。

本部分代替GB/T 10813.1—1989《青瓷器系列标准　日用青瓷器》。与GB/T 10813.1—1989相比，主要技术差异如下：

——修改了产品质量等级(见4.3，1989年版的3.3)；

——修改了铅、镉溶出量允许极限规定(见5.3，1989年版的4.3)；

——增加了微波炉适应性、冰箱到微波炉适应性、冰箱到烤箱适应性技术要求和试验方法(见5.5、5.6、5.7、6.5、6.6、6.7)；

——增加了产品底部标志的技术要求(见5.8.4)；

——修改了检验规则(见第7章，1989年版的第6章)。

本部分由中国轻工业联合会提出。

本部分由全国日用陶瓷标准化技术委员会(SAC/TC 405)归口。

本部分起草单位：宜兴市金鱼陶瓷有限公司、中华人民共和国宜兴出入境检验检疫局、龙泉青瓷(日用陶瓷)产品质量监督检测中心、淄博中强瓷业有限公司、浙江天丰陶瓷有限公司、龙泉市尚唐瓷艺有限公司、龙泉瓯江青瓷有限公司、龙泉哥弟窑青瓷有限公司、潮州市兴业陶瓷有限公司。

本部分主要起草人：陈坤怀、葛渚中、周虎、周方武、葛兰、蒋小龙、林少森、林建康、郭森镇。

本部分所代替标准的历次版本发布情况为：

——GB/T 10813.1—1989。

GB/T 10813.1—2015

青瓷器
第1部分:日用青瓷器

1 范围

GB/T 10813 的本部分规定了日用青瓷器的产品分类、技术要求、试验方法、检验规则和包装、标志、运输、贮存。

本部分适用于釉以氧化铁为着色剂,在还原气氛下烧成的用于盛装食品的日用青瓷器,不适用于包装物品的青瓷容器。

2 规范性引用文件

下列文件对于本文件的应用是必不可少的。凡是注日期的引用文件,仅注日期的版本适用于本文件。凡是不注日期的引用文件,其最新版本(包括所有的修改单)适用于本文件。

GB/T 2828.1—2012 计数抽样检验程序 第1部分:按接收质量限(AQL)检索的逐批检验抽样计划

GB/T 2829—2002 周期检验计数抽样程序及表(适用于对过程稳定性的检验)

GB/T 3298 日用陶瓷器抗热震性测定方法

GB/T 3299 日用陶瓷器吸水率测定方法

GB/T 3300 日用陶瓷器变形检验方法

GB/T 3301 日用陶瓷器的容积、口径误差、高度误差、重量误差、缺陷尺寸的测定方法

GB/T 3302 日用陶瓷器包装、标志、运输、贮存规则

GB/T 3303 日用陶瓷器缺陷术语

GB/T 3532—2009 日用瓷器

GB/T 3534 日用陶瓷器铅、镉溶出量的测定方法

GB/T 4739 日用陶瓷颜料色度测定方法

GB/T 5000 日用陶瓷名词术语

GB 12651 与食物接触的陶瓷制品铅、镉溶出量允许极限

3 术语和定义

GB/T 3303、GB/T 5000 界定的术语和定义适用于本文件。

4 产品分类

4.1 按产品的用途分为盘碟类、碗类、杯类、壶类及其他器物类。

4.2 按产品的规格可分为小型、中型、大型、特型,其规格范围见表1。

表 1

类别	型式			
	小型	中型	大型	特型
盘碟类口径/mm	<128	128～<228	228～350	>350
碗类口径/mm	<110	110～<175	175～250	>250
杯类口径/mm	<60	60～<110	110～140	>140
壶类容量/mL	<250	250～<1 000	1 000～2 400	>2 400
其他器物类	视其外型相似情况，分别按上述各类定型			

4.3 按产品外观质量分为优等品、合格品。

5 技术要求

5.1 吸水率

不大于1.0%。

5.2 抗热震性

从160 ℃投入20 ℃水中热交换一次不裂。

5.3 铅、镉溶出量允许极限

应符合GB 12651的规定。

5.4 产品的口径或高度误差

在±2.0%之内。

5.5 微波炉适应性

产品标明微波炉适应性时，按GB/T 3532—2009中6.6规定的试验方法，一次循环不裂和无电弧产生。

5.6 冰箱到微波炉适应性

产品标明微波炉适应性时，按GB/T 3532—2009中6.7规定的试验方法，一次循环不裂和无电弧产生。

5.7 冰箱到烤箱适应性

产品标明烤箱适应性时，按GB/T 3532—2009中6.8规定的试验方法，一次循环不裂。

5.8 外观质量

5.8.1 产品不允许有炸釉、磕碰、裂穿和渗漏缺陷。

5.8.2 整套产品内的釉色色差不大于ΔE6(NBS)。

5.8.3 壶类在倾斜70°时，盖子不许脱落；壶嘴的口部不得低于壶口3 mm。

5.8.4 底部标志应正确、清晰，不得有明显歪斜与偏心。

5.8.5 产品各等级的外观缺陷应符合表2规定，并符合下列要求：

a) 优等品每件产品不得超过3种缺陷；

b) 合格品每件产品不得超过5种缺陷。

表2

序号	缺陷名称	测定量和单位	产品规格		优等品	合格品
1	变形	口径/mm	盘碟类	特型	不超过口径的2%	不超过口径的3%
				大型	不超过4.5	不超过5.5
				中型	不超过3.0	不超过4.0
				小型	不超过2.0	不超过3.0
			碗类	特型	不超过口径的2.0%	不超过口径的2.5%
				大型	不超过4.0	不超过5.0
				中型	不超过3.0	不超过4.0
				小型	不超过2.0	不超过3.0
			壶类	≥60	不超过2.5	不超过3.0
				＜60	不超过2.0	不超过2.5
			杯类	≥60	不超过2.0	不超过3.0
				＜60	不超过1.5	不超过2.0
2	裂纹	长度/mm	特型		阴裂不超过10	阴裂不超过15
			大型		阴裂不超过8	阴裂不超过13
			中型		阴裂不超过6	阴裂不超过12
			小型		阴裂不超过4	阴裂不超过10
			全部		耳、把和壶内扎眼处坯釉皆裂不超过4	
3	斑点	直径/mm	特型		≤2.5，限5个	≤3.5，限5个
			大型		≤2.5，限4个	≤3.0，限5个
			中型		≤2.0，限4个	≤2.5，限5个
			小型		≤1.5，限4个	≤2.0，限5个
4	熔洞	直径/mm	特型		≤2.5，限2个	≤3.5，限3个
			大型		≤2.0，限2个	≤3.0，限3个
			中型		≤2.0，限2个	≤2.5，限3个
			小型		≤1.5，限2个	≤2.0，限3个
5	坯泡 疙瘩 泥渣	直径/mm	特型		≤3.0，限4个	≤4.0，限4个
			大型		≤2.5，限4个	≤3.5，限4个
			中型		≤2.0，限4个	≤3.0，限4个
			小型		≤2.0，限3个	≤2.5，限3个
6	落渣	直径/mm	特型		≤2.5，限3个	≤3.0，限4个
			大型		≤2.0，限3个	≤2.5，限4个
			中型		≤2.0，限2个	≤2.0，限3个
			小型		≤1.5，限2个	≤1.5，限3个

GB/T 10813.1—2015

表 2（续）

序号	缺陷名称	测定量和单位	产品规格	优等品	合格品
7	毛孔	直径/mm	特型、大型 中、小型	≤1.0，限 10 个 ≤1.0，限 6 个	≤1.0，限 16 个 ≤1.0，限 10 个
8	缺泥	面积/mm^2	特型 大型 中型 小型	≤35（口沿不超过 5） ≤30（口沿不超过 5） ≤25（口沿不超过 4） ≤20（口沿不超过 4）	≤60（口沿不超过 10） ≤50（口沿不超过 10） ≤40（口沿不超过 8） ≤30（口沿不超过 8）
9	缺釉 缩釉	面积/mm^2	特型 大型	显见面不许可，底足边沿和非显见面不超过 30	显见面不超过 20，底足边沿和非显见面不超过 50
			中型 小型	显见面不许可，底足边沿和非显见面不超过 20	显见面不超过 15，底足边沿和非显见面不超过 40
10	色脏	面积/mm^2	特型 大型	≤2.0，限 4 个	≤2.5，限 5 个
			中型 小型	≤1.5，限 4 个	≤2.0，限 5 个
			全部	开口泡不许可	
11	厚釉 薄釉	面积/mm^2	全部	严重不许可	
12	炸釉	长度/mm	全部	不许可	
13	底沿 粘渣	底周/mm	全部	外沿、内沿不超过底周长的 20%，应打磨	外沿、内沿不超过底周长的 40%，应打磨
14	粘疤	底周/mm	全部	粘足不超过周长 5%，深不超过 1 mm，应打磨	粘足不超过周长 10%，深不超过 1.5 mm，应打磨
15	烟熏 阴黄	面积/mm^2	全部	明显不许可	太明显不许可
16	生烧	面积/mm^2	全部	色泽暗淡，明显不许可	

注 1：本部分所规定的缺陷允许范围如不适用特殊器型和装饰的产品，可在企业标准或合同中作补充规定。
注 2：本部分未能包括的缺陷，根据其形状可按相似缺陷处理。

6 试验方法

6.1 吸水率测定

按 GB/T 3299 执行。

6.2 抗热震性测定

按 GB/T 3298 执行。

6.3 铅、镉溶出量测定

按 GB/T 3534 执行。

6.4 产品的口径或高度误差测定

按 GB/T 3301 执行。

6.5 微波炉适应性测定

按 GB/T 3532—2009 中 6.6 执行。

6.6 冰箱到微波炉适应性测定

按 GB/T 3532—2009 中 6.7 执行。

6.7 冰箱到烤箱适应性测定

按 GB/T 3532—2009 中 6.8 执行。

6.8 外观质量

6.8.1 釉色色差测定按 GB/T 4739 执行。

6.8.2 变形测定按 GB/T 3300 执行。

6.8.3 缺陷尺寸按照 GB/T 3301 执行。

7 检验规则

7.1 检验分类

产品检验分交收检验和型式检验，采用每百单位不合格品数(计件法)检验。

7.2 交收检验

7.2.1 每件产品应经制造厂检验部门全数检验并经交收检验合格后方可出厂，出厂时应附有证明产品质量合格的文件。

7.2.2 交收检验项目为 5.8.1、5.8.2、5.4、5.8.3、5.8.4、5.8.5 规定的内容。

7.2.3 交收检验按 GB/T 2828.1—2012 的各项规定执行。各检验项目的不合格分类、接收质量限、检验水平及抽样方案见表 3，正常检查一次抽样及判定按表 4 进行。

表 3

检验项目	不合格分类	接收质量限(AQL)	检验水平(IL)	抽样方案
5.8.1	A	0.25	一般检验水平Ⅱ	一次抽样(从正常检查一次抽样开始,按转移规则进行)
5.4	B	4.0	特殊检验水平 S-3	
5.8.2			一般检验水平Ⅱ	
5.8.3				
5.8.4				
5.8.5				

表 4

批量范围	一般检验水平Ⅱ						特殊检验水平 S-3		
	AQL=0.25			AQL=4.0			AQL=4.0		
	样本量	Ac	Re	样本量	Ac	Re	样本量	Ac	Re
2～8	50	0	1	3	0	1	3	0	1
9～15	50	0	1	3	0	1	3	0	1
16～25	50	0	1	3	0	1	3	0	1
26～50	50	0	1	13	1	2	3	0	1
51～90	50	0	1	13	1	2	3	0	1
91～150	50	0	1	20	2	3	3	0	1
151～280	50	0	1	32	3	4	13	1	2
281～500	50	0	1	50	5	6	13	1	2
501～1 200	50	0	1	80	7	8	13	1	2
1 201～3 200	200	1	2	125	10	11	13	1	2
3 201～10 000	200	1	2	200	14	15	20	2	3
10 001～35 000	315	2	3	315	21	22	20	2	3
35 001～150 000	500	3	4	315	21	22	32	3	4
150 001～500 000	800	5	6	315	21	22	32	3	4
≥500 001	1 250	7	8	315	21	22	50	5	6

7.2.4　受检产品可按单件、套具、等级、花面、器型等形成批,必要时还可细分。

7.2.5　样本的抽取按以下要求进行:

a）单件产品按表 3 的规定从交货批中直接随机抽取样本量。

b）成箱配套产品根据交货批产品数量对照表 3 的要求查出相应的样本量,用样本量除以每箱内的产品数,其商若是整数则以此数值为抽取的箱数;其商若是小数,则去除小数,在整数位加 1 为抽取的箱数。从交货批产品中随机抽取确定箱数的成箱配套产品，然后从抽取的箱中随机抽取该批产品的样本量（每箱中抽出的样本数应大致相等）。

c) 当产品批小于或等于样本量时，则全部抽取。

7.2.6 交收检验项目中，如有一项不合格，则判定该产品为不合格。该批产品由交货方返工后，方可再一次提交检验。

7.3 型式检验

7.3.1 型式检验项目为本部分技术要求的全部内容，其中吸水率、抗热震性和铅、镉溶出量每半年进行一次，其他项目每一年进行一次，遇有下列情况之一时应进行型式检验：

a) 产品原料改变时；

b) 生产工艺方法变更可能影响产品性能时；

c) 停产 6 个月以上再恢复生产时；

d) 生产工艺过程中发生意外事故；

e) 合同有要求时。

7.3.2 型式检验按 GB/T 2829—2002 的规定执行，各检验项目的不合格分类、不合格质量水平、判别水平、不接受判定数及抽样方案见表 5。有合同要求时，可由合同双方协商商定。

表 5

<table>
<tr><th>检验项目</th><th>不合格分类</th><th>不合格质量水平 RQL</th><th>判别水平 DL</th><th>抽样方案</th><th>样本量 n</th><th>Ac</th><th>Re</th></tr>
<tr><td>5.8.1</td><td>A</td><td>6.5</td><td rowspan="2">Ⅲ</td><td rowspan="2">一次</td><td>32</td><td>0</td><td>1</td></tr>
<tr><td>5.4
5.8.2
5.8.3
5.8.4
5.8.5</td><td>B</td><td>20</td><td>32</td><td>3</td><td>4</td></tr>
<tr><td>5.3</td><td rowspan="4">A</td><td>15</td><td rowspan="4">Ⅰ</td><td rowspan="4">一次</td><td>6</td><td>0</td><td>1</td></tr>
<tr><td>5.5</td><td rowspan="3">30</td><td rowspan="3">3</td><td rowspan="3">0</td><td rowspan="3">1</td></tr>
<tr><td>5.6</td></tr>
<tr><td>5.7</td></tr>
<tr><td>5.2</td><td rowspan="2">B</td><td>25</td><td rowspan="2">Ⅰ</td><td rowspan="2">二次</td><td>$n_1=5$
$n_2=5$</td><td>0
1</td><td>2
2</td></tr>
<tr><td>5.1</td><td>40</td><td>$n_1=3$
$n_2=3$</td><td>0
1</td><td>2
2</td></tr>
</table>

7.3.3 检验的各个项目中，如有一项不合格，则判该产品型式检验不合格。

ICS 81.060.20
Y 24

GB

中华人民共和国国家标准

GB/T 10813.2—2015
代替 GB/T 10813.2—1989

青瓷器
第2部分:陈设艺术青瓷器

Celadon porcelain ware—
Part 2: Ornamental celadon porcelain ware

2015-10-09 发布　　2016-05-01 实施

中华人民共和国国家质量监督检验检疫总局
中国国家标准化管理委员会　发布

前　言

GB/T 10813《青瓷器》分为4个部分：

——第1部分：日用青瓷器；

——第2部分：陈设艺术青瓷器；

——第3部分：纹片釉青瓷器；

——第4部分：青瓷包装容器。

本部分为GB/T 10813的第2部分。

本部分按照GB/T 1.1—2009给出的规则起草。

本部分代替GB/T 10813.2—1989《青瓷器系列标准　陈设艺术青瓷器》。与GB/T 10813.2—1989相比，主要技术差异如下：

——增加了吸水率的技术要求和试验方法(见5.1、6.1)；

——修改了产品质量等级(见4.3，1989年版的3.2)；

——修改了检验规则(见第7章，1989年版的第6章)。

本部分由中国轻工业联合会提出。

本部分由全国日用陶瓷标准化技术委员会(SAC/TC 405)归口。

本部分起草单位：中华人民共和国宜兴出入境检验检疫局、宜兴碧玉青瓷有限公司、龙泉青瓷宝剑研究院、龙泉哥弟窑青瓷有限公司、铜川耀州窑文物复制厂、宜兴市中远青瓷厂、广东四通集团股份有限公司。

本部分主要起草人：谈志坚、陈坤怀、卢士俊、林建康、赖铁霞、袁西成、陈小平、蔡镇通。

本部分所代替标准的历次版本发布情况为：

——GB/T 10813.2—1989。

青瓷器
第2部分:陈设艺术青瓷器

1 范围

GB/T 10813的本部分规定了陈设艺术青瓷器的产品分类、技术要求、试验方法、检验规则和包装、标志、运输、贮存规则。

本部分适用于釉以氧化铁为着色剂,在还原气氛下烧成的陈设艺术青瓷器。

2 规范性引用文件

下列文件对于本文件的应用是必不可少的。凡是注日期的引用文件,仅注日期的版本适用于本文件。凡是不注日期的引用文件,其最新版本(包括所有的修改单)适用于本文件。

GB/T 2828.1—2012 计数抽样检验程序 第1部分:按接收质量限(AQL)检索的逐批检验抽样计划

GB/T 2829—2002 周期检验计数抽样程序及表(适用于对过程稳定性的检验)

GB/T 3299 日用陶瓷器吸水率测定方法

GB/T 3300 日用陶瓷器变形检验方法

GB/T 3301 日用陶瓷器的容积、口径误差、高度误差、重量误差、缺陷尺寸的测定方法

GB/T 3302 日用陶瓷器包装、标志、运输、贮存规则

GB/T 3303 日用陶瓷器缺陷术语

GB/T 5000 日用陶瓷名词术语

3 术语和定义

GB/T 3303、GB/T 5000界定的以及下列术语和定义适用于本文件。

3.1

陈设艺术青瓷器 ornamental celadon porcelain ware

用于陈设、装饰及收藏用的青瓷器制品。

4 产品分类

4.1 按产品的形式和用途分为雕塑类、器皿类、其他类。

4.2 雕塑类、器皿类和其他类的规格按各类产品最大部位尺寸计算,分为小型、中型、大型、特型,见表1。

表1

单位为毫米

类别	型式			
	小型	中型	大型	特型
雕塑类 器皿类 其他类	<140	140~300	301~400	>400

GB/T 10813.2—2015

4.3 按产品外观质量分为优等品、合格品。

5 技术要求

5.1 吸水率不大于 3.0%。

5.2 产品放在平面上，应平整稳定；产品釉面光润、色泽美观。

5.3 成套产品协调一致，产品配件、附件与主体吻合相称。

5.4 产品不允许有炸釉、磕碰、裂穿。雕塑人物、动物头脸和器皿类的口部，优等品不允许有裂纹、缺釉、釉泡、熔洞、落渣缺陷。

5.5 产品的缝合线痕迹不明显。

5.6 产品各等级的外观缺陷应符合表 2 规定，并符合下列要求：

a) 优等品每件产品不得超过 3 种缺陷；

b) 合格品每件产品不得超过 5 种缺陷。

表 2

序号	缺陷名称	测定量和单位	产品规格		优等品	合格品
1	变形	长度/mm	雕塑类		影响艺术效果不许可	
			器皿类	特、大型	不超过口径的 3%	不超过口径的 5%
				中、小型		不超过口径的 4%
2	裂纹	长度/mm	特型		阴裂不超过 20	阴裂不超过 40，裂纹不超过 16
			大型		阴裂不超过 18	阴裂不超过 30，裂纹不超过 14
			中型		阴裂不超过 15	阴裂不超过 25，裂纹不超过 12
			小型		阴裂不超过 12	阴裂不超过 20，裂纹不超过 10
3	斑点	直径/mm	特型		≤3.0，限 5 个	≤4.0，限 5 个
			大型		≤3.0，限 4 个	≤3.5，限 5 个
			中型		≤2.5，限 4 个	≤3.0，限 5 个
			小型		≤2.0，限 4 个	≤2.5，限 5 个
4	熔洞	直径/mm	特型		≤2.5，限 3 个	≤3.5，限 3 个
			大型		≤2.0，限 3 个	≤3.0，限 3 个
			中型		≤2.0，限 3 个	≤2.5，限 3 个
			小型		≤1.5，限 3 个	≤2.0，限 3 个
5	坯泡 疙瘩 泥渣	直径/mm	特型		≤4.5，限 5 个	≤5.0，限 6 个
			大型		≤4.0，限 5 个	≤4.5，限 6 个
			中型		≤3.0，限 5 个	≤4.0，限 6 个
			小型		≤3.0，限 4 个	≤4.0，限 5 个
6	落渣	直径/mm	特型		≤3.5，限 4 个	≤4.0，限 5 个
			大型		≤3.0，限 4 个	≤3.5，限 5 个
			中型		≤2.5，限 4 个	≤3.0，限 5 个
			小型		≤2.0，限 4 个	≤2.5，限 5 个

表 2（续）

序　号	缺陷名称	测定量和单位	产品规格	优等品	合格品
7	毛孔	直径/mm	特型 大型	≤1.0,限 15 个	≤1.0,限 20 个
			中型 小型	≤1.0,限 15 个	≤1.0,限 15 个
			全部	不得密集在一处,非显见面影响艺术效果不许可	
8	缺泥	面积/mm^2	特型 大型 中型 小型	≤30,限 3 处 ≤25,限 3 处 ≤20,限 3 处 ≤15,限 3 处	≤50,限 4 处 ≤40,限 4 处 ≤30,限 4 处 ≤25,限 4 处
9	缺釉 缩釉	面积/mm^2	特型 大型 中型 小型	≤14,限 3 处 ≤12,限 3 处 ≤10,限 3 处 ≤8,限 3 处	≤20,限 3 处 ≤18,限 3 处 ≤16,限 3 处 ≤14,限 3 处
10	釉泡	直径/mm	特型 大型	≤2.5,限 4 个	≤3.0,限 5 个
			中型 小型	≤1.5,限 4 个	≤2.0,限 5 个
			全部	开口釉泡不许可	
11	厚釉 薄釉	面积/mm^2	全部	影响艺术效果不许可	
12	炸釉	长度/mm	特型 大型	底足棱角处不超过 10,限 2 处	底足棱角处不超过 15,限 4 处
			中型 小型	底足棱角处不超过 8,限 2 处	底足棱角处不超过 10,限 4 处
			全部	其他部位不许可	
13	粘疤粘渣	长度/mm	全部	粘疤显见面不许可,非显见面严重不许可,底足应磨平	
14	烟熏 阴黄	面积/mm^2	全部	影响艺术效果不许可	
15	过火 生烧	面积/mm^2	全部	明显不许可	影响艺术效果不许可

注 1：本部分所规定的缺陷允许范围如不适用特殊器型和装饰的产品,可在企业标准或合同中作补充规定。

注 2：本部分未能包括的缺陷,根据其形状可按相似缺陷处理。

6 试验方法

6.1 吸水率测定

按 GB/T 3299 执行。

6.2 产品的口径或高度误差、缺陷尺寸测定

按 GB/T 3301 执行。

6.3 变形测定

按 GB/T 3300 执行。

7 检验规则

7.1 检验分类

产品检验分为交收检验和型式检验，采用每百单位不合格品数（计件法）检验。

7.2 交收检验

7.2.1 每件产品应经制造厂检验部门全数检验并经交收检验合格后方可出厂，出厂时应附有证明产品质量合格的文件。

7.2.2 交收检验项目为 5.2、5.3、5.4、5.5、5.6 规定的内容。

7.2.3 交收检验按 GB/T 2828.1—2012 的各项规定执行。各检验项目的不合格分类、接收质量限、检验水平及抽样方案见表 3，正常检查一次抽样及判定按表 4 进行。

表 3

检验项目	不合格分类	接收质量限（AQL）	检验水平（IL）	抽样方案
5.4	A	0.25	一般检验水平Ⅱ	一次抽样（从正常检查一次抽样开始，按转移规则进行）
5.2	B	4.0	一般检验水平Ⅱ	
5.3				
5.5				
5.6				

表 4

批量范围	一般检验水平Ⅱ						特殊检验水平 S-3		
	AQL=0.25			AQL=4.0			AQL=4.0		
	样本量	Ac	Re	样本量	Ac	Re	样本量	Ac	Re
2～8	50	0	1	3	0	1	3	0	1
9～15	50	0	1	3	0	1	3	0	1

表 4（续）

批量范围	一般检验水平Ⅱ						特殊检验水平 S-3		
	AQL=0.25			AQL=4.0			AQL=4.0		
	样本量	Ac	Re	样本量	Ac	Re	样本量	Ac	Re
16～25	50	0	1	3	0	1	3	0	1
26～50	50	0	1	13	1	2	3	0	1
51～90	50	0	1	13	1	2	3	0	1
91～150	50	0	1	20	2	3	3	0	1
151～280	50	0	1	32	3	4	13	1	2
281～500	50	0	1	50	5	6	13	1	2
501～1 200	50	0	1	80	7	8	13	1	2
1 201～3 200	200	1	2	125	10	11	13	1	2
3 201～10 000	200	1	2	200	14	15	20	2	3
10 001～35 000	315	2	3	315	21	22	20	2	3
35 001～150 000	500	3	4	315	21	22	32	3	4
150 001～500 000	800	5	6	315	21	22	32	3	4
≥500 001	1 250	7	8	315	21	22	50	5	6

7.2.4 受检产品可按产品的形式和用途、单件、等级、器型等形成批，必要时还可细分。

7.2.5 样本的抽取按以下要求进行：

a) 单件产品按表 3 的规定从交货批中直接随机抽取样本量。

b) 成箱配套产品根据交货批产品数量对照表 3 的要求查出相应的样本量，用样本量除以每箱内的产品数，其商若是整数则以此数值为抽取的箱数；其商若是小数，则去除小数，在整数位加 1 为抽取的箱数。从交货批产品中随机抽取确定箱数的成箱配套产品，然后从抽取的箱中随机抽取该批产品的样本量(每箱中抽出的样本数应大致相等)。

c) 当产品批小于或等于样本量时，则全部抽取。

7.2.6 交收检验项目中，如有一项不合格，则判定该产品为不合格。该批产品由交货方返工后，方可再一次提交检验。

7.3 型式检验

7.3.1 型式检验项目为本部分技术要求的全部内容，其中吸水率每半年进行一次，其他项目每一年进行一次，遇有下列情况之一时应进行型式检验：

a) 产品原料改变时；

b) 生产工艺方法变更可能影响产品性能时；

c) 停产 6 个月以上再恢复生产时；

d) 生产工艺过程中发生意外事故时；

e) 合同有要求时。

7.3.2 型式检验按 GB/T 2829—2002 的规定执行，各检验项目的不合格分类、不合格质量水平、判别水平、不接受判定数及抽样方案见表 5。有合同要求时，可由合同双方协商商定。

表 5

检验项目	不合格分类	不合格质量水平 RQL	判别水平 DL	抽样方案	样本量 n	Ac	Re
5.4	A	6.5	Ⅲ	一次	32	0	1
5.2 5.3 5.5 5.6	B	20	Ⅲ	一次	32	3	4
5.1	B	40	Ⅰ	二次	$n_1=3$ $n_2=3$	0 1	2 2

7.3.3 检验的各个项目中，如有一项不合格，则判该产品型式检验不合格。

8 包装、标志、运输、贮存

8.1 产品的包装、标志、运输、贮存按 GB/T 3302 规定执行。

8.2 成套产品包装时要求配套无差错。

ICS 81.060.20
Y 24

GB

中华人民共和国国家标准

GB/T 10813.3—2015
代替 GB/T 10813.3—1989

青瓷器
第3部分:纹片釉青瓷器

Celadon porcelain ware—
Part 3:Celadon porcelain ware with craquele glaze

2015-10-09 发布　　2016-05-01 实施

中华人民共和国国家质量监督检验检疫总局
中国国家标准化管理委员会　发布

前　言

GB/T 10813《青瓷器》分为4个部分：

——第1部分：日用青瓷器；

——第2部分：陈设艺术青瓷器；

——第3部分：纹片釉青瓷器；

——第4部分：青瓷包装容器。

本部分为GB/T 10813的第3部分。

本部分按照GB/T 1.1—2009给出的规则起草。

本部分代替GB/T 10813.3—1989《青瓷器系列标准　纹片釉青瓷器》。与GB/T 10813.3—1989相比，主要技术差异如下：

——增加了吸水率和铅、镉溶出量技术要求和试验方法(见5.1、5.2、6.1、6.2)；

——修改了产品质量等级(见4.3，1989年版的3.2)；

——修改了检验规则(见第7章，1989年版的第6章)。

本部分由中国轻工业联合会提出。

本部分由全国日用陶瓷标准化技术委员会(SAC/TC 405)归口。

本部分起草单位：宜兴碧玉青瓷有限公司、中华人民共和国宜兴出入境检验检疫局、浙江天丰陶瓷有限公司、龙泉哥弟窑青瓷有限公司、宜兴爱宜艺术陶瓷有限公司、丽水出入境检验检疫局、宜兴市中远青瓷厂、潮州市阳光科技发展有限公司。

本部分主要起草人：陈坤怀、谈志坚、周方武、林建康、范泽锋、万东光、陈小平、陈维鹏。

本部分所代替标准的历次版本发布情况为：

——GB/T 10813.3—1989。

青瓷器
第3部分:纹片釉青瓷器

1 范围

GB/T 10813 的本部分规定了纹片釉青瓷器的产品分类、技术要求、试验方法、检验规则和包装、标志、运输、贮存。

本部分适用于釉以氧化铁为着色剂,以铁骨胎、朱砂胎或白色胎为坯胎,在还原气氛下烧成的釉面呈现纹片的青瓷器。

2 规范性引用文件

下列文件对于本文件的应用是必不可少的。凡是注日期的引用文件,仅注日期的版本适用于本文件。凡是不注日期的引用文件,其最新版本(包括所有的修改单)适用于本文件。

GB/T 2828.1—2012 计数抽样检验程序 第1部分:按接收质量限(AQL)检索的逐批检验抽样计划

GB/T 2829—2002 周期检验计数抽样程序及表(适用于对过程稳定性的检验)

GB/T 3299 日用陶瓷器吸水率测定方法

GB/T 3300 日用陶瓷器变形检验方法

GB/T 3301 日用陶瓷器的容积、口径误差、高度误差、重量误差、缺陷尺寸的测定方法

GB/T 3302 日用陶瓷器包装、标志、运输、贮存规则

GB/T 3303 日用陶瓷器缺陷术语

GB/T 3534 日用陶瓷器铅、镉溶出量的测定方法

GB/T 5000 日用陶瓷名词术语

GB 12651 与食物接触的陶瓷制品铅、镉溶出量允许极限

3 术语和定义

GB/T 3303、GB/T 5000 界定的术语和定义适用于本文件。

4 产品分类

4.1 按产品的形式和用途分为雕塑类、器皿类、其他类。

4.2 雕塑类、器皿类和其他类的规格按各类产品最大部位尺寸计算,分为小型、中型、大型、特型,见表1。

表 1 单位为毫米

类别	型式			
	小型	中型	大型	特型
雕塑类 器皿类 其他类	<140	140~300	301~400	>400

4.3 按产品外观质量分为优等品、合格品。

5 技术要求

5.1 吸水率不大于1.0%。

5.2 用于盛装食物的器皿类产品，铅、镉溶出量允许极限应符合GB 12651的规定。

5.3 产品放在平面上，应平整稳定；产品釉面应有纹片，釉面光润、色泽美观。

5.4 成套产品协调一致，产品配件、附件与主体吻合相称。

5.5 产品不允许有磕碰、胎裂，雕塑人物、动物头脸和器皿类的口部，优等品不允许有釉泡、熔洞、落渣缺陷。

5.6 产品的缝合线痕迹不明显。

5.7 产品各等级的外观缺陷应符合表2规定，并符合下列要求：

a) 优等品每件产品不得超过3种缺陷；

b) 合格品每件产品不得超过5种缺陷。

表2

序号	缺陷名称	测定量和单位	产品规格		优等品	合格品
1	变形	长度/mm	雕塑类		影响艺术效果不许可	
			器皿类	特、大型	不超过口径的3%	不超过口径的5%
				中、小型		不超过口径的4%
2	斑点	直径/mm	特型		≤350，限4个	≤4.0，限5个
			大型		≤3.0，限4个	≤3.5，限5个
			中型		≤2.5，限4个	≤3.0，限5个
			小型		≤2.0，限4个	≤2.5，限5个
3	熔洞	直径/mm	特、大型		≤2.5，限5个	≤3.5，限5个
			中、小型		≤2.0，限4个	≤3.0，限4个
4	坯泡、疙瘩泥渣	直径/mm	特、大型		≤4.0，限6个	影响艺术效果不许可
			中、小型		≤3.5，限6个	
5	落渣	直径/mm	特、大型		≤3.5，限4个	≤4.0，限5个
			中、小型		≤3.0，限4个	≤3.5，限5个
6	毛孔	直径/mm	特、大型		≤1.0，限15个	≤1.0，限20个
			中、小型		≤1.0，限10个	≤1.0，限15个
			全部		不得密集在一处	
7	缺泥	面积/mm^2	全部		影响艺术效果不许可	
8	缺釉缩釉	面积/mm^2	特型		≤20，限5处	≤30，限6处
			大型		≤18，限5处	≤25，限6处
			中型		≤16，限4处	≤20，限5处
			小型		≤14，限4处	≤15，限5处
9	釉泡	直径/mm	特、大型		≤2.5，限4个	≤3.0，限5个
			中、小型		≤2.0，限4个	≤2.5，限5个
			全部		开口釉泡不许可	

表 2（续）

序号	缺陷名称	测定量和单位	产品规格	优等品	合格品
10	厚釉 薄釉	面积/mm^2	全部	影响艺术效果不许可	
11	剥釉	长度/mm	特、大型 中、小型	口沿棱角处不超过 20 口沿棱角处不超过 15	口沿棱角处严重不许可 口沿棱角处严重不许可
			全部	其他部位不许可	
12	粘疤粘渣	长度/mm	全部	粘疤显见面不许可，非显见面严重不许可，底足应磨平	
13	烟熏	面积/mm^2	全部	影响艺术效果不许可	
注 1：本部分所规定的缺陷允许范围如不适用特殊器型和装饰的产品，可在企业标准或合同中作补充规定。 注 2：本部分未能包括的缺陷，根据其形状可按相似缺陷处理。					

6 试验方法

6.1 吸水率测定

按 GB/T 3299 执行。

6.2 铅、镉溶出量测定

按 GB/T 3534 执行。

6.3 产品的口径或高度误差、缺陷尺寸测定

按 GB/T 3301 执行。

6.4 变形测定

按 GB/T 3300 执行。

7 检验规则

7.1 检验分类

产品检验分交收检验和型式检验，采用每百单位不合格品数(计件法)检验。

7.2 交收检验

7.2.1 每件产品应经制造厂检验部门全数检验并经交收检验合格后方可出厂，出厂时应附有证明产品质量合格的文件。

7.2.2 交收检验项目为 5.3、5.4、5.5、5.6、5.7 规定的内容。

7.2.3 交收检验按 GB/T 2828.1—2012 的各项规定执行。各检验项目的不合格分类、接收质量限、检验水平及抽样方案见表 3，正常检查一次抽样及判定按表 4 进行。

GB/T 10813.3—2015

表 3

检验项目	不合格分类	接收质量限(AQL)	检验水平(IL)	抽样方案
5.5	A	0.25	一般检验水平Ⅱ	一次抽样(从正常检查一次抽样开始,按转移规则进行)
5.3	B	4.0	一般检验水平Ⅱ	
5.4				
5.6				
5.7				

表 4

批量范围	一般检验水平Ⅱ						特殊检验水平 S-3		
	AQL=0.25			AQL=4.0			AQL=4.0		
	样本量	Ac	Re	样本量	Ac	Re	样本量	Ac	Re
2～8	50	0	1	3	0	1	3	0	1
9～15	50	0	1	3	0	1	3	0	1
16～25	50	0	1	3	0	1	3	0	1
26～50	50	0	1	13	1	2	3	0	1
51～90	50	0	1	13	1	2	3	0	1
91～150	50	0	1	20	2	3	3	0	1
151～280	50	0	1	32	3	4	13	1	2
281～500	50	0	1	50	5	6	13	1	2
501～1 200	50	0	1	80	7	8	13	1	2
1 201～3 200	200	1	2	125	10	11	13	1	2
3 201～10 000	200	1	2	200	14	15	20	2	3
10 001～35 000	315	2	3	315	21	22	20	2	3
35 001～150 000	500	3	4	315	21	22	32	3	4
150 001～500 000	800	5	6	315	21	22	32	3	4
≥500 001	1 250	7	8	315	21	22	50	5	6

7.2.4 受检产品可按产品的形式和用途、单件、等级、器型等形成批,必要时还可细分。

7.2.5 样本的抽取按以下要求进行:

a) 单件产品按表 3 的规定从交货批中直接随机抽取样本量。

b) 成箱配套产品根据交货批产品数量对照表 3 的要求查出相应的样本量,用样本量除以每箱内的产品数,其商若是整数则以此数值为抽取的箱数;其商若是小数,则去除小数,在整数位加 1 为抽取的箱数。从交货批产品中随机抽取确定箱数的成箱配套产品,然后从抽取的箱中随机抽取该批产品的样本量(每箱中抽出的样本数应大致相等)。

c) 当产品批小于或等于样本量时,则全部抽取。

7.2.6 交收检验项目中,如有一项不合格,则判定该产品为不合格。该批产品由交货方返工后,方可再一次提交检验。

7.3 型式检验

7.3.1 型式检验项目为本标准技术要求的全部内容，其中吸水率和铅、镉溶出量每半年进行一次，其他项目每一年进行一次，遇有下列情况之一时应进行型式检验：

a) 产品原料改变时；

b) 生产工艺方法变更可能影响产品性能时；

c) 停产 6 个月以上再恢复生产时；

d) 生产工艺过程中发生意外事故；

e) 合同有要求时。

7.3.2 型式检验按 GB/T 2829—2002 的规定执行，各检验项目的不合格分类、不合格质量水平、判别水平、不接受判定数及抽样方案见表 5。有合同要求时，可由合同双方协商商定。

表 5

检验项目	不合格分类	不合格质量水平 RQL	判别水平 DL	抽样方案	样本量 n	Ac	Re
5.5	A	6.5	Ⅲ	一次	32	0	1
5.3 5.4 5.6 5.7	B	20			32	3	4
5.2	A	15	Ⅰ	一次	6	0	1
5.1	B	40	Ⅰ	二次	$n_1=3$ $n_2=3$	0 1	2 2

7.3.3 检验的各个项目中，如有一项不合格，则判该产品型式检验不合格。

8 包装、标志、运输、贮存

8.1 产品的包装、标志、运输、贮存按 GB/T 3302 规定执行。

8.2 成套产品包装时要求配套无差错。

ICS 81.060.20
Y 24

中华人民共和国国家标准

GB/T 10813.4—2015
代替 GB/T 10813.4—1989

青瓷器
第4部分:青瓷包装容器

Celadon porcelain ware—
Part 4:Celadon porcelain packaging container

2015-10-09 发布 2016-05-01 实施

中华人民共和国国家质量监督检验检疫总局
中国国家标准化管理委员会 发布

前　言

GB/T 10813《青瓷器》分为四个部分：

——第1部分：日用青瓷器；

——第2部分：陈设艺术青瓷器；

——第3部分：纹片釉青瓷器；

——第4部分：青瓷包装容器。

本部分为GB/T 10813的第4部分。

本部分按照GB/T 1.1—2009给出的规则起草。

本部分代替GB/T 10813.4—1989《青瓷器系列标准　食用青瓷包装容器》。与GB/T 10813.4—1989相比，主要技术差异如下：

——修改了产品规格的分类及范围(见4.1，1989年版的3.1)；

——修改了产品质量等级(见4.2，1989年版的3.2)；

——修改了铅、镉溶出量的技术要求(见5.2，1989年版的4.2)；

——修改了检验规则(见第7章，1989年版的第6章)。

本部分由中国轻工业联合会提出。

本部分由全国日用陶瓷标准化技术委员会(SAC/TC 405)归口。

本部分起草单位：宜兴市金鱼陶瓷有限公司、龙泉青瓷(日用陶瓷)产品质量监督检测中心、龙泉市金宏瓷厂、中华人民共和国宜兴出入境检验检疫局、宜兴爱宜艺术陶瓷有限公司、丽水出入境检验检疫局、宜兴市中远青瓷厂、潮州市兴业陶瓷有限公司。

本部分主要起草人：葛渚中、陈坤怀、金逸林、叶伟平、万东光、范泽锋、陈小平、郭森镇。

本部分所代替标准的历次版本发布情况为：

——GB/T 10813.4—1989。

青瓷器
第 4 部分:青瓷包装容器

1 范围

GB/T 10813 的本部分规定了青瓷包装容器的产品分类、技术要求、试验方法、检验规则和包装、标志、运输、贮存。

本部分适用于釉以氧化铁为着色剂,在还原气氛下烧成的用于包装物品的青瓷容器。

2 规范性引用文件

下列文件对于本文件的应用是必不可少的。凡是注日期的引用文件,仅注日期的版本适用于本文件。凡是不注日期的引用文件,其最新版本(包括所有的修改单)适用于本文件。

GB/T 2828.1—2012 计数抽样检验程序 第 1 部分:按接收质量限(AQL)检索的逐批检验抽样计划

GB/T 2829—2002 周期检验计数抽样程序及表(适用于对过程稳定性的检验)

GB/T 3299 日用陶瓷器吸水率测定方法

GB/T 3300 日用陶瓷器变形检验方法

GB/T 3301 日用陶瓷器的容积、口径误差、高度误差、重量误差、缺陷尺寸的测定方法

GB/T 3302 日用陶瓷器包装、标志、运输、贮存规则

GB/T 3303 日用陶瓷器缺陷术语

GB/T 3534 日用陶瓷器铅、镉溶出量的测定方法

GB/T 5000 日用陶瓷名词术语

GB 14147 陶瓷包装容器铅、镉溶出量允许极限

3 术语和定义

GB/T 3303、GB/T 5000 界定的术语和定义适用于本文件。

4 产品分类

4.1 按产品的型式分为小型、中型、大型、特型,其规格范围见表 1。

表 1

单位为毫升

名称	型式			
	小型	中型	大型	特型
包装容器	<250	250~800	801~2 500	>2 500

4.2 按产品外观质量分为优等品、合格品。

5 技术要求

5.1 产品吸水率不大于 1.0%。

5.2 凡可能用于包装食品的制品铅、镉溶出量允许极限应符合 GB 14147 规定。

5.3 产品的口径或高度误差:±2.0%。

5.4 产品不允许有炸釉、磕碰、渗漏缺陷。

5.5 产品各等级的外观缺陷应符合表 2 规定,并符合下列要求:

a) 优等品每件产品不得超过 3 种缺陷;

b) 合格品每件产品不得超过 5 种缺陷。

表 2

序号	缺陷名称	测定量和单位	产品规格	优等品	合格品
1	底足变形	高度/mm	特型	≤3.5	≤4.0
			大型	≤3.0	≤3.5
			中型	≤2.5	≤3.0
			小型	≤2.0	≤2.5
2	斑点	直径/mm	特型	≤4.0,限 4 个	≤4.5,限 5 个
			大型	≤3.5,限 4 个	≤4.0,限 5 个
			中型	≤3.0,限 4 个	≤3.5,限 5 个
			小型	≤2.5,限 4 个	≤3.0,限 5 个
3	熔洞	直径/mm	特型	≤3.0,限 3 个	≤4.0,限 4 个
			大型	≤2.5,限 3 个	≤3.0,限 4 个
			中型	≤2.0,限 3 个	≤2.5,限 4 个
			小型	≤2.0,限 2 个	≤2.5,限 3 个
4	坯泡 疙瘩 泥渣	直径/mm	特型	≤4.5,限 3 个	≤5.0,限 4 个
			大型	≤4.0,限 3 个	≤4.5,限 4 个
			中型	≤3.5,限 3 个	≤4.0,限 4 个
			小型	≤3.0,限 3 个	≤3.5,限 4 个
5	釉泡	直径/mm	特型	≤3.5,限 3 个	≤4.0,限 4 个
			大型	≤3.0,限 3 个	≤3.5,限 4 个
			中型	≤2.5,限 3 个	≤3.0,限 4 个
			小型	≤2.0,限 3 个	≤2.0,限 4 个
			全部	开口釉泡不允许	
6	裂纹	长度/mm	特型	阴裂不超过 20	阴裂不超过 25,底足裂纹不超过 5 限二处
			大型	阴裂不超过 15	阴裂不超过 20,底足裂纹不超过 5 限二处
			中型	阴裂不超过 10	阴裂不超过 18,底足裂纹不超过 5 限二处
			小型	阴裂不超过 5	阴裂不超过 15,底足列纹不超过 5 限二处

表 2（续）

序号	缺陷名称	测定量和单位	产品规格	优等品	合格品
7	毛孔	直径/mm	全部	≤1.0，限 10 个	≤1.0 限 15 个
8	落渣	直径/mm	全部	≤2.5，限 4 个	≤3.0 限 5 个
9	厚釉、薄釉	面积/mm^2	全部	明显不许可	严重不许可
10	缺釉	面积/mm^2	全部	不超过 12 限二处	不超过 20 限三处
11	缺泥	面积/mm^2	全部	明显不许可	严重不许可
12	粘疤粘渣	长度/mm	全部	粘疤显见面不许可，底脚不超过周长的 2/5，应磨平	严重不许可
13	烟熏 阴黄	面积/mm^2	全部	明显不许可	严重不许可
14	过火	面积/mm^2	全部	釉中小泡，手摸无感	严重不许可
15	生烧	面积/mm^2	全部	不许可	色泽暗淡，明显不许可

注 1：本部分所规定的缺陷允许范围如不适用特殊器型和装饰的产品，可在企业标准或合同中作补充规定。

注 2：本部分未能包括的缺陷，根据其形状可按相似缺陷处理。

6 试验方法

6.1 吸水率测定

按 GB/T 3299 执行。

6.2 铅、镉溶出量测定

按 GB/T 3534 执行。

6.3 产品的口径或高度误差、缺陷尺寸测定

按 GB/T 3301 执行。

6.4 变形测定

按 GB/T 3300 执行。

7 检验规则

7.1 检验分类

产品检验分交收检验和型式检验，采用每百单位不合格品数（计件法）检验。

7.2 交收检验

7.2.1 每件产品应经制造厂检验部门全数检验并经交收检验合格后方可出厂，出厂时应附有证明产品质量合格的文件。

7.2.2　交收检验项目为5.3、5.4、5.5规定的内容。

7.2.3　交收检验按GB/T 2828.1—2012的各项规定执行。各检验项目的不合格分类、接收质量限、检验水平及抽样方案见表3,正常检查一次抽样及判定按表4进行。

表 3

检验项目	不合格分类	接收质量限(AQL)	检验水平(IL)	抽样方案
5.4	A	0.25	一般检验水平Ⅱ	一次抽样(从正常检查一次抽样开始,按转移规则进行)
5.3 5.5	B	4.0	一般检验水平Ⅱ	

表 4

批量范围	一般检验水平Ⅱ						特殊检验水平 S-3		
	AQL=0.25			AQL=4.0			AQL=4.0		
	样本量	Ac	Re	样本量	Ac	Re	样本量	Ac	Re
2～8	50	0	1	3	0	1	3	0	1
9～15	50	0	1	3	0	1	3	0	1
16～25	50	0	1	3	0	1	3	0	1
26～50	50	0	1	13	1	2	3	0	1
51～90	50	0	1	13	1	2	3	0	1
91～150	50	0	1	20	2	3	3	0	1
151～280	50	0	1	32	3	4	13	1	2
281～500	50	0	1	50	5	6	13	1	2
501～1 200	50	0	1	80	7	8	13	1	2
1 201～3 200	200	1	2	125	10	11	13	1	2
3 201～10 000	200	1	2	200	14	15	20	2	3
10 001～35 000	315	2	3	315	21	22	20	2	3
35 001～150 000	500	3	4	315	21	22	32	3	4
150 001～500 000	800	5	6	315	21	22	32	3	4
≥500 001	1 250	7	8	315	21	22	50	5	6

7.2.4　受检产品可按单件、等级、花面、器型等形成批,必要时还可细分。

7.2.5　单件产品按表3的规定从交货批中直接随机抽取样本量。

7.2.6　交收检验项目中,如有一项不合格,则判定该产品为不合格。该批产品由交货方返工后,方可再一次提交检验。

7.3　型式检验

7.3.1　型式检验项目为本部分技术要求的全部内容,其中吸水率和铅、镉溶出量每半年进行一次,其他项目每一年进行一次,遇有下列情况之一时应进行型式检验:

a)　产品原料改变时;

b) 生产工艺方法变更可能影响产品性能时；

c) 停产 6 个月以上再恢复生产时；

d) 生产工艺过程中发生意外事故时；

e) 合同有要求时。

7.3.2 型式检验按 GB/T 2829—2002 的规定执行，各检验项目的不合格分类、不合格质量水平、判别水平、不接受判定数及抽样方案见表 5；有合同要求时，可由合同双方协商商定。

表 5

检验项目	不合格分类	不合格质量水平 RQL	判别水平 DL	抽样方案	样本量 n	Ac	Re
5.4	A	6.5	Ⅲ	一次	32	0	1
5.3 5.5	B	20			32	3	4
5.2	A	15	Ⅰ	一次	6	0	1
5.1	B	40	Ⅰ	二次	$n_1=3$ $n_2=3$	0 1	2 2

7.3.3 检验的各个项目中，如有一项不合格，则判该产品型式检验不合格。

8 包装、标志、运输、贮存

按 GB/T 3302 规定执行。

ICS 81.060.01
分类号：Y 20
备案号：46029-2014

QB

中华人民共和国轻工行业标准

QB/T 1991—2014
代替 QB/T 1991—1994

化学瓷坩埚

Chemical porcelain crucible

2014-05-06 发布 2014-10-01 实施

中华人民共和国工业和信息化部 发布

QB/T 1991－2014

前　言

本标准按照GB/T 1.1－2009给出的规则起草。

本标准是对QB/T 1991－1994《化学瓷坩埚》的修订。

本标准与QB/T 1991－1994相比，主要变化如下：

—— 修改了规范性引用文件（见2，1994版的2）；

—— 修改了术语和定义（见3，1994版的3）；

—— 修改了抗热震性要求及其试验方法（见5.6、6.6，1994年版的5.6、6.6）；

—— 修改了检验规则（见7，1994年版的7）；

—— 修改了标志、包装、运输、贮存要求（见8，1994年版的8）。

本标准由中国轻工业联合会提出。

本标准由全国日用陶瓷标准化技术委员会（SAC/TC 405）归口。

本标准起草单位：唐山北方瓷都陶瓷集团有限责任公司、潮安县凤塘雅诚德陶瓷制作厂、国家陶瓷产品质量监督检验中心（江西）、中国陶瓷工业协会。

本标准主要起草人：刘刚、商灵芝、刘国琴、周桂欣、吴兆培、王同言、陈镇权、陈本兴。

本标准所代替标准的历次版本发布情况为：

——QB/T 1991－1994。

QB/T 1991－2014

化学瓷坩埚

1 范围

本标准规定了化学瓷坩埚的术语和定义、产品分类、要求、试验方法、检验规则和标志、包装、运输、贮存。

本标准适用于实验室或工业用化学瓷坩埚（以下简称“坩埚”）。

2 规范性引用文件

下列文件对于本文件的应用是必不可少的。凡是注日期的引用文件，仅注日期的版本适用于本文件。凡是不注日期的引用文件，其最新版本（包括所有的修改单）适用于本文件。

GB/T 2828.1－2012 计数抽样检验程序 第1部分：按接收质量限（AQL）检索的逐批检验抽样计划（ISO 2859-1：1999，IDT）

GB/T 2829－2002 周期检验计数抽样程序及表（适用于过程稳定性的检验）

GB/T 3299 日用陶瓷器吸水率测定方法

GB/T 3300 日用陶瓷器变形检验方法

GB/T 3301 日用陶瓷器的容积、口径误差、高度误差、重量误差、缺陷尺寸的测定方法

GB/T 3302 日用陶瓷器包装、标志、运输、贮存规则

GB/T 3303 日用陶瓷器缺陷术语

GB/T 5000 日用陶瓷名词术语

3 术语和定义

GB/T 5000、GB/T 3303 界定的以及下列术语和定义适用于本文件。

3.1

化学瓷坩埚 chemical porcelain crucible

具有优良的耐化学腐蚀性和耐热震性，以及高机械强度的瓷质坩埚。

3.2

低壁瓷坩埚 low wall porcelain crucible

高度与外径的比值不大于 0.65 的**化学瓷坩埚**，产品代号为 DBG。

3.3

中壁瓷坩埚 medium wall porcelain crucible

高度与外径的比值为 1.10～0.66 的**化学瓷坩埚**，产品代号为 ZBG。

3.4

高壁瓷坩埚 high wall porcelain crucible

高度与外径的比值不小于 1.11 的**化学瓷坩埚**，产品代号为 GBG。

3.5

自由膨胀序数瓷坩埚 porcelain crucible for measuring free swelling index

测定膨胀序数的专用**化学瓷坩埚**，产品代号为 ZPG。

3.6

罗加指数瓷坩埚 porcelain crucible for measuring Roga index

测定罗加指数的专用**化学瓷坩埚**，产品代号为 LJG。

3.7

挥发分测定瓷坩埚　**porcelain crucible for measuring volatile matter**

测定挥发分的专用化学瓷坩埚，产品代号 HFG。

3.8

细孔瓷坩埚　**perforated porcelain crucible**

底部带小孔并带屉的化学瓷坩埚，产品代号 XKG。

3.9

双层盖瓷坩埚　**porcelain crucible with two-layer lid**

带双层盖的化学瓷坩埚，产品代号 SCG。

3.10

无釉瓷坩埚　**unglazed porcelain crucible**

不带釉的化学瓷坩埚，产品代号 WYG。

4　产品分类

4.1　按用途分为普通坩埚和专用坩埚：普通坩埚包括低壁坩埚、中壁坩埚、高壁坩埚；专用坩埚包括细孔坩埚、挥发分测定坩埚、自由膨胀序数坩埚、罗加指数坩埚、双层盖坩埚。形状示意如图 1 所示。

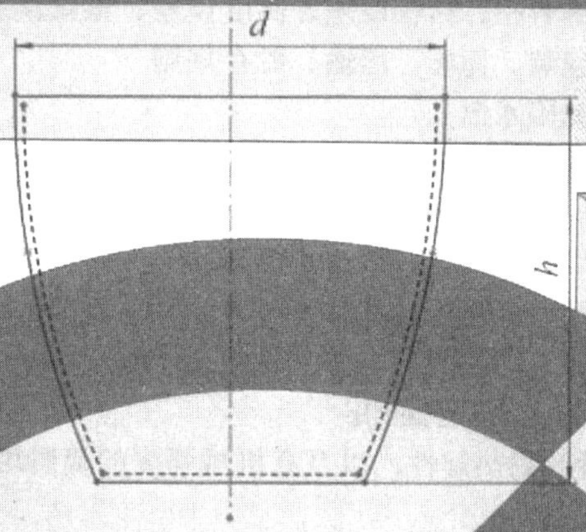

说明：

d——坩埚外径；

h——坩埚高度。

图 1　坩埚示意图

4.2　按使用温度分为带釉坩埚和无釉坩埚：带釉坩埚使用温度不高于 1 000 ℃；无釉坩埚使用温度不高于 1 250 ℃。

4.3　按容量分为大型坩埚和小型坩埚：大型坩埚为容量 100 mL 及以上；小型坩埚为容量 99 mL 及以下。

4.4　坩埚盖按形状分为圆顶型和凹型，如图 2 和图 3 所示。

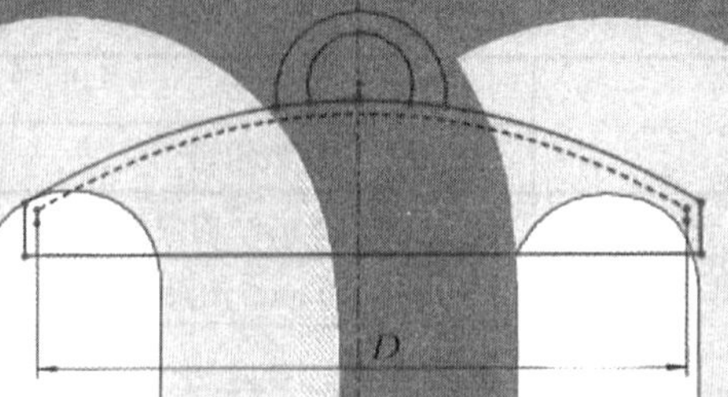

说明：

D——圆顶型坩埚盖内径。

图 2　圆顶型坩埚盖

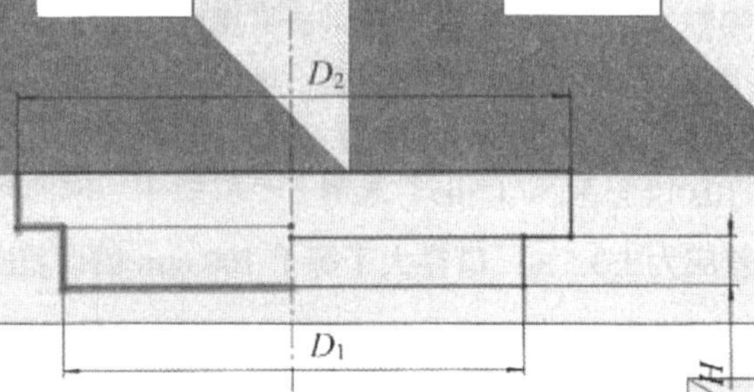

说明：

D_1——凹型坩埚盖凹部外径；

D_2——凹型坩埚盖外径；

H——凹型坩埚盖凹部深度。

图 3　凹型坩埚盖

5　要求

5.1　外观质量

5.1.1　坩埚表面不应有裂纹、溶洞、渗漏等缺陷。

5.1.2　坩埚的外观缺陷应符合表 1 的规定。

表 1

序　号	项　目		要　求	
			大型坩埚	小型坩埚
1	疙瘩、落渣、斑点	使用面	直径小于 2.0 mm 的限 5 个	直径小于 1.5 mm 的限 5 个
		非使用面	直径小于 2.0 mm 的限 8 个	直径小于 1.5 mm 的限 7 个
2	毛　孔	使用面	直径小于 0.5 mm 的限 6 个	直径小于 0.5 mm 的限 4 个
		非使用面	直径小于 0.5 mm 的限 10 个	直径小于 0.5 mm 的限 6 个

表 1（续）

序 号	项 目		要 求	
			大型坩埚	小型坩埚
3	黏疤、磕碰	使用面	面积小于 4.5 mm^2 的限 2 处	面积小于 3.5 mm^2 的限 2 处
		非使用面	面积小于 10 mm^2 的限 4 处	面积小于 6 mm^2 的限 4 处
4	坯泡、釉泡	使用面	不允许	
		非使用面	直径小于 2.0 mm 的限 5 个；开口坯泡、开口釉泡不允许	直径小于 1.5 mm 的限 4 个；开口坯泡、开口釉泡不允许
5	缺釉、炸釉	使用面	面积小于 2 mm^2 的限 2 处	面积小于 1.5 mm^2 的限 2 处
		非使用面	面积小于 25 mm^2 的限 4 处	面积小于 7 mm^2 的限 4 处
6	变 形	口径差/mm	≤3	≤1.5
7	烟 熏		不严重	

5.2 规格及误差

5.2.1 规格

坩埚规格参见附录 A。

5.2.2 口径误差

口径小于 100 mm 的误差应为±3.5%；口径大于等于 100 mm 的误差应为±3.0%。

5.2.3 高度误差

高度小于 100 mm 的误差应为±3.5%；高度大于等于 100 mm 的误差应为±3.0%。

5.2.4 坩埚盖尺寸

坩埚盖尺寸应与坩埚配套：圆顶坩埚盖的内径 D 应比所配用的坩埚外径大 2 mm～4 mm。凹型坩埚盖的外径 D_2 应比所配用的坩埚外径大 1 mm～3 mm，凹部外径 D_1 应比所配用的坩埚内径小 1 mm～2mm，凹部深度 H 不应小于 2 mm。

5.3 吸水率

吸水率不应大于 0.3%。

5.4 釉的耐酸性

带釉坩埚内表面釉的损失量不应大于 0.01 mg/cm^2。

5.5 釉的高温黏结性

将带釉坩埚加热至 1 000 ℃时，不应出现釉黏结现象。

5.6 抗热震性

将 250 ℃的坩埚置于 20 ℃水中进行热交换两次后，不应出现裂痕或浸入色斑。

6 试验方法

6.1 变形

变形按 GB/T 3300 进行测定。

6.2 规格及误差

坩埚的规格误差、缺陷尺寸按 GB/T 3301 进行测定。

6.3 吸水率

吸水率试验方法按 GB/T 3299 执行。

6.4 釉的耐酸性

6.4.1 设备

6.4.1.1　恒温干燥箱，工作温度为 0 ℃～300 ℃，温差为±5 ℃。

6.4.1.2　分析天平，感量 0.001 g。

6.4.2　试剂

6.4.2.1　盐酸（1+1）：取盐酸（密度 1.19 g/cm^3，化学纯）1 体积与蒸馏水 1 体积混匀备用。

6.4.2.2　盐酸（1+11）：取盐酸（密度 1.19 g/cm^3，化学纯）1 体积与蒸馏水 11 体积混匀备用。

6.4.3　试验步骤

将试样以盐酸（1+11）充分清洗后用水冲净，置于恒温干燥箱中，在 120 ℃下干燥至恒重（G），将盐酸（1+1）加入带釉坩埚中，使其占坩埚容量的 3/4～4/5，加盖，在沸水浴上加热 4 h，倒去酸溶液，用水冲净坩埚，在 120 ℃下干燥至恒重（G_1）。

耐酸性按公式（1）进行计算：

$$X = \frac{(G - G_1) \times 1000}{S} \qquad (1)$$

式中：

X ——釉的耐酸性损失量，单位为毫克每平方厘米（mg/cm^2），精确到 0.01；

G ——酸蚀前试样质量，单位为克（g），精确到 0.001；

G_1 ——酸蚀后试样质量，单位为克（g），精确到0.001；

S ——试样坩埚总内表面积，单位为平方厘米（cm^2），精确到0.01。

6.5　釉的高温黏结性

6.5.1　设备

实验电炉，可控制工作区域的温差为±10 ℃。

6.5.2　试验步骤

将试样用水洗净、烘干后打碎，选取 3 块～4 块（每块面积约为 3 cm^2～4 cm^2），置于预先洗净、烘干、形状规整、内表面光滑的同材质 50 mL 坩埚中（使每块试样的釉面尽量与容器坩埚的釉面接触），移入实验电炉中，在（1000±10）℃下，灼烧并保温 2 h，取出冷却后检查有无釉黏结现象。

6.6　抗热震性

6.6.1　设备

6.6.1.1　恒温干燥箱，工作温度为 0 ℃～300 ℃，温差为±5 ℃。

6.6.1.2　温度计：精度不低于 1 ℃。

6.6.2　试验步骤

6.6.2.1　**直径不超过 46 mm 的坩埚**

将直径不超过 46 mm 的整个坩埚置于（250±5）℃的恒温干燥箱中，保温 15 min，之后取出并迅速浸入（20±2）℃的水中。检查坩埚，若无裂痕，用干毛巾擦干，再浸入墨水中，取出检查坩埚有无色斑。

第一次检验合格后，重复前述步骤。

6.6.2.2　**直径大于 46 mm 的坩埚**

由供需双方协商决定。

7　检验规则

7.1　检验分类

产品检验分出厂检验和型式检验，采用每百单位不合格品数（计件法）判断。

7.2　出厂检验

7.2.1　产品应经制造厂检验部门全数检验合格后方可出厂。

7.2.2 出厂检验项目为5.1规定的内容。

7.2.3 出厂检验按GB/T 2828.1—2012的规定执行，检验项目、不合格分类、接收质量限、检验水平及抽样方案见表2。

表2

检查项目	不合格分类	接收质量限	检验水平	抽样方案
5.1.1	A	0.25	一般检验水平Ⅱ	一次抽样（从正常检验一次抽样开始，按转移规则进行）
5.1.2	B	4.0	一般检验水平Ⅱ	

7.2.4 产品可按同一品种、同一规格组成一批，必要时还可细分。

7.2.5 检验的各个项目中，如有一项不合格，则判该产品不合格，该批产品由交货方返工后，方可再次提交检验。

7.3 型式检验

7.3.1 型式检验项目为第5章的全部内容，其中釉的耐酸性、釉的高温黏结性、抗热震性每3个月检验不少于1次，其他项目每6个月检验不少于1次，遇有下列情况之一时亦应进行型式检验：

a) 产品原料改变时；

b) 生产工艺方法变更可能影响产品性能时；

c) 停产6个月以上再恢复生产时；

d) 生产工艺过程中发生意外事故时；

e) 有合同要求时。

7.3.2 型式检验的样本应从规定周期内制造的并经出厂检查合格的某个批或若干个批中抽取。抽取样本的方法应保证所得到的样本能代表本周期的实际生产水平。

7.3.3 型式检验按GB/T 2829—2002的规定进行抽样，检验项目、不合格分类、不合格质量水平、判别水平、抽样方案、样本量及Ac、Re的规定见表3。有合同要求时，也可由合同双方协商确定。

表3

检验项目	不合格分类	不合格质量水平（RQL）	判别水平（DL）	抽样方案	样本量	Ac	Re
5.1.1	A	15	Ⅱ	一次	10	0	1
5.1.2	B	40		二次	n_1=5	0	2
5.2.2					n_2=5	1	2
5.2.3							
5.2.4							
5.3							
5.4	B	40		一次	8	1	2
5.5							
5.6							

7.3.4 若所有检验项目均合格，则判定该批产品为合格，凡有一项或一项以上不合格，则判定该批产品不合格。

8 标志、包装、运输、贮存

8.1 产品的标志、包装、运输、贮存按GB/T 3302规定执行。

8.2 成套产品包装时应配套无差错。

附 录 A
（资料性附录）
坩埚产品规格表

表 A.1 低壁坩埚（DBG）

品种代号	容量/mL	外径 d/mm	高度 h/mm
DBG-15	15	41	22
DBG-20	20	46	26
DBG-25	25	47	26
DBG-30	30	53	32
DBG-40	40	54	35
DBG-50	50	60	38

表 A.2 中壁坩埚（ZBG）

品种代号	容量/mL	外径 d/mm	高度 h/mm
ZBG-5	5	25	21
ZBG-10	10	30	28
ZBG-15	15	35	30
ZBG-20	20	38	32
ZBG-25	25	40	38
ZBG-30	30	41	41
ZBG-40	40	48	42
ZBG-50	50	52	45
ZBG-100	100	63	55
ZBG-200	200	81	70
ZBG-300	300	93	80

表 A.3 高壁坩埚（GBG）

品种代号	容量/mL	外径 d/mm	高度 h/mm
GBG-15	15	32	36
GBG-20	20	37	41
GBG-30	30	39	44
GBG-35	35	41	50
GBG-40	40	42	56
GBG-50	50	43	59

表 A.4 细孔坩埚（XKG）

品种代号	容量/mL	外径 d/mm	高度 h/mm
XKG-20	20	36	39
XKG-25	25	37	41
XKG-30	30	39	44
XKG-50	50	43	59

表 A.5 挥发分测定坩埚（HFG）

品种代号	容量/mL	外径 d/mm	高度 h/mm
HFG-20	20	33	40
HFG-25	25	37	46

表 A.6 自由膨胀序数坩埚（ZPG）

品种代号	容量/mL	外径 d/mm	高度 h/mm
ZPG-20	20	41	26

表 A.7 罗加指数坩埚（LJG）

品种代号	容量/mL	外径 d/mm	高度 h/mm
LJG-30	30	40	40

表 A.8 双层盖坩埚（SCG）

品种代号	容量/mL	外径 d/mm	高度 h/mm
SCG-13	13	30	43

表 A.9 无釉坩埚（WYG）

品种代号	容量/mL	外径 d/mm	高度 h/mm
WYG-500	500	104	163
WYG-750	750	113	138
WYG-5000	5 000	165	264

ICS 81.060.01
分类号：Y 20
备案号：46030-2014

QB

中华人民共和国轻工行业标准

QB/T 1992—2014
代替 QB/T 1992—1994

化学瓷蒸发皿

Chemical porcelain evaporating dish

2014-05-06 发布　　2014-10-01 实施

中华人民共和国工业和信息化部　发布

前　言

本标准按照GB/T 1.1－2009给出的规则起草。

本标准是对QB/T 1992－1994《化学瓷蒸发皿》的修订。

本标准与QB/T 1992－1994相比，主要变化如下：

—— 修改了规范性引用文件（见2，1994年版的2）；

—— 修改了所需的术语和定义（见3，1994年版的3）；

—— 修改了抗热震性要求及其试验方法（见5.6、6.6，1994年版的5.6、6.6）；

—— 修改了检验规则（见7，1994年版的7）；

—— 修改了标志、包装、运输、贮存要求（见8，1994年版的8）。

本标准由中国轻工业联合会提出。

本标准由全国日用陶瓷标准化技术委员会（SAC/TC 405）归口。

本标准起草单位：唐山北方瓷都陶瓷集团有限责任公司、潮州市好概念瓷业有限公司、国家陶瓷产品质量监督检验中心（江西）、中国陶瓷工业协会。

本标准主要起草人：刘刚、商灵芝、刘国琴、周桂欣、吴兆培、王同言、詹平彬、敖敏。

本标准所代替标准的历次版本发布情况为：

—— QB/T 1992－1994。

QB/T 1992－2014

化学瓷蒸发皿

1 范围

本标准规定了化学瓷蒸发皿的术语和定义、产品分类、要求、试验方法、检验规则和标志、包装、运输、贮存。

本标准适用于实验室或工业用化学瓷蒸发皿。

2 规范性引用文件

下列文件对于本文件的应用是必不可少的。凡是注日期的引用文件，仅注日期的版本适用于本文件。凡是不注日期的引用文件，其最新版本（包括所有的修改单）适用于本文件。

GB/T 2828.1－2012　计数抽样检验程序　第1部分：按接收质量限（AQL）检索的逐批检验抽样计划（ISO 2859-1：1999，IDT）

GB/T 2829－2002　周期检验计数抽样程序及表（适用于过程稳定性的检验）

GB/T 3299　日用陶瓷器吸水率测定方法

GB/T 3300　日用陶瓷器变形检验方法

GB/T 3301　日用陶瓷器的容积、口径误差、高度误差、重量误差、缺陷尺寸的测定方法

GB/T 3302　日用陶瓷器包装、标志、运输、贮存规则

GB/T 3303　日用陶瓷器缺陷术语

GB/T 5000　日用陶瓷名词术语

3 术语和定义

GB/T 3303和GB/T 5000界定的以及下列术语和定义适用于本文件。

3.1

化学瓷蒸发皿　**chemical porcelain evaporating dish**

具有优良的耐化学腐蚀性和耐热震性，以及高机械强度的瓷质蒸发皿。

4 产品分类

4.1　按形状可分为：无嘴圆皿、有嘴圆皿、无柄皿、有柄皿和灰分皿。有柄皿、有嘴圆皿及灰分皿形状分别如图 1、图 2、图 3 所示。

4.2　按使用温度可分为：带釉蒸发皿和无釉蒸发皿。带釉蒸发皿使用温度不高于 1 000 ℃；无釉蒸发皿使用温度不高于 1 250 ℃。

4.3　按容量可分为：大型蒸发皿和小型蒸发皿。大型蒸发皿为容量 500 mL 及以上；小型蒸发皿为容量 499 mL 及以下。

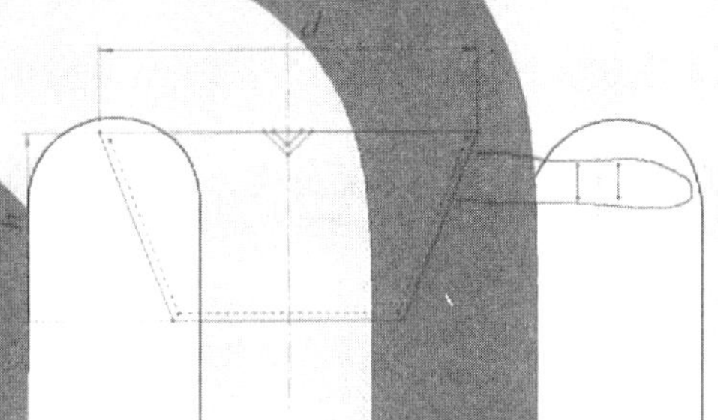

说明：

d——有柄皿外径；

h——有柄皿高度。

图 1　有柄皿

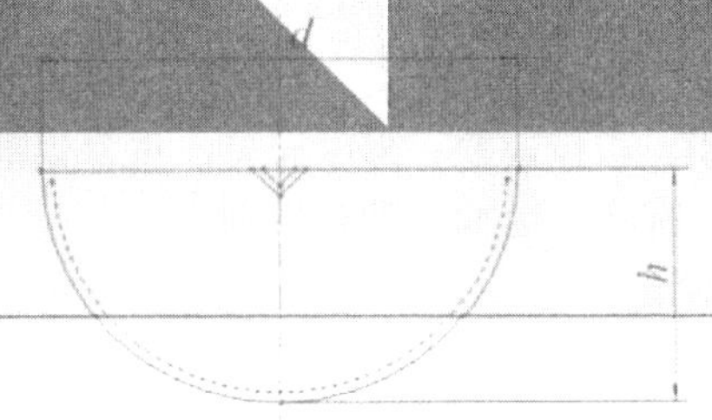

说明：

d——有嘴圆皿外径；

h——有嘴圆皿高度。

图 2　有嘴圆皿

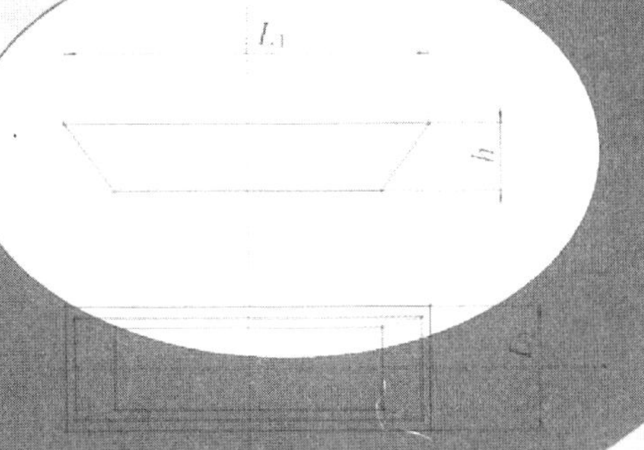

说明：

L_1——灰分皿口长；

L_2——灰分皿口宽；

h——灰分皿高度。

图 3　灰分皿

5 要求

5.1 外观质量

5.1.1 产品不应有裂纹、溶洞、渗漏等缺陷。

5.1.2 产品的外观缺陷应符合表1的规定。

表1

序号	项目		要求	
			大型蒸发皿	小型蒸发皿
1	疙瘩、落渣、斑点	使用面	直径小于 2.0 mm 的限 5 个	直径小于 1.5 mm 的限 5 个
		非使用面	直径小于 2.0 mm 的限 8 个	直径小于 1.5 mm 的限 7 个
2	毛孔	使用面	直径小于 0.5 mm 的限 6 个	直径小于 0.5 mm 的限 4 个
		非使用面	直径小于 0.5 mm 的限 10 个	直径小于 0.5 mm 的限 6 个
3	黏疤、磕碰	使用面	面积小于 4.5 mm^2 的限 2 处	面积小于 3.5 mm^2 的限 2 处
		非使用面	面积小于 10 mm^2 的限 4 处	面积小于 6 mm^2 的限 4 处
4	坯泡、釉泡	使用面	不允许	
		非使用面	直径小于 2.0 mm 的限 5 个；开口坯泡、开口釉泡不允许	直径小于 1.5 mm 的限 4 个；开口坯泡、开口釉泡不允许
5	缺釉、炸釉	使用面	面积小于 2 mm^2 的限 2 处	面积小于 1.5 mm^2 的限 2 处
		非使用面	面积小于 25 mm^2 的限 4 处	面积小于 7 mm^2 的限 4 处
6	变形	口径差/mm	≤3	≤1.5
7	烟熏		不严重	

5.2 规格及误差

5.2.1 规格

产品规格参见附录A。

5.2.2 口径误差

口径小于 100 mm 的误差应为±3.5%；口径大于等于 100 mm 的误差应为±3.0%。

5.2.3 高度误差

高度小于 100 mm 的误差应为±3.5%；高度大于等于 100 mm 的误差应为±3.0%。

5.3 吸水率

吸水率不应大于 0.3%。

5.4 釉的耐酸性

带釉蒸发皿内表面釉的损失量不应大于 0.01 mg/cm^2。

5.5 釉的高温黏结性

将带釉蒸发皿加热至 1 000 ℃时，不应出现釉黏结现象。

5.6 抗热震性

将 250 ℃的产品置于 20 ℃水中进行热交换两次，不应出现裂痕或浸入色斑。

6 试验方法

6.1 规格误差、缺陷尺寸

产品规格误差、缺陷尺寸按 GB/T 3301 进行测量。

6.2 变形

变形按 GB/T3300 进行试验。

6.3 吸水率

吸水率按 GB/T 3299 进行测定。

6.4 釉的耐酸性

6.4.1 设备

6.4.1.1 恒温干燥箱，工作温度为 0 ℃～300 ℃，温差为±5 ℃。

6.4.1.2 天平，感量 0.001 g。

6.4.2 试剂

6.4.2.1 盐酸（1+1）：取盐酸（密度 1.19 g/cm^3，化学纯）1 体积与蒸馏水 1 体积混匀备用。

6.4.2.2 盐酸（1+11）：取盐酸（密度 1.19 g/cm^3，化学纯）1 体积与蒸馏水水 11 体积混匀备用。

6.4.3 试验步骤

将试样以盐酸（1+11）充分清洗后用水冲净，置于恒温干燥箱中，在 120 ℃下干燥至恒重（G），将盐酸（1+1）加入带釉坩埚中，使其占坩埚容量的 3/4～4/5，加盖，在沸水浴上加热 4 h，倒去酸溶液，用水冲净坩埚，在 120 ℃下干燥至恒重（G_1）。

耐酸性按公式（1）进行计算。

$$X=\frac{(G-G_1)\times 1000}{S} \quad\cdots\cdots(1)$$

式中：

X ——釉的耐酸性损失量，单位为毫克每平方厘米（mg/cm^2），精确到 0.01；

G ——酸蚀前试样质量，单位为克（g），精确到 0.001；

G_1 ——酸蚀后试样质量，单位为克（g），精确到0.001；

S ——试样蒸发皿总内表面积，单位为平方厘米（cm^2），精确到0.01。

6.5 釉的高温黏结性

6.5.1 设备

实验电炉，可控制工作区域的温差为±10 ℃。

6.5.2 试验步骤

将试样用水洗净、烘干后打碎，选取 3 块～4 块（每块面积约为 3 cm^2～4 cm^2）置于预先洗净、烘干、形状规整、内表面光滑的同材质 50 mL 蒸发皿中（使每块试样的釉面尽量与容器蒸发皿的釉面接触），移入实验电炉中，在（1 000±10）℃下，灼烧并保温 2 h，取出冷却后检查有无釉黏结现象。

6.6 抗热震性

6.6.1 设备

6.6.1.1 恒温干燥箱，工作温度为 0 ℃～300 ℃，温差为±5 ℃。

6.6.1.2 温度计：精度不低于 1 ℃。

6.6.2 试验步骤

6.6.2.1 **直径不超过 91 mm 的蒸发皿**

将直径不超过 91 mm 的整个蒸发皿置于（250±5）℃的恒温干燥箱中，保温 15 min，之后取出并迅速浸入（20±2）℃的水中。检查蒸发皿，若无裂痕，用干毛巾擦干，再浸入墨水中，取出检查蒸发皿有无色斑。

第一次检验合格后，重复前述步骤。

6.6.2.2　**直径大于 91 mm 的蒸发皿**

由供需双方协商决定。

7　检验规则

7.1　检验分类

产品检验分出厂检验和型式检验，采用每百单位不合格品数（计件法）判定。

7.2　出厂检验

7.2.1　产品应经制造厂检验部门全数检验合格后方可出厂。

7.2.2　出厂检验项目为 5.1 规定的内容。

7.2.3　出厂检验按 GB/T 2828.1－2012 的规定执行，检验项目、不合格分类、接收质量限、检验水平及抽样方案见表 2。

表 2

<table>
<tr><th>检查项目</th><th>不合格分类</th><th>接收质量限</th><th>检验水平</th><th>抽样方案</th></tr>
<tr><td>5.1.1</td><td>A</td><td>0.25</td><td>一般检验水平 II</td><td rowspan="2">一次抽样（从正常检验一次抽样开始，按转移规则进行）</td></tr>
<tr><td>5.1.2</td><td>B</td><td>4.0</td><td>一般检验水平 II</td></tr>
</table>

7.2.4　产品按同一品种、同一规格组成一批，必要时还可细分。

7.2.5　检验的各个项目中，如有一项不合格，则判该批产品不合格，该批产品由交货方返工后，方可再次提交检验。

7.3　型式检验

7.3.1　型式检验项目为第 5 章的全部内容，其中釉的耐酸性、釉的高温黏结性、抗热震性每 3 个月检验不少于 1 次，其他项目每 6 个月检验不少于 1 次。遇有下列情况之一时亦应进行型式检验：

a）产品原料改变时；

b）生产工艺方法变更可能影响产品性能时；

c）停产 6 个月以上再恢复生产时；

d）生产工艺过程中发生意外事故时；

e）有合同要求时。

7.3.2　型式检验的样本应从规定周期内制造的并经出厂检查合格的某个批或若干个批中抽取。抽取样本的方法应保证所得到的样本能代表本周期的实际技术水平。

7.3.3　型式检验按 GB/T 2829－2002 规定进行抽样，检验项目、不合格分类、不合格质量水平、判别水平、抽样方案、样本量及 Ac、Re 的规定见表 3。有合同要求时，可由合同双方协商确定。

表 3

<table>
<tr><th>检验项目</th><th>不合格分类</th><th>不合格质量水平（RQL）</th><th>判别水平（DL）</th><th>抽样方案</th><th>样本量</th><th>Ac</th><th>Re</th></tr>
<tr><td>5.1.1</td><td>A</td><td>15</td><td rowspan="8">II</td><td>一次</td><td>10</td><td>0</td><td>1</td></tr>
<tr><td>5.1.2</td><td rowspan="4">B</td><td rowspan="4">40</td><td rowspan="4">二次</td><td rowspan="4">n_1=5
n_2=5</td><td rowspan="4">0
1</td><td rowspan="4">2
2</td></tr>
<tr><td>5.2.2</td></tr>
<tr><td>5.2.3</td></tr>
<tr><td>5.3</td></tr>
<tr><td>5.4</td><td rowspan="3">B</td><td rowspan="3">40</td><td rowspan="3">一次</td><td rowspan="3">8</td><td rowspan="3">1</td><td rowspan="3">2</td></tr>
<tr><td>5.5</td></tr>
<tr><td>5.6</td></tr>
</table>

QB/T 1992—2014

7.3.4 若所有检验项目均合格，则判定该批产品为合格，凡有一项或一项以上不合格，则判定该批产品不合格。

8 标志、包装、运输、贮存

8.1 产品的标志、包装、运输、贮存应按 GB/T 3302 的规定执行。

8.2 成套产品包装时应配套无差错。

附 录 A
（资料性附录）
蒸发皿产品规格表

表 A.1 有嘴圆皿（YZM）

品种代号	容量/mL	外径d/mm	高度h/mm
YZM-35	35	61	27
YZM-50	50	72	28
YZM-75	75	81	33
YZM-100	100	91	35
YZM-150	150	105	44
YZM-200	200	113	44
YZM-250	250	124	44
YZM-300	300	133	53
YZM-400	400	147	52
YZM-500	500	164	56
YZM-750	750	188	62
YZM-1000	1 000	200	66
YZM-2000	2 000	250	88
YZM-3000	3 000	282	100
YZM-5000	5 000	301	118

表 A.2 无嘴圆皿（WZM）

品种代号	容量/mL	外径d/mm	高度h/mm
WZM-1000	1 000	201	65

表 A.3 无柄皿（WBM）

品种代号	容量/mL	外径d/mm	高度h/mm
WBM-500	500	132	71
WBM-700	700	141	77

表 A.4 灰分皿（HM）

品种代号	口长L_1/mm	口宽L_2/mm	高度h/mm
HM-55	55	25	14
HM-60	60	30	16
HM-90	90	59	17
HM-120	120	59	17

表 A.5 有柄皿（YBM）

品种代号	容量/mL	外径*d*/mm	高度*h*/mm
YBM-40	40	55	31
YBM-50	50	59	34
YBM-70	70	68	38
YBM-100	100	81	42
YBM-150	150	89	45
YBM-200	200	96	52
YBM-250	250	111	59
YBM-300	300	113	61
YBM-400	400	123	67
YBM-500	500	131	67
YBM-700	700	142	79
YBM-1000	1 000	164	88

表 A.6 无釉蒸发皿（WYM）

品种代号	容量/mL	外径*d*/mm	高度*h*/mm
WYM-300	300	131	50

ICS 81.060.01
分类号：Y 20
备案号：46032-2014

QB

中华人民共和国轻工行业标准

QB/T 2381—2014
代替 QB/T 2381—1998

亮金水　亮钯金水

Bright liquid gold and bright liquid platinum

2014-05-06 发布　　2014-10-01 实施

中华人民共和国工业和信息化部　发布

QB/T 2381—2014

前　言

本标准按照GB/T 1.1—2009给出的规则起草。

本标准是对QB/T 2381—1998《亮金水　亮钯金水》的修订。

本标准与QB/T 2381—1998相比，主要变化如下：

—— 修改了产品的部分性能指标（见表1，1998年版的表1）；

—— 修改了出厂检验内容（见7.2，1998年版的7.2）；

—— 修改了标志、包装、运输、贮存、保用期限要求（见8，1998年版的8）。

本标准由中国轻工业联合会提出。

本标准由全国日用陶瓷标准化技术委员会（SAC/TC 405）归口。

本标准起草单位：湖南省陶瓷研究所、国家陶瓷产品质量监督检验中心（江西）、陕西科技大学。

本标准主要起草人：杨子初、袁莉、陈建文、张侃、黄慧超、刘辉。

本标准所代替标准的历次版本发布情况为：

——ZBY 24004—1989；

——QB/T 2381—1998。

QB/T 2381—2014

亮金水　亮钯金水

1　范围

本标准规定了亮金水、亮钯金水的术语和定义、产品分类、要求、试验方法、检验规则和标志、包装、运输、贮存、保用期限。

本标准适用于装饰陶瓷和玻璃制品所用的亮金水和亮钯金水。

2　规范性引用文件

下列文件对于本文件的应用是必不可少的。凡是注日期的引用文件，仅注日期的版本适用于本文件。凡是不注日期的引用文件，其最新版本（包括所有的修改单）适用于本文件。

GB/T 5000　日用陶瓷名词术语

QB/T 2382　亮金水　亮钯金水试验方法

3　术语和定义

GB/T 5000 界定的以及下列术语和定义适用于本文件。

3.1

净含量　net content

产品包装标志上所明示的净质量值，以克（g）为单位。

3.2

金含量　gold content

产品包装标志上所明示的黄金质量分数。

4　产品分类

4.1　按产品烧成后发色可分为亮金水和亮钯金水。

4.2　按产品装饰载体可分为陶瓷用金水和玻璃用金水。

5　要求

产品的性能指标见表 1。

表 1

<table>
<tr><th rowspan="3">项　目</th><th colspan="4">要　求</th></tr>
<tr><th colspan="2">亮金水</th><th colspan="2">亮钯金水</th></tr>
<tr><th>陶瓷用</th><th>玻璃用</th><th>陶瓷用</th><th>玻璃用</th></tr>
<tr><td>性　状</td><td colspan="4">棕色至褐色油性液体</td></tr>
<tr><td>净含量/g</td><td colspan="4">标称值（1±0.4%）</td></tr>
<tr><td>金含量/%</td><td colspan="2">标称值±0.05%</td><td colspan="2">—</td></tr>
<tr><td>金、钯含量</td><td colspan="2">—</td><td colspan="2">标称值±0.05%</td></tr>
<tr><td>运动黏度（30 ℃）/（m^2/s）</td><td colspan="4">40×10^{-6}～100×10^{-6}</td></tr>
</table>

QB/T 2381—2014

表1（续）

项目	要求			
	亮金水		亮钯金水	
	陶瓷用	玻璃用	陶瓷用	玻璃用
描绘性能	不滞笔、不散线、轮廓清楚			
涂刷面积/（cm^2/g）	550±20		600±20	
干速（25 ℃）/min	30～60			
彩烧温度/℃	750～850	550～600	750～850	550～600
色泽	光亮、无污染样杂色			
附着力	擦100次无脱金露底现象	擦10次无脱金露底现象	擦100次无脱金露底现象	擦10次无脱金露底现象
沉淀率/%	<0.1			
遮盖力	—	无明显透光现象	—	无明显透光现象

6 试验方法

按QB/T 2382进行试验。

7 检验规则

7.1 检验分类

产品检验分为出厂检验和型式检验。

7.2 出厂检验

7.2.1 出厂检验项目为表1中的净含量、金含量、色泽、附着力。若要求增加其他检验项目，由供需双方商定。

7.2.2 每批产品应经生产厂质检部门检验合格后方可出厂，出厂产品应附有证明产品质量合格的标志和文件，并将执行标准编号写入其中。

7.2.3 产品按同一品种、同一规格、同一生产日期形成一批。

7.2.4 每批产品最多不超过1 000瓶。样本采取随机方式抽取，每批随机抽取3瓶检验净含量，随机抽取1瓶检验其他项目，检验结果每项指标均符合本标准规定为合格。出厂检验项目中，如有一项不合格，则判定该产品为不合格。该批产品由交货方返工后，方可再次提交检验。

7.3 型式检验

7.3.1 型式检验项目为第5章中的全部内容，型式检验每12个月进行1次，遇有下列情况之一时亦应进行型式检验：

a）产品原料改变时；

b）生产工艺方法变更可能影响产品性能时；

c）停产6个月以上再恢复生产时；

d）生产工艺过程中发生意外事故时；

e）有合同要求时。

7.3.2 型式检验的样本应从本周期制造的并经出厂检查合格的某个批或若干个批中抽取。抽取样本的方法应保证所得到的样本能代表本周期的实际生产水平。

7.3.3 检验的各个项目中，如有一项不合格，则判该周期型式检验不合格。

8　标志、包装、运输、贮存、保用期限

8.1　标志

8.1.1　每瓶金水瓶上应贴有注册商标的标志，并注明：产品名称、型号、金含量、净含量、用途、生产厂名和生产日期。

8.1.2　包装箱应按交通运输的规定，标注“易碎物品”、“防潮物品”以及“注意防火”、“防止倒置”。

8.2　包装

产品应采用玻璃瓶或缘纶塑料瓶包装，严密加塞并有封口装置，使产品不致漏出。外包装（内为泡沫箱，外为瓦楞纸箱）应牢固，并具有良好的防碰防震性能。

8.3　运输

在运输时，应使用带篷盖的运输工具，搬运包装箱时，应轻拿轻放，严禁滚动和抛掷。

8.4　贮存

包装后的产品应在干燥、清洁、通风、远离火源的仓库中贮存，严禁曝晒、雨淋和受潮，夏季应放在阴凉之处。

8.5　保用期限

产品自生产日起，保用期为24个月。

2015

中国陶瓷年鉴

年鉴

2015

企业专栏

北京市

（排名不分先后）

唐姆建材有限公司

服务热线：400-811-1515
电话：010-68315916
传真：010-68318106
邮箱：tammy@thmaterials.com
地址：北京市通州区嘉创路5号新华联科技大厦902室
邮编：101111
产品：瓷砖粘结剂

北京新中源陶瓷有限公司

电话：010-67471777
传真：010-67475777
地址：北京市朝阳区十八里店派出所西侧融望大酒店7层新中源陶瓷
北京新中源旗舰店：北京市朝阳区大羊坊路19号闽龙陶瓷总部基地B区01号
邮编：100023
产品：抛光砖、仿古砖、微晶石、瓷片、卫浴、环保人造石

北京创导工业陶瓷有限公司

电话：010-80580588
传真：010-80580599 80585366
E-mail：trend@beijingtrend.com.cn
地址：北京市通州区漷县镇马头
产品：耐火窑具、窑体结构材料

东陶（中国）有限公司

北京营业所：
电话：010-85298600
传真：010-85298670
地址：北京市朝阳区光华路1号嘉里中心北楼1915室
产品：卫生洁具

北京奥凯元科技发展有限公司

电话：010-58693151
传真：010-58693169
地址：北京市宣武区建功西里1号楼807室
邮编：100022
产品：锂、铯矿物原材料

北京市闽龙世纪建材市场有限公司

电话：400-650-1900
市场部：010-67477676
办公室：010-67478399
地址：北京市朝阳区十里河建材街东段闽龙陶瓷总部基地商务办公室楼
邮编：100122
主营：陶瓷专业市场

晶锐瓷业（北京）有限公司

电话：010-80841321
传真：010-80841320
地址：河北省三河市燕郊经济开发区化大街142号
邮编：065201
产品：蜂窝陶瓷产品的设计选型、生产制造

华耐家居集团

电话：010-56610500
地址：北京市朝阳区东三环39号建外SOHO A座28层
邮编：100022
电话：010-87386009
地址：北京市朝阳区闽龙陶瓷总部基地C区18号
邮编：100023
主营：家居建材流通零售、家装工装、物流配送

北京力扬亿方精密陶瓷有限公司

电话：18600510706　13910842629

13681154930　13261100609
座机：010-80272590
邮箱：liyang_jm@163.com
地址：北京市丰台区方庄太阳天地商务中心5楼-506室
邮编：100078
产品：精密陶瓷

北京晶莱陶瓷制品有限公司

电话：010-69076165　010-69076123
传真：010-69076168
邮箱：ykgc@263.net　yk@bjjinglai.com
地址：北京市密云区十里堡镇隆源工业区
邮编：101500
产品：多种颜色的氧化锆陶瓷、非氧化物陶瓷、金属陶瓷

中材高新氮化物陶瓷有限公司

北方区销售：
电话：010-65492621转8211
邮箱：zxh@sinomaceramic.com
南方区销售：
电话：010-65492621转8266
传真：010-65491739
邮箱：xp@sinomaceramic.com
地址：北京市朝阳区东坝红松园1号
产品：特种陶瓷

北京精格天地陶瓷材料有限公司

电话：010-61488256 010-61488257转16/18 13701081960
传真：010-61488257转11/15
E-mail：maozhj56@126.com
地址：北京市顺义区张镇西营村西营中街19号
产品：硅酸钙及其他耐火保温、防火材料

北京盛世昌福科技有限公司

服务热线：4000-166-177
QQ：1455989286
地址：北京市丰台区西三环南路57号美克大厦607-608室
产品：日用瓷、艺术瓷、礼品瓷

北京奥福(临邑)精细陶瓷有限公司

电话：010-80580606 80581851 80582400
传真：010-80581852
e-mail：sales@trendaofu.com
销售中心：北京市通州区翠景北里1号瑞都国际中心2210室
邮编：101101
生产基地：山东省德州市临邑经济开发区富民路南首东侧
邮编：251500
电话：0534-4260688
传真：0534-4265688
产品：蜂窝陶瓷

北京东鹏瓷砖销售中心

电话：010-67483551
手机：13811835183
售后：400-896-0198
网址：www.dongpengbj.com
地址：北京市朝阳区十里河闽龙陶瓷总部基地C区16号
产品：建筑陶瓷

北京市泉隆和谐陶瓷有限公司

电话：010-67476622
传真：010-67470303
Email：200580594@qq.com
地址：北京市朝阳区闽龙陶瓷总部基地c区5号
产品：建筑陶瓷

北京钛盾科技发展有限责任公司

电话：010-59361906　010-59362382/3
手机：13901175350　13601126610
QQ：8246337
微信号：td13601126610
邮箱：13601126610@qq.com

地址：北京市西城区太平街6号富力摩根中心D座1005
产品：耐磨陶瓷风机、叶轮

北京中兴实强陶瓷轴承有限公司

电话：010-89233753　010-51939273
传真：010-89233713
邮箱：wangyong114@tom.com
地址：北京市大兴区魏善庄镇半壁店工业区A38号
邮编：102611
产品：稀土陶瓷轴承

北京市日兆九州陶瓷有限公司

电话：010-87705592
传真：010-87797651
网址：bjsrz.q-m.com.cn
地址：北京市朝阳区东郊国际酒店用品批发一条街10-11号
邮编：100022
产品：日用陶瓷

北京耐默科技有限公司

电话：010-57106961 57130823
传真：010-63983650
电邮：omian@126.com
地址：北京市海淀区华尔街大厦4-2-311
邮编：100036
产品：氧化铝陶瓷、氧化锆陶瓷

上海市

（排名不分先后）

亚细亚集团控股有限公司

服务热线：4000-113-558
亚细亚磁砖华东营销中心：上海市北青公路6598号C区1栋
亚细亚磁砖华南营销中心：佛山市季华西路68号中国陶瓷总部基地西区A座02栋
产品：建筑陶瓷

上海泰威技术发展股份有限公司

电话：021-57628383　　4006640400
传真：021-57628484
联系人：徐蕾
地址：上海市松江区泗泾高技路276弄91号
邮编：201601
产品：陶瓷喷墨打印机、UV平板及卷对卷喷墨打印机、纺织喷墨机、墙纸、包装、钢化玻璃等工业化数字喷墨打印机

上海科盛陶瓷有限公司

电话：021-51099195 69168114
传真：021-51010816
网址：www.ksceramics.com
E-mail：ceramics@vip.163.com
地址：上海市嘉定区永新路1115号
邮编：201821
产品：高科技陶瓷材料

上海高越精密陶瓷有限公司

手机：13585590772
电话：021-57530808
传真：021-57530865
邮箱：highvvv@163.com
地址：上海市奉贤区四团镇大桥村张家785号
产品：氮化硅、氧化锆陶瓷轴承球

上海电器陶瓷厂有限公司

电话：021-56629791（总机）
传真：021-56630045
邮箱：sceaw@vip.sina.com
网址：www.sceaw.com.cn
地址：上海市青云路517号
邮编：200071
产品：低压熔断器、高压熔断器、熔断器组合电器、小型断路器、小型漏电断路器

上海亿德陶瓷有限公司
电话：021-59592079
传真：021-59592079
邮箱：info@oubeier.com
网址：www.aubell.cn
地址：上海市嘉定区黄度镇曹安路5085号
产品：卫生陶瓷

上海特尔雅陶瓷有限公司
电话：021-50848693
传真：021-50848693
地址：上海市浦东杨高南路3298号恒大建材市场9库6门
办公总部联系方式：
电话：021-50848693
传真：021-50848693
网址：www.teeryatc.com
地址：上海市浦东联明路88号
产品：仿古砖、全抛釉、微晶石、抛光砖和釉面内墙砖

上海敬开德精密陶瓷有限公司
电话：021-67116005
传真：021-67116005
手机：13301629282
邮箱：shjkd2009@163.com
地址：上海市奉贤区南桥镇红星路627号
邮编：201400
网址：www.jkd-china.com
产品：精密陶瓷

上海腾旺新陶瓷技术有限公司
电话：021-31230676
传真：021-51950610
邮箱：shtwxtc@twxtc.com
地址：上海市宝山区沪太路5355弄绿地北郊广场A区14号楼617
产品：工业窑炉

上海禹贝精密陶瓷有限公司
电话：021-50493739
021-60538075
传真：021-50493735
邮箱：sales2@shybtc.com
地址：上海市浦东新区华夏三路299弄32号
产品：精密陶瓷,结构陶瓷,功能陶瓷

上海乐陶陶瓷有限公司
电话：400-921-0125
传真：021-64795478
E-mail：574625423@qq.com
金玉名家旗舰店：上海市九星市场陶瓷大厅六栋1-18号(靠近星中路)
产品：陶瓷、洁具产品

上海东姿陶瓷有限公司
电话：800-830-8579
网址：www.tozo-sh.com
邮箱：chinatozo@tozo-sh.com
地址：上海市金山区朱泾镇秀泾4001号
产品：陶瓷洁具产品

上海卡贝尼精密陶瓷有限公司
电话：021-68391008 68391018
传真：021-68393606
邮箱：sales@companion-cn.com
网址：www.companion-cn.com
工厂一：(HQ)上海市浦东新区川沙镇界龙大道598号
邮编：201205
工厂二：上海市浦东新区祝桥镇金闻路12号3幢
邮编：201323
产品：陶瓷材料

上海耐苛特种陶瓷有限公司
电话：021-59392213
传真：021-59395152

网址：www.nktztc.com
E-mail：nktztc@126.com
地址：上海市崇明县建设镇蟠龙公路浜镇公路桥东口
邮编：202155
产品：工程结构陶瓷

上海景丰陶瓷有限公司
电话：021-63808378
传真：021-62277989
手机：13917386859
地址：上海市天目西路218号嘉里不夜城A座902室
产品：炻瓷、白瓷、强化瓷、骨瓷

上海简一陶瓷有限公司
电话：400-920-2580
传真：021-54250097
地址：上海市徐汇区凯旋路2701号/宜山路320号、237展厅/瑞金南路570号
产品：大理石瓷砖

上海恒耐陶瓷技术有限公司
电话：021-57773796
传真：021-57773797
技术咨询：13331932171　18964656101
E-mail：idsemi@idsemi.com
地址：上海市松江区车墩申牛路888号
邮编：201611
产品：高科技陶瓷

上海施迈尔精密陶瓷有限公司
电话：021-58716588 68500080转103
　　　021-58461649 68500080转105
传真：021-58711292
手机：13361863999
地址：上海市浦东新区居家桥路575弄8号
产品：氧化物陶瓷

上海康尼特曼联陶瓷有限公司
电话：021-33581711 800-820-2618
地址：上海市闵行区莲花南路1500弄19号5楼
产品：建筑卫生陶瓷

上海帕克热敏陶瓷有限公司
电话：021-69168599
手机：15601792661
传真：021-69168971 69168936
地址：上海市嘉定区漳浦路99号
邮编：201821
产品：PTC热敏陶瓷元件、器件

上海飞星特种陶瓷厂
电话：021-57843816
邮编：201617
邮箱：webmaster@shfeixing.cn
网址：www.sh-feixing.com
地址：上海市松江区李塔汇甘德路820号
产品：氧化铍陶瓷

上海榕德实验室配套设备有限公司
电话：021-50373141　021-34720911
传真：021-34720910
E-mail：21toplab@21toplab.com
免费服务热线：4000-021-138
地址：上海市集心路168号园区3号楼
产品：实验室陶瓷台面、通风柜陶瓷及陶瓷纤维内衬板及陶瓷杯槽

上海好景新型陶瓷材料有限公司
电话：021-38217189　　021-68142323
传真：021-38217189
邮箱：chenyouming@shjc818.com
　　　zhangly@shjc818.com
　　　yanqc@shjc818.com
地址：上海市浦东新区航头镇长达村二组198号
产品：陶瓷材料

上海宝路卫浴陶瓷有限公司

电话：021-57365522　57365533
传真：021-57364518
邮箱：bolo_cn@163.com
网址：www.bolo-cn.com
全国免费服务热线：400-7791-666
地址：上海市金山区兴塔工业区兴豪路18号
邮编：201502
产品：卫浴陶瓷

上海晶石陶瓷有限公司

电话：021-59541278
传真：021-59541279
地址：上海市嘉定区嘉塘公路1607号
邮编：201807
产品：陶瓷材料、晶体材料

天津市

（排名不分先后）

天津光通陶瓷有限公司

电话：022-83716068　18802219081
传真：022-83716212
E-mail：zhoucl@126.com
地址：天津市华苑技术产业园区海泰信息广场H座6层
邮政：300384
产品：氧化铝陶瓷生产技术、氧化锆陶瓷生产技术、氧化铝和白金电极封装技术

天津江海陶瓷有限公司

电话：18920615115 13902069964
传真：022-28940041
邮箱：jianghaitaoci@163.com
网址：www.tjjhtc.com
地址：天津市静海县东兴建材市场主街C-1
产品：抛光砖、内墙砖

天津市唐弘机械有限公司

电话：022-84993385　84993389
传真：022-84990551　84991844
网址：www.tjtanghong.com
邮箱：tjtanghong@163.com
　　　tanghongpc@sina.com
地址：天津市东丽区新立街道小赵路3399号
邮编：300300
产品：氧化锆精密陶瓷通讯器件

天津市滨海金航陶瓷阀门有限公司

电话：022-88619178
传真：022-88619177
联系人：曹先生
地址：天津市津南区小站镇工业园区五号路（北侧）
产品：高技术陶瓷阀门

天津金摩洛热陶瓷科技有限公司

地址：天津市滨海新区塘沽新北路3759号（集中办公区）
电话：022-66355227
传真：022-66355227
E-mail：273297574@qq.com
地址：天津市津南区小站镇工业园区五号路（北侧）
邮编：300353
产品：耐火材料销售与工业炉筑炉

天津市丰卓陶瓷制品有限公司

联系人：庞连全
　　　　赵　旭
　　　　赵天丽
传真：022-29555469
邮箱：1309427289@QQ.com
地址：天津市武清区曹子里乡开发区花城中路58号
邮编：301700
产品：药用陶瓷瓶

天津迪曼科技有限公司
电话：022-24325145
手机：15332105501
网址：www.tjdiman.net
邮箱：tjdiman@163.com
地址：天津市河东区华龙道城市之星
邮编：300011
产品：陶瓷刀具

家美陶瓷集团
联系人：王经理
手机：13622068340
邮箱：351094623@qq.com
地址：天津市静海县昊兴装饰城交通队西200米
产品：高中低档瓷砖、卫浴

重庆市

（排名不分先后）

重庆锦晖陶瓷有限公司
电话：4001000221
传真：023-62572027
邮箱：sales.kinway@163.com
网址：www.kinway-group.com
地址：重庆市巴南区李家沱陈家湾
邮编：400054
产品：高级硬质瓷、强化瓷、无铅精细骨质瓷、超级硬质瓷、精细炻瓷

重庆天戈陶瓷有限公司
电话：023-53555568
联系人：梁先生
地址：重庆市梁平县工业园区幸福支路
邮编：405200
产品：研磨陶瓷

重庆歌德陶瓷玛赛克制造有限公司
电话：023-67538068
传真：023-67510619
地址：重庆市渝北区黄山大道中段70号，两江星界A座19楼1、2号
产品：陶瓷玛赛克

重庆安都陶瓷有限公司
电话：15884828808
QQ：1303776131s
微信：15884828808
网址：www.andutaoci.com
地址：重庆市荣昌县安富街道
邮编：402466
产品：土陶产品

重庆市博一陶瓷股份有限公司
全国服务热线：400-800-8299
总厂服务前台：023-43523999
总厂传真：023-43526899
总厂服务后勤：023-43523777
地址：重庆双桥国家经济技术开发区
产品：建筑陶瓷

重庆利迈陶瓷技术有限公司
电话：023-68623626　023-88529320
传真：023-68623630
邮箱：info@le-mark.cn
地址：重庆市九龙坡区金凤电子信息园二期六栋一楼
邮编：401329
产品：氮化硅陶瓷发热元件

重庆榆璧陶瓷有限公司
电话：023-41511588 13883004509
传真：023-41512875 41512876
E-MAIL:954439025@qq.com
地址：重庆青杠工业园区 （重庆榆璧陶瓷有限公司分厂）
地址：108省道附近（重庆榆璧陶瓷有限公司）
邮编：402760
产品：超薄外墙饰面砖

重庆华荣陶瓷工艺制品有限公司
联系人：李光华（总经理）
胡宝生(经理）
地址：重庆市荣昌县安富镇陶都博物馆
产品：工艺美术陶瓷

重庆中盛陶瓷有限公司
联系人：郭世清 郭建波
电话：023-58466468
传真：023-58722000
邮箱：qw7149337@qq.com
地址：重庆市万州区天城镇董家老场
产品：陶瓷酒瓶、民用陶瓷制品

重庆和其顺陶瓷材料有限公司
电话：023-67766971
传真：023-67766971
QQ：879651108
地址：重庆市渝北区台商工业园两港大道224号
产品：陶瓷密封件、陶瓷柱塞（套，泵）、陶瓷精密结构零件

重庆市鸦屿陶瓷有限公司
电话：023-46321086　13908385306
13509474161
传真：023-46321131
网址：www.cqyytc.cn
E-mail：chongqingyayu@sina.com
cqyytc@cqyytc.cn
地址：重庆市荣昌县安富镇垭口村1社68号
邮编：402466
产品：陶瓷酒瓶、民用陶瓷制品

重庆名砖馆陶瓷有限公司
电话：023-86808680 86888899
传真：023-86888899
网址：www.mzgtc.com
地址：重庆渝北区龙湖MOCO家居生活馆B馆LG-2，重庆渝北区龙湖MOCO 3栋15-5
产品：经营国内外名品陶瓷

重庆市冠美廷陶瓷有限公司
联系人：谢先生
电话：023-53361888
地址：梁平县工业园区迎宾路
产品：陶瓷酒瓶、民用陶瓷制品

重庆三辉建材发展有限公司
电话：023-68462799
红星展厅：红星美凯龙世博家居生活广场负一楼A8195#
电话：023-67396051
聚信展厅：聚信国际建材城B1-28-33#
电话：023-67607787
龙溪展厅：龙溪建材大厦负一楼5-2#
电话：023-67607787
公司地址：重庆市九龙坡区火炬大道99号（二郎千叶中央街区）4栋19楼
主营：建筑装饰、建材销售

重庆南亚陶瓷有限公司
电话：13594760818
网址：www.nytcwc.com
地址：重庆忠县磨子土家族乡小李村八组
产品：陶瓷釉面瓦及通体瓦和各种配件瓦

重庆能建诺建材有限公司
电话：4000-023-589，15182865777
客服 QQ：313768583 820262704
地址：重庆江北区建新西路
邮编：400000
产品：陶瓷粉

重庆惠万家陶瓷有限公司
电话：023-86125023

传真：023-86125023
网址：www.huiwanjia.com
地址：重庆市石桥铺国窑建材市场B馆
产品：陶瓷墙砖、地砖

重庆胜普昂凯科技有限公司
电话：023-62803830
传真：023-62919656
网址：www.sipatoc.com
地址：重庆市南岸区南坪花园路14号
邮编：400060
产品：压电陶瓷材料和器件

重庆市民益陶瓷有限公司
电话：023-72157608
邮箱：865741627@qq.com
地址：重庆市涪陵区江北办事处来龙路8村1幢
邮编：408000
产品：日用陶瓷、工艺陶瓷、工业陶瓷

山西省

（排名不分先后）

怀仁恒源瓷业有限公司
电话：0349-3154925 3154921
联系人：孙万
王尚新
地址：山西省朔州市怀仁县新家园镇南辛村北
邮编：038300
主要经营：日用陶瓷

山西闻喜华隆瓷业有限责任公司
电话：0359-7013666
传真：0359-7013628
网址：www.hlcy.com
邮箱：hlcy_0359@163.com
联系人：柴经理
QQ：3457453
地址：山西省闻喜县西城区道北路5号
邮编：043800
产品：陶瓷酒瓶

山西安益洪山陶瓷有限公司
总部营销中心
电话：0354-7351115
传真：0354-7351115
电邮：1975793755@qq.com
企业QQ：1975793755
销售经理：董先生
销售部：冯先生
李女士
地址：山西省介休市大众路181号
邮编：032002
产品：普瓷、新骨瓷及骨瓷为主的餐具、酒具、茶具、咖啡具、杯碟、礼品瓷、工艺美术瓷等产品

山西平定古窑陶艺有限公司
电话：0353-6162118
传真：0353-6160118
网址：www.zgkhc.com
E-mail：kehuaci@163.com
地址：山西省阳泉市平定路石板坪
邮编：045000
主营：中国刻花瓷

怀仁县吴家窑陶瓷厂
电话：0349-3088712
传真：0349-3088712
联系人：李先生
地址：山西省怀仁县吴家窑镇
产品：日用陶瓷

阳城县侨枫瓷业有限公司
联系人：褚云芳

传真：0356-4844484
地址：山西省晋城市阳城县演礼工业园区
产品：日用陶瓷

怀仁县玉珑陶瓷有限责任公司
电话：0349-3080292
传真：0349-3080291
网址：www.jiamingchina.com
邮箱：Jiamingtaoci@163.com
地址：山西省怀仁县金沙滩镇
产品：日用陶瓷

怀仁县佳美乐陶瓷有限责任公司
电话：0349-3059098
传真：0349-3059098
地址：山西省怀仁县云东经济开发区
产品：日用陶瓷

山西永诚陶瓷有限公司
电话：0349-6620178　15935498000
　　　18734938877
传真：0349-6620178
邮箱：sxyongchengtaoci@163.com
网址：www.yctaoci.com
地址：山西省怀仁县云东经济开发区
邮编：038300
产品：日用陶瓷

怀仁县华缶瓷业有限责任公司
电话：0349-3160588
传真：0349-3160587
地址：山西省怀仁县云东经济开发园区
产品：日用陶瓷

怀仁县东海陶瓷有限责任公司
电话：0349-3075088
地址：山西省怀仁县海北头乡伸嘴窝村北
产品：日用陶瓷

怀仁县伟远陶瓷有限责任公司
电话：0349-3053886
传真：0349-3053886
地址：山西省怀仁县第五中学对面
产品：日用陶瓷

怀仁县明鑫陶瓷有限责任公司
电话：0349-3160696
传真：0349-3160693
地址：山西省怀仁县云东经济开发园区
产品：日用陶瓷

怀仁县盛益陶瓷有限公司
电话：0349-3090366
地址：山西省怀仁县新家园镇
产品：日用陶瓷

怀仁东盛陶瓷有限公司
电话：0349-3160165
传真：0349-3160196
地址：山西省怀仁县云东经济开发区
产品：日用陶瓷

怀仁县金仪陶瓷有限责任公司
电话：0349-3022238
传真：0349-3048298
地址：山西省怀仁县坛后街村11号
产品：日用陶瓷

怀仁嘉明 · 吉普森陶瓷有限责任公司
电话：0349-3161234
传真：0349-6610337
Email：Jiajitaoci@163.com
地址：山西省怀仁县云东经济开发园区
产品：日用陶瓷

怀仁县龙欣陶瓷有限责任公司
电话：0349-3160138

传真：0349-3160138
地址：山西省怀仁县云东经济开发园区
产品：日用陶瓷

怀仁县永祥陶瓷有限责任公司
电话：0349-3075224
传真：0349-3075374
地址：山西省怀仁县海北头村南
产品：日用陶瓷

怀仁县祥和陶瓷有限责任公司
电话：0349-3154338
地址：山西省怀仁县云东经济开发园区
产品：日用陶瓷

怀仁县宏鑫瓷业有限公司
电话：0349-3160857
传真：0349-3160857
地址：山西省怀仁县云东经济开发园区
产品：日用陶瓷

怀仁县佳和兴陶瓷有限责任公司
电话：0349-3092566
地址：山西省怀仁县金沙滩镇刘晏庄村
产品：日用陶瓷

怀仁县美裕陶瓷有限责任公司
电话：0349-3160158
传真：0349-3160155
地址：山西省怀仁县云东经济开发园区
产品：日用陶瓷

怀仁东方陶瓷有限公司
电话：0349-3024790
传真：0349-3024790
地址：山西省怀仁县后街村11号
产品：日用陶瓷

山西中瑞陶瓷有限公司
电话：0349-6610302
地址：山西省怀仁县云东经济开发园区
产品：日用陶瓷

怀仁县众成陶瓷有限责任公司
电话：0349-3053291
传真：0349-3053291
地址：山西省怀仁县怀应路西侧南晏庄村北
产品：日用陶瓷

怀仁县金星陶瓷有限责任公司
电话：0349-3074065
传真：0349-3160133
地址：山西省怀仁县万金桥村
产品：日用陶瓷

山西福鑫琉璃瓷有限公司
电话：0349-3160129
传真：0349-3160130
地址：山西省怀仁县云东经济开发园区
产品：日用陶瓷

怀仁县佳龙琉璃瓦有限责任公司
电话：0349-3161618
地址：山西省怀仁县云东经济开发园区
产品：日用陶瓷

怀仁县世嘉陶瓷有限责任公司
电话：0349-3087043
传真：0349-6087676
地址：山西省怀仁县云东经济开发园区
产品：日用陶瓷

山西省阳城华美陶瓷厂
联系人：赵雄彪
手机：13403567688(供应)
13546620199(销售)

电话：0356-4845777
邮箱：sxychm@sxychm.com
产品：日用陶瓷

山西省应县新星陶瓷有限责任公司

电话：0349-5020751
　　　0349-5031716
传真：0349-5032862
联系人：王先生　李先生
网址：www.xxtc.com.cn
地址：山西省朔州市应县金城镇新开南路四环路南清宁公园西
邮编：037600
产品：日用陶瓷

山西科德技术陶瓷有限公司

电话：0351-5942965 5942966
传真：0351-5942965
email：zjzzhh@sina.com.cn
地址：山西省太原市清徐县王答乡董家营科德工业园
产品：蜂窝陶瓷

山西太行陶瓷有限公司

销售部：马经理
手机：15635565288
网址：www.sxthtc.com
地址：山西省长治市壶关县黄山工业园区
产品：陶瓷酒坛

河北省

（排名不分先后）

河北圣泽陶瓷有限公司

电话：0311-84081111
手机：18931973078
邮箱：832026826@qq.com
地址：河北省石家庄高邑县
产品：全瓷耐磨地板砖、高档抛光地板砖、高档微粉、聚晶、超微粉抛光地板砖

河北玻尔陶瓷有限公司

电话：0311-84166666
传真：0311-84166818
地址：河北省石家庄市五马山工业园区
产品：建筑陶瓷

河北力龙陶瓷有限公司

电话：0311-84081111
传真：0311-84061111
联系人：王经理
　　　　岳经理
地址：河北省石家庄市高邑县陶瓷工业园区
产品：地板砖、精工砖

河北斯格米建筑陶瓷有限公司

联系人：姚宏义
电话：15720029008
地址：河北省保定市建华大街1398号
产品：仿古砖、内墙砖、地砖

高邑县力马陶瓷有限公司

全国统一客服热线：400-076-1555
电话：0311-84015581
传真：0311-84015581
地址：河北省高邑万城乡北焦工业区
产品：地板砖

高邑县汇力瓷业有限公司

电话：0311-84082111
传真：0311-84019998
手机：13931141992
地址：河北省石家庄市高邑县高赞路
产品：地板砖

石家庄古陶陶瓷有限公司

电话：18931879118

邮箱：2239367471@qq.com

网址：www.gygttc.com

地址：河北省石家庄市高邑县

邮编：051330

产品：便道砖、劈开砖、古建青砖青瓦

石家庄恒力陶瓷有限公司

电话：0311-84010080

手机：15030169766

传真：0311-84010080

地址：河北高邑县王家村村西

邮编：051330

产品：内墙陶瓷砖

河北五羊陶瓷有限公司

电话：0311-84010000

联系人：冯经理

手机：15931091266

地址：河北石家庄高邑县仓房工业区

产品：内墙砖、地板砖

河北昊龙陶瓷制品有限公司

电话：0311-84012777

传真：0311-84012777

手机：15369200000

地址：河北省高邑县经济开发区

产品：内墙砖、地板砖

河北中通陶瓷有限公司

电话：0315-4501222 0315-4501333

传真：0315-4501000

邮箱：zt@ztceramic.com

地址：河北省唐山市滦南县城西工业区

邮编：063500

产品：卫生陶瓷

河北鑫丰陶瓷有限公司

电话：0310-8080225

厂址：河北省武安市伯延镇工业园区

地址：河北省邯郸市丛台区龙湖御景B座1-17-1

邮编：056000

产品：建筑陶瓷

石家庄福伦陶瓷有限公司

电话：0311-66688576

传真：0311-66688576

手机：13131146113

邮箱：934125027@qq.com

网址：www.sjzfltc.com

地址：河北省石家庄高新区天山大街方大科技园2号楼309

产品：钇稳定氧化锆、高纯超细氧化锆、锆铝复合粉、氧化铝造粒粉

石家庄市原火陶瓷有限责任公司

电话：0311-82320751 18730115521

传真：0311-82320205

地址：河北省石家庄井陉县秀林镇原火平涉路11号

产品：日用陶瓷

菲纳特陶瓷制品（石家庄）有限公司

电话：0311-7046137

地址：河北省石家庄市桥西区红旗大街53号

邮编：050071

产品：日用陶瓷

石家庄海天陶瓷制品有限公司

联系人：薛立伟

电话：0311-88315301

地址：河北省石家庄市藁城市丘头镇南乐乡村

邮编：052160

产品：卫生陶瓷

河北恒博精细陶瓷材料有限公司

电话：0310-8986398
传真：0310-8986538
邮箱：zhikunluo@hbhengbo.cn
网址：www.cn-hengbo.com
地址：河北省曲周县骆庄工业区
邮编：057250
产品：高纯氧化铝

河北恒耐达特种陶瓷有限公司

手机：15630138272
电话：0311-67093332
传真：0311-67093332
邮箱：hebeihengnaida@126.com
地址：河北省石家庄市经济技术开发区创业路7号
邮编：050000
产品：陶瓷罐装泵、陶瓷计量泵、陶瓷柱塞、陶瓷转阀体、陶瓷耐磨零件

河北斯罗米克科技股份有限公司

电话：0315-2028388
传真：0315-2044888
销售直线：13933330599
QQ：13933330599
E-mail：info@hiphoenix.com.cn
办公室：河北省唐山市路北区绿锦园103-1-1101
工厂：唐山高新技术产业园区金昌隆机械厂
主营：日用陶瓷工程一体化解决方案专业服务机构

张家口宣化国玉陶瓷有限公司

联系人：赵明武
电话：0313-5923902
传真：0313-5923949
地址：河北省张家口市宣化区幸福街148号
邮编：075000
产品：日用陶瓷

河北省曲阳定瓷有限公司

电话：0312-4213235
传真：0312-4225998
地址：河北省曲阳南环中路路北
邮编：073100
邮箱：mail@dingci.com
产品：定瓷

河北陶晔特陶瓷制品有限公司

联系人：孟先生
周先生
邮箱：209783551@qq.com
网址：www.tytaoc.com
地址：河北省石家庄市胜利路369号
邮编：050071
产品：各类陶瓷靶材

邯郸合益陶瓷有限公司

电话：0310-5323806　5323816
传真：0310-5323801
E-Mail：hdhytc@yahoo.com.cn
地址：河北省邯郸市峰峰矿区彭新路37号
邮编：056200
产品：陶瓷酒瓶

邯郸市熔强工业瓷有限责任公司

销售热线：0310-5212019
电话：0310-5022436
传真：0310-5021068
邮箱：rongqianggyc@163.com
网址：www.rqgyc.com
地址：河北邯郸市峰峰矿区彭新路20号
产品：碳化硅陶瓷、电子配件陶瓷、电工陶瓷

邯郸市盛火陶瓷有限公司

电话：0310-6013528
传真：0310-6013528
E-mail：shenghuotc@163.com

13613106685@163.com
网址：www.hdshtc.com
地址：河北省邯郸市马头镇马峰公路路南马头生态工业园
产品：彩色骨料陶瓷产品

唐山红玫瑰陶瓷制品有限公司骨质瓷分公司
杨惠民（业务经理）
电话：13011509951
张旭言（业务经理）
电话：13603299464
传真：0315-3107342
邮箱：yxb6699@126.com
地址：河北省唐山市唐马路
邮编：063000
产品：高档骨质瓷和中档新骨瓷

唐山陶瓷股份有限公司研究院
联系人：乔经理
电话：0315-3261405
地址：唐山市缸窑路110号
邮编：063020
产品：礼品、工艺美术、收藏品

唐山梦牌瓷业有限公司
电话：0315-5095919　0315-5095911
邮箱：monopy@ monopy.com
地址：河北省南堡工业开发区
邮编：063305
产品：卫浴陶瓷

邯郸盛华陶瓷有限公司
电话：0310-5216898 5212866 5020861
地址：河北省邯郸市峰峰矿区彭新路41号
邮编：056200
产品：日用陶瓷

唐山海格雷骨质瓷有限公司
电话：0315-3105276 3105257 3105259 3190614
传真：0315-3274614
邮箱：tps@haigelei.com
地址：河北省唐山市路北区河北路7号
产品：日用瓷、骨质瓷

国林陶瓷（邯郸）有限公司
电话：0310-5028119
传真：0310-5022702
地址：河北省邯郸市峰峰矿区滏阳西路218号
邮编：056200
产品：日用瓷、骨质瓷

河北长城陶瓷有限公司
电话：0315-3106358
传真：0315-3272031
地址：河北省唐山市银河路
邮编：063000
产品：硬质细白瓷

天山（邯郸）瓷业有限公司
电话：0310-5210859　13703202600
地址：河北省邯郸市峰峰矿区彭城镇彭常路20号
邮编：056200
产品：日用陶瓷

峰峰矿区大家陶艺有限责任公司
电话：0310-5212316
手机：13103008689
传真：0310-5026238
地址：河北邯郸市彭城镇宝山街2号
邮编：056200
产品：陶艺、茶具、工艺品

唐山高新技术产业园区曹妃骨质瓷厂
电话：0315-3286568

传真：0315-3286568
手机：13932549981
地址：河北省唐山高新技术产业园区梁各庄
产品：日用瓷、骨质瓷

唐山隆达骨质瓷有限公司

北京分公司
电话：010-64304537
地址：北京市朝阳区小关北里45号世纪嘉园1-26H
邮编：100007
工厂展厅
电话：0315-3176751
地址：河北省唐山市高新技术开发区银河路
邮编：063020
产品：骨质瓷

唐山华天成陶瓷制品有限公司

电话：0315-3103900 3271271
传真：0315-3271372 3291843
网址：www.tangshan-ceramic.com
E-mail：weilun@tangshan-ceramic.com
地址：河北省唐山市路北区河东路31号
产品：卫生陶瓷

唐山东升骨质瓷有限公司

销售副总：张小军
手机：18132261117
销售经理：林小宁
电话：0315-7110802
地址：河北省唐山市海港开发区港民街南侧海华路西侧
产品：骨质瓷

唐山市恒瑞瓷业有限公司

联系人：刘经理
内销电话：0315-3275818
外销电话：0315-3272818
传真：0315-3289906 3298386
Email：tshrcycorp@163.com
地址：河北省唐山市路北区河北路4号
产品：骨质瓷

唐山德美兰陶瓷有限公司

电话：0315-7875796
手机：13832837328
传真：0315-5925319
地址：河北唐山市路北区缸窑路110号副12号
邮编：063020
产品：骨质瓷

山东省

（排名不分先后）

山东耿瓷集团有限公司

电话：0533-5498299
山东米开朗陶瓷有限公司
电话：0533-5488884　5486668　5494166
山东玉玺陶瓷有限公司
电话：0533-5494177　5494188　5494199
0533-5488266
山东齐都陶瓷有限公司
电话：0533-5481243
地址：山东省淄博市建陶工业园
产品：600×600、800×800渗花、微粉、全瓷抛釉、普拉提、明珠玉、沙岩石等几大系列瓷砖

博山士普陶瓷装备有限公司

电话：0533-4410765　0533-4417093
0533-4417092
联系人：周先生
路女士
黄先生

传真：0533-4417097
网址：www.zbship.cn　www.bsship.com
邮箱：bsship@bsship.com
地址：山东省淄博市博山区山头镇矾沟街173号
产品：陶瓷机械

临沂佳贝特建陶有限公司
电话：0539-7085889 13562938888
传真：0539-8263996
联系人：朱丙东
邮箱：zhubingdong@yahoo.com.cn
地址：山东省临沂市罗庄区罗庄街道办事处后官战湖
邮编：276000
产品：内墙砖、地砖

淄博赛纳新材料科技有限公司
电话：0533-5672988
0533-5678016
0533-5678018
传真：0533-5672988
联系人：崔洪
E-mail：zibosaina2010@163.com
网址：www.zibosaina.com
地址：山东省淄博市淄川区罗村工业园区
邮编：255138
产品：精密陶瓷结构件

淄博华光陶瓷科技文化有限公司
电话：0533-3588399
联系人：邓丽君
邮箱：106844622@qq.com
地址：山东省淄博市高新区鲁泰大道55号
邮编：255215
产品：日用陶瓷

淄博陶正陶瓷颜料有限公司
联系人：肖光铜 先生
电话：0533-5278199
手机：15206612066
传真：0533-5278299
地址：山东省淄博市淄川区双杨镇双河村（双沟派出所东200米）
邮编：255100
产品：高档高温陶瓷颜料

淄博方基制釉有限公司
电话：0533-2341555
传真：0533-2341432
QQ：2306210643
邮箱：fangji@chinafangji.com
地址：山东省淄博市桓台县开发区工业园果里镇官中村南1000米
产品：釉料原材料加工、优质地板釉料和内墙釉生产加工

山东统一陶瓷科技有限公司
电话：4006581591
招聘专线：0533-6227312
地址：山东省淄博市建陶工业园
产品：仿古砖、艺术砖和高科技产品“防静电陶瓷砖”

山东硅元新型材料有限责任公司
日用瓷线下销售电话：0533-3589126
日用瓷线上销售电话：0533-3583585
工业瓷销售电话：0533-3582419
邮箱：sicer@sicer.com
地址：山东省淄博市高新技术产业开发区柳泉路北首286号
产品：日用陶瓷、工业陶瓷

山东银凤股份有限公司
电话：0539-8242898 8243016 8241908
0539-8241123 8313069 8244736
传真：0539-8241840

QQ：483865912
邮箱：info@chinaceramics.com
地址：山东省临沂市金雀山路58号
厂址：山东省临沂市罗庄区罗四路中段
产品：日用陶瓷

山东海瓷集团
客户热线：400-085-7800
电话：0543-6361666　0543-6361438
传真：0543-6361038
邮箱：seas126@126.com
地址：山东省无棣经济开发区
滨州专卖店　电话：0543-3319039
地址：滨州市黄河五路，渤海五路与渤海六路之间路南
海瓷艺术销售中心
电话：0543-5078808　0543-3085599　0531-82080566
产品：海瓷艺术、系列旅游产品、酒店用瓷、出口瓷、礼品及家庭用瓷、航空瓷

潍坊华美精细技术陶瓷股份有限公司
国内销售部：0536-7656360
海外市场部：0536-7653807
传真：0536-7667059
E-mail: kefu@wf-hm.com　hmfc@wf-hm.com
地址：山东省潍坊市坊子区北大营街3号院
产品：碳化硅陶瓷

淄博福禄新型材料有限责任公司
电話：0533-5782024 0533-5781319
传真：0533-5781809
邮箱：merry.zhang@ferro.com
网址：www.ferro.com
地址：山东省淄博市昆侖鎮鐵路街263號
产品：玻璃釉料、平板玻璃裝飾用釉料、汽車玻璃裝飾用釉料、容器玻璃裝飾用顏料、有機印刷油墨、低溫花紙用有機顏料、裝飾助劑

淄博泰山瓷业有限公司
电话：0533-5816888　5789666　5793888
传真：0533-5792955　5793369
邮箱：taishanciye@sohu.com
地址：山东省淄博市淄川区泰山瓷业路88号
邮编：255129
产品：鲁青瓷

淄博市博山泰兴瓷厂
联系人：翟先生
电话：0533-4415399　13705334387
传真：0533-4415398
邮箱：zbtczgq@163.com
网址：www.sdzbcq.com
地址：山东省淄博市博山区山头工业园
邮编：255200
产品：日用陶瓷

山东亚细亚陶瓷有限公司
联系人：赵学新
电话：0533-5491888
传真：0533-5491776
手机：13964314349
地址：山东省淄博市淄川区淄博建陶工业园西路99号
产品：建筑陶瓷

淄博华洋陶瓷有限责任公司
电话：0533-5280208 5336628 5336625 5336626
传真：0533-5269331
地址：山东省淄博市双凤工业园
产品：镁质强化瓷和镁玉瓷

山东福泰陶瓷股份有限公司
电话：0533-3190633　2110999
中国陶瓷馆店电话：0533-6721195
传真：0533-3190600

网址：www.futaitaoci.com
地址：山东省淄博市博山区八陡镇福山
形象店地址：山东省淄博市张店区柳泉路11号
产品：日用陶瓷，骨质瓷

山东国瓷功能材料股份有限公司
联系人：赵小姐
邮箱：market@sinocera.cn
电话：0546-8073676
传真：0546-8073777
地址：山东省东营市东营经济开发区辽河路24号
邮编：257091
产品：特种陶瓷粉体材料

山东圣川陶瓷材料有限公司
办公电话：0533-5416466
销售热线：0533-5416366
传真：0533-5416366
网址：www.sdsctc.com
邮箱：sheng_chuan@126.com
地址：山东省淄博市淄川经济开发区圣川路6号
产品：特种陶瓷材料和高档耐材

山东工业陶瓷研究设计院有限公司
电话：0533-3597021 3597018 3172320
传真：0533-3182160
邮箱：zoomberhuanbao@163.com
通讯地址：山东省淄博市裕民路128号
产品：工业陶瓷

山东冠达陶瓷有限公司
联系人：靳如福
手机：13864990110
传真：0539-8251580
邮箱：jinrufu216@163.com
网址：www.lygdtc.com
QQ：935201287

地址：山东省临沂市罗庄区
上海分部地址：上海市嘉定区海川路58弄106号501室。
联系人：宋先生
电话：13122231186
产品：日用陶瓷

北新集团山东潍坊建筑陶瓷厂
电话：0536-7631219 7635160
手机：18605365729
邮箱：ghb3366@163.com
网址：www.beixinjt.com
（中国）营销中心地址：山东省潍坊市坊子区荆山洼
产品：卫生洁具配件

山东奥德丽陶瓷有限公司
全国免费服务热线：4000-032-769
座机：0539-8981788
传真：0539-8981788
地址：山东省临沂市高新区罗西工业园
产品：薄板、金刚石

山东淄博博瑞陶瓷有限公司
联系人：张经理
电话：0533-7914956
手机：13589589151
传真：0533-7914955
邮箱：sqtc_888@163.com
地址：山东省淄博市博山区山头镇新博南路129号
邮编：255215
产品：日用陶瓷

山东鹏程特种陶瓷有限公司
联系人：巩晓
电话：0533-8170234
手机：15264316663
传真：0533-8161095

地址：山东省淄博市桓台城东寿济路前毕段44km处
邮编：256400
产品：氮化硼、氮化铝

淄博中亚陶瓷有限公司

电话：0533-4415643　4400088
传真：0533-4400077
邮箱：sdtaoci@126.com
网址：www.sdtaoci.com
地址：山东省淄博市博山区山头镇
产品：日用陶瓷

山东磐盛陶瓷科技有限公司

电话：0543-2245183　2186916
传真：0543-2249298
邮箱：panson@pansonceramics.com
网址：www.pansonceramics.com
地址：山东省滨州市邹平县好生街道办事处宗家工业园金汇路1288号
产品：陶瓷熔块釉料

山东东瓷科技有限公司

电话：0533-7902998
手机：13864408260
传真：0533-5485459
邮箱：sales@cntecera.com
邮编：255185
地址：山东省淄博市淄川区双杨镇
产品：氧化铝特种陶瓷

博山博丰陶瓷花纸有限公司

联系人：张经理
手机：13371594488
电话：0533-4400688
传真：0533-4400788
地址：山东省淄博市博山区山头镇窑广街60号
邮编：255215
网址：www.bofengtaoci.com
邮箱：bfhzh@263.net
产品：日用陶瓷

山东齐星高新工业陶瓷有限公司

电话：400-680-0407
传真：0543-4890096
联系人：李经理
网址：www.qixinggt.com
邮箱：qixinggt@163.com
地址：山东省滨州市邹平县韩店工业园区
邮编：256200
产品：汽车陶瓷制动系统、汽车尾气三元催化装置、高品质工业陶瓷过滤板、军工及航空用陶瓷材料

山东昊轩电子陶瓷材料有限公司

电话：0533-5435679
传真：0533-5435389
地址：山东省淄博市文昌湖旅游度假区
产品：高纯材料及靶材

淄博国盛制釉有限公司

手机：13806434943 13589526007 13853385518
传真：0533-4651946
E-Mail：zbgszy@163.com gsglaze@zbgszy.cn
地址：山东省淄博市博山区八陡镇福山村西首西岭路南
邮编：255213
产品：陶瓷熔块、淄博陶瓷熔块

临沂顺成建陶有限公司

电话：0539-8920018
手机：18805396123
传真：0539-8920018
联系人：魏建海
QQ：629241885

网址：www.shuncheng.cc
邮箱：lyshuncheng@126.com
地址：山东省临沂市罗庄区新206国道与南外环交汇南3公里
产品：陶瓷砖

临沂新纪元陶瓷公司
联系人：韩经理
代经理
电话：0539-8582859
传真：0539-8582901 8582859
邮箱：727310799@qq.com
地址：山东省临沂市罗庄册山工业园
产品：水晶砖、石质砖、抛晶砖、抛金砖

山东磊宝锆业科技股份有限公司
联系人：石经理
电话：0533-6058393
地址：山东省淄博市周村区恒星路70号
产品：硫酸锆、耐火材料、氧化锆制品、氧化锆砂粉

山东瑞达陶瓷有限公司
电话：400-006-1636
传真：0539-7715888
邮箱：shandongruidataoci@126.com
地址：山东省临沂市莒南县岭泉镇政府西1500米
产品：内墙砖

山东电盾科技股份有限公司
免费服务热线：400-812-8126
邮箱：diandunkeji@163.com
地址：山东省淄博市淄川经济开发区管委会A座
产品：全钢防静电地板、陶瓷防静电地板、防静电瓷砖

淄博华光陶瓷科技文化有限公司
电话：0533-2883838 2882799
传真：0533-2888702
网址：www.taoci800.com
邮箱：sd-hgyx@263.net
地址：山东省淄博市高新技术产业开发区鲁泰大道55号
产品：日用陶瓷

山东金澳科技新材料有限公司
电话：0543-2870317
咨询：400-870-6003
传真：0543-2818808
金澳宜兴办事处电话：13915360550
网址：www.cnsdja.com
地址：山东省博兴县陈户工业园区
产品：陶瓷刀、锆英砂、硅酸锆粉、锆英粉

临沂市银雪瓷业有限公司
电话：0539-8269828　8269838
传真：0539-8269607
邮箱：lyxuedi@163.com
网址：www.cnxuedi.com
地址：山东省临沂市高新技术产业开发区湖西路与双月园路交汇处
产品：日用陶瓷、骨质瓷

淄博金品纳米科技有限公司
联系人：马经理
传真：0533-6010080
QQ：4085406
邮箱：4085406@qq.com
地址：山东省淄博市周村区南郊镇工业园1-001
产品：陶瓷刀、陶瓷笔、陶瓷餐具

山东亮剑陶瓷有限公司
联系人：李万奇

传真：0533-5486966
E-mail：shandongliangjian@163.com
网址：www.liangjiantaoci.com
地址：山东省淄博市建陶工业园
产品：仿古砖

泰安金圆陶瓷有限公司
联系人：袁经理
传真：0538-7299829
邮编：yuansong1967@163.com
邮编：217200
地址：山东省新泰市名公西村
产品：陶瓷酒瓶、陶瓷工艺品

临沂金泓陶瓷有限公司
电话：0539-8271766
传真：0539-8271611
邮编：276016
网址：www.jinhongtaoci.com
地址：山东省临沂市罗庄区
产品：地板砖

淄博普琅米建陶有限公司
联系人：周经理
手机：18330503017 13806432206
网址：www.plmtc.net
地址：山东省淄博市淄川龙泉镇台头工业园
产品：全瓷欧式连锁瓦、全瓷西式连锁瓦、全瓷直角瓦

淄博双圣陶瓷有限公司
网址：www.zbssw.com
电话：0533-5492888 5337777
地址：山东省淄博建陶工业园（淄博市淄川区杨寨镇）
产品：全瓷欧式连锁瓦、全瓷西式连锁瓦、全瓷直角瓦

山东道泽陶瓷科技有限公司
电话：0533-2312585
手机：15169205795
地址：山东省淄博市张店区柳泉路45号甲5号
产品：底釉熔块、锆白熔块、透明熔块、半白熔块

淄博福星陶瓷色釉料有限公司
联系人：孙经理
邮箱：fuxing@fuxingglaze.com
xilia7306@aliyun.com
电话：0533-4230308 4230888
传真：0533-4230898
网址：www.cnglaze.cn
地址：山东省淄博市博山区颜北路168号
邮编：255202
产品：陶瓷熔块及色釉料

淄博鑫夏利工业陶瓷有限公司
联系人：司经理
手机：13053310776 15065855400
传真：0533-5895439
网址：www.xinxiali.com
地址：山东省淄博市淄川区龙泉镇
邮编：255144
产品：耐磨陶瓷管道、耐磨陶瓷弯头

淄博鲁宏沃尔森陶瓷有限公司
手机：13455343431 13589565017
电话：0533-5816436
邮箱：ziboluhong@163.com
Q Q：2319112102
地址：山东省淄博市淄川区洪山镇聊斋路南首
邮编：255100
产品：莫来石

莱芜合源陶瓷科技有限公司
电话：13806348468 13686349978

0634-6589896
QQ ：583188251
传真：0634-6588688
邮箱：lwheyuan@126.com
地址：山东莱芜市张家洼银龙工业园
产品：晶须陶瓷刀片

淄博瀚博陶瓷科技有限公司
联系人：郭经理
电话：0533-5811111
传真：0533-5811111
邮箱：shandonghanbo@qq.com
QQ：1305116090
地址：山东省淄博市淄川区洪山工业园
产品：瓷砖设计、陶瓷喷墨设计图案、研发新陶瓷工艺、专业生产陶瓷墨水以及陶瓷色料、陶瓷熔块、喷墨仿古面釉。

江苏省

（排名不分先后）

江苏高淳陶瓷实业有限公司
电话：025-57889567
网址：www.gctc.cn
地址：江苏省南京市高淳县经济开发区荆山路008号
产品：骨质瓷

新嘉理（江苏）陶瓷有限公司
销售总部
联系人：潘国春（总监）
联系电话：18861559218、18861553038
联系人：廖革波（副总监）
联系电话：18861550869
营业部
联系电话：0510-87460868　87460899
地址：江苏省宜兴市丁蜀镇洑东湖滨公路新嘉理工业园
产品：高档陶板幕墙、立方陶和外墙劈开砖

宜兴紫砂工艺厂
电话：0510-87402248　0510-87404959
0510-87427918
邮箱：7401631@vip.sina.com
产品：紫砂工艺
地址：江苏省宜兴市丁蜀镇东坡路2号

江苏拜富集团
办公室电话：0510-87432288
销售部电话：（国内）0510-87432616
（国际）0510-87432908
传真：0510-87432918　0510-87438906
网址：www.baifutech.com
邮箱：baifu@baifutech.com
jsbf2013@aliyun.com
地址：江苏省宜兴市丁蜀镇陶都工业园
邮编：214221
产品：日用陶瓷、建筑卫生陶瓷、工业陶瓷、耐火材料、日用和特种玻璃

西卡（中国）有限公司（总部）
电话：0512-62732888
传真：0512-62877070
地址：江苏省苏州工业园区泾东路28号
邮编：215121
产品：聚羧酸盐混凝土外加剂、PVC防水卷材系统、聚氨酯密封胶、各类工业地坪材料、灌浆材料、加固与修补材料等一系列化学建材产品

信益陶瓷（中国）有限公司
电话：0512-57537755
传真：0512-57538808
微信公众号：GJCZ1972
网址：www.champion-tile.com.cn
地址：江苏省昆山市玉山镇元丰路8号
邮编：215300
产品：瓷砖

江苏省陶瓷研究所有限公司

电话：0510-87185314
传真：0510-87186951
网址：www.jstys.com
地址：江苏省宜兴市丁山北路196号
邮编：214221
产品：日用陈设陶瓷、工程陶瓷、功能陶瓷、陶瓷原辅材料

江苏金盛陶瓷科技有限公司

电话：0519-82337240
传真：0519-82337241
邮编：213200
网址：www.js-ceramic.cn
Email：info@js-ceramic.cn
info@hs-ceramic.cn
地址：江苏省金坛经济开发区思母路1号
产品：氮化硅、氧化锆、碳化硅和氧化铝

江苏七彩炻陶瓷科技有限公司

电话：025-57878686　57878688
传真：025-57878697
联系人：刘先生
邮箱：jiangsuqicaishi@126.com
地址：江苏省南京市高淳区东坝镇下坝工业园区
产品：陶土产品

江苏格莱德特种陶瓷有限公司

电话：0510-87840588　0510-87840288
0510-68980006　13706155557
传真：0510-87840988
QQ：370767975
MSN：gldtztc@hotmail.com
邮箱：lst@gldtztc.com
地址：江苏省无锡市宜兴和桥工业园区3号公路东侧
邮编：214211
产品：氧化锆粉

江苏中正陶瓷科技有限公司

电话：0510-87973561　87973562
传真：0510-87978962
邮编：214200
网址：www.zztckj.com
E-mail：888@zztckj.com
地址：江苏省宜兴环科园梅园168号
产品：硅酸盐、特种陶瓷

江苏新鑫陶瓷金属复合材料有限公司

电话：0515-86222957
传真：0515-86230946
总经理：王　敏(13962060666)
邮编：224700
E-mail：xinxin86060666@126.com
网址：www.jsxinxin.com.cn
地址：江苏盐城市建湖县城近湖路12号
产品：陶瓷钢铁复合管

江苏东盛陶瓷金属复合材料有限公司

联系人：瞿卫东 13851179296
电话：0515-86189296
传真：0515-86288638
网址：www.jsdstc.com www.jsdstc.cn
邮箱：abc681015@sohu.com
地址：江苏省盐城市建湖芦沟高新技术开发区98号
产品：陶瓷钢铁复合管

江苏可的建材有限公司

电话：0514-80808188
传真：0514-80808180
网址：www.kedijc.com
手机：15252526789
联系：朱先生
地址：江苏省扬州市江都区电视台对面
产品：内墙地砖

江苏徽派园林建筑陶瓷有限公司
联系人：王先生
手机：13151035588
电话：0510-87478980
传真：0510-87464866
邮编：214234
网址：www.jshuipai.com
地址：江苏省宜兴市湖父镇阳羡生态旅游区一听水山庄
产品：陶瓷制瓦

江苏环能硅碳陶瓷有限公司
国内销售电话：0523-83763111
传真：0523-83764728
手机：15052349999
联系人：叶明华
国内销售E-mail ：sicjs@126.com
外贸销售电话：0523-83768068
传真：0523-83764728
手机：15252692858
联系人：周祥
地址：江苏省兴化市张郭镇民营路
产品：硅碳棒

江苏江佳电子股份有限公司
电话：0514-86581223　80385507
传真：0514-86582039

Http：www.jsjj.com
E-mail：Market@jsjj.com
地址：江苏省扬州市江都区邵伯镇甘棠路88号
邮编：225261
产品：电子陶瓷产品

江苏中硅工程材料有限公司
电话：0512-66100615　15295658287
传真：0512-66100615
网址：www.cencera.com.cn
邮箱：cencera@gmail.com
地址：江苏省苏州市高新区培源路2号
产品：石英陶瓷坩埚、玻璃钢化炉陶瓷辊道、高档熔融石英陶瓷板

常州盛丰机械有限公司
销售经理：谷经理
联系电话：0519-85267537
传真：0519-85267537
地址：江苏省常州市遥观镇郑村工业园179号
邮编：213119
产品：陶瓷深加工机械

江苏久吾高科技股份有限公司
电话：025-58109595
传真：025-58209595
地址：江苏省南京市浦口区江浦街道虎桥东路9号
产品：无机陶瓷膜元件及成套设备

江苏铭百圣耐火有限公司
电话：0510-87458168 87451008
传真：0510-87455008
手机：13382250888
邮编：214226
Email：jsmbs@ab0088.com.cn
网址：www.ab0088.com.cn
地址：江苏省宜兴市丁蜀镇方钱村
产品：精细陶瓷窑具、耐火陶瓷件

宜兴市双龙陶瓷有限公司
电话：0510-87490186
传真：0510-87491100
手机：13806159396 13771308135
网址：www.yxsltc.com
E-mail:yx_sltc@163.com
aceshao@yxsltc.com
postmaster@yxsltc.com

QQ：2277341197
地址：江苏省宜兴市丁蜀镇陶都工业园川埠路
邮编：214221
产品：异形陶瓷、电子电器机械类陶瓷零部件

江苏联合金陶特种材料科技有限公司

电话：0517-89860972
传真：0517-89860972
联系人：张先生
手机：18952397112
地址：江苏省淮安市经济开发区海口路9号硅谷大厦1203室
邮编：223005
产品：新型高温陶瓷材料

江苏好尔德机械制造有限公司

电话：0513-88706272
传真：0513-88706271
联系人：李先生
手机：15862731068
邮箱：jshold@126.om
地址：江苏省南通市海安县江海西路199号
产品：金属复合陶瓷、钻杆

宜兴市翰光特种陶瓷有限公司

电话：0510-87186254 87185368
传真：0510-87186252
网址：www.yxhgtt.cn
邮箱：1297517448@qq.com
地址：江苏省宜兴市丁蜀镇
邮编：214221
产品：工业陶瓷

江苏双琦陶瓷有限公司

电话：0527-85653299
传真：0527-85653399
网址：www.shuangqicy.com
邮箱：jssqtc@126.com
邮编：223735
地址：江苏省宿迁市泗阳县裴圩镇工业园区
产品：硬质瓷

宜兴德海陶瓷科技有限公司

联系人：张先生
传真：0510-80720838
邮箱：web@tcgb.com.cn
网址：www.tcgb.com.cn
地址：江苏省宜兴市丁蜀镇陶瓷产业园洛涧工业区
邮编：214221
产品：氧化铝陶瓷辊棒、刚玉管、电炉管；热电偶保护管 、硅碳棒、高温炉件 、化学瓷件、 绝缘瓷件、异型瓷件；瓷件、耐火制品和石英制品

宜兴市圣象陶瓷有限公司

电话：0510-87482388
传真：0510-87482988
网址：www.yxsxtc.com
Email：web@yxsxtc.com
地址：江苏省宜兴市丁蜀镇川埠村（陶都路联合陶瓷西侧）
邮编：214222
产品：陶瓷瓦

江苏大唐保温工程有限公司

销售：13961342011
邮箱：nwire@qq.com
网址：www.jsdtbw.com
地址：江苏连云港白塔工业区18号
产品：发泡陶瓷保温板

江苏光天耐材科技有限公司

电话：0510-87472288　87471600
传真：0510-87477655
手机：13771328880

网址：www.yxgtnh.com
邮箱：yixi.0510@163.com
地址：江苏省宜兴市张公洞对面
邮编：214221
产品：蜂窝陶瓷过滤片

宜兴市恒鸿陶瓷科技有限公司
（宜兴市耀伟耐火陶瓷有限公司）
手机：13914230588
电话：0510-87480358
传真：0510-87480358
E-mail：yxywtc@163.com
网址：www.yxywtc.com
地址：江苏省宜兴市丁蜀镇查林工业区
邮编：214221
产品：氧化铝陶瓷、耐磨陶瓷、工业陶瓷

江苏状元建陶有限公司
固话：0510-87489880　400-848-9880
传真：0510-87489880
联系人：
　张立峰（总经理）
　李明成
　兰恩辉
　袁会贞
邮箱：1352865016@qq.com
地址：江苏省宜兴市丁蜀镇陶瓷工业园区
邮编：214221
产品：紫砂陶瓷瓦

宜兴市友好陶瓷有限公司
联系人：焦岳忠
手机：13861493728
电话：0510-87464378
网址：www.yxyhtc.com
地址：江苏省宜兴市洑东镇
邮编：214221
产品：无釉紫砂劈开砖、陶土砖

江苏凯捷能源新材料有限公司
国内营销部
电话：0510-86003236
传真：0510-68930158
Email：sales@kajsic.com
国际事业部：
电话：0510-86003238
传真：0510-68930158
Email：info@kajsic.com
Url：www.kajsic.com
地址：江苏省江阴市长泾镇云顾路
产品：碳化硅微粉

江苏申江机械制造有限公司
联系人：周爱军
手机：13773680111　13912407222
电话：0513-88403448
传真：0513-88409868
邮箱：jsntzaj@163.com
地址：江苏省南通市海安县白甸镇南工业园区
产品：工业耐磨陶瓷管道

宜兴非金属化工机械厂有限公司
联系人：周先生
手机：13921326755
电话：0510-87189500　87185248
传真：0510-87185248
邮箱：yxhjc@yxhjc.com
网址：www.yxhjc.com
地址：江苏省宜兴市丁蜀镇
邮编：214221
产品：无机陶瓷膜及陶瓷膜液固分离和气固分离设备

宜兴市神洲建筑陶瓷厂

联系人：周挺君

电话：0510-87462585 87466518

传真：0510-87466518

网址：www.yxshenzhou.com

E-mail：sales@yxshenzhou.com

地址：江苏省宜兴市丁山精陶厂东104国道旁

邮编：214224

产品：英红瓦、平板瓦、平筒瓦、S平瓦、空心瓦、鱼鳞瓦

安徽省

（排名不分先后）

安徽新锦丰集团

安徽罗盛达陶瓷股份有限公司

电话：0557-5093888

0557-5092999（兼传真）

地址：安徽省宿州市萧县龙城镇萧桃路8号

邮编：235200

产品：高档陶瓷

安徽格雷特陶瓷新材料有限公司

联系人：赵经理

电话：13861499188

地址：安徽省宣城市广德县经济开发区邱村镇北区

产品：陶瓷屋面产品

安徽省民生瓷业有限公司

电话：0555-4810179

传真：0555-4810000

网址：www.ahmschina.com

E-mail: mscy@vip.163.com

地址：安徽省含山县太湖山国家森林公园

邮编：238151

产品：高档日用瓷

马鞍山日德瑞陶瓷新材料技术有限公司

联系人：戴亚洲

电话：0555-8323173 8323609

手机：13705551290 18655565001

传真：0555-8323609

网址：www.rdrd168.com

Email：web@rdrd168.com rdrd168@126.com

地址：安徽省马鞍山经济开发区（红旗南路88号）

邮编：243000

产品：陶瓷涂层

安徽盛阳新型建材科技有限公司

联系人：曾先生

电话：0563-6853799

手机：13815116169

传真：0510-6853799

邮箱：zdb5288@126.com

网址：www.ahshengyang.net

地址：安徽省宣城市广德经济开发区广安路88号

产品：陶瓷瓦、太阳能屋面瓦和配套瓦

安徽红阳新材料科技股份有限公司

全国统一热线：400-0550-369

电话：0550-6027888 6027777 6027999

手机：13635506760

传真：0550-6027888

邮箱：1805243206@qq.com

地址：安徽省滁州市凤阳县府城镇城南老人桥南18米工业园

邮编：233100

产品：蜂窝陶瓷

宿州龙津陶瓷有限公司

电话：0557-5158888

传真：0557-5980151

地址：安徽省萧县经济开发区天瑞大道

邮编：234000

产品：渗花超洁亮抛光砖、聚晶微粉超洁亮抛光砖和普拉提超洁亮抛光砖

潜山县磁性材料有限公司
电话：0556-8451917
网址：www.ahjch.com
信箱：web@ahjch.com
地址：安徽省潜山县源潭镇长宁工业区
邮编：246314
产品：陶瓷复合钢管用氧化铁红、锶(钡)一次预烧料、成品粉、超高纯铁精矿粉以及汽车阻尼板磁粉

马鞍山市中能耐火材料有限公司
手机：13905552534
销售部：0555-2100990　0555-2102479
0555-2103550
传真：0555-2102479
邮箱 ：919122817@qq.com
网址：www.zntcxw.com
地址：安徽省马鞍山市雨山区天门大道小九华山路口
产品：陶瓷纤维毯、高温陶瓷异形件

安徽御石陶瓷有限公司
电话：0551-3428566
传真：0551-3431259
联系人：杨洪涛 （女士）
地址：安徽省合肥市望江东路太阳岛花园1101室
产品：仿古砖，地砖，墙面砖

淮北新生活陶瓷有限公司
联系人：林春和
电话：0561-4085789
手机：13856180388
地址：安徽省淮北市吴山口陶瓷工业园
产品：软质高岭土白土底釉熔块

淮北市惠尔普建筑陶瓷有限公司
经理：徐成林
电话：0561-4666222
传真：0561-4088002
地址：安徽省淮北市烈山区烈山村工业区
邮编：235000
产品：内墙地砖

淮北中博瓷业有限公司
联系人：张雪松
电话：0561-3192586
传真：0561-4084377
手机：13155610186
地址：安徽省淮北市相阳路相山公安分局对面
邮编：235000
产品：外墙砖

萧县华凯琉璃瓦制造有限公司
传真：0557-5981580
联系人：总经理：徐凯亚
销售总经理：景文喜
安徽、山东销售经理：张经理13955755900
江苏地区销售经理：许经理13905673675
地址：安徽省萧县经济开发区
产品：各种色彩的高级彩釉陶瓷瓦

安徽省萧县天源陶瓷原料有限公司
联系人：牛广晖
电话：0557-5121130
地址：安徽省萧县财贸巷183号
产品：长石

浙江省

(排名不分先后)

浙江楠宋瓷业有限公司
电话：0571-86318398
传真：0571-86318333
地址：浙江杭州市余杭塘栖工业区
邮编：311100
产品：宾馆瓷、家庭礼品瓷

杭州民生陶瓷有限公司

总机：0571-56168888

传真：0571-56163868

E-mail：ttc@ms-ceramics.com

地址：浙江省杭州萧山金城路2699号

产品：日用陶瓷、工业陶瓷、耐热陶瓷、特种陶瓷、包装陶瓷、艺术陶瓷

龙泉鉴真陶瓷有限公司

电话：400-8262-980

传真：0578-7188887

地址：浙江省龙泉市剑池东路29号国际大酒店二楼

产品：青瓷产品及艺术品

慈溪市越窑青瓷研究所

联系人：谭静

手机：13484206001

座机：0574-63538789

E-mail：s_w_0203@163.com

地址：浙江省慈溪市匡堰镇倡隆村金鸡岙2号

产品：日用陶瓷

浙江金贝陶瓷有限公司

电话：0575-89088985

传真：0575-89088986

Q Q：2635002832

地址：浙江省诸暨市暨阳街道城东路207号

邮编：311800

产品：日用陶瓷

浙江德汇电子陶瓷有限公司

电话：0573-83388588

传真：0573-83615181

邮箱：marketing@tceratronix.com

地址：浙江省嘉兴市南湖区亚太路778号

产品：氮化铝陶瓷电路板

浙江亚通金属陶瓷有限公司

联系人：丁枢华

手机：13306533516

电话：0571-88178139

传真：0571-88178139　88178128

地址：浙江省杭州市莫干山路1418号

邮编：310011

产品：陶瓷和氧化锆陶瓷金属化系列产品

浙江诺华陶瓷有限公司

电话：0579-86015121

传真：0579-86015122

手机：13511065586

网址：www.zjnhpbn.com

邮箱：zjnhpbn@163.com

地址：浙江省东阳市巍山镇六怀工业功能区

产品：坩埚、圆盘

浙江欧龙陶瓷有限公司

电话：0578-7142124

E-mail：247010140@qq.com

地址：浙江省龙泉市查田镇工业园区

产品：陶瓷瓦

浙江尖峰集团股份有限公司

电话：0579-82326868(总机)

传真：0579-82324666

邮箱：webmaster@jianfeng.com.cn

网址：www.jianfeng.com.cn

地址：浙江省金华市婺江东路88号

横店集团浙江英洛华电子有限公司

邮箱：hdxinnazgq@163.com

陶瓷基板销售电话：15267904352

0579-86563783

陶瓷刀销售电话：0579-86563268

传真：0579-86563756

客服热线：400-926-0086

地址：浙江省东阳市横店电子机械园区工业大道155号
产品：陶瓷基板、陶瓷刀

衢州市红日陶瓷机械有限公司
联系人：郑经理
陈经理
电话：0570-3830319　3830317
传真：0570-3830313
邮箱：289210878@qq.com
Q Q：289210878（郑）
地址：（一厂区）浙江省衢州市东港开发区南春路2号(原复兴路20号)
（二厂区）浙江省衢州市东港开发区东港七路78号
产品：磨边抛光系列、手推切割系列、全自动切割系列、数控水切割系列

长兴益丰特种陶瓷窑业有限公司
电话：0572-6230907 0572-6230912
传真：0572-6231509
E-mail：yfgs@cnkiln.com
网址：www.cnkiln.com
联系人：郭风云
张永乐
地址：浙江省长兴县图影大道146号
邮编：313100
产品：高温窑业

浙江牧雅阀门制造有限公司
国内销售部：0577-67336222
0577-67366681
0577-67366682
0577-67969068
国际贸易部：0577-67969061
0577-67969062
地址：浙江省永嘉县东瓯街道东瓯工业园区舟山路
产品：耐磨陶瓷阀门

浙江大唐阀门有限公司
电话：0577-67381816
传真：0577-67959655
联系人：洪锦涛
地址：浙江省温州市永嘉县瓯北镇安丰工业区
邮编：325102
产品：陶瓷阀门

浙江景鹏锆业科技有限公司
国际贸易部：0570-3660603
国内销售部：0570-3662299
国内战略加盟：0570-3660180
传真：0570-3662262
地址：浙江省衢州市世纪大道899号
产品：氧化锆陶瓷刀

宁波华标特瓷采油设备有限公司
电话：0574-88593888
传真：0574-88837580
联系人：王先生
邮箱：ceramic@huabiao.com
hejf@huabiao.com
网址：www.huabiao.com
地址：浙江省奉化市萧王庙经济开发区福昌路1号
邮编：315503
产品：陶瓷柱塞、陶瓷抽油泵及陶瓷硬密封阀门

浙江雅金阀门科技有限公司
销售热线：0577-67366633　0577-67366651
67366652
传真：0577-67366600
网址：www.yj-v.com
邮箱：sales@yj-v.com
手机：商务 18006881981 技术 13777700057
地址：浙江省温州市永嘉县瓯北镇安丰工业区
产品：陶瓷球阀、陶瓷排渣阀、陶瓷浆液阀、陶瓷双闸阀

浙江大唐阀门有限公司
联系人：舒平
电话：0577-67959669
手机：18969723627
传真：0577-67959655
地址：浙江省永嘉县瓯北镇安丰工业区
邮编：325000
产品：陶瓷球阀、陶瓷闸阀、陶瓷出料阀、气动双插板出料阀、陶瓷进料阀

浙江宏泰锆业科技有限公司
电话：0572-8018787 8018793 8018797
传真：0572-8018796
手机：13905827147
E-mail:hongtai@zjhongtai.cn
地址：浙江省德清县经济开发区
邮编：313200
产品：陶瓷刀具、结构陶瓷机械部件

诸暨市特耐工程陶瓷有限公司
联系人：詹志伟 先生
电话：0575-87065376
传真： 0575-87062825
网址：www.chinatenai.com
地址：浙江省诸暨市店口镇张姜坞工业区
邮编：311814
产品：特种陶瓷

浙江双强阀门有限公司
电话：0577-67357788 67957786
传真：0577-67957785
网址：www.sq-valve.com
Email：sq-valve@163.com
地址：浙江省永嘉县瓯北镇东瓯工业区
产品：陶瓷球阀、陶瓷出料阀、陶瓷双闸板阀、陶瓷旋转摆动阀

浙江超灵陶瓷阀有限公司
全国统一销售热线：0576-86334788
0576-86336188
电话：0576-86329331
传真：0576-86164233
Email：chaoling@chinachaoling.com
地址：浙江省温岭市大溪镇大洋城工业区
产品：氧化铝陶瓷及制品

浙江立胜陶瓷阀门有限公司
电话：0577-67318670
传真：0577-67318523
联系人：陈经理
销售：18072153011
地址：浙江省永嘉县瓯北镇江北街道浦二工业区
产品：耐磨陶瓷球阀、电动陶瓷球阀、陶瓷双闸板阀

德清县东风陶瓷件厂
电话：0572-8215048
联系人：王先生
沈先生
邮箱：520@dongftcj.com
网址：www.dongftcj.com
地址：浙江省德清县新安镇工业区
产品：陶瓷瓷眼、陶瓷瓷棒、陶瓷瓷管、陶瓷瓷轮、陶瓷瓷勾

浙江名迪陶瓷阀有限公司
电话：0576-87168268 87359191
传真：0576-87168299
网址：www.mingdicn.com
E-mail：web@mingdicn.com
sales@mingdicn.com
地址：浙江省玉环县沙门镇滨港工业区
产品：陶瓷阀芯

浙江嘉康电子股份有限公司

海外事业部（外销）联系电话：
0573-82600953 82600057 82600913
市场部（内销）联系电话：
0573-82600565 82600765 82600955
传真：0573-82600916
网址：www.jkelec.com
信箱：sales@jkelec.com
地址：浙江省嘉兴市嘉杭路1188号
邮编：314001
产品：压电陶瓷谐振器和滤波器，微波介质陶瓷元部件

浙江金琨锆业有限公司

电话：0571-82929108　82980388
传真：0571-82929107
邮箱：infor@jkzro.com
网址：www.jkzro.com
地址：浙江省杭州市大江东区临江高新园区经六路1399号
产品：氧化锆微珠、硅酸锆珠、锆铝复合珠

江西省

（排名不分先后）

景德镇红叶陶瓷股份有限公司

全国热线:400-006-2221
电话：0798-8441544
传真：0798-8441535
邮箱：info@cjdzpf.com
地址：江西省景德镇市朝阳路558号
产品：集高档陶瓷产品研发、设计、生产、销售为一体的日用陶瓷旗舰企业

江西省陶瓷工业公司

联系人：沈英堂
电话：0798-8222365 8222813
传真：0798-8222765
手机：13707980702
Email：Yingtangshen@sina.com
网址：www.Jingdezhenjcic.com
www.Jingdezhenjcic.cn
地址：江西省景德镇市珠山中路167号
邮编：333000
产品：日用与陈设艺术瓷

景德镇市望龙陶瓷有限公司

电话：0798-2810000　2810081
传真：0798-2810000
QQ：584657361
微信号：18079862221@163.com
E-mail：wanglong@chinajdz.com
旗舰店电话：0798-8226088
赣州分公司：0797-8087237
网址：www.chinajdz.com
地址：江西省景德镇市金岭大道6号
产品：日用瓷、外事礼品瓷 、大件瓷 、柴窑瓷 、景观瓷 、创新瓷

景德镇新棋陶瓷有限公司

联系人：吴新平
电话：0798-2661191
传真：0798-2668565
网址：www.jdzxqtc.com.cn
地址：江西省景德镇市东郊湘湖陶院新区
邮编：333403
产品：艺术陶瓷、办公礼品瓷、旅游瓷、茶具餐具等

翼龙（花纸）陶瓷有限公司

电话：0798-8578885、2810902
Email：jdzyilong@vip.163.com
网址：www.ylccp.com.cn
公司地址：江西省景德镇市浮梁县陶瓷业园区外环南路
门市地址：江西省景德镇市樊家井(交警四大队旁)
产品：陶瓷花纸

景德镇恩达陶瓷有限公司
手机：13979819656
电话：0798-2818618
传真：0798-2818618
网址：www.endataoci.com
地址：江西省景德镇市陶瓷工业园区
产品：陶瓷酒瓶

景德镇玉柏陶瓷有限公司
电话：400-188-6366
地址：江西省景德镇高新区陶瓷工业园长城创域路
产品：日用陶瓷

景德镇莱特陶瓷有限公司
电话：0798-2815756
网址：www.letertc.com
邮箱：webmaster@letertc.com
地址：江西省景德镇市陶瓷工业园区三龙路006号
邮编：333414
产品：仿古砖、外墙砖、瓷片

景德镇金泰陶瓷有限公司
联系人：付金平
电话：0798-8597131
传真：0798-8597131
地址：江西省景德镇市珠山区解放路国贸广场20栋一层十号
邮编：333000
产品：日用陶瓷、陶瓷酒瓶

景德镇市全球陶瓷有限公司
联系人：黎电波
电话：0798-8397121
传真：0798-8397121
网址：www.jdzqqtcyxgs.com
地址：江西省景德镇市高新区兴园路21号
邮编：333000
产品：陶瓷酒瓶

景德镇市龙大陶瓷有限公司
全国服务热线：400-889-0182
专卖店：0798-8222232
售后服务电话：0798-2818228
传真：0798-2818226
公众微官网：LDTC8888
QQ客服：835781560
网址：www.jdzldtc.com
地址：江西省景德镇市陶瓷工业园区
邮编：333000
产品：艺术陶瓷

景德镇市昊驰陶瓷有限公司
联系人：雷春柳
电话：0579-85838225
手机：13957965004
传真：4008892163-408635
地址：江西省景德镇市广场北路红塔商住楼
邮编：333000
网址：www.hc0798.com
产品：中高端手工手绘陶瓷

江西宏瑞陶瓷有限公司
电话：0794-7075566　0794-7075588
传真：0794-8494399
联系人：张总
E-mail：jxhrtc@sina.com
网址：wwwjxhongrui.com
地址：江西省抚州市抚北工业园区（红狮水泥厂对面）
产品：建筑、工艺、日用陶瓷

江西宝庆陶瓷集团
电话：0795-2593555　2593588

传真：0795-2593566
Email：jxbqtc@163.com
网址：www.jxbqtc.com
地址：江西省上高黄金堆工业园
邮编：330811
产品：欧式全瓷连锁瓦

江西省科兴特种陶瓷有限公司

电话：0799-3378886
传真：0799-3378887
网址：www.kxceramics.com
www.kxceramics.cn
www.ceramic-honeycomb.com
邮箱：info@kxceramics.com
kxceramics@139.com
地址：江西省萍乡陶瓷产业基地（湘东区下埠
产品：蜂窝陶瓷化工填料、蜂窝陶瓷蓄热体、RTO蜂窝陶瓷

江西赣虹陶瓷有限公司

电话：0795-5610666
传真：0795-5711999
网址：www.jxganhong.com
地址：江西省建筑陶瓷产业基地
邮编：330811
产品：专业生产欧式连锁及配件

萍乡市泰尔陶瓷制造有限公司

电话：0799-7078111 7078366（销售部电话）
7031669（办公室电话）
传真：0799-7078966 7031669
联系人：邓女士
李先生
E-mai：cso@taierchina.com
sale@taierchina.com
网址：www.taierchina.com
地址：江西省萍乡市经济开发区郑和路9号
邮编：337000
产品：陶瓷制造

江西精隆陶瓷有限公司

电话：0795-2991498
传真：0795-2991493
网址：www.jxjltc.com
服务热线：400-683-5355
地址：江西省宜丰县良岗工业园
产品：现代化陶瓷

江西和发陶瓷有限公司

电话：0795-2592062
传真：0795-2592161
联系人：谢先生
QQ号：2726182569
客服：9529752
网址：www.hefatc.com
邮箱：hefataoci2008@163.com
生产基地：江西省上高工业园
邮编：3346400
产品：墙面砖系列建筑陶瓷产品

江西欧韵陶瓷有限公司

电话：0795-7219189
传真：0795-7219189
邮箱：info@ouyunceramics.com
网址：www.ouyunceramics.com
地址：中国建筑陶瓷产业基地（新街园区）
产品：绿色环保陶瓷产品

江西省安源陶瓷实业有限公司

电话：0799-6383629
传真：0799-6382998
联系人：周泉凤
周家伟
E-mail：jxay@jxantao.net
网址：www.jxantao.net
地址：江西省萍乡青山柳源
邮编：337000
产品：现代化陶瓷生产

江西冠溢陶瓷有限公司
电话：0795-2563880
传真：0795-2563998
网址：www.jxguanyi.com
Ema：jxguanyi@163.com
地址：江西省宜春市上高县泗溪镇多功能工业区
产品：外墙砖的建筑陶瓷

江西太阳陶瓷有限公司
电话：400-9158 333
网址：www.jxtaiyang.com
邮箱：taiyang888@126.com
生产基地：中国建筑陶瓷产业基地太阳路1号
产品：中高档建筑陶瓷

江西振晖陶瓷有限公司
电话：0794-2020777
地址：江西省黎川县陶瓷工业园瓷城一路南昌营销中心
电话：0791-87559686
地址：南昌市鸿顺德建材市场27栋29号店面抚州营销中心
电话：15279498935
地址：江西省抚州市华美立家27栋2楼
黎川营销中心
电话：13755973311
地址：黎川县国安新城风情商业街34号105-108
产品：陶瓷洁具、浴室家具、淋浴房、浴缸、龙头

江西精诚陶瓷有限公司
电话：0795-5673299
电话：0795-5673299 5452169 13767560436
传真：0795-5673399
邮编：330811
地址：江西省建筑陶瓷产业基地
网址：www.jxjingcheng.com
产品：仿古砖

江西天瑞陶瓷有限公司
电话：0795-2592088
传真：0795-2592077
网址：www.jxtianrui.com
Email：jxtianrui@163.com
地址：江西省上高县
产品：中高档微晶石、全抛釉、仿古砖

江西新阳陶瓷有限公司
电话：0795-7063188
手机：18379581929
传真：0795-7063199
地址：江西省高安市太阳镇荷家岭工业园
邮编：330809
网址：www.jxxytc.cn
产品：欧式连锁瓦

江西佳宇陶瓷有限公司
电话：0795-5681188 5681199
传真：0795-5761898
网址：www.jiayutaoci.com
地址：中国建筑陶瓷产业基地-江西省高安市
产品：欧式连锁瓦

江西国烽陶瓷有限公司
电话：0795-5659999
景德镇电话：0798-8485086
传真：0795-5653000
邮箱：sales@jxgftc.com
邮编：330800
地址：江西省建筑陶瓷产业基地建山工业园
网址：www.jxgftc.com
产品：欧式连锁瓦

江西宝庆陶瓷集团
电话：0795-2593555 2593588
传真：0795-2593566

Email：jxbqtc@163.com

网址：www.jxbqtc.com

地址：江西省上高黄金堆工业园

邮编：330811

产品：欧式全瓷连锁瓦、屋面瓦

江西铭瑞陶瓷有限公司

销售热线：18720530999　0795-5682222

传真：0795-5422777

网址：www.jxmingrui.com

Email：1125073580@qq.com

地址：中国建筑陶瓷产业基地

产品：仿古砖

江西冠利陶瓷有限公司

电话：0795-2900011

传真：0795-2900111

手机：13755822299

邮箱：121262462@qq.com

网址：www.gltaoci.com

地址：江西省宜春市宜丰工业园区

邮编：330043

产品：全瓷欧式连锁瓦、平板瓦、钢瓦

江西省康舒陶瓷有限公司

销售服务电话：0794-7466666、7466566

传真：0794-7466168

电子邮件：kangshu99999@163.com

地址：江西省黎川县陶瓷工业园

邮编：344600

产品：耐热瓷

萍乡市天马工业陶瓷有限公司

联系人：施先生

电话：13607999127

联系人：胡先生

电话：13707998193

座机：0799-3411988

传真：0799-3411618

销售电话：13707998193 13979915363

邮箱：tianmataoci.668@163.com

地址：江西省萍乡市湘东工业聚集园

邮编：337022

产品：工业陶瓷、化工填料

江西高环陶瓷科技股份有限公司

电话：0798-8259616；0798-8259696

传真：0798-8223377

邮箱：services@gaohpt.com

地址：江西省景德镇市高新区梧桐大道11号

邮政编码：333001

网址：www.gaohpt.com

产品：蜂窝陶瓷产品

江西忠朋陶瓷有限公司

电话：0795-5253333

传真：0795-5253333

网址：www.jxzhongpeng.com

地址：中国建筑陶瓷产业基地

邮编：330800

产品：仿古砖

江西东泰陶瓷有限公司

电话：13870479399

传真：0794-7097877

网址：www.jxdongtai.com

邮箱：jxdongtai@163.com

地址：中国建筑陶瓷产业基地渊山岗陶瓷工业园

产品：工业陶瓷制品、工艺陶瓷制品、日用陶瓷制品

萍乡市超越高新陶瓷有限公司

电话：0799-3436378
传真：0799-6385288
联系人：刘茂云（总经理）
刘宗周（销售副总）
E-mail：chytaoci@126.com
网址：www.chytaoci.com.cn
地址：江西省萍乡市湘东工业园博宏工业小区
产品：环保型煤气陶瓷梭式窑生产陶瓷填料

江西金利源陶瓷有限公司

24小时免费服务热线：400-922-0168
电话：0795-2573999
传真：0795-2573999
邮箱：814490399@qq.com
地址：江西省上高县徐家渡镇320国道940庄
产品：高端陶瓷

江西和谐陶瓷有限公司

电话：0795-5459886
传真：0795-5459668
联系人：王总、游总
电子邮箱：1053827781@qq.com
QQ：1053827781
网址： www.jxhxtc.com
地址：中国建筑陶瓷产业基地(新街园区)
产品：聚晶微粉系列产品

江西省科兴特种陶瓷有限公司

电话：0799-3378886
传真：0799-3378887
网址：www.kxceramics.com
www.kxceramics.cn
www.ceramic-honeycomb.com
邮箱：info@kxceramics.com
kxceramics@139.com
地址：江西省萍乡陶瓷产业基地（湘东区下埠）
产品：蜂窝陶瓷化工填料、蜂窝陶瓷蓄热体、RTO蜂窝陶瓷、RCO蜂窝陶瓷

江西金泰源陶瓷有限公司

招商热线：0795-5459588
网址：www.jintaiyuan.cn
地址：江西省宜春市高安市新街镇
产品：通体外墙砖、印花砖、仿古砖、小地砖

江西省九州陶瓷有限公司

销售热线：0794-7469868
传真号码：0794-7469869
联系人：黄珊珊
网址：www.jxjztc.cn
邮箱：lijxjztc@163.com
地址：江西省黎川县泰伯路工业园区
邮编：344600
产品：高档日用瓷、中高档卫生洁具、高档耐热瓷煲

江西伟鹏陶瓷有限公司

电话：0795-5295599
传真：0795-5298966
网址：www.jxwptc.cn
地址：中国陶瓷产业基地--江西省高安市新街陶瓷工业园
邮编：330811
产品：陶瓷西瓦

江西新中英陶瓷有限公司

电话：0795-5453608 5453868
传真：0795-5453909
佛山电话：0757-83962898
网址：www.jxxzy.com
邮编：330811
地址：中国建筑陶瓷产业基地-(江西省高安市新街工业园）
产品：建筑陶瓷

江西中瑞陶瓷有限公司
电话：0795-5422999
传真：0795-5422888
Email：jxzhongrui@163.com
网址：www.jxzhongrui.com
地址：中国建筑陶瓷产业基地田南工业园（江西高安）
邮编：336300
产品：建筑陶瓷

江西应陶康顺实业有限公司
商务部：钟小姐
电话：0799-6786193
6786195 6665091 6665092
传真：0799-6778777
邮箱：business@acichemshun.cn
地址：江西省萍乡市高新技术工业园区工业大道21号
邮编：337000
产品：RTO蓄热式蜂窝陶瓷及催化剂载体

九江三和沃克尔陶瓷科技有限公司
电话：0792-8120870 0792-8233279
传真：0792-8120870转806
邮箱：threeworkers@163.com
网址：www.threeworkers.com
地址：江西省九江市经济开发区综合工业园
产品：实验室陶瓷台面

萍乡市兄弟瓷业有限公司
联系人：
总 经 理：文志杰
销售经理：文 运
销售经理：文志良
销售经理：张建林
电话：0799-3467958
传真：0799-3467928
地址：江西省萍乡市老关工业区
邮编：337000

网址：www.tcjp.cn
产品：陶瓷酒瓶和乳白玻璃酒瓶

江西顶陶科技陶瓷有限公司
手机：13706154843
网址：www.yxwuseshi.com
邮箱：jxdtkj@163.com
地址：江西省贵溪市工业园区发展路1号
产品：立方陶、外墙劈开砖及陶土广场砖、仿石砖

江西恒达利陶瓷建材有限公司
电话：0795-5678899
传真：0795-5678918
联系人：许小姐
地址：江西省高安市新街镇中国陶瓷产业基地（江西高安）
邮编：330811
产品：干压陶瓷外墙砖和地板砖

上高市龙腾艺术陶瓷有限责任公司
电话：0795-2592518
传真：0795-2593768
手机：13707052365 13755876576
地址：江西省上高县敖山工业园
产品：抛晶砖、七彩电光釉、K金砖

江西华石特种陶瓷有限公司
联系人：梅端杰
梅汉英
Email：253849829@QQ.com
地址：江西省广丰县广丰壶桥黑滑石产业园
产品：热压铸注成型电子电器陶瓷、干压成型电子电器陶瓷、热压原料、干压原料

江西萍乡龙发实业股份有限公司
全国销售热线：400-0799-080
综合部：0799-3481538

防腐保温工程公司：0799-3488988 3481048
传真：0799-3486489
地址：江西省萍乡市湘东区下埠镇（萍乡陶瓷产业基地内）
产品：工业陶瓷生产、防腐保温工程施工、环保设备制作与安装

景德镇精彩陶瓷颜料有限公司
销售总经理：李先生
手机：13979843970
传真：0798-8336680
地址：江西省景德镇新都民营陶瓷园
产品：陶瓷颜料

福建省

（排名不分先后）

晋江恒达陶瓷有限公司
服务热线：4007706628
电话：0595-85765036
传真：0595-85762266
网址：www.hengdatile.com
www.cnhengda.net
www.恒达陶瓷.cn
E-mail：hdtile@163.com
地址：福建省晋江市安海镇菌柄工业区
邮编：362261
产品：建筑陶瓷外墙砖

福建华泰集团股份有限公司
电话：0595-85880988
传真：0595-85882158
邮箱：fujianhuatai@163.com
地址：福建省晋江市磁灶镇宝洋工业区
邮编：362217
产品：瓷砖、陶土材料

福建省德化第五瓷厂
电话：0595-23522201
传真：0595-23558201
手机：18959720659
地址：福建省德化县浔中镇城关隆泰大同兴工业园
邮编：362500
网址：www.yewenco.cn
产品：陶瓷日用品、陶瓷工艺品、陶瓷酒瓶、陶瓷餐具

福建省佳美集团公司
电话：0595-23523888 23596988
网址：www.jiamei.us
地址：福建省德化县城关东环路
邮编：362500
产品：工艺瓷、树脂工艺品、高档日用瓷、礼品艺术瓷

晋江腾达陶瓷有限公司
电话：0595-88328888
传真：0595-88328885
地址：福建省晋江市安海镇菌柄工业区
产品：外墙砖、仿古砖、陶板砖

万利（中国）有限公司
联系人：林少伟
电话：0596-7699999
传真：0596-7699699
邮箱：sales@wanlitop.com
地址：福建省漳州市高新技术产业园万利工业园
邮编：363601
产品：陶板、陶瓷太阳能集热板、仿古砖等低碳环保节能型建材

万利（中国）晋江生产基地
电话：0595-85881988

传真：0595-85887876
邮箱：wanligroup@126.com
地址：福建省晋江市磁灶万利大厦（大埔西大路108号）
邮编：362214
产品：陶板、陶瓷太阳能集热板、仿古砖等低碳环保节能型建材

福建省欧曼陶瓷有限公司
电话：15260000098
传真：0596-6956699
网址：www.ouman.cc
邮箱：info@ouman.cc
地址：福建省漳州市长泰县古农农场银塘工业区
产品：新型节能环保产品

福建省德化精华陶瓷有限公司
电话：0595-23528508 13959930307
传真：0595-23587780
手机：13906097227
E-mai：djh@djh.com.cn
guoming8@pub2.qz.fj.cn
地址：福建省德化县民营科技陶瓷园区
邮编：362500
产品：礼品瓷

福建七彩陶瓷有限公司
电话：0595-85882639
传真：0595-85832113
网址：www.qicaitile.com
QQ号：604826293
Email：604826293@qq.com
地址：福建省晋江市磁灶长尾埔工业区
邮编：362200
产品：干拌、大颗粒、通体、釉面、文化石等诸多异形陶瓷

福建省伟杰陶瓷有限公司
电话：0595-23597670
手机：13599792670
传真：0595-23520608
地址：福建省德化县宝美工业区伟杰厂
邮编：362500
网址：www.wjtaoci.com
产品：陶瓷茶具、广告茶具、手绘瓷器、功夫套组、功夫茶具

福建省德化世代陶瓷有限公司
电话：0595-27209009
传真：0595-27209009
网址：www.cunion.cn
地址：福建省德化城东工业园
邮编：362500
产品：日用瓷

晋江宝达陶瓷有限公司
销售热线：0595-88387658
传真：0595-88323658
联系人：刘先生
网址：www.baodatile.com
地址：福建省晋江市内坑镇湖内村青峰工业区宝达陶瓷
产品：建筑陶瓷

德化新承艺陶瓷有限公司
电话：0595-27209009
传真：0595-27209009
网址：www.cunion.cn
地址：福建省德化城东工业园
邮编：362500
产品：日用瓷

德化县丰行陶瓷有限公司
客服电话：0595-23699957
传真：0595-23699959
售后服务邮箱：info@dhfxtc.com

业务受理邮箱：info@dhfxtc.com
网址：www.dhfxtc.com
地址：福建省德化县城东工业区一期
邮编：362500
产品：陶瓷茶具

晋江市风采陶瓷有限公司

电话：13805953096
传真：0595-85859108
网址：www.fengcaitiles.com
地址：福建省晋江市磁灶古山工业区
产品：建筑陶瓷

福建省德化山花陶瓷有限公司

电话：0595-23588510 23553999
传真：0595-23526827
网址：www.shanhuaceramics.com
地址：福建省德化县民营科技陶瓷园区
邮编：362500
产品：礼品瓷

德化稳定瓷业有限公司

电话：0595-23588142
传真：0595-23581142
QQ：541299557
网址：www.WDceramic.com
www.SteadyCeramics.com
www.24682468.cn
邮箱：541299557@qq.com
地址：福建省德化鹏祥开发区
产品：日用瓷

福建省嘉悦陶瓷科技有限公司

电话：0595-23811898
手机：13805939700
传真：0595-23806898
E-mail：165488448@qq.com
地址：福建省永春县苏坑工业区
福建省永春县蓬壶工业区
产品：耐热煲

晋江市远方陶瓷有限公司

电话：0595-88385016
传真：0595-88322610
网址：www.yuanfangtiles.com
E-mail：wangyb@public.qz.fj.cn
地址：福建省晋江市长埔工业区南路46－52号
产品：室内墙地装饰砖

福建美士邦精细陶瓷科技有限公司

电话：0598-8753398
联系人：颜先生
王先生
网址：www.msbceramic.com
传真：0598-8753399
QQ：2418818405
地址：福建省三明市明溪县十里埠经济生态区
产品：精密陶瓷球、陶瓷轴承

福建省闽清豪业陶瓷有限公司

销售部电话：0591-22370888
出口部电话：0591-22311668
传真：0591-22372143
电子邮件：sales@fjhaoye.com
联系地址：福建省闽清县大路王大河工业区
产品：仿古墙地砖

福建立凯陶瓷有限公司

电话：0596-6958888
传真：0596-6958689
联系人：陈立闽
邮箱：jincheng@jinchengtile.com
地址：福建省漳州市长泰银塘工业区
邮编：362214
产品：抛光砖（玉石系列）、仿古砖（石材通体系列）、内墙砖（不透水瓷片系列），及外墙通体砖、劈开砖、釉面仿石砖、文化砖、岩石砖

南安市鹰山陶瓷有限公司

电话：0595-86836666

传真：0595-86836677

地址：福建省南安市官桥镇塘上工业区

产品：建筑陶瓷

晋江协隆陶瓷有限公司

电话：0595-85955596

传真：0595-85955594

邮箱：swt@xinxiesheng.cn

网址：www.xinxiesheng.cn

www.xielong.net

地址：福建省晋江紫帽镇324国道协盛工业园

邮编：362213

产品：外墙陶瓷

福建锦龙集团股份有限公司

电话：0595-23584766

传真：0595-23528923

制造中心：福建锦龙集团股份有限公司

研发中心：马来西亚锦龙陶瓷国际有限公司

网址：www.cnjlcd.com

全国统一热线：4008 854 766

地址：福建省德化县鹏祥工业区

产品：超高耐热瓷

德化县尚本道陶瓷有限公司

电话：0595-23567199

传真：0595-23586712

邮箱：lidelong0223@163.com

网址：www.shangbendao.com

地址：福建省德化县宝美开发区

产品：高档陶瓷茶具

福建富欣陶瓷有限公司

电话：0595-85881156

手机：13905055008

传真：0595-85811622

地址：福建省晋江市磁灶马鞍山工业区1号

产品：西班牙瓦（S型瓦）、日本瓦（J型瓦）和欧美筒型瓦

福建德化成艺陶瓷有限公司

电话：400-886-4567

地址：福建省德化县鹏祥工业区

产品：日用瓷

晋江市祥达陶瓷有限公司

全国免费热线电话：400-770-4566

传真：0595-85896555

网址：www.xiangdatiles.com

邮箱：xiangda@xiangdatiles.com

地址：福建省晋江市磁灶镇环镇路祥达大厦

邮编：362214

产品：外墙砖

德化县卓越陶瓷有限公司

电话：0595-23638666

全国销售热线：400-887-3959

传真：0595-23522636

网址：www.dhzytc.com

QQ：1006364815　13599791989

E-mail:ybj@dhzytc.com

地址：福建省德化县宝美工业区卓越园

邮编：362500

产品：日用瓷

德化县宏晟陶瓷有限公司

手机：13599215123

电话：0595-23518601 23518959

传真：0595-23586922 23518601

网址：www.dscc.cc

邮箱：dhcszmh@163.com

QQ：540030999

地址：福建省德化县城关东环路(东头)

厦门展厅：厦门市东渡路258号银龙大厦24楼

联系人：陈小姐

电话：0592-3107598

手机：13806081759
产品：艺术陶瓷

福建省闽清三得利陶瓷有限公司
电话：0591-22579666
邮箱：sundely@sundely.com
地址：福建省闽清白中攸太工业区
产品：墙砖

福建省德化县银晟陶瓷有限公司
手机：13506919766
电话：0595-23521222
邮箱：45997@qq.com
网址：www.dhystc.com
地址：福建省泉州市德化县宝美工业区银晟大厦
产品：暖玉瓷雕

福建豪华实业有限公司
电话：0595-86815788
传真：0595-86815788
邮箱地址：vicky@tilechina.com
地址：福建省泉州南安市官桥内厝工业区
网址：www.tilechina.com
www.haohuatile.cn.1688.com
www.globalsources.com/tilechina.co
产品：木纹砖、仿古砖、陶瓷瓷砖

福建名奇陶瓷有限公司
电话：0595-85815557
传真：0595-85897557
邮箱：sales@mingqitile.cn
地址：福建省泉州市磁灶镇下灶村内塘
产品：建筑陶瓷

福建冠福现代家用股份有限公司
国内销售电话：0595-23557777
外贸专线电话：0595-23550999　23550888
客户服务热线电话：0595-23511111
23519999
投诉热线：8008585999
传真：0595-23517777
邮箱：guanfu@guanfu.com
网址：www.guanfu.com
地址：福建省德化县浔中镇冠福产业园
产品：日用陶瓷

福建省八达陶瓷有限公司
联系人：王文克　先生
电话：0595-23683999
手机：13808535244
地址：福建省德化县瓷都大道1号楼
网址：www.bdtaoci.com
邮箱：buddytaoci@gmail.com
邮编：362500
产品：红瓷花瓶、白瓷花瓶、

福建省德化县宏达陶瓷有限公司
电话：0595-23580381
传真：0595-23587812
网址：www.hydtc.com
邮箱：hydtc@hydtc.com
公司：福建省德化县宏达陶瓷有限公司
产品：日用瓷

福建尊威陶瓷有限公司
传真号码：0595-85834159
营销中心：0595-85881159
0595-85832259
E-mail：sale@zunwei.net
网址：www.zunwei.net
公司地址：福建省晋江市钱坡大坪工业区
产品：建筑陶瓷

福建智胜矿业有限公司
电话：0592-3105222

传真：0592-3105111
网址：www.fineceramic.cc
Email: sales@johnchina.com
地址：福建省厦门市湖里区安岭路1001号金海湾财富中心1号楼B幢412室
产品：工业陶瓷

福建立凯陶瓷有限公司
电话：0596-8277555　0596-8339013
传真：0596-87582626
邮箱：likai@likaitile.com
网址：www.likaitile.com
地址：福建省漳州市长泰县银塘工业区
产品：外墙砖、仿古砖

福建省德化县兴煌陶瓷有限公司
电话：0595-23691099
手机：18959902109
公众微信：xinghuangchina
个人微信：juyuci
QQ：85500750
Emal：admin@xinghuangtaoci.com
联系地址：福建省泉州市德化县龙浔镇宝美街665号
产品：日用陶瓷

德化恒忆陶瓷有限公司
联系人:李小姐
电话：0595-68768566
网址：www.chinalongci.com
地址：福建省德化县瓷都大道121号（中国龙瓷、一家人陶瓷）
产品：艺术陶瓷和日用陶瓷

泉州舒菲娅陶瓷科技有限公司
电话：0595-85889382
传真：0595-85836687
网址：www.sofoyo.com
www.舒菲娅.com
邮箱：sofoyo@sofoyo.com
产品：建筑陶瓷

福建敏捷机械有限公司
联系电话：0595-86838888 86838889
86880865
销售热线：400-800-5988
传真：0595-86881520
邮编：362341
EMAIL：sales@minjiecn.com
网址：www.minjiecn.com
地址：福建省南安市官桥洪帮工业区
产品：陶瓷机械和立体车库设备

晋江市山美建材有限公司
电话：13805953096
传真：0595-85859108
网址：www.shanmei.com
邮件：shanmei@shanmei.com
邮编：362214
地址：福建省晋江市磁灶古山工业区
产品：建筑陶瓷

福建磐石建材有限公司
全国客户热线：4000-723-899
电话：15359591555
传真：0595-22109876
邮编：362000
全国运营中心：中国•福建省泉州市毅达商厦
生产基地地址：中国•福建省晋江市磁灶工业区
生产基地地址：中国•福建省惠安县崇武
产品：建筑陶瓷

德化县锦龙陶瓷有限公司
手机：18050908999
固定电话：0595-23584766

网址：www.cnjlcd.com
E-mail：861865050@qq.com
QQ：861865050
地址：福建省泉州市德化县鹏祥工业区
产品：陶瓷颜料

福建省德化县景新陶瓷厂

联系人：刘先生
电话：0595-23515567
手机：13860791777
传真：0595-23515567
邮编：362500
地址：福建省泉州市德化县宝美工业区
网址：www.dhjxtc.com
QQ：57033578
产品：日用陶瓷

泉州市陶瓷科学技术研究所

联系电话：0595-23522831
传真：0595-23522127
联系邮箱：fzqzcys@tom.com
产品：陶瓷坯釉配方研究、陶瓷工艺设计、产品开发、样品分析测试和技术培训咨询

福建省釉盛集团有限公司

联系人：林秀杨女士 （营业部经理）
传真：0595-85880778
电话：0595-85880778
邮编：362214
邮箱：xfy_868@163.com
地址：福建省泉州磁灶下官路
产品：建筑陶瓷

泉州德化安艺艺术陶瓷研究所

手机：13808535658
电话：0595-23537556 23537568
传真：0595-23527556
联系人：周女士
邮编：362500
电子信箱：ayci@ayci.net
网址：www.ayci.net
地址：德化城关程田寺格25号
产品：艺术陶瓷

福建省德化县鼎元陶瓷研究所

电话：0595-23696188
地址：中国福建德化县诗墩开发区（鼎元陶瓷研究所）
邮编：362500
产品：日用瓷

湖南省

（排名不分先后）

湖南华联瓷业股份有限公司

客服中心：4008709277
图文传真：0731-23682777
网址：www.ijarl.com
QQ：4008709277
地址：湖南省醴陵市江源路24号
产品：日用陶瓷

湖南新世纪陶瓷有限公司

电话：400-8855-106
传真：0731-23051357
网址：www.llxsj.com
Q Q：329224103
地址：湖南省醴陵市左权南路198号
产品：陶瓷酒瓶

湖南泉湘陶瓷有限公司

电话：0731-23025438（日用瓷分厂）
传真：0731-23034168（日用瓷分厂）
邮箱：qx8@ds-ceramic.net
网址：www.qxmade.com
地址：湖南省醴陵市泉湖飞虎路99号（日用瓷分厂）
产品：日用陶瓷和电瓷

湖南正阳精密陶瓷有限公司

联系人：喻女士(销售部 经理)
电话：0731-23253111
手机：13707411018
传真：0731-23253222
地址：湖南省醴陵市陶瓷科技工业园
产品：氧化锆陶瓷

醴陵市富康陶瓷实业有限公司

电话：0731-23230231
传真：0731-23512868
手机：13707413236
联系人：陈总
地址：湖南省醴陵市国际新城1栋2单元1608室
产品：特种陶瓷、实验室用瓷

湖南省新化恒新陶瓷有限公司

联系人：邹鹏
刘季春
刘辉林
电话：0738-3351788
传真：0738-3351633
网址：www.hnhxtc.com
邮箱：webmaster@hnhxtc.com
地址：湖南省新化县上梅镇
邮码：417600
产品：氧化铝陶瓷

醴陵市湘强陶瓷制造有限公司

电话：0731-23040718（财务部）
电话：0731-23041818 0731-23041238
0731-23041638（销售部）
传真：0731-23042238
地址：湖南省醴陵市阳三石立三路1号
产品：日用瓷

娄底市安地亚斯电子陶瓷有限公司

总机：0738-8630036
国内主场专线：0738-8326555
国外市场专线：0738-6314688
传真：0738-8326989
地址：湖南省娄底市经济开发区二园区南北一路
产品：工业陶瓷

湖南高峰陶瓷制造有限公司

联系人：姚先生
电话/传真：0731-23384688
邮箱：yao@goldfine.com.cn
地址：湖南省醴陵市嘉树乡玉茶村
邮编：412200
产品：日用瓷

湖南陶瓷研究所

电话：0731-22660008
传真：0731-22660618
网址：www.hncri.com;
邮箱：hncri@163.com
地址：湖南省醴陵市建设路
邮编：412200
产品：艺术陶瓷

湖南天欣科技股份有限公司

电话：4000730555
传真：0730-7501336
地址：湖南省岳阳县新墙陶瓷工业园
产品：仿古砖

湖南省醴陵科泰工程陶瓷有限公司

电话：0731-23237257 23232709
联系人：胡坚(总经理)
廖斌(副总经理)
传真：0731-23239378
网址：www.ktgt.cn

E-mail:ktgt@ktgt.cn
地址：湖南省醴陵市寨子岭315号
邮编：412200
产品：工程陶瓷的研究、开发与生产

湖南泰鑫瓷业有限公司
高新陶瓷业务部：0731-23036118
特种陶瓷业务部：0731-23035018
艺术瓷业务部：0731-23040727
招聘热线：0731-23029877
联系人：张小姐
传真：0731-23020555
地址：湖南省醴陵市玉屏山
邮编：412200
产品：日用陶瓷

醴陵市和泰陶瓷制造有限公司
电话：0731-23286598
传真：0731-23286578
邮箱：hetaiceramic@vip.163.com
地址：湖南省醴陵市阳三石立三路1号
产品：日用瓷

湖南中联陶瓷机械有限公司
联系人：王劲松
电话：0731-57808568
传真：0731-57808678
邮箱：hnzltj@163.com
网址：www.zltj.com
地址：湖南省湘潭市易俗河生态工业园
邮编：411228
产品：陶瓷机械

醴陵市环宇陶瓷实业有限公司
电话：0731-23253922
传真：0731-23253923
联系人：易康乐（先生）
部门：销售部（主管）
邮箱：sale@flyinggo.com
sales@flyinggo.com
网址：www.flyinggo.com
地址：湖南省醴陵市城北老龙井
邮编：412200
产品：日用瓷

湖南富强特种陶瓷制造有限公司
业务主管：张先生
电话：0731-23183388
QQ：248863668
1269190456
电话：0731-23183388　23181338
23181339
传真：0731-23183385　23181337
E-Mail：master@fq-porcelain.com
网址：www.fq-porcelain.com
地址：湖南省醴陵市孙家湾工业园
产品：工业陶瓷

湖南仙凤瓷业有限公司
电话：0731-23517798　23517898
手机：15367415497　13762344003
联系人：陈晓思　（Janis）
传真：0731-23519088
网址：www.xianfeng-ceramic.com
E-mail：xf@xianfeng-ceramic.com
地址：湖南省株洲市醴陵王仙镇
邮编：412211
产品：日用瓷

湖南精城特种陶瓷有限公司
电话：0731-84069187　84069220　84069440
传真：0731-84069186
网址：www.jcnmc.com
地址：湖南省长沙经济技术开发区漓湘西路8号
产品：特种陶瓷

醴陵市荣辉瓷业有限公司

联系人：刘先生
贸易部：0731-23251668
0731-23251045
传真：0731-23251812
Q Q：782350126
网址：www.xr-ceramic.com
邮箱：xr-ceramic@zzzc.net
地址：湖南省醴陵市渌江石子岭中塘
邮编：412200
产品：日用瓷

新化县鑫星电子陶瓷有限责任公司

上梅镇工厂
工厂地址：湖南省新化县上梅镇园艺村
邮编：417600
营销部电话：0738-6328888
传真：0738-6730999
桑梓镇工厂
工厂地址：湖南省新化县桑梓镇
邮编：417600
营销部
电话：0738-3353333
传真：0738-3353999
Emai：xxdt@xxdt.com.cn
网址：www.xxdt.com.cn
产品：金属化放电管陶瓷和温控器陶瓷

醴陵市景泰陶瓷有限公司

联系人：黎小姐
电话：0731-23363817 22350166 22350211
传真：0731-23363818 22350182
E-Mail：jtceramic@126.com
网址：www.jt-ceramic.com
地址：湖南省醴陵市沈潭镇夏家桥村
产品：日用陶瓷

湖南奥特朗工业装备有限公司

联系人：冯经理
电话：0731-23252979
传真：0731-23253136
邮箱：otlan123@sina.com
网址：www.otlan-vs.com
产品：工业陶瓷
地址：湖南省醴陵市陶瓷工业园

醴陵陶瓷酒瓶有限公司

联系电话：13787082851　13574887381
QQ号码：1770387412　927560719
联系人：文先生
E-mail:927560719@qq.com
网址：www.hntcjp.com
地址：湖南省醴陵市东富镇198号
邮编：412200
产品：陶瓷酒瓶

醴陵市国光特种陶瓷有限公司

电话：0731-23251116
传真：0731-23253296
网址：www.hnggtt.com
邮箱：hnggtt@zzzc.net
地址：湖南省醴陵市城北石子岭
产品：特种陶瓷

醴陵釉下五彩国瓷研究所有限公司

联系电话：18973335222（总经理）
0731-23455588
联系人：徐曼冰
易文
Q Q：994636347(总经理销售)
2440629734
传真：0731-23455666
地址：湖南省醴陵市解放路狮子坡3号
邮编：412200
产品：艺术陶瓷

湖南德亚鑫特种陶瓷科技有限公司

电话：18673880001

传真：0738-3527222

负责：吴先生

地址：湖南省新化县西河镇

产品：特种陶瓷

湖南银和瓷业有限公司

业务联系人：熊正初 18673337199

电话：0731-23181099

传真：0731-23183336

Q Q：361077942

地址：湖南省醴陵市孙家湾乡孙家湾村

邮编：412200

网址：www.hnyhcy.com

产品：陶瓷酒瓶

衡阳凯新特种材料科技有限公司

电话/传真：0734-8237887

联系人：张经理

销售联系人：曹经理

网址：www.hnkxkj.net

E-mail：kaixin809@163.com

地址：湖南省衡阳市雁峰区白沙洲工业园工业大道

邮编：421000

产品：特种陶瓷

醴陵友立特种陶瓷有限公司

电话：0731-23261296

传真：0731-23264998

网址：www.hnyltt.com.cn

地址：湖南省醴陵市陶瓷科技工业园

邮编：412200

产品：特种陶瓷

湖南省新化县飞龙精密陶瓷厂

电话：0738-3521308

传真：0738-3516113

联系人：李自清

张　勇

地址：湖南省娄底市新化县上梅镇北塔村

邮编：417600

电子邮件：xhfltc@126.com

产品：精密陶瓷

娄底市海天特种陶瓷有限公司

电话：0738-3521905

网址：www.xhttc.com

邮箱：service@xhttc.com

地址：湖南省娄底市省新化县经济开发区工业园2号

产品：特种陶瓷

湖南省辰溪新建陶瓷厂

在线咨询QQ：695648418

联系人：刘智慧

张　艺

网址：www.cxxinjian.com

地址：湖南省怀化市辰溪县城郊乡牛溪村

邮编：419500

产品：日亚陶瓷

醴陵科发窑炉热工设备有限公司

电话：0731-23053968 23053958

传真：0731-23053998

手机：13807412192

网址：www.kefar.cn

邮箱：kefa-thermal@china.com

地址：湖南省醴陵市西山办事处万宜路137号

产品：节能环保型的各式项目工程

新化建平陶瓷有限公司

电话/传真：0738-3521828　18973853003

0738-3531531
邮箱：jptc3521828@yahoo.com.cn
网址：www.hnjptc.com
地址：湖南省新化县上梅镇滨江北路
邮编：417600
产品：氧化铝陶瓷

醴陵市天虹瓷业有限公司
电话：0731-23189986
传真：0731-23182050
联系人：李先生
网址：www.hnthcy.com
www.teaconn.com
地址：湖南省醴陵市阳三石路183号
产品：日用陶瓷

湖南天机巧陶瓷科技有限公司
电话：0731-28160466　4008884967
客服QQ：2845999874
生产地址：湖南省醴陵市玉瓷路1号
地址：湖南省株洲市天元区黄山路374号（华晨御园正门右侧）
产品：艺术陶瓷

湖北省

（排名不分先后）

湖北中瓷万达陶瓷有限公司
电话：0713-7266118
传真：0713-7266027
手机：丁峰
邮箱：hbzcwd@sina.com
网址：www.hbzcwd.com
地址：湖北省黄冈蕲春经济开发区陶瓷工业园
邮编：435300
产品：建筑陶瓷

湖北锦汇陶瓷有限公司
联系人：李总
电话：0717-3353999
传真：0717-3353666
全国免费服务热线：400-880-1292
邮箱：241451218@qq.com
地址：湖北省当阳市建筑陶瓷工业园
邮编：444100
产品：建筑陶瓷

湖北星烨陶瓷有限公司
联系人：余经理
手机：13986541288　18671325678
联系人：岳经理
邮箱：1197377517@qq.com
电话：0713-3305678
地址：湖北省黄梅县杉木乡陶瓷工业园
产品：建筑陶瓷

湖北京华陶瓷科技有限公司
电话：0713-4219228 4219036
传真：0713-4219136
联系人：余先生
网址：www.jinghuatc.com
http://jinghuataoci.1688.com
E-mail：443146439@qq.com
地址：湖北省黄冈市浠水县经济开发区洪山工业园
产品：日用陶瓷

湖北亚细亚陶瓷有限公司
电话：0715-4060666
传真：0715-4060666
网址：www.hbasa.com.cn
地址：湖北省通城县经济技术开发区（亚细亚）陶瓷工业园
产品：建筑陶瓷

湖北安陆瑞祥陶瓷有限公司

联系人：金从文(总经理)
李经理
卢经理
电话：0712-5279626
传真：0712-5279626
地址：湖北安陆南城四里向南300米(316国道边)
产品：建筑陶瓷

湖北天成陶瓷有限公司
联系人：张锡明
电话：0713-3309508
传真：0713-3309118
地址：湖北省黄梅县杉木乡烟铺陶瓷工业园
产品：欧式连锁瓦，陶瓷彩瓦，屋面彩瓦

湖北恒新陶瓷有限公司
电话：0713-7185333
传真：0713-7188366
邮编：435300
邮箱：henxin777@163.com
网址：www.hbhxtc.com
地址：湖北省蕲春县陶瓷工业园
产品：建筑陶瓷

湖北宝加利陶瓷有限公司
融商热线：0717-3902052
邮箱：xzjjtbjl@163.com
网址：www.bjltc.net.cn
地址：湖北省宜昌当阳王店镇陶瓷工业园
邮编：444100
产品：建筑陶瓷

湖北齐家陶瓷有限公司
电话：0717-3533999
传真：0717-3502239
邮编：443000
网址：www.qijiataoci.com
地址：湖北省宜昌当阳市金桥工业园
产品：卫生陶瓷

湖北润长佳工艺陶瓷有限公司
电话：18071915999
联系人：张先生
座机：0717-3338999
联系人：黄女士
地址：湖北省当阳市玉泉办事处合意村六组
产品：建筑陶瓷

湖北省九峰陶瓷工业有限公司
湖北九峰陶瓷销售热线：0717-3235666
湖北九峰陶瓷销售传真：0717-3366088
邮编：444124
地址：湖北省当阳市王店镇木店村泉州工业园
产品：建筑陶瓷

湖北省新石器电陶科技有限公司
联系人：陈舒庆
电话：0724-2498687
传真：0724-2498687
地址：湖北省荆门市高新区兴隆大道489号
邮编：448000
网址：www.neolith-cn.com
产品：陶瓷金属化产品

湖北昭盛陶瓷有限公司
电话：0713-3120888
邮箱：395874522@qq.com
手机：18671339900
联系人：刘总
地址：湖北省黄梅县独山镇尤詹村
产品：水磨钾长石加工

湖北凯旋陶瓷有限公司
电话：0717-3336666
传真：0717-3333330
地址：湖北省当阳市长坂路南端210号
邮编：444100

邮箱：kenen888@163.com
产品：建筑陶瓷

湖北永邦复合材料有限公司
电话：027-83373099　83377980
传真：027-83377970　83220299
手机：18062652916
网址：www.ybfhcl.com
地址：湖北省武汉市东西湖区田园大道26号鑫源工业园1栋
邮编：430035
产品：陶瓷原料

宜昌九林陶瓷有限公司
免费电话：4006539099
销售部：0717-3893666
销售部：15872596818(杨总)
传真：0717-3893698
邮箱：241451218@qq.com
地址：湖北省远安花林建材工业园
邮编：444200
产品：建筑陶瓷

湖北楚汉建材有限公司
电话：027-83865441
传真：027-83840282
网址：www.hbchjc.com
地址：湖北省武汉市硚口区汉西一路95号
产品:建筑陶瓷

湖北陶星陶瓷科技有限公司
公司电话：0717-3990018
销售专线：0717-3990058（传真）
供应电话：0717-3990008
客服QQ：1691512817
邮箱：txtckj@163.com
地址：湖北省宜昌市远安县鸣凤镇城北食品工业园森源路3号
产品：日用陶瓷

湖北浠水科美机械有限公司
国内市场联系人：胡爱明
电话：0713-4290105
传真：0713-4290103
手机：18995750789
邮箱：kemeiham@163.com
网址：www.kemeikiln.com
地址：湖北省浠水县经济开发区洪山工业园
产品：工业窑炉

湖北葛氏瓷业有限公司
电话：027-83305782
手机：13907110527
传真：027-83305782
网址：www.gscylp.com.cn
www.gscylp.cn
http://gscylp.1688.com
地址：湖北省武汉市硚口区京汉大道111号华中第一礼品城
邮编：430035
产品：礼品瓷

湖北锦坤陶业股份有限公司
联系人：梁经理
联系电话：13957257788
电话：0714-8812333
传真：0714-8816789
手机：18086302333
QQ：1438236483
邮箱：hbjinkun@126.com
地址：湖北省大冶市还地桥镇金桥工业区
产品：建筑陶瓷

湖北恒新陶瓷有限公司
电话：0713-7185333
传真：0713-7188366
邮编：435300

邮箱：henxin777@163.com
网址：www.hbhxtc.com
地址：湖北省蕲春县陶瓷工业园
产品：建筑陶瓷

宜昌京都电子科技有限公司
电话：0717-4824988（办公室）
　　　0717-4826117（市场部）
传真：0717-4826707
邮件：155213716@qq.com
网址：www.ycjddz.com
　　　www.ycjddz.cn
地址：湖北省宜都市陆城十里铺工业园区
邮编：443300
产品：陶瓷PTC敏感器件

湖北鑫来利陶瓷发展有限公司
电话：0717-3333337（公司办）
　　　0717-3333377（销售部）
传真：0717-3333337
邮箱：xinlaili888@163.com
地址：湖北省当阳市建筑陶瓷工业园
产品：建筑陶瓷

河南省

（排名不分先后）

河南省天龙陶瓷有限公司
联系人：周经理
手机：13603892612
固话：0391-5081002
传真：0391-5081001
E-mail：zhxjtltc@163.com
地址：河南省沁阳市西万工业区
网址：www.hntltc.com
产品：防腐蚀陶瓷产品及建筑产品

河南御盛陶瓷有限公司
电话：0392-2602188
传真：0392-2602188
地址：河南省鹤壁市山城区石林乡陶瓷工业园区1号
邮编：456750
产品：新型建筑陶瓷

河南三松瓷业有限公司
电话：0371-64223289
　　　64228398
传真：0371-64228630
QQ：1181127888
联系人：王耀卿
　　　　蔡海娥
E-mail:sansongciye@aliyun.com
网址：www.hnsscy.com
地址：河南省巩义市夹津口工业园区
产品：窑炉设计及工程承包

河南方周瓷业有限公司
电话：0392-7288670
传真：0392-7288578
E-mail：hnfzcy@163.com
地址：河南省鹤壁市鹤淇产业集聚区纬四路西段107国道东侧
邮编：456750
产品：陶瓷膜

禹州市恒昇陶瓷有限公司
电话：0374-8869886
手机：18839971788
网址：www.yzshstc.cn
地址：河南省禹州市神垕镇青岗涧工业园区
邮编：461682
产品：陈设陶瓷

河南省强玉陶瓷有限公司
电话：0375-5488008
手机：13837477700　13629883371

传真：0375-5488008
邮箱：hnqytc@126.com
地址：河南省郏县神前陶瓷工业区
邮编：461670
产品：日用陶瓷

河南省博鑫建材有限公司
联系人：王经理
电话：0371-67081109 67081107
手机：13526836758
传真：0371-67081109
邮箱：925183807@qq.com
地址：河南省郑州市商都路五洲精品陶瓷城东区1-8号
产品：建筑陶瓷

宜阳红星陶瓷有限公司
电话：0379-68817646 68819180
68818237 68818337
传真：0379-68816749 68818268
邮箱：sale198@126.com
sale198@sina.com.cn
地址：河南省洛阳市宜阳县火车站东侧
产品：日用陶瓷

河南创领工业陶瓷科技有限公司
电话：0374-6879999
传真：0374-6810001
手机：18864614567 15603856777
网址：www.hncreatlead.com
地址：河南省长葛市后河镇小辛庄工业园
邮编：461503
产品：窑具研发、生产制造和销售

河南省诚德瓷业有限公司
电话：0374-6433366
传真：0374-6433366
网址：www.hncdcy.com
地址：河南省长葛市赵岗路西侧
产品：卫生陶瓷

河南晋成陶瓷有限公司
电话：0371-55970720
传真：0371-55970730
邮箱：993084919@qq.com
网址：www.jctile.cn
地址：河南省郑州市郑汴路中原陶瓷城一号桥北T2号
产品：建筑陶瓷

河南松良陶瓷有限公司
服务电话：0374-6811777
传真：0374-6811777
联系人：孙经理
手机：13938794760（销售）
18539989999（总经办）
E-mail：Mocooee@sina.com
邮编：461500
在线QQ：283940374
地址：河南省长葛市后河镇白寨工业区
产品：卫生陶瓷

洛阳闻洲瓷业有限公司
400热线电话：400-9931-369
E-mail：lywzcy@126.com
微信公众号：lywzcy
公众号名称：闻洲瓷业有限公司
地址：河南省新安县磁涧镇八里村310国道旁
产品：卫生陶瓷

洛阳美陶三彩工业有限公司
电话：0379-63333020 63331406
传真：0379-63332849
网址：www.meitao.com.cn
E-mail：lymeitao@163.com
地址：河南省洛阳市西工区涧东路1号

邮编：471000
产品：艺术陶瓷

登封窑瓷苑科技有限公司

电话：0371-62750886　13939099251
邮箱：songshanjunci@163.com
微信公众号:dengfengyaociyuan
QQ：3235043517
地址：河南省登封市东华镇王村(登封园艺场东临)
产品：艺术陶瓷

河南恒远超硬材料有限公司

郑州办事处（销售部）
行政电话：0371-67990892
传真号码：0371-67990893
E-mail：Order@kosuperhard.com
公司地址：河南省郑州市瑞达路96号
技术部：13703716664
地址：河南省焦作市武陟县新孟路南贾段
产品：陶瓷金刚石砂轮

河南宏箭卫浴有限公司

联系人：吕经理
电话：13938780082　13080167555
邮箱：hnhtcy@yahoo.cn
QQ：756189389
地址：河南省长葛市北工业区
产品：卫生陶瓷

河南锆研流体装备有限公司

电话：0371-86502758
手机：13643825688　13015519157
13303717885
网址：www.hngaoyan.com
E-mail：cml5688@163.com
2397582199@qq.com
邮编：450001
地址：河南省郑州市高新区雪松路29号
产品：工程陶瓷阀门的设计及制造

河南金邦重工机械有限公司

电话：18503869777
售后：0371-86078833
传真：0371-86079933
邮箱：li@hnjbzg.com
地址：河南省郑州市马寨工业园区东方路北段
邮编：450000
产品：专业矿山设备

河南五耐集团实业有限公司

电话：0371-56595556 56595558
传真：0371-56595558 56595659
邮件：hnwnjt@126.com
网址：www.hnwnjt.com
地址：河南省巩义市南郊
产品：耐火材料

河南天锦机电设备有限公司

联系人：郑经理
手机：15346258888　13569644444
电话：0371-55129395
传真：0371-60339050
QQ:331405074
地址：河南省郑州市高新区郑大科技产业园区天锦工业园
产品：陶瓷耐磨阀门

河南奥宇陶瓷有限公司

联系人：贺钊
手机：15137481108
电话：0374-6416398
网址：www.aoyutc.com
地址：河南省长葛市溢水路南段
产品：卫生陶瓷

广东省

（排名不分先后）

佛山金刚企业集团有限公司

电话：0757-82271190

传真：0757-82275583

网址：www.fcri.com.cn

E-mail：zbzjb@fcri.com.cn

联系人：林先生

地址：广东省佛山市禅城区石湾榴苑路18号

邮编：528031

产品：陶瓷辊棒及辊棒涂料、氧化铝制品、耐火砖系列、泡沫陶瓷系列、特种工业陶瓷以及陶瓷刀具、手表、首饰等日用陶瓷

肇庆乐华陶瓷洁具有限公司

服务热线：4008301831 8008301831

邮箱：1624375724@qq.com

地址：广东省佛山市顺德区乐从镇大墩工业区乐华陶瓷洁具有限公司

邮编：528351

产品：抛光砖、内墙砖

广东科达潜能股份有限公司

总机：0757-23832999

传真：0757-23312955

股票代码：600499

网址：www.kedachina.com.cn

邮箱：kedazx@kedachina.com.cn

广东总部地址：广东省佛山市顺德区陈村镇广隆工业园环镇西路一号

邮编：528313

产品：建材机械、陶瓷机械、墙材机械、石材机械等

环保洁能：清洁煤气技术与装备、烟气治理技术与装备

洁能材料：锂离子动力电池负极材料

佛山高明顺成陶瓷有限公司

营销中心电话：0757-85395029
0757-85395060

传真：0757-85327988

网址：www.shun176.com

营销中心地址：广东省佛山市禅城区华夏陶瓷博览城

邮编：528061

产品：陶瓷墙地砖

广东蒙娜丽莎集团股份有限公司

业务咨询：0757-86822683

客户投诉：0757-86820322

传真号码：0757-86828138

企业邮箱：monalisa@monalisa.com.cn

企业地址：广东省佛山市南海区西樵旅游度假区工业区

产品：墙地砖、陶瓷板、瓷艺产品

广东四通集团股份有限公司

电话：0768-2272246

传真：0768-2971228

邮箱：hyp@sitong.net

网址：www.sitong.net

地址：广东省潮州市潮州火车站区南片11-4-1地块

邮编：521031

产品：日用陶瓷、卫生陶瓷、艺术陶瓷

佛山钻石瓷砖有限公司

电话：0757-83981008

传真：0757-82271828

E-mail：diamond@diamond.com.cn

钻石营销中心

电话：0757-82263276

传真：0757-82271828

E-mail：zuanshi@diamond.com.cn

地址：广东省佛山市禅城区石湾和平路十二号

邮编：528031
产品：建筑陶瓷产品

广东宝丰陶瓷科技发展股份有限公司
电话：0753-5855899
手机：13825919881
传真：0753-5859896
地址：广东省大埔县高陂陶瓷工业区
邮编：514247
产品：日用陶瓷，日用陶瓷贴花

广州能高共建建材有限公司
电话：020-62383251　62383252
传真：020-62383256
电子邮箱：langood@langood.com.cn
地址：广东省广州市海珠区珠江帝景灏景街11号F栋30E(3005)
邮编：510310
产品：干粉砂浆和聚合物添加剂

佛山市正大制釉有限公司
电话：0757-66632801　0757-83824902
传真：0757-66635990　0757-82525950
手机：13702550304
邮箱：zdglaze@fszhengda.com
地址：广东省佛山市禅城区季华西路中国陶瓷产业总部基地中区B05幢
邮编：528000
产品：色料及釉料

佛山市南海禾合高新材料有限公司
电话：0757-86697818 86698093
传真：0757-86697813
邮箱：foshanhehe@yahoo.com
网址：www.foshanhehe.com
产品：色料及釉料
地址：广东省佛山市南海狮山科技工业园B区博爱东路7号

广东能强陶瓷有限公司
全国服务热线：8008301992
电话：0757-85329988 88345900
传真：0757-88345966
工程战略合作：13923137319　何奇
网址：www.nengqiang.com
地址：广东省佛山市禅城区南庄镇贺丰工业区
邮编：528061
产品：建筑陶瓷产品

佛山市子陶陶瓷技術有限公司
电话：0757-8278018
传真：0757-82780186
手机：18928543172
地址：广东省佛山市禅城区张槎朗沙路3号8座首层之十一
邮编：528000
产品：陶瓷机电设备销售、陶瓷设计、陶瓷原料及色料供应、陶瓷工艺技术

广东中窑窑业股份有限公司
总机：0757-86136888
传真：0757-86136838
E-mail:kiln@zhongyaokiln.com
地址：广东省佛山市南海罗村下柏工业区中窑大厦
邮编：528226
产品：专业窑炉装备供应商

广东博德精工建材有限公司
全国免费热线：4008303899
客服尊崇热线：0757-83201938
传真：0757-83201971
邮箱：bodematerial@163.com
品牌展示中心：中国广东省佛山市季华西路68号中国陶瓷产业总部基地中区01-02座
邮编：528000
产品：新型环保建筑陶瓷

广东马可波罗陶瓷有限公司

为了更快的解决您的问题请您拨打

4008803650

地址：广东省东莞市高埗镇北王路唯美集团

产品：建筑陶瓷

德高（广州）建材有限公司

派丽中国总部

上海市静安区江场三路252号

电话：021-80171833

德高广州总部：

广州市海珠区滨江西路206号

电话：020-84411717

传真：020-84431130

派丽德高（上海）建材有限公司：

上海市静安区江场三路76-78号908室

电话：021-80171833

传真：021-80171833转8989

产品：外墙保护和装饰材料、瓷砖及地板材料、技术砂浆与防水材料

隆年华实业（深圳）有限公司

电话：0755-84013316

传真：0755-84013767

Email：market@ronglinwah.com

地址：广东省深圳市龙岗区平湖镇凤岐路90号

产品：陶瓷、石英玻璃制品及深加工制品、印刷陶瓷、玻璃花纸

广东金牌陶瓷有限公司

营销中心：佛山市禅城区南庄镇华夏陶瓷博览城陶博大道36座

厂址：佛山市三水区白坭镇“国家火炬计划佛山电子电器产业基地”南区135号（F2）

电话：0757-82523888

传真：0757-82523832 82523833

网址：www.goldmedal.com.cn

产品：微晶釉下彩、柔抛大理石、瓷质抛光砖、高级釉面砖

广州精陶机电设备有限公司

精陶总部

服务热线：400-860-2020

电话：020-82683403

传真：020-82675980

销售部：020-82674581/9230/7913

网址：www.kingtau.com

地址：广东省广州市增城区新塘镇久裕开发区裕华路10号

邮编：511340

产品：工业数码印花整体方案供用商

深圳国瓷永丰源股份有限公司

总机：0755-29808999

传真：0755-29808823　29808824

地址：广东省深圳市龙华新区观澜街道环观南路永丰源瓷文化创意产业园

产品：高档陶瓷产品

佛山市新瓷窑业科技有限公司

电话：0757-82705268

传真：0757-82705819

手机：13702915569 13700933959

邮箱：hxc@21xinci.com

地址：广东省佛山市禅城区弼塘弼北坑田工业区16号

产品：窑炉制造

萨克米机械（佛山南海）有限公司

电话：0757-81206111　81206100

传真：0757-81206195

邮箱：info@sacmi.cn

网址：www.sacminanhai.com

地址：广东省佛山市南海经济开发区北园兴业北路

邮编：528222

产品：生产辊道窑和组装中等吨位液压压砖机

佛山市南海鑫隆机工机械有限公司
电话：0757-66863008
传真：0757-66863009
邮箱：zhen@skk-china.com
地址：广东省佛山市南海区丹灶镇华南五金产业基地盘金路9号内
产品：日用陶瓷机械

广东摩德娜科技股份有限公司
电话：0757-86631888
传真：0757-86631777
E-mail：info@modena.com
网址：www.modena.com
地址：广东省佛山市南海区小塘镇三环西工业区
产品：陶瓷窑炉设备供应商

佛山市华意陶瓷颜料有限公司
电话：0757-82276836
传真：0757-82270386
邮箱：info@hycolour.com
总公司地址：广东省佛山市禅城区季华四路意美家陶瓷世界15栋2楼12号
工厂地址：广东省佛山市高明区明城镇工业开发区明喜路
产品：陶瓷颜料

佛山市希望陶瓷机械设备有限公司
电话：0757-66862288
传真：0757-66825618
邮箱：sales@fshope.com
地址：广东省佛山市南海区狮山科技工业园A区科技大道东
产品：印花和施釉设备专业制造

佛山市法恩洁具有限公司
电话：0757-88628788
传真：0757-88620501
邮箱：faenza@faenza.com.cn
网址：www.faenza.com.cn
地址：广东省佛山市高明沧江工业园
产品：高品质卫浴、瓷砖及配套产品

（特别鸣谢以上企业对《中国陶瓷年鉴》出版工作的大力支持！）

佛山市

（排名不分先后）

佛山中国陶瓷城集团有限公司
电话：0757-82729999 82525666
传真：0757-82719328 82525996
邮箱：webmaster@eccc.com.cn
地址：广东省佛山市禅城区季华西路68号中国陶瓷城产业总部基地
主营：房地产开发、物业商业管理

佛山市金环球陶瓷有限公司
电话：0757-82265949
传真：0757-82279487
地址：广东省佛山市禅城区石湾跃进路148号
邮编：528031
产品：建筑陶瓷

佛山市美加华陶瓷有限公司
电话：0757-87562030
传真：0757-87512305
地址：广东省佛山市三水区三水大道南82号
邮编：528131
产品：卫生陶瓷

佛山市金时代陶瓷有限公司
电话：0757-82526202
传真：0757-82526201
地址：广东省佛山市禅城区南庄镇上元工业区
产品：建筑陶瓷

佛山市嘉尼亚陶瓷有限公司
电话：0757-82533185
传真：0757-82533169
邮箱：samuellv123@gmail.com
网址：www.giania.net
地址：广东省佛山市季华西路瓷海国际C13座9-11号
产品：建筑陶瓷

佛山市秦砖陶瓷有限公司
电话：0757-66609228
手机：18675188001
传真：0757-66609699
地址：广东省佛山市禅城季华四路创意产业园29栋505-506
邮编：528000
产品：建筑陶瓷

佛山市恒域陶瓷有限公司
电话：0757-82525300　82525301
网址：www.fs-hanvic.com
地址：广东省佛山市禅城区南庄镇华夏陶瓷博览城陶博一路八座之二
邮编：528000
产品：建筑陶瓷

佛山葆威陶瓷有限公司
销售：0757-82723808
传真：0757-82723238
邮箱：fspowell@fspowell.com
地址：广东省佛山市禅城区石湾雾岗路中段葆威磁砖
邮编：528200
产品：建筑陶瓷

佛山市南海方向陶瓷有限公司
生产基地：广东省佛山市南海区西樵镇联新工业区
基地客服：0757-81893800 81893888
基地传真：0757-81893802
南庄营销部地址：广东省佛山市南庄镇华夏陶瓷城陶北路
南庄营销部电话：0757-82527271
南庄营销部传真：0757-82526882
产品：建筑陶瓷

佛山市盛丰陶瓷有限公司
电话：0757-82526192 82526197
传真：0757-82526196
地址：广东省佛山市南庄华夏陶瓷博览城陶南路三座1-3号
产品：建筑陶瓷

佛山市云海瓷业有限公司
电话：0757-82275346
传真：0757-82275348
邮箱：sufi020@fydceramics.com
地址：广东省佛山市禅城区雾岗路河宕陶瓷交易中心A座
产品：建筑陶瓷

佛山市爱佳陶瓷有限公司
电话：0757-82722188
传真：0757-82261197
地址：广东省佛山市季华四路国际陶瓷展览中心A1馆1-6号
产品：建筑陶瓷

佛山市依诺陶瓷有限公司
电话：0757-82011766
传真：0757-82011700
地址：广东省佛山市禅城区华夏陶瓷博览城陶博大道28号
产品：建筑陶瓷

佛山市中正陶瓷有限公司
电话：18666353705
传真：0757-82012633

生产基地：广东省恩平市浦桥工业区
广东四会市南江工业三江大道
营销中心：广东省佛山市华夏陶瓷博览城陶南路13座63-72
产品：建筑陶瓷

佛山市陶师傅陶瓷有限公司

电话：0757-85390133
传真：0757-85390966
网址：www.taoshifu.com
地址：广东省佛山市华夏陶瓷博览城陶博一路10座
产品：建筑陶瓷

佛山威霍普陶瓷材料有限公司

电话：0757-82714883
传真：0757-82714882
网址：www.fswellhope.com
邮箱：info@fswellhope.com
地址：佛山市禅城区清水一街9号凯旋汇1701-1705室
产品：陶瓷色料

佛山市国陶陶瓷有限公司

手机：13929803097
联系人：刘生
网址：www.gt1983.com
地址：广东省佛山市禅城区海口工业区
产品：建筑陶瓷

佛山市尚鸿陶瓷有限公司

传真：0757-82563337
地址：广东省佛山市季华西路68号中国陶瓷总部基地东区C08栋
产品：建筑陶瓷

佛山市新东龙陶瓷有限公司

电话：0757-82667643
传真：0757-82662310
邮箱：evazhou@fs-shitao.com
地址：广东省佛山市江湾三路中国陶瓷城B516
产品：建筑陶瓷

佛山市陶墨轩陶瓷有限公司

服务电话：400-669-6917
地址：广东省佛山市南海区桂城天佑三路11号
产品：建筑陶瓷

佛山市家炜鑫陶瓷有限公司

电话：13798639955
网址：www.jiaweixin.cn
地址：广东省肇庆市悦城工业区
产品：建筑陶瓷

广东宏陶陶瓷有限公司

电话：0757-82267828
传真：0757-82267838
地址：广东省佛山市禅城区季华三路（公交站：青柯南站旁）
邮编：528031
产品：建筑陶瓷

佛山市恒欧陶瓷有限公司

全国客服热线：4007773011
电话：0768-6932011
传真：0768-6932011
邮箱：info@hoho-co.com
地址：广东省佛山市禅城区槎湾路石湾卫浴城B馆
产品：卫生陶瓷

佛山市新恒隆抛光砖有限公司

展销中心：0757-85381771
客服中心：0757-85381172
国际贸易部：0757-85398839
传真：0757-85381173
地址：广东省佛山市禅城区南庄镇紫洞路段罗元开发区
邮编：528061
产品：建筑陶瓷

广东新明珠陶瓷集团有限公司
业务咨询：0757-85399939
传真：0757-85381321　85317908
国际贸易部联系电话：0757-85385922
邮箱：cnexport@newpearl.com
传真：0757-8016931　85382818
地址：广东省佛山市禅城区南庄镇华夏陶瓷博览城新明珠集团大厦
邮编：528061
产品：建筑陶瓷

佛山市利华陶瓷有限公司
国内营销中心
展厅电话：0757-86836788　86857753
展厅传真：0757-86862872
网址：www.gdlihua.com
邮箱：lihua@gdlihua.com
全国招商热线：4000-800-438
地址：广东省佛山市南海区西樵镇联新工业区
产品：建筑陶瓷

佛山晶尊陶瓷有限公司
招商加盟热线：4000333182
联系电话：0757-85390981
传真号码：0757-82568668
总部地址：广东省佛山市禅城区季华西路68号中国陶瓷产业总部基地西区G01
产品：建筑陶瓷

佛山市英基陶瓷有限公司
展销中心：0757-85382312
客户服务中心：0757-85382312
微博：http://weibo.com/yingjiceramics
地址：广东省佛山市禅城区南庄镇季华西路中国陶瓷产业总部基地西区B座01栋
产品：建筑陶瓷

新兴县金玛利陶瓷有限公司
营销中心
电话：0757-82263578　82726411
地址：广东省佛山市置地陶瓷批发市场一区11座1-7号
产品：建筑陶瓷

佛山市科雅陶瓷有限公司
电话：4006248880
QQ：1532426197
传真：4006248880
邮箱：1532426197@qq.com
地址：广东省佛山市禅城区兆祥路32号二座101房
产品：建筑陶瓷

佛山市懋隆陶瓷有限公司
电话：0757-82563302
传真：0757-82715802
E-mail：fsmolon2011@163.com
网址：www.gdmolon.com
营销中心：广东省佛山市季华西路中国陶瓷产业总部基地中区F03
产品：建筑陶瓷

佛山市南海区士丹利陶瓷有限公司
电话：0757-82533271
传真：0757-82533270 86889686
地址：广东省佛山市南海区西樵镇樵乐路
邮编：528000
产品：建筑陶瓷

佛山市金牛陶瓷有限公司
服务热线：0757-83270637
传真号码：0757-82717003
总部地址：广东省佛山市石南桥旁罗曼蒂克大夏九楼
产品：建筑陶瓷

佛山市倍加新陶瓷有限公司
电话：0757-82568666
传真：0757-82566622
邮箱：Bene888@126.com
地址：广东省佛山市禅城区中国陶瓷总部基

地西区F05座
产品：建筑陶瓷

佛山市拓利亚陶瓷有限公司
电话：0757-82722562
手机：13929937339　18098195269
传真：0757-82722563
邮箱：admin@toniaceramics.com
地址：广东省佛山市禅城区雾岗路路口与季华四路交界处E座首层W9号铺位
产品：建筑陶瓷

佛山市三沙陶瓷有限公司
电话：0757-82531382
传真：0757-82520207
加盟热线18029266856
地址：广东省佛山市禅城区瓷海国际B区7座
产品：建筑陶瓷

佛山市百纳陶瓷有限公司
电话：0757-82520799
传真：0757-82525166
网址：www.fscabernet.com
地址：广东省佛山市南庄华夏陶瓷博览城陶中路3座
邮编：528216
产品：建筑陶瓷

佛山市彩田陶瓷有限公司
电话：0757-82667670
传真：0757-82706926
联系人：王先生
手机：13827757600
地址：佛山市禅城区南庄溶洲井深工业区（彩田陶瓷）
产品：建筑陶瓷

佛山华伦陶瓷有限公司
电话：0757-123456789
网址：www.hualuntaoci.com
地址：广东省佛山市禅城区华夏陶瓷城
产品：建筑陶瓷

佛山市君昊陶瓷有限公司
电话：0757-82780301
传真：0757-82782887
E-maill：admin@fsjunhao.com
地址：广东省佛山市季华西路瓷海国际中心C区23座8号
产品：建筑陶瓷

佛山市阳光陶瓷有限公司
电话：0757-85393888
传真：0757-85392363
地址：广东省佛山市南庄华夏陶瓷城陶博一路16座维罗生态砖
产品：建筑陶瓷

佛山市合尔达陶瓷化工原料有限公司
电话：0757-81857028　0757-81857129
传真：0757-81857029
E-mail：heerdaarlen@163.com
heerdarainbow@163.com
地址：广东省佛山市南海区简平一路天安数码新城4栋科技大厦1408-1409
产品：陶瓷化工原料

佛山市雅舍陶瓷有限公司
电话：0757-85398878
传真：0757-82527707
邮箱：fsarcint@gmail.com
地址：广东省佛山市禅城区华夏陶瓷博览城陶北路6座10-13号
产品：建筑陶瓷

佛山市玛驰帅陶陶瓷有限公司
电话：0757-88356666
传真：0757-88356675

网址：www.marchceramics.com
地址：广东省佛山市禅城区南庄华夏陶瓷博览城会展二路1座
产品：建筑陶瓷

佛山钻石洁具陶瓷有限公司
电话：0757-82272173
传真：0757-82277243
邮箱：info@diamond.cn
网址：www.diamond.cn
地址：广东省佛山市禅城区石湾和平路11号
邮编：528031
产品：卫生陶瓷

佛山市骏美特种陶瓷有限公司
联系人：何小姐
联系电话：0757-87380766(主线)
0757-87380910
0757-87380901　0757-87380902
传真：0757-87380909
手机：13927716353
地址：广东省佛山市三水区乐平中心科技工业园
产品：高频滑石瓷、高铝瓷、普通瓷、电热瓷

佛山市金九方陶瓷有限公司
九方瓦业文化馆：中国陶瓷产业总部基地西区A07座（佛山市禅城区季华西路68号）
电话/传真：0757-82530666
营销中心（国内）：佛山市禅城区瓷海国际交易中心C区20座4-7号
电话/传真：0757-88027108
电话：0766-8536901　8536902
厂址：广东省云浮市云城区腰古镇水东工业区
产品：建筑陶瓷

佛山甘美陶瓷有限公司
电话：0757-85338733　85335208
传真：0757-85315303
手机：13927721007
网址：www.fsganmei.com
地址：广东省佛山市南庄镇紫洞公路中段
产品：建筑陶瓷

佛山市奥美康陶瓷有限公司
电话：0757-82715951 0757-82276089
邮编：528041
网址：www.aomeikang.com
邮箱：amk@aomeikang.com
地址：广东省佛山市石湾置业4座13-16号
产品：卫生陶瓷

佛山市堂轩陶陶瓷有限公司
电话：0757-82662928　82773319
传真：0757-82662903
联系人：唐先生
E-mail：txt@tangxuantaoceramics.com
地址：广东省佛山市季华四路盈科亿家陶瓷卫浴世界东区B2座03号
邮编：528000
产品：建筑陶瓷

佛山市双喜陶瓷有限公司
电话：0757-85332797 85319779 85397028 85385928
传真：0757-85339779 85332797
网址：www.shuangxi－ceramics.com
E-mail：shuangxi－ceramics@163.com
地址：广东省佛山市禅城区南庄杏头工业区
产品：建筑陶瓷

佛山市井田陶瓷科技有限公司
电话：0757-82727489
传真：0757-82727480
QQ：920955873

总部地址：广东省佛山市禅城区石湾镇中路106-107号
产品：建筑陶瓷

佛山鑫晶钻陶瓷有限公司
全国客服热线：4006670757
地址：广东省佛山市西樵区东下路33号
产品：建筑陶瓷

佛山市名帝陶瓷有限公司
营销中心：佛山市禅城区南庄华夏陶瓷博览中心陶南路22座1-11号
电话：0757-85394468
传真：0757-82525815
厂址：广东省佛山市高明区明城镇沧江工业园
产品：建筑陶瓷

佛山市君悦陶瓷有限公司
电话：0757-82530975
传真：0757-82530973
网址：www.bnbceramics.com
Email/MSN：sales@bnbceramics.com
地址：广东省佛山市禅城区季华二路28号智慧新城T8幢1001室
产品：建筑陶瓷

佛山市元高陶瓷有限公司
服务热线：4000-399-388
公司地址：广东省佛山市禅城区南庄镇华夏陶瓷博览城陶南路五座三号
产品：建筑陶瓷

佛山市南翔陶瓷有限公司
全国免费服务热线：400-887-3308
联系人：陈先生
Q Q：1004590155
电话：400-887-3308
网址：www.fs-nanxiang.com

地址：广东省佛山市禅城区石湾镇职业陶瓷批发市场4区F座3
产品：建筑陶瓷

佛山市陶德陶瓷有限公司
7x24小时服务热线：400-116-1183
微信公众号：TODE2013
招商加盟热线：陈先生　15800077797
工程定制或OEM业务：陈先生　15800077797
TODE陶德磁砖营销中心：广东省佛山市禅城区季华西路瓷海国际C区15座
产品：建筑陶瓷

佛山市雅丽洁陶瓷有限公司
电话：0757-82261193　82727470
厂址：广东省潮安县古巷福庆工业区
电话：0768-6838377 6838890
传真：0768-6835038
E-mail：webmaster@yall.cn
网址：www.yall.cn
展厅地址：广东省佛山市禅城区石湾沙岗新路131-134号
产品：卫生陶瓷

佛山市南海蒙特利陶瓷有限公司
销售部展厅地址：广东省佛山市南庄镇佛开高速路口B43号
电话：0757-88353060
传真：0757-88353053
厂址：广东省佛山市南海区西樵镇华夏开发区
产品：建筑陶瓷

佛山市有成陶瓷有限公司
电话：0757-82268136
传真：0757-82268933
地址一：广东省佛山市禅城区南庄溶州东星大道直入100米(有成仓)
电话：0757-82565683 13302809218
地址二：广东省佛山市禅城区石湾海鸥仓西

区2座1号
产品：建筑陶瓷

佛山市瑞洋陶瓷有限公司
电话：0757-83874500
传真：0757-83874500
地址：广东省佛山市禅城区江湾一路12号
产品：建筑陶瓷

佛山市恒煌陶瓷有限公司
服务电话：4006221655
座机号码：0757-82771699
传真：0757-82771655
企业QQ：368708448 1226221655
网址：www.momas.com.cn
地址：广东省佛山市禅城区青柯街41号商铺
产品：卫生陶瓷

佛山市亮剑陶瓷有限公司
联系人：伍小姐、潘小姐
电话：0757-63302113
传真：0757-82522125
服务热线：13790090362
QQ：245734885　2654119247
E-mai：michelle@liangjianceramic.com
展厅：广东省佛山市禅城区江湾三路2号中国陶瓷城三楼A331
邮编：528061
产品：建筑陶瓷

高要市日月陶陶瓷有限公司
电话：0757-82120889　82704083　82121940
传真：0757-82510957　82533544
地址：广东省高要市回龙镇松塘牌坊对面
佛山营销中心
皇家陶木：广东省佛山市季华大桥西瓷海国际陶瓷交易中心B7座9-15号
产品：建筑陶瓷

佛山强盛集团有限公司
电话：0757-86107391　13450863528
Q　Q：656148582
传真：0757-86107391
网址：www.qiangshengtaoci.com
邮箱：qiangshengtaoci@163.com
地址：广东省佛山禅城汾江中路197号
产品：建筑陶瓷

佛山市齐圣陶瓷有限公司
电话：0757-82011887　82013373
传真：0757-82011886
网址：www.qstaoci.com
E-mail：qishengtaoci@163.com
地址：广东省佛山市禅城区南庄贺丰工业区
产品：建筑陶瓷

广东佛山卡西尼陶瓷有限公司
联系人：王先生
手机：18680010677
邮箱：kaxinitaoci@126.com
网址：www.kaxinitaoci.com
地址：广东佛山禅城区季华路瓷海国际C8302号
产品：建筑陶瓷

佛山市意堡罗陶瓷有限公司
电话：0757-82526192 82526193 82526197
传真：0757-82526196
邮编：528061
邮箱：2861170422@qq.com
网址：www.yibaoluo.com
地址：广东省佛山市南庄华夏陶瓷博览城陶南路三座1-3号
产品：建筑陶瓷

佛山市金德莱陶瓷有限公司
营销中心：广东省佛山市禅城区南庄华夏陶瓷博览中心陶南路22座1-11号

电话：0757-85394425
传真：0757-85394498
厂址：广东省佛山市高明区明城镇沧江工业园
网址：www.fsjindelai.com
产品：建筑陶瓷

佛山红狮陶瓷有限公司

电话：0757-82277555
传真：0757-82274004
网址：www.redlion-china.com
邮箱：mtsale@vip.163.com
邮编：528031
地址：广东省佛山市石湾镇东风路17号
产品：建筑陶瓷

佛山市罗冠陶瓷有限公司

电话：0757-86180389
联系人：薛经理
传真：0757-86180389
网址：www.lgtaoci.com
地址：广东省佛山市禅城区
产品：建筑陶瓷

佛山市美罗城陶瓷有限公司

联系人：刘先生：15279553333
邮编：330800
电话：0795-5456781　　5456782
传真：0795-5678988
网址：www.jxruipeng.com
地址：广东省佛山市建筑陶瓷产业基地
Email：liuzw1999@126.com
产品：建筑陶瓷

佛山市欧玛尼陶瓷有限公司

电话：0757-88346665
传真：0757-83648782
E-mail：foshanoumani@163.com
微博：http://weibo.com/2659082753
地址：广东省佛山市禅城区南庄镇(华夏陶瓷城)陶博二路十一座
产品：建筑陶瓷

佛山市梵香陶瓷有限公司

营销中心：广东省佛山市禅城区南庄华夏陶瓷博览城陶博二路一座
电话：0757-88356666
手机：13336499998
传真：0757-88356670
生产地址：广东省佛山市南海区西樵镇联新工业区
产品：建筑陶瓷

佛山石湾鹰牌陶瓷有限公司

电话：0757-83969020
传真：0757-83962190
咨询电话：4008303628
地址：广东省佛山市禅城区大江路
产品：建筑陶瓷

佛山意特陶陶瓷有限公司

出口部经理：韦起像
电话：0757-82782615
传真：0757-82667972
手机：13827786861
邮箱：export@itto100.com
地址：广东省佛山市禅城区凤凰路63号23栋（季华路与凤凰路交汇处）
产品：建筑陶瓷

广东博华陶瓷有限公司

电话：0757-82263500
传真：0757-82663333
营销中心：广东省佛山市禅城区雾岗路
产品：建筑陶瓷

佛山市粤台大罗马陶瓷有限公司

电话：0757-82528358

手机：13923174008 徐先生
邮箱：fsdaroma@163.com
网址：www.daroma.com.cn
地址：广东省佛山市华夏陶瓷博览城陶博大道22座
产品：建筑陶瓷

佛山市锐艺陶瓷有限公司
电话：0757-85397898
网址：www.boyitaoci.cn
地址：广东省佛山市南庄镇
产品：建筑陶瓷

佛山市三水宏源陶瓷企业有限公司
电话：0757-82261888
传真：0757-82710838
地址：广东省佛山市禅城区季华西路中国陶瓷产业总部基地中区G05
产品：建筑陶瓷

广东宏宇集团有限公司
电话：0757-82266333
传真：0757-82276787
营销中心地址：佛山市禅城区江湾三路与槎湾路交汇处
产品：建筑陶瓷

佛山市凯歌陶瓷有限公司
客服专线：王军 13658182777
销售热线：包小峰 13408332800
邮箱：fsgjtc@fsgjtc.com
地址：广东省佛山市禅城区石湾镇街道河宕永星大道19号
产品：建筑陶瓷

佛山锦盛陶瓷有限公司
联系人：黄总
电话：0757-86107629
QQ ：2980170968
地址：中国陶瓷博览城1排A12、A13、A14
产品：建筑陶瓷

佛山市禅城区新中瓷陶瓷有限公司
电话：0757-82515501 82200398
传真：0757-82204988
E-MAIL：tiles@ncc-fs.com
地址：广东省佛山市禅城区季华西路68号中国陶瓷产业总部基地中区A08栋
产品：建筑陶瓷

佛山市高明王者陶瓷有限公司
电话：0757-85320991 82016792
营销中心地址：广东省佛山市禅城区南庄华夏陶瓷博览城(总部)
电话：0757-88621083 88621880
传真：0757-88621082
第一生产基地：广东省佛山市高明区沧江工业园三洲工业区(瓷片厂)(分部)
产品：建筑陶瓷

佛山市华生陶瓷有限公司
电话：0757-85321390 85385127
传真：0757-85321390
邮箱：2805977681@qq.com
生产基地：恩平市良西镇良龙东路32号
销售部：广东省佛山市禅城区南庄镇紫洞路南庄工业区
产品：建筑陶瓷

佛山市南海雅骏陶瓷有限公司
电话：0757-81896019
传真：0757-81892210
地址：广东省佛山市南海雅骏陶瓷有限公司
产品：建筑陶瓷

佛山市芙洛尼陶瓷有限公司
电话：0757-86181598
网址：www.aifeiertc.com
地址：广东省佛山市禅城区石湾镇街道深村胜利村华光大街20号
产品：建筑陶瓷

佛山市瓷道陶瓷有限公司

电话：0757-82524399
传真：0757-82524399
手机：13380522520
联系人：赵经理
邮编：528000
网址：www.fscidao.com
地址：广东省佛山市瓷海国际陶瓷展览中心A区5座
产品：建筑陶瓷

佛山市莱恩斯泰陶瓷有限公司

电话(传真)：0757-82260298
邮箱：lonsty@lonsty.com
地址：广东省佛山市禅城区季华四路意美家卫浴陶瓷世界13栋18号
产品：建筑陶瓷

佛山陶掌柜陶瓷有限公司

联系人：林经理
电话：4000757367
网址：www.mnysyx.com
地址：佛山市禅城区同济路39号
产品：建筑陶瓷

佛山市南海升华陶瓷有限公司

总机：0757-86668118　88751668
传真：0757-88751660
国内/出口电话：0757-82017482
0757-85396586
国内/出口传真：0757-85321111
E-Mail: export@ch-sh.net
厂部地址：广东省佛山市南海区小塘五星工业区
营销中心地址：广东省佛山市禅城区华夏陶瓷博览城陶博大道30座
邮编：528222
产品：建筑陶瓷

佛山盛凡陶瓷有限公司

电话：0757-82313116
公司地址：香港中环德辅道中112-114号顺安商业大厦6楼A座2室
营销中心：广东佛山南海工业园
产品：建筑陶瓷

佛山市雅士高夫陶瓷有限公司

电话：0757-82728826
传真：0757-82728896
E-mail：ASGF-Ceramics@263.net
新浪微博：@雅士高夫陶瓷
微信公众平台账号：fsasgftc
地址：广东省佛山市季华西路中国陶瓷产业总部基地西区B03栋
邮编：528031
产品：建筑陶瓷

佛山宇浩陶瓷有限公司

电话：4000757217
地址：广东省佛山市禅城区弼唐路弼唐西第一工业区之四
产品：建筑陶瓷

佛山市曼古陶瓷有限公司

生产基地：广东省佛山市南庄镇紫南工业区
展厅电话：4008123468　0757-82265758
展厅传真：0757-82265800
营销部地址：广东省佛山市禅城区季华四路意美家卫浴陶瓷世界1栋
工厂电话：0757-82265758
工厂24小时热线：4008123468
产品：建筑陶瓷

佛山市世纪新状元陶瓷有限公司

电话：0757-82523279
传真：0757-82523266
地址：广东省佛山市华夏陶瓷城陶博大

道四十座新状元营销中心
邮编：528061
产品：建筑陶瓷

佛山市探索陶瓷有限公司
电话：0757-82525612
传真：0757-82525611
Email：fsryt888@163.com
生产基地：广东佛山南海区狮山小塘莲子塘西太村口
地址：广东佛山禅城区南庄镇华夏陶瓷博览城陶中路3座70-75号
网址：www.fsryt.com
产品：建筑陶瓷

佛山石湾鹰牌华鹏陶瓷有限公司
华鹏咨询电话：400-8088-168
售后服务：400-8088-168 转售后服务
传真号码：0757-83962130转8811
0757-83963630-8811
地址：广东省佛山市禅城区中国陶瓷城产业总部基地西区C座03、05栋
邮编：528031
产品：建筑陶瓷

佛山市国鹏陶瓷有限公司
电话：0757-82715866
传真：0757-82715899
服务热线：400-060-9838
联系人：陈维满
网址：www.fsguopeng.com
邮箱：fsguopeng@fsguopeng.com
Viman_chen2004@163.com
地址：广东省佛山市禅城区季华四路意美家卫浴陶瓷世界7栋13号
产品：建筑陶瓷

佛山美鑫陶瓷有限公司
电话：400-016-7887
网址：www.dp1t.com
地址：广东省佛山市江湾一路19号
产品：建筑陶瓷

佛山市圣凡尔赛陶瓷有限公司
招商：0757-82533394
网址：www.s-versail.com
邮箱：info@s-versail.com
地址：广东省佛山市季华西路68号中国陶瓷产业总部基地西区A5栋（佛山市季华西路与南庄紫洞路交汇处）
邮编：528061
产品：建筑陶瓷

佛山市享誉陶瓷有限公司
电话：0757-82526188
传真：0757-82526068
出口部电话：0757-88023012
E-mail：foshanceramics@gmail.com
sh139299@163.com
营销中心：佛山市南庄镇陶博大道与吉利大道西交界处新锦成大楼B楼
生产基地：广东省佛山市南庄镇贺丰工业开发区
产品：建筑陶瓷

佛山市合新创展陶瓷有限公司
电话：0757-82526389
传真：0757-82526396
营销中心地址：广东省佛山市禅城区南庄季华西路68号中国陶瓷产业总部基地特区E3101
生产基地地址：佛山市三水区白坭镇清塘开发区
产品：建筑陶瓷

佛山市嘉华城陶瓷有限公司

电话：0757-83552726　　0757-83551215
传真：0757-83551229
生产基地：广东省佛山市南海区小塘五星工业区
销售中心：佛山市禅城区南庄华夏陶瓷博览城仓储2路6座59-62号
邮编：528000
产品：建筑陶瓷

佛山市红杉树陶瓷有限公司

电话：4006699278
联系人：李先生
　　　　敬先生
技术总工：石先生15088315233
邮箱：1037029612@qq.com
地址：广东省佛山市
中国陶瓷城分公司：佛山市禅城区石湾镇街道宝塔路六座首层之一
越南公司：胡志明市第十郡十四坊成泰街
邮编：450000
产品：建筑陶瓷

佛山市南海狮山金爵陶瓷有限公司

手机：15800054933
传真：0757-82773383
地址：广东省佛山市南海区狮山镇
邮编：528000
产品：建筑陶瓷

佛山市可诺陶瓷科技有限公司

电话：0757-82532001
传真：0757-82532002
网站：www.kono.cc
邮箱：hezx-007@vip.163.com
地址：广东省佛山市禅城区季华西路168号瓷海国际C区15-17号
邮编：528000
产品：建筑陶瓷

佛山百马陶瓷有限公司

联系人：邓赛兰
电话：0757-82566055
网址：www.8bama.com
地址：广东省佛山市禅城区南庄镇紫洞南路108号六座
产品：建筑陶瓷

佛山市金锐城陶瓷有限公司

手机：400-0757-951
营销中心：
地址：广东省佛山市南庄镇华夏陶瓷博览城
传真：0757-85397006
网址：www.jinruitc.com
E-mail：jinruitc@163.com
生产基地：
第一生产基地：广东省佛山市高明区沧江工业园三洲工业区
产品：建筑陶瓷

佛山市简陶陶瓷有限公司

电话：0757-85363462
网址：www.jiantaocizhuan.com
邮箱：jiantaotaoci@126.com
地址：广东省佛山市华夏陶瓷博览城恒发楼A01
产品：建筑陶瓷

佛山市唯能陶瓷有限公司

电话：0757-82520781
传真：0757-82520782
地址：广东省佛山市季华西路68号中国陶瓷产业总部基地中央剧场7楼711
电话：4006-757-811
网址：www.weinengtaoci.com
地址：广东省佛山市季华西路68号中国陶瓷产业总部基地中央剧场7楼711
产品：建筑陶瓷

佛山市法诺亚陶瓷有限公司

电话：0757-85390000
传真：0757-85396339
地址：广东省佛山市禅城区南庄华夏陶瓷博览城陶博一路10座
展厅(佛山)电话：0757-85396330
展厅(佛山)传真：0757-85396339
展厅(佛山)地址：佛山市禅城区南庄华夏陶瓷博览城陶博一路10座
邮箱：fsa@hkfavourite.com
产品：建筑陶瓷

佛山市金时代陶瓷有限公司

电话：0757-82526202
传真：0757-82526201
地址：广东省佛山市禅城区南庄镇上元工业区
产品：建筑陶瓷

佛山市新联发陶瓷有限公司

电话：0757-83552907
传真：0757-83552921
地址：广东省佛山市禅城区南庄镇紫洞南路11号总部特区E6栋103号
产品：建筑陶瓷

佛山市芙洛尼陶瓷有限公司

电话：0757-86181598
网址：www.aifeiertc.com
地址：广东省佛山市禅城区石湾镇街道深村胜利村华光大街20号
产品：建筑陶瓷

佛山简易陶瓷有限公司

电话：020-61137039
网址：www.taoyilangtaoci.com
地址：广东省佛山市观塘兴业街14号永兴工业大厦
产品：建筑陶瓷

广东汇亚陶瓷有限公司

电话：0757-86669738
信箱：huiya.taoci@163.com
地址：广东省佛山市禅城区南庄镇华夏陶瓷博览城陶博大道16号
产品：建筑陶瓷

佛山嘉德福陶瓷有限公司

电话：0757-82521762
传真：0757-82012309
E-mail：service@jdftc.com.cn
全国服务热线：4000281655
厂址：广东省佛山市南海区西樵海洲开发区
营销中心：佛山市禅城区南庄华夏陶瓷博览城陶博一路一座
产品：建筑陶瓷

佛山市卡丹尼陶瓷有限公司

加盟热线：4008-300-567
联系人：林经理
电话：0768-6934567
传真：0768-6836889
网址：www.kadanni.com
www.kadanni.cn
邮箱：80088389@qq.com
地址：广东省佛山市石湾区沙岗路段高新技术开发区
产品：卫生陶瓷

佛山市华王陶瓷有限公司

电话：0757-82526188
传真：0757-82526068
出口部电话：0757-88023012
E-mail：foshanceramics@gmail.com
sh139299@163.com
生产基地：广东省佛山市南庄镇贺丰工业开发区
产品：建筑陶瓷

佛山高迪陶瓷有限公司

网址：www.gaoditaoci.com
全国统一免费客服电话：400-0757-879
地址：广东省佛山市禅城路汾江中路201号501
产品：建筑陶瓷

佛山市群星陶瓷设备有限公司

电话：0757-81800713
传真：0757-81800713
网址：www.fsqunxing.cn
地址：广东省佛山市南海区罗村务庄工业区
邮编：528226
产品：建筑陶瓷

佛山市高明贝斯特陶瓷有限公司

营销中心地址：广东省佛山市禅城区华夏陶瓷博览城
营销中心电话：0757-85313168
0757-82016635
传真：0757-85313928
网址：www.baitetc.com
厂址：广东省佛山市高明区沧江工业园明城工业区
邮编：528061
产品：建筑陶瓷

佛山市英陶陶瓷有限公司

電話：0757-82726855
傳真：0757-82728334
移動電話：13535840077
郵件：lindahuang1688@hotmail.com
首頁：http://fshhr.cht.b2b168.com
网址：www.yingtaoceramics.com
地址：廣東省佛山市工農路11號
郵編：528031
产品：建筑陶瓷

佛山市瓷尊建材有限公司

电话：0757-88772696
传真：0757-88772330
邮箱：weinasi@fsweinasi.com
地址：广东省佛山市南海区西樵太平工业区
邮编：528061
产品：建筑陶瓷

广东嘉俊陶瓷有限公司

电话：0757-82266818
传真：0757-82569937
产业总部：广东省恩平市沙湖镇蒲桥新型建材工业园
佛山营销中心
地址：广东省佛山市季华西路68号中国陶瓷产业总部基地中区A06栋
产品：建筑陶瓷

佛山境界陶瓷有限公司

电话：400-870-0017
网址：www.xjjtc.cn
地址：广东省佛山市禅城区圣堂大街16号
产品：建筑陶瓷

广东佛山宾豪陶瓷有限公司

全国财富热线：400-0221988
营销地址：广东省佛山市禅城区季华西路168号南庄镇瓷海国际B区第9座第10号铺
网址：www.hemandetaoci.com
产品：建筑陶瓷

佛山市鑫鹏飞陶瓷有限公司

电话：400-1550-798 18979865500
E-mail：okcz-fs@163.com
网址：www.xpfok.com
地址：广东省佛山市禅城区季华四路意美家陶瓷卫浴世界11栋2楼9号
产品：建筑陶瓷

佛山市鹰田陶瓷有限公司

电话：0757-82629888　82312222
传真：0757-83218788
E-mail：yingtianchina@163.com
MSN：yingtianchina@hotmail.com
国际贸易部
E-mail： yingtianchina@163.com
展厅地址：广东省佛山市季华西路瓷海国际C区10座
产品：建筑陶瓷

佛山高明森景陶瓷有限公司

联系人：林先生
电话：0757-8252221
传真：0757-82522210
地址：广东省佛山市禅城区季华西路瓷海国际陶瓷城
邮编：528000
产品：建筑陶瓷

佛山市新恒隆抛光砖有限公司

展销中心：0757-85381771
客服中心：0757-85381172
国际贸易部：0757-85398839
传真：0757-85381173
邮编：528061
网址：www.nhl-ceramics.com
邮箱：market@nhl-ceramics.com
地址：广东省佛山市禅城区南庄镇紫洞路段罗元开发区
产品：建筑陶瓷

佛山市金品德陶瓷有限公司

电话：0757-82520114
传真：0757-88353839
联系人：胡宜标
地址：广东省佛山市南庄华夏陶瓷城恒发楼
产品：建筑陶瓷

佛山茂兴玛拉兹陶瓷有限公司

传真：0757-82702722
电话：0757-82702622　82265558
邮箱：malaci2011@malaci.com
地址：广东省佛山市季华西路68号中国陶瓷产业总部基地E栋
产品：建筑陶瓷

佛山市时尚摩登陶瓷有限公司

电话：4000038756
手机：13392222632
邮箱：fsmjtc@163.com
网址：www.duominuotc.com
地址：广东省佛山市禅城区佛山大道北40号2座
产品：建筑陶瓷

佛山市赛尼洁具有限公司

联系人：刘怀东
电话：4006628058
传真：0757-82279725
网址：www.sani-ware.cn
地址：广东省佛山石湾青柯路西便1-2号
邮编：528000
产品：卫生陶瓷

佛山市杨森化工有限公司

电话：0757-82266519　82266559
传真：0757-82773558
电邮：hengyubh@qq.com
公司地址：广东省佛山市禅城区南庄镇紫洞南路106号商业广场4座6楼
工厂地址：广东省佛山市三水区西南南丰工业大道
电话：0757-87771258　87771259
传真：0757-87759596
高安办事处地址：江西省高安市新街镇喻家村
电话：15279883476　13627052186
产品：陶瓷高效胚体增强剂

佛山市名典大将作磁砖有限公司
公司地址：广东省佛山市禅城区雾岗路
电话：0757-82210888
传真：0757-82200011
生产基地：广东省清远市佛冈县龙山镇
产品：建筑陶瓷

佛山市金明晶陶瓷建材有限公司
营销中心：广东省佛山市禅城区南庄镇陶博大道东区2号
电话：0757-82013077　0757-82010345
传真：0757-82014113
产品：建筑陶瓷

佛山市科能陶瓷有限公司
热线：0757-82525806
传真：0757-82525808
E-mail：kenen888@163.com
营销中心：广东省佛山市华夏陶瓷博览城
生产基地：广东省肇庆市贝水永安工业园
产品：建筑陶瓷

佛山市开拓者陶瓷有限公司
电话：0757-82526080
传真：0757-82526081
地址：广东省佛山市禅城区南庄镇紫洞北路192号
营销：广东省佛山市禅城区南庄华夏陶瓷博览城陶博三路1座
产品：建筑陶瓷

佛山市宏美建材有限公司
电话：0757-82529709
传真：0757-82529707
网址：www.fs-hcc.com
营销中心：广东省佛山市南庄镇华夏陶瓷博览城陶博三路二座（陶南路侧）
生产基地：广东省佛山市南庄镇贺丰工业区
产品：建筑陶瓷

佛山市奥迪华陶瓷有限公司
电话：0757-66603596
地址：广东省佛山市禅城区市东下路33号
产品：建筑陶瓷

佛山市华都陶瓷色釉有限公司
联系人：陈殊
电话：0757-82706778
手机：13702554095
传真：0757-82706778
地址：广东省佛山市禅城区张槎青柯
产品：陶瓷色釉料

佛山塞纳陶瓷有限公司
全国财富热线：4000757260
网址：www.gjmtcz.com.com
营销地址：广东省佛山禅城区大江村青龙工业区一排2号
产品：建筑陶瓷

佛山市御牌陶瓷有限公司
电话：0757-82711099
传真：0757-82711066
电邮：fsyupai@163.com
网址：www.fsyupai.com
地址：广东省佛山市禅城区石湾雾岗路
产品：建筑陶瓷

佛山市泛欧蔓帝陶瓷有限公司
电话：0757-86181737
网址：www.jianoutaoci.com
地址：广东省佛山市顺德区大良文秀逢源路 1号
产品：建筑陶瓷

佛山奥克兰陶瓷建材有限公司
销售中心
电话：0757-82661595
传真：0757-82785615
手机：13929933507

邮箱：aokelanexport@aliyun.com
销售中心地址：广东省佛山市禅城区季华西133号绿岛国际中心4座802单元
产品：建筑陶瓷

佛山市新石湾美术陶瓷厂有限公司
电话：0757-82275201　0757-82267894
传真：0757-82710216
网址：www.new-meitao.com
邮箱：new-meitao@new-meitao.com
地址：广东省佛山市石湾镇东风路17号
邮编：528031
产品：艺术陶瓷

佛山五福陶瓷有限公司
咨询热线：4000757721
网址：www.jjzjtc.com
地址：香港新界葵涌葵昌路26-38号豪华工业大厦23楼B07室
产品：建筑陶瓷

佛山路易斯顿陶瓷有限公司
电话：4006760883
网址：www.luyisiduntaoci.com
地址：广东省佛山南庄镇华夏陶瓷城
产品：建筑陶瓷

佛山市彩蝶陶瓷科技有限公司
电话：13702917310
网址：www.oudianstone.com
邮箱：13702917310@163.com
地址：广东省佛山市石湾槎湾路中段青柯路中段
展示厅：广东省佛山市江湾三路中国陶瓷城209号
邮编：528031
产品：建筑陶瓷

佛山奥特玛陶瓷有限公司
营销中心地址：广东省佛山市禅城区季华西路133号（绿岛湖）5座606
国内电话：0757-82783210
出口电话：0757-82783218
传真：0757-82770336
地址：广东省佛山市三水区西南街道河口左田民营开发区
产品：建筑陶瓷

佛山新百丽陶瓷有限公司
电话：0758-8182123
网址：www.xinbailitc.com
地址：香港九龙旺角弥敦道707-713号
产品：建筑陶瓷

广东冠星陶瓷企业集团
展厅：0757-85396560（3311）
销售部：0757-85396681（6682）
传真：0757-85397855
办公总部地址：广东省佛山市禅城区南庄华夏陶瓷博览城四环路7座冠星陶瓷企业大厦
邮编：528219
产品：建筑陶瓷

佛山市红康陶瓷有限公司
电话：0757-82726058
免费热线：4000580150
地址：广东省佛山市禅城区石湾镇中路
产品：建筑陶瓷

佛山市五月玫瑰陶瓷有限公司
电话：0757-82562998
传真：0757-82562988
腾讯微博：http://t.qq.com/fsmayrose
地址：广东省佛山市南庄华夏陶瓷城陶北路2座7号
产品：建筑陶瓷

佛山市熊大陶瓷有限公司
电话：0757-82529432
传真：0757-82529432
手机：13929967887

QQ：1157542203
邮箱：727653832@qq.com
地址：广东省佛山市禅城区中国陶瓷城马赛克精品城1号铺
产品：建筑陶瓷

佛山市高明骏程陶瓷有限公司
电话：0757-82522206　0757-82522230
传真：0757-82522209
骏程网站：www.junchengtc.com
骏程微博：weibo.com/junchengtc
地址：广东省佛山市季华西路瓷海国际展示中心
产品：建筑陶瓷

佛山市三水容大新型装饰材料有限公司
邮箱：sale@vivo-china.com
网址：www.vivo-china.com
电话：0757-82669560
传真：0757-82662413
营销中心地址一：广东省佛山市禅城区季华西路68号陶瓷总部基地中区G座07栋
地址二：佛山市石湾江湾路中国陶瓷城B206号
生产基地：佛山市三水中心科技工业区c区
产品：建筑陶瓷

佛山市永盛达机械有限公司
营销部电话：0757-83613888
出口部电话：0757-82011333
地址：广东省佛山市禅城区南庄吉利高新技术工业园新源二路70号
邮编：528041
产品：陶瓷机械

佛山市圣德保陶瓷有限公司
地址：广东省佛山市禅城区南庄石南大道道班段圣德保大楼
电话：0757-85337878
传真：0757-85382606
产品：建筑陶瓷

佛山市耐度陶瓷有限公司
电话：400-0575-691
网址：www.naidutaoci.com
地址：广东省佛山市南海区桂城天佑三路11号
产品：建筑陶瓷

佛山市波诺尼亚陶瓷有限公司
电话：0757-83552659　83552859
传真：0757-83553166
E-mail：bononia@yeah.net
网址：www.fsbononia.com
营销中心：佛山市禅城区季华西路68号中国陶瓷总部基地西区C10栋
生产基地：广东省新兴县稔村镇布夏工业区
产品：建筑陶瓷

佛山市陶结义无机材料有限公司
电话/传真：0757-82274458
联系人：廖先生
手机：13809217175
联系人：李先生
手机：13702430798
邮箱：taojieyilxq@163.com
网址：www.taojieyi.com
地址：广东省佛山市禅城区榴苑五街三座101号(榴苑路尾-原美唯颜料)
产品：陶瓷色釉料

佛山帕拉图陶瓷有限公司
电话：4000757563
网址：www.platotc.com
地址：广东省佛山市禅城区
产品：建筑陶瓷

佛山市奥泰陶瓷有限公司
电话：0757-86180750
网址：www.shengmier.com
地址：广东省佛山市江湾一路19号
产品：建筑陶瓷

广东新中源陶瓷有限公司

传真：0757-85387808
服务热线：4008300080
广东营销中心(广东、海南、福建、浙江、
江苏、山东、上海)
地址：广东省佛山市禅城区南庄镇石南大道
邮编：528061
产品：建筑陶瓷

佛山市冠珠陶瓷有限公司

业务咨询：4008841088
传真：0757-85382563
国际贸易部：0757-85385922
邮箱：info@cnguanzhu.cn
电话：0757-82016917
传真：0757-82016912
厂址：广东省佛山市禅城区南庄镇隆庆
邮编：528061
产品：建筑卫生陶瓷

佛山简一陶瓷有限公司

电话：0757-82362988
全国服务热线：4001053288
传真：0757-82363900
地址：广东省佛山市禅城区季华一路28号智慧新城T10栋2-5层
邮编：528000
产品：建筑卫生陶瓷

佛山市布兰顿陶瓷有限公司

400电话：400-0757-768
手机：13392285133
电话：0757-82530768　0757-82530767
传真：0757-82530765
Q　Q：1316780477
邮箱：1316780477@qq.com
地址：广东省佛山市禅城区南庄镇华夏陶瓷城陶博大道20座
产品：建筑陶瓷

佛山市玉名龙陶瓷有限公司

电话：0757-85393628
传真：0757-85397785
地址：广东省佛山市禅城区南庄镇石南大道东村路段
邮编：528061
产品：建筑陶瓷

佛山市公馆陶瓷有限公司

电话：0757-82531656
传真：0757-82531657
地址：广东省佛山市禅城区季华西路68号中国陶瓷产业总部基地中区C10栋
产品：建筑陶瓷

佛山市金歌陶瓷有限公司

服务热线：4006220869
电话：0757-86180697
网址：www.jingetaoci.com
E-mail：jingetaoci@yahoo.com
地址：广东省佛山市龙津工业区
产品：建筑陶瓷

佛山市新东龙陶瓷有限公司

联系人：周芳
电话：0757-82667643
传真：0757-82662310
QQ：646813686
邮箱：evazhou@fs-shitao.com
地址：广东省佛山市江湾三路中国陶瓷城B516
产品：建筑陶瓷

佛山市强标陶瓷有限公司

电话：0757-85333777
传真：0757-85399755
E-mail：gdqiangbiao@163.com
网址：www.fsqiangbiao.com
地址：广东省佛山市南庄吉利工业区

邮编：528000
产品：建筑陶瓷

佛山市好家园陶瓷有限公司
营销中心：广东省佛山市禅城区南庄华夏陶瓷城会展二环路7-6-A号
电话：0757-82521677
传真：0757-82521678
厂址：广东省高要市禄步镇城西工业区
电话：0758-8253966
传真：0758-8253977
产品：建筑陶瓷

佛山泰乐陶瓷有限公司
电话：0757-83807855
传真：0757-83807855
手机：15015853673
网址：www.dandinghecz.com
地址：广东省佛山市禅城区东下路桂圆26座601号
产品：建筑陶瓷

爱和陶（广东）陶瓷有限公司
国内营业部
0757-83960568 83960506(华东地区)
0757-83960509 83962589(华南地区)
0757-83960538 83960512(东北、华北、华中、西南地区)
全国热线：0757-83960510　83960516
传真：0757-82268523　82711762
E-mail：icot-sales@icot.com
地址：广东省佛山市禅城区江湾三路中国陶瓷城A306#
邮编：528031
产品：建筑陶瓷

佛山市彩陶陶瓷有限公司
电话：0757-8271882
传真：0757-8270282
网址：www.jinyonglong.com.cn
地址：广东省佛山市石湾沙岗新路82号
邮编：528000
产品：建筑陶瓷

佛山欧神诺陶瓷股份有限公司
电话：4001860000　0757-83612646
传真：0757-88310988转022/039
邮箱：mp2@oceano.com.cn
地址：广东省佛山市禅城区季华四路33号佛山创意产业园1号楼
邮编：528000
产品：建筑陶瓷

广东东鹏控股股份有限公司
东鹏客户服务中心：0757-82720000
东鹏瓷砖销售部：0757-82666275
东鹏瓷砖工程部：0757-82708030
佛山东鹏洁具公司：0757-82260773
0757-82274993
佛山东鹏洁具客服部：057-82710832
公司传真总机：0757-82666833
地址：广东省佛山市禅城区江湾三路8号东鹏大厦
产品：建筑陶瓷

佛山市优家尚品建材有限公司
电话：0757-86119530
网站：www.chinaoscai.com.cn
地址：广东省佛山市禅城区普澜路15号
产品：建筑陶瓷

佛山优博陶瓷分析测试有限公司
电话：0757-82664221
传真：0757-82664093
邮箱：fsyourbo@126.com
网址：www.gdyourbo.com
地址：广东省佛山市禅城区石湾雾岗路鸿艺

陶瓷城二座二楼
产品：陶瓷原料、耐火材料分析测试

佛山市康荣精细陶瓷有限公司
联系人：卓先生
邮箱：sales@kangrong.com
电话：0757-86430099
传真：0757-86430170
网址：www.kangrong.com
地址：广东省南海区狮山镇罗村社会管理处朗沙管理区工业大道
产品：特种陶瓷

佛山市威乐斯建材有限公司
电话：0757-85330628　85330638
传真：0757-85398336
邮箱：weilesi@weilesi.com.cn
网址：www.weilesi.com.cn
地址：广东省佛山市禅城区季华西路68号中国陶瓷产业总部基地西区K座
产品：建筑陶瓷

佛山市典典陶瓷有限公司
电话：0757-86181316
传真：0757-86181316
400免费电话：4000675388
网址：www.dandd.cn
地址：广东省佛山市禅城区佛平路10号
产品：建筑陶瓷

佛山市金满达陶瓷有限公司
营销中心：华夏陶瓷博览城陶中路75-80号
电话：0757-82014918
传真：0757-82014928
基地：广东省佛山市南海西樵大岸工业区
电话：0757-86818188
传真：0757-86818388
网址：www.jinmanda.com
产品：建筑陶瓷

广东萨米特陶瓷有限公司
传真：0757-85317888
地址：广东省佛山市禅城区南庄镇华夏陶瓷博览城萨米特大厦
产品：建筑陶瓷

佛山市豪帮陶瓷有限公司
服务热线：400-0612-018
加盟热线：0757-82789330　82789323
邮编：528000
地址：广东省佛山市禅城区季华四路33号创意产业园23栋5层
产品：建筑陶瓷

佛山瑞福临陶瓷有限公司
业务咨询：0757-82704505
客户投诉：0757-82704505
手机：13850165018
联系人：钱先生
邮箱：bokaijc@monalisa.com.cn
网址：www.ruifuling.com
地址：广东省佛山市禅城区松凤路43号
产品：建筑陶瓷

佛山市瑞迪斯陶瓷有限公司
联系人：杨玉香
电话：0757-8271288
地址：广东省佛山市禅城区江湾一路8号
邮编：528000
产品：建筑陶瓷

佛山市兰洛斯陶瓷有限公司
招商电话：0757-82568055
传真：0757-82563788
营销中心：广东省佛山市禅城区季华西路中国陶瓷产业总部基地中区G-03栋
产品：建筑陶瓷

佛山佳隆陶瓷有限公司
联系电话：400-0757-300
网址：www.gjzjtc.com
地址：广东省佛山市禅城区华夏陶瓷博览城
产品：建筑陶瓷

佛山市南海千葉红陶瓷有限公司
全国服务热线：4000271655
销售热线：0757-85398752
传真：0757-85398751
营销中心地址：广东省佛山市禅城区南庄华夏陶瓷博览城陶博一路六座三楼
厂址：广东省佛山市南海区西樵海舟开发区
邮编：528000
产品：建筑陶瓷

佛山艾尚陶瓷有限公司
联系人：钟先生
电话：400-626-3368
地址：广东省佛山市华夏陶瓷城
产品：建筑陶瓷

广东金意陶陶瓷有限公司
电话：0757-82533888
传真：0757-82533800
工程联系人：李总
地址：广东省佛山市季华西路瓷海国际B-1金意陶思想公园
邮编：528031
产品：建筑陶瓷

佛山市欧陶无机材料有限公司
电话：0757-82532167
传真：0757-82532166
国际业务部：0757-82721976
传真：0757-82667252
佛山营销部：0757-82532169
总公司地址：广东省佛山市禅城区张槎塱宝西路零壹科技园赣商大厦12楼
产品：陶瓷色釉料

清远市宝仕马陶瓷有限公司
电话：0763-5678188
传真：0763-5672111
地址：广东省清远市清新县禾云镇云龙工业园
产品：建筑陶瓷

佛山市金时代陶瓷有限公司
电话：0757-82526202
传真：0757-82526201
地址：广东省佛山市禅城区南庄镇上元工业区
产品：建筑陶瓷

佛山市旗成建材有限公司
电话：0757-82011220
传真：0757-82011230
地址：广东省佛山市禅城区南庄镇华夏陶瓷博览城陶南路5座2号、6号
产品：建筑陶瓷

佛山市鸿运陶瓷机械有限公司
厂电：0757-80379009
QQ：1254257961
邮箱：1254257961@qq.com
地址：广东省佛山市南海区狮山镇白沙桥村第三工业区1号
产品：陶瓷机械

佛山市朗维建材有限公司
电话：0757-82665371
传真：0757-82665372
邮箱：info@longways.cn
地址：广东省佛山市禅城区宝塔路27号3栋2层
产品：建筑陶瓷

佛山市新东龙陶瓷有限公司

手机：13510077246
电话：0757-82667643
传真：0757-82662310
QQ：646813686
SKYPE：shitao.com
邮箱：evazhou@fs-shitao.com
地址：广东省佛山市江湾三路中国陶瓷城B516
产品：建筑陶瓷

佛山市高明安华陶瓷洁具有限公司

服务热线：4001066828
售后电邮：wyservice@annwa.com.cn
代理加盟
电子邮箱：wyselas@annwa.com.cn
联系电话：0757-88510390
联系地址：广东省佛山市高明区沧江工业园
产品：卫生陶瓷

佛山市禅城米格兰建材有限公司

电话：0757-85397972
国际贸易部电话：0757-85399229
传真：0757-82019620
地址：广东省佛山市禅城区南庄镇紫洞工贸加油站侧
邮箱：528061
产品：建筑陶瓷

佛山市誉邦陶瓷原料有限公司

电话：0757-82663132
传真：0757-82663136
销售热线：王先生
销售热线：吴先生
网址：www.fsyubang.com
地址：广东省佛山市禅城区凤凰路63号1506国际陶瓷城A区2栋308室
产品：陶瓷原料

佛山西樵雅娜陶瓷有限公司

电话：0757-82270696
手机：18902412696
QQ：2025808971
网址：www.yuegangtc.com
地址：广东省佛山市南海西樵
产品：建筑陶瓷

佛山市歌华陶瓷有限公司

电话：400-600-9175
传真：0757-86332152
E-Mail：fslizhenhua@yeah.net
地址：广东省佛山市禅城区季华西路68号中国陶瓷产业总部基地配套中心A301室
产品：陶瓷原料

佛山市金威胜陶瓷颜料有限公司

电话：0757-82664916
　　　0757-82268059
传真：0757-82706319
邮箱：info@gdjws.com
网址：www.kinwinpigment.com
　　　www.gdjws.com
地址：广东省佛山市禅城区季华西路瓷海国际C8,206室
邮编：528000
产品：陶瓷色釉料

佛山金天鹅陶瓷有限公司

生产基地：佛山南庄镇紫南工业区
展厅电话：0757-82525133
24小时服务手机：13450382834
全国服务热线：400-8000-695
营销部地址：广东省佛山禅城区季华西路131号楼自编B座第九层909-912
产品：建筑陶瓷

佛山红狮陶瓷有限公司

电话：0757-82277555

传真：0757-82274004
网址：www.redlion-china.com
邮箱：mtsale@vip.163.com
地址：广东省佛山市石湾镇东风路17号
邮编：528031
产品：建筑陶瓷

佛山市金舵陶瓷有限公司

客户投诉:
电话：0757-85382711
传真：0757-85382711
E-mail：qs@jinduo.com
电话：0757-85310888
传真：0757-85338822
E-mail：market@jinduo.com
地址：广东省佛山市禅城区南庄大道149号金舵领航馆
产品：建筑陶瓷

佛山市汇客莱陶瓷有限公司

固话：0757-82784269
传真：0757-82784269
联系人：邓小姐
手机：13630083856
地址：广东省佛山市禅城区季华四路意美家陶瓷卫浴世界12栋
产品：建筑陶瓷

佛山市意堡罗陶瓷有限公司

电话：0757-82526192　82526193　82526197
传真：0757-82526196
邮箱：2861170422@qq.com
网站：www.yibaoluo.com
地址：广东省佛山市南庄华夏陶瓷博览城陶南路三座1-3号
邮编：528061
产品：建筑陶瓷

佛山市紫爱家园陶瓷有限公司

电话：0757-83552766
手机：18316817373
QQ：197461398
联系人：彭经理
营销中心地址：广东省佛山市季华西路瓷海国际C区15座5－6号
产品：建筑陶瓷

佛山市国陶陶瓷有限公司

手机：13929803097
联系人：刘生
网址：www.gt1983.com
地址：广东省佛山市禅城区海口工业区
产品：建筑陶瓷

佛山市瓷道陶瓷有限公司

电话：0757-82524399
传真：0757-82524399
手机：13380522520
联系人：赵经理
网址：www.fscidao.com
地址：广东省佛山市瓷海国际陶瓷展览中心A区5座
邮编：528000
产品：建筑陶瓷

佛山市骏美特种陶瓷有限公司

联系人：何小姐
电话：0757-87380766
传真：0757-87380909
手机：13927716353
地址：广东省佛山市三水区乐平中心科技工业园
产品：特种陶瓷

佛山市广陶汇陶瓷有限公司

电话：0757-82712286
传真：0757-82729962
地址：广东省佛山市禅城区季华四路意美家卫浴陶瓷世界12栋48-49号
邮编：528300
产品：建筑陶瓷

佛山市南海威廉顿陶瓷有限公司
电话：0757-85311088
传真：0757-85321111
E-Mail：william@william.net.cn
地址：广东省佛山市华夏陶瓷博览城陶博大道三十座
邮编：528219
产品：建筑陶瓷

佛山市天纬陶瓷有限公司
电话：0757-85385382
传真：0757-85399738
电子邮件：info@tw100.cn
售前咨询：0757-85385382
售后服务：0757-85382711
投诉建议：0757-85382711
地址：广东省佛山市禅城区华夏陶瓷博览城陶博一路12座
产品：建筑陶瓷

佛山市欧宝利陶瓷有限公司
电话：0757-86181577
地址：广东省佛山市江湾一路19号
网址：www.chuanmaitc.com
产品：建筑陶瓷

佛山市兴辉陶瓷有限公司
地址：佛山市禅城区季华西路紫洞路交界处中国陶瓷产业总部基地西区A座A栋01
电话：0757-82533993
传真：0757-82533999
客服电话：400-8800-448
电话：0757-86868776
传真：0757-86868111
佛山生产基地：广东省佛山市南海区西樵科技工业园
产品：建筑陶瓷

广东新润成陶瓷有限公司
电话：0757-86817901 86817902
传真：0757-86817900
出口部：0757-86858382
传真：0757-86858381
E-mail：xinruncheng@21cn.com
地址：广东省佛山市南海区西樵镇崇北工业区
邮编：528211
产品：建筑陶瓷

广东强辉陶瓷有限公司
电话：0757-85399608
传真：0757-85399606
E-Mail：info@gdqhtc.com
网址：www.gdqhtc.com
地址：广东省佛山市紫南工业区
产品：建筑陶瓷

南海市骏华陶瓷有公司
电话：0757-85222853
传真：0757-85226369
地址：广东省佛山市石湾镇江滨路1号首层169号、2座306号
产品：建筑陶瓷

潮州市

(排名不分先后)

广东长城集团股份有限公司
电话：0768-2932398 2931010 2932299
传真：0768-2931008 2931033
地址：广东省潮州市枫溪区蔡陇大道
产品：中高档创意工艺、日用陶瓷

广东顺祥陶瓷有限公司
全国统一热线电话：4008301929
电话：0755-25427110
传真：0755-25427101

地址：广东省潮州市枫溪区如意路1号
邮编：518114
产品：日用陶瓷

广东骏晟陶瓷有限公司

联系人：肖双娥
电话：0768-2850059
传真：0768-2853860
地址：广东省潮州市湘桥区二期工业园区振工西路北侧
产品：日用陶瓷

潮州市三博陶瓷制作有限公司

电话：0768-2999909　5219077
0768-5217577
传真：0768-5217261
邮箱：sb@sanboceramics.com
th@sanboceramics.com
sbtc@sanboceramics.com
网址：www.sanboceramics.com
地址：广东省潮州市护堤路浮洋镇潘刘
产品：日用陶瓷

潮州市榮昌陶瓷實業有限公司

電話：0768-6960899
傳真：0768-6960000
郵箱：rongchang@rongchang-ceramics.com
地址：广东省潮州市潮安区古巷鎮孚中工業區
产品：日用陶瓷

潮州市弘扬陶瓷有限公司

邮箱：fromone@fromone.cn
电话：0768-6819792　6819793
传真：0768-6812349
电话：0768-6819891
地址：广东省潮州市浮洋徐仙路中段
邮编：521000
产品：日用陶瓷

潮州市金强艺陶瓷实业有限公司

电话：0768-5224838 5224828
传真：0768-5223030
新厂址：广东省潮州市潮安县乌洋村开发区
电话：0768-2987383
传真：0768-2985814
厂址：广东省潮州市枫溪区堤头工业区
产品：日用陶瓷

潮州市华中陶瓷实业有限公司

电话：0768-6960988　6962018
传真：0768-6962038
邮箱：czhz008@163.com　czhz001@163.com
地址：广东省潮安县古巷镇孚中工业区
邮编：515647
产品：高新技术陶瓷产品

广东省伟业陶瓷有限公司

电话：0768-2923288　2923339 2923399
传真：0768-2923398　2923338
邮编：521031
内销部:webmaster@weiye-porcelain.com
外销部:weiye@weiye-ceramics.com
地址：广东省潮州市枫溪如意路工业园F1
产品：日用陶瓷

潮州市华阳陶瓷有限公司

电话：0768-2922020
传真：0768-2973150
手机：13715834171
联系人：李先生
电子邮箱：lisancz@yeah.net
网站域名：www.HYceramics.cn
地址：广东省潮州市枫溪区詹厝工业区
产品：日用陶瓷

潮州市广腾陶瓷有限公司

电话：0768-26186223

传真：0768-2316719
地址：广东省潮州市新洋路桔子园工业区
邮编：521000
产品：陶瓷玩具

广东非凡实业有限公司
电话：0768-6967000 6962554 6967018
传真：0768-6962550
地址：广东省潮州市北片工业区兴工北路
产品：卫生陶瓷

广东三元玉瓷文化发展股份有限公司
电话：0755-25771583
0755-25771580　25771585
Email：gemya@sanyuan-ceramics.com
地址：深圳市罗湖区沿河北路1002号瑞思国际A座25楼
产品：日用陶瓷

广东大业陶瓷有限公司
国内事务部：4001160768
国外事务部：0768-2807256
传真：0768-2803008
地址：中国广东潮州大道工业区凤新东路大业园
产品：日用陶瓷

潮州市联源陶瓷制作有限公司
电话：0768-2851881
手机：13632001989
传真：0768-2851880
地址：广东省潮州市大道北东埔开发区
产品：日用陶瓷

潮州宏业陶瓷制作厂有限公司
电话：0768-28016223318(3338)
传真：0768-2801632
网址：www.cn-ncc.com
邮箱：ncc@ncc.net.cn
地址：广东省潮州开发区北片工业区
产品：日用陶瓷

广东全福陶瓷实业有限公司
电话：0768-2978038　2979092
传真：0768-2979539
邮箱：table@quanfu.cc
地址：广东省潮州市枫溪全福管理区田心路一号
邮编：521031
产品：日用陶瓷

潮州市泽洲陶瓷有限公司
联系人：洪小姐 蔡先生
电话：0768-2800883 2800539 2800058
传真：0768-2800980 2803030
网址：www.zezhou-china.com
邮箱：zhezhou@pub.chaozhou.gd.cn
地址：广东省潮州市潮州大道凤新东路莲云开发区
产品：艺术陶瓷

潮州市瑞成陶瓷实业有限公司
电话：0768-2803139 0768-2804003 2806139
传真：0768-2804139
电子邮件：ruicheng@rc-cz.com
网址：www.ruicheng-cn.com
地址：广东省潮州市意溪河内工业区
邮编：521051
产品：日用瓷和陈设瓷

潮州市广嘉陶瓷制作有限公司
电话：0768-6875454-8306,8307,8308
传真：0768-6874444
网址：www.guangjia.cc
地址：广东省潮州市潮安区凤塘镇凤岗村凤岗大桥头
邮编：521031
产品：日用瓷和礼品瓷

潮州市庆发陶瓷有限公司
电话：0768-6897690
传真：0768-6877724
电子邮件：info@czqingfa.com
网站：www.czqingfa.com
地址：广东省潮州市湘桥区田中工业区
邮编：521000
产品：日用陶瓷

潮州市捷美工艺品有限公司
电话：0768-6872988
手机：15992326320
传真：0768-6872889
地址：广东潮州市枫溪区枫一工业区鳗场路58号
邮编：521031
产品：日用瓷和陈设瓷

潮州市弘博陶瓷制作有限公司
电话：0768-6859633 6859635
传真：0768-6859631
网址：www.hongboceramics.com
邮箱：info@hongboceramics.com
地址：中国广东省潮州市潮安县凤塘西和工业区
产品：日用陶瓷

潮州市金瓯陶瓷有限公司
电话：0768-2931029　0768-2931289
传真：0768-2932029
邮箱：qiuqiang@pub.chaozhou.gd.cn
网址：www.jinou-ceramics.com
地址：广东潮州枫溪区蔡陇村光明路（电厂前）
产品：日用陶瓷

潮州市金航陶瓷实业有限公司
电话：0768-6821080
传真：0768-6825822
网址：www.jinhang-ceramics.com
邮箱：czjinhang2006@yahoo.com.cn
地址：广东省潮州市潮安县登塘镇东部开发区
产品：日用陶瓷

潮州市潮安区利发陶瓷实业有限公司
电话：0768-6933889
传真：0768-6834899
手机：13923500938
电子信箱：info@lifa-ceramics.com
网址：www.lifa-ceramics.com
地址：潮州市古巷镇枫四工业区
邮编：515647
产品：日用陶瓷

潮州市桦达陶瓷制作有限公司
电话：0768-2185191 2185181
传真：0768-2185192
网址：www.huada-ceramics.com
邮箱：wendy@huada-ceramics.com
地址：广东省潮州市开发区二期兴业路
产品：骨瓷

潮州市沃源陶瓷制作厂
联系人：林建新
电话：0768-6744338
传真：0768-6744339
手机：13828301881
Q Q：1103644
网址：www.wycollection.com
邮箱：wycz@wycollection.com
地址：广东省潮州市文祠镇文望路中段
产品：日用陶瓷

潮州市三泰陶瓷有限公司
电话：0768-2925641
传真：0768-2922300
地址：广东潮州市枫溪区如意路17号
邮编：521000
产品：日用陶瓷

潮州市雅居陶瓷实业有限公司
电话：0768-6851268
传真：0768-6858618
网址：www.yaju-china.com
邮箱：chaozhouyaju@163.com
地址：广东省潮州市潮安县凤塘工业区东门片
产品：日用陶瓷

广东名流陶瓷实业有限公司
电话：0768-2999229/23/24
免费热线：4001033288
传真：0768-2990609
邮箱：mingliu@gdmingliu.cn
网址：www.gdmingliu.cn
地址：广东省潮州市枫溪区长美安山路
产品：日用陶瓷

广东松发陶瓷股份有限公司
客服：0768-2923710
传真：0768-2922362
邮箱：songfa@songfa.com
地址：广东省潮州市枫溪区如意路工业园20号
产品：日用陶瓷

广东英乐斯陶瓷有限公司
电话：0768-2806839
传真：0768-2806030
电子邮箱：enlers@vip.163.com
网站域名：www.enlers.cn
地址：广东省潮州市潮安县兴工南路附近
产品：卫生陶瓷

潮州市潮安区宝龙陶瓷实业有限公司
电话：0768-6837068
传真：0768-6835685
网址：www.baolongtaoci.com.cn
地址：广东省潮州市潮安区古巷镇枫一工业区
邮编：515647
产品：卫生陶瓷

潮州市鸿宝陶瓷制作有限公司
网址：www.hkhungpo.com
邮箱：info@hkhungpo.com
电话：0768-6873859
传真：0768-6895415
地址：广东省潮州市枫溪区长美桥头西溪东路11号
产品：卫生陶瓷

潮州市宝达亿陶瓷有限公司
电话：0768-2981908　2980992
传真：0768-2981139
网站：www.baodayi.com
邮箱：info@baodayi.com
export@baodayi.com
地址：广东省潮州市枫溪区蔡陇开发区
邮编：521000
产品：日用陶瓷

潮州市海翔陶瓷实业有限公司
电话：0768-6853777
传真：0768-6857000
邮箱：czhxwy@21cn.com
地址：广东省潮州市安揭公路三环集团对面凤岗开发区
邮编：515646
产品：日用陶瓷

潮州市唯陶陶瓷有限公司
电话：0768-6859330
传真：0768-6859330
邮箱：victoryboch@aliyun.com
地址：广东省潮州市潮安县凤塘工业区
产品：卫生陶瓷

潮州市法恩斯陶瓷实业有限公司
网址：www.farns-ceramics.com
公司电话：0768-5333005

热线：0768-5332266 5333002
传真：0768-5332277 5333006
联系人：苏先生
地址：广东省潮州市凤塘书图
邮编：515646
产品：卫生陶瓷

潮州市雅典陶瓷制作厂
电话：0768-6882057
传真：0768-6882057
手机：13413722823
地址：广东省潮州市枫一工业区银槐路六横路口
邮编：521031
产品：礼品陶瓷

潮州市联亿陶瓷实业有限公司
咨询热线：0768-6855888
0768-6855889 0768-6851555
传真：0768-6851438
邮箱：Webmaster@aitekang.com
邮编：515646
网址：www.aitekang.com
地址：广东省潮安县凤塘镇南门村陇下片
产品：陶瓷锅胆系列

潮州市美陶瓷业有限公司
电话：0768-6874406
传真：0768-6892103
手机：15913082033 13727988765
邮箱：meitao@meitao-cn.com
Skype：meitao.cn
办公地址：广东省潮州市枫溪长美西溪东路
邮编：521031
产品：卫生陶瓷

潮州市乐群陶瓷制作厂
国内销售部
电话：0768-6859242
传真：0768-6859243
邮箱：lequn@21cn.net
地址：广东省潮州市凤塘镇东门开发区兴东一路
邮编：521031
产品：日用陶瓷

潮州市雅玉陶瓷有限公司
电话：0768-2985153 2987166
传真：0768-2985495 2986834
邮箱：yayuhc@126.com
地址：广东省潮州市枫溪区堤头工业区
雅玉陶瓷营销总部
地址：广州番禺信基沙溪酒店用品博览城
（沙溪区）C区11-13，24-26档
电话：020-22620038 22620039 34529188
传真：020-22620098
产品：日用陶瓷

潮州裕业陶瓷有限公司
电话：0768-2385631
邮箱：yang@czyuye.com(杨先生)
ellen@czyuye.com(卢小姐)
地址：广东省潮州市城西上洲工业区
产品：陈设陶瓷

潮州市盛大陶瓷有限公司
电话：0768-6880225
传真：0768-6880226
邮箱：tyler.@sanda-porcelain.com
hubao@pub.chaozhou.gd.cn
sanda@sanda-porcelain.com
地址：广东省潮州市枫溪工业区四方路7号
产品：日用陶瓷

潮州市波意伦陶瓷实业有限公司
电话：0768-6838173
传真：0768-6836073
手机：13902797094

Email：webmaster@boyilun.com
地址：广东省潮安县古巷镇福庆工业区
邮编：521000
产品：卫生陶瓷

潮州市庆发陶瓷有限公司
电话：0768-6897690
传真：0768-6877724
邮箱：info@czqingfa.com
网站：www.czqingfa.com
地址：广东省潮州市湘桥区田中工业区
邮编：521000
产品：日用陶瓷

潮州市好概念瓷业有限公司
电话：0768-2971962
传真：0768-2971962
网址：www.goodconceptcn.com
邮箱：czhgn2971962@163.com
地址：广东省潮州市火车站区南片B10-6地块（站南西路）
产品：日用陶瓷

潮州市祥龙陶瓷实业有限公司
电话：0768-6887255
手机：15876836333
传真：0768-6893480
网址：www.cz-xianglong.com
邮箱：czxianglong@163.com
地址：广东省潮州市凤新街道西塘开发区
产品：陶瓷茶具、礼品瓷

潮州市龍達陶瓷實業有限公司
聯繫人：蔡賽龍
電話：0768-2932048　2931329
傳真：0768-2931422
郵箱：Sailong@pub.chaozhou.gd.cn
　　　longda@czlongda.com
地址：廣東省潮州市楓溪蔡隴工業區
郵編：521031
产品：装饰陶瓷

潮州市瑞隆陶瓷有限公司
联系人：吴梓哲
电话：0768-2313994
传真：0768-6892818
网址：www.ruilongchina.com
地址：广东省潮州市枫溪区枫一开发区
邮编：521031
产品：日用陶瓷

潮州市吉祥陶瓷有限公司
联系人：陈培清
手机：13903092858
电话：0768-2993133
门市：0768-6889288
传真：0768-2993939
在线 QQ：969581302
E-mail：jx@jx-cn.com
地址：广东省潮州市火车站站北东路13号
邮编：521031
产品：日用陶瓷

潮州市雅东尼陶瓷有限公司
电话：0768-2295928
传真：0768-2289928
Q Q：2685746173
邮箱：yadongni1975@163.com
地址：广东省潮州市枫春路388号信合大厦10楼
产品：日用陶瓷

潮州市三江陶瓷实业有限公司
联系人：陈诗琳（Jocelyn）
电话：0768-3568880
传真：0768-2939001
邮箱：info@thriver.cn

jocelny@thriver.cn
地址：潮州市枫溪区白塔村
产品：装饰陶瓷

潮州尚雅陶瓷有限公司
联系人：陈经理
电话：0768-6436061
手机：15014228764
传真：0768-6436061
网址：www.shangya.j-c.com.cn
地址：广东省潮州市潮安县古巷工业区
邮编：515647
产品：卫生陶瓷

潮州市可达利陶瓷实业有限公司
总经理：柯先生
电话：0768-2801576　2300556
2805162　2801822
传真：0768-2800659
产品：卫生陶瓷

潮州市达玺泰陶瓷有限公司
电话：0768-2801388　2853358
传真：0768-2800488
邮箱：daxitai2@126.com
网址：www.daxitai.com.cn
地址：广东省潮州市北片凤新工业区
产品：日用陶瓷、陈设陶瓷

潮州市丹美斯陶瓷有限公司
电话：0768-2983359
传真：0768-2982696
手机：13828382268
网址：www.danmers.com
邮箱：danny@danmers.com
地址：广东省潮州市枫溪区田头村
产品：日用陶瓷、陈设陶瓷

潮州市中业陶瓷有限公司
电话：0768-2993832　2998026 3920678
13828336638　13923506099
13715746669
传真：0768-2993489
网址：www.czzhongye.cn
邮箱：zhongye@188.com
地址：广东省潮州市枫溪火车站区北片
展宏路28号
产品：日用陶瓷、酒瓶陶瓷

潮州市祺曼陶瓷有限公司
电话：0768-6851425
手机：13553758112
地址：广东省潮州市凤塘镇凤塘工业区
邮编：515646
产品：日用陶瓷

潮州市裕丰隆陶瓷有限公司
手机：15814945688
电话：0768-2303620
传真：0768-2312030
网址：www.czyfl.com
地址：广东省潮州市枫溪区枫一银槐路中段
产品：骨质陶瓷

潮州市金辰陶瓷实业有限公司
电话：0768-2981789　2980789
传真：0768-2981699
网址：www.kingsporcelain.com
邮箱：info@kingsporcelain.com
地址：广东省潮州市枫溪区古板头
产品：日用陶瓷

潮州市家豪陶瓷洁具实业有限公司
电话：0768-2993382 2993588
传真：0768-2993054
手机：13924724688

网址：www.kaerge.com　www.jiahaocz.com
邮箱：nala@jiahaocz.com　sfy@kaerge.com
地址：广东省潮州市枫溪湖厦工业区
产品：卫生陶瓷

潮州市中坤陶瓷颜料有限公司
电话：0768-2993699　2993122
传真：0768-2993299
地址：广东省潮州市枫溪火车站区展宏路中段
产品：日用陶瓷

潮州市枫溪万程陶瓷厂
电话：0768-6880773　6898542
传真：0768-6889974　6896141
联系：陈先生
邮箱：wancheng@pub.chaozhou.gd.cn
网址：www.wanchengtaoci.com
地址：广东省潮州市枫溪区枫一开发区银槐路4横10号
邮编：521031
产品：日用陶瓷

潮州市展鹏陶瓷实业有限公司
电话：0768-6962220　6962208　6960207
传真：0768-6961070
E-mail：info@zhanpeng.net
出口业务：陈小姐
MSN：yiqing12181@hotmail.com
地址：广东省潮州市古巷孚中工业区
邮编：515647
产品：卫生陶瓷

广东梦佳陶瓷实业有限公司
电话：0768-6925533 6925111
国外销售电话：0768-6925678
6925188　6925532
网址：www.cnmonga.com
邮箱：webmaster@cnmonga.com
地址：广东省潮州市古巷镇枫二工业区
产品：卫生陶瓷

潮州市潮安区英利宝陶瓷实业有限公司
电话：0768-6839167　6932147
传真：0768-6838859
邮箱：sxr@yinglibao.com
yinglibao@163.com
QQ：261888297
MSN：llfmsu@hotmail.com
地址：广东省潮州市潮安区古巷镇枫一工业区
产品：卫生陶瓷

潮州市鸿运陶瓷厂
电话：0768-2991870
传真：0768-2991872
手机：13501427528　13828394567
邮箱：hybath@163.com
网址：www.hybath.com
地址：广东省潮州市枫溪区长美瓜园工业区二横路
产品：卫生陶瓷

潮州市美尼斯陶瓷有限公司
手机：13502629230
电话：0768-6931775
传真：0768-6931776
邮箱：mikeer@mikeer-bath.com
网址：www.mikeer-bath.com
地址：广东省潮州市潮安县古巷镇枫一开发区
产品：卫生陶瓷

潮州市枫溪长美雅得宝瓷厂
电话：0768-6838479（国内销售）
电话：0768-2992577（国外销售）
传真：0768-2991203
手机：13828325362
MSN：yadebao2008@hotmail.com
地址：广东省潮州市枫溪长美古长路口
邮编：521000
Email：china@yadebao.com
产品：卫生陶瓷

潮州市欧威尔陶瓷实业有限公司
电话：0768-6933368 6933299
传真：0768-6933483
邮箱：vicky@czallwell.com
手机：15992389222
地址：广东省潮安县古巷镇古四工业区
产品：卫生陶瓷

广东恒盛佳陶瓷有限公司
电话：0768-6852328
传真：0768-6853288
手机：13828378288　13902791288
网址：www.hengshengjia-tc.com
邮箱：webmaster@hengshengjia-tc.com
工厂地址：广东省潮州市潮安县凤塘镇东门工业区
展示厅地址：广东省佛山市禅城区石湾沙岗新路152-153号
产品：卫生陶瓷

潮州振兴精艺陶瓷实业有限公司
电话：0768-5327898　5325732
传真：0768-5328732
在线QQ：138687983
E-mail：zxjy888@21cn.com
第一生产厂：广东省潮州市凤塘镇泮洋工业区（东片）
第二生产厂兴隆源分厂：广东省潮州市凤塘镇泮洋工业区（吉林片）
产品：日用陶瓷

潮州市佩尔森陶瓷实业有限公司
电话：0768-6854383　6857228
传真：0768-6657238　6856728
联系人：陈先生、余小姐
网址：www.gofun-china.com
E_mail：gofun@gofun-china.com
地址：广东潮州市潮安区凤塘大埕村凤安路西侧工业区
产品：卫生陶瓷

潮州市威雅陶瓷有限公司
联系人：陈小姐
电话：0768-2215552
传真：0768-2215553
地址：广东省潮州市湘桥区花园开发区
邮编：521000
产品：陶瓷玩具

潮州市古今陶瓷实业有限公司
电话：0768-2971008　2972115
传真：0768-2971006
网址：www.Gujincn.com
邮箱：gj@Gujincn.com　chp@Gujincn.com
地址：广东省潮州市枫溪区火车站开发区
产品：仿古陶瓷艺术品

潮州市雄信陶瓷工艺制作有限公司
电话：0768-2986298
传真：0768-2986555
邮箱：xx@xiongxincn.com
huang@xiongxincn.com
网址：www.xiongxincn.com
地址：广东省潮州市枫溪云步工业区
产品：陈设陶瓷

潮州市祥发陶瓷有限公司
潮州市吉祥彩瓷厂
电话：0768-2801366 2801365
传真：0768-2801360 2263262
网址：www.xiangfacn.com
邮箱：czgfx@pub.chaozhou.gd.cn
地址：广东省潮州市潮州大道凤新东路莲云工业区
邮编：521000
产品：日用陶瓷

潮州市兴业陶瓷有限公司
电话：0768-2120006 2120010 13827313636
传真：0768-2215839
邮编：521011
邮箱：xingye1966@vip.163.com
网址：www.xingye-ceramics.com
地址：广东省潮州市意溪镇河内湖片
产品：酒瓶陶瓷

潮州市东嘉陶瓷洁具有限公司
联系电话：0768-6830922
服务热线：0768-6830922
传真号码：0768-2992139
网址：www.dongjiaware.com
邮箱：info@dongjiaware.com
地址：广东省潮州市枫溪美光工业区
产品：卫生陶瓷

潮州市桐君逸品陶瓷实业有限公司
电话：0768-2852835
传真：0768-2852785
邮箱：tongjunyipin@tongjunyipin.com
网址：www.tongjunyipin.com
地址：广东省潮州市外环北路凤新工业区
产品：艺术陶瓷

潮州市兴全业陶瓷原料厂
联系人：蔡文海
电话：0768-2972518　13288764642
手机：13828388319
传真：0768-2971538
网址：www.czxcyyl.cn
地址：广东省潮州市枫溪区安揭路藏龙路段
　　　东方女子医院旁边进去直走200米
邮编：521000
产品：陶瓷原料

潮州市格兰特瓷艺有限公司
潮州市格兰特瓷艺厂
电话：0768-2802501 2802502
传真：0768-2802503
地址：广东省潮州市潮州大道北片开发区
邮箱：service@gallant.net.cn
网址：gallant.net.cn
产品：艺术陶瓷

潮州市宝粤陶瓷制作厂
电话：0768-2328753　2322366
传真：0768-2322500
手机：13924727490
QQ：1003261218
Email：shangjinmb@126.com
网址：www.czbts.com
地址：广东省潮州市湘桥区意溪镇中津开发区
产品：日用陶瓷

潮州市千顺陶瓷有限公司
电话：0768-6858951
传真：0768-6858950
QQ：181243333
手机：13827338837
邮箱：qs@qianshuncz.net
网址：www.qianshuncz.net
地址：广东省潮州市凤塘南门工业区
邮编：521000
产品：日用陶瓷

潮州市雅居陶瓷实业有限公司
联系人：陈武鑫
电话：0768-6851268
传真：0768-6858618
E-mail：chaozhouyaju@163.com
地址：广东省潮州市潮安县凤塘工业区东门片
QQ：1275111485
产品：卫生陶瓷

广东潮州市美纳斯陶瓷有限公司

客户咨询服务中心：800-830-6269

400-188-8836

电话：0768-2991888

传真：0768-2992208

网址：www.czmns.com

邮箱：czmeinasi@163.com

地址：广东省潮州市枫溪长美工业区

产品：卫生陶瓷

潮州市美联斯陶瓷实业有限公司

电话：0768-6925722

传真：0768-6925948

邮箱：meiliansi@meiliansi.cn

地址：广东省潮安区古巷枫二工业区

产品：卫生陶瓷

潮州市卡登路陶瓷有限公司

电话：0768-6962780

传真：0768-6962781

手机：13671415210

网址：www.kadenlo.com

邮箱：sales@kadenlo.com

info@kadenlo.com

地址：广东省潮州市潮安县古巷镇古二工业区

产品：卫生陶瓷

潮州市新佳陶瓷机械厂

电话：0768-6880078

传真：0768-6889080

手机：13502631395

联系人：吴先生

网址：www.xj-jx.com

E-mail：lerong688@126.com

厂址：广东省潮州市枫溪区枫一工业区花坛二路8号

产品：陶瓷机械

潮州市金利雅陶瓷有限公司

联系人：陈先生

电话：0768-6933293

传真：0768-6931334

网址：www.jieqilong.com

邮箱：info@jieqilong.com

地址：广东省潮安县古巷镇古五工业区

产品：卫生陶瓷

潮州市八达岭陶瓷饰品工艺有限公司

地址：广东省广州荔湾区保华路耀华南12号

电话：020-81941399

传真：020-81712019

厂址：广东省潮州市莲云工业区

厂电话：0768—2223669

传真：0768-2223669

门市：广东省潮州市西荣路尾海事局对面新金龙市场34号

电话：0768—2183178

联系人：吴庆彰

产品：陶瓷饰品工艺

深圳市

（排名不分先后）

深圳海之缘陶瓷有限公司

电话：400-998-6563

Q Q：3212827637

邮箱：3212827637@qq.com

联系人：路先生

网址：www.hzytc.com

地址：广东省深圳市宝安区新安街道海汇路华海商务大厦B座505

产品：建筑陶瓷

深圳市海德精密陶瓷有限公司

联系人：周圣斌

电话：0755-86238834

传真：0755-86238840
地址：广东深圳市南山区西丽工业区11栋2楼
邮编：518054
产品：精密陶瓷产品

深圳市鹏峰陶瓷有限公司
电话：0755-25660911
传真：0755-25400359
地址：广东省深圳市罗湖区深南东路文华大厦西座10D-E
产品：日用陶瓷

深圳市兴锦轩陶瓷有限公司
电话：0755-89510905　89510915
传真：0755-89510900
邮箱：ruby@jinshine.com
网址：www.jinshine.com
地址：广东省深圳市龙岗区布吉镇布沙路茂业书画交易广场4F/011
产品：礼品陶瓷

深圳市金龙达陶瓷科技有限公司
电话：0755-33929568
传真：0755-33929541
手机：13530604965　15815587128
邮箱：kinglongda@jldtc.com
网址：www.jldtc.com
地址：广东省深圳市龙华新区大浪富隆特工业园5栋2楼
产品：陶瓷新材料

深圳市丰达信陶瓷有限公司
电话：0755-25113626
网址：www.dasencn.com
地址：广东省深圳市罗湖区深南东路文华大厦东座11楼E室
产品：日用陶瓷

深圳市贝斯特精密陶瓷有限公司
电话：0755-33298145　33183621
传真：0755-33298247
联系人：杨先生
网址：www.bestceram.com
邮箱：info@bestceram.com
地址：广东省深圳市光明新区公明楼村第一工业区六路灿博科技园C栋4楼
产品：精密陶瓷产品

深圳市富铭达精密陶瓷有限公司
联系人：何建明
电话：0755-2399995
传真：0755-23270760
邮件：fmd168998@163.com
网址：www.szfmd168.com
地址：广东省深圳市光明新区公明街道甲子塘社区第二工业区大岗路腾鸿兴科技园厂房第2第9楼
邮编：518132
产品：精密陶瓷产品

深圳市海泰宝精密陶瓷开发有限公司
电话：0755-86266798
26749909　26749910转808
技术交流热线：13502881543
传真：0755-26749166
网址：www.sz-htb.com
邮箱：sales@sz-htb.com
地址：广东省深圳市宝安区沙井南岭路19号A栋厂房
邮编：518125
产品：精密陶瓷产品

深圳市崇盛陶瓷艺术品有限公司
电话：0755-27655558
传真：0755-29827568
联系人：袁先生

E-mail：yuanyonghan@163.com
网址：www.szcscy.cn
地址：广东省深圳市宝安区石岩镇台湾工业区中和大厦二楼
产品：艺术陶瓷

深圳市金昭实业有限公司

电话：0755-26759931/27/25/21
传真：0755-26759923
电话：0755-88831890
联系人：刘小姐
QQ：305034281
邮箱：Anna@kingchoice.com.cn
网址：www.kingchoice.com.cn
E-mail：Market@kingchoice.com.cn
地址：广东省深圳市宝安区石岩街道上排社区爱群路同富裕工业区2-5栋
产品：陶瓷刀

深圳市鑫凯精密陶瓷有限公司

电话：0755-86099259
传真：0755-86575192
联系人：符经理
QQ：2769688363
邮箱：sales@xinkai-cera.com
网址：www.xinkai-cera.com
地址：广东省深圳市南山区西丽镇珠光西路博伦工业区5栋5楼
产品：精密陶瓷产品

深圳市金兴利精密陶瓷有限公司

联系人：肖思希
电话：0755-33148986
传真：0755-33148986
地址：广东省深圳市宝安区龙华大浪街道赖屋山新村
产品：精密陶瓷产品

深圳市顺点陶瓷制品有限公司

电话：0755-89701538　89701533　89702638
传真：0755-89701568
邮箱：sales@chawy.cn
网址：www.szsundy.com
地址：广东省深圳市龙岗区南湾平吉大道洲腾工业园B座
邮编：518112
产品：日用陶瓷

深圳信瓷科技有限公司

电话：0755-32835212
传真：0755-89894415
网址：www.szxinci.com
地址：广东省深圳市龙岗区横岗安良三角龙安平街12号利达工业城E栋2楼
产品：陶瓷电路器件

深圳市风之影陶瓷饰品有限公司

联系人：郭涵
电话：0755-82483090
网址：www.fzychina.com
地址：广东省深圳市罗湖区梅园路艺展中心1期1B001
邮编：518000
产品：陈设陶瓷

深圳市鹏利达陶瓷有限公司

电话：0755-89519707
手机：18666660736
传真：0755-89519707
邮箱：pldtc8@163.com
QQ：897541247
网址：www,szpldtc.com
地址：广东省深圳市福田区福民新村11栋705
产品：精密陶瓷产品

深圳市乐购陶瓷有限公司

联系人：蔡小姐

免费热线：400-678-3234

网址：www.cppien.com

地址：广东省潮州市古巷镇古四工业区

产品：卫生陶瓷

深圳安培龙科技股份有限公司

服务热线：400-080-3232

总机：0755-89691118

传真：0755-84012280

地址：深圳市龙岗区平湖街道平湖社区富民工业区富康路43号65号厂房二至四楼

产品：陶瓷电阻器件

深圳市诺创科技有限公司

联系人：梁先生

电话：0755-81766675

传真：0755-81766675

邮箱：szlxdong@nc-ctech.com
slware@126.com

网址：www.nc-ctech.com

地址：广东省深圳市宝安区沙井街道博岗岗背路2号同创科技园2栋4楼

产品：精密陶瓷产品

深圳鑫型电子陶瓷有限公司

电话：0755-28963949

传真：0755-28965959

联系人：程先生

QQ：14360511

地址：广东省深圳市龙岗区爱联社区新屯南路42号

产品：精密陶瓷产品

深圳市嘉兴陶陶瓷制品有限公司

免费热线：0755-29969643　29969510
13924617428

联系人：黄小姐

传真：0755-29969610

邮箱：jxtc@jxtc.co

地址：广东省深圳市宝安区西乡街道黄麻布社区世峰科技园D栋C单元二楼

产品：精密陶瓷产品

深圳市鑫隆润精密陶瓷有限公司

电话：0755-28058078

手机：13823795408

传真：0755-28058076

网址：www.taocizhou.com.

地址：广东省深圳市观澜街道黎光社区黎光工业区201号

产品：氧化铝陶瓷、氧化锆陶瓷

深圳市鼎创结构陶瓷有限公司

联系人：谢东

电话：0755-33185131

传真：0755-33185132

网址：www.dingceramics.com

地址：广东深圳市光明新区李松朗炮台路如宇富明科技园66A栋2楼

产品：精密陶瓷产品

深圳市宏宇杰科技有限公司(总部)

电话：13202273303
0755-27314620

传真：0755-27862606

Email：dfxzxjn218@163.com

地址：广东省深圳市宝安区沙井镇万丰村大朗山工业区源兴大厦

产品：精密陶瓷产品

深圳市佳捷特陶瓷电路技术有限公司
销售热线：4006168600
手机：15986691580　13590391580
电话：0755-33800516　33800509
邮箱：sales@gagiet.com
网址：www.gagiet.com.cn
地址：广东省深圳市宝安区福永街道永福路荔园路口盛和兴工业区5栋2楼
邮编：518103
产品：精密陶瓷产品

深圳市典雅陶瓷有限公司
电话：0755-86165907
手机：15889758537　13794491413
传真：0755-26972237
电邮：chengsh81@163.com
Q Q：736838048
地址：广东省深圳市南山区西丽镇沙河西路新围村中泰楼3200
产品：艺术陶瓷

深圳市振韩陶瓷有限公司
电话：13715778621
网址：www.tc1582.com
地址：广东省潮州市枫溪区长美村高田
产品：日用陶瓷

深圳市伟业陶瓷有限公司
联系人：张海斌
电话：0755-8261633
传真：0755-82616459
地址：广东省深圳市罗湖区罗芳南路68号中震大厦514-518
邮编：518000
产品：日用陶瓷

深圳祥丰陶瓷有限公司
联系人：曾薇竹
电话：0755-26614273
传真：0755-26614273
地址：广东省深圳宝安区石岩镇
邮编：518000
产品：陶瓷工艺品

深圳市博斯创精密陶瓷有限公司
联系人：邓霜
电话：0769-85090316
传真：0769-85090326
地址：广东省东莞市长安镇上沙创兴路21号
产品：精密陶瓷产品

禾田盛实业（香港）有限公司
深圳市禾田盛精密陶瓷有限公司
电话：0755-33662500
传真：0755-33662586
邮箱：Sales@Htscera.Com
地址：广东省深圳市宝安区松岗镇大田洋六路世锋科技园A栋2F
产品：精密陶瓷产品

深圳市欧胜亿电路板有限公司
电话：0755-29623299
联系人：官先生
　　　　钟小姐
邮箱：szosypcb@163.com
地址：广东省深圳市宝安区松岗燕川红湖路142号
产品：精密陶瓷产品

深圳市九州研磨介质有限公司
座机：0755-23051183

传真：0755-23051182

手机：13509672866

邮箱：bob@grindingbeads.com

地址：广东省深圳市宝安中心区兴华路南侧荣超滨海大厦A座620

邮编：518101

产品：精细陶瓷科技

深圳市圣奥通科技有限公司

电话：0755-27908272

传真：0755-27908372

邮箱：sales@selton.com.cn
selton@126.com

网址：www.selton.net

地址：广东省深圳市宝安区西乡街道南昌第二工业区

邮编：518126

产品：精密陶瓷

广西壮族自治区

（排名不分先后）

广西三环企业集团股份有限公司

电话：0775-6222859

传真：0775-6235206

网址：www.gxkc.com.cn

邮箱：sales@sanhuan.com

地址：广西北流市二环北路228号

产品：日用陶瓷、艺术陶瓷、陶瓷机械

北流国际陶瓷贸易城

电话：0775-6208919

邮箱：service@ceramcity.cn

地址：广西壮族自治区北流市二环北路北流国际陶瓷贸易城（G80高速公路北流引道红绿灯路口旁）

广西北流饶泰瓷业有限公司

电话：13977516888

传真：0775-6651608

地址：广西北流市民安工业园区

产品：陶瓷花纸

广西桂瓷工贸有限公司

电话：0775-5732258

传真：0775-5732298

网址：www.gxguici.cn

邮箱：guicinn@188.com

地址：广西南宁市云景路9号东景花园1号楼1-3号

产品：礼品瓷、酒店瓷、日用瓷

北流市老田瓷业有限责任公司

电话：0775-6353389

传真：0775-6338679

网址：www.laotian.com.cn

邮箱：laotiangroup@vip.163.com

地址：广西北流市凉水井工业区0888号

产品：日用陶瓷、陶瓷原料

广西成达行进出口有限公司

电话：0775-2835679

传真：0775-2802438

网址：www.cdhgx.cn

邮箱：cdhyl@163.com

地址：广西玉林市美林街16-1号

产品：日用陶瓷

北流仲礼瓷业有限公司

电话：0775-6208889

传真：0775-6236257

网址：www.zlprc.com

邮箱：sales@zlprc.com

地址：广西北流市二环北路196号
产品：日用陶瓷

广西北流市铭超瓷业有限公司
电话：0775-6220179
传真：0775-6224409
网址：www.mchina.com.cn
邮箱：sales@mchina.com.cn
地址：广西北流市城北路184号
产品：日用陶瓷

广西北流鑫富源陶瓷有限公司
电话：0775-6290959
传真：0775-8316868
地址：广西北流市北流镇鸭垠村清湖塘组
产品：日用陶瓷

广西北流桂新工贸有限公司
电话：0775-6399585
传真：0775-6399085
网址：www.guixin.biz
邮箱：blgxgmgs@vip.163.com
地址：广西玉林市北流市二环西路180号
产品：日用陶瓷

广西北流市锦昌瓷业有限公司
电话：0775-6658288
传真：0775-6657666
邮箱：beiliuchang@163.com
地址：广西北流市民安十字铺陶瓷工业园
产品：镁质强化瓷高铝强化瓷新骨质瓷锦玉瓷

广西佳和美陶瓷有限公司
电话：0757-83903380
传真：0757-83903372
营销中心：佛山市禅城区凤凰路63号(1506国际陶瓷城5号楼105室)
生产基地：广西梧州市陶瓷产业园藤县中和集中区A8号
网址：www.jiahemei-ceramic.com
产品：仿古砖、抛光砖

广西亚欧瓷业有限公司
电话：0771-6252239
传真：0771-6251777
地址：广西南宁市伊岭工业集中区
产品：抛光砖、瓷片

广西金沙江陶瓷有限公司
电话：0774-8222598
传真：0774-8222466
地址：广西梧州岑溪市筋竹镇陶瓷工业园
产品：抛光砖

广西灵海陶瓷有限公司
电话：0775-3660666/3660888
传真：0775-3422086
邮箱：linghaitaoci@163.com
地址：广西省贵港市桂平市蒙圩镇龙门工业区
产品：建筑陶瓷、卫生陶瓷

广西南山瓷器有限公司
电话：0775-5617088
传真：0775-5617199
地址：广西容县灵山南瓷工业园区内
邮编：537504
产品：日用瓷器

广西南宁美筑建材有限公司
联系人：梁先生
手机：15677196606
电话：0771-3866214
QQ客服：949533068

E-mail：jinzhao1949@163.com
网址：www.bagui-online.com
地址：广西南宁市安吉大道47-2号大商汇国际建材城A4座710号
产品：陶瓷透水石、陶土砖、劈开地砖

广西容县东润陶瓷原料有限公司

电话：13807755227 18977514927
传真：0775-5618885
邮箱：1391678272@qq.com
地址：广西容县灵山镇
产品：钾料、钠料深加工

广西新高盛薄型建陶有限公司

电话：0775-3194055
服务热线：400-8080-890
传真：0775-3194028
E-mail：info@porcelabobo.com
地址：广西北流市民安镇日用陶瓷工业园区
产品：瓷质薄板材料

广西辉煌朗洁环保科技(集团)公司

电话：0779-2228238
传真：0779-2228278
Email：huihuang@huihuang-packing.com
地址：广西北海市西藏路36号(高新区B区,重庆西路末段)
产品：蜂窝陶瓷系列

四川省

(排名不分先后)

四川省盛世东方陶瓷有限公司

座机：0833-5923778
传真：0833-5923778
联系人：包经理
地址：四川省夹江县新场镇经济开发区
产品：建筑陶瓷

四川省黄土陶瓷有限公司

电话：0833-5832586 5830686
地址：四川省夹江县黄土镇凤桥村16社
产品：建筑陶瓷

四川省联发陶瓷有限责任公司

服务热线：028-37199938 37199926
028-37285888 37199928
传真：028-37199968
地址：四川省丹棱县杨场镇石马村六组
产品：建筑陶瓷

四川新乐雅陶瓷有限公司

董事长：宋银祥
总经理：陈玉洪
电话：028-37491555 37490066 37491188
邮箱：xlytc@xlytc.com
网址：www.xlytc.com
地址：四川省洪雅县建材产业园
产品：建筑陶瓷

四川欧冠陶瓷有限公司

欧冠陶瓷总部

电话：0831-4019988
传真：0831-4019988转6020
欧冠全国销售热线：400-806-4999
邮箱：oking@okinggc.com
地址：四川省宜宾市珙县余箐工业园区A区
产品：建筑陶瓷

四川白塔新联兴陶瓷集团有限责任公司

咨询电话：0832-8100000
18990570327 13890533893
销售中心：0832-8100000
办公室：0832-8101113
传真：0832-8100234 0832-8100345

地址：四川省威远严陵工业园区凤凰大道段888号
邮编：642450
产品：建筑陶瓷

四川省汪洋瓷业有限责任公司
电话：028-36709072 36709018
传真：028-36709072
邮箱：wycq888@sohu.com
网址：www.wycq.com
地址：四川省仁寿县汪洋镇
邮编：620587
产品：日用陶瓷

四川锦兴玻璃陶瓷有限公司
电话：0832-3929056
传真：0832-3929056 3560015
网址：www.scjxbt.com
邮箱：admin@scjxbt.com
地址：四川省内江市隆昌县徐家桥工业园区
产品：陶瓷酒瓶

四川隆昌美术陶瓷发展有限公司
联系人：黄贻良
电话：0832-5186286
传真：0832-8712558
email：lcmeitao@yeah.net
地址：四川省隆昌县
产品：陶瓷酒瓶

犍为县岷江陶瓷有限公司
销售热线：0833-4291555
工程热线：13981380038
地址：四川省犍为县高工业园区
产品：建筑陶瓷、西式瓦

自贡天翔陶业制品有限公司
手机：13551517764
电话：0813-7560888　7560333
传真：0813-7560888
邮箱：2330412483@qq.com
天翔陶业旧址：四川内江隆昌县石燕桥镇
天翔陶业新址（天翔陶瓷基地）：四川省自贡市富顺县童寺镇芝溪西湖村八组
产品：土陶酒坛

四川省格翔陶瓷有限公司
电话：0832-8712558
手机：13990565188
网址：www.scgxtc.com
地址：四川省泸县工业园区
产品：土陶酒坛

四川威尼陶瓷有限公司
电话：0833-5869186 5869416
传真：0833-5869366
地址：四川省夹江县甘霖经济开发区
产品：建筑陶瓷

四川省明珠陶瓷有限公司
联系人：罗兵　张秀洪
座机：4000008683
传真：0833-5838172
地址：四川省乐山市夹江县黄土工业园区
产品：建筑陶瓷

四川省新万兴瓷业有限公司
电话：0833-5839559
传真：0833-5839559
地址：四川乐山市夹江县黄土工业开发区
邮编：614100
产品：建筑陶瓷

四川省米兰诺陶瓷有限公司

电话：0833-5663860

传真：0833-5663860

手机：13990699578

地址：四川省乐山市夹江县新场镇红旗村

产品：建筑陶瓷

四川建辉陶瓷有限公司

电话：0833-5860399

地址：四川省乐山市夹江县吴场镇

产品：建筑陶瓷

四川华雄陶瓷有限公司

电话：0833-5602268

传真：0833-5602268

网址：www.hx-ceramics.com

地址：四川省·夹江高新技术开发区

产品：建筑陶瓷

四川省华鹏陶瓷有限公司

电话：0833-5603388

地址：四川省乐山市夹江县甘霖乡

邮编：614100

产品：建筑陶瓷

四川美莱雅陶瓷有限公司

手机：13909039993

电话：0833-7490777

地址：四川省眉山市洪雅县洪川镇祝河坎村

产品：建筑陶瓷

四川成都唐趣陶瓷有限公司

电话：028-87870087

手机：13908078889

地址：四川省成都市西部国际石材城4栋40号

产品：建筑陶瓷

夹江县宏发瓷业有限公司

销售热线：0833-5602280　5625105

行政办：0833-5625102

邮箱：1094279564@qq.com

地址：四川省夹江县甘霖工业园区宝华村3社

产品：建筑陶瓷

四川英伦陶瓷有限公司

销售总经理：杨先生

电话：0833-5922688

QQ：3094240019

邮箱：3094240019@qq.com

地址：四川省夹江县新场镇英伦外墙销售部

产品：建筑陶瓷

夹江县华宏瓷业有限公司

联系人：杨经理

电话：0833-5922599　5622886

地址：四川省乐山市夹江县黄土镇万松村8社

产品：建筑陶瓷

夹江县友源陶瓷有限责任公司

销售热线：13281310818

工程咨询专线：13088355048

联系人：黎经理

网址：www.langmaciye.com

地址：四川省夹江县陶瓷工业开发区

产品：建筑陶瓷

夹江县华丽陶瓷有限责任公司

联系人：周先生

联系电话：18781391298

座机：0833-5831188

传真：0833-5832118

Q Q：625221484

地址：乐山夹江黄土镇凤桥村16社

产品：建筑陶瓷

夹江县佳乐陶瓷有限公司
销售服务电话：0833-5832708
联系人：彭经理
手机：13981362440
地址：四川省乐山市夹江县黄土镇

夹江县明阳陶瓷有限公司
电话：0833-5820029
传真：0833-5820029
地址：四川省乐山市中心镇
产品：建筑陶瓷

夹江县杰达陶瓷有限公司
电话：0833-5830593
传真：0833-5830593
手机：18784531356
网址：www.scjdtc.com
邮箱：273422652@qq.com
地址：四川省夹江县黄土镇张桥村2社
产品：建筑陶瓷

四川欧鹏瓷业有限公司
销售热线:400-0833-520
工程专线：13154980777（石先生）
15520311023（黄小姐）
电话：0833-5617177
Email：oehome@vip.qq.com
网址：www.tibuzhuan.com
地址：西部瓷都·夹江县黄土工业开发区
邮编：614100
产品：建筑陶瓷

夹江县英皇佰莉陶瓷责任公司
手机：13990698883
座机：0833-5832767
传真：0833-5832767
邮箱：969677175@qq.com
地址：四川省夹江县黄土镇凤桥村1社

夹江县大有陶瓷有限公司
联系人：胡经理
电话：0833-5685670
传真：0833-5685670
邮件：296372088@qq.com
邮编：614100
地址：四川省乐山市夹江县漹城镇永平街48、50号
产品：建筑陶瓷

丹棱县华天瓷业有限公司
电话：4006-028-091
手机：13540567002
Q Q：413619262
网址：www.scczpf.com
邮箱：413619262@qq.com
地址：四川省眉山市丹棱县工业园区
产品：建筑陶瓷

丹棱县金星陶瓷有限公司
电话：028-37190888　37190268
售后热线：028-37190999
网址：www.jinxingtile.com
地址：西部瓷都·丹棱县陶瓷工业园区
邮编：620299
产品：建筑陶瓷

丹棱县四方建陶有限责任公司
销售热线：028-37286198
联系手机：13990627180
Q Q：1094279564
邮箱联系：1094279564@qq.com
四方地址：四川省眉山市丹棱县陶瓷工业产业园区（杨场镇朱沟村2社）
产品：建筑陶瓷

云南省

（排名不分先后）

云南建材之家投资股份有限公司

电话：0871-68400999

传真：0871-68104000

邮箱：2207952302@qq.com

地址：云南省昆明市大商汇国际建材城D区58栋3楼

云南和盛陶瓷有限公司

电话：0871-8782788

传真：0871-8782788

网址：www.ynhstc.com

地址：云南省安宁市江浸厂村

邮编：650300

产品：建筑陶瓷

云南兴铭建材有限公司

电话：0871-63215777

传真：0871-68222223

联系人：杨杰

地址：云南省昆明市官渡区大商汇B区33栋9-10号，中林建材市场A区2栋12-16号

产品：建筑陶瓷

马龙湘恒园林古建陶瓷厂

联系人：陈先生

手机：15187440188

电话：0874-8884655

传真：0874-8884655

网址：www.mlxhllw.com

邮箱：965674467@qq.com

地址：云南省曲靖市马龙县东光工业区

邮编：655500

产品：建筑陶瓷

云南正豪建材有限公司

电话：0871-68108888　68105000

投诉电话：0871-68105628　68230888

网址：www.yn-zh.cn

地址：云南省昆明市西山区大商汇国际建材城D区58栋

产品：建筑陶瓷

云南世标陶瓷有限公司

联系人：程保春

电话：0871-67364415

传真：0871-67364415

邮箱：625657738@qq.com

网址：www.baochi.jqw.com

地址：昆明市中林建材城A区4幢6-7号

安宁市太平镇中冠建材市场A区7栋51-57

陕西省

（排名不分先后）

陕西省陶瓷工程研究中心

电话：029-38136011

传真：029-33576178

邮箱：xtyczw@sina.com

地址：陕西省咸阳市渭阳西路35号

邮编：712000

产品：无机非金属材料工程、建筑卫生陶瓷机械装备等新工艺、新技术、新产品等设计制造

陕西凯莱斯科耀瓷文化股份有限公司

国际部：029-88855708

国内部：029-88855706

证券部：029-68880178

服务电话：4008319777

网址：www.cncls.cn

邮箱：clschina@clssx.com

地址：西安国际港务区保税区陆港保税大厦四楼

产品：高端艺术整体陶瓷洁具

陕西锦泰陶瓷股份有限公司

电话：0917-4251666　4251155
　　　0917-4251158　4251151
传真：0917-4251150
地址：陕西省千阳县陶瓷工业园
邮编：721000
产品：建筑陶瓷

陕西华达陶瓷有限公司

电话：0913-8601666
传真：0913-8601666
邮箱：23223320@qq.com
网址：www.huadatc.com
地址：陕西省渭南市庄里工业园区
邮编：711700
产品：建筑陶瓷

陕西新奇陶瓷有限公司

电话：029-32591200　32591227
地址：陕西省三原县西阳镇工业园区
邮编：713800
产品：建筑陶瓷

陕西博格建材有限公司

联系人：杨经理
电话：029-89152791
手机：15934871799
邮箱：108595353@qq.com
网址：www.sxbgjc.com
地址：陕西省西安市北三环大明宫建材市场
　　　陶瓷A区西排1-2号
产品：建筑陶瓷

铜川电瓷有限责任公司

总机：029-81089089
电话：13909207957　18966899985
邮箱：2034330020@qq.com
地址：陕西省铜川市耀州区新宜南路19号
产品：电工陶瓷机械

陕西华星电子集团有限公司

电话：029-33786366
传真：029-33786316
邮箱：hxdz795@126.com
地址：陕西省咸阳市文汇东路16号
邮编：712099
产品：电子陶瓷材料

陕西镇安恒泰电子陶瓷有限公司

联系人：陈经理
　　　　王经理
广东办事处：佛山禅城区石湾镇河宕河西北
　　　　　　便街四巷五号
联系人：李经理
地址：陕西省镇安县云盖寺镇
产品：电子陶瓷材料

陕西宝光陶瓷科技有限公司

传真：0917-6788287
招聘专线：0917-6788598
销售专线：0917-6788805
服务专线：0917-6788805
邮箱：baoguangtaocisale@126.com
　　　sale@baoguangtaoci.com
地址：陕西省宝鸡市陈仓区钓渭镇宝光老厂区
邮编：721304
产品：电子陶瓷材料

陕西火凤凰艺术陶瓷有限责任公司

联系人：王女士
传真：0919-2802126
电话：0919-2802137

Q Q：1399024929
地址：陕西省铜川市王益区王家河工业园区
产品：陶瓷酒瓶、艺术陶瓷

铜川市陈炉陶瓷总厂
电话：0919-7483343(厂长办公室)
0919-7483316(业务)
0919-7483350(销售)
地址：陕西省铜川市印台区陈炉镇
邮编：727003
产品：日用陶瓷

西安健信电力电子陶瓷有限责任公司
电话：029-88323490　84511761
传真：029-84511761转809
邮箱：xianjianxin@hotmail.com
网址：www.bctbbb.com
工厂地址：西安市长安区斗门街道办镐京村118号
公司地址：西安市高新路枫叶高层45号楼302室
邮编：710077
产品：电子陶瓷材料

陕西众德汇陶瓷有限公司
联系人：李经理
电话：0917-4661188
传真：0917-4661188
Q Q ：948135429　150596075
邮箱：948135429@qq.com
地址：陕西省宝鸡市陇县东风镇陶瓷工业园区
产品：建筑陶瓷

辽宁省

（排名不分先后）

沈阳隆基电磁科技股份有限公司
电话：024-56605765　56605766
传真：024-56605768
E-mail：longi@ljmagnet.com
URL：www.ljmagnet.com
地址：辽宁省抚顺市经济开发区文华路6号
邮编：113122
产品：全球最具竞争力的磁性装备供应商

辽宁德盛特种陶瓷制造有限公司
手机：13030785555
电话：024-73727251
传真：024-73727251
邮箱：KevinZhao@desunmet.com
地址：辽宁省铁岭市清河工业园区361号
产品：高科技陶瓷材料

沈阳隆盛陶瓷有限公司
电话：024-87119877
地址：辽宁省沈阳市法库经济开发区
产品：建筑陶瓷

沈阳王者陶瓷有限公司
电话：024-87103828
地址：辽宁省沈阳市法库经济开发区
邮编：110400
产品：建筑陶瓷

辽宁法库陶瓷工程技术研发中心
电话：024-31102448 13840560501
Q Q：380554813
邮箱：fktckj@163.com
传真：024-31102628
邮编：110400
地址：辽宁省沈阳市法库县经济开发区
主营业务：先进陶瓷材料的研制与生产

沈阳浩松陶瓷有限公司
电话：024-87106888

地址：辽宁省沈阳市法库县经济开发区
产品：建筑陶瓷

沈阳兴辉陶瓷有限公司
联系人：郑先生
手机：13840228777
电话：024-87166699
地址：辽宁省沈阳市法库陶瓷城开发区
产品：建筑陶瓷

沈阳市天玉龙陶瓷有限公司
电话：024-87125068
地址：辽宁省沈阳市法库经济开发区
邮编：110400
产品：建筑陶瓷

沈阳市日日升陶瓷有限公司
电话：024-27125589　27125766
地址：辽宁省沈阳市法库陶瓷经济开发区
产品：建筑陶瓷

沈阳金名佳陶瓷有限公司
联系人：黄志刚
邮箱：623254681@qq.com
电话：13835262922
地址：辽宁省沈阳市法库经济开发区
邮编：110400
产品：建筑陶瓷

沈阳市五洲震耀陶瓷有限公司
电话：024-27125515
地址：辽宁省沈阳市法库经济开发区
产品：建筑陶瓷

辽宁金地阳陶瓷有限公司
电话：024-87106367
邮箱：lta.2008@163.com
地址：辽宁省沈阳市法库经济开发区3区
产品：建筑陶瓷

沈阳新宏远陶瓷有限公司
电话：024-27042222
手机：13354249999
邮箱：xinhongyuantaoci@126.com
地址：辽宁省沈阳市法库县经济开发区
邮编：110400
产品：建筑陶瓷

辽宁苏泊尔陶瓷工业有限公司
联系人：徐先生
电话：13080706310　13840512208
地址：辽宁省沈阳市法库县经济开发区
邮编：110400
产品：卫生陶瓷

辽宁晟和景观陶业有限公司
联系人：唐先生
电话：13930575668
地址：辽宁省沈阳市法库县经济开发区
邮编：110400
产品：景观陶瓷

辽宁英冠高技术陶瓷股份有限公司
电话：0416-8303400　0416-8301813
传真：0416-8303401
邮箱：admin@lnygtc.com
地址：辽宁省锦州市凌海双羊镇紫荆村大锦线南侧
邮编：121213
产品：精密陶瓷器件

新德隆特种陶瓷（大连）有限公司

电话：0411-88172350

传真：0411-88172350

手机：13654091345

联系人：陈泽豹

邮箱：newdelong0411@163.com

地址：辽宁省大连市开发区辽河西路槐林里9号

产品：工程陶瓷

葫芦岛市华达陶瓷有限公司

联系人：朱先生

传真：0416-2609528

网址：www.hdtctc.com

邮箱：1157767967@qq.com

厂址：辽宁省葫芦岛市南票区黄土坎乡

产品：古建砖瓦

锦州世纪华达陶瓷有限公司

电话：0416-4188312 0416-4183999

传真：0416-4186166

QQ：549262106

电子信箱：jzhdtcc@163.com

联系人：李厂长

杜厂长

厂址 ：辽宁省锦州市太和区营盘乡范屯

锦州金属陶瓷有限公司

电话：0416-4575888

传真：0416-4564588

E-maill：wjrcn@126.com

网址：www.jin-ci.com

地址：辽宁省锦州市太和区锦朝路51号

邮编：121015

产品：工业陶瓷、金属陶瓷

辽宁锦州天一精密陶瓷制造有限公司

电话（传真）：0416-4116169

联系人：李长贤

姜 峰

营销直拨：15841646499

13941642566

营销邮件：lnjztyjt@163.com

地址：辽宁省锦州市太和区大薛乡三屯村

产品：工业陶瓷

本县陶瓷工业兴起于唐代。从现发掘出的小峪、吴家窑、鹅毛口 3 处瓷窑遗址看，在辽金时期，怀仁的陶瓷生产已具有相当规模，而且工艺比较先进。

《中国实业志 · 山西卷》载，明末清初，张毛圪塔村（现名碗窑）开办有 4 家陶器窑厂。清同治年间，全县烧陶窑户多达 50 余家，窑厂多集中在碗窑和吴家窑。

民国二十五年（1936），全县有陶器窑厂 14 个，资本总额 2330 元（银元），工人 86 人。其时最大生产厂家是刘丕吉陶器厂，资本额 250 元（银元），工人 8 人，年产陶器 5.6 万件。

民国三十七年（1948），全县共有经营陶器生产作坊 39 个，从业人员 150 余人。作坊多设在碗窑和吴家窑，碗窑村绝大多数人从事陶器生产。

1949 年 1 月，县政府在碗窑村组织国营陶器作坊，成立了怀仁县碗厂。1954 年 3 月，成立吴家窑碗业生产合作社，有社员 145 人。1957 年 6 月，山西省轻工业局在县城西关兴建了大同瓷厂。1974 年，又兴建了怀仁县陶瓷厂和城关镇陶瓷厂。1985 年，全县共有 4 个陶瓷生产厂家。

吴家窑陶瓷厂

吴家窑陶瓷厂　位于碗窑西。为县属集体所有制企业。1949 年 1 月成立，时称国营怀仁县碗厂，有职工 70 人。1952 年划归雁北地区管理。1954 年公私合营，碗业社并入碗厂，划归大仁县管理，改称大仁瓷厂。1958 年，安装使用球磨机和机轮，改手工作业为半机械化生产。1959 年试制生产细瓷，陶瓷产品有 57 种。1962 年改为集体所有制企业，称吴家窑陶瓷厂。1972 年，始生产出口瓷，出口产品有 20 多种，产品销往美国、加拿大、比利时等国家和地区。1982 年试制生产炻瓷产品，当年生产出口瓷 220 万件。1985 年，共有职工 519 人，年产陶瓷制品 671.15 万件，耐火材料制品 1832.3 吨，产值 375 万元，实现利税 23 万元，固定资产净值 124 万元。

产品 1949 年前，各陶器窑厂均生产陶器制品，产品品种以碗、坛、缸、瓮为主。1953 年起，以生产日用粗瓷制品碗、壶、盘等为主。1958 年后，陶瓷产品以日用细瓷制品为主。日用陶瓷产品有杯、盘、碗、壶四大类百余种。出口陶瓷产品：吴家窑瓷厂有 20 头朝阳餐具、15 头力士咖啡具、15 头丰收茶具、双耳杯碟、松竹梅坛、力士壶等 43 种。雁北瓷厂有 13 头配套茶具、云岗杯、山西盖杯、各种深边碗和壶等 50 余种。1973 年起，增加了艺术瓷产品生产。有古松笔筒、笔洗、烟缸、台灯、壁挂等上百种。七十年代，各种酒具颇为畅销。

产量《中国实业志 · 山西卷》载，民国二十五年（1936），全县陶器产品产量 549350 件。1953 年，全县日用陶瓷（下同）产量为 191.48 万件，1960 年产量为 370.83 万件，1970 年产量为 694.74 万件，1980 年产量为 1254.48 万件，1985 年产量为 1454.57 万件。

以上内容是从《怀仁县志》（1992 年第一版　2007 年 10 月第二次印刷）146 页，第五章　工业　第一节　陶瓷　节选。

电话：0349-3088109　　联系人：李日有
手机：15364686276　　地　址：山西省朔州市怀仁县吴家窑镇碗窑村

公司简介
Company Introduction

1972年，林田村先生在台湾创建冠军建材集团，自创“冠军”品牌，至今享誉业内达43年之久。集团始终以“坚持生产最高品质瓷砖”和“诚信为本”为企业信念，一步一个脚印，奠定了今日冠军建材集团在业界的坚实基础和优良声誉。1990年，林荣德先生接任公司董事长，尤为重视绿色环保理念，并积极与意大利研发单位进行技术合作；1992年，以第一类股票在台湾成功上市。2010年入选为上海世博会零碳馆指定用砖；2011年，通过 PAS 2050产品碳足迹认证；连续十年荣获「中国500最具价值品牌」，2013年品牌价值高达80.72亿元。2015年，冠军磁砖更荣获「中国陶瓷十大品牌」并首家申请通过欧盟环保认证。

集团尤其注重工程项目开发，在与众多富有实力的对手竞争中脱颖而出，成为了国内外大型工程的重要建材供应商。明星工程案例包括：2008年的北京奥运的鸟巢、水立方、自行车馆，上海磁悬浮车站、上海浦东国际机场等，并与国际知名连锁品牌肯德基、麦当劳、宝马汽车等成为重要合作伙伴。良好的信誉及严格的品质，得到了市场的高度认可。

同时，2013年冠军磁砖携手中国人保推出15年质保服务，为消费者带来瓷砖无忧品质承诺，再次刷新行业标准。2014年冠军磁砖更倾力打造六星级服务，与顾客真诚互动，贴心陪伴每一个家庭。

集团长期致力于慈善公益事业，在台湾，2005年荣获国家公益奖；在国内，已捐建10多所爱心希望小学，捐赠总额超过5000万人民币资助贫困学生就学。集团并不以此为满，将秉持“好还要更好，要做就做第一”的精神，为消费者传达更多精品优质的生活理念

明星工程案例

际机场

首都机场3号楼站台

北京鸟巢

上海磁悬浮

信益陶瓷(中国)有限公司
地址：江苏省昆山市玉山镇元丰路8号
电话：0512-57537755　　传真：0512-57538808
网址：WWW.champion-tile.com

冠军磁砖微博　冠军磁砖微信

张家口市宣化国玉陶瓷有限公司

张家口市宣化国玉陶瓷有限公司，创建于一九八一年，是专业生产日用陶瓷的企业，厂址位于宣化区幸福街148号，占地面积48372平方米。

公司设备精良，技术先进，检测设备完善，管理科学严谨，拥有较强的经济和技术实力，被国家批准赋予企业自营进出口经营权并获得产品输美许可证，通过了国家认证中心ISO9001—2008质量体系认证。

公司现拥有两条全自动燃气隧道窑和一条全自动辊道烤花窑以及配套的生产线，年生产能力1600万件。从原料加工到成品生产设备齐全，生产流程均采用陶瓷行业最先进的工艺技术，生产设备和生产工艺都达到了国内较先进水平，具备了生产高档产品的能力。同时，公司建立了专门的产品检验机构，配置了先进的检测仪器设备，具备了检测产品铅镉溶出量、原料化学成分含量以及产品热稳定性、吸水率等能力，达到了产品质量的检验需求。

公司主要生产宣玉牌日用细瓷和春陶牌骨质瓷配套的中西餐具，咖啡具以及高档饭店宾馆用瓷等百余种陶瓷产品。各项指标均达到国内先进水平，并符合国际标准，主要销往欧洲、美洲、亚洲50多个国家和地区以及国内市场。产品受到了国内外客户的赞誉和青睐。具有晶莹剔透、光滑如玉、细腻柔和、华贵秀丽的特点，是赠送亲朋好友的上乘佳品。

公司一直秉承“诚信为本、商德为魂、服务至上、质量为优”的经营理念。多年来一直被中国质量诚信企业协会、中国品牌价值评估中心、河北省质量诚信监督委员会授予“全国最具影响力百强诚信企业”，是中国陶瓷工业协会理事单位和中国轻工进出口商会的会员单位。随着公司的不断发展,为我国的陶瓷工业和出口创汇做出了积极的贡献。

由于互联网大潮的滚滚袭来，我们这种传统的制造型企业面临着巨大的挑战，但也带来了更多的机遇。随着京津冀一体化的战略和国际冬奥会的申办成功，国家已经将张家口地区定性为宜居生活型城市，宣化60多年的重工业城市形象和面貌即将发生改变，以及冬奥会的即将举办和京张高铁的贯通，张垣大地、古城宣化必将焕发出新的光辉。面对这样的大趋势，国玉陶瓷人解放思想，顺势而为。为响应文化兴区的号召，我公司进行了产业转型，将文化元素融入到陶瓷产品中，建设了多功能国玉陶瓷文化园。

本项目旨在着眼重振国玉陶瓷雄风，开发旅游目的地，创建陶瓷创意经济区，提升张家口市陶瓷产业竞争力和国内、国际影响力的重大战略举措。

国玉陶瓷文化园以“一观四园”（生产线参观、陶瓷制作体验园、陶瓷文化博物园、艺术陶瓷展览园、餐饮购物休闲园）为平台，建设张家口地区标志性工业旅游重点区域，成为京津冀知名工业旅游景点，并为本土艺术家和外来艺术家提供一个集创意、研究、展示、交流、生产等多功能为一体的现代陶瓷艺术创意平台，打造成为全国陶瓷创意中心。

该项目我们邀请了国内知名产业设计团队—清华大学文化创意产业设计院，对产业转型进行了详细的战略规划。同时组建了，“私享瓷”APP网络技术团队。现 “私享瓷”APP已上线运营，可为不同用户的各种需求，完成产品的私人订制。随着用户的不断增加和技术不断完善，“私享瓷”APP规划将发展成为全国范围内艺术定制类产品发布和交易平台。

电话：0313-7065073　传真：0313-5923949　地址：河北 张家口 宣化区 幸福街148号　邮编：075100

沈阳市隆盛陶瓷有限公司

公司简介

沈阳市隆盛陶瓷有限公司，位于辽宁省沈阳法库经济开发区，企业投资项目是600mm×600mm、800mm×800mm、1000mm×1000mm三条微粉超白等抛光砖生产线项目。引进国内外最先进技术设备，总投资9000万元，占地80000平方米，厂房、办公楼、仓库等建筑面积40000平方米。第一条生产线于2005年6月开工建设，2005年10月竣工投产，项目竣工投产可年生产高档抛光砖600万平方米，年产值1.5亿元，利税3000万元，安排就业人员500人。

本公司的宗旨是坚持诚信原则及专业，以达到市场客户要求，提高品质为原则，深受客户广泛赞许，也相对提升公司在市场的竞争力。从产品的设计、生产、销售、售后服务的各个环节严把质量关，竭诚为广大用户提供优质的产品和完善的售后服务。公司十分重视产品质量和售后服务，一直本着“以人为本、以诚取信、以质取胜、以新争天下”的质量方针和“正正直直做人，踏踏实实做事”的企业精神。我们在今后的岁月里，将一如既往地以先进的技术、可靠的质量、快捷的供货、特惠的价格、周到的服务使您得到满意的收获。

企业产品系东北第一条高档抛光砖，产品质量可称为全国一流，目前正在创造品牌，拓展全国市场和开发国际市场。

联系方式

电话：024-87119877　　　　地址：辽宁省沈阳法库经济开发区

公司资质

佛山市泰昌祥陶瓷有限公司
中国3.15诚信
（重点推广单位）
绿色环保产品
GREEN ENVIRONMENTAL PROTECTION PRODUCT
授予：沈阳隆盛陶瓷有限公司
秀组织奖

佛山市泰昌祥陶瓷有限公司：
全国产品质量过硬·信誉保证放心品牌
（重点推广单位）

中国人民政治协商会议
法库县第十二届委员会
委员证

沈阳五一劳动奖章证书

中国驰名品牌

公司产品

隆盛泰一陶瓷集团

辽宁法库陶瓷工程技术研究中心简介 》

辽宁法库陶瓷工程技术研究中心（以下简称工程中心）于2007年由沈阳市科技局批准组建，2008年开工建设，并于2010年正式投入使用。以辽宁省轻工科学研究院为依托，专门从事无机非金属材料工程技术研究开发的科研机构。工程中心本着“引领法库陶瓷产业集群的发展方向，实现其良性循环发展”的宗旨进行运作。

目前，工程中心拥有工程技术人员40人，硕士研究生23人，本科生17人，具有中级高职称13人，他们具有多年从事陶瓷技术研究经验。管理人员7人，负责行政领导和后勤保障工作，形成了一支热心事业、业务精通的科研队伍。技术队伍多年从事先进陶瓷材料的研制与生产工作，有丰富的科研和生产经验，在多个学科方向拥有较为齐备的学科带头人和一大批业务骨干，以硕士学历为基础的年轻骨干队伍已经初步形成，正在老专家的带领下，担负起科研发展的重任。

工程中心向集群企业提供服务时实行优惠价格。自工程中心运营以来，面向陶瓷企业、研发单位进行陶瓷的外观品质、规格尺寸、吸水率、热稳定性、白度、光泽度、断裂模数、破坏强度、抗釉裂性、抗冻性、釉面耐磨性、热膨胀、陶瓷原料颗粒度和化学成分全分析检测分析服务和技术服务11000余项次。工程中心使法库陶瓷企业得到及时、方便的矿样化验、质检论证、人才培训、信息交流等配套的系列技术服务。

目前，工程中心依靠自身较强的科研实力，在新产品、新技术、新工艺的研究开发和具有重要应用前景的产业共性问题项目，法库陶瓷垃圾综合利用项目以及法库地产资源深加工项目等一系列新型科研成果的产业化、工程化、配套化方面，取得了显著成果。累计共完成各类科研项目20余项，其中部分获省部级科技进步奖，2009年至今申请发明专利78项，其中陶瓷抛光废料综合利用专利8项，新型粉体材料专利16项、特种陶瓷材料专利24项、无机复合材料专利17项、硅藻材料4项、其他无机材料专利9项。目前已获得授权发明专利32项。这些成果成为面向法库陶瓷产业进行科技转化的深厚基础。

工程中心将以市场为导向、以效益为目标、以成果转化、产业化为主要任务，采取“开放、流动、协作、竞争”的机制，建成一个集产、学、研于一体，为行业提供工程技术开发、中试孵化、标准化及检测、信息咨询及人才培养，带动整个行业及相关行业的技术进步的综合服务平台。

工程中心通过各项卓有成效工作的开展，先后被国家、省市有关部门评为：

- 国家工信部中小企业窗口服务平台；
- 国家轻工行业中小企业公共服务示范平台；
- 省级工程技术研究中心；
- 辽宁省科技创新服务平台；
- 辽宁省工业产业集群公共研发服务平台；
- 辽宁省中小企业公共技术服务平台；
- 沈阳市中小企业公共服务示范平台；
- 沈阳市高新技术产业带公共服务平台创建单位。

辽宁法库陶瓷工程技术研究中心资质 》

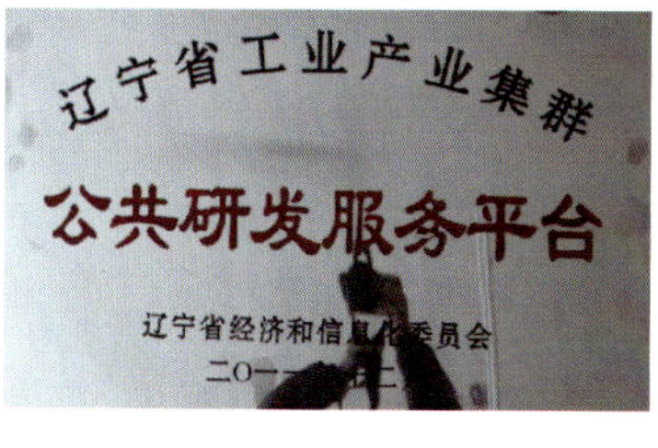

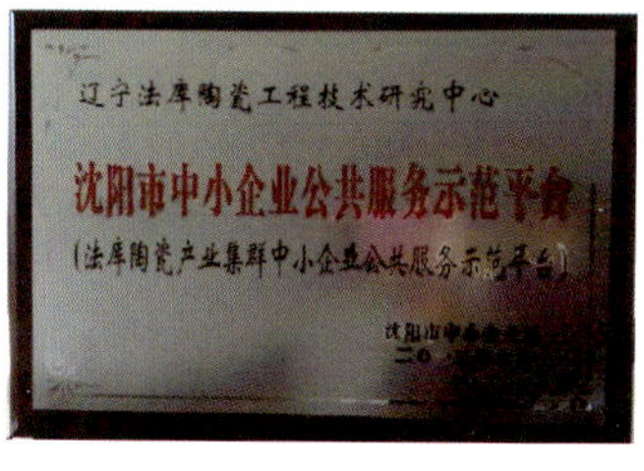

辽宁法库陶瓷工程技术研究中心领导视察 》

前任辽宁省省委书记王珉
到中心视察

前任辽宁省省长陈政高
到中心视察

前任辽宁省省委副书记张成寅
到中心视察

前任辽宁省省委副书记陈希
到中心视察

地址：辽宁法库经济开发区法库陶瓷工程技术研究中心　联系人：薛健　电话：024-86744441 15309862956　邮箱：fktckj@163.com